실학파와 정다산

실학파와 정다산

최익한 지음

류현석 교주

 21세기문화원

교주본을 펴내며

1

5년 전(2015) 어느 날이었다. 그동안 읽은 책을 무심코 펼쳤는데 아무 생각도 나지 않았다. 왜 밑줄을 그었는지, 왜 여백에 메모한 것인지 떠오르는 기억은 전혀 없었다. 이른바 백지화 현상이었다. 그래서 나는 우선 독서를 중단하고 기억을 되살릴 수 있는 방법을 이러저러 모색하게 되었다.

글 읽는 사람에게 강연이나 저술은 기억을 오래 유지하는 데 큰 도움이 된다고 한다. 하지만 내가 그것을 바랄 만한 형편도 아니고 실력도 안 되었던지라, 고민 끝에 결국 남의 책이라도 한 권 내보자는 겁 없는 의욕으로 이어졌다.

나는 2011년부터 다산 관련 글을 읽기 시작하였다. 그해 가을에 최익한崔益翰의 《실학파와 정다산》도 읽었는데, 사뭇 인상적이었다. 2015년까지만 해도 그의 《여유당전서를 독함》이 책으로는 나오지 않았기에 당연히 관심이 생겼다. 우선 그 글을 연재하였던 동아일보사에 들러 원문(총 64회분)을 출력하였다. 분량을 보아하니 늦어도 1년 안에는 출간할 수 있겠다는 느낌이 들었다.

사무실에 돌아와 막상 원문을 입력하려다가 깜짝 놀랐다. 내가 2011년에 이미 6회까지 입력한 파일이 있었던 것이다. 당시 인터넷으로 《여유당전서를 독함》 원문을 검색할 수 있었으니까 (기억은 나지 않지만) 약간 입력하다가 시시하여 그만둔 모양이었다. 여하간 2015년에는 이제 7회부터 자판을 두드리는 행운도 얻게 된 셈이라서, 일을 시작하는 마음은 의외로 한결 가뿐하였다.

한 17회인가 입력하고 있을 때였다. 세상은 PC(박근혜-최순실) 게이트가 터져 마치 반동들의 천국이 도래한 양 솔찬히 요란 법석을 떨고 있었다. 새삼 글을 쓰면 뭐하나 하는 무력감이 삽시간에 몰려왔다. 컴퓨터를 끄려고 마우스를 클릭하는 찰나, 어이없게도 그간 입력한 내용(1~17회분)을 싸그리 날려 버렸다는 사실을 뒤늦게야 깨달았다. 참 허탈한 분노가 치밀어 올랐다.

머리도 식힐 겸 다산 유적지를 여행하였다. 마침 새로 개발한 곳이었다. 한 80대 초반의 노인장을 마을 입구 집 앞에서 우연히 마주쳤다. 아침인데도 술에 취해 뻘건 얼굴로 나를 쏘아보았다.

"어디 가남?"

"저기 사진 좀 찍으려고요."

"아, 거 머시기 양반(=다산)이 하룻밤인가 놀고 갔다드니만……, 하이간 암끗도 볼 거 읎어!"

"근디, 왜 개를 집에 저리 많이 키우시는지요? 무섭습네다."(큰 개 다섯 마리 정도가 일제히 달려들 듯 마구 짖어대고 있었다.)

"잉 긍게 뭣이냐, 군청에서 관학 협동인가 거시기로 저 유적지를 개발해 놓으니께, 1년에 두어 번씩 뻐스 대절해서 관광객들이 와 쌓는디, 집에 들어오려고 허니께 성가셔 죽겠어. 그래서 질르는 것이구먼. 시방도 저그 앞 저수지 한부짝에서 개발한답시고 뽀꾸레인들이댐시롱 지랄염병하고 자빠져 있을 것이여!"

어쨌든 유적지 현장에 이르렀을 때 비로소 모든 것을 알아차릴 수 있었다. 도로를 내느라 원시림을 상당히 훼손하였다. 폐허와도 같은 산속에 관광객은 오로지 나 혼자뿐이었다. 다산은 '9대 옥당' 집안이라던데, 아까 저 노인장은 혹여 천대만대 농토박이가 아닐는지……?! 두 분은 털끝만치도 무관할 터이나, 역사상 늘 적대적인 관계였던 것만큼은 불을 보듯 뻔하다고 하겠다.

극우 다산론자들이 국정 교과서를 획책하거나 자연환경을 파괴하며 적폐 세력으로 등장한 지도 꽤나 오래되었다. 다산처럼 실리 실용적인 제도권 학자들은 어째서 지배계급의 이익에만 봉사하며 시종일관 인민의 입장과는 꼭 정반대로 가는 것일까?

2

2015년 9월 말부터 나는 《여유당전서를 독함》을 입력하기 시작하였다. 처음에는 이 책 한 권만 달랑 내려고 했으나, 모르는 것이 점점 많아져서 《실학파와 정다산》, 《정다산선집》 교주본까지 쓰게 되었다. 그 와중에 최익한의 모든 저술들을 하나하나 찾아서 읽고, 그의 발자취가 서린 곳들도 찬찬히 답사하여 나갔다.

입력이나 주석 작업이란 것이 어쩌면 노가다와도 같은지라 한 2년은 하루 평균 16시간씩, 많게는 20시간씩 일을 하였다. 그러다 보니 몸이 꽤 안 좋아져서 조금씩 줄여 나갔다. 그렇지만 고생한 대가인지 2016년 5월에는 1차 교정을, 동년 12월에는 2차 교정을, 2017년 3월에는 벌써 3차 교정까지 끝낼 수 있었다. 2019년 7월에는 4차 교정과 해제 쓰기를 마치고, 드디어 교주본 검토를 의뢰한 후에 나는 최종적으로 5차 교정도 보았다.

《여유당전서를 독함》은 이해도를 높이기 위해 1930년대 당시 신문에 연재된 원문을 부록으로 실었다. 최익한은 이것을 책으로 내지는 않았으나, 월북 후에 《실학파와 정다산》,《정다산선집》으로 더 전면적이고 과학적인 심화 연구를 계속한 점에서 《여유당전서를 독함》은 바탕 원고로서 요약본 구실을 하였다고 볼 수 있다. 제5장에서 판독하기 어려운 한자 '함凾', '감龕' 등을 밝혀낸 것이 소소한 기쁨이었다.

《실학파와 정다산》은 각 장의 끝에 최익한이 참고한 인용 원문을 전부 수록하였다. 이는 상당히 방대한 작업으로서 자료를 찾기 위해 오랫동안 도서관을 들락거렸다. 기실 평소에 충실히 각주와 미주를 축적함으로써 막바지에 거뜬히 해제도 쓸 수 있었던 것이다. 최초의 다산 연구서 《실학파와 정다산》은 유학과 ML이론을 종횡무진한 어문학 논문으로서 불세출의 걸작이긴 하지만, 다산의 보수성을 진보성으로 개변시킨 한계가 엿보인다.

《정다산선집》은 본디 번역문만 있었는데, 내가 규장본·신조본·사암본 전서 등을 일일이 대조하여 한문 원문을 모두 새로 넣었다. 최익한은 한문을 직독직해하여 완미한 번역을 시도한 것이 아니라 다산의 글을 인민대중에게 처음으로 소개하려는 목적하에 의역한 부분이 많으므로 반드시 한문 원문을 확인할 필요가 있다. 또 최익한의 <작품 해제>가 몇 편 되지 않아서 나는 공을 들여 해제를 크게 보완하였으니, 번역문과 함께 일람하기 바란다.

나는 최익한의 '다산 3부작'인 《여유당전서를 독함》, 《실학파와 정다산》, 《정다산선집》에 대한 교주본을 쓰면서, 별도로 글을 8편이나 작성하였다.

먼저 <'여유당전서를 독함' 해제>에서는 그가 사회주의운동을 중단한 후에 어떻게 사상적으로 개량화되었는지 살펴보았고, <'실학파와 정다산' 해제>에서는 그 책이 다산학 연구사상 기념비적인 걸작임에도 불구하고 왜 '반인민성'을 띨 수밖에 없는가 하는 점을 지적하였으며, <'정다산선집' 해제>에서는 번역의 우수성과 제한성을 동시에 간명히 분석하였다.

다음으로, <창해滄海 최익한의 생애와 저술>에서는 그가 탁월한 시인이요 고전문학자라는 사실에 주목하고 그의 저술의 특징이 과연 어디에 있는지를 대강 정리하였으며, <최익한 친일설>에서는 그간의 낭설들을 주욱 훑어보고 진위 여부를 면밀히 따져 가면서 새로운 자료도 첨부하여 최익한의 시국 논설이 부일문附日文에 해당될 여지가 있음을 규명하였다.

끝으로, <창해 최익한 연보>를 70여 면이나 작성하여 그의 전기적 사실에 대한 구체성을 어느 정도 확보하였다. 무엇보다 그를 '있는 그대로' 조명하는 데 초점을 맞추었다. 이 연보를 바탕으로 <연보 소고>와 <저술 연보>까지 쓰게 되었다. 혹여 부족한 글들이 모이면 나중에 평전의 밑거름이 되는지도 잘 모르겠다.

책을 쓰는 틈틈이 최익한의 거주지와 유적지도 답사하였다. 내 기억에 특별히 남은 곳은 다음과 같다.

첫째, 창신동昌信洞 산비탈의 협소한 집(건평 16평)이다. 1930년대 최익한은 여기서 가족 약 8명과 함께 살며 《여유당전서를 독함》을 집필하였다. 옛 모습은 간데없지만, 나는 담배 한 개비를 시나브로 빼어 물다가 순간 울컥하였다. 왜냐면 대학 시절에 살던 산동네가 불현듯 뇌리를 스쳤기 때문이다. 하, 그때는 변소도 공동으로 사용하고 잉크도 얼어붙어 펜으로 콕 찍어 썼었지……

둘째, '화엄사華嚴寺-천은사泉隱寺-매천사梅泉祠-수죽헌水竹軒' 길이다. 1917년 최익한은 지리산 산방에서 독서하였다. 그를 잠시 생각할 수 있는 유일한 코스(약 15km)로서 걸을 만하다. 조금 힘들고 위험할지는 몰라도 아침 일찍 출발하면 괜찮을 것이다. <창해 최익한 연보>에 약도를 대충 그려 놓았다. 수죽헌은 1932년부터 윤종균尹鍾均의 집으로 현재는 터만 어림잡을 수 있는데, 호양학교壺陽學校 바로 인근이다.

셋째, 영도사永度寺(현 개운사開運寺)이다. 1940년 최익한은 영도사 술자리에 정인보鄭寅普 등 당대 문사文士들과 함께 면우俛宇 제자인 회봉晦峯 하겸진河謙鎭을 모시고 운자시를 지었다. 1980년대까지만 해도 절 주위에 유곽遊廓 시설이 일부 남아서 저렴한 대학생 자취방으로 선호되었으나, 지금은 재개발로 사라져 버렸다. 내가 학교 다닐 적에 쌀이 떨어져서 동식서숙하며 시를 짓던 곳이기도 하다. 어언 30여 년이나 넘었으니 더 말한들 무엇하랴.

넷째, 서대문형무소이다. 최익한은 12옥사에 수감되었던 것으로 추정된다. 무심코 독방의 쇠문을 열어 보았다. 햇빛 한 올도 들어

오지 않는 0.7평의 칙칙한 어둠 속에서 소름이 확 끼쳐 왔다. 오전 첫 시간대라 관람객은 나 혼자여서 더 섬찟하였다. 옛일이 생각나 황급히 밖으로 뛰쳐나오고야 말았다. "이곳에 감금되면 정신공황 장애를 겪는다"는 팻말의 글귀가 목덜미를 자꾸 잡아채며 온몸을 휘감듯이 종일토록 나를 무겁게 짓눌렀다.

다섯째, 최익한의 장남 재소在韶의 묘(대전 현충원)이다. 빗돌 전면에 창해의 〈곡아 25절哭兒二十五絶〉 중 두 수가 새겨져 있다. 최익한의 종질 고 시은市隱 최구소崔九韶 선생께서 추리셨다고 한다. 최익한을 가장 가까이서 추념할 수 있는 곳이다. 나는 국내 유적지 가운데 마지막으로 들렀다. 참고로 형편이 여의치 않아 일본과 러시아 유적지는 아직 답사하지 못하였다. 안타깝고 부끄럽다! 향후 기회가 오길 바랄 뿐이다.

나는 2017년 10월 말에 현재의 장소로 출판사를 옮겼다. 기존 건물을 의류업체가 통째로 매입하는 바람에 덩달아 나도 세입자로서 쫓겨난 형국이었다. 젊을 적에는 노동 해방을 위해서 투쟁도 하였건만, 이제는 늙어 그 노동 귀족한테 배신을 당했다는 생각만 들어 참혹할 따름이다. 글을 쓰는 내내 근본적인 회의가 밀려왔다. 새로운 사무실은 너무 비좁아서 몸무게가 10킬로나 늘어 이따금 우울한 심정에 잠긴다. 살을 빼러 산책하다가 실개천의 수면 위로 빗방울이 이파리처럼 떨어지는 모양을 망연히 보노라니, 선친께서 그 옛날 쓰시던 묵란 화제가 아롱아롱 물무늬로 흐른다……

君子修道立德　군자는 도를 닦고 덕을 세우되
不爲困窮而改節　곤궁할지라도 절의를 바꾸지 않느니라.

최익한은 일제강점기는 물론 월북 후 분단 시대에도 다산 연구를 지속한 유일한 고전문학자였다. 일찍이 그는 창해라는 아호답게 배를 타고서 남한강을 거침없이 질주하며 호방한 이백풍으로 시주詩酒를 즐기던 시인이기도 하다.

峽江驅漲浪花愁　골짝 강물 넘치니 물보라 시름겹고
柔櫓人閒片帆秋　노 젓는 이 한가할사 조각배 가을이네.
未了驪陽一壺酒　여양 술 한 병도 아직 다 못 마셨건만
靑山爭報廣山州　푸른 산은 다투어 광주라고 알리네.

<주하우천시舟下牛川市>(1919)

나는 최익한의 글을 수십 번 읽은 후 컴퓨터로 입력하고 편집하며 서예·그림까지 모든 것을 직접 하면서 그의 저서에 조금이나마 다가서려고 하였으나, 항상 역량 부족만 절감하였다. 그가 말하는 각 개념이나 범주가 구체적으로 어떤 의미이고 그 경계가 어디까지인지 이해하기란 쉽지 않았다. 그는 용어를 다분히 추상적으로, 개량적으로 폭넓게 사용한다는 것을 얼추 짐작하였을 뿐이다. 당시 어투나 문체의 특징도 파악하기 위해 안재홍·정인보는 물론 백남운·김태준과 이을호·홍이섭·이우성 등의 글을 자주 읽었다. 아울러 실학·다산학과 관련된 북한 학자들의 논저도 섭렵하면서 북한 실정을 감지하려고 애를 썼다. 김광진·박시형·김석형·정진석·정성철·홍태연·류수·리철화·김하명·김진국 등이 얼른 떠오른다.

창해 최익한 선생은 송찬섭 교수님께서 1989년에 《실학파와 정다산》(청년사)을 통해 남한에 최초로 소개하셨다. 이러한 선구적인 연구는 후학들이 본받을 만한 일이다. 출판사는 책을 기관에 압수 당하는 고난을 겪었고, 송교수님은 20년 후에야 다시 《실학파와 정다산》(2011), 《조선 사회 정책사》(2013), 《여유당전서를 독함》(2016), 《조선명장전》(2019)을 잇따라 펴내며 교과서적인 전범을 보여 주셨다. 덕분에 우리는 최익한의 저술을 보다 쉽사리 접할 수 있게 되었다. 특히 《조선 명장전》을 입수하고 '성해成海'가 최익한의 별호인 것도 밝혀내신 공로는 인정되어야 할 것이다. 그러나 송교수님만 독보적으로 연구를 진행하시다 보니, 적잖이 개인적 한계도 드러난 것 같다. 이는 해제에서 다루겠다.

그동안 다음과 같이 많은 분들의 도움을 받았다.

최익한의 재종손 최홍준 선생님은 관련 자료를 주시고 여러 번 최익한의 전기적 사실에 대해 정확히 알려 주셨다.

강릉최씨 대종회 최두헌 회장님, 울진문화원 아무개님, 일본 아리랑문화센터 정강헌 선생님과 미사토 모토요시三鄕元吉 선생님은 자료를 흔쾌히 제공하여 주셨다.

최재목 교수님은 맨 처음에 교주본을 일독하며 격려해 주셨고, 송찬섭 교수님은 중요 자료들을 주신 것은 물론 교주본 최종 검토까지 해 주셨다.

위의 모든 분들께 진심으로 깊이 감사드린다.

이외에 조언해 준 익명인들도 더러 있었다. 늦었지만 머리 숙여 똑같이 고마움을 전한다.

2015년 9월 작업을 시작한 지 이제 4년 반 만에 책을 내놓는다. 기억은 좀처럼 돌아오지 않고 우주의 한 점 별빛은 아득한 옛적 마음의 벗이 보낸 미소인 양 겨울나무의 얼음꽃으로 맺혀 푸르게 반짝인다⋯⋯. 부족한 실력으로 이만큼이라도 할 수 있었던 것은, 전부 선친께서 평소 올바르게 가르쳐 주셨기 때문이리라. 올해 94세이신 노모님께서도 일제강점기의 실태와 언어 등에 대해 자상히 일러 주셨으니, 그 은혜를 결코 잊을 수가 없다.

나는 '다산 3부작'을 기존 제도권의 연구처럼 단순히 남한식 논리로 덧씌워 재단한 것이 아니라 그 당시 실정을 최대한 감안하여 제대로 풀어내고자 꽤 많은 시간을 들였다. 그래도 이러저러 탐탁지 않다. 앞으로 창해 최익한 선생께 바칠 수 있는 좋은 책이 되도록 손자 세대로서 좀 더 노력하겠다.

아무쪼록 독자 여러분들이 창발적이고 생산적인 논의의 계기를 마련하는 데, 이 교주본이 미력이나마 도움이 되었으면 한다.

2020년 2월 21일

雲峯 柳鉉碩

차 례

창해 최익한의 생애와 저술

1

창해滄海 최익한崔益翰은 정유년(1897) 4월 8일(음 3. 7) 강원도(현 경상북도) 울진군 북면 나곡리羅谷里에서 태어났다. 창해는 '넓고 큰 푸른 바다'의 뜻으로 동해를 가리킨다. 그가 21세에 자호하였다고 한다. 필자는 책을 다 쓰고 그의 생가 터를 방문하자니 이백李白의 '제창해濟滄海'나 소식蘇軾의 '창해일속滄海一粟'이 문득 떠올랐다.1)

---

1) 이백(701~762)의 〈행로난行路難〉에 "긴 바람 타고 파도 헤칠 때 반드시 오리니, 바로 구름 높이 돛 달고 푸른 바다 건너리라(長風破浪會有時 直挂雲帆濟滄海)" 하였고, 소식(1037~1101)의 〈전적벽부前赤壁賦〉에 "천지간에 붙어사는 하루살이요, 아득히 푸른 바다에 좁쌀 한 알이라(寄蜉蝣於天地 渺滄海之一粟)" 하였다. 위의 이백 시구를 화제로 한 선친의 산수화 소품이 필자의 거실에 오랫동안 걸려 있고, 젊은 날 필자가 소식의 〈적벽부〉를 번역한 적도 있어 감회가 더욱 새로웠다. 기실 최익한 시문의 웅건한 의취는 일면 이백풍을 연상케 한다. 그의 이백에 대한 언급은 〈한시만화漢詩漫話 11·12〉,《조선일보》(1937. 12. 22 ~23); 〈조선 고대 문학사에 있어서의 최치원의 문학적 지위〉,《김일성종합대학 학술론문집》, 김일성종합대학, 1956, p350; 〈정다산의 시문학에 대하여 (상)〉, 《조선어문》 2호(1956), 과학원 언어문학연구소, p3 등을 볼 것.

늘 예상은 빗나가듯 어렵사리 찾은 집터는 그렇게 낭만적이지 않았다. 두메 중의 두메라 바다는 멀찌감치 떨어져 전연 안 보이고, 배산임수니 필봉산이니 운위할 계제도 못 되는 궁벽한 오지였다. 이런 곳에서 창해 같은 인물이 나오다니, 참으로 하늘은 공평하다는 생각만 씁쓰레 들 따름이었다.

창해 최익한의 생애는 다음과 같이 직업을 중심으로 크게 4기로 나누어 볼 수 있는데, 신구학문을 겸수하고 고전문학을 연구하며 '다산 3부작'을 완성한 것으로 압축된다.

1) 유생(1897~1917) : 천석꾼의 아들로 태어나 영남학파의 거유 면우俛宇 곽종석郭鍾錫의 문하에서 3년간 성리학을 익힌 후, 지리산 산방에서 독서하며 호남을 유람하고 한시를 지었다. 특히 마지막 유학 세대로서 시문에 뛰어났다.

2) 운동가(1918~1935) : 중동中東학교(현 중동고)를 마치고 와세다대학 전문부 정치경제과에서 맑스학에 전념하며 민족해방과 사회주의를 위해 헌신하였다. 군자금 모집 사건, 조선공산당 사건, 대전역 만세 사건으로 총 10년간 수감되었다.

3) 언론·정치인(1936~1948) : 출옥 이후 조선·동아 등 일간지에다 잡문을 쓰며《여유당전서를 독함》을 연재하였다. 신문이 폐간되자 퇴직금으로 술집을 운영하고, 해방을 맞아 조선공산당 장안파長安派로서 정치 활동을 하다가 1948년 월북하였다.

4) 학자·정치인(1948~1957) : 김일성종합대학 조선어문학부 조선문학과 부교수로서 과학원 연구사를 겸임하며 제1기 최고인민회의 대의원을 지냈다.《실학파와 정다산》,《정다산선집》까지 집필하여 최초로 '다산 3부작'을 완성하였다.

최익한은 강릉최씨江陵崔氏 수헌공파睡軒公派 대순大淳(1869~1925)
과 동래정씨東萊鄭氏(1865~1928)의 4남 2녀 중 차남으로서, 장남 익
면益冕이 백부 호순虎淳에게 출계하자 가계를 이어받았다. 그는 천
석꾼 유학자 부친과 영남의 유명 훈장들에게 사서오경을 배우고
제자백가를 섭렵하면서 일찍이 대재大才로 인정되었다.

1909년 13세에 그는 봉화군奉化郡에 사는, 퇴계 선생의 후손 유
학자 이교정李敎正의 장녀 이종李鍾(1895~?)과 혼인하여 3남 3녀를
두었다. 동년 봄에는 봉화 청암정靑巖亭 시회詩會에서 장원을 하였
는데, 그 한 구절이 전한다.

繞海千年生獨鶴 동해 바다 천년에 학 한 마리 나오니
名亭三月集群鶯 이름난 정자 3월에 뭇 꾀꼬리 모이더라.

이는 자신을 학으로, 봉화 유생들을 꾀꼬리로 빗대어 시쳇말로
'들었다 놨다' 희롱한 것이라 지역 유림들의 항의가 빗발쳐서 부친
이 몸소 봉화까지 내려가 사돈 이교정과 함께 사과를 하였단다.

최익한은 1913~16년까지 약 3년간 경남 거창居昌의 다전茶田
여재如齋에서 면우 곽종석2)에게 수학하였다. 면우는 한주寒洲 이
진상李震相의 심즉리설心卽理說을 계승하고 유교적 입장에서 서양
문물과 사상을 포용적으로 인식하며 일제의 침략을 만국공법에 호

---

2) 곽종석(1846~1919) : 한말 영남학파의 거유로서 독립운동가. 1919년 파리장서
사건을 유림 대표로 주도하여 3개월간 투옥된 후 병보석으로 풀려났으나 곧 병
사하였다. 1963년 건국훈장 독립장이 추서되었으며, 저서 《면우집》(1925)에 최
익한 관련 시문 8편이 실려 있다. 익한의 형 익면도 면우 문하생이었다.

소하는 외교적 방책을 강구하였다. 즉 파리강화회의에 보낼 독립청원서를 기초하여 유림들의 서명을 주도하였는데, 이른바 '파리장서운동'이 바로 그것이다.[3] 최익한은 면우 제자 중에 곽윤郭奫·문준호文存浩·권상경權相經·김수金銖·김황金榥 등과 가까웠는바, 특히 김황[4]은 자치동갑으로 각별한 벗이었다.

1917년 봄~가을에 최익한은 지리산 산방에서 독서하며 호남을 유람하였다. 석전石田 황원黃瑗(1870~1944), 유당酉堂 윤종균尹鍾均(1861~1941)과 오가며 시문도 주고받았다. 동년 3월에 부안扶安 계화도界火島로 간재艮齋 전우田愚(1841~1922)를 찾아가 성리설에 대해 질의문답하며 논쟁을 벌였고, 6월에는 간재에게 7천여 자의 장문 질의서인 〈최익한상전간재崔益翰上田艮齋〉를 투서하여 간재의 성론性論을 비판하였으니, 이는 간재학파와 한주학파간의 오랜 논쟁을 이어받은 것이라 하겠다.[5]

---

3) 현상윤,《조선유학사》, 민중서관, 1949, pp381~4; 금장태·고광식,《유학 근백년》, 박영사, 1984, pp463~472; 유초하, 〈곽종석의 사상〉,《한국의 사상》(윤사순·고익진 편), 열음사, 1984, pp326~331; 김도형,《대한제국기의 정치사상연구》, 지식산업사, 1994, pp225~289; 하겸진 편,《증보 동유학안·3》, 나남, 2008; 허권수 외 13인,《면우 곽종석의 학문과 사상》, 술이, 2010 등 참조.
  최익한은 파리장서가 "일본의 강제 합병과 조선의 독립 요구를 유교식 논리로 주장하였으나, 왕조 복구를 요청하는 의사는 표시하지 않았다"고 진보적으로 평가한 바 있다. 〈3·1운동의 력사적 의의에 대한 재고찰〉,《력사제문제》6집 (1949), 조선력사편찬위원회, p105. 또 그는 성리학자 이진상과 곽종석을 유집遺集이 많은 사례로 들기도 하였다. 교주본《여유당전서를 독함》p177;《실학파와 정다산》p747.
4) 김황(1896~1978) : 자는 이회而晦, 호는 중재重齋·만암晚巖. 면우의 수제자로 동문들과《면우집》(1925)을 간행하였다. 파리장서사건으로 1주일간 구금되고 독립운동자금 모집 건으로 9개월 동안 투옥되었다. 저서《중재문집》(1989)에 최익한 관련 시문 4편이 실려 있다.
5) 소현성, 〈양재陽齋 권순명權純命의 성리사상—'최익한상간옹서변崔益翰上艮翁

최익한은 뒤늦게 신학문에 뜻을 두어 1918년 경성기독교청년회관에서 영어를 배우고, 1919년 9월 중동학교 야학부에 입학하면서, 비로소 단발斷髮하고 변복變服하였다. 상투를 자르기 직전인 1919년 8월 초에 그는 지사志士로서 의기義氣를 선보였다. 즉 경북 영주榮州의 부호 3인을 각각 찾아가 변성명을 하고 상해임시정부에 보낼 독립군자금의 출자를 권고하여 그중 2인에게서 총 1,600원을 모집하였는데, 나중에 이 사건으로 서대문감옥에서 2년 남짓 (1921.3~1923.3) 옥고를 치렀던 것이다.

그는 이미 동년 4월 말에 면우 선생이 파리장서사건으로 대구지방법원에 송치되었을 때 옥바라지를 하며 동문 김규열金圭烈[6]을 만나 구례와 서울에서 몇 달간 같이 지낸 적이 있다. 이때 군자금 모집을 결행하고 신학문을 공부할 모든 계획이 이루어졌다. 당시 신문조서를 보면, 최익한은 시골 절에서 구학문을 계속할지 아니면 서울에 가서 신학문으로 전환할지에 대해 고민하였다. 창강滄江

書辨'의 심본성설心本性說을 중심으로>,《간재학논총》17집(2014), 간재학회, pp215~222; 이종우, <한국유학사 분류방법으로서의 주리·주기 개념에 관한 비판적 연구>,《동양철학연구》36집(2004), 동양철학연구회, p263 각주 11, p270 각주 31; 이종우, <간재학파와 한주학파의 논쟁에서 비판논리 연구>,《유교사상연구》43집(2011), 한국유교학회, pp130~3 참조.

6) 김규열(1893~1968): 자는 사장士璋. 전남 구례 생. 서울상해파 공산주의자. 1916년 면우 문하에 들어갔다가 그해 가을 변기섭邊祺燮·최익한과 함께 문하를 떠났다. 1919년 6월 최익한과 상경하여 몇 달간 같이 지냈으며, 동년 10월 상해 임시정부로부터 격문을 받아 전라도에 배부케 한 사건으로 1920년 징역 2년을 선고받았다. 1927년 사상단체 해체에 대해 그는 서상파로서 ML파 최익한과는 정치적 입장을 달리하였다. 1992년 건국훈장 애족장이 추서되었다.

김택영金澤榮의 <열사 최익한 일화書崔烈士益翰事>에 최익한의 상경 계기가 다음과 같이 구체적으로 나온다.

> (익한이) 홀연 책을 던지며 스스로 꾸짖기를, '너는 조국을 생각지 않고 헛되이 경이나 읽는 외곬 샌님이런가?' 하고는 곧장 한성으로 내달아 의사義士들과 결사하여 밤낮으로 국권 회복의 일만 꾀하였다.[7]

그는 퇴락한 촌사村寺에서 꽁생원이나 될 생각을 하니, 자괴감으로 숨이 막혔던 것이다. 또한 파리장서운동 때 면우 문하에 남아 있던 김황처럼 곁에서 스승을 돕지도 못한 처지라 구학문 유학에 대한 무력감은 바로 독립운동에 대한 열망으로 전화 분출되었다. 앞에서 말한 '군자금 모집 사건'이 그 발현이었다. 암울한 식민지 시대에 유교적 지식인의 실천은 의연히 빛났다. 1920년 5월에는 <가명인假明人 두상頭上에 일봉一棒>[8]을 발표하여, 유교 보수층 특히 주자학파 노론계 유학자들을 '가짜 명나라인'으로 명명하고 그 사대모화事大慕華 사상을 통렬히 비판하였다. 어찌 보면 유교 비판

---

7) 《韶濩堂集續》권5, 1924년경, p6a, 書崔烈士益翰事, "嘗從講學家遊 忽擲書自罵曰 汝不念祖國 而徒矻矻作經生乎 則走至漢城 與諸義士結社 日夜籌恢復事"

8) '가짜 명나라인 대가리에 몽둥이 한 방을!'의 뜻. 권덕규權悳奎와 공동 집필하여 《동아일보》(5.8~5.9)에 2회 연재한 논설로서, 최익한은 이 글을 권덕규의 호인 '한별'로 발표하였다. 이는 노론계 간재와 남인계 면우의 문인 간 싸움으로도 비화할 수 있었기 때문일 것이다. 실제로 당시 간재의 제자인 오진영吳震泳이 <경고세계문敬告世界文>을 지어 격렬하게 성토한 적도 있다. 안병주, <ML계 인물 인상기>, 《삼천리》14호(1931. 4), 삼천리사, pp55~6; 금장태, <이병헌李炳憲의 비공론批孔論에 대한 반박과 민족주의적 역사인식>, 《종교학 연구》21권(2002), 서울대 종교문제연구소, p9 참조.

론으로 또다시 '들었다 놓았다' 한 사건이었다. 전국의 수구 유림들이 발칵 뒤집혀 항의하자 친일 거두로서 동아일보 초대 사장이 된 박영효朴泳孝가 사임까지 하게 되었다.

그러나 이러한 창해의 질풍노도의 시기는 범박하게 말하자면, 운동의 초보적 수준이었다고 할 수 있다. 막연히 추상적·몰계급적 '민족' 관념으로만 충일한 나머지, 그의 독립운동은 감상성과 일시성을 탈피하지 못한 것이었다. 무엇보다 질적 변화가 요구되었던 바, 그는 과학적 인식과 조직적 운동이 가능한 일본으로 유학하여 오직 사회주의적 민족해방운동에 헌신하였다.

최익한은 군자금 모집 사건 때문에 2년여 투옥되어 중동학교 졸업이 미루어졌다. 설상가상으로 1923년 9월에는 '관동대지진 조선인 학살 사건'까지 일어나서 그는 1925년 4월경에야 드디어 29세 늦깎이로 와세다대학 전문부 정치경제과에 입학하게 되었다. 물론 그는 1918년 기독청년회관에서 방학 때 귀국한 도쿄 유학생들의 강연을 듣고서 일본 유학에 첫눈을 떴겠지만, 옥살이를 하는 동안에 유학 결심을 굳힐 수 있었을 터이다. 당숙 최진순崔瑨淳9)이 동경고등사범학교 학생인 데다, 더욱이 최익한의 하숙집 건물주인 송태관宋台觀10)이 '일본통'이라 쉽사리 다양한 유학 정보를 얻었을 법하다. 또 박낙종朴洛鍾11)이 중동학교와 와세다대 선배였다. 유학

<hr>

9) 최진순(1901~?) : 자는 진옥晉玉. 선린상업학교 재학 중에 3·1운동으로 1년간 수감되었다. 동경고등사범학교 졸업. 중동학교교사·경성여자보육학교장, 천진 天津일본상업학교장·천진조선인민회 부회장, 홍익대 교수 등을 역임한 후 1950년 9월 초 행불되어 북한의 역사학계에서 활동하였다.

10) 송태관(1874~1940) : 이토 히로부미의 통역관으로 민속학자 송석하宋錫夏의 부친. 1923년 일본 유학 중 귀국한 송석하(1904~1948)를 최익한이 만났을 가능성도 있으나, 1930년대 말 언론 활동을 할 때부터는 몇 번 만났다.

가기 전에는 간재 제자였던 이병기李秉岐와 자주 내왕하면서 권덕규·
정인보鄭寅普·이능화李能和·오철호吳徹浩·방두환方斗煥·변영로卞榮魯·
홍명희洪命憙 등과도 문화적 담소를 나누며 교류하였다.

2-2

대학 입학은 최익한을 'ML이론가'로 거듭나게 하였다. 와세다대
는 중앙대학이나 고등사범에 비해 조선 학생들이 사회과학을 연구
하기에 더 자유로웠다.12) 당시 도쿄는 부산에서 배를 타고 시모노
세키에서 도쿄행 기차로 갈아탄 후 오사카·요코하마를 거쳐 갔다.
2박 3일의 머나먼 길이었다. 승객은 대부분 유학생이 아니라 노
동자였다. 최익한은 자기안존과 입신양명에만 급급한 학교 공부
보다는 민족해방과 사회주의를 위해 맑스학에 전념하였다. 처음
에는 오야마 이쿠오大山郁夫13)에게 배웠는데, 나중에는 후쿠모토
가즈오福本和夫14)로부터 많은 영향을 받았다.

---

11) 박낙종(1899~1950) : 경남 사천泗川 출신. 사회주의운동가. 최익한보다 2년
연하였으나 중동학교와 와세다대 선배로서 인쇄소 동성사同聲社를 운영했다.
안광천安光泉의 권유로 1927년 4월 초에 제3차 조선공산당에 입당하고 일본
지부를 재조직하며 책임비서가 되었다. 1928년 ML당 사건으로 약 6년간 투옥
되었고, 1946년 정판사精版社 사건으로 무기징역을 선고받고 목포형무소에서
복역하다가 6·25 직후 군경에 의해 학살되었다.

12) <와세다대학신문 최익한 인터뷰>(1926.11.4),《早稲田大学百年史》4卷, 早稲
田大学出版部, 1992, p650.

13) 오야마 이쿠오(1880~1955) : 와세다대 정치학과를 수석 졸업하고 교수가 되
었으나, 1926년 노동농민당 위원장이 된 후 이듬해 교수직을 그만두었다.

14) 후쿠모토 가즈오(1894~1983) : 도쿄대 정치학과를 졸업하고 독일 프랑크푸르
트대에서 루카치·코르쉬의 지도 아래 맑스주의를 연구하였다. 전위당에 의한 정
치투쟁과 이론투쟁을 강조하면서 이른바 '후쿠모토이즘'의 선풍을 일으켰지만,

최익한은 일월회·신흥과학연구회·재일본조선노동총동맹·신간회 동경지회와 조선공산당 일본부에서 활동하며, 각 시기별로 운동에 요청되는 과학적 이론을 주로 소개하였다. 필자가 그 논문 제목과 게재지는 찾아냈으나 절반은 미발굴 상태이며, 시·시조도 꽤 있을 텐데 발견되지 않았다. 그러니까 현재로서는 대학 시절 그의 글은 논문 8편이 전부인 셈이다.

연 도	제 목	게재지(월일)
1926	맑스 유물론적 변증법의 개설	사상운동 3권6호(5월)
	일월회의 민족운동으로의 방향 전환	대중신문 창간호(6.5), 미발굴
1927	파벌주의 비판에 대한 방법론	이론투쟁 1권1호(3월), 미발굴
	학생운동의 사회의식에 대한 고찰	신흥과학 창간호(3월), 미발굴
	사상단체 해체론	이론투쟁 1권2호(4월)
	在日本朝鮮勞働運動の最近の發展	勞働者 2卷 9号(9월)
	우리로서 본 일본의 계급전선	이론투쟁 4호(11월), 미발굴
1928	1927년 조선 사회운동의 빛	조선일보(1.26~2.13), 10회

1926년 최익한은 일월회 기관지인 《사상운동》과 《대중신문》에 〈맑스 유물론적 변증법의 개설〉, 〈일월회의 민족운동으로의 방향 전환〉을 각각 발표하였다.15) 이를 바탕으로 그는 동년 8월 여름

1927년 코민테른 테제에서 비판받고 영향력을 잃게 되었다.
15) 일월회는 도쿄 유학생들이 1925년 1월 조직하여 1926년 11월 자진 해산한 사상단체로서 ML원전을 번역하고 그 이론을 소개하였다. 또 재일본조선노동총동맹의 결성을 주도한 후 국내로 진출하여 조선공산당을 장악하였다. 후쿠모토 이즘에 고무되어 경제투쟁에서 정치투쟁으로 방향을 전환하고, 대중운동과 공동전선을 통한 합법적 민족 단일당의 결성도 강조한 바 있다. 주요 인물은 김세연金世淵·안광천安光泉·최익한·한위건韓偉健·하필원河弼源·박낙종·이우적李友狄·김영식金泳植 등이다. 이석태 편, 《사회과학대사전》, 문우인서관, 1948, p438, pp536~7; 미즈노 나오키水野直樹, 〈신간회동경지회의 활동에 대하여〉, 《신간

방학 때 고향에 돌아와 울진 최초로 유물론 철학 강의를 할 수 있었다. 또 11월에는 일월회가 해체되기 직전이라 도쿄 유학생들과 신흥과학연구회를 창립하여 현대 사회를 과학적으로 연구하고 전일본학생사회과학연합회와도 제휴할 것을 결의하였다. 그리고 12월경에는 러시아의 사회 상태를 파악하기 위해 원산元山을 거쳐서 모스크바 동방노력자공산대학에 입학하려고 갔으나 언어불통으로 뜻을 이루지는 못하였다.

1927년 4월 최익한은 박낙종의 도쿄 하숙집에서 조선공산당에 입당한 후 박낙종·김한경金漢卿·한림韓林·강소천姜小泉 등과 함께 제3차 조선공산당 일본부를 조직하고 부서를 호선한 결과 조직부장이 되었다. 5월에는 종로 중앙기독교청년회관에서 열린 조선사회단체중앙협의회 창립대회(단체 292개, 대표자 282명 참석)에 재동경조선노동총동맹 대의원으로 참가하여 '중앙협의회의 상설 무용론'을 주장하였다.

> 세계의 정세와 조선의 형편을 보면, 벌써 사상단체는 그 임무를 다했다 하여 해체를 하는 한편으로 민족적 단일 정당을 필요로 하여 운동 방향이 전환기에 있음에도 불구하고, 벌써 1년 전에 제정한 기본강령과 선언을 가지고 상설기관으로서 중앙협의회를 두는 것은 맑스주의에 배치되는 것이다.16)

회 연구》(스칼라피노 외), 동녘, 1983, p115; 김인덕, 《식민지시대 재일조선인 운동 연구》, 국학자료원, 1996, pp58~75, p322; 박종린, 《일제하 사회주의사상의 수용에 관한 연구》, 연대 사학과 박사학위 논문, 2006, pp97~120.
16) 《동아일보》(1927. 5. 18).

여기서 '민족적 단일 정당'이란 신간회를 말한다. ML파 최익한은 공산당과 신간회의 단일한 민족통일전선을 구축하기 위해 서울파의 상설론(신간회 외에 별도로 중앙협의회를 상설기관화하는 것)을 반대하였다. 이는 코민테른의 지령을 대변한 것이며, 또 이른바 '방향전환론'은 후쿠모토이즘의 영향을 받은 것이다.17)

최익한은 중앙협의회 비상설론을 준비해 오면서, 이미 사상단체해체의 필요성을 강조하는 <사상단체 해체론>을 발표한 바 있다. 그는 조선무산자계급운동이 내적 발전의 필연에 따라 조합의 경제투쟁에서 정당의 정치투쟁으로 방향 전환기에 직면함으로써 사상단체는 아무런 실제적 가치를 가지지 못한다고 하였다.18)

결국 중앙협의회는 비상설화하기로 가결되어 의안 작성위원 7인이 피선되었다. 그중 ML파가 이우적李友狄·최익한·이평권李平權·김영식金泳植 4인으로 과반을 확보하였다. 위원들은 '조선무산계급투쟁의 전반적 전개에 관한 건, 파쟁의 청산에 관한 건, 전민족적 단일당 결성에 관한 건' 등 11개 안을 새로 작성하였으나, 일제의 검열에 걸리고 집회도 강제 해산되고 말았다.

동년 8월 최익한은 도쿄에서 '조선총독 폭압정치 폭로 연설회'(재일본조선노동총동맹·동경조선노동조합서부지부 주최)에 연사로 참석하여

---

17) 김준엽·김창순,《한국 공산주의 운동사·3》, 청계연구소, 1986, pp20~3, pp198~202; 김인덕, <조선공산당의 투쟁과 해산>,《일제하 사회주의운동사》(한국역사연구회 1930년대 연구반 편), 한길사, 1991, p63; 전명혁, <조선사회단체중앙협의회 성격 연구>,《한국민족운동사 연구》23권, 한국민족운동사학회, 1999, pp421~6; 전상숙,《일제시기 한국 사회주의 지식인 연구》, 지식산업사, 2004, pp127~9; 이석태 편, 앞의 책, p567.
18) <사상단체 해체론>,《이론투쟁》1권 2호(1927.4), 이론투쟁사, pp11~32.

검속되고, 신간회동경지회 모임과 동방무산청년연합대회 때에도 바로 검거되었다.19) 9월에 다시 귀국하여 경성지방법원에서 열린 '조선공산당 사건 101인 공판'에 대중신문사 대표로 방청하였고, 제3차 조선공산당 조직부장이 되었다. 책임비서 김준연金俊淵, 중앙위원 한위건韓偉健·안광천安光泉·양명梁明·최익한·하필원河弼源·김세연金世淵이었다. 11월에는 책임비서 김세연, 고문 양명, 선전부장 최익한으로 재편하고 파쟁 청산과 방향 전환의 실천을 위해 매일 회합하였다.20) 동월 중순경 최익한은 조선공산당을 대표하여 도쿄로 가서 코민테른 간부 존 페퍼21)를 만나 당대회 준비 자금과 지령을 전달받았다.

1928년 2월 제3차 조선공산당(세칭 ML당) 사건으로 종로경찰서에 검거되고 동년 4월 서대문형무소로 이감되어 여러 번 조사를 받았다. 당시 기록에는 '와세다대학 학생' 신분으로 되어 있으니, 결국 졸업은 못하고 제적된 것으로 보인다. 차디찬 곳에서 쉴 새 없이 심문에 부대끼며 독감으로 고생하다가 폐병에 걸리고 치질이 생겨 앉고 일어서기조차 불편하였다. 1931년 8월 경성지방법원에서 김준연·하필원·강동주姜東柱 등과 피고인 최고형인 징역 6년(미결구류 600일 산입)을 선고받았다.22)

---

19) 최익한은 그즈음 작성한 〈在日本朝鮮勞働運動の最近の發展〉에서 '조선총독 폭압정치반대동맹'이 머잖아 조직되리라 예상하였는데, 실제로 동년 9월 17일 결성되었다. 《勞働者》 2卷 9号(1927.9), p47; 《동아일보》(1927.9.20) 2면.

20) 제3차 공산당의 책임비서는 초대 김철수金鐵洙(1926.9.2~12.5), 2대 안광천 安光泉(~1927.9.20경), 3대 김준연金俊淵(~1927.11.2경), 4대 김세연金世淵 (~1928.2.2) 순이었다. * 괄호는 재임 기간.

21) John Pepper(1886~1938) : József Pogány. 유대계 헝가리인. 소련에 망명한 후 1927년 6월 코민테른 집행위원회 최고회의 간부로 선출되었다.

1932년 7월 서대문형무소에서 대전형무소로 사상범 기결수 25명이 이감될 때 대전역에 내리자 만세를 부르고 〈적기가赤旗歌〉를 합창하며 시위를 주도하였다. 이 사건으로 1933년 1월 경성복심법원에서 징역 1년 가형이 확정되었다. 일제강점기 때 기결수로서 재차 법의 적용을 받게 된 경우는, 최익한이 선도한 대전역 만세 사건의 피고인들이 최초였다.

그가 옥중에 있는 동안 모친 동래 정씨는 별세하였고, 동생 익래益來23)는 울진청년운동으로 체포된 후에 고문을 당하여 다리 불구가 되었으며, 동생 익채益采24)는 요절하였다. 또 장남 재소在韶25)와 차남 학소學韶26)가 울진적색농민조합 사건으로 각각 징역 2년 6월형과 3년형을 선고받았다. 최익한의 형제와 아들이 전부 민족해방과 사회주의를 위한 투쟁에 각고의 헌신을 다한 것이다.

22) 최익한은 1928년 2월 2일경 종로경찰서에 검거되었으니 30개월 이상 수감된 셈이나, 실제 판결에서는 미결구류일수 중 600일만 본형에 산입되었다.
23) 최익래(1903~1950) : 자는 덕일德一, 호는 청계淸溪. 1929년 울진청년운동으로 체포된 후 혹독한 고문을 당하여 절름발이가 되고 약 1년간 수감되었으며, 전답을 팔아 오랜 세월 형과 조카들의 옥바라지를 했다고 한다.
24) 최익채(1899~1931) : 자는 백수白受, 호는 고원高原. 1919년 서간도西間島에서 신병을 치료하며 조선독립단에 가입하고, 1920년 중동학교에 입학한 후 대종교大倧敎 활동을 하다가 1923년 요양하기 위해 울진으로 귀향하였다.
25) 최재소(1914~1937) : 자는 명보明甫. 서당 수학, 울진보통학교 졸업. 울진적색농민조합의 결성에 참여한 후 야학과 독서회 활동을 하다가, 1934년 검거되어 징역 2년 6개월형을 선고받고 1937년 복역 중 고문 후유증으로 옥사하였다. 2000년 8월 15일 건국훈장 애족장이 추서되고, 동년 9월 21일 국립대전현충원 애국지사묘역에 안장되었다.
26) 최학소(1916~?) : 호 관석冠石. 울진보통학교 졸업. 중동고보 중퇴. 1934년 형 재소와 함께 울진적농 사건으로 검거되어 징역 3년을 선고받았다. 1939년 그 농민조합의 후신으로 항일비밀운동단체인 창유계暢幽契를 결성하여 1943년 검거되었으나 탈옥하였다. 저서에 《농민조합조직론》(1946)이 있다.

3

최익한은 1936년 1월 대전형무소에서 만기 출소하였다. 그는 서
대문형무소와 김천金泉소년형무소에 복역 중인 두 아들 재소·학소
를 면회하고 고향 울진으로 돌아와서 다음과 같이 통곡하였다.

十載蘇郞白髮歸 10년 만에 소무蘇武인 양 백발로 돌아오니
歸如華表老丁威 학이 되어 돌아온 정령위丁令威런가.
金泉落日西城雪 우물가 해 지고 서쪽 성벽 눈 나리는데
彳亍徊徨敲鐵扉 가다 서다 헤매다 쇠문짝을 두드리네.[27]

1937년 3월 장남 재소가 출옥을 4개월 앞두고 살인적인 고문
후유증으로 함흥형무소에서 순국하였다. 향년 24세로 수감된 지
만 3년 만이었다. 최익한은 참척의 고통을 만시 <곡아 25절哭兒二
十五絶>로 승화하였다.[28] 또 그해 말부터 이듬해까지는 조선일보
사 출판부 촉탁직으로서 동 신문에 <한시만화漢詩漫話>, <역대사담
歷代史談>, <여말사화麗末史話>, <향토 문화를 찾아서> 등을 다수
연재하며 생계를 꾸려 나갔다. 오랜 투옥으로 가세가 이미 기운 상
태에서 문필 활동은 거의 유일한 호구책이었을 것이다.[29]

---

27) <곡아 25절哭兒二十五絶> 제15수,《조선일보》(1937. 4. 24); 최구소, <창해
학인의 곡아 25절시>,《울진문화》 5호(1990), p138; 한영규, <식민지 시기 한시
작가로서의 최익한>,《반교어문연구》 33집(2012), p130 참조.
28) 《조선일보》(1937. 4. 23~25)에 3회 연재되었다. 참척의 고통을 절절이 시적
으로 승화한 7언절구 25수로 최익한의 대표시이다. 그는 직접 함흥까지 가서
재소의 유해를 수습하여 고향으로 돌아와 선영에 묻었다.

1938년 12월~1940년 8월 그는 동아일보사 조사부장(정규직)으로 자리를 옮겨서 동 신문에 《여유당전서를 독함》, <전통 탐구의 현대적 의의>, <광주廣州 객산동客山洞 불상佛像·각자刻字 탐방기>, <종두술種痘術과 정다산 선생>, <사상史上 명인의 20세> 등을 게재하며, <한시모집>란을 통해 시제詩題를 내걸고 한시를 모집한 뒤 고선考選하였다. 여기에서 <전통 탐구의 현대적 의의>는 전통과 창조의 유기적 관계를 강조한 글인데, 최익한의 '다산 3부작'을 이해하는 데 있어 입문적 논설에 해당한다. 또 이와 동시에 집필한 《여유당전서를 독함》은 책으로 나오진 않았으나, 훗날 《실학파와 정다산》에 거의 다 반영되어 더 전면적이고 과학적으로 심화 연구할 수 있는 초석을 이루었다.30)

《여유당전서를 독함》은 '최초의 다산학 개론서'이다. 그 특징은 '상업성·개량성·종합성'에 있다. 최익한은 봉건적 관료학자 다산을 개량적 공상가로 구출하기 위해 실학이란 탈을 씌웠다. 이는 당시 일본 유학파 안재홍安在鴻·백남운白南雲 등의 언설과도 비스름한데, 하나같이 《여유당전서》 간행에 발맞춘 일시적 담론이었다.

1940년 8월 최익한은 '동아일보 폐간사'를 써 달라는 청탁을 받았지만 가식과 허위의 글을 쓸 수 없다며 거절하였고, 신문이 강제 폐간된 후 총독부의 전직 알선이 있었으나 역시 불응하면서

---

29) 창신정昌信町(현 창신동) 산비탈의 협소한 집(건평 16평)에서 가족 약 8명이 함께 살았다. 바로 이곳에서 창해의 《여유당전서를 독함》과 학소의 《농민조합 조직론》이 집필되었다.

30) 《동아일보》에 <전통 탐구의 현대적 의의>가 5회 연재되고(1939. 1. 1~1. 7), 《여유당전서를 독함》이 64회 연재된 후(1938. 12. 9~1939. 6. 4), 《실학파와 정다산》은 평양 국립출판사에서 1955년 8월 25일 발행되었다.

자유 구직을 표방하였다. 취직은 불가하고 생활이 곤란하자 신문사 퇴직금으로 1941년 봄부터 1944년 11월까지 동대문 밖 창신정 집 부근에서 '가정용 주류 소매업'(술집)을 운영하였다. 그는 약 3년 9개월간 비록 가동家僮(술통 배달하는 사내종) 1명은 부렸지만, 조금은 육체노동을 거들지 않았을까 한다. 벌써 그는 1920년대에 하숙집을 경영하고, 30년대에는 봉투직공으로도 복역한 바 있는데, 또한 50년대 전시하에서는 건설 및 영농 사업에도 노력 동원된 듯하다. 이러한 일련의 노동이 물론 의식적 실천은 아닐지언정 그가 온실 속의 관념에서 벗어나 강철처럼 사상을 단련시키는 경험적 계기로 작용하였을 것이다.31)

1945년 8월 15일 최익한은 동대문 밖 모처32)에서 ML파 박낙종·하필원·이우적·이청원李淸源33) 등과 고려공산당 조직위원회를 구성하고, 이튿날 종로 장안빌딩에서 결성된 조선공산당 장안파로 합류한 후, 박헌영朴憲永계 재건파와의 통합에는 반대하였다. 그는

---

31) 〈변백장〉, 《조선공산당문건자료집》, 한림대 아시아문화연구소, 1993, pp177~8; 〈판결문〉(소화 7년 형공刑控 제484호), 관리번호 CJA0000605, 국가기록원; 《김일성종합대학 10년사》, 김일성종합대학, 1956, pp73~100 등 참조.

32) 동대문구 창신정(현 종로구 창신동) 최익한의 집이라는 설이 있다. 이기하 외, 《한국의 정당》, 한국일보사, 1987, p59. 최익한의 조카 최국소는 해방 직전의 최익한 집을 100여 평 되는 기와집으로 술회한 바 있는데, 아마도 그 집일 가능성이 높다. 최국소, 〈순국열사 최재소 종제의 넋두리〉, 《함께 보는 우리 역사》 85집(2000), 역사학연구소, p28 참조.

33) 이청원(?~?): 본명 李靑垣. 최익한의 맏사위. 함남 풍산豊山의 빈농 집안 출신으로 보통학교를 졸업한 후 일본 대학에 유학하여 동경에서 조선공산당 재건운동을 하다가 체포되어 약 3년간 투옥되었다. 1946년 북으로 돌아가서 조선력사편찬위원회 위원장, 김일성종합대학 문학부 사학과 교수, 조선로동당 중앙위원회 후보위원 등을 역임하였으며, 1957년 숙청되었다. 더 자세한 것은 p873 각주 29 볼 것.

<현계단의 정세와 우리의 임무>에서 프롤레타리아혁명 단계론을 주장하며, 재건파의 부르주아민주주의혁명 단계론이 우경 오류에 빠져 있다고 논박한 것이다.34) 9월 30일~10월 15일에는 이영李英과 함께 장안파 노선을 인정받기 위해 평양을 방문하였다. 그러나 10월 13일 평양에서 개최된 '서북 5도당 책임자 및 열성자 대회'에서 그들의 활동과 이론은 격렬한 규탄을 받았다.

> 이영·최익한 일파의 활동은 당의 통일을 붕괴시키는 것이며, 그들이 주장하는 이론은 현하 국제 정세와 조선 현실을 정당히 파악치 못한 좌경적 견해의 트로츠키적 이론 근거를 가진 소부르주아지 이데올로기로 움직이는 소부르주아 영웅주의적 행동인 동시에 당의 노선과 대열을 분열시키려는 부정분자의 행동이라고 지적한다.35)

이는 결정서로 채택되었는데, 김일성金日成의 입장과 박헌영의 8월 테제와 스탈린의 9월 20일자 지령에 부합되는 것이었다.36) 장안파는 서북 5도당 대회에서 패배한 후, 소부르주아적 근성인 극좌주의적 편향을 인정하고 부르주아민주주의혁명 단계론으로

---

34) 이에 대해 자세한 것은 심지연,《조선혁명론 연구》, 실천문학사, 1987, pp40~69; 이완범, <해방 직후 공산주의자들의 혁명 단계론>,《정신문화연구》 112호 (2008), 한국학중앙연구원, pp5~40 볼 것.

35) <정치 노선과 조직 확대 강화에 관한 결정서>,《해방일보》(1945.11.5).

36) 이완범, 앞의 글, p24; 류승완,《이념형 사회주의》, 선인, 2010, pp267~8; 김국후,《평양의 소련군정》, 한울아카데미, 2008, pp101~2, p120; 안문석, <해방 직후 북한 국내 공산 세력의 국가건설전략>,《통일정책연구》 22권 2호(2013), 통일연구원, p114 참조.

노선을 수정하는 한편, 정권수립과 통일전선 또한 우경향 전술로 급선회하였다.[37] 결국 11월 23일 장안파는 결성된 지 딱 100일 만에 해체 선언을 함으로써 재건파에 통합되고 말았다.

최익한은 광복 후에 장안파 활동으로 가세가 더 기울어서 1946년에는 혜화동 산동네로, 남산골 셋집으로 계속 전전하게 되었다. 익한의 조카 국소國韶(익래의 차남)가 기록한 당시 상황을 정리하면 다음과 같다.

> 광복이 되고 큰댁은 혜화동의 15~6평 되는 방 3개짜리 아주 작은 집으로 이사 갔는데, 혜화동 보성중학교(현 서울과학고 자리)가 내려다보이는 언덕이었습니다. 마당에는 책을 높이 쌓아서 가마니로 덮어 둔지라 마당이고 마루고 방이고 어디에도 발을 들여놓을 곳이 없는 집에서 10여 식구가 살았습니다. 어릴 적 필자의 눈에도 이전 집과 너무나 비교되어 을씨년스러운 큰댁 살림살이는 서글펐습니다."[38]

오랜 옥바라지로 전답은 대부분 처분되어 버렸다. 해방 직후 최익한은 조선건국준비위원회 조사부장, 조선인민공화국(건준 후신) 법제국장으로 선출된 적도 있지만, 그것은 한시직이라 살림에 별로 보탬이 되지 않았다. 또 재건파 박헌영과 대립하다가 중앙간부 인사에서 배제됨으로써 수입원은 차단되었던 것이다.

---

37) 〈정권수립과 민족통일전선에 관한 결정〉, 《혁명신문》(1945.10.16).
38) 최국소, 〈순국열사 최재소 종제의 넋두리〉, 《함께 보는 우리 역사》 85집(2000), 역사학연구소, p28.

1946년 2월 그는 29개 단체로 발기된 민주주의민족전선(민전) 준비위원회의 중앙위원으로서 기획부장에 뽑히고, 이어 민전 상임위원회에서 김원봉金元鳳·이강국李康國·허성택許成澤·임화林和 등과 함께 전형위원으로 선출되었으며, 40여 정당·사회단체로 조직된 반파쇼공동투쟁위원회(반파쇼)에서 부위원장으로 피선되었다. 동년 4월 서울시 민전 결성대회에 반파쇼 대표로 참석하여 미소공위에 감사문을 보낼 것, 군정 당국에 경찰이 민주주의 진영을 탄압하지 말도록 결의문을 보낼 것, 이승만에게 인민의 눈에 모래를 뿌리는 따위의 반동적 언사를 삼가라는 경고문을 보낼 것 등 3건을 만장일치로 가결한 뒤에 축사를 하였다. 동년 10월 공산당(대회파)·인민당(31인파)·신민당(반중앙파) 3당 합동으로 사회노동당(사로당)이라 칭하고 합당 결정서를 발표하였다. 이른바 '대회파'는 반박헌영파로서 강진姜進·서중석徐重錫·김철수金綴洙·이정윤李廷允·김근金槿·문갑송文甲松·윤일尹一·이영·최익한 등으로 구성되었다. 3당 합당 과정에서 좌익은 남로당과 사로당으로 분열 대립하였으나, 결국 남로당이 주도권을 장악하여 사로당은 머잖아 해체되고 말았다.39)

　1947년 2월 사로당을 탈당한 최익한은 문갑송과 함께 브라운 소장과의 회담에서 대구인민항쟁 관련인 16명에 대한 사형 구형의 부당성을 지적하고, 친일파·민족반역자의 숙청을 요망하였다. 동년 5월 해체된 사로당계를 중심으로 다시 만든 근로인민당(근민당)의

---

39) 대회파는 '9월 총파업'과 '10월 인민항쟁'을 반대하며 투쟁 전선에서 이탈함으로써 그만큼 인민들로부터 신뢰를 잃게 되었다. 김남식, 《남로당 연구》, 돌베개, 1984, p259; 정용욱, 〈조선공산당 내 '대회파'의 형성 과정〉, 《국사관논총》 70집(1996), 국사편찬위원회, pp67~70 참조.

결당대회에 참석하고, 25일 중앙위원회 상임위원으로 선임되었다. 동년 8월 근민당 간부로서 중부서中部署에 피검되어 10여 일 넘게 구금되기도 하였다.

4

1948년 4월 최익한은 평양에서 열린 남북연석회의에 근민당의 일원으로 참가한 후 가족과 함께 북에 계속 머물렀다. 미군정 치하에서 수차 검거 구금되며 신변의 위협을 느낀 것으로 보인다. 특히 '정판사精版社 사건', '10월 인민항쟁' 등을 빌미로 미군정의 공산당 탄압이 더 강화되었기 때문이다. 동년 8월 그는 해주에서 열린 남조선인민대표자대회에서 제1기 조선최고인민회의 대의원으로 선출되어 9년간 재임하였다. 1949년경부터는 김일성종합대학 조선어문학부 조선문학과 부교수로서 조선고전문학을 강의하며, 과학원 조선어 및 조선문학 연구소(1956년 언어문학연구소로 개칭) 연구사를 겸임하였다.

1948년 6월 그는 논문 〈조선 명장론〉(을지문덕 장군 편)을 작성한 다음 동년 11월 《력사 제문제》 2집에 발표하기 시작하여, 연개소문·강감찬·이순신 장군 편도 연재하였다.40) 여기에 김유신·곽재우

---

40) 〈조선 명장론〉은 《력사 제문제》에 '성해成海'라는 필명으로 6회 연재되었다.
　① 을지문덕장군편, 3집(1948.11.5)　　② 연개소문장군편, 4집(1948.12.31)
　③ 강감찬장군편, 5집(1949.4.25)　　④ 리순신장군편(상), 6집(1949.5.5)
　⑤ 리순신장군편(중), 7집(1949.6.20)　⑥ 리순신장군편(하), 8집(1949.7.5)
　최익한은 일제강점기 때 자호인 '창해滄海'로 창씨한 바 있어, 아호를 '성해'로 바꾸었을지도 모른다. 또 《력사 제문제》를 발행하는 조선력사편찬위원회 위원

장군 편을 더 추가하여 《조선 명장론》(1955)을 출간하고 《조선 명장전》(1956)으로 재간하였는데, 6인의 명장전 중 '이순신 장군전'은 절반이나 차지할 정도로 중시되었다.41)

1949년 5월~1950년 5월 그는 《력사 제문제》에 〈3·1운동의 력사적 의의에 대한 재고찰〉, 〈조선류교사상 발전에 대한 력사적 고찰〉, 〈고대조선문화와 류교와의 관계〉도 발표하였다.

〈3·1운동의 력사적 의의에 대한 재고찰〉에서 3·1운동은 장차 도래할 노동자·농민을 중심으로 하는 혁명운동에 대한 서막이었고, 사회주의사상운동을 준비하는 전제적前提的 계기였으며, 광대하고 확실한 인민대중의 정치적 각성과 조직적 단결을 배양하고 제고하는 미증유의 새로운 단계였다고 평가되었다.42)

〈조선류교사상 발전에 대한 력사적 고찰〉은 유교의 봉건성과 공자의 보수성을 비판한 논문으로 《실학파와 정다산》에 일부 반영되어 《여유당전서를 독함》과의 가교 역할을 하였다. 그는 유교를 비판하되 전적으로 부정하지는 않았다. 이 논문의 속편인 〈고대

장이 사위 이청원이라 신중한 처신이 요구되었을 법도 하다. 《력사 제문제》 6집에 〈3·1운동의 력사적 의의에 대한 재고찰〉은 '최익한'으로, 〈조선명장론-리순신장군편(상)〉은 '성해'로 발표하였는데, 이는 한 잡지에 논문 두 편을 싣는 경우 이름과 호를 병용하는 관례에 따른 것이다.

한편 최익한은 나중에 〈강감찬장군편〉을 논문 〈거란의 무력 침략을 반대하여 고려 인민의 조국 전쟁을 승리적으로 조직 지도한 강감찬 장군〉(《인민》 10호, 민주조선사, 1951)으로 개작하고, 위인전 《강감찬 장군》(민주청년사, 1955)으로 윤색하여 내기도 하였다.

41) 〈해방 후 10년간에 발표된 력사 론문 및 단행본 목록〉, 《력사과학》 8호(1955), 과학원 력사학연구소, p128; 송찬섭, 〈월북 이후 최익한의 학문과 집필활동〉, 《역사학 연구》 70호(2018), 호남사학회, pp78~83.

42) 〈3·1운동의 력사적 의의에 대한 재고찰〉, 앞의 책, p97.

조선문화와 류교와의 관계>는 조선유교사 차원에서 고조선부터 고구려까지 다루었는데, 그다음 통일신라의 유교에 대한 논술은 6·25전쟁으로 중단되고 말았다.

최익한은 전쟁 직후 서울에 잠시 들르고 1950년 10월 김일성대 교원단과 함께 평양을 떠나 매일 백 리 길을 걸어서 안주安州·박천博川·태천泰川·대유동大楡洞을 거쳐 초산楚山으로 후퇴하였다가 압록 강을 건너 중국 지안集安까지 피난을 간 듯하다. 이후 미군의 무차별 맹폭 속에서도 평양 인근으로 복귀하여 전 학생과 교직원들이 영농 및 건설사업에 적극 참여하여 식량·건물을 자체 조달하였다. 즉 대학 전체가 배우면서 일하고 일하면서 배운 것이다.43)

그는 김일성종합대학 어문학부 부교수로서 1952년 정부 기관지 《인민》에 '최성해'라는 필명으로 <근세 조선 '실학' 발전사 개론>, <조선 근세 '실학'의 대성자 정다산의 진보적 사상 및 학설에 대한 개론>을 게재하였고, 특히 후자는 1953년 동대학에서 <정다산의 이상 사회와 그 역사적 제약성>이라는 제목으로 특강하였다. 뒷날 이 논문들은 모두 《실학파와 정다산》에 수록되었다. 그는 1954년 4월 평양에서 열린 최고인민회의 제1기 7차 회의에 대의원으로 참가하여 의안 <1954~1956년 인민경제복구발전 3개년 계획에 관하여>를 토론한 바 있으며, 그 후 평론 <정다산과 문학>을 발표하고, 공저 《조선 봉건 말기의 선진학자들》과 공역 《연암 작품선집》도 출간하였다.44)

---

43) 《김일성종합대학 10년사》(앞의 책), pp75~93.
44) 《조선 봉건 말기 선진학자》는 1955년 신조선사에서 중문판과 영문판도 간행되었고, 최초의 연암 선역본인 《연암 작품선집》은 1956년 조선작가동맹출판사

1955년 8월 최익한은 그간의 연구 성과를 집대성하여 필생의 역작인 《실학파와 정다산》을 세상에 내놓았다. 이는 최초의 다산 연구서로서 이듬해 12월 어문학 학사학위 논문으로 제출되어 그 해박한 지식과 심오한 과학성에 대해 높은 평가를 받으며, 역사학·경제학 분야에도 공헌한 것이 인정되었다. 《실학파와 정다산》은 단순히 일개 학위 논문이 아니라 그의 모든 이론과 실천을 융합하여 전면성을 확보한 불세출의 걸작이다. 한결같이 '다산 3부작'에 주력하였던 유일한 고전문학자로서의 진정성이 농밀한 문체와 광범한 내용 속에서 선명하고 다채롭게 발현된다. 그는 다산 연구의 개척자로서 다산학의 중요한 사회과학적 의미를 거의 다 읽어 냄으로써 장래 다산학을 독보적 위치로 격상시키는 데 주춧돌을 놓았다. 그러나 다산의 계급적 본질을 적실히 전달하지 않고 거꾸로 은폐·왜곡하여 다산을 영웅화하는 '반인민적' 방향으로 뒷걸음친 것은 《실학파와 정다산》의 근본적인 한계라 할 수 있다.

또 그는 전기물로 《조선 명장론》, 《강감찬 장군》을 펴내고, 논문 〈조선문학사와 한문문학〉, 〈정다산의 시문학에 대하여〉, 〈연암 박지원의 사상적 및 문학적 지위—그의 서거 150주년을 기념하면서〉 등도 발표하였으니, 뒤늦게나마 학문적 전성기를 이룬 셈이다. 그중 〈정다산의 시문학에 대하여〉는 김일성종합대학 8·15해방 10주년 기념 과학 콘페렌치야(1955.10.27)에서 보고하고, 1956년 4~8월 과학원 기관지 《조선어문》에 3회 연재한 긴 논문으로서 1957년 역주본 《정다산선집》을 내는 데 밑바탕이 되었다.

에서 《연암 박지원선집》으로 증보 출판되기도 하였다.

1956년 4월 7일 저녁에 과학원 주최로 진행된 정다산 서거 120주년 기념대회에서 최익한이 번역한 다산시 <솔 뽑는 중僧拔松行>, <범 사냥獵虎行>과 산문 <감사론監司論>이 낭송되고, 《로동신문》에도 일부 게재되었다. 동년 5월에 《연암 박지원선집》이, 7월에는 《재판 받는 쥐》(《서옥설鼠獄說》 역주본)가 출판되었다.

1957년 최익한은 안함광安含光·한효韓曉 등과 함께 과학원 언어문학연구소 문학연구실의 연구사로서 《조선문학통사》를 집필하고, 2월 28일 박지원 탄생 200주년 기념으로 <박연암의 문학과 시대정신>, <연암의 사상과 문학>을 발표하며, 6월에 《정다산선집》을 역주 발간하였다. 이로써 《여유당전서를 독함》, 《실학파와 정다산》과 함께 최초로 '다산 3부작'이 완성된 것이다.

《정다산선집》은 신조본 전서에서 시 68편, 산문 55편을 선별·역주한 책으로 최초의 다산 시문 번역서이다. 최익한은 당의 문예정책에 따라 민족 문화의 전통을 옳게 계승 발전시키기 위해 맑스·레닌주의적 원칙에 입각하여 고전 번역을 수행하였다. 이는 민족문학을 형성하는 민족어로 인민 대중의 문화적 요구를 최대한 충족하려는 문화 교양 사업의 일환이었다. 빼어난 시적 감성으로 옛말·방언·북한어·우리말 등의 민족어를 다양하게 구사한 데에 그의 번역의 우수성이 있다. 또 엄밀한 용어 선정과 정확한 화폐 단위 번역도 돋보인다. 그는 오랫동안 전서를 읽으면서 <다산 연보>를 완성한바, 비로소 그 연보를 활용하여 다산의 작품 배경을 제대로 설명하였다. 그러나 원문의 본뜻을 무시한 채 윤색하거나 심지어 원문에 없는데도 의역을 덧붙여서 다산의 복고적 보수성을 근대적 진보성으로 개변시킨 것은 심각한 왜곡이다.

그는 동년 9~10월경 최창익崔昌益·박창옥朴昌玉 등이 주동한 '8월 종파사건'에 연루되어 숙청된 것으로 보이며, 몰년은 정확히 알 수 없으나 1970년대 초에 타계하였다는 설이 있다. 8월 종파사건은 1956년 8월 조선로동당 중앙위원회 전원회의에서 최창익·서휘徐輝·윤공흠尹公欽·고봉기高峯起 등 연안파와 박창옥·김승화金承化 등 소련파가 결집하여 김일성 개인숭배를 비판하며 그를 축출하려고 계획한 반김일성 운동인데, 북한 역사상 유일무이하게 조직적으로 김일성의 절대 권력에 도전한 사건이다.45) 최익한은 최창익 일파의 숙청이 문예 분야로까지 확대되는 과정에서 연루된 듯하다. 그들은 와세다대 선후배 사이로 제3차 조선공산당 중앙위원이었고, 북한 학계와 정계에서도 같이 활동하였기 때문이다.

우리 문학계에서 각종 유파의 반동적 문학 이론을 성과적으로 격파하기는 하였으나, 그 여독은 아직도 완전히 청산되지 못하였다. 뿐만 아니라, 문학을 비롯한 일부 과학 부문에는 8월

---

45) 8월 종파사건에 대해서는 유성철, 《증언 김일성을 말한다》, 한국일보사, 1991, pp181~5; 여정, 《붉게 물든 대동강》, 동아일보사, 1991, pp80~7; 안성규, <중국 망명한 연안파 거물들의 한과 충격 증언>, 《월간중앙》(1994년 5월호), 중앙일보사, pp556~569; <8월 종파사건의 전모>, 《WIN》(1997년 6월호), 중앙일보사, pp148~154 등의 증언·비망록과 이종석, <김일성의 '반종파투쟁'과 북한 권력구조의 형성>, 《역사비평》(1989년 가을호), 역사비평사, pp256~263; 서동만, <개인숭배 비판과 '8월 종파사건>, 《북조선 사회주의체제 성립사》, 선인, 2005, pp529~589; 김성보, <1950년대 북한의 사회주의 이행논의와 귀결>, 《1950년대 남북한의 선택과 굴절》, 역사비평사, 1998, pp351~386; 백준기, <정전 후 1950년대 북한의 정치 변동과 권력 재편>, 《현대 북한 연구》 2권 2호, 경남대 북한대학원, 1999, pp9~66; 심지연, 《최창익 연구》, 백산서당, 2009, pp161~8; 과학원 력사연구소, 《조선통사(하)》, 과학원출판사, 1958, pp505~7, p516(면수는 1988년 도서출판 오월본에 따름) 등의 논문·도서 참조.

전원회의에서 폭로·규탄된 최창익을 두목으로 하는 종파분자
들에게 추종하면서, 당의 문예 및 과학 정책을 왜곡·훼손시킨
자들도 있다.

지난 시기 《조선어문》에 발표되었던 논문 <정다산의 시문학>
또는 <조선문학의 개화 발전을 위한 조선로동당의 투쟁>이 바
로 이런 영향을 입은 것들이었다. 이 논문들은 민족 문화 유산
을 옳게 계승 발전시키라는 당의 정책을 왜곡하였으며, 문예
부문에 대한 당의 정책을 비속화하였다. 따라서 이들 종파분
자들이 뿌려 놓은 반당적 이론과의 투쟁이 특히 급선무로 제
기된다.46)

<정다산의 시문학>은 앞에서 언급한 최익한의 논문 <정다산의
시문학에 대하여>를 가리킨다. 원래 이 글은 벌써 1955년 12월
조선어 및 조선문학 연구소의 3년 총화회의에서 "민족 문화 유산
의 옳은 계승을 위한 문제를 구체적 자료를 통해서 제기한 것이었
다"고 긍정적으로 평가된 바 있다.47) 그런데 그가 반당 종파분자

---

46) <위대한 사회주의 10월 혁명과 조선 어문학>, 《조선어문》 6호(1957), 과학원,
pp3~4. 이는 그 규탄적 성격으로 보아 최익한이 숙청된 직후에 나온 비판으로
보인다. 자세한 것은 본서 <창해 최익한 연보 소고> p830 볼 것.

47) <과학계 소식>, 《조선어문》 1호(1956), 과학원 조선어 및 조선문학 연구소,
p98. 또 최익한은 이미 <조선문학사와 한문문학>, 《력사과학》 1호(1955)의 첫
머리 p9에서 "민족적 형식과 사회주의적 내용으로서 우리 영웅 조선을 묘사하고
고무 추동하는 문학의 임무는 실로 고상하고 중요한 것이다. 따라서 당적—김
일성 동지의 문학 노선에 정확히 의거하여 우리 조국의 문학사를 완성하고 문학
발전의 합법칙성과 그 유구하고 풍부한 전통을 천명하며 그 우수한 유산을 옳게
계승하는 것이 또한 중요한 임무의 하나이다"고 밝혔다. 이는 당의 문학 노선에
따라 민족 문화 유산을 바르게 계승하겠다는 자기 의지를 표시한 것이었다.

로 숙청되자마자 이제는 당의 정책이란 미명하에 부정적으로 정반대의 비판이 가해진 것이다. 비판 자체가 단지 8월 종파사건 이후 정치적 숙청의 일환으로 급조된 추세적趨勢的 비난이라, 당 정책에 대한 어떤 이론적 해명도 없이 일개인에게 책임만 전가하는 선동성 발언에 가깝다고 할 수 있다.[48]

5

최익한은 1897년 천석꾼 지주의 아들로 태어나 1918년까지는 유교적 보수성을 삶의 기반으로 하여 별다른 어려움 없이 자랐다. 그러나 그는 1919년 3·1운동 직후 스승 면우 곽종석이 파리장서 사건으로 투옥되자 옥바라지를 하면서 식민지 지식인의 책무를 심절히 깨달은 듯하다. 곧바로 그가 독립군자금 모집을 감행하여 서대문 감옥에서 2년 넘게 징역을 살았기 때문이다.

그는 중동학교를 마치고, 1925년(29세)에야 와세다대학 전문부 정치경제과에 입학하였다. 일월회·신흥과학연구회·재일본조선노동총동맹·신간회동경지회와 조선공산당 일본부에서 활동하며 국내로 들어와 조선공산당 조직부장·선전부장이 되었다.

---

48) 당시 북한 문학계에서는 당의 문예 정책에 대한 심오한 연구의 필요성을 제기하였고, 나중에 사회과학계에서도 "당 정책과 결정들을 깊이 연구하며 제때에 이를 이론적으로 해명"할 것을 강조하였다. <위대한 사회주의 10월 혁명과 조선 어문학>, 앞의 책, p4; <학계소식: 사회과학 부문 연구 사업에서 당 정책의 관철을 위한 사회과학자 협의회>, 《력사과학》 3호(1959), p85 참조. 최익한의 숙청·몰년에 대해 자세한 것은 본서 <창해 최익한 연보 소고> pp829~837, pp 858~861 볼 것.

최익한은 《대중신문》을 주간하고 잡지 《사상운동》을 공개하여 조선 내 각파 단체에 통고하였다. 이로써 운동에 대한 자기 노선을 표명케 하여 무원칙한 파쟁으로부터 원칙적인 이론투쟁의 길을 열었다. 박낙종의 주도로 조선공산당 일본부, 고려공산청년회 일본부를 재설치하여 노조운동과 청년운동을 대중적으로 발전시키고, 신간회동경지회 활동도 국내와 발맞추어 전개하였다.[49]

일월회계 ML파는 파쟁의 무원칙을 지적 폭로하고 무산계급운동의 통일과 방향 전환을 제창한 이론투쟁으로 조선공산당을 장악하였다. 이후 서울 구파가 소집한 조선사회단체중앙협의회는 해체되어 버렸다. 군소 사상단체도 해체됨에 따라 ML당은 정치투쟁에 집중하고 민족협동전선을 전개하며 신간회를 결성하는 등 당 지도 투쟁에서 획기적 신단계로 접어들었다.[50]

이 시기 최익한은 학생 신분의 ML이론가로서 주로 출판·강연을 하며 이론투쟁에 전념하였다. 그의 논문 <在日本朝鮮勞働運動の最近の發展>은 당시 재일조선인의 노동 환경 자료를 정리한 것으로는 특히 주목할 만한 의의가 있지만, 현장 활동을 하지 않은 서재파 맑시스트サロン·マルキスト의 관념적 한계도 동시에 드러내고 있다 하겠다. 이는 물론 유생에서 갓 벗어난 초기 공산주의자에게 무리한 지적이긴 하나, ML파에 대한 모든 비판이 사실 이와 관련된 것이므로 결코 간과할 수 없는 문제이다.

ML파가 경제투쟁에서 정치투쟁으로 방향 전환을 내세우며 노동운동을 민족운동에 편입하려 한 것은 중대한 비혁명적 오류이다.

---

49) 이 부분은 최익한의 자평으로 보인다. 이석태 편, 앞의 책, p567.
50) 이 대목도 ML파의 자평으로 보인다. 이석태 편, 앞의 책, p438.

이러한 소부르주아 인텔리 중심의 합법적 개량주의적 운동은 노동 현장과 동떨어진 채 경제투쟁과 정치투쟁을 기계적으로 분리하고 노동 대중에 기반을 두지 않았다는 점에서 또 다른 파벌투쟁을 당 내부로 끌어들인 것이라 할 수 있다.[51]

최익한은 조선공산당(ML당) 사건으로 1928년 2월 체포되어 근 8년 만인 1936년 1월 대전형무소에서 만기 출소하였다. 출옥 후 그는 사회주의운동을 접고 조선일보사와 동아일보사에 취직하여 주로 고전 문화에 대한 글을 다수 연재하며 생계를 꾸려 나갔다. 그중 《여유당전서를 독함》은 나중에 《실학파와 정다산》으로 계속 심화되었다는 면에서 다산 연구를 일정한 규모와 체계로 개시한 데 그 의미가 작지 않다.

《동아일보》가 폐간되자 그는 1941년 봄부터 1944년 11월까지 술집을 운영하였다. 주류업은 사상보호관찰소의 알선에 의한 것이 아니라 '자유 구직'과 '자력 생계'에 의한 것이니 그의 말대로 정당 하다고 볼 수도 있다. 그러나 그가 1943년 《춘추》에 발표한 〈충의 忠義의 도道〉, 〈유교와 연성鍊成〉은 소극적인 부일문附日文으로 판단 되므로 불순하고 무책임한 곡필이 아닌가 한다.[52]

해방 당일, 즉 8월 15일 최익한은 공산주의운동을 재개하였다. 10년 가까이 운동을 중단한 과거를 감안하면 정말 재빨리 착수한 셈이다. 그는 장기간 투옥으로 사회주의를 내심 포기할 수 없었을

---

51) 김익진, 〈운동 노선을 통해 본 한국의 노동운동〉, 《한국 노동운동론·1》(김금수·박현채 외), 미래사, 1985, pp80~8; 이애숙, 〈이재유그룹의 당재건운동〉, 《일제하 사회주의운동사》(앞의 책), p173; 김경일, 《이재유, 나의 시대 나의 혁명》, 푸른역사, 2007(1993 개정판), p50; 이석태 편, 앞의 책, p264.

52) 자세한 것은 본서 〈최익한 친일설〉 pp797~818 볼 것.

듯하고, 또 자기 술집을 중심으로 옛 동지들과 연락되어 최소한의 담론만은 형성된 것인지도 모르겠다.

그는 장안파→대회파→사로당→근민당에서 정치 활동을 하며, 박헌영계의 재건파→간부파→남로당과 시종일관 대립하였다. 무엇보다 그가 출옥 후 운동에서 이탈하여 생업에 종사하느라 이념적으로는 훨씬 더 후퇴하지 않았나 싶다. 엄밀히 말해 그 대립은 1920년대 파벌투쟁의 연장으로 프롤레타리아적 기초가 없는 소부르주아 인텔리의 관념적 운동의 필연적 귀결이다. 가장 혹독하였던 일제 말 전시체제에서는 운동 경험이 전혀 없다는 점도 문제시된다. 어쩌면 해방 직후 백가쟁명百家爭鳴의 정치적 혼란 속에서 그의 계급적·사상적 제한성이 여실히 노정되었다고 하겠다. 그는 유학적 지식인으로서 사회개량주의를 개량적으로 받아들여 그 이론 본위의 운동을 시도한, 이른바 '온건 좌파'였던 것이다. 그에게 혁명은 언제나 요원한 길이었다!

1948년 4월 최익한은 가족과 함께 월북하여 고전문학자로 활동하였다. 조선최고인민회의 대의원, 김일성종합대학 조선어문학부 조선문학과 부교수, 과학원 조선어 및 조선문학 연구소 연구사를 겸임하였다. 1957년까지 9년 남짓한 북한에서의 연구는, 최초로 다산 연구에 일대 획을 그었던 《실학파와 정다산》,《정다산선집》 두 권으로 요약될 수 있다.

1949년 11~12월 《력사 제문제》에 2회 연재한 <조선류교사상 발전에 대한 력사적 고찰>은 유교의 봉건성과 공자의 보수성을 비판한 논문인데,《실학파와 정다산》에 일부 반영되어 《여유당전서를 독함》과의 가교 역할을 하였다. 그는 유교를 비판하되 전적으로 부정하지는 않았으나, 유교사상의 잔재를 청산할 수 있는 과학적 방법을 다음과 같이 제시하였다.

> 봉건적 질서를 반영하는 유교사상은 그것이 다만 계급의 교체를 본질로 한 부르주아민주주의에 의해서 결코 청산되지 않고 오직 계급의 소멸을 지향하는 프롤레타리아적 민주주의 내지 인민적 민주주의의 혁명에 의해서만 깨끗이 퇴치될 수 있는 것이다.53)

그는 프롤레타리아 혁명으로만 봉건적 유교사상을 척결할 수 있다고 강조한다. 지주나 귀족의 사상이 그 물적 토대가 완전히 전복되지 않는 한에는 여전히 하나의 찌꺼기로 남아 있는 것처럼 유교사상의 잔재도 그 봉건적인 물적 토대가 완전히 소탕되지 않는 한에는 어떠한 후퇴적인 이데올로기에서나 그 잔명을 의탁하려 하기 때문이라는 것이다.

1952년 최익한은 《인민》지에 <근세 조선 '실학' 발전사 개론>, <조선 근세 '실학'의 대성자 정다산의 진보적 사상 및 학설에 대한 개론>을 발표한 후, 뒷날 모두 《실학파와 정다산》에 수록하였다. 1954년에는 의안 <1954~56년 인민경제복구발전 3개년 계획에 관하여>(최고인민회의 제1기 7차 회의)를 토론한 바 있고, 또 평론 <정다산과 문학>을 발표하며, 공저 《조선 봉건 말기의 선진학자들》과 공역 《연암 작품선집》도 출간하였다.

---

53) 《력사제문제》 12집(1949), 조선력사편찬위원회, p108.

1955년 그는 필생의 역작 《실학파와 정다산》을 세상에 선보여 뒤늦게나마 학문적 전성기를 이루었다. 전기물로 《조선 명장론》, 《강감찬 장군》을 펴내고, 논문 <조선문학사와 한문문학>, <정다산의 시문학에 대하여>, <연암 박지원의 사상적 및 문학적 지위> 등을 발표하였다. 1956년에도 《조선 명장전》, 《연암 박지원선집》, 《재판 받는 쥐》, 《우리나라 명인들의 이야기》 등의 저술을 잇따라 내놓았다.

1957년 <정다산의 시문학에 대하여>를 바탕으로 《정다산선집》까지 역주하여 《여유당전서를 독함》, 《실학파와 정다산》에 이어서 마침내 '다산 3부작'의 금자탑을 최초로 완성하였다. 창해, 아니 성해 최익한은 동년 9~10월경 최창익·박창옥 등이 주동한 '8월 종파사건'에 연루되어 숙청된 듯하며, 몰년은 정확히 알 수 없으나 '1970년대 초 타계설'이 있다.

《실학파와 정다산》해제

1. 머리말

2011년 가을에 《실학파와 정다산》(이하 '실정')을 처음 읽었을 때 느낌은 참 방대하다는 것이었다. 어떻게 한 사람이 저리 광범한 주제를 다룰 수 있었을까 하고 의아할 정도였다. 실제로 1956년 12월에 김일성종합대학 어문학부 부교수 최익한의 학사학위 논문 《실정》은 다음과 같이 심의되었다.

> 회의 사회자인 한규학 동지는 "이 논문은 두 공식 심사위원의 평정에 의하면 박사학위 논문에 해당한다고 하므로, 공식 심사위원을 한 분 더 선정하여, 해당 박사학위 논문 심의기관에 제출하는 것을 결정하면 좋겠다"고 개회사에서 언급하였다.
> 본 논문은 우리 민족의 우수한 문화-사상적 전통을 과학적으로 이해·해명하기 위해서 실학파의 사상 및 학설에 대한 심오

한 연구 축적의 발표인 것이다. 본 논문은 상하 양편으로 구성되어 있는바, 상편에는 정다산의 실학의 연원을 개괄하고 있으며, 하편에는 본론으로 실학파와 정다산의 사상–학술적 업적을 서술하고 있다.

동 논문의 토론에는, 공식 심사위원인 박시형 원사, 김광진 후보원사들을 비롯하여 홍기문·신남철·정렬모 부교수들과 김세련 교원이 참가하였으며, 토론자들은 필자의 해박한 지식과 재능을 높이 평가하고 이 논문의 심오한 과학성에 대하여 특히 강조하였다. 또한 이 논문이 비단 어문학 분야에서뿐만 아니라 역사·경제학 연구에도 귀중한 공헌을 하였음을 인정하고 이 논문이 박사학위 논문에 해당한다고 토론자들은 일치하게 강조하였다. 심의 표결 결과 최익한 부교수에게 학사학위를 수여할 것이 결정되었다.[1]

이는 《실정》을 가장 정확히 이해한 첫 단평이다. 박시형朴時亨(역사학)·김광진金光鎭(경제학)·홍기문洪起文(어문학)·신남철申南徹(철학)·정렬모鄭烈模(언어학)·김세련金世鍊(경제학) 등은 최익한의 해박한 지식·재능과 《실정》의 심오한 과학성을 고평한 데 이어서, 어문학 논문 《실정》이 역사학·경제학 분야에도 기여한 것을 인정하였다.

고전문학자 최익한은 일찍이 경사經史에 통달하고 특히 시문에 뛰어났다. 그는 1925년 4월경 와세다대학 전문부 정치경제과에 입학하여 사회주의 민족해방운동을 하고 1928년 2월에 체포·투옥된

---

1) 〈어문학계 소식 : 학사학위 논문 공개 심의 회의 진행〉, 《조선어문》 2호(1957), 과학원 언어문학연구소, p80.

후 8년 만인 1936년 1월에 석방되었다. 1937년 12월에는 조선어학연구회에서 《조선어 사전》 편찬 작업을 하였고, 1938년 12월부터는 약 6개월간 《여유당전서를 독함》(이하 '여독')을 연재함으로써 다산 연구의 초석을 놓았으며,2) 1940년경에는 진단학회震檀學會에 가입한 적도 있다. 해방 후에는 장안파長安派 공산당으로 활동하다 1948년 4월 월북하여 제1기 조선최고인민회의 대의원을 지내면서 김일성종합대학 조선어문학부 조선문학과 부교수로서 조선고전문학을 강의하고, 과학원 조선어 및 조선문학 연구소(1956년 3월 언어문학연구소로 개칭) 연구사를 겸임하였다. 그가 다방면에 걸쳐 뛰어난 식견을 발휘한 것은 결코 우연이 아니었다.

검은 바탕 번쩍이는 비늘의 악한 짐승은
고개를 쳐들고 어린 까치의 보금자리로 들어간다.

놀라고 성나고 그러나 어쩔 줄 모르는 어미 까치는
짹짹거리며 이 가지 저 가지로 뛰날고만 있다.

어디서 긴 목에 긴 소리를 빼고 오는 모진 새는
세찬 톱으로 그 짐승의 대가리를 움켜잡고

날카로운 부우리로 그놈의 뇌수를 쪼아먹으면
그 아니 통쾌할쏘냐! 그 아니 통쾌할쏘냐!

---

2) 《여독》은 1938년 12월 9일~1939년 6월 4일 《동아일보》에 64회 연재되었다.

嘐嘐嗔鵲繞林梢　　黑質脩鱗正入巢

何處憂然長頸鳥　　啄將珠腦勢如虓

不亦快哉 (하편 4장 p449)

　　이 시는 다산의 〈그 아니 통쾌할쏘냐!不亦快哉行〉 20수 중 제18
수이다. 최익한은 사건의 발생 순서에 따라 급박한 시적 정황을 실
감나게 전하기 위해 원시原詩의 기와 승을 바꾸어 이른바 '스토리
번역'까지 시도하고 있다.3) 더 나아가 한문 원문 내용을 요약하여
개념화하는 능력도 다음과 같이 가히 독보적이라 할 만하다.

　　종래 정치상 신진 개혁론자들이 무능무재無能無才한 보수주의
　　자들의 무리한 억제를 받아 온 것은 이 '무위無爲' 두 글자를
　　유력한 구실로 써먹은 해독이라는 것을 다산은 통렬히 비판
　　하였다. (하편 6장 p492)

　　'종래 정치상~받아 온 것은'이란 말은 《여독》에는 없는데 새로
추가된 부분으로, 〈방례초본인邦禮艸本引〉에서 그 개념을 뽑아낸 것

---

3) 이는 빼어난 한문 이해력을 바탕으로 한 것이다. 그런데 리상호는 원문에 충실한
번역을 해야 한다고 하면서 최익한의 이러한 창조에 가까운 의역을 부정적으로 보
았다. 〈서적 소개와 비판 : 최익한 역,《재판 받는 쥐》, 국립출판사, 1956〉,《조선
어문》6호(1956), 과학원 언어문학연구소, p102. 또 강영주도 〈우상전虞裳傳〉을
보더라도 최익한의 번역은 옛날식의 장문인데다 한자 어휘를 많이 써서 읽기가 쉽
지 않다"고 폄하하였다. 〈홍기문의 연암 작품 번역 성과에 대하여〉,《민족문화》
48집(2016), 한국고전번역원, p361. 그러나 필자가 보기에는 꼭 그렇지만도 않은
듯하다. 특히 최익한의 역주본《정다산선집》(국립출판사, 1957)은 우리말의 총화
인데, 마치 '다산 시문 번역의 화수분'인 양 남북한에서 공히 이루 헤아릴 수 없이
활용되어 왔기 때문이다. 자세한 것은 졸고 〈'정다산선집' 해제〉 볼 것.

이다. 유능한 진보개혁론자들이 무능한 보수반동분자들의 견제를 당해 온 것은 끊임없이 반복되는 역사적 사실인지라, 최익한만의 적실한 개념화가 돋보이는 구절이라 하겠다. 여하간 그의 번역은 《정다산선집》(이하 '정선')으로 최종 완성되는바, 그 책은 고어·방언 등을 아우른 우리말의 보고라 하지 않을 수 없다.

이제 본론에 들어가기에 앞서 두 가지만 더 알려 주고 싶다.

하나, 최익한은 다산 연구의 개척자로서 다산학의 중요한 사회과학적 의미를 거의 다 읽어 냈다. 그는 《여유당전서》(이하 '전서')에서 문사철은 물론 정치경제학 분야의 다양한 범주들을 추출하여 상당히 '현실적인' 해석을 가함으로써 이후 남북한의 다산 및 실학 연구를 촉발하는 계기가 되어 지대한 영향을 끼쳤다.4)

둘, 신조본에는 없는 다산의 명시 〈송별送別〉을 부록으로 소개하였다. 이 시가 규장본과 사암본에는 1804년 9월 초에 지은 작품으로 배치되어 있는데, 다산이 전고典故를 사용하여 자신의 유배객 심경을 처연히 토로한 칠언율시이다. 시의 진정성 측면에서는 그의 희멀건 '무노동의 농가'류보다 훨씬 가슴에 와닿는다.5)

---

4) 이른바 최익한의 융합학문은 문학에서는 자기 제자 김하명→ 김진국에 의해, 번역에서는 류수 →리철화에 의해, 철학 및 사회정치학에서는 정성철→ 홍태연에 의해 비판적으로 계승되었다. 역사학에서는 《력사과학》 창간호(1955. 1)에 벌써 '이조 말엽의 실학파에 대한 문제'가 과제로 제시될 만큼 파급력이 있었고, 경제학에서는 당시 일본 유학파 김광진의 논조가 최익한과 흡사한 면이 많았다. 한편 경학에서는 남한의 이지형의 연구에 이르러서야 최익한의 흔적을 역력히 찾아볼 수 있다.

5) 〈송별〉에 대해 자세한 것은 본서 pp741~2 볼 것. 《실정》(영인본)에 "驛亭秋雨送人遲 絶域相尋更有誰 班子登仙那可望 李陵歸漢竟無期 尙思酉舍揮毫日 忍說庚年墜釼時 苦竹數叢殘月曉 故園回首淚垂垂"라고 전문이 인용되어 있다. 이는 현 사암 본과는 좀 다르며, 장지연張志淵의 《대동시선大東詩選》(신문관, 1918) 권7에 실린 〈적중송죽리김학사이고귀경謫中送竹里金學士履喬歸京〉과 비스름하다. 〈송별〉에

2. 내용과 의의

1) 서문 요약

최익한은 본문 들어가기 전, 머리말 외에 따로 서문을 두었다. 이 서문은 <곡아 25절哭兒二十五絶>(1937), <수성주사水盛舟駛>(1938)와 함께 그의 3대 명문인데 단연 으뜸이라 할 수 있다.6) 독자들은 혹 서문을 보고 웬 전쟁 타령인가, 1955년(《실정》 간행년)에도 아직 전후 복구가 멀었나 하고 의아해할는지도 모르겠다. 실제로 서문의 절반가량은 1952년 전쟁 중에 발표한 글이니, 그러한 느낌은 어찌 보면 당연한 것이다.7)

그는 1949년부터 교수 교양 사업의 일환으로 맑스·레닌주의 세계관으로 무장하며 러시아어를 익힌 후에 소련의 선진적인 어문학 이론을 섭취하였다. 그는 소련 학자 추뿌로브(맑스·레닌주의 기본강좌 고문), 뤼샤꼬브(노어노문학 고문) 등에게 직접 배웠는데, 당시 꼬스모뽈리찌즘(세계주의)의 무사상성과 무당파성을 반대하는 투쟁이 아울러 진행되었다.8)

6·25전쟁이 일어나자 최익한은 김일성종합대학 교원단과 함께 일시 피난하였다. 미군의 무차별 맹폭으로 평양은 이미 잿더미가

대한 에피소드는 김상홍의 다음 글을 볼 것. <다산의 여유당전서 오류와 문제점>, 《단대신문》(1985. 7. 30) 10면; <다산 문학의 현대적 조명>, 《다산학보》 15집(1995), pp92~7; <나의 다산 사숙록>, 《다산학》 6호(2005), pp 341~3.

6) 시 <곡아 25절>은 결정적인 두 수가 산삭刪削되어 맥락이 끊기고, 수필 <수성주사>는 너무 짧아 소상하지 않은 반면, <실정 서문>은 웅건한 문체와 전투적 진정성이 돋보인다고 하겠다. 《조선일보》(1937. 4. 23); 《동아일보》(1938. 12. 21).

7) <근세 조선 '실학' 발전사 개론>, 《인민》 7호(1952), 민주조선사, pp90~1 볼 것.

8) 《김일성종합대학 10년사》, 김일성종합대학, 1956, pp44~61 등 참조.

되었으나, 대학 교원단은 평양 인근 산속으로 복귀하여 학생들을 가르치고 영농 및 건설사업에도 적극 참여하였다. 식량과 건물을 자체 조달해야 하는 고난 속에서도 그는 집필을 멈추지 않았다.[9] 필생의 역작《실정》은 오히려 전쟁의 불길 속에서 강철처럼 단련되었다. 그는 서문에서 격앙 분발한 필치로 미제米帝 전쟁상인들을 식인종에 빗대어 강력히 규탄하였다.

서문에는 집필 동기 또는 목적이 나와 있다. 즉 김일성 수령이 중견 작가들과의 담화(1951.6.30)에서 "애국심은 자기 조국의 과거를 잘 알며 자기 민족이 갖고 있는 우수한 전통과 문화와 풍습을 잘 아는 데서만 생기는 것"[10]이라고 말하였으며, 또 조선로동당 중앙위원회 제5차 전원대회(1952.12.15)에서 민족 문화 계승 문제에 대해 다음과 같이 보고하였다는 것이다.

"우리 선조들이 써 놓은 역사나 지리나 기타 군사·정치·경제·문화 분야의 고귀한 유산들을 맑스·레닌주의적 견지로 분석하고 그를 섭취하여 발전시키"는 동시에 일부 자각 없는 문화인들이 "그 고귀한 유산들을 집어치우는 아주 용서 못할 엄중한 결함"과 "앞으로 견결히 투쟁하여야 하겠습니다. 우리는 자기의 고귀한 과학·문화의 유산을 옳게 섭취하며 그를 발전시키는 기초 위에서만이 타국의 선진 과학·문화를 급히 또는 옳게 섭취할 수 있다는 것을 반드시 알아야 하겠습니다."[11]

---

9) 앞의 책, pp75~106 참조. 미군은 1,400여 회에 걸쳐 428,000여 개의 폭탄을 떨구어 평양을 잿더미로 만들었다고 한다. 《금수강산》, 오늘의 조국사, 2006, p43.
10) <전체 작가·예술가들에게>, 《김일성선집·3》, 조선로동당출판사, 1953, p289.

최익한은 이 교시를 받들고 경제 복구 사업에 발맞추어 고전 문화유산의 계승 발전 사업을 적극 추진하기 위하여 《실정》을 썼다. 이는 고상한 애국주의로서 인민의 노동과 과학과 문화를 고무 추동하는 과업이기 때문이란다. 그래서 그는 민족의 우수한 문화적 사상적 전통을 이해 천명하기 위한 하나의 중요한 고리로서 조선 근세 실학파의 사상 및 학설에 대한 연구를 테마로 선정하였던 것이다. 이 '실학파'에 대한 연구는 《여독》에 없었는데 새로 추가된 부분이다. 그에 따르면 실학파의 진보적·비판적·계몽적 운동은 19세기 말~20세기 초 민족 독립과 민족 문화 운동의 선구적 형태였다고 한다. 또 실학파는 이용후생利用厚生을 학문의 목적으로 하여 서양 자연과학을 수용하고, 성리학의 공담주의空談主義와 부문허례浮文虛禮의 형식주의를 반대하며, 민족의 언어·역사·민속 및 인민성의 특징을 문학·예술 분야에서 살리려 하였는데, 바로 여기서 민주주의적 반봉건 사상이 출현되었다는 것이다.

이상 서문을 살펴보았는데 한 가지 의문이 든다. 당시 북한에서 문학이란, 형식은 민족적이며 내용은 사회주의적인 문학을 가리키는데, 그럼 《실정》은 《여독》에 ML이론을 입혔다는 말인가? 결과적으로는 그렇다! 최익한에게 ML주의 문예학은 인식과 실천이 동시에 이루어지지 못하고 사후 봉합되었다는 면에서 아쉬울 따름이다. 월북 후에 그가 ML이론을 관념적으로, 즉 학리적으로 이해하였을 가능성이 없지 않다. 그러나 일제강점기 때 《여독》에 ML

---

11) 〈로동당의 조직적 사상적 강화는 우리 승리의 기초〉, 《김일성선집·4》, 조선로동당출판사, 1953, pp400~1.

주의를 표시하였다면, 최소한 신문 지상에는 실리지 못하였을 터이다. 어쩌면《여독》의 '개량성'이《실정》의 '관념성'을 예고한 것인지도 모른다. 그런데도 일제강점기와 해방정국과 6·25전쟁을 거치면서 그의 사상은 육체노동과 정치활동을 통해 그만큼 민족의 현실을 반영할 수 있는 활력적 계기를 얻었다. 의연히 '다산 3부작'에 주력하였던 유일한 고전문학자로서의 그 진정성이,《실정》의 농밀한 문체와 광범한 내용 속에서 선명하고 다채롭게 발현된다. 《실정》은 단순히 일개 학위 논문이 아니라 그의 모든 이론과 실천을 융합하여 체계성과 전면성을 확보한 불세출의 걸작으로서 다산학 연구사상 무비의 최고봉을 이루고 있다.

2) 머리말 요약

최익한은 상편에서 실학 발전에 대한 사적史的 개관을 하고, 하편에서 정약용의 사상과 학설을 논술하였다. 머리말은 상·하편에 각각 배치되어 있다.

먼저 상편 머리말을 보자. 여기에는 중요한 사실이 하나 적혀 있는데, 그것은 바로 그의 연구가 자료를 구하기 어려운 악조건에서 진행되었다는 것이다. 실제로 최익한은 초·중기 실학자만 다루고 후기 실학자는 전혀 파악하지 못하였다. 그러니까 다산학의 계승자를 밝히지 못한 셈이다. 이런 연구는 고사하고 애오라지 신조본 전서에만 의존할 수밖에 없는 상황에서, 더욱이 전쟁 중에 종이도 넉넉지 못한 산속의 열악한 환경에서《실정》은 저술되었다. 이는 그 탁월성을 심히 제약하는 결함 요소이다. 따라서《실정》에 접근할 때는 이를 감안하며 보다 신중해야 한다.12)

다음으로 하편 머리말을 보자. 그는 한 척의 배를 그리기 위해 온 강물을 다 그렸다고 하였다. 이 말은 그가 <다산 연보>를 대폭 보완한 것으로 보아 결국 《실정》이 평전評傳의 형식을 취하였다는 의미로 이해된다. 최익한은 다산이 류형원柳馨遠·윤휴尹鑴·이익李瀷· 박지원朴趾源·이가환李家煥 등 선행자들의 사상적 전통을 계승하고, 서양 근세 자연과학의 실증적 방법을 섭취하는 한편 송유宋儒의 초경험적 성리학을 반대하는 청유淸儒 고증학풍을 참작하여 실학의 집대성자로 출현하였다고 한다. 더 나아가 그는 다산의 반봉건적 이론과 혁명적 사상을 강조하였는데, 이러한 찬미는 실제 사실과는 전연 다르다. 이는 후술하겠다.

최익한이 "영웅 조선의 고귀한 문화적 유산을 비판적으로 계승 발전시키는 과업"13)에 너무 강박된 나머지, 다산을 과도하게 영웅으로 미화 왜곡하지 않았을까 싶다. 원래 누구나 한 인물에만 치중하다 보면 자연스레 숭배 경향도 생기기 마련일 터, 게다가 최익한의 어쩔 수 없는 유교적 보수성도 한몫하였으리라 본다. 그 추앙이나 우상화는 이른바 '다산교 신도 증상'의 일종인데, 다만 그의

12) 일테면 최익한은 사료의 상당 부분을 이능화의 《조선기독교급외교사朝鮮基督敎及外交史》(조선기독교창문사, 1928)에 의존하고 있다.
13) 본서 머리말 p324. 이는 <조선 근세 '실학'의 대성자 정다산의 진보적 사상 및 학설에 대한 개론 (상)>(《인민》 9호, 민주조선사, 1952) p87에는 없는 문구인데, 《실정》에 새로 추가되었다. 최익한은 《실정》이 간행되기 전인 1955년 1월에 쓴 한 논문에서 이 과업이 조선문학사를 완성하는 일에 있다면서 다음과 같이 말하였다. "민족적 형식과 사회주의적 내용으로서 우리 영웅 조선을 묘사하고 고무 추동하는 문학의 임무는 실로 고상하고 중요한 것이다. 따라서 당적─김일성 동지의 문학 노선에 정확히 의거하여 우리 조국의 문학사를 완성하고 문학 발전의 합법칙성과 그 유구하고 풍부한 전통을 천명하며 그 우수한 유산을 옳게 계승하는 것이 또한 중요한 임무의 하나이다." <조선문학사와 한문문학>, 《력사과학》 1호(1955), p9.

경우에는 당의 문예 정책에 따라 영웅주의에 입각한 특색이 있다. 이는 좀 더 깊은 연구가 필요하다.

3) 본문 요약

실학은 '실사구시학實事求是學'의 준말이다. 청나라 고증학에 이르러 '실사구시학파'나 '실학'이란 대명사를 썼다. 현재 실학은 민생과 사회에 실리와 실용성이 있는 학문, 즉 경세학經世學을 주로 의미한다.14) 청의 고증학과 거의 같은 시기에 류형원·이익·홍대용洪大容·박지원 등이 배출되어 일반 유학자들과 태도를 달리하였다. 임진조국전쟁(임진왜란) 후 조선 실학파의 역사에 제일 먼저 등장한 인물은 이수광李睟光이다.

이조 봉건사회 말엽에 '삼정三政', 즉 전부田賦·군포軍布·환곡還穀은 극히 잔혹하였다. 전부의 가렴잡세苛斂雜稅와 각종 토색討索, 군포의 족징族徵·인징隣徵, 환곡의 허감虛勘·백징白徵 등은 당시 봉건경제의 특수한 착취 제도였다. 또 문벌과 당쟁의 폐해가 만연하여 주자학의 부문허례浮文虛禮와 공리공담空理空談, 양반계급의 사대주의와 붕당주의는 실질적 의의가 없고 다만 정권 쟁탈과 관위 독점을 위한 당파전의 무기로 노골화하였다.15)

---

14) 그러나 전서에는 '實學'이란 말이 <소학주천 서小學珠串序>에 딱 한 번 나오는데, '실제 배움, 과거학(암기학)'의 뜻이다. '실학'이라고 하면 필경 정약용은 '失學'으로 알아들을 것이다. 고로 최익한의 실학론은 의도적 해석일 뿐이지, 다산의 저술 동기와는 전혀 무관하다고 하겠다.

15) 최익한은 "북학론·통상론 및 예학 타파론 등 실학사상이 특히 서인의 대변자 송시열 당계黨系의 후배인 홍대용·박지원 등에 의하여 이른바 존화양이적 쇄국주의에 대한 직접적인 모순 대립물로서 출현하였다"고 한다. 그런데 왜 하필 송시열의 후배에게서 실학이 발생하였는가? 이에 대해서는 아무런 설명이 없다. 실학은 역

60

최익한은 임병양란 이후 양반 사회 내부 모순을,

① 지주 양반 대 농민·수공업자·소상인들의 계급적 모순

② 정쟁에 의한 양반 자체 간의 당파적 모순

③ 기호畿湖 주민과 서북 주민의 차별 대우로서의 지방적 모순

④ 관학파=정통학파와 실학파=이단학파의 사상적 모순

등으로 정식화하였다. 이와 더불어 대외적 모순으로는 동양 봉건주의 대 서양 자본주의의 모순을 들었다. 봉건 이데올로기인 공맹정주학孔孟程朱學을 국교로 한 조선의 양반계급은 유럽 자본주의의 척후대인 천주교파와 사상적으로 접촉 충돌하였는데, 실학 일파는 천주교 신앙이 아닌 학리와 이론에 근거한 반봉건적 민주사상과 농민혁명의 이념에로 지향 발전하였다고 한다. '반봉건적 민주'니 '농민혁명'이니 하는 것은 전혀 사실무근이므로 후술하겠다.

이용후생을 목적으로 한 경세가적 실학은 17세기부터 발족하여 18세기 영·정 시대에 이르러 고조되었단다. 영·정 시기는 농민 대 지주의 계급투쟁과 실학 대 관학의 사상투쟁이 격앙되고 문학예술 등이 부흥되며 청의 고증학풍과 서양 과학사상이 수입되어 덩달아 실학도 발전되었다는 것이다.

신유사옥辛酉邪獄(1801)은 집권당인 서인 노론 벽파僻派가 재야당인 남인 시파時派를 억압한 것인 동시에 관학파가 실학파를 박해한 것이요, 대외적으로는 국내 봉건주의적 세력이 자본주의적 사상의 국제적 전파를 배척한 것이라고 하였다. 이 신유사옥으로 다산은 평화적이고 합법적인 사상에서 비합법적이고 혁명적인 사상으로

사상 실재한 것이 아니라 후대 학자들의 작위적 개념이므로 이렇게 성리학과 실학을 구별 단절시키는 자가당착적 주장이 나온 듯하다.

전향하였다는 것이다. 이 또한 거짓이므로 후술하겠다.

이어 최익한은 류형원·이익·홍대용·박지원·박제가 등의 실학사상을 개별적으로 소개하며 상편을 마무리 짓는데, 이 부분 요약은 지면을 꽤나 차지하니 직접 본문을 읽고 확인하기 바란다.

앞서 말한 대로 하편은 정약용의 사상과 학설을 논술하였다. 다산은 유배 18년간 유교 경전에 신해석을 가하고, 전제田制·세제稅制로부터 관제官制·법제法制·학제學制·병제兵制 그리고 정체政體에 이르기까지 이상적인 고안을 발표하였다고 한다. 여기에도 최익한은 '반봉건적 민주 이념'이라는 찬사를 아낌없이 덧씌웠다.

다산은 소년 시절부터 이가환·이승훈李承薰을 통해 성호星湖 유집을 얻어 읽고 그의 학풍을 계승하였으며, 뒷날 정치·경제의 이론은 그 우수한 전통을 반계에게 물려받았단다. 다산은 정치·경제뿐만 아니라 병제와 국방 문제도 논구하였으니, 그 학적 연원은《성호사설》과《반계수록磻溪隧錄》을 거쳐 류성룡柳成龍의《징비록懲毖錄》에까지 소급될 수 있다는 것이다.

최익한은 데카르트·몽테스키외·볼테르·루소·디드로·케네 등 17~18세기 프랑스의 계몽사상가를 소개하며 동서 문화의 상호 영향을 설명하였다. 당시로서는 선진적인 비교 연구를 한 셈인데, 그가 와세다대 정치경제과 출신의 사회주의자로서 후까시(보프레) 비스름한 것을 넣었다고 보인다. 이것이 어느 정도 타당성이 있는가 따지는 일은 필자의 역량을 넘는다.《실정》말미에 '다산은 공상적 사회주의자가 아니었다'고 면밀한 해석을 가한 대목도, 1930년대 안재홍安在鴻·백남운白南雲 등의 단편적 언급 수준을 충분히 극복한 오랜 노력이었다고 인정하지 않을 수 없다.16)

전체적으로《실정》은《여독》에 비해 분석적인 면에서 더 완미한 체계를 이루고 있다. 그는 '정조 독살설'이나 '수원성 퇴거설' 부분도《여독》보다 표현을 한층 완화하여 세련되게 처리하였다. '정조 승하'란 사어도 '정조 서거'로 바꾸었다. 즉 '승하·선비·임금·백성' 따위는 계급적 모순을 엄폐하는 말이기 때문에, 봉건 잔재를 청산하는 차원에서 '서거·유사·국왕·인민' 등의 용어로 계속 대체하여 나갔을 것이다. 또 종교적으로 신앙하던 '서학 좌파'를 '교파教派', 학문적으로 편중하던 '서학 우파'를 '학파學派'로 수정한 것도 눈에 띈다. 그렇지만 그가 천주교를 자본주의 침략의 전초병이라 하면서도 다산 형제 등 실학파들이 신봉하였다는 이유를 들어 긍정적으로 평가한 것은 이해하기 힘들다. 젊을 적에 기독교 기관에서 배우며 감염된 종교적 습성을 아직도 온전히 청산하지 못한 듯하다. 게다가 그는 다산의 실학사상은 의외주의依外主義가 아닌 자주적 애국사상으로 개화운동과 계몽운동에 영향을 주었다고 비호하였다.17) 정녕 그렇다면 왜 개화파는 물론 일제 때 다산론자(특히 민족개량주의자)들은 하나같이 친일파로 변절해 버렸을까? 이는 자기 계급의 이득만을 노리던 '다산식 애국'의 필연적 귀결일 터이다.

---

16) 일찍이 최익한은 학생운동을 할 때도 공상적 사회주의자들을 분석한 바가 있다. 〈사상단체 해체론〉,《이론투쟁》1권 2호(1927.4), p17 볼 것.
17) 실학사상이 개화사상과 애국계몽사상으로 계승 혁신되었다는 가설은 이후 남북한 학계에서 정설로 받아들여졌다. 일례로 정성철은 "실학사상은 개화사상·애국계몽사상에 애국 애족적이며 근대 지향적인 사상유산을 넘겨주었으며 개화사상과 애국계몽사상은 그 사상유산을 계승하면서 시대적 조건과 요구에 맞는 근대적 사상으로 혁신되어 민족부르주아지의 사상으로 전변되었다"고 도식화하였다. 〈근세 개화사상·애국계몽사상에 의한 실학사상의 계승 발전〉,《철학연구》4호(2004), 과학백과사전출판사, p42.

최익한에 따르면, 유학자인 다산은 서학으로부터 섭취한 과학적 방법으로 유학을 자기비판하며 동시에 자기의 새로운 견해를 전개하려 하였다. 유학의 성전聖典인 육경과 사서의 해석에서 간명하고 실천적인 것을 그 본지本旨로 하고, 사변적 탐완耽玩과 논리적 유희와 노불적老佛的 색채를 섞은 해석은 원칙적으로 배제하려 하였다. 경전과 예설에 관하여 그는 송유의 왜곡 번쇄한 해설을 많이 정리하고, 자기 선배이자 이익의 수제자인 권철신權哲身의 견해를 좇은 바가 적지 않았다.[18]

인仁·서恕·일관一貫 등 유교 경전經傳의 중요한 술어의 개념들을 다산은 선험적이며 귀족적인 해석에서 실천적이며 평민적인 해석에로 끌어들이려 하였다.[19] 이러한 사상은 동양 중세기적 유학자들의 허탄무실虛誕無實하고 오묘난해奧妙難解한 이론을 반대하는 동시에 새로 들어온 서양 종교 즉 기독교가 일반 군중을 상대로 한 평이하며 친절한 설교 방법으로부터 영향 받았다는 것이다. 그러면서 최익한은 "이는 확실히 근대 자본주의적 이데올로기에 접근하려는 사상적 경향을 똑똑히 표시한 것이었다"고 강조하였다.[20] 자본주의를 모르는 복고적인 다산이 꼭 자본주의로만 다가갈 수 있다는 논리는 순전히 몽중몽에 불과한 결과론이 아닐는지?

---

18) 전서 <녹암권철신묘지명鹿菴權哲身墓誌銘> 참조.
19) 다산의 도덕관이 선험적·절대적·불변적이 아니라 경험적·상대적·가변적임을 알 수 있다. 윤사순, <다산의 인간관>, 《정다산 연구의 현황》, 민음사, 1985, pp155~7.
20) 본서 하편 6장 p488. 최익한은 다산의 철학을 이렇게 평하였으나, 다산의 정치경제학에 대해서는 "다산이 의식적으로 봉건제도를 반대하고 무의식적으로 자본주의를 반대하며 필연적으로 공산주의를 공상하는 방향으로 진출하였다"고 확대해석하였다(본서 p777). 즉 북한 사회주의의 원형으로 다산의 정치경제학을 소환하려는 의도를 보인 것이다. 정종현, 《다산의 초상》, 신서원, 2018, p164.

다산은 철두철미 실용주의자이므로 학문 영역에서 사회생활에 실용의 의의를 갖지 못한 것은 일률적으로 배척하였단다. 다산은 적극적으로 사공주의事功主義를 덕치德治의 개념에 도입하여 종래 '무위이치無爲而治'를 운운한 허무 사상을 반대하고 유위유공주의 有爲有功主義를 고조하였다는 것이다. 그러나 정치와 법률을 도덕의 원리에 종속시키려는 그의 덕정론德政論은, 유럽 근세 자연법론이 인간 사회의 현행적인 법률과 정치 일체를 추상적이며 선험적인 자연법에 종속시킨 것처럼 형이상학적 이성에서 파생된 정치 이론의 일종이라고 한다.

다산은 '성性'을 초물질적·초육체적인 것으로 보지 않고 물질과 육체의 자연적인 경향 즉 '기호嗜好(inclination)'로 보았으며, 성본선 性本善·성본악性本惡 등의 주관적 견해를 부정하고 성은 본래 무선 무악無善無惡한 것으로 사람의 행동과 습관에 따라 비로소 선과 악의 사회적 평가를 내릴 수 있다고 하였단다. 그래서 그의 인성론은 '인·의·예·지仁義禮智'를 인간 본성의 선천적 범주로 보는 송유의 견해와 달리 후천적인 실천 과정에서 얻어지는 명칭으로 규정하였고, 따라서 '사단四端(측은惻隱·수오羞惡·사양辭讓·시비지심是非之心)'을 인·의· 예·지 본성의 '단서端緒(끝)'로 보지 않고 '단시端始(시작)'의 의미로 해석하였다는 것이다. 이러한 다산의 관점은 성리학의 초경험적 관념론의 세계관에서 탈출하여 유물론적 견해로 접근할 수 있는 경향을 표시한 것이라고 한다.[21]

---

21) 전서 〈답이여홍答李汝弘〉 참조. 다산의 '성기호설性嗜好說'은 금장태, 《심과 성, 다산의 '맹자' 해석》, 서울대출판문화원, 2005, pp33~65 볼 것. '단서端緒'는 '실 타래가 풀려 나오는 실끝, 즉 실마리'의 뜻이다. 주자의 단서설端緒說과 다산의 단

다산의 철학적 수준은 관념론적·종교적·윤리적 잡질雜質을 제거해 버린 무신론적 체계를 완성하지는 못하였다. 즉 서경덕徐敬德의 기원론氣元論의 소박한 무신론적 견해와 변증법적 요소를 충분히 계승 발전시키지 못한 것이다.22) 그는 실용주의적 철학의 사변적 방법에 의하여 신앙의 대상인 신, 즉 상제上帝를 주관적으로 설정하였다. 이는 유교의 경천사상과 기독교의 신앙주의를 절충하고 불교의 '수연설법隨緣說法'의 방편주의를 채용한 것이란다. 특히 그는 기독교 신앙을 연구한 후, 이와 유사한 계기를 원시 유교의 소박성과 실용성에서 추출하여 자기 사상과 시대적 요구에 유학을 적응시키며 공·맹을 종속시키려 하였다고 한다. 종교철학상 그 주관적 실용주의 사고로 말미암아 그의 세계관은 마침내 반신관적半神觀的이며 신앙 필요의 견지로 돌아가서 무신론적인 유물론의 영역에는 도달하지 못하였다는 것이다. 그래서 그는 그 시대 인민의 요구에 응하여 혁명을 주지 못하였고, 또 줄 수도 없었단다.23)

시설端始說의 차이에 대해서는 이을호,《다산 경학사상 연구》, 을유문화사, 1966, pp220~5; 이지형,《다산 경학사상 연구》, 태학사, 1996, pp148~9 등 볼 것. 다산학은 성리학을 탈출·이탈한 것이 아니라 오히려 계승·창신하였다는 면에서 '포스트 주자학後朱子學'이라는 설도 있다. 蔡振豊,《朝鮮儒者丁若鏞의四書學—以東亞爲視野的討論》, 臺灣大學出版中心, 2010, p311. 즉 다산의 주자학 비판의 핵심은 '주자학의 포괄적·연속적 구상'을 지향하고 있다는 것이다. 한형조, <다산과 서학>,《다산학》2호(2001), 다산학술문화재단, p146.

22) 서경덕의 기론氣論을 유물론적 세계관으로 보아 실학의 철학적 기반을 기일원론자인 그에게서 찾고자 한 최익한의 시각은 이후 북한의 모든 실학 연구에서 그대로 답습되었다. 류인희·임원빈·취롱수이, <남북한 실학사상 연구의 문제들>,《동방학지》103집(1999), 연대 국학연구원, p233.

23) 그래도 최익한은 레닌의 말을 인용하면서까지 다산의 사상은 그의 선행자들보다 비교할 수 없을 만치 새로운 것을 주었다고 덧붙였다. 이는 다산의 이론과 농민혁명의 이념을 연계시키기 위한 교조적 해석의 자기 한계를 스스로 인정하며 공표한 것이나 마찬가지다.

여기까지 다산의 철학을 살피기로 하고, 더 이상의 요약은 본서 제4부 <다산의 실학에 대한 간단한 재론>을 참고하기 바란다. 또 다산의 시문 분석은 《정선》에 자세히 하였으므로, 지면상 별도로 다루지는 않으련다. 그리고 가장 중요한 것이 다산의 정치·경제 분야이리라. 최익한은 <원목原牧>, <탕론湯論>의 민주사상과 <전론田論>의 여전제적閭田制的 공산사상이 갑오농민전쟁甲午農民戰爭을 지도한 평민들에게 영향을 주었다고 한다. 이는 독자에게 사상적 혼동을 일으키는 언설이므로 다음 장에서 설명하겠다.

3. 《실학파와 정다산》의 반인민성

1) '위대한'이란 수식어의 남용

최익한은 '위대한'이란 형용사를 아래와 같이 36회 사용한다. 그에게 '위대한'은 '비교할 수 없이 훌륭한'의 뜻으로, '탁월한'보다 한 등급 위의 말로도 볼 수 있다.

No.	이　　　　　름	횟 수
1	정　　약　　용	19
2	박　　지　　원	5
3	홍　　대　　용	1
4	이　　　　　익	1
5	톨　스　토　이	2
6	게　르　첸	2
7	코 페 르 니 쿠 스	2
8	프랑스 계몽학자들	1
9	기　　　　　타	3
	합　　　　　계	36

예를 들면 이런 식이다. '위대한 진보적 문필가 정다산', '위대한 계몽학자 정다산', '위대한 사상가·애국주의자 정다산' 따위로 우상화하거나, 또 다산의 여전제는 '농민혁명 이념의 위대한 체계'이며 '인민 경제 체제의 위대한 시도'라고 과장 왜곡하는 것이다.

이렇게 봉건 관료학자 다산이 '위대한'이란 말을 절반 이상 독점하도록 배정한다면, 정작 그가 기생하던 '인민'들은 어떻게 규정되는 것인가? 인민은 위대한의 '보조적 기능'만 담당하도록 제한된다. '조선 인민의 위대한 조국 해방 전쟁', '전쟁은 인민의 모든 힘을 시험하여 검열하는 위대한 학교'(방점—인용자)라는 구절에서 드디어 인민은 등장하게 되는데, '위대한'과 딱 두 번 엮인다. 결국 위대한 것은 전쟁이요 인민은 그 소모품이란 얘기다.

그러면 과연 최익한은 '소모품'에 불과한 인민에게 어떤 관사를 붙였는가? '무지한 인민', '빈천한 인민', '빈궁한 인민' 등의 표현을 하였다. 이는 지배계급의 착취와 피지배계급의 빈곤을 강조하기 위해 배치한 말이겠지만, 필경 인민은 실학파 특히 다산이 구출·구제해야 할 수동적 대상으로 고정되고 만다. 따라서 그의 실학 담론은 인민의 입장에서 인민 자체의 능동적 역량이나 동향을 포착하지 못하고, 인민의 자기운동 내지는 자기투쟁 과정을 중시하지 못하는 '반인민적' 성격을 지닐 수밖에 없는 것으로 판단된다. 이와는 달리 그가 '열화 같은 애국정신을 발휘한 인민', '자본주의를 반대하는 인민', '우리 조선의 새 주인공인 근로 인민' 등의 수식을 가한 것은, 인민을 전쟁 및 그 복구 사업에 동원하기 위한 선전과도 관련된 것으로 이해할 수 있다.[24]

그런데 여기서 독자는 혹여 의문을 품을지도 모르겠다. 위대한

문필가요 위대한 계몽학자요 위대한 사상가인 정다산이 농민혁명
이념의 위대한 체계이자 인민 경제 체제의 위대한 시도인 여전제
를 창안하여 무지하고 빈천하며 빈궁한 인민을 구제하려 한 것은
아닐까 하고! 만에 하나라도 그런 일은 없었으니 안심하기 바란다.
'위대한'은 어디까지나 계급적인 용어일 터인데, 최익한이 신비적
이고 추상적으로 남발한 것뿐이다. 그는 같은 남인계 학자로서 봉
건 관료학자 다산을 근대 혁명가인 양 한없이 추켜세웠다. 그러나
인민은 오직 위대한 전쟁을 수행함으로써만 겨우 위대한의 '보조
물'로 종속될 수 있는 기회가 부여된다. 이는 최익한의 실학론이
근본적으로 유학자의 지도성에 편향되어 인민의 주체성을 몰각해
버린 사실을 뚜렷이 반증하는 것이다.

   2) '합법적·비합법적'이란 용어의 무리한 적용
   이른바 기생충 실학파가 인민을 구제한다는 논리는 애당초 성립
불가하므로 최익한은 무리하게 개념을 적용하지 않을 수 없었나
보다. 대표적인 예로 '합법적·비합법적'이란 말을 들 수 있다. 그는
기존 사회주의운동권에서나 쓰던 맑스·엥겔스의 용어를 다산에게
갖다붙여 의식 없는 독자들에게 심각한 혼란을 주었다.

---

24) 1954년 4월 최익한은 조선최고인민회의 제7차 회의에 대의원으로 참여하여 다
   음과 같이 인민 경제의 복구 발전을 강조하였다. "나는 1954~1956년 인민 경제 복
   구 발전 3개년 계획에 관한 보고를 전폭적으로 지지 찬동하면서 (…) 이번 심의되
   는 인민 경제 복구 발전 3개년 계획에는 전쟁 전의 수준에로 우리의 인민 경제를
   복구하는 데만 그치는 것이 아니라 더 전진하며 발전할 것을 예견하고 있습니다."
   〈조선 민주주의 인민공화국 최고인민회의 제7차 회의에서의 토론 : 1954~1956년
   조선 민주주의 인민공화국 인민 경제 복구 발전 3개년 계획에 관한 보고에 대하여〉,
   《민주조선》(1954.4.24), 3면.

18세기를 지나 19세기 30년대까지 자기 생애를 걸쳤던 다산 정약용에게는 신유사학옥사辛酉邪學獄事가 도리어 그로 하여금 평화적이고 합법적인 사상에서 비합법적이고 혁명적인 사상 으로 전향케 하였다. (상편 3장 pp192~3)

최익한은 다산의 진보적(비합법적) 논설이 대개 유배 생활의 산물 이라고 하면서, 그 예로 〈원목原牧〉, 〈탕론湯論〉, 〈전론田論〉 등 3 편을 꼽았다.25) 그러나 이 글들은 다산이 유배 가기 전, 즉 젊은 시절 사환기仕宦期에 작성한 것이다.26) 북한에서는 당시 장서본이 나 규장본을 볼 수 없는 상황이라 신조본 전서에만 의존하다 보니 이런 착각을 일으키지 않았나 싶다. 그러면 거꾸로 다산의 저술은 유배 이전의 비합법적인 사상에서 유배 이후의 합법적인 사상으로 퇴락하였다는 말인가? 필자의 소견으로는 다산학 자체가 '합법적· 비합법적' 사상과는 아무런 상관이 없고, 단지 보수적 관념으로만 시종일관하면서 양반계급의 이익을 위해 복무한 '유자 관료학'이 아닐까 한다.27)

---

25) 최익한은 이 3편을 다산이 강진 유배 시절에 작성한 것으로 보았다. 이는 그가 여전제를 다산의 최종적인 이상안으로 파악하거나 〈원목〉, 〈탕론〉, 〈전론〉을 《경 세유표經世遺表》 별본에 포함된 논문으로 추정한 것을 통해 쉽게 유추할 수 있다.
26) 사암본 《여유당전서》에는 장서본 《열수전서洌水全書》와 규장본 《여유당집與猶 堂集》에 따라 〈전론〉의 저술 시기가 '기미년(1799) 38세 작'으로 표시되어 있으 나, 신조본에는 누락되어 있다. 이 사실은 김용섭이 처음 주목하였다(《한국근대농 업사연구》, 일조각, 1975, p90). 한편 〈원목〉, 〈탕론〉도 비슷한 시기에 지어졌다고 생각된다(조성을, 《연보로 본 다산 정약용》, 지식산업사, 2016, p470).
현재 북한 학계에서도 〈전론〉은 다산이 젊은 시절에 지었다는 것을 인정하고 있 으며, 또 여전제는 다산의 공상적인 염원을 담은 것이지 결코 노동계급의 요구를 반영하는 사회주의적인 것은 아니었다고 평가하고 있다(홍태연, 《정약용의 철학 및 사회정치사상 연구》, 사회과학출판사, 2013, p292, p373, p380).

다산의 민주=민권주의의 사상은 그의 <원목>, <탕론> 양편
에서 이론적으로 표현되었다. 이는 종래 실학자들이 도달하지
못한 사상적 수준이며, 따라서 조선 근세 정치사상사상 위대한
창발적 이론이다. 편 중에 될 수 있는 대로 고전적 사례와 용어
를 사용하여 당시 독자의 눈을 과도히 자극하지 않으려 하였
으나, 그 내용의 의의는 민주제도를 주장하고 군주제도와 왕권
신성을 근본적으로 부정한 비합법적 논문이다. (하편 8장 p569)

최익한은 다산이 민주제를 주장하고 군주제와 왕권신성을 부정
한 것으로 보았는데, 이는 사실무근이다. <원목>에서 민民은 어디
까지나 목牧의 통치 객체(피치자)일 뿐이지, 스스로 다스릴 수 있는
통치 주체(치자)로 설정된 것은 아니다. 민을 오직 목의 통치 대상으
로만 여기는 왕조 체제의 반인민적 정치관이 그대로 드러나 있다.
다만 다산이 이상적 추대론을 전개하는 과정에서 '민을 위한(爲民)'
통치자와 법을 강조하고 있는데, 이는 본질적으로 봉건 양반계급
의 민본주의를 대변한 것이라 근대 민주주의 사상과는 상당한 차

27) 일표이서를 합법적인 것으로, <원목>, <탕론>, <전론> 등을 비합법적인 것으로
구분 이해하려는 태도를 정성철은 다음과 같이 비판하였다. "그것은 인위적으로 분
리시키는 사람들 자신의 주관적인 억측에 지나지 않으며 정약용 자신의 사상 자체
는 아니었다. (…) 그는 시대적 및 계급적 제한성을 면할 수 없었는바 봉건제도 자
체는 부인하지 못하였고, 봉건사회의 질적 변화를 기대하지는 못하였다."《실학파
의 철학사상과 사회정치적 견해》, 사회과학출판사, 1974, pp441~2. 면수는 남한의
백의출판 복간본(1989)에 따름. 이하 마찬가지.
최익한도 《여독》에서는 "다산의 사회·정치철학의 본질은 마침내 관념의 세계에서
고립의 영광을 지키고 실천의 국토는 한 걸음도 밟지 못하였다"(22장 p346) 하며
제대로 평하였는데, 《실정》에서는 다산을 '민족 영웅화'하려는 정치적 의도가 앞선
나머지 과장 왜곡(즉 발명!)하는 경향이 심해졌다고 하겠다.

이가 날 수밖에 없다. 근대 민주주의는 자유 민권 사상에 기초하며 민이 통치 주체가 되는 정체政體를 의미하기 때문이다. 고로 보수 복고적인 다산에게 서구의 진보 혁신적인 민권론을 접목하려는 시도는 처음부터 근본적인 한계를 안고 있는 것이다.28)

또한 <탕론>에 나타난 역성혁명의 사상은 봉건 군주의 교체를 이론적으로 합리화하기 위한 사상인데, 여기서 유의할 점은 군주는 교체될 수 있으나 봉건제도 자체는 절대 교체되지 않는다는 사실이다. 다산이 말한 '왕과 관리의 군중에 의한 추대'라는 것도 법적 권한으로서의 민권사상은 아니며 더욱이 민주주의적 선거제는 아니다.29) 무엇보다 조선의 사회경제 발전 단계가 초래하였던 불기피한 역사적 및 계급적 제약성이 있기도 하거니와, 유교 이념의 현실적 구현을 지향한 다산의 목민론이나 추대론은 봉건 국가의 양반 담론으로서 인민의 권리에 대한 근대적 의식이 태동할 여지가 거의 없었다고 하겠다. 그만큼 "봉건 국가는 양반의 권력 기관이란 의미에서 수호신이며, 양반은 국가의 지배군이란 의미에서 충복忠僕인데, 그들은 그 지배 관계에서 철두철미 계급적 동반자였던 것이다."30)

---

28) 자세한 것은 《정다산선집》 pp402~5 '원목 해제' 볼 것. 조광, <정약용의 국민주권론>(1980), 《정약용》, 고대출판부, 1990, p222; 김진호, <다산 정치사상에 대한 '민권 이론' 비판>, 《제3회 전국 대학(원)생 다산학술논문대전》, 다산학술문화재단, 2013, p98 등 참조.
29) 정성철, 앞의 책, p443, p455.
30) 백남운 저, 하일식 역, 《조선봉건사회경제사(상)·1》, 이론과 실천, 1993, p172. 하지만 봉건 국가와 양반이라는 것이 피지배계급에 대한 이해관계에서는 구심적求心的 경향을 가지고 공고한 동맹·통일을 형성하고 있으면서도 동시에 양자 사이에는 비본질적이기는 하나 그 어떤 이해관계에서 오는 모순이 있었으며, 양반계급의 내부 또한 봉건 국가에 대한 관계로 볼 때에는 계층별 차이가 있었다. 김석형,

다음으로 〈전론〉을 보자. 최익한에 따르면, "다산의 농민혁명 이론은 농민해방을 위한 부단한 관심과 정열 속에서 발전되고 심화되어 여전제와 같은 위대한 최종적 이상안에 도달한 것이다"(하편 9장 p625)고 한다. 물론 이는 당시 북한 학계의 공통된 인식이었다. 그러나 〈전론〉은 이미 말한 대로 최종안이 아니라 1799년 38세 작이며, '비합법적' 이상안도 아니다. 여전제의 원칙인 '농자득전 불농자부득전(農者得田 不農者不得田)'에서 '득전得田'은 '유전有田(소유)'이 아니라 '점유占有(분배받아 경작함)'의 뜻인 것에 주의해야 한다.31) 비록 다산의 계획과 같이 최대의 봉건지주인 국왕이 토지를 전부 '소유'하게 될지라도 농자는 그 착취에서 결코 벗어날 수 없으므로 실질상 달라지는 것은 아무것도 없다. 그런데 최익한은 다산이 여전제를 실현할 방법을 전혀 제시하지 않았다고 하면서, 엉뚱하게도 그 실현 방법은 비합법적인 내용이라 세상에 공개되지 않았는지도 알 수 없다고 억측하였다. 그렇지만 다산의 여전제는 봉건국가와 양반계급을 철저히 옹호하는 왕도정치를 위한 탁상공론이었기 때문에, 최익한이 말한 '사회주의적' 실현 방법은 따로 제시할 필요가 없었을 터이다. 당연히 실행될 수 없는 여전제는 '언 발에 오줌 누기' 식으로 한낱 요란한 망상(위대한 공상!)으로만 끝나고 말았으니 그 얼마나 불행 중 다행인가.

여전제는 봉건제를 뒤엎으려는 것이 아니라 오히려 그것을 더

《조선봉건시대 농민의 계급 구성》, 사회과학원, 1957, p291, p327, p348. 면수는 남한의 신서원 2쇄본(1995)에 따름.

31) 김광진, 〈토지 문제에 대한 정다산의 사상〉, 《경제연구》 4호(1961), 과학원출판사, p36(《정다산의 경제사상》, 과학원출판사, 1962, p129 재수록); 김용섭, 앞의 책, p101; 안병직, 《경세유표에 관한 연구》, 경인문화사, 2017, p221 참조.

공고히 하려는 의도에서 나왔다. 그래서 그 실현에 있어서 망상적이었을뿐더러 그 본질에 있어서도 반동적이었다. 여전의 농민은 사적 지주의 착취는 면할지 모르나 국가지주의 착취에서는 해방되지 못하며 세기적 숙망인 토지의 주인으로는 되지 못한다. 다산의 사상에는 관료통치제도 자체를 인정하고 벼슬하는 관리의 이익을 대변한 계급적 제한성이 노골적으로 표출되어 있다.[32]

3)《경세유표經世遺表》별본설
최익한은 자기의 합법적·비합법적 논의가 전연 설득력이 없다고 느꼈는지 뚱딴지같은 설화를 소개하며 총체적 파국으로 치닫는다. 설화는 이른바《강진읍지康津邑誌》의 인물조에 적혀 있다는 〈명승 초의전名僧草衣傳〉(초본등사草本謄寫)이다.

초의草衣는 정다산의 시우詩友일 뿐 아니라 도교道交이다. 다산이 유배로부터 고향으로 돌아가기 직전에《경세유표》를 밀실에서 저작하여 그의 문생門生 이정李晴과 친승親僧 초의에게 주어서 비밀히 보관·전포傳布할 것을 부탁하였는데, 그 전문全文은 중간에 유실되었고 그 일부는 그 후 대원군에게 박해를 당한 남상교南尙敎·남종삼南鍾三 부자 및 홍봉주洪鳳周 일파에게 전하여졌으며, 그 일부는 그 후 강진의 윤세환尹世煥·윤세현尹世顯·김병태金炳泰·강운백姜雲伯 등과 해남의 주정호朱挺浩·김도일

32) 홍태연, 〈정다산과 사회개혁리론〉,《천리마》11호(2000), 천리마사, p62; 장덕일, 〈정다산의 '려전제'〉,《천리마》2호(2006), p84; 정성철, 앞의 책, p483.

金道一 등을 통하여 갑오년에 기병起兵한 전녹두全綠豆·김개남金開南 일파의 수중에 들어가서 그들이 이용하였는데, 전쟁 끝에 관군은 정다산 비결秘訣이 녹두綠豆 일파의 '비적匪賊'을 선동하였다고 하여 정다산의 유배지 부근의 민가와 고성사高聲寺·백련사白蓮社·대둔사大芚寺 등 사찰들을 수색한 일까지 있었다. (하편 4부 p686)

위의 〈명승초의전〉은 다음과 같은 설화적 요소가 있다.

① 초의는 다산의 시우라기보다는 아들 세대로서 제자였다. 왜 하필 대둔사의 명승 초의가 《해남읍지海南邑誌》가 아닌 《강진읍지》에 소개되었는지도 의아하다.[33]

② 초의가 그린 〈다산도茶山圖〉(1812)를 보면, 다산의 거처 동암東菴에 별도로 밀실이 있었을 것 같지는 않으나, 혹 동암 밑에다가 황사영黃嗣永의 땅굴처럼 파 놓았을지는 잘 모르겠다.

③ 다산은 해배 후에도 이정을 마현馬峴에서 부려먹었고, 심지어 이정은 70세까지 과거에만 목을 매다가 자살하였다.[34] 고로 해배 직전에 강진에서 문하생이랍시고 '니 함 돼져 보라'며 《경세유표》 별본까지 전한다는 것은 너무나 비인간적인 설정이다.

④ 다산초암茶山艸菴이나 여유당與猶堂을 수색하지 않았다는 점이 아이러니하다. 관군은 다산 비결을 찾는다면서 다산 생가도 수색하지 않을 만큼 어찌 그리 허술하였을까?

---

33) 김영호, 〈다산학 연구사 서설〉, 《다산학보》 9집(1987), 다산학연구원, p1031.
34) 정민, 《삶을 바꾼 만남》, 문학동네, 2011, p259, p375, p492; 임형택, 《실사구시의 한국학》, 창작과비평사, 2000, pp408~410.

최익한이 '초본등사'의 실체(즉 원본을 베껴 쓴 경위나 연도 등)를 밝히지 않아서 모든 것은 미궁 속에 있다. 여태껏 《강진읍지》는커녕 《경세유표》 별본도 발견되지 않았다. <명승초의전>의 핵심은 다산이 《경세유표》 별본을 작성하여 전봉준全琫準(전녹두) 일파의 투쟁에 사상적·전술적 도움을 주었다는 데 있으니, <역신다산전>이라고 해야 더 어울리지 않을까 싶다. 어쨌든 이 설화는 다산 추종자가 정약용의 보수성을 은폐하기 위해 날조한 것만은 틀림없다.

다산은 홍경래洪景來 농민봉기(1811) 때 그를 역적으로 규정하며 창의문倡義文을 짓고 《민보의民堡議》를 저술하여 보수 반동으로서 본색을 드러냈다. 만일 다산이 《경세유표》 별본설을 들으면 무덤 속에서도 일어나 편히 잠들지 못할 것이다. 그는 강진 유배 시절에 애첩을 두고 딸을 낳았는데, 장만한 토지가 18마지기로 당시 서울의 집을 두 채나 살 수 있는 거액이었다. 또 유배 이전에 그의 토지는 양근楊根 지역만 해도 약 논 80마지기에 연수입이 벼 100섬이라하나 그보다는 훨씬 많았을 터이다. 마현 일대도 전부 자기 땅이었단다. '경의진사經義進士'(사칭) 다산은 종들이 추수하는 것을 감시하며 시를 읊조리고, '9대옥당九代玉堂 5세한림五世翰林'을 아로새긴 낙관을 찍었다. 노비의 생산 노동에 기생하는 호화로운 생활을 하면서도 자신의 입장만 합리화하며 갑질도 서슴지 않았다.[35] 하여

---

35) 정민, 앞의 책, p379; 김광진, 앞의 글, p26(앞의 책, p109 재수록); 안병직, <발간사>, 《다산과 가장본 여유당집》, 실학박물관, 2010, p2; 김영호, <다산의 유적과 유족을 찾아서>, 《문학사상》 49호(1976. 10), 문학사상사, p299; 《목민심서》 권4 <호전戶典·전정田政>; 《경세유표》 권8 <지관수제地官修制·전제田制10>; 《다산문집》 중 <전라도창의통문全羅道倡義通文>, <자찬묘지명自撰墓誌銘>, <추일문암산장잡시秋日門巖山莊雜詩>, <출동문黜僮文> 등 참조.

그의 이론 자체가 착취 구조 아래서 착취자의 본성으로 자연스럽게 이루어질 수밖에 없는 환경적 조건을 완비하고 있었던 것이다.

그런데 <명승초의전>에 대해 최익한은 강진 지방의 인민이 직접 눈으로 보고 입으로 전한 사화史話요 야사野史라고 하면서, "다산의 비합법적인 경세 사상을 구체적으로 전개한 《경세유표》별본이 전봉준·김개남 등의 손에 비밀히 전수되어 그들의 투쟁에 이론적 도움을 주었다는 전설은 결코 우연한 낭설이 아니다"고 하였다. 또 그는 별본 책자에는 "다산이 만민 평등의 새 사회를 상세히 모사 模寫하고 그 실현 방법도 제시하였다"고 덧붙였다.36)

최익한은 왜 이토록 <명승초의전>에 민감한 반응을 보일까? 이유는 딱 하나, 다산의 혁명성을 부각시키기 위해서다.37) 그러니까 설화를 맨 처음 지어낸 다산 추종자의 의도와 정확히 일치하는 셈이다. 앞서 말한 바와 같이 최익한은 여전제의 실현 방법도 《경세유표》의 별본처럼 비합법적인 문건이라 세상에 공개되지 않아서 우리에게 전수되지 않았을 것이라고 하였다. 또 <원목>, <탕론>, <전론>은 원래 《경세유표》별본에 포함되어 있었지만, 직접 투쟁과 혁명에 관한 선동적 문헌이 아니고 순수한 원리론적 형식을 띤 독립적 논문이기 때문에 전집으로 일부 편입된 것 같다고도 하였다. 이런 지극한 소설적 상상력은 전후 경제 복구와 사회주의 건설을 위한 교양 사업의 일환으로 전개된 것이다. 이를테면 최익한의

---

36) 본서 하편 4장 p460과 8장 p547 볼 것.
37) 이는 물론 근대의 맹아를 실학파라는 내재적 원리에서 찾으려는 입장이 반영된 결과이다. 김형태, <북한 문학사의 조선 후기 서술 향방과 변화>, 《민족문학사연구》 49호(2012), 민족문학사연구소, p382.

여전제 해석은 1950년대 당시 북한에서 집단농장제로의 전환에 있어 역사적 정당성을 견인하려는 정치 담론이었다.[38]

끝내 최익한은 《경세유표》의 권수까지 의심하였다. 즉 현행본은 43권이지만 〈자찬묘지명〉에는 48권으로, 《사암연보俟菴年譜》에는 49권으로 적혀 있으니까 그 차이 나는 5~6권은 필시 밀실 저작의 별본일 것이라며, 다산 만년의 수정手定 가장본家藏本 전서에는 편입되지 않고 '미졸未卒' 혹은 '미성未成'이란 가표假標만 붙여 세상에 공개되지 못하고 비밀히 유전되었을 것이라고 추정하였다. 이 역시 다산에게 농민혁명적 성격을 부여하기 위해《경세유표》별본을 설정하려는 무리한 시도로서 실제 사실과는 아무런 관련이 없다 할 것이다.[39] 최익한의 말 그대로《열수전서洌水全書》총목록에는 43권으로 되어 있으니, 정리할 때마다 다른 것뿐이라 하겠다. 그도 《여독》에서는《경세유표》의 정치적 본질은 "《주례周禮》일서一書의 연의적演義的 각주"에 불과하다고 하였으니, 별본설 자체가 조작된 것임을 모른다고만 시치미를 뗄 수는 없을 것이다.

문제는 그가 이 별본설을 가지고 다산을 진보적이고 혁명적으로 치장하여 그 왜곡된 모습을 독자들에게 전한 데 있다.

전녹두 일파가 이용하였다는 '비결祕訣' 운운은 필시 다산이 일생을 두고 주장하던 농민 구제와 계급 타파에 관한 이론 또는

---

38) 끝 문장은 김성보, 《남북한 경제구조의 기원과 전개 — 북한 농업체제의 형성을 중심으로》, 역사비평사, 2000, p49, pp265~348; 서동만, 《북조선 사회주의체제 성립사》, 선인, 2005, pp658~719; 정종현, 앞의 책, p162 참조.

39)《경세유표》에 대한 서지적 검토는 《다산학》10호(2007), 18호(2011), 29호(2016) 등에 실린 안병직과 조성을의 논문을 볼 것.

표어였을 것이다. 갑오년 즉 1894년 5월에 농민군이 실시한 군정軍政 및 집강소執綱所와 그들이 제시한 강령인 신교信敎 자유, 탐관오리와 양반 부호의 엄징嚴懲, 노비제도의 철폐, 문벌 타파, 토지 평균 분배 등 12개 조와 기타 척양斥洋·척왜斥倭·보국保國·안민安民 등 구호―이와 같은 정책과 강령은 물론 당시 인민의 요구를 직접 표현한 것이었지만, 그의 이론적 부분은 다산의 저서로부터 받았는지도 알 수 없는 일이다. (4부 p687)

최익한은 폐정개혁안 12개 조가 농민군의 현실적 요구를 반영한 것을 인정하면서도 그 이론은 다산의 별본에서 받았을지 모른다고 또 되풀이한다. 그는 이 강령의 내용이 어디까지나 반봉건적·반침략적 정신이라고 분석하였으나, 그것이 양반을 토멸討滅하려는 계급투쟁인 것을 명확히 인식지 못하였다. 즉 착취계급과 피착취계급의 대립적 측면을 간과한 것이다. 다산의 봉건적 관념 담론과 전봉준의 반봉건적 실천 강령은 불상용의 관계로서 엄밀히 말하면 전자는 후자의 처단 대상이었다. 최익한은 혁명 투쟁으로부터 탈주한 기만적이고 기회주의적인 동학교회주의자들이 마치 정약용처럼 전봉준을 역적이라고 극언한 사실을 모를 리가 없을 터인데, 《경세유표》 별본설 같은 잠꼬대만 연발하며, "동학의 내용과 성격은 농민투쟁인 동시에 실학파 즉 정다산 일파의 농민혁명의 이념과 연결된 대중적 표현이었다"고 궤변을 늘어놓았다.[40]

---

40) 본서 하편 4장 p459; 과학원 력사연구소, 《조선통사》, 과학원출판사, 1958, p68 (면수는 1989년 도서출판 오월 복간본에 따름); 오지영, 《동학사》, 영창서관, 1940, p138(초고본은 p135, pp145~6); 한우근, 〈동학군의 폐정개혁안 검토〉, 《역사학

이는 그가 서재파 맑시스트로서 그의 실학론과 다산론이 개량적이고 반인민적이기에 가능한 듯하다. 그의 머리에 언제나 실학파 정다산의 계몽 대상으로만 존재 가능한 '관념적 인민'은 현격하게 자율 능력이 떨어진다. 따라서 역사상 끊임없이 주체적으로 투쟁하며 혁명 역량을 축적 발휘해 온 '실천적 인민'과는 계보가 사뭇 다를 수밖에 없다고 판단된다. 어떤 하나의 진리가 사상가에 의해 발견 해명되어 그것이 위에서부터 인민에게 부여되었다고 생각하는 것은, 인민을 지배계급의 논리로 착취하려는 중대한 허위임을 잊어서는 안 될 것이다.41)

최익한의 말마따나 다산은 변증법적 유물론이나 역사적 유물론과는 전연 무관한 만큼 자본주의가 오리라곤 꿈도 꾸지 못하였다. 그러면 봉건적 관료학자인 다산이 아무리 농민 이상 사회를 공상하였다 한들(실은 농민을 빙자하여 양반 이상 사회를 망상한 것이지만), 터무니없이 비합법적 투쟁서를 썼다고 가정하는 《경세유표》 별본설을 들이대며 그가 다산의 혁명성을 주장한 것은 견강부회에 지나지 않는다고 생각한다. 결국 설화적 구성을 취하여 다산에게 혁명의 탈을 억지로 씌워 일종의 '전쟁 영웅상'을 비과학적 꼼수로 제시한 셈인데, 이는 번역 왜곡으로까지 이어진다.42) 다산은 혁명적이 아니라 혁명의 적이었다! 최익한이 반동적 별본 설화를 반동적으로 이용한 것은 혁명을 모독한 반인민적 한계로만 끝나지 않고, 이후

보》 23집(1964), 역사학회, pp55~69; 노태구 편, 《동학혁명의 연구》, 백산서당, 1982; 김용섭, 《한국근대농업사연구·III》, 지식산업사, 2001 등 참조.
41) 끝 문장은 신남철, 《역사철학》, 서울출판사, 1948, pp102~3 참조.
42) 번역 왜곡에 대해서는 졸고 〈정선 해제〉를 볼 것.

설화는 널리 회자되면서 치명적인 악영향을 끼쳤다. 다산론자들은 최소한의 확인도 없이 허깨비의 장단에 마냥 놀아났던 것이다.

최익한은 《실정》을 쓰고 나서도 한 논문에서 "갑오농민전쟁에 참가한 지식분자들 중에는 다산에게 배운 평민 자제들의 영향을 받은 자가 10여 명이나 되었다고 강진·해남 지방의 야사·전설에 전해지고 있다"며 오락가락하였다.43) 앞의 <명승초의전>에는 윤세환·윤세현·김병태·강운백·주정호·김도일 등 6명만 나오는데 벌써 10여 명으로 부풀렸다. 그러나 최익한의 작위적인 환상과는 정반대로 강진 지역의 농민군은 극소수라 독자적인 세력조차 형성하지 못하였고, 다산의 후손 또한 누대에 걸쳐서 직장直長·좌랑佐郎·현령縣令·부사府使 등의 벼슬을 하며 이조 정부를 배반한 일은 단 한 번도 없었다.44) 이는 최익한의 실학론(특히 다산론)이 진실을 호도하는 '혁명성'을 띄우며 실학자의 사상누각 위에 또다시 공중누각을 쌓아올린 명백한 증좌일 것이다.

4) 기타

최익한은 다산이 농민군을 적대시하고 노비제도를 강화하려 한 사실에 대해서는 일체 함구하였다. 왜냐하면 그것이 바로 다산의 계급적·사상적 본질로서 혁명성과는 배치되는 반동성이었기 때문이다. 그래서 최익한은 이익이 노비제 철폐를 주장하였다고 하면

43) <정다산의 시문학에 대하여 (하)>, 《조선어문》 4호(1956), 과학원 언어문학연구소, p27.
44) 홍동현, <1894년 강진 지역 동학농민전쟁과 다산 정약용의 '경세유표'>, 《다산과 현대》 8호(2015), 연대 강진다산실학연구원, p352; 안병직, 앞의 글, p2.

서, 그가 노비제도의 비인도적인 점을 지적하고 노비 세습법과 종모법從母法을 배격하였다고 한다.

그러나 이는 과도한 해석이다. 이익의 견해는 노비제도의 근본적 철폐가 아니라 그대로 둘 것을 예견하고 있는 매우 불철저한 방안이었다. 그는 이면에서 오히려 노비제도를 머슴제도로 개편하려 한 류형원보다 더 보수적 입장으로 떨어졌다.45) 이익은 비록 노비 세습에 반대하였어도 결코 노비제 자체의 철폐를 주장하지 않았고, 반상班常 차별의 지나침과 엄격함을 비판하였지만 반상·귀천을 가르는 신분제 자체의 철폐를 주장하기는커녕 도리어 이를 정당화하였다. 지우智愚·귀천의 차별에 기초한 신분적 군자·소인 개념은 이익에게도 역시 지당한 것이었다.46)

또 최익한은 실학파에게 '민족'이란 개념을 두루 적용하여 독자들을 미혹시켰다. 민족 개념은 20세기 대한제국 때 수용되었고, 그 전에는 동국東國(즉 제후국)으로서 자기 정체성만 확인할 수 있어서 이른바 '민족의 주체성' 따위는 의식하기 불가하였다. 물론 그가 '준민족準民族'까지 식별하고 있었으니,47) 어느 정도 비스름한 배경지식쯤은 갖추었을 듯하나, 당시에는 우리나라에서 민족의 형성에 대한 문제가 미해결된 상태였다. 아무튼 민족 개념에 대해서는 《정선》의 <작품 해제>에서 상술하고, 여기서는 그 개념을 광범히 적용하였을 때에 발생되는 문제점만 언급하겠다.

---

45) 정성철, 앞의 책, p238. 한편 다산의 노비제 옹호론은 《정선》 pp642~5 볼 것.
46) 황태연, 《한국 근대화의 정치사상》, 청계, 2018, p69.
47) 최익한은 《실정》을 간행하기 전에 쓴 논문 <조선문학사와 한문문학>에서 종족·준민족·근대민족 등을 구분하고 있다. 《력사과학》 1호(1955), 과학원 역사학연구소, p15.

최익한은 "류형원의 진보적이고 민족 자각적 사상의 경향은 18
~19세기 이익·정약용·박지원·박제가 등 실학자들에 의하여 계승
발전되었다"(상편 4장 p219) 하면서, '실학자'로 명명한 유학자들을
일일이 호출하여 '진보·민족·애국·자주·민주·혁명' 등의 훈장을 주
렁주렁 달아 주었다. 가령 홍대용의 소위 '역외춘추론域外春秋論'은
다음과 같이 표창하였다.

> 당시 일부, 아니 대다수의 유학자들이 중국을 자기 조국처럼
> 생각하고 조선을 도리어 오랑캐로 자처하는 맹목적인 존화
> 관념을 폭로 비판한 홍대용의 사상은, 인민 속에서 이미 발아
> 하고 있는 새로운 애국주의와 민족 자주적 정신을 대변한 것
> 이었다. (상편 5장 p262)

그러나 홍대용의 '역외춘추론'은 본질적으로 지역 구분이 아닌
내외가 엄연한 '의리義理 화이관華夷觀'에 기초하고 있다. 그러므로
민족주의 입장에서 '자주정신' 문제로 환원시키는 종래의 해석은
이제 지양되어야 한다.48) 다산이 《경세유표》〈천관이조天官吏曹〉에
"우리나라는 제후국이니 제도를 작게 해야 마땅하다(我國家 藩國也
制度宜小)"며 꼬리를 내린 당시 실정을 상기할 필요가 있다.

마지막으로 최익한은 다산의 '왕정王政'이 근대 민주 정치를 지향
한 것이라고 은연중 암시하였다. 하지만 왕정이 국정國政이든 인정
仁政이든, 또 왕도王道가 인도仁道이든 정도正道이든 간에 이는 민주

---

48) 김호, 〈조선 후기 화이론 재고〉,《한국사 연구》162호(2013.9), p128; 배우성,
  《조선과 중화》, 돌베개, 2014, p164; 황태연, 앞의 책, p271 참조.

정치가 아니라 제왕(=군주) 정치인 것이다. 특히 다산의 왕정론은 불변의 '천리天理'라는 초월적인 것에 근거하며, 현명한 통치자의 결단이라는 자의적인 것에 크게 기대하고 있으므로 전제주의적 속성의 틀을 결코 벗어나지 못한 것이다.49) 그러니까 민民을 빙자한 봉건 관료의 경세학에서 민주주의적 반봉건 사상을 추출하려는 시도 자체가 연목구어에 지나지 않는다고 하겠다.

'봉건'에다 '반봉건'을 억지로 갖다붙여 '실학'으로 도식화하는 것은, 과거의 반동성까지 찬양하는 '우경적 복고주의'로 빠질 위험이 있다.50) 이는 김일성의 교시에 부응하는 관성적이고 관념적인 분석이지, 인민의 입장에서 우러나온 구체적이고 실천적인 분석은 아니다.51) 최익한은 과학·문화 일꾼으로서 당의 문예 노선(즉 당성·계급성·인민성 원칙)에 따라 애국주의를 고무 추동하는 과업 수행에만 너무 편중된 나머지, 다산의 계급적 본질을 적실히 전달하지 않고 거꾸로 은폐·왜곡하여 다산을 영웅화하는 '반인민적' 방향으로 뒷걸음치고 말았다. 여기에 바로《실정》의 근본적 한계가 있다.

---

49) 김진호, 앞의 글, pp94~5 각주 214; 김태영, <다산 경세론에서의 왕권론>, 《다산학》창간호(2000), 다산학술문화재단, p256, pp261~2.
50) 도진순, <북한 역사학계의 동향과 역사인식의 특성>, 《한국의 역사가와 역사학 (하)》(조동걸 외 편), 창작과 비평사, 1994, p385.
51) 당시 북한의 현대문학은 노동 현장에 기초한 인민성을 상당히 구현하였다. 반면 고전문학은 인민적인 고전 유산을 창조적으로 계승 발전시켰다는 면에서 실천적 활동보다는 이념적 지향이 중시되었다고 할 수 있다. 한효, <우리 문학의 개화 발전을 위한 조선로동당의 투쟁 (2)>, 《조선어문》3호(1957), 과학원 언어문학연구소; 한설야, <우리 문학·예술의 인민성과 관련한 당면한 몇 가지 문제>, 《근로자》4호(1958), 근로자사; 김하명 외, 《전진하는 조선문학》(8·15해방 15주년 기념 평론집), 조선작가동맹출판사, 1960; 과학원 언어문학연구소 문학연구실 편, 《우리나라에서의 맑스·레닌주의 문예 리론의 창조적 발전》, 과학원출판사, 1962; 설성경·유영대, 《북한의 고전문학》, 고려원, 1990 등 참조.

4. 맺음말

1956년 12월 《실정》에 대한 첫 평가가 이루어졌다. 1955년 8월 최익한이 《실정》을 책으로 내고 나서, 학사학위 논문으로 제출하였기 때문이다. 당시 김일성대 각 학과의 특출한 학자들이 공개심사에 참여하였다. 박시형(역사학), 김광진·김세련(경제학), 홍기문·정렬모(어문학), 신남철(철학) 등은 어문학 논문 《실정》의 해박하고 심오한 과학성을 고평한 후, 《실정》이 역사학·경제학 분야에도 기여한 점을 인정하였다.52)

최익한은 빼어난 한문 이해력과 폭넓은 사회과학 지식으로 다산 시문을 능란하게 번역하고 그 내용도 탁월하게 개념화하였다. 고어·방언 등을 잘 살려 《정선》에서는 과히 '울진의 다산'을 만들어낼 만큼 고향에 대한 애착을 표시하며 우리말 전수에도 아낌없는 노력을 다하였다. 그는 다산 연구의 개척자로서 다산학에서 중요한 사회과학적 의미를 거의 다 발견해 냄으로써 장래 다산학을 독보적인 위치로 격상시키는 데 주춧돌을 놓았다.

《실정》 서문은 그의 제일 명문으로서 미제 전쟁상인들을 견결히 규탄하며 웅위한 포문을 열고 있다. 조선최고인민회의 대의원 최익한은 김대 조선문학과 부교수, 즉 고전문학자이기 전에 애국적 빠포스пaфoc를 발휘할 줄 아는 시인이자 문필가였던 것이다. 그는 미군의 맹폭에 의해 무수히 죽어간 인민들을 위로하고 전후 경제

---

52) 당시 북한 현실상 '유학' 분야의 심사위원이 빠진 것이 자못 안타깝다. 최익한은 어릴 적 성리학을 공부하면서 시문에 뛰어났는데, 그것이 《실정》의 서술상 특징을 이루는 바탕으로서 원체험이기 때문이다.

복구에 동원된 인민들을 고무하는 치열한 필전筆戰을 보여 주었다. 여기에는 온실 속에서 안주하는 기능적 아카데미즘만으로는 상상조차 불가한 전투적 진정성이 확고히 천명되어 있다.53)

《실정》은 단순히 일개 학위 논문이 아니라 자기의 모든 이론과 실천을 융합함으로써 전면성을 획득한 기념비적 걸작이다. 농밀한 문체는 광범한 내용 속에서 거침없이 다채롭게 빛난다. 그는 어릴 적부터 유교적 시문을 즐겨 썼다. 그런데도 일찍이 온갖 육체노동을 통해 관념유희적 글쓰기와는 자연 멀어졌다. 그의 행적을 보면, 부단한 노력과 투쟁 속에서 절차탁마한 것을 쉽게 알 수 있다.

① 중동中東학교 야학부에 입학한 후 하숙집을 운영하였다.

② 29세 늦깎이로 와세다대학 정치경제과에 입학하여 사회주의 운동을 하고 그 이론에 관한 논문을 쓰며 결국 중퇴하였다.

③ 젊은 날 독립군자금 모집 사건, ML당 사건, 대전역 만세 사건으로 10년간(그외 검거·구금 기간 포함) 수감되었는데, '봉투직공'으로 복역한 기록이 남아 있다.

④ 36세 출옥 후 조선일보사와 동아일보사에 근무하면서 고전 문화에 대한 잡문을 연재하며 《여독》을 완성하였다. 신문이 폐간되자 그 퇴직금으로 술집(막걸리 도소매점)을 운영하였는데, 이때 잔일을 좀 거들며 하천下賤의 생활을 접한 것으로 보인다.

---

53) 그런데 송찬섭은 《실학과 정다산》(서해문집, 2011)을 펴내면서, "정치색을 띠므로 최익한의 생각이라고 보기 힘들다"(p7)며 서문을 삭제하여 버렸다. 왜 이런 거짓말로 독자를 속이며 책임의 화살을 최익한에게 돌리는지 모르겠다. 그가 과연 자기 생각도 아닌 서문을 〈근세 조선 실학 발전사 개론〉(《인민》, 1952)에 발표하고, 또 《실정》(1955)에 재수록했겠는가?! 먼저 2010년에 이 서문을 인용한 분(김성동, 《현대사 아리랑》, 녹색평론사, p287)도 있다는 사실을 직시해야 할 것이다.

⑤ 6·25전쟁 중에는 건설 및 영농 사업에도 노력 동원된 듯하며, 전쟁의 불길 속에서 그의 사상은 강철처럼 단련되었다.

그렇지만 최익한이 하숙집·술집 운영과 봉투직공 복역 및 노력 동원 등의 노동을 했는데도 불구하고 그것이 의식적 실천이 아닌 생계적 경험으로만 국한되어 버려서 못내 아쉽다. 그가 '노동'의 시각으로 다산의 작품이나 사상을 전혀 분석하지 못하며, 다만 노동계급에 대한 원칙적 강조만 가끔씩 반복하기 때문이다. 기실 다산은 일평생 모 한 포기 심어 보지 않고, 병역도 면제된 상태에서 농사와 국방을 얘기하였다. '실다운 實學'이 아니라 '실없는 失學'에 지나지 않으니 무슨 쓸모가 있겠는가. 한마디로 다산학은 민을 빙자한 양반 관료의 '반동적 무한학無汗學(노땀학)'이다. 요즈음 다산론자들도 똑같이 지배계급의 이익에 봉사하며 기득권을 유지하고 있는데, 이런 좀스러운 작태는 결코 우연이 아닐 것이다.

최익한이 다산의 선배로 류형원·이익 및 홍대용·박지원·박제가 등을 들었으나, 따로 다산의 후배를 설정하지 않았다. 즉 다산이 실학을 집대성하고 난 이후 김정희金正喜·이규경李圭景 대에 와서는 실학이 갑자기 혁명적인 광채를 잃어버린 채 지리멸렬하고 말았다는 것인데, 어찌 보면 다산을 실학의 종결자로 파악한 셈이다. 이는 자료를 구하기 힘든 당시 상황을 감안하면, 다산의 위대성을 부각하려는 일종의 형식 논리로 이해된다. 하여튼 다산의 위대성 속에는 인민은 설 자리가 없으니, 그만큼 《실정》도 특장점이 제약되며 'B급 선전학'으로 전락할 여지가 없지 않다. 최익한은 고전유산을 계승 발전시키는 과업에 너무 강박된 나머지, '다산 찬미'

를 거듭하며 독자들을 혼란에 빠뜨리지 않았을까 한다. 여기에는 그만이 거의 다산 연구를 전유하고 있던 시대적 한계도 엿보인다. 엄밀히 따지면《실정》은 문학·경학 논리는 우수한 반면에 역사학·정치경제학 논리는 그에 따르지 못하고 있다. 그러니까 근대 학문의 섭취가 유학적 인식의 바탕 위에서 '개론적'으로 이루어졌다고 판단된다. 그 증거로서 최익한의 참고 자료를 보건대, 주로 '서문'과 '사전'을 많이 인용한 사실을 들 수 있다.

그러나 프랑스의 계몽사상가 데카르트·몽테스키외·볼테르·루소·디드로·케네 등을 비교한다든지, 또는 공상적 사회주의를 자세히 분석한다든지 하는 것은 당시로서는 그만이 할 수 있는 선진적인 연구였다. 이는 실학파 및 정약용에 대한 연구와 더불어《실정》을 《여독》보다 한결 완미한 체계로 이끄는 요인이 아닐까 생각한다. 또 '승하·선비·임금·백성' 따위를 '서거·유사·국왕·인민'으로 대체하거나,《여독》의 '서학 좌·우파'를 '서학 교·학파'로 수정한 것도 섬세한 노력으로 인정된다.

최익한은 다산의 철학을 설명하면서, 인仁·서恕·일관一貫 등 유교 경전의 중요 개념을 다산이 선험적이며 귀족적인 해석에서 실천적이며 평민적인 해석으로 끌어들이려 하였다고 한다. 그래서 그는 다산의 인성론에서 성리학적 세계관에 위배되는 유물론적 요소를 추출하려고 무리한 시도를 하는데, 이는 다산의 정치경제학을 '비합법적인' 혁명사상으로 띄우기 위한 선작업일 터이다. 왜냐하면 다산의 사상과 행적에서 그 어떤 평민적 실천의 흔적도 보이지 않을뿐더러 설혹 눈곱만큼의 유물론적 티끌이 발견되었다 할지라도 그것은 비합법적 혁명과는 아무런 상관이 없기 때문이다.

최익한은 다산의 비합법적 논설의 예로 <원목原牧>, <탕론湯論>, <전론田論> 3편을 꼽았다. 응당 더 많았을 텐데 시휘로 멸실되었으리라는 것이다. 이 또한 의도적인 정치 담론으로 실제 사실과는 무관하다고 하겠다.

다산은 <전론>에서 "선비는 뼈다구가 약하여 힘든 일을 할 수 없으니 교육이나 기술 방면에서 도울 경우 농사꾼보다 양곡을 10배 주어야 옳다"고 여전제의 목적을 참으로 졸렬히도 밝혔다.54) 이보다 더 농자의 육체노동을 천시하고 양반의 정신노동을 중시하기도 어려울 터이다. 그러나 최익한은 이 양반 우대론에 대해서는 눈을 감고서, 여전제는 다산의 천재적 이상안이며 농민혁명의 이념이 충만한 이론이라고 평하였다.55) 즉 그는 다산이 농업 집단화의 조직을 통해 계급적 착취가 없는 이상 사회로 넘어가려 하였다고 중언부언 왜곡을 일삼았던 것이다. 이는 어디까지나 당시 북한의 농업 협동화를 비롯한 사회주의 개조 작업과 결부된 정치적 곡해에 불과하다. 환언하면 사회주의 건설의 역사적 원류를 조선 안에서 창조하려는 요란한(위대한!) 독법으로 볼 수 있겠다.

---

54) 若士則十指柔弱 不任力作 耕乎 芸乎 畲乎 糞乎 … 有教授富民子弟以求活者矣 有講究實理 辨土宜興水利 制器以省力 教之樹藝畜牧 以佐農者矣 若是者 其功豈扼腕力作者所能比哉 一日之役注十日 十日之役注百日 以分其糧焉 可也 <田論5>.

55) 훗날 김광진도 《강진읍지》를 인용하면서, "정다산의 공상적인 여전법은 정확히 조선 농민의 세기적 숙망을 반영한 것이며 미래에 대한 천재적인 예견으로 되었다"고 찬양하였다. 그러나 그는 경제학자답게 "여전법에 담겨 있는 토지의 공유제와 공동 노동, 공동 분배의 공상을 금일의 농업협동조합과 같다거나, 공산주의적 ─전 인민적 토지 소유와 동일하다거나, 또는 그의 근원을 여전제에서 찾아볼 수 있다고 간주하는 것은(사실 그렇게 보는 논자들이 있었다) 정다산의 사상을 너무 현대화하는 것으로서 허용할 수 없는 오류"라고 분명히 선을 그었다. 김광진, 앞의 글, p41, p45(앞의 책, pp137~8, p146 재수록). 최익한은 《여독》에서는 여전법이 소련의 콜호스와 근사하다고 하였지만, 《실정》에서는 그 주장을 철회하였다.

최익한은 보수 반동적인 다산을 혁명가로 치장하는 데는 한계가 있으므로 급기야《경세유표》별본설이라는 해괴한 설화적 구성을 취하며 총체적 파국으로 치달았다. 별본설이 가짜라는 것은 이미 밝혀졌다. 이른바 그 <명승초의전>에는 닥치는 대로 싸그리 다산화하려는 후안무치의 탐욕과 음모가 도사리고 있는 듯하다. 그가 이 설화를 가지고 '다산 비결'을 운운하면서 '극우 다산'을 조선의 맑스인 양 '극좌 다산'으로 개변시키는 모험을 감행한 것은 혁명을 모독하는 중대한 반인민적 오류이다.56)

여하간 최익한이《실정》에서 무수한 반복을 통해 어떤 하나의 가정을 사실로 단정하는 서술 방식은, 마치 검경의 신문 수법을 방불케 한다. 그러니까 '~인 듯하다 → ~임에 틀림없다 → ~이다' 식으로 거짓을 사실로 둔갑시켜 피고(즉 독자)에게 강요하는 것이다. 일제강점기와 미군정기 때 그가 수십 차례 문초당하며 영향받은 것일 수도 있다. 그는 다산의 반동성을 혁명성으로 개조하기 위해 독자들이 <명승초의전> 설화를 사실로 오인하도록 여러 번 의도적 노력을 하였다. 설화를 사실화하려는 이 결정적인 꼼수로《실정》의 과학성은 심히 훼손되고 말았다. 그리하여 가장 진보적인, 최초의 다산 연구서《실정》은 반인민적 요소로 점철되어 버렸다.

---

56) <명승초의전>은 일본에서《실정》을 본 요코카와 마사오橫川正夫의 논문에 의해 남한에 처음 알려졌다. <전봉준에 대한 고찰>(1976),《동학혁명의 연구》(앞의 책), p118 볼 것. 한편 최익한은 젊을 적에 일제 경찰한테 취조 받는 과정에서 '김성일 金成一'이라는 가상 인물을 꾸며내기도 하고, 또 <허생許生의 실적實蹟>을 발표하여 허생을 실재 인물로 상정하기도 하였는데, 이것이 <명승초의전> 설화의 조작 방식과 혹여나 무슨 관련이 있을는지 잘 모르겠다. 최익한에 대한 <수사복명서>(1921. 3. 25) 및 <신문조서>(1921. 4. 14), 국사편찬위 한국사데이터베이스; <허생의 실적>,《동아일보》(1925. 1. 14).

다산은 노비제도를 강화하려고 한 구제불능의 반근대적 신분주의자였다. 민을 빙자한 그의 반동적 이론이 철폐되고 그가 기생한 왕국王國이 붕괴되지 않았던들 오늘날의 민국民國은 도저히 올 수 없었다. 이제는 반인민적 다산론 및 실학론을 깨끗이 쓸어버리고 진정한 인민적 사상을 인민의 입장에서 찾아내야 한다.57)

학자들은 《여독》의 연재 횟수가 64회인지도 모를 만큼 잘 읽지 않았다. 《실정》도 애독하지 않기는 매한가지다. 다만 논문을 쓰기 위한 논문이 몇 편 있는데, 극히 보수적이고 기능적이다.

《실정》은 《여독》을 바탕으로 그간 연구 성과를 추가하여 1955년 8월에 평양 국립출판사에서 간행되었다. 최익한이 자기 논문 <근세 조선 '실학' 발전사 개론>(1952), <조선 근세 '실학'의 대성자 정다산의 진보적 사상 및 학설에 대한 개론>(1952) 등을 더 보태서 《여독》을 대폭 수정 보완한 것이다.

남한에서는 1988년 《실정》의 일부가 최초로 소개되고,58) 1989년 단행본이 복간되고,59) 1996년 영인본이 간행되고,60) 2011년 대중본이 재간되었다.61) 이 가운데 송찬섭의 해제문(1989)을 보면, 그가 젊은 나이에 쓴 것이라곤 믿기 힘들 정도로 장래가 촉망되는 역사적 관점을 통해 대중들에게 최익한을 선구적으로 소개하였다.

---

57) 황태연, 앞의 책, pp72~164 참조.

58) 최익한, <박연암의 실학사상>, 《한국한문학연구》 11집(1988), 한국한문학회, pp 226~257 볼 것. 총 32면이 원문대로 수록되어 있다.

59) 청년사에서 간행하였는데, 해제 <최익한과 다산 연구>는 송찬섭이 썼다.

60) 한국문화사에서 저자명을 '최익환'으로 바꾸어 찍어 냈다.

61) 송찬섭이 서해문집에서 펴냈는데, 서문·본문 일부를 누락시켰다. 그러면 최익한 전집이 아니라 선집이라고 해야 더 어울릴 듯싶다. 해제 <최익한의 삶과 '실학파와 정다산'>은 기존 <최익한과 다산 연구>를 약간 수정한 글이다.

그런데 20여 년 뒤의 머리말과 해제문(2011)을 보면, 예전과 거의 같은 내용이라 실망스럽고 다산을 통해 호치민까지 연상한 구절에서는 쓴웃음만 나온다.62) 책 본문의 오류는 하도 많아서 일일이 거론하지 않으련다. 왜 고전에 대한 이해를 소홀히 한 채, 《실정》 대중서를 냈는지 의아할 따름이다.

다음으로 송찬섭 이외의 다른 분들은 최익한의 모든 글을 읽지 않고서 《실정》 텍스트에만 의존하여 남한식 이데올로기로 재단만 하는 논문을 생산한 것뿐이니까 굳이 지적하고 싶지 않으나, 독자들과 생각을 나누는 측면에서 두 가지만 간단히 부언하겠다.

정일균은 《실정》이 김일성 교시에 대해 객관적 각성과 성찰적 거리두기를 하지 못한 것으로 분석하고 체제에 봉사하는 관학적 성격을 지닌 것으로 결론지었다.

> (최익한의 입장에서는) 민족 문화의 계승 문제에 대한 '김일성의 교시'에 따라 "맑스·레닌주의적인 광명한 노선을 향하여 역사의 수레를 힘차게 밀고 전진할 따름"인 역사적 과제가 당연시·전제될 뿐, 자신의 문제의식 그 자체에 대한 '객관적 각성' 및 이에 대한 '성찰적 거리두기'에 대한 감수성은 찾아보기 힘들다.63) (방점은 인용자)

---

62) '호치민의 목민심서 애독설'은 '경세유표 별본설'과 마찬가지로 완전히 날조된 것이다. 보수는 조작을 하지 않고서는 결코 진보의 탈을 쓸 수 없는 법이다. 한인섭, 〈호지명이 '목민심서'를 애독했다고?〉, 《새길이야기》 20호(2006·봄), 새길; 최근식, 〈호치민의 '목민심서' 애독 여부와 인정설의 한계〉, 《평화학연구》 11권 3호(2010. 9), 한국평화연구학회.

63) 정일균, 〈1950/60년대 '근대화'와 다산 호출〉, 《다산과 현대》 4·5호(2012), 연대 강진다산실학연구원, p127.

과연 '객관적 각성'과 '성찰적 거리두기'가 무엇인지 궁금하다. 학문에 대한 '김일성의 교시'는 학자들의 집체적 연구를 바탕으로 한 것이다. 최익한이 형식상 '교시'를 내세울지라도 실제 내용은 자기 판단을 담고 있다.64) 문제는 단순한 일개인의 '관념적 거리두기'에 있는 것이 아니라 ML주의를 철저히 관철하지 못한 소부르주아의 '계급적 제한성'에 있는 것이다. 정일균의 일반적 해석(총론)은 다음과 같은 최익한의 전기적 사실(각론)도 인지하지 못하였다. 즉 북한 역사상 김일성의 개인숭배를 유일하게 비판한 '8월 종파사건'(1956)에 최익한이 연루되고, 또 그가 "민족 문화유산을 옳게 계승 발전시키라는 당의 정책을 왜곡하였으며, 문예 부문에 대한 당의 정책을 비속화하였다"65)고 비판까지 받았다는 점이다. 사태가 이러할진대 '거리두기에 대한 감수성' 따위는 당적 과업인 《실정》의 현실과 어울릴 수도 없으려니와, 필경 일면적인 비난의 논리로만 귀착되고 말 것이다.

또 하나, "남한과 북한의 '다산 호출'은 공히 각 체제에 봉사하는 '관학적 성격'을 다분히 내포하고 있다"는 언설을 생각해 보자.66) 남·북한의 학자들을 모조리 '관학'으로 통치면, 최익한의 차별성이 폄훼되지 않을까 저어된다. 즉 그가 민족해방운동 등으로 10년간 투옥되고 월북한 후 총 5년 남짓(전쟁 기간 3년 제외) 김대 부교수를 지내며 나이 60에 다산 연구로 학사학위를 받고 이듬해 숙청되었

---

64) 유초하, 〈북한 다산학의 중점이동 과정과 최종지침의 핵심〉, 《동양학》 31집(2001.6), 단국대 동양학연구소, p234 각주 26, p239.
65) 〈위대한 사회주의 10월 혁명과 조선 어문학〉, 《조선어문》 6호(1957), 과학원 언어문학연구소, p4.
66) 정일균, 앞의 글, p104, p147.

으니, 일률적으로 '관학'의 낙인을 찍기보다는 뒤늦게나마 정상을 참작하여 '다산 3부작'을 쓴 그 개척의 진정성을 인정해 주어야 더 정당하다고 여겨진다. 비록 관학적 요소가 있을지라도 남·북한을 같은 차원에서 논하는 것은 바람직하지 않다. 무엇보다 최익한은 고전문학자이며, 《실정》은 어문학 논문이라는 기초적인 사실부터 알아야 한다. 남한 제도권의 텍스트 위주 연구는 종요로운 벼리를 놓친 채 주관적 의도의 오해에 빠질 공산이 크다고 하겠다.

끝으로 《실정》의 오류는 각주와 미주를 통해 확인하기 바란다. 당시에는 공구서가 부족하여 사소한 착오들이 제법 많다. 인용이나 번역을 잘못한 경우도 더러 있다. 필자가 주석을 꽤 길게 단 곳이 한 군데 있는데, 바로 '〈정헌묘지명貞軒墓誌銘〉 분석'(하편 3장 미주 11, pp411~420)으로 10면 분량이다. 최익한과 국내 번역본 모두 오류가 있어 자세히 설명하였다. 다산이 어떻게 인용 원문을 조작하여 정치적으로 자기를 합리화하는지, 또 그에 따라 왜 오역이 생길 수밖에 없는지에 대해 낱낱이 파헤쳤다.

최익한은 맑스·엥겔스·레닌·스탈린 등의 말을 여러 번 원용하여 다산사상의 혁명성을 논증하는 계기로 삼았다. 그 원전 인용문은 그가 조국의 부강화와 인민의 복리 향상을 위해 복무하는 지식계급의 입장에서 선택한 것이니만큼 내적 정합성이 부족한 듯하나, 《실정》의 골간을 이루는 특징적 요소로는 주목된다. 앞으로 관련 전공자들이 그 원문의 역사적 맥락을 규명할 필요가 있다. 다산사상과 ML이론을 접목시킨 최익한의 의도까지 십분 파악하게 되면, 《실정》을 더 제대로 볼 수 있는 날도 머잖아 오리라 믿는다.

일러두기

1. 원문은 1955년 8월 평양 국립출판사에서 발행된 《실학파와 정다산》의 영인본(한국문화사, 1996)을 이용하고, 송찬섭 편의 《실학파와 정다산》 (청년사, 1989; 서해문집, 2011)도 참고하였다.

2. 저자의 주는 미주로, 편자의 주는 각주로 처리하였다. 다만 저자의 주 일지라도 인물·서지 사항 등 간단한 것은 각주에 포함시켜 편집의 통 일성을 기하였다. 이 책의 가장 큰 특징은 편자가 저자의 인용 원문을 모두 찾아내서 각 장 끝에 미주로 수록 보완한 데 있다.

3. 주석은 단순한 낱말 풀이보다 전체적인 내용 이해에 초점을 맞추었다. 또 《여유당전서를 독함》, 《정다산선집》과 연계해 볼 수 있도록 중요 한 대목마다 면수를 적어 놓았다.

4. 인명·지명·연대 표기 등의 오기나 오식은 너무 많아 일일이 지적하지 않고 바로 고쳤다.

5. 짧은 풀이는 각주를 달지 않고 본문의 괄호 안에 써넣었다.
   예) 전폐錢幣(돈), 면포綿布(무명), 취체取締(단속), 체결자締結者(결탁자), 여송呂宋(루손), 오문澳門(마카오), 화승火繩(불심지), 화석火石(부싯돌)

6. 북한말이나 한문·일어투 표현은 우리말로 바꾸었다.
   예) 역할을 놀다 → 역할을 하다, 태공怠工 → 태업, 매삭每朔 → 매달, 굴지屈指하지 → 손꼽지, 쟁선적爭先的으로 → 앞다투어, 출발에 있어 → 출발에서, 해항술의 발달에 의한 → 항해술의 발달에 따른

7. 북한의 몇몇 외래어는 그대로 두고 우리말을 병기한 경우도 있다.
   예) 꼬스모뽈리찌즘(세계주의), 마누팍뚜라(공장제 수공업)

서 문

　오늘 미제米帝를 괴수로 한 식인종들은 우리 조선 인민의 영웅주의와 무진장한 역량을 타산하지 못하였을 뿐만 아니라 우리 민족의 유구한 문화적 사상적 전통의 우수성을 또한 바로 보지 못하였다. 놈들이 패배에 패배를 거듭한 것은 당연한 귀결이다.

　과거 일제는 우리 조국을 강점하면서 우리 민족의 우수한 문화와 탁월한 사상가들의 저술들에 크게 놀라 이른바 보존·정리의 미명 아래 그것을 비속화하고 왜곡시키며 반갑지 않은 해설들을 덧붙여서 민족 문화의 말살 정책을 교묘하게 실행하였다. 오늘 또한 일제의 더러운 자취를 밟고 온 미제는 가장 오랜 역사를 가진 동방 민족들을 일종의 미개한 야만족으로 간주하며 우리 조국의 우수한 문화의 특징과 자주적 정신을 처음부터 끝까지 무시하여 피비린내 나는 주둥이로 저들의 침략적 무기인 꼬스모뽈리찌즘(세계주의)을 우리 인민 속에 침투시키려고 망상하고 있다.

　이들의 사상적 공세에 대하여 우리 인민은 이따위 비열하고 기만적인 선전에 넘어가기에는 너무나 현명하다. 조선로동당과 인민 정권의 지도하에 백전백승의 맑스·레닌주의의 혁명적 창조적 세계관으로 교양 받고 있는 우리 조선 인민은 제국주의자 및 매국노들의 그 어떠한 사상적 침해도 그것을 능히 방어하고 분쇄할 수 있는 자신력을 가지고 있다. 이는 3개 성상星霜에 걸친 가열苛烈한 조국 해방전쟁의 행정行程에서 충분히 실증되고 있다. 다 아는 바와 같이 미제 무력 간섭자와 그 주구 이승만 역적들을 격멸 구축하는 조선 인민의 위대한 조국해방전쟁은 동시에 원수들의 파렴치한 사기적 이고 위선적이며 변절적인 이데올로기의 침공을 반격하는 가장 준 엄한 사상전이기도 하다.

제국주의의 원흉이며 가장 간악한 미제를 반대하는 조국해방전 쟁에서 조선 인민은 미증유의 영웅주의를 발휘하였으며 또 오늘 날 전후 인민 경제 복구 발전의 실천 행정에서 영웅적인 근로정신 으로 일관되어 있다. 이러한 조선 인민의 고상한 애국주의는 전쟁 승리를 보장하고 평화적 통일의 위업을 달성하는 데 있어서 중요 한 도덕적 요인으로 되고 있다.

우리 인민의 경애하는 수령이시며 모든 승리의 조직자이신 김 일성 동지는 일찍이 문화 일꾼들에게 "애국심은 자기 조국의 과거 를 잘 알며 자기 민족이 갖고 있는 우수한 전통과 문화와 풍습을 잘 아는 데서만 생기는 것입니다"라고 말씀하였다.*

이제 우리 민족의 과거를 한 번 회고하여 보면 광포한 외적의 침 입을 받았을 때나 사회적 사변이 급격할 때에는 반드시 성실하고 탁월한 진보적 사상가들이 배출되어 조국의 안전과 인민의 복리를 강구하여 새로운 계몽적 및 지도적 역할을 전개하였으며 동시에

---

* 〈전체 작가·예술가들에게〉(1951년 6월 30일 중견 작가들과의 접견 석상에서의 담 화), 《김일성선집·3》, 조선로동당출판사, 1953, p240.

철학·과학·문학·예술 등의 새로운 싹들이 인민 속에서 활기 있게 개화하였다. 이는 오늘날 우리 민족의 견고하고 찬란한 문화적 전통을 이루고 있다.

이와 같이 찬란한 문화적 전통은 동시에 우리 민족의 고귀한 유산인 것이다. 이것은 또 러시아의 우수한 예술가 톨스토이의 문학에 대한 레닌의 말씀과 같이 "진실로 모든 사람들의 유산으로 되게 하기 위해서는 투쟁이 필요하다."* 즉 과거 지주와 양반들의 생매장으로부터 이것을 발굴하여야 하고 자본가와 상인들의 이기주의적 농단으로부터 이것을 탈환하여야 하며 외래 제국주의자들의 말살 정책과 매국노들의 모독주의로부터 이것을 완전히 구출하여야 한다.

오늘날 우리 인민에게 긴급히 제기되어 있는 민족 문화 계승 문제에 대하여 경애하는 수령 김일성 동지는 조선로동당 중앙위원회 제5차 전원회의에서 진술하신 보고 가운데서 "우리 선조들이 써 놓은 역사나 지리나 기타 군사·정치·경제·문화 분야의 고귀한 유산들을 맑스·레닌주의적 견지로 분석하고 그를 섭취하여 발전시키"어야 할 것을 강조하고 동시에 일부 자각 없는 문화인들이 "그 고귀한 유산들을 집어치우는 아주 용서 못할 엄중한 결함"과 "앞으로 견결히 투쟁하여야" 하겠음을 특히 지적하신 다음 "우리는 자기의 고귀한 과학·문화의 유산을 옳게 섭취하며 그를 발전시키는 기초 위에서만이 타국의 선진 과학·문화를 급히 또는 옳게 섭취할 수 있다는 것을 반드시 알아야 하겠습니다"라고 말씀하셨다.*

* <L.N.톨스토이>, 《레닌 전집》 러시아어 제4판 제14권 p400.
* 우리 선조~말씀하셨다 : <로동당의 조직적 사상적 강화는 우리 승리의 기초>(1952

우리는 김일성 동지의 이 긴절하고 올바른 교시를 높이 받들고 현재 민주 기지 강화를 위한 인민 경제 복구 발전의 기본적 투쟁에 보조를 맞추어 민족 문화 유산의 계승 발전에 적극적으로 노력하여야 할 것이다. 이는 또한 고상한 애국주의로서 우리 공화국 인민의 노동과 과학과 문화를 고무 추동하여 줄 수 있는 거대한 과업의 하나인 것이다.

우리 민족의 우수한 문화적 사상적 전통을 이해 천명하기 위한 한 개 중요한 고리로서 본저는 조선 근세 실학파의 사상 및 학설에 대한 연구를 자기의 테마로 선정하였다. 완강하고 장구한 조선의 봉건사회-양반사회가 역사와 인민의 자기 운동에 의하여 동요 붕괴하기 시작한 이 시기에 일련의 실학자들은 출현하였다. 현란한 제왕의 극광極光과 요란스러운 도학자들의 목가牧歌와 난잡한 우상의 무도舞蹈가 최후의 발광적인 기염을 토하는 그 험악한 환경 속에서 우리 실학자 일파는 가혹한 박해와 '이단'의 낙인을 무릅쓰고 아무런 외부의 이론적 원조도 없이 모든 신성과 권위를 부정하는 자기들의 창조적인 견해와 주장을 발표하여 사회의 모순과 인민의 소리와 역사 발전의 경향을 공연히 혹은 은연히 반영 대변하였다. 그들의 사상은 그 당시에 있어서는 실로 '코페르니쿠스적 전회轉回'였다. 그러므로 그들의 사상과 학설을 연구 분석하는 것은 즉 근세 조선의 정치·경제·철학·과학·문학 및 문화 일반에 관한 사상사의 중요한 부분을 구성할 수 있는 것이다.

년 12월 15일 조선로동당 중앙위원회 제5차 전원회의에서 진술한 보고),《김일성 선집·4》, 조선로동당출판사, 1953, p332.

이제 필자가 조선 봉건 말기 실학자들의 사상을 논술함에 있어,

첫째로 실학자들의 학설이 사회적·역사적 제약성으로 말미암아 다소 소박하고 미숙한 형태로 나타난 동시에 이론과 이론, 이론과 실천의 상호 간에 모순들을 적지 않게 내포하고 있었으며 또 물론 그들의 이론이 대중의 물질적 역량으로까지 발전되지는 못하였으나 어쨌든 그들에게 일관적으로 흘러내려 오는 전체적 성격은 보수 혹은 퇴보가 아니고 새로운 이상과 경향을 가진 출발이었으며 지금 일부 평론가들의 평가와 같이 그들의 사상적 방향이 다만 선량한 지주 혹은 중소 지주의 입장에서 노쇠한 봉건 체제를 수정 개량하는 것으로 만족하는 영역에 머물러 있지 않았던 것.

둘째로 실학파의 활동은 그 시대에 있어서 선진 인사들의 자아 반성과 애국적 정신에 의거한 비판적 계몽적 운동이었으며 동시에 후래 19세기 말~20세기 초에 전국적으로 발흥한 민족 독립과 민족 문화 운동에 대한 선구적 형태였던 것.

셋째로 조선의 봉건 말기에 필연적으로 산출된 실학 일파의 민주주의적 반봉건 사상은 과거 일제 어용학자들과 통속 역사 강사들이 대중없이 지껄이던 바와 같이 단순히 서양학 혹은 서양 정치 문화의 영향에서만 파생된 것이 아니었던 것.

이 세 가지 관점을 밝힘으로써 우리는 실학파 학자들의 역사적 위치와 진보적 의의 및 역할을 똑똑히 인정할 수 있는 것이다.*

---

* '서문'의 처음부터 여기까지는 <근세 조선 '실학' 발전사 개론>의 '머리말'을 수정 보완한 것이다. 최익한은 이 논문을 필명 '최성해'로 발표하였는데, 본서 '제1장 실학의 술어와 개념', '제2장 실학파의 선행자들', '제4장 류형원·이익 일파의 실학사상', '제5장 홍대용·박지원·박제가 일파의 실학사상'에 반영되어 있다. 《인민》 7호, 민주조선사, 1952, pp90~112 볼 것.

요컨대 조선 봉기 말기 일련의 실학자들은 '이용후생利用厚生'을 학문의 목적으로 한 새로운 과학자들이었다. 유럽에서 16세기부터 장족으로 발달하여 종교와 스콜라 철학의 세계를 거꾸로 흔들어 놓은 천문학·지리학·수학·역학力學 등 자연과학은 우리 조선에서는 17세기부터 창발된 실학 일파에 의하여 출현되었던 것이다.

이 새로운 자연과학의 생장은 필연적으로 우리나라 선진 인사들의 세계관의 기초에 유물론적 요소를 제공한 동시에 중세기적 의식 형태와는 적대적인 지위에 서지 않을 수 없었다. 그들의 역학曆學·기하학幾何學·지원지전설地圓地轉說·월구물질설月球物質說·성하우주관星河宇宙觀·진적설塵積說·기불멸설氣不滅說·영혼환망론靈魂幻妄論·기중기설起重機說·우두술牛痘術 등 훌륭한 제반 과학적 견해들을 통하여 종래 모든 신비, 모든 미신, 모든 사대주의·독경주의讀經主義의 편협 고루한 동굴을 파괴하고 유교적 승려들의 고집불변한 관념 세계에 치명적인 위협을 주었다. 그들은 '이단'의 낙인과 '사문난적斯文亂賊'의 장작불 더미를 달게 받으면서 성리학의 공담주의空談主義와 부문허례浮文虛禮의 형식주의를 반대하고 동양 고대 문명과 원시 유교를 찾았으며 민족의 언어·역사·민속 및 인민성의 특징을 자기들의 반봉건적 문학 예술의 분야에서 살리려 하였다. 이는 저 유럽의 15, 16세기 이래 휴머니스트(인문주의자)와 프로테스탄트에 의하여 "로마 법황法皇(교황)의 정신적 독재가 파탄 나고 그리스의 고대가 각성되고 또 그와 함께 신시대의 예술의 가장 높은 발전이 실현되고 낡은 시야가 파괴되고 지구가 비로소 처음으로 발견"된 저 위대한 시대*가 시작되었던 것과 자못 유사하였다. 이 점에서 실학 발전의 시대는 즉 조선의 '문예부흥' 시대로 지칭될 수 있는 것이다.

또 실학파의 학자들은 종래 유교학자와 여타 관념론자들이 '제세안민濟世安民'의 근본적 원리를 도덕·윤리의 선천적 범주에서 구하였던 것과는 정반대로 인민의 생활 조건을 개변하는 경제 정책에서 구하였다. 그들은 사회 발전의 동력이 물질적 생산력과 생산 관계에 있다는 것을 물론 인식지 못하였다. 그러나 정치·도덕·교육·문화의 향상이 경제 제도의 합리화에 의존한다는 것은 철저히 간파하고 토지의 평균 분배, 노동의 존중, 조세 및 화폐의 개선, 흥농興農·흥업興業·통상通商·부국富國 등 경제 문제에 집중적으로 공구攷究하였으며 동시에 지주의 착취와 관료의 전제와 문벌 세습 등 봉건 제도의 일반을 비판하고 인민의 권리와 자유를 옹호하였다. 이 점에 있어서 실학파의 성격은 저 프랑스 계몽학풍의 특징과도 공통되는 것이었다.

이상과 같은 실학파의 특징들은 우리나라 문화 발전사의 극히 당연한 합법칙적인 현상이었으며 동시에 그 시대로 보아서는 실로 경이로운 사실이었다. 그런데 이 경이로운 사실은 현재 저 파렴치한 몽매주의자들의 눈 가리고 아옹 하는 수작에 의하여 더욱 확증된다. 즉 미제를 괴수로 한 식인종들의 천문학·물리학·생물학·철학 및 사회학은 20세기 문명의 대낮에 앉아서 코페르니쿠스의 태양을 프톨레마이오스의 지구와 동일한 평가를 주고 다윈의 유인원類人猿을 여호와의 진흙손으로 주물러 버리며 루소의 '사회계약설'과 몽테스키외의 '법의 정신'과 프랭클린의 '자유' 등을 전쟁

---

* 로마 법황~위대한 시대 : F.엥겔스, 〈자연변증법〉 논문, 1949년 러시아어판 p152.

상인들의 발굽 밑에 무참히도 깔아버렸다. 이와 같은 암흑주의의 도당으로부터는 우리나라 봉건 말기 실학자들의 진보적 이론들도 그 당시 관학파官學派의 완미頑迷한 태도 이상으로 질시와 비방을 받고 있는 형편이다. 그러나 역사의 수레바퀴는 이따위 무력하고 우둔한 쇠똥벌레의 앞다리들에 의하여 역전될 수는 없는 것이다. 우리는 맑스·레닌주의적인 광명한 노선을 향하여 역사의 수레를 힘차게 밀고 전진할 따름이다.

상편 실학파의 사적史的 발전

머 리 말

　본서는 상·하 두 편으로 나누었다. 1장 실학의 술어와 개념, 2장 조선 실학의 선구자들, 3장 실학 발전의 시대적·사회적 환경—17세기 말경부터 19세기 상반기까지의 조선에 대한 몇 가지 고찰, 4장 류형원柳馨遠·이익李瀷 일파의 실학사상, 5장 홍대용洪大容·박지원朴趾源·박제가朴齊家 일파의 실학사상—이상 다섯 장으로 상편을 구성하여 실학 발전에 대한 사적史的 개관을 준 동시에 실학의 대성자大成者 정약용丁若鏞의 사상과 학설을 오로지 논술한 하편에 대조하여 놓았다. 그러나 이 대조란 것은 대립을 의미하지 않고, 다만 서술의 편의상 편을 나눈 것에 지나지 않는다. 다시 말하면 상편은 하편의 전편前篇이며 하편은 상편의 속편續篇이다.

　그러므로 1장은 순서상 비록 상편에 속하였으나 그 용어의 개념은 상·하편에 관통된 것이며, 3장도 상편에 국한된 것이 아니다. 원래 매 실학자들마다 사상 그 자체가 당대의 정치·경제·문화와 일반 사회적 환경의 산물인 만큼 각 개인의 주장과 이론이 적으나 크나 반드시 그 시대적 환경을 반영하고 있기 때문에 이에 대한 필자의 독립적인 논문을 필요로 하지 않을 수도 있다. 그러나 거의 200년에 걸친 조선 봉건 말기의 사회적 특징들에 대한 체계적

서술이 각 학자들의 주장과 이론을 이해하는 데 독자들의 참고가 될 뿐만 아니라 이들의 이론과 견해에 결부되어 있는 수많은 문제 —예를 들면 그 당시 양반제도, 전결田結, 화폐, 조세, 환곡, 공물, 대동법, 군포, 당쟁, 사대주의, 성리학, 천주교, 서양 과학의 수입, 신유사옥辛酉邪獄 사건 등 기타 사상事象들—에 대한 초보적인 그러나 비교적 똑똑한 개념을 준비함이 없이는 각 학자들의 견해를 구체적으로 비판하기가 자못 곤란하다. 이와 동시에 학자들마다 각양각색인 개념들을 그대로 승인하거나 방임할 수 없는 이상, 또한 그들의 각 용례를 번번이 따라다니면서 필자의 해설을 첨부하는 수고를 절약하기 위하여 이 3장을 설정하였다. 독자들이 미리 유의하기 바란다.

그리고 본편에서 각 장과 절을 차지하고 있는 실학자들 이외에도 논술해야 할 만한 학자들이 적지 않으나, 본편에서는 그들의 연대와 주요 저서들을 간단히 소개하는 데 그쳤다. 이는 첫째로 본편의 범위가 실학 발전사에서 그 대표적인 문필가들을 논술하는 데 제약되어 있고, 둘째로 기타 학자들이 남긴 문헌을 현재 입수하기가 어려운 조건에 있으며, 셋째로 그들의 사상과 경향의 내용들이 본편의 체계에 대개 직간접으로 연결되어 있기 때문이다.

본편 '실학파의 사적 발전'을 논술하기 전에 필자는 다음과 같이 두 가지 관점을 밝힘으로써 일련의 실학자들의 사상 성격과 그 역할을 옳게 평가하리라고 믿는다.

첫째로, 이 실학 발전의 시대는 우리나라 양반 사회가 물질적으로나 정신적으로 노쇠하고 잔약한 시기였음에도 불구하고 일련의 실학자들의 사상 견해 및 학설은 대단히 건전하고 자신 있는 기분과 건설적인 이상으로 충만하였다. 이는 양반 사회가 이미 노쇠하고 잔약해지는 반면에 그 사회의 지반을 격동시키는 모순이 새로운 동력으로 발전하려는 징후를 표시하고 있었기 때문이다. 즉 실학자들은 양반 계급의 무위·무능·유식遊食·타태惰怠·기생寄生 현상에 대응하여 인민의 근로를 도덕의 신성한 행위로 찬양하였고, 지주 귀족의 가혹한 착취와 억압에 대항하여 토지 균분과 재산 평등을 농민 대중의 정치적 이념으로 주장하였으며, 관학자들의 공담空談·위선·미신·기만을 반대하여 새로운 세계관에 입각한 관찰·경험·비판과 과학의 현실성을 사회 개조의 최대 능력으로 선전하였다. 이리하여 그들 학파의 당파적 성격과 학문적 경향은 여타 수구파들의 이데올로기에 비하면 대단히 활발하고 광채가 있었던 것이다.

둘째로, 이 일련의 실학자들은 그들의 신분과 가계가 대개 양반 계급 혹은 그의 종속자들이었음에도 불구하고 그들의 이론과 작품은 양반적 이데올로기로부터 평민적인 염원의 방향으로 한 걸음 한 걸음 나아가고 있었다. 즉 그들은 양반 제도와 세습적 특권을 반대하고 인재 본위를 주장하였고, 노예와 천민을 동정하고 호족 부민富民의 방종을 규탄하였으며, 빈부의 차별, 반상班常의 차별, 적서嫡庶의 차별, 병역의 차별, 지방의 차별, 교육의 차별 내지 관직 청탁清濁의 차별, 의관 복식의 차별, 기타 일체의 차별을 부정하고 차별 없는, 따라서 자기 능력을 자유로이 발휘할 수 있는 이상 사회를 고안하였다. 이와 같이 양반 출신으로서 양반 제도를 옹호하지 않은 것은 그들 개인으로 볼 때 물론 이해하기 어려운 모순이었으나, 사회적으로 볼 때 이는 합법칙적 모순이고 변증법적 모순이었다. 또 그들의 이론과 창작은 그들의 사상적 미숙성과 역사적 제약성에 의하여 자체의 모순 갈등을 면치 못한 점들이 적지 않았다. 그러나 이것도 우리가 이해할 수 없는 모순은 아니었다.

러시아의 위대한 예술가 '톨스토이의 작품·견해·학설과 그 학파에 있어서의 모순'에 대하여 플레하노프는 그가 위대한 작가이기는 하지만 지주 귀족이었다고 논단함으로써 그 모순을 한층 암흑의 미궁으로 끌어들였다. 이는 오직 레닌의 천재적인 논문으로만 그 모순의 비밀이 해명되었다. 즉 "레닌은 플레하노프와는 달라서 톨스토이의 작품에서 그가 지주였다는 것만을 보지는 않았다. 톨스토이의 창작물에서 주되는 것, 결정적인 것은 그가 러시아의 농민 혁명, 그 모순, 그 강한 면과 약한 면을 반영하였다는 것이다."[*]

이와 같은 톨스토이적 모순은 우리 실학자들의 사상과 학설 및 작품들에서도 공통으로 발견된다. 그러나 그들의 모순은 그들 개인의 사상의 모순일 뿐만 아니라, 그것은 당시 우리나라 봉건 말기의 물질적 생활의 제 조건과 역사적 전통, 또는 각 계급의 심리적 영향의 복잡한 모순이 반영된 것이다. 다시 말하면 그것은 그당시 반봉건적 농민 투쟁의 강점과 약점을 아울러 반영한 것이다. 그러나 그들의 견해와 이론 및 작품이 반봉건 투쟁의 직접적인 역량으로 되지 못한 약점을 가졌음에도 불구하고, 그것은 우리나라 완고한 양반 사회의 자기비판의 역할을 전개한 데서는 여전히 그들의 사상적 강점을 표시하였다.

---

[*] F.V.콘스탄티노프 외, 《역사적 유물론》 제14장 7절 중 〈예술의 계급적 성격의 레닌적 분석〉 참조.

제1장 실학의 술어와 개념

근세 조선 사상가 류반계柳磻溪·이성호李星湖·홍담헌洪湛軒·박연암朴燕巖·박초정朴楚亭·정다산丁茶山* 등의 학설과 학파를 우리학계에서는 일반적으로 '실학'이니 '실학파'니 하는 명칭으로 불러 왔다. 이 특징 있는 명칭의 역사적 유래를 잠깐 고찰해 보는 것이 이제 취급하려는 본 문제를 해명하는 데 도움이 될 것이다.

실학이라 하면 얼른 보아도 공허 무용한 학문이 아니고 실리와 실용을 위한 학문으로 생각되리라. 그러나 이 세상에 무슨 학문이든지 그 근원과 출발에서는 인간 생활의 요구에 직간접으로 관련이 있는 만큼 누구나 다 자기 학문을 제일 진실하고 유용한 것으로 여길 것이다. 과거 중세기에 동양 봉건적 윤리 관념을 선험적으로 고집하던 유교학자들은 자기들의 유학만이 오직 진정한 실천적 학문이라고 자랑하였으며, 일체 세계는 가상假相이요 오직 각성覺性을 진여眞如의 실체라고 인식하던 불교도들은 자기들의 교리만이

---

* 반계 류형원柳馨遠, 성호 이익李瀷, 담헌 홍대용洪大容, 연암 박지원朴趾源, 초정 박제가朴齊家, 다산 정약용丁若鏞을 말한다. 이하는 호를 이름 위주로 표기한다.

인간 구제의 실사업實事業을 수행할 수 있다고 떠들었다. 심지어 한 개 바늘 끝에 열두 천사가 앉을 수 있나 없나 하는 기괴한 문제를 열광적으로 논쟁하던 스콜라 철학자들도 자기들의 철학만이 우주 창조의 진리와 인간 교화의 기밀을 파악할 수 있다고 선전하였다.

그러므로 우리가 어떤 학문을 평가할 때에 이를 그 자신들의 말대로 인정해 줄 것이 아니라, 첫째로 그들의 사상과 학설이 그 시대의 역사 발전과 인민의 이익에 기여하는가 혹은 방해되는가를 전면적으로 검토함으로써만 그들의 학문이 실학인지 아닌지를 판정할 수 있는 것이다.

그런데 이 '실학'이란 술어는 '실사구시학實事求是學'의 준말이고, '실사구시'는 실제적인 사물에서 그 진리를 탐구한다는 뜻이다. 다시 말하면 공상이나 공담, 또는 현실을 초월한 어떤 엉터리없는 것이 아니라 일정한 구체적인 절실한 사물을 대상으로 하여 그것의 진리와 진상을 구득求得한다는 것이다. 《전한서前漢書》에 "하간헌왕河間獻王이 '수학호고 실사구시修學好古 實事求是'하였다"*는 고전에서 이 '실사구시' 네 글자가 처음 보인다. 하간헌왕은 그의 전기에 적힌 대로 학문을 좋아하는 왕자로서 옛 서적을 수집하고 학자를 많이 초빙하여 유학을 장려하였다. 하니 응당 그는 당시 허무를 종지宗旨로 한 황로학黃老學이나 기괴한 미신을 조직해 놓은 도참설

* 하간헌왕河間獻王 : 서한西漢 경제景帝의 아들 유덕劉德으로 경제 2년(BCE 155) 3월 하간(현 하북성 안)의 왕에 봉해졌고, 시호는 헌獻이다.
수학호고 실사구시修學好古 實事求是 : 학문을 닦아 옛것을 좋아하고 실제 사물에서 진리를 구한다는 뜻으로, 후한後漢의 역사가 반고班固(32~92)가 《전한서》 <하간헌왕덕전河間獻王德傳>에서 하간헌왕을 평한 말이다.

圖讖說 같은 것을 배척하고 유가의 이른바 수신修身·제가齊家·치국治國의 도와 예악禮樂·형정刑政의 법을 연구 숭상하였으므로 '실사구시'라는 호평을 받았던 것이다. 그러나 이때 이 네 글자가 아직 어떤 학풍의 대명사로 쓰이기까지에는 이르지 못하였다.

훨씬 후대에 와서 청조淸朝 고증학풍이 일어나면서 주대소朱大詔는 그의 서재를 '실사구시재齋'라 하였고,[1] 또 고증학의 대가 대진戴震은 '실사구시 부주일가不主一家'*를 표방하며, 그의 학파인 환파皖派는 '실사구시 무증불신無證不信'*을 주장한 이래로 청조 고증학은 드디어 '실사구시학파' 혹은 '실학'이란 명칭을 갖게 되었다.

청조 고증학은 청나라 시대 유사儒士들이 정程·주朱·육陸·왕王* 등 선유先儒의 학설을 분석 비판하는 데서 형성되었다. 그들은 생각하기를 송유宋儒 이래 일련의 학자들이 공맹孔孟의 박실 평이樸實平易한 교훈에 노불老佛의 공허 심원空虛深遠한 교리의 요소들을 다분히 밀수입하여 그 본래의 의미를 혼란 또는 몰각해 버린 폐해가 컸다고 인정하고, 이에 한유漢儒의 주석을 주로 참고하여 고대 유교의 경전을 옳게 연구한다는 것이었다. 그런데 그 연구의 범위는 점차 분화되고 확대되어 고증학이 문자학文字學·음운학音韻學·교감학校勘學*·변위학辨僞學*·훈고학訓詁學·지리학地理學·집일학輯逸學*·역산학曆算學 등으로 분류될 수 있고, 그 저명한 학자로는 황종희黃宗義·

---

* 부주일가不主一家 : 여러 학설을 참고 종합하여 한 사람의 학설에만 국한되지 않음.
* 무증불신無證不信 : 증거가 없으면 신용하지 않음.
* 정程·주朱·육陸·왕王 : 정자程子·주자朱子·육구연陸九淵·왕수인王守仁.
* 교감학校勘學 : 여러 판본의 책들을 비교·대조하여 오기誤記나 오전誤傳 따위를 바로잡는 학문.
* 변위학辨僞學 : 위서僞書나 위학僞學 따위를 변별해 내는 학문.
* 집일학輯逸學 : 일문逸文(산실된 글)을 모아서 원래의 저술 형태를 밝혀내는 학문.

고염무顧炎武·염약거閻若璩·만사우萬斯友·모기령毛奇齡·호위胡渭·매문정梅文鼎·주이준朱彝尊·혜동惠棟·대진戴震·진혜전秦蕙田·강영江永·전대흔錢大昕·은옥재殷玉裁·왕염손王念孫 부자 등이었다.

더 정확히 말하면, 청조 고증학은 한족의 지식분자들이 다른 민족인 청조의 통치하에서 정치적으로 대항하지 못한 반면에 자기들의 선조로부터 전래하는 문헌과 문화를 보존 정리하는 방면에서 시작하여, 고대 경전에 대한 송유들의 연역적 해설을 비판하고 서양 실증과학의 영향을 섭취하는 한편 청조를 타도하며 한족의 자주권을 부흥시키려는 민족적 사상과도 합류된 부분이 있게 되었다. 최근 중국 사학자들이 "청조 초기 학풍이 경전과 사학을 주로 중시하여 독서가 반만反滿과 연결되고 저술이 실천(실용)과 일치하였으므로 고거학考據學(고증학)파의 계몽 시기라고 할 수 있다"[2]고 한 것이 바로 이를 말한다.

그들은 공리공담의 방향으로 흐르고 있는 송유의 성리학을 망국학이라고까지 혹평하고 자기들의 고증학의 특징을 표시하였으므로, 고증학풍은 드디어 일종의 민족 문화 운동의 선구적 형식으로 나타났던 것이다. 그리하여 고증학은 실사구시학의 대명사로 불렸으며, 혹은 실사구시학을 '박학樸學'이라고도 불렀다.

우리 조선에서 실사구시를 하나의 독특한 학풍으로 장려할 것을 제일 먼저 발론發論한 사람은 덕촌德村 양득중梁得中*이었다. 그는 이조 영조 5년(1729), 국왕의 접견을 받고 즉석에서 근래 학문계에

---

* 양득중梁得中(1665~1742) : 자는 택부擇夫, 호는 덕촌德村. 영암靈巖 생. 박세채朴世采·남구만南九萬의 추천으로 효릉참봉孝陵參奉이 되어 동부승지同副承旨에 이르렀다. 1703년 공주公州 덕촌으로 이사하여 윤증尹拯의 제자가 되었으며, 1741년 영조에게 《반계수록磻溪隨錄》을 읽도록 건의하였다. 문집에 《덕촌집》이 있다.

허위가 일종의 풍습으로 되어 있다고 지적한 다음, 하간헌왕은 한나라의 현명한 왕자이며 그가 주장한 '실사구시'는 참으로 격언이라고 진술하였다. 그래서 영조는 승지에게 명령하여 실사구시 네 글자를 크게 써 들여 자기 방안의 벽 위에 붙이게 하고, 수일 후에 또 득중의 진강進講을 청취하였다.[3] 그리고 실사구시를 하나의 테마로 하여 논설을 발표한 사람은 추사秋史 김정희金正喜라고 할 수 있다. 그는 소년으로 사절을 따라 북경에 가서 당시 중국의 고증학자 완원阮元·옹방강翁方綱 등과 교유 토론하고, 서울에 돌아와서도 서신 왕복을 자주 하였으며, 종래 조선의 고루 공허한 학풍에 항의하였다.

그는 자기의 〈실사구시설〉에서 말하기를 "학문의 도는 마땅히 요堯·순舜·주周·공孔으로 귀취歸趣를 삼을 것이요, 결코 한·송漢宋의 학설과 주朱·육陸·설薛*·왕王의 문호를 분별할 것이 아니며, 다만 평심정기平心精氣하고 독학실행篤學實行함에 있다"[4] 하였다. 그는 또 말하기를 "무릇 성현의 도는 몸소 실행하는 데 있고 공론空論을 숭상하지 않으며 마땅히 진실한 것을 구할 것이요 공허한 것은 증거가 없다"[5]고 하였다.

그러나 현재 조선에서 '실학'을 운운하는 개념은 단순히 실행이나 실증학이라기보다도 민생과 사회에 실리와 실용성이 있는 학문, 즉 경세학經世學을 주로 의미한다고 볼 수 있다. 이하에 조선 근세 실학의 사적 발전에 대하여 간단히 논술하려 한다.

---

* 설薛 : 설선薛瑄(1389~1464). 산서성山西省 하진현河津縣 사람으로 자는 덕온德溫, 호는 경헌敬軒. 명나라 이학理學의 종종으로서 정주程朱의 학설을 존숭하였다. 저서에 《종정록從政錄》, 《독서록讀書錄》 등이 있다.

1. 주대소, 《실사구시재경의實事求是齋經義》(황청경해속편皇淸經解續編 제170 책 총2권) 참조.
2. 중국역사연구회, 《중국통사간편中國通史簡編》 하편 p743 '고거학파'.
3. 《영조실록》 권21, 5년(1729) 2월 6일, "得中又言 近來虛僞成風 河間王德 漢世賢公族 其言曰 實事求是 眞格言也 上命承旨書四字以入"
   * 자세한 것은 《덕촌집》 권3 <등대연화登對筵話> 볼 것.
4. 《阮堂全集》 卷1, 說, 實事求是說, "(竊謂)學問之道 旣以堯舜禹湯文武周孔 爲歸 … (故爲學之道) 不必分漢宋之界 不必較鄭王程朱之短長 不必爭朱陸 薛王之門戶 但平心靜氣 博學篤行"
5. 同上書, "夫聖賢之道 在于躬行 不尙空論 實者當求 虛者無據"

제2장 실학파의 선행자들

앞에서 이미 논술한 바와 같이 청조 고증학풍이 '실사구시학'이란 명칭을 갖게 되었는데, 이와 거의 때를 같이 하여 우리 조선에서도 류형원·이익·홍대용·박지원 등 여러 학자들이 배출되어 그 이전이나 당시의 일반 유학자들과는 태도를 달리하였다. 그들은 첫째로 송유宋儒의 성리학과 경전 해설을 비판하여 그의 우상적 권위를 부인하고 자기들의 의문과 창견創見을 제기하였으며, 둘째로 천문학·수학 등 서양 근세 과학을 섭취하여 낡고 편협한 경원철학적經院哲學的* 세계관에 한 대의 화살을 던졌으며, 셋째로 정치·경제와 민생의 실제 문제를 연구하여 현 제도의 개신改新을 주장하였으며, 넷째로 자기 조국의 역사·지리·언어·풍속·문화 등을 고찰

---

* 경원철학經院哲學 : 중세 유럽의 스콜라철학. '경원'이란 성직자를 양성하는 수도원 학교를 말한다. 최익한은 이 책 p152에서 부문허례浮文虛禮와 공담공리空談空理에 정력을 바치는 유생들을 비판하며 서원을 수도원에 빗대었다. 맑스는 <포이에르바하에 관한 테제들>에서 "실천으로부터 고립된 사유의 현실성이나 비현실성에 관한 논쟁은 순전히 스콜라주의적 문제이다"고 하였다. 최인호 역, 《칼 맑스, 프리드리히 엥겔스 저작 선집·1》, 박종철출판사, 2016(1991), p185.

기술하기에 노력하였다. 이것이 드디어 '실사구시학' 즉 '실학'의 칭호를 얻게 되었다.

그러나 청조 고증학자들에게는 문자 그대로 고대 경전을 고증하는 것이 주요한 내용으로 되었지만, 우리 조선 근세 실학자들에게는 고대 경전을 고증하는 것은 오히려 부차적이었고, 경제·정치 및 문화 등 제반 제도를 개혁, 혹은 개선하려는 사상과 주장이 그들 학문의 주된 특징으로 되었기 때문에, 이러한 점은 동일한 '실사구시학'이라 하더라도 두 나라 학자들 사이에 학문적 경향이 서로 구별된 내용을 가지고 있었다는 것을 의미한다.

'실학'을 광의적으로 말하면, 우리 조선에서는 (중국에서도 그러하였거니와) 그 개념이 역사 발전과 함께 많이 변천하여 왔다. 신라 강수強首가 어렸을 적에 그의 아버지가 "너는 불교를 배우겠느냐? 유교를 배우겠느냐?"고 물은즉, 그는 대답하기를 "불교는 세외교世外敎며 유교는 세간교世間敎니, 내가 이 세간의 사람인 이상 공허 무용한 불교를 그만두고 진실 유용한 유교를 배우겠다"[1]고 하였다. 이와 같이 불교나 도교에 대비하여 유교를 실학의 의미로 인정하는 사상은 그 뒤 조선의 중세기를 통해 줄곧 내려왔던 것이다.

고려 왕조 초기에 유명한 유학자 최승로崔承老는 국왕 성종成宗에게 올린 글 가운데에 "불교를 숭상하는 자는 내생의 인과를 심는다고 하나, 국가를 다스리는 요령이 없다"[2]고 지적하여 유학만이 경국제세經國濟世의 실용 학문이라고 주장하였다. 그리고 고려 말기에 들어서서 안유安裕(안향安珦) 일파는 유학 중에서도 특히 송유 주희朱熹(주자朱子)의 학설을 국내에 수입하여 태학 생도들에게 가르쳐 주고 훈시하기를 "공자를 배우려면 먼저 주자를 배워야 하니, 그대들은 힘써 배워 소홀히 하지 말라"[3]고 하였으며, 또 그는 말하기를 "성인의 도는 일용日用 윤리에 불과하거늘 (……) 저 불교 신자들은 부모를 버리고 가정을 떠나서 인간 윤리를 없애고 도의를 저버리니, 즉 오랑캐의 종류이다. (……) 마땅히 배워야 할 사람들이 배우지 않고 묘명공적杳冥空寂*한 취지를 숭배하며 믿으니, 대단히 아픈 일이다"[4]고 하였다. 이는 안향이 주자의 성리학설이 노불의 관념적·사변적 요소를 다분히 섭취한 데 대해서는 아무런 비판을 가하지 않고, 다만 주자가 중국의 유교 철학을 집성적集成的으로 조직하는 과정에서 집요하고 교묘하게 설명한 바와 같이, 인간 일상 윤리의 선험적 규범과 개인 수양상의 예의 절차를 인간과 사회의 실천 도덕의 유일한 원리로 간주한 것이다.

이조에 들어와서 송유 성리학이 유학계를 지배하면서 유리론唯理論이 일종의 '순수 이성'의 철학으로서 크게 기염을 토하였다. 이 유리론적 성리학 앞에서는 문학·예술·기술 들은 말할 것도 없고 정치·경제 등 민생 문제를 취급하는 학문까지도 모두 여사餘事*로 인정되었다. 성리학은 출발부터 관념적 이론임에도 불구하고 모든 학문에 대한 왕좌의 지위를 점령하여, 그것만이 유일한 실학적 원천을 가진 고귀한 학문으로 행세하였다.

이상과 같은 이원론理元論 즉 유리론에 대항하여 기원론氣元論 즉 유기론唯氣論을 주창하고 이원론의 공허성을 지적한 학자는, 오직 이조 중엽의 화담花潭 서경덕徐敬德(1489~1546)뿐이었다. 그의 견해에 의하면, 이理란 것은 종래 송유 성리학자들이 주장한 바와 같이

---

* 묘명공적杳冥空寂 : 묘연하고 아득하며 공허하고 적막함.
* 여사餘事 : 말단의 일. 하찮은 일.

어떤 신적 지위를 가지고 물질의 세계를 창조하며 지배하는 것이 아니라 기氣, 즉 형이하적 세계 운동의 원인과 결과, 즉 법칙을 지칭한 것이므로 '이선기후理先氣後'니 '이주기종理主氣從'이니 하여 이와 기를 분리해 보는 것은 허용할 수 없는 오류라는 것이다. 그는 자기 논문 <이기설理氣說>에서 다음과 같이 말하였다.

> 기氣의 밖에 이理가 없다. 이가 기의 주재主宰라고 하나 이것은 이가 기의 외부로부터 들어와서 기를 주재하는 것이 아니라 기의 활동이 그 소이연所以然의 정正(=합법칙성—필자, 이하 동일)* 을 잃어버리지 않는 것을 가리켜 주재라고 하는 것이다. 이는 기보다 먼저 있는 것이 아니며 기는 처음이 없고 이도 본래 처음이 없는 것인데, 만일 이가 기보다 먼저 있다고 하면 이 것은 기도 처음이 있다는 것이 될 것이다. 노자老子는 허虛가 능히 기를 낳는다고 하였으니, 그러면 기는 처음이 있고 한계 가 있는 것으로 될 것이다.[5]

그는 또 자기 논문 <원이기原理氣>에 다음과 같이 썼다.

> 그 담연한 체體(질질)를 말하면 일기一氣라 하고, 그 혼연混然한 주周(양량)를 말하면 태일太一이라 한다. 염계濂溪*도 무엇이 라고 형용할 수 없어서 다만 무극이태극無極而太極이라 하였다. (……) 이것이 홀연히 약동하고 홀연히 개폐開閉하니, 누가 시

---

* 소이연所以然의 정正 : 그렇게 되는 이치.
* 염계濂溪 : 북송의 유학자 주돈이周敦頤(1017~1073)의 호.

켜서 그러한가? 아니다. 자체가 그러하며 또한 그러하지 않을 수 없으니, 이것을 이理의 시時(시간성)라고 한다. (……) 동정動靜과 개폐가 없을 수 없게 되는 것은 무슨 까닭인가? 고둥* 자체가 그러하다(機自爾也). 일기一氣라고 하는 이상 일一은 스스로 이二를 포함하고, 태일太一이라고 하는 이상 일一은 곧 이二를 함축하므로, 일一은 이二를 낳지 않을 수 없고 이二는 곧 스스로 극克(자기 극복)을 낳으며, 낳으면 이기고 이기면 낳는다. 기가 미동하는 데로부터 격동(고탕鼓盪)하기에 이르는 것은 상생과 상극이 그렇게 만드는 것이다.[6](방점은 필자)

화담은 이와 같이 간략한 한문 용어를 썼기 때문에 이해하기가 다소 어려운 듯도 하나, 그 의미는 대단히 청초하며 명백하다. 그는 기를 모든 물질 형성의 원천 또는 원인으로 보고 이 이상 아무런 '제1원리'도 전제하지 않았으며, 기에 의하여 형성 변화하는 원인과 필연성을 기의 구체적인 계기 자체 내에서 추구하였다. 그뿐만 아니라 그는 동정·개폐의 우주 현상에 대하여 그 원인과 필연성을 기, 즉 물질 원천의 상생·상극의 내재적 모순에서 설명하였다. 그의 의견에 따르면, 기 즉 물질 원천 자체의 고유한 성질로서, '일一' 자체 내에서 서로 대립하는 모멘트로서의 '일자一者의 분열'인 '이二'는 다시 자기 부정인 자기 극복을 촉진한다는 것이다. 이 상생·상극의 발전 격화激化로 말미암아 천지·일월·산천 기타 만상이 생성 변화하는 끝없는 역사를 창조하고 있다는 것이다.

---

* 고둥 : 고동, 기틀[機].

고대 그리스 변증법 창설자 헤라클레이토스가 "만물은 투쟁을 통하여 발전한다"고 말하면서 자체의 내적 모순을 온갖 변화와 발전의 동력으로 인정하였다면 우리 화담은 기, 즉 형이하적 세계의 상생·상극, 즉 자기 분열과 자기 부정의 부단한 운동을 통하여 우주 만물이 생성 발전과 변화를 수행한다는 견해로서 또한 변증법을 발견하였다. 그런데 이 상생·상극의 변증법적 계기는 중국 고대 철학자들의 오행설五行說에서 이미 제기되었으나, 화담은 이 오행상극설五行相克說에 대하여 참위적讖緯的인 요소를 전부 제거해 버린 동시에 상생·상극의 필연적 계기를 기, 즉 형이하적 세계 운동의 본질적이며 보편적인 것으로 파악하여 우주 만물의 생성 변화의 전반에 적용하고, 어떤 신이나 조물주를 기의 내적 계기의 이상에 혹은 그 이내에 설정하지 않았다. 이 점에서 화담은 변증법적 방식과 유물론적 경향을 자연발생적으로 연결시켰던 것이다.

요컨대 화담의 시대에 이르러 이조 봉건 체제가 그의 물질적 면에서와 이에 상응한 이데올로기적 면에서 이미 그 자체의 모순과 불합리성을 드러내고 있었으므로, 이것이 당시 화담과 같은 선진 인사의 의식 형태에 필연적으로 반영되었다. 특히 화담은 폐도廢都 개성開城의 빈한한 학자로서 벼슬과 공명을 단념하고 물리 연구와 학자 양성에 전력한 나머지, 자연과 사회 현상의 내부로부터 미묘한 계기를 투시할 만한 냉철한 눈빛을 지니게 되었던 것을 자기 철학으로써 증언하고 있는 바이다.

화담은 또 자기 논문 <귀신사생론鬼神死生論>에서 종래 송유의 범리론적汎理論的 신을 부정하고 동시에 물질불멸론物質不滅論에 접근한 기불멸설氣不滅說을 제창하였다.

정程·장張·주朱*가 사·생死生과 인·귀人鬼의 정상情狀을 지극히 구비具備하여 말하였으나, 그 최고의 원인(所以然之極致)을 설파하지는 못하였다. (……) 정자는 "사·생과 인·귀가 하나이되 둘이며 둘이되 하나라"고 하였으니 이 말이 극진하다. 나 또한 말한다. "사·생과 인·귀는 다만 기의 모임[聚]과 흩어짐[散]일 뿐이다. 기가 모임과 흩어짐은 있으되 유와 무가 없는 것은 본체가 그러하다. 기의 담일청허淡一淸虛*한 것이 밖이 없는 공간에 가득차서 모임의 큰 것은 천지가 되고 모임의 적은 것은 만물이 되었는데, 모이며 흩어지는 세勢가 희미함과 현저함[微顯], 더딤과 빠름[遲速]의 차가 있을 뿐이다. (……) 사람이 사멸했다는 것은 형체와 혼백이 사멸하였을 뿐이라, 모였던 담일청허한 기는 끝끝내 소멸되지 않고 넓은 공간(太虛淡一之中)에 흩어져 있다. (……) 왜냐하면 기의 담일청허한 것이 그 처음[始]이 없는 이상 그 마침[終]도 또한 없는 까닭이다. 이것이 이와 기의 극히 미묘한 점이다. (……) 비록 한 조각의 향촉香燭 연기라도 그것이 보기에는 눈앞에서 소멸되는 듯하나, 그 남은 기는 마침내 소멸되지 않는 것이다. 이것을 어찌 다 없어진다고 할 것이랴."[7]

이 인용문 중 화담의 이른바 '담일청허한 기'라는 것은 현행 학술어로 바꿔 말하면 물질의 원소를 의미하므로, 이것이 모임과 흩

---

* 정程·장張·주朱 : 정자程子(정호程顥·정이程頤 형제), 장자張子(장재張載), 주자朱子(주희朱熹).
* 담일청허淡一淸虛 : 맑게 한데 어울리고 맑게 텅 비어 있는 상태. 장서각본에는 淡이 湛으로 되어 있다. 뒤에 나오는 '太虛淡一之中'의 淡도 마찬가지이다.

어짐은 있으나 소멸 개무皆無의 지경에는 이르지 않는다는 것이니, 그 관점이 근대 물리학상의 물질불멸론과 자못 비스름하다고 인정하지 않을 수 없다. 근대의 과학적 실험과 관찰이 불가능한 그 시대에 화담이 이와 같이 과학적인 가설을 구성하였으니, 그의 유기론이 얼마나 자연과학적 유물론에 접근하였는지를 알 수가 있다. 또 사·생과 인·귀의 분별을 근본적으로 기의 모임과 흩어짐의 존재 형식에 귀착시킨 것은, 그가 종래 귀신설의 신비적 성격을 여지없이 박탈해 버린 것이고, 동시에 도교·불교 및 잡교들에서 항상 고취하는 정신불멸·윤회왕생 등 미신설을 또한 원칙적으로 부정한 것이다.

화담은 후래 많은 실학파 학자들의 반대론과 같이 송유의 성리학이 인간의 실천생활과 국가사업에 아무런 실용이 없다는 결과로부터 그것을 비판 공격하는 것이 아니라, 직접 성리학 그것의 철학적 성격에 대하여 이理를 신격화시키는 이원론理元論과 혹은 물질세계로부터 그 운동 법칙을 분리 대립시키는 이기이원론理氣二元論의 부당성을 근본적으로 논박하였다.

이理는 기氣, 즉 형이하적 세계의 외부로부터 무형무적無形無迹한 신이나 혹은 그 무엇으로서 들어온 것이 아니고 기, 즉 형이하적 세계의 고유한 운동 변화의 합법칙성이란 것, 또 우주 만상의 변화 활동은 오직 기, 즉 형이하적 세계의 내적 모순에 근원한 변화 활동이란 것—화담의 이와 같은 논점—에 대하여 우리는 "유물론적 세계관은 외부로부터의 보충도 없이 자연을 그가 있는 그대로 인식하는 것을 의미한다"[8]고 한 엥겔스의 말씀을 상기하지 않을 수 없다. 화담의 유기론唯氣論=기원론氣元論은 훌륭한 무신론적 유물론의 성격을 포함하고 있는 것이다. 그러나 그의 이론은 일종의 간소簡疏 소박한 형태로 전개되었을 뿐이므로 곧 뒤이어 발흥한 퇴계退溪의 이원론과 율곡栗谷의 이기이원론의 공동 전선적 공세로 말미암아 그 영향력을 잃어버리게 되었다. 율곡의 학설은 화담의 기원론이 유물론적 요소를 다분히 포함하고 있는 것에 어느 정도 공명하였음에도 불구하고, 그의 '기발이승氣發理乘'론은 여전히 주자의 이른바 "이와 기는 결정적으로 한 물건이 아니라(理發決非一物)"는 견지를 고수하여, '이주기종理主氣從'의 기본적 인식을 버리지 못하였기 때문에 그의 철학은 결국 퇴계의 이원론적 관념론을 극복하지 못하고, 도리어 그의 위압을 받을 수밖에 없었다. 그래서 화담의 유물론적 경향은 후래 200년이나 지나 성호·담헌·다산 등의 실학 일파에 의하여 그들 철학의 명의名義 아래서 일부 계승되었고, 그것이 완전히 발전되며 증명되기까지는 근대 과학적 유물론의 출현을 기다리지 않을 수 없었다.

*　　　*　　　*

이조 양반적 봉건 사회는 이미 그 전성기를 지나 임진壬辰(1592)과 병자丙子(1636)의 두 차례 전쟁을 겪으며, 경제·정치·문화 각 방면에 걸쳐 통치 계급의 무능력과 제도의 불합리성을 자체 폭로하기 시작하였다. 전후 거대한 상처와 파탄된 재정을 미봉하기 위한 각종 착취 기구와 경제 외적 강제가 더욱 강화됨에 따라 생활의 불안에서 일어나는 인민대중의 동요는 진정될 수 없었다. 조국의 난국과 국제적 변동을 직접 경험한 인민들에게는 애국심이 급속도로 자라는 동시에 시야도 점차 넓어지게 되었다.

더욱이 병자전쟁(병자호란)을 전후하여 새로 대두한 만주滿洲 세력은 중국의 명조明朝와 조선의 이조를 위협하여 장차 '화·이華夷'의 역량적 위치를 전도시키려 하였고, 서양으로부터 화포·자명종·천리경·지구도地球圖·횡서문자橫書文字* 같은 신기한 물건과 '복음福音' 전도사, 상업 원정대 같은 수상한 인물들이 동방 '군자의 나라'에 접근하여 왔으므로, 일부 양반 지식층에서 이른바 '소중화小中華' 관념은 변동하지 않을 수 없게 되었다. 다시 말하면 중국 즉 세계라는 관념과, 유학 즉 만능이라는 신념은 동요되기 시작한 반면에 낡고 편협한 종래 지식으로는 세도世道와 인심을 관리할 수 없다는 사실을 점차 깨닫게 되었다.

이와 같은 자각적 태도를 처음으로 보인 사람은 지봉芝峯 이수광 李睟光(1563~1628)이었다. 그는 전주全州 이씨며 임진조국전쟁(임진 왜란)을 몸소 겪은 공로 많은 문신이었다. 그는 전쟁 후 세 번이나 중국 북경에 사신으로 갔다 와서 유럽의 영국과 프랑스의 서양포 西洋布·화포火砲, 기타 문명 이기利器와 천주교(가톨릭교)를 소개하였다. 조선의 저명한 사람으로서 제일 먼저 천주교를 신봉한 자가 《홍길동전洪吉童傳》의 저자로 알려진* 허균許筠(1569~1618)이라고 하면 천주교를 제일 먼저 국내에 소개한 자는 이수광이라고 할 것이다.

---

* 횡서문자橫書文字 : 가로쓰는 서양 문자. 이이명의 《疎齋集》 卷19 〈與西洋人蘇霖 戴進賢書〉에 "(북경 천주당에 들렀을 때) 가로쓴 잔글씨가 적힌 두루마리 찌지가 집안에 가득하였다(橫書細字 籤軸充棟)"고 나온다.
* 저자로 알려진 : 원문에는 '저자라고 하는'으로 되어 있다. 참고로 《홍길동전》의 저 자는 허균이 아니라 미상이라는 설이 더 유력하다. 이윤석, 〈홍길동전 작자 논의의 계보〉, 《열상고전연구》 36집(2012), 열상고전연구회, p411 참조.

그는 《지봉유설芝峯類說》*에 천문·지리·역사·제도·풍속·도학·예술 기타 각 부문에 걸쳐 자기의 견문과 견해를 기술하였는데, 유교 이외 불교·도교 등의 서적을 기탄없이 참고하였고, 자기 조국의 역사·지리·언어·제도의 연구에 대한 관심을 표시하였으며, 또 서양 문물과 천주교 서적 《천주실의天主實義》를 소개하였다. 그의 《지봉유설》의 전편을 통하여 일정한 새로운 사상을 체계적으로 표현하지는 못하였으나, 종래 유학자들이 감히 가지지 못한 '부주일가不主一家' 즉 지식을 널리 탐구하고 한 학파에만 국한 편주偏主하지 않는 비판적 태도를 제일 먼저 취한 학자로서는 지봉 이수광을 들지 않을 수 없다.

그는 조선에 "송나라 시대까지는 중국 상선이 끊임없이 왕래하였는데, 명나라에 이르러 왜적의 환란으로 말미암아 항해에 대한 금령이 심히 엄해져서 서로 교통되지 않았다"[9]고 서술하여, 이조 쇄국 정책을 애석히 여기고 해외 통상의 필요를 암시하였다. 또 그는 "서양 천주교의 교화황敎化皇(교황)은 세습제가 아니고 현명한 사람을 가려서 세우며, 그 풍속이 우의를 존중하고 사유재산을 축적하지 않는다"[10]는 소문을 기술하여(물론 사실이 아닌 과장된 소문을 그가 잘못 믿은 것임), 막연하나마 군주 선거와 재산 공유를 동경하는 자기의 이념적 경향을 보였다. 이런 것은 그 당시로 보아 진보적인 생각이었다. 그래서 조선 실학파의 역사상에 제일 선행자로 등장한 인물로서는 지봉을 꼽지 않을 수 없다.

그는 박학능문博學能文한 학자로서 성격은 고결하고 언론은 강직

---

* 지봉유설芝峯類說 : 이수광이 광해왕光海王 6년(1614)에 편찬한 일종의 백과사전. 20권 10책으로 총 3435조에 달하는 견문과 비평이 실려 있다.

하였다. 당시 동인 당류東人黨類가 남·북으로 분파되자 그는 류성룡柳成龍을 지지하여 남인 당파南人黨派란 지목을 받았으나, 조국전쟁의 난관을 돌파하기 위하여 그는 북인北人과 서인西人이 류성룡을 수상의 지위로부터 방축放逐하고 또 류성룡의 특별 추천에 속한 이순신李舜臣 장군을 무함誣陷하는 이적 행위에 대해서도 반대 투쟁하였던 것이다.

당시 임진조국전쟁이 끝나자 조국을 외적의 침략으로부터 구출한 승리의 기본적 역량에 대하여 평가가 구구하였다. 혹자는 몇 개 이른바 '호성공신扈聖功臣', 즉 국왕을 호위 시종한 고관의 공로를 제일로 평정評定하고, 혹자는 명나라 응원군에게 과대한 평가를 돌리기도 하였다. 그러나 지봉 이수광은 그와 같은 무원칙한 견해를 반대하고, 외적 섬멸과 국가 광복의 원동력이 인민의 애국심과 의병 투쟁에 있었다고 강조하였다. 그는 자기 명저《지봉유설》에서 다음과 같이 평정하였다.

임진년에 국왕이 서쪽으로 피난한 뒤로 국내는 비었고 적병은 충만하였으며 조정의 명령은 지방에 전달되지 못하여, 거의 무정부 상태에 빠져 있은 지가 한 달 이상이었다. 이 무렵에 영남의 곽재우郭再祐·김면金沔과 호남의 김천일金千鎰·고경명高敬命과 호서의 조헌趙憲 등이 솔선해서 의병을 일으키고 각 지방에 격문을 선포하니, 이로부터 인민은 비로소 애국심이 고무되었으며, 각 도와 군의 인사들은 도처에 민병을 모집하여 의병장이라 명칭한 자가 무려 수백 명이었다. 왜적을 섬멸하고 국가를 회복하는 것은 바로 의병의 힘이었다.[11]

또 당시 (그 후에도) 평론가들이 임진조국전쟁에서 발휘한 군사적 공훈에 대하여 혹은 정실 관계로, 혹은 당파 관계로, 혹은 사대주의적 견지로 제각기 개별적 영웅과 전투를 내세워 과장하였으나, 지봉은 가장 공정한 견지에서 그 어느 누구보다도 이순신 장군의 전략 전술적 공적을 제일 높이 찬양하였다. 그는 위의 책에서 또 이렇게 말하였다.

통제사統制使 이순신이 주사舟師(수군水軍)를 독려 영솔하고 해상에서 적군의 진로를 차단하여 왜적의 함대를 여러 번 격파하며 무수히 살상하니, 적군은 두려워서 감히 해로를 좇아 서쪽으로 진출하지 못하였다. 조선과 중국 두 나라 조정이 안전을 얻어 회복하게 된 것은 모두 이순신 해군의 힘이다.[12]

이상과 같은 몇몇 간단한 군사적 논평에서도 그가 전쟁 승리의 중요한 요소와 전략적 관점을 얼마나 정확히 인식하였는지, 따라서 그가 얼마나 애국적인 감정을 지녔는지를 우리는 잘 알 수 있다.

그는 시도 잘하였기 때문에 임진조국전쟁에 관한 많은 애국적 시편들을 내었는데(전부 한문), 그중 간단한 것으로 이순신 장군을 기념한 충민사忠愍祠(전라도좌수영全羅道左水營, 현 여수시麗水市에 있음)에 써서 붙인 시 한 편[13]을 소개하면 다음과 같다.

조국 보위에 으뜸가는 위훈을 세운 우리의 장군!
온갖 곤란을 무릅쓰고 우리나라를 되살렸다.
불길 같은 분노의 기백은 이 강산에 길이 있고,

적을 삼키던 영웅의 바람은 온 세계를 떨치노나.

그처럼 거세던 대마도 봄 파도는 이제 갈앉았고,

몹시도 음침하던 부상*의 새벽안개도 어느덧 개었구나.

그러나 저 넓고 깊은 동쪽 바다 위에

그 누가 그대의 크나큰 공훈을 이어 주려나?

第一中興將　艱難活我東

山河餘怒氣　宇宙有雄風

對馬春濤息　扶桑曙靄空

至今滄海上　誰復嗣戎功

그는 정묘호란丁卯胡亂(1627) 때 국왕 인조를 좇아 강화江華에 갔고, 그 이듬해에 이조판서吏曹判書의 배명拜命이 있었으나 노병老病으로 8회나 사직장辭職狀을 내었으며, 그해 10월에 서거하였다. 그는 광해왕光海王(광해군) 당시에 집권당인 북인의 배척을 받아 약 10년 동안 관계官界에서 물러나와 연구와 저술에 노력하였다. 그의 저술은 대단히 풍부하여 시문 32권, 《채신잡록采薪雜錄》, 《독서록해讀書錄解》, 《경어잡편警語雜編》 각 1권, 《병촉잡기秉燭雜記》, 《잉설여편剩說餘編》, 《승평지昇平志》 각 2권, 《찬록군서纂錄群書》 5부 25권, 《지봉유설》 20권이 있는데, 대부분 간행되지 못하고 《지봉유설》만이 20세기 초에 비로소 간행되었다.

이수광과 동시대 사람으로 실학적 경향을 지닌 학자는 구암久庵

---

* 부상扶桑 : 중국의 전설에서, 동해의 해가 돋는 곳에 있다는 신성한 나무 또는 그 장소. 즉 일본을 가리킴.

한백겸韓百謙(1552~1615)이다. 그의 학문적 영역은 그다지 넓지 않았으나, 고증학적 방법을 처음으로 조선 역사와 지리학에 적용하였다. 그의 저서로 《구암집久庵集》이 전해지고 있다.

1. 《三國史記》卷46 列傳6, 强首, "爾學佛乎 學儒乎 對曰 愚聞之 佛世外敎也 愚人間人 安用學佛爲 願學儒者之道"

    * 최익한, <사상사上 명인의 20세 (6)>(동아일보, 1940.4.13) 볼 것.

2. 《高麗史》卷93, 列傳6, 崔承老, "況崇佛敎者 只種來生因果 (鮮有益於見報) 理國之要 恐不在此"

    * 성종 원년(982) 최승로의 28조 상소문 일부이다.

3. 《晦軒實紀》卷1, 諭國子諸生文, "欲學仲尼之道 莫如先學晦菴 諸生行讀新書 當勉學無忽"

4. 同上書, "聖人之道 不過日用倫理 … 彼佛者 棄親出家 蔑倫悖義 卽夷狄之類 … 士不知學 其學者 喜讀佛書 崇信其杳冥空寂之旨 吾甚痛之"

5. 《花潭集》卷2, 雜著, 理氣說, "氣外無理 理者氣之宰也 所謂宰 非自外來而宰之 指其氣之用事 能不失所以然之正者而謂之宰 理不先於氣 氣無始 理固無始 若曰 理先於氣 則是氣有始也 老氏曰 虛能生氣 是則氣有始有限也"

6. 同上書, 原理氣, "語其湛然之體 曰一氣 語其混然之周 曰太一 濂溪於此不奈何 只消下語曰無極而太極 … 倏爾躍 忽爾闢 孰使之乎 自能爾也 亦自不得不爾 是謂理之時也 … 不能無動靜 無闔闢 其何故哉 機自爾也 旣曰一氣 一自含二 旣曰太一 一便涵二 一不得不生二 二自能生克 生則克 克則生 氣之自微 以至鼓盪 其生克使之也"

7. 同上書, 鬼神死生論, "程張朱說 極備死生鬼神之情狀 然亦未肯說破所以然之極致 … 程曰 死生人鬼 一而二 二而一 此盡之矣 吾亦曰 死生人鬼 只是氣之聚散而已 有聚散而無有無 氣之本體然矣 氣之湛一淸虛者 瀰漫無外之虛 聚之大者爲天地 聚之小者爲萬物 聚散之勢 有微著久速耳 … 人之散也 形魄散耳 聚之湛一淸虛者 終亦不散 散於太虛湛一之中 … 何者 氣之湛一

清虛者 旣無其始 又無其終 此理氣所以極妙底 … 雖一片香燭之氣 見其有
散於目前 其餘氣終亦不散 烏得謂之盡於無耶"

8. 《맑스·엥겔스 전집》제14권, 러시아어판, p651.

9. 《芝峯類說》卷2, 諸國部, 道路, "蓋宋以前 中國商船 絡繹往來 至大明 以
倭患故 海禁甚嚴 不通(者餘二百年矣)"

10. 同上書, 外國, "其俗謂君曰敎化皇 不婚娶故無襲嗣 擇賢而立之 又其俗重
友誼 不爲私蓄"
  * 이수광은 교황의 어원인 '교화황'을 처음 썼는데, 최익한은 앞에서도 이
미 한 번 나왔듯이 '법황法皇'이라 풀이하였다.

11. 同上書 卷3, 君道部, 賞功, "壬辰倭變 乘輿西幸 國內空虛 賊兵充斥 號令
不行 幾於無國者逾月矣 嶺南郭再祐 金沔 湖南金千鎰 高敬命 湖西趙憲等
倡起義兵 傳檄遠近 自是民始有向國之心 州郡士子 在在召募 以義將稱號
者 無慮百數 以至勦除倭賊 恢復國家 乃義兵之力也"

12. 同上書 卷15, 人物部, 節義, "統制使李舜臣 壬辰 督率舟師 遮截海中 累
破倭舡 擒斬無算 賊畏之 再不敢由水路而西 使兩湖得全 以底恢復 皆其力
也"

13. 《李忠武公全書》卷12, 附錄4, 忠愍祠[李睟光].
  * 규장본에는 2구의 難이 危로 되어 있고, 《지봉집芝峯集(규장본)》〈승평
록昇平錄〉에도 그리되어 있다.

제3장 실학 발전의 사회적 환경

—17세기 말부터 19세기 초까지의 조선—에 대한 몇 가지 고찰

1. 국내적 제 모순의 관계

조선의 봉건 말기에 진보적 사상 조류인 실학의 발전은 철두철미 당시 사회적 산물이었다. 조선의 17세기 하반기부터 19세기 상반 기까지의 사회적 정세를 대내와 대외 두 방면으로 고찰하면 과연 어떠하였던가?

조선 말엽의 사회는 낡은 전통과 세습의 성벽 안에서 '도원桃源' 의 꿈을 아직도 깨지 못한 양반 계급의 지배 아래 놓여 있었다. 봉 건적 경제가 종래 쇄국 정책과 서로 호응하는 질곡적인 압력으로 말미암아 도시의 발달과 국제적 교통을 적극적으로 요구할 만한 물질적 조건은 국내에 구비되어 있지 않았다. 인구의 절대 다수인 농민에 대한 지주 관료의 착취는 가장 심하였고, 상공 기술에 대한 사회적 천대는 극도에 달하였다. 상평통보전常平通寶錢이 (숙종 4년, 1678년부터) 이미 국내에 유통되어 화폐 경제의 맹아가 생장하고 있

었으나, 그것은 동시에 도시 상인과 농촌 지주의 고리대금의 의욕을 한층 강하게 자극하였으며, 국가의 조세를 통한 수탈 방법과 관리 및 토호의 경제 외적 토색討索의 대상을 보다 더 간편화하는 데 도움을 주었던 것이다.

상평통보가 주조 발행된 직후인 숙종 중년*에 우의정 최석정崔錫鼎의 상소문은 전폐錢幣(돈) 사용으로 인한 고리대금의 폐해를 아래와 같이 비교적 구체적으로 지적하였다.

> 수백 년 동안 전폐를 사용하지 않았으므로 시골 사람들이 모두 쌀이나 베를 통화로 하였다. 춘궁기에 미곡을 대부하고 추수기에 10말[斗]마다 원리元利 합계 15말을 받으니, 이것이 장리법長利法이란 것이다. 그런데 전폐로 대부하면 봄에 꾸어 준 1냥兩이 봄 시세로 쌀 2말에 상당하였으나, 가을에 가서 갚아야 하는 1냥 50푼分은 미곡을 받는 것으로 계산하면 가을 시세로 쌀 5말에 상당하는 돈이다. (……) 심한 예로는 봄에 꾸어 준 1냥이 매달 10푼씩 증식되어 가을에 가면 1냥 60~70푼이 되고, 또 혹시 쓰기 긴급한 경우에 배수의 이식利息으로 대출하면 가을에 가서는 2냥이 되니, 2냥은 가을 시세로 10말 혹은 15~16말의 쌀값에 상당한다. 빈천한 인민이 1년 내내 힘써 노동하여 수확 전부를 들여 공사채公私債를 갚는 데 쓰고 마니, 그들이 무엇으로 살아가겠는가? (……) 전폐가 한 번 세상에 나온 뒤로 부자는 더욱 가멸고 빈자는 더욱 가난해진다.

---

* 숙종 34년(1708)이므로 '숙종 말년'이 맞다.

전폐를 사용한 지 20년도 안 되는데 그 폐해는 날로 심하므로 국내 인민이 모두 폐지하기를 바란다.[1]

그는 계속하여 "이 밖에도 전폐 사용의 폐해로서 수령들의 탐오 주구貪汚誅求와 이서吏胥들의 수뢰受賂와 도적의 절발竊發 등 갖가지로 인민을 해롭게 하는 일이 한둘이 아닌지라 이루 다 말할 수 없다"[2]고 하였다.

또 18세기 실학자 성호 이익은 그의 <전해론錢害論>*에서 최석정의 견해와 거의 동일한, 그러나 보다 악화된 현상을 논술하였다.

농업은 이익이 한 배에 불과하고 풍작과 흉작도 같지 않으며, 상업은 이익은 비록 크나 실패하는 수가 많으므로 모두 밑천과 이식의 취산聚散에 확신을 가지지 못한다. 그러나 오직 고리대금업만은 힘들이지 않고도 큰 이식을 거둘 수 있으므로 항간의 가난뱅이 샌님도 문 닫고 들어앉아서 돈 세기 바쁘며 졸지에 천금을 모은다. (……) 봄철에는 돈을 꾸어서 비싼 쌀을 사 먹고 가을에는 이식을 갚기 위하여 헐값으로 많은 쌀을 팔게 된다. 이렇게 한두 해 지나면 인민은 손해에 손해를 더하고 곤란에 곤란을 겹쳐서 집을 팔고 밭을 넘기니 그 빈궁은 말할 수 없다. 그래서 민호民戶 10분의 8, 9가 파락유리破落流離하는데, 이는 무법한 고리대금업의 점탈占奪 때문이다.[3]

---

* 원문에는 <전폐론錢弊論>이라 되어 있으나, 《성호사설星湖僿說》 권11과 《성호사설 유선星湖僿說類選》 권4하를 참고하여 위와 같이 바로잡았다. 한편 당시 북한에서는 《성호사설유선》만 볼 수 있었다.

17세기 말경에 금속 화폐가 전국적으로 또는 영속적으로 유통되었다는 것은 조선 경제사에 획기적인 사변이었음에도 불구하고, 그것은 초기에 자급자족적인 봉건 경제의 지배하에서 주로 아시아적 형태의 고리대금으로 발달하게 되었다. 맑스는 고리대 자본의 경제적 역할에 관하여 다음과 같이 말하였다.

고리대금업은 어떠한 전前 자본주의적 생산 방법하에서도 정치 체제의 공고한 기초가 되어 있고, 또한 정치 체제의 존립상 부단히 동일한 형태로 재생산되어야 할 소유 형태를 파괴하며 분해시킴으로써만 혁명적으로 작용한다. 아시아적 형태의 고리대금업은 경제상의 퇴폐와 정치상의 부패 이외에는 아무런 결과도 낳지 않고 오랫동안 존속할 수 있다. 자본주의적 생산 방법의 다른 조건들이 존재하는 그곳에라야 또는 그때에라야 비로소 고리대금업은 한편으로는 봉건 영주와 소생산을 파괴하고 다른 편으로는 노동 제 조건을 자본에 집중시킴으로써 새로운 생산 방법을 형성하는 수단의 하나로 나타난다. (《자본론》)

물론 17~18세기 조선의 경제적 환경에서는 자본주의적 생산 방법의 다른 조건들이 아직 뒷받침하여 주지 않은 만큼 고리대금업은 경제상의 퇴폐와 정치상의 부패를 결과하는 이외에, 상업의 독립적인 활동을 추진시키고 자본의 원시적인 축적으로 전화하는 등 새로운 측면을 가지고 봉건 영주 및 소생산을 파괴하는 그러한 혁명적 작용에까지 도달하지 못하였던 것이다. 그러나 이와 같이 파렴치하게 일반 인민의 원성을 불러일으키는 고리대금업의 유리한 물질적 전제가 되는 전폐錢幣는 이조 수백 년 동안 저폐楮幣(지폐紙幣, 정종 원년, 1399), 조선통보朝鮮通寶(세종 5, 1423), 만력통보萬曆通寶(인조 12, 1634), 상평통보常平通寶(효종 2, 1651) 등 일련의 형태로 출현하여 시종 중단되거나 유산되는 운명이었으나, 17세기 말엽에 허적許積·권대운權大運 등의 발의로 실시된 전기前記 상평통보 전폐는 모든 반대와 저해에도 불구하고 급전직하의 형세로 발행되어 계속 통용하게 되었으니, 그 이유는 어디에 있었던가?

그것은 첫째로 17세기 말엽에 이르러 일본과 여진의 수차 대침략이 있은 후 이미 수십 년을 지내면서 인민의 애국적 노력에 기초한 복구 사업으로 황폐되었던 경지耕地는 개발되고 감소되었던 인구는 증식되고 농민과 수공업자들의 생산품은 상품으로 전화될 수 있는 여유가 늘어났기 때문이며, 둘째로 전쟁이 끝나고 평화가 회복됨에 따라 국제적 무역이 소규모로나마 일단 발전되었기 때문이며, 셋째로 봉건 착취 계급의 착취적 한계가 이제 와서는 "봉건 영주 및 가신들의 위胃의 용적 여하에 의하여 규정되"(《자본론》)는 것이 아니라 현물 대신에 "화폐는 치부욕致富慾의 대상이 되는 동시에 또한 그 원천이 되는 것"(《경제학 비판》)이었기 때문이다. 그리하여 그들의 치부욕을 극도로 자극하는 화폐의 유통은 필연적으로 공사채의 고리대적 방법으로써 인민 생활을 광범히 또 심각히 파멸의 구렁으로 몰아넣는 동시에 지주 부호富戶 및 관료와 일반 인민의 모순 대립을 한층 첨예화하였다. 다시 말하면 이조 봉건 말기의 사회에서 화폐의 고리대적 자본으로의 전화에 의한 경제적 역할은, 봉건 착취 계급의 경제적 체제와 소유 형태를 극히 서서히 잠식 분해하는 반면에, 중소 농민층의 생활 조건을 급속히 또는 가혹히 파멸시킴으로써 그들을 광범하게 투쟁선상으로 불러 일으켰던 것이다.

* * *

이조 봉건 사회의 말엽에 농민 대중의 투쟁적 표어에 항상 오르내리던 '삼정三政', 즉 전부田賦·군포軍布·환곡還穀은 그 내용과 형식이 극히 잔혹하였다.

1. 전부田賦에서는 첫째로 결부법結負法의 폐해를 들 수 있다. 실지 면적을 양전量田의 기준으로 하지 않고 무정형한 토품土品의 후박厚薄을 양전의 기준으로 삼은 불합리한 결점을 기화奇貨로 하여, 지주 부호의 양전良田·옥토沃土는 면적과 위치의 여하를 불문하고 대체로 박전薄田·척토瘠土로 규정되어 박세薄稅를 바치게 되는 것이 보통의 실례였다. 이 결부법은 한 걸음 나아가서 대량의 은결隱結을 산출하였다. 지주 부호는 탐관오리와 결탁하여 토지 원적原籍에서 그들이 소유한 옥토의 결수를 삭감 내지 삭제하고 진전陳田·화전火田·성천成川·포락浦落의 지단地段을 대신 기입하며, 또 무력한 농민들의 손바닥만하고 쥐꼬리만한 박전薄田 악답惡畓을 높은 등급으로 기입하여, 삭제된 원적의 결수를 미봉함으로써 결수에 해당한 세액의 대부분을 간고하고 영세한 농민의 어깨에 전가 부담시켰던 것이다. 18세기 이조 영·정 시대에 전국 은결의 액수가 결부結負 총수의 거의 절반에 달하였으므로 당시 토지의 겸병과 농민의

파산 상태와 그에 따른 중앙 정부의 재정 곤란을 아울러 상상하기는 어렵지 않다.

이 전부田賦에 수반된 그들의 착취는 이상의 것에 그치지 않았다. 당시 착취 계급은 이른바 전분田分 6등에 연분年分 9등이란 번쇄한 규정을 이용하여 무지한 농민들을 마음대로 기만할 수 있었고, 재년災年 간평看坪의 기회에 지주 부호들은 방결防結·방납防納이란 명목 아래 간리奸吏를 매수하여 오곡이 풍성한 부호의 논밭을 대개 '전재全災'로 재장災長에 기입케 하며, 거칠고 메말라 곡식이 여물지 않은 빈민의 논밭에 대해서는 재민災民의 애소哀訴에도 불구하고 간리들은 대개 '초실稍實' 혹은 '내재內災'*로 재장에 기입하여, 부자의 비만을 옹호하는 동시에 빈민의 고혈을 여지없이 착취하였다.

이 밖에도 탐관간리들이 '작부作夫·양호養戶·아징丫徵·속무망束無亡'[4] 등 각종 명목 아래서 간교하기 비길 데 없는 방법으로 인민의 생활을 파괴하고 국가의 세입을 좀먹는 실례들은 이루 헤아릴 수 없었다.

이와 같이 양반 부호의 전지田地에 대한 은결·감결減結이 날로 증가되고 궁전宮田·둔전屯田 등 면세 전결田結도 또한 날로 광범해지므로 원전原田 세액은 날로 감축되어 중앙 정부의 재정은 말할 수 없는 곤란에 빠지게 되었다. 이 곤란의 타개책은 가렴잡세苛斂雜稅와 각종 토색討索을 통하여 농민의 고혈로 환원되지 않을 수 없었던 것이다.

---

* '초실稍實'은 재년災年에 홀로 풍등豐登한 것을 이르는 말이다. 또 1결 전부를 재장災帳에 기입하는 것을 '전재全災'라고 하는 데 반하여, 1결 중 몇 부負만을 재장에 기입하는 것을 '내재內災'라고 한다.

당시 전부田賦에 대한 인민의 고통스러운 상황은 정다산의 〈파지리波池吏〉, 〈해남리海南吏〉* 등 유명한 시편으로도 그 일면을 충분히 볼 수 있다.

2. 군포軍布는 이른바 첨정 수포簽丁收布의 법으로서 병역 해당자가 매년 베 두 필씩을 정부에 바치는 것이다. 양반 부호 및 그들의 종속자와 투탁자投託者들은 병역 면제의 특권을 받고 있으므로 군포가 그들에게는 문제되지 않고 오직 빈천한 일반 인민만이 부담하고 있었다. 그러나 이 군포 징수를 16세에서 60세까지의 병역 연령 해당자에게만 한정한다면 오히려 구실이 되겠지만, 대체로 이것을 무제한으로 적용하였다. 예를 들어, 빈천한 집에서 남자가 나기만 하면 탐관오리는 벌써 군적에 기입하여 군포를 징수하므로 이른바 '황구유취黃口乳臭의 인두세人頭稅'라는 별명이 있게 되었고, 심지어 남녀로 아직 나뉘지 않은 태아에게 군포를 징수한 극악한 실례와 군포 해당자가 이미 사망한 뒤에라도 군포를 계속 징수하므로 이른바 '백골촉루白骨髑髏의 세'라는 명칭까지 있게 되었다. 황오黃五*의 〈삼정 대책문三政對策文〉 가운데에 "청산에 보귀保鬼가 있으니 지하의 뼈가 어찌 썩을까. 주묵朱墨으로 병정兵丁을 점명點名하는데 뱃속에 피가 아직 어리지도 않았다"[5]는 문구가 이를 신랄하게 풍자한 것이다. 이뿐만 아니라 만일 군포를 납입할 본인이 도주하였거나 사망하였거나 혹은 납입할 수 없는 형편에 처해 있는 경우라면 그때에는 그의 친족이나 이웃 사람에게 그의

---

* 〈파지리〉, 〈해남리〉는 《정다산선집》 pp390~6 볼 것.   (는 오기.
* 황오黃五(1816~?) : 이조 후기의 문인. 자는 사언四彦, 호는 녹차綠此. 원문의 黃伍

군포를 징수하므로 '족징族徵', '인징隣徵'의 용어가 있게 되었다. 영조 26년(1750)에 균역청均役廳을 설치하고 균역법을 시행하여 군포의 편중한 폐해를 다소 경감시켰으나, 이는 결국 일시 미봉책에 불과하였다.[6] 왜냐하면 종래 군포의 매년 매인당 2필을 1필로 (돈으로는 4냥을 2냥으로, 쌀로는 12말을 6말로) 절반 경감하였으나, 그 반면에 첨정簽丁의 액수額數(인원수)는 몇 배로 늘어난 동시에 기괴천만한 각종 폐해가 나타났기 때문이다.

3. 환곡還穀은 속칭 '환자還上'*로서 그 근원을 추구하면, 옛날 고구려 초기부터 본래 농민에 대한 진대賑貸제도로 출발한 것이다. 즉 농민의 춘궁기에는 정부가 국가 창고의 저장 곡물을 적당히 대여하여 농량農糧과 곡종穀種을 공급하는 방법이었으므로 이는 물론 농민 각 개인의 필요에 응한 것이었고, 추수기에는 이자 없이 현물로 환상還償하는 것을 원칙으로 하였던 것이다. 그러나 역사가 증명하는 바와 같이 이조 중엽에 이르러 진대제도의 본뜻은 전연 상실되어 버렸다. 즉 정부는 농민 각 개인의 필요 여부를 불문하고 농민 일반에게 관곡을 강제 대부하였다가 수확기에 이르러 고율의 이식을 붙여 환수하였으니, 이는 국가 진대제도가 자연경제의 형태를 쓴 고리대금의 사업으로 전환된 것이었다. 환곡제는 폐해에 폐해를 거듭하여 이른바 '허감虛勘', '백징白徵' 즉 장부에 엉터리 숫자를 기입하고 대부를 받지 않은 사람에게도 징수하는 실로 파렴치한 강탈을 감행하는 것이 드물지 않았다.

---

* 환자還上 : 이두식으로 '환자'라 읽으며, 환자還子·환곡還穀이라고도 한다. 최익한은 《조선사회정책사》(박문출판사, 1947) p145에서 '속음俗音 환즈'라고 하였다.

이상 3대 폐정弊政은 서로 얽히고 꼬리를 물어서 다시 정리 개선할 수 없는 문란의 구렁에 빠져 있었으므로, 여기에는 이 일련의 제도 자체를 근본적으로 또는 전체적으로 철폐함으로써만 국가 경제와 인민 생활에 대한 문제들을 해결할 수 있는 전제 조건을 지을 수 있었다.

그러나 이른바 삼정의 폐해란 것도 폐해의 원인이 삼정 그것에 있는 것이 아니라 본질적으로 봉건 경제 그 자체에 있는 것이다. 왜냐하면 그 시대의 중요한 생산 수단인 토지가 농민의 손에 있지 않고 이른바 '막비왕토莫非王土'*라는 허위적인 국유의 명목하에 양반·지주 및 부호富戶들의 사유로 분속되어 있는 이상, 농노적인 경작자로서의 농민들에게 부담되는 전부·군포·환곡의 악惡제도는 봉건 경제적 기구에 내재한 필연성으로부터 발전된 결과였지, 어떤 폭군 악리惡吏의 일시적인 악의나 착오에 의하여 만들어진 우연한 산물이 아니었기 때문이다. 그러므로 그것은 이조 봉건 경제의 특수성과 연결되어 있는 특징적인 착취 제도였던 것이다.

이조 봉건 사회에서는 인민의 대다수가 농민이었고, 또 농민의 대다수가 양반·지주의 토지를 경작하는 소작인으로서 전 수확물의 절반 이상을 도조賭租로 지주에게 바쳤으며, 이와 함께 습관적으로 여러 형태의 노역과 물품을 바치지 않을 수 없었다. 그들은 도조 이외에 군포와 환곡을 정부에 바쳤을 뿐만 아니라 지주를 대신하여 지세地稅를 바치기도 하였고, 또 지세의 몇 배나 되는 공물을 바쳤다.

---

* 막비왕토莫非王土 : 왕의 토지가 아닌 곳이 없다. 《시경》〈소아小雅·북산北山〉에 "하늘 아래 왕의 땅 아닌 데가 없고, 땅 위에 왕의 신하 아닌 자가 없다(溥天之下 莫非王土 率土之濱 莫非王臣)" 하였다.

그들은 중앙 정부는 물론 지방 각 관서로부터도 여러 가지 명목으로 별별 착취를 당하였고, 탐관오리와 토호열신土豪劣紳의 강도 같은 토색은 항상 농민들의 고혈에 광범히 집중되었다. 이와 같이 십중 백중으로 농민을 중압하는 다종다양한 제도는 봉건 경제의 착취적 토대가 전적으로 전복되지 않는 한, 여전히 또는 더욱 발악적으로 존속되고 있었던 것이다.

＊　　　＊　　　＊

17세기에 들어와서 이조 정부에 의하여 실시되기 시작한 경제 정책으로서 대동법大同法이 세상에 유명하였다. 어떤 속학자俗學者들은 흔히 이 대동법을 덮어놓고 진보적이며 인민에게 유리하였던 경제 정책의 하나로 평가하고 있으나, 그것이 과연 저들의 평가와 같이 당시 봉건 지배 계급이 자기들의 세입을 증가시켜 재정을 보충하는 필요에서 고안된 것이 아니고, 다만 공물의 폐해를 제거하며 인민의 부담과 고통을 경감시킨 우수한 정책으로만 간주될 것인가?

대동법이란 현물을 공납貢納하는 공물 제도를 대체한 일종의 간편한 방법이었다. 원래 이조 공물제는 왕실 이하 각 중앙 관서들이 수백 종류나 되는 필요한 물품들을 각 지방 인민들에게 배정하면, 각 지방은 그 지방의 농산품·수공품과 천연산품의 특산물들을 현물로 왕실 및 각 관서의 소재지까지 운반하여 공납하였다. 여기에는 공물의 수량·품질과 운반을 기회로 하여 탐관오리의 농간이 말할 수 없이 자행되었다. 급기야 지방 이서吏胥들이 서울까지 운반하여 오면 왕실 및 각 관서의 접수자로부터 품질이 불합격이라는 구실로 대개 퇴짜를 받고, 각 관서의 접수자와 깊이 결탁한 도시 상인들에게 합격의 현품들을 고가로 사서 공납한다. 그러는 동안에 생긴 비용은 이서들이 지방으로 돌아가서 인민에게 다시 부담시켰다.

그런데 이 공납에 따른 이른바 방납防納의 폐해는 더욱 심하였다. 방납이란 탐관오리와 간상부민奸商富民들이 지방의 공납자를 대신하여 왕실과 각 관서의 소요 물품을 전납前納하고 그 대가의 몇 곱을 공납자 즉 인민에게 추징하는 것이었다. 그리하여 선조 34년(1601) 사간원司諫院의 상주上奏에 "듣건대 제도諸道의 감사監司와 병사兵使가 진상하는 방물方物은 모두 각 읍에 배정하되, 으레 10배의 값으로 전결에다가 매겨 받는다. 그 한두 가지 실례를 들면, 아다개阿多介(호피석虎皮席) 한 장의 값이 많게는 면포綿布(무명) 200 필에까지 이르고, 표피豹皮 한 장의 값도 또한 면포 60필이나 되며, 그 밖에 여러 피물皮物의 값이 모두 이와 같다"[7] 하였다.

공물제의 폐해가 이와 같이 커서 인민이 견딜 수 없었으므로 율곡栗谷 이이李珥는 일찍이 선조 2년(1569)에 자기 정론政論인 〈동호문답東湖問答〉을 국왕에게 올리어 공물제를 수미법收米法으로 대체할 것을 건의하였고, 그 뒤 선조 말년(1608)에 영의정 이원익李元翼은 건의하기를 "각 군이 진상하는 공물을 각 관사官司 방납인들이 막는 바람에 한 물품의 값이 수십백 배의 고가로 올라서 그 폐해가 너무 심한데, 그중에도 경기도가 가장 심하다. 이제 한 관청을 따로 만들어서 전지 1결에 쌀(현미) 16말씩 받아들이고 이 밖에는 한 되도 더 받지 못하게 하며, 매년 봄·가을 2기로 나누어 8말씩

본청에 납입케 해야 한다. 본청은 쌀의 시가대로 소요 물품을 수시 구입하여 부정업자들이 물가를 올리고 내리는 길을 끊어 버려야 한다. 또 16말 중 봄·가을에 각 1말씩 해당 군에 주어 군수의 공사 公私 비용으로 삼게 하며, 다만 산릉山陵에 왕래하는 칙사勅使의 임시비와 중국과 일본의 통로通路에 사객使客이 많은 데는 이 제한에 구애되지 않도록 해야 한다"[8]고 하였다.

이와 같은 건의에 따라 국왕의 답사答辭 중에 '선혜宣惠'란 용어가 있었기 때문에 수미법을 취급하는 관청을 선혜청宣惠廳이라 하였고, 또 그 수미법이 중앙과 지방을 통하여 동일하므로 대동미大同米라고 이름하였다. 그러므로 대동법은 성질상으로 보아 공貢과 부賦를 겸하여 일정한 세율로 전지에 부과한 것이었다. 종래 지배계급의 개념에 의하면, 공貢이란 것은 하민下民이 국가 통치의 은혜를 갚기 위하여 토산土産을 공납하는 것이요, 부賦란 것은 국가의 필요에 따라 관부官府가 하민에게 재물의 납부를 명령한 것이다. 이는 본래 토지에 과세하는 것이 아니고 백성의 역역力役에 따라 물품을 모아서 납부하는 것이므로 이 두 가지는 수량이 일정치 않았고, 고려시대에도 공·부제貢賦制가 있었으나 일정한 세율은 없었던 것이다. 그러나 공·부에 일정한 세율이 없는 것이 도리어 탐관오리의 무제한적 착취를 조장하기 때문에, 이조에 들어와서 태조 원년(1392) 10월에 공부상정도감貢賦詳定都監을 설치하고 책자를 만들어 기록한 뒤로 태종·세종 시대에 다소 변경이 있었으나, 왕실과 관아의 소용所用은 공물로 보충하고 또 공물의 수량을 전결에 배정하여 공물은 드디어 공·부 겸용의 형태를 갖게 되었다.

공물이 전결에 배정되어 전결의 본세本稅와 병행되고 또 일정한 세율로 징수되게 된 것은, 과거의 공법貢法이 토지에 배정되지 않고 세율이 일정치 않은 것에 비교하면, 착취 방법이 한층 조직화되고 중앙 정부 세입이 증가되었으며 농민의 부담도 한층 정규적으로 무거워졌음을 의미한다. 그러나 다수의 관서가 다수의 공물을 제각기 접수하던 대신에 선혜청이 공물을 접수하는 전문적 관서로 특설되었으며, 다종다양한 공물 현품을 각 지방에 부과하던 대신에 각 지방 공물의 총 수량을 일정하게 하고 그에 해당한 가격을 쌀이나 베로 따져서 통일적으로 받게 하였으니, 이 점에서는 대동법이 공물의 폐해를 줄이고 인민에게 다소 유리하게 했다는 것을 인정하지 않을 수 없다.

그리하여 선조 말년에 상기上記 이원익의 건의로 선혜청을 설치하고 우선 경기도에 대동법을 실시하였으며, 광해주光海主 때에 충청·전라·강원 3도에 실시하려 하였으나 방납의 폭리를 탐구貪求하는 토호간리土豪奸吏들이 극력 반대하였다. 그 뒤 인조 2년(1624)에 역시 영의정 이원익의 주장으로 겨우 강원도 몇 고을에 실시하였다. 효종 2년(1651)에 영의정 김육金堉의 노력으로 충청도에 실시되었고, 동왕 9년(1658)에는 전라도에, 숙종 3년(1677)에는 경상도에 실시되었으며, 동왕 34년(1708)에는 황해도에 '상정법詳定法'을 따로 실시하였다. 이리하여 꼭 100년의 긴 시일에 걸쳐서 대동법은 평안·함경 2도를 제외한 전국에서 겨우 실시하게 되었다.

그러면 대동법의 실시는 그 이익이 인민에게 있었다기보다는 주로 세입을 증가시켜 재정 곤란을 완화시키는 데 목적을 둔 이조 봉건 정부에 있었던 것이다.

그것은 첫째로, 공물이 대동미로 전환됨에 따라 종래 현품 평가를 절호의 기회로 삼던 방납자들의 중간 폭리를 제지하고 중앙 정부의 수입을 정상적인 수량으로 증가시켰기 때문이다. 1결結 16말의 대동미가 나중에 12말로 감소되었으나, 당시 1결 4말의 전세田稅에 비교하면 몇 배의 고율이었다(영남·호남 지방의 상전上田 1결에 12말 혹은 16말의 전세는 특수한 예외로 하고). 그러므로 선혜청이 단순히 대동미 취급을 위한 별설 기관임에도 불구하고 전세와 기타 정상적 세입을 주관하는 호조戶曹보다 더 중요한 재정 기관으로 되었던 것이다.

둘째로, 대동미가 일정하게 전결과 결부된 이상 이론적으로 토지를 사유한 자만이 부담해야겠지만, 실제에 있어서는 많은 경우에 소작인들이 지주의 전세를 대신 물어 주던 것과 마찬가지인 관례로서 대동미도 결국 소작인들의 어깨에 부담되고 말았다. 또 대동미 실시 이후로 공물제의 잔재로서 왕실에 바치는 '진상품'과 지방 관아에 바치는 토산품들은 여전히 인민의 고혈을 직간접으로 짜내고 있었다.

요컨대 대동법은 종래의 공물제를 폐지시킨 것이 아니라 하나의 변형으로 출현하였다. 그러므로 17세기의 우수한 정론가政論家 반계磻溪 류형원柳馨遠은 토지 실수확량의 15분의 1을 토지의 단일세로 하고, 그 밖에 일체 현물 공납과 대동법까지도 폐지하여 지방의 농어민과 수공업자들의 부담을 줄이고 생산 의욕을 높이자고 주장하였다. 이 주장을 보면 대동법의 이해관계가 어떠한지 잘 이해할 수 있다.

그러나 현물 공납을 지양한 대동미는 결과적으로 중앙과 지방의 수많은 관사官司들이 그 방대한 소요 물품들을 종래 강점하던 대신에 대가를 주고 시장에서 사서 쓰게 되었고, 그들로부터 지정 받은 '공인貢人'이 상인으로서 현품을 각 관사에 공급하여 그들의 구매에 응하게 되었다. 이는 필연적으로 시장 확대, 상품 유통, 수 공업의 발달 및 화폐의 통행을 자극·촉진하는 경제적 역할을 하지 않을 수 없었다. 그러므로 대동법은 이조 봉건 경제의 태내에서 발생하는 물질적 모순을 조장하는 데 일면적인 의의가 있었던 것 이다.

*   *   *

토지와 기타 경제적·정치적 권리의 쟁탈을 내용으로 하고 명분 의 시비와 언론의 경쟁을 표면으로 하고 있는 종래 양반 계급의 당쟁은, 이때(즉 숙종·영조 시대)에 이르러 그 절정에 달하였다. 당시 집권당인 서인 노론 일파는 국가와 정부와 인민을 자기들 권세신 權勢神의 제단 위에 피 흐르는 희생으로 올려놓기에 조금도 주저하 지 않았다. 그들 극소수 대귀족의 전제專制 밑에 억눌려서 영달榮達 의 길이 막히고, 따라서 경제적으로 몰락하는 위기에 처한 재야 당 파들과 중소 지주 양반들의 정치적 불평 또한 적지 않았다.

당시 문벌과 당쟁의 폐해에 대하여 이익은 다음과 같이 지적하 였다.

지금 세상 사람들이 원통하고 울분할 수밖에 없다. 국가에서 인재를 천대하므로 현명하고 유능한 사람들이 퇴장退藏되며, 문벌제도를 숭상하여 서족庶族과 중인을 차별 대우하므로 그들 자손은 백대를 지나도 좋은 관직에 오를 수가 없다. 또 서북 3도의 사람은 등용길이 막힌 지가 이미 400여 년이나 되었고, 노비법이 엄격하여 전국 인민의 10분의 9가 모두 원한과 울분에 싸여 있다. 그리고 양반 당쟁이 공공연히 연행演行되어 삼삼오오 모여서 제각기 패를 만들어 한 패가 득세하면 다른 패는 전부 방축放逐을 당한다. 이와 같은 살풍경에는 천지도 변하고 초목도 마를 지경이다.[9]

또 성호의 종손자이며 《택리지擇里志》의 저자인 청담清潭 이중환李重煥*은 말하기를 "신축辛丑(1721)·임인壬寅(1722)*년 이래로 조정 안에 노론·소론·남인 세 당파가 원한이 날로 깊어져 서로 역적이라 부른다. 그 영향은 먼 시골까지 미쳐서 하나의 전쟁터를 이루고 있으며 혼인과 교제도 서로 하지 않아서 용납할 수 없는 형세에 이르렀다. (……) 천지간 온 나라 중에 지금 우리나라 당쟁처럼 인심이 궤도와 본성을 잃어버린 전례가 없으니, 이대로 가면서 개혁이 없으면 우리나라는 장차 어떤 세계가 되는지 알 수 없다"[10]고 하였다.

그는 계속하여 이조 문벌 차등의 폐해를 다음과 같이 말하였다.

---

* 이중환李重煥(1690~1752) : 호는 청담清潭. 이익李瀷의 재종손再從孫. 신임사화辛壬士禍에 연루되어 네 차례나 형을 받고, 결국 영조 2년(1726)에 절해고도絶海孤島로 유배되었다.
* 신축·임인 : 원문에 '경종이 죽고 영조가 즉위한 초년'이라 부기되어 있으나, 경종의 재위기간은 1720~1724년이므로 '숙종이 죽고 경종이 즉위한 초년'이 맞다. 이것이 최익한의 제자인 김하명의 《연암 박지원》(국립출판사, 1955) p39에는 바르게 되어 있다. 그런데 두 분 다 이 인용문뿐만 아니라 여러 인용문들의 번역 내용이 똑같은 것으로 보아, 최익한이 그 원문을 강독해 준 교재가 따로 있었을 것이다.

인품의 층급層級이 심히 많아서 왕족과 사대부가 중앙 정부의 고관이 되며, 하사대부下士大夫(중소 양반)는 지방 시골의 관리, 즉 중정공조中正功曹*의 종류이며, 그 밑에는 보통 선비·평민 平民·장교將校·역관譯官·산관算官·의원醫員과 방외한산인方外閒散 人 들이며, 또 그 밑에는 이서吏胥·군호軍戶·양민良民 들이며, 또 그 밑에는 공천公賤·사천私賤·노비奴婢 들이다. 그런데 노비에 서 경향京鄕 이서까지가 하인으로 한 층이며, 서얼과 잡색인雜 色人이 중인으로 한 층이며, (……) 사대부가 양반으로* 한 층 이며, 사대부 중에도 대가大家·명가名家의 제한이 있어서 명목 이 심히 많고 서로 교유하지 않는다. 그 구애와 속박은 이와 같다.[11]

다산은 당시 문벌과 당쟁의 해독이 국가와 인민에게 미치는 영 향을 또한 다음과 같이 통탄하였다.

인재는 원래 얻기 어렵다. 일국의 정영精英을 죄다 뽑더라도 부족할 터인데, 하물며 열에 여덟아홉을 버림에랴! 일국의 생 령生靈을 죄다 배양하더라도 오히려 왕성하지 못할 터인데, 하물며 열에 여덟아홉을 버림에랴! 소민小民을 버리고, 중인 (우리나라의 의학·통역·음률·역법·서화·산수算數를 전문으로 하는 부류가 중인이 된다—원주)을 버리고, 관서와 관북의 사람들을 버리고,

---

* 중정공조中正功曹 : 위나라의 중정과 한나라의 공조는 군郡 단위에 소속된 지방 관 직으로 재지사족在地士族이 맡았는데, 우리나라의 향임鄕任과 비슷하였다.
* '서얼과 잡색인雜色人이 중인으로 한 층이며'와 '양반으로'는 편자가 추가함.

관동과 호남 사람들의 절반을 버리고, 남인과 북인은 버리지
않으나 버린 것과 다름없고, 버림받지 않은 것은 오직 문벌
좋은 수십 집뿐이나 그중에도 사변으로 인하여 버림받은 자가
또한 많다.[12]

이른바 지방적 차별 대우는 황해·평안·함경 3도에 대하여 더욱
심하였다. 무용강직武勇剛直한 고구려 인민의 성격적 전통을 받고
있는 서북인들은 기호畿湖 양반 및 그 종속자들의 '선천적' 혈통의
특권 아래 제압되어 수백 년 동안 쌓이고 쌓인 그들의 울분의 불길
이 폭발되지 않을 수 없는 위험한 기세를 보였다. 순조 11년(1811)
'신미서적辛未西賊'의 칭호를 지배 계급으로부터 받은 홍경래洪景來·
우군칙禹君則 일파가 농민 봉기의 토대 위에서 궐기하여 평안도 내
인민에게 선포한 격문 가운데 "조정이 서도西道를 버리기를 분토
糞土와 다름없이 하므로* 심지어 권세가의 노비들까지도 서도 사
람을 보면 반드시 '평안도 놈[平漢]'이라고 하니, 서도 사람으로서
어찌 원통하고 억울하지 않겠느냐!"[13]고 한 것은 바로 이를 말한
것이다.

---

* "서북 사람으로서 문과를 한들 지평持平이나 장령掌令에 불과하고, 무과를 한대야
만호첨사萬戶僉使에 그칠 것이라"는 말이 세상에 흔히 구전되었다고 한다. 문일평,
〈조선 3대 내란기〉, 《별건곤》 15호(1928) p10 참조.

　　　　＊　　　　＊　　　　＊

　양반 제도의 유일한 지지자인 유생儒生 학자들은 공孔·맹孟·정程·주朱의 학도라기보다는 차라리 그의 정신적 예속자로서 봉건 윤리적 세계관의 질곡 속에서 아무런 의문과 창견을 발휘하지 못하고, 다만 부문허례浮文虛禮와 공담공리空談空理에 정력을 바쳐 한갓 지배 계급의 추악 무도한 정체 위에 '신성神聖'한 '도덕적' 의상을 입혀 주고 있었다. 그들은 자기의 통치 계급의 선조들이 '병자호란'을 당하여 무능력·무책임한 결과로 이족異族 여진女眞의 침략 군대에게 무조건 굴복하였던 그 엄중하고 수치스러운 객관적 사실을 주관적이며 공담적인 '대의명분론大義名分論'으로 은폐하려고 고안해 낸 이른바 '존명의리尊明義理'에 대하여 100여 년의 긴 세월이 지난 뒤에도 여전히 그것을 하나의 중대한 정강政綱으로 표방하고 있었다.

　이러한 공담적인 기풍은 특히 산림 유생들의 수도원인 수많은 서원들을 중심하여 전국적으로 고취되고 있었다. 이와 함께 청조淸朝 배척의 '의리'가 필연적으로 제기하는 '북벌론'은, 한때 '와신상담臥薪嘗膽'의 뜻을 품고 군사적 준비에 관심을 가졌던 효종(재위 1649~1659)이 서거한 뒤로는 단순히 통치 계급의 염불 소리로 전화되어 군사나 국방 문제와는 아무런 관련이 없게 되었다. 그리하여 사대주의의 변태인 존명 사상은 결국 한편으로는 집권 당파의 명분적 가면과 '도의적' 구호를 보장하여 주었고, 다른 편으로는 지식인들로 하여금 조국의 현실에 눈을 감게 하며 민족적 기개의 발양發揚을 방해하고 민족 문화의 맹아를 거세하였을 뿐이었다.

사대주의는 이조 양반 계급 이데올로기에 있어 하나의 특징적인 것이다. 원래 이성계 일파가 위화도威化島에서 회군한 이래로 친명 정책을 표방하고 자기 왕조를 수립한 결과, 그들의 내부에 잠류하고 있던 사대주의는 유교의 명분론에 뿌리를 박고 점차 '국시國是'로 발전되었다. 세종 시대의 국문 창제와 북경 개척 등 위업으로도 그것을 극복하지 못하였으며, 후래 문약文弱에 병든 양반 사대부들은 자주 독립적인 기개를 거의 잃어버려서 '임진왜란'을 당한 초두에 국왕 선조와 일부 무모한 조신朝臣들의 입으로부터 국토를 버리고 압록강을 건너 중국으로 피난하자는, 이른바 '내부內附'*론까지 나오게 되었다. 이것이 '존명' 사상의 제1단계적 발전이었다.

이 임진조국전쟁에 명나라 응원 부대의 역할이 컸다는 것은 누구도 부정하지 않는 사실이었다. 그러나 강포한 일본 침략 군대를 격멸 소탕한 결정적 역량은 첫째로 천재적 전략가 이순신 장군의 영도하에서 백전백승한 무적함대와 전국적으로 궐기하여 열화 같은 애국정신을 발휘한 인민 의병 부대들에게 있었던 것이다. 그러나 당시 일부 기회주의적 관료들(주로 북인과 서인 당파의 일부)은 자기들이 헌신적으로 싸우는 대신에 오로지 응원 부대에게 기대를 걸고 동료 영웅과 애국 인민들의 혁혁한 전공을 시기 비방한 반면에 응원 부대의 은혜를 찬송식으로 평가하였다. 그리고 선조의 뒤를 이은 광해주光海主는 명나라와 만주와의 관계에 대하여 관망적인 태도를 취하면서 '기민한' 외교로 그 위기를 완화시키려 하였으므로, 당시 실권失權 당파인 서인들은 그것을 대의명분에 배치되는

---

* 내부內附 : 한 나라가 다른 나라 안으로 들어가 붙음.

반명 정책으로 지적하고 광해주와 그의 지지자들(북인당)을 정치적 지위에서 몰아내는 중요한 구실의 하나로 사용하며 이른바 존명 대의를 재강조하였다. 이것이 그들의 존명 사상의 제2단계적 발전 이었다.

이미 정권을 탈취한 서인 당파(주로 서울 귀족의 상층부)는 닥쳐오는 만주의 위협과 침략에 대하여 군사적으로나 외교상으로나 아무런 구체적 대책을 세우지 못하였다. 따라서 그들의 붕당주의는 지방 과 인민으로부터 고립되어 인민의 애국적 역량을 조직 동원하는 데 극히 무력하였다. 급기야 남한南漢의 성하맹城下盟*에서 이른바 존명의 깃발을 자기들 손으로 찢고 난 다음에는 그것을 일개 구호 로 남겨서 인민의 적개심에 영합하는 동시에 자기들의 수치스러운 정체를 엄폐하려 하였다. 특히 그들의 대변자인 송시열宋時烈 일파 는 국왕 효종의 북벌책을 빈말로만 지지 호응하여 '존화양이尊華攘 夷'의 주인공으로 자처하고, 명말의 의종毅宗 황제를 숭사崇祀하는 사당 즉 만동묘萬東廟를 산간에 사설私設하여 자기 당파에게 특수한 수도원의 정치적 지반을 공고히 하여 주었다. 또 주자를 유교의 조사祖師로 적극 숭배하여 그의 일언일자도 감히 개변改變할 수 없 다는 철칙을 고조함으로써 반대당(야당)파와 신진 청년들의 비판과 여론을 억눌렀다. 이것이 존명 사상의 제3단계적 발전이었다.

그러나 이 위선적인 '의리'의 표어가 아무런 실질적 의의도 없고 다만 정권 쟁탈과 관위 독점을 위한 당파전의 무기로 노골화되자,

---

* 남한南漢의 성하맹城下盟 : 남한은 광주廣州의 옛 지명이고, 성하맹은 성 아래서 굴 욕적으로 맹세하는 것을 말한다. 1637년 인조는 남한산성을 나와 삼전도三田渡에 서 청태종에게 무릎을 꿇고 세 번 절하며 아홉 번 머리를 조아리는 삼배구고두三拜 九叩頭의 항복 의식을 치렀다.

거기에는 자체 내부의 알력으로 노소론의 분파 투쟁이 격렬하게 일어나 자기들의 사상적 정체를 여지없이 폭로하였다. 그리고 사회적으로 민족 자주와 학술의 자유를 지향하는 북학론·통상론 및 예학 타파론 등 실학사상이 특히 송시열 당계黨系의 후배인 홍대용·박지원 등에 의하여 이른바 존화양이적 쇄국주의에 대한 직접적인 모순 대립물로서 출현하게 된 것은 결코 우연한 일이 아니었다.

*　　　　*　　　　*

이조 중엽 이래로 이른바 정통 유학자들의 학적 태도는 너무나 고루하고 편협하였다. 관리 시험 제도인 과거 제도의 폐해와 서로 박자를 맞추어 유학의 중심 과업은 경전을 읽고 외우며 그 문구들을 표절하여 과문科文과 시문時文에 '팔고八股'*식으로 이용할 뿐이었으며, 가장 고상하고 오묘한 원리를 연구하는 학문으로 자처하는 성리학은 역시 송유宋儒의 찌꺼기를 되씹는데 그치고 자주적이며 독창적인 기풍을 배척하였다. 공맹孔孟의 경전은 말할 것도 없고 정주程朱의 주해 같은 데도 한 자 한 구만 자기 창건대로 해설하면 그의 머리 위에는 곧 '사문난적斯文亂賊'이라는 철퇴가 내려서, 유럽 중세기 기독교회의 분형焚刑(화형)과 파문형破門刑에 유사한 처단을 관학계 혹은 정계로부터 받게 된 실례가 가끔 있었던 것이다. 즉 백호白湖 윤휴尹鑴가 송시열에게 '역적'으로 피살되고, 명곡明谷 최석정崔錫鼎이 사후 노론당에서 분서파판焚書破板의 화를 당한 일

---

* 팔고八股 : 명·청 시대에 과거의 답안용으로 채택된 특별한 형식의 문체.

은 그 드러난 실례들이다.

그들은 도학을 운운하고 예법을 표방하는 이면에 대개 정권 쟁탈의 당파적 연계를 굳게 가지고 있었다. 그리하여 《주영편晝永編》의 저자 정동유鄭東愈는 자기 저서 중에 "그 명현이라고 일컫는 사람들의 학술은 먼저 자기 당파를 옹호하는 짓으로 도의를 삼고 반대 당파를 배격하는 짓으로 사업을 삼는다. (……) 상대자를 죄 주는 데 반드시 의리의 이름을 내세워 엄혹한 처형안을 구성한다. 이 의리 두 글자가 사람을 죽이는 칼과 도끼가 되었으니 심히 통탄할 일이다"[14]고 지적하였다.

요컨대 임진·병자 양대 국란을 겪은 뒤로 100년을 지나면서 전쟁의 상처는 회복되고 외적의 직접적인 위협은 없어져서 외관상 일시 안전 상태를 보였다. 그러나 내부에서는 이조 중앙 집권적 체제가 집권 당파의 난폭한 발호로 말미암아 이미 무력화된 동시에 물질적으로나 정신적으로나 자체 모순을 적극 산출하였으며, 따라서 각종 대립은 첨예화하였다. 봉건 와해의 서곡인 농민 봉기는 끊임없이 늘어나서 장차 전국적인 대폭동을 일으킬 수 있는 징후가 도처에 보이고 있었다.

알력과 포학과 부패와 위선이 횡행하는 이조 양반 사회의 세기 말적 분위기 속에서 일부 양반 계급의 지식분자나 혹은 이른바 '뜻을 잃고 정부를 원망하는(失志怨國)' 야당계의 출신들이나 혹은 경제적으로 몰락해 가는 유학자들은 자아를 반성하고 자기 주위를 돌아본 나머지, 현실에 대한 비판의 무기를 들기 시작하였다. 그들의 무기가 처음에는 대체로 풍간적諷諫的·사의적私議的인 어조와 이상적인 색채를 띠었을 뿐이라, 적나라한 현실을 무자비하게 폭로하여 인민을 은인隱忍과 굴종의 세계로부터 격렬한 투쟁의 세계로 내몰 수 있는 선전적 수준에 도달하기까지는 상당한 과정을 요하였다. 그러나 이때까지 신비하고도 유장한 선악仙樂의 소리로만 채워져 있던 유교의 왕국에서 그들의 쌍스럽고 온순치 않은 언론은 지배 계급의 귀를 찌르는 듯한 '잡음'이었으며, 그것은 또 점차 낡은 전통의 권위에 대한 항의로 전화되고 있었다.

그들은 수치스러운 '소중화小中華' 사상을 부인하고 유교의 만능성을 부정하였으며, 사회 개조의 원리를 도덕 윤리의 관념적 영역이 아니라 정치·경제의 실제 문제에서 추구하여 사회 발전에 대한 유물론적 견지의 경향을 소박한 이론적 형태로 전개하였다. 류형원·이익을 비롯한 실학파의 발전은 바로 이러하였던 것이다.

이상에서 간단히 열거한바, 조선 봉건 사회의 말기 특히 일본과 여진족의 대규모 침략을 겪은 이후 두 세기에 걸쳐 양반 사회 내부에서 격화된 여러 모순들을 요약해 말하면 다음과 같다.

1. 지주 양반 대 농민·수공업자 및 소상인들의 계급적 모순.
2. 정쟁에 의한 양반 동료 자체 간의 당파적 모순―대지주, 상층 귀족과 중소 지주층 및 지방 사족士族들의 알력.
3. 기호畿湖 주민과 서북 주민의 차별 대우로서의 지방적 대립.
4. 관학파=정통학파와 실학파='이단학파'의 사상적 모순.

2. 대외적 제 모순의 관계

이상에서 이미 논술한 바와 같이 대내적인 여러 모순도 일정한 기회에 이르면 현존한 사회적 정치적 기구를 파탄의 길로 인도할 수 있었거늘, 하물며 대외적 모순은 세계사적 의의와 관련을 가지고 당시 조선의 양반 사회를 위협하고 있었던 것이다.

그러면 대외적 모순은 무엇이었던가? 이는 광의적으로 말하면 동양 대 서양의 모순—서양 자본주의 대 동양 봉건주의의 모순이었다.

18세기의 부르주아 혁명을 예보한 15세기 문예부흥과 16세기 종교개혁이 있은 이후로 서유럽 각국에서 생산 기술의 발전과 시민 계급의 발흥은 봉건 경제적 토대를 급격히 흔들어 놓았고, 항해술의 발달에 따른 신대륙의 발견과 중금·중상주의의 식민지 경쟁은 자본주의적인 새로운 분야를 마술적으로 전개하였다. 천문학·물리학 등을 비롯한 각종 과학은 중세기 종교적 세계관을 근본적으로 타격하였고, 영국의 입헌 제도와 프랑스의 민권 사상은 부르주아지의 계급적 투쟁으로 말미암아 착착 선전되었다. 북아메리카가 독립을 선언하던 1776년은 이조 봉건 군주인 정조가 즉위한 해이고, 프랑스에서 부르주아 혁명이 폭발하던 1789년은 실학자 정다산이 소년 등과한 정조 13년이었다. 순조 시대(1800~1834)에 영미에서는 철도가 개통되었고 독일에서는 전신이 발명되었으며, 특히 영국에서는 증기기관과 방적기가 발명되어 산업은 마누팍뚜라*로부터 급속히 기계 공업으로 전환하였으므로 대량으로 산출되는 그 상품은 장차 전 세계 시장에서 활약하게 되었다. 이는 "자기의 생산물 판매를 부단히 확장하려는 요구는 부르주아지를 지구의 전면에다가 내몬다"(맑스·엥겔스,《공산당 선언》)는 것을 의미하였다.

1498년 바스쿠 다 가마가 동인도에 착륙한 이래로 유럽 각국의 원정대들—과거 십자군의 원정대와는 전연 다른 상업 자본의 원정대들—은 동양에 몰리기 시작하였다. 그들의 선발대인 포르투갈 상인은 1510년 고아Goa*를 약취略取하고 1518년(중종 13, 기묘사화 전년)에는 벌써 중국 광동廣東에 입항하여 통상 허가를 얻은 다음 영파寧波(절강성)·대만·일본의 여러 항만에서 활발히 무역하였다. 그러나 그때 포르투갈인의 무역은 자기 나라에 상품 생산의 원천은 조금도 가지지 못한 채 주로 왕실과 귀족의 소수자 손에 장악되어 그 발전의 애로는 이미 예견되었던 것이다. 1565년(명종 20, 황해도 농민 '반란'의 수령인 임꺽정이 실패하여 피살된 후 3년) 에스파냐인은 필리핀을 점령하고 여송呂宋(루손)을 중심으로 하여 극동 무역에 착수하였으나, 아메리카 대륙 경영에 주력한 까닭으로 극동 상권은 다른 나라들에게 빼앗기지 않을 수 없었다.

1602년(임진조국전쟁이 끝난 후 4년) 동인도회사를 창립한 네덜란드는 1623년(광해주가 퇴위하고 인조가 즉위) 팽호열도澎湖列島를 점령하였고, 그다음 곧 대만에서 명나라 군대를 격퇴함으로써 식민지를 설정하여 상관商館을 설치했을 뿐만 아니라 대남臺南에 성을 쌓고 그곳에 정청政廳을 열어 동인도회사 밑에 두었다. 그들은 바타비아

---

* 마누팍뚜라([러시아어] мануфактура) : '매뉴팩처(공장제 수공업)'의 북한어. 매뉴팩처에 대해서는 《자본론》〈분업과 매뉴팩처〉 볼 것.
* 고아Goa : 인도의 남서부 해안에 있는 주. 1510년 포르투갈이 침략 탈취하여 무역 독점과 식민지 쟁탈의 전초 기지로 삼았다.

(자카르타)를 중심으로 하고 대남을 발판으로 하여 일본과 광동의 무역에 종사하였다. 이즈음 에스파냐인도 대남·기륭항基隆港 및 담수항淡水港*을 점령하고 성채를 쌓았으나, 1642년 네덜란드인에게 쫓겨났으므로 네덜란드 상선은 당시 동양 무역의 패자로 불린 동시에 암스테르담은 세계 상업의 심장으로 인정되었다.

공업 발전의 경제적 기초를 튼튼히 가지고 있던 영국인은 네덜란드인을 대신하여 동양 무역의 패권을 잡게 되었다. 1600년 그들은 동인도회사를 창립하고 극동 특히 중국 대륙에 상품 판매의 대시장을 노리면서 1624년 동인도회사를 발기한 프랑스, 즉 그들의 유일한 경쟁자를 도처에서 제압하였다. 서구 대 극동의 물질적 모순의 일대 충돌은 1839년(실학자 정다산 사후 3년) 이른바 중·영 아편전쟁으로 시작되었다.

이와 같이 점차 증대하여 가는 서양 자본주의 세력의 포위권 내에 들어가면서 조선은 안한安閑한 은자 생활을 더 이상 계속할 수가 없었다. 맑스와 엥겔스가 일찍이 말한 바와 같이 부르주아지가 동양을 서양에 종속시키는 과정에서 조선도 예외의 대상이 될 수는 없었기 때문이다.

우리 조선이 서유럽 사람들에게 알려진 것은 또한 오래전 일이었다. 13세기 말경 중국 북경에서 베네치아로 돌아간 이탈리아 사람 마르코 폴로의 《동방견문록》 가운데에 조선에 관한 기사가 없다는 점은 하나의 의문이거니와, 14세기에 원양을 항해하던 포르투갈 사람들의 소개에 의하여 그 나라 서적 가운데 '코리아'가

---

* 대남은 대만 남부의 도시, 기륭항과 담수항은 대만 북부의 항구.

보였고, 17세기 초(선조 때)에 이탈리아 사람 프란체스코 카를레티*는 극동을 두루 돌아다니다가 중국 오문澳門(마카오)에 와서 조선의 사정을 약간 얻어 들었으며, 또 조선 청년 한 사람을 데리고 (인도)고아에 가서 기독교로 개종하게 한 다음 로마에 가서 그 청년을 안토니오 코레아라고 개명하였다. 이때 카를레티는 조선에 관한 것을 유럽에 소개하였으니, 이는 뒷날 네덜란드 사람 하멜夏米爾의 표류기가 조선을 비교적 자세히 소개한 연대(1668)보다 약 5, 60년 전이었다.

그러나 이런 것들은 서양 사람의 조선에 대한 간접적인 접촉에 불과하였다. 그러면 그들의 직접적인 접촉은 과연 어떠하게 발전되었던가?

16세기 말경 이조 선조 때 영국 상선이 전라도 흥양興陽(고흥)에 표착한 것을 비롯하여 인조 6년(1628) 네덜란드인 박연朴燕 일행과 효종 4년(1653, 조선에서 서양인 탕약망湯若望*의 시헌력時憲曆을 채용한 해) 동국인同國人 하멜 일행 36명이 제주도에 표착하였고, 1785년 8월 프랑스 정부의 명령을 받고 브레스트항을 출발한 라 페루즈*는 2

---

* 프란체스코 카를레티Francesco Carletti(1573~1636) : 피렌체 출신의 무역상이자 노예상. 그는 10여 년간 세계를 주유하다가 1606년 피렌체로 귀환하여 《나의 세계 일주기》를 남겼다. 그 여행기에 "나가사키에서 정유재란(1598) 때 일본에 포로로 잡혀 온 조선인 노예 5명을 구입하였는데, 안토니오 코레아도 그중 한 명이었다"는 사실이 나온다. 곽차섭, 《조선 청년 안토니오 코레아, 루벤스를 만나다》, 푸른역사, 2004, pp54~8; 스테파니 슈레이더, 〈국경을 넘어, 새로운 경계를 그리며—루벤스 작 '한복 입은 남자'의 맥락적 고찰〉, 《미술사 논단》 37호, 한국미술연구소, 2013, pp18~30 참조.
* 탕약망湯若望(1591~1666) : 아담 샬Adam Schall. 독일 출신의 예수회 선교사. 서양 역법을 중국에 도입하여 1645년 청나라의 시헌력時憲曆 채택을 도왔다. 이에 따라 조선도 1653년 기존의 역법을 시헌력으로 바꾸게 되었다.
* 시헌력 : 태음태양력의 일종으로 1895년(고종 32) 태양력이 채택될 때까지 사용함.

년 후인 정조 11년에 제주도 부근에 와서 근해를 측량하고 울릉도를 '발견'하여 다즐레도L'île Dagelet라 이름 지었으며, 동왕 21년(1797) 윌리엄 브로턴*은 원산만元山灣에 도달하여 이곳을 브로턴만Broughton's Bay이라 이름 짓고 그의 《북태평양 탐험 항해기》에 조선의 풍속과 기타를 자기 멋대로 기록하였다.

이와 같이 '이양선異樣船'들이 조선의 해안에 출몰하여 주민의 신경을 흥분케 하는 동시에 조총·화포·홍이포紅夷砲 등 무기와 홍모포紅毛布·자목화紫木花·담배·감자·아편 등 화물과 지구도·태양역법·천리경(망원경)·자명종(시계)·수총(펌프) 등과 그 밖의 과학 문물 및 한역 서적들이 중국이나 일본을 통하여 국내에 유입되었다. 인도양과 태평양을 횡단하는 영국 상선은 1816년(순조 16) 충청도 마량진馬梁鎭에, 1831·1832년 두 해 연거푸 홍주洪州(현 충남 홍성) 고대도古代島에 입항하여 당시 정부에 무역을 청하였다. 이는 조선이 서양 자본주의 상업 원정대의 정식 방문을 받은 첫 기록이다.

*　　　*　　　*

이 서양 상업 원정대들의 앞에는 정신적 탐험대가 반드시 선행

* 라 페루즈La Pérouse(1741~1788) : 프랑스의 탐험가. 루이 16세의 명을 받고 세계 탐사에 나섰다. 1787년 5월에 제주도 근해를 거쳐 울릉도를 목격하게 되는데, 일행 중 맨 처음 울릉도를 본 천문학자 다즐레Dagelet(1751~1788)의 이름을 따서 다즐레도라 명명하였다.
* 윌리엄 브로턴William R. Broughton(1762~1821) : 영국의 탐험가. 동북아시아 해역을 탐사하기 위해 사할린을 거쳐 1797년 10월 원산만에 이르러 스스로 브로턴만Broughton's Bay이라 명명하고, 동해안을 따라 내려오다 부산에서 10일간 체류하였다. 영국으로 돌아가 1804년 《북태평양 탐험 항해기》를 저술했는데, 부산을 조선Chosan, 오륙도를 흑바위Black rocks라 표기하는 등 많은 오류를 저질렀다.

하였으니, 그것은 '천국'을 국경 통행권으로 써먹는 기독교=천주교 교도들이었다. 상업 자본의 전초대前哨隊인 서양 선교사들의 동방 활약의 개막은 과연 어떠하였던가?

　노쇠와 부패로 두루마리한 천주교 즉 기독교 구교인 가톨릭교회는 16세기 초기부터 프로테스탄트Protestant 즉 신교도들의 발흥에 충격을 받아 자체 유지에 급급하였다. 같은 세기 중반 무렵에 에스파냐 군인 로욜라는 군사적인 반동 성격을 내포한 제수이트 교회를 조직하였고, 트렌트 종교회의는 교황*을 두령으로 한 구교 체제의 파탄에 관한 미봉책을 강구하였다. 그들은 한편으로는 신교도에게 태반이나 빼앗긴 유럽의 교구를 보충하기 위하여, 다른 편으로는 각기 자기 나라의 상품 판로와 식민지 정책에 대한 앞잡이 역할을 수행하기 위하여 포교의 개간지를 광대한 아시아에서 구하려 하였다. 그중에도 중국은 가장 그들이 부러워하고 희망하는 이상적 목적지로 보였다.

　중국에서 기독교는 페르시아 조로아스터교(배화교拜火敎) 즉 현교祆敎와 거의 동시에 유입되었으므로 상당히 오랜 유서가 있었으나, 그 교회는 근세 이전까지는 가끔 중단되었다. 당태종 정관貞觀 5년(631) 페르시아 사람 소로지蘇魯支가 중국에 와서 기독교를 전하매, 당태종은 그를 위하여 칙령으로 수도 장안長安에 대진사大秦寺를 세웠고, 그 뒤 당나라의 유명한 대신大臣 곽자의郭子儀는 <경교유행중국송景敎流行中國頌>을 지어 비석에 새겼으니,* 경교는 바로 기

* 교황 : 원문에는 '법왕法王'이라 되어 있다. 이하 '교황'으로 표기한다.
* <경교유행중국송>은 곽자의가 지은 것이 아니라, '경정景淨(Adam)'이 짓고 여수암呂秀巖이 썼다. 참고로, 경정의 아버지 이사伊斯(Yesbuzid)가 곽자의의 참모였는데 781년 경교비 건립에 시주를 하였다.

독교였다.[15] 13세기 말경 원세조元世祖 쿠빌라이(홀필렬忽必烈) 때에
《동방견문록》의 저자 마르코 폴로는 그의 아버지 니콜로 폴로를
따라와서(1271) 원나라 조정에 오랫동안 벼슬하였을 뿐만 아니라
원나라 황제와 로마 교황 보니파키우스 8세 사이에 사절로서 왕래
하였고, 포교사들이 직접 파견되어 원나라 수도 연경燕京(북경)을
극동 선교회의 수도로 정하였으며, 나중에는 세례 받은 자가 2만
여 명에 달하였다 한다.

그러면 당나라와 원나라 시대에는 우리 신라와 고려와의 교통
이 가장 빈번하던 시대이므로 우리의 수많은 사절·유학생 및 거류
민들 중에는 기독교에 접촉하여 국내에 소개하거나 전파한 사람
들이 응당 있었을 터이지만, 이제 그 흔적을 찾아볼 수 없다. 다만
이제현李齊賢(1287~1367)의 《익재난고益齋亂藁》〈신마가神馬歌〉에
"불랑의 신마가 황도에 왔나니(佛*郞神馬來皇都)"라고 운운한 시구가
있는데, 원주原註에 "말은 서극 불랑국에서 바친 것이다(馬西極佛郞
國所獻)"고 하였다. 황도는 송도松都(개성)이며 불랑국은 프랑스의
음역이지만, 이른바 서극이란 것이 유럽의 프랑스인지 혹은 아라
비아 지방 양마良馬를 산출하는 어느 나라를 지칭한 것인지 알 수
없다. 그러나 기독교의 소식은 여기에도 아직 보이지 않는다.

위에서 이미 말한 대로 1518년 포르투갈 상인이 광동에 입항하
여 통상 허가를 얻었으나, 얼마 안 되어 명나라 정부는 광동항을
폐쇄하고 포르투갈인의 입항을 금지하였으므로, 그들은 광동 상인
의 운동과 함께 정부에 강요하여 고주부高州府 전백현電白縣에 임시

---

* 佛:《익재난고》(갑술본甲戌本과 노림재본魯林齋本) 권4의 〈조삼장과 이가정의 신
  마가에 차운하다(趙三藏李稼亭神馬歌次韻)〉에는 佛이 拂로 되어 있다.

로 개항 통상하였으며, 1535년 그들은 차지료借地料 연액年額 2만 원圓을 바치고 오문항澳門港(마카오항)의 통상권을 얻어 거류지를 설정한 다음, 상관商館을 설립하고 관청을 개시하였다. 따라서 광동의 외국 무역에 거의 독점적 지위를 차지하고 있었다. 그 후 그들은 다시 북진하여 영파항寧波港의 통상권을 획득하고 중국 남방과 일본과의 무역을 착착 계획하였지만, 1542년 포르투갈 상인의 폭리와 발호에 분개한 현지 인민들이 궐기하여, 포르투갈인 800여 명을 죽이고 상선 25척을 격침하고 교회에 참가한 중국인 1만여 명을 살육하였다. 이것으로 보아 당시 기독교회가 중국 남방 해안에 상당히 번창하였고, 또 그들이 외국 상업 자본의 세력에 얼마나 이용되고 있었는지를 잘 알 수 있다.

이 영파 사건이 생긴 이듬해에 포르투갈인은 서양 각국 상인들보다 훨씬 먼저 일본을 방문하였고, 6년 후인 1549년(명종 4, 소수서원紹修書院 사액賜額으로 서원 제도가 시행. 일본 무로마치 막부室町幕府의 13대 쇼군 아시카가 요시테루足利義輝의 초년) 에스파냐인 프란시스코 사비에르*가 일본에 가서 처음 기독교를 선포하였다. 그러나 이때 우리 조선은 중국 남방과 일본에서 활동하던 서양 상인들과는 직접 관계가 없었던 만큼 그들의 포교선布敎線도 국내에 파급되지는 않았다.

그러면 기독교의 국내 수입은 명나라 말경 북경 교회 계통으로써 기원을 삼지 않을 수 없다. 1601년(임진조국전쟁이 종결된 지 3년) 명나라 신종神宗 만력萬曆 29년에 이탈리아인 이마두利瑪竇*가 북경

---

* 프란시스코 사비에르Francisco Xavier(1506~1552) : 방제각方濟各. 예수회를 창설한 에스파냐 선교사.

에 와서 포교에 착수하였다. 국경 봉쇄로 인하여 포교의 유파流派가 비록 미약하였으나, 그것이 조선에 들어오기는 그 직후의 일이었을 것이다. 인조 22년(1644, 청국이 북경을 점령)에 대마도주對馬島主는 이조 정부에 서신으로 지금 남만南蠻의 길이시단吉伊施端(크리스천)의 잔당인 야소종문耶蘇宗門(예수종파)이 중국과 조선 사이에 출몰하니 그들을 경계하며 체포해야 한다고 하였는데, 그 뒤에도 여러 번 이와 같은 보고를 올렸다.[16] 이러한 사실은 서양교회가 극동에서 활동하는 것이 이미 극동의 국제적 문제가 되었음을 의미한다.

그러나 현재 전하고 있는 기록들을 본다면 조선의 인사로서 천주교를 제일 먼저 소개한 자는 《지봉유설》의 저자 이수광이었고, 천주교를 제일 먼저 믿은 자는 《홍길동전》의 저자라고 하는 허균이었다. 이는 선조·광해 시대에 북경 교회가 벌써 국내에 영향을 미쳤으며, 그리고 이 유명한 두 사람의 배후에 무명한 신자들이 이미 존재하였음을 증언하는 것이다.

그러므로 서양 종교의 우승자인 기독교가 천주교의 명칭을 가지고 조선에 들어온 지는 정조 시대(1776~1800)에 이르러 어언 2세기에 가까웠던 것이다. 그동안 인조 21년(1643)의 서양학 사건을 비롯하여 숙종·영조 시대에 천주교는 수만의 군중을 연결하여 정치 당국의 취체取締(단속)를 환기한 일이 가끔 있었고, 정조 시대에는 천주교가 빈궁한 하층 군상으로부터 성호학파를 중심한 일류 지식층에 침투하여 교세는 갑자기 정치적·문화적 국면에 나타나게 되었다.

---

* 이마두Matteo Ricci(1552~1610) : 이탈리아 출신의 예수회 선교사. 중국에 최초로 천주교를 전파하고 《천주실의天主實義》를 저술하였다.

실학의 대성자 정다산의 매부 이승훈李承薰은 정조 7년(1783)에 그의 아버지 이동욱李東郁의 동지사절冬至使節을 따라 북경에 가서 천주교당을 방문하고 포르투갈인 탕사선湯士選*에게 세례를 받고 교리에 관한 각종 서적과 기타 서양 과학 서적 및 기물을 가지고 돌아왔으며, 다산의 친우요 저명한 박학가인 광암曠菴 이벽李檗*은 천주교 신앙의 필요를 학리적으로 주창하였으며, 다산의 선배요 성호의 종손자인 정헌貞軒(또는 금대錦帶) 이가환李家煥은 서양 과학 특히 천문학과 기하학에 정통했을 뿐만 아니라 기독교 성경을 우리말로 번역하였다 하며, 다산의 중형 약전若銓은 서양학에 깊었고 삼형 약종若鍾은 성교명도회장聖教明道會長으로서 또한 성경을 번역 선전하였다 하며, 다산 자신도 물론 처음에는 세례명까지 받을 만큼 교회 신자였다고 한다. 그들의 친척지구親戚知舊 중 특히 성호 학도들을 중심으로 한 많은 우수한 인사들이 모두 천주교와 서양 과학에 직간접으로 관계가 있었고, 학술과 언론을 좋아하는 국왕 정조까지도 이에 대하여 적지 않은 흥미가 있었던 것이다.

이때 천주교가 사류士流와 서민을 막론하고 광범히 침투되었던 상황의 일단은 다음 문건에서도 볼 수 있다. 이규경李圭景은《오주연문五洲衍文》에 〈진사 홍낙안洪樂安의 춘당대春塘坮 대책문對策文〉(정조 12, 1788)을 몇 구절 인용하였다.

오늘날 가장 우려되는 바는 서양에서 온 일종의 사설邪說이

---

* 탕사선湯士選(1571~1808) : 구베아(Alexander de Gouvea). 프란체스코파의 포르투갈 선교사.
* 이벽李檗(1754~1785) : 자는 덕조德祖·德操. 호는 광암. 다산의 이복 맏형 정약현丁若鉉의 처남이다. 자세한 것은 본서 p349 볼 것.

점차 성행할 형세가 보인다는 것이다. 심지어 을사년(정조 9) 봄과 작년 여름에 호우湖右(충청남도) 일대에서는 거의 집집이 외우고 전하며 진서眞書를 언문諺文으로 번역 등사하여, 부인과 아이까지도 사교邪教를 가지고 공자에게 갖다붙여 경전을 인증引證하고 성인을 속이며 마침내 정주程朱를 헐뜯어서 미혹하기는 쉽고 깨우치기는 어려우며 생고사락生苦死樂의 사설이 풍미하여 세례 참회에 종종 괴인한 짓을 하니, 옛날 부수符水*나 연교蓮教(백련교白蓮教)의 종류이다.[17]

요컨대 종교 특히 기독교는 시대적 변장을 가장 잘하는 정치적·사상적 시녀이다. 그러므로 동일한 기독교의 명칭이지만, 명나라 말년에 중국으로 들어온 교회는 당나라 원나라 시대에 들어온 것과는 역사적으로 성격을 달리하였다. 즉 전자를 자기들의 제왕과 귀족의 머리에 번쩍거리는 황금관의 위력을 신의 말로 선전하는 '우아한 천사'라고 한다면, 후자는 자기 나라의 자본가와 상인들의 행진곡에 박자를 맞춰 칼춤을 추는 '용감한' 정신적 전초대라고 할 수 있다. 꽃송이 속에 들어 있는 꿀을 채취하려는 벌과 나비가 자기 목적이 아닌 수술과 암술의 교구交媾(교접)를 매개하여 주는 것과 마찬가지로, 동양에 와서 '천국'의 전파를 목적으로 한 당시 서양 선교사들은 유럽의 속세적인 자본주의 과학과 문화의 산물들을 부대적으로 동양에 전파하게 되었다. 이리하여 봉건 이데올로기인 공맹정주학孔孟程朱學을 국교로 한 조선의 양반 계급은 유럽

---

* 부수符水 : 부적을 태운 물. 황로도黃老道에서는 부수를 마시게 하여 병을 치료했다.

자본주의의 척후대인 천주교파에 대하여 사상적으로 서로 접촉 충돌하게 되었다.

이와 같은 국내 및 국제의 물질적 정신적 모든 모순의 교충交衝 속에서 현실을 저주하고 새로운 살길을 찾아 헤매던 인민대중은 기회가 닿는 대로 이른바 '천국'의 문을 다퉈가며 두드릴 수 있었거니와, 그와 동시에 이미 낡고 부패한 양반 계급 자체 안에서 발생한 일부 선각자들은 안으로는 양반 도道의 위선적이고 무능력한 것에 대하여 환멸을 느끼며, 밖으로는 근대 과학과 기술을 장비한 외래 사상의 강렬한 자극에 대하여 신기한 느낌이 들지 않을 수 없었다.

낡은 사회 체제와 사회 문화의 막다른 골목으로부터 관념적 출구를 기독교 신앙에서 구하려던 과거 시대 사람들에 관하여 엥겔스는 다음과 같이 말하였다.

모든 계급 중에는 물질적 해결에 절망하고 그의 대용물로 정신적 해결을 구하는 사람이 있었다. 즉 전체적 절망에 빠지지 않도록 하는 의식 중에서 위안을 구하는 것이었다. 이 위안은 스토아학파도 에피쿠로스학도들도 줄 수가 없었다. 왜냐하면 그들은 철학을 일반 의식에는 산입시키지 못하기 때문이며, 그리고 둘째로는 그들 제자들의 품행은 그 학자들의 교리를 불신용케 하였기 때문이다. 위안은 잃어버린 철학이 아니고 잃어버린 종교를 회복하지 않으면 안 되었다. 이 위안은 당시 또는 아직 17세기에 이르기까지 대중을 파악하였던 것과 같이 꼭 종교의 형태로 출현하지 않으면 안 되게 되었다.[18]

과연 근세 조선에서도 봉건적 이데올로기로서 이미 동맥이 경화된 유교 철학이나 타락하고 위신 없는 유학자들의 품행이나, 또 역사 발전 과정에서 너무 낡아 빠지고 게다가 유교의 억압 밑에서 기백을 전연 잃어버린 불교도나 모두, 막다른 골목에서 헤매는 인민들에게 위안을 줄 수 없었다. 그래서 무지한 대중과 함께 일부 지식분자들까지도 외래 종교—그들이 그 종래의 약점과 폐해와 추태에 대해서는 전연 알지 못하고, 그 처음 보는 면모에 대해서는 신기한 눈을 뜨게 된 종교—즉 천주교에서 위안을 구하며 살길의 출구를 찾으려 하였다. 당시 사족 출신으로서 청년 유학자 일파가 외래 종교인 천주교에 한동안 신앙의 형식을 비밀히 취했던 것은, 그 사회적 의의가 실로 근거 없지만은 않았던 것이다.

그러나 그들의 시대는 벌써 국내적으로 봉건 사회의 말기였고, 국제적으로 자본주의의 상승기였다. 내적 및 외적 모순들의 연결이 아직 미숙하더라도 그것은 자체로 해결할 수 있는 구체적 방도가 점차 발견되고 있었으므로, 그들은 관념적 위안에는 마침내 만족하지 않고 다시 물질적 해결의 방향으로 자기들의 첨예한 눈빛을 돌렸다. 그리하여 실학 일파는 신앙이 아닌 학리와 이론에 근거한 반봉건적 민주 사상과 농민 혁명의 이념에로 지향 발전하였다.

특히 그들의 개혁론은 이성의 심판과 인도주의적 호소로서 출발하였음에도 불구하고 사회도덕의 모든 부정에 대한 원인을 정치 제도의 불합리에서 구하였으며, 정치 제도의 불합리를 또한 민생 문제의 근원인 경제 관계에서 해결하려 하였다. 이는 당시 이미 심각화한 사회적 모순들이 산출한 실학의 진보적인 사상 활동이었다.

3. 영·정 시대 18세기 조선의 신문풍新文風과 그 특징

임병양란壬丙兩亂은 당시 우리나라에서 통치 계급과 인민들의 모든 단점과 장점을 적나라하게 검열한 커다란 기회였다. 더욱이 병자국치丙子國恥를 겪은 지배 계급은 자기들의 무능력한 정체를 여지없이 폭로하고 그 미봉책으로서 경제적으로는 불합리한 착취 체제를 한층 강화하여 청조淸朝에의 거대한 공납과 이미 곤란에 빠진 중앙 정부 재정의 충당을 위한 과중한 부담을 인민의 어깨에 짊어지웠으며, 정치적으로는 귀척貴戚과 훈벌勳閥을 중심으로 한 일당파 전제주의 정권을 수립하여 인민 각층의 반정부적 기세를 제압하기에 필사적으로 노력하였다. 이도 부족하여 그들은 '존명', '북벌'의 관념적 표어를 내걸고 자기들의 약점을 은폐하여 인심을 수습하려고 애썼던 것이다.

그러나 인민의 편에서는 양반 정치의 추악한 정체에 대하여 증오하고 불신하는 반면에 조국을 사랑하는 정신과 외적에 용감히 항전한 명장·의사들을 존경하는 심리와 인민 자체의 역량에 대한 자신감은 상당히 제고되고 광범해졌다. 전후 민간에 유행하기 시작한 기이하고 아름다운 여러 구비 전설과《임진록壬辰錄》,《병자록丙子錄》(국문본) 등을 비롯한 많은 충용담, 영웅·열사의 전기들이 바로 이를 표시한 것이었다.

이 점에 있어 '전쟁의 긍정적 측면'을 천재적으로 지적한 스탈린의 말씀과 같이, "전쟁은 다만 저주할 물건이 아니고 전쟁은 동시에 인민의 모든 힘을 시험하여 검열하는 위대한 학교"였으며, "모든 국가, 모든 정부, 모든 정당의 진정한 얼굴을 가리는 일체

피막과 엄호물을 용서 없이 박탈하며 그들로 하여금 모든 단점과 장점을 지닌 그대로 가면과 분식이 없이 무대에 나타나게 하였던 것"이다.[19]

　다음으로 인민대중의 곤궁한 상태와 억울한 사정에 동정하고 그들의 희망과 이상을 대변하며 탐관오리의 비행과 유생 학자의 위선을 폭로 풍자하는 문학 작품들이 다수 출현하였다. 문인과 민간으로부터 일어나는 한문과 국문의 번역과 번안 등 읽을거리는 당시 중국에서 계속 수입되는 명·청의 패관잡서稗官雜書에 자극되어 숙종 이후 영·정 시기에 일대 획기를 이루었다. 또 인정세태에 관한 전설·우화와 민요·시가·기행문·소설·창극 등의 형식은 한문에서 국문으로 대량 전화되기 시작하여 민족 문학의 맹아를 발육시킨 것도 이 시기 전후였다. 이와 동시에 한문 한시에서도 이른바 '순정문학醇正文學'이 형식주의의 완강한 기세를 지속 혹은 강화하는 반면에 실학풍의 일파는 종래 강학가講學家의 진부한 체제와 고문가古文家의 승척주의繩尺主義*와 과거 변려문체騈儷文體*의 문구 표절주의 및 그 부허浮虛한 내용들을 전반적으로 배격하고 간명·절실·청신·분방한 사실적인 풍격을 숭상하였다. 이러한 새로운 풍격은 문학뿐만 아니라 서화에도 침투되었다. 표암豹菴 강세황姜世晃의 서화와 추사秋史 김정희金正喜의 금석학적 서예(주로 순조 이후)와

---

* 승척주의繩尺主義 : 법도에 얽매이는 경향을 이르는 말. 여기에서는 '먹줄 치듯 엄히 하여 털끝만큼도 오차 없이 고증하는 것 따위'를 가리킨다. 승척은 먹줄과 자, 승묵繩墨과 척도尺度, 즉 '법도'의 뜻.
* 변려문체騈儷文體 : 한문 문체의 하나. 4자와 6자의 대구를 쓰고 음조를 맞추며 전고典故를 많이 인용하여 엄격한 형식미와 수사적 장식성을 중시하였는데, 과거 시험 답안에도 사용되었다.

단원檀園 김홍도金弘道의 영모翎毛*·산수·인물 및 풍자성 있는 풍속화들도 바로 이를 반영한 것이다.

이 시기에 새로운 기색을 띤 문풍에 호응한 신진 청년 학자들은 중국의 문화를 추상적으로 추구하기를 싫어하고 우리나라의 역사·지리·제도 및 풍속의 연구에 관심을 돌리며 인민의 감정과 흥미를 담고 있는 격언·이언俚言(상말)·음운·일용언어 및 전설·가요에도 주의를 기울여서 많은 저작과 편찬을 뒷사람에게 끼쳤다. 그중 두세 가지 예를 들면, 몽헌夢軒 홍만종洪萬宗의 6부 총서叢書—《해동이적전海東異蹟傳》, 《시화총림詩話叢林》, 《소화시평小華詩評》, 《동국역대총목東國歷代總目》, 《순오지旬五志》, 《명엽지해蓂葉志諧》(효종·현종·숙종 때)—와 여암旅菴 신경준申景濬 등 학식 있는 유신儒臣들이 편술한 《동국문헌비고東國文獻備考》(영조 때)와 김천택金天澤의 《청구영언靑丘永言》(영조 3, 1727)과 김수장金壽長의 《해동가요海東歌謠》(영조 39, 1763)와 이긍익李肯翊의 《연려실기술練藜室記述》(정조 21, 1797)과 한치윤韓致奫의 《해동역사海東繹史》(순조 때)와 같은 것들은 조선 고전적 편술 사업의 가치 있는 산물들이다.

더욱이 이용후생을 목적으로 한 경세가적 실학은 17세기부터 발족하여 18세기 영·정 시대에 이르러 고조에 달하였다. 그들은 첫째로 악화되어 가는 봉건적 착취 제도를 비판하고 새로운 정책들을 고안하며, 둘째로 과학과 기술을 널리 탐구하여 산업·교통 등 국내 발전에 이바지하려 하였다. 정다산이 이른바 "이때에 원래 일종의 풍조가 있으니, 즉 천문 역상曆象의 전문가와 농정 수리의

---

* 영모翎毛 : 새의 깃과 짐승의 털. 영모화(새나 짐승을 그린 그림).

기구와 측량·추산推算·실험의 방법을 설명하는 사람이 있으면 세상에서는 이들을 박흡博洽한 지식가로 칭찬하였고, 나도 어렸을 적부터 이것을 흠모하였다"[20]고 한 것은 이 시기에 발흥하던 경세적 학풍을 가리킨 말이었다.

이상과 같은 여러 사실에 따라 조선의 18세기는 영·정의 '치세' 또는 이조 문화의 최대 개화기라는 호평을 속류 사론가史論家들로부터 받고 있다. 그러나 이른바 문화의 개화기라는 것은 당시 이조 봉건 사회의 자기모순이 그전 어느 때보다도 더 복잡하고 더 첨예화한 내용들을 반영하는 다양다채한 광선에 불과한 것이므로 당시 인민의 입장에서 본다면 '치세'라는 찬사를 올릴 이유가 결코 없었던 것이다.

맑스는 말하였다—예술의 어떤 개화기는 사회의 물질적 기초의 발전과 합치하는 것이 아니라고. 또 그의 학도 F.V.콘스탄티노프는 다음과 같이 연역하였다. "예술이나 문학의 어떤 영역에서 달성된 극히 크고 많은 성과의 시기는 농노 제도를 반대하는, 그다음에는 자본주의를 반대하는 인민대중의 첨예한 투쟁의 시기, 사회적 억압을 반대하는 투쟁에서의 인민적 격앙의 시기와 합치하고 있다"고.[21]

조선의 18세기—영·정의 시기는 그 사회의 물질적 기초에 있어 비록 이렇다 할 만한 변동이 없고 도리어 일시 소강상태의 외관을 보였으나, 그 내면에서는 농민 대 지주의 계급적 투쟁과 실학 대 관학의 사상적 투쟁이 바야흐로 격앙되던 시기였다. 그러므로 이 시기는 문학예술 등 영역에서 일찍이 볼 수 없던 문화적 개화기와 필연적으로 합치한 것이다. 속류 사론가들에 의하여 신비화되었던 이른바 영·정 '치세'의 문화는 이로써 해명될 수 있다.

또 여기에서 한번 고찰하고 지나가야만 할 문제는 속류 사론가들의 특별한 흥미를 끄는 이른바 '탕평론蕩平論'이다. 이 탕평 두 자는 기자箕子의 〈홍범洪範〉 중 "무편무당, 왕도탕탕, 무당무편, 왕도평평(無偏無黨 王道蕩蕩 無黨無偏 王道平平)"*에서 따온 것인데, 영조가 자기 지지자인 노론 당파를 옹호하고 반대인 소론 당파를 어르기 위하여 기만적으로 제창한 표어였다.

원래 영조의 형 경종은 신체가 허약하고 정신이 건전치 못하여 정사를 보기 어렵고 아들을 둘 희망도 없으므로 김창집金昌集·이건명李健命 등 노론 일파는 왕제王弟 연잉군延礽君(후일 영조)을 세제世弟로 삼아 국정을 대리케 하자고 하니, 조태구趙泰耈·이광좌李光佐 등 소론 일파는 크게 반대하여 김창집 이하 노론 수백 인을 역모죄로 몰아 죽였다. 그러나 경종은 왕위에 오른 지 4년 만에 죽고 영조가 왕위를 계승하여 자기를 모해하던 소론 당파에게 복수하려 하였으나, 그 당류가 아직 조정에 가득하므로 이광좌·류봉휘柳鳳輝 등 완화파緩和派를 끌어 그들을 안심시키는 한편, 김일경金一鏡·목호룡睦虎龍 등 과격파를 차례로 죽여 소론의 세력을 억압하려 하였다. 때마침 그의 잔당 김영해金寧海(일경의 아들), 목시룡睦時龍(호룡의 형) 등이 실세失勢를 불평하는 남인 이인좌李麟佐·정희량鄭希亮과 통모通謀하여 반기를 들다가 실패하니, 영조는 더욱 소론을 미워하여 표면으로는 당쟁의 탕평을 내걸고 소론의 중진인 이광좌와 노론의 맹장인 민진원閔鎭遠을 자기 앞에 불러 앉혀서 서로 악수하고

---

* "편벽됨이 없고 편당함이 없으면 왕의 도는 드넓어지고, 편당함이 없고 편벽됨이 없으면 왕의 도는 평평해지리라"는 뜻. 《서경書經》〈주서周書·홍범洪範〉

화해하라고 권고하였으나 그들은 응종應從하지 않았다(영조 8, 1732). 그러나 영조는 기회 있을 적마다 소론을 꺾고 노론을 등용하여 그 결과 이때부터 이조가 멸망할 때까지 노론 정권으로 일관되었다.

이상의 사실에서 이른바 영조 탕평 정책이 당쟁을 탕평하는 것이 아니라, 도리어 당쟁을 격화시킨 데 불과한 것을 우리는 잘 알 수 있다. 그러나 초당파적 존재로 자처하는 것은 종래 제왕들의 상습적인 태도인 동시에 왕권의 강화를 위해서는 자기 신하들의 세력을 균형적으로 대립시키고 일파 전권專權을 싫어하는 것이 또한 상례였다. 영조의 탕평 정책이 이러한 의도에서 나왔던 것도 간과할 수 없는 사실이다. 하여간 그의 탕평론은 그 시대 양반 내부의 알력이 격심한 이면을 반증한다고 하겠다.*

그러나 영·정 시대가 다른 왕대와 비교하여 조금 특징이 있다고 평가되는 바, 그 내용은 다음 사실들로 귀착될 것이다. 즉 생산 기술의 요구, 농사 장려, 절검 숭상, 형법 개량, 탐오 취체取締(단속), 학문 장려 및 문헌 편찬 등의 사업이었다.

그중 열거할 것은 영조의 칙령 아래 《농가집성農家集成》과 《구황촬요救荒撮要》를 간행하였으며, 전라좌수사全羅左水使 전운상田雲祥이 해골선海鶻船*을 통영統營과 수영水營에서 제조하여 병선으로 사용

---

* 이상의~하겠다 : 최익한은 〈조선류교사상 발전에 대한 력사적 고찰〉에서 "이른바 신도神道 설교적 본질을 내포하고 있는 무편무당적 왕도론王道論은 계급투쟁의 격렬한 현상을 직면한 통치 계급들이 자기들의 초당파 초계급적 태도를 가식하여 민중을 기만하고 압살하는 데 가장 좋은 위선적 이론이었다. … 즉 영조가 당시 통치 계급의 자체 내부 모순으로서의 관료 종파 및 노론·소론의 알력을 조화 융합시키며 농민의 고혈에 기초한 이조 왕권의 초계급적 존재, 즉 만민에 대한 부사적父師的 위신을 유지하기 위하여 이 홍범의 무편무당적 왕도론을 간판으로 하고 이른바 탕평 정책을 운운하였던 것이다"고 비판하였다. 《력사제문제》 14집, 조선력사편찬위원회, 1949, p62.

케 하였으며, 표준 포백척布帛尺과 유곡鍮斛*과 측우기를 제조하여 중외에 반포하였으며, 신문고를 부활하였으며, 사형 3심제를 정하고 압슬壓膝·낙형烙刑·경자黥刺·포청난장捕廳亂杖·전도주뢰剪刀周牢 및 전가사변全家徙邊* 등 악형을 폐지하였으며, 균역법均役法을 실시하고 비공법婢貢法을 폐지하였으며,《속병장도설續兵將圖說》,《동국문헌비고東國文獻備考》등 그 외 많은 서적을 편찬하였다.[22]

그리고 정조는 이조 역대 군주 중 학문과 문학이 우수하였으니, 그의 저작집인《홍재전서弘齋全書》100권이 이를 증명한다. 재위 기간에 왕명으로 편찬된 각 부문의 서적들이 118종류에 달하여 동시대 청조 건륭乾隆의 편서 업적과 백중伯仲을 다툴 수 있었다. 또 그는 대자 16만, 소자 14만의 활자를 주조하여 서적 인쇄를 편리하게 하였으니, 이것이 이른바 정리자整理字였다(정조 20). 규장각奎章閣이란 도서관을 궁중에 설립하고 방대한 도서를 저장하고 이덕무李德懋·박제가朴齊家·류득공柳得恭·서이수徐理修 4 재사才士를 서얼로부터 뽑아서 검서檢書란 관직을 맡겼으니, 이들이 유명한 4검서였다. 그는 중국에서《고금도서집성古今圖書集成》(1만 권, 5,020책)*과 기타 다수의 신구도서를 구입하였으며, 문인 학자와 기술자를 우대하고 사상·신앙·학술의 자유를 어느 정도 허용하였다.

---

* 해골선海鶻船 : 매 모양으로 날렵하게 만든 중소형 특수 군선. '해골'은 '바다매'라는 뜻. 관련 내용이《영조실록》16년(1740) 윤6월 18일 기사에 나온다.
* 유곡鍮斛 : 1곡斛의 용량을 재는 놋쇠 그릇. 소곡小斛(15말들이)과 대곡大斛(20말들이)이 있었다.
* 전가사변全家徙邊 : 죄인과 전 가족을 주로 평안도나 함경도 등의 변방으로 강제 이주시키던 형벌. 세종 때 북방 개척을 위해 시작되었다가 영조 때 흠휼 정책에 따라 폐지되었다.
* 원문의 5,200책은 오기.《고금도서집성》은 본래 중국에서 들여올 때는 5,020책이었는데, 분편 과정에서 5,022책으로 늘어난 듯하다.

정조의 업적 중 제일 특기할 만한 점은 자기 부자를 모해하던 당파(벽파僻派)에게 복수하기 위하여, 또 정치와 문화를 개신하고 군권을 강화하기 위하여, 이른바 시파時派 남인의 우수한 인물인 채제공蔡濟恭·이가환·정약용 기타 신진 인사들을 등용하고, 따라서 그들을 당시 반대당이 서학西學=사학邪學을 가혹히 탄핵하는 예봉으로부터 극력 보호하였다는 것이다. 이에 호응한 실학 일파는 기회를 보아 자기들의 정치적 포부를 왕권의 비호 아래 한번 실현하려고 하였다.

이상과 같은 영·정 시대의 새로운 문풍은 박연암·정다산 일파의 실학 발전에 있어 자못 유리한 분위기를 조성하여 주었다.

*　　*　　*

다음으로 이 시기 청조 학풍과 서양 문물의 수입에 관하여 조금 논술하려 한다. 그러나 이 청조 학풍의 영향은 이미 위에서 논술한 영·정 시기의 신문풍과 서로 교착 연결되므로 고립적으로 생각할 수는 없다.

청조는 강희康熙·건륭乾隆 시대에 유생 학자들을 회유하고 그들의 정력과 기절氣節을 방대하고 번쇄한 문필 사업으로 소모시키기 위하여 자기 통치에 방해가 없어 보이는 저술과 편찬 사업에 복무하게 하였다. 그것이 곧 《강희자전康熙字典》,《연감유함淵鑑類函》,《패문운부佩文韻府》,《고금도서집성》,《사고전서四庫全書》등 거대한 서질書帙의 편찬 사업이었다. 그러나 이 사업은 반면에 이족異族 만주滿洲가 중국의 풍부한 문헌적 유산을 보존 정비하여 중국 인사들의 자기 나라 문물에 대한 기념과 자부심을 조장하고, 동시에 청조가 중국 문화에 도리어 압도 동화되는 결과를 현출現出시키는 데 도움을 주었다. 그리하여 청조가 장려한 문헌 사업은 다시 고증학파의 발전을 편리케 하였고, 고증학은 실사구시학을 산출하여 청조의 신학풍을 구성하였다. 혹자의 말과 같이 청조 고증학은 중국 봉건 사회의 말기에 서구 르네상스 운동의 성격을 내포하였다고 할 수 있으며, 따라서 그것이 청조 초기에는 송유 성리학의 공담적 성질을 반대하고 서양 실증적 과학의 방법을 다소 섭취하여 중국 문화계의 신유파로서 근대 민족 문화 운동의 맹아적 역할을 수행하였다.*

그런데 청조 고증학은 중기 즉 건륭·가경嘉慶 연대에 와서 이미 창신적인 철학적 성격을 잃어버리고 고증을 위한 고증, 즉 인민의 실제 이익과 유리된 지식의 유희로 전락된 경향이 없지 않았으며, 또 고증학풍이 조선에 단적으로 파급되기는 건륭 시대부터라고 할 수 있으므로 그 영향은 우리 학계에 이익을 준 반면에 손실도 주었다. 그러나 송유 성리학의 전횡과 그들 경전 주석의 우상적 권위를 부정하는 조선 실학파의 사상적 운동에 청조 고증학풍은 적지 않은 도움을 주었다.

그리고 청조 고증학풍의 수입도 서양 과학 사상의 수입과 거의 때를 같이 하여 진행되었고, 이조 영·정 시대—청조 건륭 시대에 조선 입연 사절入燕使節의 왕래에 의하여 활발히 실행되었다. 이제

---

* 혹자의~수행하였다 : 여기서 '혹자'는 중국 철학자 호적胡適(1891~1962)을 가리킨다. 최익한의 〈조선류교사상에 대한 력사적 고찰〉(《력사제문제》 12집, 조선력사편찬위원회, 1949, pp114~5)에 비슷한 내용이 나오는데, 호적의 《중국철학사대강大綱》 상권(상해상무인서관, 1919, p9)을 참조한 것이다. 《여독》 p220 볼 것.

그들의 건륭 문화와의 직접 접촉에 관한 기록으로서 중요한 입연 기행문들을 예거하면 다음과 같다.

1. 《담헌연기湛軒燕記》(건륭 30~31, 영조 41~42, 1765~6)
   6책 사본, 홍대용洪大容
2. 《입연기入燕記》(건륭 43, 정조 2, 1778)
   1책 사본, 이덕무李德懋
3. 《열하일기熱河日記》(건륭 45, 정조 4, 1780)
   10책 간행, 박지원朴趾源
4. 《연행록燕行錄》(건륭 49~50, 정조 8~9, 1784~5)
   1책 사본, 엄숙嚴璹
5. 《연행록燕行錄》(건륭 55, 정조 14, 1790)
   2책 사본, 서호수徐浩修
6. 《열하기행시주熱河紀行詩註》(건륭 55, 정조 14, 1790)
   1책 사본, 류득공柳得恭

이와 같이 조선의 서울과 중국의 북경을 연결한 약 3천 리의 교통선은 양국의 물화를 교환시킬 뿐만 아니라 문화 교류도 이 외길을 이용할 수밖에 없었다. 따라서 이 길을 왕래하는 조선 사절단은 이조에 와서 국제적으로 물화 교역의 상대商隊인 동시에 문화 교역의 사자使者였다.

그 당시 연행 사절단의 조직체는 대체로 다음과 같다.

입연 사행入燕使行에 수반하는 인원은 명목과 수가 많다. 이제 동지사행을 말한다면 상사上使·부사副使·서장관書狀官 각 1원員(이상은 정사正使), 당상관堂上官 2원, 상통사上通事 2원, 질문종사관質問從事官 1원, 압물종사관押物從事官 8원, 압폐종사관押幣從事官 3원, 압미종사관押米從事官 2원, 청학신체아淸學新遞兒* 1원, 의원醫員 1원, 사자관寫字官 1원, 화원畫員 1원, 군관軍官 7원(이 7인은 사신이 자벽自辟*하며 자제군관子弟軍官 또는 반당伴倘이라 이름하였다), 우어별차偶語別差* 1원, 만상군관灣上軍官* 2원이며 이 밖에 삼상蔘商과 잡색인원雜色人員이 적지 않다.[23]

이들은 일정한 토산물을 청조에 제공하고 답례품을 받아 국왕에게 드리며 수행한 상인들은 가지고 간 은銀·삼포蔘包* 등으로 북경 시장에서 주단紬緞·진물珍物·사치품을 사 가지고 돌아왔다. 동시에 왕실 이하 각 학관學官과 개인의 필요한 도서 구입도 중요한 사항의 하나였다. 또 직위 없는 문인·학자들은 군관 기타 명색으로 수행하여 이국 문물의 특징을 보고 기록하며 저명한 인사들을 방문하고 필담과 시문으로 사상과 학식을 교환하였다. 위에 적은 몇 가지 기행문은 다 이러한 내용이다.

---

* 청학신체아淸學新遞兒 : 봉황성鳳凰省 밖에 설치한 책문柵門 출입과 반찬거리를 지급하는 등의 일을 맡았다.
* 자벽自辟 : 관리가 자신이 원하는 인물을 추천하여 벼슬아치로 임명함.
* 우어별차偶語別差 : 한어·만주어·몽고어 학생 중에서 파견하는데, 해당 외국어를 실습하기 위한 조처였다.
* 만상군관灣上軍官 : 만부灣府(義州府)에 소속된 군관으로서 삼사三使(정사·부사·서장관)의 숙소와 행중行中의 식량을 담당하였다.
* 삼포蔘包 : 정조 21년(1797)에 사행단의 역관이 은화와 함께 여비 명목으로 가져갈 수 있도록 허가한 홍삼. 이조 정부는 이 삼포에 과세하여 재정을 마련해 나갔다.

홍대용의 《담헌연기》에 자기가 유리창流璃廠 서점을 열람하던 광경을 묘사하기를, "벽 주위에 시렁을 십수 층이나 매달았는데, 아첨牙籤* 있는 권질卷帙이 정연하게 쌓여 있고 벌[套]*마다 표[標紙]가 붙어 있었다. 이 한 서점의 책이 적어도 수만 권은 되리라. 한참 쳐다보아도 그 표호標號를 다 볼 수 없고 눈은 이미 핑 침침해졌다"고 하였다.[24] 또 이덕무는 1778년 북경에 온 지 사흘 만에 유리창에 가서 조선에 없거나 보기 드문 서적들을 찾아다녔는데, 서점 열두 곳을 돌면서 서적 130여 종을 발견하고 하나하나 서명을 기록하였으며, 만청滿淸의 금서로 된 명나라 사람의 저작에 대해서는 더욱 주의하였다. 또 그는 소개를 거치지 않고 직접 중국학자들을 찾아서 서로 필담을 나누기도 하였다.

또 류득공·박제가 두 사람은 진전陳鱣·전동원錢東垣·고순顧純 등과 모두 오류거서점五柳居書店에서 서로 만나 알게 되어 연일 학술을 토론하였다. 그래서 진전은 그 뒤 류득공·박제가를 추억하면서 말하기를, "한번 보고는 친구와 같았다. 언어는 비록 통하지 않으나 각기 붓을 잡고 써서 문득 서로 기뻐하며 이해하였다"고 하였다. 이런 것을 보아도 그들이 조·중朝中 문화 교류에서 얼마나 유효한 활약을 하였는지 알 수 있다. 그리고 류득공의 《연대재유록燕坮再遊錄》에 의하면 오류거서점의 도정상陶正祥과 취영당서점聚瀛堂書店의 최기崔琦의 구술로써, "당시 천초川楚(사천四川과 호남湖南·호북湖北) 지방에 부역이 번중繁重하므로 농민 반항이 발발하였는데, 만주滿洲

---

* 아첨牙籤 : 상아象牙로 만든 첨대. '첨籤'은 '꼬챙이, 쪽지'의 뜻.
* 벌[套] : 옛날의 질帙을 중국 속어에서는 벌[套], 우리나라에서는 갑匣이라 하였다. 《청장관전서青莊館全書》권16, <족질 복초에게族姪復初> 참조.

의 대신大臣이 탐오 불법하여 공명을 얻으려고 향용鄕勇(지방 군인)을 징발하여 농민 반항을 진압하려 하였으나, 식량을 공급하지 않고 잔혹한 법령으로만 구속하므로 향용은 모두 농민 대오隊伍에 가입하였다"[25]는 사실을 알게 되었다. 이를 보면 당시 조선 사절단원들이 서적 구입, 문물 수입에만 국한하지 않고 조·중 인민의 친선과 중국 정세의 내면적 관찰에서도 중요한 역할을 하였음을 알 수 있다.

사절단은 중국 문물을 수입하는 데 노력하였을 뿐만 아니라 중국을 중계점으로 하여 서양 문물을 수입하는 데도 많은 효과를 얻었던 것이다.

중종 15년(명나라 정덕正德 15, 1520) 12월에 통사通事 이석李碩이 중국으로부터 돌아와서 국왕에게 보고하기를, "불랑기국佛朗機國(포르투갈)이 만자국滿刺國(말라카)을 격멸하고 명조에 사자使者를 보내서 봉책封冊을 구하였다. (……) 그 생김새가 왜인 같고 음식과 의복은 사람 같지 않았다"[26] 하였으니, 이를 조선 사람으로서 서양 소식을 전한 첫 기록으로 볼 수 있다. 그 후 연경에 왕래하던 이수광의 《지봉유설》 중에 "구라파歐羅巴=대서국大西國에서 사용하는 화기火器인 불랑기佛朗機와 매미 날개같이 극히 가늘고 엷은 서양포西洋布가 있다" 하였고, "영결리국永結利國(영국)에서는 맥설麥屑을 먹고 피구皮裘를 입고 철편鐵片으로 선체의 안팎을 싼 사중선四重船이 선미船尾에 생풍기生風機를 설치하고 전투 시에 대포를 사용하여 견고하고 신속하므로 해상의 여러 나라들이 감히 항거치 못한다" 하였으며, 야소교회耶蘇敎會와 이마두利瑪竇에 대해서도 언급하였다. 또 같은 책에 "선조 36년(1603) 입연사入燕使 이광정李光庭과 권희

權憘가 <구라파국여지도歐羅巴國輿地圖> 1건 6폭을 가지고 왔는데, 그것이 정교하여 서방을 특별히 상세히 하였고 중국과 우리나라 팔도 및 일본까지 남김없이 그렸다" 하였으니, 이는 서양 사람의 지도가 조선에 수입된 첫 기록이었을 것이다.[27]

그 후 인조 9년(1631) 진주사陳奏使 정두원鄭斗源이 명나라로부터 돌아와서 서양인 장교관掌教官* 육약한陸若漢*이 기증한 각종 도서·무기와 염초화焰硝花·자목화紫木花 등을 국왕에게 올렸는데, 《국조보감國朝寶鑑》에 쓰기를 "치력연기治曆緣起 1책, 이마두 천문서 1책, 원경설遠鏡說 1책, 천리경설千里鏡說 1책, 서양국풍속기 1책, 서양국공헌신위대경소西洋國貢獻神威大鏡疏 1책, 천문도 남북극 2폭, 천문광수天文廣數* 2폭, 만리전도萬里全圖 5폭, 홍이포제본紅夷砲題本 하나였다. 천리경 1부는 천문을 관측하고 또 100리 밖에서도 적진 속의 미세한 물건을 볼 수 있으니 그 값은 은 300~400냥이라 하며, 일구관日晷觀 1좌座는 시각을 정하고 사방을 정하고 해와 달의 운행을 정하며, 자명종 1부는 12시의 매시마다 스스로 울리며,* 화포 1부는 화승火繩(불심지)을 쓰지 않고 화석火石(부싯돌)으로 치면 불이 저절로 일어나서 우리나라 조총鳥銃이 2발 쏘는 동안에 4~5

---

* 장교관掌教官 : 교관. 교육을 관장하는 관리. 1630년 육약한이 등주登州 군문軍門의 교관으로 있을 때 정두원을 만났다.
* 육약한陸若漢(1561~1633) : 로드리게스João Rodríguez. 포르투갈 출신의 예수회 신부. 그를 스페인이나 이탈리아 사람으로 잘못 표기한 책들이 더러 보인다.
* 《국조보감》(규장본)에 따라 원문의 '원경서遠鏡書'를 '원경설遠鏡說'로, '서양풍속기'를 '서양국풍속기'로, '천문광교天文廣教'를 '천문광수天文廣數'로 고쳤다. 최익한은 《국조보감》을 직접 본 것이 아니라 이능화李能和의 《조선기독교급외교사朝鮮基督教及外交史·상편》(조선기독교창문사, 1928, pp3~4)을 참고한 것이다.
* 당시의 자명종은 매시마다 종이 울리는 시계로서, 지금의 자명종처럼 정해 놓은 시간에 우는, 즉 알람 기능을 갖춘 시계와는 달랐다.

발을 쏘고 빠르기가 귀신같으며, 염초화焰硝花는 바로 염초를 굽는 소금흙(함토鹹土)이며, 자목화紫木花는 바로 자줏빛 면화이다"고 하였다.[28]

이 기록에서 보는 바와 같이 정두원의 이번 연행을 통하여 서양 과학의 산물이 처음으로 또 제일 다양하게 국내에 수입되었다. 이때 역관 이영후李英後는 포르투갈인* 육약한에게 서양의 천문 추산법을 배웠는데, 후래 안정복安鼎福의 《잡동산이雜同散異》에 그들이 질문 왕복한 서한을 수록하여 조선 과학사상 귀중한 기록으로 되어 있다. 또 별패장別牌將 정효길鄭孝吉*은 홍이포 제조법을 습득하고, 중국인 포수砲手 박무길朴武吉을 데리고 귀국하였다.

그 후 인조 14년(1636)에 잠곡潛谷 김육金堉은 북경에 가서 자명종을 목도하였고, 밀양密陽 교장巧匠 유흥발劉興發은 일본 사람에게서 얻은 자명종을 모제模製하기에 성공하였다 하며,[29] 서양 역법은 인조 22년(1644) 김육이 연경에 갔을 때에 서양인 탕약망의 시헌력법時憲曆法에 관한 서적을 사 가지고 돌아와서 관상감관觀象監官 김상범金尙範 등으로 하여금 연구케 한 결과 효종 4년(1653)에 채용되었다.[30] 이 뒤부터 서양 역법에 대한 연구는 일단 성과를 얻었고, 역법의 추산에 의하여 정조 때에 《천세력千歲歷》을 편찬하였다.

그 후에도 연행 사절을 통하여 한역 서양 서적, 과학 및 기술이 끊임없이 수입되었는데, 그중 저명한 실례로는 경종 때에 소재疎齋 이이명李頤命이 연경에 가서 서양인 소림蘇霖*·대진현戴進賢*으로부

---

* 포르투갈인 : 원문의 '이태리인'은 오류. Michael Cooper, Rodrigues the Interpreter: An Early Jesuit in Japan and China. New York: Weatherhill, 1974, p20 참조.
* 《속잡록續雜錄》, 《승정원일기承政院日記》 등에 따라 원문의 '이영준李榮俊'을 '이영후李榮後'로, '정계길鄭季吉'을 '정효길鄭孝吉'로 고쳤다.

터 이마두·애유략艾儒略* 등이 저술한 교리 서적들과 천문 역산 등 서책들을 얻어 가지고 왔으며, 또 소림과 교리에 관한 왕복 서한이 있었다.[31] 영조 41년 담헌 홍대용은 동지사 겸 사은사謝恩使의 연경행을 따라가 서양인 교회를 찾아서 서양 문물을 참관하고 왔으며, 정조 때에 연암 박지원은 또한 북경 서양인 교회를 방문하고 교리·지구地球 내지 양화洋畫에 대한 논평이 있었으며, 정조 7년(1783) 이승훈은 그 아버지 이동욱의 서장관 사행을 따라가서 북경 교회에서 프란체스코파 포르투갈인 선교사 탕사선으로부터 세례를 받고《기하원본幾何原本》,《수리정온數理精蘊》, 망원경, 지평표地平表와 다수의 교리 서적을 얻어 가지고 왔다. 북경 사행에서 공개적으로 서양 교회를 방문하고 서양인의 교리 서적과 기타 과학 기물을 받아 가지고 오는 것은 이승훈의 북경행으로 종지부를 찍게 되었다.

　이상과 같은 사실들에서 북경 사행이 외국 문화와 문물의 수입에 얼마나 중요한 역할을 하였는지 알 수 있으며, 동시에 조선의 18세기—영·정 시대의 신문풍이 어떠한 특징을 지녔는지도 이해할 수 있다.

---

* 소림蘇霖(1656~1736) : 소아르스José Soares. 포르투갈 신부.
* 대진현戴進賢(1680~1746) : 쾨글러Ignatius Kögler. 독일 신부.
* 애유략艾儒略(1582~1649) : 알레니Giulio Aleni. 이탈리아 신부. 소림·대진현·애유략은 모두 예수회 선교사들이었다.

4. 1801년 '사학邪學' 사건과 그 후 사회적 정세

　1801년 '사학' 사건은 순조 원년 신유辛酉 즉 19세기 벽두에 일어난바, 이가환·권철신權哲身·이승훈·정약전·정약용 등 실학 일파와 정약종·홍교만洪敎萬·최창현崔昌顯·류항검柳恒儉·황사영黃嗣永 등 신교자信敎者들에게 가해진 박해 사건이었는데, 이를 '신유사옥辛酉邪獄' 사건이라고 불렀다. 이는 조선 역사상에 처음 보는 사상적 박해며 이조 정치계의 중대한 사변 중 하나였다. 그들이 서양으로부터 전래한 과학과 종교(천주교)에 직간접으로 관계하였던 것은 물론이고, 그들의 영향 아래서 움직이는 군중은 실로 수만에 달하였다. 그러나 그들 중에 혹은 과학을 환영하고 종교는 반대하며 혹은 종교를 열심히 신앙하고 과학에는 그다지 관심하지 않았음에도 불구하고, 당시 반동 정부는 그들에게 일률적으로 사교邪敎 신봉이라는 죄명을 덮어씌워서 일망타진의 참극을 연출하였다.

　당시 반동 정부가 혈안을 부릅뜨고 적극적으로 탄압하는 칼날의 중심 방향이 어디에 있었던가 하면, 이른바 사교 즉 천주교를 신앙하던 자들에게 있지 않고 서양의 과학과 사상을 자기 학문의 요소로 섭취하던 실학 일파에게 있었다. 또 반동 정부가 실학 일파를 원수와 같이 미워하고 두려워한 이유는 실학을 반대하는 학리적인 견지에 있었다기보다도 차라리 실학 일파가 반동 정부 자신들의 종래 정적政敵인 '시파時派' 남인의 우수한 인물들이었다는 데 있었다. 그러므로 이 옥사가 종교 박해를 외관으로 한 격렬한 양반 정쟁政爭의 사건이었음을 간과해서는 안 될 것이다.

　원래 이가환·정약용 등 실학 일파가 대개 초기에는 천주 교리를 연구하고 교회와도 접촉하여 신자로 오인될 수 있었지만, 나중에는 교리를 반대하거나 혹은 그에 대한 흥미를 잃어버렸고 주로 서양의 과학과 기술을 수입 응용할 것을 주장하였으므로, 비록 친척지우 가운데에 신자들이 많았으나 직접 그들 자신이 사교 신봉의 지목을 받을 근거는 없었다. 다만 그들이 정조 부자父子를 보호하던 시파 남인의 계통에 속하였고, 또 정조가 자기의 재위 기간에 인간적으로 정치적으로 깊이 결탁하여 신임하고 기대하며 극력 애호하던 인물들이었으므로, 반대당인 서인 노론 벽파는 자기들이 잡고 있는 궁척宮戚 세력을 이용하여 국왕 정조를 모해하였고, 1800년 정조가 사망한 이듬해 정월부터 10월까지 3회에 걸쳐 시파 남인의 정예분자를 중심으로 하여 학파·교파의 구별이 없이 이른바 사학邪學 처단의 불구덩이에 집어넣었던 것이다. 즉 양이兩李(이가환·이승훈) 삼정三丁(정다산의 삼형제)을 선두로 하여 오석충吳錫忠·이학규李學逵·홍헌영洪獻榮·이기양李基讓·홍낙민洪樂敏·이치훈李致薰(승훈의 아우), 권철신權哲身·권일신權日身 형제 및 황사영黃嗣永 등 일류 신진 인사들이 혹은 피살되고 혹은 유배되어 그 혹독한 화망禍網은 수백 수천의 다수에 미쳤던 것이다.

사학 옥사에 희생된 인사들이 이처럼 많았는데도 불구하고 시파 남인 이외에 저명한 타당他黨 인사로 이 사건에 연루된 자는, 서인 노론 명가의 출신인 김건순金乾淳(김상헌金尙憲의 종손으로 김양행金亮行의 손자) 한 사람뿐이었다. 또 당시 실학을 숭상하고 서양 문물의 수입을 주장하여 사학의 혐의를 받을 수 있는 인사들이 타당에도 없지 않았건만, 사건의 결과에 있어서는 사학의 죄명이 마치 양이 삼정을 중심한 일파의 전유물처럼 표시되었으니, 이를 보더라도 그 옥사의 이면이 어떠하였는지를 잘 알 수 있다.

옥사는 이에 그치지 않고 한 걸음 한 걸음 확대되었다. 벽파僻派의 손에서 조종된 당시 반동 정부는 장헌세자莊獻世子의 아들이요 정조의 서제庶弟인 은언군恩彦君 인祠과 서인 시파의 두령이요 정조의 외조인 홍봉한洪鳳漢의 아들 홍낙임洪樂任을 이 사건에 관련시켜 사교도의 와굴窩窟로 성토하고 사사賜死의 형에 처하였다. 그리고 다음 절차로서 2년 전에 이미 사거死去한 고 영의정 채제공을 사교도의 극력 비호자로 규정하여 관작官爵을 추탈追奪하였고, 문신 윤행임尹行恁을 사학의 체결자締結者(결탁자)로 낙인찍어서 신지도薪智島(전남 강진) 유형 중에 또한 사사케 하였다. 즉 채제공은 시파 남인의 수령으로 정조 평일에 가장 신임하던 대신이고, 윤행임 역시 정조의 학식 있는 신신信臣으로 그의 사후에 벽파와 그의 전권專權을 반대하여 그들의 미움을 받았던 까닭이다.

이 사건으로 말미암아 가혹한 사상 취체(단속)의 그물은 전국 각층에 뻗쳤고, 당시 사상적으로 정치적으로 진보적 경향을 띤 인사들은 거의 다 연루되었다. 이 사건의 일면에 대해서는 천주교회의 사료로부터 인용한 다음의 한 구절이 대체로 설명하고 있다.

기독교가 조선에 들어왔을 때 새 교도의 대부분은 유명한 학자였고 정종正宗(후칭 정조)은 그들을 매우 존경하였으므로 그들의 정치상·종교상의 적대자들이 모두 모해하였음에도 불구하고 국왕은 도저히 그들을 희생시키려는 결심을 할 수 없었다. 그들을 사형에 처하기에 성공한 것은 실로 1800년 정종이 사거한 후와, 또 새로 즉위한 국왕의 미성년 기간이었다. 지금도 오히려 이 초기 개종자들의 과학적·문학적 명성에 끌려서 이교도異敎徒*가 신앙생활에 인도되는 일이 적지 않다.[32]

　요컨대 1801년 대탄압 사건은 대내적으로는 집권당인 서인 노론 벽파가 재야당인 남인 시파를 억압한 것인 동시에 관학파가 실학파를 박해한 것이요, 대외적으로는 국내 봉건주의적 세력이 자본주의적 사상의 국제적 전파를 배척한 것이었다. 18세기를 만조기滿潮期로 하여 발흥하던 신진 사상은 이 사건을 전기로 하여 반半 공개 상태로부터 완전히 지하로 들어가게 되었고, 따라서 그것은 저명한 지식층에서 이탈하여 대부분 무명한 군중 속으로 침전하게 되었다. 그리고 사회적 표면에 남아 있는 실학의 잔영은 어떤 철학적 체계의 이론적 발전이 아니라 흔히는 박식가의 노트와 백과사전식의 표현들이었다. 이와 같은 침체 현상은 '개화' 운동이 일어나기 전까지 즉 19세기 1860년대까지 계속되었다. 그 이유는 첫째로 반동 정부가 인민의 사상·신앙 및 학술의 자유를 극도로 탄압하여 신유옥사 이후에도 천주교도에 대한 헌종憲宗 기해己亥(1839) 학살, 고종高宗 병인丙寅(1866) 학살과 동학교도에 대한 수차 박해가 지식인들에게 절대적인 공포를 주었으며, 둘째로 종래 중국을 통하여 끊임없이 유입되던 서양의 과학 문물이 반동 당파의 강요로 정조 15년(신해, 1791)에 드디어 금지되는 동시에 홍문관에 간직되어 있던 서양 서적을 전부 소각하고, 또 홍수처럼 밀려 들어오던 중국의 패관잡기稗官雜記와 명·청의 문집에까지 금구령禁購令

---

* 원문의 '이 敎徒'는 오기.

을 내리었던바, 이것이 신유사옥 이후 더욱 여행勵行되어 국내 인사들은 대부분 외국의 선진 문화와 서로 절연된 상태에 놓여 있었기 때문이다. 그리하여 조선의 학술계는 (문학계까지도) 새로운 자극과 혁명적인 정열을 거의 잃어버린 듯한 현상을 보이고 있었다.

그러나 인민대중의 편에서는 침체한 상태에 잠겨 있던 지식층의 세계와는 반대로 자연 생장적인 성격이었음에도 불구하고 발전적이며 혁명적인 기세로 충만되었다. 그리하여 조선의 19세기는 농민 봉기의 세기로 나타나고 있었다. 18세기를 지난 이조 봉건 체제는 자기모순의 발전에 따라 그 존재의 위협을 물질적 기초로부터 받고 있었으므로 양반 지주 계급의 정치는 더욱 발악하여 노골적인 강도 집단의 행위를 인민의 면전에서 감행하고 있었다. 이에 대응하는 농민 대중의 불평과 투쟁은 점차 지역적인 제한성을 확대시켜 1군 1읍에서 수개 군의 투쟁으로, 수개 군에서 전도 내지 전국의 투쟁으로 발전되고 있었다. 그 실례로서 순조 4년(1804) 관서關西 인민들이 평양 감영을 자기들의 원부怨府로 인식하고 감사의 청사에 방화하여 전부 소각하였으며, 동왕 11~12년(1811~1812) 홍경래洪景來를 지휘자로 한 폭동은 가산嘉山 다복동多福洞에서 의병을 일으켜 청북淸北* 일대를 휩쓸었으며, 이 폭동의 영향으로 남방 여러 고을에서도 인민이 일어났던바, 그중 제주 인민의 봉기는 전 섬에 확대되었다(1813). 또 동왕 34년(1834) 수년간 흉작을 기회로 하여 경성京城 미상米商들이 개점을 않는 데에 크게 분개한 기민飢民들은 무리로 둔취屯聚하여 미전米廛을 파괴하고 대신大臣

---

* 청북淸北 : 청천강淸川江 북쪽.

을 모욕하였으며, 철종哲宗 13년(1862) 대규모의 농민 봉기인 진주晉州 '우통'*이 있은 후 연달아 익산益山·개령開寧·함평咸平·함흥咸興 각지의 폭동이 있었으며, 19세기 말 1893년 성천成川·강계江界·함종咸從 각지에서 발단한 폭동은 관서 전체에 영향을 주었으며, 이듬해 고부古阜에서 발단한 갑오농민전쟁甲午農民戰爭은 전국에 파급되어 조선 역사상에 획기적인 충동을 주었다. 이리하여 19세기의 인민 투쟁은 18세기와는 다른 특징을 가져왔다.

이와 같은 농민 폭동의 거대한 기세와 발을 맞추어 반동 정부의 연속적인 박해가 있었는데도 불구하고, 각종 신교도信敎徒들은 사상 신앙의 자유를 위하여 중세기적 양반도兩班道와 결사적으로 싸워서 조금도 굴복하지 않고 요원燎原의 형세로 인민 속에서 발전되었다. "착취자들과의 투쟁에서 피착취 계급의 무력함은, 자연과의 투쟁에서 미개인들의 무력함이 신·악마·기적 등에 대한 신앙을 낳는 것과 마찬가지로 보다 좋은 내세에 대한 신앙을 불가피하게 낳는다"[33]고 레닌은 말하였다. 당시 조선 인민의 수많은 신앙자들이 물론 착취자와의 투쟁에서 자기들의 무력함을 고백하였으나, 보다 좋은 내세에 대한 열렬한 신앙은 착취 계급을 반대하고 저주하는 감정과 이상을 도리어 보강하는 일면이 있음을 우리는 간과할 수 없다. 그러므로 당시 그들의 계급적 제약성에 비추어 보아 또한 당연한 현상이었다.

18세기를 지나 19세기 1830년대까지 자기 생애를 걸쳤던 다산 정약용에게는 신유사학옥사辛酉邪學獄事가 도리어 그로 하여금 평

---

* 우통 : 민란. 인민이 '우우'하고 일어났다고 하여 그리 이름한 것이다.

화적이고 합법적인 사상에서 비합법적이고 혁명적인 사상으로 전향케 하였다. 정다산의 풍부한 저작과 진보성 있는 논설들은 대개 유배 생활의 산물이었다. 실학파의 역사 발전에 있어서 정다산 일파의 학설과 사상이 점령하고 있는 지위는 실로 중요하다. 이들의 영향은 직간접으로 인민 속에 잠류하여 19세기 말경의 반봉건적 개화 운동과 농민 전쟁에 이론적·표어적 및 선전적인 목적과 방향을 도와주었다 할 수 있으며, 또 서양을 배우면서 서양을 경계하고 자주 독립적인 입장을 내세우는 애국적인 사상의 전파에 있어서도 선구적인 태도를 보였다.

정조가 죽고 그의 어린 아들 순조가 즉위한 19세기 벽두에 실학파에 대한 대탄압이 개시되었고, 그 뒤 곧 노론 벽파를 밀어낸 외척 김씨(이른바 장동 김씨壯洞金氏*)에 의하여 '세도 정치勢道政治'가 완전히 실시되었으므로 왕권은 더욱 미약해지며, 극소수 귀족의 전제주의는 극도로 포악해졌다. 따라서 이조 양반 정부는 인민의 지지로부터 아주 고립되어 풍전등화의 운명을 보이고 있었다.

당시 정치적 및 사회적 상태에 대하여 다음과 같이 두 개의 풍자화諷刺畫의 설명을 인용하려 한다.

1. 호화로운 의복을 입은 노론이 성대히 차린 식탁에 앉아서 마음껏 가장 맛있는 음식을 먹고 있다. 소론은 그 옆 조금 뒤편에 앉아서 애교 있게 시중하고 아첨하는 대가로 요리를 조

---

* 장동 김씨壯洞金氏 : 장동에 세거한 안동 김씨安東金氏. 장동은 경복궁과 인왕산 사이에 있던 마을인데, 시파 노론계의 김조순金祖淳이 살았다. 그는 순조의 처부妻父로서 벽파 노론의 정권을 밀어내고 장동 김씨의 세도 정치를 개시하였다.

금 얻어먹고 있다. 그 잔치가 자기를 위한 것이 아님을 아는 소북小北은 멀리 떨어져서 얌전한 태도로 앉아 있다. 그(소북)에겐 상기한 두 자(노론과 소론)가 배부르게 먹고 나서야 얼마쯤이라도 찌꺼기가 돌아올 것이다. 끝으로, 남루한 옷을 걸친 남인은 노론의 뒤, 노론 쪽에서는 보이지도 않는 곳에 서서 이를 갈면서 분개하며 분명히 복수를 맹세하는 사람같이 주먹을 내밀고 있다. 2, 30년 전에 발표된 이 풍자화는 현재 각 당파의 각 지위를 정확히 묘사하였다.[34]

2. 왕권은 이론상으로는 지극히 높은 것으로 되어 있으나, 지금 실제로는 매우 약화되어 있다. 대귀족들은 2, 3대의 유명무실한 왕에 대해 여러 번 계속되는 세습적 보필을 이용하여 거의 모든 권력을 장악하였다.* 왕은 보지 못하고 알지 못하며 아무 능력이 없다고 조선 사람들은 말한다. 그들은 현 사회 상태를 다음과 같이 그렸다―머리와 다리는 완전히 위축되었으나 가슴과 배는 곧 터질 듯이 한껏 팽창한 사람의 모양으로 나타내고 있다. 머리는 왕이고 다리와 팔은 인민임을 표시하며 가슴과 배는 위로 왕을 약화 무력케 하고 아래로 인민의 피를 빨아먹는 대관과 귀족을 의미한다. 이 풍자화를 입수한 선교사들은 반란의 요소가 매일 불어가며 점점 압박을 받고 있는 인민들이 자기들을 약탈로 유도하는 어떠한 폭동에라도 귀를 기울이게 되며, 한 점의 불씨가 예측할 수 없는 화재를

* 순조·헌종·철종 3대 60여 년에 걸쳐 안동 김씨·풍양 조씨豊壤趙氏 등 노론 출신의 외척 가문들이 권력을 장악하는 반인민적인 세도 정치가 출현하였다.

확실히 일으키게 될 것이라고 말하고 있다.[35]

　이상 인용한 두 가지 풍자화에 관한 설명은 상당히 흥미 있는 인민적 작품으로서 당시 이조 정부의 부패상과 일반 인민의 양반 정치에 대한 반감을 간명하게 형상화한 귀중한 사료이다. 그 당시 양반 악대들의 값싼 태평곡太平曲 소리에 자기도취하고 있는 동안에 양반 계급의 거동과 운명을 조소·폭로하는 이와 같은 풍자화들은 민중 속에서 창작된 것으로 널리 유행하여 인민의 반양반적인 혁명 사상을 고취하였으며, 또 외국인 선교사의 손을 통하여 유럽 자본주의 여러 나라 사람들의 눈앞에까지 전파되었다.

　그런데 첫째 만화는 1801년 대탄압이 일어난 직후의 작품이었을 것이고, 둘째 만화는 19세기 중엽 즉 정다산이 서거하던(1836) 그 전후의 작품이었을 것이다.

1. 《明谷集》卷20, 疏箚, 陳時務四條箚(戊子), "我國數百年 不行錢貨 故鄕村之人 皆以米布爲貨 春窮之時 貸出米穀於他人以救急 至秋還償 而每十斗 倂息以十五斗爲式 謂之長利 (以此村間無困塡之患 一自行錢以後 貧民當春)出貸必以錢許貸 設令春貸一兩之錢 則以春市直二斗米論 到秋以錢一兩五錢 計捧米穀 而以秋市直五斗論 … 甚者或春貸一兩 而逐朔增息一錢 則秋後至於一兩六七錢 又或債主靳固 不卽出貸 則急於連命 以一兩倍息請貸 則秋後二兩之直 爲十斗米或十五六斗 (如此則)貧殘之民 終歲力作 竭其地之出 以報公私債 其餘幾何 … 一自行錢之後 富者益富 貧者益貧 行錢未滿二十年 而其弊日以益甚 外方之民 皆望其革罷"
　* 최석정의 〈진시무4조차陳時務四條箚〉는 《성호사설星湖僿說》과 《경세유표經世遺表》에도 언급되어 있다.

2. 同上書, "此外行錢之弊 如邑宰之貪饕 吏胥之受賂 盜賊之竊發 種種害民之
端 非止一二 今不能索言矣"

* 최익한은 《명곡집明谷集》 대신에 《동국문헌비고東國文獻備考》 권159,
p123를 참조하였다.

3. 《星湖僿說類選》 卷4下 p40, 人事篇6, 治道門3, 錢害, "農利不過於倍 而
有豐凶之不同 商利雖多 屢患折閱 都不及斂散子母 不勤力而坐致厚利 故
閭巷措大 閉戶算緡 俄致千金 … 春而貸錢 得米不多 而秋而償息 賣穀費廣
駸駸滋長 賣宅輸田 殫窮乃休 故民戶之破落八九 是息錢爲之也 此錢之妨
治也"

* 본서 p223에 따르면, 최익한은 《성호사설유선》(조선고서간행회 편, 1915)
을 참조한 것으로 추정된다. 이에 편자는 그 교열본(정인보 교열, 문광서림,
1929)의 원문을 수록하되, 위의 두 책을 대조 반영하였다.

* 《성호사설유선》은 성호의 제자 순암順菴 안정복安鼎福(1721~1791)이
《성호사설》에서 선별하여 약 1/3로 축약한 책이라 편차가 다르고 자구 첨
삭이 있다. 예를 들어, 위의 인용문은 《성호사설》 권11, 인사문人事門에
실려 있는데, '此錢'이 '此皆錢'으로 되어 있다.

4. 작부作夫·양호養戶·아징丫徵·속무망束無亡 : 100부負가 1결結이고 8결이
1부夫인데, 징세리徵稅吏가 영세한 부負·복卜을 모아서 한 호수戶首를 세워
지세地稅를 징수하는 것을 '작부作夫'라 한다.

《속대전續大典》에 "민결民結을 탈취하고 역가役價를 강제 징수하는 것을
속칭 양호養戶라"고 하였는데, 원래 '양호'란 말은 부호가富豪家가 잔호殘
戶를 비호하여 사적으로 사역하고 공역公役에는 복무하지 않게 하는 것을
이른다.

'아징丫徵'은 '가로무리[葛吾蕪哩]'란 말이다. 예를 들어, 김갑金甲이 8부負
의 전지田地를 이을李乙에게 팔면 그 8부負는 이을에게로 이동되었는데도
김갑의 명의로 여전히 관부官簿에 남아 있어서 그럭저럭하는 동안에 변경
할 수 없게 되고, 판 사람과 산 사람이 다 짐수*를 물어서 일전양세一田兩
稅의 결과를 초래한다. 또 갑향甲鄕의 전지가 그 전부佃夫(경작자)를 따라

을향乙鄕으로 가고, 병리丙里의 전지는 그 지주를 따라 정리丁里로 가서 이동의 기록이 명백하지 않은 탓으로 그만 일전양징一田兩徵이 되고 만다. 이를 '아징'이라 한다.

'속무망束無亡'이란 '탁호托戶' 또는 '추결抽結'이라고도 일컬어진다. 예를 들면, 포흠逋欠을 지고 파산한 아전들이 이속束屬 서원書員과 공모하여 인민의 전결田結을 강탈한 다음 호명戶名을 허위로 만들어서 그것을 어떤 제역촌除役村—즉 읍내邑內, 계방촌契房村(이속의 소속), 점촌店村, 학궁촌學宮村, 서원촌書院村, 역촌驛村, 원촌院村, 사촌寺村,* 창촌倉村, 궁방전촌宮房田村, 둔전촌屯田村, 포촌浦村(포보전浦保錢이 감영監營으로 납입되기 때문), 도촌島村(진보鎭堡 소속), 영촌嶺村(관리 내왕에 가마를 메기 때문), 또 병영兵營·수영水營 소재지의 4리里 등등—어느 적당한 곳에 이록移錄하여 놓고, 해당 촌민을 시켜 현관縣官에게 보고하기를 "이 마을의 아무개 호戶가 올해 전 가족이 사망하였으므로 그 호의 세미稅米를 징수할 데가 없다"고 하면, 현관은 곧이듣고 불쌍히 여겨 연기하여 준다. 이를 기회로 아전은 당해當該 결세미結稅米를 집어먹고 혹은 저치미儲置米라 허위로 기록하여 미봉하는 것이다. 《목민심서牧民心書》〈호전戶典·세법〉 참조.

＊ 짐수 : 부담하는 수량. '부수負數' 또는 '복수卜數'의 이두.

＊ 사촌寺村 : 절마을. 광무본光武本에는 '사하촌寺下村'으로 되어 있다.

5. 黃五,《綠此集》卷2, 策, 三政策, "青山有砲保鬼 地下之骨何朽 朱墨點岳只*丁 腹中之血未凝"

＊ 악지岳只 : 아지阿只. 아기.

6. 《영조실록》권71~2, 26년(1750) 균역조均役條와 《목민심서》병전조兵典條 참조.

7. 《선조실록》권141, 34년(1601) 9월 15일, "竊聞諸道監 兵使所進方物 率皆分定於各邑 而各邑例以十倍之價 分徵於田結 就其一二而言之 則阿多介一坐之價 多至於綿布二百匹 豹皮一張之價 亦至綿布六十匹 其餘諸色*皮物之價 竝皆類此"

＊ 色 : 《실학파와 정다산》원문에는 邑으로 오식되어 있다.

* 이 계사啓辭는 황신黃愼(1560~1617)이 썼는데, 그 전문이 《추포집秋浦集》권1에 <청삼명일방물권감계請三名日方物權減啓>라는 제목으로 수록되어 있다.

8. 《광해군일기(중초본)》권4, 즉위년(1608) 5월 7일, "以各邑進上貢物 爲各司防納人所搪阻 一物之價倍蓰數十百 其弊已痼 而畿甸尤甚 今宜別設一廳 每歲春秋收米於民 每田一結兩等例收八斗 輸納于本廳 本廳視時物價 從優勘定 以其米給防納人 逐時貿納 以絶勺蹬之路 又就十六斗中兩等 各減一斗 給與本邑 爲守令公私供費 又以路傍邑多使客 減給加數 兩收米外 不許一升加徵於民 惟山陵 詔使之役 不拘此限"

9. 《星湖僿說類選(이하 類選)》卷3下 p43, 人事篇4, 治道門1, 決鬱, "今世之人鬱可數 其俗賤才 賢能必退 其風尚閥有庶孽 中路之別 百世而不通名宦 又西北三道枳塞 已四百有餘年 奴婢法嚴 (子孫不齒平人) 域中怨鬱十分居九 又至於今日 黨論公行 三朋五傳 各成部曲 苟一得志 餘悉屛逐 天地何以變化 草木所以不蕃也"

* 《星湖僿說(이하 僿說)》卷16, 人事門에는 '宦'이 '宦'으로, '嚴'이 '嚴禁'으로, '子'가 '其子'로, '怨'이 '之愁'로 되어 있다.

10. 《擇里志》, 卜居總論, 人心, "自辛壬以來 朝廷之上 老少論南人三色 仇怨日深 互以逆名加之 而風聲所及 下至鄕曲 作一戰場 不但婚娶不通 以至於勢不相容 … 自開闢以來 天地間萬國中 人心之乖敗陷溺 直失其常性者 莫如今世朋黨之患 遵是而無改 則其將爲何如世界耶"

11. 同上書, 總論, "人品層級甚多 宗室與士大夫 爲朝廷搢紳之家 下士大夫則爲鄕曲品官 中正功曹之類 下此爲士庶及將校譯官筭員醫官方外閑散人 又下者爲吏胥軍戶良民之屬 下此爲公私賤奴婢矣 自奴婢而京外吏胥爲下人一層也 庶孽及雜色人爲中人一層也 (品官與士大夫同謂之兩班 然品官一層也) 士大夫一層也 士大夫中 又有大家名家之限 名目甚多 交遊不相通 其拘碍捉刺如此"

12. 《與猶堂全書》1集 詩文集 卷9(이하 《全書》I-9로 줄임), 通塞議, "人才之難得也久矣 盡一國之精英而拔擢之 猶懼不足 況棄其八九哉 盡一國之生靈

而培養之 猶懼不興 況廢其八九哉 小民其棄者也 中人其棄者也[我國醫譯律 歷書畫算數者爲中人] 西關北關 其棄者也 (海西松京沁都 其棄者也) 關東湖南 之半 其棄者也 … 北人南人 其不棄而猶棄者也 其不棄之者 唯閥閱數十家 已矣 而其中因事見棄者亦多"

13. 《稗林》卷10, 純祖記事, 辛未(1811) 12月 21日, "朝廷之等棄西土 不異 於棄土 甚至於權門奴婢 見西人 則必曰平漢 其爲西人者 豈不冤抑哉"

* 《여유당전서를 독함》(이하 '여독') pp449~450에는 "朝廷之等棄西土 不 異糞土 甚至於權門奴婢 見西土之人 則必曰平漢 其爲西土者 豈不冤抑哉" 로 되어 있는데, 최익한은 이를 재인용하여 번역한 것이다. 이 원문은 《박 기풍일지朴基豊日誌》에 실려 있다고 한다.

14. 鄭東愈, 《晝永編》卷2, "況其名賢之爲學術也 先以護黨爲道義 以戕伐爲 事業 (以是處心 以是敎人 則其轉輾流毒之弊 當復如何哉) 每見其聲罪人也 必標擧義理之名 構成森嚴之案 嗚呼 孰知義理二字 爲後世殺人之刀斧也哉 思之痛心"

15. 李能和, 《朝鮮基督敎及外交史 上編》, 朝鮮基督敎彰文社, 1928, p32, "唐 太宗貞觀五年에 波斯國蘇魯支ㅣ 以景敎來어늘 勅於京師에 建大秦寺하고 又有郭子儀所鐫景敎流行中國碑頌하니 景敎者는 卽今之基督敎ㅣ 是也라

* 정복보丁福保(1874~1952)의 《불학대사전佛學大辭典》〈말니교末尼敎〉 조에 나오는 내용은 조금 다르다.

"당태종 정관 5년 기사 : 말니화현교末尼火祆敎는 페르시아 초기에 조로 아스터가 창시한 것이다. 당태종의 칙령으로 장안에 대진사를 세웠다(唐 太宗貞觀五年 初波斯國蘇魯支 立末尼火祆敎 敕於京師立大秦寺, 《佛學大辭典》 冊5, 末尼敎, 上海醫學書局, 1922, p819. 면수는 1929년 3판에 따름)."
참고로, 원문의 '소로지蘇魯支'는 조로아스터의 음역이다. 그리고, 중국에 경교를 처음 전한 사람은 '소로지'가 아니라 '하록何祿'이다.

"말리화현이란 것은 페르시아 초기 조로아스터가 화현교火祆敎 수행을 한 것이다. 제자가 중국에 와서 교화하였다. 당 정관 5년에 경교승 하록이 대 궐에 이르러 현교祆敎를 진상하매 칙령으로 장안에 대진사를 세웠다(末尼

火祆 火烟反者 初波斯國 有蘇魯支 行火祆教 弟子來化中國 唐正觀五年 其徒穆護何祿 詣闕進祆教 勅京師建大秦寺,《SAT大正新脩大藏經》, 佛祖統紀)."

또, 당 정관 9년(635)에 아라본阿羅本(Alope)이 전했다는 기록도 보인다. "대진국大秦國에 아라본이라는 덕이 높은 사람이 있는데 … 정관 9년 장안에 이르렀다. … 멀리서 서울까지 와서 경전과 성상을 바치므로 … 곧 장안의 의녕방義寧坊에 대진사를 세우게 하였다(大秦國有上德 曰阿羅本 … 貞觀九祀 至于長安 … 遠將經像 來獻上京 … 卽于京義寧坊 造大秦寺一所, <大秦景教流行中國碑>."

여기에서 '대진국'은 페르시아 또는 동로마 제국이라는 여러 설이 있다.

16. 《全書》I-22, 李雅亭備倭論評, "仁祖 二十二年[甲申] 島酋平義成書契 有云南蠻有耶蘇宗文 出沒於(里菴甫島 其島在)中原朝鮮之間 宗文卽吉伊施端之餘黨 如或漂到 務要窮捕 [卽將此意 具咨兵部]"

17. 李圭景,《五洲衍文長箋散稿》, 經史篇, 斥邪教辨證說, "今日最可憂者 西洋一種邪說 將有漸熾之勢 甚至於乙巳之春 昨年之夏 湖右一帶 幾至家誦戶傳 眞諺翻謄 下及婦孺 自附宗孔氏 引經誣聖 竟毀程朱 易惑難曉 生苦死樂之說 靡然風從 洗浴頌罪 種種作怪 符水蓮教之類也"

* 이 글은 李晩采 撰,《闢衛編》卷2 <進士洪樂安對親策文>에도 보인다.

18. 《맑스·엥겔스집》제12권, <브루노 바우어와 원시 기독교>, 일본 개조사改造社, 1925, pp644~5.

19. 1949년 2월 9일 스탈린 선거 전 연설.

20. 《全書》I-9, 辨謗辭同副承旨疏, "此時原有一種風氣 有能說天文曆象之家 農政水利之器 測量推驗之法者 流俗相傳 指爲該洽 臣方幼眇 竊獨慕此"

21. F.V.콘스탄티노프 외,《역사적 유물론(하)》, 조선로동당출판사, p254.

22. 영조 연표(《실록》,《국조보감國朝寶鑑》,《비변사등록備邊司謄錄》등 참고)

　　1년(1725) : 압슬형壓膝刑 폐지. 3복三覆(3심제) 시행.

　　8년(1732) : 전도주뢰형剪刀周牢刑(가새주리형) 폐지.

　　9년(1733) : 낙형烙刑(단근질) 폐지.

　　10년(1734) :《농가집성》인쇄 배포.

16년(1740) : 경자형黥刺刑(묵형墨刑) 폐지. 포백척 교정較正. 해골선 제조.

20년(1744) : 전가사변율全家徙邊律을 장·유형杖流刑으로 대체.

25년(1749) : 《속병장도설》편찬 간행.

26년(1750) : 균역법 실시. 균역청 설치.

34년(1758) : 유곡鍮斛 제작 배포.

38년(1762) : 《구황촬요》인쇄 배포.

45년(1769) : 《동국문헌비고》편찬 착수

46년(1770) : 측우기 설치. 난장형亂杖刑 폐지.

47년(1771) : 신문고 부활.

50년(1774) : 비공법婢貢法 혁파.

23. 李能和,《朝鮮基督教及外交史 上編》, pp50~1, "入燕使行에 隨伴人員은 名目이 夥多하니 卽以冬至使行言之하면 有上使·副使·書狀官 各一員하고 (以上正使) 堂上官二員, 上通事二員, 質問從事官一員, 押物從事官八員, 押幣從事官三員, 押米從事官二員, 清學新遞兒一員, 醫員一員, 寫字官一員, 畵員一員, 軍官七員(皆使臣自辟名曰子弟軍官亦曰伴倘) 偶語別差一員, 灣上軍官二員하며 此外尙有蔘商及雜色人員하야 尙屬不小하니"

24. 洪大容,《湛軒書》外集 卷9, 燕記, 琉璃廠, "三壁周設懸架爲十數層 牙籤整秩 每套有標紙 量一肆之書 已不下數萬卷 仰面良久 不能遍省其標號 而眼已眩昏矣"

25. 柳得恭,《燕臺再遊錄》, 燕臺錄, "厥初川楚等省 賦繁役重 窮民流而爲盜賊 滿洲大臣 要取功名請剿 調鄉勇討之 一切驅督 繩以峻法 糧餉又不給 鄉勇悉變爲盜賊"

26.《중종실록》권41, 15년(1520) 12월 14일, "通事李碩 以中朝聞見事啓曰 佛朗機國(爲滿剌國所遮欄 自大明開運以來 不通中國 今者)滅滿剌國 來求封 … 其狀貌有類倭人 而衣服之制 飲食之節 不似人道"

27.《芝峰類說》卷2, 諸國部, 外國, "佛浪機國 在暹羅西南海中 乃西洋大國也 其火器號佛浪機 (今兵家用之) 又西洋布極輕細 如蟬翼焉 … 永結利國 … 其俗惟喫麥屑衣皮裘 以舟爲家 四重造船 以鐵片周裹內外 (船上建數十

檣竹) 船尾設生風之機 碇索用鐵鎖數百湊合以成 故雖遇風濤不敗 戰用大
砲 出沒行劫 海中諸國 莫敢相抗 … 萬曆癸卯 (余忝副提學時) 赴京回還使
臣李光庭 權憘 以歐羅巴國輿地圖一件六幅 … 見其圖甚精巧 於西域特詳
以至中國地方曁我東八道 日本六十州 地理遠近大小 纖悉無遺"

* 이수광에게 서양은 섬라暹羅(태국)의 서남쪽 바다였으므로 구라파·영결
리국·불랑기국 등이 오늘날의 유럽·영국·포르투갈 등과 반드시 직결되는
것은 아니다. 배우성, 《조선과 중화》, 돌베개, 2014, pp445~9 볼 것.

28. 《국조보감》 권35, 인조 9년(1631) 7월, "給其他書器列錄於後 治曆緣起
一冊 (天文略一冊) 利瑪竇天文書一冊 遠鏡說一冊 千里鏡說一冊 (職方外
記一冊) 西洋國風俗記一冊 西洋國貢獻神威大鏡疏一冊 天文圖南北極兩幅
天文廣數兩幅 萬里全圖五幅 紅夷砲題本一 千里鏡一部 窺測天文 亦能於
百里外 看望敵陣中細微之物 直銀三四百兩云 日晷觀一坐 定時刻 定四方
定日月之行 自鳴鍾一部 每於十二時自鳴 火砲一部 不用火繩以火石擊之
而火自發 我國鳥銃二放之間 可放四五次捷疾如神 焰焇花卽煮焇之醎土者
紫木花卽綿花之色紫者"

29. 李能和, 《朝鮮基督教及外交史 上編》, p4, "丙子歲에(仁祖十四年) 余(金堉)
亦赴北京ᄒᆞ야 取其鍾見之ᄒᆞ니 … 密陽에 有巧匠劉興發ᄒᆞ야 得日本所買
之鍾ᄒᆞ야 窮思自得運用之妙ᄒᆞ야 發機回轉ᄒᆞ야 十二時에 皆令自擊ᄒᆞ니
… 尤極奇異러라(金堉潛谷筆談)"

*《잠곡선생필담潛谷先生筆談》 필사본(규장본) p21b에는 '赴北京'이 '朝天'
으로 되어 있고, 《오주연문장전산고五洲衍文長箋散稿》 DB <자명종변증설
自鳴鍾辨證說>에는 '日本'이 '倭'로 인용되어 있다. 이능화가 원문을 고친
까닭이 일제의 검열을 의식한 때문인지, 아니면 식민사관에 입각한 때문
인지는 알 수 없다. 하여간 최익한은 이를 모른 채 이능화의 책을 참고하
고서도 인용 표시는 '《潛谷集》 中 潛谷筆談'이라고만 하였다.

30. 同上書 p5, "孝宗四年癸巳(1653)에 始行西洋曆法ᄒᆞ다 先是仁祖二十二年
甲申에 觀象監提調金堉이 奉使入燕ᄒᆞ야 聞西洋人湯若望之時憲曆法이 自
崇禎初始行之ᄒᆞ니 其法이 廻出前代ᄒᆞ고 乃購得其數術諸書而歸ᄒᆞ야 疏請

ᄒ야 使觀象監官金尚範等으로 極力講究ᄒ야 至是十年에 始得其門路러니 會에 金堉이 領監事ᄒ야 乃奏請行之ᄒ니라(國朝寶鑑)"

31. 同上書 p11;《疎齋集》卷19, <與西洋人蘇霖戴進賢>.

32. 이능식·윤지선 역,《조선교회사 서설序說》, 대성출판사, 1947, p87.

《Histoire de l'Église de Corée(조선교회사)》는 그 서언에 씌어 있는 바와 같이, 프랑스외국전도협회 선교사 다블뤼·베르뇌·앵베르·리델 등이 19세기 중엽 조선에 잠입하여 열심히 전교하는 한편, 조선 각지를 순행하며 수집한 조선 천주교 사료와 기타 재료를 파리전도협회의 본부에 보내서, 동 협회의 문인 달레(Charles Dallet)가 편저하고 1874년 파리에서 간행되었다(같은 책, p1).

《조선교회사 서설》은《Histoire de l'Église de Corée》의 서설 부분(전체의 약 1/6)만 번역한 책이다. 본론 부분은 외국 성직자들이 번역하였는데 (1901), 교회 잡지인《보감寶鑑》에 연재된 적이 있다(1906~1910). 위의 인용문은 완역본인《한국천주교회사(상)》(안응렬·최석우 역주, 한국교회사 연구소, 1979) p118에 해당한다.

33.《레닌 전집》러시아어 제4판 제10권 p65.

34. 이능식·윤지선 역,《조선교회사 서설》, 대성출판사, 1947, pp35~6.

＊편자가 위의 책과《한국천주교회사(상)》p54를 참고하여 문맥이 통하도록 '그(소북)에겐', '남인은'이란 말을 추가하고 문장을 조금 다듬었다.

35. 같은 책, p43. ＊《한국천주교회사(상)》p59에 해당.

제4장 류형원·이익 일파의 실학사상

류 형 원

반계磻溪 류형원柳馨遠은 풍부한 지식과 이상으로 조국을 사랑하고 인민을 동정한 학자 가운데 한 사람이었다. 그는 17세기 조선이 낳은 우수한 정치 사상가였다. 그는 이른바 조선 실학파의 창시자였다.

반계는 문화 류씨文化柳氏이며 당시 남인 당계에 속한 양반 가벌家閥이었다. 1622년(광해주 14)에 출생하여 1673년(현종 14)에 52세로 일생을 마쳤다.

그는 재질이 뛰어나서 5세에 이미 산수算數에 통하고 글 읽기를 좋아하며 한 번 읽으면 곧 외울 수 있었다. 10세에 작문을 잘하고 경전과 여러 서적들을 통람通覽하였으나 소년 때부터 과거(문관시험) 보기를 싫어하였으며, 중년에 자기 조부의 강요로 한 번 나가 진사進士(국립대학생)에 합격하였으나 다시는 출세할 뜻이 없었다.

그에게 다음과 같은 일화가 있다. 그가 15세 적에 '병자호란'을 당하여 자기 조부모와 모친과 두 고모를 모시고 피란 가는 도중에 강도들이 산골짝에서 나와 길을 막고 위협하였다. 그는 조금도 당황하지 않고 강도들 앞에 가서 말하기를 "이 세상에 부모 없는 사람은 없을 것이다. 내 부모를 존경할 줄 알면 남의 부모도 존경할 것이다. 당신들은 내 부모를 조금도 놀라게 하지 말고 우리가 휴대한 물건만은 가져가라" 하였다. 어린 소년의 정직하고 대담한 태도에 감복한 그들은 그만 고개를 숙이고 흩어져 가 버렸다.[1]

병자호란의 국치가 있은 후 10년이 못 되어 청나라는 중국을 강점하였다. 당시 무능무력한 조선의 통치 계급인 서인 당파는 국가의 흥망과 인민의 이해를 돌아보지 않고 자기들의 세력 유지에만 광분하고 있었다. 이와 같은 사회 현상에 애국적인 분노를 참을 수 없던 청년 류형원은 그들과 더불어 정계에서 벼슬 경쟁하기를 단념하였다. 그가 일찍이 서울에 있을 때 학식과 인격에 대한 명성이 높아서 사회의 저명한 인사들이 모두 그와 사귀기를 원하였으나, 그는 출세하기를 끝내 싫어하고 자기 고향인 경기도 지평砥平을 떠나 전라북도 부안扶安 우반동愚磻洞에 이주하였다. 그래서 자기 별호를 반계라 하였다.

류형원은 이와 같이 정치 중심지를 버리고 먼 시골 해변 한 벽촌에 와서 초라한 은자의 생활을 하고 있었으나, 불길 같은 정열과 냉철한 관찰력으로 교차된 그의 눈초리는 항상 조국의 운명과 인민의 동향에 머무르고 있었다.

그는 본래 상당한 재산과 논밭을 소유하였으나 자기 생활은 대단히 검소하였고, 당시 양반 토호들이 갖은 꾀를 부려 도피하거나 혹은 비참한 소작인에게 전가시키던 지세地稅 즉 국세는 자기가 솔선하여 제때에 바쳤으며, 식량을 반드시 절약 저축하여 가난한 친척들과 이웃 사람들을 구조하였다.

그는 우반동에 은거한 뒤로 자기의 의장意匠에 의하여 체제가 극히 편리한 큰 배 4~5척을 만들어 자기 집 앞 바다에 띄워 성능을 시험하였고, 매일 수백 리를 달릴 수 있는 준마를 사 길렀으며, 좋은 활과 조총 수십 자루를 구득하여 촌민과 노복奴僕들에게 사격하는 방법을 가르쳐 주고 군사 훈련을 시켰다. 이 때문에 그 후 우반동의 포수가 국내에 유명하였다. 그는 또 중국에 건너가는 해로에 관한 기록과 표풍漂風으로 해외에 갔던 사람들의 견문담을 수집하여 지리에 대한 지식을 풍부히 하였다. 이와 같은 일련의 시도는 과거 '임진', '병자'의 수치에 대한 복수와 외래 침략에 대한 방어책을 준비하는 데 도움을 주려는 것이었다. 국방 대책에 크게 유의한 그는 《기효신서절요紀效新書節要》, 《무경초武經抄》 등 병서를 편술하였다.

*　　　*　　　*

당시 사상계와 문화계를 지배하는 유학이 공리공담과 형식주의에 흘러 인민의 실용 생활에 아무런 이익을 주지 못할 뿐만 아니라, 그 학풍은 지식의 발전을 봉쇄하며 학문의 창의성을 전적으로 억압하였다. 반계는 첫째로 이에 대한 항의를 제출하였다. 그리하여 그는 편협하고 고루한 주자학의 설교주의적 성벽을 깨뜨리고 지식을 널리 구하였다. 그는 17세기 초두부터 수입되기 시작한 서양 과학의 영향을 감수感受한 선구자로서 천문·지리·수학·음악·군사·전술·의학·방역方譯(외국어)에서 문예·도불道佛의 서적들까지 광범히 연구하였고 세계 각국의 산천·도로·풍속 들에도 정통하였다. 그는 국내의 명산·승지勝地를 직접 답사하여 지리에 대한 지식을 넓히고 따라서 《기행일기紀行日記》를 지었으며, 《동국여지승람東國輿地勝覽》이 지리서로는 체계가 미비한 점을 지적하고 《여지지輿地誌》를 새로 지어 우리나라 지리를 상세히 밝혔으며 또 《지리군서地理群書》를 편술하였다.

그는 종래 유교의 성리학을 비판하여 《이기총론理氣總論》, 《경설문답經說問答》 등을 저작하였으며, 또 종래 학자들이 대개 등한시하던 조국의 역사와 언어에 특별한 관심을 가지고 《동사강목조례東史綱目條例》, 《역사동국가고歷史東國可考》와 《정음지남正音指南》 등을 저술하였다.

그는 방대하고 다방면한 저작을 통하여 자기의 광범한 지식과 숭고한 포부를 표시하였다. 그는 번쇄한 스콜라 철학적인 학풍을 증오하고 부패 유약한 양반 유생의 기습氣習을 탈각脫却하고 부국강병을 목적한 경세가적 학술을 창립하려 하였다. 그의 얼굴은 준수하고 키는 크고 성품은 웅장하고 눈빛은 사람을 쏘는 듯하여 얼른 보아도 그가 비상한 수양과 사상의 소유자임을 알 수 있다 하였다.

그는 양반 출신으로 양반을 싫어하고 평민적인 생활을 좋아하였다. 그의 척숙戚叔 민유중閔維重(뒷날 숙종의 처부妻父)이 류형원의 재능을 국왕에게 천거하려 하니, 그는 정색하면서 "아저씨는 나를 아는 사람이 아닌데 어찌 나를 천거하겠는가?" 하고 굳이 사절하였다. 그 뒤에 다른 대관들도 그의 학문이 깊고 효도와 우애가 지극하다는 것으로 벼슬을 주려 하니, 그는 좋아하지 않으면서 "내가 당국當局의 대신들을 모르는데 대신들이 어찌 나를 참으로 알 수 있겠느냐?" 하고 끝내 거절하였다.[2] 다른 사람 같으면 이처럼 좋은 출신의 기회에 두 손을 벌리고 달려들 터인데 그는 어찌하여 그처럼 냉담하였던가. 그것은 일반이 인정할 수 있는 염세주의나 은둔사상에서 나온 행동이 절대로 아니었다. 조국과 인민을 파멸로 인도하는 당시 통치 계급들은 정권 쟁탈을 목적한 당파전을 계속하여 인민의 적개심을 자기들의 지위 유지에 이용하기 위하여 이른바 '존명', '북벌'의 위선적인 간판을 내걸었다. 이와 같이 난잡하고 비열하며 다시 정리할 수 없는 정국에 단순히 자기 개인의 영달을 추구하려고 가담하는 것은 양심 있고 기개 높은 류형원으로서는 절대로 할 수 없는 일이었다. 그 자신이 양반의 자손임에도 불구하고, 양반 사회를 그처럼 내려다보며 양반 정치를 타협할 수 없는 한낱 추잡한 물건으로 미워하였으니, 이것은 바로 그가 당시 양반 제도의 내적 모순을 반영한 비판적 태도이자 실학자의 특징이었다.

그는 끝까지 당시 양반 사회를 지지하지 않은 까닭에 불우한 신세로 자기 일생을 지냈다. 따라서 그의 고상한 재능과 정치적 포부를 참으로 아는 자가 없었고, 다만 자기 선배인 미수眉叟 허목許穆이 그를 치국안민治國安民할 수 있는 대정치가라고 평가하였으며, 박지원의 〈허생전許生傳〉 가운데에 허생이 "류형원은 일국 군대의 식량을 능히 조달할 수 있는 인재로서 속절없이 바닷가에서 늙었다"[3]고 개탄하였다. 그의 사후 18세기에 들어와서 성호 일파의 실학이 발전되면서 반계의 사상과 이론이 계승 발전되고 그의 명성과 영향이 비로소 커졌다.

　류형원의 풍부하고 다방면한 저서들이 대개는 즉시 인쇄되지 못하였고 또 당시 통치 계급과 이른바 '정통파'의 학문에 저촉된 것이 많았던 까닭으로 세상에서 나타나지 못하고 그만 파묻혀 버렸다. 그래서 그의 이론과 학술의 전모에 대하여 구체적으로 고찰할 길이 없는 것은 우리 우수한 문화유산에 적지 않은 손실이다.

　그러나 지금 우리들이 다행히 그의 정치적 사상과 이상을 비교적 개관할 수 있고, 또 그의 후계後繼 실학자들에게 많은 영향을 준 것은 오직 이《반계수록磻溪隧錄》이 당파의 장벽을 뚫고 학자들 간에 널리 읽혀진 까닭이다. 이 저서의 내용이 저자의 최고 이상만이 아닐는지도 모르겠으나, 하여간 그의 당면한 긴급 대책으로서 전제田制·교육·인재선발·관리임명·녹제祿制·병제兵制 및 조폐造幣·통화通貨 등 각 방면에 걸쳐 체계 정연하고 절목이 상세하게 논술되었다. 이 방대한 저서는 오랫동안 초고草稿로 등사 전파되어 있다가 그의 사후 거의 100년 만에 비로소 발간되어 세상에 공개되었다.[4]

　그런데《반계수록》이 저작되던 시기, 즉 17세기 말경의 사회적 환경은 과연 어떠하였던가?

　이조 봉건 사회는 구성에 있어서 왕실·귀족·정부·지방관청·관리·유생·토호 및 서리胥吏를 착취 계급과 그의 복무자로 하고, 영세한 농민·소작인·소상인·수공업자 및 일반 천민을 피착취 계급으로 하여 공연히 혹은 은연히 대립되고 있었다. 이른바 '막비왕토莫非王土'의 불문법적 규정에 의하여 토지는 국왕의 소유라는 표방하에 왕실·귀족·관리·토호들의 사유지로 분배 내지 세습되었고, 피와 땀으로 경작하는 농민들은 대체로 토지의 권리에서 제외된 농노적 상태로 존재하였다. 전국 인구의 대다수는 농민이었고, 또 농민의 대다수는 소작 농민이었다. 그들은 지주들의 소유지에 얽매여 수확물의 절반을 이른바 도조賭租로 지주에게 바치고, 도조 이외에도 여러 가지 형식으로 지주의 초경제적 착취를 당하였다. 또 소작인들은 어떤 지방에서나 지주를 대신하여 중앙정부에 국세 즉 지세를 바치고, 일반 농민들은 지방 특산물인 '공물'과 병역의 대가인 '군포'를 바쳤다. 또 그들은 지방 관청에 여러 가지 납세를 부담하였을 뿐만 아니라 탐관오리와 토호 유생들의 횡포 무법한 착취는 삼중 사중으로 그들을 중압하였다.

특히 임진조국전쟁과 '병자호란'을 겪은 뒤로 농민의 피착취 상태는 더욱 심하였다. 전란으로 인하여 대다수 인민이 유리 감소되었고 경작지는 많은 부분이 황폐되었으며 토지의 경계는 모호하게 되었다. 이처럼 혼란한 틈을 타서 양반 호족들의 토지 강탈은 무제한으로 진행되었고, 그들의 은결隱結·누결漏結의 폐해는 중앙정부의 수입을 격감시켜 재정 곤란이 극도에 이르게 되었다. 그러나 전후 군제 개편에 의한 군사비의 증가와 청국과의 관계에 따른 외교비의 지출로 정부의 재정 궁핍에도 불구하고 일정한 미봉책을 강구하지 않을 수 없었다. 이 미봉책의 재원은 결국 인민의 고혈을 다방면으로 보다 가혹히 짜내는 수밖에 없었다. 농민에게 나날이 가중되어 가는 과세가 복잡해질수록 관리의 농간과 양반 토호의 협잡은 더욱 극심하였다.

이와 같이 극악한 착취 상태에 처해 있는 인민-농민 대중은 자연 발생적으로 착취 계급에 대항하였다. 탐관오리를 방축하고 지주 토호를 살해하며, 부자의 창고를 공개하고 정부의 세금을 탈취하여 빈민을 구제하며, 또한 지주 귀족의 장원에서 탈주하여 착취와 압박이 없는 이상향을 찾아가려 하였다. 《홍길동전》의 활빈당活貧黨 및 율도국硉島國과 〈허생전〉의 변산邊山 '군도群盜' 및 무인도 개척은 모두 반계 시대의 농민 투쟁과 그들의 심리를 여실히 반영한 것이었다.

* * *

《반계수록》의 저자 류형원은 우리나라 농민사회에서 민생 문제의 기본적 해결이, 국내 사유 토지 전부를 무조건 몰수하여 다시 합리적으로 분배함에 있다고 주장하였다. 그의 이론에 의하면, 고대 정전제井田制는 지금 시대에 도저히 실행될 수 없고, 오직 균전제均田制를 내용으로 한 과전제科田制만이 가능하다는 것이다. 이 과전제란 인민이 각자의 사회적 지위에 따라 일정한 토지를 국가에서 받고 그가 사망하면 이를 국가에 환납하는 제도이다.

토지는 옛날 주척周尺 기준으로 사방 6척을 1보步로, 100보를 1묘畝로, 100묘를 1경頃(1만 보로 지금의 약 5천 평)으로, 4경을 1전佃으로 하여 1전 내에 농민 4명이 각각 1경씩 경작하고 조세를 바치고, 1전에서 병사 1명을 내되 농민 4명 중에서 가장 건강한 자가 병역에 복무하여 병농합일의 체제를 실행할 것이다.[5] 이는 일반 농민에 대한 것이다.

그리고 일반 사무원적 신분을 가진 자들에 대해서는 그들의 지위에 따라 토지를 차등 있게 분배한다는 것이다. 유생 중에 하학下學(즉 읍학邑學의 액외생額外生*)은 2경頃을, 상학上學(즉 액내생額內生)은 4경을 받고 병역을 면제하며 직관職官에 있어서는 9품에서 7품까지 6경이요, 그 이상은 체가遞加하여 정2품의 고관에 이르면 12경을 받는다. 실직實職에 있는 동안에는 이 직관전職官田 이외에 직록職祿 즉 봉급을 받고, 실직을 떠나더라도 직관전은 종신토록 회수되지 않는다. 이서吏胥·관복官僕에 대해서도 서울에 있는 자들에게는 봉급을 후히 주고, 지방에 있는 자들에게는 봉급 외에 2명씩 1경의 전지를 주며 병역을 면제한다. 이는 반계가 일반 관리의 박봉(이조 초기 과전科田 및 직전職田이 폐지된 후)과 이서의 무급 제도를 행정 사업의 태업怠業과 착취 및 탐오의 성행에 대한 중요 요인으로 인정한 까닭이었다.

20세 이상의 평민은 한 사람에 해당하는 전지를 받고, 그의 집안에 여러 아들이 있을 경우에는 16세 이상인 자에게 따로 여전餘田을 주고 전지를 받은 자가 사망하면 이를 반환하는 것을 원칙으로 하되, 고독자孤獨者와 유약자幼弱者에게는 그 부친이 받은 전지를 계승하다가 20세가 되면 그에 해당하는 과전을 바꿔 받으며, 처妻만 남은 때에는 구분전口分田을 주되 이는 과전 면적의 절반으로 하며, 공신·청백리·절사자節死者·전사자의 처에게는 금액을 주며, 공인·상인은 농민의 절반에 해당하는 전지를 받으며, 무당·승려·도사들은 전지를 받지 못한다는 것이다.

---

* 액외생額外生 : 정원 외 학생으로 증광생增廣生 또는 외사생外舍生이라고도 하고, 액내생額內生은 정원 내 학생으로 내사생內舍生이라고도 한다.

이와 같은 토지 제도를 실시하려면 선결적 조건으로서 전지를 정확히 측량하여 종래 문란한 토지 경계와 유치한 양전量田 기술을 기화로 한 부호의 농간·협잡을 일소해야 할 것이라고 강조하였다. 그에 의하면 측량관은 반드시 경계를 방형方形으로 고쳐서 측량의 정확성을 기필期必할 것이며, 또 종래 불합리한 양전법인 결부법結負法을 폐지하고 실지 면적을 표준한 양전법을 실시해야 한다고 하였다. 결부법이란 종래 우리나라에 관행하여 온 토지 측량법인데, 토지의 실지 면적을 일정하게 표준하지 않고 토지 품질의 등급에 따라 측량척의 길이를 달리하여 1부負 1결結의 면적을 규정하는 것이다. 예를 들면 척박한 토지 2부 2결은 비옥한 토지 1부 1결과 동일한 것으로 토지대장에 기입하는 동시에 양자의 토지 세액은 또한 동일하게 매기는 것이다. 다시 말하면 해당 토지의 수확 능력과 그에 대한 세율의 대소로 해당 토지 면적의 척도를 규정하는 주관적 방법이 바로 결부법이다. 토지의 자연적 대상을 착취자의 수탈적 견지에서 임의로 규정하는 결부법은 그 이면에 착취의 무한한 비밀과 폐해를 내포하고 있다. 토지의 실지 면적을 기록한 지적도地積圖가 존재할 수 없는 이상, 결부법은 토지의 비옥과 척박의 객관적 근거로부터 도리어 지주 관리의 이기적인 이용물로 귀결되고 말 것이다. 결부를 실지 면적으로 바꾸자는 논의가 이조 세종 때에 제기되었으나 관리들의 반대로 실행되지 못하였다.

반계를 선두로 한 실학파 학자들이 토지 개혁론에서 똑같이 결부법의 폐지를 주장한 것은, 양전법의 기술적 진보만이 아니라 종래 지주들의 무리한 착취의 이면을 폭로한 동시에 농민의 이익을 보장하는 중요한 일면이 있다.

또 그는 전지의 등급을 9등으로 나누고 풍작·흉작의 등급은 3등으로 나누며, 대개 실지 수확량의 15분의 1을 전세 즉 지세로 국가에 바치고 그 외 유명무명 다종다양한 공적 및 사적 부담은 전부 폐지하여, 가렴잡세로부터 농민을 해방할 것을 주장하였다. 그의 계산에 의하면, 농민이 실수확의 15분의 1만을 단일세로 하여 바치더라도 국가의 재정은 이것으로 충분하다는 것이다.

그리고 그가 창안한 토지 제도를 유효하게 운영하려면 땅은 넓고 인구는 희박한 지방과, 인구는 많고 땅은 적은 지방과의 상호 이동을 민활히 실행하여 경지耕地를 조절하며 주민을 고루 배치해야 한다고 그는 주장하였다.

그는 종래 왕실과 중앙 각 관서에 대한 공물 즉 각 지방 특산의 현물 공납을 전부 폐지하고, 왕실과 중앙 각 관서가 필요로 하는 물품에 대해서는 농산물의 15분의 1의 경상經常 국세 중에서 지출하여 시장에 나오는 상품을 직접 사서 쓸 것이라고 하였다. 이는 저 유명한 대동법이 다종다양한 현물 공납을 쌀이나 베의 대납으로 단순화시킨 것에 비해서도 말할 수 없을 정도로 훨씬 더 인민의 이익을 옹호한 것이었다. 왜냐하면 대동법은 공물의 존재를 전제로 한 반면에 반계는 공물의 어떠한 형식도 전부 폐지할 것을 주장하였기 때문이다. 또 그는 왕실과 중앙 각 관서의 비용은 예산 긴축과 함께 예산 한도를 엄격히 지켜야 할 것이라고 주장하였다. 그의 왕실 재정 개혁안에 의하면 인민 착취의 대본영인 내수사內需司를 폐지하고 그 소속 재산은 인민에게 반환하며 국왕은 대신大臣 봉록의 10배에 해당하는 예산만으로 생활해야 한다고 하였다.

　　　　*　　　*　　　*

　그는 환자법還上法의 폐지를 주장하였다. 환자법이란 본래 정부가 춘궁기에 농량農糧과 종자로 농민에게 국고 저장 곡물을 꾸어주었다가 추수기에 이르러 회수하는 것이니, 바로 고구려의 진대법賑貸法이다. 그것은 삼국·고려·이조를 통하여 계속 실행되어 왔으나, 특히 이조 중기에 이르러서는 본래의 의의를 전연 상실하고 다만 정부의 중요한 착취 수단과 탐관오리의 유일한 기화奇貨로 전화되어, 인민의 의사 여하를 불문하고 일반적으로 강제 대부하며 강제 회수하되, 대여의 일정량에다가 몇 배나 되는 기괴하고 다양한 고율 이자를 첨부하여 회수하므로 환자법은 당시 인민에게 제일 고통스러운 중압이었다. 반계는 이를 전적으로 폐지하고 상평법常平法을 합리적으로 실행할 것을 주장하였다.

　상평법은 원래 미곡 조절 정책으로서 춘궁기나 혹은 어떤 때에 곡물이 부족하여 곡가가 등귀騰貴하면 국고의 곡물을 저렴한 값으로 발매하여 일반 인민의 식량 결핍을 완화시키고 곡가를 저락시키며, 추수기나 혹은 어떤 때에 곡가가 떨어지면 정부는 비싼 값으로 민간의 곡물을 매수하여 식량 낭비를 방지하고 농민의 구매력을 제고시키는 방법이다. 이 법은 간상奸商들이 인민 생활을 침해하고 시장을 농단하는 폐단을 금지하고 물가의 평형을 항상 보장하므로 '상평'의 명칭이 있게 된 것이다. 그러나 반계는 상평법을 실시할 적에도 민간과 시장에 대하여 정치적 강제 수단을 취하지 말고 순전히 경제적 방법으로 진행해야 할 것이라고 주장하였다.

　반계는 농민 문제와 함께 병역 문제에 관한 개혁안으로 군포법을 폐지할 것을 주장하였다. 한 농부가 1경의 공전公田(국유지)을 경작하여 15분의 1의 단일세를 국가에 바친 이외에 4경을 단위로 한 4명의 농부가 1명의 병역을 부담할 뿐이고, 기타 일체 부담은 전부 폐지해야 한다는 것이다. 원래 이조 병역 제도는 특수한 일부 양반을 제외하고는 전 국민이 다 같이 일정한 호수戶首·보인保人의 조직 밑에서 병역을 부담하였던 것이나, 이는 한낱 규정이었고 반드시 그대로 실행되었던 것은 아니었으며, 임진조국전쟁 이전부터 병제의 부패로 인하여 병역 적령자들이 입영되는 대신에 매년 매인이 면포棉布 2필씩을 국가에 바치게 되었으니, 이것이 이른바 군포이다. 병역의 대가가 면포이기 때문에 면포에 '보병步兵', '여정餘丁'의 명칭까지 붙게 되었다. 유명무실한 병역의 인원수가 늘어가면 그만큼 정부의 면포 수입이 늘어 가는 것이나, 그것은 양반 호족과 부민들은 전부 병역에서 면제되고 오직 빈곤하거나 천대받는 인민들만이 과중한 군포를 부담할 뿐이었다. 그러므로 반계의 군포 폐지론은 당시 인민들에게는 거대한 이익의 옹호였던 셈이다.

반계는 전지의 국유를 주장할 뿐만 아니라 산림 초원까지도 일체 국유지로 하여 인민이 자유로이 사용할 것을 주장하였다. 또 그는 산림의 부근에 위치한 과실나무밭·뽕나무밭·닥나무밭·옻나무밭·대밭 같은 특산물을 장려하기 위하여 그들 경영에는 일체 면세할 것을 주장하였다.

그는 각종 수공업자와 행상·좌상 등 상인들에게 가한 종래 봉건적 착취와 억압을 반대하고 그들의 기술적·경제적 발전을 촉진시키기 위하여 극히 가벼운 세금을 징수할 것을 주장하였다. 또 어선·

상선에 대해서도 일정한 가벼운 세를 물게 하고 종래의 파괴적인 징세는 폐지할 것을 주장하였다.

이상의 서술에서 《반계수록》이 민생 문제의 가장 중요한 부분에 대하여 취한 개혁안의 태도를 우리는 이해할 수 있을 것이다. 이상의 개혁안들 이외에도 교선제敎選制·임관제任官制·녹제祿制·병제兵制에 관한 상세한 개혁론들이 있는데, 그의 진보적 태도는 일관되어 있다.

*　　　*　　　*

반계의 우수한 계승자인 성호는 반계의 개혁론에 대하여 다음과 같이 말하였다.

> 아조我朝(이조) 건국 이래 수백 년 동안에 시무時務를 아는 학자는 오직 이율곡과 류반계 두 사람뿐이다. 율곡의 주장은 그 시대에 대부분 실현할 수 있는 것이고, 반계에 있어서는 근본적으로 일제히 혁신하여 이상 정치를 창설하려 하였으니, 그 뜻이 참으로 크다.[6]

성호의 반계에 대한 이와 같은 논평은 결코 과장이 아닌 적절한 평가일 것이다. 반계는 당시 이데올로기 세계를 지도하는 유교 도학자들이 수신제가修身齊家와 치심양성治心養性을 사회 개선의 근간으로 삼는 교조적 관념론과는 방법을 달리하여 일국의 경제적·정치적 개혁으로써 사회와 개인의 생활을 향상시키려 하였고, 또 경제적·정치적 개혁에서도 토지 개혁을 모든 개혁의 기본으로 인정하였다. 그의 개혁론에 의하면 토지는 국유를 원칙으로 하여 사유와 매매를 일절 금지할 것이고, 현재 국내 대부분의 사유지를 단연코 몰수하여 일정한 공전의 법규로써 이를 적당히 분배 경작케 할 따름이란 것이다.

그는 말하기를 "나라를 다스리는 데 공전을 실시하지 않고 공거貢擧*를 실행하지 않으면 모든 것이 해결되지 않을 것이다. 공전이 한 번 실시되면 모든 제도가 순조롭게 진행되어 빈부의 차별이 저절로 정리되고 호구戶口가 스스로 밝혀지며 군인의 대오가 스스로 바로잡힐 것이니, 이러한 다음에 교화를 실행할 수 있고 예악을 일으킬 수 있을 것이다"[7]고 하였다. 그는 이와 같이 정치 개혁을 그 사회의 물질적 토대의 개조로부터 출발시켰고, 따라서 빈부 차별과 도덕·교화 및 제도 일체의 원천이 경제적 조직에 있다는 것을 인식함으로써 자기의 실학적 특징을 선명히 표시하였다.

그러나 그의 기본적 개혁안인 과전제에서 농자와 비농자가 모두 토지를 받는 것이라든지, 유생과 직관職官에게 토지를 주고 또 농부보다 훨씬 더 많이 주어 일정한 범위 내에서 농민을 착취할 것을 공인한 것이라든지는, 그의 개혁 사상의 본질적인 한계를 스스로 고백한 것이었다. 그의 개혁 방법은 주로 위정자의 자각에 기대하였고, 봉건 지주 계급을 반대하여 일어나는 농민 투쟁에 대해서는 아무런 호소와 가담이 없었다. 이는 그의 개혁 사상이 농민의 이익을 주로 하는 입장에 튼튼히 서지 못하고, 봉건 지배 계급의 이성적 생활과 도의적 절제력을 아울러 고려하였다는 그의

* 공거貢擧 : 인재를 지방에서 선발해 올리는 것.

양면성을 말하는 것이다.

그러나 어쨌든 그가 토지를 지주 귀족의 강점과 겸병으로부터 몰수하여 국가 공유의 기초 위에서 분배와 회수를 실시하려 한 것은 또한 중대한 개혁안이 아닐 수 없다. 동일한 과전이란 명칭을 사용하였으나, 고려 말 이조 초에 이성계 일파가 실시한 과전제는 고려 귀족과 사원의 세습 전지를 몰수하여 새로 나선 이조 지지파의 관료들에게 재분배한 데 불과한 것이었다. 하지만 《반계수록》에 논술된 과전제는 일반 관료와 지주의 사유 토지를 몰수하여 일반 인민과 소수의 관직자들에게 분배하려는 것이므로 양자의 내용은 같지 않다.

그의 개혁안은 이조 봉건 경제 제도의 모순에 대한 전면적인 비판이었다. 과전과 전전제佃田制를 비롯하여 공물·환자·군포의 폐지에서 내수사의 폐지와 국왕의 봉록제 및 왕실 예산의 확립, 일반 상공업자의 자유 발전의 조장, 교육 선거 및 병제의 개편에 이르기까지 실로 거대한 체계를 고안하였다. 그는 봉건 제도가 쇠퇴하여 가는 현세現勢를 만회하려는 의도, 즉 일종의 복구주의에 국한되어 있지 않고 농민 생활의 향상과 시민 계급의 성장을 촉진할 수 있는 보다 새로운 사회와, 또 어떠한 외적의 침략에도 능히 자주 독립을 유지할 수 있는 부강한 국가를 이상하였다. 그리고 그는 조국의 역사·지리·언어·문학 및 철학에 대해서도 특별한 관심을 환기하였다. 그의 진보적이고 민족 자각적 사상의 경향은 18~19세기 이익·정약용·박지원·박제가 등 실학자들에 의하여 계승 발전되었으며, 오늘날 우리 조국의 우수한 문화유산의 보물고에서 귀중한 지위를 차지하고 있다.

이 익

　조선의 실학은 17세기 하반기의 반계磻溪에서 창시되어 18세기 상반기의 성호星湖에 이르러 발전된 형태를 갖게 되었다.

　성호 이익李瀷은 여주 이씨驪州李氏며 대사헌大司憲 이하진李夏鎭의 막내아들이었다. 자기 아버지의 유배 관계로 1681년(숙종 7) 평안도 벽동군碧潼郡에서 출생하였고, 경기도 광주廣州 첨성촌瞻星村*에서 일생을 거주하며 별호를 성호라고 하였다. 1763년(영조 39)에 그는 83세의 고령으로 서거하였다.

　성호는 남인 당계에 속한 저명한 가문의 자제로 어릴 때부터 유교 학문을 공부하였으며, 본래 총명이 남보다 뛰어난 데다가 글 읽기를 좋아하고 서적을 박람하고 작문을 잘하였다.

　그의 중형仲兄 섬계剡溪 이잠李潛은 학문이 우수한 청년으로서 숙종 32년(1706)에 서인 노론 당파의 맹장들인 김춘택金春澤·이이명李頤命 등이 세자(장래 경종)를 모해하려는 것을 탄핵하여 국왕에게 상소한 까닭으로 반대당에게 살해되었다. 본래 출세의 뜻이 없던 성호는 이 사건이 있은 뒤로는 더욱 벼슬을 단념하고 학문을 전공하기로 결심하였다.

　그의 학문은 유교 경전에 국한되지 않고 천문·지리·경제·군사·문학의 광범한 영역에 걸쳤으며, 조국의 역사·지리·제도·풍속의 연구에 특별한 관심을 가진 동시에, 당시 중국을 통하여 들어오는 서양의 자연과학과 천주교리 서적들에 대해서도 깊이 연구 비판하였다.

---

* 첨성촌瞻星村 : 현 안산시 상록구 일동(첨성길).

그의 학설은 비록 관학계의 배척을 받았으나, 당시 학문의 새로운 기풍을 탐구하는 신진학자들이 그의 문하에 다수 모여들어서 성호의 명성은 국내에 높아졌다.

그는 체질이 건강하고 풍신이 고결하고 눈이 광채 있고 수염이 길게 드리워 얼른 보기에도 수양과 인격이 높은 학자로 보였다 한다. 그는 학문 연구 사업에 규율이 엄밀하고 권태를 몰랐으며 항상 정숙한 태도로 서책을 대하였고, 사색하는 도중에 얻은 바가 있으면 언제든지 필기하여 두었으므로 그의 저작은 실로 다방면하고 방대하였다. 그는 자기 제자와 친구를 대할 적에는 겸손한 어조로 토론하고 문답하기를 좋아하였으며, 농촌에 거주하는 동안에 항상 농민 생활에 대한 연구를 통하여 당시 경제 제도의 불합리한 점들을 발견하고, 발견하면 반드시 비판을 가하여 자기의 개혁적 사상을 논술하였다.

그가 47세(영조 3) 때 국왕이 재야의 유학자를 예우한다는 명목으로 선공감 가감역繕工監假監役*이란 벼슬을 주었으나, 그는 출사하지 않았다. 그가 별세하던 해에 연로자를 우대하는 통례通例에 의하여 첨지중추부사僉知中樞府事라는 직함을 받았으나, 그는 일생을 한낱 포의한사布衣寒士로 마쳤다.

그의 학문과 사상이 관학계의 환영을 받지 못하였을 뿐만 아니라 그의 아버지를 유배시키고 그의 중형을 살해하며 또 후일 1801년 실학 대탄압 사건(이른바 신유사옥)에 그의 종손자從孫子 이가환을 '사교邪敎'의 주범으로 몰아 죽인 정적政敵인 서인 노론 당파가 정

---

* 선공감 가감역繕工監假監役 : 궁궐과 관청의 건축·수리 공사를 관장하는 선공감의 종9품 임시직.

권을 잡고 있는 이상, 그의 생전 사후에 관계官界의 혜택은 있을 수 없었던 것이다. 그의 사후 거의 100년 만에(고종 4, 1866. 양이침범洋夷侵犯이 있던 이듬해) 당시 집정자 대원군이 사색 병용四色倂用한다는 표방하에 우의정 류후조柳厚祚(남인계)의 건의에 의하여 성호에게 이조판서의 증직을 주어 일부 사류의 여론에 영합하려 하였다. 그러나 성호 학문의 전통은 개화 운동의 발전과 함께 점차 빛나게 되었다.

*　　　*　　　*

성호의 저서와 논문은 실로 방대하다. 후래 그의 우수한 학도 정다산의 말에 의하면, "성호의 유집이 거의 100권이나 된다. 우리들이 능히 천지가 크고 일월이 밝은 것을 알게 된 것은 모두 이 선생의 힘이다"[8]고 하였으니, 그 저작의 양과 질이 어떠하였는지 짐작할 수 있다. 그러나 그의 유집은 역시 시국에 기휘忌諱된 바가 많은 관계로 세상에 공포公布되지 못한 채로 남아 있다가 20세기에 들어와서 그 간행에 대한 학계의 요망이 높았었고, 일제 강점이 있은 뒤에 경상남도의 일부 고루한 유생들이 그 유집 중에서 참신한 학설의 부분은 거의 전부 빼놓고 《퇴계문집》의 체계를 모방한다고 하여 유교 경전 해설과 예설禮說 같은 의의가 적은 부문만을 주로 편집 간행하였다.* 그러므로 현행 《성호선생문집》을

---

* 1917년 허전許傳(1797~1886)의 문인들이 밀양密陽 부북면府北面 퇴로리退老里에서 《성호선생문집》을 축소 간행한 일을 가리킨다. 이 퇴로리본은 이남규李南珪(1855~1907) 등이 《퇴계집退溪集》, 《대산집大山集》의 예에 따라 '이병휴李秉休본(1774)' 원집 70권을 50권으로 산정刪定한 것이다.

가지고 성호 학설의 전모로 인정한다면 이는 적지 않은 착오일 것이다. 연구가의 참고를 바란다.

성호의 저서로는 저 문집보다 조금 먼저 서울의 서점상이 간행한 《사설유선僿說類選》 10권 2책이 유명하다.* 그러나 이 저서는 한 전문專門의 체계적인 저작이 아니고, 성호 자신이 언명한 바와 같이 그가 수십 년 동안 글을 읽거나 남과 문답하거나 혹은 연구하는 기회에 자기의 견해와 소감들을 단편적으로 기록해 놓은 하나의 노트이다. 천지天地·인사人事·경사經史·만물萬物·시문時文의 5대 편목編目 아래 21부문部門, 130여 항목으로 세분하여 광범한 영역에 걸친 일종의 백과사전식이다.

이 백과사전식의 작풍은 실학의 선구자인 지봉 이수광의 노작인 《지봉유설》을 필두로 삼을 수 있다. 이는 연구와 지식이 편협하고 고루한 동굴로부터 해방되어 광범하고 전망적인 시야로 발전하는 경향을 증시證示하는 것이다.

그러나 이 《사설유선》은 성호의 수십 년 동안의 노트이고, 대개는 그의 초년·중년의 견해였으므로 그의 최후의 견해와 서로 어긋난 점이 없지 않을 것이며, 또 그 여러 제목으로 분류한 것과 원저에서 거의 절반* 분량으로 취사 선발한 것은 그의 제자 순암順菴 안정복安鼎福의 손으로 이루어졌으므로 성호의 초년과 만년의 기록이 시간 순서대로 편찬되어 있지 않고, 따라서 그의 사상 발전의 과정을 이제 찾아보기가 곤란하다. 뿐만 아니라 그 당시 세상에 전

* 1915년 조선고서간행회에서 펴낸 《성호사설유선》(상·하)을 말한다.
* 《성호사설》(이돈형李暾衡 소장 필사본)은 3,008항이고, 《성호사설유선》(규장본)은 1,368항이다. 심경호, 〈성호의 사설과 지식 구축 방식(1)〉, 《민족문화》 49집(2017), 고전번역원, p144 참조.

파멸 것을 예상하고 이를 분류 선발하였으며, 또 안정복은 정다산 등 신진학자들의 논조에 의하면 성호 학도의 우파를 대표한 사람이었으므로 본서의 비합법적 부분과 크게 말썽 될 이론은 대개 삭제되었을 터이다. 금후 성호의 사상과 학설을 연구하는 사람들에게 이러한 사정이 참고되어야 할 것이다.

그러나 성호의 저작 전부를 얻어 볼 수 없는 오늘의 형편에서* 그의 진보적인 사상과 학설을 연구하는 데는 그의 문집보다 이 《사설유선》이 보다 더 가치 있는 저작이란 것을 단언할 수 있다.

*   *   *

성호 시대에 있어서 유학, 특히 주자학의 우상적 권위는 극도에 달하였다. 주자의 학설에 조금만 배치되는 흔적이 보이면 곧 '사문난적斯文亂賊'이란 죄명을 덮어씌워 지위와 명예뿐만 아니라 심지어 생명까지 빼앗아 버린 실례가 드물지 않았다. 그 혹독한 정도는 마치 유럽 중세기 종교재판과 비스름한 것이었다. 이러한 사태는 학문 자체의 논쟁을 위한 것보다 주로 정권 쟁탈을 위한 양반 당파전에 의하여 격화되었다. 학문의 자유가 이처럼 억압된 분위기 속에서 학자들의 창조적 기백은 마비 상태에 빠졌다. 이도 마치 유럽 중세기 내지 말기에 교회의 세력과 아리스토텔레스의 전통적 학설

---

* 최익한의 참고 문헌에는 《성호사설유선》과 《성호전집》만 나오고, 《성호사설》은 나오지 않는다. 하지만 그는 '제4장 류형원·이익 일파의 실학사상'에서 《성호사설》에만 들어 있는 〈한민명전限民名田〉과 〈육두六蠹〉의 내용을 자세히 적고 있다. 한편 1960년 북한의 사회과학원 역사연구소가 간행한 정진석·정성철·김창원의 《조선철학사(상)》 pp193~203(1988년 남한의 이론과 현실사 복간본)에도 《성호사설》이 20여 회 인용되어 있는데, 실은 《성호사설유선》과 《성호전집》을 참조한 것이다.

의 권위 밑에서는 신학자나 철학자들이 성경과 고서에 대하여 일자일구를 감히 비난하지 못한 것과 유사하였다.

이와 같은 학문적 억압과 사상의 부자유를 통절히 개탄한 성호는 일찍이 주자의 경전 주석 중에서 발견한 오자의 예를 들면서 말하기를, "지금 학자들은 주자의 주해에 대하여 다만 한 글자라도 의심하면 그만 망발이라 하고, 참고 대조만 하여도 그만 범죄라고 한다. 주자의 문구에도 오히려 이러하거늘 하물며 고대 경전에랴! 이러하면 우리나라 학문은 고루하고 무식함을 벗어날 수 없을 것이다"[9]고 하여 당시 독경주의자讀經主義者들이 창조적 학풍을 억압하는 보수주의를 비난하였다.

또 그는 송나라의 유명한 학자 윤화정尹和靖*이 "경전을 읽을 때에 신기한 것을 좋아하면 위험하다"[10]고 한 말을 반대하여 학자의 첨예한 분석과 창발적 견해가 학문의 발전에 절대 필요하다는 것을 강조하였다. 그는 자기 견해를 옳다고 인정하면 반드시 제기하여 기록해 두거나 자기 제자들의 토론에 부쳐 연마錬磨를 구하였다. 그는 새로운 서적을 국내외에 널리 구득하여 자기의 지식을 발전시켰다.

그는 명말청초부터 중국에 들어온 서양인 천주교사天主敎士들의 저서와 그들이 포교의 미끼로 소개한 자연과학 특히 천문·수학·지리·생리학 등에 대하여 연구를 가하였다. 그는 탕약망湯若望(Adam Schall)의 《주제군징主制群徵》과 양마락陽瑪諾(Emmanuel Dias)의 《천문략天問略》, 애유략艾儒略(Giulio Aleni)의 《직방외기職方外紀》, 웅삼발

---

* 윤화정尹和靖(1071~1142) : 북송의 학자 윤돈尹焞으로 자는 언명彦明, 호는 화정. 정이程頤의 문인인데 박람博覽보다는 내성함양內省涵養을 중시하였다.

熊三拔(Sabatino de Ursis)의 《태서수법泰西水法》 등의 책을 읽고, 일구日球·월구月球·지구地球의 대소 및 도수에 관한 학설과 은하성광설銀河星光說,* 종동천宗動天,* 지심地心,* 공기와 지진 등의 여러 설에 찬동하였으며, 지동설은 코페르니쿠스의 태양중심설이 그때 아직 동방에 소개되지 않았으므로 문제에 오르지 않았으나, 대지가 구형球形인 것과 지구의 상하 표면에 인류가 산재散在한 것을 인정하고 종래 유행하는 천원지방天圓地方, 대지중심론은 학리적 근거가 없는 망견인 것으로 간파하였다.

성호의 이와 같은 자연과학적 견해는 그 시대 낡은 전통과 보수적인 이데올로기 체계를 부수고 그의 새로운 세계관과 보다 넓은 시야를 준비하는 데 가장 중대한 요소로 되었던 것이다.

그는 서양 의술의 정확과 뇌의 각성을 인정하고 종래 동양 의술의 심장주재설心臟主宰說을 의심하였으며, 서양 수학의 정밀성에 찬동하고 서광계徐光啓의 〈기하원본잡의幾何原本雜議〉*에 "수학은 능히 학리자學理者로 하여금 그 부기浮氣를 버리고 정심精心을 단련케 하며 학사자學事者로 하여금 그 정법定法을 응용하여 그 교사巧思를 발휘케 한다"[11]는 구절을 극히 칭도稱道하여 수학 연구의 중요한 의의를 강조하였고, 서양 화법에 대해서도 원근 배경의 장점을 지

---

* 은하성광설銀河星光說 : 은하수는 뭇별들이 모여서 빛난다는 설. 《성호사설(이하 '사설')》 권1 〈수간미곤首艮尾坤〉에 《천문략》을 인용하기를, "은하수라는 것은 작은 별들이 총총히 모여 있으므로 그 빛이 드밝아 서로 이어져 마치 흰 비단과 같다 (天文略云 所謂天河者小星稠密 故其體光顯相連若白練)"고 하였다.
* 종동천宗動天 : 12중천重天의 하나로 지구의 자전에서 형성되는 남극·북극·적도를 싣는 하늘. 《천문략》 〈天有幾重及七政本位〉; 《사설》 권1 〈9중천〉.
* 지심地心 : 지구의 기하학적 중심. 《사설》 권2 〈지구〉.
* 기하원본잡의幾何原本雜議 : 원문의 '《기하원본》 서문'은 오류. 최익한이 참고한 이능화의 《조선기독교급외교사·상편》 p21에도 잘못되어 있다.

적하였다. 또 그는 특히 서양 화기—조취총鳥嘴銃·불랑기佛狼機·홍이포紅夷砲 및 '대전大箭' 자모탄子母彈 같은 것 등—에 대하여 연구를 가하려는 동시에 우리나라 국방 책임을 맡은 자들이 무기의 제조와 사용에 관한 유의留意가 전연 없다고 개탄하였다. 그는 기술과 과학에서 뒤에 나오는 것이 더욱 공교하다는 점을 고조하여 기술의 보수주의를 배격하고 인지人智의 진화를 인정하였다.

그는 서양 과학과 기술에 대하여 이와 같이 적극적으로 섭취하자고 주장한 반면에 그들의 종교에 관해서는 어떠한 태도를 취하였던가? 그는 자기 논문 〈천주실의 발문跋天主實義〉에 다음과 같이 논평하였다.

《천주실의》는 이마두利瑪竇가 저술한 것이다. (……) 그 학學이 오로지 천주天主를 숭배하였으니 천주란 유교의 상제上帝에 해당하며, 그 경건하게 섬기고 두려워하고 신앙하기를 불교도가 석가모니에게 하듯 한다. 천당과 지옥으로 권장하고 징계하며, 두루 돌아다니면서 인도하고 교화하는 것을 예수라 하니, 예수란 서방국의 구세주를 일컫는다. (……) 예수 기원 1603년에 이마두가 중국에 와서 (……) 중국어를 익히고 중국 책을 읽었다. 저서가 수십 종이나 되었는데, 천문·지리와 수학·역법의 정묘함은 중국에 일찍이 없었던 것이다. 저 머나먼 외국인으로서 바다를 건너와 중국의 학사·대부學士大夫와 교유하매 그들 모두가 깍듯이 예우하여 선생이라고 받들었으니, 그도 또한 호걸스러운 인사였다. 그러나 그가 불교를 배척한 것이 철저하나, 자기의 천주교도 결국 불교와 똑같이 환망幻妄

한 데로 귀착된 것을 깨닫지는 못하였다.[12]

또 그는 자기 노작勞作《사설유선》에서 서양인 천주교 전도사 방적아龐迪我*의《칠극七克》에 대하여 "조목條目이 차서次序가 있고 비유는 절실하여 우리 유학자들이 발명하지 못한 것이 더러 있으니, 이는 극기 공부에 도움이 크다. (……) 다만 천주와 귀신의 설명으로 뒤섞어 놓은 것은 해괴하다. 만일 불순한 부분을 제거하고 정당한 논지만을 채택한다면 유학과 동일할 것이다"[13]고 하였다.

이 간단한 실례를 보더라도 성호의 학문적 비판력이 얼마나 강한지 알 수 있다. 천주교도들은 승려의 옷을 입고 서양 상업자본의 앞잡이로 왔다는 것, 천주교회가 그 본토에서는 자연과학의 발전을 적대시함에도 불구하고 자기 교회의 전능을 가장假裝하기 위하여 동양에 와서는 약간의 과학과 기술을 전파하는 것, 또 중국에 와서는 그들이 자기 교회의 수양 이론을 될 수 있는 대로 유교의 그것에 합치시켜서 중국 사람의 환심을 사려는 것—이 몇 가지 그들의 교묘한 전술적 내막에 대해서는 서양 사정에 생소한 성호로서는 갑자기 변별할 수 없었으나, 그들이 내놓은 구체적인 사실들에 대해서는 인민 생활에 필요한 과학과 기술은 전폭적으로 접수하고, 미신과 환망으로 근간을 삼은 그들의 교리 즉 귀신설·천당 등 설교는 일고의 가치도 없는 것으로 단정하였다. 이는 성호 이하 홍담헌·박연암·정다산 등 여러 학자들에게도 일관된 사상적 태도였다.

---

* 방적아龐迪我(1571~1618) : 판토하Diego de Pantoja. 에스파냐 출신의 예수회 선교사.

그리하여 르네상스 이래 서구의 새로운 과학자와 철학자들의 타격을 받은 천주교리는 우리 조선의 실학자들에게도 또한 엄중한 비판의 화살을 받지 않을 수 없었다. 이와 같이 맹목적인 배외주의가 아니라 학리적 진보성에 입각하여 반천주교의 기치를 처음 든 조선의 학자들에게 성호의 사상적 역할은 실로 중요하였다. 다시 말하면, 그는 자기 역할의 결과에 있어서 서양전도사들이 가장하고 온 과학과 기술의 외피를 하나도 남김없이 벗겨 놓고 그 외피 속에 숨어 있던 종교의 알몸뚱이를 민중 앞에서 폭로 배격하였던 셈이다.

*　　　*　　　*

성호는 정신·귀신 등 철학적 문제에 관하여 "사람과 동물의 형체를 구성하는 것은 기혈氣血이며, 기혈의 정영精英은 정신이라 한다"[14]고 하여, 인체의 구성을 객관적인 자연의 요소인 기혈에 근거시킨 동시에 정신의 근원을 자연의 산물인 육체 이외의 어떤 신 또는 신의 의지에서 구하지 않았다. 또 그는 인간의 정신을 동물의 감각·지각과 전연 서로 다른 어떤 신비한 원리에서 설명하려 하지 않았다.

성호는 종래 성리학자들의 관념론인 이원론理元論과 달리 기원론氣元論을 주장하였고, 각종 종교들이 선전하는 영혼불멸설과 달리 일종의 물질불멸설을 제기하였다. 그는 다음과 같이 말하였다.

우주 사이에 충만한 것은 모두 기氣이다. 그러나 그것이 응결하여 물物이 되니 즉 기의 정영이다. (……) 음으로 형질을 구성하고 형질이 이미 생기면 넋[魄]도 또한 그 가운데에 있다. 양은 음에서 나는 것이므로 이미 넋이 있으면 곧 혼魂이 있다. 혼과 넋이 합하여 이목耳目의 총명과 구비口鼻의 호흡과 인간의 허다한 정신·근력이 된다. 늙어 죽으면 양기가 분산하니 이것이 《주역》의 이른바 '유혼위변游魂爲變'*으로서, 변變이란 것은 삶이 죽음으로 변화되는 것이나 그 기는 또한 우주 안에 존재한다.[15]

이와 같이 성호는 정신·혼백을 초물질적이며 초육체적인 어떤 신비한 것으로 인정하지 않고 육체 기관의 미묘한 기능으로 설명하였으며, 사람과 물체의 생사는 기의 취산聚散에 불과한 것이므로 그것을 구성하는 기의 원소는 항상 우주 사이에 존재하나, 육체의 기능으로 활동하던 정신·혼백은 각기 조건에 따라 산멸散滅의 느림과 빠름은 있을지언정 항구불멸할 수 없다는 것이다. 이 점에서는 성호의 인식론이 화담花潭 서경덕徐敬德의 기원론과 기불멸론의 우수한 전통을 어느 정도 계승하였다.

화담의 기불멸설이나 성호의 기불멸설은 엄밀한 의미에서 말한다면 현대 과학이 말하는 물질불멸론과 꼭 같지는 않다. 그러나 인간과 만물을 구성하는 기=원소(화담의 이른바 청허담일지기淸虛湛一之氣)는 원래 신비한 것이 아니고 구체적인 자연 변화를 통하여 우주 사이에 항상 존재하는 것이며, 정신과 혼백은 그 기=원소의 취

---

* 유혼위변游魂爲變: 《주역》〈계사상전繫辭上傳〉에 "정과 기가 물이 되고 혼이 흩어져 변이 된다(精氣爲物 游魂爲變)"고 하였다.

산에 의하여 생성 사멸하는 것이므로 이 밖에는 어디든지 그 신비한 원천을 가지고 있지 않다. 이러한 관점으로 보면 기불멸설은 물질불멸설과 공통된 내용의 요소가 있다. 그리고 유기론唯氣論(氣元論)이 유물론唯物論과는 개념상 물론 같지 않으나, 우리의 정신·이성과는 독립적이며 그보다 선차적으로 존재한 기에 의하여 육체와 형질이 구성되고, 그 구성체의 자연적 기능으로 작용하는 정신·혼백은 또한 객관적인 물질의 파생물이란 것으로 바꿔 말할 수 있다. 이런 의미에서 유기론이 유물론으로 발전될 수 있는 성격을 내포하고 있는 것이다.

성호는 귀신에 관해서도 송유 장횡거張橫渠의 "귀신은 이기二氣(음양)의 양능良能이다"는 말과 주자의 감자甘蔗(사탕수수)의 비유―"그 향기는 신神이라 부르고 그 즙액[漿汁]은 귀鬼라 부를 수 있다"는 문구를 인용하여 귀신의 신비성을 제거하고, 우주 만상의 구체적인 자연 변화의 적극적인 면을 신神으로, 소극적인 면을 귀鬼로 간주하였다. 즉 인간의 혼백이 하나의 귀신인 동시에 우주의 음양도 하나의 귀신이란 것이며, 사생死生·왕래往來·굴신屈伸·부침浮沈·청탁淸濁의 만유 현상이 모두 귀신의 명백한 형적이란 것이다.[16] 이는 성호가 송유의 범신론적 세계관을 적출하여 유신론에 대항하며, '세계즉신世界卽神'인 관념론적 세계관에서 '신즉세계神卽世界'의 자연주의적 세계관에로 진출하여, 유물론으로 다시 전진할 수 있는 계기를 준비하고 있는 것이었다.

그러나 이와 같이 성호의 철학이 정신 귀신설에서는 다분히 유물론적 요소가 있는데도 불구하고, 그의 도덕론의 발전 과정에서는 인간의 윤리적 규범 개념을 종래 성리의 개념에 결부시켜서 이를 선험적인 것으로 가끔 표현하였으니, 이는 결국 맹자의 '성선性善'설이나 플라톤의 '선善 이데아'설의 선험적 관념론과 서로 교섭되지 않을 수 없었다. 이는 변증법적 유물론의 견지에 도달하지 못한 모든 철학자들이 크건 작건 간에 공통적으로 범하는 약점이다.

그러나 구체적인 자연 현상으로서의 기불멸을 주장하고 신비적인 환상으로서의 영혼불멸을 부정한 것은 성호의 철학이 반종교적인 경향에서 자기의 과학적 시각을 보인 것이며, 또 그것은 유교의 '이단' 배척주의에서 나온 것이 아니고 조선의 반봉건적 문화 운동의 첫 단계에 한 사상 투쟁의 신호로서 출현한 것이었다.

* * *

성호는 당시 지식 계층이 유의유식遊衣遊食하면서 근로를 천시하고 정치적 실무에 어둡고 공담空談과 허식虛式을 일삼는 것을 통절히 미워하였다. 그는 "이조 건국 이래 수백 년 동안에 시무를 아는 학자는 오직 이율곡과 류반계 두 사람뿐이다. 율곡의 주장은 그 시대에 대부분 실현할 수 있는 것이고, 반계에 있어서는 근본적으로 일제히 혁신하여 이상 정치를 창설하려 하였으니, 그 뜻이 참으로 크다"[17]고 하여 오랫동안 유림의 숭배를 받은 국내 다른 여러 도학자들을 무능무재한 무리로 인정하고, 자기 당계의 반대자—서인 당계의 조사祖師—라고 할 수 있는 이율곡을 시무를 아는 학자로 공정하게 평가하였으며, 반계에 대해서는 가장 높은 평가를 주어 자기의 '변법變法' 사상으로써 그의 개혁론에 크게 공명하였다.

그는 당시 귀문천무貴門賤武의 폐습으로 국방 대책이 너무나 등한시된 것을 개탄하고 문무 관리 선발 제도의 개혁을 주장하였으며, 문묘文廟와 병립하여 무묘武廟를 설립하고 김유신金庾信·강감찬姜邯贊·이순신李舜臣 등 애국 영웅들을 숭배할 것을 역설하였다.

그는 과거 제도에 대하여 "현명하고 재능이 있는 사람을 민간에서 구하지 않고 세습 귀족의 가문에서 구하며, 인품이 현명한지 재능이 있는지는 불문에 부치고 다만 사장詞章의 말기末技로만 사람을 선택하다가, 현능한 사람을 구득하지 못하면 그만 세상에 쓸만한 사람이 없다고 하니, (……) 지금 재능 있는 사람을 천대함이 극도에 달했다"고 하였다.[18]

그는 당시 양반 사회의 문벌 제도와 편당 폐습을 크게 증오하고 반상 차별, 지방 차별, 적서 차별, 노비 제도의 철폐를 주장하며 다음과 같이 말하였다.

지금 세상에 인민들이 원통하고 울분할 수밖에 없다. 국가에서 인재를 천대하므로 유능한 사람들이 퇴장退藏되고, 문벌 제도를 숭상하여 서얼·중인의 차별이 있어서 그들의 자손은 백 대를 지나도 좋은 관직을 할 수 없다. 또 서북 3도는 폐색閉塞된 지 이미 400년이나 되었고, 노비법이 엄격하여 그 자손들이 평민과 같이 서지 못하니, 전국 인민의 10분의 9가 모두 원한과 울분에 싸여 있다. 그리고 지금 양반 당파 싸움이 공공연하게 벌어져서 셋씩 다섯씩 끼리끼리 모여서 제각기 패를 만들어 한 패가 득세하면 다른 패들은 모두 구축을 당하니, 이와 같은 살풍경에는 천지도 변하고 초목도 마를 지경이다.[19]

그는 노비 제도의 비인도적인 점을 지적하고 우리나라 노비의 세습법과 종모법從母法은 동서고금에 없는 것이라며 배격하였다. 더욱이 노비와 상전의 관계를 군신의 관계에 비견하는 것은 유례 없이 불합리하다고 논증하였다. 그가 노비 제도의 근본적 철폐를 호소한 표어는 발견되지 않으나, 그것을 철폐하는 점진적 방법으로서 노비를 근로하는 사람으로 대우하고 학대와 매매와 세습을 폐지하자고 주장하였으니, 실질상으로는 노비 제도의 철폐를 의미하는 것이다.* 그는 자기 집에 복무하다가 죽은 늙은 남종에게 친히 제문祭文을 지어 그의 무덤에 고하고 제사 지내 준 일까지 있었다. 이 제문의 첫머리에 우리나라 노주奴主의 차별이 군신지분君臣之分처럼 엄격한 것은 부당한 일이라고 지적하였으며, 그다음 상전으로서 노비에게 제문을 고하는 것은 당시 양반 사회로부터 비난받을 위험을 무릅써 가며 계급적 차별을 부정하는 행동이었다고 언명하였다.[20]

그는 인재와 관리를 반드시 노동하고 빈천한 인민 속에서 뽑아 올려야 한다고 하였으며, 또 그는 정치의 요령이 용인用人과 입법

---

* 실질상으로는 노비 제도의 철폐를 의미하는 것이다 : 이는 과도한 해석인 듯하다. 정성철은 "이익의 견해는 노비 제도의 근본적 철폐가 아니라 그대로 둘 것을 예견하고 있는 매우 불철저한 방안이었다. 그는 이면에서 오히려 노비 제도를 머슴 제도로 개편하려고 이상한 류형원보다 보수적 입장으로 떨어지고 있다"고 비판하였다(《실학파의 철학사상과 사회정치적 견해》, 사회과학출판사, 1974, p238. 면수는 남한의 백의출판 복간본(1989)에 따름. 이하 마찬가지). 황태연도 "이익은 비록 노비 세습에 반대했어도 결코 노비제 자체의 철폐를 주장하지 않았고, 조선의 반상班常 차별의 지나침과 엄격함을 비판했지만 반상·귀천을 가르는 신분제 자체의 철폐를 주장하기는커녕 오히려 이를 정당화했다. 지우智愚·귀천의 차별에 기초한 신분적 군자·소인 개념은 성호에게도 지당한 것이었기 때문이다"고 적시하였다(《한국 근대화의 정치사상》, 청계, 2018, p69).

立法 두 가지에 있는데 법이 없으면 인민을 다스릴 수 없고 현능한 인재가 없으면 법을 실시할 수 없다고 하여, '인법상유人法相維' 즉 인재와 국법이 서로 불가분리의 관계에 있다는 것을 주장하였다.

그는 중앙 정부 내에 하급 관리를 중심으로 한 합의제 조직을 주장하였다. 그의 고안에 의하면, "조정의 정치적 토의에 대관과 상관이 독단하고 그 부하 관원들은 아무런 발언을 하지 못한다. 그 지식과 모략은 하관이 반드시 대관만 못하지 않건만 세력과 지위에 눌려서 자기 의견을 발휘하지 못한다. 만약 위급하고 곤란한 판국에는 훈척권신들이 중의衆議를 무시한 결과, 반드시 나라를 멸망케 하고 만다. 무릇 나라의 정치는 한 사람의 사사로운 일이 아니므로 어린아이와 농민의 의견까지도 꼭 들어야 한다. 이조는 고려조의 도평의제都評議制를 본떠서 비변사備邊司를 서궁西宮* 앞에 설치하고 재상 대신들을 선택하여 군사 국방의 중대 문제를 토의 결정케 하였던 것이나, 그 후 점차 해이해져서 세력 있는 자의 독무대가 되고 다른 인원들은 아무 존재도 없으며 한갓 유명무실한 기관이 되었다. 그래서 나는 반드시 관위는 낮고 신망은 상당한 사람 10여 명을 속관屬官으로 삼아 논의에 적극 참가하며, 각자 의견서를 작성한 다음에 대관이 종합하여 국왕에게 올려 재가를 받는 것이 좋겠다"[21]고 하였다. 이러한 고안은 물론 합법적인 정견이었고 그의 최고 개혁안은 아니라 할지라도 일종의 아래로부터의 합의제를 고안한 데에 진보적인 의의가 있는 것이다.

---

* 서궁西宮 : 서쪽 궁궐인 경덕궁慶德宮(慶熙宮). 비변사는 경덕궁의 흥화문興化門 앞 왼쪽과 창덕궁昌德宮의 돈화문敦化門 앞 오른쪽에 각각 있었다.

*　　　*　　　*

성호는 당시 관료·지주의 가혹한 착취와 인민대중이 극도로 빈궁해진 데 대하여 폭로 비판한 동시에 토지 제도와 개혁을 민생 문제-농민 문제의 근본적 해결책으로 인식하였다. 그는 말하기를 "왕도정치는 전지의 분배를 근간으로 하지 않으면 모든 것이 구차할 뿐이다. 빈부가 균등치 못하고 권리의 강약이 같지 않으면 어찌 국가를 다스릴 수 있겠는가?"[22] 하였다.

그의 균전법均田法의 이론은 다음과 같다. 고대 정전법井田法은 지금 실행할 수 없고 또 반계의 과전科田과 전전佃田도 실행하기 곤란하며 오직 균전법만이 현실에 적당하다. 이 균전법은 일종의 한전법限田法인데, 전한前漢 말기의 공광孔光·하무何武는 민전民田을 30경頃으로 한도할 것이라고 하였으며, 원나라 정개부鄭介夫의 정전법*도 민전의 한도를 10경으로 하고 그 이상은 그의 친족들에게 분배하여 줄 것이라고 하였으나, 성호의 균전법은 송나라 임훈林勳의 전제설田制說을 주로 참고한 것으로서 사유전지私有田地의 현존 상태에 대하여 급격한 개혁을 취하지 않고, 다만 국가가 전지의 몇 묘畝를 한 농부의 영업전永業田으로 한정하는 것이다. 그러므로 개인마다 한정 이상으로 소유한 전지에 대하여 그 전지 중에서 법정 영업전을 관청에 제출하게 하고, 그 전지의 문권文券은 소각하는 동시에 관청의 토지대장에만 기재하여 본인 혹은 자손들이 전지를 팔아먹지 못하게 하며, 또 토지 소유 면적이 법정 영업전의 한도에 차지 못한 자에 대해서는 그가 촌토척지寸土尺地를 사들임

---

* 원문에 '병전법並田法'으로 되어 있는데, 이는 오기이다.

에 따라 역시 그 전지 문권을 소각하고 관청의 토지대장에만 기입하되 그것이 영업전의 법정 면적에 가득 차게 되면 역시 그 이상의 매입과 매각을 금지할 것이다.[23]

이러한 방법은 빈민의 영업전 한도까지의 확보와 부자의 영업전 한도 이상의 겸병 방지를 유일한 목적으로 한 것인데, 전지의 사적 매매를 제한하는 것으로 출발하여 전지의 전반적 국유화의 원칙을 서서히 실현시키려는 방법이었다. 요컨대 성호의 균전법은 토지 문제에서 일종의 억부부빈抑富扶貧 정책으로서 전국 농가의 소유 전지가 영업전의 법정 표준점에서 거의 평균화될 것을 예상한 것이었다. 성호는 이른바 영업전의 법정 면적에 관해서는 명백히 규정하지 않았으나, 대개 당시 사회적 경제적 모든 정황에 비추어 본다면 그것은 일가一家 생활을 능히 유지할 수 있을 정도, 즉 1경·2경 사이의 면적을 의미하는 것으로 추측된다.

성호의 균전법은 반계의 과전법에 비하면 사회적 현실을 보다 더 숙고하여 몰수 분배의 혁명적 방법을 될 수 있는 대로 피하고 소유와 매매의 자유를 교묘히 조종 유도하려 한 데 그 특색이 있다. 이는 봉건 제도가 동요됨과 함께 재산 자유사상이 생장하는 것을 사회적 특징으로 하고 있는 그 시대에, 중·소농 내지 소시민의 사상을 대변한 것이었다. 이른바 영업전이 비록 법적 면적의 형식을 가지고 있다 하나, 인민 상호간의 토지 매매가 자기들의 내증적內證的인 방법으로 진행될 수 있는 이상, 토지의 국유화와 겸병의 근절책은 마침내 실현될 수 없을 것이다. 이와 같은 성호 균전법의 이론적 모순을 간파하고 토지의 전반적 공유를 근본적으로 전제한 이론적 기초 위에서 토지의 공동 경작과 각자 노력에 의한 분배제를 실행하여 농민의 집단농적 사회를 건설하려는 것이 뒤에 전개되는 다산의 여전제론閭田制論이다. 다산의 여전제는 종래 각종 유명한 전제론의 위대한 발전인 동시에 당시 사회의 빈농 사상을 우수하게 대변한 것이었다. 그러나 그의 이론적 계통에서는 다산이 성호 균전론 중 매매 제한의 비현실성과 중·소농민의 소소유적小所有的 이상을 비판 지양함으로써 일보 전진한 것이었다.

결 론

이상과 같이 성호는 성리학의 비실용성, 유생 학자들의 유식주의遊食主義, 과거제와 양반 당파전의 망국적 폐해, 문벌과 계급적 차별의 사회적 죄악, 지주·관료·부호의 살인적 착취에 의한 토지 제도의 문란과 인민 생활의 곤궁화 등에 대하여 정력적으로 분석 비판하고, 따라서 자유·평등과 부국강병을 내용으로 한 제반 개혁을 주장하였다.

성호는 자기의 민주 사상적 경향에 입각하여 세 가지 악제도惡制度를 특별히 지적하였다. 그는 말하기를 "군주를 높이고 신하를 억제하는 것은 진시황에서 시작되었고, 문벌을 숭상하는 것은 위·진魏晉에서 강화되었으며, 사화詞華로써 인재를 취하는 것은 수·당隋唐에서 성행되었다. 이 세 가지가 우리나라에 집중적으로 실시되고 있으니, 이것들이 폐지되지 않으면 모든 정치가 다 허사로 될 것이라"[24]고 하였다. 물론 그가 봉건 제도의 물질적 토대를 구명究明하지 못하고 그 토대가 존속하는 한 언제든지 크나 작으나 산출되고야 마는 그 중요한 상부 구조의 현상만을 보았으므로, 그의 폐지론은 결국 악정의 뿌리를 제거할 대신에 지엽만을 제거하려는 공상적 정치 개혁론에 불과한 것이다. 그러나 이 세 가지 제도가 봉건 사회의 합리적이고 자연스러운 제도로 보여서 수백 년 이래 어떠한 학자도 그 부분적인 폐해에 대한 지적은 있었으나, 그것을 사회의 최대 악정惡政으로 규정하고 전면적인 폐지를 주장한 이론은 오직 성호에서 처음 표현되었다. 그러므로 성호의 정치적 논조가 한 걸음 한 걸음 봉건 제도를 지지 옹호하는 방향으로부터 이탈해 가는 태도를 우리는 여기에서도 볼 수 있다.

그는 또 말하기를 "정치가 잘 되지 않은 것은 간악하고 탐오한 사람들이 있기 때문이며, 간악과 탐오는 재산이 풍족하지 못한 데서 생기며, 재산이 부족한 것은 농업을 힘쓰지 않는 데서 생기는데, 농사를 힘쓰지 않은 것은 여섯 가지의 좀(육두六蠹)이 있기 때문이다. 여섯 가지 좀은 무엇인가?

첫째는 노비이니, 노비 제도가 있으므로 상전이란 자들이 호의호식하고 남의 노력을 탈취할 뿐이다.

둘째는 과거이니, 과거는 아주 쓸데없는 문사文詞에 사람의 정력을 허비케 하고 다행히 급제된 사람들도 한갓 벼슬의 권리를 악용하여 인민의 고혈을 짜먹게 한다.

셋째는 문벌이니, 문벌은 양반이란 명목 아래 노동을 싫어하고 농업을 천시하며 무재무능하면서도 인민을 내려다본다.

넷째는 기교技巧, 즉 실용성이 없는 사치품만을 좋아하고 요술과 미신으로 인민을 미혹시킨 동시에 인민의 재산을 낭비한다.

다섯째는 승려이니, 승려는 불교를 신앙하기보다도 노동과 병역을 도피하고 놀고먹는 무리로 전화한다.

여섯째는 나태이니, 나태는 근로를 천시하고 남의 등골을 빼먹기만 힘쓰다가 나중에는 사기와 절도를 일삼게 된다.

이 여섯 가지 좀은 그 해독이 도적보다 더 크다"[25]는 것이다. 그는 이와 같이 중농주의적重農主義的 견지에서 이상의 여섯 가지 해독을 지적하면서 착취 제도를 반대하고 개로주의皆勞主義를 고조하였다.

그는 이 여섯 가지 좀을 제거함으로써 농업의 발전을 보장하고, 따라서 나태와 간악과 착취가 없는 이상적 농민 사회를 건설하려 하였다. 그러나 그가 중농사상을 가졌는데도 불구하고 이 여러 좀들 중에 상인은 들어가지 않을뿐더러 상인이 사·농·공·상 4민의 하나로서 사회에 통화 교역의 이익을 가져온다는 점을 특히 강조하였다. 성호가 종래 경제학자들과 같이 상업을 말기末技로만 규정하지 않고 통화 교역의 사회적 이익을 인정한 것은, 당시 상인 자본의 발전과 대내외 무역의 점차 증가되는 경향이 무시할 수 없음을 이해하는 동시에 농업의 자연 경제만으로는 부강한 나라를 실현할 수 없다는 점을 또한 깨달았던 까닭이다.

그러나 그가 금·은 채광과 전폐錢幣 통용을 만족스럽게 여기지 않은 것은 금·은과 전폐의 경제적 역할을 부정한 것이 아니라 그것이 악용되어 국가와 인민에게 유해한 까닭이었다. 금·은이 국가의 재부財富로서 장래 국가의 필요와 전란 시기에 대한 준비를 위해서도 반드시 국내에 저장되어 있어야만 할 것인데, 당시 형편을 보면 연경 무역에서 인민의 필수품이 아닌 사치품의 대가로 금·은 전부가 중국으로 수출되고 있는 반면에 일본의 은을 도리어 고가로 또는 필수품의 대가로 사들여 자국의 소용에 충당하고 있었으므로 그는 금·은의 수출을 반대하였다. 그리고 숙종 초년부터 전폐가 국내에 통용되어 온 이래로 농민은 농사를 버리고 도시로 나가서 상업에 종사하는 자가 증가되어 농업 생산이 감소되고 유식遊食하는 사람들이 많아졌다. 또 전폐가 광범히 유통됨에 따라 고리대금이 발호하여 막대한 손해를 입혔다. 예를 들면, 빈농민들이 춘궁기에 빚을 내어 비싼 값으로 미곡을 사고, 가을에는 헐값으로 자기 곡물을 팔아 빚을 갚게 되어 결국 빈민으로 파산 당한 자가 절대 다수에 달하였다. 이와 같은 폐해弊害가 성호로 하여금 전폐 통행의 폐해弊害를 강조케 한 것이었다.

이상과 같은 일련의 사실에 의하여 본다면, 성호의 경제적 이론에서 최고 이념은 착취와 겸병을 당하지 않는 농민 이상 사회의 건설에 있었지만, 장차 도래할 부르주아 사회를 예상치 못하였다. 그의 사상의 역사적 제약성은 이러하였다.

성호의 사상은 비록 봉건 제도와 유교 교리의 전체를 근본적으로 반대하는 견지에까지는 도달하지 못하였으나, 그의 주관적 의도는 다만 부분적 개선에만 만족하지 않고 봉건 제도와 유교 교리로부터 단점을 버리고 장점을 선택하여 자기의 새로운 견해와 체계 안에 포괄하려 하였다. 다시 말하면, 그는 동서를 종합하고 고금을 절충하여 하나의 새로운 학적 체계를 구성하려 하였다. 그의 이러한 시도는 그가 살고 있던 사회의 낙후성과 계급적 미숙성을 여실히 반영한 것이었다.

그러나 성호는 서양학(당시 과학과 종교를 합칭한 말)에 대하여 종교의 환망을 이론적으로 비판하고 과학과 기술은 극도로 환영하여 후래 그의 계승자들이 이구동성으로 제창한 북학론의 단서를 열어 주었으며, 또 우주 생성과 인간 정신 등의 문제에 대하여 그는 종래의 점성술적 우주론과 영혼불멸적 관념론을 부정하고 자기의 세계관에 자연과학적 견해를 도입하였다. 그리하여 그는 우리 조선 사상사에 있어 서양의 문화를 비판적으로 섭취한 최초의 학자로서 손꼽지 않을 수 없다.

그는 종래 사대주의 학자들이 방기하였던 조국의 역사·지리·제도·문화·언어 및 풍속에 대한 연구와 천명에 특별히 관심을 가지고 자기 제자들에게 그것을 긴급한 과제로 지시하였다. 이는 임진·병자 두 전쟁 이래 대두하기 시작한 민족적 자각 의식의 맹아를 대변한 것이었다.

그의 학도로서 자질子姪에 있어서는 이만휴李萬休의 경제학과 이용휴李用休의 문학이 유명하였고, 손자뻘에 있어서는 이삼환李森煥의 박고학博古學과 이가환李家煥의 문학·사학·수학과 《택리지擇里志》 저자인 이중환李重煥의 지리학이 모두 유명하였다. 그의 제자들에 있어서는 《잡동산이雜同散異》와 《동사강목東史綱目》의 저자인 안정복安鼎福의 국사학과 황운대黃運大의 천문학·수학과 정상기鄭尙驥의 군사학·정치지식·조선지도와 윤동규尹東奎의 지리학과 신후담愼後聃의 문학 소설과 권철신權哲身·일신日身 형제의 주자학에 대한 비판들이 모두 실학의 특징을 발휘하였다. 이들의 사상은 성호의 창발적이고 비판적인 정신과 민주주의적이고 민족 자각적인 경향을 계승 발전하여 실학의 새로운 학풍을 뚜렷이 수립하였다. 그리하여 성호학파는 근대 민족 문화 운동의 선구자들로서 활동하여 그 영향은 실로 거대하였다.

1. 《磻溪隨錄》附錄, 吳光運·行狀, "避虜亂 將王父母 母夫人及兩姑以行 王父年老 三家家屬 仗公一丁男 時年十五歲 有强盜出山谷攔道 一行懼 公挺身曰 人孰無父母 爾無震驚我父母 行裝從汝取去 盜感其言 散去"

2. 同上書, "國舅閔維重兄弟 於公爲從叔 欲薦行誼 公正色曰 叔非知我者也 遂不果薦 後數三宰臣 薦公曰 潛心義理 孝友出天 公不樂曰 我不知時宰 時宰豈知我也"

3. 《燕巖集》卷14 別集, 熱河日記, 玉匣夜話, "柳馨遠磻溪居士 足繼軍食 而逍遙海曲"

4. 《반계수록》은 총 26권이다. 전편前篇의 전제田制·전제후록田制後錄·전제고설田制考說·전제후록고설田制後錄考說·교선지제敎選之制·교선고설敎選考說·임관지제任官之制·직관고설職官考說·녹제祿制·녹제고설祿制考說·병제兵制·병제후록兵制後錄·병제고설兵制考說·병제후록고설兵制後錄考說과 속편續篇 등 여러 부분으로 나뉘어 있다. 영조 45년(1769) 홍계희洪啓禧의 건의에 의하여 왕명으로 간행되었다.

5. 《磻溪隨錄》卷1, 田制·上, 分田定稅節目, "用今所用周尺六尺爲一步 廣一步長百步爲一畝 (長廣十步同 卽積實百步) 百畝爲一頃 卽長廣百步 積實萬步 一頃之地 … 四頃爲一佃 … 每一夫占受一頃 一佃則四夫所受 依法收稅 … 每四頃出兵一人 四夫中擇壯健者一人爲兵 (而三夫爲保)"

6. 《類選》卷3下 pp18~19, 人事篇4, 治道門1, 變法, "國朝以來 識務 惟李栗谷 柳磻溪二公在 栗谷太半可行 磻溪則究到源本 一齊劃新 爲王政之始 志固大矣"

＊《僿說》卷11, 人事門에는 '識務'가 '屈指識務'로 되어 있다. 참고로 반계는 성호의 외육촌형으로 같은 남인 당계에 속한 학자였다.

＊최익한이 해방 후에 '국조國朝'를 '아조我朝'라고 번역한 것이 이채롭다. 일제 강점기에는 '아조我朝'라는 말이 일본이 아닌 조선을 가리키는 경우, 검열에 통과될 수 없었으므로 '이조李朝'라고 쓰거나 '공란'으로 두기도 하였다. 그가 《여독》p155에 '우리나라[我國]'를 '우리 흙'이라고 적은 것도 이와 비슷한 예이다.

7. 《磻溪隨錄》附錄, 傳, "治天下 不公田 不貢擧 皆苟而已 公田一行 百度擧矣 貧富自定 戶口自明 軍伍自整 唯如此而後 教化可行 禮樂可興"

8. 《全書》I-20, 上仲氏[辛未冬], "星翁文字 殆近百卷 自念吾輩能識天地之大 日月之明 皆此翁之力"

9. 《類選》卷2上 pp39~40, 人事篇1, 論學門, 儒門禁錮, "但日一字致疑則忘也 考校參互則罪也 朱子之文 尚如此 況古經乎 東人之學 難免魯莽矣"
   * 《僿說》卷21, 經史門, 儒門禁網.

10. 同上書 卷2上 p36, 人事篇1, 論學門, 尹彦明質魯, "和靖嘗 言說經而欲新奇 何所不至"
   * 《僿說》卷13, 人事門, 尹彦明質魯.

11. 同上書 卷5下 p18, 人事篇8, 技藝門, 算學, "能令學理者 祛其浮氣 練其精心 學事者 資其定法 發其巧思"
   * 이 구절은 《僿說》과 《星湖全集》에는 없고, 이규경李圭景의 <기하원본 변증설幾何原本辨證說>과 이능화의 《조선기독교급외교사》에 인용되어 있는데, 최익한은 이능화의 책 p21을 참고하였다.

12. 《星湖全集》卷55, 題跋, 跋天主實義, "天主實義者 利瑪竇之所述也 … 其學專以天主爲尊 天主者 卽儒家之上帝 而其敬事畏信則如佛氏之釋迦也 以天堂地獄爲懲勸 以周流導化爲耶蘇 耶蘇者西國救世之稱也 … 耶蘇之世 上距一千有六百有三年 而瑪竇至中國 … 習中國語 讀中國書 至著書數十種 其仰觀俯察 推筭授時之妙 中國未始有也 彼絶域外臣 越溟海 而與學士大夫遊 學士大夫莫不斂衽崇奉稱先生(而不敢抗) 其亦豪傑之士也 然其所以斥竺乾之敎者至矣 猶未覺畢竟同歸於幻妄也"
   * 《조선기독교급외교사》pp24~5에 해당. 이하 필요한 경우에만 밝힌다.

13. 《類選》卷10上 p35, 經史篇9, 異端門, 七克, "(七枝之中) 更多節目 條貫有序 比喩切已 間有吾儒所未發者 是有助於復禮之功大矣 … 但其雜之以天主鬼神之說 則駭焉 若刊汰沙礫 抄採名論 便是儒家者流耳"
   * 《僿說》卷11, 人事門에는 是가 其로 되어 있다.

14. 同上書 卷2上 p1, 人事篇1, 人事門, 精神, "人物之所以爲形者氣血 而氣

血之英華 謂之精神"

 * <정신精神>은《성호사설》(이돈형 소장본),《성호전집》(사포본沙浦本)에는 없다. 이 외에 몇 종의 이본을 더 보았으나 마찬가지였다.

15. 同上書 卷1下 pp48~9, 天地篇下, 附鬼神門, 鬼神魂魄, "凡盈天地間者 莫非氣也 然其融結爲物 卽氣之精英 … 陰以成形 形質旣生 而魄亦在中也 陽生于陰 故旣有魄則便有魂 (此傳所謂魄陽曰魂) 魂魄合 而爲耳目之聰明 口鼻之噓吸 及人生許多精神筋力也 及老而死則陽氣浮散 此易所謂游魂爲 變 變者變生爲死 其氣亦在天地間"

 * 《僿說》卷25, 經史門에는 '浮'가 '游'로 되어 있다.

16. 同上書 卷1下 p48, 天地篇下, 附鬼神門, 鬼神, "橫渠云 二氣之良能也 … 愚謂二氣陰陽也 … 然其所以爲一陰一陽者 乃一氣之往來 故曰神 朱子曰 至而伸者爲神 返而歸者爲鬼 合而言之鬼包在神中 故一也 … 朱子又以甘 蔗爲喩 其香氣便喚做神 其漿汁便喚做鬼 此又魂魄之說也"

 * 《僿說》卷3, 天地門.

17. p243 주6과 같음.

18. 同上書 卷3下 p39, 人事篇4, 治道門1, 今人賤才, "賢良 … 不求於野 而 求之世卿之家 不問其賢能 而取之於詞章之末 及不得焉則曰無人焉 … 今 人之賤才極矣"

 * 《僿說》卷7, 人事門에는 '賢能'이 '賢與能'으로, '不得'이 '不能得'으로, '極矣'가 '亦極矣'로 되어 있다.

19. p198 주9와 같고, '그 자손들이 평민과 같이 서지 못하니(子孫不齒平人)' 구만 더 추가되었으며, p590 주8에도 또 인용된다.

20. 同上書 卷3上 p19, 人事篇3, 親屬門, 祭奴文 참조.

 * 《僿說》卷12, 人事門에 해당. 卷9 <奴婢還賤>과 卷12 <奴婢>도 볼 것.

21. 同上書 卷3上 pp39~40, 人事篇3, 君臣門上, 議自下起, "余觀後世廷論 必大官臆決 其僚佐無得與焉 言其智慮謀爲大官未必勝 而爲勢位所壓 居下 者無能爲也 如危疑之際 勳戚權寵 任其壞亂 則至於滅亡而後已也 … 夫國 之理亂 非一人之私 故孺子可聽 蒭蕘可詢 … 聖朝遵前朝都評議之制 設備

邊司于西宮之前 擇宰執主之 軍國之事 皆取決焉 後漸怠廢 只威勢者任處
餘皆依違 無所可否備員而已 甚可悶也 余謂必擇位卑 而聞望者十數人爲僚
屬 與之上下論議 各成文字 大官合以奏之 稟斷於前席 人主方有擇選之路
… 又若不自卑者說起 必爲尊貴之所壓 不得伸其見矣"

　　＊《僿說》卷13, 人事門에는 '則'이 '馴'으로 되어 있다.

22. 同上書 卷4下 p19, 人事篇6 治道門3, 均田, "王政不歸於經界 皆苟而已
　　矣 貧富不均 强弱殊勢 如何能平治國家"

　　＊《僿說》卷7, 人事門.

23.《僿說》卷3, 天地門, 限民名田, "限民名田 (始於董仲舒) 西京之末 孔光
　　何武奏行之 田不過三十頃 … 元時 鄭介夫等上井田論 … 宜以十頃爲制 …
　　其有十頃之外者 聽令分析 或與兄弟子姪姻"; 同上書 卷7, 人事門, 均田,
　　"(余昔爲均田論 其槩謂) 以田幾畝定限 爲一夫永業田 … 但多者 取其中幾
　　畝永業 焚毁券文 只官藏其籍 使不得斥賣 無者 或得寸得尺 在永業之限者
　　如右例 其餘勿問"

　　＊卷7〈結負之法〉, 卷10〈田制〉 등도 참고.

　　＊〈限民名田〉은《類選》에 없고, 〈均田〉은 卷4下 p20, 人事篇6, 治道門3
　　에 있는데 인용 부분의 글자는 동일하다. 다산은《경세유표》권6〈지관
　　수제地官修制·전제田制4〉에서 위의〈均田〉 부분을 인용·비판하였다.

24.《星湖全集》卷27, 答安百順己卯, "(世道之不復治 始由於三蠹) 尊君抑臣
　　自嬴政始 (漢不能革也) 用人尙閥自魏瞞始 晉不能革也 文辭科試自楊廣始
　　唐不能革也 三蠹賊虐 轉輾推盪 堯舜之道 遂淪墮九淵矣"

25.《僿說》卷12, 人事門, 六蠹, "人無奸濫 天下何由而不治 奸濫生於財不足
　　不足生於不務農 農之不務 其蠹有六 而逐末不與焉 一曰奴婢 二曰科業 三
　　曰閥閱 四曰技巧 五曰僧尼 六曰遊惰 夫商賈者 固四民之一 而猶有通貨之
　　益 如塩鐵布帛之類 非賈不運也 六者之害 甚於盜賊 …"

　　＊ 저자가〈육두六蠹〉의 내용을 요약하고 있으므로 비교적 일치하는 원문
　　의 일부만 실었다.

　　＊《類選》에는〈六蠹〉가 없다.

제5장 홍대용·박지원·박제가 일파의 실학사상

반계·성호의 학파와 직접적 관계는 비록 없었으나, 그들의 영향을 적지 않게 받았다고 인정할 수 있는 실학 일파가 존재하였으니, 이는 바로 홍대용·박지원·박제가 일파였다. 이들은 조선 실학 발전사에서 중요한 지위를 차지한 인물들이었다.

연암·담헌보다 약 1세기 먼저 나서 실학의 단서를 이들에게 끼쳐 준 자는 잠곡潛谷 김육金堉(1580~1658)이었다. 그는 서인西人 한 당파漢黨派의 수령이며 인조 때에 벼슬이 영의정(수상)에 이르렀다. 그는 학식이 넓고 제도의 개신改新에 뜻을 둔 사람이었다.

그는 인조 22년(1644)에 사절로 연경에 다녀왔으며, 관상감 제조觀象監提調로서 탕약망이 편술한 서양 역법을 우리나라에서 채용하자고 주장하여 효종 4년(1653)에 비로소 실현되었으니, 이것이 이른바 시헌력時憲曆이었다.

김육은 인조 때에 충청 감사忠淸監司가 되어 대동법의 실시를 건의하였고 그 절목을 자세히 규정한 2책*을 제출하였는데, 전결田結

을 계산하고 왕실과 관아의 수요를 비교하며 정부의 용도를 계량한 동시에 부부賦를 균평히 하고 역役을 공평히 하여 모두 대동을 목적 하였다. 관료들의 이의異議와 싸워 가면서 효종 2년(1651)에 충청도 에 실시케 하여 대동법의 모범을 보였다 한다.

그는 주화鑄貨의 통용과 차車(수레)의 사용으로 교역을 편리하게 하고, 물화의 편체偏滯*를 해결하려 하였다. 또 수차水車를 사용하여 관개 사업을 발전시키려 하였다. 상기 대동법을 충청도에 실시한 해에 그는 '상평통보常平通寶'전전錢을 주조하여 서북 여러 도와 경성 에 사용하도록 하고, 당시 포폐布幣인 오승포五升布*의 사용을 금지 하여 주전鑄錢 통용을 촉진하였다(수년 후 관료들의 반대로 중지되었다).

요컨대 그의 사상은 봉건 경제 체제가 이미 자체의 견고성을 잃 어버리고 있는 시기에 중소 지주와 소시민의 이익을 대변한 것이 었다. 이 전폐錢幣와 차제車制의 실시 운동에 있어 김육의 동반자 이며 박제가의 종고조從高祖였던 박수진朴守眞은 참모 역할을 하였 다고 한다.[1] 후래 박지원·박제가 일파가 적극적으로 주장한 차제 설車制說·흥상론興商論 및 통화론通貨論이 그들의 영향을 받은 것도 사실이었다.

---

* 2책: 《호서대동사목湖西大同事目》(1654)과 《호남대동사목》(1657)인 듯하다.
* 편체偏滯 : 치우치고 막힘. 한곳에만 적체積滯됨. 편중偏重과 정체停滯.
* 오승포五升布 : 다섯 새의 거친 베로 품질이 중쯤 된다. 새[가]는 직물의 날실 80올 을 말하며, 오승포란 한 폭에 날실 400올을 넣어 짠 베이다.

홍 대 용

박지원의 친우이며 여섯 살 연장이었던 담헌湛軒 홍대용洪大容은 자字를 덕보德保라 하였고, 대사간大司諫 홍용조洪龍祚의 손자요 목사牧使 홍역洪櫟의 아들이었다. 그는 1731년(영조 7)에 경성에서 태어났고 목천木川의 향촌에 가서 살았으며* 1783년(정조 7)에 53세로 연암보다 22년을 먼저 서거하였다.

그는 자질이 통민通敏하고 학식이 정심精深하였으며 일찍이 서인 노론 당계의 유학자 김원행金元行*의 문하에 출입하였으나, 공담과 허례를 숭상하는 유학을 싫어하고 '개물성무開物成務'*의 실학을 좋아하여, 천문·지리·수학·역법에 정통하고 정치·경제·병제 및 교육에 큰 관심을 가지고 있었다.

그는 음사蔭仕로 선공감 감역繕工監監役과 돈령부 참봉敦寧府參奉을 거쳐 세손(뒷날 정조) 익위사 시직翊衛司侍直을 지내고, 나가서 태인현감泰仁縣監, 영천 군수榮川郡守가 되었다가 사직하고 집에 돌아와서 연구를 계속하였다. 그는 창지創智를 발휘하여 혼천의渾天儀·자명종 등 기교한 기물을 만들어서 자기 서재 농수각籠水閣에 진열하였다 한다.

그는 1765년(영조 41) 겨울에 35세의 소장학자로서 수행무관(자

---

* 그는~살았으며 : 홍대용은 천안시天安市(당시 목천현) 수신면修身面 장산리長山里 수촌壽村에서 태어났으므로, 이 구절은 잘못된 것이다.
* 김원행金元行(1702~1772) : 자는 백춘伯春, 호는 미호渼湖. 노론 낙론계洛論系의 대표적인 학자로 홍대용의 당고모부였다.
* 개물성무開物成務 : 만물을 열어서 사무를 성취함. 《주역》〈계사상전繫辭上傳〉에 "무릇 역은 사물을 열고 일을 이루어 천하의 도를 망라한다(夫易 開物成務 冒天下之道)"고 하였다.

제군관)의 명목으로 동지사절행冬至使節行 서장관書狀官인 숙부를 따라 연경에 가서 중국의 경제·정치·문화 여러 방면을 예리하게 살폈고, 천주교당과 서양인 선교사들을 방문하여 서양 과학과 기술의 장점을 보고 듣고서 우리나라 청년자제들의 외국 유학을 절대 필요한 것으로 주장하였다.

그리고 그는 연경에 머물러 있는 동안에 육비陸飛·엄성嚴誠·반정균潘庭筠 등을 만나 수만 언의 필담을 통하여 깊이 사귀었다. 그들은 모두 중국의 우수한 문장 예술계 인사로서 담헌을 큰 학자라고 평가하였으며, 귀국한 뒤에도 항상 서신을 교환하였다. 이 사실에 대하여 담헌의 사후에 연암은 자기 득의의 필치로 〈홍덕보 묘지명洪德保墓誌銘〉*에 기술하였는데, 최근 중국 동지들이 출판한 항미원조지식총간抗米援朝知識叢刊의 하나인 《중국·조선 인민의 우의 관계와 문화 교류中朝人民的友誼關係與文化交流》에도 담헌의 《연기燕記》를 인용한 다음, "홍대용과 전당인錢塘人 엄성이 북경에서 단시일의 회합에 깊은 우의를 맺고 정성껏 서로 느꼈으므로 청인清人은 '홍·엄洪嚴의 교의交誼'를 미담으로 전하였다"[2]고 씌어 있다.

그는 조선 최초의 우수한 과학자였다. 그는 《주해수용籌解需用》 3권을 지어 서양 근대 수학을 소개하였고, 천문학을 깊이 연구하여 전인미답의 경계를 천명하였다. 그의 우주 생성설은 칸트·라플라스의 성운설星雲說과 비스름하다. 그는 말하기를 "태고 시기에 우주는 기氣(가스)로 충만되어 있어서 안도 바깥도 없고 처음도 끝도 없었는데, 이 기가 응집되어 질質(고체)로 된 동시에 허공에 두루

---

* 원문에는 '홍덕보 묘갈명洪德保墓碣銘'이라고 되어 있는데, 《연암집燕巖集》 권2와 《담헌서湛軒書》 부록을 참고하여 위와 같이 바로잡았다.

분포되어 회전하면서 있게 되니, 이것들이 곧 일월성신日月星辰이다"고 하였다.[3]

그는 지구의 형상이 원체圓體란 것을 인정하였다. 그에 의하면 대지가 구형처럼 둥근 것은 다른 모든 물체가 다 둥근 것, 사람의 시계視界에 한도가 있는 것, 또 평야나 해상에서 일출·월출이 모두 지평선·수평선에서 되는 것으로 보아서 역력히 증명된다는 것이었다.

그는 이 지원론地圓論에서 한 걸음 더 나아가서 지전론地轉論을 창발하였다. 그는 말하기를, 지구가 수레바퀴처럼 한 번 회전하는 데서 1주야晝夜가 있게 되며, 이 회전하는 지구의 표면에 만물이 정착되고 떨어지지 않는 것은 마치 개미가 물레바퀴에 붙어 있으면서 그것이 돌고 있는 것을 모르는 것과 같다고 하였다. 또 그는 말하기를, 두터운 대기의 막이 지면을 싸고 있으므로 사람은 지구의 회전을 느끼지 못하나, 하늘로 높이 올라가면 맹렬한 구풍颶風(태풍)이 불며 그 바깥은 허정虛靜한 공간이라고 하였다.

그에 의하면, 일식과 월식은 달이 지구를 안고 도는 관계에서 생긴 현상이며, 춘하추동 네 계절과 아침저녁 기후의 변화는 햇빛이 지면을 직사하는 차이에서 생기는 것이다. 우주는 무한한 것으로 상하도 내외도 없으며, 지구는 우주의 한 미소한 부분으로 다만 달의 중심이 되어 있을 뿐이며, 태양도 오위五緯* 우주의 중심이 되어 있을 뿐이며, 은하도 한 경계며 하나하나 별마다 또한 제각기 중심인 것이다. 그러므로 지구를 우주의 중심으로 보는 것은

---

* 오위五緯 : 금金·목木·수水·화火·토土의 다섯 개의 별.

인간의 주관적인 편협한 소견에 불과하다. 지구를 자기 구성의 한 개 미립微粒으로 하고 있는 우주의 생성 연대에 대하여 그는 몇 천만년 이전인지 알 수 없다고 하였으며, 또 우주는 반드시 괴멸하여 본래의 기(가스)로 돌아갈 것이나, 그것도 몇 천만년의 뒤가 될는지 알 수 없다고 하였다.

그는 월구月球의 영측盈仄, 조석潮汐의 승강升降으로부터 비·눈·구름·안개·우뢰·번개·화산·온천·염정塩井·해수海水의 증감 없음과 짠 맛의 계속 등 여러 중대한 자연 현상과 변화에 이르기까지 그 모든 것을 자연과학적으로 논술하고 일체 과거의 점성술적 신비를 타파하였다.

특히, 담헌의 자연과학적 학설에 있어 가장 독창적이고 유명한 것은 지전설이었다. 그의 친우이자 실학파의 대문호인 박지원은 〈홍덕보 묘지명〉에 "처음 태서인泰西人이 지구는 말했으되 지전은 말하지 않았는데, 덕보는 땅이 한 번 굴러 하루가 된다고 하였다"[4] 하였으며, 또 연암은 자기 노작 《열하일기》에 자기가 중국에 가서 (정조 4, 1780) 거인擧人(과거 보러 온 사람) 왕곡정王鵠汀*과 필담하면서 말하기를, "나는 비록 서양인의 저술은 보지 못하였으나, 일찍이 지구가 의심 없는 것으로 생각하였다. (……) 서양인이 이미 땅을 구球로 인정하고 구가 회전하는 것은 말하지 않았으니, 이는 땅이 둥근 것만 알고 둥근 것이 반드시 구르는 것을 알지 못함이다. (……) 우리나라 근세 선배 김석문金錫文*은 3대환三大丸(日·月·地)이

---

* 왕민호王民皥 : 호는 곡정鵠汀. 강소江蘇 출신으로 1780년 54세 때 연암과 만나 필담을 나누었는데, 그 내용이 《열하일기》〈곡정필담鵠汀筆談〉, 〈망양록忘羊錄〉 등에 실려 있다.
* 김석문金錫文(1658~1735) : 자는 병여炳如, 호는 대곡大谷. 청풍淸風 김씨로 김석주

공중에 떠서 있다 하였고, 나의 우인友人 홍대용은 또 지전설을 창발하였다. (……) 나는 지전설을 믿어 의심치 않으며, 그는 또한 나더러 대신 지전설을 지으라고 권고한 일까지 있었다"[5] 하였다.

이상과 같은 연암의 서술에 따르면, 담헌의 지전설이 확실히 독창적인 것이었다. 그러나 서양에서 지전설의 창작자인 코페르니쿠스는 1530년에 벌써 《천체 운행》이란 저서를 완성하였고, 또 그의 학설이 연암 시대 이전에 혹은 동시대에도 중국에 소개되었을 터인데, 어찌하여 연암은 서양인이 지구만 말하고 지전은 말하지 않았다고 하였으며, 또 담헌의 지전설을 동서 학계에 가장 먼저 내놓은 것으로 인정하였는가? 여기에는 반드시 일정한 역사적 이유가 있었을 것이므로, 필자는 이에 대하여 잠깐 고찰하여 보기로 한다.

물론 지전설은 담헌보다 2세기 반이나 먼저 출생한 폴란드의 대학자 코페르니쿠스(1473~1543)의 창발로서 1530년에 그가 《천체 운행》을 저술하고 교회와 아리스토텔레스 학통의 박해를 두려워하여 비밀에 부쳐 두었다가 임종 직전에 공표하였다. 그러나 그의 지동설-태양중심설은 당시 서양인의 과학과 사상계에 일찍이 보지 못한 혁명적 충동을 일으켰으므로, 지구 중심 사상의 안전판 위에 의존하고 있던 철학·신학 및 일체 보수적 세계관들은 일대 공포

金錫胄의 족제族弟. 그는 연구력이 강하고 역학에 깊었다. 40세에 비로소 태극으로부터 만물에 이르기까지 체용體用의 묘리를 자세히 설명한 《역학 도해易學圖解》를 저술하였는데, 도표가 44매요 해설이 12만 7,200자였다. 숙종 때 유일遺逸로서 천거되어 여러 고을의 수령을 지내고 노년에 포천抱川 다대곡多大谷에 거주하며 연蓮 못 위에 정자를 짓고 일공정一空亭이라 이름하였다. 78세에 별세하였는데 유집은 간행되지 못하였다. 《포천 읍지》 참조.

와 전율을 느끼게 되어 지동설에 대한 금령은 실로 준엄하였다. 그러므로 17세기 이래 천문학의 외투를 입고 연달아 중국에 와서 천주교를 전파하는 서양인 전도사들은 역법·지구도 기타 약간의 신기한 제품들을 포교의 미끼로 내놓은 반면에 지동설은 여전히 금수품禁輸品으로 되어 있었다.

1624년에 중국에 와서 1638년에 죽은 서양인 교사 나아곡羅雅谷*은 지동설을 맨 처음으로 약간 언급하였으나, 그의 《오위역지五緯曆指》 중에 코페르니쿠스의 이름은 들지 않고 다만 어떤 사람이 일월과 오성五星의 운행은 천동으로가 아니고 지동으로 말미암아 그러한 것이라고 말하였다 하고, 끝으로 "그러나 고금 여러 학자들은 이것을 실상 정당한 견해가 아니라고 논평하였다" 하여 그는 지동설을 일필로 말살하여 버렸다.

그러다가 18세기 말엽, 즉 건륭乾隆 30년대에 이르러 상기 《천체 운행》이 서양 교회로부터 이미 해금되었으므로 전교사 장우인蔣友仁*이 비로소 코페르니쿠스의 이름과 학설을 중국에 소개하였다. 그러나 그는 《지구도설地球圖說》에서 "코페르니쿠스의 태양 중심설은 니색달尼色達*의 이론을 바탕으로 해석한 것에 불과하다" 하면서도, 여전히 "천체가 혼원渾圓한데 지구는 천중天中에 처하여 있다"고 주장하였다.[6]

---

* 나아곡Jacques Raho(1593~1638) : 이탈리아 출신 예수회 신부.
* 장우인Michel Benoist(1715~1774) : 프랑스 출신 예수회 신부.
* 니색달Nicetus(BCE400?~335?) : 시라쿠스(현 이탈리아 시칠리아 섬의 남동부 도시) 태생의 그리스 철학자로 지구 중심의 자전설을 주장하였다. 'Nicetus'는 코페르니쿠스가 《천구의 회전에 관하여》 서문에서 '히케타스Hicetas'를 오역하면서 생긴 이름이다. 최익한도 '尼色達'을 그대로 음독하여 'Necetar'라고 오기하였다.

이와 같이 음운 암담陰雲暗澹한 속에 광채 희미한 지동설이 중국 학계에 아무런 영향을 주지 못한 것은 당연한 일이었다.《천체 운행》이 세상에 공표된 지 300년이나 경과한 시대인 19세기 중엽, 즉 1840년(도광道光 20)에 중국 고증학파 '대가' 완원阮元(그러나 청조 통치자의 대변인)은 자기 저작《주인전疇人傳》에 지동설은 "상하의 위치를 바꾸고 동정動靜을 거꾸로 하여 경전을 떠나 도를 배반하였으므로 가르침이 될 수 없다(上下易位 動靜倒置 離經叛道 不可爲訓)"고 하여, 이단사설로 규정하고 통렬히 배격하였다. 그리고 코페르니쿠스 학설이 비교적 상세히 중국에 소개되며 동시에 과학상 움직일 수 없는 하나의 진리로 인정받게 된 것은, 1859년 이선란李善蘭*과 아열위력亞烈偉力*이 공동 번역한《담천談天》18권이 나온 후의 일이었다.[7]

이상에서 간단히 고찰한바 지동설이 중국 학계에 문제로 등장하지 않았던 18세기에, 더욱이 서양 문물이 중국을 통해서만 수입될 수 있었던 당시 조선의 학계에서, 담헌의 지전설은 확실히 독자적인 창설創說이 아닐 수가 없었다. 그리고 연암이 중국학자들에 대하여 서양인의 미급未及한 점을 지적하고 담헌의 독창성을 특별히 자랑한 것을 보더라도 당시 중국에서 코페르니쿠스의 지동설이 아직 거의 전연 알려지지 않았다고 단언할 수 있다. 또《담헌서湛軒書》중 <의산문답毉山問答>에서 논술한 담헌의 어의를 보면, 지전설의 선구자는 자기가 아니라 서양이나 중국에 있었다는 것을 전

---

* 이선란李善蘭(1811~1882) : 청나라 말기의 수학자.
* 아열위력Alexander Wylie(1815~1887) : 영국 선교사. 이선란과 함께《기하학 원본》,《담천談天》등을 번역하였다.

제한 듯하다. 이는 응당 담헌이 젊었을 때 자기가 독창적으로 지전을 제창하였는데도 불구하고 뒷날 서양 지동설이 간단한 제목만으로 중국을 거쳐 전문轉聞됨에 따라 이를 그대로 승인 찬동한 때문이었다.

또 연암이 1780년 중국 열하熱河에 가서 왕곡정·윤형산尹亨山 등 여러 사람에게 대기염을 토하면서 담헌의 독창을 자랑하던 때에는 서양인의 지동설이 이미 존재한 것을 전연 알지 못하였으며, 그 뒤 3년 만인 1783년 담헌이 서거한 뒤에 그의 묘지명을 지을 때에는 비로소 서양인이 지전설을 최근 발표한 것으로 인정하였다. 그러나 담헌과 연암의 여러 서술 가운데에 서양 지동설의 선창자 가백니哥白尼(코페르니쿠스의 음역)와 그의 저서《천체 운행》은 또한 전연 언급되지 않은 것을 보아, 그들이 서양 지동설을 한갓 전언으로 듣고 자기류의 연구를 가한 것이며, 상기한 18세기 말경에 발표된 장우인의 저서는 전연 입수하지 못하였다는 사실을 알 수 있다.*

그러나 담헌의 지전설이 조선 과학사상의 위대한 보재寶財임에도 불구하고 그것은 태양을 안고 둘레를 도는 공전의 궤도를 분명히 그린 것이 아니라 지구가 정해진 자리에서 자체 회전하고 있는 것으로만 보았다. 이는 당시 코페르니쿠스의 태양중심설을 접독接讀하지 못한 데서 제약된 결과라고 하지 않을 수 없다.

---

* 1767년에 간행된 장우인의《지구도설》은 1850년대 이후에 조선에 유입된 것으로 추정된다. 다산의 제자 이정李晴(1792~1861)의《정관편井觀編》과 최한기崔漢綺 (1803~1877)의《지구전요地球典要》에 인용되어 있다. 문중양, <19세기의 호남 실학자 이정의《정관편》저술과 서양 천문학 이해>, 한국문화 37호(2006), 서울대 규장각한국학연구원, pp125~156 참조.

그러나 어쨌든 담헌이 자기 지전설을 창안한 연대는 1765년(영조 41) 그가 사절을 따라 북경에 가던 그전이었으며, 그가 북경에 가던 그때에는 위에서 말한 전교사 장우인이 불분명하게 코페르니쿠스의 지전설을 소개한 저서가 그나마 아직 나오지 않은 시기였다. 그러므로 우리는 담헌의 지전설에 대하여 그의 천재적인 창안자의 존귀한 명예를 우리 조선의 과학 발전사상에 특별히 기록하지 않으면 안 될 것으로 생각한다.

＊　　　＊　　　＊

담헌은 자기의 자연과학에 대한 깊은 조예를 바탕으로 철학적 견해에서도 종래 유학자들의 낡고 묵은 세계관에 반대하고 자기 실학적 특징을 표시하였다.

그는 유교 철학의 최대 범주인 '이理', '기氣'에 대하여 종래 학자들이 말하여 오던 '이선기후理先氣後', '이위기재理爲氣宰' 등의 관념론을 반대하고 '이기병재理氣並在', '이무주재理無主宰' 등의 논을 주장하였다. 그에 의하면 이理란 것은 사물 현상에 고유하여 사물과 서로 시종始終하는 법칙성이고, 기氣란 것은 '형이하形而下' 즉 물질적·감성적인 것이다. 그러므로 무형무체無形無體한 사물의 일개 법칙성이 그 구체적으로 활동 작용하는 기를 어찌 주재하겠는가?

또 그는 생각하기를 인간의 성性도 본래 선악이 없는 것인데, 다만 현실 생활 과정에서 경험적·감성적 축적에 의하여 선악이 생긴다고 하였다. 그러므로 인성을 악한 방향으로 끌고 가는 물욕과 명리심名利心을 힘써 제거하고 사물의 법칙성을 잘 준수하는 데서

만 인성을 악하지 않고 착하게 수양할 수 있다는 것이다.

그러나 이理와 기氣가 그에게는 아직도 객관적인 진리, 즉 과학이 말하는 법칙성과 형이하적 세계, 즉 형기形氣 일체를 포괄한 물질로서 인식되지 못하였다. 그의 인식에 있어 이理는 사물의 법칙성인 동시에 윤리적 성격을 벗어 버리지 못하였으므로 이른바 인성도 인간 행동의 규범적 의의를 내포하고 있는 것이고, 이 규범적 의의는 그 근저에 아직도 초경험적인 선천적 연계로부터 완전히 결별하지 못하였다.

그러나 그의 철학이 시대적·논리적 제약성이 있음에도 불구하고 그의 자연과학적 견해는 종래 신, 즉 조물주적 세계관을 부정하며 따라서 중세기적 일체 미신을 깨뜨려 버렸다. 그는 생사화복설에 관련되어 있는 일체 신비성을 배척하고 인간의 생사를 물리의 자연적 현상으로 보아 음양오행설·도참설·풍수설 등을 명확히 비판하였다.

그는 효도의 왜곡화와 후장주의厚葬主義를 반대하면서 지배 계급이 인민을 내리누르고 잡아매며 어리석게 하기 위한 도구로 만들어 낸 것이 후장의 예라고 하였다. 또 까다롭고 번거로운 예문禮文은 지배 계급 자신들이 정권과 관위를 쟁탈하는 구실로 이용하는 것에 불과하다고 그는 논단하였다.

그는 풍수설-묘지화복설의 허망을 증명하기 위하여 그의 명작 <의산문답>에서 다음과 같이 말하였다.

나는 아직 감옥에 갇혀 있는 중죄인이 육체적 고통을 받기 때문에 그 아들의 몸에도 헐미(종처腫處) 같은 것이 생겼다는 말을 듣지 못하였거늘, 하물며 죽은 뒤에야 신체와 혼백이 자손에게 무슨 영향을 끼치겠는가?

그런데 후세 사람들이 만들어 낸 풍수설·후장설을 맹신하고 흉지니 복지니 하면서 개장改葬 운운하고 칠성판에 백골을 열두 번이나 담고 돌아다니니, 이것은 도리어 화를 받을 장본이다. 이 때문에 세상에 소송이 번거로이 일어나고 인심이 날로 무너지니, 그 폐단을 어찌 이루 다 말할 수 있겠는가?[8]

이 한 가지만 보아도 그의 사생관에 대한 무신론적 견해가 뚜렷함을 알 수 있다. 이와 같은 무신론적 사상은 종교 신앙에 대해서도 부정하는 태도를 굳게 가졌다.

*   *   *

담헌은 우수한 자연과학자로만 있지 않고 그의 통명하고 신진적인 사상은 사회관에서도 실학적 정신을 발휘하였다. 그도 다른 여러 실학자들과 같이 사회 부유와 인민 생활의 향상은 토지 제도의 개혁에서부터 시작된다고 하여 "밭을 고루 나누고 인민의 산업을 마련할 것"을 주장하였다. 그는 자기 논문 <임하경륜林下經綸>에서 다음과 같이 말하였다.

정전제를 지금 실행하기 어려운 것은 이미 선배들이 말하였으나, 밭을 고루 분배하고 인민의 산업을 제정하지 않고 능히 나라를 다스릴 수 있다는 것은 모두 빈말일 뿐이다. 지금 세상에서는 비록 완전히 옛날 제도로 돌아가기는 불가능하더라도 나라를 잘 다스리려는 자는 반드시 제도를 변통하는 바가 있어야 할 것이다.[9]

그래서 그는 "전국의 토지를 골고루 나누어서 결혼한 남자는 각각 2결結의 토지를 받게 하고, 그가 죽으면 3년 뒤에 딴사람에게 옮겨 줄 것이며, 세액은 수확물의 10분의 1로 할 것이라"[10]고 주장하였다. 그리고 세제稅制에 있어서 이 균전의 10분의 1의 국세 이외에 포세布稅를 거두되, 군포 대신에 15세 이상 50세까지의 여자 3명에게는 1년에 베 1필, 5명에게는 비단 1필씩을 더 거두되 전국 행정 기관의 최말단에서부터 더 거두어서, 각기 세입 포백布帛의 10분의 1씩을 경비로 떼고, 그 나머지를 상급 기관들이 차례로 올려 보내면서 역시 10분의 1씩을 떼며, 최후 중앙 정부는 세입 포백 총량의 10분의 5, 즉 절반을 경비로 사용할 것이라고 하였다.

또 그는 왕실 직영의 대전장大田莊으로서 인민의 기름과 피를 짜먹는 내수사內需司와 궁방전宮房田의 폐지를 주장하였고, 영농 방법에 대해서는 노동과 경리는 물론 각각이지만 될 수 있는 대로 집체적 방법을 취하여 작업 능률을 올릴 것이라고 하였다.

그는 유명한 논문 <임하경륜>에서 일종의 의무 교육과 백만 군대 양성을 주장하고, 또 만민개락萬民皆樂·만민개로萬民皆勞의 이상 사회를 상상하였다. 그에 의하면, 사람치고는 누구든지 반드시 생산의 직업을 가져야 하므로 사·농·공·상 4민은 물론이요 소경·벙어리·앉은뱅이·절름발이까지도 일정한 생산을 해야 하고, 지금 놀고 입으며 놀고먹는 사람이 많은 것은 양반 자질子姪들이 실무와 노동을 부끄러운 일로 아는 까닭이니, 이런 무리는 국가의 형벌과 사회의 제재를 받아야 한다고 주장하였다.

국가가 문벌을 묻지 말고 오직 재능과 학식을 표준하여 인재를 선발 등용할 것을 그는 주장하였다. 그의 양반 타도 사상에 의하면, 비록 천민의 자손이라도 그들이 재능과 학식만 있으면 정부의 높은 지위에 등용할 것이고, 만일 재능과 학식이 없으면 비록 귀족의 자제라도 직업과 지위의 여하를 가릴 바가 아니라고 하였다.

그는 또 유명한 논문 <의산문답>에 동해東海 허자虛子와 의산醫山 실옹實翁이라는 두 사람을 가설假設(임시 설정)하여 서로 문답시키는 가운데에 실증과학으로 공담과 미신을 논박하였다. 그들은 먼저 천문학으로부터 지원地圓·지전地轉과 각 성구星球(별)의 거리·위치와 일식·월식·지진·천동의 자연 현상에 관한 법칙을 설명하고, 종래 동양에서 떠들던바(서양에서도 그러하였거니와) 천변天變·지이地異가 인간 사회의 흥망성쇠에 관련이 있다는 망설과 술수가들이 만들어 낸 오행설·하도낙서설河圖洛書說이 기괴한 부회附會에 불과한 것을 증명하였다. 그리고 그다음 그들은 공자의 《춘추春秋》 내외의 구분까지 논급하여 당시 유학자들의 사대주의와 이와 연관된 '존화양이尊華攘夷' 사상에 엄중한 타격을 주었다.

그에 의하면, 하늘로서 보면 화華와 이夷가 일반이요 내외의 구분이 있을 리가 만무하다. 다만 중화의 입장으로서 보면 중화는 안이요 동이는 밖이며, 동이의 입장으로서 보면 동이는 안이요 중화는 밖이 될 것이다. 공자는 주나라 사람이었으므로 주나라를 높였지만, 만일 공자가 조선 사람이었으면 마땅히 조선을 높이는 《춘추》를 지었으리라는 것이다.

그리하여 실옹은 다음과 같이 말하였다.

공자는 주나라 사람인데, 왕실은 날마다 찌그러지고 제후는
쇠약해지는 반면에 오吳·초楚는 중원을 어지럽히고 도적은 그
치지 않았다. 《춘추》는 주나라 사기史記인즉, 내외의 구분을
엄격히 하는 것이 마땅하지 아니한가? 그러나 만일 공자가 바
다를 건너 동이東夷에 와 살아서 주나라 문화를 중국 밖에다가
건설하였다면, 내외 존양尊攘의 의리에 있어서 응당 주나라
《춘추》와 다른 한 부의 그 나라 《춘추》를 지었을 것이다(自當
有域外一部春秋矣).[11]

이와 같은 논지는 당시 사회에서는 참으로 대담무비한 주장이
었다. 당시 일부, 아니 대다수의 유학자들이 중국을 자기 조국처럼
생각하고 조선을 도리어 오랑캐로 자처하는 맹목적인 존화 관념을
폭로 비판한 그의 사상은, 인민 속에서 이미 발아하고 있는 새로운
애국주의와 민족 자주적 정신을 대변한 것이었다.* 이는 그의 선행
자들이 능히 갈파하지 못한 역사적 발언이었다.

담헌은 성실한 애국적 정신으로 정신·경제·문화 등 여러 부분에
자기 논의를 전개하였고, 심지어 법제·관제·축성·양병에까지 광범
히 고안하였다. 그는 조국을 부강한 나라로 만들기 위하여 자기 선

---

* 이른바 홍대용의 '역외춘추론域外春秋論'은 본질적으로 지역 구분이 아닌 내외가 엄
연한 '의리義理 화이관華夷觀'에 기초하고 있다. 그러므로 민족주의 입장에서 '자주
정신' 문제로 환원시키는 종래의 해석은 이제 지양되어야 한다. 김호, 〈조선 후기 화
이론 재고〉, 《한국사 연구》 162호(2013. 9), p128; 배우성, 《조선과 중화》, 돌베개,
2014, p164; 황태연, 《한국 근대화의 정치사상》, 청계, 2018, p271 참조.

행자들의 이론을 계승 발전시켰다.

　그의 저술은 그의 사후 백수십 년 동안 초고로 있었고, 그의 우수한 과학적 사색과 애국적 사상은 주로 박지원의 기술에 의하여 세상에 널리 알려졌다. 그의 유집 15권 7책은 1936년 서울 신조선사(권태휘權泰彙* 주간主幹)에서 정다산 유집《여유당전서與猶堂全書》와 함께 간행되었으니, 이것이 현행《담헌서》이고 그중《주해수용籌解需用》,〈임하경륜林下經綸〉,〈의산문답毉山問答〉은 유명한 저작이다. 그의《연경기행기燕京紀行記》4권(《담헌서》외집 권7~10)은 문장에서는 연암의 웅혼기걸한 필치로 일관한《열하일기》를 따를 수 없으나, 간명·진실한 태도로서 수천 리 여행 도중에 보고 들은 것을 빠짐없이 기록하여 중국의 정세와 풍속에 대한 활화폭活畫幅을 만들어 냈다. 즉 그는 산야·건축·사관寺觀·시가市街·정원·궁전·성새城塞·인물·의복·음식·책점冊店·음악·서화·병기·사술射術·마술魔術·차車·선船·운송·물화 매매 등 온갖 보고 들은 것을 망라하였고, 심지어 금전 출납, 주산의 사용과 속도, 공업·상업의 발전 상황까지를 자세히 주목하여 우리나라의 것과 반드시 우열을 비교하고 장점을 채용할 것을 유의하였다. 이 점에서는《열하일기》의 의도와 동일한 것이다.

　그리고 우리글로 된《연행록燕行錄》은 필사본이 전하고 있으니,

---

* 권태휘權泰彙(1898~?) : 경기도 평택平澤 생. 본명 권익수權益洙. 경성의학전문학교·세브란스의학전문학교 수학. 독립운동으로 약 3년 반 동안 수감. 혁청단革淸團·정우회正友會·신간회新幹會 등에서 활동한 후 신조선사를 운영하면서《여유당전서》,《담헌서》등을 간행하였다. 해방이 되자 건국준비위원회·민주주의민족전선에 참여하고 6·25 때 월북했는데, 최익한의 논문〈다산 정약용〉(《조선 봉건 말기의 선진학자들》, 국립출판사, p138)을 보면 1954년 5월 이전에 타계한 것을 알 수 있다.

이는 그가 귀국한 뒤에 자기 어머니를 위로하기 위하여 한문본을 번역·첨삭하고 그의 매씨妹氏(손아래누이)가 정사精寫한 것이라 한다.* 여하튼 우리글로 기행문을 쓴 것은 담헌의 《연기燕記》가 처음일 것이고,* 이는 그때 바로 1년 전(1764) 김인겸金仁謙이 서기書記로 사절을 따라 일본에 갔다 오면서 대장편으로 지은 국문 기행 가사 인 《일동장유가日東壯遊歌》와 함께 우리 18세기 문학사에서 기행 작품의 쌍벽으로 평가되는 것이다.

결 론

담헌은 그 당시로 보아 우리 조선이 처음 가진 탁월한 자연과학 자였다. 그는 지전설·지구비중심론地球非中心論을 제창하여 편협한 동굴적 세계관을 타파하고, 유동流動 전환하며 광활 무한한 객관적 세계를 전개하였다. 그는 우주기성설宇宙氣成說과 천지생사론을 통 하여 자기의 자연변증법적 관찰력을 표시하였다.

그는 자연과학적 견해에 입각하여 사회 내부에 광포狂暴한 지배 력을 발휘하고 있는 모든 중세기적 암흑과 신비성을 분석 폭로하

---

* 한글 필사본인 이른바 《을병연행록乙丙燕行錄》은 원래 담헌과 그 자녀들(1남 3녀)이 썼을 것으로 추정된다. 현재 숭실대본(10권 10책)과 장서각본(20권 20책)이 남아 있는데, 전자는 담헌 사후에 그 며느리가 중심이 되어 손부와 손자들이 필사하였고, 후자는 미상이다. 최익한, <담헌 홍대용의 언문 연행록 (하)>, 《동아일보》(1940. 5. 19), 3면; 김태준, <18세기 실학파와 여행의 정신사>, 《전통문화연구》 1집(1983), p14; 소재영, <을병연행록의 한 연구>, 《숭실어문》 1집(1984), pp11~12.

* 한글 기행문은 최부崔溥(1454~1504)의 《표히록》(번역본), 작자 미상의 《됴쳔록》 (1624~5), 《슈로됴쳔록》, 김창업金昌業(1658~1721)의 《노가재연행록》(번역본) 등 이 벌써 있었다. 김태준의 상기 논문 p14 참조.

였다. 그는 한 걸음 나아가 봉건 지주의 착취와 토지 겸병을 반대하고, 토지 균분과 만민개로를 주장하였다. 그의 경제 개혁론은 이론의 단순성을 벗지 못하였으나, 봉건 체제의 불합리성을 비판하는 태도에서는 반계와 성호의 전제론田制論에 비하여 한 걸음 더 나간 감이 없지 않다고 할 것이다.

그는 봉건적 양반 가벌의 출신으로서 벼슬을 좋아하지 않고 권세가에게 아첨하기를 싫어하며, 도리어 불우한 처지에 서서 문벌 제도를 반대하고 4민 평등과 인재 본위를 정치적 원칙으로 강조하였으니, 이는 양반 체제가 그 물질적 기초로부터 자기모순을 이미 발로하고 있음을 사상적으로 반영한 것이었다. 그의 사상은 착취와 압박에 시달리고 있는 농민과 일반 근로 인민을 동정하며 빈부의 차등과 유의유식遊衣遊食하는 무리를 미워하는 동시에 재산 평등과 교육 균등을 실현할 수 있는 만민개락의 사회를 이상하였다. 그의 이상이 물론 계급적 지지를 받아 대중의 역량으로 전화될 수 있는 사회적 조건들을 가지고 있지 못하였으므로 그것은 한낱 공상에 지나지 않았다. 그러나 그의 사상적 입장은 봉건적 착취 체제를 옹호하고 지주의 이익을 합리화시키는 견지가 아니라, 도리어 이들과는 반대 방향에 서서 인민, 특히 농민의 이익과 행복을 주장하였던 것이다.

그는 여러 선행 실학들에 비하여 과학적인 세계관에 한 걸음 더 접근하였고, 《춘추》 내외의 구분은 당시 사대부들의 사대주의에 대한 일대 경종인 동시에 민족 자각적인 사상을 뚜렷이 특징지어 놓은 것이다. 이 점에 있어 담헌의 사상은 실학풍의 우수한 표지標識를 우리 민족 문화사상에 길이 빛나게 남겨 주었다.

박 지 원

연암燕巖 박지원朴趾源은 반남潘南 박씨며 자는 중미仲美다. 1737
년(영조 13) 2월 5일 축시丑時에 경성 안국방安國坊 자택에서 탄생하
였다. 어려서 아버지 박사유朴師愈를 여의고 또 몸이 병약하므로
그의 조부 지돈녕부사知敦寧府事 박필균朴弼均은 짐짓 놀리고 글을
가르쳐 주지 않았다. 16세에 전주 이씨 집 딸과 결혼하고 그의 처
숙妻叔*에게 수학하였다. 하루는 처숙이 《사기史記》〈신릉군전信陵
君傳〉을 읽혔더니, 연암은 물러가서 수백 자의 논설 한 편을 지어
보였다. 그는 크게 놀라서 격찬하였다. 연암은 이로부터 더욱 독서
에 힘쓰고 3년을 문밖에 나가지 않았다.

그는 20여 세에 유언호兪彦鎬* 등 여러 벗들과 동행하여 금강산
과 동해를 구경하였다. 《연암전집》*에 있는 장편 한시 〈총석정관
일출叢石亭觀日出〉은 이때의 걸작이었다.

그는 백가百家의 서적을 널리 읽고 경제·농업·전폐錢幣·조세·군사
등에 관한 연구를 쌓고 천문·지리·음악에까지 정통하였다. 그는 생
김새가 거룩하고 의기가 쾌활하며 재분이 뛰어나서 세상에 하지
못할 어려운 일이 없다고 생각하였다.

---

* 처숙妻叔 : 이양천李亮天(1716~1755). 자는 공보功甫, 호는 영목당榮木堂. 문과에
장원급제하여 홍문관 교리弘文館校理로 있을 때 연암을 가르쳤다. 연암의 장인 이
보천李輔天(1714~1777)의 동생이다.
* 유언호兪彦鎬(1730~1796) : 자는 사경士京, 호는 칙지헌則止軒. 그는 연암과 절친
한 사이라 금강산 일대를 함께 유람하였고(1765), 그의 문집 《연석燕石》에 연암이
서문을 써 주었으며(1775), 개성부 유수開城府留守로 있을 적에 사는 곳이 가까워
서로 자주 만났다(1777~79).
* 《연암전집》 : 1932년 간행된 《연암집》(박영철본, 17권 6책)을 말한다.

그는 일찍이 자기 친우 담헌 홍대용과 함께 서양 과학과 기술의 수입을 강조하였다. 그는 말하기를 학문은 국가와 인민에게 이익을 주어야만 비로소 필요하다고 하였다. 그는 문학에서 종래 형식주의와 무사상성을 배척하고, 민간의 속담·야설野說·이언俚諺·격언과 명·청의 새로 나온 패관소설에 많은 흥미를 가졌으며, 과문科文을 연습하여 과거에 응시하기를 싫어하고, 귀족 양반들의 부패상과 유학자들의 위선적인 정체를 풍자 조소하기에 조금도 꺼리지 않았다. 그러므로 그는 귀족 출신임에도 불구하고 가세는 청빈하였고, 집권자들의 박해와 배제를 받아 불우한 생애로 자기 일생을 마쳤다.

정조 초년에 홍국영洪國榮이 이른바 '세도世道'를 잡고 자기 족숙인 판서 홍낙성洪樂性이 자기에게 아부하지 않는 것을 미워하여 장차 모함하려고 하는데, 연암을 그의 지지자로 의심한 동시에 연암의 반양반적 태도를 더욱 미워하여 장차 화를 입히려 하였다. 연암의 친우 백영숙白永叔*이 그 기미를 탐지하고 연암에게 피신책을 강구하여 준 결과, 연암은 즉시 서울을 벗어나서 개성開城에 잠깐 숨어 있다가 나중에 황해도 금천金川의 연암 산골 속에 은거하였다.* 그 산골 속 바위 벼랑에 구멍들이 있는데, 봄이면 제비들이 와서 집을 지으므로 제비바위라는 이름이 있게 되었고, 그도 이를 따서

---

* 백영숙白永叔(1743~1816) : 백동수白東脩. 자는 영숙, 호는 야뇌野餒. 서얼 출신 무관으로 이덕무李德懋의 처남이다. 1790년 정조의 명에 따라 이덕무·박제가와 함께 《무예도보통지武藝圖譜通志》를 편찬하였다.
* 박지원이 연암골에 은거한 해는 정조 원년(1777)이 아니라 영조 46년(1770)경으로 추정된다. 최익한은 김택영金澤榮의 《중편 연암집》 7권 3책(1917)에 실린 <연암연보>에 의존하다 보니 이런 착오가 생긴 것이다. 김하명, 《연암 박지원》, 국립출판사, 1955, p112; 《과정록過庭錄》 권1 참조.

자기 별호를 '연암'이라 하였다.

연암은 이와 같이 피신한 뒤로 무사하게 되었으나, 그의 생활은 극도로 곤란하였다. 그의 친우 유언호는 규장각 직제학直提學으로 있다가 마침 외임外任으로 나갈 즈음에 연암의 곤란한 사정을 듣고 일부러 자원하여 금천의 근지近地인 개성의 유수留守가 되어 그의 생활을 도와주었다.

그 뒤 정조 4년(1780)에 홍국영은 정권으로부터 방축되었다. 연암의 삼종형三從兄 금성위錦城尉(영조의 사위) 박명원朴明源은 상사上使로 청국에 가게 되어(동년 6월) 동행하기를 청하므로 연암은 기꺼이 승낙하고 44세의 포의布衣로 열하에 가서(이때 청국 건륭황제가 열하행궁에서 70수연을 베풀었다) 6일간 태학관太學館에 유숙하면서 청국의 홍려시 소경鴻臚寺少卿 조광련趙光連, 대리시 경大理寺卿 윤가전尹嘉銓과 강소성江蘇城 거인擧人(지방에서 선발되어 응시하러 온 사람) 왕민호王民皞 등과 많은 필담으로 사귀었는데, 그들은 모두 연암의 박식과 웅문雄文에 탄복하고 '해상이인海上異人'이라고 불렀다.

6년 후 50세의 연암은 비로소 선공감 가감역繕工監假監役*으로 출사하여 사복시 주부司僕寺主簿, 의금부 도사義禁府都事, 제릉 령齊陵令 등의 벼슬을 치르고, 55세에 한성부 판관漢城府判官으로 있다가 안의 현감安義縣監(경상남도)이 되어 극히 청렴하고 인민을 사랑하며 여러 번 의심난 옥사를 밝게 해결하니 현민縣民은 명관이라고 일컬었다.

---

* 가감역假監役 : 원문에는 '감역'으로 되어 있다. 《승정원일기》 정조 10년(1786) 윤 7월 21일자에 박지원(50세)을 '가감역'으로 삼을 것을 주청하고, 동왕 11년 6월 22 일자에 박지원(51세)을 '감역'으로 삼을 것을 추천한 기사가 나온다.

61세에 면천 군수沔川郡守가 되었다. 이때 무관 이방익李邦翼이 제주에서 표풍漂風으로 중국의 팽호도澎湖島에 도착하여 각지 주현州縣의 호송을 받아 귀국하였는데, 복건福建·절강浙江·강소江蘇·산동山東·직예直隸·봉천奉天에 걸친 만여 리를 지나왔었다. 정조가 그를 불러 보고 경력經歷한 산천 풍속을 물은 다음, 편전에서 연암을 인견引見하고 이방익의 구두 진술을 글로 써서 올리게 하였다.*

그가 면천 군수로 있을 때였다. 정조는 22년(1798) 겨울에 농업 발전에 대한 의견서를 중앙과 지방의 인사들에게 널리 구하였다. 그래서 이듬해 3월에 연암은 63세의 노인으로서 자기가 일찍이 농사 개량에 유의하여 구체적으로 자세히 기술하였던《과농소초課農小抄》1권에다가 결론을 배열하고 <한민명전의限民名田議> 1편을 첨부하여 농업과 농민 문제에 관한 자기의 개신안改新案으로 제출하였다. 정조는 이를 보고 크게 아름다이 여겨서 장차 등용하려 하였지만 얼마 안 되어 정조는 서거하였으며, 연암은 순조 초년에 양양 부사襄陽府使로 옮겼으나 이듬해 65세에 노병으로 사임하고, 69세(순조 5, 1805) 10월 20일에 경성 자택에서 빛나는 필전筆戰의 일생을 마쳤다. 그의 가인家人과 문인門人들은 그를 장단長湍의 선영*에 장사하였다.

그의 저작은 방대하다. 그러나 그의 고난한 생활 가운데서 잘 간직되지 못하였고, 또 집권자들과 관학파의 박해로 자연 인멸된 것이 많았다. 예를 들면, 그의 20여 세 때 작품인《방경각외전放璚

---

* 이때~하였다 : 박지원은 <서이방익사書李邦翼事>를 지어 올렸는데, 이방익도 기행 가사 <표해가漂海歌>를 남겼다.
* 선영 : 경기도 장단군 송서면松西面 대세현大世峴.

閣外傳》의 유명한 9전傳 중에 <역학대도전易學大盜傳>, <봉산학자전鳳山學者傳> 2전은 관료배와 유학자들이 크게 꺼려한 바로 그 제목만 남고 본문은 없어졌으며, 그 밖에 <사략불가독론史略不可讀論>, <통감불가독론通鑑不可讀論> 등 많은 논문이 있었다 하나 모두 전하지 않는다. 이 두 편은 제목만 보더라도 응당 그가 당시 초학 아동들의 교과서로 사략과 통감을 읽히는 데 대하여, 케케묵은 외국의 고사古史가 우리나라 아동 교육에 적당치 않을 뿐만 아니라, 자기 조국의 역사를 무시하고 민족 자주성을 좀먹는 사대사상을 배양시키는 극악한 해독임을 예리하게 폭로한 것으로 우리는 넉넉히 짐작할 수 있다.

연암의 저술은 어느 한 편도 당시 관학파와 '순정純正' 문예가들의 물의를 일으키지 않은 것이 없었다. 연암은 어느 날 자기 박씨 종손宗孫인 아무개* 집에 가 술자리에서 문담文談·시화詩話를 기탄없이 하며 휴대하였던 자기 문고文稿를 내 가지고 소리 높여 읽으니, 종손은 그 문고를 빼앗아 이것이 집안을 망칠 것이라 하며 화로에 집어넣었다. 연암은 크게 놀라 급히 구출하고 웃으면서 말하기를, "하마터면 조선의 '금구목설金口木舌'*이 숯경을 삼키고 벙어리가 될 뻔하였구나! 그리고 백년이 못 되어 너는 뒷사람들에게 진시황 이상의 악명을 들을 뻔하였구나!" 하고 그만 자기 문고를 싸 가지

---

* 아무개 : 박남수朴南壽(1758~1787)를 가리킨다. 자는 산여山如, 호는 수우修隅로 시문에 뛰어났는데 그의 삼종조三從祖가 바로 연암이었다.《금릉집金陵集》권17 <박산여묘지명朴山如墓誌銘> 참조.
* 금구목설金口木舌 : 목탁. 쇠붙이로 입구를 만들고 나무로 혀(속의 추)를 만드는데, 경세종警世鐘(세상을 깨우치는 종)의 역할을 한다.《논어》<팔일八佾>에 "하늘이 공자로 목탁을 삼을 것이다(天將以夫子爲木鐸)"고 하였다.

고 집으로 돌아와 버렸다고 한다.

또 연암은 위에서 말한 바와 같이, 중국을 갔다 오면서 3개월간 만 리 여행에 대한 기행문으로 《열하일기》 26편을 지어서, 평생에 쌓였던 울분한 심사와 조국을 부강한 나라로 만들려는 사상을 발표하였다. 그리고 그의 문체도 종래 고전적 형식을 깨뜨리고 풍자의 수법을 좋아하였으며, 자유분방하고 기발정한奇拔精悍*하였다. "패稗 같으면서도 정正하고 속俗된 듯하면서도 기奇하다"고 한 창강滄江 김택영金澤榮의 평어評語가 어느 정도 적중하다 할 것이다.

조선 문학사상의 일대 걸작인 《열하일기》는 초고로서 신진인사들에게 널리 애독되었다. 당계가 다른 정다산 일파도 그것을 인용하였고, 국왕 정조까지 탐독하였던 것이다. 연암이 안의 현감으로 있을 적에(57세 때), 정조는 규장각 직각直閣 남공철南公轍의 문체가 기이한 것을 보고 이도 《열하일기》에서 물든 것이라고 하여 속전贖錢을 내게 해서, 때마침 북청 부사北靑府使로 영전榮轉하는 성대중成大中(서얼)의 송별연을 규장각 내에서 베풀게 하였다. 또 정조는 남공철에게 말하기를, "근래 문풍이 명·청 문체를 배우게 된 것은 그 근원을 추구하여 보면 모두 박지원의 탓이 아님이 없다. 《열하일기》는 내가 익히 열람한 바인즉 어찌 속일 수 있겠느냐? 그에게 편지하여 속히 '순정純正'한 글 한 권을 지어 바쳐서 《열하일기》의 죄를 속량토록 하라" 하였다. 원래 정조는 문학과 정론政論을 좋아하고 학술과 신앙의 자유를 인정한지라 문인·학자를 우대하였으며, 연암이 만년에 그만한 출사를 한 것도 정조의 특별한 배려에 의한

---

* 기발정한奇拔精悍 : 기이하고 빼어나며 정명精明하고 강한强悍함.

것이었다. 그의 내심으로는 《열하일기》의 문장을 신기하게 여겨서 상당한 평가를 주고 있었으나, 다만 가혹하고 고루한 물의를 완화시키고 연암의 안전을 보장하기 위하여 이와 같이 희롱 비슷한 명령을 내린 것이었다. 연암은 남씨의 편지를 받고 곧 완곡한 사죄와 우미優美한 필치로 답서를 만들어 보냈더니, 남씨는 답서를 정조에게 보여 드디어 불문에 부치게 되었다.[12]

연암은 사후에 그의 손자 박규수朴珪壽의 벼슬이 정승이었기 때문에 규례에 의하여 판서의 증직과 문도文度의 시호를 받았다. 그러나 고종 초년경에 규수는 우의정右議政(제2부수상), 그의 아우 선수瑄壽는 판서로 있으면서도 자기 조부의 유집을 감히 간행하지 못하였다. 이는 연암의 〈호질虎叱〉, 〈허생전許生傳〉 등 작품들이 여전히 관료와 유림의 금물禁物로 되어 있었기 때문이다.

그의 사후 96년(1900) 만에 한시가漢詩家 김택영의 발의로 본집本集과 《열하일기》 및 《과농소초課農小抄》 중에서 선발하여 《연암선집》을 경성에서 간행하고, 이듬해에 또 연암의 유고를 거두어 속집을 간행하였으며, 일제 강점 직후(1911) 경성 광문회光文會에서 《열하일기》를 단행본으로 간행하였으며, 1917년 김택영은 상해에서 원집과 속집에서 다시 선발하여 《연암집》 7권을 만들어 국내 인사들의 조력으로 간행하였다.* 그러나 김택영의 선발본은 대개 문사文辭의 형식적 미를 주로 중시한 것이며, 1932년 경성 서점상이 간행한 전집은 그의 후손이 보관하고 있던 유고 전부를 교열 없이 인출印出한 것이니 현행 6책 《연암집》이 바로 이것이다.

* 김택영은 《연암집》 선집을 세 차례 간행하였다. 1900년 원집原集 6권 2책, 1901년 속집續集 3권 1책, 1917년 중편重編 7권 3책이 바로 그것이다.

　　　　　*　　　*　　　*

　연암은 철두철미 18세기 조선이 낳은 천재적 선진 학자며 예술가였다. 당시 조선의 사회적 정세는 어떠하였던가?

　당시 이조 봉건 양반 제도는 경제·정치·문화 각 부면에 자기모순들을 전적으로 폭로하고 있었다.

　첫째로, 봉건 경제의 지주적 착취는 공사公私 조세·환곡·군포 기타 가렴주구를 반대하여 일어나는 농민 봉기는 양적·질적으로 점차 발전되었다. 영조 3년(1727)에 호남 지방의 농민들은 변산반도와 영암의 월출산에 집결하여 관군과 항전하였고, 9년에 나주와 진도의 농민들은 봉기하여 전폐錢幣를 주조하였으며, 그 후에 황해도의 신계新溪·곡산谷山·수안遂安 등지의 농민들은 탐관오리에 반대하여 일어나서 수안의 진언산眞彦山에 웅거雄據하고 있었다. 이는 약간의 실례에 불과하다.

　둘째로, 귀족 관료의 가혹한 토색과 일반의 천대로 말미암아 삼중 오중의 질곡을 쓰고 있음에도 불구하고 상인 자본의 세력은 점차 증대하고 있었다. 상평통보의 사용으로 상품의 유통은 보다 유리하였고, 관서 지방 채광採鑛의 성황과 연경에의 국내 은화의 탈주와 서울 육주비전六注比廛(육의전)의 난전亂廛 금지의 특권 등은 부상대고富商大賈의 금력을 더욱 확대시켜 주었다. 《열하일기》에 서울 변승업卞承業의 재산 총액이 은 50만 냥에 해당한 양으로 전국의 재계를 좌우하였다는 것은 바로 이를 증언한다.

　셋째로, 양반 계급 자체 내의 당쟁은 18세기 영조 연대에 이르러 서인 노론의 일당 전제로 전화되어 봉건 귀족적 분권 형태는 편영

片影조차 소멸되었고, 이른바 '탕평' 정책의 허위성은 여지없이 폭로되었다. 그리하여 중소 지주, 지방 반벌班閥 및 재야 당파의 극소수 대귀족에 대한 불평불만은 자못 격심하였다. 영조 4년(1728)에 일어난 이인좌李麟佐·정희량鄭希亮 등의 반란이 바로 이것의 표현이었다.

넷째로, 문벌·적서와 지방의 차별 제도로 인한 광범한 대중적 불평은 장차 양반 사회의 기구를 뒤엎지 않고는 멎지 않을 형세였다. 이른바 문벌제도는 양반 사회의 골간이므로 문벌을 부인하고 평등을 주장하는 사상은, 바로 양반 사회를 타파하는 민주 사상이 아닐 수 없다. 문벌제도는 이조 중기 이후 그 어느 시대 어느 사회에서보다도 특심特甚하였던 만큼, 이에 대응하는 반양반적 사상도 인민 대중 속에 광범히 발전되어, 특히 18세기 전후로 발생한 민담·소설·이언俚言·은어 어느 장면에서도 양반과 관료를 저주·조소하는 인민적 감정이 침투되지 않은 것이 없었다. 문벌제도의 파생물인 적서 차별은 17세기 작품 《홍길동전》이 이미 그 불평을 단적으로 표시하였다. 영조 연대에 서얼 성대중의 문과 급제를 비롯하여 정조 초년에 서얼 황경헌黃景憲 등 3,000여 명이 성균관(국립대학)에 입학할 것을 상소 청원하였으나* 양반 사회는 여전히 그들을 천대하였다. 지방 차별도 역시 양반 제도의 특수 형태로서 서북 지방 인민들의 투쟁 대상으로 되었던 것이다. 인조 초년 이괄李适의 난 후에 조정에서는 서북인들을 고루 등용한다고 표방하였으나, 이는 기만적 언사에 불과하였으므로 그들의 불평은 쌓이고 쌓여서 후래 19

---

* 《정조실록》 2년(1778) 8월 1일자에, 경상·충청·전라 3도 유생 3,272명이 황경헌을 우두머리로 하여 서얼 허통과 상서庠序 치록齒錄을 요구한 상소가 실려 있다.

세기 10년대의 홍경래洪景來 폭동에서 전적으로 표현되었다.

다섯째로, 당시 양반 제도의 유일한 지지자인 유자들은 부문허례와 공리공담에 도취하고 있었으므로, '개물성무開物成務'의 학을 주장하는 실학자들은 이들과 투쟁하는 것을 자기들의 중요한 당면 과업으로 삼았고, 일반 인민에게 학자란 것은 물꼬를 밑으로 막는 '숙맥'으로 간주되었다. 또 그들은 사대주의 변태인 이른바 '존명尊明' 의리로써 집권 당파의 가면적 위선을 합리화시켜 주는 한편, 사회 현실에 눈을 감고 민족적 기개와 자주성을 그 맹아로부터 거세하려 하였다. 영조 44년(1768) 정언正言* 김약행金若行이 국왕에게 건의하기를, 지금 중국에 만족蠻族이 침입하여 명나라 황통皇統이 끊어졌으니 우리나라는 마땅히 황제 칭호를 쓰고 천자의 예악을 쓰자고 한 말*은 저 비열한 '존명' 사상에 대한 하나의 반격이었다.

여섯째로, 종래 '정통' 문학과 과문科文에 대항하여 제기한 실학 파와 문예파의 문학 운동이었다. 그들은 문학의 취재取材를 자기 나라의 역사·지리·제도·풍속들에 치중하는 동시에 인민 속에 유행 하는 민담·군담軍談·영웅전기·이언·속담·전설·화본話本·동화·가요 들 을 한문 혹은 국문으로 작품에서 취급하였고, 사상에 있어서는 자 기 조국의 부강화와 민족적 자각과 인민의 생활 감정의 형상화를 지향하였다. 그들은 또 새로운 문학적 내용과 풍격風格을 수립하기 위해서는 통치 계급의 부패상과 유학자들의 타락 및 위선을 폭로 비판하고, 인민 대중의 반봉건적 감정과 기분들을 점차 반영하고

---

* 정언正言 : 사간원司諫院의 정6품 관직.
* 《영조실록》 44년 5월 10~12일, 6월 11일 관련 기사 볼 것. 김약행(1718~1788)은 이 상소를 계기로 흑산도黑山島에 3년간 유배되었다.

있었다.

연암의 시대, 즉 18세기 조선의 물질적 및 정신적 여러 모순들을 이상의 몇 가지로 분석·지적하여 보았다.

*   *   *

연암은 자연과학 중에서도 특히 천문학의 새로운 지식에 기초하여 자기의 세계관을 어떻게 전개하였던가?

그는 종래 점성술의 미신과 '천원지방天圓地方'의 편협한 견문을 타파하고 우주의 무한성과 변동성을 깨달음으로써 중세기적 낡은 사회관을 개조하였다. 이는 서구 인문주의자들이 밟아 온 사상적 과정을 우리 조선의 실학자들도 예외 없이 통과하여 온 셈이다.

이제 그 실례를 약간 들면, 실학파의 학조學祖로서 학문의 개신과 사회의 개조를 주장한 성호는 은하성무설銀河星霧說과 지구 및 지심설地心說을 시인하였고 "그 말이 극히 옳다", "중국인이 아직 미치지 못한 바다", "성인이 다시 나도 반드시 좇을 것이다"는 등의 결론으로 서양 자연과학을 극력 찬동하였다. 또 조선 사람의 한문학은 앵무새의 언어에 불과하며, 나무하는 아이와 물 긷는 부인들의 노래가 도리어 예술의 진실성이 있다고 갈파하여 실학파 국문학의 창설자로 나섰던 서포西浦 김만중金萬重도 역시 지원地圓 내지 지동地動을 추론함으로써 종래 고루한 동굴적 견해를 비판하고 자기의 새로운 세계관의 과학적 기초를 개척하였다.[13]

연암은 자기 선행자들의 자연과학적 우주관의 전통을 계승하고 친우 홍대용과 함께 서양 지구설을 발전시켜 지전설을 제창하였다.

그는 다음과 같이 말하였다.

하늘(자연을 가리킴)이 만든 물체는 모난 것이 없어서 비록 모기 다리, 벼룩 궁둥이와 빗방울, 눈물, 가래침이 모두 둥글지 않은 것이 없다. 산하대지와 일월성신이 다 하늘이 만든 바인데 모난 별과 네모난 별들을 볼 수 없다. 그러므로 땅이 원구圓球란 것을 증명할 수 있으니 의심할 것이 없다.

나는 비록 서양 사람의 학설과 저서는 보지 못하였으나, 지구가 구형임은 의심할 것이 없다고 말한다. 대체로 그 형체는 둥글고 그 덕德은 모나며 그 사공事功은 동작動作이요 그 성정性情은 안정安靜이다. 만일 큰 공간으로 하여금 이 땅을 고정시켜서 움직이지도 않고 구르지도 않고 덩그러니 공중에 매달아 둔다면 곧 썩은 물, 죽은 흙과 같이 당장에 썩고 삭고 무너지고 흩어질 것이니, 어찌 능히 유구하게 자체를 유지하여 많고 무거운 것들을 싣고 있으며, 강과 바다의 큰 물들이 물결을 쳐도 새지 않을 수 있겠는가? 이제 이 지구의 곳곳마다 경계를 열어 온갖 종이 발을 붙이고 있으니, 하늘을 이고 땅을 밟고 있는 자세는 우리 사람과 다를 바가 없다. 서양 사람이 이미 땅을 구형으로 인정하였으나 땅이 구르고 있다고는 말하지 않았다. 이는 땅이 둥근 줄만 알았지, 둥근 것이 반드시 굴러가는 줄은 모른 셈이다. 땅이 한 번 굴러서 하루가 되고, 달이 한 번 땅을 안고 돌아서 1삭朔(1달)이 되고, 해가 한 번 땅을 안고 돌아서 1년이 되고, 목성이 한 번 땅을 안고 돌아서 1기紀(12년)가 되고, 항성이 한 번 땅을 안고 돌아서 1회會(10,800

년)가 된다. 저 고양이 눈동자도 1일 12시에 매시마다 변화가
있는데, 그것이 한 번씩 변하는 동안에 땅은 이미 7천여 리를
달아난다.[14]

이와 같이 연암은 서양의 지원설을 부연하고 담헌 홍대용의 지
전설에 찬동하여, 종래 좁고 막히고 고정불변한 세계관을 타파함
으로써 우주 만물의 원전圓轉 변화하는 진리를 웅변적으로 갈파하
였다.[15]
그는 또 자기의 유명한 진적설塵積說을 다음과 같이 말하였다.

우리 진계塵界(지구상)의 생각으로 미루어 보건대 저 월구月球의
세계에도 또한 물질이 있을 것이다. 쌓이고 모여 엉킨 것이
마치 한 점 미세한 먼지가 쌓여서 대지가 된 것과 같다. 먼지
가 모이고 엉켜서 흙이 되고 먼지의 거친 것이 모래가 되고
먼지가 굳어서 돌이 되고 먼지의 진액津液이 물이 되고 먼지가
뜨거워지면 불이 되고 (……) 먼지가 찌면 기운이 답답해져서
(塵蒸氣鬱) 온갖 벌레로 된다. 이제 우리 사람은 바로 이 벌레들
중의 한 종족이다.[16]

연암은 물질의 가장 미세한 단위를 먼지[塵]로 규정하고, 이 먼
지를 우주 만물의 구성 요소로 인정하였다. 그리고 먼지가 찌면 기
운이 답답해지는 데서 온갖 벌레가 생기고 사람은 이 벌레들 중의
한 종족이라고 갈파한 것은, 생명-유기체가 어떤 신의 조화나 무
기체의 밖에서 발원한 것이 아니라 무기체의 가장 미세한 입자인

먼지의 자체적 결합 작용에서 생성 변화한 결과로 인식한 것이다. 이로써 연암의 자연과학적 견해가 얼마나 유물론적 성격을 뚜렷이 표시하였는지를 알 수 있다.

그의 견해에 의하면 하늘은 신의 주재主宰가 아니고 인간의 정신과는 독립한 자연의 총체의 대명사로 인정하여, 종래 인간의 의지와 욕망으로써 감응시킬 수 있는 것으로 하늘을 인식하는 관념론을 배척하였다. 그는 자기 작품 〈담연정기澹然亭記〉에서 사람이 하늘을 어떤 신처럼 쳐다보고 행운을 바라는 것은 어리석은 일이라고 하며 다음과 같이 말하였다.

> 어떤 조급한 사람이 오늘 한 가지 착한 노릇을 하고 하늘더러 행운을 달라고 재촉하며, 내일 한 마디 좋은 말을 하고 반드시 보수를 받으려고 하면, 하늘도 장차 그 번거로움을 견디지 못할 것이며, 착한 노릇을 하는 사람도 또한 지쳐서 주저앉고 말 것이다. 하늘은 원래 텅 비고 끝이 없으며 자연에 맡겨 두지만, 사시四時가 그 순서를 잃지 않고 만물이 그 책임을 어기지 않을 뿐이다. 하늘이 어찌 신의를 지키기에 뜻이 있어서 구구히 물건을 따라다니면서 재어 보고 달아 보고 하겠는가?[17]

연암은 이와 같이 무신론적 세계관에 입각하여 서양의 자연과학과 기술에 대해서는 어디까지나 그것을 섭취하고 수입할 것을 주장하였으나, 서양의 종교 즉 천주교에 대해서는 다른 여러 선행 실학자들과 같이 역시 반대의 태도를 취하였다. 그는 처음부터 경계의 눈초리로써 이마두利瑪竇 이하 서양인 선교사들이 좋지 못한 기도企圖를 품고 "천신天神을 가탁하여 중국 사람을 유혹하기 위해" 중국에 들어온 것이라고 판정하였다.

또 그는 천주교리를 불교리와 비교하여 말하기를, "불씨佛氏의 학은 형기形器(형이하形而下 세계)를 환망幻妄한 것으로 인식하였으니, 이러하면 인민에게 아무런 사물과 법칙이 없을 것이다. 이제 야소교耶蘇敎는 이理를 기수氣數(형이하 세계의 운수運數)라고 하니, 이러하면 무형한 진리를 유형한 현상으로 오인한 것이다"[18]고 하였다.

이 두 교리를 비판하는 데 있어서 연암의 철학은 아직도 송유의 이기이원론적理氣二元論的 잔재를 청산하지 못하였으므로, 그의 이른바 이理란 것은 자연 및 사회의 구체적 사물과 어디서든 항상 분리할 수 없는 법칙성으로 보지 못하였다. 또 그의 법칙이란 것도 사물의 필연적 인과를 가리킨 것이 아니라 인간의 주관적 윤리의 개념을 은연히 전제한 것이다. 그러나 어쨌든 연암은 모든 현상 세계를 환망으로 간주한 불교의 이론을 배척한 동시에, 이와 반대로 모든 현상 내지 환망까지를 진실한 것으로 인정하는 야소교의 설교에 대해서도 허용하지 않았다. 그리하여 연암은 자기 노작勞作 《열하일기》 가운데에 자기 대화자인 왕곡정王鵠汀의 말을 빌려서 야소교리를 다음과 같이 논단하였다.

서학(야소교)이 어찌 불교를 나무랄 수 있을까? 불교는 진실로 고묘高妙하나 다만 공허하게 비유가 많고 마침내 귀착歸着이 없다. 겨우 깨달은 때에는 필경 환幻 자 하나뿐이다. 저 야소교 는 본디 어렴풋이 불교의 찌꺼기만을 얻었다. 그들은 중국에 들어와서 중국의 문헌을 배우다가 비로소 중국이 불교를 배척하는 것을 보고 그제야 불교 배척을 본받더니, 중국 문헌들 중에서 상제上帝·주재主宰 등 용어를 추출하여 유교에 스스로 아부하였다. 그러나 그 본령은 원래 명물도수名物度數에 국한되어 이미 유교의 제2의義에 떨어져 있다.[19]

이 인용문 중 이른바 명물도수란 천문·역법·수학·지구표地球表·망원경 등 자연과학의 산물을 가리킨다. 연암과 곡정이 모두 서양 사정에 생소하였던 까닭으로, 야소교가 서양에서는 과학과 기술의 발명과 발달을 적극적으로 억압 방해하였음에도 불구하고 그 파견자들이 동양에 와서는 포교 수단으로 과학적 산물을 약간 소개하여 그것이 마치 야소교의 신력神力의 업적인 양 과장하는 기만적 술책에 대해서, 철저히 간파하지 못하고 명물도수를 야소교의 본령으로 오인하였던 것이다.

그러나 연암은 다른 여러 선행 실학자들처럼 서양의 과학 기술은 적극적으로 환영하고, 그 교리는 불교의 천당지옥설과 별반 다름이 없을뿐더러 사고와 윤리의 방법에서는 그보다 훨씬 유치 저열한 것을 지적 폭로하였다. 이는 연암이 반종교적 사상 투쟁에서 무신론적인 이성의 횃불을 들고 중세기적 미신의 세계로부터 인간 의식의 개명의 방향으로 지시하여 준 것이다.

*   *   *

연암은 우수한 사상가며 문학자로서 민생 문제에 깊은 관심을 가지고 해결책을 강구하기에 노력하였다. 위에서 이미 언급한바 국왕 정조에게 올린 농업 대책에서 《과농소초課農小抄》는 농업 발전을 위하여 영농 방법의 개량과 기술의 채용을 주장하였다. 그는 일찍이 연암 산협山峽 속에서 다년간 자신이 일개 농부로서 농민의 고통과 농사의 경험을 속속들이 체득하였으며,* 또 지방관으로 있으면서 항상 농촌을 순시하고 전야를 답사하여 농사철, 기후의 예측, 논밭의 각종 모양, 농기구, 갈고 개간하기, 거름주기, 수리水利, 종자의 선택, 씨뿌리기, 곡물의 명칭과 품질, 김매기, 충재蟲災 퇴치에 관한 여러 방법, 거둠질, 소 기르기 등 농사 전반에 걸쳐 깊이 연구한 결과를 정리하고, 고금의 수많은 농서 및 학설과 농민의 일상적인 구담口談·가요들로부터 다양한 경험을 뽑아내어, 《과농소초》란 제목 아래 내용이 풍부하고 항목이 상세한 저서 상·하 2권을 완성하였다.

그는 이 저서의 총론에서 사농공상 4민 중 사士의 학은 명농明農·통상通商·혜공惠工의 정책에 창지創智를 발휘하여 인민의 생활을 풍부하게 하며 국가에 이익이 있도록 해야만 '실학'이 된다고 강조하였으며, 그다음 현재 사류士類가 성리性理를 고담高談하고 경제에 등한하며 혹은 부화浮華한 문사文詞에만 힘쓰고 정치에 아무런 방책이 없는 것을 통절히 공격하였다. 그는 말하기를, "부자는 배부르고 안일하게 살아서 의식衣食이 나오는 바를 알지 못하며, 빈자는 벼룩이 꿇앉을 땅도 갖지 못하여 농사를 배울 수가 없으므로 농학農學은 드디어 거칠고 성과를 거둘 수가 없다"[20]고 하였다.

---

* 농부로서~체득하였으며 : 연암은 농부로서 농사를 지은 것이 아니라 사士로서 농서를 읽고 농사를 관찰하며 연전필경硯田筆耕한 것이다. 《연암집》권16 〈진과농소초문進課農小抄文〉; 《과정록過庭錄》권3.

그는 《과농소초》 끝에 〈한민명전의限民名田議〉 1편을 첨부하여 자기의 전제 개혁안을 논술하였다. 본편 첫머리에 자기가 그때 맡아보고 있던 면천沔川 1군郡의 전결田結·농호農戶와 그들 생계의 현상을 통계학적으로 고찰하여 자작농이 전 농호의 열에 한둘도 안 된다는 점을 지적하고, 전 수확에 대한 10분의 1의 공부公賦, 즉 국세와 절반의 사세私稅, 즉 소작료와 기타 가렴잡세를 제하면 "1년 농사가 소금 값도 안 된다"는 농민의 속언俗諺을 실증하는 이외에 아무것도 없다고 하였다. 그는 이와 같이 비참한 농민 생활의 원인을 호부豪富의 토지 겸병으로 규정하고, 이를 바로잡기 위하여 전국 토지의 몰수와 재분배의 원칙하에서 한민명전법限民名田法의 실시를 주장하였다.

그는 종래 전제론자田制論者들이 흔히 말한 "땅은 적고 사람은 많아서 균전 혹은 한전의 실시가 불가능하다"는 것은 근거가 없다고 논박하였다. 그의 이론에 의하면, 정치 당국자는 정권政權으로 토지를 몰수하여 인민에게 고루 분배하는 것이 원칙이지만, 만일 현실 가능성을 고려한다면 한전법이 제일 좋은 정책이라는 것이다. 그러면 이 한전법은 어떠한가? 먼저 토지 면적을 호구 수로 쪼개서 매 개인마다 평균 소유할 토지 면적의 한도를 법적으로 규정한 다음에, 발령發令하기를 어느 해 어느 달 어느 날부터 이 법정 한도에 넘거나 혹은 이미 찬 토지 면적의 소유자는 더는 매입할 수 없으며, 이 발령 전에 매입한 토지는 여하히 과다하더라도 불문에 부치고 그들 자신의 자손과 친족에게 그 과다분을 분산分産하는 것은 승인할 것이며, 자기 토지 소유의 면적을 숨겼거나 혹은 발령 후에 법정 한도 이상으로 매입하는 자에 대해서는 인민이 고발하면 그 고발자에게 그 토지를 주며, 관서官署가 고발하면 몰수하여 그 관서의 관전官田으로 사용케 할 것이다. 이렇게 하면 수십 년 이내에 전국의 민전民田을 균평히 할 수 있다. 이는 인민을 동요시키지 않고 정전의 고제古制를 쓰지 않고도 정전의 실리를 얻을 수 있다는 말이다. 그리고 그는 농민 봉기가 모두 그들이 토지를 잃어버린 데서 생기므로, 무엇보다 토지를 그들에게 분배하여 주는 것이 가장 좋은 해결책이라고 하였다.

연암의 한전론은 그의 선행자인 성호의 전제론과 동일한 견지에 섰던 것이다. 이는 연암이 재산 사유의 권리와 자유를 고려하는 한편 주로 중·소농적 이익을 대변한 것이었다.

그에 의하면, 한전법이 실시된 후에 겸병이 종식되며, 겸병이 종식된 후에 재산이 균평화되며, 재산이 균평화된 후에 인민이 비로소 토착되어 각기 그 땅을 갈고 근면과 나태가 나타날 것이며, 근면과 나태가 나타난 연후에야 농사를 권장할 수 있고 인민을 교육할 수 있다는 것이다. 그리고 그는 이 한전법의 실시와 함께 '병농일치'를 주장하였다.

그는 자기 명작인 <한민명전의>의 결어에서 만일 토지의 균분을 전제하지 않고 산업과 교육을 운운한다면 이는 "마치 그림 그리는 자가 비록 단청丹靑을 구비하고 모사摹寫가 공교하다 할지라도 그림 바탕인 종이나 비단이 없으면 붓과 먹을 쓸 곳이 없는 것과 같다"[21]고 하였다.

연암은 경제 정책에서 자기의 선행자들, 특히 잠곡潛谷 김육金堉의 주론主論을 계승 발전시켜서 수레 사용과 화폐 유통 및 귀금속 화폐의 주조를 주장하였다.

그의 이론에 의하면, 중국에서 화물이 한 곳에만 적체되지 않고 널리 유통되어 무역이 성행하는 것은 수레가 많이 이용되기 때문인데, 우리나라에서는 수레를 쓰지 않아서 교통이 불편하므로 화물이 서로 넘나들지 않은 결과, "영남 아이들은 새우젓을 모르고 관동關東(강원도) 사람들은 아가위[樝]*를 담가서 장醬을 대신하며 서북 사람들은 감[柿]을 모른다." 또 "연해沿海 지방에서는 아감젓[鮧]이나 미꾸라지[鰌]를 비료로 쓰는데, 이것이 일단 서울에 가면 한 움큼에 값이 한 푼이다. (……) 육진六鎭의 베, 관서關西의 명주, 양남兩南(영남·호남)의 종이, 해서海西(황해도)의 솜과 철, 내포內浦의 생선과 소금은 모두 인민 생활의 필수품들인데, 그 모양도 보지 못한 사람들이 있는 것은 어찐 일인가? 그것은 그 직위에 있는 사람들이 노력하지 않은 때문이다. 수천 방리方里의 나라로서 인민의 산업이 이렇듯 빈약하다!"[22]며 그는 개탄해 마지않았다. 그래서 그는 자기 <차제車制>라는 논문에 각종 차제의 구조와 제작 방법을 자세히 설명하였다.

연암은 화폐 정책에 대하여 화폐가 인민의 경제생활에 절대 필요한 수단이라면서, 경제적 및 도덕적 질서의 파괴자로 인정하는 일반 유학자들의 논지와는 그 성격을 달리하였다. 그의 주장에 의하면, 화폐를 잘 조절하여 물가의 안정을 도모해야 하며, 그러기

* 아가위[樝] : '사樝'는 산사나무 열매로 소화를 촉진하는 효능이 있다. 최익한이 '주두[櫨]'라고 한 것은 판본 오식에 따른 착오. '로櫨'는 '주두柱頭, 거망옻나무'의 뜻. 거망옻나무는 남해안에서 자라며 그 열매는 주로 초의 원료인 밀랍을 만드는 데 쓰였다. 광문회본光文會本(1911)에 '櫨'로 되어 있지만, 김승렬본金承烈本(1922)·박영철본朴榮喆本(1932)·이가원본李家源本(1968) 등에는 '樝'로 되어 있다. 한편 최익한은 나중에 자기 논문에서 '주두'를 '아가위 열매'로 바로잡았다. <연암 박지원의 사상적 및 문학적 지위>,《력사과학》12호(1955), p17 볼 것.

위해서 정부는 문란해진 화폐의 주조를 통제하고 개혁해야 한다고 주장하였다.[23]

또 연암은 귀금속인 은을 화폐로 사용할 것과 은의 국외 유출을 방지할 것을 주장하였다. 그의 이론에 의하면 "은은 재부財賦*의 가장 중요한 화폐물로서 온 세상이 다 같이 보배로 여기는 바이다. 우리나라 풍속은 엽전에만 익숙하고 은화에는 생소하기 때문에 은은 드디어 한 물체일 뿐이고 화폐로 되지 못한다. 만일 중국 시장에 나가서 무역에 쓰지 않으면 이는 무용한 물건과 마찬가지로 된다. 매년 북경에 가는 동지사가 휴대하는 은봉銀封은 10만 냥을 초과하므로 10년을 통산하면 이미 100만 냥을 보낸 셈이다. 이 막대한 은의 대가로 가져오는 것은 겨우 털모자에 불과하다. 털모자는 삼동三冬을 지나면 해진다. 천년을 지나도 해지지 않는 보물을 가져다가 삼동에 해져 버리는 것과 바꾸고, 캐내면 없어져 버릴 재물을 실어다가 한 번 가면 돌아오지 못할 데에 내버리니, 이보다 더 옹졸한 계책은 이 세상에 다시없다"는 것이다.[24]

또 그는 돈이 귀해지는 것을 완화시킨다는 명목 아래 국내의 은을 가지고 가서 당전唐錢을 무역하여 오는 것을 동지사에게 허가하는 정부의 정책을 반대하였다. 그는 은 화폐를 실시하고 국외 유출의 방지를 엄격히 함으로써 돈이 귀해짐을 구제할 수 있다고 주장하였다. 연암이 은의 사용에 대한 정부의 무가치한 정책을 비난하는 취지는 그의 유명한 작품 <허생전許生傳>에서도 보였다. 허생이 해외 무역에서 은 100만 냥을 벌어 가지고 이것이 우리나라에서는 쓸데없다고 하며, 그 절반인 50만 냥을 바닷물에 던져

---

* 재부財賦 : 원문에는 '財富'로 되어 있다.

버렸으니 대체 무슨 의미였던가? 이는 연암이 은의 가치를 무시하거나 혹은 화폐의 필요와 상업 자본의 발전을 부정하는 퇴보적 태도가 결코 아니었다. 도리어 이와는 반대로 당시 정부가 은을 화폐로 사용하지 않고 국외로 허랑히 유출시켜 그 귀중한 가치를 몰각하여 무용의 장물長物*로 만들고 있는 극히 우매한 경제 정책을 반증적으로 폭로 풍자한 것이었다.

〈허생전〉의 독자는 이 점에 대하여 위에서 이미 말한바 연암의 은 화폐 주장과 관련시켜서 이해해야 한다. 또 50만 냥의 은이 아홉 임금의 대가리를 베어 올 수 있는 그러한 가치임에도 불구하고 지금 국내에 쓸데없기 때문에 바닷물에 던지고 말았다는 주인공 허생의 고백이, 결국 그 당시 정치 당국이 한갓 빈말로 '북벌'을 떠들면서 아무런 물질적 준비도 하지 않는 기만적 행동을 측면적으로 조소하였다는 점을 아울러 이해해야 한다.

*　　　*　　　*

연암은 봉건 사회의 신분제와 계급적 차별을 전연 불합리한 것으로 인정한 동시에 이른바 양반 사대부들의 정치적 및 도덕적 부패·타락·위선의 내용을 여지없이 폭로 조소하였다. 그의 걸작 〈양반전〉, 〈허생전〉, 〈호질〉 등 여러 편은 이를 비판적 사실주의의 방법에 의하여 표현한 것이다.

그는 일상생활에서 권문세가를 원수처럼 미워하고 고루한 유생

---

* 장물長物 : 불필요한 물건. 무용장물無用長物.

과 이른바 도학자들을 경멸하며 그들과의 종유從遊를 싫어하였다. 반면에 그는 천민 하인들과 교제하고 담론하기를 좋아하였다. 그의 제자 중 한 사람인 강산薑山 이서구李書九의 <하야방우기夏夜訪友記>*와 연암의 답기答記에 의하면, 이서구가 6월 어느 날 밤에 연암을 방문한즉 연암은 식량이 떨어져서 굶은 지가 이미 사흘이나 되었으며, 발을 벗고 망건을 벗고 다리를 방문턱에 들어 얹고 행랑살이들과 서로 담론을 친절히 주고받고 하였다. 이는 그가 일상적으로 지닌 평민적 태도였다.

그의 소싯적 작품으로 유명한 《방경각외전放璚閣外傳》 중 7전傳의 주인공들은 대개 양반 사대부가 아니고, 도리어 양반을 반대하는 입장에 서 있는 인물들을 형상화한 것이다. 우도友道에 밝고 깊은 말거간, 마음이 깨끗한 똥장수, 세상을 풍자하는 골계가(익살꾼)인 민옹閔翁, 불우한 은자인 전신선全神仙, 빈궁한 거지로서 이름이 높은 광문廣文, 중인의 소년 재사才士인 이우상李虞裳, 돈으로 양반 권리를 샀다가 도리어 양반이 도적놈인 것을 깨닫고 그 권리를 내버린 정선군旌善郡의 상놈부자—이들의 언행·성격·재예才藝·양심·근로 등 모든 방면이 이른바 양반에게는 찾아볼 수 없는 미점美點들을 형상화하여 양반 유학자들의 타락·부패 및 위선을 신랄하게 조소 폭로하였다. 여기에서 연암의 반봉건·반양반적 인도주의*와 혁명적 정열과 미학적 사상을 충분히 볼 수 있다.

---

* 하야방우기夏夜訪友記 : 이서구(1754~1825)의 문집 《자문시하인언自問是何人言》에 실려 있고, 《연암집》 권3의 <소완정의 하야방우기에 화답하다酬素玩亭夏夜訪友記>에도 부기되어 있다.

* 연암의 반봉건·반양반적 인도주의는 봉건 제도나 양반 계급 자체를 반대한 것은 아니었다. 자세한 것은 정성철의 《실학파의 철학사상과 사회정치적 견해》, 사회과학출판사, 1974, pp353~360 볼 것.

그는 당시 신분 차별제의 하나인 서얼 천대를 극히 무리한 것으로 인정하고, 서얼의 등용과 평등 우대를 청원하는 의소擬疏*를 지어서 적서 차별이 그들 개인 불행일뿐더러 국가의 손실이 크다고 강조하였다.[25] 당시 재식才識과 문학으로 유명한 아정雅亭 이덕무李德懋, 영재泠齋 류득공柳得恭, 초정楚亭 박제가朴齊家 등은 모두 서얼이었으나, 연암은 조금도 차별을 두지 않고 그들을 지도 격려하여 자기의 우수한 제자들로서 실학파의 한 자리씩을 차지하게 하였다.

연암은 당시 사대부와 학자들이 정치와 학문을 운운하면서, 현실과는 전연 유리되는 방향에서 공담·허례를 일삼고 기술과 실무에서는 아무런 관심을 가지지 않는 태도에 대하여 최대의 증오와 경멸을 보였다. 더욱이 그들은 큰 갓과 긴 옷으로써 인간의 생산적 활동을 구속하고, 이른바 '존화양이尊華攘夷'의 말공부로 벼슬을 절취竊取하고 당쟁을 선동하며, 지식을 널리 세계에서 구하지 않고 한갓 편협한 쇄국주의를 고수하여 우물 안 개구리 생활로 자고자대自高自大하고 있었으므로, 이에 대하여 연암은 무자비한 비판의 공세를 취하였다. 그는 말하기를 "천하를 위한다는 사람은 적어도 인민에게 이익이 있고 나라를 부강하게 할 수 있는 것이라면 그 법이 혹은 오랑캐로부터 나왔다 하더라도 마땅히 그것을 본받아야 한다"[26]고 하여 외국 유학과 국제 통상을 주장하였다. 이는 그의 제자 박제가의 《북학의北學議》와 공통된 사상이었는데, 이 사상은 자기의 걸작 〈허생전〉의 주인공에 의하여 전적으로 또는 첨예하게 표현되었다.

---

* 의소擬疏 : 상소문의 초고[疏草]. 올리려고 지었다가 올리지 못한 상소.

연암의 걸작으로서 제일 세상에 유명하고 또 양반 계급의 질시와 박해를 많이 받아 온 것은 〈역학대도전易學大盜傳〉, 〈봉산학자전鳳山學者傳〉, 〈양반전〉, 〈호질〉, 〈허생전〉 등인데 〈역학대도전〉과 〈봉산학자전〉 두 편은 이미 인멸되어 버렸으며, 나머지 세 편은 현재 널리 읽히고 있다.

　조금 자세하게 말하면 〈양반전〉은 정선 지방의 어느 가난한 양반이 환곡을 매년 꿔 먹은 것이 천 석이란 거액에 달하였으나 갚을 길이 없어서 장차 형벌에 처하게 되었다. 그의 이웃집 상놈 부자 하나가 이 내막을 알고 자기 돈으로 그 양반의 관채官債를 갚아 주는 대가로 양반의 권리를 사서 자기 상놈의 비천한 신분을 갈아 버리고 고귀한 양반의 지위에 오르려 하였다. 그래서 군수·좌수座首*와 일반 군민들의 입회하에서 양반 권리 매매 문서를 작성하게 되었는데, 그 양반 권리의 규정이 너무나 고행적苦行的이고 위선적이며 허식적인지라 그 상놈은 자기 예상과는 크게 다르다고 하여 문서를 개작하게 되었다. 개작 문서에는 양반의 권리가 비록 호화·영달로서 충만되었으나, 결국은 탐오·방종한 생활과 인민을 약탈·억압하는 행동에 불과한 권리였다. 그 상놈은 대경실색하면서, "이제 보니까 이른바 양반이란 도적놈이로구나!" 하고 그만 머리를 쩔쩔 흔들며 현장을 떠나가서 종신토록 다시는 양반 노릇할 생각을 하지 않았다.

　이 한 편은 양반의 추악한 이면과 배금사상을 폭로 조소하면서, 이와 반대로 상놈의 소박성과 양심적인 면을 도리어 찬양하였다.

---

* 좌수座首 : 이조 시대 지방의 자치 기구인 향청鄕廳의 우두머리로 군수를 보좌함.

동시에 양반의 신분이 상놈의 부력富力 앞에 굴복하는 사실은 바로 봉건적 양반 사회가 시민 계급의 사회로 그 지위를 양보하지 않으면 안 될 역사적 방향을 예감적으로 반영한 것이었다.

그의 우화적 작품 〈호질虎叱〉(범의 꾸중)은 신성한 도학자로 자처하는 유학자들이 권력과 세력 앞에 무릎을 꿇고 아첨 찬송하는 노예가 되고 있는 정체와, 겉으로는 점잖은 체하면서 내면으로 간음 패행悖行을 마음대로 하는 위선적인 행동을 풍자 폭로한 걸작이다. 이 작품 주제의 범위는 여기에만 그치지 않고 당시 조선의 양반 사대부가 입으로는 '존화양이'를 부르짖으면서 실제로는 청나라의 반半 속국으로서의 지위와 권리를 경쟁하고 있는 것과, 또 당시 중국 한족 사대부들이 역시 만족 청조의 통치 밑에서 절개를 팔아 관직을 쟁취하며 청조 제왕帝王의 '신성문무神聖文武'*를 백배百拜 찬미하기에 모든 비굴성을 다하는 것을 포괄하여 풍자 조소한 것이다.

연암의 작품으로 가장 평판이 높은 것은 〈허생전〉이다. 연암은 주인공 허생*의 입을 빌려서 당시 무능 무책無策하고 형식주의와 보수적 정신에 사로잡혀 쇄국주의를 고수하고 있는 정권 당국과 공담·허례에 얽매여 있는 사대부들을 폭로 조소하였으며, 반면에 문벌 구습의 타파와 큰 갓, 긴 소매 및 상투의 폐지와 해외 유학생의 파견 및 국제 통상 정책의 실행을 주장하였다. 이는 확실히 18

---

* 신성문무神聖文武 : 강희제康熙帝(재위 1661~1722)와 옹정제雍正帝(1722~1735)의 시호에 '문무'가, 건륭제乾隆帝(1735~1795)의 시호에 '신성'이라는 글자가 들어 있다. 청나라는 강희·옹정·건륭 3대에 걸쳐 전성기를 이루었다.
* 허생 : 최익한은 《동아일보》(1925. 1. 14)에 〈허생의 실적實蹟〉을 발표하여 허생의 실재 인물설을 제기한 바 있다. 이에 대한 연구는 김진균, 〈허생 실재 인물설의 전개와 허생전의 근대적 재인식〉, 《대동문화연구》 62집(2008), pp263~291 볼 것.

세기 서양 문화의 영향을 암시한 것이요, 동시에 조선 사회가 상업 활동을 발판으로 하여 장래 자본주의 체제로 넘어가려는 역사적 징후를 반영한 것이었다.

그리고 동 작품의 주인공 허생은 상업에서 얻은 거액의 자금으로 전라도 변산 지방의 '군도群盜' 2천여 명을 데리고 해중海中 어느 무인도에 들어가서 땅을 갈고 집들을 짓고 평화스러운 농민의 나라를 건설하였는데, 그 나라에는 계급·문벌·조세·화폐·군주·관리·학자·지주·노예·귀신·문자·법률·제사·번폐煩弊스러운 예문禮文 등 일체가 근절되었고, 그곳에 오직 남아 있는 것은 밭갈이하는 법과 어린아이가 오른손으로 밥숟가락을 잡는 법과 나이 많은 사람에게 양보하는 법뿐이었다. 이는 연암이 차별과 가혹과 착취와 억압과 부화浮華와 사기와 위선과 미신으로 충만되어 있는 양반적 사회를 철저히 부인하고, 그와는 전연 반대되는 다른 깨끗한 사회를 동경하는 이념에서 솟아 나온 표현이었다.

연암의 무인도 사회는 다산의 여전제閭田制 사회와 함께 특수한 농민 민주주의적 사회를 그린 것이었으나, 후자는 학리적 근거의 일면을 가지고 있는 위대한 공상이라고 한다면, 전자는 천진난만한 정열과 이상으로 넘치는 공상이라고 할 수 있다.

특히 귀중한 것은 이 <허생전>에 농민 봉기로 출발한 '군도' 수천이 변산에 웅거하고 관군에 저항하여 싸웠다는 것, 그들은 토지에서 이탈되어 집도 없고 아내도 없는 궁민窮民이므로 착취와 압박이 있는 양반 사회에서는 도적의 떼라는 악명을 벗어날 수 없었지만, 착취와 압박을 전연 허락지 않는 무인도에 가서는 모두 개척자·창조자·선량한 농민으로 전화되었다는 것—이 귀중하고 순진한 일련의 형상은 자기의 반봉건적 농민 사상을 단적으로 표시한 것이다. 그리고 착취와 억압을 반대하는 '도적의 떼'가 자기 사회에서 투쟁을 끝까지 계속하는 대신에 무인도를 찾아가서 이상의 나라를 건설하는 것은 격렬한 계급 투쟁을 회피하는 일종의 소극적 성격으로 볼 수도 있으나, 반면에 이는 첫째로 농민들이 지주 전제專制의 쇠사슬로부터 벗어나서 자유 광활한 새 세계를 탐구하는 욕망이었고, 둘째로 중세기 말경부터 서양 사람의 수많은 지리적 신발견들이 우리나라 지식인들의 이상국적 고안에 영향을 주었던 까닭이다. 그러므로 여기에는 반봉건적·반구습적인 투쟁 사상이 여전히 부여되고 있는 것이었다.

연암은 자기의 비판적·사실주의적 문학을 통하여 거대한 실학적 사상을 표시하였다. 그의 노작 《열하일기》는 방대한 수필식의 저서로서 자기 조국을 부강케 하고 자기 나라의 역사와 문화를 천명하며 외국의 경제·정치·문화의 장점들을 비판적으로 섭취하기 위한 정열적인 의도가 전편에 일관되고 있다.

*　　　*　　　*

연암은 자기 창작에 있어 국문을 두고 한문을 사용한 것이 연암의 문학을 높이 평가하는 뒷사람들에게 유감으로 생각되는 바이다. 그러나 연암의 시대로 본다면 한문은 문학계에 아직 지배적인 세력을 가지고 있었을 뿐만 아니라 연암이 문학적 목적이 몽매한 대중을 상대로 하기보다도 먼저 교양이 있고 문화상 풍력風力이 있는 지식인 계층을 계몽하는 데 있었기 때문이며, 또 당시 조선의 문인들은 국제적으로 중국의 문학과 서로 호응 경쟁할 필요도 있었기 때문이다. 이는 서구 문예부흥 시기에 각국의 휴머니스트 작가들이 흔히는 자기 민족어를 두고 종래 관용하여 오던 라틴어로 자기 작품들을 발표하였던 예와 동일한 사정이었다.

한문이 조선에 수입 사용된 후 수천 년 동안 여러 발전 단계를 거쳐 연암에 이르러 그 작품들은 사상성으로나 기술면으로 최고 절정을 보였다.

연암의 사실주의적 문학은 첫째로 실학적 사상-인도주의로 내용을 채웠으며, 둘째로 한문을 사용함에도 불구하고 인민성이 풍부한 자국의 이언俚諺·속담·민요·격언 들을 만폭적滿幅的으로 구사하였으며, 셋째로 자기의 소설·전기 등 작품에 반드시 자기 사회와 향토와 인민에서 제재와 주인공을 선택하여 구체적인 사회 정세와 민중의 동태를 반영하였으며, 넷째로 표절과 모방을 철저히 배척하고 항상 자기의 창조적인 개성을 전개하였으며, 다섯째로 비록 편언척자片言隻字라도 항상 비판적이고 풍자적인 태도를 고수하여 문학의 선전 교양적 역할을 게을리하지 않았다.

그는 문학의 사실寫實 방법과 인식적 가치를 다음과 같이 강조하였다.

글이란 것은 자기 의사를 표현하면 그만이다. 저 제목을 향하여 붓을 잡고 홀연히 옛말을 생각하며 경전의 취지를 억지로 찾아내어 근엄성을 가식하며 글자마다 조심스레 쓰면, 이는 그림쟁이에게 자기 초상을 그리라 하고 얼굴을 가다듬으면서 그림쟁이 앞으로 다가서서 눈동자를 조금도 굴리지 않고 입은 옷을 조금도 구김이 없이 반듯하게 하여 평상시의 자연스러운 자태를 잃어버리면 여하히 잘 그리는 자일지라도 그 사람의 진실을 그릴 수 없는 것과 같다. (……) 글을 짓는 것은 오직 그 진실을 취할 뿐이다.[27]

　연암은 한문학에서 이미 고질화된 상고주의尙古主義를 통렬히 배격하였다. 그는 <좌소산인*에게 주는 시贈左蘇山人>에 다음과 같이 썼다.

　나는 보았다 세상 사람들이
　남의 문장을 칭찬하는 것을—
　산문은 반드시 양한兩漢에 비기며
　운문은 또한 성당盛唐과 같다고.
　그러나 같다면 벌써 참이 아니거니
　한당漢唐이 어찌 다시 있을쏘냐?
　그들은 낡은 투거리*를 좋아하나니
　그 말이 용렬한 건 고이치 않다.*
　그 칭찬을 듣는 자들로선
　한 사람도 얼굴을 붉히지 않는다.
　　　　　(……)

---

* 좌소산인左蘇山人 : 서유본徐有本(1762~1822)의 호. 그는 동생 서유구徐有榘와 함께 연암을 따랐는데, 의고문擬古文을 짓는 공부에 몰두하여 연암에게 비판을 받기도 하였다.
* 투거리 : 투식套式.
* 고이치 않다 : '괴이怪異찮다(이상하지 않다)'의 옛말. 괴이티 않다>괴이치 않다>고이치 않다.

눈앞에 벌여 있는 모든 것이 진실이거니
어찌 반드시 먼 옛것을 모방하랴?
한당은 지금의 세상이 아니거니
또 우리 풍요風謠는 중국과 다르거니
설혹 반마班馬*가 다시 살아온들
결코 반마를 배우지 아니하리라.
지금 새 글은 창조하긴 어렵다 한들
자기의 의사는 마땅히 극진히 써야 한다.
어쩧다* 부질없이 고법古法의 틀에다
조심조심 얽매여 있는 듯한고!

我見世之人	譽人文章者
文必擬兩漢	詩則盛唐也
日似已非眞	漢唐豈有且
東俗喜例套	無怪其言野
聽者都不覺	無人顔發赭
(……)	
卽事有眞趣	何必遠古抯
漢唐非今世	風謠異諸夏
班馬若再起	決不學班馬
新字雖難刱	我臆宜盡寫
奈何拘古法	刲刲類係把

---

* 반마班馬 : 한나라 역사가인 반고班固와 사마천司馬遷.
* 어쩧다 : 어찌하다.

연암의 운문은 전집 속에 몇 편밖에 전하지 않으나, 그의 탁월한 사실적 방법은 산문에 지지 않게 여기서도 약동하고 있다. 장편시 〈총석정관일출叢石亭觀日出〉은 겹겹이 싸인 암흑의 무거운 장막을 헤치면서 이 세상에 반드시 오고야 말 미래의 광명을 조금도 의심없이 찾아 나가는 자기의 이상을 다양한 음영과 광선으로 교착交錯·기복起伏하는 화폭에 옮겨 놓았으며, 〈수산해도가搜山海圖歌〉는 마치 온갖 괴물을 염라閻羅의 법정에 잡아다 놓고 온갖 심문을 내리는 듯한 일대 활극을 전개하였다. 기타 단시들도 사경寫景·사정寫情에서 봄바람에 물 차는 제비처럼 조금도 거칠거나 허소한 점이 보이지 않는다. 그의 우수한 제자들인 이덕무·류득공·박제가·이서구의 유명한 사가四家 시풍이 그 참신·우미한 특징을 또한 연암에게 배웠던 것이다.

그는 많은 서한·논평·서기序記·비명碑銘·수필 등 작품에서도 자기의 실학적 사상과 풍자적 수법과 우미한 필치를 발휘하였다.

이와 같이 연암은 모방과 상고주의를 배척하고 자유분방한 사실적 방법을 강조하였다.

그는 여하히 복잡미묘한 대상일지라도 그것을 조금도 소략함이 없이 자유자재로 표현할 수 있는 천재적 기술을 가졌다. 그는 한문으로 자기 나라 문학의 특징을 나타내기에 성공하였다. 그러나 이 성공은 결국 자기모순을 더욱 폭로하였다. 왜냐하면 그의 문학의 내용은 조선적이었으나 형식은 한문이었으므로 그가 대중을 위하여 써 내놓은 문학은 대중이 읽을 수 없는, 대중과 떨어져 있는 것이었기 때문이다.

그리하여 조선에서 한문문학이 연암의 예술적 천재로써 그 절정

에 도달하였다는 사실은, 바꿔 말하면 조선의 문학이 더는 전진할
수 없는 한문의 역사적 한계를 발견한 동시에, 자기 민족의 언어
와 문자에 귀착하여 민족 문학을 완성하지 않으면 안 될 필연의
방향을 우리 문학사의 발전 과정에서 명백히 보여 주는 훌륭한 계
기였다.

결 론

연암은 우리나라 봉건 말기의 위대한 사상가였으며 천재적 예
술가였다. 그는 '인간 정신 기사技師'로서의 자기 역할을 훌륭히 하
였다. 그는 문학에 대하여 내용의 우위성을 강조하고 형식주의를
배척하였다. 그는 우리나라 문학사상에서 비판적 사실주의의 선
구자였으며 근대적 단편소설의 창설자였다.* 19세기 러시아 문학
이 푸시킨의 <역참지기>* 같은 작품에 의하여 처음으로 주인공
타입이 수도 귀족들에서 하층 소관리나 평민 근로자로 교대하여
나타났다면, 18세기 조선의 문학은 연암의 《방경각외전》에 의하
여 이와 같은 주인공 타입의 교대가 이미 나타났다고 할 수 있다.

---

* 비판적 사실주의는 고리키가 언급한 역사적 개념이다. 이는 오직 자본주의적 제 관
  계와 결부되어 발생할 수 있기 때문에 초역사적으로 적용하면 의미를 잃어버린다.
  최익한이 비판적 사실주의 발생을 18세기 연암에게까지 끌어올린 것은, '근대(=자
  본주의)의 맹아'를 자기 전공 분야인 '실학'에로 소급·확대하려는 주관적 의도였다고
  할 수 있다. 그는 비판적 사실주의를 연암이 소설로 개척한 후에 다산이 시로 확립
  한 것으로 정식화하였다. 자세한 것은 편자의 <'정다산선집' 해제> 볼 것.
* 원문에는 <역관지기>로 되어 있다. 푸시킨(1799~1837)이 1830년에 발표한 작품
  으로 당시 최하급 관리인 역참지기와 그 딸의 삶을 다룬 단편소설이다.

또 전자의 작품《대위의 딸》이 푸가초프의 농민 폭동*을 묘사한 것으로 문학의 의의가 크다면, '변산 군도'의 농민 봉기를 취급한 후자의 〈허생전〉이 또한 중요한 지위를 우리 문학사에서 차지하는 것이다.

연암의 창작 생활에 대하여 우리는 세 시기로 나누어 그의 발전 과정을 볼 수 있다. 즉《방경각외전》은 초년기의 특징이고,《열하일기》와 그에 포함된 〈허생전〉, 〈호질〉 같은 작품들은 중년기의 특징이며,《과농소초》, 〈한민명전의〉, 〈의청소통서얼소擬請疏通庶孼疏〉*와 같은 정론문학政論文學은 만년기의 특징이다. 이 3기에 걸친 그의 문학적 특징들이 그의 실학사상의 발전을 여실히 말하고 있다. 요컨대 연암은 위대한 문학가로서 사상가였다.

연암의 창작 생활에 이바지한 조선의 18세기는 경제·정치·문화의 여러 모순들이 서로 교착하고 서로 압축하며 서로 격발하여 눈이 어지러울 만큼 현란하고 귀가 막힐 만큼 요란스럽던 시기였다. 농민의 지주층에 대한 아우성, 서민의 양반에 대한 반항, 다종다양한 신분제 및 중앙 지벌地閥에 대한 중인 서얼 및 지방 인민들의 불평, 타락과 위선과 파계破戒와 보수주의의 진흙탕에서 헤매는 유교 상투쟁이, 승려들에 대한 실학파적 신진 인사들의 도덕적·사상적 항의, 노쇠한 동양 봉건주의의 성벽에 대한 서양 신흥 자본주의의 물질적·정신적 파견대들의 난폭한 발포發砲 등—이 복잡하고도 위험한 갈등들이 연암의 예술적 거울 속에 전폭적으로 반영되었다.

---

* 푸가초프의 농민 폭동 : 예카테리나 2세 시대에 푸가초프(1742?~1775)가 지도한 대규모 농민 봉기. 푸시킨은 역사서인《푸가초프사》(1833)를 먼저 쓴 다음,《대위의 딸》(1836)을 완성하였다.
* 원문의 〈청통서얼소請通庶孼疏〉는 오식.

그러나 연암의 문학은 그 모든 모순과 갈등을 단순히 객관적으로만 반영하는 거울이 아니었다. 그것은 자기의 진보적인 사상의 주관적 연마를 통한 반영이었다. 연암은 자기 창작의 생활을 탁월한 사상가적 입장으로부터 출발시켰던 것이다. 그는 첫째 자기의 세계관 형성에 있어 유물론적 요소를 다분히 가지고 있는 무신론자로서, 미신과 우암愚暗의 조개껍질 속에 들어앉아 고정과 영원을 찬미하는 중세기적 신학자가 아니었고, 우주 만상의 원전圓轉 변화와 창조적 발전을 달관할 수 있는 과학자였다.

그는 농민의 비참한 상태를 이모저모 그리기만 하는 화공이 아니었고, 그 비참한 상태를 타파하기 위하여 토지 제도의 개혁을 고안한 진보적 정론가政論家였다. 그는 빈약한 조국을 뜨거운 눈물로 씻어주려고만 하지 않고, 과학 기술의 발달과 해외 유학 및 국제 통상 등 현실적인 해결책을 강구하여 부국강병의 성과를 획득하려 하였다. 그의 불길 같은 풍자 문학은 부패·무력한 통치 계급과 인민의 뇌옥牢獄(감옥)이라고 할 수 있는 악착같은 신분 제도와 비단보에 개똥을 싸고 있는 유생학자들의 위선적 태도와 개돼지도 그들의 고기를 먹지 않을 만큼 추악한 탐관오리들—이 모든 것을 한꺼번에 불살라 버리려는 정열적이고 적극적이며 낙관적인 인도주의로서 횡일橫溢하고 있는 것이다.

레닌은 자기 나라 예술가 톨스토이의 유산에 대하여 다음과 같이 논평하였다.

그 약점과 무력無力이 천재적인 예술가의 철학 속에 표현되어 있으며, 작품들 속에 묘사된 혁명(1905년 혁명) 전의 러시아는 과거로 물러갔다. 그러나 그의 유산 속에는 과거로 물러가지 않고 미래에 속하는 것이 있다. 러시아의 프롤레타리아트는 이 유산을 취하고 이 유산에 대하여 계속 연구할 것이다.[28]

러시아의 천재적 예술가 톨스토이는 레닌이 명확히 지적한 바와 같이 아시아적 제도의 이데올로기에서 나온 금욕주의와 폭력에 대한 무저항주의와 기도와 신앙, 사랑과 양심, 염세주의와 은둔주의, 완전한 공상적인 이상, 물질적인 모든 것은 아무것도 아니며 오직 '만물의 원리'인 '정신'에 대한 신념 등등 허다한 약점과 해독을 자기 철학의 특징 속에 포괄하고 있었다. 그럼에도 불구하고 그의 예술적 역량은 농노 제도하에서 억압되어 있는 농촌의 러시아를 묘사하여 독자 대중으로 하여금 지주와 토지 사유에 대한 분노와 증오심을 환기시켰으며, 동시에 당시 러시아 인민의 자기 투쟁에 대한 자각과 보다 나은 생활의 추구에 대한 철저성이 부족하였다는 현실들을 보여 줄 수도 있는 데에서, 그의 강점들이 미래에 속하는 유산으로서 러시아 프롤레타리아트의 연구를 계속 요청하는 것이다.

이제 레닌적 예술 평가의 과학적 척도에 의준依準한다면 우리 위대한 문학가 연암의 유산은 과연 어떠한 것인가? 그는 톨스토이적 여러 약점들을 자기 철학 속에 거의 가지고 있지 않았으며, 반면에 그의 천재적 예술 역량은 지주와 농민의 투쟁, 양반과 서민의 대립, 낡은 설교와 새로운 세계관의 충돌, 장차 폭풍우를 일으키려는 사회적 징후로 충만되어 있던 18세기의 조선을 선명하고 다채로우며 그리고도 설복력 있게 묘사하였다. 그의 문학이 내포하고 있는 진보적·혁명적·애국주의적인 요소들은 자기의 시대가 이미 백수십 년의 과거로 물러갔는데도 불구하고 우리 조선의 새 주인공인 근로 인민의 앞길에 귀중한 참고품으로서, 자극성이 강렬한 민족 문화의 보물적 유산으로서 제공되고 있다.

연암이 유토피아로 표현한 무인도 사회는 물론 원시적 농민민주주의 사상으로 구성되었고, 모든 정치와 문화를 부정하는 허무주의의 외관을 독자들에게 줄 수도 있다. 그러나 그 외관의 내면에서는 자기와 당시 인민들이 가장 증오하고 분노하던 봉건적 착취 제도와 양반 사회의 불합리한 기구들을 뿌리째 일소하여 버리려는 혁명적 정열을 내포하고 있었으며, 평등과 자유와 행복한 생활로 쌓아 올리려는 미래의 조국을 건설하기 위하여 일종의 마당 쓸기 공사를 전개한 것이었다. 그의 건설적이며 혁명적인 의의는 여전히 남아 있다고 하겠다.

연암의 선진적·계몽적 사상은 그의 생전에 이미 실학파의 신진 인사들에게 많은 영향을 주었고, 그의 사후에 유고가 통치 계급의 금서로서 공개되지 못하였으나, 19세기 하반기부터 개화 운동이 일어나면서 독립당파 청년들에게 우수한 사상 독본으로 취급 전파되었다.

그러나 그들의 민족적 자주성이 미숙하고 그들을 지지하는 당시 시민 계급의 역량이 미약하여 연암의 계몽 문학적 역할은 중단되고 말았다. 그의 열렬한 애국주의와 혁명적 민주주의의 경향은, 오직 혁명적·대중적 역량을 갖추고 혁명적 실천력이 가장 강하며 과거 일체 고귀한 전통과 진보적 요소 및 경험들을 비판적으로 섭취하고 있는 계급, 즉 프롤레타리아트에 의해서만 발전적으로 계승될 수 있는 것이다. 오늘날 연암의 천재적 예술의 특징과 위대한 민주 사상적 요소가 우리 공화국 인민의 공동 보재寶財로서 연구 비판되는 것은 결코 우연한 일이 아니다.

그러나 이 반면에 조국의 남반부를 보라! 강도 미제米帝의 어용 문학가들은 우리의 위대한 예술가며 사상가인 박연암에 대하여 어떻게 모독하고 있는가? 그들은 노예적인 출판물과 전파기電波機를 통하여 그의 강점을 묵살하고 약점을 선전하며, 그의 혁명적 정열을 희극화하고 그의 민주주의적이며 애국주의적인 성격들을 왜곡시키고 있다. 조국 부강을 위한 그의 통상 정책과 유학 주장은 식인종의 나라에의 예속적 친선으로 개작되고 있으며, 무인도에서 건설한 그의 이상국은 달러의 죄악으로 가득 차 있는 양키의 나라로 바꿔 놓고 있다. 반동적·반민주주의적·반과학적 사상, 양심과 성실의 상실, 동물적 촉각의 본능, 인간과 민족에 대한 증오심, 민족적 자유와 독립을 말살하고 일체 민족적 전통을 멸시하는 꼬스모뽈리찌즘*의 설교, 전쟁과 학살의 선포―이러한 것이 타락 해체되어 가는 오늘날 부르주아 예술의 내용이다.

우리는 이와 같이 추악하고 무엄한 세기말적 예술의 악마로부터 우리 조국의 고귀한 예술적 전통과 민족 문학의 유산들을 수호하고 발전시켜야 할 것이다.

---

* 꼬스모뽈리찌즘([러시아어] космополити́зм) : 세계주의, 사해동포주의.

박 제 가

초정楚亭 박제가朴齊家는 연암의 우수한 제자였으며 다산의 친애
하던 학우 중 한 사람이었다. 그는 밀양密陽 박씨며 자는 차수次修
혹은 재선在先이라 하였다. 박평朴坪의 서자로 1750년(영조 26) 경성
에서 태어나 어릴 적부터 재예가 뛰어나고 학업에 부지런하며 시·
서·화에 다 능하였다. 그러나 그는 연암의 지도를 일찍이 받아서
새로운 시인 학자로 세상에 유명하게 되었다.

또 그는 다산보다 10여 세 연장자로서 다산의 '개물성무開物成務'
적 학문을 깊이 공명하여 항상 친밀히 교유하고 서양 과학을 공동
연구한 관계로 보수당파의 질시를 받았다. 1801년 봄에 '사교邪教'
대탄압 사건이 일어나자 다산은 장기長鬐로 유배 가고 동시에 초정
도 역시 탄압의 선풍을 벗어나지 못하여 멀리 경원慶源으로 유배
갔다.

그는 해배되어 온 후 1805년(순조 5) 10월에 연암의 최후 호흡
을 보고 비통한 눈물을 흘리면서, "선생은 우리 후생들을 어째서
버리려 하십니까?" 하고 그 길로 자기 집에 돌아와 병상에 누워서
연암의 뒤를 따랐다 한다.*

초정은 이덕무·류득공·서이수와 함께 국왕 정조의 특별한 등용
으로 규장각의 외각 검서外閣檢書*가 되어 편찬과 고증 사업에 많이

---

* 박제가는 1805년 4월 25일 죽었고 박지원은 동년 10월 20일 죽었으니, 위의 말은
어폐가 있다. 성해응成海應의 <박재선시집서朴在先詩集序>를 보면, 박제가는 경원
유배에서 돌아온 이후 스스로 상심하여 죽었다고 하였다. 《북학의》(안대회 역, 돌
베개, 2013, pp525~6)와 《연경재전집研經齋全集》권9 참조.
* 외각 검서外閣檢書 : 외각은 교서관校書館의 별칭으로 서적의 인쇄, 제향祭香과 축

공헌하였는데, 이들이 그때 유명한 사검서였다. 이 사검서는 서이수를 제외하고 모두 연암의 학도로서 그의 진보적 사상과 청신한 문풍을 계승하였다. 그러나 사검서가 모두 양반집의 서얼이었으므로 적서 차별에 의한 사회적 천대는 그들로 하여금 불우한 처지에서 일생을 마치게 하였는데, 그중 이덕무만은 사후에 정조가 그의 문헌적 업적을 특별히 기념하는 우대를 해서 유고가 내각內閣에서 출판되었으나,* 초정은 정조를 여의자 곧 방축되어 곤궁한 몸으로 세상을 떠나게 되었다.

그는 네 번*이나 사절단의 수행원으로 북경에 가서 중국의 저명한 문인 학자들과 교유하여 자기의 견식을 넓혔다. 그는 류득공과 함께 기윤紀昀*·완원阮元·손성연孫星衍·진전陳鱣·전동원錢東垣·황비열黃丕烈·나빙羅聘 등 중국 명사들을 방문하고 필담으로 학술을 토론하며 시문을 서로 주고받았다. 또 초정은 중국의 유명한 시인인 수원隨園 원매袁枚*와 창화唱和하여 중국 시단에 필명을 크게 날렸으며, 또 초정과 류득공 두 사람의 시고詩稿는 청인淸人들이 애완愛玩하게 되어 초록抄錄 인간印刊까지 되었다.

문, 관서의 도장 따위를 관장하였다. 검서는 주로 서적을 검토하고 필사하는 잡직으로 오늘날 도서관 사서에 해당한다.

* 《아정유고雅亭遺稿》는 이덕무(1741~1793) 사후 1795년에 정조의 특명으로 규장각에서 편찬 착수하여 1797년에 8권 4책이 인행되었다.

* 네 번 : 원문에 '세 번'이라 되어 있는데 이는 착오이다. 박제가는 1778년 29세 때 처음으로 연경에 갔고 1790년에는 두 차례나 들렀으며 1801년에 마지막으로 다녀왔다.

* 기윤紀昀(1724~1805) : 자는 효람曉嵐, 호는 석운石云. 《사고전서四庫全書》 편찬 사업을 주관하였으며 예부상서禮部尙書를 지냈다. 원문의 '기균紀昀'은 오식.

* 원매袁枚(1716~1798) : 자는 자재子才, 호는 간재簡齋·수원노인隨園老人. 시인의 진실한 감정과 독창적인 개성을 중시하는 성령설性靈說을 주창하였다. 4,484수의 시를 수록한 《소창산방시집小倉山房詩集》 등 총 10종의 저서가 있다.

초정의 유집으로 《정유고貞蕤稿》, 《북학의》가 있었으나 간행되지 못하였다. 그가 소년 시절에 지은 시의 약간 부분은 이덕무·류득공·이서구의 시와 함께 '한객건연韓客巾衍'이란 표제하에 초록되었는바, 1778년(정조 2, 건륭 43) 초정과 이덕무가 이를 휴대하고 사절단원으로 북경에 가서 중국 문인 이조원李調元·반정균潘庭筠에게 보였더니, 그들은 서문과 평론을 붙여서 크게 칭찬하였다. 수십 년 전 경성 광문회에서 인출한 《사가시四家詩》 1책이 바로 이것이다.*

초정 일파는 북경을 갈 때마다 유리창의 취영당聚瀛堂, 십이가十二家 등 유명한 서점들을 열심히 방문하여 신간 또는 진본 서적들을 열람 구득購得하여 청조 문화를 국내에 수입하는 사업에 중대한 역할을 하였다. 그 실례로서 정조 원년(1777) 즉 청조 건륭 42년에 사절단의 부사副使 서호수徐浩修와 그의 수행원이자 류득공의 숙부인 류금柳琴은 국왕의 명령을 받고 그때 입수하기 어려운 초인본初印本 《흠정고금도서집성欽定古今圖書集成》 1만 권, 5,020책을 중가重價로 사 가지고 돌아왔는데,* 여기에는 중국 인사들에 대한 초정과 이덕무 등의 문학적 교분이 힘을 주었다. 그다음 해에 초정은 이덕무와 함께 북경에 가서 《통지당경해通志堂經解》 1,775권, 500책을 사 가지고 왔다.[29] 이상 양대 거질은 기타 많은 서적과 함께 규장각에 저장되어 지금까지 전하고 있다.

---

* 수십 년 전~이것이다 : 《사가시》는 '(조선)광문회'에서 인출한 것이 아니라, 1917년 '한남서림翰南書林'에서 《전주사가시箋註四家詩》라는 제목으로 간행하였다.
* 원문의 5,200책은 오기. 《고금도서집성》은 중국에서 들여올 때 5,020책으로 은자銀子 2,150냥을 지급하였다. 《정조실록》 1년 2월 24일 기사 참조.

초정의 선진적 사상을 표현한 저술로 《북학의》 내외 2편이 제일 유명하다. 이 논문이 나온 연유와 대의는 연암의 〈북학의 서문北學議序〉에 요약되어 있지만, 이제 좀 자세히 말하면 다음과 같다.

1798년(정조 22) 12월에 정조는 농서農書, 즉 농업 발전책에 대한 건의서를 구하는 교서를 국내에 반포하였으므로 연암·다산 같은 국내 저명한 인사들이 이에 응하여 의견서를 올렸다. 이때 영평 현령永平縣令으로 있던 초정은 평상시에 품어 온 '경국 정책' 무릇 27목 49조*에 걸친 긴 논문을 '북학의'라 명칭하고 국왕에게 제출하였다.

'북학의'는 옛날 진량陳良이란 사람이 북으로 중국에 가서 배웠다는(陳良北學于中國) 《맹자》의 문구에서 인용한 술어이다. 즉 우리나라 청년자제들을 당시 중국 수도 북경에 유학시키자는 의미였다. 명말청초부터 서양의 과학과 문물이 천주교도와 상인들에 의하여 계속 전래되고 있었으며, 또 청나라는 이조 영조 시대에 해당한 옹정·건륭 시대에 이르러 한족 지식층을 회유 무마하는 정책으로 중국 고전 문화에 대한 수집 편찬 사업을 극도로 장려하는 한편, 서양 선교사들을 기술자로 (극히 제한된 범위 내에서) 이용하여 서양 과학적 산물의 수입을 환영하였다. 이 결과로 조선의 유지인사有志人士들은 위에서 이미 언급한 바와 같이 사신 또는 그 수행원으

---

* 27목 49조 : 원문에는 28목 52조라 되어 있는데, 〈응지진북학의소應旨進北學議疏〉에 따라 고쳤다. 《진상본 북학의》의 사본들을 보면, 27항 49칙則으로 된 것과 28항 53칙으로 된 것('배[船] 4칙'이 추가됨)이 있다.

로서 북경에 가서 일면으로는 청조 고증학풍과 그 학풍의 문화에 접촉할 기회를 얻었으며, 다른 면으로는 북경을 중계 지점으로 서양인과 교제하고 서양 문물을 본국에 소개할 수 있었다. 초정도 이런 인사들 중 한 사람이었다. 그래서 그들은 한 걸음 나아가서 당·송·원 시대에 신라·고려가 유학생을 파견한 것과 같이, 중국 유학제의 실시가 절대 필요하다고 생각하여 드디어 '북학'이란 표어를 하나의 공공연한 의제로 제출하였던 것이다.

그러나 '북학'의 범위는 경우에 따라 중국을 배우자 또는 중국에 유학하자 하는 데만 그치지 않고, 보다 넓은 의미로 서양을 배우자 또는 서양에 유학하자 하는 의미까지를 암시한 것이었다. 다시 말하면 북학은 해외 유학을 넓게 가리킨 용어였던 셈이다. 그러므로 '북학의'는 후래 개화 운동에 대한 선구적 형태로 제기되었었다. 이 '북학'은 연암이 <허생전>에도 이미 그 필요를 역설하였을 뿐만 아니라 다산도 자기 노작 《경세유표》에 '이용후생利用厚生'의 정책을 강구하기 위한 관서로서 이용감利用監을 특설하는 동시에 외국의 과학 기술을 배워 오기 위하여 '북학법을 의정議定'할 것을 하나의 항목으로 내세웠다. 이를 보면 초정과 다산은 비단 학술의 동반자였을 뿐만 아니라 당시 '북학' 운동에서도 긴밀한 협력자였음을 잘 알 수 있다.

그러나 그 당시 양반 사대부들이 하나의 중대한 정치적·도덕적 구호로 내걸고 있던 '존화양이'론에 대하여 이 '북학'론은 거대한 항의였다. 왜냐하면 이른바 사대주의는 성리학의 공담주의로부터 이론적 기초를 얻고 엽관 도배獵官徒輩*의 표방주의와 서로 결탁하여 시대가 지나면 지날수록 더욱 세습적·염불적인 관념 형태로 발전되고 있었으며, 따라서 그것은 초비판적인 문제로 일반에게 인식되고 있었기 때문이다.

당시 지배 계급은 다만 입으로만 떠들면서 오랑캐 청나라에게는 아무것도 배울 것이 없고, 오직 조선만이 중화 예의의 정통을 계승하고 있다고 자랑하였다. 이러한 사회적·사상적 환경 속에서 청나라에 가서 배우자는 '북학'론은, 즉 형식상 오랑캐를 배우자, 옛날 명나라 원수를 숭배하자는 불의막심한 주장이 될 수밖에 없으므로, 이 주장을 정면에 내세운 실학자들에게는 지위와 명예를 돌아보지 않고 오로지 국리민복國利民福을 위한 대담한 선각적인 태도가 아닐 수 없었다.

초정의 《북학의》는 국왕에게 제출하는 글인 만큼 물론 완곡한 어조를 사용하였다. 그는 당시 세습적으로 유행하는 '존명론尊明論'과 서로 표리적 관계인 이른바 '북벌론', 즉 청나라를 쳐서 원수를 갚겠다는 공론空論을 다음과 같이 비판하였다.

> 종래 중국의 인민들을 오랑캐로 인정하여 그들의 법제를 아울러 배척한다면 큰 잘못이다. 진실로 우리 인민에게 이익이 있다면 그 법이 비록 오랑캐에서 나왔다 하더라도 성인도 이를 취할 것이거늘 하물며 중국의 옛 법을 어찌 취하지 않으랴. (……) 이제 중국의 법에 배울 만한 것이 있다고 하면 모두 와 하면서 코웃음을 친다. 누구든지 자기 원수를 갚으려고 하면 원수놈이 잡고 있는 칼을 먼저 빼앗을 방법을 생각해야 할 터

---

* 엽관 도배獵官徒輩 : 관직을 얻으려고 수단을 가리지 않는 반동적인 떼도둑.

인데, 이제 당당한 한 국가로서 대의를 천하에 펴려고 하면서 중국의 한 법도 배우지 않고 중국의 한 사람도 교제하지 않는다. 그리하여 우리 백성으로 하여금 힘들게 일하되 공功이 없고, 빈궁과 기아에 싸여 아무것도 이루지 못하게 할 것인가? 백배의 이익을 내버리고 실행하지 않으니 중국에서 오랑캐를 쳐 물리치기는커녕 우리나라가 도리어 오랑캐로 되는 것을 면하지 못할까 두려워한다.[30]

초정은 《북학의》에서 밭田·뽕桑·농기구農器·지리地利·수리水利·수레車·배船·재부財賦·태유汰儒(유학자를 도태시키는 것) 등 각 조항에 자기 주장을 진술하였는데, 그는 특히 농민이 관료의 가렴주구로 말미암아 극히 비참한 동물적 상태에 빠져 있는 것을 여실히 묘사한 다음, "자신의 걱정보다도 나라가 망할까 근심한다"[31]고 하였다.

그는 놀고먹는 유생의 수가 100년 전부터 이미 인구의 절반이 넘는 것과 대·소과大小科 시험장에 몰려오는 수가 현재 거의 10만 명에 달한 것을 통탄하여 이들을 농사에 귀착시킬 것을 주장하였다. 그는 수레의 사용을 장려하여 국내의 교통과 상업을 편리하게 할 것을 역설하였으며, 서울 부근에 둔전屯田을 설치하여 모범 농사 시험장을 만들고 농기구를 외국에서 사들이며 농사 기술을 개량할 것을 주장하였다.

그는 〈수레車〉와 〈강남·절강 상선과의 통상론通江南浙江商舶議〉 두 항목에서 상업 장려와 해외 통상을 특별히 강조하였다. 그의 주장에 의하면 상인은 사농공상 4민의 하나이므로 천대해서는 절대로 옳지 않으며, 또 상업은 종래 일반의 오해와 같이 '말기末技'로 인정할 것이 아니라 농업과 마찬가지로 중요시해야 한다고 하였다.

그는 중국·일본과 기타 나라의 통상 상황을 진술한 다음 우리나라도 일본·유구琉球(오키나와)·안남安南(베트남)·서양 여러 나라와 같이 중국의 강남·절강 지방에 통상 무역할 것을 건의하였다. 그는 말하기를 "조선은 나라가 작고 백성이 가난하여 국내의 상공업으로는 오히려 부족하니, 반드시 해외와 통상해야만 경제를 풍부히 할 수 있다. 이를 실행하려면 백 대의 수레가 한 척의 배만 같지 못하니, 수로로 통상하는 것이 가장 필요하다"고 하였다.

그는 계속하여 말하기를 "조선은 삼면이 바다이므로 서쪽으로 등래登萊*가 직선 600리이며, 남해의 남쪽은 오吳·초楚와 서로 바라보고 있으므로 고려 시대에 송나라의 상선이 7일 만이면 예성강에 와 닿았다. 그러나 국조國朝(이조를 말함)는 거의 400년이나 지나는 동안에 외국과 한 척의 배도 서로 통하지 않은 것은 너무나 답답한 일이라"고 통탄하였다.[32]

그는 마지막으로 서양과의 통상을 주장하고 해외 통상이 반드시 문화 교환을 가져와서 우물 안 개구리의 고루한 폐습을 깨뜨릴 수 있다고 단언하였다.

초정의 '흥상론興商論'은 당시 발전하려는 국내 상업 자본의 요구와 이미 동방에 파급하고 있는 서양 자본주의의 대세에 대한 대응책을 표시한 것이었다.

---

* 등래登萊 : 중국 산동반도(의 등주登州와 내주萊州).

                    *   *   *

　이상과 같이 초정은 북학론과 흥상론을 통하여 봉건 제도의 질곡적 구속을 반대하고 사상 및 학술의 해방과 대두하려는 시민 계급의 자유 활동을 요청하였다. 그는 그때에 있어서 확실히 진보적 실학자였으며 독실한 애국자였다.

　담헌·연암·초정 일파는 다 서인 노론 당계에 속한 인물들로서 남인 당계인 성호·다산 일파와 비록 당계는 달랐으나, 다 같이 무원칙한 당쟁을 미워하고 '실사구시實事求是'에 대한 학문적 연결을 서로 가지고 있었다. 연암과 초정이 모두 성호의 학설에 찬동하였고, 또 다산이 연암의 《열하일기》를 애독한 것으로 보아도 이는 증명된다. 더욱이 초정은 다산의 친우로서 북학론을 다 같이 주장하였을 뿐만 아니라 서양 의학 특히 종두술種痘術에 대해서도 공동 연구가 있었다는 것을 알 수 있다.[33]

　또 초정은 <실사구시설>의 작자 추사秋史 김정희金正喜를 자기의 우수한 제자로 하였고, 김정희는 이덕무의 손자며 《오주연문장전산고五洲衍文長箋散稿》의 저자 이규경李圭景을 또한 그의 제자로 하였으므로, 초정의 한 줄기 학풍은 이조 말기의 학계에서 적지 않은 영향을 끼쳤던 것이다.

　요컨대 초정은 '실사구시'를 자기 학문적 방향으로 한 학자인 동시에 시인이었다. 그의 시사詩詞는 다산의 시가와 같이 양반 제도의 포악성과 농민의 농노적 생활을 비판 폭로하는 인도주의적 수준에까지는 도달하지 못하였으나, 양반 사회의 불합리한 현상들을 항상 냉철한 눈으로 흘겨보는 반면에 자연의 경계를 아름답게 모사하여 자기의 문학적 정서를 표현하였다. 그의 사치詞致*는 낡은 답습주의를 싫어하고 청조 시풍을 다소 섭취하였으며, 청신경오淸新警悟한 풍운風韻은 독자에게 감명을 줄 수 있었다. 초정楚亭·아정雅亭(이덕무)·영재泠齋(류득공)·강산薑山(이서구) 사가四家가 동일한 시인으로 평가되어 왔으나, 우아한 가운데도 생동력이 있기로는 초정의 시가 첫손가락을 꼽게 하는 것이다.

*　　*　　*

이상에 이미 서술한 실학자들 이외에

- 《청장관전서靑莊館全書》, 아정 이덕무(1741~1793)
- 《시차고詩次故》, 석천石泉 신작申綽(1760~1828)
- 《연경재집硏經齋集》, 연경재 성해응成海應(1760~1839)
- 《임원경제지林園經濟志》, 《종저보種藷譜》, 풍석楓石 서유구徐有榘
  (1764~1845)
- 《해동역사海東繹史》, 옥유당玉蕤堂 한치윤韓致奫(1765~1814)
- 《언문지諺文志》, 방편자方便子 류희柳僖(1773~1837)
- 《연려실기술燃藜室記述》, 연려실 이긍익李肯翊(1736~1806)
- 《주영편晝永編》, 현동玄同 정동유鄭東愈(1744~1808)
- 금석학자이며 〈실사구시설〉의 저자 추사 김정희(1786~1856) 등

---

* 사치詞致 : 시사詩詞의 운치.

이들은 모두 18세기 후반기, 즉 영·정 시대에 정다산과 다소간 선후해서 출생한 학자들로서 각각 자기 활동을 통하여 크나 작으나 실학풍에 참가하였고, 동시에 그들 대부분이 성호·다산 일파의 영향을 직간접으로 받았다.

또 호남에서는 《동국문헌비고東國文獻備考》 편찬자의 한 사람이며, 《여암전서旅菴全書》, 《훈민정음도해訓民正音圖解》의 저자인 여암 신경준申景濬(1712~1781)과 《환영지寰瀛誌》의 저자 존재存齋 위백규魏伯珪(1727~1798)와 언어학자이며 〈자모변字母辨〉의 저자 이재頤齋 황윤석黃胤錫(1729~1791) 등이 모두 실학풍을 띠고 일가의 특색을 나타냈는데, 이들에 관한 구체적 논술은 다른 기회로 미룬다.

1. 朴齊家,《進上本北學議》, 應旨進北學議疏, "故相臣金堉 平生苦心 惟車錢
兩策 … 臣從高祖臣守眞 實主其事"
    *《효종실록》 6년(1655) 12월 13일자에 "김육이 박수진을 천거하여 화폐
    유통에 관한 실무를 보도록 청하니 임금이 윤허하였다"는 기사가 나온다.
2. 周一良,《中朝人民的友誼關係與文化交流》, 北京: 開明書店, 1951, p24.
    * 47면 분량의 논문(책)이다.
3. 《湛軒書》內集 卷4, 補遺, 毉山問答, "太虛寥廓 充塞者氣也 無內無外 無
始無終 積氣汪洋 凝聚成質 周布虛空 旋轉停住 所謂地月日星是也"
4. 《燕巖集》 卷2, 洪德保墓誌銘, "始泰西人謂地球 而不言地轉 德保嘗論地一
轉爲一日"
5. 同上書 卷14 別集, 熱河日記, 鵠汀筆談, "鄙人雖未見西人著說 嘗謂地球無
疑 … 西人旣定地爲球 而獨不言球轉 是知地之能圓 而不知圓者之必轉也
… 吾東近世先輩 有金錫文 爲三大丸浮空之說 敝友洪大容 又剏地轉之論
… 鄙人嘗信他地轉無疑 亦嘗勸我代爲著說"
6. 蔣友仁,《地球圖說》, 七曜序次, "按歌白尼序 諸曜之次 蓋本于尼色達之論";

同上書, 坤輿全圖說, "天體渾圓 地居天中 (其體亦渾圓)也"

* 최익한의 "그러나 그는 말하기를 코페르니커스의 태양중심설은 尼色達 (Necetar)에 근원하여 그를 해석한 데 불과하다 하였고 자기의 저서 및 도설에 있어서는 의연히 '천체가 渾圓한데 지구는 天中에 처하여 있다'고 주장하였다"는 문장 내용이 부정확하므로, 편자가 《지구도설》 원문을 참고하여 본문과 같이 고쳤다.

기실 장우인은 먼저 《지구도설》의 <곤여전도설坤輿全圖說>에서 "하늘은 둥글고 땅은 하늘 가운데 있다(天體渾圓 地居天中)"고 하였고, 나중에 <칠요서차七曜序次>에서 "코페르니쿠스의 서문을 보건대 여러 항성의 차례 (日·水·金·地·月·火·木·土)는 대개 히케타스의 우주론을 본뜬 것이다(按歌白尼序 諸曜之次 蓋本于尼色達之論)"고 하였다.

7. 축가정竺可楨, <폴란드의 위대한 과학자 코페르니쿠스의 공헌(波蘭偉大科學家哥白尼的貢献)>, 중국 《과학통보科學通報》 제5호, 1953 참조.

8. 《湛軒書》 內集 卷4, 補遺, 毉山問答, "實翁曰 重囚在獄 宛轉楚毒 至不堪也 未聞重囚之子身發惡疾 況於死者之體魄乎 … 訟獄繁興 人心日壞 流弊之酷 奚啻頓悟事功之比而已哉"

* "그런데~장본이다"는 요약 부분이므로 원문 생략함.

9. 同上書, 林下經綸, "井田之難行 先輩固已言之 雖然 無分田制産之法 而能治其國者 皆苟而已 居今之世 雖不能盡反古道 而善謀國者 必有通變之制矣"

10. 同上書, "均九道之田 什而取一 男子有室以上 各受二結 限其身死則三年之後 移授他人"

11. 同上書, 毉山問答, "孔子周人也 王室日卑 諸侯衰弱 吳楚滑夏 寇賊無厭 春秋者周書也 內外之嚴 不亦宜乎 雖然 使孔子浮于海 居九夷 用夏變夷 興周道於域外 則內外之分 尊攘之義 自當有域外春秋"

12. 《燕巖集》 卷2, <남공철의 원서와 연암의 답서(答南直閣公轍書-原書附)> 참조.

13. 《西浦漫筆》 下卷, "今我國詩文 捨其言 而學他國之言 設令十分相似 只是

鸚鵡之人言 而閭巷間 樵童汲婦 咿啞而相和者 雖曰鄙俚 若論眞贋 則固不可與學士大夫 所謂詩賦者 同日而論”；“惟西洋地球說 以地準於天 畵地爲三百六十度 經度視南北極高下 緯度驗之於日月蝕 其理實其術核 非但不可不信 亦不容不信也 今之學士大夫 或以其地形球圓生齒環居爲疑 此則井蛙夏蟲之見也”

* 최익한은 ‘《서포만록西浦漫錄》참조’라고만 적었으나, 실은 이능화의《조선기독교급외교사》p13을 간추린 것으로 보인다. 참고로, 김만중은 1668년(32세)에 천문역법 관련서인《의상질의儀象質疑》,《지구고증地球考證》등을 편찬하였다고 하는데 전하지는 않는다.

14.《燕巖集》卷14, 熱河日記, 鵠汀筆談, “天造無有方物 雖蚊腿蚕尻雨點涕唾 未嘗不圓 今夫山河大地 日月星宿 皆天所造 未見方宿楞星 則可徵地球無疑 鄙人雖未見西人著說 嘗謂地球無疑 大抵其形則圓 其德則方 事功則動 性情則靜 若使太空 安厝此地 不動不轉 塊然懸空 則乃腐水死土 立見其朽爛潰散 亦安能久久停住 許多負載 振河漢而不洩哉 今此地球面面開界 種種附足 其頂天立地 與我無不同也 西人旣定地爲球 而獨不言球轉 是知地之能圓 而不知圓者之必轉也 (故鄙人妄意) 以爲地一轉爲一日 月一帀地爲一朔 日一帀地爲一歲 歲 歲星 一帀地爲一紀 星 恒星 一帀地爲一會 看彼貓睛 亦驗地轉 貓睛有十二時之變 則其一變之頃 地已行七千餘里”

15. 지전설에 관한 담헌과 연암의 관계와 그들 지전설이 코페르니쿠스의 태양중심설과 일치되지 않은 것은 본편 ‘홍대용’론 참조.

16. 同上書, 鵠汀筆談, “但以吾等塵界 想彼月世 則亦當有物積聚凝成 如今大地 一點微塵之積也 塵塵相依 塵凝爲土 塵麤爲沙 塵堅爲石 塵津爲水 塵煖爲火 (塵結爲金 塵榮爲木 塵動爲風) 塵蒸氣鬱 乃化諸蟲 今夫吾人者 乃諸蟲之一種族也”

* 최익한은 나중에 자기 논문에서 ‘진진塵’자를 ‘먼지’가 아니라 ‘티끌’로 번역한 후, “연암의 이른바 ‘티끌’은 물질을 구성하는 미립자로서 데모크리토스의 ‘원자’와 동일한 개념이다”고 비교하였다. <연암 박지원의 사상적 및 문학적 지위>,《력사과학》12호(1955), p14 볼 것.

17. 同上書 卷1, 煙湘閣選本, 澹然亭記, "有躁人焉 今日行一善事 而責命于天 明日出一善言 而取必於物 則天將不勝其勞擾 而爲善者 固亦將惓然退沮矣 天固沖漠無朕 任其自然 四時奉之 而不失其序 萬物受之 而不違其分而已 天何嘗有意於立信 而屑屑然逐物 而較挈也哉"

18. 同上書, 鵠汀筆談, "利瑪竇始託天神 以惑中國耶 … 佛氏之學 以形器爲 幻妄 則是丞民無物無則也 今耶蘇之敎 以理爲氣數 詩云 上天之載 無聲無 臭 今乃安排布置 爲有聲臭"

19. 同上書, 鵠汀筆談, "(鵠汀曰) 西學安得詆釋氏 釋氏儘爲高妙 但許多譬說 終無歸宿 纔得悟時 竟是一幻字 彼耶蘇敎 本依俙得釋氏糟粕 旣入中國 學 中國文書 始見中國斥佛 乃反效中國斥佛 於中國文書中 討出上帝主宰等語 以自附吾儒 然其本領 元不出名物度數 已落在吾儒第二義"

20. 同上書 卷16 別集, 課農小抄, 諸家總論, "富者旣飽煖逸居 而不知衣食之 所自出 貧者又無卓錐之業 可以學稼而學圃 於是乎農之學荒矣 農之學荒 而其效益蔑如"

21. 同上書 卷17 別集, 限民名田議 "譬如畵者 丹靑雖具 摹畵雖工 不有紙絹 之質爲之本焉 則毫墨無可施之地"

22. 同上書 卷12 別集, 熱河日記, 馹汛隨筆, 車制, "嶺南之兒 不識蝦鹽 關東 之民 沉樝代醬 西北之人 不辨枾柑 沿海之地 以鮿鮪糞田 而一或至京 一掬 一文 (又何其貴也) 今夫六鎭之麻布 關西之明紬 兩南之楮紙 海西之綿鐵 內浦之魚鹽 俱民生日用 … 然而(此賤而彼貴) 聞名而不見者 何也 職由無 力而致之耳 方數千里之國 民萌産業 若是其貧"

23. 同上書 卷2, 煙湘閣選本, 賀金右相履素書.

24. 同上書, 賀金右相履素書, "銀乃財賦之上幣 而天下之所共寶者也 酒者 民 俗狃於錢 而不習於銀 銀遂歸物 而不入於幣 非貨於燕市 則便同無用之物 年至曆旨 所帶包銀 不下十萬 通計十年 則已爲百萬 兌撥裝還 只是氎帽 帽 過三冬 則弊棄耳 擧千年不壞之物 易三冬弊棄之具 載探山有盡之貨 輪之 一往不返之地 天下拙計莫甚於此"

25. 同上書 卷3, 孔雀館文稿, 擬請疏通庶孼疏.

* 최익한은 '擬疏通庶孼疏'라 하였으나, 김택영의 《중편 연암집》(1917)에
따라 請자를 추가하였다. 박영철본(1932)에는 '擬請疏通疏'로 되어 있다.

26. 同上書 卷12 別集, 熱河日記, 馹汛隨筆, 辛卯, "爲天下者 苟利於民而厚
於國 雖其法之或出於夷狄 固將取而則之"

* 이와 비슷한 말이 《연암집》의 <북학의서北學議序>, <관내정사關內程史>
에도 나온다.

27. 同上書 卷3, 孔雀館文稿, 自序, "文以寫意則止而已矣 彼臨題操毫 忽思古
語 强覓經旨 假意謹嚴 逐字矜莊者 譬如招工寫眞 更容貌而前也 目視不轉
衣紋如拭 失其常度 雖良畫史 難得其眞 … 爲文者惟其眞而已矣"

28. 《레닌 전집》 러시아어 제4판 제16권, <레닌의 톨스토이론>, pp293~7.

29. 李德懋, 《入燕記》下(正祖 2年 5月 28日, 6月 2日) 참조.

30. 《北學議》 外編, 尊周論, "冒其人而夷之 並其法而棄之 則大不可也 苟利
於民 雖其法之惑出於夷 聖人將取之 而況中國之故哉 … 今也 以中國之法
而曰可學也 則群起而笑之 匹夫欲報其讐 見其讐之佩利刃也 則思所以奪之
今也 以堂堂千乘之國 欲伸大義於天下 而不學中國之一法 不交中國之一士
使吾民勞苦而無功 窮餓而自廢 棄百倍之利 而莫之行 吾恐中國之夷未暇攘
而東國之夷 未盡變也"

* 장서각본에는 惑이 雖로 되어 있고, <존주론尊周論>은 외편과 진상본의
내용이 똑같다(안대회 역본 p443, p470 참조).

31. 同上書, 應旨進北學議疏, "(於是乎慼然心動) 有蘗不恤緯之歎"

32. 同上書, 通江南浙江商舶議, "我國國小而民貧 今耕田疾作 用其賢才 通商
惠工 盡國中之利 猶患不足 又必通遠方之物 而後貨財殖焉 百用生焉 夫百
車之載不及一船 陸行千里不如舟行萬里之爲便利也 故通商者 又必以水路
爲貴 我國三面環海 西距登萊 直線六百餘里 南海之南 則吳頭楚尾之相望
也 宋船之通於高麗也 自明州七日而泊禮成江 (可謂近矣) 然而國朝四百年
不通異國之一船"

33. 《全書》 I-10 <種痘說>과 졸저 <종두술과 정다산> 논문 참조.

하편 실학의 대성자大成者

정다산에 대한 연구

머 리 말

본서 상편에서 이미 예견된 바와 같이 이 하편은 우리나라 봉건 말기 실학의 대성자大成者 정다산의 사상과 학설에 대한 논술로 구성되었다.

그런데 필자는 이 위대한 진보적 문필가의 사상과 학설을 고립적이고 단도적인 형식으로 연구 분석한 것이 아니라, 될 수 있는 대로 그의 다방면한 경력과 사회적 배경을 교호 반영하는 가운데서 그의 사상과 학설의 발전 기복을 지적하여, 그가 지니고 있던 시대적 산아産兒의 성격을 좀 더 구체적으로 천명하려 하였다. 이는 속담에 한 척의 배를 그리기 위해서는 온 강의 물을 그려야 한다는 방법을 채용하였기 때문이고, 따라서 이에 대한 면수가 상당히 많은 분량을 차지하였다. 또 이 하편에는 정다산에 대한 개별적인 독립 논문들이 수 편 이상 연구 요강要綱에 의하여 배정 편입되어 있다.

우리 민족의 문화적 사상적 역사를 이해하기 위하여 조선 실학파의 대표자인 정다산의 사상과 학설을 과학적으로 연구하는 것은 매우 중요한 학적 사업의 하나로 생각되는 바이다.

장구하고 완고한 조선 봉건 사회의 붕괴기에 정다산은 자기 고난한 생활과 여러 방면에 걸친 학설을 통하여 그 사회의 물질적 및 정신적 모순과 인민의 동향, 그리고 역사 발전의 방향을 풍부히 반영하였으며, 그의 진지한 애국심과 민주주의적 이념은 우리 조선의 찬란한 이데올로기 전통을 구성하는 데 중요한 요소로 되고 있다.

그러나 엥겔스가 일찍이 우리들에게 가르친 바와 같이 "모든 새로운 이론"은 "그 뿌리가 아무리 깊이 물질적 경제적 사실 속에 놓여 있다고 하더라도" 우선 그 이론 "이전에 축적된 사상적 재료에서 출발하지 않으면 안 되었다."*

이렇기 때문에 우리나라 봉건 말기의 위대한 계몽학자 정다산의 반봉건적 이론이 그 시대와 사회의 물질적 경제적 제 모순에 근거하였던 것은 물론이지만, 이와 동시에 그는 류형원·윤휴·이익·박지원·이가환 같은 선행자들의 사상적 전통과 영향을 계승하고, 서양 근세 자연과학의 실증적 방법을 섭취하는 한편 송유宋儒의 초경험적 성리학을 반대하는 청유淸儒 고증학풍을 참작하여 광채 찬란한 조선 실학의 대성자로 출현하였다.

20세기에 들어와서 우리나라 신진 인사들은 다투어 가며 정다산의 사상을 논술하였고 그의 저작을 소개하였으며 또 그의 학문적 업적을 찬양하였다. 그러나 그들은 대체로 정다산에게 있어서 제일 중요한 혁명적 사상의 알맹이에 관해서는 무의식적으로 혹

---

* 엥겔스, 《공상에서 과학에로의 사회주의의 발전》 제1장.

은 의식적으로 간과하고, 그의 제2차적인 부분에 대해서만 말하려는 편향이 일반적으로 지배하여 왔었다. 그러므로 진정한 진보적 사상가로서 정다산의 면모는 범속화凡俗化한 박학가 혹은 법제학자 혹은 고증학자로서의 다종다양한 음영 속에 숨어 버렸던 것이다. 이는 종래 천박한 자유주의자들과 조선을 '연구'한다는(실제로는 조선을 잘 먹기 위하여) 일제 어용학자들과 또는 내용 없는 추상적 문구로 계급적 분석을 회피하는 우익적 평론가들의 값싼 논문과 출판물들에 의하여 조장되어 왔던 것이다.

19세기 전반의 농노제 러시아가 낳은 위대한 사상가 중 한 사람인 게르첸*을 추억하는 논문에서 레닌 선생은 자유주의자와 인민파가 "혁명가 게르첸이 자유주의와 다른 점을 주도周到하게 엄폐하고" 있는 것과 "노예적인 '합법적' 출판물을 자기들의 진지로 삼고 있는 자유주의자들이 게르첸의 약한 면을 과장하고 강한 면을 묵살"하는 것을 신랄하게 지적한 다음 "노동자당은 범속한 찬미를 위해서가 아니라 자기들의 과업을 해명하기 위하여 러시아 혁명을 준비하는 데 위대한 역할을 한 이 문필가의 진정한 역사적 위치를 천명하기 위하여 게르첸을 기념해야 한다"고 언명하였다.*

이제 우리가 19세기 초엽─봉건 말기의 조선이 낳은 탁월한 사상가 정다산에 대해서도 그 과장된 약한 면과 그 묵살된 강한 면을 과학적으로 적발하여, 그 시대에 그가 사상적으로 공헌한 진보적 역할과 이에 관련된 그의 역사적 위치를 정당히 천명하려 한다. 이는 오늘날 우리 영웅 조선의 고귀한 문화적 유산을 비판적으로

---

* 게르첸Aleksandr Ivanovich Gertsen(1812~1870) : 제정 러시아의 소설가·사상가.
* 《레닌 전집》 제1권 제4분책分冊, 〈게르첸의 추억〉, 북조선로동당출판사.

계승 발전시키는 중요한 과업에 있어서 한갓 범속한 찬미를 일삼을 수 없기 때문이다.*

---

* 우리 민족의~없기 때문이다 : <조선 근세 '실학'의 대성자 정다산의 진보적 사상 및 학설에 대한 개론 (상)>의 '머리말'을 수정 보완한 것이다. 최익한은 이 논문을 필명 '최성해'로 발표하였는데, 본서 '제4부 다산의 실학에 대한 간단한 재론'에 반영되어 있다.《인민》9호, 민주조선사, 1952, pp86~106 볼 것.

제1부 다산의 사상가적 경력에 대한 사회적 개관

제1장 정다산의 약전略傳*

　다산은 나주 정씨羅州丁氏며 이름은 약용若鏞 혹은 용鏞이라 하였고 자는 미용美庸이라 하였다. 그의 호는 사암俟菴*·여유당與猶堂·열초洌樵·죽옹竹翁·탁옹籜翁·균암筠菴 등 기타 많은 칭호가 있으나, 다산이 대표적인 호로 불리어 왔다. 1762년(영조 38년 임오) 6월 16일(양 8월 5일) 경기도 광주부廣州府* 초부면草阜面 마현리馬峴里(마재 : 지금 양주군楊洲郡 와부면瓦阜面 능내리陵內里)* 정재원丁載遠의 넷째아들로 탄생하였다.

　그의 탄생지인 마현은 천마비등天馬飛騰하는 듯한 철마산鐵馬山을 뒤에 두고 남·북한강과 소천강苕川江이 이곳에서 3강 합류하는 장쾌한 형승形勝을 앞에 두어 강산 풍경이 극히 아름다우므로 뒷날 다산의 시문에 그의 향토미가 자주 반영되었다.

---

* 정다산의 약전 : 《정다산 선집》(이하 《정선》이라 함) pp101~8에는 한글 위주로 이 글의 내용이 축약되어 실려 있다.
* 사암俟菴 : 원문의 '竢庵'과 동자. 전서 보유 《동원수초桐園手鈔》에 '竢菴'이 보인다.
* 광주부廣州府 : 원문에는 '廣州'로 되어 있는데, 당시에는 '-府'인지 알 수 없었다.
* 마재[馬峴] : 현 남양주시 조안면 능내리 산75-1(조안면 다산로 747번길 11).

그의 가정은 남인계의 '시파時派(장헌세자莊獻世子 보호파)'에 속한 사족으로 유학을 숭상하였으며, 그의 아버지 재원은 일찍이 출사하였다가 영조의 제2자이자 정조의 생부인 장헌세자가 서인 노론 '벽파僻派(장헌세자 모해파)'의 음모에 의하여 참혹하게 피살된 즉시 관직을 버리고 고향에 돌아오니, 때마침 다산이 출생하므로 아명을 귀농歸農이라고 지었다.

다산은 재질이 뛰어나고 대단히 총명하였으며 7세에 "작은 산이 큰 산을 가리운 것은, 원근의 거리가 같지 않기 때문이네(小山蔽大山 遠近地不同)"라는 시구를 지으니, 그 아버지는 이 아이가 장래 수리학에 능통할 소질이 있다며 기뻐하였다. 그는 소년 시절에 유교 경전과 성리학설을 주로 연구하며 당·송·명·청의 시문을 널리 보고 또 과거체 시문도 습작하였다. 그러나 그의 문체는 남을 모방하기를 싫어하고 유창하고 명랑하며 진실하고 심각한 풍격을 좋아하였다.

그는 16세에 《성호문집星湖文集》을 읽고 느낀 바가 많았다. 그 후부터 성호학파의 저명한 인사 채제공·이가환·권철신 등 선배를 따랐고, 박연암과 그의 학도인 이덕무·박제가 등과도 서로 교제하여 영·정 시대의 신문풍에 연마되었다.

그는 23세에 서학자西學者로 유명한 우인友人 이벽李蘗(자는 덕조德操,* 호는 광암曠菴)으로부터 기독교=천주교리를 들었으며, 또 자기 자형姊兄 이승훈李承薰의 중국 연경행을 통하여 천주교의 서적과 서양 근대의 천문학·수학·지구도·자명종·천리경·《서양국 풍속기》 등

---

* 《경주이씨족보(1848)》 권8에는 德祖로 되어 있다.

기타 다수의 서적과 기물을 얻어 보았다. 예기銳氣가 왕성한 청년 다산은 부패하고 대중성이 없는 유교를 싫어하고, 과학 기술과 부국강병을 배경으로 선전하는 종교에 호기심을 갖지 않을 수 없었으므로, 이벽의 권고에 의하여 자기 중형 약전若銓, 삼형 약종若鍾과 함께 한동안 교회에 비밀히 관계하였으며, '요한'이라는 세례자 영명靈名까지 받았다고 《조선 천주교회사》는 말하고 있다. 그러나 얼마 안 지나 그 교리와 과학이 본질적으로 상이한 것을 인식한 그는 신도의 입장으로부터 탈출하고 과학과 기술을 연구 섭취하여 인민 생활의 개조에 이바지하려 하였다.

그는 22세에 진사가 되어 태학 월과月課 답안에 새로운 견해를 많이 발표하였고, 28세에 문과文科(고등 문관 시험)에 급제하여 규장각 월과에 풍부한 문식文識과 혁신적 대책을 많이 제기하였다. 더욱이 한강 배다리[舟橋] 가설架設에 관한 설계와 화성華城(수원읍성) 축조에 관한 성제설城制說 및 기중기起重機 창제 등 기술적 사업을 통하여 그의 유용한 재간은 국왕 정조의 총애와 신임을 실로 적지 않게 얻었다.

그리하여 그는 장차 크게 등용될 수 있었다. 그러나 그의 성격은 대단히 고결하고 강직하여 권세가에 아부하지 않았다.* 그는 33세에 홍문관 수찬弘文館修撰이 된 즉시, 경기도 암행어사로서 재상과 수령 가운데 탐오 무법한 자들을 많이 탄핵 처단한지라 반대파의 시기와 무고가 또한 심하였다. 정조도 다산의 장래를 보장하기 위

---

* 《정선》 p104에는 "그는 29세에 예문관藝文館 검열檢閱에 뽑혔으나 반대파의 저해가 있으므로 그는 곧 사직하고 국왕의 소환에 응하지 않았다가 10일간의 해미海美 유배가 있었으며"라는 구절이 추가되어 있다.

하여 너무 높은 지위에 올리지 않고 부승지副承旨·참의參議 같은 중등 관직에 머무르게 하였다. 또 반대당이 천주교와 서양 과학을 구별 없이 '사학邪學' 혹은 '사교邪敎'로 규정하고, 이에 관계한 인물들을 고소告訴*할 적마다 정조는 항상 변호 무마하는 방침을 취하여 이가환·정다산 일파의 안전을 도모하고, 때로는 그들을 지방 관리로 좌천시켜서 반대당의 칼날을 피하도록 하였다. 다산이 34세 때에 반년 동안 금정 찰방金井察訪으로, 36세부터 거의 2년 동안 곡산 부사谷山府使로 외출外黜된 것은 이러한 실례들이었다.

다산이 외관상으로는 중요한 관직에 있지 않았으나, 내면으로는 채제공·이가환과 함께 국왕 정조의 수당讐黨 처단(자기 아버지 장헌세자를 무살誣殺한 벽파에 대한 복수), 왕권 강화 및 국정 쇄신을 목적한 비밀 계획에 참가하여 자기들의 새로운 학식과 포부를 이 기회에 정치적으로 얼마쯤 실현해 보려고 하였다. 또 당시 천주교회의 지도자로서 학식과 명망이 있던 사람들은 거의 예외 없이 정다산·이가환 일파의 친척과 지우들인 동시에 정조가 극력 애호하는 시파 남인계 출신들이었으므로 정약종·권일신權日身·황사영黃嗣永 등은 정조의 이교異敎에 대한 완화 정책을 이용하여 지하 운동을 활발히 진행하면서 성경을 번역하고 교회를 조직하며 나중에 연경의 서양인 교회와 연락하여 중국인 주문모周文謨를 신부로 국내에 맞아들여 교세를 확장하였다(1795, 정조 19).

---

* 고소告訴 :《정선》에는 '고소 배격'으로 되어 있다. 여기에서 '고소'는 '참소讒訴'까지 함의하고 있는 듯한데, 다산 34세 때인 1795년 7월에 박장설朴長卨이 목만중睦萬中의 사주를 받고 상소한 일과 관학 유생館學儒生 박영원朴盈源 등 637인이 상소한 일 들을 가리킨다. 다산의 <자찬묘지명自撰墓誌銘>, <정헌묘지명貞軒墓誌銘>과 《정조실록》 19년 7월 4·7·24일자 척사소斥邪疏 참조.

이와 같은 동향을 탐지한 보수파, 즉 노론 벽파를 중심으로 한 반대당은 이가환·이승훈·정다산 형제를 천주교의 주동자로, 또 채제공을 사교의 비호자로 무고하여 정계에서 소탕하려 하였으나, 정조가 생존한 한에는 어찌할 수 없었다. 그러다가 1799년 수상 채제공이 사망하고 그 이듬해 정조가 사거死去하자(반대당의 모해로?) 반대당은 기뻐 날뛰며 그 이듬해, 즉 1801년(순조 원년 신유) 정월부터 이가환·정다산 이하 시파 남인계를 중심으로 한 수많은 신진 인사들을 덮어놓고 사교도로 몰아서 일대 박해를 감행하였다. 이것이 이른바 '신유 사학 사건'*이었다. 이 사건에 다산의 삼형 약종은 사형을 당하였고, 중형 약전은 신지도薪智島(전남 강진)에, 다산은 장기長鬐(경북 포항)에 각각 유배되었다.

동년 여름에 주문모(중국인 신부)의 자수 사건이 있었고, 겨울에 황사영의 백서帛書 사건이 발각되자 화망禍網은 더욱 확대되어 수백 수천의 군중이 학살과 유형을 당하였다. 또 반대당의 앞잡이요 남인계의 분파인 홍희운洪義運(홍낙안洪樂安의 개명)·이기경李基慶·목만중睦萬中 등의 악랄한 음모로 인하여 다산 형제는 다시 검거되었다가 겨우 사형을 면하고 약전은 흑산도黑山島에, 다산은 강진康津에 다시 유배되었다.

이때 반대당은 다산을 꼭 죽이려고 그의 삼형 약종의 '대역부도大逆不道'에 대한 증언을 얻기 위하여 가혹히 심문하였으나, 다산은 침착한 기색으로 "신하는 임금을 속일 수 없고 아우는 형을 증언할 수 없다"[1]는 유명한 진술을 한 다음에 일체 답변을 거절하여 심

---

* 신유 사학 사건 : 《정선》에는 '신유 사교 사건'으로 되어 있다.

문관을 감탄케 하였다. 또 다산이 일찍이 곡산 부사와 황해도 염찰
廉察(암행어사의 직무)로서 관료의 악정을 혁파하고 농민의 이익을 옹
호한 것이 많았기 때문에, 그의 투옥에 대한 인민의 동정과 호소가
반영되었을 뿐만 아니라 신진 학계의 여론이 자못 비등沸騰하므로
반대당은 다산을 감히* 죽이지 못하고 유형에 처하였다.*

그는 40세의 장년으로 강진 유배지에 가서 18년의 풍상을 겪으
면서 자기의 진리에 대한 신념과 불굴의 지조를 고수하는 한편 자
기 실학적 척도로써 방대한 유교 경전에 신해석을 가하고 공리공담
에 흐른 유학을 실천적 철학으로 개조하려 하였다. 더욱이 빈부의
차별과 지주의 착취가 극심한 호남 지방의 농민 생활을 일상적으로
접촉하여 농민의 고혈을 한 방울도 남김없이 빨아먹는 관료 지주적
경제의 불합리한 제도를 분석 비판한 결과, 전제田制·세제稅制로부
터 관제官制·법제法制·학제學制·병제兵制 내지 정체政體에 이르기까지
이상적인 고안과 이론을 발표하여 자기의 반봉건적 민주 이념을 보
였다. 그리고 그는 문학에서도 통치 계급의 추악한 이면을 폭로 지
적하고 인민 대중의 비참한 상태를 뜨거운 정서로 호소하여, 애국
적이며 인도주의적인 사상을 표현한 바가 많았다. 그리하여 그의
유형 기간은 그가 조선 실학의 대성자로 출현한 시기였다.*

---

* 감히:《정선》에는 '구태여'로 되어 있다.
* 이때~처하였다 : 최익한이《사암선생연보》(1921)와《조선기독교급외교사》(1928)
 등만 주로 참고하다 보니 정반대로 착오가 생긴 것이다. 추국장에서 정약용은 가장
 말이 많았을 뿐만 아니라 가장 많은 사람들을 고발하였다. 심지어 그는 천주교도의
 체포 방법까지 밀고하여 부내府內에 석방되고 수갑[枷枙]을 푸는 혜택도 입었는데,
 이러한 간교함은 당시 심문 대상자 중에서는 그 유례를 찾을 수 없다.《승정원일기》
 순조 1년(1801) 2월 17·18일; 이상식 역주,《추안급국안推案及鞫案》73·74·75권,
 흐름, 2014; 서종태·한건 편,《조선 후기 천주교 신자 재판 기록》상·중, 국학자료원,
 2004 등 참조.

그는 57세에 비로소 석방되어 고향에 돌아왔다. 이때 시파 노론계의 김조순金祖淳은 국왕 순조의 처부妻父로서 벽파 노론의 정권을 밀어내고 이른바 장동壯洞 김씨의 '세도' 정치를 개시한 후, 인심 수습의 한 수단으로서 다산을 유배지에서 해제解除시켰던 것이다.*

그러나 정다산은 시골에 돌아온 후로는 출사와 공명을 단념하고 학문 연구와 저술의 정리 완성에 계속 노력하면서 여생을 보냈다. 그는 천주교회와의 관계를 정조 생존 시에* 벌써 끊었으나, 그의 인적 관계는 극비밀리에 지속하였으므로 그들을 통하여 세계 정세와 서양 과학 서적을 극비밀리에 입수하여 국가와 인민에게 공헌할 수 있는 문제를 항상 연구 논술하였다.

'사학' 사건이 있은 뒤에 천주교와 서양 서적에 관한 취체가 극히 엄중하였으나 민간의 교회 세력은 좌절되지 않았고, '세도' 정치의 전제專制에 대한 인민 각층의 불평불만은 도리어 천주교회의 발전을 조장하였다. 1801년의 대탄압 직후에 교도 유진길劉進吉·조신철趙信喆·정하상丁夏祥 등은 비밀히 회의하여 중국인 전도사 유방제劉方濟를 국내에 초빙하였고, 헌종 2년(1836) 즉 정다산이 서거하던 해에는 프랑스 선교사 모방* 등이 국내에 잠입하여 서울에 와서

---

* 그는 40세의~시기였다 : 최익한이 거꾸로 곡해한 것이다. 다산은 봉건적 지주 관료 학자로서 '반봉건적 민주'를 철저히 배격하였고, 양반계급을 위한 '봉건적 애국'에만 충실하였을 뿐이다. 그가 개념 자체를 초계급적으로 적용하여 다산을 과장 왜곡한 것은 '우경향 복고주의'로 비판될 수 있다. 당시 북한 학계는 인민 대중을 교양하기 위해 과거의 문화유산에서 진보적·인민적 요소와 혁명적·애국주의적 전통을 기계적으로 찾아내려는 경직된 태도가 만연하였다.
* 이와 관련된 다산의 해배 설화가 《매천야록梅泉野錄》 권1·상에 나온다.
* 정조 생존 시에 : 《정선》에는 '30세 전후에'로 되어 있다.
* 모방Pierre Philibert Maubant(1803~1839) : 한국명 나백다록羅伯多祿. 우리나라 최초의 서양인 신부.

정하상의 집 부근에 숨에 있으면서 포교에 종사하였는데, 정하상은 정약종의 아들이자 다산의 친조카였다. 그리고 제너*의 우두술牛痘術은 1796년에 비로소 발명 실시되어 청나라 가경嘉慶* 시대에 벌써 광동廣東을 거쳐 중국에 들어왔는데,[2] 이 우두 방문方文(약방문)이 다산의 손에 비밀히 전달되어 그의 수정 문고手定文稿 중에 편입되어 있으며, 또 이규경의 《오주연문五洲衍文》〈종두변증설種痘辨證說〉에도 다산은 우두 방문을 중국을 통하여 얻었다고 하였다.[3] 이러한 사실들은 모두 다산이 노년에 와서도 서양 과학에 대한 긴밀한 연계를 계속하였다는 것을 증명하여 준다.

그런데 종교론과 종교사에 관한 다산의 저술이 교난敎難으로 말미암아 인멸되었다고 《조선 천주교회사》는 말하고 있으나 그 내용은 지금 알 수 없다. 또 동 교회사는 다산이 만년에 자기의 배교를 후회하고 속죄하기 위하여 심혈을 기울여 가며 부흥 운동에 노력하였다고 하지만, 이는 당시 천주교회가 다산의 명망을 빌려 군중을 끌려는 일개 선전이었거나, 그렇지 않으면 다산이 서양 과학을 섭취하려는 꾸준한 연계와 유교 개혁과 조국 유신을 위한 고안을 풍부히 발표한 문필적 업적을 그들이 천주교회의 부흥 운동으로 오인한 때문이었을 것이다.

그는 헌종 2년(1836) 2월 22일에 75세로 고난한 일생을 마쳤다. 그의 사후 64년을 지나 융희隆熙 4년(1910) 7월 18일, 즉 한일 합병 직전에 이조 정부는 당시 사회 선진 인사들의 여론을 존중한다는 이유로 개화 운동의 선각자인 정다산에게 정헌대부正憲大夫 규장각

---

* 제너Edward Jenner(1749~1823) : 영국의 의학자. 우두 접종법의 발견자.
* 가경嘉慶 : 청나라 인종仁宗의 연호(1796~1820).

제학奎章閣提學의 증직贈職과 문도文度의 시호諡號를 주었다.*

500여 권에 달하는 그의 방대한 저서 중에 《흠흠신서》, 《목민심서》는 재판관과 지방 관리들에게 절대 필요한 참고서로서 다산 서거 직후부터 사색당파를 막론하고 널리 등사 유포되었고, 《아방강역고我邦疆域考》, 《대동수경大東水經》, 《아언각비雅言覺非》 및 《경세유표經世遺表》 일부는 1910년 망국 전후에 장지연張志淵의 교열과 광문회光文會 기타 서점들의 출판으로 광포廣布되었을 뿐이므로, 정다산 학설의 전모는 널리 알려지지 못하였다. 그러다가 1935년 경부터 3년 동안* '신조선사' 권태휘權泰彙의 노력에 의하여 정다산 전집이 축소판 76책으로 세상에 출현되었는바, 이것이 현행 《여유당전서》이다.

그러나 이 전서도 오히려 정다산의 저술 전체와, 특히 비합법적인 저술로서 이미 행방불명된 부분을 총망라하지 못한 것으로 인정된다. 그러므로 정다산의 높은 이상과 진보적 사상은 금후 우리들의 분석 비판의 대상으로 남아 있다.

---

* 융희 4년~주었다 : 《사암선생연보》(1921, 이하 '사암연보') p240. 면수는 문헌편찬위원회 영인본(1961)에 따름; 《승정원일기》 순종 4년 7월 15일, 16일조 볼 것. 최익한의 의례적인 언사는 사실과 맞지 않은 듯하다. 왜냐하면 대한제국의 친일매국 역도들은 망국 직전에 추증·추시追諡를 남발하였기 때문이다. 이에 대해 황현黃玹 (1855~1910)은 다음과 같이 통탄한 바 있다. "합방론이 이미 정해졌는데도 증직과 시호를 의론하며 미친개처럼 쫓아다니니 나라가 어찌 망하지 않을 수 있겠는가? (合邦之論已定 而議贈議諡 逐逐如獋狗 國安得不亡哉)" 《매천야록》 권6.

* 1935년경부터 3년 동안 : 이는 착오이다. 《여유당전서》 신조본의 판권장에 따르면, 소화昭和 9년(1934) 10월 10일부터 소화 13년(1938) 10월 25일까지 약 4년간 발행되었다. 당시 최익한은 투옥 중이었으므로(1928.2~1936.1) 정확히 기억할 수가 없었을 것이다. 이로써 그가 소장한 신조본이 초판 초쇄가 아닌 것을 알 수 있다.

부기附記 : 중요한 교유 인사들의 약력

다산이 일찍이 학문적 영향을 받은 선배들 중 정헌貞軒 이가환李
家煥에 대하여 간단히 말하지 않을 수 없다.

다산은 소년 시절부터 이가환·이승훈을 통하여 성호의 유집을
얻어 읽고 그의 학풍을 계승하였다. 그런데 다산이 노년에 유형으
로부터 해방되어 돌아온 후 1801년 자기와 함께 이른바 '사학邪學'
으로 몰려 참화를 당하였던 선배 학자들—정헌 이가환을 필두로
하여 복암伏菴 이기양李基讓, 녹암鹿菴 권철신權哲身, 매장梅丈 오석충
吳錫忠 및 자기 중형 손암巽菴 정약전丁若銓까지 각각 묘지명을 지
어서 그들의 인격·사상·학문과 피화被禍 경로를 밝혀 악당의 무함
誣陷을 변명하였으나, 자기 자부姊夫 이승훈과 삼형 정약종에 관해
서는 아무런 구체적인 서술이 없었다. 그 이유는 무엇이었던가?
요컨대 정헌·복암·녹암·매장·손암 등 선진 학자들은 혹은 천주교회
에 일시적 관계를 가졌다 하더라도 신앙보다는 교회 서적과 서양
과학을 연구하는 데 주로 취미를 두었으므로 반대당이 이를 구실로
하여 사교도邪敎徒로 몰아 버린 것이니, 이는 변명하지 않으면 안
될 객관적 사실이었지만, 이승훈과 정약종 같은 인물에 있어서는
사정이 저들과 달랐던 것이다. 즉 승훈은 중국 연경 교회와 직접
연결을 맺고 또 우리나라의 지명知名한 인사로서 맨 처음 세례를
받았을 뿐만 아니라 귀국한 즉시 교회의 서적과 의식을 신도들에
게 전달하고 교회를 조직하며 교리를 선전하여 이른바 구서購書 사
건*의 주범으로 되었으며, 약종은 열렬한 신앙자로서 교회를 조직
하고 성경을 번역하며 '명도회明道會'장으로 최후까지 그들이 말한

바 순교자로서 피살당하였으므로 다산은 이 두 사람에 대해서는 변명과 논술의 필요를 느끼지 않았던 것이다.

정조 당시에는 이 당이나 저 당, 선의나 악의를 막론하고 채제공·이가환·정약용을 남인의 3걸물로 지목하였고, 1801년 이른바 사학사건 당시에는 반대당은 이가환·정약용을 사학의 양대 괴수로 낙인찍었으며, 이 뒤부터는 둘의 이름이 재예才藝와 박학博學의 상징으로 일부 민간에 전설화되고 있었다. 그렇기 때문에 그 두 사람은 서로 떠날 수 없는 쌍벽적인 존재였다. 그러나 가환은 다산보다 20세 연장자였으며, 학문과 사상에서도 동일한 수준으로 평가할 수 없다.

가환은 여주 이씨驪州李氏요 자는 정조廷藻, 호는 정헌貞軒·금대錦帶였다. 18세기 조선의 위대한 실학자 성호는 그의 종조從祖며, '기굴신교奇崛新巧'*한 풍격을 지닌 문학으로써(다산의 평) 일세를 울리던 혜환거사惠寰居士 이용휴李用休는 그의 아버지였다. 이와 같이 우수한 전통을 계승한 가정에서 생장하였을 뿐만 아니라 그의 풍채는 괴위魁偉하고 문명文名은 일국一國을 덮었으며 특히 그의 기억력과 이해성은 일반이 상상할 수 없을 만큼 절등絶等하였다.* 다산의 말에 의하면, "구경九經*·사서四書·이십삼사二十三史*로부터 제자백가와

___

* 구서購書 사건 : 이승훈이 1784년 연경에서 교리서적 수십 권을 구입한 사건.
* 기굴신교奇崛新巧 : 기이하고 웅장하며 참신하고 절묘함. 다산은 <정헌 묘지명>에서 "용휴의 문장은 기굴신교한지라 정녕 전우산錢虞山이나 원석공袁石公에 못지않았다(用休 … 其爲文 奇崛新巧 要不在錢虞山 袁石公之下)"고 평하였다. 전우산(전겸익)과 원석공(원굉도)은 명나라 말기의 시문인.
* <황사영 백서>에 "이가환은 어릴 때부터 재주와 지혜가 출중하고, 자라서는 풍채와 태도가 늠름하였다. 문장은 온 나라에서 으뜸이고 읽지 않은 책이 없으며 기억력이 뛰어나 마치 신과 같았다(李家煥自在幼少 才智超群 及長 風度魁偉 文章冠一國 無書不覽 强記如神)"고 하였다.

시부詩賦·잡문雜文·패관稗官·총서叢書와 상역象譯(외국어)·산수算數·음률音律의 학과 우의牛醫·마무馬巫의 설과 악창惡瘡·잡질雜疾의 처방에 이르기까지 문자로 표현된 것은 물으면 무엇이든지 얼음에 박 밀듯이 외워 들려주는 동시에 그 정상精詳한 연구에서 나오는 설명은 전문가와 흡사하므로 듣는 사람은 모두 놀라서 그를 귀신으로 여겼다"[4]고 하였다.

그는 정조 초년에 문과 급제하여 광범한 학식과 간실簡實한 문장과 정밀한 고증으로 문학을 좋아하는 국왕의 특별한 지우知遇를 받고 벼슬이 공조판서工曹判書에 이르렀다. 왕명에 의하여 《대전통편大典通編》을 편찬하고 《어정규장전운御定奎章全韻》(이덕무 기초起草)을 교열하였으며, 또 다산과 함께 《화성정리통고華城整理通考》를 작성하고 《규장전운옥편奎章全韻玉篇》을 교열하였다. 그는 기하학과 역법曆法을 깊이 연구하고는 "내가 죽으면 기하학은 장차 우리나라에서 종자가 끊어지겠다"고 개탄하였으며,[5] 일월日月·오성五星의 교식交食*·복현伏見*의 시기와 황도黃道·적도赤道의 교차 거리의 도수와 지구 원경圓徑(원지름)의 계산에 대한 도식과 설명을 작성하여 후생들에게 보였다. 이와 같이 종래 유학자들의 점성술적 세계관을 타파하고 자연과학적 사상을 고취하였으므로 반대당은 이를 구실로 하여 서양 사학邪學이라는 패를 붙여 정계로부터 몰아내려

---

* 구경九經 : 9종의 유교 경서. 《주역》, 《시경》, 《서경》, 《예기》, 《춘추》, 《효경》, 《논어》, 《맹자》, 《주례》라는 설이 있다.
* 이십삼사二十三史 : 23종의 중국 역대 정사正史. 이는 청나라 건륭제 때 기존의 이십이사에 《구당서舊唐書》를 추가한 것이다.
* 교식交食 : 일식과 월식.
* 복현伏見 : 별이 모습을 숨기거나 나타내는 일. 즉 행성이 태양의 방향에 가까워져서 보이지 않게 될 때를 복, 그 후에 다시 보이기 시작할 때를 현이라 함.

하였다.

그는 문명과 직위가 높아질수록 사면수적四面受敵의 위태로운 지경에 더욱 빠지게 되었다. 그는 첫째로 이하진李夏鎭(그의 증조曾祖)·이잠李潛(그의 종조從祖)을 산출한 남인 당계의 명가였다는 것, 둘째로 국왕 정조의 특별한 신임을 받고 있었다는 것, 셋째로 채제공·정약용 일파의 주론자主論者였다는 것, 넷째로 신진학풍의 지도자였다는 것—이 몇 가지 특징을 당시 반대파와 보수당은 공포 질시하여 맹렬한 화살을 그의 일신에 집중적으로 퍼부었다. 그러나 정조가 살아 있는 한 용의주도한 보호를 받고 있다가 정조가 사거한 직후로 심환지沈煥之·서용보徐龍輔 등 벽파 대신들과 이들에 아부한 홍의호洪義浩·목만중·홍낙안 등 남인 분파분자들은 유언비어를 주고받고 하여 1801년 대탄압 사건에 그를 사교邪敎의 주범으로 몰아 '기시棄市'의 형에 처하였다. 그리하여 그는 60세의 일생을 비참히 마쳤다.

그는 과학과 교리를 혼동시킬 수 없다는 것을 여러 번 성명聲明하였으며, 또 천주교의 본질이 노불老佛의 지엽에 불과하다고 하여 준엄히 배척하였다. 일찍이 광암 이벽이 경성 수표교水標橋에서 교리를 선전한다는 소식을 듣고 말하기를, "《천주실의天主實義》와 《칠극七克》 등 서적을 나도 전에 보았는데, 거기에 비록 훌륭한 비유들이 있으나 결국은 정도正道가 아니다. 이벽이 어찌 이것으로 우리 도를 바꾸려 하는가?"[6] 하고, 그를 찾아가서 한바탕 격렬한 논쟁을 하고 돌아와서 다시는 교회와 접촉한 일이 없었다.

이상의 논술에서 우리가 볼 수 있는 것은 즉 정헌이 본래 '개물성무開物成務'의 학을 주장한 실학자로서 서양의 자연과학은 극도로 환영한 반면에 천주교리는 역시 환망한 미신으로 인정하였다는 것이다. 이 점에서는 다산의 학문적 방향에 적지 않은 도움을 주었으리라고 생각된다. 교회의 기록에 의하면, 가환은 "소시부터 이기학理氣學(천문학)을 믿고 천체를 쳐다볼 적마다 감탄하며, '이처럼 큰 배포排布(배치)에 어찌 주재자가 없다고 하겠는가!'라고 외쳤다" 하여 이것으로써 그의 신앙 사상을 증언하려 하였으며, 또 황사영의 백서 가운데도 가환은 "본심을 승인하고 사형에도 변치 않았다"고 쓰어 있다.[7] 그러나 이른바 주재자란 것은 천체의 운행과 삼라만상의 변화무궁한 자연 법칙의 통일성을 지칭하는 데 비유적으로 쓸 수도 있는 용어이며, 또 그가 보수당의 형장刑杖하에서 자기의 최후를 각오하고 학리적 신념을 굽히지 않았던 것이지, 천주교의 신앙을 고수하였던 것은 아니었다. 당시 교회인들의 '아전인수'식의 기록들에 대하여 우리는 주의할 점들이 적지 않다.

정헌의 저술은 피화被禍한 후 수습 간행되지 못한 채로 대부분 인멸되었다. 다산의 <정헌묘지명>에는 《금대관집錦帶館集》10책이 있다 하였고, 《인물지人物志》에는 《기전고箕田攷》가 있다고 하였다. 그러나 모두 시휘時諱 관계로 행세行世하지 못하였다.

복암伏菴 이기양李基讓은 임진조국전쟁 당시 저명한 공신인 한음漢陰 이덕형李德馨의 후손으로 언론과 풍채가 동료를 압복壓服하였다. 그는 천주교에 아무런 관계가 없었으나, 다만 정조 당시에 이가환·정약용과 같이 국왕의 특별한 신임을 받았다는 것, 성호의 학도로서 이가환·권철신·홍낙민洪樂敏과 사돈 관계에 있었다는 것—이 몇 가지가 반대당의 시기와 질시를 받아 왔으며, 따라서 그들의 앞잡

이인 목만중 등의 무고로 1801년 '사학' 사건에 연좌되어 (함경도) 단천端川에 유배되었다가 그 이듬해 유형지에서 사거하였다.

그는 성호의 비판적 학풍을 계승하고 백호白湖 윤휴尹鑴의 학설을 많이 찬동하였다. 또 그는 1799년 부사副使로(상사上使는 김재찬金載瓚) 연경에 가서 박면교거剝棉攪車, 즉 솜 트는 기계 한 대를 중가重價로 사 가지고 돌아와서 전국적으로 모조 사용케 할 것을 건의하여 실행에 옮기려 하다가, 정조의 사거로 그것이 중지되고 말았다.

녹암鹿菴 권철신權哲身은 권근權近·권람權擥의 후손으로 성호의 소년 제자 중 한 사람이었다. 다산의 평가에 의하면 성호의 문하에 우수한 학자들이 배출되었으나 재덕을 겸비하고 이론과 실천이 일치하여 성호학의 정통을 계승한 자는 오직 녹암 한 사람이었는데, 그가 참사한 후에는 성호의 학맥이 드디어 끊어져 버렸다고 하였다.

그는 양근楊根(지금 경기도 양평楊平) 감호鑑湖에서 강좌를 열고 학도를 교육하니, 와서 배우는 사람들이 많아 그의 문정門庭이 저자를 이루었는데, 다산의 중형 정약전도 그의 제자 중 하나였다.

정조 8년(1784) 이벽이 천주교리의 선전을 개시하고 군중을 획득하기 위하여 "녹암은 사류士類의 영수인즉 그가 이 교리를 승인하면 뭇사람은 다 절로 따를 것이다"[8] 하고 감호를 찾아가서 녹암과 10일 동안이나 토론하였다. 조선 천주교회 사료에 의하면, 이벽의 설교를 들은 권철신은 처음에는 주저하다가 나중에는 신교新敎를 승인하고 세례와 암브로시오라는 영명까지 받았다고 하였으나,* 이는 확신할 수 없는 아전인수식의 기록일 것이다. 왜냐하면 1801

년 이른바 '사학' 사건에 수천의 피고의 구초口招가 한 번도 권철신이 신자라고 입증한 일이 없었고, 또 당시 권엄權礹·목만중·이익운李益運·이만수李晚秀 등의 논죄 문건에도 교주敎主 일신日身의 형이라느니 혹은 전가全家와 전향全鄕이 사교에 감염되었다느니 하면서도 그가 직접 개종하였다고는 한 번도 지적되어 있지 않은 때문이다. 다만 그의 아우 일신이 이벽의 설교를 찬동하고 곧 그의 뒤를 이어 교주적 역할을 해서 양근 일대가 드디어 신교의 요람지로 되었으며, 또 철신 자신도 당시 공리공담과 부문허식浮文虛飾에 흘러 버린 유학에 통절痛切한 불만을 가졌던 나머지, 과학과 교리를 혼합하고 유교 수양설의 장점을 부분적으로 절취竊取하여 선전하는 《주제군징主制羣徵》, 《칠극》 등 서적과 특히 이벽의 광장설적廣長舌的 설교에 대하여 그 실천성과 군중성의 일면을 긍정하고 준절히 배척하지 않았을 뿐만 아니라, 자기 친동생인 일신 이하 친척·지구知舊·제자 및 향리 인민들의 열렬한 신앙에 대해서도 자유방임하고 금지 억제하는 방법을 취하지 않았다. 이와 같은 사실들이 결국 그로 하여금 1801년 사건에 증거가 없이 일개 사교 신봉자로 몰려 66세의 일생을 옥중 절명으로 끝내게 하였던 것이다.[9]

그의 저작은 《시칭詩稱》 2권, 《대학설大學說》 1권이 있고 그 밖의 것은 모두 산실되었다. 그러나 다산의 소개에 의하면, 유교 경전의 해설에서 그는 주자와 달리 자기 창견을 많이 주장한 까닭으로 속학배俗學輩들의 비방을 받게 되었으나 이로써 자기 소견을 굽히지는 않았다. 그는 관학파 거장인 송시열에게 '사문난적斯文亂賊'으로

---

* 《보감》 1권 p52; 《한국천주교회사(상)》 p311에 관련 내용이 나온다.

몰려 죽었던 백호 윤휴에 대하여 그의 학문이 본말을 구비하였다고 하며, 그의 저서 《만필漫筆》 1권에 극히 탄복하였다.

유교 경의經義의 해설에서 녹암은 《중용中庸》의 "들리지 않는 바에도 두려워하며, 보이지 않는 바에도 경계하고 삼간다(恐懼乎其所不聞 戒愼乎其所不睹)"의 문의文意에 대하여 '소불문所不聞', '소부도所不睹'를 같은 책 중 "상천지재 무성무취(上天之載 無聲無臭)", 즉 하늘의 일은 소리도 없고 냄새도 없다는 데에 해당한 것으로 보았다. 이는 물론 주자의 해석과는 다르나, 그 반면에 녹암이 아직 관념론적 세계관을 벗어나지 못하고 무형무체無形無體한 추상적인 상천上天=상제上帝의 존재를 인정 혹은 적어도 가정하여 공구恐懼·계신戒愼하는, 즉 경건히 신봉하는 대상을 설정하려는 신학적 요소를 내포하고 있는 것이다. 이 점에서 그가 천주교리를 깨끗이 결별하지 못하고, 따라서 다산의 철학 사상에도 영향을 끼친 중요한 계기였던 것을 우리는 발견할 수 있다.

그러나 그가 《대학》의 명덕明德을 종래 유학자들이 무조건 확신해 온바 '허령불매虛靈不昧'한 선험적 본체로 인정하지 않고 윤휴의 주장과 같이 효제자孝悌慈의 실천에서 얻어진 결과로 본 것이라든지, 《맹자》의 인의예지仁義禮智를 네 가지 천부天賦의 선성善性으로 보지 않고 사회적 실천에서 성립된 명사名詞들로 본 자기의 창견이라든지, 또 같은 책의 '사단四端'을 선천적인 인의예지의 단서端緖로 보지 않고 후천적인 인의예지적 행사行事의 발단發端으로 보아서 조기趙岐*의 단端=수首의 설을 취하고 주자의 단端=서緖의 설을 반

---

* 조기趙岐(108?~201?) : 후한인後漢人. 《맹자장구孟子章句》의 작자.

대한 것이라든지는, 그 의의가 자구 해석에만 그치지 않고 한 걸음 나아가 유학의 초경험적인 인성론과 도덕론을 반대하고 경험과 실천을 강조하는 유물론적 경향을 표시한 것이었다. 이와 같은 이론들은 다산의 철학적 제 견해에서 뚜렷이 계승 발전되었다.

다산의 중형 정약전은 다산보다 네 살 연장이었다. 자는 천전天全이요 호는 일성재一星齋였는데, 흑산도에 유배된 뒤로 손암巽菴이라 하였다. 그의 성격은 호방하였으며, 소시에 권철신의 문하에 출입하여 성호의 학풍을 받았다. 26세에 경의진사經義進士*가 되었고, 33세에 오행五行 문제에 대한 책문策文으로 초시初試에 1등으로 당선하고 회시會試에 문과 급제하였다. 5년 후 목만중이 박장설(소북인小北人)을 사주하여, 약전의 대책문對策文이 오행설을 버리고 서양인의 사행설을 연역하였는데도 불구하고 시관試官 이가환은 정실에 끌리고 사설邪說에 유혹되어 1등으로 매겼다 하여 가환을 공격하니, 국왕 정조는 본문을 심사한 다음 친절히 변명하여 주었으나 그의 사진仕進(벼슬 진출)은 이 일로 저지되었다. 그 뒤 다시 등용되어 병조 좌랑兵曹佐郎이 되었으나 반대파의 방해로 물러났다.

그는 일찍이 이벽에게 천문·수리학을 듣고 기하학에 정통하였으며, 정조 8년(1784) 4월에 한강 두미협斗尾峽의 배 가운데서 다산과

---

* 경의진사經義進士 : 경의經義 출신은 생원, 시부詩賦 출신은 진사라 한다. 정약전은 1783년(26세)에 경의로 진사가 된 것이 아니라 경의로 생원이 되었다. 그는 생원시에서 2등 1위, 즉 합격자 100명 중 6번째였다. 다산이 〈선중씨묘지명先仲氏墓誌銘〉에서 "경의로 진사가 되었다(以經義爲進士)"고 쓴 것은 당시에 생원이라는 말이 천시되었기 때문인 듯하다. 《숭정3계묘식사마방목崇禎三癸卯式司馬榜目》(한국학중앙연구원 장서각 B13LB-30) p6a 참조. 자세한 것은 본서 p711 각주 볼 것.

함께 이벽의 설교를 듣고 찬의贊意를 표하였으나 신교信敎에 종사한 일은 없었다. 그리하여 그의 아우 약종은 후일 교회 동사자同事者들에게 보낸 편지에서, 자기의 중형·계제季弟(다산)와 함께 성교聖敎를 받들지 못하는 것이 한스러운 일이라고 하였다.

1801년 사학 사건에 형제가 체포되어 (그는) 처음에는 신지도에, 나중에는 흑산도에 유배되었다가 16년 만에 59세로 병사하였다 (1816년 6월 6일). 그의 평민적 성격은 유배 생활 중에 섬 인민들의 환심을 크게 얻었다. 그리하여 그가 자기 편의상 흑산도에서 우이보牛耳堡로 이주하려 하니, 섬 인민들은 무리 지어 길을 막고 만류하였다.

그는 평일에 저술하기를 좋아하지 않아《영남인물고嶺南人物考》이외에 별반 없었고, 유배된 뒤에《논어의난論語疑難》2권,《역간易柬》1권,《자산어보玆山魚譜》2권,《송정사의松政私議》1권을 저작하였는데, 그중《자산어보》는 수족水族과 해초海草를 상세히 관찰 분류하여 우리나라에서 해산물에 관한 과학적 저작으로서의 첫 시도이다(인행印行되지 못하였다).

그의 유배지가 강진과 근접하였기 때문에 형제간에 서신이 자주 왕복되었고, 다산은 저술이 있을 때마다 반드시 그의 검열과 비평을 요청하였다. 뒷날 그의 〈선중씨묘지명先仲氏墓誌銘〉 가운데 형제로서 이 세계에 오직 하나인 지기知己를 겸하였다고 하였으며, 자기의 두 아들에게 보낸 서한에 선중씨의 '대덕대기大德大器와 수학정식邃學精識*'을 칭도하였다. 요컨대 손암의 학문적 사상적 수준은

* 수학정식邃學精識 : 심오하고 정밀한 학식. 〈기이아寄二兒〉(1816)를 볼 것.

다산에 못하지 않았으나, 다만 후자의 명성과 저술의 가리운 바 되었다고 할 수 있다.

　다산의 삼형 약종의 교명敎名은 아우구스티노였으며, 그의 사상과 방향은 비록 다산과 달랐으나 서학 교파敎派의 주창자로서 이벽·권일신의 뒤를 이어 교회의 조직 선전에 많이 공헌하였고, 1801년 교난敎難에 자기의 신념을 조금도 굴하지 않고 순교자로서 끝까지 지켰다고 교도들은 떠들고 있었다.

　그는 다산보다 2년 위였다. 조선 천주교회 사료에 의하면, 그는 천성이 염직廉直하고 연구심이 강하며 해박한 지식을 가졌다. 그는 일찍이 신선술을 배우고 천지개벽설을 믿었다가 어느 날 "천지가 개변할 때에는 신선도 또한 소멸을 면치 못할 것이니, 그러면 장생長生의 도가 아니며 배울 것이 못 된다!"[10]고 탄식하였다. 그리하여 그는 신선술을 버리고 서교西敎에 귀의한 뒤로는 열렬한 신자로서 추위와 주림을 참아 가며 설교에 힘을 다하였다.

　그는 무지무학한 신도를 가르치기 위하여 조선 글로 《주교요지主敎要旨》 2권을 저술하였는데, 이는 널리 교회 서적 중에서 요지를 발췌하고 자기 의견을 첨부하여 비록 부인·어린아이라도 일목요연하도록 만들었으므로 중국 교회가 발행한 《성세추요盛世芻蕘》보다 나은 점이 있다고 하였다. 그 당시 교인들 가운데에 덕망은 관천冠泉 최창현崔昌賢(중인)에 미치지 못하였으나, 종교 지식은 정약종이 훨씬 우월하다고 하였다. 그는 또 천주교의 각종 교리가 여러 서적에 산재하고 요약된 논설이 없어서 독자가 이회理會*하기 어려운 것을 보고, 이를 종합하여 문門과 유類로 나누어 한 책자에 포괄한 다음 《성교전서聖敎全書》라 제목하였는데, 교난의 돌발로 탈고하지 못한 채 중단되었다.

그가 체포되어 옥문에 들어가매 관헌官憲이 국왕의 금교령을 위반한 죄를 문책하니, 그는 성교聖敎가 진실하므로 금지할 이유가 없다고 항변하였다. 관헌은 크게 노여워하며 국왕의 명령을 논박하는 불경으로 규정하고 대역부도죄에 처하였다. 그는 42세로 자기의 일생을 마쳤다.

당시 서학의 학파 수령과 교파 수령이 정씨 형제에 집중되었다는 것은 특기할 사실이었으나, 후자의 입장에서 보면 전자는 비겁한 배교자로 보였고, 전자의 입장에서 보면 후자는 무익한 희생으로 보였을 수 있는 것이다.

그러나 정약종의 이와 같은 순교자적 행동은 당시 서민 신도들에게는 한낱 평범한 표현에 불과하였다. 왜냐하면 1801년 대선풍이 불어오기 이전, 즉 정조 생존 시에 여러 차례 교난의 작은 파란 가운데서 이른바 양반 지식층의 신도들은 그 내심 여하를 불문하고 거의 다 배교를 표명하였고, 죽음으로써 신념을 고수한 자는 대부분 하층 군중의 신도였기 때문이다. 다산은 이 점에 대하여 신앙의 위력을 깊이 느낀 동시에 종교 문제를 자기의 경세가적 이념에 의하여 다시 고려하지 않을 수 없었던 것이다. 그러나 그의 재고려는 결국 반신관적半神觀的 제약성으로 종결되고 석연釋然한 해결에 도달하지 못하였다.

요컨대 정약종과 같은 양반 신도가 죽음의 순간까지 천상의 군부君父를 부르고 지상의 군부에 항변하였다는 것은, 봉건 윤리의 파

---

* 이회理會 : 이치가 모인다는 뜻으로 이치를 깨치는 것을 말한다.

탄과 유교 도덕의 무력화를 의미하는 것이었으므로 관헌의 준엄한 형벌은 도리어 그들의 환상을 그들의 피와 정열로써 미화시켜 준 결과에 지나지 않았다. 동시에 서방의 종교가 온갖 고난과 희생을 각오할 만한 정도로 동방의 인사를 파악하였다는 것은, 또한 이른 바 '서세동점西勢東漸'의 물질적 신호였던 것이다.

그러나 여기서 잠깐 분별해야 할 점은 1801년 대박해가 빚어낸 괴사건—이른바 서양 군함과 청제淸帝 간섭을 청구하려던 황사영 백서 사건에 대하여 다산 일파가 전연 관계하지 않았다는 것은 물론이고, 정약종도 또한 관지關知하지 못했다는 것이다. 약종은 동년 2월 11일 권철신과 함께 의금부에 구류되었으니, 동월 9일 정다산·이가환·이승훈·홍낙임의 피체被逮보다 겨우 2일밖에 늦지 않았고, 동월 26일에 최창현·최필공崔必恭·홍교만·홍낙민·이승훈과 함께 사형되었으나 황사영의 백서는 동년 양력 10월 29일에 작성되었다. 이를 북경 교회로 송치할 것을 위탁 받은 황심黃沁과 옥천희玉千禧 는 11월 2일에 체포되었고, 또 동월 5일에 사영이 체포되었으므로* 약종 일파와는 전연 연결이 없었던 것이다. 또 그 백서란 것은 동 년 대박해에 대한 궁여일책으로 나온 것이고, 전연 실현 가능성이 없는 요청이었다. 그러므로 설혹 그것이 압수되지 않고 북경교회에 전달되었다 하더라도 한갓 잠꼬대 같은 얘기가 되고 말았겠지만, 그 내용의 정신은 매국적인 경향이 있었으므로 여기서 그 관계에 대한 당시 사실을 간단히 언급해 두는 바이다.

---

* 이는 교회사 기록에 따른 것으로 오류. 규장본 《추안급국안》 〈사학죄인 황사영 등 추안〉에 의하면, 황심은 1801년 10월 22일(음 9.15), 옥천희는 음력 8월 이전, 황 사영은 11월 5일(음 9.29)에 체포된 것을 알 수 있다.

다음으로 광암曠菴 이벽李檗을 들지 않을 수 없다. 광암은 18세기 말기(정조 초년)의 조선 사상계에 한 혜성으로 지나갔지만, 그 긴 꼬리와 현란한 빛은 많은 사람들에게 깊은 인상을 끼쳤다. 더욱이 그는 다산의 소년 친교親交로서 성명·이기性命理氣의 학설을 토론하고 서양의 과학과 교리에 관한 견해를 서로 교환한지라, 비록 그가 조사早死하여 종유從遊의 기간이 짧고 또 사상적 방향도 일치하지 않았으나, 다산은 만년까지도 그를 아까워하며 가끔 회상하였다.

이벽의 자는 덕조德操(혹은 德祚)요 광암은 그 호며 경주 이씨慶州李氏였다. 그는 임진조국전쟁 시기 공신의 한 사람인 이정형李廷馨(정암廷馣의 아우)의 후손으로 양반 출신이었고, 그의 누이는 다산의 백형수였으며, 그의 가계는 남인당에 속하였다. 그의 아버지 부만溥萬은 자기 아들의 정신 기질이 무용武勇한 것을 보고 무관 출세를 강요하였으나, 그는 종시 듣지 않고 문학 방향으로 진출하였다. 그는 체격이 우람하고 체력도 월등하며 재기가 활발한 데다, 더욱이 웅변 박식과 심오한 연구력은 특출한 인걸로 평판이 나 있었다.

그는 젊은 시절부터 학문을 전공하였으나 고루하고 진부한 유학에 흥미를 잃고 서학에 주의를 돌렸는데, 그 초보적인 계발을 누구에게 받았는지는 이제 알 수 없다.

천주교회의 사료에 의하면, 일찍이 성호 문하에 홍유한洪儒漢*이란 사람이 천주교 서적을 입수하여 열독한 결과 신앙의 마음이 생겨서, 매월 7일·14일·21일·28일에 정기적으로 휴식하고 재계와 묵

---

* 홍유한洪儒漢(1726~1785) : 자는 사량士良, 호는 농은隴隱. 이익의 제자로 한국 천주교회 최초의 수덕자修德者. 원문에는 '洪有漢(?)'으로 되어 있다. 《보감》 1권 p30; 《한국천주교회사(상)》 pp296~7 참조.

상을 여행勵行하고 자선 사업을 실행하였으며, 순흥順興(현 경북 영주 榮州) 소백산에 들어가서 13년간 수도자의 생활을 계속하다가 나중 예산禮山 자택에 돌아와서 사거하였다. 그 뒤 이를 본받는 자들이 속출하여 18세기 조선 천주교회가 지식층에서 탄생하는 기초가 되었다고 하였다.[11]

대관절 성호 학도에 있어서 신앙생활을 별문제로 하고 서학(서양의 과학과 종교를 혼합한) 연구는 남모르는 가운데에 상당히 진행되었다. 왜냐하면 성호 자신부터 서양인 선교사들의 저서 5, 6종을 열독閱讀하고 천당·영혼 등의 설은 반대하였으나 수양 및 과학적인 부분은 십분 칭찬하였으니, 그의 영향을 받은 학도들이 어찌 이에 대하여 무관심할 수 있었으랴? 그중 최대 관심을 가진 자 가운데 한 사람이 바로 광암이었다.

또 정·순正純 양대 실록과 당시 보수파의 논죄 문건들은 정조 시대, 즉 18세기 말기 성호학파로서의 서학파의 발단을 대개 1784년 봄 이승훈의 연경 구서購書 사건에 귀착시켰으나, 사실은 이미 진행되었던 것이다. 상기 다산의 〈녹암 권철신 묘지명〉에 "옛날 기해년己亥年(정조 3, 1779) 겨울에 권공權公이 천진암天眞庵 주어사 走魚寺에서 강학하는데, 눈이 쌓인 밤에 이벽이 와서 촛불을 켜고 경의經義를 담론하였다. 그 7년 후에 비방이 생겼으니 이는 이른바 성대한 회합이 두 번 있기가 어렵다는 것이다"[12]고 하였다. 이를 보면 서학에 대한 연구와 토론은 권철신·이벽의 주최로 진작 진행되었고, 7년 후에 비방이 생겼다는 말은 이승훈 구서가 있은 그 이듬해(1785) 역관譯官 김범우金範禹(혹은 範佑)가 형조에 체포된 일을 발단으로 한 제1차 금교禁敎 사건*을 이르는 것이다.

조선 천주교회의 사료에 의하면, 상기 주어사 회합에 이벽은 권철신 강좌의 초청을 받고 백 리 밖의 눈길을 걸어 어둔 밤과 호랑이 위협을 무릅쓰며 목적지에 도착하였다. 이 회합은 10일 이상 계속된 특별 토론회로서 참가 인원은 권철신 문하 우수한 학자들과 정약전·약용 형제로 구성되었다. 그들은 하늘·세계·인성 등 문제와 옛 성현의 중요한 학설들을 내걸고 갑론을박하여 일일이 결론을 구하였으며, 다음으로는 종래 중국을 통하여 수입되어 전래해 온 서양 과학과 종교에 관한 서적들을 연구 토의하였다. 교리 서적으로는 천주·섭리·영혼불멸·칠악칠덕七惡七德을 논술한《천주실의》,《성리진전性理眞詮》,《칠극》 등이 토론 대상으로 되었다.* 이를 토의한

---

* 제1차 금교 사건 : 이른바 '을사추조적발사건乙巳秋曹摘發事件'으로, 1785년 봄에 이벽·이승훈·권일신 부자 및 정다산 삼형제 등이 명례동明禮洞 김범우의 집에서 천주교 설법 집회를 갖다가 형조의 관원에게 적발된 일을 가리킨다.《한국천주교회사(상)》pp317~9;《벽위편闢衛編》권2, 〈을사추조적발〉;《함주일록含珠日錄》권1, 윤6월 참조.

* 천진암 주어사~되었다 : 주어사 강학회의 성격에 대해서는 유학계의 설, 천주학계의 설, 절충론자의 설이 각각 다르지만, 대체로 정약용은 강학회에 참석하지 않았다는 의견이 지배적이다. 즉 다산이 〈자찬묘지명〉에 "1784년 여름 이벽한테 서교를 비로소 들었다(甲辰夏 從李檗舟下斗尾峽 始聞西敎)"고 하였으므로 1779년 강학회에 참여했다는 말은 성립할 수 없으며,《여유당전서》와《한국천주교회사》에도 다산의 강학회 참여 기록이 전혀 없다는 것이다.

그러나 파리외방전교회의《조선 천주교 그 기원과 발전》(김승욱 역, 살림, 2015) p40에는 "어느 날, 명성 있는 조선인 학자 몇 명이 함께 은둔하며 강학에 몰입하려는 생각을 하게 되었다. 그들 가운데는 … 이벽을 비롯하여 권철신과 정약전·약용 형제가 있었다"고 나오는데, 여기에는 '주어사' 언급은 없고 '1777년의 일이었다'고만 오기되어 있다. 이는 책이 발간되던 1924년 당시 와전과 교회사 구절을 조합한 낭설로 보인다. 교회측 기록에 의해 사실이 어떻게 날조되는지 쉽게 알 수 있다. 물론 다산도 자기 검열을 통해 의도적으로 왜곡한 부분이 많은 것은 두말할 나위가 없다. 김상홍, 〈다산의 천주교 관계〉,《다산 문학의 재조명》, 단대출판부, 2003; 〈다산과 천진암 관계의 진실〉,《다산학의 신조명》, 단대출판부, 2009; 최석우, 〈정약용과 천주교의 관계〉,《다산학보》5집, 다산학연구원, 1983; 이원순, 〈천진암 주어사 강학회 논변〉,《김철준박사 화갑기념 사학논총》, 지식산업사, 1983; 금장태, 〈정약용과

나머지, 그들은 대개 감탄한 생각으로 매월 4휴일* 침사묵상沈思默想을 일삼고 계명戒銘을 엄수하였으나, 이 상태는 얼마 안 되어 포기되었고 오직 이벽은 시종여일하게 신앙의 초지初志를 지키고 있었다고 하였다. 다만 그는 서적이 부족한 것과 교회가 창설되지 못한 것을 개탄하며 5, 6년을 지내다가, 상기 이승훈의 연경행을 기회로 하여 교리와 과학에 관한 다종의 서적·기물을 가져와서 본격적으로 서학의 조직·선전에 종사하였는데, 제1착으로 서울 중인의 지식분자를 교회에 흡수하였고, 제2착으로 양반 지식층을 획득하기 위하여 권일신 이하 철신의 문도를 많이 포섭하였으며, 제3착으로 서울 수표교에 설교 본부를 정하고 반공개적으로 선전을 개시한 결과 귀의자가 날로 증가되었다. 신교信敎를 반대하는 이가환과 토론을 펴고 3일간 격렬한 논전을 계속한 것이 역시 이때의 일이었다. 또 교회의 기록에 의하면, 이 유명한 양이兩李 논전에 결국 이벽의 장광설 앞에서, 또는 이 논전의 결과를 보아 자기들의 향배를 결정하려는 많은 군중의 방청 밑에서, 일대의 명성名星 이가환도 궁지에 빠져서 자기의 패전을 인식하고 "그 교敎는 실상 훌륭하다. 진리가 있다. 그러나 교도에게 불행이 올 것은 예정된 운명이다. 어찌하면 좋을까?"[13] 하고 퇴장하여 이 뒤부터 그는 천주교 문제에 대해서는 입을 다물고 다시는 말하지 않았으나 마침

　천주교 신앙〉, 《동서교섭과 근대한국사상》, 성대출판부, 1984; 〈다산경학의 사천학적 성격과 서학적 조명〉, 《실학과 서학》, 지식과 교양, 2012; 한형조, 〈다산과 서학─조선 주자학의 연속과 단절〉, 《다산학》 2호, 다산학술문화재단, 2001; 정민, 〈1779년, 주어사 강학 모임〉, 《파란波瀾·1》, 천년의 상상, 2019 등 참조.
　앞의 본문은 《보감》 1권 pp31~2; 《한국천주교회사(상)》 pp300~2에 해당한다.
* 4휴일 : 7·14·21·28일. 이 날은 모든 일을 쉬고 묵상에 전심하며 육식을 피하였다. 《보감》 1권 p32; 《한국천주교회사(상)》 p302 참조.

내 화를 면치 못하였다고 한다. 이 기록이 물론 이벽을 다소 과장하였겠지만, 다산의 <정헌묘지명>에도 수표교 논전에 관하여 "이벽은 웅변이 긴 강과 같고 철벽처럼 고수하므로 공은 말로써 논쟁할 수 없음을 알고 다시는 가지 않았다"[14]고 썼으며, 이외 여러 글에서도 다산은 이벽의 박식과 웅변을 항상 찬양하였다.

광암은 이승훈을 시켜 연경 서양인 천주교회와 연결을 짓고 교리의 서적과 신앙의 의식을 가져온 즉시로 승훈으로부터 광암 자신과 권일신 두 사람이 먼저 세례와 영명을 받고(이벽은 요한 뱁티스트, 일신은 프란치스코 사베리오), 포교 사업에 열심히 진출하여 교세를 튼튼한 기초 위에 올려놓았으므로 교회사는 양이일권兩李一權을 조선 천주교회의 창립자로 인정하였다.

그러나 상기 이가환의 예언과 같이 천주교 교인에게 불행의 운명이 찾아오게 되었다. 양이일권이 포교를 개시하여 요원燎原의 형세로 발전되는 도중 겨우 1년을 경과하여 김범우의 형조 체포 사건이 발생하매, 검거 확대의 위험과 관리官吏 및 유생의 서학 배척의 기세는 교회 신도에게 돌연히 일대 공포를 주었다. 그러나 이 공포는 마치 저기압 구역의 공기와 같이 상승하기를 좋아하였다. 즉 빈궁과 고통이 '밑져야 본전'으로 남는 비천한 신도보다도 지위와 영달이 자기들의 앞길을 유도하는 양반 신도에게 공포의 파문이 일어나기 시작하였다. 일찍이 연경 교회의 성당에서 자기는 앞으로 어떠한 고난과 박해에도 신앙을 포기하지 않을 것과 일부일처로 평생을 지낼 것과 또 귀국한 날부터 벼슬을 단념하고 전원에 은퇴하여 구령救靈 사업에 헌신할 것을 세례와 베드로란 영명으로 맹서한 이승훈은 자기의 말제末弟 이치훈李致薰의 '악마적'인 강요에 의하여 교서를 소각하고 배교문을 형조의 장長에게 보내어 자기 앞길의 장해를 제거하기에 고심하였다.

그다음은 이벽의 배교 표시가 계속되었다. 이것은 일종의 비극을 연출하였다. 그의 아버지는 자기 애자愛子를 '사도邪道'로부터 구출하기 위하여 온갖 수단을 써서 권유하였으나 종시 움직이지 않음으로 실망한 나머지, 밧줄로 목을 매어 원하지 않는 천당으로 가려 하였다. 이 순간을 본 이벽도 하는 수 없어서 자기들의 용어와 같이 제삼부第三父의 육체를 구출하기 위하여 제일부第一父*의 영혼을 배반하고 드디어 배교를 선언하였다. 그는 한동안 종교적 '양심'의 가책을 받아 불면증에 걸렸으며, 눈물로 날을 지내다가 다시 생각한 바가 있어서 건강이 회복되고, 따라서 벼슬길에 나서려는 의향도 있게 되었다. 그러다가 그 이듬해 1786년 역병疫病에 붙잡혀 병상에 누운 지 8일 만에 전도다망前途多望한 청년으로서 그만 갔다.*

다산은 16세부터 이벽과 창화唱和한 시편이 그의 문집에 실려 있는데, 교제가 친밀하고 기대가 심장深長하였던 것을 볼 수 있다. 친우의 최후를 애도한 시*는 다음과 같다.

---

* 제일부第一父 : 《천주실의》에 "무릇 사람이 존재하는 세계 안에는 세 아버지가 있다. 첫째는 천주, 둘째는 국왕, 셋째는 가장이라 한다(凡人在字內有三父 一謂天主 二謂 國君 三謂家君也)"고 하였다. 영인본 하권, 서울대출판문화원, 1999, p65 참조.
* 이벽의 배교와 죽음에 대해서는 《보감》 1권 pp61~63; 《한국천주교회사(상)》 pp319~321 볼 것. 이벽의 몰년은 1786년이 아니라 1785년이다. 《경주이씨족보》 권8; 다산의 <우인이덕조만사友人李德操輓詞>; 정학술의 《니벽전》 참조.
* 제목은 <우인이덕조만사>로 《여독》 p206과 《정선》 p139에도 나온다.

선학이 인간에 내리니

그 풍신 하도 헌연하여라.

희고 흰 눈빛 같은 깃은

닭과 따오기가 새우난다.*

창공에 사무치는 울음소리

맑고도 명랑하여 풍진에 뛰어났다.

가을바람을 타고 문득 날아가니

이 아니 서러울쏜가!

仙鶴下人間	軒然見風神
羽翮皎如雪	鷄鶩生嫌嗔
鳴聲動九霄	嘹亮出風塵
乘秋忽飛去	怊悵空勞人

1. 李能和, 《朝鮮基督敎及外交史 上編》, 朝鮮基督敎彰文社, 1928, p117, "丁
若鏞은 於鞠庭에 '有臣不可以欺君 弟不可以證兄'等語ᄒ야 至今相傳以爲
名供ᄒ니"

*《推案及鞫案》(규장본) 245책, 辛酉邪獄罪人李家煥等推案, "上不敢欺君
下不能證兄矣"；《推鞫日記》(규장본) 8책에는 '君'이 '天'으로 되어 있으며,
《梅泉野錄》권1에는 "君可欺乎 君不可欺也 兄可證乎 兄不可證也 世以爲
公私倫義兩盡"이라고 하였다. 《추안급국안》,《추국일기》는 아세아문화사
(1983), 국사편찬위원회(1994), 국학자료원(2004) 영인본 참조.

* 김태준金台俊(1905~1949)도 <진정한 정다산 연구의 길>(조선중앙일보,
1935.7.26)에서 '臣不可以欺君 弟不可以證兄'구를 '명답변'으로 인용한 바

---

* 새우난다 : '새우(질투)'와 '나다'의 합성어. 샘난다, 새움난다.

있으나, 이는 당시 추국장에서 흔한 투식어에 불과하였다. 다만 정약용은 형제가 연루된 까닭에 '弟不可以證兄'이란 말을 덧붙인 것뿐이다. 즉 최익한·김태준 세대는 《추안급국안》을 보지 못한 채 황현·이능화의 기록에만 의존한 나머지, 다산의 말을 이른바 '명언'으로 오해할 수밖에 없었던 것이다. 그런데 이러한 전체적인 맥락을 모르고서 아직까지도 '명언'인 양 호도하는 남한 학자들이 꽤 있다. 자세한 것은 본서 p332 각주 볼 것.

2. 《중서문견록中西聞見錄》 서문 참조(1872년 8월, 청조淸朝 동치同治 11년 7월 발행).

    * 중서문견록은 1872년 미국 선교사 정위량丁韙良 등이 북경에서 창간한 월간 잡지이고, 동치는 청나라 목종穆宗의 연호(1862~1874)이다.

3. 본서 부록에 실린 필자의 논문 <우두술과 정다산> 참조.

    * 《오주연문장전산고》 <종두변증설>에 다음과 같이 나온다. "헌종 원년(을미, 1835)에 중국에서 또 하나의 종두기방이 나왔다고 들었는데, 다산 정약용이 이를 비장하고 있다 한다(歲憲廟乙未 聞中土復出一種奇方 丁茶山鏞藏之云)."

4. 《全書》I-15, 貞軒墓誌銘, "九經四書二十三史 以至諸子百家 詩賦雜文叢書稗官 象譯算律之學 牛醫馬巫之說 惡瘡癩漏之方 凡以文字爲名者 一叩皆輸寫不滯 又皆研精核實 一似專治者然 問者駭愕 疑其爲鬼神"

5. 黃嗣永帛書, "精天文幾何之學 嘗歎曰 老夫死則東國幾何種子絶矣"

6. 《全書》I-15, 貞軒墓誌銘, "實義七克之書 我昔見之 雖有名喩 終非正學 槃欲以此易吾道何哉"

7. 黃嗣永帛書, "少信理氣之學 每瞻天默歎曰 這樣大排布 何謂無主宰者; 遂承認本心 到死不變"

8. 《全書》I-15, 鹿菴權哲身墓誌銘, "鑑湖 士流之望 鑑湖從而靡不從矣"

9. 다산의 <녹암묘지명>에 "공(철신)의 아우 일신이 개종하여 천주교의 유력한 활동가로 나선 뒤에 공은 <우제의虞祭義> 1편을 지어 제사의 의의를 밝혔다"고 하였다. 그 내용은 지금 알 수 없으나, 어림컨대 그가 천주교에 대하여 신앙의 필요를 유교의 경천사상과 연결하여 어느 정도 인정하고

조상 제사를 폐지하는 것은 처세상으로나 신앙상으로나 반드시 그리해야만 한다는 이유가 없다는 심적 태도하에서 제사 불가폐설不可廢說을 주장한 듯하다.

일신은 이른바 신해辛亥 호남 사학 사건(정조 15, 1791)이 있자, 목만중·홍낙안의 고발로 체포되어 옥관獄官의 배교 권고와 엄혹한 형장에도 굴하지 않으므로 제주로 유배 가게 되었는데, 국왕 정조는 그의 재학才學을 아껴 "80 고령의 노모를 돌아보아서도 조금 뜻을 굽혀 제주 대신에 가까운 시골로 유배 가는 것이 어떠하냐?"고 서면으로 그의 회과悔過를 권고하니, 그가 처음에는 응종하지 않다가 사자使者의 끈기 있는 근방勤訪에 의하여 결국 회오문悔悟文을 옥중에서 내고 충청남도 예산禮山으로 유배가는 길에 죽었다. 이 뒤부터 철신의 문하에 유생 학도들이 다시 모이지 않았다.

10. 黃嗣永帛書, "丁奧斯定若鍾 性直而志專 詳密過人 嘗有學仙長生之志 誤信天地改闢之說 歎曰 天地變改時 神仙亦不免消融 終非長生之道 不足學也"

11. 尹亨重, <宋神父手記>, 《師聲》 제758호 참조.

12. 《全書》 I-15, 鹿菴權哲身墓誌銘, "昔在己亥冬 講學于天眞菴走魚寺 雪中李檗夜至 張燭談經 其後七年而謗生 此所謂盛筵難再也"

13. 《보감》 1권 p47; 《한국천주교회사(상)》 p309 볼 것.

14. 《全書》 I-15, 貞軒墓誌銘, "檗雄辯如長河 固守如鐵壁 公知不可以口舌爭 遂止不往"

제2장 다산의 실학적 연원과 경로에 대한 고찰

1. 그의 가계와 학파

다산의 〈제가승촬요題家乘撮要〉에 의하면, 이조가 도읍지를 정한 후 다산의 선세先世는 황해도 백천白川에서 곧 한양으로 이주하였는데, 정승·이조판서·대제학과 같은 큰 벼슬은 없었으나 옥당화직玉堂華職(홍문관 벼슬)이 9대를 계승하였으며, 고조 이하 3대가 벼슬하지 못하고 한양을 떠나 마현에 이주하였으며, 그의 아버지 정재원丁載遠은 음사蔭仕(조상 덕에 받은 벼슬)로서 진주 목사晉州牧使에 이르렀으니, 그의 가벌家閥은 봉건시대의 양반사회에서 중류 양반인 유사儒士 가문이었다.

당시 양반 계급의 이데올로기 체제는 유교였으므로 그 분위기 속에서 생장한 다산은 역시 유학으로써 출발하지 않을 수 없었다.

원래 유교는 그 본질이 동양적 봉건 사회의 윤리적 도덕적 지주인 동시에 지배 계급의 존엄한 생활을 합리적으로 지지하던 이데올로기의 체계였다. 이것의 방사선放射線인 부문허례浮文虛禮는 그 지배 계급이 낡고 썩어감에 따라 말할 수 없는 위학僞學과 폐습弊習으로 전화하여, 인간의 이성적 발현과 진보적 요소를 억누르고 비틀어 죽이는 사상적 임무를 담당하고 있었다.

이러한 문화적 뇌옥牢獄의 암흑 한가운데서 다산은 어떻게 자기를 구출하였던가? 묵고 낡고 좀먹은 문화 뇌옥의 바람벽에는 몇 개 구멍이 뚫리지 않을 수 없었다. 이 구멍들을 통하여 몇 줄기 광선을 받아들여 어둠의 장막을 저으기 깨뜨렸으니, 그의 학문의 연원 경로가 얼마나 잠류적潛流的이었고 우회가 많았는지를 넉넉히 짐작할 수 있다.

그의 모계 해남 윤씨海南尹氏는 쟁쟁한 유가인 동시에 남인당의 명가였다. 조선의 시조 대가인 고산孤山 윤선도尹善道의 증손인 공재恭齋 윤두서尹斗緖(진사進士)는 다산의 외증조였는데, 그는 박학가로서 경제 실용에 관한 도서圖書를 많이 간직하였고, 화예畫藝가 아주 뛰어나서 현재玄齋 심사정沈師貞의 산수와 겸재謙齋 정선鄭敾의 절벽고송絶壁古松과 공재의 인물이 조선 화계畫界의 이른바 '삼재三齋'였으며, 또 공재의 〈조선지도〉*는 유명하였다. 다산의 얼굴과 모발이 공재와 비슷하다 하였다. 그는 일찍이 자기 제자더러 말하기를, "나의 정신과 재분才分은 외가의 유전을 많이 받았다"[1] 하였으나, 정신과 재분뿐만 아니라 실학의 경향도 역시 공재의 영향이 많았던 것이다.

그러나 그는 학문의 연원에 있어 주로 성호의 학파였다. 당시

---

* 조선지도 : 1710년(숙종 36)에 제작된 〈동국여지지도東國與地之圖〉.

실학의 정예 부대인 남인 일부는 모두 성호의 학도들인지라 그의 집안에서도 중형 약전과 삼형 약종이 대개 그들이었다. 그가 16세 때에 성호 유고를 비로소 얻어 보고 느낀 바가 있었는데, <자찬묘지명>에 그 경위를 이렇게 말하였다.

> 나는 15세에 결혼하였는데 마침 아버지가 다시 출사出仕하여 호조 좌랑戶曹佐郎이 되어 경성에 거주하므로 나도 따라 머무르게 되었다. 이때 이공 가환은 문학으로 명성이 일세에 떨치며, 자부姊夫 이승훈도 몸을 닦고 뜻을 가다듬어서 모두 성호 선생의 학을 조술祖述하므로, 나 역시 선생의 유집을 얻어 읽고는 흔연히 학문을 전공하게 되었다.[2]

그리고 그가 22세에 성호의 섬촌剡村 옛집을 방문하고, 다음과 같이 5언 시편*을 지었다.

> 늦게도 일어난 우리나라 도학의 힘줄은
> 설총薛聰이 첫머리로 열어 주었다.
> 그 흐름이 포은圃隱·목은牧隱에 이르러
> 충의로써 그 외롭고 홑짐*을 건졌다.
> 퇴계退溪는 주자朱子의 심오한 것을 들추어
> 천추에 그 종통宗統을 얻었다.

---

* 제목은 <섬촌의 이 선생 옛집을 지나며(過剡村李先生舊宅)>(1783).《여독》pp198 ~9에만 실려 있고,《정선》에는 실려 있지 않다.
* 홑짐 : '홑지다(단순하다, 옹졸하다)'의 명사형.

육경에 다른 해석이 없었고

여러 학파가 함께 떠받들었다.

맑은 정기는 동관潼關*에 모였으며

밝은 별은 섬천剡川에 빛났어라.

사상은 공맹孔孟에 접근하였으며

주석은 마융馬融·정현鄭玄을 비판하였다.

지극한 뜻은 어리석은 자가 헤아릴 수 없고

운동은 미묘하고도 깊도다.

(성호 선생은 벽동군碧潼郡에서 태어났다—원주)

道脈晚始東	薛聰啓其先
傳流逮圃牧	忠義濟孤偏
退翁發閩奧	千載得宗傳
六經無異訓	百家共推賢
淑氣聚潼關	昭文耀剡川
指趣近鄒阜	箋釋搭*融玄
(蒙荳豁一線	扃鑰抽深堅)
至意愚莫測	運動微且淵

(星湖先生生於碧潼郡)

---

* 동관潼關 : 이익의 출생지인 평안북도 '벽동碧潼'.

* 搭 : 신조본에는 接으로 되어 있어 뜻이 상이하다.

이 시편에 다산의 성호의 학문에 대한 평가가 대체로 표시되어 있다. 그 대의를 다시 말하면 다음과 같다.

유교 도학의 계통이 우리 조선에서는 신라 설총으로부터 시작하여 고려 말기의 포은 정몽주鄭夢周, 목은 이색李穡 등의 충의로써 그 도통이 외롭고 흩진 것을 건져 냈고, 퇴계에 이르러 비로소 주자의 심오한 학설을 천명하며 경전 주석에 주자의 것을 일체로 준수하고 각 학파의 존숭을 받았다. 그러나 성호에 와서는 도학계에 일대 변전을 일으켰다. 즉 그의 사상은 퇴계와 주자를 지나 직접 공맹의 원형을 추구하며 경전 해석은 송유宋儒의 해설을 제쳐 놓고 마융·정현 등 한유漢儒의 주소註疏를 분석하였다. 이와 같은 성호의 유학에 내포된 혁신적 사상은 속류 학자로서는 이해할 수 없으며, 그 혁신적 운동은 미묘 연심淵深하다는 것이다. 또 한 번 솔직한 말로 표현하면, 성호의 학문은 퇴계와 주자를 신봉치 않고 유교의 원전에 근거하여 공맹의 본래 자태로 돌아가려는 것이니, 이는 바로 유교에 있어 새로운 변동을 일으켰다는 것이다.

성호의 학풍에 대하여 다산이 소년 시절부터 이와 같이 평가한 것은 자기의 학문적 경향을 스스로 표명한 것이었다. 더욱이 성호의 거주지인 섬촌(첨성촌瞻星村이라고도 하였다)은 광주廣州였으므로 동향 관계를 가지고 있던 다산은 성호 학풍에 접촉할 수 있는 기회가 누구보다도 빠르고 유리하였다. 그가 만년에 자기 자질子姪더러 "나의 큰 꿈은 성호를 추모하고 배운 데서 깨었다"[3]고 하였고, 또 강진 유형 중에 자기 중형 약전에게 올린 편지에서 "우리가 능히 천지의 큼과 일월의 밝음을 알게 된 것은 모두 이 선생의 힘이다"[4]고 하였으니, 다산의 성호에 대한 숭배는 일생을 통하여 한결같았던 것이다. 그리고 다산의 학문 체계에 가장 새로운 요소를 기여한 서양학에 대해서도 그 취사선택의 태도를 또한 성호의 저작에서 배운 바가 많았다.

이제 성호의 명저인《사설유선僿說類選》을 가지고 보면, 서양 과학에 관한 독서뿐만 아니라 서양인으로서 중국에 와서 포교에 종사하며 저작을 남긴 이마두의《천주실의》와 방적아의《칠극》과 필방제畢方濟*의《영언여작靈言蠡勺》과 탕약망의《주제군징主制群徵》등 많은 저서를 모두 정독하여 학문적 비판을 기탄없이 진술하였으며, 당시 속유俗儒들과 같이 배타적인 편견을 가지고 서양학을 일률적으로 배격하는 고루한 태도는 취하지 않았다.

성호는 서학에 대하여 두 가지 태도를 취하였다. 하나는 그의 천문·지리·수학·역법·생리학 등 과학 기술의 방면에 대해서는 긍정적 태도를 취하였고, 다른 하나는 야소耶蘇·천국·영혼불멸 등 교리의 방면에 대해서는 부정적 태도를 취하였다. 종래 중국에 와서 포교에 종사한 서양인 천주교사들이 중국어를 습득하고 유교의 색채를 자기들의 교리 설명에 섭입攝入(섭취 흡입)하여 포교 사업에 유리하게 하였으므로, 성호의 이른바 '복례復禮' 공부에 도움이 된다는 것은《칠극》과 같은 부분을 일컫는다.[5] 이럼에도 불구하고 성호는 그들 교리의 중심점이 역시 불교와 같이 환망한 것에 불과하다고 단언하였다(본서 상편 제4장 '이익' 참조).

16세부터 성호의 유집을 애독한 다산은 유학과 서학에 관한 비판적 태도를 성호에서 배운 바가 많았다는 것을 쉽사리 짐작할 수

---

* 필방제畢方濟(1582~1649) : 삼비아시Francesco Sambiasi. 이탈리아 출신의 예수회 선교사.《영언여작靈言蠡勺》을 지어 스콜라철학의 영혼론을 중국에 소개하였다.

있다.

여기에서 한 가지 덧붙여 말할 것은 다산의 반계 학통에 대한 관계이다. 성호는 300년간 유학자들 중에 '시무時務', 즉 정치 경제를 제일 잘 아는 사람으로서 반계를 숭배한 동시에 그의 개혁론을 율곡의 개선안과는 달리 근본적인 개혁안으로 평가하였다. 이 점에서는 다산도 성호와 동일한 태도를 가졌다.

다산의 젊을 때 저작으로 반계에 대한 논평을 그의 전집 중에서 잘 발견할 수 없으나, 그가 강진 유배 이전 34세 때에 지은 <고시古詩 24수>* 중에 반계를 추앙한 시는 다음과 같다.

끈지고* 간절한 경세의 뜻은
홀로 반계 선생에서만 보오리라.

산림에 살며 이윤伊尹·관중管仲을 사모하고
그 명성은 왕궁에까지 사무쳤더니라.

큰 강령은 토지를 고루 분여한다는 데 있고
온갖 조목은 삼엄하게 서로 통한다.

정밀한 생각으로 틈들을 메우고
단련과 저울질에 수고를 쌓았도다.

---

* 고시 24수 : 《정선》 pp182~190 볼 것.
* 끈지고 : '끈지다(끈기 있다)'의 활용형.

빛나고 빛난 큰 정치가의 재주로
헛되이 산림 속에서 늙어 버렸구나.

끼친 글이 비록 세상에 가득하나
애처롭다! 인민은 그 혜택을 입지 못했어라.

拳拳經世志　　獨見磻溪翁
深居慕伊管　　名聞遠王宮
大綱在均田　　萬目森相通
精思補罅漏　　爐錘累苦工
燁燁王佐才　　老死山林中
遺書雖滿世　　未有澤民功

이것은 다산이 영조 45년(1769)에 간행된《반계수록》을 평가한 시편인데, 평가의 정도는 또한 성호의 논지와 다름이 없다. 이를 보더라도 다산의 뒷날 발전된 정치·경제의 이론은 그 우수한 전통을 반계에게서 물려받았음을 부인할 수 없는 것이다.

2. 그의 무학武學과 이술吏術의 전통

다산은 문사文事뿐만 아니라 무사武事에 대해서도 상당한 소양을 지니고 있었다. 지금 충분히 고증할 재료가 없으나, 문과 급제 전 즉 26세에 그가 반시泮試(성균관 학생들의 시험) 우등생으로 국왕 정조를 중희당重熙堂*에서 입대入對하였다. 다산은 국왕이 주는 계당주桂餳酒 한 사발을 마시고 크게 취하여 내시감內侍監에게 부축되어 나와 빈청賓廳에 잠깐 머무르고 있었는데, 승지 홍인호洪仁浩(그의 처종형妻從兄)가 책 한 권을 가져다주면서 "너는 장수의 자질을 겸하고 있으므로 특히 이 책을 주노니, 훗날 만일 동철東喆(때마침 영동嶺東에 정진성鄭鎭星·김동철金東喆의 '적옥賊獄' 사건이 있었다—원주) 같은 자가 일어나면 너는 가히 출전할 것이라"[6]는 국왕의 밀교를 전하였다. 집에 돌아와서 그 책을 펴 보니 《병학통兵學通》이었다 한다. 이를 보면 그가 젊을 적부터 군사학에 유의하였을 뿐만 아니라 지략과 풍모가 삼군을 지휘할 만한 자질이 있었던 것으로 제3자에게 인정받았음을 알 수 있다.

다산의 군사에 관한 실제 견습은 자기 장인 홍화보洪和輔에게 얻은바 많았던 것이다. 홍화보는 문무겸전한 인물로서 소시부터 병법을 담론하기를 좋아하고 오공진蜈蚣陣·칠성진七星陣 등 진법을 창작하였으며 장재將才의 명성이 지우知友 간에 높았다. 그는 영·정 시대에 무과로 출신하여 동부승지同副承旨 겸 경연참찬관經筵參贊官의 문직文職을 지내고 일도의 수사水使와 삼도의 병사兵使를 역임하면서 이르는 곳마다 병마 행진行陣의 훈련을 여행勵行하였다. 그리하여 다산은 장인 묘갈명에 "병법에 능통하고 재략이 많았다"고 썼으며, 또 그가 결혼 직후부터 장인의 임소에 자주 가서 전술을 담론하고 조련調練을 참관하여 얻은 바가 많았다.

---

* 중희당重熙堂 : 원문에는 '중희전重熙殿'으로 되어 있다. 정조 6년(1782)에 지어진 문효세자의 궁인데 정조의 편전으로도 사용되었으며, 고종 28년(1891)에 없어진 듯하다. 한영우, 《창덕궁과 창경궁》, 열화당, 2003, pp157~163 참조.

또 홍화보는 성격이 호방 염직豪放廉直하여 권세가에 아부하지 않았고, 정조 초년에 전라좌수사로 있으면서 '세도가' 홍국영에게 뇌물을 주지 않은 탓으로 운산雲山으로 유배가게 되어 출발할 때에, 어느 친우가 그의 장래를 위하여 뇌물과 서한을 국영에게 보내고 떠나는 것이 유리하다고 권고하였으나 화보는 웃으며, "그대들은 덕로德老(국영의 자)를 태산太山으로 아는가? 빙산氷山에 불과하다!" 고 한마디 냉평冷評을 던져서 다수한 전송자들의 혀를 빼물게 하였다. 또 당시 홍수보洪秀輔*·홍의호洪義浩 부자 이하 일부 남인 분파가 이른바 홍당洪黨으로서 채제공 일파를 시기 무욕誣辱하였으나, 화보는 홀로 채제공을 지지하여 자기의 공심公心을 보였다. 이와 같은 염직무협廉直武俠한 기풍은 그의 사랑하는 사위에게 영향을 주었던 것이다.

다산이 활쏘기[射藝]에 능한 것은 문집 중 〈북영벌사기北營罰射記〉를 보면 짐작할 수 있다.* 그리고 군사에 대한 포부를 표시할 수 있는 《아방비어고我邦備禦考》* 30권은 불행히 예정대로 성편成篇

---

* 홍수보洪秀輔(1723~1800) : 자는 군택君擇, 호는 송간松澗. 홍중후洪重厚의 5남으로 홍화보의 친형인데 홍중효洪重孝의 양자로 갔으며, 형조판서를 지냈다. 최익한에 의하면, 홍수보·홍의호 부자를 비롯한 목만중·박장설(소북인)·홍낙안·이기경 등은 정치적으로 남인을 배신하고 노론에 영합한 분파분자로서 노론의 선봉대 역할을 하였다고 한다. 본서 p435 볼 것.
* 다산이~있다 : 〈북영벌사기〉를 보면, 최익한의 말과는 정반대로 다산은 활쏘기는 커녕 말타기도 서툴러 큰 웃음거리가 된 것을 알 수 있다.
* 비어고備禦考 : 이중협李重協 편저로 알려져 있는 규장본 《비어고》 10책이 실제로는 다산의 《아방비어고》 30권에 해당하는 듯하다. 다산은 민간인 신분으로서 군사기밀을 함부로 다루었다는 공연한 구설을 피하기 위해 자기 친구인 무관 이중협의 이름을 빌린 것으로 보이나, 다산의 안설案說이 없고 미완성 상태이다. 정민, 〈다산 '비어고'의 행방〉, 《대동문화연구》 100집(2017.12), p55, p72; 김영호, 〈'여유당전서'의 텍스트 검토〉, 《정다산 연구의 현황》, 민음사, 1985, p32 참조.

되지 못하였거나 혹은 집필하였더라도 시휘 관계로 공개하지 못한 채 인멸되었을 것이고, 《상두지桑土志》(1책 미간)*와 《민보의民堡議》* 이외에는 독립된 저서가 없다. 《경세유표經世遺表》, 《목민심서牧民心書》 등에 단편적으로 언급된 것과 문집 중 〈전선책戰船策〉, 〈병기론兵器論〉, 〈폐사군론廢四郡論〉과 같은 것에는 전술과 국방에 대한 중요한 견해들이 나타나 있다. 요컨대 다산은 성지城池 수축修築과 군제 개선을 주장한 동시에 기술 향상을 군사상 가장 중요한 과업으로 내세우며, 이른바 홍이포紅夷砲 즉 서양포에 대항할 수 있는 포술의 발명을 특히 강조하였다. 이와 같이 다산은 경제 정치뿐만 아니라 병제와 국방 문제도 열심히 논구하였으니, 그의 학적 연원은 《성호사설》과 《반계수록》을 거쳐 서애西厓 류성룡柳成龍의 《징비록懲毖錄》에까지 소급될 수 있었던 것이다.

《경세유표》, 《흠흠신서》와 함께 3대 저서라고 하는 《목민심서》는 지방 치민治民의 방법에 대한 다산의 구체적 논술인 동시에 자기의 명달明達한 식견, 세밀한 경험 및 우수한 이재吏才를 스스로 표시한 것이다. 그러나 이재의 실제 활용에서는 다산이 그 어느 누구보다도 자기 아버지 하석荷石 정재원에게서 배운 바가 많았다. 다시 말하면 이도吏道는 그의 가정지학家庭之學이었다고 할 수 있다.

그의 아버지는 원래 염결명직廉潔明直한 인격의 소유자로서 정치적 실무에 밝았다. 그는 과거를 거치지 않고 음사蔭仕로 출신하

---

* 상두지桑土志 : 이덕리李德履(1728~?)가 1793년 저술한 국방 관련 2책으로 정약용 저자설은 오류. 《상두지》의 저자는 《경세유표》와 《대동수경》에 '이덕리'로 나온다.
* 민보의民堡議 : 1책 3권. 신조본에는 없으나 사암본 보유편에 수록되어 있다.

였으며, 장헌세자의 피화被禍를 보고 그만 벼슬을 버리고 집에 돌아와 10여 년을 자질子姪의 교육에 전심하다가 정조 때 등용되어 2현縣 1군郡 1부府 1주州를 역임하여 가는 곳마다 치민의 성적이 있었다. 다산은 그의 애자愛子로 소년 시절부터 자주 아버지 임소에 가서 실제 견학의 기회를 많이 가졌다. 그의 《목민심서》 자서自序에 "비록 나의 불초로서도 모시고 배워서 그윽이 들은 것이 있으며, 옆에서 구경하고 그윽이 깨달은 바가 있으며, 물러가서 시행함에 그윽이 효험이 있었다"[7]고 한 것이 바로 이를 일컫는다.

다산의 이재吏才에 대한 실례로는 그가 36세에 황해도 곡산 부사로 가서 2년 동안 민정民政·재정·형정 각 방면에 우수한 치적을 올려서 인민의 환호를 받은 일이 있다. 곡산 일대는 종래 탐관오리의 발호가 극심한 동시에 인민의 봉기도 또한 잦아서 다스리기 어려운 지방으로 이름나 있었다. 곡산 평민에 이계심李啓心이란 사람은 인민 속에서 정부와 관리의 폐정을 지적 폭로하며 인민을 결속하여 관리와 투쟁하기를 일삼았는데, 전 부사府使 때에 포수보砲手保*의 면포 1필에 대한 값으로 엽전 9냥*씩을 징수하므로 계심은 소민小民 천여 명을 영솔하고 부청府廳에 들어와서 논쟁하니, 부사는 계심을 잡아 형벌에 처하려 하였다. 그러나 천여 명의 인민은

---

* 포수보砲手保 : 포수의 보인保人. 이조 시대 정병正兵 중의 하나인 포수를 경제적으로 지원하기 위하여 베나 무명 따위를 납부하던 장정.《목민심서》권4, <병전兵典·첨정簽丁> 볼 것.
* 9냥 : 900푼. <자찬묘지명>(집중본)에 "포수보 면포 1필 대신 엽전 900푼을 징수하였다(砲手保棉布一疋 代徵錢九百)" 하였고,《사암연보》p85에 "포보포 40자 대금으로 엽전 900푼을 거두었는데, 본래는 200푼을 거두어야 마땅하다(砲保布四十尺 代收錢九百 本當收二百)" 하였다. 즉 면포 1필(40자)의 값이 2냥(200푼)이란 말이니 무려 4.5배나 더 긁어낸 셈이다.

계심을 마치 벌떼가 장수벌을 둘러싸듯 하고 동헌 마루에 육박하면서 땅이 꺼지도록 고함을 쳤다. 그리하여 관노와 군교들이 몽둥이를 들고 몰아내는 즈음에 계심은 빠져나가 버렸는데, 오영문五營門에서 그를 잡으려고 수색하였으나 도무지 잡지 못하였다.

그러다가 현명한 부사가 새로 부임한다는 소문을 듣고 계심은 폐정 10여 조항을 써 가지고 다산이 입경入境하는 길가에 와서 자수하였다. 수종자들이 그를 체포하려 하자 다산은 제지하고 즉시 석방을 선언하며, "관가가 정사政事와 민정民情에 밝지 못한 것은 인민이 형벌을 겁내어 관전官前에 직접 논쟁하지 않기 때문이다. 그대와 같이 용감히 싸우는 사람은 내가 천금을 주고 사려 하는 바이다"[8]고 하여 도리어 그를 격려하였다. 다산은 취임한 후 계심의 진술을 참고하여 곡산 경내에서 중앙 정부와 감영에 바치는 군포를 이속吏屬에게 맡기지 않고 직접 자기 눈앞에서 재어 받았으며, 또 곡산 향교에 간직되어 있는 포백척도布帛尺圖(《오례의五禮儀》에 실려 있음)가 현행 자[尺]에 비교하면 2치[寸]나 짧으므로 그 도圖를 기준하여 자의 길이를 고쳐 중앙 정부와 감영의 구리자[銅尺]와 합치시켜서 군포를 받아들이니 인민은 편리하게 여겼다. 그리고 그 이듬해에 베가 심히 귀하므로 다산은 칙수전勅需錢과 관봉전官俸錢 2천여 냥을 대출하여 평안도에 사람을 보내서 베 1필에 2냥씩 헐값으로 사 가지고 와서 중앙 정부에 바치는 정수定數를 채우고 그 원가만을 인민으로부터 징수하니, 예년에 비하여 인민이 집집마다 송아지 한 마리씩을 사게 되었다고 하였다.

그는 곡산 한 군에서 분순방량법分巡放糧法을 폐지하였다. 분순이란 당시 국법에 환곡을 대여할 때에 인민의 식량 절용을 위한다는 이유로 소정량을 한꺼번에 주지 않고 여러 번에 심지어는 8~9회에 나누어 대여하는 것이다. 다산은 하루에 수개 면의 인민을 소집하고 소정량을 한꺼번에 대여하여 인민의 내왕과 비용을 절약하게 하였다. 또 그는 선정善政으로 호적법의 문란을 정리하여 한 군의 인민에게 막대한 폐해를 제거하여 주었다. 그 당시에는 매양 호적 정리기가 되면 관리는 인민을 위협하여 호구를 늘리니 인민은 다투어 가며 뇌물을 주고 모면하므로 부촌은 나날이 번창하는 반면에 빈촌은 나날이 쇠잔해졌다. 따라서 호적상 허호虛戶·누호漏戶·누구漏口 및 첩부疊簿가 착잡하게 되었다. 다산은 이 치명적인 민폐를 바로잡기 위하여 호구를 기입하는 양식을 고안하였다. 그것은 지면에 종횡선을 그은 '침기부砧基簿'*를 기초로 한 가좌표家坐表였다. 그 당시에 물론 호구를 사정査定한 가좌표란 것이 있었으나 기입이 정연하지 못하고 지수紙數가 방대하여 검열이 극히 불편하였는데, 종횡선과 강목식綱目式으로 작성한 다산의 침기표는 상세하고도 편리하였다. 지금 우리가 당시 사회상의 일면을 이해하는데 도움이 되므로 이하에 그 등본 한 장을 소개한다.

이와 같이 매리每里·매호每戶의 호주·신분·직업·가세家世·재산·식구 등에 대한 제반 상태를 상세히 기입하여 가좌표를 작성하고, 또 경위선을 그린 지도를 호적부에 첨부하여 호구의 분포 상태를 일목요연하게 하였다. 그 결과 다산은 곡산부 내 인호人戶의 허실·강약과 촌형村形의 원근·활협濶狹을 주도하게 알고 앉았으므로 호구의 허호虛戶·누구漏口와 군포의 허감虛勘·백징白徵*에 의한 간리奸吏·토

---

* 침기부砧基簿 : 전지와 재산을 기록한 장부. 《목민심서》 권6 〈호전戶典·호적戶籍〉과 문집 권9 〈호적의戶籍議〉 볼 것.

호의 농간이 일소되고 다산이 재임한 2년 동안에 한 사람도 원통함을 호소하는 자가 없었다. 이 한 가지 실례에서 다산의 애민 사상을 말할 수 있는 동시에 그의 실무적 재능이 과학적 기초에 입각하였던 것을 또한 알 수 있다.

침기표砧基表(문집 <호적의戶籍議> 참고)

梨峒里	品	業	世	役	宅	田	畓	錢	丁	老	弱	女	窮	奴	婢	牛	馬	舟	銼
李世昌	鄉	田	5		9	10	3		3	1		2		1	1	2			
金以得	良	田	3	2	3	5			2		2	2			1				
崔東伊	良	估	2	1	4			百	1	1	1	2					1		
安尙文	鄉	科	7		7	8	5		3	1	2	2		1		1			
鄭一得	良	冶	當	1	5	1			1	1		1							
朴起同	良		1	1	2				1			1	鰥						1
趙正七	良	估	4		8	9	7	百	3	1		2		1			1	1	
林汝三	私	倡	2		3	2			2		1	2							
黃世云	良	木	1	1	5	3			1			1							
大谷里	品	業	世	役	宅	田	畓	錢	丁	老	弱	女	窮	奴	婢	牛	馬	舟	銼
尹世文	班	科	7		瓦20	20	10石	千	5	1	4	5		4	6	3	1	2	
尹世武	班	武	7		瓦10	10	4石	百	2		1	2		2	2	1			
尹　鑛	班	科	7		10	3	石	百	2	1	1	2		1	2	1	1		
李億同	良		1	1	2				1			1	鰥						
河召史	良		3		2						1		寡						1
吳以才	良		2		2				1		1		獨						1
孫喜云	良	田	4	2	5	5	2		2	1		2				2			
高昌得	中	校	6		9	7	2	百	2	1	1	2				1	1		
白老味	私	冶	2	1	5	2			1			1							

---

* 허감虛勘·백징白徵 : 허감은 장부에 허위로 기록[虛錄]하는 것이고, 백징은 이 허록에 따라 강제로 징수하는 것이다. 본서 p141과 《조선사회정책사》(최익한, 박문출판사, 1947) pp142~3 참조.

- 품品은 신분이다. 향鄕은 향족鄕族(향승鄕丞의 씨족), 양良은 양민 즉 낮아도 천민은 아닌 자, 사私는 사가私家의 노속奴屬, 반班은 문무양반 즉 사족仕族, 중中은 향족의 하下 양민의 상上.
- 업業은 직업이다. 전田은 농부, 고估는 상인, 과科는 과거한 사士, 야冶는 야금공冶金工, 창倡은 배우, 목木은 목공木工, 무武는 사예射藝(활쏘기)를 익힌 사士, 교校는 향교의 생도.
- 세世는 본토本土에 거주한 세대이다. 이 난의 숫자는 거주한 세대의 수. 당當은 당자當者가 비로소 본토에 이주하였다는 뜻.
- 택宅은 주택이다. 이 난의 숫자는 그 주택 칸수. 와瓦10은 기와집 10칸.
- 전田과 답畓은 소유 토지이다. 이 난의 10은 10두락斗落, 5는 5두락, 10석石은 15두斗 1석石의 10배이므로 150두락이고, 석石은 1석 즉 15두락 정도 (두락=마지기, 석락石落=섬지기는 해당 지면의 낙종落種을 표준한 것).
- 전錢은 소유한 유화游貨이다. 이 난의 백百은 100냥, 천千은 1000냥.
- 궁窮은 환鰥(홀아비), 과寡(홀어미=과부), 고孤(아비 없는 어린이), 독獨(아들 없는 늙은이) 네 종류로 나누는데, 가난하고 궁한 자는 관가의 구조를 받음.
- 정丁은 남정男丁.*
- 좌銼는 금속식정金屬食鼎(쇠솥)을 가리키는데, 빈자에 한하여 기입함.

이 밖에도 다산의 이술吏術을 소개할 만한 실례들이 많으나 생략하기로 하거니와, 형사刑事에 대한 심리審理 판결에서도 우수한 치적을 보였다. 그는 곡산 부사로 있을 때에 국왕 정조의 특명으로 호조 참판의 가함假銜*을 띠고 황주 영위사黃州迎慰使(청국 사절에 대한)로 황주에 50일을 머무르면서 황해도 내 수령들의 치적을 염찰하

---

* 《목민심서》 권6, 〈호전戶典·호적戶籍〉에 "정丁은 남자 17세 이상, 여女는 여자 17세 이상, 노老는 남녀 60세 이상, 약弱은 남녀 16세 이하"라고 하였다.
* 가함假銜 : 임시 직함職銜. 대개 사신으로 파견되거나 사신을 접대하는 자에게 임시로 높은 직함을 주었다.

여 국왕에게 보고할 책임을 맡았다. 또 도내 미결 의옥疑獄 2건에 대하여 그 사건의 복잡한 내면을 분석하며 구체적인 해결 방법을 진술하여 국왕에게 밀주密奏한 결과 그것이 순조로이 해결되었다. 국왕은 그의 사법관적 재능을 높이 평가하고 곧 소환하여 형조 참의參議를 시키고 형조 판서 조상진趙尙鎭더러 "경은 지금 연로하나 참의는 연소하고 명민하니 모든 심리와 판결은 참의에게 일임하라"[9] 하였으며, 따라서 그는 많은 의옥을 쾌도난마와 같이 재결裁決하여 현명한 법관의 명성을 날렸다.

이상에서 논급한 다산의 이술吏術이 물론 그의 최고 이상을 표현한 것은 아니다. 그러나 여기서도 그의 애민 사상과 과학적 방법을 볼 수 있고, 특히 그의 사법적 재능은 그의 명저《흠흠신서》가 이를 잘 보여 주고 있다.

1.《俟菴先生年譜》(이하《俟菴年譜》), 丁奎英 編, 文獻編纂委員會, 1961, pp 3~4, "公甞語門人曰 吾之精分多受外氏"

2.《全書》I-16, 自撰墓誌銘(集中本), "十五而娶 適先考復仕爲戶曹佐郎 僑居京內 時李公家煥 以文學聲振一世 姊夫李承薰 又飭躬勵志 皆祖述星湖李先生[瀷]之學 鏞得見其遺書 欣然以學問爲意"

3.《俟菴年譜》p6, "余之大夢 多從星湖私淑中覺來"

4.《全書》I-20, 上仲氏[辛未冬], "吾輩能識天地之大日月之明 皆此翁之力"

5.《칠극》은 1604년(명나라 신종神宗 만력萬曆 32) 방적아의 저서인데, 1) 교오驕傲를 극복하기 위하여 겸손할 것, 2) 질투를 극복하기 위하여 애덕愛德을 가질 것, 3) 인색을 극복하기 위하여 자비할 것, 4) 분노를 극복하기 위하여 인내할 것, 5) 식욕을 극복하기 위하여 절제할 것, 6) 색욕을 극복하기 위하여 제욕制慾할 것, 7) 선善에 해태懈怠함을 극복하기 위하여 근면

할 것, 이 7가지 극복으로써 천주를 공경히 섬겨서 복을 구한다는 것이다.

6. 《俟菴年譜》p15, "知汝兼有將才 故特賜此書 異日有如賊東喆者起 汝可其
出戰也[時嶺東有鄭鎭星金東喆之獄]"

* 전서 <발병학통跋兵學通>(1800)에는 "時逆賊金東哲伏法于嶺東"으로
되어 있으나, 《사암연보》(1921)에서는 "時嶺東有鄭鎭星金東喆之獄"으로
수정되었다. 즉 '伏誅'가 '獄事'로 바뀌고 '鄭鎭星'이 추가되며 '金東哲'이
'金東喆'로 교정된 것이다. 《정조실록》11년(1787) 6월 14일조에 의하면
김동철은 충청도 제천堤川에서, 정진성은 강원도(영동) 원주原州에서 효시
梟示되었다. 그러니까 다산은 김동철 역모사건이 일어난 지 10여 년 후에
<발병학통>을 쓰다 보니 '영동嶺東'으로 착각한 듯하다. 이는 북한 역사
학자 박시형이 처음 지적하였다. 《17세기 이후 우리나라 봉건사회의 몇
개 부문 학문 유산 2》, 사회과학출판사, 2013, p128.

7. 《牧民心書》卷1, 自序, "雖以鏞之不肖 從以學之 竊有聞焉 從而見之 竊有
悟焉 退而試之 竊有驗焉"

8. 《全書》I-16, 自撰墓誌銘(集中本), "官所以不明者 民工於謀身 不以瘼犯官
也 如汝者官當以千金買之也"

9. 同上書, "卿今老矣 參議年少頗聰穎 卿宜高枕 一付之參議也"

제3장 실학파의 서학—천주교와 서양 과학—과의 관계에 대한 고찰

1. 기독교-천주교의 입국과 그 시대적 변질

종래 조선에서는 신분적 계층을 크게 나누어 양반·중인·상민·천민 네 가지로 말할 수 있었다. 양반은 문무 양반으로 구별된 동시에 이조에 들어와서 귀문천무貴文賤武의 폐풍弊風이 특히 심하였으나, 어쨌든 그들은 다 같이 존귀한 지위를 가지고 고관 영직高官榮職을 독점하였을 뿐만 아니라 문인·학자·현지자賢智者 및 영웅호걸로서 출세하여 명예와 신망을 지닐 수 있는 특권을 선천적으로 장악하고 있었다. 중인은 양반과 상민의 중간에 위치하여 궁정과 관청의 회계관·통역관·역관曆官·의사·사자관寫字官*·화원畫員 등 기술적 관직을 세습하고 정치적 발언권은 없었다. 상민은 농·공·상을 직업으로 하는 대다수의 인민으로서 착취의 굴레하에 문화적 향락을 거의 누리지 못한 평민들이었다. 천민은 사천私賤과 공천公賤 둘로

---

* 사자관寫字官 : 승문원과 규장각에서 문서를 정서正書하던 관원.

나누었는데, 노비·백정·창우倡優·불교승려·무격巫覡* 및 특수 공인工人 들이 이에 속하였다.

그런데 이조 봉건 사회의 국교적 지위에 있던 유교는 극소수의 상층부 즉 양반 계급에 국한된 양반 종교였고, 중인 이하 광범한 대중의 호감과 신념을 조금도 파악할 수 없는 반면에 불속佛俗과 잡신雜信의 밀림 속에 그들을 방치하였다. 다시 말하면, 삼강오륜의 도덕과 관혼상제의 예법은 주로 귀족적 생활의 토대에 적응한 준칙으로 설정되었고, 일반 인민의 생활 환경에서는 본래부터 허용될 수 없는 것이었으므로 사실상 일반 서민은 유교 도덕의 실천에 대하여 아무런 권리도 책임도 없었을 뿐만 아니라, 만일 그들이 그것을 충실히 실천하는 경우에는 그것이 양반 계급에게 도리어 양립할 수 없는 참람하고 방자한 범죄로 나타나서 크게 불리한 방해물로 되는 것이었다. 그렇기 때문에 유교 도학계에서 위선과 타락을 운운하는 것은 소수 지배 계급의 권내에 국한된 문제였고, 일반 인민에게는 아무런 문책도 있을 수 없었다. 따라서 이조 하반기에 들어와서 봉건 체제의 쇠퇴와 함께 양반층의 도학적 부패는 바로 유교 전반의 황폐화를 의미하는 것이었다.

이와 같이 유교 도학이 황폐화한 시기에 기독교-천주교는 우리나라에 들어왔다.

원래 기독교는 노예소유자적 로마의 붕괴기에 노예와 주인, 유산자와 무산자의 모순이 극도로 첨예화된 조건하에서 노예·빈민·피압박자·불행한 평민의 종교로서 발생하였으므로 거기에는 노예

---

* 무격巫覡 : 무당과 박수.

와 빈민들의 혁명적 동기와 주인 및 부자들에 대한 증오가 내포되어 있었다. 그러나 압박자들에 대한 노예와 평민의 치열하고 장구한 투쟁이 패배를 거듭한 결과, 자기 자신들의 역량으로는 현실을 타파할 수 없다고 절망한 나머지, 초자연적인 힘의 원조를 기원하고 초인간적인 기적을 기대하였다. 그들의 현실적인 투쟁 역량에 기초하지 못하고 한갓 관념적인 환상에 의거한 기독교는, 모든 종교가 다 그러하듯이 열렬한 혁명의 불길을 부채질하는 대신에 달콤한 위안의 술잔을 주었다. 이는 결국 무감각한 인내와 무저항의 인종忍從을 의미하는 것이었다.

그리하여 기독교가 발생한 지 약 2세기 반경에 로마의 황제는 노예의 종교를 노예소유자의 종교로 전화시켰다.

노예의 종교로부터 노예소유자의 종교로, 지배 계급의 종교로 전환된 기독교는 그 내용이 많이 변하였다. 착취 계급은 기독교로부터 반란적 반노예소유자적 요인을 몰아내고 거기에다 자기들에게 유리한 원칙, 즉 온량溫良·온순·순종을 확립하였던 것이다.

봉건 시대에도 기독교는 계속하여 한층 더 진화하였다. 봉건 사회의 제 관계의 히에라르키적(위계적) 체제는 기독교에 반영되어 천국의 왕을 수위首位로 하는 성자聖子·천사天使·사도使徒 등의 히에라르키적 무리를 낳았다. 기독교는 봉건 제도의 정신적 지주가 되고, 교회는 최대의 영주로서 서유럽 전 토지의 약 3분의 1을 차지하고 있었다.[1]

이와 같이 현실의 타개에 절망하고 지배 계급의 잔인한 억압에 공포를 느낀 고대 노예군群의 무력한 환상에 영합한 기독교는, 노예의 종교로 출발하여 노예를 억압하는 노예소유자 계급의 사상적 수단으로 이용되었으며, 이는 다시 중세기의 농노를 억압하는 봉건 영주의 정신적 지주로서 복무하였다. 그리하여 "봉건 영주를 반대하는 농노·농민과 도시 평민층의 치열한 계급 투쟁은 종교적 이단, 종파의 형태로 흘러나왔으며, 그 지지자들은 지배적인 기독교회·가톨릭교회 및 정교회와 투쟁하였다.

최초의 부르주아 혁명들(16세기 독일에서의 이른바 종교개혁과 농민투쟁, 16세기 네덜란드에서의 혁명, 17세기 영국에서의 혁명)은 종교적 기치하에 진행되었다. 궐기한 부르주아지·농민 및 도시 하층민의 이데올로그들은 승려·교황 및 주교에 의하여 왜곡되기 전의 원시 기독교에 호소하거나 또는 봉건 사회의 공인된 교회와 대립되는 기독교 교의에 대한 자기들의 새로운 해석을 들고 나왔다."[2]

서유럽에서 이와 같이 농노 및 도시 평민층의 종교적 이단, 종파의 반항과 부르주아지·농민 및 도시 하층민의 새로운 종교적 기치와 새로운 교의적 해설의 활발하고 거대한 공세에 진감震撼*과 공포를 느낀 가톨릭 교회는, 이미 축소되며 상실하는 교황의 세력(그러나 특수한 대영주의 세력)을 광막한 미개지에 심으려 하였다. 그리하여 그들은 아시아의 동방—열등한 우상과 몽매한 약자들로 충만되어 있는 듯이 보이는 중국과 조선의 방면으로 눈을 돌렸다.

---

* 진감震撼 : 크게 울려서 뒤흔드는 것. 천지가 뒤흔들리는 충격.

그 공작으로서 17세기 초두에 이탈리아 야소회(제수이트)파 선교사 이마두와 독일 야소회파 탕약망과 벨기에 야소회파 남회인南懷仁* 등을 선두로 한 '천사天使'들이 예수 그리스도의 이름으로 중국 수도 북경을 계속 방문하였던 것이다.

그러나 이 천사들은 구름을 타고 천국에서 내려온 것이 아니라 서국西國 상인의 무역선을 타고 들어온 것이었다. 그렇기 때문에 그들이 부르는 성부聖父·성자聖子의 이름 속에는 침략과 정복을 목적한 상업 자본주의 원정대의 사명이 숨어 있었다.

그러나 그들은 우리 동방에 와서는 교황의 전제와 교회의 폐습을 일체 숨기고 될 수 있는 대로 추상적인 그리스도의 원형—참을 수 없는 억압과 고통으로부터 인간을 구제할 사명을 띤 메시아(구세주)의 최초의 형상을 보이려고 노력하였다. 따라서 자기들이 이미 유럽에서 경험한 농민과 빈민에게 환영받을 수 있는 원시 기독교에 대한 설교를 들려주었다. 그 '복음'은 모든 차별과 등급을 부인하고 만민이 다 같이 형님 동생하면서 친애할 수 있는 평등과 박애를 말하였으며, 조세와 노역을 조금도 요구하지 않고 간단한 신앙 하나로서에 대하여 행복을 주는 천주를 직접 섬길 수 있다는 교리를 말하였으며, 빈궁과 고통과 고약孤弱한 처지에 있는 자만이 쉽게 들어갈 수 있다는 천국을 선전하였다. 이 달콤한 '복음'에 제일 먼저 귀를 기울이고 환희를 느낀 자는 빈궁한 인민이었다. 이들은 여기서 자기들의 이상을 찾아보려 하였다.

---

* 남회인南懷仁(1623~1688) : 페르비스트Ferdinand Verbiest. 벨기에 출신의 예수회 선교사. 흠천감欽天監에서 일하고 대포를 주조하며 <곤여전도坤輿全圖>를 제작하였다.

2. 동서 문화의 상호 영향과 반기독·반유교의 사상 대조

그러나 서양인 전도사들이 우리 동방에 와서 직접 목도한 결과, 자기들이 멀리서 예상한 것과는 전연 딴판인지라 크게 놀라지 않을 수 없었다. 예로부터 기독교도 그중에도 이른바 성직자들은 기독교 이외에는 참다운 종교가 없고, 또 기독교도의 문명 이외에는 참다운 문명이 없다고 확신하던 터였다. 그런데 그들이 극동에 건너와서 이른바 '만지蠻地'*에 복음을 전파하려 하였지만, 4천 년 동안 계속 축적되어 온 우수한 중국 문화를 발견하고 경탄을 금치 못하였다. 그리하여 중국에 대한 포교 방법을 재강구하기 위하여 중국의 고서·경전을 번역하고 정치·문화·제도·풍속 및 학술을 연구 소개하여 유럽의 교회와 학계에 토의를 호소하였다.

이에 응하여 중국 인민의 신앙 성격과 공자교인 유교에 관한 유럽 교회 신학자들의 스콜라적 논쟁은 장기간에 걸쳐 들끓었거니와, 유럽 일반 지식인들은 상기 전도사들의 수많은 번역 소개와 만유가漫遊家들의 다방면의 보고에 의하여 극동의 천지에 기독교국의 문화보다 오히려 우수한 문명국이 존재한 것을 알고, 동시에 13세기 베니스 상인 마르코 폴로의 《동방견문록》(15세기 초 출판됨)이 과연 황당무계한 기록이 아니었다는 것을 깨닫게 되자, 유럽의 시야의 초점은 동인도에서 중국으로 옮겨졌던 것이다.

특히 17~18세기 프랑스의 철학자·사회학자·경제학자들을 중심으로 하여 중국 찬미론이 성행하였다. 그것은 당시 기독교의 만능

---

* 만지蠻地 : 야만인이 사는 땅. 오랑캐 땅.

과 유럽 각국의 봉건전제주의를 반대하는 그들에게 있어서, 중국 문명의 발견이 그들 사상 투쟁의 유력한 재료로 이용되었기 때문이다.

첫째로 데카르트는, 자기 한 사람 또는 자국민의 사상과 감정이 반드시 타국의 문화에 대한 가치 판단의 규준規準이 될 수 없다는 것을 알았고, 따라서 중국인 가운데도 프랑스의 성현에 못지않은 성현이 존재한다는 것을 확인하였다. 그리하여 이른바 우상교도偶像教徒가 반드시 다 사교도邪教徒가 아니란 점과 이교異教 또한 가치가 있다는 점을 강조하여 기독교회 특히 구교회의 편견에 일봉一棒을 가하였던 것이다.[3]

몽테스키외는 그의 역사주의가 관념론적인데도 불구하고 사적史的 방법으로 사회 현상을 관찰하여, 당시 철학계의 패권을 잡고 있는 유리론唯理論에 대항한 제1인이었다. 그러므로 그의 중국관은 중국의 전제 정치를 세계 최선의 정체政體로 과장한 프랑스 야소회사耶蘇會士들의 기술에 대하여 신랄하게 논박하였다. 그는 뒤 알드*전도사가 편찬한 《지나제국전지支那帝國全誌》의 "지나를 다스리는 것은 곤봉이라"는 문구를 논거로 하여 중국인의 명예심과 덕의심德義心을 부정하였다.[4]

그러나 그는 자기의 지리 환경론적 견지에서 중국의 중농 정책을 설명하였고, 동시에 이를 칭찬하여 당시 자기 나라 지배 계급의 천농賤農 정책을 간접적으로 비난하였다.

원래 몽테스키외가 《법의 정신》을 자기 정치 철학의 선전서로

---

* 뒤 알드Du Halde(1674~1743) : 프랑스 예수회 신부.

기초起草한 목적은 루이 14·15세 시대의 전제 정치를 비판하려는 데 있었으나, 그때 정부의 일반 논설에 대한 검열이 극히 준엄하였기 때문에 학자들은 코란의 이름을 빌려서 성서의 내용을 논란하고, 혹은 동양의 전제 국가의 명의를 이용하여 자기 나라의 전제 정치를 비난하였다. 몽테스키외도 이와 같이 우회적인 전술을 쓰지 않을 수 없었다. 그리하여 그가 《페르시아인의 편지》에 동양의 일 국민, 즉 트로글로디트*의 전제 정치를 실례로 하여 그 폐해를 지적하고, 중국의 전제 정치를 《법의 정신》 가운데 논술한 것도 루이 14세의 독재 정치를 논란하여 프랑스 통치자의 반성을 재촉한 것이었다.

볼테르는 중국 광신자라고 할 만큼 중국 문화의 찬미론자였다. 그는 중국이 4천여 년 이전에 이미 건국되었다는 야소회사의 기술에 제일 먼저 놀랐으며, 또 중국의 국교인 공자교가 기독교와는 달리 영혼의 불멸, 내세의 생활을 말하지 않고 오직 도덕을 교훈하였다는 사실에 더욱 감복하였다. 그는 중국의 오경五經 고서가 세계 최고最古의 문헌인 동시에 확실한 기술이란 것을 증언하면서, 그 유구하고 거대한 문화를 높이 찬양하였다.[5]

볼테르는 이와 같은 이유에 근거하여 중국의 오경이 확실한 것을 믿고, 그 내용에 설명된 대로 중국인이 이미 완미完美한 정치 제도하에 생활하고 있는 시기에, 프랑스인은 동물 상태하에 생활하고 있었다는 사실을 지적하여 유럽 문명의 진보가 뒤늦었다는 사실을 조소嘲笑하였다.

---

* 트로글로디트Troglodytes : 혈거인穴居人.

그는 중국의 국가 구성이 4천여 년 이전에 이미 존재한 것을 단계로 하여 사회 구성은 그 이상 훨씬 유구한 시대로 소급할 것을 논단하였고, 그 유구한 사회적 및 국가적 생활을 증명하기 위하여 그의 《역사소론歷史小論》에 중국의 기예 발달을 열거하였다. 그 종목으로 인쇄술·도기陶器·초자硝子(유리)제조법·양잠술·방적술·수레·종이·종鍾 내지 종두술 등의 발명이 모두 세계적 선두를 차지한 것을 찬양하였다. 그는 또 중국의 만리장성이 서력 기원 300년 전에 건축된 기술적 사실을 높이 찬양한 동시에 그 건축의 정신이 고대 이집트인의 피라미드를 건축하던 허영심과는 달리 순전히 북방 야만족의 침공을 방어하기 위한 정신이었다고 하면서, 이를 고대 중국인이 야만족과 같이 침략과 겁탈을 일삼지 않는 법치국의 도의적 표지標識로 간주하였다.

그는 공자와 기독의 사상적 상이점에 대하여 기독은 악을 금지한 데 불과하였으나 공자는 한 걸음 나아가 선을 권하였다고 하였으며, "정직으로 원한을 갚고 덕으로 덕을 갚는다(以直報怨 以德報德)"*라는 공자의 격언을 칭찬하면서, "서양 민족은 어떠한 격언, 어떠한 교리를 가지고 이와 같은 수수한 도덕에 대립시킬 수 있겠는가? 얼마만큼 많은 경우에 공자는 인의仁義를 말하였던가? 만일 인간이 이 도덕을 실행한다면 이 지상에도 투쟁이 일어나지 않을 것이다"[6]고 하였다.

요컨대 볼테르는 기독교의 영혼불멸·내세생활·예언·신비 등을 모두 허위로 인정하고 이러한 허위의 미신으로부터 인류의 불행

---

* 以直報怨 以德報德 : 《논어》〈헌문憲問〉.

이 발생하였다고 생각하였다. 더구나 기독교는 교리 해석이 서로 달라 여러 종파로 나뉘어 논쟁한 결과 인류를 분할하고 종교 전쟁과 같은 참화를 초래하였다고 단순하게 생각한 그는, 기독교 신앙을 지상에서 일소함으로써만 인류의 행복과 평화를 재현할 수 있다고 믿었다. 그리하여 그는 미신도 종파도 없는 덕교德敎, 즉 유교가 성행하고 있는 중국에 인류의 불행을 초래하는 종파 투쟁과 종교 전쟁이 없는 것을 당연한 일로 보았으며, 따라서 공자교가 세계에서 우월하다는 것을 주장하였다.

볼테르가 중국 문명의 특징에 대하여 열거한 도리의 존중, 미신의 전무, 현명한 전제 정치, 법제에 나타난 인애仁愛의 관념, 도덕의 장려, 평등의 정신, 신앙의 자유 등은 사실상 지나 문화의 명의를 빌려서 자기의 주장을 표명한 동시에 기독교회를 공격하고 자기 조국의 혁신을 요구한 것이었다. 그는 중국의 농사 장려 정책을 듣고 유럽 군주들을 향하여 "찬양하라. 부끄러워하라. 특히 모방하라"고 부르짖었다.

루소의 중국관은 어떠하였던가? 그는 1750년에 간행한 《학예론學藝論》 중에 야소회사의 중국에 대한 관찰과 기술이 정확하다는 점을 인정한 반면에, 태초 건국 이래 장족으로 발전하여 온 중국의 학예가 중국인의 악덕을 교정하는 데 아무런 기여가 없다는 사실을 들어서 자기의 문명 부정론의 예증으로 사용하였다.[7]

루소는 정치를 잘하고 못한 것은 인구의 다소에 의하여 판단할 수 있다고 주장하였다. 왜냐하면 인구의 감소는 쇠망을 초래하고 인구의 증가는 국가의 번영을 가져오는바, 인구의 증감 그것은 정치를 잘하고 못하는 것을 증명할 수 있는 까닭이란 것이다. 그는 이 원칙을 주장하면서 중국의 인구 번성에 대해서는 예외로 간주하였다. 그 이유는 명백하지 않으나, 요컨대 《사회계약설》의 저자 루소는 중국의 군주 정치를 절대주의, 전제 정치의 예외로 볼 수 없는, 보다 높은 원칙적 견지에서 중국의 정치를 인정하지 않았던 것이다. 다시 말하면 그는 중국의 문명을 긍정하면서도 부정하였으며, 중국의 정치가 부분적으로 민주주의적 운용이 있다는 것을 찬동하면서도 근본적으로 비민주적인 군주 전제로 인정하였다. 요컨대 루소는 중국 문명을 자기 문명 부정론의 실례로 들어서 유럽 군주 정치의 성격을 폭로하고 자기 나라 인민의 반봉건적 의식의 각성을 촉진하였다.

디드로*는 첫째로 중국 태고 건국설을 연대학적 입장에서 인정하지 않았고, 다음으로 중국의 학문과 미술이 상고에는 장족진보하였으나 근세에 이르러서는 그 진보가 중절되었다는 점을 지적하였다.

그는 공자교의 개념을 소개하기 위하여 유교 경전 중에서 24종의 격언을 열거하고 공자 교리의 간결성을 칭찬하며, 공자교와 같이 이성 또는 도리만이 인간을 다스릴 수 있다고 역설하여 은연히 기독교의 존재 이유를 부정하였다.[8]

요컨대 디드로는 중국 문명의 특징을 대개 풍토의 영향 특히 인구 과다에 원인한 것으로 단정하였으니 이 점은 몽테스키외의 논지와 유사하고, 그는 또 공자가 다만 도리로써 이와 같이 다수한 국민을 지도하려는 태도를 찬동하였으니 이 점에서는 볼테르의 견

---

* 디드로Denis Diderot(1713~1784) : 18세기 프랑스의 유물론을 대표하는 철학자.

지에 접근한 것이다.

중농학파의 시조 프랑수아 케네*는 《중국의 전제 정치론》*에 유럽의 일반적 해석과 달리 '폭군despote'을 두 종류로 설명하여 중국의 군주는 전제 군주가 아니라 "중국 제국의 국헌國憲이 확고부동한 대법大法에 기초하여 황제 자신이 이것을 정확히 고수하는 동시에 국민으로 하여금 이 대법을 엄수케 하는 것"[9]이라고 하였다. 이 확고부동한 대법이란 요컨대 자연의 대법을 의미하는데, 그는 먼저 중국의 문물제도가 다 자연법에 기초한 까닭을 말하고 그 결과 중국의 전제 정치는 압제 정치가 아니라고 논단하였다.

그리고 중국인의 신앙 대상은 케네의 견해에 의하면 '지고무상至高無上한 것'이다. 그들은 이 대상을 '상제上帝' 또는 '천天'이라고 이름하여 만물의 근원으로 간주하고 예배한다. 또 '상제'와 '천'은 동일한 것으로 Souverain, Empereur의 의미에서 벗어나지 않는다. 중국인의 해석에 의하면 '천'이란 것은 천상에서 만물을 주재하는 영靈을 일컫는다. 중국인은 창천蒼天을 조물주의 가장 완전한 존재로 보았으므로 천문 현상 중에서 자연의 법칙을 인식하고 이와 같은 천기天紀를 인기人紀의 기초로 보았다. 그리하여 자연법에 기초한 윤리 도덕이 또한 중국의 정치 제도와 사회 제도의 기초가 되었으므로 중국의 고전인 경서에 도덕뿐만 아니라 민법·정치법이

---

* 프랑수아 케네François Quesnay(1694~1774) : 중농주의를 창시한 프랑스의 경제학자. 농업자본의 재생산 문제를 도표로 표시한 《경제표》를 작성하였다.
* 《중국의 전제 정치론Despotisme de la Chine》 : 1767년 자파自派의 기관 잡지 《시민 일지Éphémérides du citoyen》 3·4·5·6월 4호에 걸쳐 A.M이라는 익명으로 발표하였다. 《시민 일지》는 니콜라 보도Nicolas Baudeau가 1765년 프랑스에서 발행한 최초의 경제학 정기 학술지이다.

함께 기술되어 있다. 케네는 이 법제法制들이 모두 자연법에 기초한 것을 지적한 다음, "중국인은 도덕과 정치를 구별하지 않았다. 그들의 생각에 의하면, 잘 생활하는 기술은 즉 잘 다스리는 기술이므로 중국에서는 윤리학과 정치학이 필경 동일한 학문이다"고 논단하였다.

그의 해설에 의하면 중국의 황제는 조물주의 의사, 즉 자연법의 이행자로서 국민의 사표師表인 동시에 국민의 자부慈父이며, 그의 덕은 자연 감정인 인애仁愛의 정으로써 백성을 무육撫育한다. 만일 중국 황제가 상제에게 위탁받은 통치권을 남용하면 사표의 자격을 잃어버린 동시에 군주의 자격도 잃어버리고 하부는 군주의 명령과 교유敎諭를 거부하게 된다. 이러한 견지에서 본다면 중국 황제는 형식상 전제 군주이나 사실상 전단방자專斷放恣한 폭군이 아니란 말이다. 그리하여 케네는 중국의 전제 정치를 '합법적 전제 정치'로 규정하여 세계 최선의 정치 형식이라고 논단하였다.

케네는 이상과 같이 노대老大한 중국의 정치적 외피를 추상적인 윤리 개념으로 분식粉飾하여 당시 프랑스의 포악한 전제 군주 정치를 비난하였다. 동시에 그는 기독교의 초윤리적·초이성적인 신앙 생활에 환멸을 느낀 나머지, 공자교의 윤리적·정치적 성격을 자기의 자연법적 개념의 틀에 맞추어서 기독교에 대립시켰다.

또 그의 중농학적 사상은 중국의 농본주의를 깊이 긍정하여 국민의 농부에 대한 존경과 황제 및 정부의 농업에 대한 관심과, 특히 청조 옹정雍正 황제의 농사 장려책과 농가의 농신제農神祭 등을 소개하며 농업의 산업적 가치와 생산성을 강조하여 프랑스 치자治者 계급의 경제적 반성을 요구하였다.

이상에서 논술한 바와 같이 유럽 문화의 중앙부인 프랑스, 그리고 부르주아 혁명의 전야기前夜期에 있어서 선진 지식층, 특히 계몽학파를 중심으로 하여 전개된 중국 문명론은 유럽 전반에 중대한 영향을 주었던 것이다. 그리하여 17세기 이래 서양 기독교의 동점적東漸的 시도는 그들 전도사의 의지와는 반대로 도리어 중국 문명의 서점적西漸的 형세를 야기하였다. 다시 말하면 기독교사들의 활동에 의하여 중국 인민의 심리를 파악한 신앙의 위력은, 그들 자신의 소개로 중국 문화가 유럽 학계에 반영된 영예의 정도에 비하면 자못 불경기 상태에 빠졌던 것이다. 그러나 그 반면에 전자는 서구 자본주의의 물질적 공세에 편승하여 침략의 전초병으로 출현한 데 비하면, 후자는 동방 노대국老大國의 중세기적 금관이 그 아무리 휘황한 광채를 발휘하였더라도 결국은 박물관의 귀중한 진열품으로 돌아가고 말았다. 다만 그것이 전자와 같이 국제적 범죄자로서 정의의 법정에 호출되지 않은 것만은 당연하다고 생각지 않을 수 없다.

우리는 여기서 다시 본론의 입장으로 돌아와서 한 가지 대조, 그러나 중요한 비판적인 대조를 간과할 수 없다. 그러면 그것은 무엇인가?

우리 동방에서 봉건적 전제주의와 유교 도덕은 일반 인민과 선진 인사들에게는 더는 견딜 수 없는 고통의 질곡이 되었기 때문에 그로부터 벗어나려는 사상적·정치적 투쟁이 이미 개시되었음에도 불구하고, 서구의 선진 인사들은 이를 이론적으로 수입하여 우수한 것으로 혹은 합리적인 것으로 간주하고 자기 사회의 중세기적 제도와 종교를 비난 공격하는 사업에 유리한 무기로 각각 사용하고 있었다. 이와 같은 사실들을 주의 깊게 보고 그 의의를 인정하였다면, 저 서구 인민과 선진 인사들에 의하여 이미 파탄되고 혹은 타기唾棄되어 버린 기독교회와 교리를 우리 조선의 실학파 인사들이 새로운 흥미를 가지고 감수感受하며 연구하여 그것으로부터 대중의 실천성과 열렬한 신도심信道心을 적발 추출하여 유학의 공담 공리와 양반 계급의 위선 타락적 행동에 대립시켰던 그 일련의 사실들을 또한 긍정적으로 이해하지 않을 수 없다.

그렇기 때문에 정약용·이가환 등 실학자들이 자기들의 소년 시절에 사학邪學의 비난을 무릅써 가면서 서교西敎 서적을 탐독하고 교회에 관계하며 혹은 그 교리를 선전하였다는 것은, 그것이 단순히 그 교리를 위한 미혹이 아니었고 자기 사회의 부패한 도덕과 퇴폐화하는 이데올로기에 대한 일종의 반항적 태도였다는 것을 우리는 지적해야 할 것이다. 이들뿐만 아니라 정약종·홍교만·최창현 등이 직접 신자로서 비천한 군중과 함께 열렬히 신봉하며 관학자들의 모욕과 통치 계급의 극악한 형벌에 조금도 굴복하지 않고 최후의 순간까지 천국을 부르는 그것에 대해서도 우리가 외래 사교邪敎의 맹신자들로만 그들을 규정할 것이 아니다. 여기에는 다른 하나의 관점이 엄연히 남아 있다. 즉 유럽 중세의 말기에 있어서 봉건 영주와 지배적인 기독교회를 반대하는 농민과 도시 평민층의 치열한 반감은 종교적 이단 종파의 형태로 흘러나왔다는 역사적 사례들을 또한 상기할 필요가 있는 것이다.

3. 천주학의 과학적 의상衣裳과 실학자들의 비판적 태도

여기에 우리는 또 한 가지 간과할 수 없는 대조물을 지적해야겠다. 그것은 무엇인가?

이상에서 논급한바 동방의 유교-공자교가 서구 학계에 소개될 적에 유교 그것으로만 서구 인사들에게 접수된 것이 아니었다. 그것은 유구한 역사, 광대한 국토, 부유한 물산, 번성한 인구, 집적된 문화, 한우충동汗牛充棟의 문헌, 통일된 민족, 강력하고도 장구한 중앙집권적 정치 조직, 질서정연한 윤리적 설교, 특히 고대에서 이미 발달된 기술·공예 등등 그 하나하나가 청소靑少한 유럽의 여러 나라에서는 발견되기 어려운 부려富麗 웅대한 역사적 위관偉觀을 자기 덕교德敎의 배경으로 또는 자기 교리의 실적으로 하여 유럽 인사들의 탐조경探照鏡 앞에 광채 찬란하게 반영되었던 것이다. 이에 눈부신 그들은 중국 문화의 극광極光을 향하여 앞다투어 찬미하였고, 그다음 경건한 태도로 유교-공자교의 옥좌를 향하여 철학적으로 혹은 윤리학적으로 천리天理·천칙天則·이성·도덕 등 술어를 이어 적은 축사들을 드렸다. 만일 당시 유교가 그와 같은 극광을 띠지 않고 단순한 자태로 반영되었다면 그것은 곧 유럽 과학계의 일광 아래서 중세기적 미라의 운명을 면치 못하였을 것이다.

이와 같은 유례는 17세기부터 동방에 전래한 기독교에서도 볼 수 있다. 중국은 원래 세계의 중심으로 자처하며 유구한 문화를 세습하여 모든 외국을 만이蠻夷로 여겨 내려다보고 외인을 배척하였다. 그러나 중국 최초 선교사 이마두는 이른바 서이西夷의 승려*로서 1601년 중국 수도 북경에 들어와서 명조의 신종神宗 황제에게 직접 배알하고 현관 명사顯官名士들에게 이교異敎의 교리를 선전하게 되었다. 이는 결코 교리의 위력으로써가 아니었고 과학의 매력에 의한 성과였다. 그가 황제에게 헌상한 물품 중 천주도상天主圖像·성모상·성경·십자가 등보다는 《만국도지萬國圖誌》, 양금洋琴 특히 자명종이 황제의 탄상을 받았던 것이다.

천문학과 역학曆學이 중국의 국학으로서 예로부터 존중시되는 점을 간파한 서양인 전도사들은, 유럽 중세기 말경부터 발달된 천문학·수리학으로 자신을 무장하여 중국 지식인들의 환심을 얻었다. 다시 말하면 그들은 교리를 전파할 목적으로 먼저 과학의 이름 밑에서 동서 문화를 악수 시켰다. 그리하여 그들의 말과 같이 "천문학과 수학은 지나 궁정에 참내參內(입궐)하여 옥좌의 곁에 앉았으며, 기독교는 천문학의 의상을 입고 용이하게 총독에게 접근하였던 것이다." 그 후 명조가 망하고 청조가 대신하였으나, 황실은 여전히 서승西僧의 과학적 조예를 신뢰하고 그들의 수뇌자首腦者를 흠천감정欽天監正(천문대장)직에 계속 처하게 하였다. 만일 그들이 과학의 의상을 입지 않고 종교의 나체로 출현하였다면, 종교에 대한 풍부한 경험과 노련한 감상력鑑賞力을 지녔던 중국 인사들은 기독교에 일고의 가치도 인정치 않았을 터이다.

그러나 만일 무지한 일부 인민이 아니고 사리를 변별할 능력을 가진 지식층에 속한 인사라면 철저히 혹은 어렴풋이나마 서양교사西洋敎士들의 과학적 의상과 종교적 정체에 대하여 종말에는 구별

---

* 승려 : 이마두가 처음에는 삭발하고 가사를 입은 승려로서 중국에 들어와 선교 활동을 하지만, 나중에는 더 우대 받는 유학자 옷으로 갈아입고 불교를 배척하며 유교 친화적, 즉 보유론적補儒論的 노선을 취하게 된다.

을 짓고 자기 취사取捨의 태도를 표시하였다. 이와 같은 사실은 중국과 조선에 공통적으로 존재하였던 것이다. 다만 송유 주희朱熹가 이미 지적한바 육조六朝 이래 구마라습鳩摩羅什·불도징佛圖澄* 등이 노장 사상을 불교에 밀수입하여 중국 인사를 농락하려던 것과 유사한 방법을 서양교사들도 사용하였다. 즉 이마두 이하 야소회 선교사들이 자기 종교를 해설하는 데 유교의 철학적 원리를 표절하여 유·야儒耶(유교·야소교) 합치적 논조로 자기 교리의 빈혈증을 구료救療하는 한편, 불교를 배척하는 태도로 동방 인사의 환심을 사려고 하였다. 그러나 이와 같은 잠상적潛商的 방법도 또한 조·중朝中 인사들의 학문적 조명을 결국 피할 수는 없었다.

우선 중국의 가장 앞선 신교자信敎者며 유명한 학자였던 서광계徐光啓 일파로 말하면, 이마두의 설교를 신봉한 그의 동기와 목적은 천문·수학 등 자연과학을 섭취하려는 데 있었다. 그리고 뒤이어 명말청초의 중국 문인 전겸익錢謙益·담원춘譚元春·고염무顧炎武·장정옥張廷玉 등은 물론 유교적인 주관과 편견이 있음에도 불구하고 기독교리의 허위성을 지적하고 그 근본 원리를 논파하려 하였다.

우리 조선에 천주교를 제일 먼저 소개하였다는 지봉芝峯 이수광李睟光은 《지봉유설》에 유럽 영·불英佛의 지리·풍속·선박·대포 등을 기재하였고, 이마두와 《천주실의》에 대해서는 전기적傳奇的인 의미로 간단히 소개하였을 뿐이다. 다만 교황*이 세습이 아니고 택현擇

---

* 구마라습鳩摩羅什(344~413) : Kumārajīva. 구자국龜玆國 출신 승려로 오호십육국 시대 후진後秦의 장안長安에 들어와 300여 권의 불경을 한역하였다.
  불도징佛圖澄(232~348) : Buddhacinga. 구자국 출신 승려로 오호십육국 시대 서진西晉의 낙양洛陽에 와서 후조後趙의 건립을 돕고 893개의 절을 건립하였다.
* 교황 : 원문에는 '교화황敎化皇(법황法皇)'으로 되어 있다.

賢 제도에 의거한다는 것, 그 풍속이 우의友誼를 존중하며 사재私財를 축적하지 않는다는 것 등에는(물론 과장된 전문傳聞이었다) 호감을 표시하였다.

그 뒤에 이광정李光庭·정두원鄭斗源·유흥발劉興發·김육金堉 등이 계속 서양문물의 수입과 모방에 노력하였으나 모두 도서·기물·역법에 제한되었으며, 소현세자昭顯世子의 탕약망과의 교제, 최석정崔錫鼎의 <서양건상곤여도이병총서西洋乾象坤輿圖二屛總序>도 서양인의 과학적 제품에 흥미를 가졌던 것이다. 김만중金萬重의 《서포만필西浦漫筆》에도 서양인의 지구설에 동의하였을 뿐이며, 이이명李頤命은 서양교사 소림蘇霖과 대진현戴進賢에게 준 서한에 주로 천문 역법을 문의하였고, 이마두·애유략의 저서에 대해서는 유가 학설과 합치된 점에 찬동한 다음 천당보응설天堂報應說의 미망을 지적하였다.

천주교리에 대하여 구체적으로 전개한 비판은 성호로부터 개시되었다. 성호는 《사설》* 가운데에 서양의 지구설·지도·역법·화법·의학·생리학·수학·화기火器 기타 의기儀器 등 과학적 산물에 대하여 만폭적滿幅的인 찬의贊意를 표하였으나, 서양교사들의 교리설에 관해서는 심각한 분석을 해 주었다. 그는 그들이 말한바 천주가 유가의 상제와 동일한 의미란 것을 승인하고, 《칠극》의 수양론에 대해서는 유학의 장점을 섭취한 것과 옥석이 혼잡된 점들을 지적하며, 끝으로 천당보응의 미신을 교리의 기초로 삼고 있는 천주교가 불교의 윤회설을 배척하는 것은 결국 무의미한 것인 동시에 동일한 환망에 귀착된 것이라고 명백히 논파하였다. 이와 같은 성호의 비

---

* 사설:《성호사설유선》을 가리키는데, 이능화의 《조선기독교급외교사·상편》 pp9~22을 참조한 것이다. 당시 북한에서 《성호사설》은 구해 볼 수 없었다.

판은 그 후 발전한 실학파 서학론의 기준이 되었다.

그 후 서양학에 제일 많이 흥미를 가졌던 학자는 담헌 홍대용이었다. 그의 《연행록》은 다만 서양의 과학 기예를 논술하였고, 그 종교에 대해서는 문제로 삼지도 않았다.

그 후 홍양호洪良浩*는 청조 예부상서禮部尙書 기윤紀昀(자는 효람曉嵐)과 왕복하는 서한 중에 서학을 논의하였는데, 다소 유교의 보수적 편견이 있었다. 어쨌든 그는 서양의 천문·지리·공예 등 기술 과학에 대해서는 찬의를 표하였으나, 그 교리에 대해서는 역시 상도常道에 어그러진 것으로 지적하였다. 그리고 기윤의 답서도 홍양호의 의견을 승인하였을 뿐이고, 부모의 신주神主와 조종祖宗의 제사를 철폐하는 것을 서교 선포에 제일 장애물이라고 단언하였다.[10]

그다음 《열하일기》 중 북경 천주당 기사와 <곡정필담鵠汀筆談>*에서 연암은 그 학술이 천루淺陋하고 허탄虛誕과 과장이 많아서 사람을 속이고 중국을 유혹하는 것을 지적하였으며, 불교를 원수처럼 공격하는 그 자신이 도리어 불교의 천당지옥설을 독신篤信하는 것을 조소하였다. 다만 그 기술 제작 등의 교묘만은 담헌과 함께 칭찬하였다. 연암의 서학 논평에 대하여 청인淸人 곡정鵠汀도 십분 승인한 다음, 야소교도가 중국에 와서 중국의 문헌을 배우고 상제上帝·주재主宰 등 술어로써 유교에 영합하려 한 것과, 중국인의 척불斥佛을 본받아 그들도 불교를 공격하나 불설佛說의 고묘高妙한 점

---

* 홍양호洪良浩(1724~1802) : 자는 한사漢師, 호는 이계耳溪. 두 차례 연경을 다녀오면서 고증학을 수용·보급하는 데 기여하였고 대제학을 지냈다.
* 곡정필담鵠汀筆談 : 곡정은 왕민호王民皞의 호. 원문에 <鵠亭問答>으로 되어 있는데, 상편 제5장에는 <鵠汀問答>으로 되어 있다. 鵠汀을 鵠亭으로 적은 사례는 다산의 《소학지언小學枝言》 <가언嘉言>에도 보인다. 왕민호는 p252 볼 것.

에 비교하면 야소교리는 한갓 불교의 찌꺼기에 불과한 것을 지적하였다.

이상 일련의 조선 인사들이 서학에 대하여 자기들의 취사선택의 관점을 훌륭히 표명하였으나, 대개 과학과 교리를 확연히 구분하지 못하였다. 그리하여 그들은 과학과 기술을 천주교의 구성 부분 혹은 그 본령으로 인정하였다(왕곡정). 과학과 종교를 별개물로서, 오히려 상반되는 것으로서 분명히 인식하게 된 것은 이가환·정약용 일파에 이르러서 비로소 가능하였던 것이다.

4. 가톨릭교회의 '의례금지령儀禮禁止令', '사학邪學' 취체의 강화, 실학파-정다산 일파의 배교 표명과 '내수외학內修外學'의 의의

"종교적 편견은 과학을 반대하여 나간다. 왜냐하면 일체 종교는 과학과 대립되기 때문이다"(스탈린). 코페르니쿠스의 지동설과 케플러의 지구자전설이 프톨레마이오스의 구설舊說을 부정하고 구약성서의 천동설 및 지구중심설을 일축하여 성서의 권위를 타격하였으므로 교회는 갖은 박해를 그들에게 더하였다. 그러나 교회의 전도사들은 동방에 와서 노대老大한 동방 문화의 환심을 끌기 위하여 할 수 없이 자기 적대자의 의상을 자기들의 몸집에 어울리지 않는 체재體裁로나마 걸쳐 입고 전도사로서가 아니라 먼저 천문학자로서 출현하였다. 따라서 천주교는 한 개의 학술적 간판을 내걸었던 것이다.

그리하여 우리나라에도 초기에는 천주교리가 '개물성무開物成務'

를 위한 일종의 학리로 인정되어 일반이 천주교라고 하지 않고 천주학이라고 불렀으며, 정부와 관학이 연속적으로 발표한 금교령과 토사문討邪文들에도 사교邪敎라는 대신에 '사학邪學'이라고 규정하였다.

원래 학계는 서민을 제외하였으므로 그들의 배우는 바가 사학이든 아니든 대개 불문에 부쳤다. 그렇기 때문에 숙종 12년(1686)에 천주학이 크게 성행하니, 조정에서는 이국인이 와서 있는 자를 잡아 보낼 것을 논의하였을 뿐이다. 영조 34년(1758)경에 천주학이 황해도로부터 강원도까지 뻗어서 크게 성행하여 사당을 헐고 제사를 폐지한 자가 많았다. 영조는 이를 우민愚民이 무지한 데서 나온 행동이라고 인정하고 자기자멸自起自滅에 맡기었다가 연신筵臣*의 주청奏請에 의하여 어사를 보내어 주창자를 징치懲治하려 하니, 대신大臣 이종성李宗城과 중신重臣 이익보李益輔는 사건의 침소봉대를 염려하여 어사 파송을 중지할 것을 극력 주장하고 다만 도백道伯(관찰사)에게 그것을 금지하도록 하였다.* 이와 같이 거의 방임 상태에 있던 천주학이 정조 시대에 와서 양반 지식층에 주입되자, 돌연히 정계와 학계의 중대 문제로 전화되었다.

그러나 정조 초년에는 천주학을 불교나 도교와 마찬가지로 보았고, 또 천주학자를 이단을 연구하는 사람으로도 간주하였다. 유교는 일종의 조상 숭배의 종교이므로 조상의 신주를 없애고 제사를 폐지하는 것은 물론 괴변으로 알고 금지하였지만, 이런 행동이 없는 한에는 그 서적을 읽고 교리를 논의 혹은 선전하는 것쯤은

---

* 연신筵臣 : 국왕의 경연經筵에 참가하는 문신.
* 영조 34년~하였다 : 《정조실록》15년(1791) 11월 6일 기사 참조.

정조 9년(1785) 형조의 서학 안치按治 사건*이 발생하기 전까지 아직 물의에 오르지 않았다. 그리하여 신진인사와 박학가들은 가내에서 혹은 산사에서 혹은 강정江亭에서 혹은 태학에서, 혹은 국왕 앞에서 무난히 서로 문답 토론하였던 것이다.

그 실례로서 권철신의 주어사 연구회*와 이벽의 수표교 설교장을 들 수 있다. 또 정조 19년 을묘(1795)에 언관言官 박장설(소북)이 남인 홍당洪黨 목만중의 사촉을 받고 이가환의 서학을 탄핵한 데 대하여, 정조는 청몽기설淸蒙氣說*과 사행설四行說*이 사설邪說이 아니라고 말하여 이가환과 정약전을 변호하고, 또 다음과 같이 전교傳敎하였다.

서양 서적이 동국東國에 나온 지가 이미 수백 년이나 되어 사고史庫와 옥당玉堂(홍문관)에 간직된 것이 수십 편에 그치지 않았으므로 몇 해 전에 특별히 거둬들이라 명하였으니,* 중국에서

* 정조 9년 형조의 서학 안치按治 사건 : 이른바 을사추조적발사건乙巳秋曹摘發事件을 가리킨다. p351 각주 볼 것.
* 주어사 연구회 : 이를 천주학의 문답 토론의 예로 든 것은 천주교측 자료를 활용한 것이다. 전서에 의하면 주어사 강학회는 유학 연구 모임이었다. p351 각주 볼 것.
* 청몽기설淸蒙氣說 : 청몽기는 지구를 둘러싸고 있는 공기, 즉 대기를 의미한다. 이가환은 <천문대책天文對策>에 《역상고성曆象考成》(천문역법에 관한 서학서)의 청몽기설을 인용한 적이 있는데, 박장설은 이를 불경不經한 말이라고 이단시하였다. <정헌묘지명貞軒墓誌銘>; 《정조실록》 19년(1795) 7월 7일 기사; 정선용 역, 《금대전책錦帶殿策》, 국립중앙도서관, 2011, p51 참조.
* 사행설四行說 : 사행은 '수水·화火·토土·기氣'로 서학의 4원소 영향을 받은 것이다. 박장설은 "정약전이 책문 답안에 서양인의 설에 입각해서 오행을 바꿔 사행이라 하였는데, 이가환이 도리어 그를 장원으로 뽑았다"고 상소 논박하였다. 위의 책 참조.
* 거둬들이라 명하였으니 : 원문에는 '수취收取하라고 명령하였으니'로 되어 있으나, 책을 소각하기 위해서 거둬들이는 것이므로 이와 같이 편자가 고쳤다. 자세한 것은 pp411~420 미주 11 볼 것.

사온 것이 지금 처음 있는 일이 아님을 이로써 알 수 있다. 옛 재상 충문공忠文公 이이명李頤命의 문집에도 그는 서양인(소림蘇霖·대진현戴進賢)과 왕래하면서* 그 법서法書를 청구하여 읽고 나서 말하기를, "상제를 공경하고 본성을 회복한다는 것은 본래 우리 유도儒道와 다름이 없으니, 황로黃老*의 청정淸淨이나 불교의 적멸寂滅과 더불어 한자리에 두고 평가할 수 없다. 그러나 도리어 불법과 비슷하게 보응론을 취택하고 있으니, 이것으로 천하를 변환하기는 어려울 것이다"고 하였다. 이와 같은 옛 재상의 말은 다만 그 이면만을 자세히 변론한 것이고 순연히 공격한 사람도 있었으니 고故 찰방察訪 이서李漵*의 시에,

> 오랑캐가 이학異學을 전하니　夷人傳異學
> 도덕을 도적질할까 두려우이　恐爲道德寇

라고까지 하였다. 대체로 근일 이전에 박식하고 고견이 있는 인사는 서교에 대하여 일찍이 논평하지 않은 것은 아니었는데, 그 논법이 준엄하든 온순하든 그때에는 아무런 필요가 없었다. 그러나 지금은 정학正學이 밝지 못하기 때문에 그 폐해가 사설邪說보다 더 심하고 맹수보다 더 못쓰니,* 오늘날 이 폐해를 없

---

* 왕래하면서 : 원문에 '편지 거래를 하면서'로 되어 있는데, '(사람이) 왕래하면서'로 옮기는 것이 맞다. 자세한 것은 p416 미주 11 볼 것.
* 황로黃老 : 황제와 노자의 병칭으로 도교를 가리킨다.
* 이서李漵(1662~1723) : 자는 징지澄之, 호는 옥동玉洞. 이익의 셋째 형이자 이가환의 종조부로 서예에 뛰어났다. 기린도麒麟道 찰방에 제수되었으나 나아가지 않았다. 자세한 것은 p421 미주 12 볼 것.
* 못쓰니 : 원문에는 '몹쓰니'로 되어 있다.

애는 방도는 더욱 정학을 밝히는 것이 제일 마땅하며, 또 세상 사람들에게 선을 표창하고 악을 나무라는 정책을 행하여야 성과를 볼 수 있을 것이다. 형벌은 풍속을 바로잡는 데도 효력이 없거늘 하물며 사학에 대해서랴?[11]

이때로 말하면, 이른바 서인 벽파(정조 부자를 모해하던 노론 일파)와 남인 홍당(채당蔡黨을 질시하는 홍의호 일파)이 이가환·이승훈 및 정약용 형제를 천주학당으로 몰아 정계에서 구축하여 채당을 파괴하고, 따라서 정조의 우익羽翼을 제거하기 위한 책동이 활발한 시기였으며, 박장설의 이가환 탄핵서는 그 전술의 하나였다. 이 음험한 이면을 통찰한 정조는 크게 분노하였으나 세력 관계상 어찌할 수 없으므로 물의를 진정시키는 방법을 취하여 이가환을 충주 목사로, 정약용을 금정 찰방으로 좌천시키고 이승훈을 예산에 유배함으로써, 반대당의 예봉을 일시 회피하게 하고 박장설을 원지遠地 유배에 처하였으니, 이것이 이른바 '을묘처분乙卯處分'이었다. 이 처분과 함께 위의 전교문傳敎文을 내렸는데, 문구 중에 미묘한 악센트를 내포하였다. 즉 이이명의 사적事績을 들어서 서인 노론의 입을 봉하고, 이서李溆[12]의 시구를 인용하여 이가환의 입장을 간접적으로 변명하였으며, 또 사교 취체의 방법을 지시하여 신앙과 학술의 자유를 허용하였다. 천주교회의 사료를 보면 그 당시 외인 전교사들도 정조를 영명관인英明寬仁한 군주로 인정하고 그의 관대한 종교 정책을 찬양하였다.

원래 재고박람才高博覽한 정조는 그 자신이 평일부터 내각 장서 중에서 서양 서적을 탐독하고 상당히 흥미를 느꼈다. 그 자신뿐만 아니라 내각 장서의 열람의 특전을 가졌던 다산과도 그것을 같이 보고 연구 토론한 적이 있었다. 그 예증으로서 다산이 어느 때 부父 자의 '시생기始生己' 해석과 나닉那搦(노아) 상주箱舟(방주)의 인용으로 그 출전에 대한 추궁을 받고서, 이는 국왕의 특강 시 서서西書 중에서 보았다고 답변한 사실이 있었다.* 그러므로 당시 반대당-보수주의자들의 공세가 없었다면, 서서 연구와 서교 신앙은 큰 문제가 되지 않고 오히려 자유 상태에 있었을 터이다.

그리고 다산의 〈선중씨묘지명先仲氏墓誌銘〉에 의하면, 정약전은 일찍이 이벽으로부터 역법·수리의 학을 청강하고 《기하원본》을 심오하게 연구하였으며, 신교新敎의 설명을 듣고 기뻐하였으나 자신이 교회에 종사한 일은 없었다 하였고, 또 동지同誌의 한화조閑話條에 "갑진년 4월 15일(정조 8, 1784, 이승훈이 연경에서 돌아온 직후) 이미 큰형수(이벽의 누나)의 기제忌祭를 지내고 우리 형제가 이덕조李德操(이벽의 자字)와 함께 배를 타고 내려가면서, 배 안에서 천지조화의 창시創始와 형신사생形神死生의 이치를 듣고는 멍하니 놀라고 의아스러워 마치 은하수가 한량없는 것과 같았다. 서울에 가서 또 덕조에게 《천주실의》와 《칠극》 등 몇 권을 보고 비로소 흔연히 경모傾慕하였으나, 이때에는 제사를 폐지한다는 말은 듣지 못하였다. 그러다가 신해년(정조 15, 1791) 겨울부터 국가 금령이 더욱 엄하여 한계가 드디어 구별되었다"[13]고 하였다. 이를 보면 다산 형제가 처음에는 서학 관계를 하나의 학리 연구로 자인하였던 것은 물론

---

* 그 예증으로서~있었다 : 이능화의 《조선기독교급외교사·상편》 p105를 참조한 것이다. 〈정헌묘지명〉을 보면, "《어정규장전운御定奎章全韻》에 부父의 훈은 '처음 자기를 생겨나게 한 분'이라 하였다(御定奎章全韻 … 訓父曰始生己)"고 나오는데, 이는 《석명釋名》에 근거한 것이다.

이요, 더욱이 그들의 초기에는 사당을 헐고 제사를 폐지하는 교회 의식이 여행勵行되지 않았기 때문에 신자와 비신자의 구별이 아직 사회적으로 판이하게 나타나지 않았던 것이다.

상기한 형조刑曹 검거가 있었고 또 이벽이 사거한 후에 교회의 부흥을 위하여 북경 교회의 조직을 본받아 권일신은 사교司敎(주교)로 이승훈·이단원李端源·류항검柳恒儉·최창현崔昌賢(토사문討邪文에는 崔昌顯으로 씌어 있음) 기타 몇 명을 사교로 선정하고 설교를 개시하며 세례·고백·견진堅振·성제聖祭 등 의식을 실행하였다. 그리고 정조 14년(1790) 청조 건륭 황제의 80세 축하례에 가는 조선의 특사를 기회로 세례 지원자* 윤유일尹有一(권철신의 문하생)은 상인으로 변장하고 북경 매물 담당자 우모禹某와 함께 사절을 따라 북경 교회에 가서 이승훈·권일신의 명의로 선교사 파송을 청구한 동시에 조상 제사의 가부를 문의한 결과, 그 교회는 선교사를 장차 파송할 것을 약속하고 조상 제사는 미신이므로 절대로 행할 수 없다는 회답을 주며 기타 비적祕蹟*과 포도주 제법을 주어 돌려보냈다. 이로부터 조선의 교회도 제사 폐지를 여행勵行하는 동시에 신자와 비신자의 구분이 금을 그은 듯이 나타났다. 따라서 조상 종교-유교의 쇠망치는 도덕 관습 및 국법의 '신성한' 위엄을 발동하게 되었던 것이다.

그리하여 금후부터는 명실名實이 일치하게 신자의 생활을 하려면 조상 제사를 폐지해야만 될 것이고, 이렇게 하려면 사회적 교제로부터 격리될 것과 '사교도邪敎徒'로서 혹독한 박해를 각오해야 할

---

* 세례 지원자 : 윤유일은 1789년, 1790년, 1793년 세 번 북경 교회에 밀파되었는데, 1차 방문 때 세례를 이미 받았으므로 이는 착오이다. 《한국천주교회사(상)》 p327.
* 비적祕蹟 : 성작聖爵·미사경본經本·성석聖石·제의祭衣 따위를 가리킨다.

것이었다. 본래 독신자篤信者가 아니었을뿐더러 기독 교리를 위하여 희생할 이유를 인정하지 않은 정약용·이가환 일파는, 드디어 교회와 일체 관계를 끊고 자기 삼형 약종 및 인친姻親(사돈)의 독신자들과의 교제까지도 삼가며 필요에 따라 신자 아닌 태도를 표명하였다. 다산이 가장 존경하던 녹암 권철신이 〈우제의虞祭義〉 1편을 지어서 제사의 의의가 미신에 있지 않다는 것을 설명한 한편 자기의 비신자적 입장을 표명한 것도 바로 이 시기의 일이었다.

그러나 이때 천주교 신자로서의 제사 폐지가 돌연히 여행되어 일대 문제로 등장한 것은 조선 교회에 국한되지 않고 일종의 국제적 현상으로 파급되었다. 제사 존폐 문제는 기독교-가톨릭교회에서 중국의 유교를 둘러싸고 오랫동안 논쟁하던 이른바 '의례儀禮 문제'였다. 위의 야소회사耶蘇會士 이마두는 명조 말년에 중국에 와서 포교의 전제적 공작으로서 유교-공자교의 경전들을 연구하여 그 신에 대한 개념이 기독교 그것과 일치한 것으로 인정하였으며, 따라서 중국인은 태고 시대부터 우주에 영靈이 있는 것을 인식하고 제사하였다고 단정하였다.

이마두의 의견에 의하면, 중국에는 기독교의 '천天', '상제上帝', '천주天主'의 의미에 해당하는 3개 어가 그대로 사용되고 있는데, 공자의 '천'은 기독교의 Deus*와 같은 어의를 가지고 있으며, '상제', '천주' 2개 어도 그 내용이 또한 Deus와 일치한다. 그래서 그는 특히 '천주'를 교회의 용어로 선택하자고 제의하였던바, 로마 교황

---

* Deus : 라틴어로 '신, 하느님'이라는 뜻인데, 원문에는 프랑스어 Dieu로 되어 있다. 마테오 리치는 1583년 처음 'Deus'를 '천주'로 번역 사용하였다고 한다.

청에서도 이 '천주'라는 한어漢語가 보쉬에* 장로의 이른바 "천에서 지배하는 것이라"는 신의 어의와 합치하는 것으로 인정하여 이를 허가하였다.

이와 같은 견지에서 이마두는 공자교를 우상 숭배교로 또 그 교리를 무신론으로 보지 않고, 기독교에 입교한 중국인으로서 공자교 혹은 조선교祖先教*의 의례를 지속하더라도 그것은 불문에 부쳤다. 이는 그가 중국에서 전도의 효과를 거두려면 먼저 유학자, 즉 정계와 학계의 요인들을 입교시키는 것이 가장 득책得策이란 것을 알았던 까닭이다. 이와 반대로 만일 조상 제사와 기타 제사의 의례를 금지한다면 기독교의 관리와 학장들은 국가적 혹은 사회적 제식祭式에 참가하여 그 직무를 실행할 수 없게 될 것이므로 관료층은 입교하기를 기피할 것이었다.

그리하여 이마두가 통솔한 야소회의 전도사들은 그의 주장을 좇아서 중국인 입교자들에게 관습적인 의례를 묵인하였으며, 따라서 전도 상황도 발전되고 있었다. 이 시기에《천주실의》,《칠극》등 그들의 저서나 우리나라 이수광·이이명·이익·박지원과 같은 선배들의 논평에도 제사 금지설은 언급되지 않았고, 조선에 먼저 수입된 교파도 역시 야소회파였으므로 제사 문제는 신도의 필수적인 문제로 반영되지 않았다. 이와 같은 타성惰性은 다산의 초년까지 계속되었던 것이다.[14]

그러면 이 제사 폐지 문제가 어찌하여 다산의 중년기의 조선 천주교회에서 일대 파란을 일으켰던가?

---

* 보쉬에Jacques-Bénigne Bossuet(1627~1704) : 프랑스 신학자.
* 조선교祖先教 : 조상의 신령 숭배를 근본으로 삼는 종교.

위의 이마두 다음으로 중국 전도회장에 임명되었던 니콜로 롱고바르디*는 유교와 의례에 대하여 의문을 일으켰다. 그의 견해에 의하면 유교 교리는 유신론이 아니고 유물론이며 무신론이다. 그들의 이른바 '천', '상제'는 창천蒼天 즉 우주 만물에 퍼져 있는 자연력 이외의 힘을 인정하지 않은 것이다. 공자와 그의 학파의 교리로 보면 영혼은 희박한 공기와 같은 존재이며, 또 그들이 생각하는 '영혼 불멸'설은 인도 철학자로부터 전래한 일종의 윤회설에 지나지 않는다. 그렇기 때문에 공자교에 기초한 중국인의 의례를 기독교도에게 묵허默許하는 것은 우상교의 신봉을 묵인하는 것으로 된다. 또 '천'과 '상제'의 어의는 창천을 의미한 것인즉 이런 용어도 사용할 수 없다.─이와 같이 야소회사들 사이에 의견 분열이 생겨서 이른바 '의례 문제'라는 논쟁이 발생하게 되었다.

그리고 야소회파보다 약 50년 늦게 중국에 건너온 도미니코·프란치스코 양파의 전도사들은, 중국인 의례 문제에 대하여 또한 이마두의 견해와 달리하여 공자제孔子祭와 조선제祖先祭를 완전히 우상적 의의로 인정하고 중국인 입교자에게 이 의례를 묵허할 수 없다고 하였다. 요컨대 이 양파 전도사들은 자기들이 정통적 신앙자라는 자부심과 다년간 종파적 감정으로부터 야소회파가 중국에서 포교에 성공한 것을 질시하여 이와 같은 적대적 행동을 감행하였던 것이다.

이들의 논조에 의하면 첫째로 야소회사들은 공자제를 일종의 시정市井의 연중행사라고 주장하나, 사실상 그것이 분명한 종교상

---

* 니콜로 롱고바르디Nicolò Longobardi(1559~1654) : 이탈리아 신부로 제2대 중국 전도회장.

의 제사며 공자의 신묘神廟는 결코 학자들의 집회소가 아니고 공자를 신으로서 숭배하는 제장祭場이다. 중국인은 여기에 제단을 설치하고 희생을 바치며 제단 위에는 공자의 위패를 안치하고 '대성지성선사공자지영위大成至聖先師孔子之靈位' 혹은 '공부자지영위孔夫子之靈位'라고 써서 모시었으니, 그 종교적 의의를 결코 부정할 수 없다. 둘째로 조선제의 의례에 대해서도 이마두가 공자제의 의례에 대한 것과 거의 동일한 해석을 하고 있으나, 중국인의 조선제는 로마의 영혼제에 해당하는 것이다. 교회가 저 영혼제를 금지하고 있는 이상 이 조선제도 엄금하지 않으면 안 될 것이다. 특히 그들의 조선들은 진정한 신앙을 모르고 악덕으로 충만한 생활을 하였는데, 이들의 영위 앞에서 점등분향點燈焚香하고 주육酒肉을 바치며 기도문을 읽는 것은 아무런 가치도 없는 것이다. 셋째로 중국인이 '천'을 부르는 경우에 진정한 신, 즉 우주의 지배자에게 호소하는 것이 아니라 천상에 있는 지정指定한 신에게 호소하는 것이다. 이는 옛날 로마의 이교도가 Cælum*이란 말로 주피터를 불렀던 것과 동일하다. 또 중국인의 '천', '상제'란 말은 천지를 활동시키는 영을 의미하며, 산천에도 영이 존재한다고 믿고 있다. 그렇기 때문에 '천'이란 것도 '창천'의 의의가 다량으로 포함되어 있다.

이와 같이 의례 문제의 논쟁은 북경과 파리를 중심으로 하여 동서 종교계의 분쟁을 일으켰다. 이 분쟁은 많은 신학자의 출동과 철학자의 참가와 여러 번 번복된 교황의 재가와 청제淸帝의 견책 및 조정책을 거쳐서도 미해결 그대로 끌다가, 결국 교황 베네딕트

---

* Cælum : 라틴어로 '하늘'의 뜻. 원문에는 프랑스어 Ciel로 되어 있다.

14세의 1742년 7월 11일부의 교령敎令에 의하여 거의 1세기를 끌던 문제가 종결되었다. 즉 중국에서 조선교와 공자교의 의례를 전부 우상교의 의례로 간주하고 어떠한 종파에 속한 선교사일지라도 중국인의 신도에 대해서는 중국 의례의 준수를 엄금할 것과 신을 부르는 데는 다만 '천주'만을 사용할 것을 엄명하였다.

이상의 경로를 밟은 이른바 의례 금령이 중국을 통하여 거의 반세기 뒤에 조선의 천주교회에까지 파급되어 1791년(정조 15, 신해) 호남 진산珍山* 사인士人 윤지충尹持忠·권상연權尙然이 신주를 불사르고 제사를 폐지한 사건으로 발로되었으며, 따라서 조선의 통치 계급은 천주학을 '사학'으로 개칭하고 천주교도를 배조패론背祖悖論의 역도逆徒로 박해하기 시작하였다. 다산 일파가 교회와의 관계를 끊고 배교의 태도를 선명히 한 것도 이와 같은 전환적 사태와 관련된 것이었다.

요컨대 공자교-유교는 동양 봉건주의적 윤리 관념을 체계화한 것으로서 그 실천을 강조한 면에서는 종교가 아니고 하나의 덕교德敎로 인정될 수 있다. 그가 일상적인 윤리를 설교하고 "괴력난신怪力亂神을 말하지 않았다"는 점에서는 무신론자로 오인될 수도 있으나, 그의 세계관은 여전히 범신론적이었으며 그의 철학의 내면에는 물활론적 잔재와 일신교적 형태가 아울러 포함되어 있었다. 상제를 숭배하고 동시에 산천의 영에 제사하는 것은 곧 이를 설명한 것이다. 그의 후계자들의 발전과 노·불 기타 교리들의 접촉에 의하여 유교의 신은 이신론적理神論的 형태를 띤 적도 있었다(송유의

---

* 진산珍山 : 현 충남 금산군 진산면. 당시에는 전라도 '진산군'이었는데 윤지충 사건을 계기로 5년간 '진산현'으로 강등된 적이 있었다. 원문의 珍島는 오기.

천즉리설天卽理說). 그러나 노대老大한 봉건적 경제 체제에 기초하여 수립 확장되고 있는 히에라르키(위계제)는 필연적으로 복잡다양한 의례에 반영되지 않을 수 없었다. 이는 동방의 장구한 중세기 사회의 문화적 특징으로 되었던 것인지라, 우상 숭배를 배격한다는 간단한 원리로는 이를 극복할 수 없었다.

기독교의 Deus가 그 아무리 세계적 일신一神의 지위를 자부하고 또 '천주'로 개명하여 중국을 덮치고 조선의 사상계까지 넘보았으나 지상의 군주를 굴복시키지 못하는 한, 천상의 군주는 무력한 것이다. 이미 묵과하여 오던 의례 문제를 그들이 돌연 문제로 삼는 것은 무엇을 의미하였던가? 그것은 바로 동방의 물질적 세력이 서방의 물질적 세력 앞에 용이하게 회유되지 않을뿐더러 도리어 반발하는 그 기세에 대응하는 침략적인 자태였다. 동서 교리의 이와 같은 충돌은 장래할 정치적 및 군사적 충돌을 예언한 것이었다.

그 당시 우리 조선에서도 이 의례 문제를 계기로 하여 정약용·이가환 일파가 종교와 과학을 혼동할 수 없다고 강조하며 배교를 성명하고 교회와 단연히 결별하였다는 사실은 또한 무엇을 반영한 것이었던가? 여기에서는 단순히 그들의 배타적이며 피화적避禍的인 행동으로만 규정할 수 없는 것이다. 다산은 이와 같은 시련의 과정에서 공예와 기술은 외국으로부터 배워야 하지만, 도덕과 의리는 자주적으로 닦아야 한다고 주장하였다. 이는 그의 이른바 서학에 대한 자기의 비판적 태도를 표명한 것이고, 이 사상을 계승한 '내수외학內修外學'의 표어는 뒷날 민족의 자주 발전을 위한 개화운동에서 커다란 의의를 부여하였다.

1. F.V.콘스탄티노프 외,《역사적 유물론》제14장 6절 〈종교의 기원〉.

2. 위와 같음.

3. "나는 그 뒤에 여러 나라를 여행하면서 우리와 전혀 다른 감정을 지닌 인간이 존재하고 있음을 알았다. 이런 사람들이 야만인은 아니고 미개인도 아니란 것을 깨달았고, 그 사람들이 약간은 우리들과 같은 정도로, 또 우리들 이상으로 이성을 운용하고 있다는 것을 인정하였다."(데카르트,《방법서설Discours de la méthode》II de partie, Leyde, 1637)

   "어림컨대 페르시아인이나 중국인 가운데도 프랑스인에 못지않은 현자가 존재할 것이다. 그런데 나는 프랑스의 현자를 본받는 것이 가장 유익하다고 생각한다."(같은 책, III de partie)

4. "나는 곤봉으로 때리지 않으면 아무것도 실행할 수 없는 국민의 명예심이 무엇인지를 이해하기 곤란하다."(몽테스키외,《법의 정신》, 〈지나 황제〉)

5. "만일 어떤 연대사로서 확실성이 있다고 한다면 그것은 중국의 정사正史다. 내가 다른 곳*에서 이미 그리 말한 것처럼 지나의 정사는 천지의 역사와 결합한 것이다. 모든 국민 중 오직 지나 국민만이 일식과 행성의 합삭合朔에 의거하여 항상 그들의 시대를 기록하였다. 프랑스 천문학자는 지나인의 계산을 검토하고 거의 모두 정확한 것에 경탄하였다. 다른 국민들이 신화나 전설을 짓고 있는 시대에 지나인은 붓과 천문관측기를 잡고 극히 분명하게 역사를 기록하였다. 그 간명한 필법은 아시아의 여타 국민 중에서는 유례를 찾아볼 수 없다."(Voltaire, Essai sur les mœurs, Introduction XVIII De La Chine)

   * 다른 곳 :《여러 국민의 풍속과 정신론Essai sur les mœurs et l'esprit des nations》1장을 가리킨다. 위의 인용문은 이 책의 서문 18장 〈지나De La Chine〉론에 나오는데, 원문은 다음과 같다.

   Si quelques annales portent un caractère de certitude, ce sont celles des Chinois, qui ont joint, comme on l'a déjà dit ailleurs, l'histoire du ciel à celle de la terre. Seuls de tous les peuples, ils ont constamment marqué leurs époques par des éclipses, par les conjonctions des planètes; et nos astronomes, qui ont examiné leurs calculs, ont été étonnés de les trouver presque tous véritables. Les autres nations inventèrent des fables allégoriques; et les Chinois écrivirent leur histoire, la plume et l'astrolabe à la main, avec une simplicité dont on ne trouve point d'exemple dans le reste de l'Asie.

6. Voltaire, Essai sur les mœurs, Chapitre II De la religion de la Chine (지나의 종교).

7. "그러나 중국인을 지배하지 않은 악덕은 하나도 없고, 중국인이 알지 못한 죄악은 하나도 없다. 만일 이 대국이 재상의 현명, 이른바 국법의 우수와 인구의 번성을 가지고도 무지몽매한 달단韃靼(타타르)인의 지배로부터 국가를 보장할 수 없었다고 하면 이들 석학은 대체 무슨 쓸모가 있었는가? 중국 제국은 현자를 존중하여 마지않았으나, 그 존경으로부터 어떠한 결과를 가져왔던가? 노예와 악인으로써 성립한 국민으로 된 것이 그 결과였을까?"(Rousseau, 《Discours sur les sciences et les arts》)

8. "중국의 성현 공자의 교教만을 예외로 하지 않으면 안 된다. 인간을 다스리는 데는 '미신'이 필요하다고 믿는 사람들의 어둠을 계발하는 데는 이 실례만으로 충분하다. 공자교 가운데는 기적도 영감도 영험도 없다. 그러나 중국의 국민만큼 잘 다스려지는 데는 이 지상에 존재하지 않는다."
(Diderot, 《Le prosélyte répondant par lui-même》)

9. Quesnay, Despotisme de la Chine, Avant-propos, "(Je me suis aperçu, au contraire, par les relations de la Chine,) que sa constitution est fondée sur des lois sages et irrévocables, que l'empereur fait observer, et qu'il observe lui-même exactement : on en pourra juger par la simple compilation de ces relations mêmes qu'on va donner ici sous ce point de vue."

10.《耳溪集》卷15, 書, 與紀尙書書, "別幅, "泰西之人 萬曆末 始通中國 步天之法 最爲精密 故置諸欽天監 至今用之 … 而惟其測象儀器 極精且巧 殆

非人工所及 可謂技藝之幾於神者也 … 雖然 吾儒之五常四德 乃天地之常

經 萬世不易之大道 無古今無內外 彼雖有神奇宏濶之說 非先王之法言也";

附答書, "誰肯毀父母之神主 絶祖宗之祭祀 以天主爲父母祖宗哉 此是彼法

第一義 卽是彼法第一礙"

*《조선기독교급외교사·상편》pp30~1에 해당.

11. 《全書》I-15, 貞軒墓誌銘, "(又傳曰) 西洋之書 出於東國者 爲數百餘年

史庫玉堂之舊藏 亦皆有之 不啻幾十編帙 **年前特命收取** 購來之非今斯今

卽此可知 故相忠文公**李頤命**文集 亦有與西洋人蘇霖戴 往復求見其法書 其

言以爲對越復性初 似與吾儒無異 不可與黃老之淸淨 瞿曇之寂滅 同日而論

然髣髴牟尼之**法** 反取報應之論 以此易天下則難矣 故相之言 可謂詳辨其裏

面 亦或純然攻斥者有之 故察訪李溆詩**至謂** 夷人傳異學 恐爲道德寇 大抵

近日以前 博雅之士 未嘗不立言評隲 而其緩其峻 無足有無於其時 今也正

學不明也 故其爲弊害 甚於邪說 浮於猛獸 爲今日捄弊之道 莫過於益明正

學 且就世人 叫行彰善癉惡之政 然後庶可責其功 刑戮之於矯俗 末也 況**邪**

學乎"

1) 위는 《여유당전서》의 〈정헌묘지명〉으로 정조의 전교문을 인용한 부분
이다. 최익한과 국내 번역본 모두 오류가 있으므로 먼저 원문을 자세히
검토하고자 한다. 정조의 전교는 《승정원일기承政院日記》, 《정조실록》,
《일성록日省錄》, 《홍재전서弘齋全書》에 실려 있고, 《벽위편闢衛編》, 《오주
연문장전산고五洲衍文長箋散稿》, 《사암선생연보俟菴先生年譜》에도 인용되
어 있다. 〈정헌묘지명〉과 다른 책들을 비교한 결과, 승정원일기〉정조실록
≒일성록〉홍재전서 순으로 가까우므로 《승정원일기》를 주로 살펴보면서
《정조실록》, 《일성록》, 《홍재전서》를 보조로 활용하고 전교에 인용된 《소
재집》도 아울러 참고하며 《벽위편》, 《오주연문장전산고》, 《사암선생연보》
와 최종적으로 대조하겠다. 편자는 다산이 어떻게 인용문을 개찬 윤문(즉
조작)하는지, 또 그에 따라 왜 오역이 생길 수밖에 없는지를 밝히기 위해
무엇보다 글자의 출입으로 야기되는 내용상 변화에 주목하고자 한다.

그럼, 《승정원일기》 정조 19년(1795) 7월 26일자 전교1)를 보자.

(傳敎曰) 西洋之書 出<u>來</u>於東國者 <u>已</u>爲數百餘年 史庫玉堂之舊藏 亦皆有之 不啻幾十編秩<u>之多</u> 年前特命收取<u>出置</u> <u>卽此可知</u> 購來之非今斯今 <u>而</u>故相忠 文公文集 亦有與西洋人蘇霖戴 往復求見其法書 <u>而</u>其言以爲對越復性初 似 與吾儒無異 不可與黃老之淸淨 瞿曇之寂滅 同日而論 然<u>彷彿牟利之生</u> 反 取報應之論 以此易天下則難矣 <u>云云</u> 故相之言 可謂詳辨其裏面 <u>而</u>亦或純 然攻斥者有之 故察訪李潀詩 <u>則至以爲</u> 夷人傳異學 恐爲道德寇 大抵近日 以前 博雅之士 未嘗不立言評<u>騭</u> 而其緩其竣 無足有無於其時 <u>而</u>今也正學 不明也故 其爲弊害 甚於邪說 浮於猛獸 爲今日救弊之道 莫過於益明正學 且就世人<u>另</u>行彰善癉惡之政 然後庶可責其功 刑戮之於矯俗 末也 況<u>厥</u>學乎

《일기》의 밑줄 친 부분이 〈정헌묘지명〉과 글자 또는 순서가 다르다. 已·而·云云은 생략 가능한 말이고, 騭·另·彷彿牟利는 《정조실록》, 《일성록》, 《홍재전서》 등에도 보이듯이 隲·叨·髣髴牟尼와 통용되는 자이며, 則至以 爲와 至謂는 둘 다 같은 뜻이다. 厥은 〈정헌묘지명〉, 《벽위편》, 《사암선생 연보》에만 邪로 되어 있으므로, 당시 다산이 접한 전교에는 邪로 쓰여 있 었을 것이다. 왜냐하면 《벽위편》은 본디 다산의 정적이자 원수인 이기경이 모은 자료인데, 邪자 한 자만 똑같이 고칠 수는 없기 때문이다.

또 〈정헌묘지명〉에는 來·之多·出置가 빠져 있고, 卽此可知는 위치가 바뀌어 있고, 李頤命은 추가되어 있고, 生은 法으로 되어 있다. 즉 다산은 글자를 첨삭·수정·도치하여 사학을 배척하는 전교의 내용을 정반대로 만 들기도 하고 또 그 배척의 의미를 약화시키기도 한다. 이는 물론 의도적인 것으로 기호 남인의 입장에서 이가환을 변론하며 자신도 변명하는 비문을 위해서는 필수한계적으로 요구된 사항이었는지도 모른다.

① 來가 빠져 '出來於東國(동국에 나왔다)'에서 '出於東國(동국에서 났다)' 로 되었다. 즉 전자는 주어인 서양서[西洋之書]의 외래적 사실을 얼른 상

---

1) 《홍재전서》 권34에는 〈사학을 배척하는 전교斥邪學敎〉라는 제목으로 실려 있다.

기시키는 반면에, 후자는 서양서의 자생적인 의미까지 떠올리도록 되어 있다. 出이 出來의 뜻을 함축하니까 글자 한 자를 삭제함으로써 의미의 초점을 약간 이동시킨 듯하다. 여기에는 나오지 않지만, 전교문 구절 '購來之李承薰'의 來자도 〈정헌묘지명〉에만 빠져 있다.

② 之多가 빠져 '不啻幾十編帙之多(수십 편질이 아닐 정도로 많다)'에서 '不啻幾十編帙(수십 편질 정도가 아니다)'로 되었다. 여기에서 之多는 의미상 반복·강조 역할을 할 수도 있는데, 누락됨으로써 어감이 다소 완화된 것이다.

③ 出置가 빠져 '年前特命收取出置(연전에 특명으로 거둬들여 내다 버리라 하였다)'에서 '年前特命收取(연전에 특명으로 거둬들이라 하였다)'가 되었다. 즉 책을 소각하기 위해서 거둬들인다는 말이, 정반대로 책을 소장하기 위해서 사 모은다는 뜻으로 오해될 수밖에 없는 말로 바뀌어 버린 것이다. 최익한은 '收取'를 풀이하지 않고 그대로 두었는데(그는 이 책 p190에서 분서 사건을 언급하고 있다), 국내 번역본은 모두 후자(즉 소장)의 의미로 잘못 해석하거나 아예 해석 자체에서 제외하여 버렸다.

진산사건珍山事件(1791) 이후 정치적 부담을 느낀 정조는 한유韓愈의 이른바 "그릇된 사람을 사람답게 만들고 그릇된 서적을 불태워 없앤다(人其人 火其書)"는 온건한 정책을 취하여 홍문관에 소장된 서양서는 물론 민간에 퍼진 것까지 소각하도록 지시하였다.[2] 참고로, 정조 15년 12월 강화江華의 외규장각에 소장된 서학 관련서 27종을 소각하였다는 기록이 보인다.[3] 그러므로 위의 '收取'는 실은 '收取出置燒火(거두어 꺼내서 불사르다)'의 의미를 내포하고 있는 것이다.

④ 卽此可知가 도치되어 의미가 바뀌었다. '前特命收取出置 卽此可知 購來之非今斯今(연전에 특명으로 거둬들여 내다 버리라 하였으니 바로 이로

---

2) '人其人 火其書'는 도교나 불교를 이단으로 보고 배척하는 말로, 한유(768~824)의 〈원도原道〉에 나온다. 이를 응용하여 정조가 교화를 우선하는 관대한 사학邪學 정책을 취한 것이다. 《정조실록》15년(1791) 10월 24·25일, 11월 8·12일 참조.

3) 서적 목록은 노대환의 〈정조 시대 서기 수용 논의와 서학 정책〉, 《정조 시대의 사상과 학문》, 돌베개, 1999, p240 주99를 볼 것.

써 알 수 있거니와 사온 것은 어제오늘의 일이 아닐 터이다)'에서 '前特命收取 購來之非今斯今 卽此可知(연전에 특명으로 거둬들이라 하였으니 사온 것은 어제오늘의 일이 아님을 바로 이로써 알 수 있다)'가 되었다. 전자는 서양서가 너무 많아 내다 버린 것(소각)에 초점을 맞추어 그 구매 시기가 처음이 아닐 것이라고 추정하게 한다. 이에 비해, 후자는 어순 도치의 강조를 통하여 서양서의 구매 시기가 처음이 아니란 것을 단정하게 한다. 즉 知의 목적어가 뒤에 오느냐, 앞에 오느냐에 따라 의미가 미묘하게 달라지는 것이다. 또한 후자는 收取와 購來를 연이어 배치함으로써 收取를 '소장'의 의미로 독자에게 확정하고 있다. 따라서 이제 收取購來에서 역사적 사실인—물론 당파적 현실이기도 하지만—'소각'의 의미를 감지하기란 도저히 불가능하게 된 셈이다.

⑤ 李頤命를 추가하여 忠文公이 누구인지 밝히고 있다. 인명을 넣는다는 것은 빼거나 고치는 것보다 훨씬 더 중대한 의미가 있다. 왜냐하면 노론 4대신 중의 한 사람인 李頤命의 이름을 기입함으로써 노론의 핵심 인물이 천주교서를 이미 읽은 사실을 분명히 적시함은 물론, 그것이 죄가 되기는커녕 오히려 문집에까지 전하고 있지 않느냐 하는 사실을 적극 표출하면서 반문하는 효과를 파생시킬 수밖에 없기 때문이다.

⑥ 牟利之生을 牟尼之法으로 고쳤다. 이이명의 편지 <여서양인소림·대진현與西洋人蘇霖戴進賢>4)에 "허나 천주가 내린 것은 모니가 난 것과 비스름하고 지옥설은 도리어 보응론을 취하니 어찌 된 일인고?(然天主之降 彷彿牟尼之生 地獄之說 反取報應之論 何也)" 하였다.

다산은 '生(탄생)'을 '法(불법)'으로 바꾸어 '其法書(천주교서)'에 '牟尼之法'을 대응시킴으로써 사학 배척의 논리를 완화하고 있는 듯하다. 이이명의 글과 달리 정조의 전교에는 天主之降과 地獄之說이 생략되고 牟尼之生 뒤에 報應之論이 바로 이어지므로, 이렇게 生자를 法자로 고쳐야 문맥상으로는 더 적절하게 보인다.

---

4) 李頤命,《疎齋集》卷19, 書牘, 與西洋人蘇霖戴進賢 庚子(1720).

2) 忠文公文集 亦有與西洋人蘇霖戴 往復求見其法書(충문공 문집에 또 서양인 소림·대진현과 왕래하면서 그 법서를 구해 보았다고 하였다) : 1720년 연행 정사正使였던 이이명의 초청으로 남당의 선교사인 소림과 대진현이 숙소인 옥하관에 들렀을 때 천주교서 등을 선물한 적이 있다.[5] 며칠 뒤 이이명도 남당을 방문하였다.

① 忠文公文集 :《홍재전서》에는 '忠文公入燕'으로 되어 있다. 이는 의도적으로 '文集'이라는 출전을 삭제한 것이다.

② 蘇霖戴 : 소림蘇霖과 대진현戴進賢. 소림은 포르투갈 신부 소아르스 José Soares이고, 대진현은 독일 신부 쾨글러Ignatius Kögler이다. 상기한 이이명의 편지와 <연행잡지燕行雜識>[6]에 나온다.

《벽위편》의 <이가환·정약용·이승훈 처분>[7]은 '蘇林戴'로 고쳤는데 이는 의도적인 것이다. 왜냐하면 그 뒤의 '無足有無於其時' 앞에는 '俱'자를 첨가하여 사학 배척의 논리를 더 강화하려고 했기 때문이다.

최익한은 《여유당전서를 독함》에는 '蘇霖戴'를 풀이하지 않고 그대로 두었다.[8] 그러나 《실학파와 정다산》에는 '蘇霖·戴進賢'으로 구분하였으니 이를 그가 《조선기독교급외교사》,《소재집》에서 확인한 것이다.

전교문을 처음 작성한 자는 당연히 蘇霖戴進賢으로 썼으리라 생각한다. 《소재집》을 읽은 사람이 蘇霖戴라고 착각하거나 줄여 쓴다는 것은 있을 수 없는 일이겠기 때문이다. 이는 전교문이 최종 완성되기 전에 모종의 개입이 있었음을 시사한다. 전교가 내린 이후에 蘇霖戴를 蘇林戴라 고치고 忠

---

5) 조융희, <18세기 초 연행록에 나타난 조선인과 서양 선교사의 교유 양상>,《문화 교류의 역사와 현실》3권, 한국학중앙연구원, 2006, pp291~8 참조.

6) 李頤命,《疎齋集》卷11, 雜著, 燕行雜識.

7) 李晚采 編纂,《闢衛編》下編 卷4, 乙巳以後錄, 李家煥丁若鏞李承薰處分(26日), 闢 衛社, 1931, pp8b~10b.

8) 1928년 이능화가 이이명의 <여서양인소림·대진현>을 책에 인용하고, 1931년 정인 보가 《소재집》 해제문을 신문에 발표하면서 소림과 대진현을 언급한 적이 있으나, 당시 최익한은 감옥에 있었으므로 확인하지 못한 듯하다.《조선기독교급외교사》, 조선기독교창문사, 1928, p11; <조선 고전 해제 19−이소재이명李疎齋頤命의《소 재집》>,《동아일보》(1931.5.11) 참조.

文公文集을 忠文公入燕이라 고친 것처럼, 전교가 내리기 전에도 蘇霖戴進賢을 蘇霖戴라고 충분히 고칠 수 있다는 말이다.

③ 往復: '(편지를) 주고받다'가 아니라 '(사람이) 왕래하다'의 뜻.

3)《실록》에 의하면 정조 19년(1795) 7월 26일자 전교문이 나오기까지 7월 4일 권유權裕, 7월 7일 박장설朴長卨, 7월 24일 성균관 유생들, 7월 25일 최헌중崔獻重9)이 사학 폐해에 대하여 상소하였는데, 이에 정조가 7월 25일 이가환을 충주 목사로 좌천시키고, 7월 26일 이승훈을 예산현에 정배하며 정약용을 금정 찰방으로 좌천시켰다.

당시 서학에 대한 입장은 크게 세 가지로 구별된다. 노론과 홍당은 사학이라 하여 배척하던 척파斥派였고, 이가환을 비롯한 약전·약용 형제는 학문적으로 편중하던 학파學派였으며, 이승훈·정약종 등은 종교적으로 신앙하던 교파敎派였다.10) 정조와 채제공은 대체로 서학에 대한 반대 입장을 분명히 천명하되, 사교도들은 무엇보다 우선 교화시킨다는 관대한 방침으로 시종일관하였다.

<정헌묘지명>에는 인용되어 있지 않으나, 전교문에는 당시 우상(채제공)이 상벌을 확실히 해야 한다고 아뢰었기 때문에 정조가 조치를 취하게 되었다고 나온다. 또한 정조는 전날 상소한 수찬修撰 최헌중의 의견을 바로 전격 수용하며 그를 대사간으로 특별 발탁함으로써11) 이튿날 이승훈을 예산현에 정배하는 근거로 삼고 있다. 이러한 부분은 물밑 정황을 자세히 파악하기는 어렵지만, 전교문을 작성하는 데 어느 정도 사전 조율 작업이 있지 않았을까 하는 추정을 가능하게 한다.12) 척파의 주장을 반영하면서

9) 최헌중의 상소는 채제공 그룹과의 조율을 거쳐 올라온 것으로 보인다. 즉 상소 수일 전 채제공의 집에 이정운·이익운·이가환·최헌중 등이 모여 상소 초안을 검토한 것이다. 조성을,《연보로 본 다산 정약용》, 지식산업사, 2016, p305 참조.
10) '척파'는 편자가 '척사파'를 줄여 사용한 것이다. 학파나 교파란 용어는 최익한의 견해에 따랐으나, 이승훈은 서술 편의상 교파에 포함시켰다. 참고로《여유당전서를 독함》p247에는 학파가 '우파', 교파가 '좌파'로 되어 있다.
11)《정조실록》19년 7월 25일 <수찬 최헌중 상소문> 참조.
12) 채제공의 그룹이 채제공의 집에 모여 최헌중의 상소 초안을 두고 논의할 때에 국

동시에 교·학파의 입장까지 비호하는 글을 정조 혼자서 단시일 내에 지어 내기란 사실상 거의 불가하기 때문이다. 전교문은 권유·박장설의 상소 이후 꾸준히 준비되었을 터이지만, 그 과정에서는 정조가 초안을 잡고 어떤 비밀 합의를 거쳐 최종적으로 승인만 하였을 가능성이 높다.

어찌되었든 전교문은 사학 배척을 명분으로 교·학파를 제거하려는 척파의 의도를 외면상 전폭적으로 수용한 정치적 문건임에는 틀림없다. 정조가 교·학파 세 명을 좌천시키거나 유배 보낸 처분 결과 또한 이를 충분히 반증한다.13) 그래서 다산은 전교문을 그대로 사용하지 않고 기호 남인계의 '학파' 입장에서 꽤 많이(아니 가장 많이) 수정하였다. 심지어는 '出置'를 생략하고 '卽此可知'를 도치함으로써 문장의 뜻이 정반대가 되도록 하였다. 그는 척파의 정치적 무함을 변증하는 과정에서, 역사적 사실인 분서 사건과 그가 쓰려고 하는 이가환의 개인적 진실이 결코 양립될 수 없다는 사실을 더 절실히 깨달았을 것이다. 결국 다산은 분서 관련 글자를 삭제함은 물론 그에 따라 여러 글자를 수정·도치하여 당시 사학 배척의 논리나 분위기를 최대한 완화하는 묘지명을 지어냈다.

이가환을 변호하는 동시에 다산 자신도 변명한 〈정헌묘지명〉에는 이렇게 당파적 현실이 투영되어 있다. 최익한의 말 그대로, 이가환 등 선진 학자는 서양 과학을 연구하는 데 주로 취미를 두었음에도 불구하고 반대 당이 이를 구실로 하여 사교도邪敎徒로 몰아 버린 듯하니, 이것이야말로 극력 해명하지 않으면 안 될 '객관적 사실'이었을 것이다.14)

《여유당전서》를 보면 다산은 〈정헌묘지명〉 외에도 인용문을 개찬 윤색하는 경우가 적지 않다. 앞으로 이러한 그의 윤문 조작의 각 특징을 종합적으로 더 분석 연구할 필요가 있다.

왕의 의중이 전해진 것으로 보인다. 조성을, 같은 책, p355 참조.
13) 정조의 정치적 응수는 일석이조의 의도가 있었다. 하나는 척파의 예봉을 사전에 차단하여 채당 일파를 암암리에 보호하는 것이요, 다른 하나는 그 일파를 천주교가 특히 성행한 충주·금정·예산 지역에 파견하여 천주교를 금지시키는 것이었다.
14) 본서 p336 참조.

끝으로, 《승정원일기》에만 정약용을 금정 찰방으로 좌천시킨다는 전교
문이 온전히 수록되어 있고,15) 《사암선생연보》16)는 <정헌묘지명>의 西
洋之書에서 無足有無於其時까지만 인용하고 있는데 亦皆有之의 之자가
누락된 점을 제외하고는 일치하며, 《오주연문장전산고》의 <척사교변증설
斥邪敎辨證說>17)은 《홍재전서》를 인용한 글로 李潡詩의 詩자만 빠져 있
음을 밝혀 둔다.

(敎曰) 西洋之書 出來於東國者 已爲數百餘年 史庫玉堂之舊藏 亦皆有之
不啻幾十編帙之多 年前特命收取出置 卽此可知 購來之非今斯今 而故相忠
文公文集 亦有與西洋人蘇霖戴往復 求見其法書 而其言以爲對越復性初 似
與吾儒無異 不可與黃老之淸淨 瞿曇之寂滅 同日而論 然彷佛牟利之生 反
取報應之論 以此易天下則難矣 云云 故相之言 可謂詳卜其裏面 而亦或純
然攻斥者有之 故察訪李潡詩 則至以爲 夷人傳異學 恐爲道德寇 大抵近日
以前 博雅之士 未嘗不立言評騭 而其緩其峻 無足有無於其時 而今也正學
不明也 故其爲弊害 甚於邪說 浮於猛獸 爲今日捄弊之道 莫過於益明正學
且就世人 另行彰善癉惡之政 然後庶可責其功 刑戮之於矯俗 末也 況厥學
乎:《正祖實錄》19年 7月 26日

傳曰 … 西洋之書 出來於東國者 (爲없음)數百餘年 史庫玉堂之舊藏 亦皆
有之 不啻幾十編秩之多 年前特命收取出置 卽此可知 購來之非今斯今 而
故相忠文公文集 亦有與西洋人蘇林戴往復 求見其法書 而其言以爲對越復
性初 似與吾儒無異 不可與黃老之淸淨 瞿曇之寂滅 同日而論 然彷佛牟尼
之生 反取報應之論 以此易天下則難矣 云云 故相之言 可謂詳卜其裏面 而

---

15) 정약용 처분에 관한 전교문의 내용이 실록에는 7월 25일 기사에 요약되어 있다.
《승정원일기》에만 위의 7월 26일자 '사학 배척 전교' 다음에 연이어 별도로 실려
있는데, 이는 《여유당전서보유》의 <금정일록金井日錄>과 《벽위편》의 <이가환·정
약용··이승훈 처분>에도 거의 그대로 전재되어 있다.
16) 丁奎英 編, 《俟菴先生年譜》 冊1, 1921, pp31b~32a.
17) 李圭景, 《五洲衍文長箋散稿》 卷53, 經史篇/釋典類, 西學, 斥邪敎辨證說.

亦或純然攻斥者有之 故察訪李潡詩 <u>則至以爲</u> 夷人傳異學 恐爲道德寇 大抵近日以前 博雅之士 未嘗不立言評隲 (而없음)其緩其峻 俱無足有無於其時 <u>而</u>今也正學不明也 故其爲弊害 甚於邪說 浮於猛獸 爲今日捄弊之道 莫過於益明正學 且就世人 <u>另行彰善癉惡之政</u> 然後庶可責其功 刑戮之於矯俗 末也 況<u>邪</u>學乎：李晩采 編纂,《闢衛編》下編 卷4, 李家煥丁若鏞李承薰處分, 闢衛社, 1931, pp9b~10a

西洋之書 出<u>來</u>於東國者 <u>已</u>爲數百餘年 史庫玉堂之舊藏 亦皆有之 不啻幾十編帙<u>之多</u> 年前特命收取<u>出置</u> 卽此可知 購來之非今斯今 <u>而</u>故相忠文公文集 亦有與西洋人蘇霖戴往復 求見其法書 <u>而</u>其言以爲對越復性初 似與吾儒無異 不可與黃老之情淨 瞿曇之寂滅 同日而論 <u>然彷彿</u>牟利之生 反取報應之論 以此易天下則難矣 云云 故相之言 可謂詳<u>卜</u>其裏面 <u>而</u>亦或純然攻斥者有之 故察訪李潡詩 <u>則至以爲</u> 夷人傳異學 恐爲道德寇 大抵近日以前 博雅之士 未嘗不立言評隲 而其緩其峻 無足有無於其時 <u>而</u>今也正學不明也 故其爲弊害 甚於邪說 浮於猛獸 爲今日捄弊之道 莫過於益明正學 且就世人 <u>另</u>行彰善癉惡之政 然後庶可責其功 刑戮之於矯俗 末也 況<u>厥</u>學乎
：《日省錄》正祖 19年 7月 26日

西洋之書 出<u>來</u>於東國者 已(<u>爲</u>없음)數百餘年 史庫玉堂之舊藏 亦皆有之 不啻幾十編帙<u>之多</u> 年前特命收取<u>出置</u> 卽此可知 購來之非今斯今 <u>而</u>故相忠文公<u>入燕</u> (<u>亦有</u>없음)與西洋人蘇霖戴往復 求見其法書 <u>而</u>其言以爲對越復性初 似與吾儒無異 不可與黃老之淸淨 瞿曇之寂滅 同日而論 <u>然彷彿</u>牟尼<u>之生</u> 反取報應之論 以此易天下 則難矣 云云 故相之言 可謂詳<u>辨</u>其裏面 而亦或純然攻斥者有之 故察訪李潡詩 則至以爲 夷人傳異學 恐爲道德寇 大抵近日以前 博雅之士 未嘗不立言評<u>騭</u> 而其緩其峻 無足有無於其時 <u>而</u>今也正學不明也 故其爲弊害 甚於邪說 浮於猛獸 爲今日捄弊之道 莫過於益明正學 <u>而</u>且就世人 <u>另</u>行彰善癉惡之政 然後庶可責其功 刑戮之於矯俗 末也 況<u>厥</u>學乎：《弘齋全書》卷34, 敎5, 斥邪學敎

西洋之書 出來於東國者 已數百餘年 史庫玉堂之舊藏 亦皆有之 不啻幾十編帙之多 年前特命收取出置 卽此可知 購來之非今斯今 而故相忠文公入燕 與西洋人蘇霖戴往覆 求見其法書 而其言以爲對越復性初 似與吾儒無異 不可與黃 老之淸淨 瞿曇之寂滅 同日而論 然彷彿牟尼之生 反取報應之論 以此易天下 則難矣 云云 故相之言 可謂詳辨其裏面 而亦或純然攻斥者有之 故察訪李溆(詩없음) 則至以爲 夷人傳異學 恐爲道德寇 大抵近日以前 博雅之士 未嘗不立言評騭 而其緩其峻 無足有無於其時 而今也正學之不明也 故其爲弊害 甚於邪說 浮於猛獸 爲今日捄弊之道 莫過於益明正學 而且就世人 另行彰善癉惡之政 然後庶可責其功 刑戮之於矯俗 末也 況厥學乎
:《五洲衍文長箋散稿》卷53, 經史篇/釋典類, 西學, 斥邪敎辨證說

蓋其對越上帝 勉復性初 似與吾儒法門 無甚異同 不可與黃老之淸淨 瞿曇之寂滅 同日而論 (又未嘗絶倫背理 以塞忠孝之塗 海內之誦義文周孔之言者 孰不樂聞) 然天主之降 彷彿牟尼之生 地獄之說 反取報應之論 何也 思以此易天下則難矣
:《疎齋集》卷19, 書牘, 與西洋人蘇霖戴進賢 庚子(1720)

(又傳曰) 西洋之書 出於東國者 爲數百餘年 史庫玉堂之舊藏 亦皆有之(之없음) 不啻幾十編帙 年前特命收取 購來之非斯今 卽此可知 故相忠文公李頤命文集 亦有與西洋人蘇霖戴往復 求見其法書 其言以爲對越復性初 似與吾儒無異 不可與黃老之淸淨 瞿曇之寂滅 同日而論 然髣髴牟尼之法 反取報應之論 以此易天下則難矣 故相之言 可謂詳辨其裏面 亦或純然攻斥者有之 故察訪李溆詩至謂 夷人傳異學 恐爲道德寇 大抵近日以前 博雅之士 未嘗不立言評騭 而其緩其峻 無足有無於其時 (今也正學不明也 故其爲弊害 甚於邪說 浮於猛獸 爲今日捄弊之道 莫過於益明正學 且就世人 叨行彰善癉惡之政 然後庶可責其功 刑戮之於矯俗 末也 況邪學乎)
:丁奎英 編,《俟菴先生年譜》冊1, 1921, pp31b~32a

12. 이서李溆 : 원문에 '성호의 백형伯兄'이라는 주가 달려 있는데, 이는 〈정헌묘지명〉의 '맏이 이서(長曰玉洞溆)'라는 말에서 비롯된 오류이다.

   이서의 아버지 이하진李夏鎭(1628~1682)은 용인 이씨와의 사이에 첫째 이해李瀣(1647~1673), 둘째 이잠李潛(1660~1706), 셋째 이서(1662~1723)를 두었고, 안동 권씨와의 사이에 넷째 이침李沉(1671~1713), 막내 이익(1681~1763)을 두었다. 그리고 첫째와 둘째 사이에는 요절한 아들이 한 명 더 있었다.

   이해는 성호가 태어나기 전에 죽었고 이잠은 상소를 올렸다가 장살되었으며, 이서는 셋째 숙부 이주진李周鎭의 양자로 갔고 이침도 막내 숙부 이명진李明鎭의 양자로 갔다. 이침이 바로 이가환의 조부이다. 성호의 글을 보면 이해를 백씨伯氏, 이잠을 중씨仲氏, 이서를 삼형三兄, 이침을 사형四兄이라 칭하고 있다. 이잠이나 이서는 성호의 선생이 되어 가학을 전승하여 주었다. (《성호전집》권57과 《여주이씨세보》권1 등 참조)

   다산이 이러한 사실을 몰랐을 리가 없다. 그런데도 그는 〈정헌묘지명〉에 "이하진의 여섯 아들 중에 현달한 이가 셋이 있는데, 장자 이서는 찰방이었고 차자 이잠은 상소로 죽었으며 막내 성호는 선공 감역이 되었다"하였고, 〈현파 윤진사 행장玄坡尹進士行狀〉에도 "이서와 이잠은 이하진의 두 아들이다"고 하였다.

   여기에서 문제시되는 것은 이서와 이잠의 순서가 바뀌었다는 점이다. 다산이 왜 성호 형제의 차례를 거꾸로 하였는지는 지금 와서 알 길은 없다. 다만 "이가환의 재앙은 이잠과 관련된 일에서 이루어졌다(公之禍成於是矣)"는 〈정헌묘지명〉의 구절만이 어떤 하나의 실마리처럼 보일 따름이다.

13. 《全書》I-15, 先仲氏墓誌銘, "甲辰四月之望 旣祭丘嫂之忌 余兄弟與李德操 同舟順流 舟中聞天地造化之始 形神生死之理 惝怳驚疑 若河漢之無極 入京又從德操見實義七克等數卷 始欣然傾嚮 而此時無廢祭之說 自辛亥冬以後 邦禁益嚴 而畦畛遂別"

14. 앞에서 말한 "영조 34년(1758)경에 황해·강원 지방의 신도들이 사당을 헐고 제사를 폐지하였다는 것"은 도미니코파·프란치스코파의 영향이었을 것이다. (본서 p397 볼 것)

제4장 실학파의 발전과 수난에 대한 역사적 고찰

1. 남인·서학·성호학파·채당의 교착 관계

이조 말엽에 남인 일파의 서학파와 성호학파가 서로 이중 삼중으로 교착되어 하나의 실학파를 형성하였다. 그 사회적·역사적 조건은 실로 복잡 미묘한 것이었다.

이하에 약간의 분석과 도표를 작성하여 근세 사상 투쟁사의 한 토막을 해명하는 데 도움을 주려 한다.*

다음 도표와 같이 당시 서학에 참가한 사람들은 대개 시파 남인 명사들이었고, 특히 성호학파를 중심하였던 것은 결코 우연한 일이 아니었다. 이제 이 문제의 사적史的 근거를 구명하기 위하여 이조 당쟁의 역사적 원류를 잠깐 논급하는 것이 필요하다고 생각된다.

300년의 장구한 기간에 걸친 이조 양반 투쟁은 물론 속학배俗學輩 혹은 일제 어용학자들의 잠꼬대와 같이 민족성이나 지리적 기풍에 기인한 것이 아니다. 또 신구 관료의 교체기에 발생한 감정의

---

* 다음 면 〈사색당파계통도〉는 《조선기독교급외교사》 pp42~3을 참조한 것이다.

1. 이조양반 사색당파 계통도표

1) 서인西人

* 선조 8년(1575) 동서 당론 시작

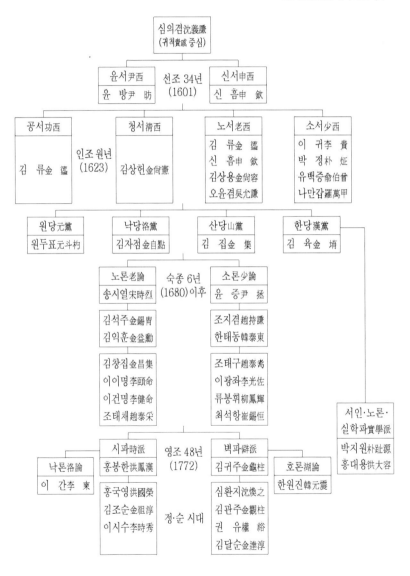

심의겸沈義謙
(귀척貴戚 중심)

윤서尹西
윤 방尹昉

선조 34년
(1601)

신서申西
신 흠申欽

공서功西
김 류金瑬

인조 원년
(1623)

청서淸西
김상헌金尙憲

노서老西
김 류金瑬
신 흠申欽
김상용金尙容
오윤겸吳允謙

소서少西
이 귀李貴
박 정朴炡
유백증兪伯曾
나만갑羅萬甲

원당元黨
원두표元斗杓

낙당洛黨
김자점金自點

산당山黨
김 집金集

한당漢黨
김 육金堉

노론老論
송시열宋時烈

김석주金錫冑
김익훈金益勳

김창집金昌集
이이명李頤命
이건명李健命
조태채趙泰采

숙종 6년
(1680)이후

소론少論
윤 증尹拯

조지겸趙持謙
한태동韓泰東

조태구趙泰耇
이광좌李光佐
류봉휘柳鳳輝
최석항崔錫恒

서인·노론·
실학파實學派
박지원朴趾源
홍대용洪大容

낙론洛論
이 간李柬

시파時派
홍봉한洪鳳漢

홍국영洪國榮
김조순金祖淳
이시수李時秀

영조 48년
(1772)

정·순 시대

벽파僻派
김귀주金龜柱

심환지沈煥之
김관주金觀柱
권 유權裕
김달순金達淳

호론湖論
한원진韓元震

2) 동인東人

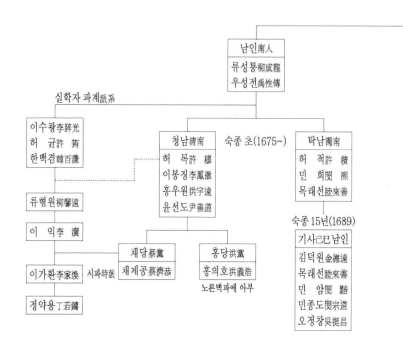

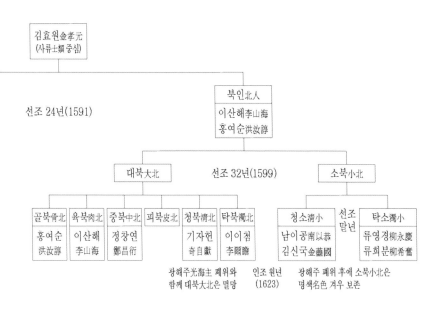

선조 24년(1591)

북인北人

이산해李山海
홍여순洪汝諄

대북大北 　　선조 32년(1599)　　 소북小北

| 골북骨北 | 육북肉北 | 중북中北 | 피북皮北 | 청북淸北 | 탁북濁北 | | 청소淸小 | 선조 말년 | 탁소濁小 |

홍여순
洪汝諄 　이산해
李山海 　정창연
鄭昌衍 　　　기자헌
奇自獻 　이이첨
李爾瞻 　　남이공南以恭
김신국金藎國 　　류영경柳永慶
류희분柳希奮

광해주光海主 폐위와　　　인조 원년　　광해주 폐위 후에 소북小北은
함께 대북大北은 멸망　　　(1623)　　명색名色 겨우 보존

2. 실학파·성호학파 계통도표

1) 성호가학星湖家學

옥동玉洞	이 서李 漵	학행과 서예	─백형伯兄*
섬촌剡村	이 잠李 潛	문식조달文識早達, 반대당에게 피살	─중형仲兄
정산貞山	이병휴李秉休	역학易學과 예학禮學	
만경萬頃	이만휴李萬休	경제와 실학	⎫자항子行
혜환惠寰	이용휴李用休	문학으로 유명	⎭
장천長川	이철환李嚞煥	박고博古과 박물博物	⎫
목재木齋	이삼환李森煥	경학經學과 예학禮學	⎪
섬촌剡村	이구환李九煥	가학을 계승	⎬손항孫行
청담淸潭	이중환李重煥	《택리지》의 저자	⎪
정헌貞軒	이가환李家煥	문학과 서학西學	⎭

2) 성호학파星湖學派

순암順菴	안정복安鼎福	《동사강목》,《잡동산이》 저자	⎫
하빈河濱	신후담愼後聃	문학,《남흥기사南興記事》 저자	⎪
소남邵南	윤동규尹東奎	지리학에 유명	⎪
현파玄坡	윤흥서尹興緒	역법·수학·의학	⎪
	황운대黃運大	천문학·수학에 유명	⎬직접수학
	정상기鄭尙驥	병학兵學·정론政論·지도地圖	⎪
녹암鹿菴	권철신權哲身	주자학을 비판	⎪
	권일신權日身	서학을 선전	⎪
몽수蒙叟	이헌길李獻吉	박학, 의학, 이철환 문인	⎪
번암樊巖	채제공蔡濟恭	실학파를 보호	⎭
복암茯菴	이기양李基讓	박면교거剝棉攪車를 전래	⎫
	이승훈李承薰	서양 서적을 전래	⎪
송목관松穆館	이언진李彦瑱	역수曆數·문학, 이용휴 문인	⎪
남고南皐	윤지범尹持範	시사詩詞로 유명	⎬간접수학
광암曠菴	이 벽李 檗	서학을 선전 주창主唱	⎪
손암巽菴	정약전丁若銓	역曆·수학,《자산어보》 저자, 권철신 문인	⎪
낙하洛下	이학규李學逵	박학능문博學能文	⎭

정약용
丁若鏞

---

* 백형伯兄 : 옥동 이서는 성호 이익의 백형이 아니라 삼형이다. p421 미주 12 볼 것.

3) 채당파 蔡黨派

<table>
<tr><td rowspan="17">(영상 채제공)

채당 ^{실학}_{서학} 파

(정조 음호陰護)</td><td>이동욱 李東郁</td><td>이승훈 서서西書 사건으로 피핵被覈</td><td>이승훈의 부</td></tr>
<tr><td>이익운 李益運</td><td>김조순 金祖淳 친교親交로 면화免禍</td><td>홍낙민의 친사돈</td></tr>
<tr><td>윤지충 尹持忠</td><td>서교西敎 선참자先參者로 사형</td><td>다산의 외종형</td></tr>
<tr><td>권상연 權尙然</td><td>상동</td><td>윤지충의 외종형</td></tr>
<tr><td>이가환 李家煥</td><td>사교邪敎 수령으로 피무장사被誣杖死</td><td>이기양 자의 처부</td></tr>
<tr><td>이승훈 李承薰</td><td>서교 전래의 주범으로 사형*</td><td>이가환의 생질</td></tr>
<tr><td>권철신 權哲身</td><td>서교 연루로 장사杖死</td><td>권일신의 친형</td></tr>
<tr><td>권일신 權日身</td><td>서교의 사교司敎로 적사謫死</td><td>안정복의 사위</td></tr>
<tr><td>이기양 李基讓</td><td>서학 관계로 적중 병사謫中病死</td><td>권철신의 사돈*</td></tr>
<tr><td>정약전 丁若銓</td><td>상동</td><td>다산의 중형</td></tr>
<tr><td>정약종 丁若鍾</td><td>서교 명도회장明道會長으로 사형</td><td>다산의 삼형</td></tr>
<tr><td>정약용 丁若鏞</td><td>서학 관계로 장기간 유형流刑</td><td>홍의호의 종매부</td></tr>
<tr><td>황사영 黃嗣永</td><td>백서帛書 사건 주범으로 사형</td><td>정약현의 사위</td></tr>
<tr><td>홍낙민 洪樂敏</td><td>서교 관계로 사형</td><td>정약현의 여구*</td></tr>
<tr><td>이학규 李學逵</td><td>서학 관계로 유형</td><td>이가환의 생질</td></tr>
<tr><td>오석충 吳錫忠</td><td>서학 연루로 적중 병사</td><td>이가환의 사돈</td></tr>
<tr><td>이치훈 李致薰</td><td>서교 관계로 유형</td><td>이승훈의 동생</td></tr>
</table>

반실학·반서학·반채당–남인분파(홍당파洪黨派)

<table>
<tr><td rowspan="11">(판서 홍의호)
(홍수보 아들)

홍당 ^{남인분파}_{실학반대} 파

(벽파에 아부)
(채당을 모함)</td><td>홍낙안 洪樂安</td><td>개명 희운義運, 본래 이승훈의 친우</td></tr>
<tr><td>이기경 李基慶</td><td>처음에는 서서를 탐독하고 뒤에 고발</td></tr>
<tr><td>목만중 睦萬中</td><td>및 그 아들 목인규睦仁圭</td></tr>
<tr><td>강준흠 姜浚欽</td><td></td></tr>
<tr><td>성영우 成永愚</td><td></td></tr>
<tr><td>김정원 金鼎元</td><td></td></tr>
<tr><td>최헌중 崔獻重</td><td></td></tr>
<tr><td>강세륜 姜世綸</td><td></td></tr>
<tr><td>윤극배 尹克培</td><td></td></tr>
<tr><td>홍광일 洪光一</td><td></td></tr>
<tr><td>권 엄 權 曮</td><td>본래 채당</td></tr>
</table>

---

* 사형 : 원문의 '적사謫死'는 오류.

* 사돈 : 원문의 '생질甥侄'은 오류.

* 여구女舅 : 딸의 시아버지. 원문의 '상동上同'은 오류.

충돌이나 혹은 서원의 폐해나* 도학태중道學太重·명의태엄名義太嚴·
문사태번文詞太繁·형옥태밀刑獄太密·대각태준臺閣太峻·관직태청官職
太淸·벌열태성閥閱太盛·승평태구昇平太久 등 8태八太*로써 그 원인을
설명할 수 없는 것이다. 왜냐하면 사물의 원인은 표면에 나타난 그
현상과 결과와는 전연 구별되는 까닭이다.

이조 당쟁이 비록 심의겸沈義謙과 김효원金孝元의 개인적 반목질
시로 출발하였다 하나 이는 한 개의 도화선에 불과하고, 그 근본적
원인은 이조 중앙집권적 봉건제의 특수성에 있었다. 이조 당쟁은
한 마디로 말하면, 토지 점유권을 물질적 기초로 한 정치적 권력과
관직의 지위에 대한 쟁탈전이었다. 이조 건설자들은 농민을 위한
전제 개정田制改正이란 표어 아래 고려 왕조의 귀족과 사원寺院이
광범히 점유하고 있던 토지를 박탈하여 자기 부하의 신관료들에게
재분배하는 과정에서 이조 건설에 공이 있는 자들에게는 '공신전
功臣田', '사패전賜牌田'*을 토지 분봉分封의 형식으로 영원히 분급하고
문무백관에게는 '과전科田'을 분급하였는데, 이 과전도 예정 법규
그대로 제때에 회수하기가 곤란할뿐더러 관리의 두수頭數도 증가
함에 따라 이태조 당시에 신임 관료들에게 분급할 토지가 이미 부
족하게 되었다. 그래서 그 지정 구역인 경기도의 지역을 확장하고

---

* 당쟁의 원인으로 '신구 관료의 교체기에 발생한 감정의 충돌'을 든 예로서 시데하라
  다이라幣原坦의 《한국정쟁지韓國政爭志》(1904)가 있고, '서원의 폐해'를 든 예로서
  박제형朴齊炯의 《근세조선정감近世朝鮮政鑑》(1886) 등이 있다.
* 8태八太 : 이건창李建昌이 《당의통략黨議通略》(1890년경) 〈원론原論〉에서 말한
  당쟁의 원인 8가지. 즉 도학을 너무 중시하는 것, 명분과 의리가 너무 엄한 것, 문사
  文詞가 너무 번거로운 것, 형옥刑獄이 너무 조밀한 것, 대간臺諫이 너무 준엄한 것,
  관직이 너무 맑은 것, 벌열閥閱이 너무 성행한 것, 평화가 너무 오래 지속된 것.
* 사패전賜牌田 : 왕이 공신에게 사패(일종의 소유권 증명서)를 통해 하사한 토지.

미간지를 개척하며 군자전軍資田의 일부를 과전으로 편입한 동시에 용관冗官* 도태, 사패지 회수 등의 규례를 세워서 과전 분급의 편법을 강구하였다. 그러나 세가귀족世家貴族의 토지에 대한 세습과 겸병이 여전히 진행되고 있는 한에는, 저와 같은 편법은 문제를 전연 해결할 수 없었던 것이다.

이 같은 사태에 직면한 이조 7대 왕인 세조는 재위 12년(1467)에 과전을 직전職田으로 변경하여 그 수조권收租權을 실직재관자實職在官者들에게만 주었으나, 제9대왕 성종 때에 직전도 점차 구세가舊勢家의 사유私有로 전화되므로 직전제 폐지의 의논까지 등장하였고, 그다음 왕인 중종 때에 와서는 직전제는 전혀 공문화해 버린 대신에 실직재관자들이 다만 초라한 녹봉祿俸을 받게 되었다. 과전이 직전으로 직전이 녹봉으로 변천해 온 과정은, 바로 세가世家 귀족의 토지에 대한 세습과 겸병의 강화 과정이었다. 그러나 과전제의 변형인 직전제가 다소라도 잔존한 성종 때까지는 약 100년 동안 이조 봉건 체제가 자기의 물질적 근거의 합리성을 어느 정도로 유지해 왔기 때문에 신구 귀족과 대소 관료와 또는 중앙 출신, 지방 출신들 사이에 필연적으로 빚어지는 동료적 알력은 아직 전반화되지 않았다.

그러나 직전제가 녹봉제로 변경된 중종 때에 이르러서는 신진 및 지방 출신 관료들이 구귀족과 훈척세가의 세습적 특권을 배제하지 않고서는 토지 분봉이나 분급의 어떠한 형식도 그들에게는 절망적인 대상으로 되어 있었다. 이러한 물질적 환경에서 토지 향

---

* 용관冗官 : 쓸모없는 벼슬아치. 불필요한 관리.

유권을 내용으로 한 정권 및 관위에 대한 쟁탈전이 신구 양반 자체 내에 격렬히 전개될 것은 불가피한 사세事勢였다.

그 정권 쟁탈전의 표면적 형태 및 구실은 물론 도학적으로 혹은 명분적으로 혹은 문사文詞, 예법, 사소한 절차 및 문제 등등으로 장식되었으나, 그 본질은 그 현상과 일치한 것이 아니었다. 중종 14년(1519)에 일어난 이른바 기묘 대사화는 구귀족의 신진 관료에 대한 반격이었다. 이것이 조광조趙光祖·김정金淨 등 소장파와 남곤 南袞·심정沈貞 등 노대신 이하 일파와의 사이에 신왕후愼王后*의 복위, 정란공신靖難功臣 봉호封號의 삭탈 등 문제로서 화단禍端을 개시한 것으로 보아 그 성격은 더욱 명백한 것이었다.

중종 이후 인·명仁明 양대를 지나 선조 때에 이르러서는 소수 훈척 귀족의 세습 세력이 더욱 강대해진 반면에 신진 관료와 그의 예비군들은 수가 증가하여 생활 조건이 대체로 그들이 말한 것처럼 "녹봉이 족히 밭갈이를 대신할 수 없는" 상태였다. 선조 8년(1575) 신진 관료의 한 사람인 김효원과 귀척대신貴戚大臣의 한 사람인 심의겸 사이에 관위 쟁점으로 발단된 알력이 드디어 일반 귀족과 일반 사류의 반목 대립으로 확대되어, 이른바 동인·서인의 색목色目이 양반 부류의 전체를 휩싸게 되었다. 이조 봉건의 물질적 특수성이 제거되지 않는 한, 그 붕당적 투쟁은 영원히 지속되지 않을 수 없는 필연적 운명으로 되었다. 동서 분당이 한번 표현된 뒤에는 그 명호와 분파가 여하히 복잡다단하더라도 그 본질적인 특징은 여전히 일관되어 있었던 것이다.

---

* 신왕후愼王后(1487~1557) : 중종의 원비元妃 단경왕후端敬王后. 중종반정(1506) 직후 폐위되었다가 영조 15년(1739)에 복위되었다.

이상과 같이 귀족의 구세력으로서 출발한 서인당은 항상 대지주인 귀척세가貴戚世家를 중심하여 정부당의 지위를 유지하였으나, 신진 관료로서 출발한 동인당은 대체로 지방 사류士類와 중소 지주를 중심하여 재야당적 지위에 있었다. 그러므로 시대에 불우하고 현실에 불만을 가진 유능한 인재들이 서인계보다 동인계에 많이 속해 있었던 것은 또한 당연한 이세理勢였다.

서인 일파는 동인 별파인 북인 세력*을 도괴倒壞하기 위하여 광해주光海主를 폐출하고 인조를 세운(1623) 이후 조정 실권을 군게 잡았고, 효종 때에 송시열이 '존명대의尊明大義'를 고조한 이후 공언위학空言僞學에 근거한 존화양이론尊華攘夷論은 드디어 집정자가 여론을 겸제鉗制하는 무기로 되어 버렸다. 이로부터 100여 년 동안 정국의 기복이 다소 없지 않았지만, 숙종 갑술甲戌(1694)에 이른바 기사己巳(1689) 남인의 일패도지一敗塗地*로 인하여 남인은 영원히 정치 실권의 무대에서 탈락되었고, 영조 때 서인 별파인 소론의 실권으로 인하여 일국의 정권은 영원히 서인 노론의 장중물掌中物이 되고 말았다. 그러다가 장헌세자의 참화(1762)에 이르러서는 당쟁의 포악이 절정에 달하였다.

군주를 노론화시키고(장헌세자 참화의 예) 공·맹·정·주를 노론화시키며(북인 남판서南判書 아무개의 말) 나아가서는 우주만물을 노론화시키는 서인 일파는 현상 유지에 최대의 기원을 드리고 있었으므로, 공언위학을 반대하고 현상 타파를 임무로 한 실학과 새로운 과학

---

* 북인 세력 : 북인 중 중앙 출신 양반을 중심으로 한 '대북大北' 세력을 말한다.
* 일패도지一敗塗地 : 싸움에 한 번 패하여 땅에 떨어진다는 뜻으로, 여지없이 패하여 다시는 일어설 수 없음을 비유한 말. 《사기》〈고조본기高祖本記〉.

으로 종래 전통을 부인하는 서학西學에 대해서는 그들이 처음부터 사갈시할 것은 또한 필연적인 일이었다.

서인 분파인 소론 일파로 말하면, 영조 시대 이후로 주관적 지위는 잃었다 하지만 동일한 서인 집권당의 분파인 만큼, 또는 인척과 사우師友 관계가 서로 얽혀 있었던 만큼 궁척宮戚의 지위를 제외한 청환 영작淸宦榮爵에서는 노론과 서로 각축할 여지가 있었으므로, 역시 현상을 부인하고 신국면을 요구할 만한 의욕과 기백을 축적하지 못하였다.

이상과 같은 일련의 논구論究는 이미 문제로서 제기되었던바 남인 일파가 실학과 서학에 진출한 사회적 이유에 대한 해답을 칠팔 분七八分 달성하였다고 생각된다.

그러나 남인계 중에서도 다시 한 번 변별치 않으면 안 될 중요한 사회적 내용이 가로놓여 있다. 남인의 근거지는 어디보다도 영남 일대였지만, 영남은 정치 중심지에서 떨어져 있는 관계로 문화 변천의 영향에 대해 둔감한 동시에 견문이 고루하며, 또 퇴계가 창학 倡學한 이래로 영남을 지배하는 퇴영근졸退嬰謹拙한 학풍은 사류士類 의 진취적 기백과 학자의 창발적 정신을 적지 않게 거세시켰다. 그리고 비록 실세한 남인의 후손들일지라도 대개는 대가大家나 사족 士族의 명분으로서 지방에 군림하여 토호 생활에 자기 만족하였다. 정·순正純 양조에 여러 번 일어난 남인 서학 사건 중에 영남의 남인 으로서 문제에 오른 인물이 별반 없었던 것을 보면 저간의 소식을 가히 알 수 있는 것이다.

그러나 경기 일대에 흩어져 사는 남인 일파는 그 취향이 영남의 남인과는 크게 달랐다. 그들은 중앙 상층부의 직접적 억압 아래 있어서 정치적 패퇴는 곧 경제적 몰락을 초래하였고, 정치문화의 중심지에 접근하고 있던 만큼 견문은 고루하지 않았으니, 정치적으로 실세한 나머지 현상 불만에서 현상 모순을 비교적 쉽사리 직감하게 되었으며, 여러 타 당파와 교착하는 가운데 사회적 자극을 항상 강렬하게 받았다. 또 과거와 벼슬길에 소비해 버린 기회가 적은 그들은 귀중한 정력을 유용유위有用有爲한 학문의 방면에 오로지 주력할 만한 장한長閑한 시간을 가졌던 것이다.

이 몇 가지 조건들이 근기近畿 지방의 남인 일파로 하여금 성호학파를 산출케 한 동시에 성호학파도 또한 필연적으로 실학과 서학의 영역을 걸치게 하였다. 물론 그들 개개인의 우수한 재분才分과 노력도 중요한 요소였지만, 서학과 남인의 교착적 관계는 얼른 보면 일종의 기현상으로 보일 수 있을지라도, 그 밑면에는 일정한 사회적 역사적 조건이 결정적으로 존재하였을 뿐만 아니라, 당시 반대당의 정치적 공세가 더욱 그 기현상을 선명하게 구성시켰던 것이다.

당시 서학은 과연 남인 일파에만 국한된 것이었던가?

이상에 대강 논술한 바와 같이 조선의 천주교는 선조·광해 때부터 이미 수입되었다. 인조 21년(1643) 이후로 점차 전파되었고 숙종 12년(1686)에 벌써 성행하였으며 영조 34년(1758)에 황해도와 강원도 지방에서는 집마다 사람마다 모두 자기 부조父祖의 사당을 헐고 제사를 폐지하였다. 정조 9년 을사(1785)에 형조가 서교 신자 10여 인을 처단하였고, 12년 무신(1788)에 또 서교 문제가 있어서 각 도 감사監司들에게 엄금할 것을 명령하였다. 이를 보면 당시 조선의 천주교 유래가 벌써 2세기에 가까운 역사를 가진 동시에 그 전파

범위도 실로 광범하였다. 더구나 당시 양반 계급의 중압과 봉건 제도의 질곡과 탐관오리의 횡포는 필연적으로 빈궁한 인민 대중을 냉혹한 현실의 궁경窮境으로부터 이른바 '아름다운 이상의 나라'로 끌지 않을 수 없었다.

이렇게 수만의 생령이 외래 '사교邪敎'에 유혹되어 그 범위가 한 지방을 벗어나 전 도 또는 수개 도에 뻗쳤는데도 불구하고 그것은 별반 큰 문제로 통감되지 않고, 오직 호남 진산珍山*의 사인士人 윤지충·권상연 두 사람의 신교가 정조 15년(1791) '사교' 사건 문제 의 첨단에 올랐다. 홍낙안洪樂安(뒤에 희운義運으로 개명)의 장서長書(채 제공에게)를 발단으로 하여 사헌부와 사간헌이 번갈아가면서 성토 하며 그 '척사'의 총부리를 은연히 채당 일파로 돌리게 되었으니, 그 역사적 이유는 무엇보다도 윤·권 두 사람이 양반 계급으로서 남인인 동시에 채당에 속한 것이 문제의 유일한 초점으로 되었던 것이다.* 그러므로 반채당이 '신성하게' 표방한 사교 배척은 결국 그 본질에 있어서 음흉한 당쟁에 지나지 않은 것이었다. 당쟁을 떠나서는 그것을 조금도 이해할 수 없다.

원래 번암 채제공은 정조의 생부 장헌세자가 이른바 벽파 노론 의 모해로 피살될 때에 세자를 극력 보호한 이른바 남인 시파의 영수였다. 그래서 정조의 그에 대한 신임은 절대적이었다. 이가환 과 정약용도 역시 시파 가인家人들로서 그들의 우수한 재학才學은 모두 정조의 특별한 지우知遇를 받아 채제공과 함께 정조조의 삼걸 三傑로 지칭되었던 것이다.

---

* 진산珍山 : 원문의 珍島는 오기.
* 이상에 대강~되었던 것이다 : 《조선기독교급외교사·상편》 pp56~7 참조.

그러나 그들의 당계가 모두 남인이었을 뿐만 아니라 정조의 총애도 융숭하여 서인당 특히 벽파(세자 모해파)에게는 커다란 눈엣가시가 되었다. 또 채제공은 성격이 호매하고 기절氣節이 있었으며, 사람을 등용하는 데 같은 당 중에서도 인물을 본위로 하고 가벌이 자기보다 나은 자는 싫어하였다. 이것이 남인 벌족인 홍수보·홍의호 부자와 대립한 요인 중 하나였다. 그래서 그 부자는 자기 소속 당시黨是를 배반하고 당시 서인과 그 벽파의 거두들인 이른바 환관 유달(심환지沈煥之·김관주金觀柱·권유權裕·김달순金達淳) 등에게 영합하여 그들의 앞잡이가 되었으며, 홍낙안·이기경·목만중 등 자파 분자를 사촉하여 서교 사건을 기화로 삼아 채당 모함전에 선봉적인 역할을 충실히 하였던 것이다. 반대파인 시파 남인에 대한 음해 계획이 얼마나 간교하고 흉악했던가를 잘 알 수 있는 일례로서 다음과 같은 사실을 들 수 있다. 바로 채당의 한 사람이요 성호의 수제자인 권철신이 천주교를 독신篤信하고 조상의 제사를 폐지하였다는 증거를 위조하기 위하여 그들은 가만히 절도竊盜를 시켜 권씨가의 사세四世 신주*를 훔쳐내서 물에나 불에 던져 버리려 하였다. 이 한 가지로서 이른바 사교 배척을 표방한 그들의 동기와 성격을 판단하기에 넉넉하지 않은가!

---

* 사세四世 신주 : 일반적으로 사대부는 《주자가례朱子家禮》에 따라 사당에 4대 신주만을 봉안奉安하고 그 윗대의 신주는 매안埋安하였다.

2. 당쟁과 척사의 표리적 관계

당시 천주교의 전파는 남인 일파뿐 아니라 서울 중인 일파가 더 재빠르게 수행하였다. 북경을 왕래하는 역절曆節* 역관譯官과 홍삼 상인은 모두 중인 '당차當差'*였기 때문에 중국품을 구득하려는 자는 반드시 중인에게 의뢰하였다. 또 역관은 한어漢語와 한속漢俗에 통하였기 때문에 중국에 가면 한인 및 서양인 전교사의 교제와 각종 서적 및 물화의 구구購求에 우선적인 편의를 누렸다. 양반 문화의 중압에 역시 불평을 품고 있던 중인 계층이 유교를 싫어하고 서교를 환영한 것은 한편 당연한 일이었다.

그러므로 상기 윤지충은 역관 김범우의 집에서 《천주실의》와 《칠극》을 빌려 읽었고, 권일신도 또한 중인 김모金某와 함께 같은 책을 열람했다 하였다. 《실록》에 의하면, 정조 15년 신해(1791) 11월 11일 형조의 보고에 사학 죄인 정의혁鄭義爀·정인혁鄭麟爀·최인길崔仁吉·최인성崔仁成·손경윤孫景允*·현계온玄啓溫·허속許涑·김계환金啓煥·김덕유金德愈·최필제崔必悌·최인철崔仁喆 등 11명을 체포하였으니 이들은 다 중인이라 하였다. 서울 중인 일파의 서학 관계는 이로써 그 심상치 않았던 정도를 짐작할 수 있는 것이다.

그러나 양반이 아닌 중인 계층은 정쟁에 대한 발언 자격을 선천적으로 갖지 못하였으므로 그들의 사교邪敎 관계는 유학의 탈춤을 추는 정쟁의 극단劇壇에 중대한 물의를 일으키지 못했던 것이다.

---

* 역절曆節 : 역행曆行과 절행節行. 역행은 중국에 책력을 받으러 가는 사행使行이고, 절행은 정기적인 사행이다.
* 당차當差 : 차역差役을 당함. 신분에 따른 차등 노역에 종사함.
* 손경윤孫景允 : 원문의 成孫景은 오기.

정조는 벽파와 홍당의 '척사'적 이면을 밝게 알고 채당 보호에 주밀한 배려를 다하였다. 윤·권 두 사람으로 발단된 사옥邪獄 사건에 대하여 처결권을 채제공에게 위임하고 사건 불확대 방침을 비밀히 지시하였다. 이것이 후일 정조 서거 직후에 '호사 수괴護邪首魁'란 죄명으로써 이미 백골이 된 채제공에게 작위 추탈爵位追奪의 형벌을 가하게 된 원인이었다. 가령 당시에 벽파 서인이 영구히 집권하고 또 왕위 계승자가 정조의 혈통이 아니었다면, 정조 자신도 호사護邪의 책임을 사후에 어떤 형식으로든 추궁 받지 않았을까 한다.

정조는 원래 서양 과학에 흥미를 가졌고 천주교에 대해서도 관대한 정책을 취하였다. 그의 12년 무신(1788)에 정언正言 이경명李景溟의 서양학을 금지하자는 상소와 채제공의 서학에 관한 평주評奏에 비답批答하기를, "유도儒道와 정학正學만을 크게 밝히면 이런 사교학설은 자기자멸自起自滅할 것이다", "중국에 육학陸學·왕학王學·불도佛道·노도老道의 각종 유파가 있으나 어디 금령을 내렸는가?" 하였다. 또 위에 말한 대로 정조 15년 신해(1791) 중인 11인의 사학안邪學案에 대해서도 그는 전교하기를, "중인 등의 미혹된 자에 대하여 그들의 소굴을 소탕할 것이로되, 나는 한편으로는 '그 사람들을 그대로 두고(人其人)' 한편으로는 '인민을 교화하여 풍속을 이루려는(化民成俗)' 뜻을 가졌으니, 경향들은 이 뜻을 알고 각별히 조사 규명하여 한 사람도 요행히 모면되거나 잘못 걸림이 없이 다 마음을 고치고 새사람이 되게(革面圖新) 하라" 하였다. 그리고 "권일신·최필공 등에게도 의리를 깨우쳐 주어 개과자신改過自新케 하라" 명하였다.[1]

반대당의 척사 운동은 원래 도학 옹호를 위한 것이 아니고, 당쟁을 위한 구실에 불과한 것이므로 당시 유교 사회에서 그들이 '문선왕文宣王 지고 송사訟事하는'* 판에는 일국의 군주인 정조도 할 일 없이 쓰라린 가슴을 움켜쥐고 한 걸음 한 걸음 양보를 하지 않을 수 없었다. 그리하여 정조의 최후 방패는 한유韓愈의 이른바 '인기인 화기서人其人 火其書'* 6자였다.

그러나 이 6자 방패가 채당 일파의 생명을 일시적으로 연장하는 데는 유효하였지만, 그 반면에 조선 문화의 장래 발전에 대해서는 일종의 사형 선고였다. 정조 15년에 법령으로 서학을 '사학邪學'이라 규정하고, 따라서 천주교서는 물론이요 명말청초의 문집과 패관소설까지도 소각·금단하며, 또 금후 연경에 가는 사절은 경서와 사서史書를 불문하고 일절 당판唐板(중국 책)은 가져오지 말라고 하였다. 이와 같이 인문의 세계적 연결성을 끊어 버린 동시에 역사와 문화를 이끌고 암흑의 뇌옥(감옥)으로 들어간 것이었다. 당쟁의 참화가 홍수나 맹수보다 심하다는 것은 다시 말할 필요도 없다.*

이른바 '척사벽이斥邪闢異'라는 유학의 무기가 '존화양이尊華攘夷'라는 대의명분의 기치와 합세하여 사자같이 으르렁거리고 매처럼 싸그리는* 통에 군신 상하가 모두 두려워 움츠리며 물러나서 제각기 살길을 찾기에 바빴던 것이다. 성호의 수제자 중 한 사람인 순암順菴 안정복安鼎福은 서학에 대해서 성호의 비판적 태도와는

---

* 문선왕文宣王 지고 송사訟事하는 : 공자를 등에 업고 소송하는.
* 인기인 화기서人其人 火其書 : 그릇된 사람을 사람답게 만들고 그릇된 서적을 불태워 없앤다는 뜻으로 한유의 〈원도原道〉에 나온다. 자세한 것은 p413 각주 2 볼 것.
* 당쟁의~없다 :《맹자집주》〈등문공滕文公·하〉에 "사설邪說의 횡포가 홍수나 맹수의 재앙보다 심하다(蓋邪說橫流 壞人心術 甚於洪水猛獸之災)"고 하였다.
* 사자처럼 으르렁거리고 매처럼 싸그리는 :《여독》p446의 '獅吼鷹嚇하는'에 해당. '싸그리는'은 '맴돌며 위협하는(嚇)' 뜻의 경상 방언인 듯.

달리 배타적 태도를 취하여 그의 자저自著〈천학고天學考〉,〈천학
문답天學問答〉등 여러 편에서 서학을 일률적으로 풍각·부수風角符水*
에 비하였고, 연경에 가서 서학 서적을 사 가지고 온 것을 이승훈
의 죄악으로 규정하였으며, 그의 사위 권일신이 서학에 관계하였
다는 이유로 그와는 조면阻面한(절교한) 동시에 그의 외손 3명과도
멀지 않은 곳에 서로 살면서도 왕래하지 않았다고 한다. 그의 이
같은 근신한 태도는 '사학' 사건에 조금도 연루되지 않았을 뿐만
아니라 봉군숭작封君崇爵의 영전榮典까지 받은 이유였던 것이다. 안
정복은 서학 문제가 격화되지 않았던 시기, 즉 정조 15년(1791)에
사거하였지만 그의 서학에 대한 절연적인 태도가 이미 그처럼 선
명했던 것은, 그의 학문적 성격을 명백히 설명하는 것이다. 그리
하여 그들*의 호신부護身符로서 가장한 유교의 낡은 의상은 도리어
역효과적으로 유교의 완고성을 더 부여한 동시에 반대당의 '척사'
의 권위를 객관적으로 조장해 주었다.

그러나 정조의 재위 기간(1776~1800)에는 채당에 대한 천만인의
중상과 무함誣陷도 그 효력을 발휘하지 못하였다. 정조의 채당 보
호는 그 내용이 결코 단순하지 않았다. 정조 일생의 최대 목적은
물론 군권을 강화시켜서 소인을 퇴치하고 정치를 개신하며 문화
를 향상시켜서 청조 강희·건륭의 치적을 한번 능가해 보겠다는 것
이었으나, 이보다 우선 자기 아버지를 살해하고 자기를 모해하던

---

* 풍각·부수風角符水 : 주술의 일종. 풍각은 사방과 네 모퉁이의 바람을 궁·상·각·치·우
  의 오음으로 감별하여 길흉을 점치는 방술이다. 부수는 부적을 태운 물인데, 황로도
  黃老道에서는 부수를 마시게 하여 병을 치료하였다.
* 그들 :《여독》p235에 의하면 '다산 일파'를 가리킨다.《실학파와 정다산》에는 '그
  리하여 그들' 앞에 한 문단이 생략되어 있으므로 문맥이 잘 통하지 않는다.

불구대천不俱戴天의 원수인 벽파 서인을 토멸하여 복수를 완성하고 따라서 대의명분을 세상에 펴려는 것이었다. 그러나 그의 정적의 뿌리 깊은 세력은 군주의 독단으로는 용이하게 하수下手(착수)할 바가 아니므로 정조는 채당 일파에 깊은 기대를 가지고 한갓 시기 도래만을 기다렸던 것이다. 그는 다산의 과학적인 성제설城制說과 기중기 도설圖說을 응용하여 수원성水原城을 쌓고 채제공을 화성(수원) 유수華城留守로 하여 성지城池와 궁궐을 장려히 수축하게 하고 팔도 거부巨富를 뽑아다가 수원성 안에 살게 하여 민물民物의 번성을 꾀하는 등—이 모든 것은 후일 거사할 때 퇴거退據할 수 있는 지반을 만든 것이었다.

이와 같은 정조의 비밀 계획에 참가한 자는 오직 채제공·이가환·정약용 등 몇 사람에 지나지 않았다. 만일 정조가 보다 더 영단英斷한 성격을 가졌고, 또 수명이 좀 더 길었다면 아닌 게 아니라 쿠데타에 의한 정권의 변동이 있었을 것은 명약관화明若觀火한 일이다. 동시에 다산의 정치적 포부가 다소 실현될 기회도 없지 않았을 터이다.

당시 사갈蛇蝎 같은 벽파와 홍당이 채당을 크게 시기하고 두려워한 나머지 결국 '사교邪敎'라는 기화奇貨로써 그들을 일망타진하려 하였으나, 순서에 있어서는 채당을 제거하려면 정쟁의 최고 대상이요 채당의 최대 보호자인 정조부터 제거하지 않으면 안 되었다. 정조 즉위 초년에 벽파 노론 간신의 하나인 홍계희洪啓禧의 잔당이 자객을 시켜 밤에 정조가 거처하는 침실의 천정을 뚫고 내려와서 가해하려 하다가 발각 체포된 일이라든지, 또는 어의御醫 심인沈鑑이 그때 정승 심환지 일파의 사촉을 받고 독배를 정조에게 올려서 갑자기 죽게 되었다는 전언은 저간의 내막을 단적으로 폭로한 것이었다.

다산 문집 중 〈고금도 장씨 딸에 대한 기사紀古今島張氏女子事〉에 의하면, 영남 인동仁同 사람 장현경張玄慶(여헌旅軒 장현광張顯光의 사손嗣孫)의 아버지*는 인동 부사府使 이갑회李甲會의 아버지와 성이 다른 친족인지라 부청府廳에 자주 방문하여 심인의 일을 말하면서 의분義憤의 눈물을 흘렸는데, 이것이 구화口禍가 되어 전가 함몰全家陷沒을 당하였다고 한다. 이를 보면 독배 사건이 그때 먼 시골에까지 전파되어 일부 사민士民의 분개가 상당하였다는 사실을 넉넉히 알 수 있다. 당쟁의 참화는 양반 내부의 자기모순을 유감없이 폭로할 따름이었다.*

3. 정조의 '벽파' 퇴치 계획과 서학파의 관계

기독교가 우리나라에 처음 들어온 연대는 지금 우리가 기록으로 고증할 수 있는 것보다는 훨씬 오래되었을 것이다. 일본은 천주교의 수입이 비교적 일찍 되어 임진왜란 당시에 서양인 교사敎士가 소서행장小西行長의 행진을 따라 왔었다고 하나 우리 조선 사람과는 아무런 접촉이 없었으며, 천주교가 조선에 처음 수입된 경로는

---

* '-의 아버지'는 편자가 추가함. 전서에 의히면 '장현경'이 아니라 '장현경의 아버지(장시경張時景)'임을 알 수 있다.
* 여기에 소개된 '정조 독살설'을 인용하며 말초적 궁중 비사에 천착하는 남한의 대중 소설가나 역사가도 있는데, 오로지 상업성에 함몰된 그들의 속류적 경향은 척결되어야 마땅할 것이다.

중국을 통할 수밖에 없었다. 아무리 쇄국 시대였지만 연경과 압록 강과의 사이는 2천 리에 지나지 않으니, 해륙 몇 만 리를 모험하고 와서 동양 문화의 최고 아성인 중국 수도 연경에다가 포교의 문을 열고, 천국의 전파자라는 이름 아래 서양 자본주의의 정신적 탐험대의 역할을 하고 있는 천주교사 그들로서, 어찌 이 근린국近隣國인 조선에 포교의 손을 뻗치려 하지 않았으랴?

명조 말엽에 이마두의 설교에 제1착으로 귀의한 서광계徐光啓는 자기의 신망을 볼모로 하여 자신이 직접 조선의 통치 계급에게 전도할 목적으로 사행使行을 자청한 일까지 있었다(그러나 서광계와 같은 중요 인물이 외국에 원행遠行할 수 없다는 이유로 저지되었다). 추측컨대 천주교가 연경에 온 지 얼마 안 되어 그의 교선敎線은 조선에 침입하였을 것으로 생각되나, 그 정도는 아직 미약하여 몇몇 명인名人의 천주교에 대한 소개와 단평 이외에는 모두 자취가 인멸되어 버렸고, 100여 년간 하류층에서만 잠류하고 있었다. 그러다가 정조 시대에 들어와서 정치적 불평과 학문적 기근을 통절히 느끼던 남인 일파 즉 성호학파 여러 명사가 경쟁적으로 환영하매, 서학은 비로소 지식 계급의 선전적 위력을 얻어 갑자기 문화적 사회에 활약의 자태를 나타냈다. 전언에 의하면 정조의 친모 혜경궁 홍씨는 서교의 신자라고 하니, 당시 그의 잠행적인 매개가 얼마나 유력하였는지를 짐작할 수 있다. 이뿐 아니라 정조의 서제庶弟 은언군恩彦君 인禑의 처 송씨宋氏와 그 아들 담湛의 처 신씨申氏도 서교를 믿고 외인을 비밀히 통한 것이 후래 순조 원년(1801) 청인淸人 주문모의 자수 진술하는 말 가운데서 드러났다. 《다산연보》(정규영丁奎榮 소저所著)* 에 의하면, 주문모는 중국 소주인蘇州人으로 정조 19년 을묘(1795)

여름에 변장을 하고 국내에 잠입하여 북악산 아래 숨어 있으면서 천주교를 널리 전파하였다. 정조와 채당을 차례로 처치한 다음에 왕족까지 음해하려던 벽파 권신으로서는 무함誣陷과 중상이 물론 그들의 상투 수단이었지만, 어쨌든 교회의 파선波線이 왕실이 규중에까지 미쳤던 것이 사실인데, 이는 또한 남인 서학파의 활약에서 결과된 것이었다.

오랫동안 '뜻을 잃고 정부를 원망하던(失志怨國)' 남인 일파의 복권 운동과 자기 부자를 모해하던 일당에게 통분을 품었던 정조의 복수 계획은 모두 벽파 서인의 정권을 투쟁 대상으로 하게 되었다. 당시 남인 서학 일파는 이와 같은 정치적 관계에서 절호의 찬스를 발견하였다. 물론 그들의 최종 목적은 왕권의 강화와 혹은 사상의 자유와 혹은 이른바 이상 세계의 실현에 있었고 벽파 타도 그것이 아니었지만, 목적을 위해서는 당시 정치적 최대 장애물인 벽파 정권의 도괴倒壞를 당면 목적으로 하여 남인과 정조의 공동 전선에 반가이 참가하였던 것이다.

그러면 벽파 정권이란 대체 무엇이었던가? 당시 양반 정국의 내면과 실학파의 정치적 환경을 이해하기 위하여 이하에 간단히 말하려 한다.

영조(재위 1724~1776)의 장자 행緈*은 요절하고, 차자 선愃*이 세자

---

* 《다산연보》: 다산의 제자 이정李晴이 기초起草하고 현손玄孫 정규영丁奎榮이 수식修飾한 《사암선생연보》(1921)를 가리킨다.
* 행緈(1719~1728): 정빈 이씨靖嬪李氏 소생. 시호 효장孝章. 정조 때 진종眞宗이라 추존함. 원문의 緈는 緈의 오식.
* 선愃(1735~1762): 영빈 이씨暎嬪李氏 소생. 시호 사도思悼. 정조 때 장헌莊獻이라 추시追諡하고 고종 때 장조莊祖라 추존함. 원문의 暎嬪洪氏는 暎嬪李氏의 오기.

가 되어 영조 25년에 대리청정代理聽政하였다. 그는 성격이 호방하고 서인 노론 일파의 전횡과 척신들의 발호를 미워하여 자기가 왕위에 오르는 날이면 장차 그들에게 일대 철퇴를 내리겠다는 태도를 보였으므로 그들은 크게 두려워하여 화를 미연에 방지하기 위해서 안으로 정순왕비貞純王妃 김씨(영조의 계비)와 총희寵姬 문소의文昭儀와 세자의 이복매異腹妹*인 화완옹주和緩翁主와 결탁하고 백방으로 무함하였다. 즉 세자는 광망실성狂妄失性하여 패악무도悖惡無道하고 불효불우不孝不友하니, 그대로 두면 장차 패가망국하리란 것이다. 형조판서 윤급尹汲*과 김한구金漢耉의 사촉으로 나경언羅景彦(윤급의 부하)이 세자의 비행 10여 조를 열거하여 상소하니, 영조는 크게 미혹되어 세자를 서인庶人으로 삼고 38년 임오(1762) 윤5월에 창경궁昌慶宮 휘령전徽寧殿*에 나와 앉아서 궁정 한가운데 미리 갖다 놓은 큰 나무 뒤주에 세자를 넣어서 질식하게 하였으나 빨리 죽지 않으므로 그 위에 풀을 쌓아 무덥게 하니 8일 만에 절명하였다.* 이 사건에 기절참절奇絶慘絶한 로맨스도 많았다.

그 뒤에 영조는 세자의 무죄와 악당의 무함인 것을 깨닫고 크게

---

* 이복매異腹妹 : 화완옹주(1738~1808)는 사도세자의 친누이이지만, 사도세자가 생후 100일 만에 정성왕후의 양자로 되었기 때문에 법통상 그리 적은 듯하다.
* 윤급尹汲(1697~1770) : 원문의 尹伋은 오식. 자는 경유景孺, 호는 근암近庵. 노론 준론峻論계로 영조의 탕평책에 반대하고 글씨에 뛰어났다고 한다.
* 휘령전徽寧殿 : 문정전文政殿을 정성왕후의 혼전魂殿으로 사용할 때 한시적으로 붙인 이름.
* 윤5월에~절명하였다 : 원문을 다음과 같이 바로잡았다. 5월 → 윤5월, 창덕궁昌德宮 명정전明政殿(지금 창경원박물관昌慶苑博物館) → 창경궁 휘령전, 9일 만 → 8일 만. 《영조실록》 38년 윤5월 13일과 21일 기사 등 참조.
  창경원박물관 : 제실帝室박물관. 1909년 명정전 일대를 전시실로 이용하고 1911년 자경전慈慶殿 터에 2층 양옥을 지어 확장하였는데 1992년 철거되었다.

슬퍼하며 뉘우쳤다. 다다음 해 갑신(1764)에 그는 휘령전에 친히 임어하여 사관을 물리치고 채제공에게 특별히 시켜서 자작자서自作自書한 〈동혜혈삼지사桐兮血衫之詞〉, 즉 세자를 비념悲念하는 시사詩詞를 정성왕비貞聖王妃 서씨徐氏 신주의 보료 밑에 넣어 두어 뒷날 자기의 비회悲悔와 세자의 원사冤死에 대한 증거를 남기게 하였다.*
정성왕비는 영조의 제1비로서 자기 소생이 없고 왕실의 장래를 위하여 생전에 세자를 가장 애호해 주던 적모嫡母였으며, 채제공은 세자가 피살당할 때 극력 변호하던 자기의 충신이었다.

　당시 세자 모해파를 벽파僻派(혹은 辟派), 세자 보호파를 시파時派라고 세상에서 불러왔다.[2] 남인 관료는 대개 시파를 지지하였고 서인 노론 관료는 대다수가 벽파의 추종자들이었는데, 홍인한洪麟漢·홍계희洪啓禧·김상로金尙魯·김귀주金龜柱·심환지沈煥之 등이 벽파의 주동자였다. 벽파는 세자를 모살하기에 성공하였으나 세자의 아들 산祘(뒷날 정조)이 세자 생전에 이미 세손으로 정립되어 있었으므로 그의 장래 복수를 크게 두려워하여 자위自衛의 묘방으로써 영조를 유인하였다. 즉 소생부所生父인 장헌세자를 두고 백부 효장세자(진종)의 왕통을 계승한 동시에 소생부에 관한 추존과 복수는 후일 즉위한 뒤에도 절대 하지 않기로 자기 할아버지인 영조 앞에서 엄숙히 선서케 하였다. 만일 후일 세손이 서약을 위반하면 이는 망조배부忘祖背父의 패역이 되는 것으로 규정되었다. 그리고 그들은 세손의 외조 홍봉한洪鳳漢을 유도하여 세자 모해에 대한 최고 책임을 상소 자인케 하였다. 이는 후일 세손이 복수할 때에 그 수범首犯인 자기

* 다다음 해~남기게 하였다 : 《정조실록》 17년(1793) 8월 8일, 《순조실록》 18년(1818) 9월 20일 기사 볼 것.

외조에게는 직접 가형加刑할 수 없으리라는 윤리상 약점을 이용하여 종범자從犯者들의 안전을 도모한 묘책이었다.

그 후 정조는 즉위 당년 병신(1776)에 세자 모해자인 김상로에게 역률逆律을 추시追施하고,* 홍인한·문소의·정후겸에게 모두 사사賜死하여 분한憤恨한 심정을 다소 풀었으나,* 벽파 전체에 대한 토역적討逆的 처분은 감히 하지 못하였으므로 그들의 대세는 여전히 조정에 도사리고 있었다. 더구나 벽파 수호신인 영조 계비 김대비金大妃(정순)는 국왕의 조모祖母라는 최존最尊의 지위를 빙자하며 정사를 견제하였다. 정조가 벽파를 한 놈이라도 건드리기만 하면 대비는 그만 노발대발하면서 "이는 선대왕先大王(영조)의 유명遺命에 위반된 것이니, 나는 그 꼴을 안 보고 사처私處로 물러나겠다"고 하였으므로 정조의 고정苦情(고충)이 심하였을 것은 물론이었다. 정조 즉위 초년에 영남 안동의 유생 이도현李道顯*은 정조에게 긴 상소문을 올려 선세자先世子를 무살誣殺한 역신 일당을 토주討誅할 것을 통절히 논술하였으나, 정조는 도리어 그에게 역률을 가하여 울며 겨자 먹는 악광경을 연출하였다. 정조의 고약孤弱한 처지와 벽파의 전횡도 가히 상상할 수 있다.

그러나 정조는 채제공을 어필로 임명하여 오랫동안 수상의 자리에 두고,* 그 이하 재능과 학식이 있는 남인 인사들을 점차 등용하

---

* 김상로는 죽은 뒤에 정조가 즉위하자 영조와 사도세자 사이를 끝없이 이간질한 죄로 관작이 추탈되었다. 《정조실록》 즉위년(1776) 3월 30일 참조.
* 홍인한·문소의~풀었으나 : 《정조실록》 즉위년 7월 5일 볼 것.
* 이도현李道顯·이응원李應元 부자는 사도세자의 죽음에 대한 의혹을 제기하는 상소를 올린 일로 인하여 대역부도죄로 사형을 당하고, 안동부는 현縣으로 강등되었다. 《정조실록》 즉위년 8월 6일, 19일 참조.
* 御筆拜相 十年委任. 채제공은 1788년 우의정, 1789년 좌의정, 1793년 영의정 등을

여 우익羽翼을 부식扶植하는 동시에 정치적 밀모密謀를 획정劃定하였다. 신빙할 만한 전언에 의하면, 영조에게 상기한 바와 같이 서약誓約한 정조는 자기 손으로는 직접 복수할 수 없으니, 왕자(순조)가 20세만 되면 그에게 전위傳位하고 자기는 수원행궁으로 퇴거하여 신왕新王의 이름으로 원수의 당을 토멸하여 대의명분을 밝히려 하였다고 한다. 당시 정세를 종합해 보면 이것은 의심할 여지가 없는 사실이었다.*

이와 같은 비밀 모의에 참여한 자는 위에도 언급한 바와 같이 채제공·이가환·정약용 등이었다. 이들 일파의 서학 관계는 당초에 어느 정도까지 정조가 묵인한 바이요 나중에 벽파와 홍당이 힘을 합쳐 공격하였을 때 정조는 채제공과 협의하여 그들을 보호하기에 힘과 기술을 다하였다. 채·이·정蔡李丁 등 이외에 서학교파 여러 사람들도 이러한 정치적 내막을 짐작한 것이었다. 그러므로 정조 재위 시에 한해서는 '사학邪學 개칭'과 포교 금령과 교서敎書 소각과 당서唐書 구입 금지와 교인 처단 등이 여하히 여행勵行되더라도 교파의 여러 사람들은 그것을 일시적 현상으로만 보고 여전히 정국 변환의 좋은 기회가 도래할 것을 기대하고 있었다. 그리하여 그들은 양선洋船 초청과 같은 적극적 수단을 강구하기까지에는 이르지 않았던 것이다.

지내고, 세상을 떠나기 반년 전인 1798년 79세에 노환 때문에 사직하였다. 《순조실록》18년(1818) 9월 20일 참조.

* 《여독》p252에 해당. 최익한이 정조의 '수원성 퇴거설退據說'을 다시 언급하며 '전언'을 '사실'로 단정한 것은 과학적인 서술 방식이 아니다. 그러나 위의 전언에 따르면 수원성은 내부의 적(벽파)에 대한 방어용도 되는 셈인데, 이는 개연성이 충분하다고 하겠다.

이때 서학파 인사들의 배교 표시를 예로 들면, 이승훈의 서교를 배척한 시문*과 다산의 배교를 표명하는 상소(정조 21년, 정사)*는 교파 인사들도 그것을 일종의 방편적인 것으로 이해하였고, 그로 인해 서로 절교하는 상황까지는 전연 이르지 않았던 것이다.

4. 정조 서거*와 서학파의 격화 및 '신유사학辛酉邪學' 사건

정조가 살아 있을 때에도 금교禁敎의 법망은 날로 세밀해지고 정권의 변동은 용이하게 오지 않았다. 이에 초조한 서학 일파는 대책상 완급의 대립이 내적으로는 없지 않았을 터이나, 이제 그 실상은 자세히 탐구할 수 없고 교파 인사들이 정조의 학술 자유와 채당 음호陰護의 정책을 이용하여 교세 확장에 주력한 것만은 청인 신부 주문모의 입국 활동으로 짐작할 수 있다.

그러나 정조·채당·서학파의 공동 전선에 벽파와 홍당은 크게 시의猜疑와 공포를 느꼈다. 정조 서거(1800) 1년 전에 채제공이 사망

---

* 이승훈의~시문 : 이승훈은 천주교를 배척하는 벽이闢異 시문을 지었는데, 그중 시는 다음과 같다. 《벽위편》 권3 〈평택현감이승훈공사平澤縣監李承薰供辭〉; 《정조실록》 15년(1791) 11월 8일 참조.
　天彝地紀限西東 천지의 떳떳한 도리가 동서로 나누어지니
　暮壑虹橋晻靄中 저문 골짝 무지개다리는 노을 속에 어두워라.
　一炷心香書共火 한 줄기 심향心香 피워 책과 함께 불태우고
　遙瞻潮廟祭文公 멀리 조묘潮廟를 보며 문공文公께 제 올리네.
* 다산의~상소 : 1797년(36세)에 올린 〈변방사동부승지소辨謗辭同副承旨疏〉.
* 서거 : 《여독》 p254에는 '승하'로 되어 있다. '승하·선비·임금·백성' 따위는 계급적 모순을 엄폐하는 말이기 때문에, 최익한은 봉건 잔재를 청산하는 차원에서 '서거·유사·국왕·인민' 등의 용어로 계속 대체하여 나간 것으로 보인다.

함에 따라 공동 전선의 활동은 드디어 급조를 띠었다. 이에 자극된 벽파의 흉계도 발악적이었다. 그들의 최고 장애물인 정조가 서거하매 홍당은 기뻐 날뛰었고 벽파는 더욱 전횡하였다. 김대비를 주신主神으로, 영상 심환지를 주장主將으로 한 벽파 일당은 대사옥 大邪獄의 발기를 준비하고 있었다. 이때 채당과 서학파의 창황蒼黃 초조한 광경은 과연 어떠하였겠는가?

　　검은 바탕 번쩍이는 비늘의 악한 짐승은
　　고개를 쳐들고 어린 까치의 보금자리로 들어간다.

　　놀라고 성나고 그러나 어쩔 줄 모르는 어미 까치는
　　짹짹거리며 이 가지 저 가지로 뛰날고만 있다.

　　어디서 긴 목에 긴 소리를 빼고 오는 모진 새는
　　세찬 톱으로 그 짐승의 대가리를 움켜잡고

　　날카로운 부우리로 그놈의 뇌수를 쪼아먹으면
　　그 아니 통쾌할쏘냐! 그 아니 통쾌할쏘냐!

　　啾啾嗔鵲繞林梢　　黑質脩鱗正入巢
　　何處戞然長頸鳥　　啄將珠腦勢如虓
　　不亦快哉*

---

* 시의가 두보杜甫의 <의골행義鶻行>(758)과 비슷하다. 최익한은 사건의 발생 순서에 따라 원시原詩의 기와 승을 바꿔 이른바 '스토리 번역'을 시도하였다.

이 시는 다산의 <그 아니 통쾌할쏘냐!不亦快哉行> 20수 중 한 수 (제18수)인데, 당시 급박한 정세는 과연 검은 바탕 번쩍이는 비늘의 악한 짐승이 어린 까치의 보금자리로 들어가는 그 순간이었으니, 세찬 톱과 날카로운 부리를 가진 모진 새가 오지 않으면 그들은 오직 사멸의 비운이 있을 뿐이었다.

순조 원년(1801)의 '신유사옥辛酉邪獄' 사건은 만 1년 동안 대가리와 꼬리가 서로 맞물고 일어났으므로 칼로 베듯이 구분할 수는 없으나 대개 3단으로 볼 수 있다. 1단은 이가환·이승훈·권철신·정약전·정약종·정약용·홍교만·최창현·이존창李存昌·강완숙姜完淑*에 대한 처단이고, 2단은 청인 신부 주문모의 자수 사건이며, 3단은 황사영의 백서 사건이다. 그러나 1단 사건은 요컨대 집권자의 최대 정적인 채당의 타도였으므로 이가환·이승훈·정약용 등이 벽파의 최우선 대상이었으나 사교邪敎의 중심인물은 누구보다도 정약종이었다. 동년 2월 지사知事 권엄權攞(처음 채당, 나중 홍당) 등 63인은 연명 상소에서 다음과 같이 말하였다.*

아! 저 역적 약종은 한낱 사악한 요괴입니다. 천륜을 끊고 자취를 감추어 따로 살면서 밝은 세상을 등지고 으슥한 소굴로 들어갔으니, 애당초 이 세상에 군신과 부자의 윤리가 있음을 인식하지 못하였습니다. 그는 마음가짐에 사학邪學 받들기를

---

* 강완숙姜完淑(1761~1801) : 원문의 姜淑完은 오기. 덕산德山 사인士人 홍지영洪志榮의 후처로서 조선 천주교회 최초의 여성회장.
* 원문에는 "同年 正月 知事 權攞 等(처음 蔡黨, 나중 洪黨) 三十六人의 上疏에 다음과 같이 말하였다"고 되어 있으나,《순조실록》1년(1801) 2월 18일 기사를 참고하여 본문과 같이 고쳤다.

부모보다 극심하게 하고, 사학 지키기를 굳은 절개로 삼으며, 행적이 음흉하여 사람 만나기를 싫어합니다. 그러므로 사람들은 그 어두운 곳에서 지어낸 법이 어떤 모양의 물건인지 몰랐습니다. 마침내 이리 같은 성질은 교화하기 어려워지고, 올빼미 같은 소리는 더욱 방자해진지라 이번에 극히 흉악하고 몹시 패악부도한 말이 문서에서 적발되기에 이르렀으니, 이는 참으로 전에 없던 변괴입니다. 아! 약종의 형이 되고 아우가 되는 약전과 약용이 감히 "모른다" 하고, 또 감히 "나는 하지 않았다"고 말할 수 있겠습니까?[3]

이 상소는 당시 서교파 수령인 정약종의 비밀 활동과 신앙의 열성을 가장 잘 표현한 문자이다. '궁흉극악窮凶極惡·절패부도絶悖不道' 등의 문구는 단순히 사교 신봉을 논죄한 것이 아니다. 필시 약종이 왕실에 관한 것 또는 독배에 관한 사실을 폭로하여 벽파를 토죄討罪한 동시에 교도와 군중의 의분을 환기한 선동 문서를 지적한 말이었을 것이다. 그들이 약종의 문서를 구체적으로 논박하기에는 너무나 염치가 없으므로 다만 그와 같은 막연한 악담의 문구로써 그를 죽이려 한 듯하다. 약종의 형제임에도 불구하고 약전과 약용은 이 일에 관지關知하지 않았던 것이 사실이었다.

동년 12월 〈토사반교문討邪頒教文〉에 "선왕이 서거한 뒤로는 오직 함부로 날뛰려고만 든다(自仙馭賓天之後 惟意跳梁)"* 하였고, 국왕의 명의로 청나라 조정에 보낸 〈토사주문討邪奏文〉에는 또 이렇게 말하였다.

---

* 《순조실록》 1년 12월 22일 기사에는 跳梁이 跳踉으로 되어 있는데 같은 뜻이다.

작년에 국상國喪이 있어 신이 어린 나이에 습봉襲封*하여 모든 일이 초창기인지라, 사당邪黨들이 감히 이때를 틈탈 만하다고 여기고는 서울과 지방에서 메아리처럼 응하여 더욱 서로 결탁하면서 끝없이 활활 타올라 날이 갈수록 널리 퍼졌습니다. 올해 3월에 한성부漢城府가 사당의 왕복 서찰과 사서邪書를 규찰하여 획득하였다고 알려 왔으므로, 이에 의거 비로소 국문하여 진상을 밝히게 되었습니다. (……) 이 서찰은 실로 사당과 관계한 정약종이 짓고 모은 것이었습니다.[4]

이상 두 글의 어구를 보더라도 정조 서거는 서학교파들에게 정치적 낙망과 전술적 충동을 강렬히 주었으며, 동시에 독배 사건과 김대비의 전제專制와 권신의 발호와 기타 지배 계급의 정치적 강압과 도덕적 타락 등은 도리어 그들에게 절호의 선전 재료를 제공하였던 것이다. 그들은 정조의 죽음을 계기로 하여 현 정국을 타도하는 방편으로 독배 운운을 유포하였다. 서인 노론 명가의 자손인 김건순金建淳(청음淸陰 김상헌金尙憲의 사손嗣孫), 김백순金伯淳(선원仙源 김상용金尙容의 후손) 등이 채당 교파와 합류한 것은, 서교의 신앙이라거나 혹은 벽파의 전횡에 대한 반감이란 것보다도 국왕을 암해暗害하였다는 데 대한 '공분公憤'이 하나의 유력한 동기로 되었던 것이 아닌가? 그들은 국왕의 장사葬事와 왕위의 계승으로 심히 분망奔忙한 시기를 타고 북경 교회 연락과 유언流言 선포와 민심 선동 등에 필사적으로 활동하였던 것이다.

---

* 습봉襲封 : 세습하여 봉함. 조선이 청의 제후국이므로 순조의 왕위 계승을 '습봉'이라고 한 것이다.

이상에 말한바 이가환·이승훈·정약종·정약용의 채당 일파를 일망타진하여 제1단의 옥사獄事를 완료한 다음에, 벽파의 마수는 다시 주문모의 자수를 기회로 하여 '사학邪學'과 '요언妖言'의 양 법안을 겸용하여 시파와 채당을 재검거하는 동시에, 벽파의 적인 왕숙王叔 은언군 恩彦君 인䄄*의 온 집안과 선왕의 신신信臣 윤행임尹行恁*과 노론 시파의 우두머리 홍낙임洪樂任*과 노론 신도인 김건순·김백순까지 모두 재상의 그물에 움켜 넣어서 반대당파들의 정치적 퇴세頹勢(쇠퇴 형세)를 다시 걷잡을 수 없게 하였다.

이렇게 험악한 환경에서 다산의 질서姪壻(조카사위)요 교파*의 맹장인 황사영은 망명 탈주하여 이름을 바꾸고 상복으로 갈아입고 충청도 제천堤川의 토굴 속에서 반년 이상 숨어 있으면서 교인과 연락하고 교회를 유지하며 동지 황심黃沁·옥천희玉千禧·김유산金有山·김한빈金漢彬(정약종의 행랑아범) 등과 더불어 최후 수단을 강구하였다. 그는 흰 명주 한 폭[白絹幅]에다가 잘게 글을 써서, 북경 천주교회의 서양인 선교사들에게 주문모 이하 여러 교인의 피살 상황을 상세히 보고하고 박해와 포교에 관한 타개책 3개 조항을 진술하였다.

하나, 청국 황제의 교지敎旨를 얻어내서 조선 정부로 하여금 서

---

* 인䄄 : 이인李䄄(1754~1801). 사도세자의 서장자로 정조의 이복동생.

* 윤행임尹行恁(1762~1801) : 자는 성보聖甫, 호는 석재碩齋. 노론 시파로 순조 즉위 후 이조판서에 오르기도 하였으나, 벽파가 집권한 후 신지도로 위리안치되어 사사되었다. 《순조실록》 1년 9월 10일 기사 참조.

* 홍낙임洪樂任(1741~1801) : 홍봉한의 아들로 정조의 친모인 혜경궁의 동생. 승지에 올랐고, 신유사옥 때 제주도로 유배되었다가 사사되었다. 홍낙임·은언군·윤행임 등은 정치적 희생양이었다고 볼 수 있다.

* 교파 : 《여독》 p259에는 '좌파'로 되어 있다.

양인을 국내에 접수토록 할 것. 하나, 안무사按撫司*를 평안도 안주安州에 개설하고 청조의 친왕親王*으로 하여금 감시하여 포교의 자유와 정치적 기회를 획득하도록 할 것. 하나, 서양국에 통지하여 대함大艦 수백 척과 정병精兵 5, 6만 명과 대포 등 예리한 무기를 파송派送케 함으로써 조선에 와서 시위하여 자유로이 포교하도록 할 것 등이었다.[5]

이 밀서를 역속驛屬에게 주어서 북경 사행에 딸려 보내려던 참이었는데, 황사영이 제천에서 체포되는 바람에 수색한 문서 중에 본 백서가 발견되어 그들의 계획도 물거품이 되고 말았다.

이상 일련의 사건으로써 정조가 서거한 직후 서학교파의 격화激化가 얼마나 심했는지를 알 수 있다. 백서 사건은 요컨대 교파의 무모한 행동이었고, 이가환·정약용 등 저명한 학파와는 아무런 관련이 없었다. 이 백서의 주지主旨와 같이 외국 무력간섭을 배경으로 하여 자기 국내의 문제를 해결하려는 것은, 사려 깊은 애국 인사의 취할 정책이 아니므로 다산 일파는 절대로 반대하는 입장에 서 있었던 것이다. 이에 대한 논구는 절을 고쳐서 진행하려 한다.

---

* 안무사按撫司 : 인민의 사정을 살펴 위로하는 관청. 〈황사영 백서〉에 "안무사를 안주와 평양 사이에 개설하고 친왕에게 명하여 속국 조선을 감독·보호하게 하옵소서 (開撫按司於安州平壤之間 命親王監護其國)"라고 하였다.
* 친왕親王 : 황제의 아들이나 형제.

5. 서학의 교·학 양파 분열과 학파로서의 정다산의 사상 및 영향

당시 서학 일파 중에서 교파와 학파 양익兩翼이 분립해 있었던 것을 역사적 색맹이 아닌 우리는 명백히 간파하지 않으면 안 될 것이다. 위에 여러 번 지적한 바와 같이 정약종·황사영·홍교만·최창현 등은 교파분자로서 열렬한 신교자信敎者였다. 그들은 신교의 자유를 획득하고 조국을 모르는 천국을 실현하기 위하여 적극적 수단을 취하였으니, 이른바 '황사영 백서'가 그 일단을 표시한 것이었다.

순조 원년 '사학邪學' 대탄압이 전국적 선풍을 일으켜 그들의 육신은 분쇄하였지만, 그들의 신념은 죽이지 못하였다. 그들은 가혹한 고문 아래서 "죽어도 뉘우치지 않는다(至死不悔)"고 언명하고(정약종), 혹은 "서학에 '사邪' 자를 가할 수 없다"는 이유로 항변하였다(홍교만).[6] "보리 낟[麥粒]이 땅에 떨어져서 만일 죽지 않으면 다만 한 개로 있지마는 만일 죽으면 많은 열매를 맺는다"(〈요한복음〉)는 격언은 그들의 순교에 대한 신조였다. 중세기적 포학한 전제주의에 반항하고 굴복할 줄 모르는 인민성에 호소하며 그것을 이용하는 천주교의 유파는 그 뒤 수차 대학살과 연속 박해를 받으면서도 항상 민중의 저층에 침투되고 있었다. 생활에 절망한 서민과 정계에 낙오한 인사들의 귀의를 받아 박멸하면 할수록 그만큼 치열해지는 교파 세력은 개화 운동에 자극을 주었고, 혹은 민중의 비밀 결사와 신앙 형식에 기술과 경험을 기여하기도 하였다.

그러므로 19세기 중엽부터 일어난 동학당은 그 주창자 최복술崔福述(최제우崔濟愚)이 유불도 3교를 통합하였다고 자칭하였음에도 불구하고, 이른바 13자 주문에 유교의 상제上帝나 도교의 옥황玉皇이나 또 불교의 천왕天王, 혹은 제석환인帝釋桓因 등 용어를 쓰지 않고 그 당시 금물인 '천주天主' 두 자를 내세운 것은 천주교의 영향이었음을 간과할 수 없다. 또 19세기 말엽 야소교의 신교新敎가 입국하기 전까지는 천주교인이 서북 양도에는 거의 없었고, 주로 삼남 지방에 많이 분포하였으며, 그중에도 특히 경상도 대구·경주 등지에 수가 많았는데, 동학의 발생지가 경주였다는 사실은 후자가 전자의 영향을 받았다는 점을 증명하는 하나의 실례이다.

요컨대 동학의 종교적 형식은 천주교의 영향을 다소 받은 것이 사실이었으나, 여기에서 반드시 또 엄밀히 변별해야 할 것은 동학이나 서학을 막론하고 그의 종교적 형식보다도 그의 사상적 내용에 관한 문제이다.

상기한 서학의 교파는 천주교리의 맹신을 통하여 서양 숭배와 외력外力 의뢰의 경향을 빚어내게 되었다. 그들은 서양인의 종교 선전에 대하여 그 계통과 본질 및 목적이 무엇인가를 간과하지 못하고 자기 조국 내부의 정치적 문제를 외인의 마수를 빌려서 해결하려 하였다. 황사영 백서 사건의 실패가 그들에게 훌륭한 교훈을 줄 수 있었음에도 불구하고 그들은 항상 맹신적 행동으로 인민의 경각성을 방해하였다. 그 뒤 헌종 12년 병오(1846) 홍주洪州 외연도外烟島*에 와서 정부를 향하여 동왕 5년 기해(1839) 프랑스인 선교사 13명의 피살 사건을 문책한 것과 고종 3년 병인(1866)에 강화도를 침공하면서 동년 대원군의 프랑스 선교사 및 천주교도 학살 사건

---

* 외연도外烟島 : 현 충남 보령시 오천면 외연도리.

을 구실로 삼은 것은, 모두 서학교파들의 비밀 연락을 받은 프랑스 군함들이었다. 이러한 사태는 그 책임이 무엇보다 당시 통치 계급의 포학한 박해에 있었다. 또 조선인 신도들에 있어서는 단순히 박해를 모면하고 신앙의 자유를 찾기 위한 행동이었으나, 그들은 객관적으로 서양 자본주의 원정대의 침략에 대하여 내응적인 역할을 실행한, 비애국적 행동으로 낙착되고 말았다. 조선 근세 개화 운동사에서 자주 보이는 외국 의뢰주의는 그 발단의 책임이 황사영과 같은 서학교파에게 있다는 점을 지적하지 않을 수 없다.

그러나 당시 서학학파는 정치적 견지를 서학교파와 전연 달리 하였다. 왜냐하면 후자는 자기 조국을 서양화하려고 한 반면에 전자는 서학을 동학화하려고 한 까닭이었다. 성호·다산 등 실학파는 천주교리를 결국 하나의 '환망幻妄'으로 규정하고, 다만 서학의 과학 부분만을 섭취하여 조국의 부강화에 이바지하려 하였다. 그들은 한 걸음 나아가 과학과 기술은 서양을 배우되, 그들이 고심참담하게 고안해 낸 이상적 사회는 저 권모술수와 약육강식으로 직능職能을 삼고 있는 서양 '패도覇道'의 나라를 모방하려 하지 않고, 오직 토지 공유, 공동 경작, 노력에 의한 분배, 계급 차별의 철폐, 세습 군주제의 폐지 및 인민 선거제 실시 등을 내용으로 한 새 사회, 다시 말하면 동양 '왕도王道'의 나라를 건설하려는 것이었다. 그래서 다산 일파는 서양 숭배 대신에 서양 경계를 주장하였다. 그 당시 이미 동양을 위협하는 서양 각국의 상업 원정대에 대하여 그들은 일정한 대책을 고려하였다. 다산의 전서 중 '미성未成' 혹은 제목만으로 남아 있는 《상두지桑土志》,* 《아방비어고我邦備禦考》 같은 저작들과 기타 동류 실학자들의 이론에서 볼 수 있는바, 조국의 부강화를 위하여 생산 능률과 국방 능력과 물화 유통을 향상시키기에 필요한 과학 기술을 국제적으로 섭취하려는 북학론·통상론 등이 모두 이와 같은 대책을 의미하는 것이었다.

당시 다산 일파는 부득이한 경우에 외국의 세력을 초청하여 국내 정치를 개혁하겠다는 교파의 의도에 대하여 어느 정도로 반대하였던가? 이런 사실은 원래 그들 전체의 비밀에 속한 것이었으므로 그들이 남긴 기록은 이에 관하여 일체 침묵을 지켰으나, 간접적인 증언은 여러 방면에서 발견되고 있다. 즉 첫째로 다산 일파는 서학의 학파로서 그들의 입장이 교파와는 달랐고, 둘째로 그들의 정치적 논조는 항상 자주적인 견지를 고수하고 사대주의 혹은 의외주의依外主義를 타매唾罵하였으며, 셋째로 양함洋艦의 위협과 청제淸帝의 간섭을 주지로 한 황사영·황심 등 백서 사건에 다산은 전연 관지關知하지 않았을 뿐만 아니라 다산의 친형 정약종도 자기 친동생에게 교회 생활을 함께하지 못한 것을 한탄하고 교회의 비밀을 절대로 통하지 않은 지가 이미 오래였던 것이다. 또 다산은 교파 인물에 대하여 한 번도 악언을 가한 일이 없었음에도 불구하고 백서 주범인 황사영에게는 특히 '역적'이란 필주筆誅를 내려 조금도 관용치 않고 자기의 입장과 적개심을 표시하였다. 이와 같은 관점들은 다산이 학파로서의 정치적 주견主見이 저들 교파와 반대였다는 것을 충분히 입증하여 준다.

그러므로 다산이 만년에 이가환의 묘지명을 지어서 그의 입장과 사적을 밝히는 가운데에 정적이 이가환을 사교의 괴수라고 무함한

---

* 상두지桑土志 : 이덕리李德履가 저술한 국방 관련서. 정약용 저자설은 오류.

것을 극력 변증하였고, 또 정조 19년(1795) 여름 혹은 그 전 14년(1790)에 가환이 벌써 권일신·주문모와 함께 양함 초래招來를 협의하고 은 2일鎰(1일은 24냥)을 출자하였다는 데 대하여 이것이 악당의 터무니없는 허구와 사리에 전연 어그러진 무고誣告란 것을 명백히 지적하였으니, 이런 방면으로 보더라도 당시 정약용·이가환 일파의 학파에서는 교파와 같은 무모한 계책은 절대로 하지 않았던 것이다. 이와 같이 다산의 실학사상은 서향주의西向主義나 의외주의依外主義가 아니라 자주적인 애국사상이었으므로 후래 개화 운동과 계몽 운동에 있어서 우수한 전통과 영향을 주었던 것이다.

이제 위에서 잠깐 논의한 동학 문제로 다시 돌아와서 보자. 동학이 천주를 표방한 점은 물론 천주교의 영향이며, 그 외피는 종교적이었으나 그 내용과 성격은 농민 투쟁인 동시에 실학파 즉 다산 일파의 '농민 혁명의 이념'과 연결된 대중적 표현이었다. 갑오농민전쟁에 있어서 이른바 북접北接*의 거두인 최시형崔時亨·손병희孫秉熙일파는 교회는 정치와 전쟁에 관계해서는 불가하다 하여 전쟁으로부터 탈퇴한 동학의 교회주의자들이었으며, 그 반면에 남접南接의거두인 전봉준全琫準·김개남金開南* 일파는 교회를 전쟁에 종속시켜혁명을 완수하려고 한 주전파들이었으므로 이 전쟁의 지도자들은전자가 아니고 필연적으로 후자였던 것이다. 이 지도자들은 투쟁의 강령으로서 문벌 타파, 사민四民 평등, 인재 본위, 노예 폐지, 칠반천민七般賤民의 대우 개선, 서얼 소통, 청춘과부의 자유 개가, 신앙

---

* 북접北接 : 원래는 최시형이 포교 활동을 한 경주 이북 지역의 교단 조직을 가리키는 말인데, 갑오농민전쟁 때에는 전라도 지역의 동학 조직을 남접南接이라 하고, 충청도 지역의 조직을 북접이라 하였다.
* 김개남金開南(1853~1895) : 원문의 金介男은 오기. 동학농민군 총관령總管領.

자유 등등 사회 제도의 개혁으로부터 토지의 평균 분여, 부채 탕감, 가렴잡세의 폐지, 토호·양반·유생 및 탐관오리의 응징 등등 정치 경제적 개혁에 이르기까지 열거하였고, 대외적으로 척양척왜 보국 안민, 왜인과의 간통奸通의 엄징嚴懲 등 표어를 높이 들었으니, 이 강령과 표어의 사상적 내용이 어디까지나 반봉건적 민주주의의 요구인 동시에 외래 자본주의 침략을 반대하는 자주 독립적 정신이 었다. 그러므로 저 서양 숭배와 외국 의뢰를 내용으로 한 서학교파의 사상(내지 기독교인 일반의 사상)과 또 혁명적 투쟁의 장면으로부터 탈주한 동학교회주의자들의 방향과는 근본적으로 그 성격을 달리하였던 것이다.

다산의 비합법적인 경세 사상을 구체적으로 전개한 《경세유표》 별본이 전봉준·김개남 등의 손에 비밀히 전수되어 그들의 투쟁에 이론적 도움을 주었다는 전설은 결코 우연한 낭설이 아니다. 왜냐하면 과거 우리나라 수백 년 동안 연속적으로 반복한 투쟁—한 지방에서 탐관오리와 개별적 폐정弊政을 반대하여 일어난 농민 투쟁들에 비교하면, 갑오전쟁은 그 규모로나 강령과 전술로나 말할 수 없을 만치 발전된 것이었다. 따라서 이것은 우수한 진보적·계몽적 사상가들의 지도적 이론의 주입 침투가 없이는 저와 같이 발전한 투쟁으로 나타날 수 없었기 때문이다. 그리고 신유사옥 당시에 다산은 자기의 배교적 실증이 표명됨에 따라 사형을 면하고 남해 변지邊地인 강진에서 18년의 장기 유형을 겪는 동안에 자기의 문필적 포부를 발휘할 곳이 없어서 경의經義·예설禮說 등에 신해석을 가하는 것으로 흥미를 붙였다. 그는 서학에서 얻은 과학적 방법과 성호학에서 계승한 실학적 견해를 종합적으로 이용하여 공맹학의 실용적 부분을 자기 식의 척도로 재단하여 당시 유학자들에게 도전하였다. 그러나 이와 같은 경전 해설은 원래 자기의 본원本願이 아니었고, 항상 신학新學과 신정新政을 실시하여 부패한 사회와 빈약한 조국을 이상의 나라로 개조하려는 염원이 간절하였다. 그의 이서일표二書一表가 바로 이를 치의致意한 일부 표현이다. 또 그는 고난한 유배 중에도 호남 농민의 생활 상태에 끊임없이 주의하며 관료 계급의 잔인무도한 행동을 무자비하게 지적 폭로하였다. 그가 유배지에서 발표한 논설과 시편은 부패한 양반 사회와 추악한 착취 제도를 날카로운 칼날로 샅샅이 해부하고 풍자의 불길로 불살라 버리려 하였다. 그의 사상적·문학적 영향은 실로 거대하였다.

1. 《정조실록》 권33, 15년(1791) 11월 11일, "教曰 中人等詿惑者 必欲掃蕩 窩窟者 一則欲人其人 一則寓化民成俗之意 … 卿等知此意 各別査究 無或 一人倖漏 一人誤罹 要之 皆期於革面圖新 … 仍命權日身 崔必恭等處 曉諭 義理 使之自新"

2. 벽파니 시파니 하는 명칭은 정조 때에 와서 비로소 불리었다 하나, 사실은 영조 48년(1772)경에 영조의 계비 정성왕비 김씨의 오라비 김귀주金龜柱 (김한구의 아들)와 장헌세자의 처부 홍봉한이 당파를 나누어 서로 공격하며, 화완옹주(영조의 딸)의 양자 정후겸鄭厚謙이 또한 권세를 부렸다. 이때 시벽時僻이란 명칭이 있게 되었는데 김귀주는 벽동碧洞에, 홍봉한은 시동 詩洞에 각각 거주하였으므로 동음이자로 時僻이라 불렀다 한다. 일설에 벽僻은 피벽詖僻의 뜻이요 시時는 시의時宜의 뜻이라 한다. 혹설에 僻은 본래 辟(임금 벽)자인데 바로 영조 편인 까닭이라고도 한다.

3. 《순조실록》 권2, 1년(1801) 2월 18일, 知事權襮等六十三人疏, "噫 彼逆鍾 乃一妖精邪怪也 絶其天屬 匿影別處 背陽明之界 入幽陰之窟 初不識世間 有君臣父子之倫 其所設心 奉邪學甚於父母 守邪學作爲苦節 行跡陰秘 厭

與人接 故人不知其暗地作法 是何樣物事 而畢竟狼性難化 梟音益肆 乃有
今番窮凶極惡 絶悖不道之言 至發於文書 此誠前古所無之變怪也 噫 以若
<u>鍾爲兄爲弟</u> 則若銓若鏞 其敢曰 不知 而亦敢曰 吾<u>則</u>不爲乎"

* 원문에는 '爲兄爲弟'가 '爲兄弟', '則'이 '亦'으로 되어 있는데, 최익한은
《조선기독교급외교사·상편》p121을 참고하였다.

4. 같은 책 권3, 1년 10월 27일, 討邪奏文, "及昨年國有喪禍 臣沖年襲封 庶
事草創 邪黨等 <u>忍謂此時可乘</u> 京外響應 益相締結 漫漫炎炎 日漸滋蔓 本年
三月 漢城府斜得邪黨往復書札及邪書以告 據此始行鞫覈 … 伊書實係邪黨
丁若鍾所著所鳩"

* 원문에는 '忍謂'가 '認爲', '書'가 '時'로 되어 있는데, 최익한은《조선기독
교급외교사·상편》p155를 참고하였다. 〈토사주문討邪奏文〉은《벽위편》
권5 pp19b~22a,《조선기독교급외교사·상편》pp155~7,《한국천교회사
(상)》pp576~585에도 전문이 실려 있고, 또 그 일부가 이만수李晩秀의
《극원유고展園遺稿》권12에 〈토사역주문討邪逆奏文〉으로 실려 있다.

순조는 청나라 인종仁宗에게 보내는 〈토사주문〉에서, 여러 서교도들을 토
벌하는 와중에 주문모까지 참형에 처했다고 밝혔다. 당시 순조는 어렸고,
김대비와 노론 대신들은 주문모가 중국인이므로 나중에 혹여 문제시되지
않을까 노심초사하였다. 그리하여 그들은 소국의 제후로서 사대事大하는
의리를 다하고자 보고한다는 명분을 내세워, 주문모를 처형한 사실을 눈
감아 주십사 하고 그 간곡한 애걸을 저류에 표시하게 되었던 것이다. 글은
대비와 사전 모의를 거쳐 대제학 이만수가 작성하였다.

5. 같은 책 권3, 1년 10월 5일, "滿幅凶憯 以周文謨以下諸罪人伏法之事 細報
於西洋人 而中有三條凶言 一則圖得皇旨 教諭朝鮮 使之容接西洋人也 一
則開撫按司於安州 命親王監國生聚教訓 乘釁而動也 一則通于西洋國 裝送
大舶數百艘 精兵五六萬 多載大砲等利害兵器 震駭東國 使之行教也"

6. 같은 책 권2, 1년 2월 25일, "丁若鍾 則鞫庭嚴問之下 稱以之死靡悔 … 洪
教萬 (而及到鞫庭 乃反指斥太淸 誇張)厥學 至謂不可以邪字加之"

제2부 다산의 철학적 제 견해

제5장 과학적 신견해와 일체 미신 타파론

종래 종교적 스콜라 철학파가 주장한 바와 같이 태양이나 유성이 지구를 중심으로 하여 회전하는 것이 아니라 이와 정반대로 유성이나 지구가 태양을 중심으로 하여 회전한다는 가설을 주장한 코페르니쿠스(1473~1543)는 이것으로써 중세적 교의에 커다란 진감震撼을 주고 새로운 과학적 사상을 전개하는 데 위대한 역할을 하였다. 그 후 갈릴레이(1564~1642)는 코페르니쿠스의 가설에 결정적인 과학적 기초를 준 동시에 그 시대의 최대 사상가이며 철학자였다. 우리 조선 근세 실학파 학자들도 종래 유학자들이 주장한 천원지방天圓地方·천동지정설天動地靜說을 일축하고 지원地圓·지동설地動說을 시인함으로써 유학의 '동굴적 우상'을 타파하는 강력한 사상적 철퇴를 준비하였던 것이다.

그리하여 다산은 과학적 사상에 기초한 자기의 새로운 세계관을 먼저 천문 지리학으로부터 전개하였다.

그의 〈지구도설地球圖說〉은 남극·북극의 출지出地의 도도度*와 동요

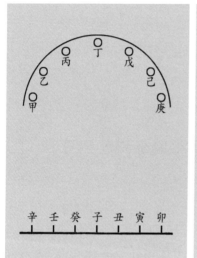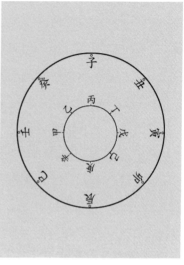

정오가 될 때의 태양 위치와 관측 지점을 간지로 표시한 것이다. 다산은 모든 지점이 오전과 오후의 시간 길이가 똑같은데 이는 바로 지구가 둥글다는 증거라고 하였다.

東徼·서요西徼·정오亭午의 분分*을 도시圖示하여 땅의 형세가 둥근 공과 같음을 설명하였다. "만일 하늘이 둥글고 땅이 네모지다면 하늘이 땅의 네 귀퉁이를 덮지 못할 것이다(若天圓而地方 是四角之不掩也 《대대례大戴禮*》)"라는 증자曾子의 말을 인용하고, 또 주자가 이의二儀 (음양)의 설에서 심괄沈括*의 의견을 따랐다는 것을 인증하여, 지원설地圓說에 대한 유학자들의 의문을 논박한 동시에 종래 동양에서

* 남극·북극의 출지出地의 도度 : 남극과 북극이 지표면에서 나온 도수. 즉 남위南緯와 북위北緯.
* 동요東徼·서요西徼 : 동·서의 경계. * 정오亭午의 분分 : 정오가 되는 분수.
* 대대례大戴禮 : 전한 시대 대덕戴德(大戴)이 공자의 72제자의 예설禮說을 모아 엮은 책으로, 기존의 예에 관한 기록 214편을 85편으로 간추렸다.
* 심괄沈括(1031~1095) : 북송의 천문·지리학자. 자는 존중存中, 호는 몽계옹夢溪翁. 저서로 《몽계필담》,《보필담補筆談》 등이 있다.

도 천원지방설이 근거가 없다고 단언하였다.

또 그의 〈지리책地理策〉에 의하면,《주비산경周髀算經》*의 끝에 천원지방이란 문구가 있으나, 주비周髀는 하늘과 땅을 측량하는 것으로서 땅을 측량하는 법은 네모꼴이 아니면 행할 수 없기 때문에 원형의 지면을 방형方形으로 잠시 가정한 것이요 그 본체가 원래 방형이라고 한 것은 아니니, 지원·지구라고 하는 것이 정당하다. 28수二十八宿의 분야*란 것은 중국에 한한 것이므로 대지 전체로 보면 아무런 의의가 없는 것이다.[1]

또 〈지리책〉에 "먼 곳을 소중히 하고 가까운 곳을 소홀히 하는 것은 예나 지금이나 병폐인데 유독 우리나라가 심하다. 비록 성명聲明(제도)과 문물文物은 중국을 모방할지라도 도서圖書의 기록은 마땅히 우리나라를 밝혀야 한다"고 하였다.[2] 이는 세계적 대관大觀이 자아를 반관反觀하여 자아의 위치와 임무를 발견한 것이다.

〈연경에 사절로 가는 교리 한치응*에게 주는 서문送韓校理致應使燕序〉에 "나로서 보면 이른바 중국은 중中이라 할 수 없고 이른바 동국은 동東이라 할 수 없다"[3]고 하여 지구 원형圓形과, 지구 표면에 여러 나라가 분포하고 있는 것을 천문·지리상으로 입증한 다음에, "무릇 이미 동서남북의 중中을 알게 되면 어디를 가더라도 중국 아닌 곳이 없을 터이니, 무슨 동국이 있을 것인가? 또 어디를 가더라도 중국 아닌 곳이 없다면 무슨 중국이 따로 있을 것인가?"[4]라고

---

* 주비산경周髀算經 : 중국에서 가장 오래된 천문학·수학 서적.
* 28수二十八宿의 분야 : 천문가가 중국 전역의 이름을 28수로 구분 명명한 것을 말한다.
* 한치응韓致應(1760~1824) : 자는 혜보徯甫, 호는 병산昞山. 교리·대사성·대사간·병조판서 등을 역임한 남인으로, 다산과 죽란시사竹欄詩社를 함께하였다.

하여 중국의 명칭이 이유가 없는 것과, 우리가 중국을 까닭 없이 세계의 중심으로 숭배하는 사대주의를 학리적으로 비난하였다. 다산보다 30여 세나 연장자인 담헌 홍대용은 자기 논문 《의산문답毉山問答》에 천문·지리를 서술하여 천하의 여러 나라들이 중국을 홀로 세계의 중심으로 높일 수 없음을 갈파하고 속류 학자들이 이를 이해하지 못한 것을 그 논문 첫머리에 풍자하였으니, 이는 다산과 동일한 사상적 조류에 속한 과학적 견해였다. 이와 같은 과학적 신견해는 인간으로서의 독립 자존적 사상을 계발해 주는 민족적 사상의 맹아 형태이다.

그러나 위의 서문은 중국이 가지고 있는 몇 가지 장점을 구체적으로 열거하고 나서, "지금 중국에서 마땅히 취할 것은 이것뿐이다"[5]고 하였으며, 그의 <기예론技藝論 1>에 "우리나라 온갖 장인의 기술은 대개 예전에 중국에 가서 배운 것이나, 수백 년 이래로 다시 중국에 가서 배울 계획을 하지 않는다. 하지만 중국의 신식 기술은 날마다 증진되어 수백 년 이전의 중국이 아닌데, 우리는 막연히 서로 묻지도 않고 오직 옛것에만 머물러 있으려고 하니, 어찌 이렇게 나태하냐!"[6]고 하였다. 이리하여 다산은 우리나라 문물의 진부하고 보수적인 상태를 걱정하고, 서양으로부터 나날이 전래하는 중국의 신기술을 흠선欽羨하여 중국 유학의 필요성을 고조하였다.

다산은 <기예론 1>에서 사람이 금수와 다른 이유를 선험적인 도덕 윤리에 돌리지 않고 기술의 습득에 돌렸다. 이러한 견해는 종래 학자들의 관념적 인식에 비하여 확실히 우수한 과학적 사상이다. 그에 의하면 "기술을 습득하는 사람들의 지혜와 기교는 그

연구에 점차漸次가 있고 그 발전에 한계가 있어서 일조일석에 완미한 것을 얻을 수 없으며 비록 성인의 예지睿智로도 그가 개인인 한에는 천만인의 합의와 중지衆智를 당할 수는 없다. 그러므로 사람의 집체集體가 크면 클수록 또 세대가 내려오면 내려올수록 기술의 정교함도 더욱 발전한다"[7]고 하였다.

이와 같은 다산의 사상은 개인주의보다 집체주의가 우수하다는 것, 중의衆意를 존중하는 다수가결제와 사회를 발전적으로 보는 진화론 등에 접근한 사상적 표현이다. 그는 이 사상적 방법을 사회 문화와 제도의 전반에 적용하지 않고 오직 기술 방면에만 국한시킨 듯한 점은 유감되는 바이지만, 어쨌든 수천 년 이래 철인哲人·학자들이 대체로 무조건 성인의 전지전능을 극구 칭찬하며 사회 일체의 퇴화를 개탄하여 온 전통적 논법과 복고적 사상에 대하여, 다산의 기술에 대한 진화론적 및 집체주의적 견해는 거대한 혁신적 의의가 있다. 다산의 '북학' 주장도 이 견해에 근거한 것이다. 북학은 당시 실학파의 새로운 애국주의적 구호였는데, 이를 기탄 없이 표현하면 북경 유학이나 중국 유학에 그치지 않고 서양 유학 즉 서양의 과학과 기술을 배워야 한다는 것을 의미한다.

다산은 도학道學과 기예의 사회적 관계에 있어 서로 다른 특성을 간파하고 양자를 구별 지어서 말하였다. 그에 의하면 "효제충신孝悌忠信과 같은 윤리 도덕은 천성(知·情의 본능)에 의거한 것이므로 성현의 서책을 강명講明하여 확충 수양하면 곧 예의의 풍속을 이룰 수 있으니, 이는 외국의 것과 뒤에 나오는 것에서 구할 필요가 없지만, 이용후생利用厚生을 위한 백공기예百工技藝는 외국과 뒤에 나오는 새로운 제도를 널리 구하지 않으면 자국의 고루함을 깨뜨리고 인민에게 이익과 혜택을 줄 수가 없다"[8]고 하였다. 그런데 그가 윤리 도덕을 다만 천성에 의거하고 성현의 서책에서만 강구할 수 있는 것으로 생각한 것은 역시 형이상학적 관념론을 벗어나지 못한 것이었다. 그러나 누구보다도 먼저 개화론을 제창한 그는 자기 명저《경세유표》에서 공조工曹에 이용감利用監을 특설하여 외국 유학과 기예 수입을 전문적으로 관리하자고 주장하였다.

다산은 〈기예론 2〉에서 "농업의 기술이 정교해지면 점용 토지가 적어도 얻는 곡물의 양은 많을 것이고, 그 노력 사용이 덜하여도 곡물은 미실美實할 것이다. 직조織造의 기술이 정교해지면 물자 소비가 적어도 얻는 실의 양은 많을 것이고, 그 노력 사용이 빠르고도 베와 비단은 치미緻美할 것이다"[9]고 하여 일반 산업 발전에 기술의 정진이 절대적 조건이란 점을 고조하였다. 그는 통속경제학이 말하는 '최소 노력, 최대 효력'의 원리를 도파道破(설파)한 동시에 산업의 기계화를 기계학자로서 예상하였던 것이다.

그는 문집 중 〈해조에 대한 대답海潮對〉, 〈신시에 대한 대답蜃市對〉, 〈옥당에서 겨울 우레를 만나 진계하는 차자玉堂遇冬雷陳戒箚子〉 등에서 해조·신시·동뢰冬雷 따위를 모두 종래 사람들과 같이 신비적 현상으로 보지 않고 자연계의 물리적 현상으로써 설명하였다. 〈기중도설起重圖說〉은 역학의 응용이며 〈애체출화도설靉靆出火圖說〉*은 광학의 일단一端이다. 복암茯菴 이기양李基讓이 북경에서 박면교거剝棉攪車를 사 가지고 와서 다산에게 보였더니 다산은 답서答書에 말하기를, "만일 한번 국왕에게 상주上奏하여 팔도에 그 양식을

---

* 애체출화도설靉靆出火圖說 : 볼록렌즈가 불을 내는 원리를 설명한 글.

반포하여 인민이 사용하면 '이용후생利用厚生'의 정치에 이익이 적지 않을뿐더러 혜택이 만세에 흐를 것이다"[10]고 찬탄하였으니, 그가 실용과학과 기술을 얼마나 중시하며 유의하였는지를 이런 말에서도 잘 알 수 있다.

그는 축성과 조루造壘, 총포와 병거兵車 등에 관해서도 일가를 이룬 지식과 기술이 있었다. 그가 31세 때 국왕 정조가 화성(현 수원성) 신축을 계획하므로, 다산은 <성제城制>를 진술하고 기중기·활차滑車·고륜鼓輪의 제制를 직접 응용한 결과, 경비 4만 냥을 절감할 수 있었다. 현존한 수원성과 그 웅장한 남문南門이 다산의 기계학의 산물이며, 그때 설계와 공사 과정의 전모가 《화성축조기華城築造記》* 라는 책자에 상세히 기록되어 종래 기술자들의 진귀한 참고서가 되고 있다.

그의 <절도사 이민수에게 답함答李節度民秀>에 수차 진술한 윤선제輪船制는 비록 근대 서양인의 기선汽船에는 비교할 수 없을지라도 증기蒸汽 응용이 있기 전의 선제船制로는 훌륭한 고안이었다. 그는 이 서한에 《동국문헌비고東國文獻備考》의 주사조舟師條를 인증하여 우리나라에 윤선輪船 창조가 이미 오랜 것을 말하였다. 그는 이르기를, "판서 유집일兪集一*이 황해 감사가 되었을 때에 윤선을 창설하였다. 그 제도는 앞뒤에 바퀴가 있고 이물과 고물에 키를 만들어 달며 바퀴를 굴려 물을 격동시켜서 속력을 얻었는데, 범선帆船으로는 도저히 미칠 바가 아니다"[11]고 하였다. 그러면 조선에서도

---

* 화성축조기華城築造記 : 《화성성역의궤華城城役儀軌》를 말하는 듯한데, 축성 과정은 물론 특히 그림을 통해 당시 축성법도 살펴볼 수 있다.
* 유집일兪集一(1653~1724) : 자는 대숙大叔, 호는 정헌貞軒. 숙종 때 경상도·황해도 관찰사 등을 거쳐 공조 판서에 이르렀다.

윤선이 생긴 지가 상당히 오래되었으나, 다만 기술의 천대로 중단되었음을 알 수 있다.

다산이 태어난 1762년은 갈릴레이가 천문학의 명저 《대화》*를 발표한 후 130년이요, 뉴턴이 광학과 만유인력을 발견한 후 96년이요, 제너가 우두술牛痘術을 발명하기 전 겨우 34년*이었다. 당시 서양에서도 실증과학이 신학의 신비적 전통의 굴레로부터 해방된 지가 아직 얼마 되지 않았었다. 더구나 신학의 잔당인 서양 선교사들은 멀리 동양에 와서 서양 과학의 지식을 한갓 포교의 미끼와 통상의 선물로 약간 던져 주었다. 이것이나마 남김없이 섭취하려고 다산 일파는 최대 위험을 무릅썼던 것이다. 그야말로 되로 배워 가지고 말로 풀어먹으려는 애국적 정신에서 우러나온 열성과 노력이었다.

인간의 미와 수명에 최대 공헌을 한 우두술은 발명된 지 겨우 3년 뒤에 수만 리 바다와 육지를 거쳐 다산의 손에 비밀히 들어오게 되었다. 정조 서거 전년(1799)에 다산은 의주義州 사람이 북경 가는 편에 종두방문種痘方文을 간신히 얻어 오게 하여 박제가와 함께 즉시 실험하였고, 두역痘疫에 관한 술가術家의 부정한 설을 일체 논파하였다(《전서》I-10, 〈종두설種痘說〉 참조). 그러나 이 종두방문은 우두술에 선행한 인두술人痘術이었고, 제너의 우두술은 다산이 사거하던 전년 즉 헌종 원년(1835)에 중국을 통하여 비밀히 입수

---

* 《대화》: 원제는 《2개의 주된 우주체계─프톨레마이오스와 코페르니쿠스─에 관한 대화(Dialogo sopra i due massimi sistemi del mondo, tolemaico e copernicaon)》이며, 1632년에 발간되었다.
* 34년: 원문의 '24년'은 오기. 제너(1749~1823)가 핍스(1788~1853)라는 소년에게 우두를 최초로 접종한 때는 1796년 5월 14일이었다.

하였던 것이다(《마과회통痲科會通》권6 참조). 또 한의학漢醫學에 정통한 그는 자기 논문인 <맥론脈論 1>에서 《맥경脈經》의 촌관척법寸關尺法을 부인하였다. 즉 "왼손의 촌맥寸脈*은 심장心臟을 진찰하고 오른손의 촌맥은 폐장肺臟을 진찰하며, 왼손의 관맥關脈은 간담肝膽을 진찰하고 오른손의 관맥은 비위脾胃를 진찰하며, 왼손의 척맥尺脈은 신장腎臟·방광膀胱·대장大腸을 진찰하고 오른손의 척맥은 신장·명문命門·삼초三焦*·소장小腸을 진찰한다는 것은 망설妄說이다"[12]고 하여 맥의 동정動靜과 진상眞狀을 한의학의 미신적 논법으로부터 해방하였다.

그는 간지干支에 관한 미신을 변론하였다. <갑을론甲乙論 1>에 의하면, "갑을甲乙의 10간干과 자축子丑의 12지支는 고대의 기일법紀日法에 불과하다. 후세의 방기方技·잡술雜術·참위讖緯·괴력·怪力의 설, 예를 들면 태을太乙·구궁九宮·기문奇門·육임六壬·둔갑遁甲의 법과 풍수風水·택일擇日·잡서雜筮·잡점雜占·추수推數·산명算命·성요星曜·두수斗數 등이 생살生殺의 기미를 분변하고, 길흉吉凶의 조짐을 판정하고, 충범衝犯(침범)을 살피고, 의기宜忌(마땅함과 꺼림)를 분별한다하여 천세를 미혹하며 만민을 속이니, 이는 모두 갑을과 자축을근본으로 삼고 지엽적으로 목화木火·청적靑赤·용작서우龍雀鼠牛 따위를 부회한 것이다"[13]고 하여, 그 허망하고 무리無理한 점을 통쾌하게 지적하였다.

---

* 촌맥寸脈 : 집게손가락과 가운데손가락과 약손가락을 손바닥으로 뻗은 동맥에 대었을 때 집게손가락에 느껴지는 맥을 촌맥, 가운데손가락에 느껴지는 맥을 관맥關脈, 약손가락에 느껴지는 맥을 척맥尺脈이라 한다.
* 삼초三焦 : 상초上焦·중초中焦·하초下焦를 합해 일컫는 말로, 음식의 흡수·소화·배설 등을 맡는 기관이다.

그는 〈풍수론風水論〉과 《풍수집의風水集議》로 풍수술의 미망을 통절히 조목조목 따졌다. 그 요지는 이러하다. — 부조父祖의 사체를 땅에 묻고서 복을 바라는 것은 효자의 정이 아니니 예가 아닐 뿐더러 그럴 리도 없다. 옛날 주공周公이 족장법族葬法을 제정하여 소목昭穆*의 차서次序대로 무덤 터를 만들어 이른바 용호사각龍虎砂角*에 아무런 고려도 없이 그냥 매장하였으나 그들의 부귀는 또한 자약自若했던 것이다. 술가의 이른바 용호 좌향 운운은 일고의 가치도 없는 순전히 망설에 불과하다.

그는 또 다음과 같이 말하였다. "한 세상을 거느리고 만백성을 부리던 영웅호걸도 살아서 명당明堂*에 앉아 그 자손의 요절과 폐질廢疾을 구하지 못하는 일이 많았거늘, 하물며 무덤 속의 말라비틀어진 뼈가 산천의 좋은 형세를 점령했다 하더라도 어찌하여 그 자손에게 복록을 주겠는가? 고깃덩어리를 땅에 묻어서 사람에게 재앙을 끼칠 수 없듯이 복을 내릴 수도 없는 것이다."[14]

이리하여 다산은 풍수술을 한낱 요망한 사기술로 단안斷案하면서, 곽박郭璞은 참형斬刑을 당하였으며, 도선道詵과 무학無學은 종사宗祀가 끊기고 이의신李義信과 담종湛宗은 후사가 없었으며, 기타 일반적인 풍수쟁이의 후손들은 거의 다 영달하지 못하였다고 예를 제시하여 풍수술가의 자기기만을 폭로하였다. 그리고 끝으로 그는

---

* 소목昭穆 : 부소자목父昭子穆. 사당에 조상의 신주를 모시는 차례. 천자는 1세를 가운데 모시고 2세·4세·6세는 소昭라 하여 왼쪽에 모시고, 3세·5세·7세는 목穆이라 하여 오른쪽에 모시어 삼소三昭·삼목三穆의 칠묘七廟가 된다. 제후는 이소二昭·이목二穆의 오묘五廟이고, 대부는 일소一昭·일목一穆의 삼묘三廟이다.
* 용호사각龍虎砂角 : 양쪽으로 뻗은 좌청룡左靑龍과 우백호右白虎가 옆이나 전면이 불룩한 형세를 이룬 것을 말한다. 길지吉地이다.
* 명당明堂 : 조정朝廷. 제왕帝王의 정청政廳.

또 풍수술이 이치가 있는지 없는지에 대해 단언할 수 없다는 호의론狐疑論도 변박하였다. 이 <풍수론>은 <갑을론>과 함께 동양, 특히 원산지인 중국의 최대 미신에 일대 철퇴를 내린 것이었다.

택일擇日·시일時日과 방위의 금기 등 미신을 타파하는 여러 논설 중에서 <상론相論>은 실로 명론탁견名論卓見이다. 본론의 첫머리에 "상相은 습관으로 인하여 변하고 세勢는 상相으로 인하여 이루어지므로 그 형국形局이니, 유년流年이니 하는 말은 망설이다. 어린아이가 배를 땅에 대고 기어가는 모습을 보면 어여쁠 따름이다. 하지만 그가 자라면 무리가 나누어지게 되는데, 무리가 나누어짐으로써 습관이 갈라지고, 습관이 갈라짐으로써 상도 이에 따라 변하게 된다"[15] 하였으니, 도徒(무리)는 분업 또는 직업을 뜻하고 습習(습관)은 습성을 의미한다. 습성의 차이는 분업 또는 직업의 차이에 원인하고 상相의 변화는 습성의 차이에 원인한다. 만일 상이 이와 같으므로 습성이 이와 같다고 하면 이는 습성 차이의 결과인 상의 변화를 도리어 습성의 원인으로 간주하는 것이니, 인과를 전도시키는 그릇된 견해요 망령된 이론에 불과한 것이다.

"하물며 사람의 거처와 봉양奉養의 변화는 반드시 기분과 육체를 변화시키고, 부귀와 우환은 또한 심지心志의 음란과 비애를 일으키니 상의 궁달窮達이 어찌 일정하게 있으랴? 백성이 상을 믿으면 직업을 버릴 것이고 관리가 상을 믿으면 벼슬하지 않을 것이며 제왕이 상을 믿으면 신하를 잃을 것이라"고 하였다.[16] 이리하여 그는 상의 가변론을 주장하여 상가相家의 숙명론을 타파한 동시에, 상술相術의 허위와 폐해를 인민의 이해利害라는 입장에서 통렬히 논변하였다. 그의 상술 즉 숙명론에 대한 부인은 당시 인민의 빈궁에 대한 안분安分 생활과 지배에 대한 굴종심을 극도로 악용하는 양반 계급의 '신성한' 운명과 세습적 특권을 향하여 한 개의 과학적 철봉을 내렸던 것이다.

위에서 말한 여러 논설 이외에도 〈중동에 대한 변증重瞳辨〉, 〈신령스러운 돌에 대한 변증靈石辨〉, 〈종동천에 대한 변증宗動天辨〉, 〈계림의 옥피리에 대한 변증鷄林玉笛辨〉, 〈송광사의 옛 바리때에 대한 변증松廣寺古鉢辨〉, 〈김백곡의 독서에 대한 변증金栢谷讀書辨〉 등은 모두 과학적 시각에서 사물의 신화적 미혹성을 변파辨破하였다.

1. 《全書》I-8, 地理策, "實本周髀經之末 有天圓地方之語 雖然周髀 所以測量天地 而量地之法 非方不立 故姑喩以方 若其本體則固莫不圓也 … 至於二十八宿之各有分野者 全天宿度 非中國之所得專 則其說本不合理也"
2. 同上書, "務遠忽近 古今之通患 惟我東爲甚 雖聲明文物 摹擬於中華 而圖書紀載 宜明乎本國"
3. 《全書》I-13, 送韓校理致應使燕序, "以余觀之 其所謂中國者 吾不知其爲中 而所謂東國者 吾不知其爲東也"
4. 同上書, "夫旣得東西南北之中 則無所往而非中國 烏覩所謂東國哉 夫旣無所往而非中國 烏覩所謂中國哉"
   * 모든 국가는 '상대적 자기중심성'이 있다는 말이다. 일찍이 홍대용이 《의산문답》에서 이러한 '지구설'을 자세히 논한 바 있다.
5. 同上書, "今所宜取益於中國也者 斯而已"
6. 《全書》I-11, 技藝論一, "我邦之有百工技藝 皆舊所學中國之法 數百年來截然不復有往學中國之計 而中國之新式妙制 日增月衍 非復數百年以前之中國 我且漠然不相問 唯舊之是安 何其懶也"
7. 同上書, "以其有知慮巧思 使之習爲技藝以自給也 而智慮之所推運有限 巧思之所穿鑿有漸 故雖聖人不能當千萬人之所共議 雖聖人不能一朝而盡其

美 故人彌聚則其技藝彌精 世彌降則其技藝彌工"

8. 同上書, 技藝論三, "夫孝弟根於天性 明於聖賢之書 苟擴而充之 修而明之 斯禮義成俗 此固無待乎外 亦無藉乎後出者 若夫利用厚生之所須 百工技藝 之能不往求其後出之制 則未有能破蒙陋而興利澤者也"

9. 同上書, 技藝論二, "農之技精則其占地少而得穀多 其用力輕而穀美實 … 織之技精則其費物少而得絲多 其用力疾而布帛緻美"

10. 《全書》I-18, 答茯菴, "若得一番筵稟 頒式八方 其于利用厚生之政 不云 少補 澤流萬世 (正在此等事矣)"

11. 《全書》I-19, 答李節度[辛巳秋], "兪判書集一 … 爲海西伯 創設輪船 其制 前後有輪 首尾設舵 揚輪激水 取其迅疾 …"

12. 《全書》I-11, 脈論一, "左寸候心 右寸候肺 左關候肝膽 右關候脾胃 左尺 候腎膀胱大腸 右尺候腎命門三焦小腸者妄也"

13. 同上書, 甲乙論一, "甲乙之類十 子丑之類十二 古人所以紀日也 後世方技 雜術讖緯怪力之說 若太乙九宮奇門六壬遁甲之法 與夫風水擇日雜筮雜占 推數算命星曜斗數之等 其所以辨生殺之機 定吉凶之兆 察其衝犯 別其宜忌 以之惑千世而誣兆民者 壹以是甲乙子丑爲之宗幹 而繁條疊葉 得以依附 曰 木曰火靑曰赤龍曰雀曰鼠曰牛 皆因是而萃焉"

14. 同上書, 風水論一, "英豪桀特之人 聰明威能 足以馭一世而役萬民者 生而 坐乎明堂之上 猶不能庇其子孫 或殤焉或廢疾焉 塚中槁骨 雖復據山河形勢 之地 顧何以澤其遺胤哉 世之迷者 至云甄齒以詛人 亦有驗 其理可旁通也 嗚呼 斯豈所忍言者 雖然吾且言之 世有甄齒以禍人者 其有甄齒以福人者乎 邪鬼妖巫 爲此術以罔人 使陷於惡已矣 有以是徼福者乎 (雖有理 君子不爲 況萬萬無此理哉)"

15. 同上書, 相論, "相因習而變 勢因相而成 其爲形局流年之說者妄也 嬰孹之 蒲服也 觀其貌 夭夭已矣 暨其長而徒分焉 徒分而習岐 習岐而相以之變"

16. 同上書, 相論, "況乎居足以移氣 養足以移體 富貴淫其志 憂患戚其心 有 朝榮而夕槁者 有昔之悴憔而今之腴潤者 相烏乎定哉 士庶人信相則失其業 卿大夫信相則失其友 國君信相則失其臣"

제6장 유학 개혁사상과 실용주의

1. 유교 경의經義에 대한 신해설

본래 유학자인 다산은 서학으로부터 섭취한 과학적 방법으로 유학을 자기비판하며 동시에 자기의 새로운 견해를 전개하려 하였다. 그러면 다산의 유학에 대한 신견해는 무엇이었고, 유학에 얼마만한 개혁을 가하려 하였던가?

그의 〈속유론俗儒論〉에 의하면, "진정한 유학자의 학문은 인민을 편안케 하고 오랑캐를 물리치고 재정을 넉넉케 하고 능문능무能文能武하여 무엇이든지 담당할 수 있도록 하자는 것이다. 어찌 글귀와 글장을 찾아내거나 벌레와 물고기를 주석하는 것만을 일삼으며, 옛날 의복을 입고 절하며 읍揖하는 예만 익힐 따름이랴? 후래 유학자들은 성현의 주지主旨를 알지 못하고 인의仁義·이기理氣 등 학설 이외에 한 마디만 하면 그만 잡학雜學, 즉 신한申韓*의 학이 아니면 손오孫吳*의 학이라 한다. 그리하여 높은 이름과 도학

---

* 신한申韓 : 신불해申不害와 한비자韓非子. * 손오孫吳 : 손무孫武와 오기吳起.

의 정통을 꿈꾸는 자는, 썩어빠진 논설만 하여서 자기를 어리석게 하고 한 걸음이라도 이 한계를 넘지 않으려 한다. 이러므로 유도儒道는 완전히 멸망의 지경에 이르고 그 시대 군주들은 더욱 유자儒者를 천시하게 된 것이다. 서한西漢 선제宣帝의 '속된 유학자는 시무에 통달치 못하니 어찌 일을 맡길 수 있겠는가?'라는 말은 정당하다"[1]고 하였다.

다산은 <오학론五學論>으로써 1) 성리학性理學 2) 훈고학訓詁學 3) 문장학文章學 4) 과거학科擧學 5) 술수학術數學의 망국적 폐해를 구체적으로 지적하였다. 그는 그 가운데서도 특히 과거학의 폐해가 더욱 심한 것을 통절히 논하고, 일본이 저렇게 강성한 것은 과거법이 없었던 까닭이라고까지 말하였다.

다산은 한 걸음 올라가서 유학의 성전聖典인 육경과 사서의 해석에 있어서 어디까지나 간명하고 실천적인 것을 그 본지本旨로 하고, 사변적 탐완耽玩과 논리적 유희와 노불적老佛的 색채를 섞은 해석은 원칙적으로 배제하려 하였다. 경전과 예설에 관하여 그는 송유의 왜곡 번쇄한 해설을 많이 정리하고, 자기 선배며 성호의 수제자인 녹암鹿菴 권철신權哲身의 견해를 좇은 바가 적지 않았다 (<녹암묘지명> 참조).

다산의 경·전經傳의 의의疑義 해석에 관한 최고 척도는 물론 인민의 사회생활에 대한 실용적 요구인데, 이를 다시 심절深切한 의미로 바꿔 말하면 그 자신의 표현과 같이 '신아구방新我舊邦'* 즉 우리 낡은 나라를 유신케 하려는 사상이다. 그의 주견主見에 의하면,

---

* 신아구방新我舊邦 : 다산이 <자찬묘지명>에서 《경세유표》를 개괄하며 사용한 말로, 1930년대 중반에 안재홍·정인보 등도 이미 주목한 바 있다.

경·전 해석의 시비와 가부는 우리가 필경 되는대로 판결할 수 없는 경의經義 그 자체에 의거할 수 없고, 다만 '신아구방'의 사상적 척도에의 합치 여부에 의준依準하여 판결되어야 한다는 것이다. 이와 같은 주관적 사상이 그에게는 도리어 객관적 척도로서 인식되었다. 그의 실용주의적 척도는 "사람은 만물의 척도"라는 그리스의 소피스트 사상과 비스름한 듯하나, 그의 이론적 솔직성은 궤변적 논리를 극복하고 동시에 현재 이른바 프래그머티즘이 미국의 독점 자본가의 이익에 복무하는 반동 철학적 척도와도 역사적으로 구별되는 것이다. 구태여 말한다면, 다산의 유교 경·전 해석은 16세기 이래 프로테스탄트의 성경 해석과 근세 초기 과학자들의 중세 스콜라 철학에 대한 배척적 태도를 연상하게 한다. 유학 개혁가로서의 다산의 학문적 특징은 여기에 있다.

이하에 몇 가지 실례를 들려 한다. 다산은 《논어》의 상지上智와 하우下愚의 구분을 송유의 해석과 같이 선천적 성품의 구분으로 보지 않고 후천적 습성의 구분으로 보아서 자포자기하려는 범인凡人들에게 누구라도 성자가 될 수 있는 진로를 열어 보이려 하였다. 《논어》의 "영무자寧武子의 지혜는 따를 수 있으되 그의 어리석음은 따를 수가 없다(寧武子 其知可及也 其愚不可及也, <公冶長>)"에 대해서도 그는 송유의 해석과 정반대로 "그의 어리석음[其愚]은 위衛나라 성공成公을 따라다니며 온갖 고난을 겪으면서 자신을 잊고 나라를 위해 목숨을 바치려던 영무자의 우직한 충성을 가리킨 것이요, 그의 지혜[其知]는 성공이 환국한 후에 공달孔達이 정치를 하자 권세를 피하여 숨으면서 자신을 편안히 하고 집을 보전한 영무자의 명철明哲을 가리킨 것이다. 만일 후자로써 '그의 어리석음은 따를 수가 없다(其愚不可及也)'고 절찬한다면 사람들은 모두 헌신하지 않고 도피만을 일삼을 것이니 누가 험난한 국사國事를 구제하겠는가"[2] 하여 다산은 당시 이른바 산림유학자들이 인민과 국가를 떠나는 '염퇴자고斂退自高*주의를 타파하려 하였다.

번문욕례繁文縟禮*를 하늘이 정한 절목節目으로 숭상하던 당시 양반 사회에서 일정한 고전적 근거가 없으면 고루 번잡한 속유俗儒의 반대를 압복壓服할 수가 없으므로, 다산은 《예경禮經》에 명쾌한 고증과 해설을 가하여 실행할 수 있는 간편성을 제시하였다. 그는 고례古禮의 번문煩文을 싫어하고, 오직 〈단궁檀弓〉편을 공자의 정론定論이라고 특별히 표출한 것은 그 간략함을 취한 것이었다.[3]

역학에 관해서는 역시 평이간명平易簡明을 주지主旨로 하였다. "사람이 높아지는 것은 그가 남모르는 것을 간직하고 있기 때문이다. 그러므로 《주역》을 지어서 세상 사람의 귀와 눈을 신기하게 하매 그 도가 드디어 높아졌다. 이는 성인이 그 기지를 써서 천하의 인심을 유지하는 바이다"[4]고 한 소순蘇洵의 말을 반박하면서 《주역》은 유현幽玄하고 난해한 글이 아니라고 하였다. 성인이 성인 된 까닭은 어디까지나 소상昭詳하고 명백하여 불가나 술사術士와 같이 오묘함과 신비함을 위주로 하여 군중을 놀라게 하고 황홀하게 하는 동시에 자기를 신성시하도록 하는 것은, 절대 성인의 본뜻이 아니라고 논술하였다.

다산은 《논어》 해석에서 송유를 비난한 논의가 더욱 많았는데, 그중 중요한 하나는 인仁의 해석이다. 그는 인을 주자와 같이 '마

---

* 염퇴자고斂退自高 : 그만두고 물러나 스스로 높은 체하거나 스스로 높이 여김.
* 번문욕례繁文縟禮 : 번거롭고 까다로운 규칙과 예절.

음의 덕과 사랑의 이치(心之德 愛之理)'로 여기지 않고, 구체적 행사인 효제孝悌로써 인이라 하였다. 그에 의하면, "효제는 바로 인이다. 인은 전체 이름이고 효제는 부분 항목이다. 인은 효제의 실천 행사로부터 비롯되므로《논어》에 '효제는 인의 근본이 된다'고 하였다"[5]는 것이다. 이 역시 인을 우리의 평범한 실천적 윤리로 보아서, 고묘한 선천적 범주로는 볼 수 없다는 것이다. 그러므로 부모에게 효하는 것도 인이요, 형을 공경하는 것도 인이요, 국가에 충성하는 것도 인이요, 벗에게 신의 있는 것도 인이요, 인민을 애양愛養하는 것도 인이다. '동방이 물物을 낳는 이치'니 '천지의 지공至公한 마음'이니 하는 공허한 개념으로는 인仁 자를 훈석訓釋할 수 없다는 것이다.[6]

다산은《대학》의 '명덕明德'에 대해서도 역시 효孝·제悌·공恭·충忠·자慈 등과 같이 후천적인 행사의 명칭으로 보고, 주자의 주설註說과 같이 '허령불매虛靈不昧'한 선천적 본체를 가리킨 것은 아니라고 하였다.[7]

그는《대학》의 '성의誠意·정심正心' 등의 조목에 대해서도 다음과 같이 말하였다. "성의·정심은 우리가 선을 행하는 공부일진대 어찌 명덕이 아니라 하겠는가? 불씨의 치심治心의 방법은 치심으로써 사업을 하지만, 유교의 치심의 방법은 일상적인 사업으로써 치심을 하는 것이다. 성의·정심이 비록 배우는 자의 고상한 공부이지만, 매양 실천을 계기로 하여 성誠하고 정正하는 것이지, 저 선가禪家처럼 향벽관심向壁觀心*하여 허령한 본체에 티끌 하나도

---

* 향벽관심向壁觀心 : 벽을 향하고 앉아서 마음을 관조함.

물들지 않는 것을 성의·정심이라고 할 수는 없으리라. 요즘 사람들은 치심을 정심으로 오인하여 향벽관심적 공부를 하고 있다. 심신을 안정히 하여 의지의 방종과 출입을 반성 제약하며 '잡으면 보존하고 놓으면 잃어버리는(操存·捨亡)' 이치를 체험한다. 이러한 공부도 우리 수양에 필요하지 않다고는 할 수 없으나, 일이 없는 여가에 할 것이고 그것을 주된 사업으로 알아서는 옳지 못하리라. 《대학》의 이른바 정심은 응사접물應事接物하는 가운데 있고, 일부러 주정응묵主靜凝默을 일삼는 데에는 있지 않다."[8]

《중용》의 "희로애락이 아직 발하지 않은 것[未發]을 중中이라 하고, 발하여 모두 절도에 맞는 것을 화和라 한다(喜怒哀樂之未發 謂之中 發而皆中節 謂之和)"에 대해서도 송유의 해석과는 적지 않게 달랐다. 다산에 의하면 "미발未發이란 정주程朱의 말과 같이 심지心知와 사려가 전연 발동하지 않은 공적空寂한 상태를 가리킨 것이 아니다. 사람이 사물을 평심수응平心酬應할 적이 보통 많고, 특이한 경우에만 희로애락의 감정이 발작하게 된다. 그러나 희로애락을 가능케 할 사물은 항상 불의不意와 무심無心한 때를 타고 오는 것이므로 이를 대응하기에 감정은 중절中節 즉 조절하기가 어려운지라, 미발未發시 즉 평상시에 마음을 바로잡고 덕을 굳게 닦아서 심체心體의 중정성中正性을 지속한 연후에라야 기뻐하고 화낼 만한 사물을 갑자기 만나더라도 이에 대응하는 마음이 능히 절도에 맞아서 과도過度의 폐가 없게 된다. 그러므로 중中과 화和는 모두 '천지를 제자리에 놓고 만물을 기르는(位天地 育萬物)' 큰 덕을 얻게 된다. 만일 '고요하여 움직이지 않거나 아무 생각도 근심도 없는 것(寂然不動 無思無慮)'이 미발의 상태라 하면 이는 소림선사처럼 면벽정좌해야 이른바 '천지를 제자리에 놓고 만물을 기르는' 도경道境에 이를 수 있을 터이니, 유가의 학이 어찌 이러하랴?"[9] 하였다. 이리하여 다산은 송유의 선불적禪佛的 기미를 도처에서 명쾌하게 지적하였다.

"나종언羅從彦* 선생은 고요함 가운데서 마음이 발동하지 않을 때의 기상이 어떠한지를 보도록 하였다"고 한 이연평李延平의 말에 대해서도, 다산은 비평하기를 "나선생은 선학禪學에 깊이 물들어 이렇게 말한 것이니, 무릇 '관觀' 즉 정관靜觀 또는 관조觀照는 인간 실천 생활을 떠난 선법禪法에 불과한 것이라" 하였다.[10]

다산은 《서경書經》에서 매색梅賾*의 25편은 위작이라 단언하고, "인심은 위태롭고 도심은 미미하니 오직 정밀하고 전일하여 진실로 그 중정을 견지하라(人心惟危 道心惟微 惟精惟一 允執厥中)"는 16자에 대하여, 도심과 인심은 《도경道經》에 나오고 유일과 유정은 《순자荀子》에 나오는데 의의意義가 서로 연접連接되지 않는다고 지적하였다.[11]

다산은 《논어》의 "증자가 말하였다. 스승님의 도는 충서忠恕일 뿐이다(曾子曰 夫子之道 忠恕而已矣, 〈里仁〉)"에 대하여 충서를 충과 서의 두 가지 일로 보지 않고 충심행서忠心行恕, 즉 충실히 서를 행하는 것으로 보아서, "자기 마음을 다하는 것을 충이라 하고 자기 마음을 미루어 나가는 것을 서라 한다(盡己之謂忠 推己之謂恕)"는 종래

---

* 나종언羅從彦(1072~1135) : 자는 중소仲素, 호는 예장豫章. 북송 말, 남송 초의 유학자로 두 정자程子(程明道·程伊川 형제)의 학문을 동향의 후배 이연평李延平에게 전하여 주자朱子에 이르렀다.
* 매색梅賾(?~?) : 자는 중진仲眞. 동진東晉 초 여남인汝南人으로 예장 태수豫章太守를 지냈다. 다산은 송대의 오역吳棫·주자朱子, 원대의 오징吳澄, 명대의 매작梅鷟, 청대의 염약거閻若璩 등의 여러 고증적 연구를 수용하여 《고문상서古文尚書》25편이 매색의 위작임을 증명하였다.

의 해석을 비난하였다. 그에 의하면 공자의 이른바 "나의 도는 하나로 관통되어 있다(吾道一以貫之)"는 말은 서恕 한 가지 일을 가리킨 것이므로, 만일 충과 서의 두 가지 일이라면 이는 이이관지二以貫之지 일이관지一以貫之가 아니라는 것이다.[12]

공자는 증자뿐만 아니라 "한마디 말로 평생토록 행할 만한 것이 있습니까?(一言而有可以終身行之者乎, 〈衛靈公〉)"라는 자공子貢의 질문에 대해서도 역시 서恕를 말하였다. 서는 용서容恕의 뜻이 아니고 추서推恕의 뜻이니, 《대학》의 '혈구絜矩'*가 곧 이것이다. 서恕로써 아비를 섬기면 효이고 서로써 임금을 섬기면 충이며 서로써 인민을 다스리면 자慈가 된다. 서恕 한 자는 육친六親과 오륜五倫, 경례經禮 3백과 곡례曲禮 3천에 모두 관통되어서, 그 말은 간단하나 그 뜻은 실로 요긴하고 원대하다 하였다.[13]

그러면 서恕란 대체 어떠한 것인가? 그의 해석에 의하면(소극적으로 말하면), "아들이 받고자 않는 것은 아비에게 베풀지 말고, 아우가 받고자 않는 것은 형에게 베풀지 말며, 신하가 받고자 않는 것은 임금에게 베풀지 말라. 이 반면에 아비와 형과 임금도 아들과 아우와 신하에게 또한 마찬가지니, 공자의 '자기가 바라지 않는 바는 남에게도 하지 말라(己所不欲 勿施於人)'*는 말이 이를 단적으로 지시한 것이다. 그러나 후세 유학자들은 '인人' 자를 소원疏遠한 뭇 사람으로 대충 보아서, '천륜골육天倫骨肉의 친족은 이 범위에서 제거하였기 때문에 인仁을 구하는 긴착성緊着性과 효용성을 잃어버

---

* 혈구絜矩 : 矩之道. 법도를 헤아리는 도리. 여기에서는 추서推恕로서 자기의 마음을 미루어 보아 남의 마음을 헤아린다는 말. 《대학장구》 전傳 10장.
* 己所不欲 勿施於人 : 공자가 '서恕'를 설명한 말로 《논어》 〈위령공衛靈公〉편에 나오는데, 〈안연顔淵〉편에도 '인仁'에 대한 답으로 실려 있다.

렸다. 동시에 한나라 이후의 역사와 전기가 모두 서恕를 용서容恕로만 보고 추서推恕로는 보지 못하였으니, 이는 옛 성인의 실천의 도가 어두워지는 요인 중의 하나였다"[14]고 하였다. 이리하여 다산은 서恕를 인仁하는 유일한 방도로 보고 유교의 중요한 관건으로 인정하였다.

그러면 인仁은 과연 어떠한 것인가? 그에 의하면 위에서 이미 논급한 바와 같이 인仁은 선험적 범주가 아니고 하나의 실천적 개념이다. 인仁은 글자 모양이 2인二人이니, 2인 즉 인人과 인人의 교접에 그 본분을 다하는 것이 인仁이다. 예를 들면, 부·자가 2인인데 부에게 효성하는 것이 인이고, 형·제가 2인인데 형을 공경하는 것이 인이며, 군·신이 2인인데 군에게 충성하는 것이 인이다. 그 반대로 부·형·군이 자·제·신에게 자慈하고 우애하고 의義하는 것 역시 인이다. 요컨대 인仁은 2인 즉 인人과 인人의 교제, 다시 말하면 사회 활동에서 실행되는 도덕의 총명總名이다. 이목구비의 본능은 개인적이며 선천적이나 효제충신과 같은 인仁의 도덕은 사회적이며 실천적이므로 인간의 사회적 행사인 인仁을 행하는 데 있어 서恕가 아니면 안 될 것이다. 맹자는 "서恕를 힘써 행하면 인仁을 구함이 이보다 더 가까운 것이 없다(強恕而行 求仁莫近)"고 하였으니,[15] 이는 인仁과 서恕의 관계에 대하여 공맹이 서로 전한 취지를 명확히 보여준 것이라 하였다.

위에서도 언급한 바와 같이 다산은 인仁(義禮智도)을 광의와 협의 양방면에서 모두 선험적이며 내재적인 이치로 보지 않고, 즉 실천에서 얻어지는 명칭으로 보았을 뿐만 아니라 서恕의 '일관一貫'도 어디까지나 실천적으로 보았다. 그에 의하면 후인의 '일관一貫'에 대한 해석은 실천적 의미가 없고 한갓 논리의 만족에 그쳤다. 그들의 '일관'이란 천지 음양의 조화와 초목금수의 생장을 어지럽게 뒤섞어 번다하게 모은 것인데, 일리一理(하나의 이치)에서 비롯하여 중간에 흩어져 만수萬殊 즉 천차만별이 되었다가 종말에는 다시 합해져서 일리一理가 된다는 것이다. 이는 송유들이 노자의 "하늘은 하나를 얻어서 맑고 땅은 하나를 얻어서 편안하며 성인은 하나를 안고서 천하의 법식이 된다(天得一以淸 地得一以寧 聖人抱一 爲天下式)"는 말과 불씨佛氏의 "만법이 하나로 돌아가는데 하나는 어디로 돌아가는가? 하나는 마음이다(萬法歸一 一歸何處 一者心也)" 등의 어구를 익히 견문한 결과 유교의 평범하고 천근淺近한 논법을 부끄러워한 까닭에, '일관'이란 어의를 교묘하게 부연하여 노불老佛과 더불어 공허하고 추상적인 논리의 무대에서 서로 각축하자는 의도에서 나온 것에 불과하다고 하였다. 이에 대하여 원나라의 저명한 유학자 오초려吳草廬*가 본지本旨도 변별하지 못하고서 곧바로 과탄무실誇誕無實한 이야기라고 했으니, 이 또한 잘못이라고 다산은 단언하였다.[16]

이상에서 본바 인仁·서恕·일관一貫 등 유교 경전經傳의 중요한 술어의 개념들을 다산은 될 수 있는 대로 선험적이며 고묘高妙·황홀한 귀족적 및 수도원적 해석으로부터 실천적이며 평이한 평민적 및 일반이 이해할 수 있는 해석에로 끌어들이려 하였다.* 이러한 사상은 동양 중세기적 유학자들의 허탄무실虛誕無實하고 오묘난해

---

* 오초려吳草廬(1249~1333) : 이름은 澄, 자는 유청幼淸. 원나라의 유학자. 정주학程朱學을 받들어 도문학道問學을 설파하였다.
* 다산의 도덕관이 선험적·절대적·불변적이 아니라 경험적·상대적·가변적임을 알 수 있다. 윤사순, 〈다산의 인간관〉, 《정다산 연구의 현황》, 민음사, 1985, pp155~7.

奧妙難解한 이론을 반대하는 동시에 새로 들어온 서양 종교 즉 기독교가 일반 무지한 군중을 상대로 한 평이平易 친절한 설교 방법에서 또한 영향받은 바가 없지 않았던 것이다. 이는 확실히 근대 자본주의적 이데올로기에 접근하려는 사상적 경향을 똑똑히 표시한 것이었다.

2. 덕치론德治論과 사공론事功論

다산의 학설은 수기修己와 경세經世의 두 부분으로 나눌 수 있다. 그는 철두철미 실용주의자였으므로 학문의 영역에 있어서 사회생활에 실용의 의의를 갖지 못한 것은 일률적으로 배척하였다. 그는 생각하기를—가까이는 일용 사물의 미세한 것으로부터 멀리는 천문·지리의 광범한 것까지, 깊게는 심성心性·신리神理의 오묘한 것으로부터 넓게는 언어·문자·풍속·제도·예술 등 구체적 문제에까지 사람이 조금이라도 그것을 접촉하고 연구하게 되면, 이는 수기를 위한 것이 아니면 경세를 위한 것으로 되어야 한다고 하였다. 그리하여 다산의 철학에서는 논리의 유희나 지식의 독자적 무도舞蹈 따위는 문제로 삼지도 않았던 것이다.

그러나 수기는 반드시 수기에 그치지 않고 경세에 와서 종결되는 것이므로, 경세는 수기의 목적이며 수기는 경세의 출발이라는 것이 은연히 그의 학문적 지향이었다. 이는 종래 유학자들이 대개 귀족적 유식遊食 계급으로서 노불老佛의 초세超世 사상처럼 수기에 편중한 경향과는 그 특징을 달리하였던 까닭이다.

그의 명저《경세유표》는 그 본명이《방례초본邦禮草本》인데, 그는 예禮를 관혼상제의 의식에 제한하지 않고 종래 고전적 해석을 그대로 답습하여 국가 경리經理에 관한 절차 제도의 일체를 예로 보았다. 다시 말하면 그는 예를 경세술의 전체 혹은 본령으로 인식하였다. 본서 서문에 의하면, "선왕先王*은 예로써 나라를 다스리고 백성을 인도하였는데, 예가 쇠퇴하매 법이란 명칭이 생겨났으나, 법으로는 나라를 다스릴 수 없고 인민을 인도할 수도 없다. 천리와 인정에 맞는 것은 예요, 위협 공박恐迫하여 감히 죄를 범하지 못하게 하는 것은 법이니, 선왕은 예를 법으로 삼았는데 후왕은 이와 반대로 법을 예로 삼았다"고 하였다.[17] 이리하여 다산은 예와 법을 종래 유학자들의 해석대로 구분한 동시에 예치禮治, 즉 덕치德治를 주장하고 법을 예의 보조물로밖에는 평가하지 않았다.

덕치론자인 다산은 덕치의 해석에 있어 종래 유자들이 불어넣은 '무위無爲' 개념을 근본적으로 뽑아 버리고, 그 반대 개념인 '유위有爲' 즉 사공주의事功主義를 거기에 대신 채워 넣었다. 그는 자기의 새로운 해석을 입증하기 위하여《논어》의 한 구절을 인용하면서 종래 주해의 착오를 지적하였다. 다산은 말하기를—《논어》의 "정치를 덕으로써 하는 것은 비유하건대 북극성이 제자리에 있고 뭇별이 그와 함께 도는 것과 같다(爲政以德 譬如北辰居其所 而衆星共之, 〈爲政〉)"에 대하여, 종래의 해석은 '공共'을 공수拱手의 공拱*, 또는 귀향歸向*의 뜻으로 보아 무위지치無爲之治의 덕정德政은, 마치 항

---

* 선왕先王 : 선대先代의 성왕聖王. 보통 우禹·탕湯·문왕文王·무왕武王을 지칭하는 말.
* 공수拱手의 공拱 : 한나라 유학자들은 '공共'을 '공수拱手(두 손을 마주 잡다)'의 뜻으로 풀이하였다.
* 귀향歸向 : 주자는 '공共'을 '귀향歸向(돌아가 향하다)'의 뜻으로 주석하였다. 共 向

상 일정하게 자리 잡고 움직이지 않는 북극성을 뭇별이 에워싸고 돌면서 향하고 있는 것과 같다고 하였으나, 이는 경문經文의 본지本旨가 아닐뿐더러 공자의 정론政論에 대한 적이요 이단이라고 하였다.

그러면 정政은 무엇인가? 그는 인증하여 말하기를—공자는 계강자季康子*가 정치에 대하여 묻자 "정치[政]란 바른 것[正]이다. 그대가 바른 것으로 솔선하면 누가 감히 바르지 않으리오?(政者正也 子率以正 孰敢不正)"라고 하였으니, 이는 자기를 바르게 하면 만물이 바르게 된다는 말이다(此謂正己而物正也). 애공哀公도 정치에 대하여 묻자 "정치란 바른 것이다. 임금이 바르게 하면 백성이 정치를 따르게 된다. 임금이 하는 바를 백성이 따르는 것이다. 임금이 하지 않는 바를 백성이 어찌 따르리오?(政者正也 君爲正則百姓從政矣 君之所爲 百姓之所從也 君所不爲 百姓何從)"라고 하였으니, 그 본뜻이 결코 부동무위不動無爲를 위정爲政의 방법이라 한 것이 아니며, 맹자는 "한번 임금을 바르게 하면 천하가 바르게 된다(一正君而天下正矣)"고 하였고, 동자董子*는 "임금의 마음을 바르게 하여 백관을 바르게 하고, 백관을 바르게 하여 만민을 바르게 한다(正君心以正百官 正百官以正萬民)"고 하였으니, 모두 공자의 정론政論을 서술한 것이라고 하였다.[18]

也 言衆星四面旋繞而歸向之也.《論語集註》

* 계강자季康子(?~BCE468) : 노魯나라의 대부 계손비季孫肥로 계손사季孫斯의 아들. 시호는 강康.
* 동자董子(BCE176?~BCE104) : 전한前漢의 학자 동중서董仲舒. 호는 계암자桂巖子. 한무제에게 유교를 국교로 삼도록 건의하였으며, 저서로 《춘추번로春秋繁露》, 《동자문집董子文集》 등이 있다.

다산의 신해석에 의하면, 북신北辰은 북극인데 성점星點이 없으므로 다만 신辰이라 하였고, '거기소거其所'는 그 위치가 바로 자오선子午線에 해당된다고 하였으며, '공共'이란 글자 그대로 공동共同의 뜻이라 하였다. 그러므로 인군人君이 바르게 거처하여 덕으로써 정치를 하매 백관과 만민이 모두 추종하여 서로 동화하는 것은, 마치 북극이 자오선을 바루어 천추天樞(북두칠성의 첫째 별)를 선회[斡旋]하매 하늘에 가득한 뭇별이 모두 함께 회전하는데 조금의 차이도 없는 것과 같다는 것이다.[19] 명유明儒 허석성許石城·소자계蘇紫溪·방맹선方孟旋·소단간邵端簡·모대가毛大可 등도 모두 본문의 해설에 '무위無爲' 개념을 덧붙인 것을 부당하다고 이미 평박評駁하였으니, 이것이 다산의 독창적인 견해는 아니다. 그러나 다산은 철학적·사상적인 악센트가 명유들에 비하여 더 강하였다.

다산에 의하면, 원래 청정무위淸靜無爲는 한유漢儒의 황로학黃老學이며 진대晉代의 청담풍淸談風이다. 이것은 천하 만물을 괴란壞亂시키는 이단사술異端邪術 중에서도 더욱 심한 것이다. 한나라 문제文帝는 이것으로써 칠국七國의 난을 빚어냈고, 진晉나라 혜제惠帝는 이것으로써 오호五胡의 화禍를 불러왔다. 대성大聖인 공자가 어찌 무위無爲로써 치인治人의 도를 삼았겠는가? 무위란 무정無政이다. 공자는 분명히 위정爲政을 말하였는데 후유後儒들은 무위를 주장하니, 이 어찌 성인을 무욕誣辱하는 이단적 견해가 아니겠는가? 공자의 이른바 "무위로써 다스린 분은 아마 순舜일진저! 대저 무엇을 하였으리오? 자기를 공손히 하고 남쪽을 향해 앉아 있었을 뿐이니라"(無爲而治者 其舜也與 夫何爲哉 恭己正南面而已矣, 〈衛靈公〉)는 말은, 순舜이 22인의 많은 어진 신하들을 얻어 각각 직분을 주어서 천하를 잘 다스리게 하였으므로 공자가 이를 찬탄하고 흠선欽羨한 것이지, 후유들의 해석처럼 "순舜이 가만히 팔짱을 끼고 앉아서 아무것도 하지 않았다(端拱無爲)"는 것이 아니다. 후유들은 이 글을 잘못 읽어 그 본뜻을 오해하여 요순의 정치는 본래 무위라고 한 동시에, 뜻있는 인사들이 정치상 조금이라도 새로운 시책과 창발적인 계획을 보이면 문득 요순의 무위를 인증하여 그들을 왕도정치를 모르는 비속한 무리로 인정하며, 그들의 창안적 시도를 한비韓非나 상앙商鞅의 각박하고 혹심酷深한 술법이라며 배척한다. 그래서 가의賈誼는 호사자好事者라는 낙인이 찍히게 되었고, 급암汲黯은 도리어 도를 아는 사람이라는 미명美名을 얻게 되었다. 종래 정치상 신진 개혁론자들이 무능무재한 보수주의자들의 무리한 억제를 받아 온 것은* 이 '무위無爲' 두 글자를 유력한 구실로 써먹은 해독이라는 것을 다산은 통렬히 비판하였다.[20]

또 그의 논평에 의하면, 일국의 재상으로서 전곡錢穀·호구戶口·병마兵馬 등 실태를 불문에 부치며 다만 "음양을 다스리고 사시四時에 순응한다(理陰陽 順四時)"고 운운한 진평陳平은, 정치적 실무에 암매暗昧한 자기의 무책임성을 일종의 과장으로 문식文飾한 아주 간악한 사람이다.[21] 그리고, 힘써 대체大體만 견지할 것을 표방한 위상魏相과 병길丙吉, 그리고 후래의 유명한 대신 원로들 대부분은 모두 국록만을 도적질해 먹고 국가의 모든 기능과 법도를 부패 부진하게 만드는 노폐老廢한 무리들이 아닐 수 없다.[22]

요순은 5년에 한 번씩 순시하고, 해마다 제후의 조회朝會를 받

---

* 종래 정치상~받아 온 것은 : 《여유당전서를 독함》에는 없는데 새로 추가된 구절로, 최익한이 〈방례초본인邦禮艸本引〉에서 추출하여 개념화한 것이다.

으며, 정사政事를 묻고 진언進言을 고찰하였으니, 이는 무위가 아니라 도리어 천하에 일을 많게 한 것이다. 뿐만 아니라 산을 뚫고 물을 빼며, 밭이랑을 파고 개천을 소통하며, 교육을 세우고 형벌을 밝히며, 예禮를 제정하고 악樂을 제작하며, 흉악한 놈을 베고 간사한 놈을 물리쳤다. 매우 많은 사事와 공功에 전심 노력하여 한순간의 안일도 없었으니 어디에 '무위'의 증적證迹이 있는가? 이른바 '무위이치無爲而治'를 입에 담는 자가 있다면 이는 우리 유가의 무리가 아니라고 다산은 통절히 주장하였다.[23]

이와 같이 다산은 적극적으로 사공주의事功主義를 덕치의 개념에 도입하였다. 이는 유교의 정치사상에 있어서 하나의 중요한 변동을 일으키려는 징후의 표현이었다. 왜냐하면 정치상 종래 유학자들이 고수하여 온 무위주의를 봉건 시대의 자연 경제적 침체성과 유장성悠長性을 반영한 특징이라고 한다면, 다산의 사공주의는 이 침체성과 유장성의 물질적 토대가 동요 붕괴되는 데로부터 오는 어떤 개변적改變的인 계기를 내포한 사상적인 표현이기 때문이다. 이런 경우에 우리가 하부 구조와 상층 건축과의 관계에 대한 스탈린적 이론에 비춰 본다면, 다산이 무위를 배척하고 사공을 주장하는 사상은 자기의 봉건 경제적 하부 구조를 지지 옹호하는 입장으로부터 다른 방향에서 자기가 새로 지지하지 않으면 안 될 물질적 토대를 찾으려는 진보적 태도를 보인 것이다.

다산은 자기 덕정론德政論에서 무위의 개념을 추방하고 사공의 개념을 적극적으로 도입하였지만, 그 사공의 개념은 또한 근세 서양 정치사상사 상에서 볼 수 있는 공리주의와는 그 의의를 달리하였다. 다산과 동시대 사람—그보다 14세 연장자였던 영국의 벤담은 그의 공리론에 '최대 다수의 최대 행복'을 자기의 표어로 하여, 이것이 도덕의 목적인 동시에 법률의 목적이라고 하였다. 그러나 다산의 사공주의는 공리를 의미하기보다는 차라리 덕정의 실천 여행勵行을 의미하므로 '최대 다수의 최대 행복'은 다산에게 덕정의 결과는 될지언정 덕정의 목적은 될 수 없는 것이다. 이 양자의 차이는 유교의 정치철학적 견지 즉 "그 의義를 바로잡고 그 이利는 꾀하지 않으며, 그 도道를 밝히고 그 공功은 계교하지 않는다(正其誼不謀其利 明其道不計其功)"*는 원칙으로 본다면 왕도王道와 패도霸道의 구별로 귀착되는 것이다.

　그러나 계급 사회에서 이른바 도덕이란 그 발생과 성립의 과정을 분석하여 보면, 그것은 자기가 소속되어 있는 어느 계급의 공리와 행복에 대한 긍정적인 관념에 불과하므로, 본질에 있어서 다산이 이념한바 만민을 교양할 수 있다는 덕정도 또 사공의 내용도, 벤담의 이른바 공리·행복과 아무런 왕패王霸를 나눌 수 없는 것이다. 다만 후자의 공리설은 당시 자기 나라 자본주의 발전에 있어 절대 다수의 인민의 이익을 대표한 것으로 자처하는 부르주아지의 이념을 대변한 것이고, 전자의 사공주의는 당시 우리나라 봉건 계급의 위정자들이 무위도식하는 까닭에 정치의 부패하고 국가가 쇠약해지는 것을 분개하며, 인민의 근로역작勤勞力作하는 상태를 동정하는 반면에 아직 일정한 계급적 역량에 의거하여 구체적인 목적을 내세우지 못한 일종의 미숙한 사상의 표현이었다. 이는 두 이론의 역사적 및 사회적 입장의 차이를 설명하는 것이다.

---

* 正其誼不謀其利 明其道不計其功 : 《한서漢書》 권56 〈동중서전董仲舒傳〉에 나온다. 《小學》이나 《近思錄》 등에도 인용되어 있는데, 誼가 義로 된 본도 있다.

다산은 경세술에 있어서 물론 덕치론자였다. 그러나 덮어놓고 덕치주의를 동양식이니 상고주의尚古主義니 할 수는 없고, 그 내용과 견지가 어떠한가에 따라 도리어 그것이 새롭고 우수한 의의를 가지게도 되는 것이다. 위정자가 팔짱을 끼고 아무런 일도 하는 것 없이 천하 인민을 감화感化 복종케 한다는 덕치론은 물론 다산으로서 단연코 배척한 바이지만, 그 반면에 법제와 법규가 엄밀히 확립되어 위정자의 방종을 입헌적으로 허락하지 않고 인민의 범죄를 모든 방면으로 제재할 수 있다고 하더라도 법규의 운용자가 도의적 정신과 인격적 모범에 의거하지 않으면 이러한 법치는 결국 형식의 유폐流弊와 기계적 조종에 지나지 않아서 사회의 질서가 마침내 개신될 수 없는 것이다. 다산은 이에 대하여 구체적인 설명은 없으나 이러한 견해를 가졌던 것이다.

다산은 <고요皐陶가 고수瞽瞍를 구속한다는 데 대한 변증(皐繇執瞽瞍辨)>이라는 논문에 고요는 "감히 구속하지 못한다(不敢執)"*고 주장하여 형법이 윤리에 종속될 것을 밝혔으니, 즉 덕이 법의 본원이요 지도자임을 말한 것이다. 더구나 그의 철학은 종교 및 도덕을 정치와 구별하여 보지 않고 종합적으로 보았으며, 또한 정치를 주관하는 자가 어진 이를 골라 왕위를 전해 주는 것을 중국의 요순시대에서 보았을 뿐만 아니라, 그가 당시 과장적 선전에 의하여

---

* 고요皐陶는 감히 구속하지 못한다 : 순임금의 아버지인 고수瞽瞍가 사람을 죽였더라도 고요는 신하된 자로서의 의리상 고수를 구속할 수 없다는 말. 법치보다는 인류을 중시한 다산의 변증이다.

동경하고 있던 천주교회의 '교황'*의 비세습적 사속嗣續 제도에서도 보았으니, 이것이 그의 덕정론의 이상적 구성에 중대한 영향을 미쳤다.

그러나 다산은 덕치론의 반면에 법치사상이 또한 어느 정도로 준비되어 있었다. 명나라의 율례律例가 전대에 비하여 상세히 갖춰진 것을 칭도稱道하였고, 자기 저서《흠흠신서欽欽新書》는 비록 형법의 일부에 한한 것이나 '터럭도 갈라 보고 까끄라기도 쪼개 보는(剖毫析芒)'* 세밀한 규정을 취하였으니, 이는 간이簡易를 위주로 한 '약법삼장約法三章'식의 전통적 관념으로부터 해방된 법의 인식이다. 그는 <원사原赦>편에 오한吳漢*의 명언, 즉 그가 임종할 때에 '신무사愼無赦(부디 사면하지 말라)'라는 세 자를 한광무제漢光武帝에게 아뢴 것을 어질지 못하며 슬기롭지 못하다고 평박評駁한 반면에, 당시 무규칙하게 '나라의 경사 때 사면을 반포하는 법'을 아주 혁파하여 인민의 외법畏法 관념을 환기할 것을 주장하였다. 이 점은 법가法家의 엄형嚴刑 사상을 참고한 것으로 속유俗儒가 쉽사리 논급하지 못한 것이다.

요컨대 다산의 덕정론이 종래 '무위이치無爲而治'를 운운한 허무 사상을 반대하고 유위유공주의有爲有功主義를 고조한 데서 그의 정치사상은 일보 적극적 의의를 지녔다고 할 수 있다. 그러나 정치와 법률을 도덕의 원리에 종속시키려는 그의 덕정론은, 유럽 근세 자

---

* 교황 : 원문에 '교화황敎化皇(법왕)'으로 되어 있다.
* 부호석망剖毫析芒 : 《흠흠신서》 서문에 나오는 구로, 신조본에는 '毫'가 '豪'로 오식되어 있다.
* 오한吳漢(?~44?) : 자는 자안子顔. 동한東漢의 개국명장開國名將. 광무제를 도와 많은 공을 세우고 대사마大司馬가 되었으며, 광평후廣平侯에 봉해졌다.

연법론이 인간 사회의 현행적인 법률과 정치 일체를 추상적이며 선험적인 자연법에 종속시킨 것과 같이 형이상학적 이성에서 파생된 정치 이론의 일종이다. 다산은 법치사상의 맹아 형태를 표시하는 동시에 덕치주의를 종래와는 다른 새로운 견지에서 주장하였다. 이는 동양 덕화사상과 서양 입헌사상의 절충적 표현이다.

하여간 다산의 덕치사상은 내용에 있어 계급 차별의 철폐와 민생 문제의 해결을 유일한 기본 조건으로 하였으므로, 그의 덕정은 단적으로 말하면 인민 생활에 가장 유리한 제도로서 법률의 제재와 강요를 기다릴 것 없이 인민이 저절로 기꺼이 따르는 정치를 의미한 것이다. 다산의 덕정론은 민주주의 정치의 개념과 긴밀히 결합된 것을 특징으로 하였다. 이에 대해서는 그의 정치 경제론에서 따로 구명하려 한다.

1. 《全書》 I-12, 俗儒論, "眞儒之學 本欲治國安民 攘夷狄裕財用 能文能武 無所不當 豈尋章摘句注蟲釋魚 衣逢掖習拜揖而已哉 … 後儒不達聖賢之旨 凡仁義理氣之外 一言發口 則指之爲雜學 不云申韓 便道孫吳 由是務名高窺道統者 寧爲腐論陋說以自愚 不欲踰此閾一步 於是儒之道盡亡 而時君世主日以賤儒者矣 漢宣帝 … 曰 俗儒不達時宜 何足委任 此言不可非也"

2. 《全書》 I-16, 自撰墓誌銘(集中本), "甯武子始從衛成公 … 備嘗險艱 此忘身殉國之愚忠 及成公還國 孔達爲政 斂避權要 此安身保家之智慧也 安身之智 猶可及也 殉國之愚 不可及也 今以韜晦爲愚則人主無與濟時艱也"
   * 〈자찬묘지명(집중본)〉을 인용하였으나, 《논어고금주論語古今註》 〈공야장公冶長·하〉에 더 자세히 나온다.

3. 《全書》 I-14, 〈題檀弓箋誤〉 참조. 관련 내용은 다음과 같다. "檀弓二篇 於禮記諸篇之中 其義理特精 其文詞特美 余故最悅之 古禮繁縟 不能無浮文 而檀弓所言 槪從簡約 與論語所記孔子諸言相合 眞孔氏之微言也"

4. 《全書》I-11, 易論1, "人之所以獲尊者 以其中有所不可窺者也 於是因而作易 以神天下之耳目 而其道逾尊 此聖人用其機權 以持天下之心"

5. 《全書》I-16, 自撰墓誌銘(集中本), "孝弟卽仁 仁者總名也 孝弟者分目也 仁自孝弟始 故曰爲仁之本也"

   * 分目:《논어고금주》권1〈학이學而〉에는 '전칭專稱'으로 되어 있다.

6. 同上書, "二人爲仁 事父孝仁也 事兄恭仁也 事君忠仁也 與友信仁也 牧民慈仁也 東方生物之理 天地至公之心 不可以訓仁也"

   * 최익한이 출전을 '《논어고금주》참조'라고 한 것은 착오.

7. 《大學公議》卷1, 在明明德, "明德非孝弟乎 虛靈不昧 心統性情 … 而斷斷非古者太學敎人之題目 … 設敎題目 孝弟慈而已 … 行善而後德之名立焉 不行之前 身豈有明德乎"

8. 同上書, "誠意正心 乃吾人之善功 何以謂之非明德也 佛氏治心之法 以治心爲事業 而吾家治心之法 以事業爲治心 誠意正心 雖是學者之極工 每因事而誠之 因事而正之 未有向壁觀心 自檢其虛靈之體 使湛然空明 一塵不染 曰此誠意正心者 … 今人以治心爲正心 制伏猿馬 察其出入 以驗其操捨存亡之理 此箇工夫 固亦吾人之要務 曉夕無事之時 著意提掇焉可也 但古人所謂正心 在於應事接物 不在乎主靜凝默"

9. 《心經密驗》, 天命之謂性, "喜怒哀樂之未發 非心知思慮之未發 天下之事 多可以平心酬應者 其或特異於常例者 於是乎有喜怒哀樂 然而可喜可怒可哀可樂之事 皆乘於不意 到於無心 故人之應之也 最難中節 必其未發之時 秉心至平 執德至固 不失中正之體 然後猝遇可喜可怒可哀可樂之事 其所以應之者 能發而中節 故曰中日和 皆得爲位天地育萬物之大德 … 若寂然不動 無思無慮 爲未發之光景 則少林面壁 方可以位天地而育萬物 其有是乎"

   * 최익한이 출전을 《중용강의》라고 한 것은 착오.

10. 同上書, "廷平曰 羅先生 令靜中看(喜怒哀樂)未發 作何氣象 案羅先生 深染禪學 有此言也 凡觀皆禪法"

    * '(喜怒哀樂)'은 편자가 추가.

11. 《全書》I-16, 自撰墓誌銘(集中本), "其爲書則曰梅賾二十五篇僞也 … 道心

人心 出道經 唯一唯精 出荀子 義不可相連也"

* 人心惟危 道心惟微 惟精惟一 允執厥中：《고문상서古文尙書》〈대우모大禹謨〉 구절인데, 다산은 인심人心·도심道心·정일精一·집중執中 등의 개념을 고증학적으로 분석·비판하면서 매색의 위작임을 밝혔다.《순자》〈해폐解蔽〉에 "道經曰 人心之危 道心之微 危微之幾 唯明君子而後知之"라 나오고,《논어》〈요왈堯曰〉에 "允執厥中"이 보인다. 여기서《도경》은 전하지 않는 책이다. 자세한 것은《심경밀험心經密驗》〈인심유위人心惟危〉와《매씨서평梅氏書平》〈염씨고문소증초閻氏古文疏證抄〉 등을 볼 것.

12.《心經密驗》, 仲弓問仁, "盡己之謂忠 推己之謂恕 於今便成鐵鑄語 然從來爾雅說文三倉之家 無此訓詁 所謂忠恕者 不過曰實心以行恕耳 若盡己推己 必當兩下工夫 則是夫子之道 二以貫之 非一貫也"

13.《論語古今注》卷8, 衛靈公 下, "子貢問曰 有一言而可以終身行之者乎 子曰 其恕乎 (己所不欲 勿施於人) … 恕者 (所以處人倫)";《大學公議》卷3, 一家仁節, "在於推恕 而不在於容恕";《心經密驗》, 朱子尊德性齋銘, "卽絜矩之道 以恕事父則孝 以恕事君則忠 以恕牧民則慈 古之所謂一貫者 以一恕字 貫六親貫五倫貫經禮三百貫曲禮三千 其言約而博 其志要而遠"

14.《心經密驗》, 仲弓問仁, "恕者何也 不欲受於子者 勿施於父 不欲受於父者 勿施於子 不欲受於弟者 勿施於兄 不欲受於兄者 勿施於弟 不欲受於臣者 勿施於君 不欲受於君者 勿施於臣 … 經曰己所不欲 勿施於人 先儒瞥見此文 認人字太遠 看作衆人之疏賤者 不知人字密貼在天倫骨肉之親父子兄弟之間 故求仁之方 日以遠矣 自漢以來 史傳所言 皆以容恕爲恕 此先聖道晦之一案"

15.《孟子要義》卷2, 告子·上, 仁人心也 義人路也章, "仁者二人也 事親孝爲仁 子與父二人也 事君忠爲仁 臣與君二人也 牧民慈爲仁 牧與民二人也 人與人盡其分 乃得爲仁 故曰強恕而行 求仁莫近焉"

* 強恕而行 求仁莫近：《孟子》〈盡心章句·上〉

16.《心經密驗》, 朱子尊德性齋銘, "今之所謂一貫者 天地陰陽之化 草木禽獸之生 紛綸錯雜芸芸澱澱者 始於一理 中散爲萬殊 末復合於一理也 老子曰

天得一以淸 地得一以寧 聖人抱一 爲天下式 佛氏曰萬法歸一 一歸何處 今
人樂聞此說 恥吾道狹小 於是强把一貫之句 以與老佛猗角爲三 此儒門之大
蔀也 草廬不辨本旨 徑以是爲夸誕無實之話 不亦謬乎"

* 天得一以淸 地得一以寧：《老子》39章, 聖人抱一 爲天下式：《老子》
22章.

* 萬法歸一 一歸何處 (一者心也)：《碧巖錄》卷5 45則.

* 草廬不辨本旨 徑以是爲夸誕無實之話 不亦謬乎：최익한은 이 구절을 "원
나라 저명한 유학자 오처려가 과탄무실誇誕無實하다고 논평한 것은 결코
무의미한 말이 아니며, 그 반면에 송유 이하 여러 학자는 '일관'의 본의가
무엇인가를 모른 까닭이라고 다산은 단언하였다"고 풀어썼다. 이는 오역
에 가까우므로 편자가 본문과 같이 고쳤다.

17.《經世遺表》卷1, 邦禮艸本引, "先王以禮而爲國 以禮而道民 至禮之衰 而
法之名起焉 法非所以爲國 非所以道民也 揆諸天理而合 錯諸人情而協者
謂之禮 威之以所恐 迫之以所悲 使斯民兢兢然莫之敢干者 謂之法 先王以
禮而爲法 後王以法而爲法 斯其所不同也"

* 신조본에는 '引'이라 되어 있는데, 사암본에 따라 '邦禮艸本引'이라 하
였다.

* 최익한은 '後王以法而爲法'을 '後王以法而爲禮'로 보아 "후왕은 (이와
반대로) 법으로써 예를 하였다"고 번역하였으므로, 편자도 그에 따라 본문
과 같이 다듬었다.

18.《論語古今注》卷1, 爲政, "季康子問政於孔子 孔子對曰 政者正也 子率以
正 孰敢不正 此謂正己而物正也 … 哀公問政 孔子曰 政者正也 君爲政則百
姓從政矣 君之所爲 百姓之所從也 君所不爲 百姓何從 孟子曰 一正君而天
下正矣 董子曰 正君心以正百官 正百官以正萬民 皆是此說 奚獨於此 別以
不移無爲 爲爲政之法乎"

* 季康子~孰敢不正：《論語》〈顔淵〉편에 나오는데 子率以正이 子帥以正
으로 되어 있다. 帥은 '率(先)'의 뜻.

* 正己而物正：《孟子》〈盡心·上〉에 "有大人者 正己而物正者也"라 함.

* 哀公問政~百姓之所從也：《禮記》〈哀公問〉. 君爲政에서 政은 正의 오기.
* 一正君而天下正矣：《孟子》〈離婁·上〉에 '一正君而國定矣'로 되어 있다.
* 正君心以正百官 正百官以正萬民：《漢書》卷56〈董仲舒傳〉에 '爲人君者 正心以正朝廷 正朝廷以正百官 正百官以正萬民'이라 함.

19. 同上書, "補曰北辰 卽北極 天之樞也 以無星點 故謂之辰也 … 居其所 謂 北極一點 正當子午線 … 補曰共者同也 … 北極正子午之線 斡旋天樞 而滿 天諸星 與之同轉 無一星之敢逆 無一星之或後 此所謂衆星共之也 人君居 正 爲政以德 而百官萬民 罔不率從與之同和 正與北辰衆星之事 如合符契"

20. 同上書, "淸淨無爲 卽漢儒黃老之學 晉代淸虛之談 亂天下壞萬物 異端邪 術之尤甚者也 文帝用此道 釀成七國之亂 惠帝崇此術 召致五胡之禍 曾謂 吾家大聖 亦以無爲爲法乎 夫無爲則無政 夫子明云爲政 儒者乃云無爲 可 乎不可乎 孔子曰無爲而治者 其舜也與 夫何爲哉 恭己正南面而已矣(〈衛靈 公〉) 此謂舜得二十二人 各授以職 天下以治 當此之時 惟當恭己南面 所以 極言人國之不可不得人 而贊歎歆羨之意 溢於辭表 其言抑揚頓挫 令人鼓舞 後之儒者 誤讀此文 遂謂堯舜之治 主於無爲 凡有施爲動作 輒引唐虞以折 之 謂韓非商鞅之術 刻覈精深 實可以平治末俗 於是以賈誼爲喜事 以汲黯 爲知道 … 皆此毒中之也"

* 밑줄 부분은《經世遺表》〈邦禮艸本引〉구절인데, 편자가 본문에 맞게 추가함.

21.《經世遺表》卷1, 邦禮艸本引, "陳平大姦也 以理陰陽順四時 爲大臣之職 以彌縫人短 … 自掩其空疎之陋"

22.《論語古今注》卷1, 爲政, "以魏相 丙吉爲大臣 而庸陋葸劣之徒 尸位竊祿 務持大體 以文其短 使萬機百度 腐爛頹墮 莫之振起"

23. 同上書, "堯舜五載一巡 比年受朝 詢事考言 天下旣紛紛矣 重之以鑿山瀹 水 濬畎疏澮 立敎明刑 制禮作樂 誅凶退佞 以至上下草木鳥獸 莫不擇人授 任 計功責成 其用心用力 可謂健矣 孔子親定典謨 明知此事 安得誣之曰無 爲哉 凡言無爲而治者 皆異端邪說 非吾家之言也"

제7장 인식과 비판에서의 유물론적 제 요소

1. 인성론

다산은 우선 '성性' 자의 해석에 있어 선유先儒의 성설性說이 모두 맹자의 본지本旨가 아니라고 하여 독특한 해석을 가하였다. 그에 의하면 성은 일개 기호嗜好로서 육체의 기호와 영지靈智(즉 이성)의 기호 두 방면으로 나눌 수 있다. 식색食色의 성, 이목구체耳目口體의 성과 《서경書經》〈소고召誥〉의 절성節性, 《맹자》의 인성忍性* 등의 성性 자는 전자에 속하고, 천명지성天命之性·성여천도性與天道·성선性善·진성盡性 등의 성性 자는 후자에 속한다.[1]

성性 자는 치성雉性·녹성鹿性·초성草性·목성木性*과 같이 본래 기호嗜好로서 명칭을 얻은 것이니, 고원광대高遠廣大한 설명을 요할 것이 아니다. 지금 학자들은 성性 자를 추존하여 천天과 같은 대물大物로 인식하여 태극·음양설太極陰陽說을 붙이고 본연·기질론本然氣質論을

---

* 절성節性·인성忍性 : 절성은 성을 절제한다, 인성은 성을 참는다는 뜻. 인성은 '동심 인성動心忍性'에서 나온 말로 《맹자》〈고자告子·하〉에 보인다.
* 초성草性·목성木性 : 원문에는 草性이 빠져 있고 木性은 本性으로 오식되어 있는데, 《여독》p280에는 제대로 되어 있다. 본서 p536 미주 2 볼 것.

섞으니 묘망유원渺茫幽遠하고 황홀과탄恍惚誇誕하며, '터럭도 나누고 실오라기도 쪼개어서(毫分縷析)' 천·인天人이 밝히지 못한 신비를 궁구하였다고 하지만, 결국은 일용상행日用常行의 방법에는 아무런 보익補益이 없다.[2]

《능엄경楞嚴經》에 "여래장성如來藏性이 본래청정本來淸淨이라" 하였고, 《반야경般若經》과 《기신론起信論》에 "본연지성本然之性이 새로운 훈습薰習에 오염되어 진여眞如의 본체를 잃어버렸다"고 중언부언하였다.[3] 송나라 유학자들이 이를 유경儒經 해설에 차용하였으나, '본연本然' 두 자는 육경사서와 제자백가서 어디에도 도무지 출처가 없는 것이다. 본연은 불서佛書에서는 무시·자재無始自在의 뜻이니, 유가의 천명지성과 불씨의 본연지성은 동의어가 아니라 도리어 빙탄氷炭과 같이 정반대 관계에 있다. 유가의 성性은 하늘로부터, 즉 날 때부터 타고난 바이므로 본연 또는 무시라고 할 수 없는 것이다. 그러나 불씨의 본연지성은 날 때부터 타고난 본능이 아니므로 시생始生한 바가 없고 천지 사이에 항상 자재自在하며 윤전輪轉(윤회)하여 다할 때가 없다는 것이다. 즉 사람은 죽어서 소가 되고 소는 죽어서 개가 되며 개는 죽어서 다시 사람이 되더라도 변하는 것은 형체뿐이요 그 본연지성은 깨끗이 그대로 있다는 것이다(湛澈自在). 그러면 유가의 견지로 말하면 천명을 어기고 천성을 업신여기며 이치에 어긋나고 선을 손상하는 것이, 이 본연지성이라는 말보다 더 심한 것은 아직 없다.[4]

또 그에 의하면 "성性의 영체靈體는 그 기호嗜好로 말하면 선을 즐기고 악을 부끄러워하나, 만일 그 권형權衡(자유)*으로 말하면 선할 수도 있고 악할 수도 있으므로 위태롭고 불안하니, 어찌 순전히 선하고 악은 없다(純善無惡)고 할 수 있으랴. 총괄하면 우리의 영체 안에는 모두 세 가지의 이치가 있다. 기호로 말하면 선을 즐기고 악을 부끄러워하니 맹자의 이른바 성선性善이다. 권형으로 말하면 선할 수도 있고 악할 수도 있으니, 이는 고자告子의 단수湍水의 비유*와 양웅揚雄의 성선악혼설性善惡渾說이 나온 까닭이다. 행사行事로 말하면 선하기는 어렵고 악하기는 쉬우니 순자荀子의 성악설性惡說이 나온 까닭이다. 순자와 양자揚子는 성性 자의 뜻을 잘못 보았기 때문에 그 이론들이 차이가 나게 된 것이다. 그러나 우리 인간의 영체 안에 이 세 가지의 이치(가능성)가 없는 것은 아니다"고 하였다.[5]

이리하여 다산은 맹자의 성선설이 옳다고 인정하였으나, 그렇다고 순선純善한 것으로는 인정하지 않았다. 제자백가의 설도 관점에 따라 각각 승인하되, 인성은 '극기복례克己復禮(자기를 이기고 예로 돌아감)'의 공부에 의뢰하지 않으면 헐어져 무너지고 간사하여 비뚤어지는 해를 면할 수 없다고 강조함으로써 순자의 성악설도 중대히 참고하였다.[6]

맹자의 '인의예지仁義禮智'는 송유가 이것을 천도天道의 '원형이정元亨利貞'에 배합하여 인성人性의 사대강四大綱(즉 범주)으로 규정하였으나, 다산에 의하면 "인의예지는 실천적 행사行事 후에 얻은 명칭이므로 이는 인덕人德이지 선천적으로 얻은 인성人性은 아니다.

---

* 권형權衡 : 자유 (의지). 선악을 선택할 수 있는 자유로운 의지.
* 고자告子의 단수湍水의 비유 : 성유단수설性猶湍水說, 즉 무선무악설無善無惡說을 말한다. 고자는 성性을 단수(소용돌이치는 물)에 비유하여 인성人性은 선善과 불선不善의 구분이 없다고 하였는데, 다산은 선을 좋아하고 악을 부끄러워하는 인성의 예를 들면서 이를 비판하였다.《맹자요의孟子要義》〈고자告子·상〉 제2장 참조.

인仁할 수 있고 의義할 수 있고 예禮할 수 있고 지智할 수 있는 이치
(즉 가능성)는 인성 안에 갖추어져 있으므로 맹자가 측은惻隱·수오羞
惡·사양辭讓·시비是非 사심四心을 인의예지 사덕四德의 '단端'이라고
하였다. 그러나 이 네 개의 심心은 모두 한 개의 영명한 본체에서
발출하여 만사만물에 광범히 대응하는 것이니, 실제로 발출하는 것
이 어찌 네 개뿐이겠는가? 네 개는 맹자가 약간의 예를 든 데 불과
할 따름이다"[7]고 하였다.

또 그는 말하기를 "송유는 인의예지 네 알맹이가 마치 오장五臟
처럼 사람의 배 속에 담겨 있고 사단四端(측은·수오·사양·시비)은 모두
각기 그것으로부터 나오는 줄로 생각하였으나 이는 착오이다.《중
용》의 지·인·용知仁勇 삼달덕三達德도 역시 행사한 후에 이루어진 명
칭이지, 본체에 내재한 이치를 가리킨 것은 아니다"[8]고 하였다.

그는 계속하여 다음과 같이 말하였다.

맹자는 "인의예지가 마음에 뿌리를 박고 있다(仁義禮智根於心)"
고 하였으니, 비유하면 인의예지는 꽃과 열매 같고 그 뿌리는
마음에 있다. 측은·수오·사양·시비는 안, 즉 마음에서 발출하고
인의예지는 밖, 즉 행사에서 이루어진다. 사단四端의 단端은 안
에서 나오는 단서端緒가 아니라 시작始作의 뜻이다.* 즉 시연
始燃은 불의 처음이고 시달始達은 샘의 처음인 것과 마찬가지
로, 측은惻隱은 인仁의 시작이고 수오羞惡는 의義의 시작이다.

---

* '단서端緒'는 '실타래가 풀려 나오는 실끝, 즉 실마리'의 뜻. 주자의 단서설端緒說과
  다산의 단시설端始說의 차이에 대해서는 이을호,《다산 경학사상 연구》, 을유문화사,
  1966, pp220~5; 이지형,《다산 경학 연구》, 태학사, 1996, pp148~9 등을 볼 것.

시연(처음 붙은 불)을 확충하면 활활 타오르는 큰불이 되고, 시달(처음 솟은 샘)을 확충하면 도도히 흐르는 강하江河가 되는 것과 마찬가지로, 측은을 확충하면 인仁은 천하를 덮을 것이고, 수오를 확충하면 의義는 천하에 나타날 것이다.[9]

이렇게 보면 다산의 해석은, 사덕四德을 내재內在의 성으로, 사단四端을 외출外出의 단서로 본 송유의 해석과는 거의 대척적 견지에 있는 것이다.

맹자의 성론性論이 성선性善을 논한 동시에 이목구체耳目口體의 성까지 논하였으니, 송유가 잘못 평한 "성性만 논하고 기氣는 논하지 않은 결점(論性不論氣之病)"이 본래 없었다고 다산은 분명히 변별하였다. 또 그는 《중용》 수절首節의 '솔성率性·수도修道'가 인성人性과 인도人道에 한하여 한 말이지, 주자의 주석처럼 인人과 물物을 겸하여 한 말은 아니라고 하였다.[10]

인人과 물物의 성性이 같으냐, 다르냐 하는 문제 즉 '인물성동이론人物性同異論'에 대하여 다산은 맹자의 "개의 성은 소의 성과 같고, 소의 성은 사람의 성과 같겠는가?(犬之性猶牛之性 牛之性猶人之性歟)"를 인증하여, 다르다는 이론을 주장하고 같다는 이론을 배척하였다. 그에 의하면 "고자告子가 말한 바는 인人과 물物이 동일하게 얻은 기질氣質의 성이요, 맹자가 말한 바는 사람만 특별히 얻은 도의道義의 성이다. 사람이 식·색食色과 안일을 추구하는 지각과 운동은 금수와 하등 다름이 없지만, 오직 도심道心은 무형무질無形無質하고 영명통혜靈明通慧한 것이 기질에 깃들어서 주재主宰하므로, 상고시대부터 벌써 인심과 도심의 구분을 말하게 된 것이다. 인심은 기질이 발현된 것이요 도심은 도의가 발현된 것이다. 사람은 이 두 가지 마음을 아울러 가졌지만, 금수는 품수稟受한 것이 기질의 성 뿐이니 어찌 형질形質을 초월한 성을 가졌으랴? 금수에 한해서는 기질의 성이 곧 그 본연이다"고 하였다.[11]

그러나 "주자의 이른바 본연의 성은 날 때부터 그 이치가 본래 그러하다는 것이며, 인人과 물物이 동일하게 얻었다"는 것이다. 그러나 다산에 의하면, "본연의 성은 인과 물이 원래 각각 같지 않다. 인과 물은 각기 천품이 달라서 서로 바꿀 수 없다. 예를 들면, 개나 소가 사람처럼 책을 읽고 이치를 궁구하거나 선을 즐기고 악을 부끄러워하는 것을 억지로 할 수 없다. 또한 사람이 개처럼 밤을 지키고 더러운 것을 먹거나 소처럼 무거운 짐을 지고 꼴을 먹는 것을 억지로 할 수 없다. 이는 형체가 달라서 서로 통할 수 없기 때문이 아니라, 그 타고난 이치가 원래 같지 않기 때문이다."[12]

그는 계속하여 주자 이론의 모호한 점을 지적하였다.

주자는 일찍이 "만물의 한 가지 근원을 논하면 이理는 같지만 기氣는 다르고, 만물의 상이한 형체를 보면 기氣는 오히려 비스름하지만 이理는 전혀 같지 않다"고 하였다. 인人과 물物을 막론하고 만물은 처음 태어날 때에 한 가지 원리, 즉 동일한 근원, 다시 말하면 천명을 품수하였다는 관점에서 이理가 같다고 하면 누가 불가하다고 하겠는가? 또, 주자는 "본연의 성은 인人과 물物이 모두 같지만 기질의 성은 차이가 있다"고 하였다. 이는 인과 물의 성性의 품급品級이 같다는 말이지, 다만 품수한 본원本源 즉 선천적인 근원만이 같다는 의미가 아니다.[13]

그러므로 다산은 주자의 인물성동론人物性同論을 부당하다고 하였다. 이것을 우리나라 호락론湖洛論과 대조해 보면 다산은 낙론洛論*을 부정하고 호론湖論*에 접근하였으나, "금수는 기질의 성만을 품수하였다"는 말과 "금수에게는 기질의 성이 곧 그 본연이다"는 말 등은 호론도 감히 논급하지 못한 바였다.

다산에 의하면, "사람의 선악은 실행 여하에 있지, 기질의 청탁淸濁에 있지 않다. 왕망王莽·조조曹操는 대체로 기질이 맑았으나 불선不善하였고, 주발周勃·석분石奮은 기질이 대체로 탁하였으나 선인善人이었다. 뿐만 아니라 총명한 재주와 식견이 있는 인사는 흔히 윤리의 실천이 허소虛疏하지만, 소처럼 우둔하고 질박한 시골 백성은 효행이 독실한 이가 많다. 맑은 목소리로 노래 잘하고 기묘한 동작으로 춤 잘 추며, 언변 좋고 꾀 많으며 기민한 부인치고 음란하지 않은 이가 드물지만, 누런 머리에 까만 얼굴의 어리석고 비루한 부인은 흔히 열녀의 절개가 있다"[14]고 하였다. 다산은 자기 내심으로 맹자의 성본선론性本善論을 승인치 않고 자기류의 이론으로 그것을 수정한 동시에 도덕적 실천으로 선성善性을 획득할 것을 고조高調하였다.

* * *

---

* 낙론洛論 : 조선 후기 성리학파 가운데 기호학파의 한 갈래. 권상하權尚夏의 제자 이간李柬(1677~1727)은 인물성동론의 대표자인데, 그의 설을 지지한 이재李縡와 박필주朴弼周가 낙하洛下(서울)에 살았던 까닭에 낙론이라 하였다.

* 호론湖論 : 권상하의 제자 한원진韓元震(1682~1751)은 인물성이론異論의 대표자인데, 그를 지지한 윤봉구尹鳳九와 최징후崔徵厚가 호서湖西(충청도)에 살았던 까닭에 호론이라 하였다.

인성론人性論은 유교철학의 인식론에서 중요한 문제 중 하나이다. 유교의 조사祖師인 공자는 인성론에 대하여 특별히 전개한 것이 없고, 《논어》에 "성性은 서로 가깝고 습習(습관)은 서로 멀다(性相近也 習相遠也, 〈陽貨〉)"는 말이 있는데, 그가 인성을 인간생활 의지의 본래적 경향과 특징으로 보았기 때문에 이는 각 개인에 꼭 동일한 것이 아니고 대개 비스름한 것이었으나, 그들이 지우知愚·선악善惡·충간忠奸 및 군자소인의 현격한 차이로 나누어지게 된 것은 습習, 즉 교양·학문·직업·견문 등의 상이한 관계에 기인하였다는 것이다. 그래서 공자의 성론性論은 아직 소박한 유물론적 인식의 영역을 멀리 떠나지 않았던 것이다.

그 뒤 전국시대에 이르러서 중국의 철학이 관념론적 방향으로 진전되자 맹자는 인성본선론人性本善論을 주창하여 인간이 마땅히 그 본선本善의 궤도를 따라 선해야 한다고 하였다. 이와 반대로 순자는 인성본악설人性本惡說을 주장하여 본성 그대로 방임할 것이 아니라 예법禮法으로 강력히 절제하고 바로잡아야만 선인善人이 된다고 하였다. 그러므로 선善과 예법, 즉 도덕을 맹자는 선천적으로 본 반면에 순자는 후천적, 즉 인위적이며 사회적인 성격으로 보았으니, 전자보다 후자가 유물론적 세계관에 일보 접근한 셈이다. 그러면 순자의 성악性惡이란 인위적·사회적 성격인 도덕 예법의 승묵繩墨(먹줄)을 받지 않은 자연적 성질을 의미한 것이다.

이때 맹자의 논적論敵인 고자는 인성의 무선무악설無善無惡說을 주장하여 인성이 본래 선천적으로 선도 악도 없고 오직 후천적인 실천 여하에 따라 선악이 결정될 수 있다고 하였으니, 그의 단수湍水의 비유가 이것을 말한다. 이는 확실히 유물론적 견해에 가깝다.

그러나 고자가 (맹자의 답론答論에 의하면) 인간의 식색食色, 즉 본능적 지각 운동을 인성으로 열거한 데 그치고 이성을 후천적 산물로 보아 그의 성론 중에 언급하지 않았으므로 맹자는 이성이 선천적으로 고유하고 인성이 동물성과 판이한 점을 들어 고자를 논박하였다.

후래 송유들은 불가의 주관적 유심론唯心論의 발전된 방법을 섭취하여 맹자의 성선설을 해설하였다. 그들은 인성의 선천적 범주를 무형무질無形無質한 이치로 명명한 동시에 그 이치를 인류 도덕의 본래 규범으로 간주하였다. 그들에 의하면 인의예지의 4개 범주 혹은 인의예지신의 5개 범주가 선천적으로 인성에 구비하여 순선무악純善無惡한 본연의 성으로서 정적靜寂히 자재自在하다가 외계의 감촉을 받아 인간이 사고 동작을 할 때에 당해當該 인간의 기질이 순수 청명하고 물욕이 담박한 경우에는 그 본선本善의 성이 그대로 발현되어 선인善人·지인智人을 이루나, 만일 당해 인간의 기질이 혼탁불순하고 물욕이 교폐交蔽한 경우에는 본선本善의 성이 바로 발현되지 못하고 왜곡화되어 악인惡人·우인愚人을 이루게 되니, 이 당해 인간의 기질 여하와 또 기질의 순간적 조건 여하에 따라 본선이 그대로 발현될 수도 있고 되지 못할 수도 있는데, 이를 그들은 '기질의 성'이라고 명명하였다. 성은 하나이지만, 기질이 같지 않아서 선용될 수도 있고 악용될 수도 있다는 말이다.

주자의 견해에 의하면 인성이 비록 본래 순선무악하나 그 자체가 무형무질한 것으로 반드시 유형유질有形有質한 인간의 기질에 우재寓在하여, 다시 말하면 인성은 인간 기질 자체의 도덕적 이법理法으로 존재하여, 선천적인 규범성을 가지고 있다. 그러나 그 인의예지의 규범성을 실제 활용하는 기능을 가진 자는 기질이며, 또 그 기질은 자기의 도덕적 규범을 복종 혹은 위반하는 자유를 가지고 있다. 이는 비유해 말하면 현명한 군주의 명령을 권신權臣이 그대로 복종하여 선정善政을 할 수 있고 혹은 악용하여 악정惡政을 할 수도 있는 것과 같다는 것이다. 다시 유치한 비유로 말한다면 이는 에덴동산에 선과善果만 있지 않고 악과惡果도 있었으므로 여호와의 명령을 지키지 못하고 독사의 유혹에 빠져 아담·이브가 악과를 따 먹고 '원죄'를 범하게 된 것과 마찬가지인 것이다.

모든 종교철학의 논법이 다 그러한 것과 같이 사회적·역사적 및 계급적 성격으로 구성된 이른바 선善이니 도덕이니 하는 그의 기준과 원천을 인간과는 독립하고 있는 자연이나 초사회적인 천리天理·천도天道에 소구溯求할 때는 필연적으로 인간 도덕의 요청에 벗어난 객관적 현실을 설명·처리할 수 없는 난관에 봉착된다. 이러한 경우에는 도덕의 주관적 요청에 벗어난 악과 무지의 종인種因을 어디든지 따로 귀책歸責시켜서 이른바 천天이나 신神이나 인성人性이나 영혼의 신성한 지위를 보장해야 한다. 그래서 원시적 논리의 형태로서는 《창세기》의 악과惡果 및 《복음》의 악마와, 발전된 논리의 형태로서는 불교의 무명無明 및 유가의 기질이 모두 저러한 귀책의 인수자들로서 설정되었던 것이다.

다산은 이상과 같이 착잡하고 주관적인 인성론에 대하여 도덕의 선천적 범주를 부정하고 본무선무악론本無善無惡論을 시인하는 동시에 인의예지가 인간의 후천적 실천에서 얻어지는 사회적 개념이라는 것을 밝혔다. 이는 베이컨이 본유관념론本有觀念論을 부정하고 "우리의 마음은 백패白牌 즉 백지白紙이며 경험이 그 위에 외적 대상의 상을 아로새긴다"고 한 견해와 동일한 정도로 평가될 수 있다. 그가 인물성동이론人物性同異論에 대하여 인성과 물성이 동일치 않은 객관적 현실을 승인한 것도 그의 철학이 유물론적 요소를 내포한 것을 증언한다.

영조 49년(1773) 유학자 한원진韓元震과 이간李柬(모두 서인노론당계) 사이에 인물성동이人物性同異에 대한 논쟁이 일어났다. 전자는 상이론相異論을 주장하고 그의 주거가 호서湖西(충청도)였으므로 세상에서 이것을 호론湖論이라 불렀으며, 후자는 상동론相同論을 주장하고 그의 거주가 경성이었으므로 이것을 낙론洛論이라 불렀다.* 이 논쟁이 한동안 계속되어 호론·낙론의 분당까지 있게 되었다. 그들의 이데올로기적 성격을 분석해 보면 상동론은 대개 대지주 귀족 계급이 무편무당無偏無黨한 것으로 자처하고 피착취 민중들에게 일시동인一視同仁의 태도를 과장하는 보수적 사상을 반영한 것이며, 상이론은 중소지주와 유사층儒士層이 상부 귀족에 대한 불만을 가지고 산림 퇴거의 고답성高踏性을 긍지로 삼는 자기표방사상을 반영한 것이다.

다산은 이 동이론同異論에 대하여 상동론을 배척하고 상이론을 발전시켜서 본능적 지각은 인간과 동물이 거의 서로 같으나 영지靈智에 있어서는 오직 사람만이 가지는 특징이라고 하였다. 이는 엥겔스가 구분한바 오성悟性 활동은 사람과 동물이 공통으로 가졌고 이성은 인간에게만 고유한 것이라는 이론과 대체로 같다.

그러나 다산은 물物에 대해서도 그 종류에 따라 성性이 동일치 않는 것을 지적하여 인물성혼동론人物性渾同論을 반박하였으며, 또

---

* 실제로는 이간은 호서(충청도)에 살았지만 그의 설을 지지하는 학자들이 낙하(서울)에 많이 있었으므로 낙론이라 부르게 된 것이다.

본능성은 동물에 있어서 그것이 '기질의 성'이 아니고 즉 '본능의 성'이라고 규정하여 송유의 본연·기질 양성의 구분을 무의미한 것으로 논단하였다.

요컨대 다산은 인성론에서 인의예지의 선험적 범주를 부정하고 후천적인 실천 교양을 고조하며, 또 기질의 선천적 차별이 실천에 대해서 결정적 요소가 아니란 것을 지적하여 교양의 의의를 높였다. 이 점에서 다산의 실학사상은 철저히 표현되었다. 다산의 인성론, 따라서 도덕 원리론에 있어서 그의 이론적 귀결이 칸트가 말한바 정언적定言的 명령에 전제하는 절대적 초경험적인 도덕 원리와 같은 것을 허용할 수 없다는 것은 이미 명백한 일이다.

2. 음양·오행론

다산은 음양·오행론에 대하여 종래 견해를 좇지 않고 새로운 논단을 내렸다.

> 음양의 명칭은 햇빛이 비치거나 가리는 데서 비롯된 것이므로, 명·암의 두 상象만 있고 체질體質(몸체와 질료)은 없으니 어찌 만물의 부모가 될 수 있으랴? 그러나 남극·북극의 사이에 천하 만국이 동에 혹은 서에 위치하여 해가 뜨고 지는 시각이 만 가지로 다르나, 그것이 얻는 음과 양의 수는 만국이 조금도 다르지 않다. 그 결과 낮과 밤, 추위와 더위가 얻는 시각도 또한 모두 고루 알맞으므로 성인이 《주역》을 지을 때에 음양의

대대對待(대립·의존)를 천도天道와 역도易道로 삼았을 뿐이고, 음양에 만물의 부모가 될 만한 체질이 있다는 뜻은 아니다. 선철先哲이 가볍고 맑은 것을 양이라 하고, 무겁고 탁한 것을 음이라 한 것도 원래 차명借名(일종의 부호)을 쓴 것이지 그 실물의 의미(개념)를 취한 것은 아니다. (……)

음양도 만물의 부모가 못 되거늘 하물며 오행이랴. 크게 보면 천지天地·수화水火·토석土石·일월日月·성신星辰도 오히려 만물과 동렬에 있거늘 금金과 목木이 어찌 만물의 어머니가 되겠는가? 이제 주자의 "하늘이 음양오행으로 만물을 화생化生하였다"는 말을 구체적으로 고쳐서 "하늘이 음양·수화水火·동철銅鐵·송백松栢으로 만물을 화생하였다"고 하면 과연 합리적으로 보이겠는가? 초목금수는 하늘로부터 화생하는 처음에 생생生生의 이치만 부여받아 종種으로 종을 전하여 각기 생명을 보존할 따름이나, 인간은 이 위에 영명靈明(이지理智)을 부여받아 만물 가운데 빼어난 존재가 되었다. 그런데 송유는 건순·오상健順五常의 덕을 사람과 만물이 동일하게 타고나서 본래 차등이 없다고 하였으니, 천지 생물의 이치가 어찌 이러하랴?[15]

또 그에 의하면 (이미 논술한 바와 같이) "인의예지는 행사의 뒤에 얻은 이름이지 마음에 내재한 이치를 가리킨 것은 아니다. 우리 마음의 영명이 인의예지의 가능성을 가지고 있지만, 상천上天이 벌써 인의예지 네 알맹이를 인성 속에 넣어 준 것은 아니다. 사람도 이러하거늘 하물며 오상五常의 덕, 즉 인의예지신의 행사를 어찌 초목금수가 함께 부여받았으랴? 인성과 물성을 동일시하는 인물성동론

人物性同論은 요컨대 불교의 영향이요 유가의 본지本旨는 아니다.”[16]

이뿐만 아니라 인예仁禮를 건건에, 의지義智를 순순에 분배하거나 또는 오상을 오행에 분배하는 종래 이론에 대해서도 다산은 하나의 망론妄論으로 규정하였다.[17]

대개 오행 부정론은 다산의 미신 타파 사상과 서로 결부되어 있는 이론이다. 당시 연암의 《열하일기》와 정동유鄭東愈의 《주영편晝永編》 등에도 모두 오행의 불합리가 논급되었으나, 특히 다산은 학리적으로 명쾌하게 말하였다.

*　　　*　　　*

음양과 오행이 참위설讖緯說에 이용되어 여러 가지 기괴한 미신을 빚어냈으므로 다산이 이에 대하여 일봉一棒을 가한 것은 참으로 통쾌한 일이었다.

그러나 음양이 그 글자 뜻의 기원이 어떠했든지 간에 다산 자신의 말과 같이 후래 선철先哲들이 그것을 ‘차명’ 즉 일종의 부호로 사용하여 우주의 생성과 만사만물의 발전 변화에 있어서의 변증법적 계기를 어느 정도 설명하였다. 즉 음양은 태극 일기太極一氣의 대립적 모멘트로서 일기一氣 자체 내에 본질적으로 포함되어 ‘일자一者의 분열’과 그 교호 작용이 내적 모순의 투쟁—상호 침투 및 상호 이행으로 발전하는 운동 과정에서 천지와 만물이 생성 변화한다는 것이다.

《주역》〈계사전繫辭傳〉의 “한 번 음이 되고 한 번 양이 되는 것을 도라고 한다(一陰一陽之謂道)”와 주렴계周濂溪 〈태극도설太極圖說〉

의 "태극이 동하여 양을 낳고 정하여 음을 낳으며 동이 극에 이르면 다시 정하니 한 번 동하고 한 번 정하는 것이 서로 그 뿌리가 된다(太極動而生陽 靜而生陰 動極復靜 一動一靜 互爲其根)" 등의 어구에서 보는 바와 같이, 음양과 동정動靜은 전연 서로 반대 배제하는 모멘트임에도 불구하고 그것은 서로 근거하며 서로 이행하여 대립의 통일로서 무한히 발전 변화한다.

중국 고대 철학에서 음양상반상합론陰陽相反相合論은 이것에 첨부·왜곡되어 있는 미신적 요소를 제거하면 하나의 소박한 변증법적 세계관을 훌륭히 가지고 있다. 우선 《주역》 괘상卦象에 대하여 점사적占辭的 신비성은 제쳐 놓고 다만 그 괘상 변화에 나타난 철학적 의의를 보면 음양陰陽·천지天地·수화水火·소장消長·진퇴進退·길흉吉凶·선악善惡·화복禍福 등이 모두 서로 모순 반대됨에도 불구하고 이 모순 반대의 동력으로 인하여 서로 결합하며 서로 전화하여 고정불변한 동일성을 하나도 갖고 있지 않다. 고대 그리스의 변증법 창시자 헤라클레이토스에 의하면 발전의 본질은 만물이 자기 대립물로 이행하는 데 있다는 것이다. 즉 "우리에게는 생과 사, 각覺과 면眠, 노老와 소少가 항상 동일하다. 왜냐하면 갑이 변하면 을이요, 또 반대로 을이 변하면 갑이기 때문이다." 《주역》 괘상의 본뜻도 이와 같이 모든 발전의 모순에 관한 학설로 출현하였다. 이 주역 괘상학卦象學은 주족周族이 은족殷族의 기성 사회제도를 변혁하고 새로운 보다 진보적인 사회제도를 창설하려는 투쟁 과정에서 산출된 세계관으로 추정된다. 다시 말하면 은대殷代의 노예 소유적 사회를 주대周代의 봉건적 사회로 전환시키는 투쟁 의식의 산물이 아니었던가 한다.

그러나 그리스 철학에서 변증법은 아직 원시적이며 유치한 단순성을 가지고 있던 것과 같이 중국 고대 변증법도 직관의 결과에 의하여 우주 내 모든 현상의 전반적 연결을 보았으며, 또 무한히 많은 모든 현상과 만물의 연결과 상호 작용 또는 어떠한 것들의 부단한 발생과 다른 것들의 부단한 멸망이 자연에 존재하고 있다는 것을 자연 발생적으로 포착하였다. "그러나 이 견해가 현상의 전全 정경情景의 일반적 특성을 옳게 파악했음에도 불구하고 그것은 역시 현상의 전 정경을 구성하는 개별적인 것을 설명하기에는 불충분하다. 그런데 우리는 개별적인 정경을 모르고서는 우리에게는 전반적인 정경도 명백히 되지 않는다."(엥겔스)

고대 그리스의 변증법과 마찬가지로 고대 중국 철학자들의 변증법도 또한 단순하고 불충분한 결점을 많이 가지고 있었다. 음양 상반상합론에 있어서도 그들 중 사고가 깊은 자들은 변증법의 4대 특징 중 총 연락 법칙과 부단한 운동 변화 법칙은 어느 정도 파악하였지만 질량 법칙은 전연 생각지 못하였으며, 모순 법칙에 대해서는 그 계기적 형식은 소박하게나마 이미 파악하였지만 그 모순의 내재적 본질과 그 모순의 성장, 폭로의 절차에 관해서는 미개척 그대로 남겨두었다. 그들의 철학은 최상의 경우에 하나의 소박한 유물론이나 혹은 직관적 변증법을 소유하고 말았다. 중국 고대 철학자들이 자기들의 순환론적이며 미숙한 변증법적인 관찰을 자연계로부터 인사계人事界에 전용轉用하기에 노력하였으므로 그 결과 많은 도참적圖讖的 사설邪說을 파생시켰으나, 어쨌든 이러한 귀중한 노력만은 그들의 사고 발전에 있어서 특징이 아닐 수 없다.

다산의 이 '음양 대대陰陽對待' 즉 음양의 상호 대립과 상호 의존으로써 천도天道와 역도易道를 삼았다고 한 것은 어느 정도 그의 변증법적 견해였다. 그러나 일기一氣의 자기 운동의 본질적 모멘트로서 '일자一者의 분열'인 음양의 상호 대립과 상호 의존에 따라 우주 만물이 생성 발전 또 변화하고 있는 이상, 음양을 만물의 원천이란 의미로 만물의 부모라고 비유하는 것이 저 무형무기無形無氣한 신이나 조물주를 만물의 부모로 인정하는 종교적 관념에 비교해서는 그것이 도리어 무신론적이며 변증법인 견해에 가까운 것이다. 이럼에도 불구하고 '음양 대대'의 진리를 인정한 다산이 그 진리의 일종 결론인 "음양은 만물의 부모라"고 하는 의의를 전적으로 부인한 것은 무슨 이유였던가? 이는 그가 음양에 첨가 부회附會된 미신적 혹[癌]을 떼 버리려 하다가 음양 대대의 변증법적 진리의 살까지 다쳤다고 하지 않을 수 없는 것이다.

문제의 오행五行도 본래 신비한 성격으로 출현한 것은 아니었다. 《서경》<홍범洪範>편에서는 자연에 의존하는 인간 생활의 필수적인 물질로서 열거되었으며, 후래 참위가讖緯家의 생극론生克論에 의하여 운명적이고 관념적인 성격을 부여하게 되었다. 그러나 일정한 물질적인 견지에서 오행을 만물의 부모라고 한다면 이는 고대 그리스 철학자들이 수水나 화火나 공기 같은 물질과 인도 사람이 지·수·화·풍地水火風의 4개 물질을 자연계의 구성 원소로 보았던 것과 마찬가지인 일종의 소박한 유물론적 견해로도 볼 수 있는 것이다. 더욱이 오행 생극生克의 원리는 그 실례에 대한 취재取材가 십분 타당치 못하다고는 할 수 있으나, 상생상극相生相克·상극상생相克相生의 변증법적 운동에 대해서는 다산이 그것을 발전적으로 해설하는 대신에 도리어 간과하였다. 이는 그의 견해가 변증법적 계기를 일종의 사변적 유희의 형식으로 오인한 데 기인한 것이다. 이 점에 있어서 다산은 화담花潭의 자연변증법적 학설을 의미 있게 계승·발전시키지 못한 것이라고 하지 않을 수 없다.

3. 왕양명의 '치양지致良知'설

다산의 학적 안목은 당시 유사儒士들에 비하면 대단히 소통하여 '실사구시 부주일가(實事求是 不主一家)'*의 학풍을 충분히 발휘하였다.

이조 유학 사회에서 불교는 한낱 사교邪教로 취급되었을 뿐만 아니라 불교 승려는 평민과도 자리를 같이 못하는 천민 대우를 받아 왔다. 다산도 물론 그 공원허환空遠虛幻한 교리가 인민을 교양하기에 유해무익한 것으로 단정하였으나, 그 반면에 불교의 논리적 발달은 유교의 그것보다 우수한 것을 인정하였다. 그가 강진 유배 중에 시승詩僧 초의草衣*와 친밀히 교유하였고, 초의의 요청에 의하여 <대동선교고大東禪教考>라는 조선 불교사를 저술하였다. 또 <승僧 자홍慈弘에게 주는 말(爲騎魚僧慈弘贈言)>에서는 불교의 진망眞妄·유무有無의 상相의 분변分辨은 유가의 본연·기질의 성의 구별과 같은 것이라고[18] 하여 널리 비교 연구하는 학적 태도를 보였다.

또 고려 말기부터 이조 전 기간을 통하여 조선의 유학이 정주학

---

* 實事求是 不主一家 : 사실을 바탕으로 진리를 구하되 어느 일가만을 위주로 하지는 않는 것으로, 즉 고증考證·박람博覽을 가리킨다.
* 초의草衣(1786~1866) : 자는 중부中孚, 법명은 의순意恂·意洵, 법호는 초의艸衣·草衣. 다산에게 유서儒書와 시도詩道를 배웠다. 저서로 《동다송東茶頌》, 《일지암문집一枝庵文集》, 《초의시고艸衣詩藁》 등이 있다.

程朱學의 일색으로 발전되어 육·왕陸王의 학은 이교異敎처럼 일반에게 인정되었으므로 사류士類로서 만일 육·왕의 학설을 연구 혹은 논의하면 곧 '사문난적斯文亂賊'이란 낙인이 그의 이마에 찍히게 되었다. 그러나 다산은 양자를 비교 연구한 결과, 육·왕의 학의 실천성이 주자학파의 이론 편중에 비하여 일장一長이 있다는 것을 승인하였다. 그래서 그는 〈중형 약전에게 회답하는 서한(答仲氏)〉에 불가로 말한다면 주자는 경사經師와 같고 육상산陸象山*은 선사禪師와 같다고[19] 비평하였다.

다산은 유명한 왕양명王陽明의 '치양지致良知'설에 대하여 어떻게 논평하였던가?

그는 양지良知를 치致할 수 없다는 것을 먼저 글의 뜻에서부터 변파辨破하였다. 그에 의하면 양良은 자연의 뜻이요, 치致는 오지 않는 물건을 무슨 방법으로 오도록 하는 것이다. 양지는 맹자의 이른바 "아주 어린아이도 그 어버이를 사랑하지 않음이 없다(孩提之童 莫不知愛其親)"는 말이니, 이것이 어찌 의식적으로 하는 일이겠는가? 양良이면 치致할 수 없고 치致하면 양良이 아니니 치양지致良知라는 것은 있을 수 없다고 하였다.[20] 다산은 원래 양지良知를 신통영이神通靈異한 예지叡知로 간주하지 않았을뿐더러, 송유 및 왕양명과 같이 아이들이 제 어버이를 사랑할 줄 아는 양지를 선천적으로 타고난 도덕적 실체로 보지 않고 양육하는 과정에서 저절로 일어나는 본능적 지각으로 인식하였던 것이다.

---

* 육상산陸象山(1139~1192) : '상산'은 남송의 유학자 육구연陸九淵의 호. 그는 주자의 성즉리性卽理설과 대립되는 심즉리心卽理설을 주장하였는데, 명대에 이르러 양명학으로 발전되었다.

다산은 왕양명의 치양지설의 불합리를 지적한 반면에, 그의 고상한 문장과 통달한 지식, 그리고 선善을 즐기고 용勇을 좋아하는 미덕을 높이 평가하였다. 그리고 그는 무릇 한 구절의 말을 도학의 종지宗旨로 삼는 것은 모두 정학正學과 다른 이단적 방법이라고 하였다. 예를 들면, '존덕성尊德性'은 성인의 말이지만, 육상산이 이 세 자를 종지로 삼으매 그 폐弊는 정신을 조롱하였으며, 불가가 '돈오頓悟' 두 자를 위주로 하매 그 폐는 환멸에 빠지게 되었는데, 왕양명의 치양지 또한 이와 같은 종류의 학문 방법이라고 다산은 갈파하였다.[21] 다시 말하면 인간 생활의 실천적 성격을 지닌 학문이라는 것은 선학禪學의 화두가 아니란 것이다.

4. 퇴계·율곡의 이발·기발론理發氣發論

퇴계退溪 이황李滉(1501~1570)은 조선 유학의 집대성자이며 중국 명조의 설문청薛文淸·구경산丘瓊山과 함께 주자학의 3대가라는 평판이 있으나 그중 퇴계가 우수하다고 한다. 그의 저서가 진작 일본에 전파되어 야마자키 안사이山崎闇齋 이하 수백 년간 다수한 유학자들이 퇴계학을 연구 계승하였다. 그의 생시에는 동서 분당이 아직 발생하지 않아서 각 당 각 파가 다 같이 그를 숭배하여 왔으나, 다만 그의 거주지가 영남이었고 또 그의 유명한 문인門人 류성룡柳成龍·우성전禹性傳·김성일金誠一·김우옹金宇顒 등이 모두 영남 출신으로 동인東人 또는 그의 주력적 분파인 남인의 영수들이었던 까닭으로 각 당 중에서도 남인 특히 영남의 남인이 퇴계를 제일 숭배하였다.

그리고 율곡栗谷 이이李珥(1536~1584)는 퇴계의 문인으로서 정론政論과 문장이 일세를 울렸으며, 퇴계의 성리학설에 대해서는 그의 사후에 비판 수정한 점이 있어서 이것이 후래 퇴·율退栗 이기론理氣論의 학적 분파를 일으키게 한 것이다. 동서 분당이 개시될 때 율곡은 거중조정居中調整에 힘썼으나 성공치 못하고 도리어 서인西人을 비호한다는 비난을 받았으며, 또 그의 친우와 문인이 대개 서인당의 명사들이었으므로 그는 서인 당계의 조사적祖師的 지위를 차지하게 되었다.

퇴·율退栗 양인의 이기론에서 제기된 문제는 이른바 "사단四端은 이理가 발하고 기氣가 이理를 따르며, 칠정七情은 기가 발하고 이가 기를 탄다(四端理發而氣隨之 七情氣發而理乘之)"(퇴계)는 말과 "사단칠정은 모두 기가 발하고 이가 기를 탄다(四端七情 皆氣發而理乘之)"(율곡)는 말인데, 이 문제에 대한 논쟁이 이조 중기 이후 조선 유학계의 일대 송안訟案으로 되어 다수한 학자들이 토론에 참가하였으나 미결정 그대로 남아 있었다. 대체로 서인계는 율곡설을 옹호하고 남인계는 퇴계설을 주장하여 서로 양보치 않는 동시에 학적 논쟁은 드디어 당적黨的 논쟁의 도구로 전화되었던 것이다.

이 문제 중에 나타난 이른바 이발理發이니 기발氣發이니 하는 어의를 독자들이 이해하려면 먼저 이기理氣에 대하여 그들이 사용한 개념을 잠깐 분석할 필요가 있다고 생각된다.

유교 철학에 있어서 유기론唯氣論과 유리론唯理論(혹칭 기원론氣元論과 이원론理元論)의 상이相異는 서양 철학으로 말하면 유물론唯物論과 유심론唯心論의 차이와 비슷하다. 왜냐하면 종래 유학자들은 기

氣를 기체氣體 이하(형이하形而下) 즉 구체적이며 형적이 있는 객관적인 일체 사물을 포괄한 것으로 보았고, 그 반면에 이理를 물리物理·사리事理·도리道理 등의 이理로서 인간 주관의 추상적 개념에 의하여 규범적으로 설정한 것이기 때문이다. 그들이 만일 물리·사리의 이理를 사물 자체의 법칙, 즉 원인·결과와 필연성으로 보고 사물과 이理를 분리해 볼 수 없는 것으로 인식하였다면, 이는 과학적 관찰인 동시에 이理가 아무런 신학적 요소도 띠지 않을 것이다. 그러나 이와는 반대로 이理를 사물의 현실과 분리시켜 사물에 먼저 존재하며 사물을 지도·관조管照하는 미묘한 직능을 이理의 개념에 부여하였으므로, 그 이理는 사물 자체의 본질적 관계가 아니고 사물에 선행하며 또 사물과는 독립한 존재로 규정되지 않을 수 없는 것이다.

주자는 "이理와 기氣가 결정적으로 두 물건이라"고 하였으므로 속학자들은 덮어놓고 이것을 이기이원론理氣二元論으로 평정評定하고 있으나, 그의 이理는 기氣 자체의 법칙이 아닐뿐더러 기氣에 선행하여 기氣를 창조하는 것인즉 필경 그는 이일원적理一元的 세계관을 지키고 있었던 것이다. 퇴계가 "이理 없는 기氣가 없고 기氣 없는 이理가 없다"고 하여 이기理氣의 간극을 좁혔으나, 이는 그 양자를 밀접시킨 데 불과한 것이고 분리할 수 없는 하나로 본 것은 아니었다. 유리론자唯理論者들이 원칙적으로 '이선기후理先氣後'니 '이주기종理主氣從'이니 하는 명제를 내세운 것은, 서양 철학에서 정신은 물질에 선행하며 물질은 정신에서 파생한다는 관념론적 명제와 공통된 내용을 가지고 있는 것이다.

화담花潭은 이기理氣 관계에 대하여 다음과 같이 썼다.

기氣 밖에 이理가 없다. 이가 기의 주재主宰라고 하나 그것은 이가 기의 외부로부터 들어와서 기를 주재하는 것이 아니라 기의 용사用事(활동)가 그 정正(합법칙성)을 잃어버리지 않는 소이연所以然(인과)을 가리켜 주재라고 하는 것이다. 기는 처음이 없고 이도 처음이 없는데 만일 이가 기보다 먼저 있었다고 하면 이것은 기도 처음이 있는 것이 될 것이다.[22]

이와 같이 화담은 이기를 총론함에 있어서 이理를 기氣의 선행자로나 혹은 기와는 개별물로 존재하여 기를 주재하는 그 무엇으로 보지 않고 기의 인과와 필연성으로 보아 이기理氣의 선후 주종적 관계를 부정하였다. 이로써 문제는 무신론적 또는 유물론적 방향으로 단순 명쾌하게 해결되어 버렸던 것이다. 퇴계는 자기 이기이원론적 견지에 서서 화담이 기를 이로 인식(認氣爲理)하였다고 비난하였으며, 율곡은 화담의 자득적自得的인 학풍은 높이 평가하였으나 그의 유기론적 학설에 대해서는 역시 불만을 표시하였다.

요컨대 중국 철학이 송유에 와서 성리학이란 특징 밑에서 전개된 것은 그 철학의 관념론이 발달된 것을 설명한 것이다. 그들은 종래 우주 지배자인 천天을 이理로 보아 '천즉이야天卽理也'라 하고 (程子), 또 종래 창세주인 상제上帝를 이理의 존칭으로 규정하여(朱子) 유치한 종교적 형태를 세련되고 관념적인 '고묘高妙한' 논리로 수식하였다. 이와 같이 천과 상제가 이理로 전화됨에 따라서 천의 분가分家인 인간 '천성天性'의 성性도 성즉리性卽理로 해석하고, 상제의 분신分身인 인간 '천군天君'의 심心도 이理의 주재로 설명하여 이른바 '천인합일天人合一'이니 '천인일리天人一理'니 하는 명제를 무난히 정립시켰던 것이다. 성리학의 철학적 임무는 어디에 있었는가 하면, 그것이 천과 상제에 대한 인격화 또는 유치한 숭배적 형식은 일단 제거하였다 하더라도 그의 신성하고 순수한 실재의 지위를 인간 정신의 내부에 이론적으로 부식扶植해 주었다는 데에 있었던 바, 그러한 신학적 임무가 여전히 계속되고 있다.

송유의 성리학은 조선에 와서 이조 중기부터 즉 화담·퇴계·율곡의 학설이 출현된 이후부터 이기론으로 발전되어 이기의 선후와 이기의 주종이 주로 문제되고 있었으니 과연 이는 무슨 이유였던가? 이것은 의심할 것도 없이 조선의 철학이 자기 발전 법칙에 의하여 서양 철학의 근본적 문제—사유와 존재와의 관계, 즉 정신과 자연 어느 것이 본원적이냐 하는 문제에로 일보 접근해 온 현상을 표시한 것이었다. 레닌의 말씀과 같이 "그것(철학적 관념론—필자)은 확실히 한 송이 헛꽃[徒花]이지만, 산 과실을 맺는 참된 싱싱한 전면적인·객관적인·절대적인 인간의 인식에서 피어나는 헛꽃이다."

이기론은 대체로 아직 열매가 아닌 헛꽃이었다. 왜냐하면 그들이 말한 이理라는 것은 일견 사물의 객관적 진리를 가리킨 것처럼 보이나, 그 내용에 있어서는 하나의 관념론적 실재에 불과한 까닭이다. 그들은 관념적인 것 즉 사상적인 것을 동시에 실재적인 것으로 보았다. 그들에게 실재라는 것은 객관적으로 인간의 의식과는 독립적으로 존재하는 것을 의미하지 않고, 다만 존재하는 것 다시 말하면 인간의 관념 속에 존재하는 것도 실재적 존재로 인정하였다. 성리학자들은 사물의 이치가 인간의 의식 밖에 존재한 사물 자체에 고유하다고 인정하였으나, 그 반면에 외계의 자연과 모든 사물의 이법理法이 인간의 영통靈通한 심체心體 즉 이성 속에 하나도 빠짐없이 선천적으로 구비되어 있으므로, 인간이 만사만물의 객관적 진리를 파악한다는 것은 결국 자기 자신의 심성 속에 선천적으로 이미 구비되어 있는 만사만물의 진리를 자기 체인體認한다는 것이다. 바꾸어 말하면 객관적 진리의 인식은 즉 주관적 진리의 자인自認인 것이다.

그래서 주자는 《대학》의 명덕明德을 해석하는 데 있어서 "명덕은 사람이 천天으로부터 얻은바 허령불매虛靈不昧하여 중리衆理를 갖추어 만사를 응하는 것이라"고 하였으며, 그의 인성론에서도 인성은 인간의 온갖 사려 행동의 이법만을 선천적으로 구유具有하였을 뿐만 아니라 우주 만유의 이법을 전부 구비하고 있으므로 인성은 천리·물리 모든 것과 질적 양적으로 아무런 차이가 없다는 것이다. 이와 같은 이론적 근거는 결국 선가의 '만법귀심萬法歸心'론과 조금도 다를 것이 없는 동시에 사물을 연구 대상으로 할 필요도 없이 '향벽관심向壁觀心'의 방법만으로도 우주 만물의 진리를 달관할 수 있게 되는 것이다. 이 점에서 송유의 성리학은 객관적 관념론에서 출발하여 주관적 관념론으로 종결되는 것이다.

조선의 이기론자들은 화담의 유기론을 예외로 하고 대부분 송유와 같이 이理를 천인天人과 물아物我에 공통된 선천적인 실재로 보았다. 다시 말하면 이 실재적인 이理는 유럽 중세기 실념론자實念論者들이 주장한 '보편'의 개념과 유사한 것이다.

퇴계는 자기 <심통성정도心統性情圖>설에 주자의 "사단은 이理에서 발하고 칠정은 기氣에서 발한다(四端發於理 七情發於氣)"는 구절을 부연하여 "사단은 이理가 발하고 기氣가 이理를 따르며, 칠정은 기가 발하고 이가 기를 탄다(四端理發而氣隨之 七情氣發而理乘之)"고 하였다. 그의 의견에 의하면 우리 인간의 심상心上에도 우주 만물과 마찬가지로 이와 기가 구유具有하고 있는데, 심心의 이理는 심心의 기관인 기氣의 규범적 실체로서 기보다 먼저 있고 또 반드시 기 위에 우재寓在하여 순선무악純善無惡한 것이다. 인간의 감각이 외계의 접촉을 받아 정情이 있게 되는 것은 물론 심기心氣의 작용이지만, 심기의 작용에 있어 순선무악한 본성의 이理가 아무런 기氣의 장해를 받지 않고 그대로 발현되는 것은 맹자의 이른바 측은·수오·사양·시비의 사단四端이니, 사단의 이理가 직접 발현하는 데 기氣가 순종한다는 의미로서 "사단이발이기수지四端理發而氣隨之"라고 하였다는 것이다. 그리고 희로애구애오욕喜怒哀懼愛惡欲의 칠정은 성리性理를 봉행하는 심기心氣의 순역順逆 여하에 따라 선하거나 악하므로 "칠정기발이이승지七情氣發而理乘之"라고 하였다는 것이다. 물론 퇴계도 동일한 성리性理가 심기心氣 조건의 여하에 따라 순조로이 발현되는 사단도 있고 순조 혹은 불순조의 경우인 칠정도 있다는 것이지, 한 개의 마음속에 두 개의 성리性理가 본래 따로 있어 사단 혹은 칠정으로 발출된다는 말은 아니다. 그러나 "이발이기수지 기발이이승지理發而氣隨之 氣發而理乘之"란 문구를 우리가 여하히 작자 본뜻대로 양해해 준다 하더라도 이발理發과 기발氣發을 대립적으로 설정하고 각자의 밑에 '기수지氣隨之'와 '이승지理乘之'를 또 대립적으로 첨부해 놓은 이상, 이理와 기氣가 각각 독립적으로 발동할 수 있는 권리를 가졌다는 논리적 결론을 부정하기가 대단히 곤란하다. 퇴계의 본뜻이 이기理氣의 각자 발동을 의미한 것이 아니라고 하더라도 그의 의식의 근저에 이기를 양개물兩個物로 본 동시에 이理가 기氣를 떠나서 먼저 존재하고, 또 기 위에 군림하고 있다는 신학적 관념을 유물론적으로 청산치 못한 데서 저와 같은 자기당착의 표현을 하게 된 것이다. 만일 퇴계가 화담과 같이 이理를 기氣의 운동 변화의 법칙 또는 필연성으로 명확히 인식하였다면 어떠한 경우에라도 이발·기발과 같은 표현은 결코 하지 않았을 것이다.

퇴계의 이발기발설理發氣發說에 대하여 그의 유명한 제자 고봉高峯 기대승奇大升은 처음에는 반대하다가 나중에는 퇴계의 우여장황紆餘張皇*한 논변에 자기 이론의 부족을 느끼고 그만 승인하였다. 그러나 율곡은 이기理氣 관계가 "기발이이승지氣發而理乘之"의 일로一路뿐이란 것을 밝혀 "이발이기수지理發而氣隨之"의 무근거한 점을 논파하였다. 율곡도 정주程朱의 학설을 계승한 만큼 이理의 기氣에 대한 선행과 기의 이에 대한 복종성을 인정하기는 하였으나, 그의 논의의 발전 과정에서 이의 선행과 기의 복종을 하나의 논리적 추정으로 보고 현실적인 사상事象으로는 인식지 않으려 하였다. 또 그에 의하면 그가 화담처럼 이理를 기氣 자체의 합법칙성으로서 기 밖으로부터 들어온 것이 아닌 것으로는 보지 못하였으나, 그의 이理에 대한 개념이 대단히 평범해져서 이理는 하나의 무위무능한 규범적 개념으로 본 동시에, 유위유능한 기능을 가지고 직접 현실적으로 활동 변화하는 것은 기氣로 인정하였다. 그래서 그의 의견에 따라 이기理氣를 인마人馬에 비유해 말하면 이理가 아무리 기氣의 윗자리에 있다고 하나, 직접 활동 변화하는 것은 기氣요 이理가 아니므로 이는 마치 사람이 말을 타고 가는데 가는 것은 말이지 사람이 아닌 것과 같다는 것이다.

---

* 우여장황紆餘張皇 : 구불구불 이어져 길게 늘어짐. 유장함.

퇴계와 율곡의 이理에 대한 인식의 차이는 유럽 중세기 실념론자實念論者와 유명론자唯名論者의 '보편'에 관한 인식의 차이와 유사하다고도 할 수 있다. 왜냐하면 퇴계는 이理를 실념론자와 같이 하나의 실재한 보편으로 보았고, 율곡도 이理의 존재를 부인하지 않았으나 실제로는 그것을 유명론자와 같이 일개 명목만의 보편으로 간주하려 하였던 까닭이다. 실념론이나 유명론이 다 같이 보편의 본질적인 모멘트를 이해하지 못하였음에도 불구하고, 유명론은 실념론처럼 관념적 추상의 산물을 객관적 실재로 보는 것에 반대하여 중세기적 독단론과 싸우면서 구체적 현실성으로 돌아가려고 하였다. 율곡이 퇴계의 이발기수론理發氣隨論을 비판하여 그의 비실재적 성격을 어느 정도 지적하고 기발이승氣發理乘의 일로만을 주장하여 자연계와 정신계의 현실적 방향으로 나가려 한 것은, 의심할 것도 없이 유교 철학의 스콜라적 세계관으로부터 벗어나려는 유물론적 맹아 형태였던 것이다.

다산은 퇴계·율곡의 이기론에 대하여 어떠한 태도를 취하였던가? 그는 당습黨習을 초탈하고 공평한 판단을 내리려 하였다. 그에 의하면 퇴계의 "(사단은) 이가 발하고 기가 이를 따르며, (칠정은) 기가 발하고 이가 기를 탄다(理發而氣隨之 氣發而理乘之)"는 말은 순전히 우리 인간의 심상心上에 나아가 논한 것이니, 이른바 이理는 바로 본연지성本然之性이요 도심道心이요 천리지공天理之公이며, 이른바 기氣는 기질지성氣質之性이요 인심人心이요 인욕지사人欲之私이다. 그러나 율곡의 "사단칠정은 모두 기가 발하고 이가 기를 탄다(四端七情 皆氣發而理乘之)"는 말은 태극 이래의 이기理氣를 총괄적으로 논한 것이다. 즉 천하 만물이 발동하기 전에는 비록 이理가 먼저 있으나, (그것이) 발동할 때에는 기氣가 반드시 먼저 하는 것이니, 우리 인간의 심중心中의 사단·칠정도 또한 이 공례公例에서 벗어나지 않으므로 모두 기발이승氣發理乘이다. 그러면 율곡은 외계와 내계의 이기理氣 관계에 대한 일반적 원칙을 논한 것이고, 퇴계는 치심治心·양성養性의 수양상 필요로써 심상心上의 이기 관계를 특수적으로 논한 것이니, 양현兩賢의 논한 바가 각각 관점을 달리했을 뿐이지, 이쪽은 옳고 저쪽은 그르다고 할 수 없는 것이라 하였다.[23]

또 그에 따르면 퇴계론에 의하더라도 사단은 반드시 이발理發만이 아니니, 어느 때 어느 사람에 있어서는 측은惻隱·수오羞惡가 사욕에 끌리고 천리天理의 공公에 어그러지는 수가 있다. 또 칠정도 반드시 기발氣發만이 아니니, 이도 경우에 따라 희로애락이 형기形氣의 사私에 국한되지 않고 본연지성의 직접 발용發用이 있는 것이다. 어쨌든 사단과 칠정은 모두 우리 마음이 발하는 것이지, 마음 속에 이理와 기氣의 두 구멍이 따로 있어서 각자 발하여 나오는 것은 아니라고 하였다.[24]

다산은 이와 같이 퇴·율 양시론兩是論을 주장하여 비판의 공정성을 보였으나, 그의 내심은 율곡의 간명 통쾌한 견해를 퇴계의 우회 모호한 논법보다 높이 평가하였다. 그는 23세 경의진사經義進士*로 태학에서 국왕 정조가 친히 발문發問한 《중용강의中庸講義》 80여 조를 답론할 적에 본문제인 이발기발론理發氣發論에 대하여 광암曠菴 이벽李蘗은 퇴계설을 주장하였고 다산은 율곡설과 일치하였다고 한다.

---

* 경의진사經義進士 : 진사가 아니라 생원이 맞다. 다산은 시부詩賦로 진사가 된 일이 없고 경의經義로 생원이 되었기 때문이다. 자세한 것은 p344, p711 각주 볼 것.

요컨대 다산이 이기론理氣論에 있어서 퇴계설을 두고 율곡설을 보다 나은 것으로 지적한 점은 그의 인식이 경험론적 방향으로 접근하였다는 것을 의미한다. 그러나 그가 이기理氣 관계에 대한 율곡의 주관적 진리의 개념을 청산치 못하고, 따라서 화담의 객관적 진리의 개념을 발전시키지 못한 데서 주어진 문제는 여전히 해결되지 못한 채로 남아 있는 것이다.

5. 귀신과 신앙론

다산은 귀신을 기氣로도 보지 않고 이理로도 보지 않았다.

> 우리는 기질氣質이 있으나 귀신은 기질이 없다. 《주역》에 이른바 "음양을 헤아릴 수 없는 것을 신이라 한다(陰陽不測之謂神)"고 하고, 또한 "한 번 음이 되고 한 번 양이 되는 것을 도라고 한다(一陰一陽之謂道)"고 하니, 이는 모두 시괘蓍卦 강유剛柔의 의의意義를 말한 것이지, 귀신과 천도天道를 말한 것은 아니다. 어찌 음양을 귀신이라 하겠는가? 귀신은 이理와 기氣로 말할 수 없는 것이다. 천지의 귀신이 밝게 늘어서 있는데 지존지대한 것은 상제上帝뿐이다. 문왕文王의 "조심하고 공경함(小心翼翼)"과 《중용》의 "경계하고 삼가며 두려워함(戒愼·恐懼)"*은 다 상제를 섬기는 학문이다. 그러나 지금 사람은 천天을 이理로, 상

---

* 계신戒愼·공구恐懼 : 君子 戒愼乎其所不睹 恐懼乎其所不聞 《중용》1장.

제를 이理의 존칭으로만 알고, 신神을 유무망매有無茫昧한 경계에 두었으므로 인군人君*의 외경畏敬과 학자의 신독愼獨이 모두 성실치 못하게 되는 것이다. 무릇 어두운 방에 홀로 있는 사람이 비록 무슨 짓을 하여도 끝내 발각되지 않는다면 누가 공연히 외경하겠는가? 일식·월식 같은 것을 가지고 군주를 훈계하지만, 그 시각을 조금도 틀림없이 미리 아는 이상 어찌 재이災異라 하겠는가? 예지叡知의 학문은 참으로 믿고 깊이 경계함이 있어야 한다.[25]

이리하여 다산은 귀신을 송유의 이른바 "이기二氣의 양능良能이다"(張子), "천지의 공용功用이고 조화의 자취다"(程子)[26]고 한 범신론적 또는 범리론적汎理論的 영역으로부터 인출하여 기氣도 아니고 이理도 아닌, 신비적이고 불가지적인 범주에 올려놓고 동시에 신앙 대상을 설정할 필요를 주장하였다.

서恕를 힘써 행하면 인仁을 구하는 데 그보다 더 가까운 것이 없으므로 증자曾子가 도道를 물으매 '일관一貫'으로써 고하였으며, 자공子貢이 도를 물으매 '일언一言(恕)'으로써 고하였다. 경례經禮 3백과 곡례曲禮 3천에 서恕로써 관통되었다. 인仁을 하는 것은 자기로 말미암으며(行仁由己), 자기를 극복하여 예로 돌아가나니(克己復禮) 이는 공문孔門의 정지正旨이다. 성誠이란 서恕에 성실하다는 것이며 경敬이란 예禮로 돌아가는 것이

---

* 人君 : 원문의 大君은 오식.

니, 그것으로써 인仁하는 것은 성誠과 경敬뿐이다. 그러나 공구恐懼·계신戒愼하여 상제를 소사昭事(속임없이 섬긴다는 뜻)하면 인仁할 수 있으나, 태극을 헛되이 높이며 이理로써 천天이라고 하면 인仁할 수 없다. 결국은 천天을 섬겨야만 할 것이다.[27]

이 몇 구절은 다산의 〈자찬묘지명〉에서 인용하였다. 그 요점은 바로 《논어》의 '인仁', '서恕', '복례復禮' 등의 말과 《중용》의 '공구恐懼', '계신戒愼' 등의 말을 연결시켜 사천事天 즉 천신天神을 섬기는 종지宗旨를 수립한 것이니, 이는 이론의 무대로부터 신앙 경계로 전향한 것이다.

이제 우리는 다산이 이상과 같은 결론에 도달한 경로를 추적하여 보면 이렇게 말할 수 있다. 기독교는 박애博愛의 서恕와 천天에 대한 경건한 신앙과의 결합으로써 교리를 구성한 것이다. 다산은 일찍이 서학西學 연구가로서 첫째로 기독교리가 학리적으로 본다면 역시 환망무실幻妄無實한 것이나, 그 설교의 방법이 간단하고 절실하여 일반 대중의 심정에 하소연되는 것, 둘째로 당시 조선의 적지 않은 군중이 열심히 그것을 환영하는 현실이 중대한 것에 깊이 주의하여 신앙의 필요를 느낀 동시에 기독교에서 참고할 바가 많은 것으로 인정하였다. 그래서 그는 자기 본종本宗인 유교를 반관反觀하여 재검토한 결과, 《논어》의 인仁·서恕와 《중용》의 계신戒愼·공구恐懼를 특별히 추출하여 유교의 경천사상敬天思想을 이론화한 것이었다.

원래 유교도 하나의 경천적 종교가 아닌 바 아니지만, 그것은 사회 발전과 함께 인간 의식 형태의 세련화와 노불老佛의 논리적 영향 등으로 말미암아 천과 상제를 구상적具象的이며 인격화한 지위에 오래 머물게 할 수 없으므로 보다 '고상'하고 추상적인 신격神格에로 전화시키지 않을 수 없게 되었다. 그리하여 천天은 무형무언無形無言한 최고의 존재로 규정되고 상제는 객관적인 실체를 잃어버린 이理의 존호로 변질되어 버렸다. 그러나 다산에 의하면 이러한 '실재實在'들은 관념론자나 명상가가 탐완耽玩하는 대상은 될지언정 유식·무식·현자·불초자 등 일반 대중이 다 같이 숭봉崇奉할 수 있는, 다시 말하면 만민이 다 같이 경외하며 친애할 수 있는 대상은 될 수 없으므로, 다산은 천=상제를 유무망매有無茫昧한 영역으로부터 구출하여 하민下民과 만물을 직접 감림監臨하며 권선징악할 수 있는 존엄한 지위에 재건하려 하였던 것이다.

종래 유학의 논리에 의하면 이理는 무형무적無形無迹한 일체를 대표하고, 기氣는 유형유적有形有迹한 일체를 대표하므로 우주 내의 무수한 존재가 여하히 다종다양하더라도 이 2대 유별로 나누어 이理나 기氣나 그 어느 계열에 속하지 않을 수 없다. 만일 이·기 어느 계열에도 속하지 않는 존재라면 아무런 논리적 근거를 갖지 못한 한낱 환상적이고, 고작해야 이른바 예지적 직관의 산물에 불과한 것이다. 그러나 다산은 종래 유학자들의 정상적인 논리의 궤도를 무시하고 신앙 대상인 신을 이도 아니고 기도 아닌 어떤 존재로 규정하였다. 이는 다산이 자기의 신앙 대상이 아무런 논리적 또는 현실적 근거를 가지지 못한 것을 스스로 알면서, 자기 실용주의의 주관적 요구에 의하여 신앙 대상을 방편적으로 설정하려 한 까닭이었다.

방편적이든 아니든 간에 자기 주관적 환상에 기초하여 신앙 대상을 설정한 것은, 그의 과학적 수준이 아직 신비의 세계를 결별하지 못한 사실과, 또는 당시 봉건 사회의 쇠퇴기에 몰락해 가는 일부 양반층의 동요 불안한 심리를 사상적으로 반영한 것이었다. 그 반면에 그가 신앙 대상의 기초를 이理나 기氣의 위에 두지 않은 것은, 그에게 있어서 첫째로 이나 기는 신앙 대상의 적응한 기초가 될 수 없는 까닭이며, 둘째로 환상적인 신앙 대상의 기초는 환상의 밖에서 구할 수 없는 까닭이다. 이 점에서 다산의 세계관은 유심론의 일색으로 봉쇄되지 않고 유물론과 일맥상통한 것을 반증한다. 이런 경우에는 유럽 중세기 말기에 유명한 '이중진리二重眞理'의 문제가 연상될 수 있다. 즉 철학상의 진리와 종교상의 진리를 구분한 것은 물론 유일무이한 진리에 대한 인식이 아니지만, 철학의 진리를 종교의 진리로부터 분리하여 후자의 전면적 지배를 제한하고 전자의 독자적 및 국부적인 영역을 보장하는 것이니만큼 이는 그 당시 진보적 의의가 있었다. 이와 유사하게도 다산이 이기理氣의 성질과 신神을 엄격히 구별하여 신의 기초를 이기의 영역 밖에 두어서 신의 전면적 체현體現을 부정한 동시에 이기의 비신적非神的 본질을 인정하였으니, 이는 철학 자체의 발전에 대하여 한 줄기 길을 열어 주는 긍정적 의의가 내포되어 있는 것이었다.

1. 《全書》I-16, 自撰墓誌銘(集中本), "曰性者嗜好也 有形軀之嗜 有靈知之嗜 均謂之性 故召誥曰節性 (王制曰節民性) 孟子曰動心忍性 又以耳目口體之嗜 爲性 此形軀之嗜好也 天命之性 性與天道 性善盡性之性 此靈知之嗜好也"
   * 《중용자잠中庸自箴》권1 천명지위성절天命之謂性節, 《맹자요의孟子要義》 권1 〈등문공滕文公·상〉 등에도 비슷한 예가 나온다.

2. 《心經密驗》, 心性總義, "性之爲字 當讀之如雉性鹿性草性木性 本以嗜好立名 不可作高遠廣大說也 … 今人推尊性字 奉之爲天樣大物 混之以太極陰陽之說 雜之以本然氣質之論 眇芒幽遠 恍忽夸誕 自以爲毫分縷析 窮天人不發之秘 而卒之無補於日用常行之則 亦何益之有矣 斯不可以不辨"

3. 《大學公議》卷1, 在親民, "按楞嚴經曰如來藏性 淸淨本然 此本然之性也 本然之性 爲新薰所染 乃失眞如之本體 卽般若起信論中重言複語之說"

4. 《心經密驗》, 心性總義, "有宋諸先生皆從此說 … 本然二字 旣於六經四書諸子百家之書 都無出處 … 據佛書 本然者 無始自在之意也 … 與吾儒天命之性 相爲氷炭 … 儒家謂吾人稟命於天 佛氏謂本然之性 無所稟命 無所始生 自在天地之間 輪轉不窮 人死爲牛 牛死爲犬 犬死爲人 而其本然之體 瀅澈自在 此所謂本然之性也 逆天慢命 悖理傷善 未有甚於本然之說"
   * 밑줄 부분은 〈自撰墓誌銘(集中本)〉.

5. 同上書, "然吾人靈體 若論其嗜好 則樂善而恥惡 若論其權衡 則可善可惡 危而不安 惡得云純善而無惡乎 … 總之靈體之內 厥有三理 言乎其性則樂善而恥惡 此孟子所謂性善也 言乎其權衡則可善而可惡 此告子湍水之喩 揚雄善惡渾之說所由作也 言乎其行事則難善而易惡 行荀卿性惡之說所由作也 荀與揚也 認性字本誤 其說以差 非吾人靈體之內 本無此三理也"

6. 관련 내용이 《대학강의大學講義》전傳 7장에 있다. "大抵人性必賴克復之工 庶免壞敗之害"

7. 《中庸講義補》, 天下之達道五節, "仁義禮智之名 成於行事之後 此是人德 不是人性 若其可仁可義可禮可智之理 具於人性 故孟子以惻隱等四心 爲四德之端 然四心摠發於一箇靈明之體 靈明之體 汎應萬物 計其所發 豈必四而已哉 孟子特擧其四者而已"

8. 《論語古今注》, 學而, "今之儒者 認之爲仁義禮智四顆 在人腹中 如五臟然 而四端皆從此出 此則誤矣";《中庸講義補》, 天下之達道五節, "知仁勇三達 德 … 亦皆成名於行事之後 而原其所發 亦發於此心而已"

9. 《論語古今注》, 學而, "孟子曰仁義禮智根於心 仁義禮智 譬則花實 惟其根 本在心也 惻隱羞惡之心發於內 而仁義成於外 辭讓是非之心發於內 而禮智 成於外";《心經密驗》, 人皆有不忍人之心, "始然者 火之始也 始達者 泉之 始也 惻隱者 仁之始也 始然者 擴而充之 至於炎炎則燎爐也 始達者 擴而充 之 至於滔滔則江河也 惻隱 擴而充之 至於肫肫則仁覆天下也 端者始也 非內出之緒"

10. 《全書》 I-16, 自撰墓誌銘(集中本), "曰孟子論性 竝及耳目口體 無論理不論 氣之病也";《中庸講義補》, 天命之謂性節, "朱子 … (每以命性道敎四者) 兼人物而言之 然所謂天命之性 是人性也 率性之道 是人道也"

11. 《孟子要義》, 告子·上, 告子曰生之謂性犬牛人之性章, "大抵人之所以知覺 運動 趨於食色者 與禽獸毫無所異 惟其道心所發 無形無質 靈明通慧者 寓 於氣質 以爲主宰 故粤自上古 已有人心道心之說 人心者氣質之所發也 道 心者道義之所發也 人則可有此二心 若禽獸者 本所受者氣質之性而已 除此 一性之外 又安有超形之性 寓於其體乎 氣質之性 卽其本然也 然則孟子所 言者 道義之性也[人之所獨有] 告子所言者 氣質之性也[人物所同得]"

12. 同上書, "朱子 … 此所謂本然之性 謂賦生之初 其理本然 此所謂人物同得 也 然臣獨以爲本然之性 原各不同 人則樂善恥惡 修身向道 其本然也 犬則 守夜吠盜 食穢蹤禽 其本然也 牛則服軛任重 食芻齕觸 其本然也 各受天命 不能移易 牛不能强爲人之所爲 人不能强爲犬之所爲 非以其形體不同 不能 相通也 乃其所賦之理 原自不同"

13. 同上書, "朱子嘗曰論萬物一原則理同而氣異 觀萬物之異體則氣猶相近而 理絶不同 節理同而氣異 … 鏞案萬物一原 悉稟天命 苟以是而謂之理同 則 誰曰不可 但先正之言 每云理無大小 亦無貴賤 特以形氣有正有偏 得其正 者理卽周備 得其偏者理有梏蔽 至云本然之性 人物皆同 而氣質之性 差有 殊焉 斯則品級遂同 豈唯一原之謂哉"

14. 同上書, "鏞案人之善惡 不係氣稟之淸濁 周勃 石奮 氣質大抵濁 王莽 曹操 氣質大抵淸 商受有才力之稱 宋襄有渾厚之氣 豈必淸者爲賢 濁者爲惡 … 今閭巷卑微之民 椎魯如牛 而能成孝子之行者不可勝數 婦人淸歌妙舞 辯慧機警者 鮮不爲淫 而黃首黑面 恟愁陋劣者 多辦烈女之節"

* 다산은 《논어고금주》 <양화陽化·하>에서도 이와 비슷한 예를 들면서, "선천적인 기질의 청탁을 선악의 근본으로 삼는 것은 잘못이다. 기질은 사람의 지우智愚와 연관될지언정 선악과는 아무 상관이 없다(先儒每以氣質淸濁爲善惡之本 恐不無差舛也 … 氣質能使人慧鈍 不能使人善惡)"고 하였다.

15. 《中庸講義補》, 天命之謂性節, "陰陽之名 起於日光之照掩 … 本無體質 只有明闇 原不可以爲萬物之父母 特以北自北極 南至南極 天下萬國 或東或西 其日出入時刻 有萬不同 而其所得陰陽之數 萬國皆同 毫髮不殊 以之爲晝夜 以之爲寒暑 其所得時刻 亦皆均適 故聖人作易 以陰陽對待 爲天道 爲易道而已 陰陽曷嘗有體質哉 … 先哲於此 又以輕淸者爲陽 重濁者爲陰 原是借名 非其本實 … 上天下天 水火土石 日月星辰 猶在萬物之列 況可以銅鐵草木 進之爲萬物之母乎 今試書之日天以陰陽水火銅鐵松栢 化生萬物 其說自覺難通 分言之而遠於理者 雖混言之 豈得合理乎 況草木禽獸 天於化生之初 賦以生生之理 以種傳種 各全性命而已 人則不然 天下萬民 各於胚胎之初 賦此靈明 超越萬類 享用萬物 今乃云健順五常之德 人物同得 孰主孰奴 都無等級 豈上天生物之理 本自如此乎"

* 최익한은 출전을 《중용강의》라고 하였으나 정확히는 《중용강의보》임. 《중용강의보》는 《중용강의》에 '금안今案·今按'이라는 형식을 덧붙여 수정·보완한 책인데, 위의 원문은 《중용강의보》 천명지위성절天命之謂性節의 그 '금안' 부분에 해당한다.

16. 同上書, "仁義禮智之名 本起於吾人行事 竝非在心之玄理 人之受天 只此靈明 可仁可義可禮可智則有之矣 若云上天以仁義禮智四顆 賦之於人性之中 則非其實矣 人猶然矣 況云五常之德 物亦同得乎 佛氏謂人物同性 … 而其與洙泗之舊論 或相牴牾者 不敢盡從"

* 최익한이 출전을 《맹자요의》라고 한 것은 착오.

17. 同上書, "仁義禮知 分配健順 朱子云 仁禮健而義智順 亦不必然"

18. 《全書》I-17, 爲騎魚僧慈弘贈言, "佛法雖誑誕 其所說眞妄有無之相 則吾儒本然氣質之辨也"

19. 《全書》I-20, 答仲氏, "朱子經師也 陸象山禪師也"

20. 《全書》I-12, 致良知辨, "良者自然之意也 … 夫所謂致者 何謂也 彼不自來 而我爲之設法以來之曰致也 吾不可自得 而求彼以相助 使之至曰致也 … 孟子曰孩提之童 莫不知愛其親者 其良知也 … 余故曰良則不致 致則非良"

* 원문을 본문에 맞게 순서를 재구성함.

* 孩提之童 莫不知愛其親 : 《孟子》 <盡心·上>.

21. 同上書, "獨恨夫以陽明之高文達識 … 陽明之性 樂善好勇 … 凡立一句語爲宗旨者 其學皆異端也 … 尊德性君子之學也 聖人嘗言之矣 陸氏立尊德性三字爲宗旨 則其敝爲弄精神頓悟而成異端矣 良知之學 何以異是"

* 원문을 본문에 맞게 순서를 재구성함.

22. 《花潭集》卷2, 雜著, 理氣說, "氣外無理 理者氣之宰也 所謂宰 非自外來而宰之 指其氣之用事 能不失所以然之正者而謂之宰 理不先於氣 氣無始理固無始 若曰 理先於氣 則是氣有始也"

* 앞에서(p131) 이미 나온 내용이다.

23. 《全書》I-12, 理發氣發辨一, "退溪曰四端理發而氣隨之 七情氣發而理乘之 … 蓋退溪專就人心上八字打開 其云理者是本然之性 是道心 是天理之公 其云氣者是氣質之性 是人心 是人欲之私 … 栗谷曰四端七情 皆氣發而理乘之 … 栗谷總執太極以來理氣而公論之 謂凡天下之物 未發之前 雖先有理 方其發也 氣必先之 雖四端七情 亦唯以公例例之 … 退溪用力於治心養性之功 故分言其理發氣發 (退溪之言 較密較細 栗谷之言 較闊較簡) 然其所主意而指謂之者各異 卽二子何嘗有一非耶 … 求之有要 曰專曰總"

* 밑줄 부분은 <理發氣發辨二>에서 추가함.

24. 同上書, 理發氣發辨二, "四端由吾心 七情由吾心 非其心有理氣二竇而各出之使去也"

25. 《中庸講義補》, 鬼神之爲德節, "吾人有氣質 鬼神無氣質 … 大抵鬼神 非

理非氣 … 易曰陰陽不測之謂神 又曰一陰一陽之謂道 此皆著卦剛柔之義 豈所以說鬼神 豈所以言天道乎 … 豈遂以陰陽爲鬼神乎 鬼神不可以理氣言也 臣謂天地鬼神 昭布森列 而其至尊至大者 上帝是已 文王小心翼翼 昭事上帝 中庸之戒愼恐懼 豈非昭事之學乎 今人於此 疑之於有無之間 置之於杳茫之地 故人主敬畏之工 學者愼獨之義 皆歸於不誠 夫暗室獨處 雖使無所不爲 畢竟無所發覺 其將徒然畏怯乎 … 或以日月之食 勉戒於君上 夫名曰災異 而預知時刻 不差毫髮 有是理乎 苟有睿智之學 其果眞信而深戒之乎"

＊陰陽不測之謂神과 一陰一陽之謂道：《周易》〈繫辭上傳〉5章

26. 同上書,"程子曰鬼神 天地之功用而造化之跡 張子曰鬼神者 二氣之良能"

27.《全書》I-16, 自撰墓誌銘(集中本),"強恕而行 求仁莫近 故曾子學道 告以一貫 子貢問道 告以一言 經禮三百 曲禮三千 貫之以恕 爲仁由己 克己復禮 此孔門之正旨也 誠也者 誠乎恕也 敬也者 復乎禮也 以之爲仁者 誠與敬也 然恐懼戒愼 昭事上帝則可以爲仁 虛尊太極 以理爲天則不可以爲仁 歸事天而已"

제3부 다산의 정치·경제사상

제8장 다산의 정치사상

1. 균민주의均民主義의 정치론

다산의 정치사상은 그의 <원정原政> 한 편에서 대체로 볼 수 있다. <원정>의 이론에 의하면 어느 계급을 막론하고 '균시민均是民'*이란 것이 정치적 원리로 규정되어야 한다고 여러 번 강조하였다.

이 균민주의가 가부장의 인자仁慈나 부모연父母然하는 봉건 제왕의 회유책을 전제한다면 이는 인민의 계급적 반항을 진무鎭撫하려는 일개 기만적 구호에 불과한 것이 되고 말지만, 이와 반대로 차별과 천대와 무권력한 사회적 처지에서 신음하면서 균등적 생활을 위하여 싸우는 인민의 편에 서서 극히 정열적으로 부르짖은 것이라면, 이는 혁명적 성격을 내포한 진보적인 표어일 것이다. 다산의 균민주의는 물론 전자가 아니라 후자에 속한다.*

---

* 균시민均是民 : 똑같은 이 백성. 인민을 고르고 옳게 함. <원정> 원문에는 '균오민均吾民(똑같은 우리 백성)'이라고 나온다.
* 이 균민주의가~속한다 : 이는 최익한의 의도적 해석일 뿐이다. 다산의 균민주의는 신분적 차별을 반대하는 평등사상이 결코 아니었고, 도리어 신분제를 극력 옹호한 면에서 철두철미 보수 반동적인 이론이었다.

〈원정〉의 중요 항목을 보면 다음과 같다.

첫째로, 빈부 차등의 발생은 그 원천이 토지의 겸병과 이탈에 있으므로 토지 균분을 왕정王政의 제1책으로 할 것. 둘째로, 교통을 편리하게 하고 도량형을 균일하게 하여 물화의 융통과 교환을 촉진함으로써 지방 생산력의 불균등한 발전을 극복 또는 완화하게 할 것. 그다음은, 강약의 세勢 즉 정치적 권리를 균등케 할 것, 인민의 근로를 균평히 할 것, 붕당을 제거하고 공도公道를 확장하여 인재의 현우賢愚를 엄격히 구별할 것, 수리水利 사업을 일으켜서 수한水旱(장마와 가뭄)을 조절할 것, 이 밖에 임정林政·축정畜政·엽정獵政·광정鑛政·의정醫政의 완비책完備策들을 열거하였다. 여기서 무엇보다도 주목할 것은 그가 정치의 역점을 민생 문제의 균등한 해결과 산업 각 부문 중 특히 농업의 발전에 치중한 점이다.

동편同篇 중에 의료 기관의 보급에 관한 필요는 열거하면서 교육 기관의 보급에 대한 필요는 언급하지 않았다. 물론 이 〈원정〉은 정政의 정신을 원론原論한 것이지, 정政의 항목을 조목조목 다 열거하려는 것은 아니었다. 어쨌든 그가 열거한 항목 가운데 교육 균등이 빠졌고, 또 정치 개신에 관한 구체적 강목綱目을 논술한 그의 명저 《경세유표》에도 국민개직國民皆職·국민개병國民皆兵 등에 대한 주장은 있으나 국민개교國民皆敎는 논급되지 않았으니, 이는 다산의 정치적 시각이 종래 유교의 교화주의敎化主義 즉 덕치주의德治主義의 방면에 치우쳤고, 근대 보통 교육의 이상에까지는 도달하지 못한 사실을 스스로 증언한 것이다.

그런데 동편 중에(기타 논문 중에도) '왕정王政' 두 자를 사용하였으나 이는 민주 정치와 반대되는 제왕 정치를 꼭 의미한 것이 아니고,

국정國政 혹은 인정仁政과 동일한 개념으로 사용한 것이다. 다른 유사한 용례로 '왕도王道'란 말은 권모간책權謀奸策을 위주로 하는 패도覇道를 반대하는 인심仁心·정의正義의 도를 의미한 것이며, 어느 경우에는 '왕자王者'란 말도 반드시 제왕만을 가리킨 것이 아니라 최고 치자治者의 의미로 쓴 것이다. 이는 마치 근대인들이 광산왕·금융왕이니 혹은 이념의 왕국, 자유의 왕국이니 하는 그 왕과 왕국이 융통성 있는 것과 마찬가지인 용어들이다.

다산의 이론(다른 학자들의 이론도)을 연구하는 데 이러한 용어에 대한 심득心得이 어쭙잖은 듯하면서도 대단히 필요할 것이다. 왜냐하면 이러한 심득이 없으면 속학자들은 '왕정', '왕도' 등 용어를 보고 그만 그를 군주 정치의 절대 지지자로 속단하여 버리기 쉬운 까닭이다.*

요컨대 다산의 <원정> 이론은 계급 투쟁을 균민 정치의 실현에 대한 공간槓杆(지렛대)으로 이해치 못하였으므로 이는 필경 이상주의의 '헛꽃'으로 피고 말았다.

그러나 그가 정치적 균등의 기초를 경제적 균등에 둔 것은 여전히 우수한 견해였다. 그리고 교통의 편리와 물화의 융통으로 국내

---

* 그런데~까닭이다 : 최익한은 정약용이 민주 정치를 지향하였다고 은연중 표시하기 위해 무리한 해석을 가한 듯싶다. 왜냐하면 왕정이 국정이든 인정이든, 또 왕도가 인도이든 정도이든 간에 이는 민주 정치가 아니라 제왕(=군주) 정치이기 때문이다 (김진호, <다산 정치사상에 대한 '민권 이론' 비판>, 《제3회 전국 대학(원)생 다산학술논문대전》, 다산학술문화재단, 2013, pp94~5 각주 214). 특히 다산의 왕정론은 불변의 '천리天理'라는 초월적인 것에 근거하며, 현명한 통치자의 결단이라는 자의적恣意인 것에 크게 기대하고 있으므로 전제주의적 속성의 틀을 결코 벗어나지 못한 것이다(김태영, <다산 경세론에서의 왕권론>, 《다산학》 창간호, 다산학술문화재단, 2000, p256, pp261~2). 그러니까 민을 빙자한 봉건 관료의 경세학에서 민주주의적 반봉건 사상을 추출하려는 시도 자체가 연목구어에 지나지 않는다고 하겠다.

생산력의 지방적 차이성을 완화시키려 하였으니, 이는 분산적 지방적인 봉건 경제의 태내에서 그의 모순으로 미동하기 시작한 자본주의 경제의 맹아인 상품 자본이 자기의 무대인 시장의 확대를 요구하는 물질적 징후를 민감하게 대변한 것이다. 또 인민 근로의 균등화에 대한 착상은 당시 지주 귀족 계급이 자기들의 노예적 혹사를 일반 인민에게 보다 더 광범히 부과하던 의식 형태와는 질적으로 다른 것이다.

다시 말하면 이는 국민개로國民皆勞 체제를 엄격히 수립하여 유식遊食·좌식坐食의 무리를 퇴치하고 근로 인민에 대한 합리적인 노력勞力 분배와 노동 규율을 예상한 것이었다.

2. 《경세유표》에 나타난 개신안

우리가 다산의 사상 및 학설을 연구함에 있어 그의 합법적 저작과 비합법적 저작을 구별해 보아야 할 것이다. 만일 이를 혼동한다면 그의 경세사상에 대하여 그의 최고 강령이 무엇인가를 이해하지 못할뿐더러 그의 최저 강령이나 혹은 개별적인 특수 문제에 관한 이론을 가지고 그의 최고 이상으로 오인하게 될 것이다.

그의 명작의 하나인 《경세유표》를 세상에서는 흔히 다산의 최대 이상의 결정물로 보고 있으나, 사실은 결코 그렇지 않다. 그의 문인 이정李晴*이 편차編次한 《사암연보俟菴年譜》에 의하면 다산이

* 이정李晴(1792~1861) : 자는 금초琴招, 호는 청전靑田으로 이름을 파자한 것이다. 아명은 학래鶴來이고, 나중에 정晴은 정晸으로 개명함. 다산의 편저編著《상서고훈

강진 유배를 마치던 전년(순조 17, 1817), 즉 그가 56세 되던 해에 《방례초본邦禮草本》 49권이 비로소 편집 중에 있고 완료되지 못하였다 하니, 《방례초본》은 즉 《경세유표》의 별명이다. 동서同書가 동 연보에는 49권으로 씌어 있으나, 다산의 만년 수정본手定本과 그의 《열수전서洌水全書》 총목록에는 15책 43권으로 되어 있으니, 혹시 후래 정리 중에 권수가 삭감되었다고 볼 수 있다. 그러나 그가 61세 때 지은 <자찬묘지명(집중본)>에 자기 저서의 총목록과 권수가 열거되어 있는데, 여기에는 《경세유표》가 '48권 미졸업未卒業'으로 씌어 있으니, 권수의 불일치와 미완성이란 것이 의심나지 않을 수 없다.

필자가 어느 다른 기회에서도 이미 소개하였지만, 강진 지방 사화史話에 의하면 다산의 저서로서 현존본 《경세유표》 이외 별본이 있었는데, 그가 강진 유배로부터 해방되기 직전에 이 별본을 밀실에서 저작하였으며, 그 가운데에는 자기의 만민 평등의 새 사회를 상세히 모사模寫하고 그 실현 방법도 제시되었다. 이 책자를 그가 문인 이정과 친승親僧 초의에게 주어서 비밀히 보관·전포傳布할 것을 부탁하였으나, 그 전문全文은 중간에 행방불명되었고 그 일부는 후래 대원군에게 박해당한 남상교南尙敎·종삼鍾三 부자에까지 전해졌으며, 일부는 후래 갑오농민전쟁의 지도자인 전봉준·김개남 등의 수중에까지 들어가서 그 사상과 전술이 그들에게 많이 이용되었다고 한다. 그리고 갑오농민전쟁이 끝난 뒤에 관군은 그 '괴서'의 출처를 조사하기 위하여 다산 유배지의 부근 인가人家와 사찰을 수색한 일까지 있었다고 한다. 이와 같은 사실은 그 지방 인민이

尙書古訓》, 《시경강의보유詩經講義補遺》 등을 집록輯錄하였다.

직접 눈으로 보고 입으로 전한 것으로서《강진읍지康津邑誌》의 인물조에 적혀 있다. 이 사화를 음미해 본다면《경세유표》현행본 43권의 권수 이외에《연보》의 이른바 49권과 <자찬묘지명>의 이른바 48권의 잔잉殘剩 권수인 6권 내지 5권은 필시 이른바 밀실 저작의 별본으로서 다산 만년 수정手定 가장본家藏本의 전서 중에 편입되지 않고 다만 '미졸未卒' 혹은 '미성未成'이란 가표假標만 붙여 세상에 공개되지 못하고 비밀히 유전되었던 것이 아닌가 한다.*

그러면 동일한《경세유표》란 명칭 밑에 현행 가장본家藏本 43권은 공개할 수 있는 합법적 저서인 만큼 서두에 "신 열수 정용 근정(臣洌水丁鏞謹呈)"이라고 제표題標하여 국왕에게 헌책獻策하는 정치 의견서로 작성한 것이며, 이른바 별본 5~6권은 비합법적인 저서로서 자기의 이상사회 건설과 구제도 변혁에 대한 구체적 방략을 대담하게 진술한 것이다. 그리고 후자는 지금 우리가 볼 수 없어서 그 내용을 추측하기 어려우나, 그의 <전론田論>(閭田制論), <원목原牧>, <탕론湯論> 등 여러 논문에서 탐구할 수 있는 그와 같이 고상 웅대한 정치 경제에 관한 이상적 고안과 조국의 개화 유신에 관한 방책이 제시되었을 줄로 생각된다. 남종삼 일파의 개화사상과 갑오농민전쟁 지도자들의 투쟁 표어 및 전술이 그 저서를 어느 정도 이용하였는지는 알 수 없으나, 어쨌든 그들의 개화사상과 반봉건적 민주운동이 그 저서의 사상적 이론적 계발에 어느 정도 힘입었던 것만은 사실이다. 그의 최대 이상을 발표한 비합법적인 저작인

---

* 최익한은 다산의 저작을 합법적 저술과 비합법적 저술로 구분하고, 더 나아가 '경세유표 별본설'까지 제기하였는데, 이는 순전히 주관적인 망상에 불과하다고 하겠다. 《경세유표》에 대한 서지적 검토는《다산학》10호(2007), 18호(2011), 29호(2016) 등에 실린 안병직과 조성을의 논문을 볼 것.

《경세유표》의 별본은 이제 볼 수 없거니와 당시 국왕의 영단에 의하여 실현될 수 있다고 한 그의 정치 개신안인 합법적《경세유표》의 내용은 과연 어떠한 것이었던가?

현행《경세유표》가 위에서 이미 말한 바와 같이 다산의 최대 이상이 아님은 물론이다. 그것은 당시 쇠퇴 부패한 국가를 새로운 부강한 국가로 개선하기 위하여 기구의 결함을 보충하고 제도 운용의 방법을 개작하는 대책을 체계적으로 논술한 저서인데, 그중 그가 가장 필요한 것으로 자인自認한 몇 개 안을 제목만이라도 소개하면 다음과 같다.(《경세유표》서문 참조)

1) 중앙정부의 관사官司는 총계 120으로 한정하고 6조六曹로 하여금 각기 소속 관서 20씩을 나누어 맡도록 할 것.

2) 관품官品은 9품으로 정하되 일반으로 정正·종從의 구별을 없애고 1품과 2품에만 정·종을 둘 것.

3) 호조戶曹는 교육을 겸임하고, 현재 국도國都 내의 5부五部를 《주례周禮》의 6향六鄕을 의방依倣하여 6부六部로 개정하고 '향3물*을 두어 만민을 가르친다(鄕三物 敎萬民)'는 고대의 면목을 보유할 것.

4) 고적법考績法(성적고사법成績考査法)을 엄격히 세우고 고적 조목을 상세히 규정하여, 관官의 대소大小를 막론하고 모두 고적을 실행함으로써 당우唐虞의 옛 제도를 회복할 것.

---

* 향3물鄕三物 : 주나라 향학鄕學의 세 가지 교육 과정. 1) 6덕六德 : 지知·인仁·성聖·의義·충忠·화和, 2) 6행六行 : 효孝·우友·목睦·인婣·임任·휼恤, 3) 6예六藝 : 예禮·악樂·사射·어御·서書·수數.《주례周禮》〈지관地官·대사도大司徒〉.

5) 3관三館과 3천三薦의 법*을 개혁하여 신진에게 문벌의 귀천을 가리지 말 것.

6) 수릉관守陵官*은 초사初仕에게 맡기지 말아서 옆길로 등용될 수 있는 부정한 기회를 막을 것.

7) 대과大科와 소과小科를 합쳐서 하나로 만들고 급제자는 1회에 36명을 정원으로 하되, 3년 대비大比* 이외에 경과慶科·알성과 謁聖科·별시別試·정시庭試 따위는 전부 혁파할 것.

8) 문과와 무과는 정원을 서로 같게 하고, 과거 급제자는 반드시 빠짐없이 관직에 보임할 것.

9) 10결의 전지에서 1결의 전지를 정부가 사들여 공전公田으로 만들고 9결의 전지를 경작하는 농부들에게 '조이불세助而不稅'* 케 할 것.

10) 현행 군포의 법을 철폐하고 주대周代 9부九賦*의 제를 수행

---

* 3관三館과 3천三薦의 법 : 문3관文三館·무3천武三薦의 규례. 이조 중앙정부 내 승문원承文院·성균관成均館·교서관校書館 3관의 상박사上博士 이하 박사들이 회의에서 문과 급제자들을 3관에 배정 취직시키는 것을 분관分館이라 하였는데 이것이 속칭 3관법이다. 무관에 있어서는 선전관宣傳官·수문장守門將·부장部將이 무과 급제자들을 각기 추천 취직시키는 것을 3천이라 하였다. 이들이 인재를 본위로 하지 않고 문벌 본위로 분관 추천하므로 다산은 이 규례를 폐지할 것을 주장하였다.
* 수릉관守陵官 : 왕실의 능陵·원園·묘墓를 수호하던 관리.
* 대비大比 : 과거. 比는 비교, 즉 시험의 뜻.
* 조이불세助而不稅 : 공전公田에 조력助力만 하고 사전私田에는 납세하지 않는 것.
* 9부九賦 : 9종의 부세賦稅. 《주례》천관총재天官冢宰 태재太宰에 "9종의 부세로 재화를 거두었으니, ① 국중의 부세[邦中之賦], ② 국도에서 백리까지의 4교郊의 부세[四郊之賦], ③ 국도 밖 100리에서 200리까지의 6수遂의 부세[邦甸之賦], ④ 국도에서 200리 밖에서 300리까지의 공읍公邑과 채읍采邑의 부세[家削之賦], ⑤ 국도 300리 밖에서 400리까지의 부세[邦縣之賦], ⑥ 국도 400리에서 500리까지의 부세[邦都之賦], ⑦ 관시關市의 부세[關市之賦], ⑧ 산림山林·천택川澤의 부세[山澤之賦], ⑨ 공용公用에 쓰고 남은 재부財賦[幣餘之賦]다"고 하였다. 《경세유표》권 10〈지관수제地官修制·부공제賦貢制1·9부론九賦論〉참조.

修行하여 민역民役을 크게 고르게 할 것.

11) 둔전법屯田法을 제정하여 군량軍糧을 절약하고 훈련을 편리하게 하되, 경성 수십 리 안, 즉 동서남 3교三郊의 전지를 사들여 모두 3영三營의 군전軍田으로 만들어서 수도를 호위하게 하고, 읍성邑城 몇 리 안의 전지도 또한 사들여 모두 지방 군영의 전지로 만들어서 군현郡縣을 수호하게 할 것.

12) 사창社倉*의 한도와 상평常平*의 법을 정하여 탐관오리의 간행奸行과 낭비를 막을 것.

13) 중전中錢과 대전大錢, 금전과 은전을 주용鑄用하여 금은이 국외(주로 연경)로 빠져나가는 것을 방지할 것.

14) 향리鄕吏의 정원을 제한하고 그 세습제를 금지하여 그 간활奸猾을 막을 것.

15) 이용감利用監*을 신설하는 동시에 '북학北學'법을 의정議定하여 기예의 새로운 제도를 수입함으로써 부국강병을 도모할 것.[1]

이상 여러 안건 중 제9조는 공전균세론公田均稅論이다. 즉 사전 10결에 1결만을 국가가 사들여 9결 전지의 농부들로 하여금 그것을 공동경작하게 하여 1결 공전의 수확은 왕세王稅 즉 국세로 상납하고 9결 사전은 세를 내지 않으니, 이것이 이른바 '조이불세助而

---

* 사창社倉 : 이조 시대 각 지방 군현의 촌락에 설치된 곡물 대여 기관. 최익한,《조선사회정책사》, 박문출판사, 1947, pp88~101 볼 것.
* 상평常平 : 물가를 조절하는 제도. 상평창常平倉을 설치하여 곡물·면포 따위가 흔할 때 비싸게 사들이고, 귀할 때 싸게 팔아서 그 시세를 조절하였다.
* 다산은 이용후생利用厚生을 위해 공조에 이용감을 신설하여 "애오라지 북쪽에 가서 배위 오는 것을 직분으로 하자(專以北學爲職)"고 하였다.《경세유표》권2 <동관공조冬官工曹·이용감> 참조.

不稅'란 것이다. 이는 다산의 경세론經世論 가운데 중요한 부분이다. 이에 대한 자세한 설명은 이하 적당한 곳에서 하기로 한다.

제3조 호조戶曹 겸 교론敎論은 매우 참신해 보이는 명안名案이다. 그에 의하면 옛날 주제周制에 대사도大司徒는 그 직책이 교육을 전임하였으니 이른바 '향3물 교만민鄕三物 敎萬民'이 이것이었는데, 후세에는 호부戶部가 재부財賦를 전임하여 취렴聚斂을 직능職能으로 하므로 정부에 비록 백관이 별같이 벌여 있으되 교양의 직職과 6향六鄕의 3물三物은 한 사람도 맡지 않게 되어 교화와 풍속이 모두 퇴패頹敗하지 않을 수 없었다. 비록 한문제漢文帝와 당태종唐太宗의 치적으로도 마침내 '3대三代'의 정치에 비스름하지 못한 것은 오로지 이 까닭이라고 하였다.

교화敎化의 성패를 그 교화를 운용하는 기관인 정치적 조직 여하에 추인推因한 것은 확실히 다산의 경세가적 탁견이었다.

그러나 그의 고증에 의하면 이른바 6향은 왕도 내, 즉 왕궁 좌우의 6향이며, 이른바 만민은 전 국민이 아니라 6향 내의 사족仕族 신민臣民을 가리킨다. 따라서 이른바 교만민敎萬民이 노예 천민까지를 포함한 것은 아니다. 사도司徒의 교敎는 그 덕행德行과 도예道藝를 주장하였으니 도예道藝를 어찌 노예 천민까지가 능히 배울 바이랴? 오직 위에 있는 자는 효우목인孝友睦婣 등의 실행으로써 백성을 교도敎導할 뿐이요, 상·서·학·교庠序學校* 등 교육 기관에는 전야田野의 천민으로 하여금 섞여 있게 할 수 없는 것이다. 도외都外의 농

---

* 상·서·학·교庠序學校 : 중국 고대 교육 기관의 명칭. 하夏나라 때는 '교校'라 하였고, 은殷나라 때는 '서序'라 하였으며, 주周나라 때는 '상庠'이라 하였는데, '학學'은 3대三代에 다 같이 있었다. 《맹자》〈등문공滕文公·상〉

민(직접 밭갈이하는 자)은 오직 농사에 힘쓰는 것으로 본업을 삼아 각기 정상적 재산을 가지고 사심邪心을 일으키지 않도록 하며, 도예道藝와 덕행德行은 그들에게 거론할 바가 아니라고 하였다. 이리하여 다산은 "밖으로 군현郡縣에까지 교육 기관을 특별히 설치하여 인사人士를 취택하는" 것은 고대의 법이 아니고, 고금을 참작한 권의權宜의 정치라고 하였다.[2] 물론 고대 교육 기관의 범위가 이와 같이 협소하였다는 점은 그의 옳은 고증이었으나 국민개교國民皆敎를 철저히 주장하지 못하였으니, 이는 봉건시대 통치 계급의 지식 독점에 관한 전통적 시야를 아직 완전히 타파하지 못한 자기의 결점인 동시에, 당시 과거 응시에 매회 10만 이상의 다수가 동원하는 유식인遊食人의 범람 현상을 절제하려는 의도에서 나온 이론이었다.

하여간 경제와 재정을 관리하는 호조가 교육을 겸임해야 한다는 말은 그의 독특한 정치적 견지를 표시한 것이다. 왜냐하면 인민 교육은 경제적 생활 안정의 기초가 없이는 그 효과를 거둘 수 없고, 또 민생 문제와 교육 문제가 결국 일물一物의 양면으로 결코 분리해서 실시할 수 없기 때문이란 것이다. 그의 의견에 의하면 천민 대중은 학문으로 교육할 것이 아니라 직접 생활 개선의 현실적 행동으로 교육해야 한다는 것이다. 호조의 교육 겸임은 즉 경제 문제 해결이 교육문제 해결의 열쇠임을 정치적 기구로써 제시한 것이다.

제4조 고적법考績法의 여행勵行은 당시 양반 세습제에 대한 중요한 타격이다. 제5조에 이른바 3관三館·3천법三薦法을 개혁하고 신진에게 문벌의 귀천을 가리지 말 것이란 주장이, 요컨대 이 고적법의

여행과 서로 표리적 관계를 가지고 있다.

제1·2조는 관제를 간정화簡整化하여 용관冗官·남작濫爵*을 도태시키려는 것이고, 제6·7·8조는 역시 취사법取士法과 사진仕進의 길을 통일화하여 국가의 작위가 몇몇 벌족의 손에 농단되지 않도록 하려는 것이다. 이는 그 당시 막대한 폐단에 대한 엄중한 비판이다.

제11조 둔전법의 고안考案은 당시 서세동침西勢東侵에 대비한 국방책으로서 강조한 것이며, 동시에 병농합일의 양안良案으로 제기한 것이다.

제12조 사창·상평법의 개선은 종래 실학파 학자들이 이구동성으로 주장한 것이고, 금은 주화鑄貨 통용의 주장은 자연 경제를 화폐 경제로 전환하려는 시대적 요구를 그가 반영한 것이다.

제14조 향리 세습제의 금지안은 귀족 세습제 폐지에 못지않은 개혁안이다. 필자의 고구考究에 의하면 원래 향리는 지방 호족에서 기원하였다. 《연조귀감掾曹龜鑑》권1 <이직명목해吏職名目解>에 《피문쇄록披文瑣錄》을 인용하여 말하기를, "신라 경순왕敬順王이 처음에는 호장戶長 왕씨가王氏家와 결혼하였다"[3] 하였으니, 호장은 향직鄕職의 수반首班인 동시에 그 군향郡鄕의 명망가로서 이조 시대의 좌수座首와 유사한데, 신라 왕실의 진골眞骨이 그와 결혼한 것으로 보아 신라 시대에 향리의 지위가 상당했음을 알 수 있다. 또 《고려사高麗史》 75권에 "국초國初에 향리의 자제를 선택하여 경성에 볼모(인질)로 두고, 또 그 군향郡鄕의 일을 고문하는 데 대비케 하므로 이를 '기인其人'이라 불렀다"[4] 하였으니, 기인제는 일본 에도막부

---

* 용관冗官·남작濫爵 : 쓸데없는 관직과 작위 남용.

江戶幕府가 지방 '다이묘大名'들에게 실시한 이른바 '참근교대參覲交代'*제와 다소 비슷한 지방 견제 정책인데, 고려 정부가 향리를 지방 세력으로 인정하고 따라서 그 세력을 간접으로 견제하기에 노력하였던 것이다.

그러나 이조에 들어와서는 양반적 봉건제의 중앙 집권이 강화되므로 지방 분권의 형태인 향리의 세력이 점차 제한되어 왔었다. 세종 때에 고려 시대에 향리가 잡고 있던 이권이 박탈되었으며 (《세종실록》20년 무오 4월 기사), 사회상 그들의 의관 복식과 혼인 교유가 일반 사류士類와 향반鄕班에게 구별되어 하나의 특별한 하인下人 계층을 형성하였다. 《연조귀감》 권1에 의하면 향리들이 차별 대우에 대한 철폐 운동을 일으킨 일까지 있었던 것이다. 그러나 사회적 대우가 이와 같이 저하된 반면에 말단 행정 사무에 관한 권한은 오히려 가중되었다. 왜냐하면 지방 관청의 행정·사법·군사·조세·호구 등 일체에 관한 문부文簿 작성과 실무 집행이 향리의 손에 의존되었던 까닭이다.

더욱이 이조의 양반 당쟁은 지방장관의 임기를 조변석개朝變夕改케 하여 그들이 지방 실정과 사무 내용에 관한 지식을 가질 여유가 없었으며, 탐관오리들은 향리와의 결탁을 필요로 한 동시에 도리어 그들에게 조종되어 향리의 도필적刀筆的* 농간은 말할 수 없

---

* 참근교대參覲交代 : 지방의 다이묘들에게 정기적으로 에도와 자신의 영지를 왕래하게 하고, 그 처자식은 볼모로 에도에 상주하게 한 제도. '참근'은 다이묘가 에도를 오가며 쇼군을 알현하는 것, '교대'는 영지로 다시 돌아가는 것을 말한다.
* 도필刀筆 : 종이가 발명되기 전 대나무에 문자를 새기던 칼. 아전이 죽간竹簡의 오자를 칼로 긁고 고치는 일을 한 까닭에 도필리刀筆吏라 하였다. 참고로, '도필리'는 비칭卑稱이고 앞서 나온 '연조掾曹'가 존칭이다.

이 자행되었다. 그래서 이조 중기에 유명한 유학자 남명南冥 조식曹植은 국왕 선조에게 상소하면서 '이서吏胥가 국정을 전행專行한 것'을 통론痛論하였고, 율곡 이이와 지봉 이수광도 모두 '이서망국吏胥亡國'을 걱정하였다.[5] 그 후 《반계수록》, 《성호사설》 등 저서에도 한결같이 이서의 전횡을 논박하였다.

다산은 이상 선철들의 논법을 계승하여 그의 구제책으로 향리의 원수員數 제한과 세습제의 폐지를 주장하였다. 그러나 향리 세습제는 귀족 세습제와 절대로 분리될 수 없는 동일한 봉건 체제였으므로 전자의 폐지는 곧 후자의 폐지를 전제한 것이며, 또 순서를 바꿔서도 생각할 수 있는 일이다. 다산이 이 향리 세습제의 폐지를 일반 세습제의 폐지와 함께 고안한 데서 그의 혁신적 의의가 주도周到한 것을 알 수 있다.

그리고 제15조 이용감利用監의 설치와 북학법北學法의 의정議定은 당시 정치적 환경에서 참으로 대담하고 개명開明한 주장이었다. 인민의 생활과 국가의 부강을 촉진하는 기술과 과학을 장려 발전시키기 위하여 전문적인 관서를 특설하고 유학생을 국외에 파견하여 새로운 기술과 학문을 수입하려 하였으니, 이는 다산이 연암·초정 일파와 함께 조국 개화 운동의 선구자로서 그의 정치적 지려智慮를 창발한 것이다.

이상에서 논구한바 《경세유표》에 나타난 그의 정치적 사상은 비록 합법적 문사文辭로서 표현되었으나(당시에는 여전히 반半합법적인 것), 사상적 내용에 있어서는 부패한 봉건 체제를 유지하려는 대책에 그치지 않고 그와는 반대되는 새로운 건설을 지향하였던 사실을 우리는 부인할 수 없다.

3. 문벌·계급 및 지방 차별의 타파와 '인재 울흥人材蔚興'의 필요
에 대한 강조

다산의 정치사상은 귀족 내지 향리의 세습제를 폐지하고 인재 본
위로 등용할 것을 강력히 주장하였다. 또 그는 당시 관제官制에 대
하여 대臺(남대南臺, 즉 사헌부) 간諫(사간원)의 특설을 폐지하고 언로를
공개할 것, 관각館閣(홍문관·예문관·규장각)의 특설을 폐지하고 문학과
사명詞命의 임무를 일반 조신朝臣에게 널리 담당시킬 것, 청환淸宦
(청직)을 폐지하여 국가의 공기公器(관작)를 몇몇 번화한 문벌의 장식
품으로부터 구출할 것 등을 주장하였다.[6] 이는 모두 당시의 폐단에
적중한 경세가의 달견이었다.

그는 <서얼론庶孽論>에서 서얼의 천대를 반대하고 평등 우대할
것을 주장하였으며, <통색의通塞議>에서는 계급·지방의 차별과 인
재 황폐의 망국적 비운을 통언절론痛言切論하고 동시에 소통의 방
법을 지시하여 인재 울흥을 통한 국력 왕성을 강조하였다. 인재 울
흥이란 지금 말로 하면 민족 간부의 대량 양성에 해당하는 표어이
며, 또 어느 시대나 어느 국가를 막론하고 결국 "인재가 모든 것을
결정한다." 다산이 국력 왕성의 원천을 인재로 보아 그 울흥을 강
조한 것은 그 당시로 보아 정치적 조직자의 우수한 식견을 표시한
것이다. 더욱이 그가 인재 울흥에 대한 선결 조건으로서 문벌·계급
및 지방 차별제의 타파를 주장하였으니, 이는 그의 혁명적 민주
사상의 중요한 표현이다.

이 인재 개척의 방법을 문벌·계급 및 지방 차별제의 타파와 문사
말기文詞末技로써 인사를 취택하는 현행 과거법의 폐지와 관련하여

주장한 것은, 다산의 학조學祖인 성호가 이미 이론적으로 개시하였다. 성호는 말하기를 "현량賢良하고 재기才器가 있는 사람을 민간에서 구하지 않고 세습 귀족의 가문에서 구하며, 인품의 현능賢能은 불문하고 사장詞章의 말기로 사람을 취택하다가 현능한 사람을 구하지 못하면 그만 세상에 쓸 만한 사람이 없다고 하니, 지금 재능 있는 사람을 천대하는 것이 극도에 달했다"[7]고 하였다.

또 성호는 당시 양반 사회의 문벌제도와 편당偏黨의 폐해가 인재 황폐의 주된 원인임을 인민의 입장에서 통렬히 지적하였다. 그는 또한 다음과 같이 말하였다.

> 지금 세상의 인민들이 원통하고 울분할 수밖에 없다. 국가에서 인재를 천대하므로 현능한 사람들이 퇴장退藏되고, 문벌제도를 숭상하여 서얼·중인의 차별이 있으므로 그들 자손은 백대를 지나도 좋은 관직에 오를 수가 없다. 또 서북 3도는 벼슬길이 막힌 지가 이미 400여 년이나 되었고, 노비법이 엄격하여 그 자손들이 평민과 같이 서지 못하니, 전국 인민의 10분의 9가 모두 원한과 울분에 싸여 있다.
> 그리고 지금 양반 당쟁이 공공연하게 연행演行되어 셋씩 다섯씩 끼리끼리 모여 제각기 부곡部曲(패)을 이루어서 한 패가 득세하면 다른 패들은 전부 퇴축退逐을 당하니, 이와 같은 살풍경에는 천지도 변하고 초목도 마를 지경이다.[8]

이와 같이 계급 제도의 부정 사상과 밀접한 관련이 있는 인재 중시론은 낡은 사회로부터 새로운 사회로 지향하지 않으면 안 될 사회적 모순을 반영한 것이다.

18~19세기의 조선에 있어서 양반적 봉건 체제는 이미 그 부패성과 함께 자체의 동요성을 표시하게 되었다. 대내적으로 '민요民擾', '민란民亂'의 진전과 서교西敎의 광범한 전파가 있고, 대외적으로 서세西勢의 동점東漸과 함께 청조淸朝의 장구한 통치는 이른바 종래 존화론자들의 북벌론 및 양이주의攘夷主義를 망연자실케 하였다. 이에 대한 사상적 반영으로서 실학 일파는 첫째로 양반 제도를 부정하고, 둘째로 서양의 기술과 과학의 우수성을 인정하고, 셋째로 존화·북벌론에 대해 환멸을 느끼고, 그다음 조국의 위기와 인민의 불행을 통절히 생각하였다. 그와 같은 정세를 당면한 선각자들은 조국과 인민을 구출할 방도를 어디서 구하였던가? 그들은 낡은 제도를 개신하고 민생 문제를 해결하기 위해서는 새로운 기술과 지식을 요구하였으며, 새로운 기술과 지식을 준비하기 위해서는 먼저 인재의 울흥을 요구하였다. 상공 계급의 성장이 미약한 당시 조선에 있어서 부르주아지의 계급적 활동을 요구할 대신에 실학파 학자들은 인재 울흥을 요구하였다.

그러므로 이 인재 울흥론은 즉 당시 실학계에 고조된 '북학론'의 서론이었고, 동시에 19세기 말기에 발흥한 개화 운동에 대한 선구적 슬로건이었다.

<통색의>에 인재 봉쇄의 현상을 다산은 이렇게 개탄하였다.

인재는 원래 얻기 어려운 것이니 한 나라의 정영精英(영재)을 죄다 뽑더라도 오히려 부족할 터인데, 하물며 열에 여덟아홉을 버림이랴! 한 나라의 생령生靈을 죄다 배양하더라도 오히려 흥

성하지 못할 터인데, 하물며 열에 여덟아홉을 버림이랴! 서민
庶民을 버리고, 중인(우리나라의 의醫·역譯·율律·역曆·서書·화畫·산수算
數의 전문가가 중인이다—원주)을 버리고, 관서關西과 관북關北을 버
리고,* 관동關東과 호남湖南의 절반을 버리고, 북인北人과 남인
南人은 버리지 않았으나 버린 것과 다름없으며, 버리지 않은
것은 오직 문벌 좋은 수십 가家뿐이나, 그중에도 사변事變으로
인하여 버림받은 자가 또한 많다. 일체 버림받은 족속은 모두
자포자기하여 문학·정사政事·전곡錢穀·갑병甲兵 등의 일에 유의
하기를 즐겨 하지 않고 다만 노래 부르며 비분강개하고, 술
마시며 스스로 방종하므로 인재가 드디어 일어나지 않는다.
사람들은 인재가 일어나지 않는 원인은 보지 않고 그 결과만
보고는 "저들은 버려야 마땅하다"고 한다. 아, 이것이 어찌
하늘의 뜻이랴![9]

그의 강진 유배 시절 명작의 하나인 <술을 마시며對酒> 시 몇 편
중 그 한 편은 다음과 같이 문벌과 계급과 지방의 차별이 인재를
황폐케 하는 화독禍毒임을 통탄해 마지않았다.

산천 정기가 인걸을 산출하는데
본대 씨족을 가리지 않는다.

한 줄기 정기는 반드시

---

* 관서關西과 관북關北을 버리고 : 《여독》 p493에는 이 구절 뒤에 '해서海西·송경松
京·심도沁都를 버리고'라는 말이 더 있다.

귀족의 태중에만 들지 않는다.

보정寶鼎은 솥발을 귀중히 하며
방란芳蘭은 그윽한 골짝에서 난다.

한위공韓魏公은 천한 출신이며
범희문范希文은 개가녀의 아들이라.

중심仲深은 경애瓊厓에서 났건만
재질은 오히려 속류에 빼어났다.

우리나라엔 벼슬길이 그리도 좁아서
많은 사람 모두 억울에 잠겼구나!

제일골第一骨*만이 날개를 펼치고
나머지 뼈들은 모두 종놈과 같구나.

對酒(甲子夏)*

山嶽鍾英華*　　本不揀氏族

---

* 제일골第一骨 : 신라 귀족의 명칭.
* 對酒(甲子夏) : 원제는 <여름날 술을 마시며(夏日對酒)>. 1804년(甲子) 여름에 지은 장편 고시로 본문에 인용된 것은 제5수이다.
* 악嶽 :《실학파와 정다산》의 영인본(이하 '영인본')에는 川으로 되어 있다.

未必一道氣　　常抵崔盧腹*
寶鼎貴顚趾　　芳蘭生幽谷
魏公起吒嗟　　希文河葛育*
仲深出瓊海*　　才猷拔流俗
如何賢路隘　　萬夫受局促
唯收第一骨　　餘骨同隷僕 新羅貴族曰第一骨 見唐書

＊　　　＊　　　＊

서북 사람들은 항상 눈살을 찌푸리며
서얼*들은 흔히 통곡을 한다.

그리고 한 줌도 못 되는 수십 집만이
대대로 국록을 도맡아 먹는구나.

그중에도 그들은 패를 나누어
서로 죽이고 엎치락뒤치락한다.

약한 놈의 고기를 강한 놈이 먹어
남은 건 겨우 대여섯 호족뿐이라

---

* 최·노崔盧 : 최씨崔氏와 노씨盧氏로 중국 남조南朝의 귀족들.
* 위공魏公·희문希文 : 위공은 한기韓琦인데 천한 출신이며, 휘문은 범중엄范仲淹인데 개가녀의 소생으로 모두 송나라의 유명한 재상.
* 경해瓊海 : 영인본에는 瓊厓로 되어 있다.
* 서얼 : 영인본에는 '남의 서족庶族'으로 되어 있다.

이들로 삼정승 육판서 삼고
이들로 감사와 목사를 삼고

이들로 승정원承政院 벼슬아치를
이들로 사헌司憲·사간司諫의 벼슬아치를,

이들로 모든 관리를 삼고
이들로 모든 옥사獄事를 보게 하난구나.

西北常摧眉　　庶孼多痛哭
落落數十家　　世世呑國祿
就中析邦朋　　殺伐互翻覆
弱肉強之食　　豪門餘五六
以玆爲卿相　　以玆爲岳牧*
以玆司喉舌　　以玆寄耳目*
以玆爲庶官　　以玆監庶獄*

＊　　　＊　　　＊

시골 백성이 한 아들을 낳았다
헌출코 호매하기 난곡鸞鵠과 같더라.

────────────
* 악목岳牧 : 감사監司와 수령守令.
* 후설喉舌·이목耳目 : 후설은 승정원 벼슬을, 이목은 사헌부와 사간원 벼슬을 가리킴.
* 옥관獄官 : 의금부義禁府.

그 아이 팔구 세 되고 보니
지기志氣가 가을 댓결과 같더라.

그 아이 공손히 묻자오되
저는 지금 구경九經을 통독하오며

경술經術이 천인千人에 으뜸 되오니
홍문관弘文館에 벼슬하올소니까?

그 아버지―너는 지체가 낮으니
임금의 학문을 도울 수 없나니라.

그러면 저는 큰 활을 잘 쓰오며
군사술에 아주 능숙하오니

아마도 5영문五營門 장수되어
말 앞에 군기軍旗를 세워 보오리다.

그 아버지―너는 지체가 낮으니
호반虎班의 수레를 탈 수 없나니라.

그러면 저는 수령守令질 배워
옛날의 명관名官들을 이으리니

응당 고을의 인印을 허리에 차옵고
종신토록 고량진미에 묻히오리다.

그 아버지―너는 지체가 낮으니
명관도 악관惡官도 할 줄이 없나니라.

그 아이 얼굴이 문득 붉어지며
책도 던지고 활집도 깨뜨려 버렸다.

바둑아, 투전아, 마작에 술아 하고
쭉방울* 차기에 세월을 보낸다.

거칠고 게을러 인재를 이룰쏜가
부질없이 늙고서 터문*도 없더라.

遐氓産一兒	俊邁停鸞鵠
兒生八九歲	氣志如秋竹*
長跪問家翁	兒今九經讀
經術冠千人	倘入弘文錄
翁云汝族卑	不令資啓沃
兒今挽五石	習戎如郤縠

---

* 쭉방울 : 죽방울[毬]. 죽방울 차기는 축국蹴毱.
* 터문 : [북한어] 처지나 형편.
* 기지氣志 : 영인본에는 志氣로 되어 있다.

庶爲五營帥　　馬前樹旗纛
翁云汝族卑　　不許乘笠轂
兒今學吏事　　上可龔黃續*
應須佩郡符　　終身厭粱肉
翁云汝族卑　　不管循與酷
兒乃勃發怒　　投書毀弓韣*
摴蒲與江牌　　馬弔將蹴毱*
荒嬉不成材　　老悖沈鄕曲

　　　　　*　　　*　　　*

호문豪門에 한 아들 났으니
걸오桀驁하기 노새와 같다.

그 아이 팔구 세 되고 보니
그 입성 하도 찬란하더라.

문객門客은 말한다―"너는 걱정 없다,
너의 집은 하늘이 복을 준다.

---

* 공황龔黃 : 공수龔遂와 황패黃霸로 한나라의 현명한 수령.
* 발발노勃發怒 : 영인본에는 勃然怒로 되어 있는데 더 자주 쓰이는 말이다.
* 독韣 : 영인본에는 服으로 되어 있다. 韣은 '활집(활을 넣는 자루)', 복服은 '전동箭筒
　(화살을 담는 통)'의 뜻.
* 저摴 : 영인본에는 樗로 되어 있다. '저포摴蒲'를 樗蒲로도 표기한다.
* 저포摴蒲·강패江牌·마조馬弔 : 모두 손으로 놀며 내기하는 희구戲具.

너의 벼슬은 하늘이 정한 바니
청관 요직淸官要職은 너의 마음대로다.

구태여 꿇앉고 잠 못 지며
만 권 시서 읽어 무엇하랴?*

때 오면 벼슬 함께 오리니
편지 한 장 쓰면 그만 아닌가?"

이 말을 들은 그 아이 기뻐하여
다시 서책은 떠들어 보지 않고

마작, 투전에 밤을 새우며
장기와 쌍륙에 세월을 보낸다.

거칠고 게을러 인재를 이룰쏜가
금관자, 옥관자 차례로 올라갔다.

먹줄이란 한 번도 못 맞아 봤거니
어찌 크나큰 집의 재목이 될쏘냐?

豪門産一兒*   桀鶩如驥駇

---

* 구태여~무엇하랴? : 영인본에는 '구태여 글공부 할 것 있나' 1행으로만 되어 있어,
  편자가 《정선》p311에 따라 본문과 같이 바꾸었다.

兒生八九歲　　粲粲被姣服
客云汝勿憂　　汝家天所福
汝爵天所定　　清要唯所欲
不須枉勞苦　　績文如課督
時來自好官　　札翰斯爲足
兒乃躍然喜　　不復窺書簏
馬弔將江牌　　象棋與雙陸
荒嬉不成材　　節次躋金玉
繩墨未曾施　　寧爲大廈木

　　　　＊　　　＊　　　＊

이 아이 저 아이 모두 자포자기하거니
세상에는 어진 인재 없도다.

깊이 생각하매 간장이 타노니
그만 술이나 한잔 마시련다.

兩兒俱自暴　　擧世無賢淑
深念焦肺肝　　且飮杯中醁

＊産 : 영인본에는 生으로 되어 있다.

4. 민주=민권주의 사상

다산의 민주=민권주의의 사상은 그의 〈원목原牧〉, 〈탕론湯論〉 양편에서 이론적으로 표현되었다. 이는 종래 실학자들이 도달하지 못한 사상적 수준이며, 따라서 조선 근세 정치사상사상 위대한 창발적 이론이다. 편 중에 될 수 있는 대로 고전적 사례와 용어를 사용하여 당시 독자의 눈을 과도히 자극하지 않으려 하였으나, 그 내용의 의의는 민주제도를 주장하고 군주제도와 왕권 신성을 근본적으로 부정한 비합법적 논문이다.*

이제 〈원목〉 편부터 보기로 하자. '목牧'의 용어는 원래 목우牧牛·목양牧羊의 목牧에서 출발하였으므로 고자형古字形이 ⺧와 ⺕ 즉 우牛와 우수右手의 '회의會意'자이다.* 다시 말하면 사람이 손으로 우축牛畜을 인솔 사양引率飼養한다는 의미이다. 이것이 다시 '전주轉注'되어 종교의 목사牧師나 관리의 목사牧使의 목牧으로 사용되었다. '목민지관牧民之官'의 목牧이 협의적으로는 주군 수령州郡守令을 일컫는 것이요 광의적으로는 치자 계급 전체를 가리킨 것인데, 다산은 이 〈원목〉 편에서 협의의 목牧을 취재取材하여 광의의 목牧까지를 지시하였으니, 이도 그가 합법적 표현을 고려한 데서 나온 필태筆態였다.

---

* 민주제도를~논문이다 : 이는 사실무근이다. 〈원목〉에서 민民은 어디까지나 목牧의 통치 객체(피치자)일 뿐이지, 스스로 다스릴 수 있는 통치 주체(치자)로 설정된 것은 아니다. 즉 민을 오직 목의 통치 대상으로만 여기는 왕조 체제의 반인민적 정치관이 그대로 드러나 있다. 자세한 것은 《정선》 p404, p474 볼 것.

* '목牧(牧)'은 본디 '우牛(⺧)'와 '복攵(攴)'의 회의자이다. 복攵은 복攴의 변형이고, '복攴(攴)'은 '복卜(卜)'과 '우又(⺕)'의 형성자인데, 여기에서 '우又'가 '오른손'의 상형이므로 최익한이 바로 이 뜻을 취한 것이다. 《설문說文》 참조.

<원목>의 본문은 다음과 같다.

목牧이 민民을 위해서 있는가? 민民이 목牧을 위해서 있는가?
민民이 속미粟米와 포백布帛을 내서 목牧을 섬기고, 민民이 거마
車馬와 종복從僕을 내서 목牧을 영송迎送하며, 민民이 자기들의
고혈膏血과 진수津髓*를 짜서 목牧을 살찌워 주니, 민民이 목牧
을 위해서 살고 있는 것이 아닌가? 아니다! 아니다! 목牧이 민
民을 위해서 있는 것이다.[10]

그 본문은 이와 같이 기두起頭하여 봉건제도의 필연적 산물인
관권 신성官權神聖과 관주민노官主民奴의 사상을 먼저 부정하고 그
다음에 민본제도를 아래와 같이 역사적으로 추론하였다.

태고 시대에는 민民뿐이었지, 어찌 목牧이 있었겠는가? 민民은
무지하고 자득自得한 상태로 군취群聚해 살고 있었는데, 어떤
한 사람이 이웃 사람과 분쟁하여 결정을 짓지 못하였다. 한
장로長老가 있어서 공정한 말을 잘하기에, 그들은 그에게 가서
판결을 받으매 온 마을 사람들은 모두 그를 복종하고 추존하
여 이정里正이라고 명칭하였다. 또 몇 마을의 민民이 마을 상
호간의 분쟁을 해결하지 못하였다. 어떤 한 장로가 준수하고
지식이 많기에, 그들은 그에게 가서 판결을 받고 몇 마을이 모
두 복종하며 그를 높여서 당정黨正이라고 명칭하였다. 또 몇

---

* 진수津髓 : 진액津液과 골수骨髓.

당黨의 민民이 당 상호간의 분쟁을 결정짓지 못하였다. 어떤 한 장로가 현명하고 덕이 있기에, 그들은 그에게 가서 판결을 받고 몇 당의 민民이 모두 복종하며 그를 주장州長이라고 명칭하였다. 이상과 꼭 같은 사정과 절차에 의하여 몇 주州의 장長들이 한 사람을 추존하여 장長을 삼고 국군國君이라고 명칭하였고, 몇 국國의 군君들이 한 사람을 추존하여 장을 삼고 방백方伯이라고 명칭하였으며, 사방의 백伯들은 한 사람을 추존하여 마루[宗(우두머리)]로 삼아 황왕皇王이라고 명칭하였으니, 황왕은 이정에서 기원하였다. 그러므로 목牧은 민民을 위해서 있는 것이다.[11]

다산은 이와 같이 목牧, 즉 치자治者의 발생·성립의 과정을 인민 생활의 필요와 인민 자체의 선택 및 약속으로 설명한 동시에 왕권신수설王權神授說을 반대하고 민주제도를 원칙적으로 시인하였다. 그다음 이렇게 계속 말하였다.

이때에 이정里正은 민民의 희망을 좇아 법을 제정하여 당정黨正에게 올리고, 당정은 민民의 희망을 좇아 법을 제정하여 주장州長에게 올리고, 주장은 국군國君에게 올리고, 국군은 황왕皇王에게 올렸다. 그러므로 그 법이 모두 민民에게 편리하였다.[12]

이는 국가의 대권大權인 입법이 인민의 자유의사에 기본하였고, 법의 제정 순서도 목牧의 형성 과정처럼 아래에서 (위로) 올라갔으므로 태고 사회의 민권 제도가 아무런 계급적 차별을 발생시키지 않았다는 것을 논단하였다.

그리고 그는 문득 다음과 같이 말하였다.

후세에 한 사람이 스스로 서서 황제가 되어 자기 자제子弟와 시어종복侍御從僕을 봉封하여 제후로 삼고, 제후는 자기 사람들을 간택하여 주장州長으로 삼으며, 주장은 자기 사람들을 추천하여 당정黨正 또는 이정里正으로 삼았다. 그리고 황제는 자기 욕망대로 법을 제정하여 제후에게 주고, 제후는 자기 욕망대로 법을 제정하여 주장에게 주고, 주장은 당정에게 주고, 당정은 이정에게 주었다. 그러므로 그 법은 모두 군주를 높이고 인민을 낮추며, 아랫사람을 박대하고 윗사람에게 아부하여 민民이 한결같이 목牧을 위해서 사는 것처럼 되었다.[13]

이는 민의와 민권을 떠나 개인 권력에 기초한 후세 치자 계급의 구성 과정이 필연적으로 전자와는 완전히 역순서가 되고, 동시에 권력의 이기적 규정인 법도 또한 관주민노官主民奴·상후하박上厚下薄의 제도가 되지 않을 수 없다는 것이다. 다산은 민권과 반대되는 왕권의 잔악성을 다음과 같이 폭로하였다.

지금의 수령은 옛날의 제후이다. 그 궁실·거마의 봉양과 의복·음식의 공급과 좌우 첩어妾御·종복從僕의 수가 국군國君과 비등하며, 그 권능權能이 사람에게 복 줄 수 있고 사람을 위압할 수 있다. 그래서 거만스레 스스로 존대하고 자기가 인민의 목牧인 것을 태연무심하게 잊어버렸다.

어떤 한 사람이 서로 분쟁하여 판결을 청하면 그는 이내 일축하며 "어째서 이리 시끄럽게 구느냐?" 하고, 어떤 한 사람이 굶주려 죽게 되었다 하면 그는 "그놈이 스스로 죽었을 뿐이지 나와 무슨 상관이 있느냐?" 한다. 그 반면에 만일 인민이 속미粟米와 포백布帛을 내서 바치지 않으면 그는 곧 그들을 때리고 쳐서 피를 봐야만 그만둔다. 그는 날마다 문서·장부에다가 개서改書·가필加筆하여 돈과 포백을 징수하여 자기의 전장田莊을 이룩하며 세력 있는 재상들에게 뇌물을 바쳐서 뒷날 자기 사리私利를 보장한다. 이 때문에 "민民이 목牧을 위해서 살고 있다" 하나, 이것이 어찌 진리이겠느냐? 목牧이 민民을 위해서 있는 것이다.[14]

다산은 이와 같이 협의적 목牧인 수령의 지위를 고론考論하며 탐관오리들의 현행 죄악을 지적하며 목도牧道에 위반되는 것을 원칙적으로 밝히고 "통치자가 인민을 위해서 존재한다(牧爲民有)"고 결론하였으니, 그 본뜻은 여전히 광의적인 목牧 즉 군주를 웃머리로 한 지배 계급 전체를 비판 규탄한 것이다.

본편이 다산의 정치철학에서 최대 원론의 하나로서 제기된 것은, 독자도 인식하지 않으면 안 될 것이다. 그러나 그는 태고 원시 사회의 민주제도가 존재한 것과 그것이 후세의 난폭무도한 군주제도로 교체된 역사적 대변혁에 대하여 그 사회적·물질적 기초 및 동력의 필연성을 조금도 전제하지 않고 혜성과 같이 우연히 돌발한 일개인의 황제 권력을 군주정치사의 '원죄'로 규정하였다. 이는 그의 정치철학이 18세기 프랑스 계몽학자들의 이성 사관理性史觀*

과 얼마나 공통되어 있는지를 스스로 고백한 것이다. 종교 및 자연에 대한 견해와 사회 및 정치제도 등 일체를 무자비하게 이성의 재판정에 호출하던 18세기 프랑스 계몽주의자들에 대하여 엥겔스는 다음과 같이 비판하였다.

> 그 의미는 첫째로 인간의 두뇌와 그 두뇌의 사유에 의하여 발견된 제 원칙이 인간의 일체 행위와 사회적 관계의 기초가 되어야 할 것을 요구하였다는 것이며, 또 그 의미는 점차 확대되어 이 원칙에 모순되는 현실은 정히 그 상하를 전도顚倒하지 않으면 안 된다고까지 되었다는 것이다. 종래로부터 존재하고 있는 사회 및 국가의 모든 형태와 전래의 구관념은 불합리한 것이라 하여 모두 쓰레기통에 던져 버렸다. 세계는 지금까지 편견에 의하여 영도領導되어 왔으며 과거의 일체 사물은 오직 연민과 모멸에 상당할 뿐이었다. 지금에야 비로소 태양의 빛, 이성의 왕국이 나타났으며 오늘 이후 미신·불의·특권 및 억압은 영원한 진리, 영원한 정의, 자연에 근거한 평등, 빼앗을 수 없는 인간의 권리에 의하여 구축당할 것이다.[15]

엥겔스는 계속하여 다음과 같이 말하였다.

> 그러나 우리들은 지금 알았다! 즉 이 이성의 왕국은 부르주아지의 왕국을 사상화思想化한 것에 지나지 않으며, 영원한 정의

---

* 이성 사관理性史觀 : 역사를 이성의 실현 과정으로 이해하는 사관.

는 부르주아적 법률 형태로서 실현되었으며, 평등은 법률 앞에서 부르주아적 평등으로 제한되었으며, 부르주아적 소유권은 인간의 근본적 권리로서 선언되었다. 그리고 이성의 국가로서 루소의 이른바 '사회계약설'은 실현되었다. 그러나 그것은 단지 부르주아 민주공화제로서만 실현될 수 있었다. 이리하여 18세기 대사상가들도 그들의 모든 선행자들과 마찬가지로 그 시대로부터 부과된 제한을 초월할 수는 없었다.[16]

이상과 같은 18세기 프랑스 계몽학자들에 대한 엥겔스의 비판은 어느 정도 우리 다산의 사상에도 적용될 수 있는 것이다. 다산이 주장한 민주제도의 원칙은 사회 발전의 물질적 기초 위에서 발견한 것이 아니고 그의 두뇌의 사유에 의하여 발견되었다. 따라서이 원칙에 모순되는 군주정치의 현실은 그의 이성의 재판에 의하여 그 지위와 순서를 바꿔 놓지 않으면 안 되었던 것이다.

그의 이상 국가는 확실히 장 자크 루소(1712~1778)의 사회계약설을 연상할 수 있다. 이 점에서 다산은 부르주아지의 왕국을 사상화하는 이론적 방향에 어느 정도로 참가하였던 것이다. 다산이 자기 이성의 섬광에 의하여 발견한바 원시 공동체적 사회의 해체로 인하여 민주주의적 합의제가 붕괴되고 지배 계급의 폭력적 독재 정치가 출현하였다는 것은 루소의 사회계약설 중에 최초 사회로부터 강자의 권리 및 노예의 발생을 논술한 것과 그의 별편別篇인 《인간 불평등 기원론》과도 일맥상통하였으니 이는 간과할 수 없는 중대한 사실이다. 다산이 탄생한 영조 38년(임오)는 바로 루소가 프랑스의 봉건 전제와 왕권신수설에 대항하여 사회계약설을 발표하던 서기 1762년이었다. 실로 흥미 있는 우연이다. 그러나 당시 동서 문물의 교통 상태로 본다면 루소와 같은 프랑스 계몽학자들의 사상적 영향을 직접 받을 수 없었으므로 다산의 반봉건적 진보적 이론은 그의 천재적인 이성을 증명하는 한편, 그가 처하고 있던 사회가 자기 발전의 합법칙성에 의한 자기 비판의 일단을 표시한 것이다.

위에서 지적한 바와 같이 <원목>의 사상이 18세기 계몽학자들의 국가관과 비스름한 것은 물론이나, 본론 중에 "태고 시대에는 (······) 민民은 무지하고 자득한 상태로 군취해 살고 있었는데(民于于然聚居)"라고 한 것은 집단 생활을 인간 생활의 출발과 특징으로 본 것이니, 이는 개개의 엽부獵夫(사냥꾼)나 어부를 사회 생활의 전前 단계에 두던 18세기 계몽학자들의 개인주의적 사회관과 비교하면 보다 현실적이며 일보 전진한 역사적 인식이라고 하지 않을 수 없다. 다산은 18세기 계몽학자들과 같이 동일한 반봉건적 민주주의 사상가로서 출발하여 개인주의적 사상의 방향으로 일주逸走하지 않고 비록 희박하나마 사회주의적 색채의 방향으로 기울어졌다. 그 이유는 각기 다른 사회적 제약성에 있었던 것이지만, 동시에 다산의 역사적 인식의 각도가 저들과 상이한 데서도 유래한 것이다.

<원목>편에 표시한 것과 같이 다산은 광의의 목도牧道를 실시하려는 것이 그의 본래 이상이었으나, 이는 사회 전반에 대한 근본적 개혁이므로 그 실현이 용이하지 않아서 다만 이상의 영역에 그쳤고, 제2차적으로 협의의 목도나마 또는 부분적이나마 목민 관리의 양심과 성의에 의하여 그것을 실행하면 그 실현이 불가능한 바는 아니란 것이다. 그래서 다산은 협의의 목도인 《목민심서》 48

권을 저작하였다. 그의 자기 묘지명에 이른바 "고금을 망라하여 찾아내고 간위奸僞를 파헤쳐서 목민관들에게 주노니, 한 인민이라도 이 저서의 혜택을 입은 자가 있다면 다행으로 아는 것이 나의 염원이다"[17]란 말이 바로 《목민심서》 저작의 염원과 의도를 표현한 것이다. 본서는 지방 관리의 목민술牧民術에 대한 귀감으로 일반에게 인정받았다. 다산이 서거한 후 그 전집이 하나의 커다란 시대의 금물禁物로 공개되지 못하였을 때부터 《목민심서》만은 그의 《흠흠신서》와 함께 이 손에서 저 손으로 등사 전파되어 당파의 장벽을 돌파하였다. 그러면 《경세유표》(현행본)는 광의의 목도에 대한 응급적 합법적인 개혁안이라고 한다면, 《목민심서》는 협의의 목도에 대한 응급적 합법적인 대책이라고 할 수 있겠다.

이제 《목민심서》의 편차 내용을 일람하면 모두 12편인데 다음과 같다.

1. 부임赴任
2. 율기律己
3. 봉공奉公
4. 애민愛民
5. 이전吏典
6. 호전戶典
7. 예전禮典
8. 병전兵典
9. 형전刑典
10. 공전工典

11. 진황賑荒
12. 해관解官

이 12편은 매 편 6조로 나누어 72조로 구성되어 있다. 매 조에 반드시 수령으로서 알아야 하고 지켜야 할 원칙과 사리事理를 설정하고, 그다음 해당 원칙에 대한 상세한 설명과 각 조목의 역사적 연혁에 대한 구체적 분석을 가하며, 그다음 내외 고금의 현리 명관賢吏名官들의 실행 사적實行事蹟들을 비판적으로 진술하여 지방 관리의 지침으로 삼고 있다. 즉 지방 관리의 취임부터 해임까지 행정 직무 일체에 관한 절목을 세밀하고 광범히 규정하였다. 옛날 부염 傅琰의 《이현보理縣譜》, 장영張詠의 《계민집戒民集》, 진덕수眞德秀의 《정경政經》, 정한봉鄭漢奉의 〈환택편宦澤篇〉 등이 다 목민에 관한 양서良書로서 이름이 있었으나, 다산의 이 저서에 비하면 오히려 단편적인 것에 불과하다.

특히 다산의 《목민심서》에 있어 행정 제도와 관례의 연혁에 대한 설명은 역사가의 중요한 참고로 되거니와, 이보다도 더욱 가치 있는 것은 전정田政·조세租稅·공납貢納·병역兵役·재판裁判·진휼賑恤 등 지방 행정에서 관료와 향리의 탐오간교貪汚奸巧한 정체와 토호·열신土豪劣紳의 도량방종跳梁放縱한 행동을 여지없이 폭로 적발하며, 따라서 인민대중의 잔혹한 피착취 상태를 여실히 표시한 점이다. 다산은 이 점에 대하여 수령과 이서吏胥가 대소의 차는 있을지언정 다 동일한 강도라는 것을 각 편 어느 곳에도 강조하지 않은 데가 없다.

그는 말하기를 "인민은 흙으로 밭을 삼는데 이서는 인민으로 밭을 삼아서 살을 긁어내고 골수를 때려 부수는 것으로 농사를 삼으며 백성의 재물을 가렴주구하는 것으로 추수를 삼는다"[18]고 하였다.

이와 같이 본서가 무자비하게 폭로 배격한바 다른 나라 봉건 영주에 해당한 이조 목민관리의 삼중 오중의 극악한 착취에 대하여 우리는 프랑스 부르주아지가 일찍이 예로 인용한 목양자牧羊者의 이야기를 상기하지 않을 수 없다—목양자는 양모에만 만족하지 않고 양피를 벗기며 이도 만족하지 않고 그 고기를 긁어 먹으며 최후로 뼈까지 삶아 먹어 아무것도 남기지 않는다고 하였다.

그러나 다산은 당시 인민의 피착취 상태를 지극히 불쌍히 여긴 반면에 어떤 권력으로도 마침내 이길 수 없는 인민대중의 위력을 옳게 인식하였다. 그는 말하기를 "천하에 지극히 천하고 하소연할 데가 없는 것은 소민小民이지만, 천하에 높고 무겁기가 산 같은 것도 또한 소민이다. (……) 그렇기 때문에 상사上司가 비록 높더라도 인민을 머리에 이고 투쟁하면 굴복시키지 못할 것이 드물다"[19]고 하였다.

다산의 이 저서가 한 번 세상에 전파되매, 그것이 양심 있는 관리들의 귀감으로 되었다는 것보다 관리들의 강도적 죄상을 공공연히 폭로한 하나의 공개장으로서 인민에게 반영되었다. 특히 그 중 격언 명구를 예로 들면,

일산日傘 그늘 밑에는 큰 도적이 많고　日傘陰中多大盜
목탁 소리 가운데는 참된 중이 적다　木鐸聲裏少眞僧[20]

와 같은 말은 사람의 입에 광범히 돌아다녀서 대중의 반관료적인 감정을 적지 않게 환기시켰던 것이다.

그러나 일찍부터 세상에 전파되어 있던 본서의 초고는 다산의 가장본家藏本과 대조하여 보면 관리와 제도의 추악한 내막을 공격 타매唾罵한 구절에 가끔 결락缺落된 부분이 있으니, 이는 관료 독자들이 고의로 말살하여 버린 까닭이다.

다산은 《목민심서》 48권의 자매편으로서 《흠흠신서》 30권을 저작하였다. 즉 전자는 광범한 인민층과 직접 접촉하는 지방 관리들의 행정 부면部面에 대하여 그들의 죄악과 무지를 폭로 경성警醒함과 함께 인민의 권리와 재산을 옹호하였다면, 후자는 역시 지방 관리들의 사법 부문에 나아가서 극히 신중과 명찰明察을 요하여야 할 사형과 살인범에 대한 그들의 경솔망패輕率妄悖한 태도를 비판 폭로함으로써 자기의 예리한 필설로 남살濫殺·오사誤死의 폐해에서 인민의 생명을 구제하려 하였다 할 것이다.

그는 본서의 자기 서문에서 사람의 생사生死는 천명天命이므로 사람의 생살生殺도 또한 천권天權이라고 전제한 다음에, 치자 계급이 이 중대한 천권을 대행함에 있어서 아무런 경외심도 없이 회뢰賄賂(뇌물)에 팔리고 여색에 미쳐 인명을 파리 목숨처럼 알며, 원통과 울부짖음에 잠긴 인민의 소리를 전연 귓등으로 듣고 있는 것을 통절히 지적하였다.

본서 30권은 다음과 같이 구성되어 있다.

1) 경사요의經史要義 3권 : 고대 경전 중의 원칙적 교훈과 이에 대한 후래 학자들의 해설 및 논의를 인록引錄한 다음 자기 안설

案說을 가끔 첨부하였다.

2) 비상준초批詳雋抄 5권 : 비판 상박詳駁의 문들을 초록하였다.

3) 의율차례擬律差例 4권 : 청인淸人 의단擬斷의 예들을 배열하였다.

4) 상형추의祥刑追議 15권 : 정조 시대 각 군현의 공안公案들을 수
   록하고 또한 자기의 의견을 가끔 첨부하였다.

5) 전발무사剪跋蕪詞 3권 : 당시에 일어난 사형과 살인사건들에
   대하여 자기가 의작擬作한 판결들을 편차하였다.

요약하여 말하면 본서는 살인과 사죄死罪에 관한 수사, 심리審理
와 판결의 원칙 방법 및 판결례들을 포괄한 형법론집이다. 당시 봉
건적 절대주의의 포학성에 의하여 또는 탐관오리의 방종성에 의하
여 생존권이 선천적으로 박탈되어 있던 인민들의 생명과 육체는 아
무런 법률적 보호와 해석이 없었으며, 이것은 이른바 사법 관리들
의 법률에 대한 무지와 무관심으로 더욱 악화되었다.

이 점에 대하여 저자는 말하기를 "사대부가 어릴 적부터 흰 털
을 날릴 때까지 익히는 것은 오직 시부詩賦와 잡예雜藝에 있었기 때
문에 하루아침에 목민관이 되면 사건 처리를 어찌할 줄 몰라서 차
라리 간악한 서리胥吏들에게 맡겨 두고 자기는 감히 알려고도 하
지 않는다"[21]고 하였다. 이와 같은 견지에서 그는 이 저서를 내어
당시 부패 무질서한 양반 전제 정치하에 짓밟히고 있는 인민의 생
명을 법률의 신중성으로 어느 정도 보장하려 하였다.

《흠흠신서》는《목민심서》와 같이 당시 통치 계급의 잔학성을 여
실히 폭로 비판한 데서 중요한 의의가 있다. 예를 들면 귀척貴戚이
사람을 마음대로 죽였다, 관장官長이 사람을 마음대로 죽였다, 호족

豪族이 사람을 마음대로 죽였다, 노비를 사사로이 죽였다, 심지어 음란한 승려가 기생을 죽였다는 제목 밑에 기술한 사실들이 바로 이것이다. 우리는 본서에서 다산의 법률학적 민권사상을 볼 수 있는 동시에 장래할 법치국가의 형태를 어느 정도 그가 예감하였다고 할 수 있다.

이《흠흠신서》도 역시 다산의 사후에 곧 초고草稿로서 당파의 장벽을 넘어 양심 있는 관리들의 수중에 널리 전파되어 일종의 귀감으로 평가되었으며, 동시에 통치 계급의 무지와 포악을 대중에게 공개하는 역할을 수행하였다.

《경세유표》,《목민심서》,《흠흠신서》는 이른바 '2서1표'로서 세상에 유명하다. 이 3서에 관한 상세한 연구와 분석은 다른 기회로 미루고, 이곳에서는 그 윤곽적인 설명만으로 만족하려 한다.

<원목>의 자매편이라 할 수 있는 <탕론>은 주로 중국의 '역성혁명易姓革命'의 사실을 빌려서 민권 사상을 입증한 것이다. <탕론>에 의하면, "신민臣民으로서 군주를 정벌한 것은 은탕殷湯이 창시한 것이 아니다. 황제黃帝*는 무력을 사용하여 염제炎帝와 판천阪泉 들판에서 세 번 싸워 이기고 대신 임금질하였으니, 만일 신민으로서 군주를 정벌한 것을 죄로 규정한다면 탕湯보다 황제黃帝가 악의 우두머리가 될 터인데, 세상 사람들이 전자만 알고 후자는 불문에 부친 것은 무슨 일이냐?"[22]고 하여 속류 이론가들의 무지와 편견을 냉소하였다(그러나 그는 중국 상고 전설을 역사적 사실로 인용하였다). 그는 이와 같이 군신君臣의 명분은 고정불변한 것이 아니라는 점을 먼저 논파하고 계속 말하였다.

---

* 황제皇帝는 헌원씨軒轅氏, 염제炎帝는 신농씨神農氏의 별칭.

무릇 천자天子는 무엇을 위하여 있는가? 하늘이 천자를 비처럼 내리어 주겠는가(雨天子乎)? 그렇지 않으면 땅에서 샘처럼 솟아나서 천자가 되겠는가? 5가家가 인鄰이 되는데 5가의 추대를 받은 자는 인장鄰長이 될 것이며, 5린鄰이 리里가 되는데 5린의 추대를 받은 자는 이장里長이 될 것이며, 5비鄙*가 현縣이 되는데 5비의 추대를 받은 자는 현장縣長이 될 것이며, 여러 현장들의 공동 추대를 받은 자는 제후가 될 것이며, 제후의 공동 추대를 받은 자는 천자가 될 것이므로 천자란 군중의 추천에 의하여 되는 것이다. 무릇 군중의 추천에 의하여 천자가 될진대, 또한 군중이 추천하지 않으면 천자가 될 수 없는 것이다. 그러므로 5가가 찬동하지 않으면 5가가 회의하여 인장을 개선改選하고, 5린이 찬동하지 않으면 25가가 회의하여 이장을 개선하며, 9후·8백九侯八伯이 찬동하지 않으면 9후·8백이 회의하여 천자를 개선한다. 9후·8백이 천자를 개선하는 것은 5가가 인장을 개선하는 것과 25가가 이장을 개선하는 것과 마찬가지니, 누가 이를 신하가 군상君上을 정벌하는 것이라고 하겠는가?[23]

이는 <원목>에 말한바 "황왕皇王이 이정里正에서 기원하였다"는 원칙을 다른 말로 강조하여 "천자는 하늘에서 내려오거나 땅에서 솟아나온(天降地出)" 신성한 종자가 아니고 인민의 손에 의하여 임면任免되는 범상한 존재라는 것을 밝혔다.

---

* 비鄙 : 4리里가 1찬酇, 5찬이 1비鄙이다. 즉 1비는 20리(500가)가 된다. 《周禮》

다산은 그다음 계속하여 무엇을 말하였는가? 그에 의하면 "또 개선改選하면 천자가 다시 되지 못하게 할 뿐이지, 제후의 지위로 내려오는 것은 허용할 수 있다" 하여, 평화적 개선改選과 도의적 절차에 의하여 수행될 것이요 반드시 살벌殺伐과 폐고廢錮*로 종결 지을 것이 아니라고 하였다. 그는 실례로서 당후唐侯가 된 단주丹朱 와 은후殷侯가 된 송공宋公을 들었으며, 제후의 지위에 두기를 허용 하지 않은 실례로서는 진秦이 주왕周王에, 한漢이 진왕秦王에 대해 취한 가혹한 조치를 들었다.[24] 이는 정치적 권력의 이동을 극히 평 화적인 읍양揖讓의 분위기 속에서 수행할 수 있다는 그의 이상주의 적 특징을 고백한 것이다.

그의 의견에 따르면, 중의衆議에 의하여 가장 높은 지위에 올랐 다가 실덕失德하여 다시 제후의 지위로 내려오는 것은, 마치 무사 舞師*가 무중舞衆*에 의하여 지휘대에 오르내리는 것과 조금도 다 름이 없는 것이다.

그는 다음과 같이 말하였다.

무대舞隊 64명 중에서 유능하다고 인정받은 한 사람을 뽑아 '우보羽葆'*를 잡게 하고 맨 앞자리에 서서 춤을 지휘하게 하 다가, 그가 만일 절차에 맞게 지휘하지 못하면 무중舞衆은 곧 그를 무사舞師의 자리에서 끌어내려 무중의 자리에 도로 세우 고 다시 다른 유능한 사람을 무중 가운데서 가려내어 무사의

---

* 폐고廢錮 : 종신토록 관리가 될 수 없게 함.
* 무사舞師 : 춤을 가르치는 선생 또는 벼슬아치.
* 무중舞衆 : 무대舞隊. 춤을 추는 무리.
* 우보羽葆 : 우보당羽葆幢. 새의 깃으로 장식한 기旗 또는 일산日傘.《禮記》〈雜記·下〉

자리에 올려 세워서 우리 무사라고 존경하여 부른다. 내리는 것도 군중이요 올려 세우는 것도 군중이니 군중이 그를 올려 세워서 앞사람을 대신케 한 이상 그 대신한 자에게 '하극상下 克上'이란 죄명을 붙인다면 어찌 당연한 일이랴?[25]

그러므로 군중의 협의와 요망에 의하여 지휘자가 교체된 경우라면 비록 군신의 교체일지라도 "신하가 군상을 쳤다(臣伐君)"는 죄명을 가할 수 없다는 것이다.

다산은 이와 같이 인민이 자기들의 필요와 협의에 의하여 그 통치자인 천자를 선거 또는 개선하는 것이 마치 무중이 무사를 자기들 속에서 선발 또는 개체改替하는 것과 아무런 다름이 없으므로 항구적이고 원칙적인 인민의 권리 앞에는 일시적이고 유동적인 군신의 명분은 문제도 되지 않는다는 것이다. 유구한 봉건 사회에서 군신 관계를 영원불변하는 천경지의天經地義로 일반이 인식하고 있던 그 윤리적 지주支柱—반석같이 견고한 그리고도 신성한 생명을 선천적으로 가지고 있던 그 지주—를 다산은 간단하고 평범한 인민 협의권의 철퇴로써 그 근거로부터 분쇄하였다. 이는 확실히 다산의 민주주의적 세계관의 이론적 성공이며 동시에 그가 사회 제도의 대변혁을 예감한 진보적 혁명적 사상의 선전이었다.*

그는 다음과 같이 대단히 예리하게 서술하여 〈탕론〉편을 종결하였다.

---

* 정성철은 〈탕론〉에 대한 과대평가를 다음과 같이 경계하였다. "역성혁명의 사상은 봉건 군주의 교체를 이론적으로 합리화하기 위한 사상이었는바 (…) 여기서 유의할 점은 군주는 교체될 수 있으나 봉건제도 자체는 교체되지 않는다는 사실이다."《실학파의 철학사상과 사회정치적 견해》, 사회과학출판사, 1974, p443.

한나라 이후부터는 천자가 제후를 세우고 제후가 현장을 세우고 현장이 이장을 세우고 이장이 인장을 세우게 되었다. 감히 군상君上을 범하는 불공不恭한 일이 있으면 그 일은 '역逆'이라 하였다. 역이란 무엇인가? 옛날에는 정치의 권리를 '아래에서 위로(下而上)' 행하였으니 아래에서 위로 하는 것이 '순順'이었으나, 지금은 그와 반대로 '위에서 아래로(上而下)' 행하니 아래에서 위로 하는 것을 '역逆'이라고 한다. 그러므로 왕망王莽·조조曹操·사마의司馬懿·유유劉裕·소연蕭衍* 등은 위에서 아래로의 준칙에 의하여 '역적'으로 규정되었고, 무왕武王·은탕殷湯·황제黃帝 등은 아래에서 위로의 원칙에 의하여 명왕성제明王聖帝로 인정되었다. 종래 유학자들은 이러한 (사회적 역사적 사정의) 변천을 이해하지 못하고 은탕과 무왕을 (신하로서 군상을 쳤다(以臣伐君)는 이유로) 문득 요순보다 낮게 평가하려 하니, 이것이 어찌 이른바 고금의 변천에 통달한 사람이랴!

장자莊子는 "(여름 한 철만 살고 가는) 쓰르라미는 봄과 가을을 알지 못한다(蟪蛄不知春秋)"고 하였다.[26]

<원목>편에서 우리가 이미 지적한 바와 같이 <탕론>에서도 다산은 민권民權과 군권君權의 교체에 대하여 그 사회적 물질적 근거를 구명하지 못하고 단순히 역사의 우연적 계기로만 이해하였다. 역사적 유물론의 견지로는 사회의 상모相貌·사상·견해·정치기구 등을 근본적으로 결정하는 '사회의 물질적 생활의 제 조건'을 제1차

---

* 소연蕭衍(464~549) : 양무제梁武帝. 그는 남제南齊의 신하로서 반란을 일으켜 황제를 살해하고 제위에 올라 국호를 양梁이라 하였다. 원문의 '왕연王衍'은 착오.

적으로 극히 중요하게 보는데, 이들 이성주의의 견지에서는 도리어 사소한 동기로밖에 보이지 않았던 것이다. 다산은 다른 동시대 학자들과 같이 국가를 지배 계급의 권력 기관으로 보지 않고, 그것이 원시 사회와 함께 성립한 이상적 기구로 출발하여 개인 강자의 우연한 조작 밑에서 불합리하게도 소수 지배 계급의 권력 기구로 전락해 버렸다고 이해하였다. 다시 말하면 그는 국가 없던 사회를 정당한 국가로 보고 국가 있는 사회를 도리어 부정당한 국가로 보았던 것이다.

그러나 사회주의 국가 창설자인 레닌은 맑스주의 국가 이론을 계승하여 다음과 같이 말하였다.

국가는 계급적 모순의 불상용성不相容性의 산물이며 표현이다. 국가는 계급적 모순이 객관적으로 조화되기 불가능한 그만한 정도에서 발생한다. 《국가와 혁명》

그러면 다산은 자기의 이상에 가장 적합하지 않게 군주의 전제專制가 민중의 협의제를 압살하는 권력의 종복들로 충만해 있는 그 시대가, 도리어 필연성을 가지고 전성全盛하던 국가의 시대란 점을 전연 이해하지 못한 것이다. 그래서 그의 이론은 역사 발전에 대한 추상적 모색에 그쳤고, 사회 모순의 진상과 계급 투쟁의 역사적 임무를 자기의 독특한 이성적 색맹에 의하여 간과해 버리고 말았다.

그러나 그는 〈탕론〉에서 사회 체제의 시대적 변천에 따라 충순忠順과 반역의 도덕적 윤리적 규정이 서로 전환된다는 것을 갈파하

여 왕망王莽·조조曹操와 황제黃帝·탕무湯武가 성자로 혹은 역적으로
지칭 받는 것이 오직 그 시대 정체政體에서 결정되는 윤리적 규정
에 의하였다는 것을 대담하게 언명하였다. 이는 도덕 윤리를 일개
불변적인 정형으로 인식하던 당시 지식군에 비하여 실로 천양의
차가 있는 것이다. 더욱이 탕무를 요순보다 비시卑視하는 일반적
편견을 논박한 점은 공맹 이래 유교학자들의 상고주의尙古主義에
일봉一棒을 가한 창발적 견식見識이며, 동시에 역사 발전의 진화적
법칙을 어느 정도 이해한 귀중한 표현이다. 다산의 사회관은 본편
으로서 절정을 이루었다. 그의 정치론에 있어서 이런 논문들보다
비교적 더 구체적으로 쓴 비합법적 이론이 반드시 많았을 것으로
추측되나 유감스럽게도 이제 발견되지 않는다.

　대체로 관존민비官尊民卑·군주신노君主臣奴의 전통적 윤리에 대
하여 부정적 사상을 표시한 자는 누구보다도 다산의 학조學祖인
성호를 들 수 있다. 성호는 자기 명저《사설僿說》*가운데 '군주
를 높이고 신하를 억누르는 것(尊君抑臣)'이 진秦나라 법에서 비롯
되었다고 하면서, 이것을 위魏의 문벌 숭상과 수隋의 사부 취재詞賦
取才*와 함께 3대 악제惡制로 인정하였다.[27]

> 사람과 사람은 본대 평등하건만　　　人與人相等
> 관리는 어째서 백성 위에 있난고?　　官何居民上
> 그가 어질고도 밝아서　　　　　　　為其仁且明
> 능히 민중의 소망에 맞기 때문이라.　能副衆所望[28]

---

* 《사설僿說》: 《성호전집》의 〈답안백순答安百順〉을 인용한 것이다.
* 사부 취재詞賦取才: 사부詞賦로 인재를 뽑는 것으로 이조 시대의 진사시進士試가
　이에 해당한다.

이 단편시는 성호의 조카이며 다산이 존경하던 실학과 문학가
인 혜환惠寰 이용휴李用休가 지방 수령으로 가는 자기 우인友人에게
지어준 절구絕句 한시이다. 이 시에도 인간 평등을 강조한 사상이
표현되어 있다. 다산의 사상적 계통을 분석하는 데 하나의 참고가
될 것이므로 이에 인록引錄한다.

1. 《經世遺表》卷一, 邦禮艸本引,
　"1) 唯限官於一百二十 使六曹 各領二十 斯不可易也
　　2) 定官於九品 無正從之別 唯一品二品 乃有正從 斯不可易也
　　3) 以戶曹爲敎官 以六部爲六鄕以存鄕三物 敎萬民之面目 斯不可易也
　　4) 嚴考績之法 詳考績之條 以復唐虞之舊 斯不可易也
　　5) 革三館三薦之法 使新進勿分貴賤 斯不可易也
　　6) 守陵之官 勿爲初任 以塞僥倖之門 斯不可易也
　　7) 合大小科以爲一 取及第三十六人 三年大比 罷增廣庭試簡製之法 使取
　　人有限 斯不可易也
　　8) 文科武科 其額相同 使登科者 悉得補官 斯不可易也
　　9) 於田十結 取一結以爲公田 使農夫助而不稅 斯不可易也
　　10) 罷軍布之法 修九賦之制 使民役大均 斯不可易也
　　11) 立屯田之法 使京城數十里之內 皆作三軍之田 以衛王都 以減經費 使
　　邑城數里之內 皆作牙兵之田 以護郡縣 斯不可易也
　　12) 定社倉之限 立常平之法 以杜奸濫 斯不可易也
　　13) 鑄中錢大錢 鑄銀錢金錢 辨九圜之等 以塞走燕之路 斯不可易也
　　14) 定鄕吏之額 禁世襲之法 以杜其奸猾 斯不可易也
　　15) 開利用之監 議北學之法 以圖其富國強兵 斯不可易也"
　2. 同上書 卷13, 地官修制 敎民之法, "六鄕在王城之內 王宮左右六鄕 … 所
　　謂敎萬民者 非謂氓隷之賤 悉皆敎之也 國子之外 雖仕宦之族 皆謂之萬民
　　也 司徒之敎 必考其德行道藝 道藝 豈氓隷之所能學哉 … 孝友睦婣 唯其在

上者 導之率之 而庠序學校 不令田野之甿 混然雜處 唯以力農 爲其本業 各
有恒產 不起邪心 … 德行道藝 不復舉論 … 外達郡縣 亦皆設敎以取士 此
非先王之法 唯酌古今而爲權宜之政也"

　＊六鄉在王城之內 王宮左右六鄉 : <자찬묘지명(집중본)> 補遺에서 추가함.
6향의 정확한 위치는 <六部九等圖>(《경세유표》권3, 天官修制) 볼 것.

　＊德行道藝 不復舉論 : 본문에 맞게 순서를 바꿈.

3. 李震興,《掾曹龜鑑》卷1, 吏職名目解, "披文瑣錄云 敬順王結婚於戶長王
　氏家"

4.《高麗史》卷75, 志29, 選擧3, 銓注 事審官, "國初 選鄉吏子弟爲質於京 且
　備顧問其鄉之事 謂之其人"

5.《선조실록》1년(1568) 5월 26일;《南冥集》卷2, 戊辰封事;《栗谷全書》
　卷15, 東湖問答, 論安民之術;《芝峯類說》卷16, 語言部, 雜說.

6.《全書》I-11, <職官論> 1·2를 볼 것.

7.《類選》卷3下 p39, 人事篇4, 治道門1, 今人賤才, "賢良 … 不求於野 而求
　之世卿之家 不問其賢與能 而取之於詞章之末 及不能得 則曰無人焉 … 今
　人之賤才極矣"

　＊《僿說》卷7, 人事門에는 '極矣' 앞에 '亦'이 추가되어 있다.

8. 앞에 이미 두 번이나 나온 내용이다. p198 주9, p245 주19 볼 것.

9.《全書》I-9, 通塞議, "人才之難得也久矣 盡一國之精英而拔擢之 猶懼不足
　況棄其八九哉 盡一國之生靈而培養之 猶懼不興 況廢其八九哉 小民其棄者
　也 中人其棄者也 [我國醫譯律歷書畫算數者爲中人] 西關北關 其棄者也 (海西
　松京沁都 其棄者也) 關東湖南之半 其棄者也 … 北人南人 其不棄而猶棄者
　也 其不棄之者 唯閥閱數十家已矣 而其中因事見棄者亦多 凡一切見棄之族
　皆自廢不肯留意於文學政事錢穀甲兵之間 唯悲歌慷慨飮酒而自放也 故人
　才亦遂不興 人見其不興也 曰彼固當棄也 嗟乎 豈其天哉"

10.《全書》I-10, 原牧, "牧爲民有乎 民爲牧生乎 民出粟米麻絲 以事其牧 民
　出輿馬騶從 以送迎其牧 民竭其膏血津髓 以肥其牧 民爲牧生乎 曰否否 牧
　爲民有也"

11. 同上書, "邃古之初 民而已 豈有牧哉 民于于然聚居 有一夫與鄰鬨莫之決 有叟焉善爲公言 就而正之 四鄰咸服 推而共尊之 名曰里正 於是數里之民 以其里鬨莫之決 有叟焉俊而多識 就而正之 數里咸服 推而共尊之 名曰黨正 數黨之民 以其黨鬨莫之決 有叟焉賢而有德 就而正之 數黨咸服 名之曰州長 於是數州之長 推一人以爲長 名之曰國君 數國之君 推一人以爲長 名之曰方伯 四方之伯 推一人以爲宗 名之曰皇王 皇王之本 起於里正 牧爲民有也"

12. 同上書, "當是時 里正從民望而制之法 上之黨正 黨正從民望而制之法 上之州長 州上之國君 國君上之皇王 故其法皆便民"

13. 同上書, "後世一人自立爲皇帝 封其子若弟及其侍御僕從之人 以爲諸侯 諸侯簡其私人以爲州長 州長薦其私人以爲黨正里正 於是皇帝循己欲而制之法 以授諸侯 諸侯循己欲而制之法 以授州長 州授之黨正 黨正授之里正 故其法皆尊主而卑民 刻下而附上 壹似乎民爲牧生也"

14. 同上書, "今之守令 古之諸侯也 其宮室輿馬之奉 衣服飮食之供 左右便嬖侍御僕從之人 擬於國君 其權能足以慶人 其刑威足以怵人 於是傲然自尊 夷然自樂 忘其爲牧也 有一夫鬨而就正 則已蹴然曰何爲是紛紛也 有一夫餓而死 曰汝自死耳 有不出粟米麻絲以事之 則撻之梏之 見其流血而後止焉 曰取筭緡 曆記夾注塗乙 課其錢布 以營田宅 賂遺權貴宰相 以徼後利 故曰民爲牧生 豈理也哉 牧爲民有也"

15, 16. 엥겔스, 《공상에서 과학에로의 사회주의의 발전》제1장.

17. 《全書》I-16, 自撰墓誌銘(集中本), "搜羅古今 剔發奸僞 以授民牧 庶幾一民有被其澤者 鏞之心也"

18. 《牧民心書》卷4, 吏典條1 束吏, "民以土爲田 吏以民爲田 剝膚槌髓 以爲耕耨 頭會箕斂 以爲刈穫"

19. 同上書 卷3, 奉公條4 文報, "天下之至賤無告者 小民也 天下之隆重如山者 亦小民也 … 故上司雖尊 戴民以爭 鮮不屈焉"

20. 同上書 卷2, 律己條2 淸心에 백련사白蓮寺 승려의 말로 실려 있다.

21. 《欽欽新書》序, "顧士大夫 童習白紛 唯在詩賦雜藝 一朝司牧 芒然不知

所以措手 寧任之奸胥 而弗敢知焉"

22.《全書》I-11, 湯論, "湯放桀可乎 臣伐君而可乎 (曰古之道也) 非湯剙爲之也 … 軒轅習用干戈 … 以與炎帝戰于阪泉之野 三戰而得志 以代神農 則是臣伐君 而黃帝爲之 將臣伐君而罪之 黃帝爲首惡 而湯奚問焉"

23. 同上書, "夫天子何爲而有也 將天雨天子而立之乎 抑涌出地爲天子乎 五家爲鄰 推長於五者爲鄰長 五鄰爲里 推長於五者爲里長 五鄙爲縣 推長於五者爲縣長 諸縣長之所共推者爲諸侯 諸侯之所共推者爲天子 天子者 衆推之而成者也 夫衆推之而成 亦衆不推之而不成 故五家不協 五家議之 改鄰長 五鄰不協 二十五家議之 改里長 九侯八伯不協 九侯八伯議之 改天子 九侯八伯之改天子 猶五家之改鄰長 二十五家之改里長 誰肯曰臣伐君哉"

24. 同上書, "又其改之也 使不得爲天子而已 降而復于諸侯則許之 故唐侯曰朱 (虞侯曰商均 夏侯曰杞子) 殷侯曰宋公 其絶之而不侯之 自秦于周始也 於是秦絶不侯 漢絶不侯"

25. 同上書, "謂凡伐天子者不仁 豈情也哉 舞於庭者六十四人 選於中 令執羽葆 立于首以導舞者 其執羽葆者能左右之中節 則衆尊而呼之曰我舞師 其執羽葆者不能左右之中節 則衆執而下之 復于列 再選之 得能者而升之 尊而呼之曰我舞師 其執而下之者衆也 而升而尊之者亦衆也 夫升而尊之 而罪其升以代人 豈理也哉"

26. 同上書, "自漢以降 天子立諸侯 諸侯立縣長 縣長立里長 里長立鄰長 有敢不恭其名曰逆 其謂之逆者何 古者下而上 下而上者順也 今也上而下 下而上者逆也 故莽操懿裕衍之等逆也 武王湯黃帝之等 王之明帝之聖者也 不知其然 輒欲貶湯武以卑於堯舜 豈所謂達古今之變者哉 莊子曰蟪蛄不知春秋"
     * 蟪蛄不知春秋 :《莊子》〈逍遙遊〉.

27.《星湖全集》卷27, 答安百順, "嗚呼 世道之不復治 始由於三蘖 尊君抑臣自嬴政始 漢不能革也 用人尚閥自魏瞞始 晉不能革也 文辭科試自楊廣始 唐不能革也 三蘖賊虐 轉輾推盪 堯舜之道 遂淪墮九淵矣"

28. 이용휴李用休(1708~1782)의《탄만집敤敤集》에 수록된 〈서하로 부임하는 홍광국을 전송하며(送洪光國晟令公之任西河)〉 5수 중 첫 수이다.

제9장 다산의 경제사상

1. 중농경제사상

다산은 경제 정책 특히 농업 정책에 중요한 관심과 연구를 일찍부터 가지고 있었다.

그가 38세, 곡산 부사谷山府使로 있을 때에 국왕 정조에게 올린 <농업 정책의 개선에 대한 건의서(應旨論農政疏)>에 편농便農·후농厚農·상농上農의 3개 조를 진술하였는데, 이는 농업 발전책을 중심으로 하여 농촌 미신 풍속의 타파, 과학 제도의 개정, 광업의 통제 및 양민 병역법의 변경 등 여러 정책까지 논급하였다.

제1조 편농조는 집약 농법, 농구 개량, 잠박蠶箔·잠실蠶室의 개량, 관개灌漑·양수揚水·방보防洑 등 여러 법과 부전제浮田制*를 자세히 논술하였다.

제2조 후농조는 환자법還上法의 폐해와 부업 및 다각 농법의 필요를 말하였다. 또한, 역서曆書에 연신방위年神方位·금기·미신 등을

---

* 부전제浮田制 : 배나 떼배 위에 채소밭을 만드는 법.

기재하는 종래 방식을 폐지하고, 그 대신 종곡種穀·축산에 관한 여러 방법을 적의適宜한 시기에 따라 기입하여 역서를 한 부의 간편한 농서農書로 만들어 민간에 배포할 것을 주장하였다. 그 밖에 송림松林의 남벌을 금지하고, 종상種桑에 대한 성적 고사成績考査와 토지 품질의 적당 여부와 율도律度·양형量衡의 균일화와 연초煙草 남종濫種의 금지 등을 논술하였다.

제3조 상농(존농尊農)조는 천농賤農의 폐습을 교정하고, 과거제를 개선 또는 엄격히 하여 유식민遊食民을 도태 또는 귀농케 할 것, 채금업採金業을 관영으로 통제할 것, 양역법良役法 즉 양민 병역법을 변경할 것, 농업 이탈자를 방지할 것 등을 진술하였다.

이 논책論策은 당시 국왕의 자문에 대한 답안인 만큼 합법적이고 또 실현 가능한 정도에서 헌책獻策한 것이다. 그러나 종래 자연 발생적인 영농 방법을 과학적으로 또는 기술적으로 개선하려는 의도가 전편에 일관되어 있는 점은 그 시대로 보아 귀중한 제안이었다. 이때 이와 같은 농업 대책을 올린 사람은 다산만이 아니었다.

이때는 국왕 정조 23년 을미(1799)였는데 전년 12월에 정조는 농서 즉 농업 발전에 대한 의견서를 요구하는 교서를 국내에 반포하였으므로 연암 이하 많은 명사들이 이에 응대하였다. 그중 그때 영평 현령永平縣令으로 있던 초정 박제가는 이를 기회로 하여 자기가 평일에 포부하고 있던 경국 정책 무릇 28목·53조를 올렸으니, 이것이 유명한 《북학의北學議》이다. 이는 농서의 범위를 넘어 국외 유학 및 국제 통상의 필요까지를 논술하였는데 그 대의는 다산의 주장과 공통되었다. 다산은 농서의 범위 이내에서 논술하였으나 그 논지 가운데서 유럽 근대 정통파 경제학의 선구자인 중농학파의 중농사상과도 어느 정도 서로 접근한 것을 볼 수 있다.

그러나 다산의 중농학설은 케네 일파와 같이 농업만을 생산 노동으로 간주한 농업 편중주의자는 아니었다. 그는 농업국가와 농민사회에서 생장한 만큼 농업을 제반 산업의 기본으로 보았으나, 그 반면에 農농이 주제周制 9직九職 중의 하나란 점을 강조하고 공업·상업의 균형적 장려와 식산殖産·흥업·통상·통화의 필요를 주장하지 않은 바가 아니었다.

그러나 연암·초정 등 여러 실학자들의 농서들과 동시에 올린 다산의 이 〈농정소農政疏〉는 불행하게도 채용의 기회를 잃어버리고 말았다. 정치 개신에 뜻이 있던 국왕 정조는 위에서 말한 바와 같이 22년 12월에 농서 제진製進하라는 교지를 국내 인사들에게 반포하였으나, 응모자들의 농서가 그의 손에 들어가기는 그 이듬해 즉 23년이었을 것이며, 또 그 이듬해 즉 24년 6월에 정조가 보수파인 벽파 권신들의 음해(?)로 서거하였으니, 다른 여러 정치적 계획과 함께 농정 개신도 유지미성有志未成으로 끝나고 말았다. 이로 인하여 다산 이외 여러 지사志士들의 실망은 자못 컸던 것이다.

요컨대 다산의 중농사상은 단순히 농업을 주장하는 것에 그치지 않고, '존농尊農', '상농上農' 등 그의 용어가 표시한 바와 같이 농자 즉 농민을 존대하자는 의미이다. 당시 유식遊食 양반들은 농업을 천사賤事로 알 뿐만 아니라 농민을 노예로 대우하여 이 양자가 교호 작용하는 과정에 천농賤農·이농離農의 풍습은 말할 수 없는 지경에 빠져 버렸다. 그래서 다산은 농업 발전을 도모하자면 첫째로 사농공상 4민의 지위를 균등적으로 대우할 뿐 아니라 농민을 한층 더 존대함으로써만 귀농歸農과 역농力農을 보장할 수 있으며,

유식遊食·이농離農의 악폐를 퇴치할 수 있다고 하였다. 그의 중농주의는 농민 대중의 농노적 지위를 개선하려는 민주주의적 사상과 분리해 볼 수 없는 것이다. 케네 일파의 중농주의가 당시 왕성한 비생산적인 중상주의의 지배로부터 생산적인 농업을 해방하려는 자유주의 사상이라고 하면, 다산의 중농주의는 당시 봉건 착취 계급의 유식주의遊食主義에서 배양된 천농賤農·학농虐農의 질곡으로부터 농민을 구출하여 농업 발전을 장려하려는 민주주의 사상이라고 하지 않을 수가 없다.

2. 농민 문제에 대한 제론諸論

1) 환곡 폐지론

이제 다산의 환곡 즉 환자還上* 폐지론을 소개하기 전에 환곡제의 연혁과 폐해를 간단히 설명하는 것이 그의 본론을 이해하는 데 도움이 될 듯하다. 또 환곡제가 이조 봉건 착취 제도에 있어 최대 악정의 하나로서 계속 여행勵行되어 온 반면에, 그 말기에 이르러 각 지방 농민의 봉기가 있을 때마다 반드시 환자제를 철폐하라는 표어가 선두에 내걸렸으니, 이를 보더라도 과거 우리 인민들이 악惡제도의 철폐를 위하여 얼마나 피를 흘려 가면서 싸웠는지를 알 수 있다. 우리 선대 인민 투쟁의 대상과 성격들을 연구하기 위해서도 환곡제의 개략槪略을 알아 두는 것이 필요하다고 생각한다.

---

* 환자還上 : 이두식으로 '환자'라고 읽으며, 환자還子·환곡還穀이라고도 한다.

필자의 연구에 의하면 환곡 진대賑貸는 원래 국가의 농민 구제책으로 흉년과 궁절窮節에 한하여 실행하는 것이 그 설법設法의 본뜻이었을 것이다. 그러나 흉황凶荒을 구제할 목적으로 출발한 진대는 그 실행의 경험에 의하여 단순히 일시적 구흉救凶 행사에 그치지 않고 농업 생산에 대한 재생산적 조건으로 계속 활용하게 되었다. 즉 봄에 꿔 주고 가을에 받아들이는(春貸秋斂) 정식定式은 일시 구흉적인 한계를 지나 국가가 저장하고 있는 곡물을 춘경기에 종자와 농량農糧으로 농민에게 대부 분배해 주었다가 수확기에 와서 다시 대출 분량대로 환수하였다. 이는 물론 국가 창곡倉穀 저축 형태의 갱신에 대한 묘책이 되거니와, 이보다도 착취 경제상 농민의 생산 능률을 제고시키는 합리적 방법으로 전용되었던 것이다. 고구려 고국천왕 시대의 '진대항식賑貸恒式'*(194)과 신라 문무왕 시대(661~681)의 '진적법賑糴法'*이 대개 이것이었다.

그러나 환곡의 본래적 사명은 운용 과정에서 또다시 제3단의 전화轉化를 보지 않을 수 없었다. 즉 환곡은 국가의 저장 곡물이 민간에 대출되었다가 다시 국고에 환납되는 것으로써 그 임무를 완료하는 것이기 때문에 출납을 장악한 관부官府는 사례의 정식화에 따라 그들의 인식은 필연적으로 환수에 중점을 두었으며 환수의 중점은 원곡元穀 보험保險의 충실과 출납 비용의 보충을 필요로

---

* 진대항식賑貸恒式 : 매년 3월부터 7월까지 관곡을 내어 진대하고 10월에 갚게 하는 것을 항례화한 법식으로 우리나라 진대법의 효시.《조선사회정책사》(최익한, 박문출판사, 1947) p120.
* 진적법賑糴法 : 진조적법賑糴糴法. 봄에 환곡을 빌려주고[糴], 가을에 환곡을 거둬들이는[糴] 진휼법.《조선사회정책사》p10;《목민심서》〈호전戶典·곡부穀簿〉및 〈진황賑荒·규모規模〉.

하여 일정한 이식利息으로 피진대자被賑貸者에게 징수하게 되었다. 그리하여 환곡 진대는 이식의 징수로서 구제의 본래 의미를 멸각滅却하였을 뿐만 아니라 도리어 구제의 의의와는 반대로 인민에 대한 가렴주구의 국가적 합법적 수단으로 전화되었다.

환곡의 이식 징수는 이른바 '취모법取耗法'으로 표현되었다. 그러면 취모법은 어떠한 것인가? 곡물이 쥐·참새 등에 의하여 소모消耗 감축된 것을 모조耗條라고 하는데, 관부官府가 환곡을 민간에 진대하고 상응한 모량耗量을 산정하여 원곡元穀에 첨부 환수하는 것이다. 그러나 조선 진대사에 있어서 고구려의 진대항식과 고려의 의창義倉 진대는 모두 취리取利·취모取耗를 행한 사실이 보이지 않을뿐더러 이조에 와서도 취모 운운이 《경국대전經國大典》에는 전연 없고, 《속대전續大典》의 〈호전戶典 창고조倉庫條〉에 비로소 "봄에 인민에게 대여하되 절반은 창고에 남겨 두고, 추수기에 거둬들일 적에는 모조로 10분의 1을 취한다(春貸于民 折半留庫 秋成而斂 取耗什一)"는 규정이 있다. 그러면 이조 초엽에는 취모법이 아직 법규로 제정되지 않았던 것이며,* 고구려 진대항식 이후 2천년간 환곡제가 계속 실시되었으나 역대에 누구든지 감히 이식 두 자를 공공연하게 붙이지 못하였고, 이조 중엽에 와서 비로소 취모의 규정이 법전에 보였으나 오히려 모耗란 용어로 이식을 대명代名하였다. 이는 환곡제가 구제책으로 출발하였다는 점과 착취 계급이 자기들의 취리적取利的 정체를 가리는 기만적 표현이란 점을 명백히 증명한 것이다.

---

* 환곡의 이식~않았던 것이며 : 《조선사회정책사》 p134 볼 것.

《경국대전》에 취모법이 없을 뿐만 아니라 그 <호전戶田 군창조軍倉條>에 "군자창軍資倉에 또 별창別倉*을 설치하여 잡곡의 양을 헤아려 쌓아 두었다가 인민에게 대출하고 추수기에 본래 수량을 환납하게 한다(軍資倉 又置別倉 量蓄雜穀貸民 秋納本數)"고 하였으니, '추수기에 본 수량을 환납한다(秋納本數)'는 말은 《속대전》의 '모조로 10분의 1을 취한다(取耗什一)'는 말과 반대되는 규정이다. 이와 같이 《경국대전》에 취모법이 규정되어 있지 않았을 뿐만 아니라 '추납본수秋納本數'의 규정이 명기되어 있는 것을 보면, 취모법이 일부 관례에 그쳤고 법령으로서 일반에 시행되기까지는 이르지 않았던 것이다. 즉 임진전쟁 이후부터 국용國用이 탕갈蕩竭됨에 따라 그 보충책으로 모조의 여행勵行이 드디어 일반화되었던 것이다. 현종 5년(1664) 함경 감사 민정중閔鼎重의 장계狀啓에 "상평취모常平取耗가 원래 조종祖宗의 옛 법이 아니고, 다만 전후戰後에 일시 취편取便한데 불과한 것인즉 이것을 아주 폐지함으로써 여러 도에 혜택을 주도록"[1] 요청하였으니, 이른바 '전후에 한때 편한 것을 취하였다(戰後一時取便)'는 말은 바로 병자호란 후에 국창國倉이 공핍空乏하므로 상평청常平廳의 모곡耗穀 중 3분의 2를 회록會錄*한 사실을 가리킨 것이다. 이를 보면 모곡의 폐해는 이때부터 심하였음을 알 수 있다.*

---

* 별창別倉 : 군자감軍資監에 소속된 창고인 군자창은 광통교廣通橋에 본감本監, 송현松峴에 별감別監, 용산강龍山江에 강감江監 등 3개가 있었다. 이 중에서 '별감'이 바로 별창이다.
* 회록會錄 : 원래 '회계 장부에 기록한다'는 뜻으로, 여기서는 '모곡耗穀을 다른 목적에 쓰기 위하여 일부를 떼어 용도가 다른 회계 장부에 기록하는 것'을 가리킨다.
* 《경국대전》에 취모법이 없을~알 수 있다 : 《조선사회정책사》pp136~7 볼 것.

상기 《속대전》에 규정한바, '취모십일取耗什一'은 즉 당년간 모조가 원본元本 15말 1섬에 1말 5되인데, 이 모조 1말 5되는 관부官府가 15말 1섬을 수대자受貸者에게 대출할 때에 미리 공제한다. 청묘靑苗*·사창社倉 등의 10분의 2 이식과 민간 부호富戶의 10분의 5 이식에 비하면 이른바 '취모십일'이 관적官糴의 저리低利로 볼 수 있으나, 빈민의 보상 능력에서는 10분의 1 이식은 여전히 커다란 부담으로 되었는데, 게다가 설상가상으로 모조 이외에 행량行糧*·각은脚銀*·낙정미落庭米* 등 다종다양한 명목을 붙여서 탐관오리들이 그 배수倍數를 수탈하였다.

원래 환곡 진대는 흉년과 궁절에 수대受貸를 필요로 한 농가에 한 것이며, 또 국가의 불의不意 용도를 대비하여 '절반유고折半留庫' 즉 관부 창곡의 절반 이하로 대출할 것을 법전에 규정하였으나, 관부와 지방 관리들은 취리取利와 농간의 목적으로 창곡의 절반 이상 혹은 전부를 들여 연사年事의 풍흉과 농가의 필요 여부를 전연 불문하고 매호 농민들에게 매년 일률적으로 강제 대부했다가 강제 환수하였다. 지방 수령과 향읍 소리小吏들은 서로 결탁하여 대출 시에는 소정의 두량斗量에도 차지 않는 공곡空穀·변질變質·불용不用의 곡물을 분배하고, 회수 시에는 두량이 후하며 품질이 우량한 것을 수배 이상으로 수탈하였다. 수대자受貸者가 보상치 못할 경우에는

---

* 청묘靑苗 : 청묘법. 송나라 왕안석王安石이 추진한 신법의 하나로 관에서 농민에게 돈과 곡식을 2분分의 이식으로 대여하던 제도.
* 행량行糧 : 병사들이 출정할 때 그 진영에 지급하는 양식. 또는 노자 즉 여행 경비에 해당하는 양식.
* 각은脚銀 : 각가脚價. 세곡 따위를 배에서 내리거나 창고에 넣을 때 드는 다리품 삯.
* 낙정미落庭米 : 말이나 되질을 할 때 땅에 떨어져 흩어지는 것을 보충하기 위해서 받던 쌀.

집달리執達吏(집행관)들이 당사자의 가산을 탈취하고 탈취할 가산도 없는 경우에는 그의 친족과 이웃에 부담시키므로, 환곡제는 관부가 인민에게 취리하는 유일한 방법인 동시에 농민의 최대 원한을 받는 악법으로 되었다. 영조 45년(1769)에는 각 도의 각종 환곡의 총량이 835만여 석이고 정조 12년(1788)에는 그것이 738만여 석이라 하였으니,* 이와 같은 환곡의 압도적 수량이 일반 농민 대중에게 얼마나 파산의 비극을 주었는지, 또는 형리刑吏들의 곤장이 얼마나 가혹했는지를 짐작할 수 있는 것이다.

　　피 좁쌀 못 먹인 해에
　　무럽꾸리*도 하도 할샤.
　　양덕陽德·맹산孟山 주탕酒帑*이
　　영유永柔·숙천肅川 화냥년들이
　　저 다 타 먹은 환자還上를
　　이 늙은 내게다 물니랴 하네.

　　환자還上에 볼기 설흔 맞고

---

* 영조 45년~하였으니 :《증보문헌비고增補文獻備考》〈시적고市糴考 5〉에 의한 수치이다.《조선사회정책사》pp127~133 참조.
* 무럽꾸리 : '무리꾸리(무리꾸럭)'의 방언. 남의 빚을 대신 물어 주는 일. '무럽'은 '무롭다(무릅쓰다)'의 '무롭(무릅)'이 변한 방언(경상·제주·함경)이고, '무리'는 '물다(물어 주다)'에서 파생된 말인 듯하다. '꾸리'는 '실꾸리·꾸러미', '꾸럭(구럭)'은 '망태기'이므로 '빚보따리(빚구럭)'와 의미상 연관된다. 무리꾸리>무리꾸리. 물잇구럭>물이꾸럭>무리꾸럭.
* 주탕酒帑 : 옛날 지방 관비에 두 종류가 있었다. 하나는 기생妓生인데 주탕酒湯이라고도 부르며, 다른 하나는 비자婢子인데 수급水汲이라고도 불렀다. 이 주탕酒帑은 바로 주탕酒湯의 동음이자同音異字다.

장리長利 갑세 동銅숫츨 둑 떼여 낸다.

사랑하던 여기첩女妓妾은

월리차사月利差使가 등 미러 간다.

아희야 죽탕관粥湯罐에 개[犬] 보아라

호흥豪興겨워 하노라.

(이 시조 2수는 《청구영언靑丘永言》)[2]

이 가요에 나타난 것만 보더라도 환곡제가 출납의 협잡과 토호
간리의 횡포와 인민 생활의 파멸을 광범히 초래하여 인민 최대의
고통과 저주의 대상이 되고 있었음을 여실히 표시하고 있다.

성호星湖는 환곡제에 대하여 모조耗條의 불합리와 진대賑貸의 취
리를 엄혹히 비판하고 반계磻溪와 같이 환곡법의 폐지를 주장하며
그 대신 상평법을 여행勵行하는 것이 양책良策이라 하였다. 성호에
의하면 "이른바 모耗라는 것은 모耗(소모)가 아니고 가익加益(취리)
이다. 10분의 1의 수가 7년을 지나면 본곡本穀의 수에 상당한다.
이 7년 중에 부정하게 거두어 가는 것이 몇 억만 석인데, 이것이
과연 어디로 돌아가겠는가? 봄에 비록 15말을 받는다 하나 기실은
13말에 불과하고, 반년 이내 즉 추수기에 모耗·잉剩* 및 행량行糧·
각은脚銀 등으로 그 배수를 탈취당한다. 또는 매호에 강제 대부하
는 것이 향곡鄕曲의 무단武斷보다 더 심하므로 한 번 추수기 환수를
지나면 촌락이 텅 비게 된다. 그리고 전세田稅와 잡세雜稅를 대차貸

---

* 잉剩 : 잉곡剩穀. 곡물의 출납과 보관 과정에서 발생되는 소모분을 감안하여 부과
징수하는 곡식.

借 보상케 하고도 오히려 부족하면 이웃과 친족에게 강제 징수하는 일이 시끄럽게 발발한다. 무릇 국가의 경비는 경상적인 부세賦稅로 충족할 것인데, 어찌 인민에게 강제 대출하여 이식을 받아 구차스럽게 생활하겠느냐?" 하였다.[3]

경제학자 다산은 역시 반계·성호처럼 환곡제의 전폐全廢를 주장하고 그 대신 상평常平·사창社倉 제도를 개정할 것을 논급하였다. 그러나 그의 환곡폐지론은 종래 폐지론보다도 한층 근본적인 의의가 있는 것이다. 그의 <환자론還上論>에 의하면, 환자법은 비록 부자父子간이라도 실행할 수 없는데 관민官民간에 어찌 실행될 수 있으랴 하였다. 왜냐하면 비단 취모取耗·취리取利가 불합리할 뿐만 아니라 현행 환곡제가 원래 인정人情의 실제와는 맞지 않기 때문이란 것이다. 즉 강제 대부와 강제 회수를 내용으로 한 환곡제는 국가가 자기 착취 계급의 이익을 본위로 하여 민간의 곡물을 간섭 구속하는 이상, 그것은 필연적으로 인민의 사유권에 대한 흥미를 무리하게 파괴하고, 따라서 재산의 자유 처리에 대한 유익성을 방해하는 것이다. 그러므로 다산은 본 논문에서 은연히 산업 자유와 개인 방임주의의 방향을 지향하였다. 이는 분명히 봉건전제주의로 침투된 가부장적 산업 윤리관을 반대하는 자유주의적 경제 사상의 일단으로 볼 수 있다. <환자론>의 본문을 여기에 인록引錄하는 것은 생략하나, 비유가 대단히 절실하고 그 착취제의 불합리한 내용을 신랄하게 폭로한 명문이란 점을 독자들에게 소개해 둔다.[4]

다산 일파가 개선할 것도 없이 직접 폐지하기를 주장한 환곡제는 그 뒤 어떠한 과정을 거쳤던가?

이조 말기의 환곡제는 더욱 악화되었다. 강제 대부와 강제 환납은 오히려 대차 보상의 형식으로 가장하였지만, 이보다도 이른바 '허감虛勘', '백징白徵'은 실로 파렴치한 착취 방법이었다. 허감은 즉 실곡實穀이 없는 수량을 문부文簿 상에 허록하는 것이고, 백징은 이 허록에 따라 인민에게 강도적으로 징수하는 것이다.

헌·철憲哲 양조의 '세도世道' 정치가 더욱 부패해 감에 봉건 붕괴의 서막인 농민 봉기는 도처에 발발하였는데, 그중 삼남三南 '민란'의 표어는 이른바 '군軍·전田·환還' 삼정三政의 살인적 악정을 가끔 폭로 규탄하였다. 이에 당황한 정부는 철종 13년(1862)에 이정청釐整廳을 설치하고 정리책整理策을 강구한 결과 현물을 전폐錢幣로 전형轉形시키가 위하여 각 도 환곡을 전부 작전발본作錢拔本*하고 취모수곡取耗收穀의 절차는 아주 혁파해 버린 다음 국가의 경상 용도와 예비 자금을 위하여 특별 조치로써 토지 결수結數에 따라 분배 수전收錢할 것을 결정하였다. 이것이 이른바 '탕환귀결蕩還歸結' 혹은 '파환취결罷還就結'이란 것이다. 그러나 이도 한낱 의정議定에 그쳤고 즉시 환곡의 구제舊制로 돌아가고 말았다.

고종조에 들어와서 수령이 환곡을 받아들이지 못한 데에 대한 형벌을 준엄하게 규정하고, 3년에는 내탕內帑(국고금) 30만 냥을 각 도에 나누어 보내어 작곡취모作穀取耗케 하였으니, 이는 환곡제가 왕실 재정의 취리적 방법으로 이용되어 버린 것이다. 그러나 이후 환곡 출납의 악정惡政은 인민의 반항을 더욱 환기하였다. 갑오농민 전쟁을 겪고 나서 정부는 이른바 경장안更張案의 하나로서 8도 환곡을 사환社還이라 개칭하여 이것을 이른바 자치 단체인 각 면에

---

* 작전발본作錢拔本 : 돈으로 환산하여 본곡本穀을 뽑아냄. 작전作錢은 현물 대신에 돈으로 환산하여 내게 하는 일.

내려 주고 각 면으로 하여금 이 사환미社還米를 기본으로 하여 사창社倉을 각각 경영케 하고 탁지아문度支衙門은 이에 대한 사환 조례社還條例를 설정 발표하였다. 당시 자주성이 없는 정부는 외래 침략 자본의 공세에 부대껴서 봉건 경제의 유제遺制인 사환미법社還米法을 끝까지 실행할 수 없었다.

상기 사환社還 조례에 의하면 국고로부터 하부下附한 환곡을 기초로 하여 사창은 면을 단위로 한 자치단체로부터 면민에게 농량農糧·종자 등의 융통을 도모하는 기관이 된 동시에 종래 저축적 성격은 제거되었다. 이 사창 제도는 일면으로는 종래 관영 환곡의 노골적 취리 형식인 강제 대부제를 혁파하고, 타면으로는 농촌의 자치적 경영으로 농민의 생산 능률을 제고시켜 납세 능률을 조장하려는 것이다. 그러므로 사환 조례는 봉건 경제의 성격에서 자본주의 경제의 성격으로 넘어가는 과도기적 형태의 일종이다.

사환곡은 정리되지 않은 채로 있다가 망국 직전에 이르러 잔존 미곡이 면리面里 소유의 재산으로 되어 사창제는 드디어 소멸되어 버리고, 동시에 강도 일제 자본의 농촌 착취망인 이른바 금융조합이 농민 경제에 대한 융자라는 미명 아래 화폐 경제의 형태로서 천수백 년래 환곡의 자연 경제 형태의 폐허 위에 새로 등장하였다. 과거 환곡보다 한층 가혹하고 파산적인 금융조합제의 착취 형태는 다음 민요 일절이 말하고 있다.

방앗간 쌀은 돌아서 돈이 되고,
돈은 돌아서 금융조합 가네.
아리랑 아라리요 아리랑 고개로 넘어간다.

요컨대 이조 환곡제는 봉건 정부의 광범한 농민층에 대한 자연 경제적 고리대금제였다. 이조 말기 농민들은 이 군포·전제와 함께 환곡의 악법에 대하여 유혈 투쟁을 계속하였고, 이것의 사상적 반영으로서 다산 일파의 현행 군포·전제 및 환곡제의 철폐론이 제창되었던 것이다. 다산의 환곡 폐지의 주장은 봉건적 착취 형태를 반대한 동시에 농민의 자유 생활을 동경한 것이고, 자본주의적 착취로써 그것을 대체하려는 의식적 경향이 아니었던 것도 우리는 또한 인정치 않으면 안 될 것이다.

2) 지주의 지세 부담론

과거 일제의 식민지적 통치 시기에 있어서 조선의 농민 조합 단체들의 경제적 투쟁 강령 가운데에 "지세地稅와 종자種子는 지주가 부담하라"는 표어가 내걸렸는데, 이것은 이미 백수십 년 전 당시 지주의 극악한 착취를 받고 있던 조건 밑에서 농업 정책론자 다산에 의하여 제기되었다. '지주 국세 부담론'이 바로 그것이다.

필자의 연구에 의하면, 조선경제사상에 있어 지세를 지주가 부담한 것이 예로부터 관례였는데, 그것이 전부佃夫 즉 소작인小作人의 부담으로 일반화된 때는 이조 말기였을 것이며, 다른 도들보다도 전지田地가 풍부하고 지주의 착취가 더욱 심한 전라도 일대에서 먼저 실행되었던 것이다.

이제 이조 법전의 전조田租에 대한 규정을 잠깐 고찰해 보자. 이조는 건국 초부터 대개 고려의 고제古制를 참작하여 공전·사전 할 것 없이 조세 납부를 원칙으로 하여 공전의 조租는 국가가 직접 받고 사전의 조租는 과전科田 절수자折受者*가 소여의 전지에 대한 국가의 수조권을 양여 받아 전주田主라는 명의로 직접 받아먹었다. 조租의 비율은 공·사전이 동일하게 해당 토지 생산량의 10분의 1을 표준으로 하여 1결結에 30말씩인데, 수전水田(논) 1결은 조미糙米(粗米 즉 玄米) 30말이고 한전旱田(밭) 1결은 잡곡 30말이었다. 그리고 능침陵寢·창고倉庫·궁사宮司·공해公廨 등의 각 공전 즉 국고 소속전과 공처 절급전公處折給田을 제하고, 또 사전私田 중 특히 공신전功臣田을 제하고는 과전科田·사전寺田 등 모든 전주는 다 세稅를 국가에 납입하되 수전水田 1결에 백미 2말, 한전旱田 1결에 황두黃豆 2말을 납입하였다. 상기 각종 공전은 각종 국가 기관들이 1결 30말의 조를 직접 받았으므로 따로 세란 것을 받을 것이 없고, 공신전은 국가 유공자에게 특별히 사전賜田한 것이므로 국가가 면세의 은전恩典까지 부여한 것이나, 과전科田·사전寺田 등 사전私田은 국가가 사인私人에게 해당 전지의 수조收租를 양여하여 수전자受田者가 1결 30말의 조租를 받아먹는 동시에 사인私人으로서 국조國租를 전부 먹을 수 없는 견지에서, 또 국가의 용도를 다소라도 보충해야 한다는 견지에서 1결 2말의 세를 바치게 되었다. 이 1결 2말의 세는 1결 30말의 수조收租 중에서 갈라내는 것을 원칙으로 삼았다.

그러나 그 후 과전의 세습화와 토지 소유권의 발전에 따라 사인私人의 수조收租는 반드시 10분의 1에 그치지 않고 절반 이상에 달한 것이 통례였고, 또 이른바 2말 납세는 1결 30말 중에서 할출割

---

* 절수자折受者 : 국가로부터 일종의 토지 소유권 증명서인 입안立案을 발급 받거나 전조田租의 수조권收租權을 지급받은 자.

出한 것이 아니라 전부佃夫에게 따로 부담시킨 것이다. 이와 병행하여 사전私田 절수折受가 아닌 순수한 사인의 소유전은 해당 전지 생산량의 절반 이상을 도조賭租, 즉 소작료로 징수하고 그중에서 1결 30말의 국조國租를 추출하여 상납한 것이 초기의 통례였다. 그러나 그것은 개인 지주들의 착취 강화로 인하여 1결 30말의 국조를 자기 개인의 절반 수조량收租量 이외에 공공연히 따로 전부들에게 부담시켰다.

이와 같은 가혹한 속례俗例는 다산의 시대에 있어서 타도들보다 전라도 여러 읍에서 강행되고 있었으므로, 다산은 이것이 극소수 지주층의 악덕에서 유래한 것을 지적하고 빈농민의 이익을 위하여 전부佃夫 즉 소작인의 지세(국조國租) 부담을 극력 반대하였다.

다산은 강진 유배 중에 호남 소작인들이 지주 대신에 국세를 부담하고 있는 악현상을 목도하고 그것을 엄금할 것을 주장한 동시에 국왕에게 건의할 서면書面을 초안하였다. 그의 <의엄금호남제읍전부수조지속차자擬嚴禁湖南諸邑佃夫輸租之俗箚子>*에 의하면, 당시 특히 호남의 구속舊俗이 왕조王租(지세)와 종자를 전부佃夫(소작인)가 모두 부담하고 있으나, 이는 전주田主(지주)가 물지 않으면 안 될 것이라고 하였다. 동 차자 중에 다음과 같이 말하였다.

이제 계산해 보건대 호남 인민이 대략 100호면 그중에 자기 토지를 남에게 주어 수조收租(소작료)하는 자는 5호에 불과하고

---

* <擬嚴禁湖南諸邑佃夫輸租之俗箚子> : 호남 제읍의 전부佃夫가 조租를 바치는 속례를 엄금할 것을 의안擬案한 차자箚子. 여기에서 '조租'는 왕조王租·국세國稅·지세地稅의 뜻.

(지주), 자기 토지를 자기가 갈아먹는 자는 25호이며(자작농), 남의 토지를 갈아서 그 조租를 바치는 자는 70호나 된다(소작농). 이제 만일 그 구속舊俗을 개혁하여 다른 도들과 같게 한다면, 70호는 모두 기뻐서 춤추고 뛰놀 것이고, 25호는 이에 대하여 직접 이해관계가 없으나 인도人道는 저 혼자 비만한 것을 미워하며 대체로 부자를 싫어하고 빈자를 동정하는 까닭에 그들도 그 개혁을 함께 기뻐할 것이며, 실망하여 좋아하지 않을 자는 오직 5호뿐일 것이다. 이 5인의 실망을 겁내서 95인이 기뻐서 춤추고 뛰놀게 할 정사政事를 감히 실행치 못한다면, 누가 왕자王者는 조화의 권병權柄을 가졌다고 하겠는가?[5]

다산은 이와 같이 지세와 종자의 지주 부담론을 통하여 지주가 극소수인 것과 소작인이 절대 다수인 것을 통계적으로 명확히 지적하여 소수자의 이익을 반대하고 다수자의 이익을 인민 전체의 이익으로 옹호하였으며, 또 농민의 반지주 투쟁에서 절대 다수인 빈농층이 기본 세력으로 되어 중농中農 즉 자작농을 원군으로 획득할 수 있는 물질적 계기를 지시하였으니, 이는 농민혁명 사상가로서 우수한 사회적 정치적 인식을 표현한 것이다. 다만 가장 선진적이며 혁명적인 계급 즉 프롤레타리아트의 지도에 의한 노농동맹으로서만 농민혁명이 비로소 성공할 수 있다는 맑스 레닌주의적 견해는,* 당시 사회적 역사적 조건에서 강력히 제약 받고 있던 다산에게는 원래 조금도 기대할 수 없는 엄격한 사실이다.

---

* 최익한은 이와 같은 ML주의 원론을 〈현계단의 정세와 우리들의 업무〉(1945)에서도 이미 피력한 바 있다.

3) 공전균세론公田均稅論

다산의 균민주의는 이상에서 이미 본 바와 같이 인민의 정치적 사회적 균등은 토지 분배의 균등으로부터 출발해야 한다고 주장하였다. 그러나 토지의 합리적 분배는 정치 제도의 근본적 변혁이 없이는 불가능한 것이므로 급속히 이것을 실현할 수 없고 당시 구체적 조건에 비추어 실현 가능한 정도로서 그는 공전균세론을 제창하였다.

공전균세론은 그의 토지 정책에서 제2차적 고안이고, 종래 세상 물정에 오활한 경제론자들이 고지식하게 주장하던 정전론井田論·균전론均田論·한전론限田論 등과도 그 취지가 다르다. 이는 그의 독창적인 안출案出에 속한 것이다.

공전균세는 《경세유표》 제9조를 소개할 때에 이미 약간 논급하였거니와 그 구체적 내용과 실현 방법은 과연 어떠한가? 다산에 의하면, 국가가 먼저 양전관量田官을 국내에 파견하여 전지의 누결漏結과 진황지陳荒地를 상세히 조사하여 전지의 원적에 편입한 다음 관부官府·군문軍門 및 제도諸道의 봉류전封留錢 즉 관공官公 저장금으로 원가를 주고 사전私田(개인의 사유 논밭) 일부를 사들여서 공전公田을 만들 것이니, 예를 들면 원적전原籍田* 400결에는 40결, 500결에는 50결씩을 사들여서 국가가 직접 관리한다. 다시 말하면 농가와 사전의 분포 상태에 알맞게 사전의 10분의 1씩을 국가가 사들여서 9결 사전의 농민으로 하여금 1결 공전을 합력合力 경작케

---

* 원적전原籍田 : 원전原田. 원장부原帳簿에 등록된 전지. 원장부란 전지 측량이 끝난 후 토지대장을 수정하여 호조戶曹에 둔 장부를 말한다.

하여 그의 수확을 왕세王稅 즉 국세國稅로 전부 상납하고 9결 사전에는 아무런 세도 내지 않는 것이니, 이는 주대周代 정전제井田制에 900묘畝를 1정井으로 하여 100묘씩 분경分耕하는 8개 농부가 중앙 100묘의 공전을 합력 경작하며 공전의 수확은 전부 국가에 납입하고 8부夫의 800묘 수확에 대해서는 아무런 과세도 없었던 것과 유사한 양식이다. 이것이 이른바 '조이불세助而不稅'이다. 다시 말하면 농부가 공전을 조력助力 경작할 뿐이고, 따로 납세하지 않는다는 뜻이다.[6]

이 공전균세법은 '조이불세'하는 방면으로 보면 주대周代 정전의 유제遺制이고, 10분의 1결을 과세하는 방면으로 보면 이조 종래 세법인 십일세법十一稅法이다. 그러나 이는 사실상 균세제도이지 균전제도는 아니다. 이에 대하여 다산은 특징지어 말하기를 "천하의 전지를 전부 몰수하여서 농부에게 분배하는 것이 옛 법인데, 만일 이것이 불가능하다면 천하의 전지를 전부 측량하여 그 9분의 1*만을 취하여 공전으로 만드는 것도 옛 법의 반은 된다"[7]고 하였다.

그러면 다산의 균세론은 토지 몰수론 및 토지 국유론의 개혁 정책과는 그 성격이 같지 않고, 다만 국가 권력과 당시 실정이 이것을 가능케 하는 한도 내에서 하나의 세정稅政 개혁안으로서 제기되었던 것이다. 그가 당시 세정 개혁을 긴급한 문제로 등장시킨 이유는 또한 어디에 있었던가?

---

* 9분의 1 : 원문의 '10분의 1'은 오식. 《여독》 p307에는 맞게 되어 있다. 북한에서 '공전균세제'라는 말은 그대로 계승되었다. 정성철, 앞의 책, pp468~473; 홍태연, 《정약용의 철학 및 사회정치사상 연구》, 사회과학출판사, 2013, pp274~6 볼 것.

인민 생활 특히 농민 생활에 깊은 관심을 가지고, 따라서 그들의 생활 향상을 위하여 부단한 고안考案과 열정을 가지고 있었던 사상가 다산은, 강진 유배 중 실지 답사에 입각하여 전세가 극도로 문란한 것과 이로써 농민이 극도로 피폐한 것을 통탄 분노하였다. 그의 지적에 의하면 당시 강진은 누결이 제일 적다는데도 불구하고 원전原田 6천여 결에 누결전이 거의 2천 결이나 되었다. 인근 고을 나주羅州는 누결이 원결原結*보다 도리어 많으니, 기타 주군州郡은 이것으로 추단推斷할 수 있는 것이다. 만일 몇 결만 특정하여 누결이라고 하면 오히려 그 폐해가 심하지 않을 터인데, 지금은 그렇지 않고 총 전결田結 중에서 부민요호富民饒戸의 전지를 통틀어 누결로 하여, 이른바 방결防結이란 명목 아래 탐관오리들이 돈과 쌀을 사사로이 징수한다. 그 반면에 하천이 되었거나 모래가 덮인 것, 예전부터 묵었거나 근래에 묵혀진 것 따위의 지면地面과 떠돌이·비렁뱅이·홀아비·과부·고아·독거노인·병약자·장애인 등의 소유지를 원결의 숫자에 채우니, 그 박탈의 악정惡政과 양민의 고사苦死 상태는 참으로 말할 수 없어 족히 천지의 화기和氣를 손상할 바라고 하였다. 이리하여 다산은 이처럼 악화된 세정稅政을 바로잡고 민중 생활의 안전을 도모하려면 먼저 공전균세법을 시행하지 않으면 안 될 것이라고 주장하였다.[8]

그의 신정新政 이론에 의하면, 고대에는 한전旱田뿐이었으나 지금은 수전水田이 많으며, 또 우리나라 지세는 산림이 많고 들판이 적으니 정전井田은 행할 수 없다. 이제 정전의 형식을 버리고 정전

---

* 원결原結 : 전안田案(토지대장)에 등록된 결수. 참고로 누결漏結은 '누락된 결(수)', 누결전漏結田은 '누락된 전지'의 뜻이다.

의 내용만 취하면 문제는 해결될 것이다. 즉 전지 10결마다 1결은 공전公田으로 정하고 부근의 9결은 사전私田으로 두되, 그 사전 9결을 경작하는 전부佃夫 몇 명은 공전 1결을 공동 경작하여 공전 1결의 수확은 국세로 바치고 사전 9결에는 세稅도 부賦도 없이 그 수확 전부를 사유하게 할 것이니, 이는 정전의 유법遺法에 십일세十一稅의 세법을 가미한 정책이다. 그리고 경전사經田司를 특설하여 이 공전 세법에 관한 정무를 관리하게 할 것이라 하였다.[9]

상술한 다산의 공전균세론은 그것이 실현되는 경우라면(사실상 실현되기 어렵다) 당시 극도로 문란한 세정稅政, 즉 부호의 대량 누결漏結과 빈민의 무리한 허결虛結과 이른바 방결防結이란 명목 아래 자행되고 있는 간리奸吏들의 파렴치한 협잡 등을 소탕하고 국가 수입을 정상적 궤도에 올려 세우는 데는 일시적 효과를 거둘 수도 있다고 하겠다.

그러나 공전균세가 고대 정전제처럼 토지의 전반적 국유(사실은 국유라는 명목하에 국왕·귀족·영주들이 사유·강점한 토지였지만)와 균분을 전제 조건으로 하고 있지 않는 이상, 그 실현은 처음부터 기대한 바와는 반대되는 효과를 초래하지 않을 수 없을 것이다. 어째서 그러한가?

첫째로 공전 10결을 둘러싼 사전 100결의 몇몇 농부들이 공전을 합력 경작하는 데 있어서 노력勞力(노동력) 분배가 우선 곤란한 문제로 될 것이다. 왜냐하면 원칙적으로 매 농부마다 사전 경작의 면적이 적으면 적을수록 공전에 대한 출력出力 분량이 그만큼 적어야 할 것이고, 사전 경작의 면적이 많으면 많을수록 공전에 대한 출력 분량이 그만큼 많아야만 할 것이나, 사실에 있어서는 사전 경작의 면적이 적은 자는 빈민일 것이고 많은 자는 부호일 것이므로, 빈부의 세력 관계는 필연적으로 상기의 원칙적 노력 분배를 역행시키는 악현실을 연출할 수 있는 까닭이다.

둘째로 가령 사전 100결이 대개 자작농의 소유가 아니고 지주의 소유라고 하면, 사전에 대한 국세 면제의 은전恩典은 지주들이 가만히 앉아서 향유하는 반면에, 공전에 출력하는 예외의 노력은 소작인들이 부담하게 되어 일반 빈농은 이중적인 노력 착취를 당하지 않을 수 없다.

셋째로 당시 토지 소유의 실정을 고찰하면(다산의 호남 농호農戶에 대한 통계에 의하면), 농가 100호 중 70호가 지주의 땅을 갈아 주는 소작인들인즉 이에 상응한 지주의 토지가 얼마나 광대하였는지를 또한 추정할 수 있다. 이와 같은 농촌 환경에서 사전私田 100결을 경작하는 대다수의 소작인들이 지주의 땅에 오로지 들일 노력을 공전 경작에 분할한다면 지주들은 이를 좋아하지 않을 것이고, 또 소작인 자신들도 자기들에게 직접 이해관계가 없는 공전에 성심 어린 노력을 집중하지 않을 것이므로 공전 수확률은 특별한 방침이 병행되지 않는 한에는 결국 저감低減되고 말 것이다.

이와 같은 몇 가지 이유로 말미암아 공전균세는 지면상地面上 균세의 형식에 그치고, 실질상으로는 국가가 지주의 납세를 직접 면세해 주는 동시에 다수한 빈농민들의 노력지대勞力地代*를 간접 착취하는 것이므로 이는 균세의 의도로 출발하여 불균세의 현실로 전락되고 말 것이다. 토지의 전반적 균등 분배가 없는 한에는, 종

---

* 노력지대勞力地代 : 노동지대(Arbeitsrente). 토지를 사용한 대신 노동을 제공하여 갚는 땅값으로, 지대의 가장 간단하고 본원적인 형태이다.

래 결두세結頭稅*가 오히려 균등 납세의 성격에 접근한 것이라고 하겠다.

필자의 연구에 의하면 토지 균분의 토대 위에서 실시된 주대周代 정전제가 그 초기에 있어 태업·반항·도주하는 노예군을 이미 무력해진 주인의 철편鐵鞭으로부터 해방하여 균등 분배한 토지에 정착시켜서, 1가家 100묘畝의 사전(사유권에 속한 사전이 아니고 경작권에 속한 사전)으로 그들의 생산 자유의 의욕을 유발하고 중앙 100묘 공전의 공동 경작으로 그들의 노력을 직접 착취하였다. 정전제는 노예제적 착취 형태로부터 농노제적 착취 형태로 전환하는 진보적이며 발전적인 생산 조직이었다. 그러나 공전 100묘가 부과한 공동 노력은 그것이 노력지대勞力地代로서 종래 노예 노동을 점유하던 양식의 유물이었다. 이 점에서 정전제는 반半노예 소유자적 착취 형태로 볼 수 있는 것이다.

그러나 그 뒤 농업 인구의 증가와 농민의 공전 경작에 대한 태업과 영주들의 착취 방법의 발달과 지주·상인층의 출현에 의한 개인 사유지의 확대 등 사회 사정의 변화 때문에 공전을 폐지하고 토지 전부를 전민佃民(소작인)에게 불균등하게 분배하여 '계묘징세計畝徵稅'한 결과 현물지대現物地代*가 노력지대를 대신하고 정전제는 드디어 해체되었다. 춘추 말기 노魯 선공宣公 15년(BCE 594) '초세묘初稅畝'와 진秦나라 상앙商鞅의 '폐정전廢井田, 개천맥開阡陌' 등의 사실은, 바로 정전제의 폐지와 계묘수세제計畝收稅制의 등장을 증언한

---

* 결두세結頭稅 : 전세田稅에 덧붙여 징수한 일종의 부가세.
* 현물지대現物地代 : 생산물지대(Produktenrente). 농민이 자신이 경작하는 토지에서 생산한 산물로 갚는 땅값으로, 노력지대(노동지대)가 전화한 형태이다.

것이다. 주진周秦 이후 복고주의 정치가들이 간혹 정전제의 복구를 시도했는데도 불구하고 모두 실패로 끝났다. 이는 그들의 시도가 주도周到하지 못하였던 까닭이 결코 아니고, 생산 발전상에서나 착취 방법상에서나 정전제는 역사적 추향趨向을 역행하는 낡은 경제적 형태에 불과하였던 까닭이다.

다산의 공전균세론은 정전제와 십일세제의 절충적 형식이며 정전제 그대로가 아니었다. 그러나 그의 절충적 논리 과정에서 공전균세론은 적어도 두 가지의 큰 모순을 내포하고 있다. 그 하나는 무엇인가? 정전제의 합리적 기초가 공전 100묘의 공동 경작에 있지 않고 8가家가 각각 균등적으로 분배 받은 사전 100묘에 있었던 것인데, 다산은 정전의 기초는 사상捨象해 버리고 그 기초 위에 출현한 공전만을 추출하였으므로 이는 한낱 사상누각에 유사한 고안이다. 그 다른 하나는 무엇인가? 십일세든 무슨 세든지 간에 전세田稅의 정확과 공평을 위해서는 납세 능력의 원천인 소유 지면地面의 결수에 의거하지 않으면 안 될 터인데, 다산은 세稅의 원천으로부터 이탈하여 이와 무관한 국유 공전으로써 납세의 균등을 구하려 하였으니, 이는 이른바 나무에 올라가서 고기를 잡으려는 오류로 귀결될 것이다. 그래서 그가 의도한바 정전제와 십일세와의 절충적 이론 공작은 결국 파탄 나고 말았던 것이다.

그러므로 공전균세론은 그것이 고립적이어서 아무런 실현성과 효과를 가져오지 못하는 한갓 공상이다. 이와 같은 공상은 그의 만년에 이르러 근본적인 변동을 보지 않을 수 없었다. 그리하여 다산은 세제稅制보다도 생산 체제에 있어서 토지 균분 내지 토지 공유를 민생 문제의 선결 조건으로 주장하였다. 이러한 기본적 조건의 해결을 전제한 경우라면 따라서 공전균세도 또한 다른 형태로서 실현될 가능성과 합리성을 보장할 수 있는 것이다.

요컨대 토지 공유론자이며 토지 균분론자인 다산은 당시 극도로 문란한 세정稅政을 긴급히 시정하는 임시 방법으로서 이 공전균세론을 제출한 것이고, 이는 동시에 토지의 전반적 균분론으로 지향하는 출발의 첫걸음을 의미하는 것이다.

3. 신 전제론新田制論

1) 농자득전 불농자부득전農者得田 不農者不得田

다산은 주제周制를 인증引證하여 농農은 9직九職의 하나이므로 천하의 인민을 모두 귀농케 할 수 없다는 점과 농부만이 전지 분배를 받을 수 있다는 점을 엄격히 주장하였다. 그에 의하면 농자農者에게는 토지를 주고 불농자不農者에게는 각기 적당한 직업을 주어서 한 사람의 실업자라도 없게 할 것이니, 만일 상공商工을 몰아 모두 귀농케 하면 9직 중 8개 직업이 전부 황폐되어 인민 생활이 파탄에 빠지는 동시에 농업 자체도 퇴화되지 않을 수 없을 것이며, 또 농자와 불농자를 불문하고 '계구분전計口分田'하면 이는 중농重農의 본뜻에 어그러질 뿐만 아니라 불농유식不農遊食을 장려하는 악정惡政이 되고 마는 것이다. 왕망王莽의 정전과 후위後魏 이래의 균전이 모두 소기의 실적을 거두지 못한 것은 대개 농자와 불농자를 구분하지 않고 분전의 혜택을 함부로 베풀었던 까닭이라고 하였다. 그의 농자수전론農者收田論은 상공인商工人이나 유식인遊食人에게 농지를 분배하는 것이 불합리할 뿐만 아니라 직접 녹봉을 먹고 봉직할 수 있는 관료들에게 공신전功臣田·과전科田·직전職田과 같은 토지를 주는 것도 정당하지 않음을 의미한다. 다산의 경제적 이론은 그의 〈전론田論〉 1~7장에서 이상적인, 그러나 진보적 의의를 내포한 자기의 위대한 이상적인 절정을 표시하였다.

〈전론〉 제1장의 대의는 다음과 같다.

어떤 사람 하나가 전지 10경頃과 아들 10명을 두었는데 아들 1명은 3경, 2명은 각 2경, 3명은 각 1경을 얻고 그 나머지 4명은 1경도 얻지 못하여 길바닥에서 굶어 죽으면 그가 어찌 부모 노릇을 잘한다 하랴? 이와 마찬가지로 '민지부모民之父母'라는 군목君牧(군주와 목민관)이 인민의 재산을 균평하게 제정制定하지 못하고 서로 공탈攻奪·병탄倂呑하여 양육강식의 혈극을 연출케 하면 이는 군목이 될 수 없는 것이다. 지금 전국의 전지를 추산하면 대략 80만 결이요 인민은 대략 800만 구口(명)인데, 10구口를 1호戶로 하면 호당 1결씩 분배되어야만 재산이 균등하게 된다. 그러나 현재 문무귀신文武貴臣과 민간의 부자들은 1호당 수확이 수천 석에 달한 자가 심히 많은데, 이는 100결의 전지를 독점하여 990명의 목숨을 빼앗은 것이다. 국내의 유명한 부자 중에 영남의 최씨와 호남의 왕씨 같은 자들은 1호 만 석이니, 이는 400결의 전지를 독점하여 3,990명의 목숨을 빼앗은 것이다. 이럼에도 불구하고 조정에서는 하루바삐 부자의 것을 덜어 빈자에게 보태 줌으로써 인민의 재산을 균평히 하기를 강구하지 않으니 어찌 군목의 도道라 하겠는가 하였다.[10]

다산은 이와 같이 전국의 전지와 인민의 현실적 숫자를 들어 재산의 균일화에 대한 물질적 가능성을 지적하고, 현재 빈부의 차등과 부호富戶의 살인적 죄악을 폭로하며 동시에 이른바 '민지부모民之父母'로 자처하는 군주와 관리들이 이러한 살인적 제도를 개혁하여 인민 재산의 균일화를 실행치 못하면 이는 곧 군목이 아니라 인명을 살해하는 도적에 불과하다는 점을 통매痛罵하였다.

그리고 〈전론〉 제2장에 의하면, 고대 정전井田은 한전旱田·평전平田이었으므로 수전水田과 산전山田이 많이 개간되어 있는 현재로서는 정전제의 실시가 절대로 불가능한 것이다. 또 호구戶口의 증감增減이 날마다 달라지는 지금 이때에는 '인구를 계산하여 전지를 분배하는(計口分田)' 균전제均田制도 불가능하며, 소유자의 명의를 얼마든지 서로 임시로 빌리고 거짓으로 바꿀 수 있기 때문에 일정 면적의 이상·이하로 매매를 제한하는 한전법限田法도 실행할 수 없다고 하였다. 그래서 다산은 균전均田·한전限田이 정전井田과 함께 사리에 밝고 시무時務를 아는 사람으로서는 주장할 바가 아니라고 하며, 이어서 예例의 "농사짓는 자는 전지를 받고 농사짓지 않는 자는 전지를 받지 못한다(農者受田 不農者不受田)"는 원칙을 또 한 번 고조하였다.[11]

필자의 연구에 의하면 봉건국가는 주로 농노적 생산의 기초 위에서 존립하고 있었으므로 그 초기에는 물론 '농자수전農者受田'을 원칙으로 하였다. 고대 정전제는 이 원칙을 가장 전형적으로 실행한 것이다. 그러나 생산력의 발전과 토착 농민의 태업 및 항쟁과 함께 지주 상인층의 토지 겸병으로 말미암아 영주 장원제領主莊園制는 파괴되고 지주 대 전부佃夫의 관계가 성립되었다. 지주는 일개 불농자不農者로 토지를 점유할 뿐 아니라 전부佃夫를 선택할 때에 그가 직접 농자인지 불농자인지를 불문하고 일정한 조건이 합의되면 경작권을 허여許與하므로 여기에는 조선 과거의 사음舍音(마름)과 같은 중간 착취층과 혹은 고용 영농의 부농들이 불농자로 등장하여 농자수전의 원칙을 말살하여 버리고 말았다. 다시 말하면 생산수단인 토지가 국유 형태로부터 개인 소유 형태로 전화되면서 농자수전의 원칙은 와해되어 왔다. 이조 초기 법전 중에 "공사천인[公私賤口]·공장工匠·상인·점치는 맹인·무격巫覡·창기娼妓·승니僧尼 등은 그 자신과 자손이 전토田土를 받는 것을 불허한다"[12]고 규정한 것이 얼른 보면 농자수전의 원칙을 여행勵行한 것처럼 되었으나, 이보다도 한 걸음 올라가 본다면 이른바 공신전·과전·직전 등이 직접 농자에게 급여되지 않고 모두 유식遊食 불농자들에게 수여되어 봉건국가 자신이 불농자수전不農者受田을 도리어 장려하는 정책으로 전락되고 있었던 것이다. 그러므로 역사가 고대 정전제의 시대로 환원되지 않는 한에는 농자수전의 원칙은 토지 국유에 의한 민주주의적 토지 분배로써만 비로소 실현될 수 있었다. 다산이 이 원칙 실현에 대한 전제前提로서 공유전제共有田制인 여전제閭田制를 안출한 것은 그의 위대하고 창발적인 경제 사상을 특징지은 것이다.

다산의 '농자수전農者受田'은 근대 각국에서 반봉건적 민주주의 혁명의 토지 강령으로 주장되는 '경자유전耕者有田'과 동일한 내용을 가지고 있으니, 백수십 년 전에 이미 다산에 의하여 이 문제가 이론화되고 정식화되었다는 것은 그의 '농민혁명의 이념'이 얼마나 정확하고 선견적이었는지를 스스로 증언한 것이다.

2) 여전제閭田制 = 촌락 공동 경작과 노력 보수제

제3장은 〈전론〉 전편의 중심 문제요 이상적 묘안인 여전제를 제창하였다. 그 대의는 다음과 같다.

이제 "농사짓는 자는 전지를 얻고 농사짓지 않는 자는 전지를 얻지 못한다(農者得田 不農者不得田)"는 원칙을 완전히 실현하려면 모든 전제田制 중에 오직 여전법만이 그것을 가능하게 할 것이다. 여전閭田은 정전井田의 형식과 달리 산계山谿·천원川原*의 자연적 형세를 그대로 이용하여 경계를 획정할 것인데, 이 경계의 내부를 여閭라 하고 여마다 약 30가家로 정한다(주나라 제도는 25가家를 1여閭라 함—원주). 그리고 3여閭를 리里, 5리里를 방坊, 5방坊을 읍邑이라 정한다. 여閭에는 여장閭長이 있고 1여의 전지는 1여의 주민으로 하여금 공동 경작케 하여 너와 나의 구분이 없고 오직 여장의 지휘대로 잘 듣고 따른다. 날마다 모든 사람이 농사에 출역出役한 분량을 여장이 일역부日役簿에 분명하고 자세하게 기입한다. 수확기에 이르러 수확물 전부를 여閭의 공청公廳(여 가운데 있는 도당都堂—원주)으로 반입하여, 먼저 일정량의 공세公稅를 제하고 다음에 일정량의 여장의 봉급을 제하며 그 나머지 전부는 일역부에 의하여 여중閭中 출역자(여민閭民)에게 분배한다. 이 일역日役 분배법은 그의 예시에 따르면, 소득곡所得穀이 합계 1천 곡斛(10두斗를 1곡斛으로 정함—원주)이고 그동안 여민閭民 전체의 일역日役이 합계 2만 일이라면 1일분의 소득량所得糧은 5승升이다. 가령 1호戶로서 부부와 자식의 기입

---

* 산계山谿·천원川原 : 산과 개울과 내와 언덕.

된 기간 역일役日이 모두 800일이라 하면 그 분배량은 40곡斛이
되고, 또 다른 1호는 기입된 기간의 역일이 10일뿐이라 하면 그
분배량은 4두斗밖에 안 될 것이다. 노력의 많고 적음에 따라 분배
의 후하고 박함이 결정되므로 농부가 모두 힘을 다하고 전지도 지
리地利를 다하게 될 것이니, 지리가 잘 이용되면 민산民産이 부유해
지고 민산이 부유해지면 풍속이 순후淳厚해지고 풍속이 순후해지
면 백성이 모두 효제孝悌를 행할 것이다. 이러므로 여전법은 전제
田制의 상책이라고 하였다.[13]

위에서 대강 말한 바와 같이 여전법은 조선 경제사상사에서 중
요한 지위를 점하고 있다. 순전히 다산의 독창적·이상적 고안에서
나온 것이다. 동양 종래의 경제 이론에서는 물론 유례없는 이상적
전제론田制論이거니와, 그 시대 서양의 다종다양한 토지 개혁론에
서도 거의 볼 수 없는 우수한 사상이다. 현행 경제 용어로 말하면,
일역부日役簿는 노동표제勞動票制 또는 노동장부제勞動帳簿制에 해당
되는 것이고, 역일役日은 노동량 또는 노동시간의 개념이다.

여전제는 일면으로는 노력에 의한 보수제*를 실시하는 것이고,
다른 면으로는 소농小農의 영세적 경영 대신에 농업의 집단화를
목적한 것이다. 이는 분배의 균평뿐만 아니라 농업 생산력의 증진
에도 최선의 정책이다.* 경제론의 여전법은 정치론의 〈원목原牧〉,

---

* 노력에 의한 보수제 : 다산은 이를 만민개로萬民皆勞의 전제 조건으로 하는 여전제
를 공상적으로 창안하였다. 《여독》 p360에는 '노동전수권勞動全收權'으로 나온다.
최익한, 〈정다산의 학설과 민주주의적 사상〉,《로동신문》(1955. 2. 22) 3면 참조.
* 이는~정책이다 : 최익한은 《여독》에서 여전법이 소련의 콜호스와 근사하다고 하였
는데, 여기에는 그 문구가 삭제되어 있다. 당시 북한의 경제학자 김광진의 논문을 보
면 이에 대한 비판이 실려 있다. "여전법에 잠겨 있는 토지의 공유제와 공동 노동,
공동 분배의 공상을 금일의 농업협동조합과 같다거나, 공산주의적—전 인민적 토지

〈탕론湯論〉과 함께 다산의 경세적 사상에 있어 최대의 철학이다. 《경세유표》 중의 공전 납세론은 당시 현실에 대응하여 구급적 사회 정책을 제시한 것이므로 이 근본적 이상론인 여전제론과는 정도를 같이 해서 말할 수는 없는 것이다.

다산은 자기 일생을 농민 문제의 해결에 바친 동시에 그의 최종적 해결안으로서 여전제를 제창한 것인데, 그의 여전제의 제창에까지 도달한 사상적 및 이론적 발전의 경로를 분석하면 다음과 같다 하겠다.

다산이 처하고 있던 사회는 농민사회였고 근대적 공업과 프롤레타리아 계급이 아직 생장하지 못하였으므로 중농 경제학자로 출현한 그는 농민혁명의 이념을 강렬히 가지고 농민대중의 노예적 생활을 구제하여 만민 평등의 새 사회에 옮겨 놓으려 하였다. 이러하기 위해서는 농민에게 극악무도한 봉건 지주적 착취 제도를 낱낱이 제거해 주어야 하므로, 그는 그의 사상적 초보 단계에 있어서 존농尊農의 필요와 지세의 지주 부담과 공전균세의 실시와 환곡 및 군포법의 폐지 등을 주장하였다.

그러나 농민과 농업을 존중하고 지세는 지주가 부담하고 공전균세를 실현하고 환곡·군포 등 악제를 폐지하였다고 가정하더라도 농민에 대한 토지 분배가 균평치 못하면 불농자의 유식遊食과 농자의 피착취 상태는 여전히 혹은 보다 교묘한 형식으로 존속되지 않

소유와 동일하다거나, 또는 그의 근원을 여전제에서 찾아볼 수 있다고 간주하는 것은(사실 그렇게 보는 논자들이 있었다) 정다산의 사상을 너무 현대화하는 것으로서 허용할 수 없는 오류라고 규정해야 될 것이다." 김광진, 〈토지 문제에 대한 정다산의 사상〉, 《경제연구》 4호(1961), 과학원출판사, p41(《정다산의 경제사상》, 과학원출판사, 1962, pp137~8 재수록).

을 수 없을 것이다. 이를 통찰한 다산은 빈부의 차별을 근본적으로 해소시키는 정책으로서 토지의 균분과 이에 반드시 반행伴行해야 할 농자수전의 원칙을 강조하였다.

그의 사상적 진전은 여기에서 멈추지 않았다. 그는 생각하기를 토지가 균분되고 농자가 수전受田했다고 가정하더라도 정전제는 이미 역사적 현실성을 잃어버린 고물에 불과하며, 균전제의 계구분전計口分田과 한전제의 일정량 이상 매매 제한은 복잡하게 발달한 사회적 정세에 비추어 또한 실행될 수 없으므로 이러한 조건들 밑에서는 이른바 토지 균분은 일시적 미명美名에 그치고 마는 것이다. 또 이른바 농자수전이란 것도 농자들 중에 근면자와 나태자가 있는 이상 이들이 구별 없이 동일하게 수전하는 것은, 결국 농자와 불농자가 동일하게 수전하는 것과 오십보백보의 차밖에 안 되는 동시에, 나태자의 수전은 곧 불농유식不農遊食의 폐해를 조장 혹은 산출할 수 있는 원천으로 되는 것이다. 그러면 불농유식이 없는 만민개로萬民皆勞의 체제가 확립되는 데서만 농자수전의 원칙이 비로소 명실공히 실행될 것이고, 만민개로 체제가 확립되자면 이는 근면과 나태를 구별하여 일하기 싫은 자는 먹지 말라는 엄숙한 제도, 즉 노력에 의한 보수제를 확립함으로써만 비로소 가능한 일이다.

이와 같은 노력에 의한 보수제를 농민사회에 실시하자면 이는 종래 균전均田·한전限田 및 사전私田의 형식과 영세적이며 분산적인 개인 영농 방법으로는 도저히 불가능하다. 여기에서 다산은 농민 생활의 실정과 농업 생산의 현실적 조건을 가장 합리적으로 개혁한 제도, 즉 토지의 촌락 공동 소유와(물론 토지 국유의 기초에서) 공동 경작의 제도를 근본적 기초로 하고 이 기초 위에 노동시간의 계산에 의한 노력 보수를 정확히 실행할 수 있다고 생각하였다. 만민개로 체제—노력에 의한 보수제를 실현하는 데 있어서 농업의 생산수단인 토지의 공동 소유와 공동 경작을 전제한 것은, 다산의 이론이 위대한 농민혁명적 이념에 깊이 뿌리박고 있었던 것을 우리는 다시 인식하지 않을 수 없다. 그의 농민혁명 이론은 그의 농민해방을 위한 부단한 관심과 정열 속에서 발전되고 심화되어 여전제와 같은 위대한 최종적 이상안에 도달한 것이다.*

다산은 여전제를 이론적으로 완성하는 과정에서 어디로부터 소재적 방면의 암시와 참고를 얻었던가? 우리는 다음과 같이 상정想定할 수 있다.

다산 자신이 언명한 바와 같이 고대의 정전이나 후대의 균전·한전은 사회적 현실이 그것들의 실현을 허용치 않는 것이므로 그의 여전제는 그것들로부터 모방할 수 없었고, 또 상기 각종 전제田制가 일정량의 사전과 개별적 영농을 원칙으로 하였으므로 이는 여전제의 집단적 공동 소유와 공동 경작과는 원칙적으로 도리어 반대되는 것이다. 그러므로 여전제의 참고 대상은 그것들과는 다른 곳에 있었던 것이다.

---

* 사암본 《여유당전서》에는 장서본 《열수전서洌水全書》와 규장본 《여유당집與猶堂集》에 따라 〈전론〉의 저술 시기가 '기미년(1799) 38세 작'으로 표시되어 있으나, 신조본에는 누락되어 있다. 이 사실은 김용섭이 처음 주목하였다(《한국근대농업사연구》, 일조각, 1975, p90). 현재 북한 학계에서도 〈전론〉은 다산이 젊은 시절에 지었다는 것을 인정하고 있으며, 또 여전제는 다산의 공상적인 염원을 담은 것이지 결코 노동계급의 요구를 반영하는 사회주의적인 것은 아니었다고 평가하고 있다. 홍태연, 《정약용의 철학 및 사회정치사상 연구》, 사회과학출판사, 2013, p292, p373, p380.

첫째로 여전제의 촌락적 공동 소유와 공동 경작은 당시 각 지방에 남아 있는 촌락 공동체의 유물에서 참고되었을 것이다. 예를 들면 동리洞里 소유인 동답洞畓, 씨족 소유인 문답門畓, 계원契員 소유인 계답契畓 등은 물론 원시 촌락 공동체의 유물 그대로가 아니고 사회제도의 변천 과정에 따라 변질되며 창작되어 오기도 하였으나, 그것들이 오히려 한 단체의 공동 소유로서 그 경작에 있어 동민洞民·문중門中·계중契中의 전원이 공동 출력하되 그 출력의 차이에 의하여 수확물에 대한 분배권이 서로 다르지 않을 수 없는 것이 당시 속례俗例였던 것이다.

그리고 생산 능률에 있어 공동 경작이 개별적 경작보다 우수한 것은 상기 동답洞畓·문답門畓 등보다도 둔전법屯田法에서 중요하게 경험될 수 있었을 것이다. 즉 일정량의 지면에 일정수의 군인이 집단적으로 경작하면 노동의 조직 및 절약이 가능한 동시에 그 성과는 동일 지면地面, 동수同數 농부의 개별적·분산적 노동보다 훨씬 유효한 것을 발견할 수 있었을 것이다. 또 일반 농촌의 경험에 의하더라도 촌내 매 농호農戶가 경종耕種·이앙·제초 등 작업을 고립적으로 하는 것보다는 서로 손을 모아 윤번으로 작업하는 것—현재 북조선 농촌에서 여행勵行되고 있는 노력호조반勞力互助班 같은 조직—이 작업 능률을 더 많이 올릴 수 있었다. 더구나 당시 국내 약간의 공업 부문에서 발생하기 시작한 마누팍뚜라*적 양식이 개인적 수공업에 비하여 생산 능률이 훨씬 우수한 것을 볼 수 있었다. 또 노력에 의한 보수제는 종래 농촌 부농들이 고용 농부들

---

* 마누팍뚜라([러시아어] мануфактура): '매뉴팩처(공장제 수공업)'의 북한어. 최익한은 p774에서는 '매뉴팍추어'로 표기하였으나, 편자가 '매뉴팩처'로 고쳤다.

에게 단편적으로 이용하였던 것이다. 이러저러한 경험들이 다산의 과학적 주의를 끌었을 것은 의심 없는 일이다.

이와 같은 개개의 경험들이 일반의 무각성한 평범성의 발밑에서 짓밟혀 버리지 않고 훌륭한 사회 발전의 물질적 요소로서 섭취되며 활용되는 것은, 오직 혁명적 이상의 소유자에 의해서만 이룰 수 있는 일이다. 다산의 여전제는 실로 그의 농민혁명 이념의 위대한 체계이다. 이는 그의 민주=민권주의의 정치사상과 밀접한 관련이 있는 이론적 체계이다. 그러나 그의 여전제가 한낱 이상향의 제도로 그치지 않고 실현의 영역으로 나아가자면, 당시 착취 제도의 전반과 근본적으로 충돌함이 없이는 절대로 불가능한 것이다. 그러면 다산은 그 실현을 위하여 어떠한 방법을 제시하였던가? 그는 아무런 방법도 표시하지 않았다.

다산의 여전제가 촌락 공유를 전제하여 건설되는 것인즉 촌락 공유는 촌락 인민의 자각과 그들의 자치적 계획으로 실행될 것이 결코 아니고, 현존 지주 정권의 근본적 붕괴와 토지의 전국적 몰수와 그리고도 농민의 최대 이익을 절대 보장하는 강력한 새로운 정권의 확립에 의해서만 비로소 가능할 것이며, 이것이 오직 군주의 인심仁心에 하소연해서 실현될 수 있다고 생각하기에는 그가 너무나 현명하였던 것이다. 자기의 최고 이상안인 여전제의 실현을 위하여 그의 머릿속에는 반드시 일정한 절차가 있었을 터이다. 그는 이에 대하여 침묵을 지켰다. 혹시 《경세유표》의 별본과 같이 비합법적인 문건으로서 세상에 공개되지 않고 따라서 우리들에게 전수되지 않았는지도 알 수 없다.* 또 혹 그의 〈원목〉, 〈탕론〉과 〈전론〉 여러 편과 같은 것은 본래 《경세유표》의 별본 중에 포함되어 있던 것인데, 그것이 직접 투쟁과 혁명에 관한 선동적 문헌들이 아니고 순수한 원리론적 형식을 띠고 있는 독립 논문들로서 전집 중에 일부 편입된 것같이도 보인다.

그가 여전제의 실현 방법에 대하여 표시했든지 혹은 침묵했든지 간에 그의 방법론적 본질이 어떠했는지를 우리는 대개 추단推斷할 수 있다. 즉 그는 사회 발전 법칙의 필연성을 이해치 못하고, 계급 투쟁의 사회에서 새 계급의 낡은 계급에 대한 필연적 승리와 또 어떠한 계급이 가장 진보적이며 혁명적인 계급인지를 인식치 못하였으므로, 그의 사회 개조적 방법은 일정한 피착취 계급의 혁명적 투쟁을 주로 하지 않고 18세기 프랑스 계몽학자들이나 생시몽·오언의 공상적 사회주의자들이 공통적으로 범한바 '이성의 재판석' 앞에 모든 것을 호출하는 방향으로 치우치지 않을 수 없었다.*

어느 때에는 그가 농민의 대중적 항쟁과 폭동이 전제 정치와 군주 제도를 둘러엎고 만인이 평등한 민주 사회를 건설할 수 있으리라고 예견하였다. 그러나 역사적 제약성을 강력히 받고 있던 그는 필연적으로 다음과 같은 장래할 사실—가장 중요한 사실—을 이

---

* 다산의 여전제가~알 수 없다 : 이는 최익한의 지나친 억측에 불과하다. 여전제는 봉건 국가와 양반계급을 철저히 옹호하는 왕도정치를 위한 탁상공론이었기 때문에, 최익한이 말한 '사회주의적' 실현 방법은 따로 제시할 필요가 없었을 것이다.

* 최익한은 〈사상단체 해체론〉(1927)에서 공상적 사회주의자들을 다음과 같이 비판하였다. "생시몽·오언·푸리에 3대 공상가를 중심한 사상군들은 당시 유럽 자본주의가 점차 파탄됨을 모든 법제상·도덕상에서 개연히 의식하고 반자본주의 사상을 이성적으로 고취하였다. 그 해결과 개선을 유력한 지식계급에 향하여 호소하였다. 그러나 그들의 운동은 여전히 사상의 왕국에 한정되었다. 일종의 이상적 표현에 불과하였다. 무산계급의 계급적 사실에 대해서는 아무런 실제적 운동을 비판·전개하지 못하였다. 엥겔스에 의하면, '(⋯) 사회 문제의 해결법은 당시에 아직 그 미발달한 경제 상태 속에 잠재해 있었지만, 저 공상가들은 그것을 사람의 두뇌 속으로부터 추출하려고 하였다.'"《이론투쟁》(1927.4) 1권 2호 p17.

해할 수 없었다. 바로 노동 계급의 혁명적 영도 밑에서 노농勞農의 견고한 동맹이 없이는 "농민의 행동은 너무나 분산적이고 너무나 무조직적이며 충분히 공세를 취하지 못하였다. 혁명 실패의 근본 원인의 하나가 여기에 있다"(맑스, 《도이치 이데올로기》)는 맑스주의적 진리를 그는 전연 예견하지 못하였다.

다산의 여전제가 오언의 이상촌과 같이 설령 일시적으로 수개 촌락에서 실현된다 하더라도 전국적인 착취 체제가 변혁되지 않는 한에는 그것을 지속할 수 없을 뿐 아니라, 다행히 지속되는 경우라면 그것은 러시아 농촌 공동체인 옵시나община와 같이 "부농의 압박을 은폐하는 데 편리한 형태"로 되며 "연대 책임의 원칙에 의하여 농민으로부터 세금을 수집하기 위한 지주 정부의 편리한 도구"로 전화될 것이다.

그러나 다산의 여전제는 저 19세기 러시아 인민주의자들이 착안한 옵시나와 같은 변질적이며 퇴축退縮된 유물의 부활이 아니고, 이는 진보적 내용을 풍부하게 가지고 혁신적으로 창설하려는 인민 경제 체제의 위대한 시도였다. 더욱이 자본주의 발전의 길에 들어서서 그 산물인 노동 계급이 성장하기 시작하였으며, 동시에 프롤레타리아 혁명의 무기인 과학적 사회주의가 전 유럽을 움직이고 있던 19세기 말기의 러시아에서 인민파들은 자본주의 발전을 저지하려 하였다. 그들은 '프롤레타리아주의의 역병疫病'을 저주하고 맑스주의 학설과 그것의 적용을 거부하며 낙후한 경제 형태와 연결되어 있는 농민층을 혁명의 주체로 인정한지라 역사적 잔재물인 옵시나를 사회주의자의 태아로 보아 이를 기초로 하여 사회주의 사회를 건설하려 하였다. 그 얼마나 시대에 뒤떨어지며 역사를 역행하려는 어리석은 잠꼬대였던가? 이와 대조해 본다면 18세기 말기와 19세기 초기의 조선은 그 사회 전체가 봉건적 악몽의 가위에 눌려 있던 시대였으므로 자본주의의 길은 아직 멀었고, 프롤레타리아트는 아직 태동의 징후도 나타나지 않았으며, 과학적 사회주의는 아직 이름조차도 듣지 못하였다. 오직 눈앞에 혈극을 연출한 것은 지주 양반들이 인민의 가죽을 벗기는 특권들이었고, 농민대중이 주림과 고통에 시달리며 고함치는 뼈저린 소리였다. 이 시기와 환경에 있어 다산의 '농민혁명의 이념'으로 충만한 여전제론은, 토지와 자유와 평등을 요구하고 계급 차별과 일체 전제專制를 반대하는 인민의 심정과 이상을 이론적으로 대변한 것이다. 이는 역사의 역행이 아니고 진보적 방향이며 인민에게 유해한 공상이 아니고 인민의 이익을 촉진할 수 있는 유용한 공상이다. 이와 같은 공상은 그의 실학적 성격을 도리어 증명한 것이다.*

1. 《顯宗改修實錄》 권12, 5년(1664) 12월 30일, "至於常平取耗 元非祖宗朝
   舊典 只是亂後不得已取便一時之擧 特許永罷 以惠諸道 不勝幸甚"
2. 金天澤 編, 《靑丘永言》(六堂本), 京城帝國大學, 1930, pp125~6.
   1) 피좁쌀못먹인히에무리쑤리도ᄒ도홀사陽德孟山酒帑이永柔肅川환양년
   들이져다타먹은還上(ㅈ)를이늙근닉게다물니랴ᄒ네邊利란너희다물지라
   도밋츠란닉다擔當희옴셰

* 이와 대조해~증명한 것이다 : 이는 최익한의 자가당착적 논리에 불과하다. 여전제는 봉건제를 뒤엎으려는 것이 아니라 오히려 그것을 더 공고히 하려는 의도에서 나왔다. 그래서 그 실현에 있어서 망상적이었을뿐더러 그 본질에 있어서도 반동적이었다. 즉 농민의 요구를 반영하기는커녕 봉건 관리의 이익만 대변하는 계급적 제한성이 노골적으로 표출되어 있다. 홍태연, 〈정다산과 사회개혁리론〉, 《천리마》 11호 (2000), 천리마사, p62; 장덕일, 〈정다산의 '려전제'〉, 《천리마》 2호(2006), p84; 정성철, 앞의 책, p483 참조.

2) 還上(ㅈ)에볼기셜혼맛고댱니갑세동슷츨쑥쩌여닌다ㅅ랑ᄒ던女妓妾은
月利差使 ｜ 가등미러간다아희야粥탕관(湯灌)에개보아라豪興계위ᄒ노라

* 밑줄 부분은 미인용구.《조선사회정책사》p143에는 전재되어 있다.

3. 《類選》卷4下 pp43~4, 人事篇6 治道門3, 糶糴靑苗, "所謂耗者 非耗伊益
其十一之數歷七歲 則與本穀之數敵 七歲之中 橫斂者幾億萬石 此物果歸於
何地 春受雖曰十五斗 不過十三斗 半歲之內 秋輸而並耗並 剩並行粮脚價
幾乎倍增 又必計戶勒授 殆有甚於鄉曲之武斷 一經秋糴 則閭井 杬然 至田
賦雜稅稱貸而不足 隣族攤徵之端 紛然起矣 凡國之經費 惟正之賦足矣 奈
何借民以財 取息而苟活乎"

* 자구 출입이 많아서《僿説》도 아래에 전재한다. 밑줄 부분이 다르다.

《僿説》卷16, 人事門, 糶糴靑苗, "所謂耗者 非耗伊益 我邦大郡 有數萬石
小郡數千石 合有幾億萬石 其什一之數 歷七歲 則與本穀之數敵 七歲之中
橫斂者幾億萬石 此物果歸於何地在 民則春受雖曰十五斗 不過十三斗 半歲
之內 秋輸而並耗並 剩並行糧脚價 幾乎倍增 或歲登或路遠 不願受者 皆勒
散勒斂殆有甚於鄉曲之武斷矣 一經秋糴 則廬井拐然空虛 至田賦雜稅稱貸
而不足 隣族儺徵之端 紛然起矣 凡國之經費 惟正之賦足矣 奈何借民以財
取息而苟活乎"

4. 《全書》I-12, 還上論 참조. * 번역문은《정선》pp497~500 볼 것.

5. 《全書》I-9, 擬嚴禁湖南諸邑佃夫輪租之俗箚子, "今計湖南之民 大約百戶
則授人田而收其租者 不過五戶 其自耕其田者 二十有五 其耕人田而輸之租
者七十 今若改其舊俗 令同諸路 則是七十者皆踊躍抃舞矣 其二十有五 雖
甘苦不于 然人道惡盈 大抵忌富而恤貧 亦在樂中 其悵然不樂者 不過五人
耳 畏五人之悵然 不敢爲九十五人踊躍抃舞之政 孰謂王者操化權哉"

6. 《經世遺表》卷1, 經田司, "於是先遣經田御史 暗行出沒 差官量田 覈其隱
漏 查其陳荒 以此有餘 補彼不足 又以其餘 編于原籍 於是盡出公府軍門及
諸道封留之錢 買取私田 以爲公田 原帳四百結則買四十結 原帳五百結則買
五十結 什一之法 於是乎建立 斯獨非井田乎 … 於田十結 取一結以爲公田
使農夫助而不稅 斯不可易也"

7. 同上書 卷6, 地官修制 田制 五, "盡天下而奪之田 以頒農夫則古法也 如不能然 盡天下而算其田 姑取九分之一 以作公田 亦古法之半也"

8. 同上書 卷1, 經田司, "今日國家最急者 卽田政也 臣久處田間 目見田政之紊亂 誠欲流涕者屢矣 康津一縣 其漏結最稱薄小 而原田六千餘結 漏田殆二千結 … 羅州則漏結多於原結 天下其有是乎 雖然 別取幾結 名之曰漏結 則其害未甚 今也不然 通執一縣之田 擇其豪民饒戶之納稅無慮者 執之爲漏結 私徵錢米 謂之防結 縣吏邸吏 乘時射利 於是取成川覆沙舊陳今陳之類 及流離丐乞 鰥寡孤獨 疲癃殘疾 剝膚椎髓 無可奈何之類 以充原結之數 … 傷天地之和氣 … 以治公田之法 不可緩也"

9. 同上書 卷1, 經田司, "但古唯旱田 今多水田 又我邦地勢 山林多而原濕少 井田誠不可爲也 然有一法焉 無井田之形 而有井田之實 不亦善乎 每田十結 以其一結爲公田 以附近九結 爲私田 令九結佃夫 同治公田一結 以當王稅 其私田九結 不稅不賦 悉入其家 則於是乎井田也 臣謂亟立一官 名之曰經田司 以治公田之法 不可緩也"

10. 《全書》I-11, 田論1, "有人焉 其田十頃 其子十人 其一人得三頃 二人得二頃 三人得一頃 其四人不得焉 嘷號宛傳 莩於塗以死 則其人將善爲人父母者乎 … 令爲民父母 得均制其産而竝活之 而爲君牧者拱手執視 其諸子之相攻奪竝吞 而莫之禁也 使强壯者益獲 而弱者受擠批 顚于地以死 則其爲君牧者 將善爲人君牧者乎 (故能均制其産而竝活之者 君牧者也 不能均制其産而竝活之者 負君牧者也) 今國中田地 大約爲八十萬結 人民大約爲八百萬口 試以十口爲一戶 則每一戶得田一結 然後其産乃均也 今文武貴臣 及閭巷富人 一戶粟數千石者甚衆 … 則是殘九百九十人之命 以肥一戶者也 國中富人如嶺南崔氏湖南王氏 粟萬石者有之 計其田不下四百結 則是殘三千九百九十人之命 以肥一戶者也 而朝廷之上 不孳孳焉汲汲焉 唯損富益貧 以均制其産之爲務者 不以君牧之道 事其君者也"

11. 同上書, 田論2, "將爲井田乎 曰否 井田不可行也 井田者旱田也 水利旣興 秔稌旣甘矣 棄水田哉 井田者平田也 柞旣力 山谿旣闢矣 棄餘田哉 將爲均

田乎 曰否 均田不可行也 均田者 計田與口而均分之者也 戶口增損 月異而
歲殊 … 將爲限田乎 曰否 限田不可行也 限田者 買田至幾畝而不得加 鬻田
至幾畝而不得減者也 藉我以人之名而加之焉 孰知之乎 藉人以吾之名而減
之焉 孰知之乎 故限田不可行也 雖然人皆知井田之不可復 而獨均田限田
明理識務者亦肯言之 吾竊惑焉 且夫盡天下而爲之農 固吾所欲也 其有不盡
天下而爲之農者 亦聽之而已 使農者得田 不爲農者不得之則斯可矣"

12. 《高麗史》卷78, 志32 食貨1·田制·祿科田, 恭讓王 3年(1391) 5月, "公私
賤口 工商賣卜盲人巫覡倡妓僧尼等人 身及子孫 不許受田"

   * 이는 1391년(공양왕 3)에 제정된 과전법의 규정 중 하나로, 1451년(문
   종 1)에 편찬된 《고려사》〈식화지食貨志〉에 수록되어 있다. 그런데 최익
   한이 본문에서 출처를 '이조 초기 법전'이라 한 것은, 그가 조선 시대를
   언급하고 있으므로 서술의 편의상 그리한 것이다. 그 근거가 《태종실록》
   3년 6월 29일 기사에 나온다. "… '불허수전不許受田'은 참으로 만세의 영
   전令典인데, 국초에 정한 제도로서 앞으로도 만세의 법이 될 것이다(… 不
   許受田 此誠萬世之令典也 … 國初之定制也 … 將爲萬世之法)".

13. 《全書》I-11, 田論3, "今欲使農者得田 不爲農者不得之 則行閭田之法而
   吾志可遂也 何謂閭田 因山谿川原之勢而畫之爲界 界之所函 名之曰閭 (周
   制二十五家爲一閭 今借其名 約於三十家 有出入 亦不必一定其率 閭三爲
   里 …) 里五爲坊 … 坊五爲邑 … 閭置閭長 凡一閭之田 令一閭之人咸治厥
   事 無此疆爾界 唯閭長之命是聽 每役一日 閭長注於冊簿 秋旣成 凡五穀之
   物 悉輸之閭長之堂 (閭中之都堂也) 分其糧 先輸之公家之稅 次輸之閭長之
   祿 以其餘配之於日役之簿 假令得穀爲千斛 以十斗爲一斛 而注役爲二萬日
   則每一日分糧五升 有一夫焉 其夫婦子媳 注役共八百日 則其分糧爲四十斛
   有一夫焉 其注役十日 則其分糧四斗已矣 用力多者得糧高 用力寡者得糧廉
   其有不盡力 以賭其高者乎 人莫不盡其力 而地無不盡其利 地利興則民産富
   民産富則風俗惇而孝悌立 此制田之上術也"

제10장 다산의 〈전론田論〉 7장 역술譯述

　　다산은 경제학자로서 자기 일생에 농민 특히 빈농민의 이익을 위하여 봉건적 지주와 착취를 반대하고 새로운 토지 제도를 여러 가지 형태로 연구 고찰하였는데, 그중 자기의 최후 안*이며 최대 이상으로 제시한 것은 〈전론〉 7장 1편이다. 그는 이 신 전제론에 기초하여 상공업의 병진竝進, 교육·도덕·세제稅制·녹제祿制 및 병제兵制까지 언급하였다. 실로 거대한 체계이다.

　　다만 그 원문이 한문으로 되어 있고 그 술어들이 당시의 용어이기 때문에 소수 연구자들과 대중 독자들에게 우리의 고귀한 문화 유산이 공동으로 이용되기가 곤란하므로 필자는 다산의 경제사상을 분석 소개한 나머지에 이 〈전론〉 한 편만은 특별히 지면을 내어 그 원문을 비교적 평이하게 번역하고 각 장의 아래에 그 사상의 요지 및 관련점들을 간단히 해설하여 독자들의 참조에 도움을 드리려 한다.

---

* 〈전론〉을 다산의 '최후 안'으로 본 것은, 당시 자료 부족으로 저술 시기를 잘못 비정한 듯하다. 〈전론〉은 《경세유표》의 〈전제〉보다 앞서 1799년에 집필되었다.

<전론> 1*

어떤 한 사람에게 밭은 10경頃이요 아들은 10명인데 그중의
한 아들은 3경을 분배받고 두 아들은 각각 2경씩 분배받고
세 아들은 각각 1경씩 분배받았으나 남은 네 아들은 조금도
분배받지 못하고 울부짖으며 유리개걸流離丐乞 하다가 굶어서
길에 엎어져 죽었다면 그는 부모 노릇을 잘한 사람이라고 하
겠는가?

하늘이 인민을 내고는 먼저 전지를 두어 거기서 살고 먹도록
하였으며, 또 그들을 위하여 군장君長을 세우고 목민관을 세워
인민의 부모로서 그들의 재산을 균평하게 분배하여 다 같이
잘 살도록 하라고 하였는데, 군장과 목민관이 된 자들은 팔짱
을 끼고 가만히 앉아서 자기의 여러 아들들이 서로 싸우고 뺏
고 삼키는 것을 보기만 하고 그것을 금하지 못하여, 강한 놈은
(밭을) 더 많이 얻고 약한 놈은 (밭을) 빼앗겨서 땅에 넘어져 죽
었다면 그 군장과 목민관이 된 자들은 군장과 목민관 노릇을
잘했다고 하겠는가?

그렇기 때문에 그들 재산을 능히 균평하게 분배하여 다 같이
잘 살게 하는 자는 군장과 목민관이라고 할 수 있지만, 그렇게

---

* <전론> 1 : 사암본에는 장서본 《열수전서》와 규장본 《여유당집》에 따라 "이는 기
미년(1799) 38세 때 지은 것이라 만년의 소론所論과는 다르지만 지금 또한 기록해
둔다. 《서경》에 이르기를 '임금이 이 오복을 거두어 그 서민들에게 베풀어 준다' 하
였으니, 이것이 그 대의이다(此是己未間所作 [三十八歲時] 與晩來所論不同 今亦錄
之 書曰 皇斂時五福 用敷錫厥庶民 斯大義也)"고 두주頭註가 붙어 있는데, 신조본에
는 누락되어 있다.

하지 못하는 자는 군장과 목민관의 책임을 저버리는 자이다. 지금 우리나라 안에 전지는 대략 80만 결이고, 인민은 대략 800만 구口(명)이다(영조 기축년(1769) 현재 수전水田(논)은 34만 3천 결이고 한전旱田(밭)은 45만 7천 8백 결이었는데, 간리奸吏들의 누결漏結 과 산화전山火田은 이 숫자 중에 들지 않았다. 영조 계유년(1753) 현재 인 구는 730만 조금 미만인데, 그때 빠진 인구와 그동안 출생한 인구가 합계 70만에 불과할 것이다―원주). 가령 10구口를 1호로 치면 매 1호가 전지 1결을 분배받아야만 그 재산이 균평하게 될 것이다.

그런데 이제 문무 귀신貴臣들과 여염 부인富人으로서 1호에 매 년 벼 수천 석을 수취하고 있는 자가 심히 많으니, 그들 매 호 소유의 전지를 계산하면 100결에는 내려가지 않는다. 이것은 990명의 생명을 빼앗아 1호를 살찌게 하는 것이다. 지금 국내 의 부자로서 영남의 최씨(경주 개무덤이 최부자)와 호남의 왕씨 (구례求禮 왕처중王處中)같이 벼 만 석을 추수하는 자가 있으니, 그 개인 소유의 전지를 계산하면 400결이나 된다. 그러면 이 는 3,990명의 생명을 빼앗아 1호를 살찌게 하는 것이다. 이럼 에도 불구하고 조정에 앉아서 부지런히 또는 시급히 부자에게 는 덜어 내고 가난한 자에게는 보태 줌으로써 그들의 재산을 균평하게 분배하는 것을 중대한 임무로 여기지 않는 자들은, 군장과 목민관의 도리로 자기 임금을 섬기는 것이 아니다.

有人焉, 其田十頃, 其子十人. 其一人得三頃, 二人得二頃, 三人得 一頃, 其四人不得焉, 嘽號宛傳, 莩於塗以死, 則其人將善爲人父 母者乎? 天生斯民, 先爲之置田地, 令生而就哺焉, 旣又爲之立君立牧, 令爲民父母, 得均制其產而竝活之. 而爲君牧者, 拱手熟視 其諸子之相, 攻奪啙呑而莫之禁也, 使强壯者益獲, 而弱者受擠批, 顚于地以死, 則其爲君牧者, 將善爲人君牧者乎? 故能均制其產而 竝活之者, 君牧者也, 不能均制其產而竝活之者, 負君牧者也. 今 國中田地, 大約爲八十萬結(英宗己丑, 八道時起水田三十四萬三千結零, 旱田四十五萬七千八百結零, 奸吏漏結及山火田, 不在此中), 人民大約爲八 百萬口(英宗癸酉, 京外人口七百三十萬弱, 計當時漏口及其間生息, 宜不過 七十萬), 試以十口爲一戶, 則每一戶得田一結, 然後其產爲均也. 今 文武貴臣及閭巷富人, 一戶粟數千石者甚衆, 計其田不下百結, 則 是殘九百九十人之命, 以肥一戶者也. 國中富人, 如嶺南崔氏·湖南 王氏, 粟萬石者有之, 計其田不下四百結, 則是殘三千九百九十人 之命, 以肥一戶者也. 而朝廷之上, 不孳孳焉汲汲焉, 唯損富益貧, 以均制其產之爲務者, 不以君牧之道, 事其君者也.

　　다산은 이 〈전론〉 제1장에서 자기의 균민·균산주의均民均産主義 의 원칙을 제시하고 조선의 경제적 현실이 이 균산의 원칙을 실시 할 수 있는 가능성을 숫자로 입증하였다. 그는 인권 평등과 재산 평등을 인간의 천부적 권리로 주장하였기 때문에 위정자가 만일 이 권리를 침해하여 빈부의 계급적 차별을 발생케 하면 이는 군상 君上으로서의 정치적 의무를 이행치 않는 것이기 때문에 위정자적 지위로부터 방축되어야 한다는 결론을 암시한 것이다.

　　그런데 다산이 재산 균등의 실현을 항상 토지 균등에 귀착시킨 것은 생산수단의 중요성이 토지에 있고, 또 이것이 귀족 토호들의 손에 집중되어 있던 봉건사회에 있어서 극히 정당한 주장이었다.

그러나 토지의 겸병과 빈부의 차등이 발생·발전하는 주요 원인에 대하여 사회적 물질적 제조건의 기초 위에서 구명하지 않고 항상 지배 계급의 의지 여하에 귀인歸因시켰으니, 이는 더 말할 것도 없도 없이 다산의 세계관이 이성론자들의 관념적 입장에서 문제를 해결하려는 역사적 제약성을 스스로 보여 주는 것이었다. 그러나 그가 관념론적 견지를 벗어나지 못하였음에도 불구하고 항상 인민의 권리와 생활을 옹호하는 진보적 방향에서 봉건제도와 그 버팀목인 지주 귀족의 착취적 생활을 반대 폭로함으로써 혁명적 민주주의 성격을 표시하고 있는 것이었다.

<전론> 2

장차 정전井田을 할까? 아니다. 정전은 실행할 수 없다. 옛날 정전이라는 것은 한전투田이었으나 지금은 관개灌漑가 이미 발달되었고 벼와 메벼들이 이미 잘 되는데 어찌 수전水田을 버릴 수 있겠는가? 옛날 정전은 평전平田이었으나 지금은 삼림을 베어 내기에 이미 힘을 들여서 산협과 계곡이 이미 개척되었는데, 어찌 멧골(두메) 논밭을 버릴 수 있겠는가?

그러면 장차 균전均田을 할까? 아니다. 균전은 실행할 수 없다. 균전이란 것은 전지와 호구를 계산하여 고루 분배하는 것이나 호구가 늘고 주는 것이 달마다 해마다 달라지므로 금년에는 갑의 비율로 분배하고 내년에는 을의 비율로 분배하는 데 조그마한 차이와 잘못은 아무리 살펴도 지나쳐 버릴 수 있으며

(또한 전지가) 비옥한지 척박한지의 구별은 면적으로 한정할 수 없으니 어찌 균전을 하겠는가?

그러면 장차 한전限田을 할까? 아니다. 한전은 실행할 수 없다. 한전이란 것은 매 개인마다 소유할 전지를 일정한 면적으로 한정하여 그 한도 이상으로 살 수 없고 또 그 한도 이하로 팔 수도 없는 것이다. 그러나 가령 내가 타인의 명의로써 그 법정 한도 이상으로 더 사들인들 누가 알겠는가? 그러므로 한전은 실행할 수 없다.

그러나 사람들은 다 정전을 다시 실행할 수 없는 것은 알지만, 다만 균전과 한전에 대해서는 사리에 밝고 시무時務를 아는 자들도 그것을 실행할 수 있다고 하니 나는 그윽이 의혹한다.

그리고 천하 사람들이 다 농사를 하게 되는 것은 원래 내가 바라는 바이거니와 천하 사람들이 다 농사를 하게 되지 않는 것도 또한 방임할 뿐이며, 다만 농사하는 자만이 밭을 얻고 농사하지 않는 자는 밭을 얻지 못하게 하면(農者得田 不農者不得田)* 나는 이것으로 만족히 생각한다. 그런데 균전과 한전이란 것은 장차 농사하는 자도 밭을 얻게 되고 농사하지 않는 자도 또한 밭을 얻게 되며 심지어는 공업도 상업도 하지 않는 자들까지도 밭을 얻게 되니, 공업도 상업도 하지 않는 자들까지 밭을 얻게 되면 이는 천하 인민에게 놀고먹는 것을 가르쳐 주는 것이다. 천하 인민에게 놀고먹는 것을 가르쳐 주는 것은, 그 법이 원래 완미完美하지 못하다는 것을 의미하는 것이다.

---

* 農者得田 不農者不得田 : 편자가 한자를 병기하였다.

將爲井田乎? 曰否. 井田不可行也. 井田者, 旱田也. 水利旣興, 秔
稌旣甘矣, 棄水田哉? 井田者, 平田也. 劗柞旣力, 山谿旣闢矣, 棄
餘田哉? 將爲均田乎? 曰否. 均田不可行也. 均田者, 計田與口而
均分之者也. 戶口增損, 月異而歲殊, 今年以甲率分, 明年以乙率
分, 毫忽之差, 巧歷莫察, 饒瘠之別, 頃畝莫限矣, 均乎哉? 將爲限
田乎? 曰否. 限田不可行也. 限田者, 買田至幾畝而不得加, 鬻田至
幾畝而不得減者也. 藉我以人之名而加之焉, 孰知之乎? 藉人以吾
之名而減之焉, 孰知之乎? 故限田不可行也. 雖然人皆知井田之不
可復, 而獨均田·限田, 明理識務者, 亦肯言之, 吾竊惑焉. 且夫盡
天下而爲之農, 固吾所欲也. 其有不盡天下而爲之農者, 亦聽之而
已. 使農者得田, 不爲農者不得之, 則斯可矣. 均田·限田者, 將使
農者得田, 使不爲農者亦得之, 使不爲工商者亦得之, 夫使不爲工
商者亦得之, 是率天下而敎之游也. 率天下而敎之游, 其法固不能
盡善也.

이 <전론> 제2장에 있어서 제1장에 제기한 재산 균분의 원칙을
실현하는 방법으로서 중국 고대에서 이미 실행 혹은 논의되었던
역대의 유명한 전제田制들 — 정전·균전·한전 여러 법을 조선의 현
실에 비추어 보아 모두 실행 가능성이 없는 것으로 단안斷案지었다.
그런데 실학파의 선행자들은 정전을 실행할 수 없다는 점에 대해
서는 모두 동일한 결론을 가졌지만, 균전은 반계가 과전科田이란
명목으로 그 실행을 주장하였는데, 성호는 반계의 주장을 실시 가
능성이 희박한 것으로 인정하고 그 대신 한전론을 강조하였으며
(상편 반계·성호 각 본론 참조), 연암도 자기 노작勞作 <한민명전의限民

名田議〉에 또한 한전을 선택하여 이것이 정전보다 실행하기가 쉬우면서 균평 분배의 의의를 잃어버리지 않으므로 정전의 제도를 쓰지 않고도 정전의 실리는 얻은 것이라고 하였다. 그러나 다산은 한전의 실시가 불가능할 뿐만 아니라 설혹 실시되더라도 그 폐해는 불농자와 함께 불공不工·불상자不商者까지도 전지를 가지고 유식遊食할 수 있게 된다고 지적하였다. 다산의 이른바 사리에 밝고 시세時勢를 잘 아는 자들도 균전과 한전을 주장한다고 한 것은 이상의 여러 선행先行들을 가리킨 것이다.

특히 필자가 이상 본론 어느 곳에서 천명한 바와 같이 "농자득전 불농자부득전(農者得田 不農者不得田)" 즉 제 손으로 밭갈이하는 자만이 밭을 얻고 그렇지 않는 자는 밭을 얻지 못한다는 명제는 다산의 농민혁명적 이념에서 나온 위대한 발견이며 창견이란 점을 거듭 말하여 둔다.

〈전론〉 3

이제 농사하는 자만이 밭을 얻고 농사하지 않는 자는 밭을 얻지 못하게 하려면 여전閭田의 법을 실행함으로써만 내 뜻을 이룰 수 있다.

그러면 어째서 여전이라고 하는가?

산과 개울과 내와 언덕의 형세를 좇아 그어서 지경地境을 만드니, 지경에 포함된 것이 '여閭'이다. 여가 셋이면 리里가 되고 리가 다섯이면 방坊이 되고 방이 다섯이면 읍邑이 된다(주나라 제도에는 25가家가 1여閭였는데, 이제 그 이름을 빌려서 약 30가로 하되 다소 30가에 넘나들이가 있더라도 그 수를 꼭 일정하게 할 필요는 없다. 《풍속통風俗通》에 50가가 1리里인데, 이제 그 이름을 빌렸고 반드시 50가로 정할 것은 아니다. 방坊은 읍·리邑里의 명칭이며 한나라에 구자방九子坊이 있었는데, 지금 우리나라 풍속에도 또한 방의 명칭을 쓴다. 주나라 제도에는 4정井이 1읍이었는데, 지금은 군현郡縣의 치소治所를 읍이라고 한다 ─원주).

여閭에는 여장閭長을 두고 1여의 전지는 1여의 인민이 공동 경작하여 내 땅 네 땅의 구분이 없고 오직 여장의 지휘를 따른다. 그들이 농사를 하는데 매일 여장이 여내 매 개인의 노력을 기록하며, 가을이 이미 성숙되면 오곡의 수확물을 전부 여장의 마루(여중閭中의 도당都堂─원주)으로 끌어들여놓고 그 곡물을 나누되 먼저 공세公稅를 바치고 그다음은 여장의 봉급을 주고 그 나머지를 일역부日役簿*에 기준하여 배당한다. 가령 공세와 여장 봉급을 제한 공동의 곡물이 1천 곡斛(1곡은 10두斗 ─원주)이요 장부에 기입된 노력이 2만 일이라면 매 1일 배당 곡물이 5승升일 것이다. 이 계산에 기준하여 여내 한 농부의 부부와 자녀 즉 가족 성원들로서 기입된 노력일이 합계 800일이라면 그들에게 배당될 곡물이 합계 40곡斛일 것이며, 또 여내 한 농부로서 기입된 노력일이 10일이라면 그 배당 곡물이 5두*뿐일 것이다. 노력의 분량이 많으면 곡물의 배당률은 높을 것이며 노력의 분량이 적으면 곡물의 배당률은 낮을 것이니, 노력은 적게 하고 어찌 배당은 많이 받을 수 있겠는가?

---

* 일역부日役簿 : 매일 매 농부의 노동을 기입한 장부.
* 5두 : 원문과 신조본·사암본 등에는 '四斗'라고 되어 있으나 이는 오류.《정선》 p410 에는 '5두'라고 제대로 되어 있다.

이렇게 하면 사람들은 모두 자기 노력을 다할 것이고 따라서 토지는 모두 그 이용성을 발휘할 것이다. 토지의 이용성이 잘 발휘되면 인민의 산업이 풍부해질 것이며, 인민의 산업이 풍부해지면 풍속이 순후하고 효제孝悌의 윤리가 수립될 것이다. 이것은 전제田制로서 최상의 방법이다.

今欲使農者得田, 不爲農者不得之, 則行閭田之法而吾志可遂也. 何謂閭田? 因山谿川原之勢, 而畫之爲界, 界之所函, 名之曰閭(周制二十五家爲一閭, 今借其名, 約於三十家有出入, 亦不必一定其率), 閭三爲里(《風俗通》, 五十家爲一里, 今借其名, 不必五十家), 里五爲坊(坊, 邑里之名, 漢有九子坊, 今國俗亦有之), 坊五爲邑(周制四井爲邑, 今以郡·縣治所爲邑). 閭置閭長, 凡一閭之田, 令一閭之人咸治厥事, 無此疆爾界, 唯閭長之命是聽, 每役一日, 閭長注於冊簿. 秋旣成, 凡五穀之物, 悉輸之閭長之堂(閭中之都堂也), 分其糧, 先輸之公家之稅, 次輸之閭長之祿, 以其餘配之於日役之簿. 假令得穀爲千斛(以十斗爲一斛), 而注役爲二萬日, 則每一日分糧五升, 有一夫焉. 其夫婦子媳, 注役共八百日, 則其分糧爲四十斛, 有一夫焉, 其注役十日, 則其分糧五斗已矣. 用力多者得糧高, 用力寡者得糧廉, 其有不盡力, 以賭其高者乎? 人莫不盡其力, 而地無不盡其利. 地利興則民産富, 民産富則風俗惇而孝悌立, 此制田之上術也.

본 장에 전개한 여전제는 다산의 전제론田制論에서 최고 최대의 이상안이다. 다산은 농사하는 자만이 밭을 얻고 농사하지 않는 자는 밭을 얻지 못하게 한다는 원칙을 실행하는 구체적 방안으로서 여전제를 안출하였다. 여전제는 토지 국유의 전제前提 밑에서 조직된 촌락 집단 농법으로서 공동 경작, 공동 수확을 이 제도의 골간으로 하고 노동일에 기준한 보수를 안목眼目으로 하여 당시로 보아 동서고금에 일찍이 없던 이상적 전제안田制案을 구성하였다. 더욱이 노동일의 계산과 노동일에 의한 보수는 그의 천재적 고안과 농민혁명적 이념의 결합에서 산출된 이론이었다. 그는 여전제의 결과로서 착취와 유식遊食이 근절되는 조건 밑에서 생산 능률—노동 능률과 토지 이용률—의 증진을 지적하였다. 따라서 산업의 풍부화를 기초해서만 풍속과 도덕의 향상이 가능하다는 것을 강조하였다. 이는 확실히 선행 실학자들의 전제론에 비하여 말할 수 없을 만큼 발전된 이론이었다.

<전론> 4

여기에 한 여閭가 있는데 30가家로 1여閭가 구성되었다. 여장은 여내의 농민들에 대하여 갑은 저기를 갈며 을은 여기를 매라고 하여 성원 전체에 농사의 분담이 이미 끝났다.

그런데 어떤 한 농부가 농구農具를 짊어지고 처자를 데리고 그 여에 가서 자기도 그 여에 참가하여 거주하면서 일하겠다고 청원하면 어찌할 것인가? 이런 경우에는 그 여는 그 농부를 받아들여야 한다. 그러면 1여의 전지는 더 넓어지지 않으며 1여의 인구는 점차 늘어 가는데, 어찌 외래의 사람을 받아들이겠는가? 아니다. 인민이 이익을 좇아가는 것은 마치 물이 아래로 흘러가는 것과 같다. 그들이 땅은 넓고 인력은 모자라는 줄을 알았든지 혹은 전지의 면적은 적어도 수확량은 많다는 것을 알았든지 또 혹은 추수 때에 매인每人 배당량이 크다는 것을 잘 안 연후에야 비로소 농구를 짊어지고 처자를 데리고 와서 그 여의 일원이 되기를 원하기 때문이다.

그것은 그렇다. 그러나 여기에 한 여閭가 있는데 20가로 1여가 구성되었다. 여장은 여내의 농민들에게 갑은 저기에 묵밭을 이룩하고 을은 여기에 거름을 주라고 하여 성원 전체에 농사의 분담이 이미 끝났다.

그런데 어떤 한 농부가 농구를 짊어지고 처자를 데리고 그 여를 떠나 살기 좋은 곳으로 가겠다고 하면 장차 어찌할 것인가? 이도 또한 허용할 따름이다. 왜냐하면 인민이 손해를 피해 가는 것은 마치 불이 물을 피하면서 타는 것과 같기 때문이다. 그들이 땅은 좁고 인력은 남는 것을 알았거나 혹은 인력은 갑절로 들이고 수확은 적게 나는 것을 알았거나 또 혹은 추수 때에 매인每人 배당량이 부족한 것을 잘 안 연후에야 농구를 짊어지고 처자를 데리고 떠나서 다른 좋은 곳으로 가는 것이다.

그러므로 위에서 법령을 내리지 않아도 인민의 주거와 촌락의 상태가 균평해지고 위에서 법령을 내리지 않아도 인민의 전지가 균평해지며 위에서 법령을 내리지 않아도 인민의 빈부가 균평해질 것이다. 마음대로 오며 무리무리로 간다. 이러하면 8, 9년을 지나지 않아서 국내의 전지는 균평히 배정될 것이다.

그러나 혹자는 말하기를 인민이 전지로써 주거의 제한을 삼는 것은 양이 우리[苙]를 가지는 것과 같은데, 이제 마음대로 오며 무리무리로 가서 마치 새나 짐승처럼 서로 몰려다니게 되었다고 한다. 인민이 서로 떼를 지어서 몰려다니게 되는 것은 난亂의 근본이라는 것이다.

그렇다. 이 여전제를 실행하면 8, 9년 만에는 인민의 분포가 대강 균평해질 것이며 10여 년이 되어야만 인민의 분포 상태가 크게 균평해질 것이다. 인민의 분포가 크게 균평해진 연후에 호적을 만들어 그들의 가옥을 등기하고 문권文券을 만들어 그들의 이동을 관리하여 한 사람이 오더라도 받는 데 제한이 있으며 한 사람이 가더라도 허용에 절도가 있게 된다. 그래서 땅은 넓고 사람이 적은 데는 오는 것을 받아들이며 사람이 적고 수확이 많은 데는 또한 오는 것을 받아들이지만, 이와 반대로 땅은 좁고 사람이 많은 데는 떠나가는 것을 허용한다. 만일 이러한 조건들도 없이 이동하는 자는 (한갓 뜨내기) 길손으로서 갈 데가 없을 것이니, 길손으로서 갈 데가 없게 되면 가도 않고 오도 않게 될 것이다.

有閭焉, 三十家共一閭. 閭長曰: "某甲耕彼, 某乙芸彼" 職事旣分, 有負耒耜挈妻子而至者曰, '願受一廛', 將奈何? 曰, 受之而已矣. 曰, 一閭之田不加廣, 一閭之民無定額, 奈何? 曰, 民之趨利也, 由水之趨下也. 知地廣而人力詘也, 知田小而出穀多也, 知秋之分糧之高也. 然後負耒耜挈妻子而至, 願受一廛也. 曰, 然. 有閭焉, 二十家共一閭. 閭長曰: "某甲畬彼, 某乙糞彼" 職事旣分, 有負耒耜

挈妻子而去者曰, '適彼樂土', 將奈何? 亦聽之而已矣. 民之辟害
也, 若火之違濕也. 知地狹而人力贏也, 知力倍而得穀少也, 知秋
之分糧之廉也, 然後負耒耜挈妻子而去, 適彼樂土也. 故上不出令
而民之宅里均, 上不出令而民之田地均, 上不出令而民之富貧均,
熙熙然來, 穰穰然往, 不出八九年, 國中之田均矣. 曰, 民之以田爲
域也, 猶羊之有苙也. 今使之熙熙然來, 穰穰然往, 若鳥獸之相逐
也. 使民若鳥獸之相逐者, 亂之本也. 曰, 然行之八九年, 民粗均
矣, 行之十餘年, 民大均矣. 民大均, 然後爲之籍以隷其屋宅, 爲之
券以管其遷徙, 一民之來而受之有限, 一民之往而聽之有節, 地廣
而人少者受, 人少而得穀多者受, 地狹而人衆者聽, 人衆而得穀寡
者聽, 不如是而徙者, 客無所之, 客無所之, 則莫往而莫來矣.

본 장에서는 여전제가 이미 조직된 다음에는 각 여閭들의 전지
배당과 노력 분포가 평균화되어야만 하는 것을 문제로 삼았다. 또
이 문제의 해결은 정부 법령의 강제 수단에 의뢰할 것이 아니라
인민의 자유 이동으로 해결할 것을 주장하였다. 인민이 이익을 좇
고 손해를 피하는 것은 마치 물이 아래로 흐름과 불이 물을 피함
과 같이 하나의 천성—자연적인 권리—란 것을, 다산은 강력히
주장하여 이에 대한 정부와 타인의 간섭·방해 내지 통제를 절대
반대하였다. 저 18세기 서구의 정통파 경제학자들 역시 봉건 전제
를 반대하는 입장에서 개인의 경제적 이익에 대해서는 개인 자신
이 가장 현명한 지도자인 동시에 개인의 자유를 철저히 방임함으
로써만 사회의 질서를 구성할 수 있다는 원리 아래서 산업의 자유
와 무역의 자유를 주장하였다. 다산도 이 전제론田制論에서 인민

자신의 현명성을 강조하고 그들 이동의 자유와 취업의 자유를 주장한 것은 물론 농민을 일정한 토지에 얽매고 농노적인 철쇄鐵鎖(쇠사슬)로 그들의 이동을 감금監禁하던 봉건 지주 계급의 전제주의를 반대하며 그들 해방의 일단으로서 이동의 자유를 방임하려는 것이었다. 그의 사상적 특징의 이면에는 저 정통 경제학자들의 자유방임주의와 일맥상통하는 점이 있음을 우리는 간과할 수 없다.

<전론> 5

농사하는 자만이 밭을 얻고 농사하지 않는 자는 밭을 얻지 못하며, 농사하는 자만이 곡물을 얻고 농사하지 않는 자는 곡물을 얻지 못한다. 공인工人은 그 제품으로써 곡물을 바꿔 먹고 상인은 그 물화物貨로써 곡물을 바꿔 먹어도 아무런 허물이 없다.

그러나 이른바 선비[士]란 자는 열 손가락이 유약하여 힘든 일을 할 수가 없으니 밭갈이를 하겠는가? 김매기를 하겠는가? 묵밭을 이룩하겠는가? 거름을 주겠는가? 자기의 이름을 일역부日役簿에 기입할 수 없으니, 가을에 가서 아무런 분배도 받을 수가 없다. 그러면 장차 어찌할까? 아, 참! 내가 여전의 법을 고안한 것은 바로 이를 해결하기 위함이다. 대관절 선비란 어떤 사람인가? 선비는 어째서 손발을 놀리고 가만히 앉아서 남의 토지를 삼키고 남의 노력을 먹는가? 선비들이 놀고먹기 때문에 토지의 이용성이 다 개발되지 않는다. 놀고서는 곡물을 얻을 수 없다는 것을 알게 되면 그들 또한 농사로 돌아갈 것이다. 선비가 농사로 돌아가면 토지의 이용성이 개발될 것이고, 선비가 농사로 돌아가면 풍속이 후厚해질 것이며, 선비가 농사로 돌아가면 난민亂民이 없어질 것이다.

그것은 그러하다. 그러나 반드시 농사로 돌아가지 못할 자는 장차 어찌할까? 그것은 그들이 옮겨서 공인이나 상인이 될 자도 있을 것이며, 아침에는 밭에 나가 일하고 밤에는 돌아와서 옛사람의 글을 읽을 자도 있을 것이며, 혹은 부민富民의 자제를 교수教授하여 생활하는 자도 있을 것이며, 혹은 실리實理를 강구하고 토품土品을 분변하고 수리水利를 일으키고 도구를 제조하여 노력을 덜며, 혹은 나무를 심고 곡물을 가꾸고 가축을 기르는 방법을 가르쳐서 농사를 도와주는 자들도 있을 것이다. 이러한 사람들은 그 공로가 어찌 팔을 걷고 육체로 노동하는 자들과 비교될 바이랴? 이와 같은 기술적 노동에 대해서는 1일의 노력을 10일로 계산하고 10일의 노력을 100일로 계산하여 그 곡물을 분배받는 것이 옳을 것이다. 그러면 선비에게 어찌 분배가 없겠는가?

農者得田, 不爲農者不得之, 農者得穀, 不爲農者不得之. 工以其器易, 商以其貨易, 無傷也. 若士則十指柔弱, 不任力作, 耕乎, 芸乎, 畬乎, 糞乎? 名不得注于冊, 則秋無分矣. 將奈何? 曰, 噫嘻! 吾所爲閭田之法者, 正爲是也. 夫士也, 何人? 士何爲游手游足, 呑人之土食人力哉? 夫其有士之游也, 故地利不盡闢也. 知游之不可以得穀也, 則亦將轉而緣南畝矣. 士轉而緣南畝而地利闢, 士轉而

緣南畝而風俗厚, 士轉而緣南畝而亂民息矣. 曰, 有必不得轉而緣
南畝者, 將奈何? 曰, 有轉而爲工商者矣, 有朝出耕夜歸讀古人書
者矣, 有敎授富民子弟, 以求活者矣, 有講究實理, 辨土宜興水利,
制器以省力, 敎之樹藝畜牧, 以佐農者矣. 若是者, 其功豈扼腕力
作者所能比哉? 一日之役注十日, 十日之役注百日, 以分其糧焉,
可也. 士何爲無分哉?

이조 봉건 말기에 이른바 선비의 명목을 가지고 유의유식遊衣遊
食하는 무리가 많아져서 농민을 착취하는 층이 대량으로 증가하
였으며, 이것은 또 농민을 더욱 피폐케 하고 따라서 농업을 더욱
황폐케 하였다. 이 점에 대해 실학파의 여러 학자들은 입을 같이
하여 통절히 지적 폭로하고 강력한 개로皆勞 체제로써 이들을 퇴치
하려 하였다. 다산은 일찍이 국왕 정조의 발문發問에 응대한 <농책
農策>에서 선비들의 유식遊食에 관하여 다음과 같이 논박하였다.

우리나라의 이른바 사대부士大夫란 것은 땅에 떨어지면 생원
生員이요 강보에 쌓였어도 정승 판서라. 높은 갓과 넓은 띠로
글줄을 찾고 글자를 세며 양역良役은 그들을 침범하지 못하고
신포身布도 그들은 내지 않는다. 남을 멸시하고 권세를 부려서
인민의 고혈을 빨아먹으니, 이는 모두 놀고먹는 사람으로 농
사를 해롭게 하는 부류이다.[1]

다산은 이 무리를 퇴치하고 개로皆勞 체제를 확립시키려면 또한
여전법에 의거하지 않으면 안 된다고 주장하였다.

그리고 본 장에서 중농주의를 견지하면서도 상업과 공업을 천시하지 않은 것은 그의 특색이다. 또 특히 중요한 것은 기술 노동과 보통 노동을 질적으로 구별하여 그 보수의 분량을 달리할 것을 주장한 것은 그의 경제학적 이론이 상당히 심화된 것을 의미한다.*

<전론> 6

전지에 (수확량의) 10분의 1을 세稅로 받는 것은 법인데, 세를 가볍게 하여 10분의 1이 못 되는 것은 맥貊*의 도道이며, 세를 무겁게 하여 10분의 1이 더 되는 것은 걸桀*의 도이다.

그러나 지금은 100두斗를 수확하는 전지에 공가公家의 세(국세)는 5두에 불과하니 이는 20분의 1이며 사가私家의 세(지주에게 주는 소작료)는 50두나 되니 이는 10분의 5다. 이러므로 공가는 큰 맥貊이 되며 사가는 큰 걸桀이 되어 국가는 재정 빈곤에 빠지며 소작 농민은 식량을 자급할 수 없다. 이는 어떠한 법을 따랐는가?

(전지를) 겸병하는 부호富戶를 없애고 10분의 1의 세를 실시하면 국가와 농민이 함께 부유할 것이다. 그러나 10분의 1의 세는 쉽게 말할 수 없다. 연사年事의 풍흉豊凶을 보아 그 세를 올

---

* 다산은 기술(정신)노동과 육체노동 간에 노동의 질을 타산하고 분배몫의 차이를 설정한바, 여기에 양반 출신 지식분자로서 그의 제한성이 있는 것이다. 정성철, 앞의 책, pp479~483 참조.
* 맥貊: 북쪽 오랑캐족.《맹자》<고자告子·하>에 맥족의 세는 20분의 1이라 함.
* 걸桀: 하夏나라의 마지막 왕으로서 가렴중세苛斂重稅한 폭군.

리고 내리고 하면 좋을까? 이는 오직 정전井田에서만 할 수 있고 여전閭田에서는 할 수 없다.

그러면 토지의 비옥함과 척박함을 보고 수확의 많고 적음을 헤아리고 수개 년의 중간점을 계교計較하여 정상正常을 삼고 그 세의 총액을 일정하게 하여 가감加減하지 못하게 할 것이며, 다만 큰 흉년에는 임시로 그 세를 삭감 혹은 면제하였다가 큰 풍년에 이르러 그 소정 수량대로 보상하도록 하면 국가에는 고정 수입이 있고 농민에게는 또한 고정 자급自給이 있어서 모든 문란이 함께 정돈될 것이다. 흉년에 인민이 공세公稅의 감면을 바라 마지않는 것은 아주 감면되기 때문이니, 만일 (감면된 만큼) 풍년에 보상해야 한다는 것을 알게 되면 그들은 그 감면을 바라 마지않는 일이 없을 것이며, 감면을 바라 마지않는 일이 없으면 감면하기 위하여 생기는 농간과 허위가 없어질 것이다. 그리고 다만 산이 무너지고 내가 터져서 영원히 다시 개간될 수 없는 전지는 그 세를 영원히 면제해 줄 것이다. 그러나 물을 끌어대고 진황지陳荒地를 개간하며 나무를 찍고 돌을 빼내어 전지를 만들어 낸 것은 또한 수십 년에 한 번씩 지적地籍(토지대장)에 등록하면 (이것으로써) 저 산이 무너지고 내가 터져서 영원히 면세되었던 부분도 또한 배상될 수 있다.

공세가 이미 10분의 1로 되었고 따라서 국가 수입이 이미 갑절이나 증가되었으므로 관리의 봉급을 후하게 주지 않으면 안 될 것이다. 지금은 토지의 겸병이 근절되었는데 그 봉급조차 박하게 준다면 나라에 장차 군자(관리)가 없어질 것이다.

그들로 하여금 위로 부모를 봉양할 수 있고 아래로 처자를 먹여 살릴 수 있으며, 또 족히 자기 족당을 도와 줄 수 있고 빈객을 대접할 수 있고 심부름꾼을 거느릴 수 있으며 제택第宅을 잘 짓고 의복과 거마를 아름답게 할 수 있는 연후라야만 조정에 나와 벼슬하려는 자들이 있을 것이다.

田以什一而稅, 法也. 薄稅而不什一, 貊之道也, 重稅而不什一, 桀之道也. 今田得穀百斗者, 公家之稅不過五斗, 是二十而取一也, 私家之稅五十斗則是什五也. 公家之爲大貊, 私家之爲大桀, 而國貧不支, 民匱不給, 此遵何法哉? 罷兼竝之家, 而行什一之稅, 則國與民俱富矣. 然什一之稅, 不可易言也, 將視歲之豐儉, 而上下其稅乎? 唯井田爲然, 閭田不可爲也. 相土之肥瘠, 量穀之多寡, 較數歲之中, 以爲常令, 一定其總, 不得加減, 唯大無之年, 權貸其稅, 遇大有之年, 照數賠補, 則國有定入, 民有定供, 而諸亂俱整矣. 凶年民望蠲無厭者, 爲其永蠲也. 知豐年之有補還, 則不望蠲無厭矣, 不望蠲無厭, 則奸僞不興矣. 唯山崩川決, 永世而不墾者, 永蠲之而已矣. 然有灌水開荒, 斫木拔石而爲田者, 亦將數十年一籍之, 則彼山崩川決而永蠲者, 亦有以賠補也. 公稅旣什一矣, 國用旣倍增矣, 祿不可不厚也. 今旣無兼竝之田, 又從而薄其祿, 則國無君子者矣. 令仰足以事父母, 俯足以育妻子, 又足以周族黨, 養賓客, 字僕隸, 崇第宅, 美衣馬而後, 有願立於朝者矣.

본 장에서는 여전제의 실행을 전제前提한 세제稅制를 논술하였다. 여전제가 실시되면 지주와 토지 겸병이 근절되어 농민으로서 국세 납입 이외에 수확물의 절반 이상을 지주에게 빼앗기던 사세私稅, 즉 소작료 제도가 없어질 것이므로 단일세인 국세를 20분의 1에서 10분의 1로 올려서 정상적으로 국가에 납입해야 한다는 것이다. 이러하기 위해서는 흉년 혹은 재년災年에 국세를 경감 혹은 면제하는 종래 방법을 개정하고 임시적으로 경감 혹은 면제하여 준 수량을 그 뒤 풍년에 가서 보상하게 해야 한다는 것이다.

그리고 10분의 1의 국세를 여전에 적용하는 데는 각 여전의 토품土品과 수확률을 수개 년의 풍년·흉년의 실제 상황에서 비교하여 그 중간점을 잡아 10분의 1의 세액을 정하여 정상적으로 국가에 납입케 하는 것이다. 이러한 결과는 자연히 10분의 5의 사세私稅가 없어지므로 농민은 부유해지며, 10분의 1의 공세公稅가 실행되므로 국가 수입은 전보다 배가된다는 것이다.

이와 같이 국가 수입이 배가된 다음에는 관리의 봉록을 전보다 훨씬 후하게 주어 관리로서 봉급을 가지고도 생활이 유족裕足할 수 있게 해야 (이로써) 관직에 대한 의욕과 긍지심을 북돋워 주며, 따라서 탐오貪汚의 행동도 순조롭게 제지할 수 있게 된다는 것이다.

다산이 본 장에서 국민구부國民俱富와 관리의 후록厚祿 및 생활 풍족을 주장한 것은, 다른 여러 경제 검약 일관론자들보다 일보 전진한 견지를 표시한 것이다.*

---

* 정성철은 〈전론 6〉을 다음과 같이 평하였다. "토지 소유 문제에 있어 봉건국가 소유적 입장이 10분의 1세라는 국가 조세 납부의 필연성을 규정지었다. 이는 봉건통치가 존속되는 한 토지의 봉건국가적 소유에 대한 농민들의 지대 납부로밖에 될 수 없는 것이다. 객관적으로 여전의 농민은 사적 지주의 착취는 면하나 국가지주의 착취에서는 해방되지 못하며 세기적 숙망인 토지의 주인으로는 되지 못한다는 것을 의미한다. (…) 다산의 사상에는 관료통치제도 자체를 인정할 뿐만 아니라 벼슬하는 관리의 이익을 대변한 계급적 제한성이 있다." 앞의 책, p483.

옛날에는 병兵을 농農에 붙였다. 이제 여전의 법을 실행하면 병역兵役을 제정하기에 더욱 좋을 것이다. 우리나라의 병제兵制에 두 가지 용도가 있으니, 하나는 대오隊伍를 편성하여 국방상 사변을 대비하는 것이며, 다른 하나는 포필布匹을 거두어서 수도 경성京城의 군대를 양성하는 것이므로, 이 두 가지는 폐지할 수 없다. 그러나 대오 편성에 소속된 병졸들은 통솔이 없어서 장교와 병졸이 서로 익숙하지 못하고 서로 쓰이지 못하니, 이것이 어찌 군대가 될 수 있겠는가?

이제 만일 여閭에는 여장을 두어 초관哨官*이 되게 하고 이里에는 이장을 두어 파총把摠*이 되게 하고 방坊(면)에는 방장을 두어 천총千摠*이 되게 하고(이장은 큰 여의 여장이 겸임케 하고 방장은 이장들 중에서 현명한 자를 선택하여 겸임케 하면 봉급은 이중으로 받지 않게 된다—원주) 읍에는 현령縣令를 두어 관하管下를 통제하게 하면, 이는 전제田制 가운데에 병제兵制가 스스로 들어 있는 것이다.

사람들이 고립적으로 농사를 하며 제 일을 제각기 하므로 조직이 서지 않고 명령이 시행되지 않지만, 이제 각 개인의 1가 10구의 생명이 여장에게 달려 있으므로 사철 분주하여 그의 통제를 받고 있으니, 이를 토대로 하여 병제를 만들면 그 대오

* 초관哨官 : 종9품 무관직. 3개의 기旗(약 100명)로 이루어진 초哨의 지휘관. 임란 이후 오군영은 영營-부部-사司-초哨-기旗-대隊-오伍 순으로 편제되었다.
* 파총把摠 : 종4품 무관직. 5개의 초哨로 이루어진 사司의 지휘관.
* 천총千摠 : 정3품 무관직. 3개의 사司로 이루어진 부部의 지휘관.

의 진퇴가 규율대로 될 것이다. 어째서 그러할까? 이는 교련과 연습이 평상시부터 있었기 때문이다. 대체로 1여閭 인민의 총수를 셋으로 나누어서 그 하나는 호정戶丁*을 내어 대오에 편입시키고 그 둘은 호포戶布*를 내어 군수軍需를 도와주되 역정役丁*의 많고 적음으로써 호포의 수량을 가감하면 이른바 '괄정충군括丁充軍'*의 폐해가 또한 갑자기 제거될 것이다.

근년에 정승 이병모李秉模가 평안도 관찰사로서 호포법을 중화부中和府 한 고을에 시행하였더니, 그 고을 인민들이 서로 모여서 울부짖기 때문에 실행되지 못하고 말았다. 이를 보더라도 국가의 법령 시행은 반드시 높고 가까운 부류부터 시작해야 하며, 낮고 먼 데서 먼저 시행하면 서로 모여서 울부짖지 않을 자가 없을 것이니 법령이 실행될 수 있겠는가?

그렇기 때문에 여전의 법을 시행한 다음에 효제의 의리로써 교양하고 학교의 교육으로써 조직하여 인민으로 하여금 그 어버이를 친애하고 그 어른을 존경하게 하면 호포는 저절로 실행될 것이다.

古者寓兵於農, 今行閭田之法, 則其於制兵也尤善矣. 國制兵有二用, 一以編伍以待疆場之變, 一以收布以養京城之兵, 二者不可廢也. 編伍之卒, 常無統領, 將卒不相習, 不相爲用, 奚其爲兵哉? 今

---

* 호정戶丁 : 민호民戶의 장정壯丁.
* 호포戶布 : 민호의 포필布匹.
* 역정役丁 : 병역 적령자로서 입영할 대신에 호포를 내고 집에 있는 남정男丁.
* 괄정충군括丁充軍 : 군총軍摠(군인 총수)이 부족할 때 장정을 전부 수색하여 군대에 보충하거나 혹은 군포를 받기 위하여 남정男丁 전부를 군인 명부에 기입하는 것.

閭置閭長, 令爲哨官, 里置里長, 令爲把摠, 坊置坊長, 令爲千摠(里長以大閭之長兼之, 坊長擇里長之賢者兼之, 祿不疊受), 邑置縣令, 令得節制, 則制田而兵在其中矣. 人自爲田, 各私其私, 故紀綱不立, 命令不行, 今十口之命, 懸於閭長, 終歲奔走, 聽其節制, 以之爲兵, 而進退如律. 何者? 敎習有素也. 大較一閭之民, 三分其率, 其一出戶丁以應編伍, 其二出戶布以應軍需, 而以役丁多寡, 加減其布, 則括丁充軍之獘, 亦頓然遂除矣. 近歲李相國 秉模觀察關西, 試戶布之法於中和一府, 府民相聚號哭, 事遂已. 夫國之行法, 自貴近始也. 令自卑遠, 未有不相聚號哭者也. 行乎哉? 行閭田之法而申之以孝弟之義, 律之以庠序之敎, 使民親其親長其長, 則戶布自行矣.

본 장에서는 병·농 합체의 원칙을 실행하려면 여전제에 의거하지 않으면 안 된다는 것을 논술하였다. 다산은 다른 논술에서는 군포의 폐지를 적극적으로 주장하였고, 이곳에서는 호포를 주장하였으니 그 이유는 무엇인가? 다산에 의하면 대체로 군포의 이름부터가 정당치 못하다. 군적軍籍에 의하여 수포收布하는 법은 이조 중종 시대 대사헌大司憲 양연梁淵의 건의로 실행된 것인데, 그 뒤 여러 곡절을 거쳐서 영조 때 균역법이 실행되었는데도 불구하고 군포는 여전히 오히려 더욱 인민의 극악한 파산적 부담으로 되었다. 군정軍丁은 자기 생명을 국가에 바치는 자들인데, 그들에게 또 포布·미米·전錢 등을 바치게 하는 것은 언어도단의 일이다. 그러므로 군인은 생명만을 바치게 하고, 거민居民 즉 병역에 나가지 않는 자들은 일정한 재물을 바쳐서 군수軍需 비용을 도와주어야 한다. 이런 견지에서 호포는 군포와 달라서 군인의 자격으로서 부담하는

것이 아니라 거민居民의 의무로서 부담한다는 것이다. 이것이 다산
의 이른바 "거민은 재물을 내고 군인은 목숨을 바친다(居者出財 兵者
出命)"[2]는 것이다.

　다산은 병·농 합일, 나아가 병·농·교兵農教 삼정三政 합일을 제시
하여 이 전론을 끝마쳤다.

＊　　＊　　＊

　이제 필자가 〈전론〉 7장의 대의를 가장 간단히 지적하면 다음
과 같다.

　제1장에는 인민 균산均産의 원칙을 주장하였으며, 제2장에는 균
산의 원칙을 실행하는 데 있어서 정전井田·균전均田·한전限田 등 여
러 전제가 현실에 적당치 않은 것을 논술하고, "밭갈이하는 자만
밭을 얻고 밭갈이하지 않는 자는 밭을 얻지 못한다(農者得田 不農者
不得田)"는 것을 균산 원칙을 실행하는 요강要綱으로 내놓았다. 제3
장에는 이 요강의 구체적인 실현 방법으로 여전제閭田制를 주장하
였는데, 이는 촌락 집단 농법으로서 토지 공유의 기초 위에 공동
경작, 공동 수확과 일역부日役簿에 의거한 노동 보수를 규정하여 속
물론적인 평균주의를 배척하고 그 결과로서 생산 능률의 증진과
풍속·도덕의 향상을 예상하였다. 제4장에는 여전제의 보편화를 위
해서는 여민閭民의 이동 자유를 허용하고 그들 자신의 이해利害에
대한 자기 판단을 방임할 것을 강조하였다. 제5장에는 여전제 실
시와 함께 공·상업의 병진竝進과 유식층遊食層의 소멸을 예상하고
노동의 기술적인 것, 비기술적인 것에 대한 질적 구별과 보수에

관한 계일법計日法의 차이를 제시하였다. 제6장에는 여전제에 기초한 세제稅制와 녹제祿制를 말하였으며, 제7장에는 여전제에 합치한 병제兵制를 말하였다.

이 <전론>이 다산의 경제 사상에서 가장 중심적이고 체계적이며 이상적 요강임은 더 말할 필요도 없거니와, 그중에도 특히 창안으로서 사상 발전사에 일대 광채를 발휘한 것은 그의 '농자득전 불농자부득전(農者得田 不農者不得田)'의 표어와 '여전'제에 내포된 제 규정들이다. 이는 확실히 당시 지주 및 기생층과 농촌 착취 제도를 반대하여 투쟁하는 빈농민의 이익과 염원을 대변하는 위대한 사상이다.

1.《全書》I-9, 農策, "我國之所謂士大夫 落地生員 襏裾卿相 峨冠博帶 尋行數墨 良役不侵 身布不徵 凌軼武斷 毒痛生靈 此皆遊食之民而病農之類也"
　　* 유식금지론遊食禁止論은 이익·홍대용·박제가 등도 이미 제기하였다.
2.《牧民心書》卷8, 兵典條1 簽丁.

제4부 다산의 실학에 대한 간단한 재론

다산의 생애와 학설에 대하여 필자는 이상에서 사회·경제·정치·철학·문화 각 방면으로 분석 연구한 바 있었으나, 다소 지수紙數가 방대하고 논술이 장황하여 일반 독자들에게 일목요연한 이해를 주기가 곤란하지 않을까 하며, 또 적지 않은 동호자들의 요청도 있으므로 본편의 요령要領을 가장 중점적으로 추려서 간단한 재론을 작성하고, 또 다산의 문학 특징에 관한 몇 마디 소개를 첨부하여 독자들의 대중적 논평에 다소 편의를 제공하려 한다. 따라서 이것으로 본편 전체에 대한 결론을 대신하려 한다.

1. 그의 철학 - 세계관*

다산은 한때 유교로부터 기독교로 전향한 적도 있었으며, 나중에는 서교西敎와 서학西學 즉 기독교와 서양 과학을 혼동시킬 수 없음을 깨닫고 교회를 탈퇴하였으나, 교회가 자기의 포교적 수단으로 전달하여 주는 과학과 기술에 대해서는 적극적으로 환영하고 이를 우리가 능동적으로 수입할 것을 주장하였는 바, 그의 '북학北學'안이 바로 그것이었다.

다산은 사회 발전에 있어서 기술의 중요성을 강조하여 인간이 동물과 구별되는 이유를 종래 관념론과 같이 선험적인 도덕성에 돌리지 않고 오직 기술의 습득에 돌렸으니, 이는 그의 유물론적

---

* '제4부 다산의 실학에 대한 간단한 재론'은 최익한(필명 '최성해')의 논문 <조선 근세 '실학'의 대성자 정다산의 진보적 사상 및 학설에 대한 개론 (상)>을 거의 그대로 실은 것이다. 《인민》 9호, 민주조선사, 1952, pp86~106 볼 것.

경향의 중요한 하나였다. 또한 그는 말하기를 개인은 "지려智慮의 발전에 한도가 있고 기교의 연구에 점차漸次가 있으므로 비록 성인聖人이라도 대중의 공동 토의를 당할 수 없으며 비록 성인이라도 그 완미完美한 것을 다할 수 없으므로 사람이 많이 모일수록 그 기술은 더욱 정미精美해지며 시대가 내려올수록 기술은 더욱 기묘해진다"[1]고 하였으니, 이는 개인에 대한 집체集體의 우월성을 말한 것이며 보수주의 대신에 사회의 진화를 긍정한 것이다.

다산의 '실사구시實事求是'적 학문이 비록 변증법적 유물론과는 아무런 관련이 없고 또 있을 수도 없었으나, 그는 인간의 이성을 선험적인 것으로 보지 않고 인간의 실천 과정에서 성취되는 것으로 보았으므로 공자가 말한 '상지上智', '하우下愚'의 구분에 대해서도 종래 설명과 같이 선천적 성품의 구분으로가 아니라 후천적 습성의 구분으로 보았다. 그리하여 사람들에게 누구라도 노력하고 실행하면 훌륭한 사람이 될 수 있다는 것을 가르쳤다. 이와 같은 그의 이성론적 철학은 그 당시로는 진보적 개혁적 사상이었다.

다산은 봉건 사회의 양반 귀족적 특권을 옹호하며 그의 신비성을 조장하여 주는 미신迷信 및 잡신雜信과 숙명적 관념론들을 반대하였다. 예를 들면 구시대 천문학 하도낙서河圖洛書, 음양오행설陰陽五行說, 참위설讖緯說,* 천간지지설天干地支說, 풍수風水, 택일擇日, 사주팔자四柱八字, 관상술觀相術 내지 동양 의학이 촌관척寸關尺*을 운운하는 맥결脈訣 등—과학의 실증에 위반되고 인민대중의 생활에 유해무익한 모든 것—을 배척하고 실용주의를 주창하였다. 그

---

* 참위설讖緯說 : 원문의 '참휘설讖諱說'과 같음.
* 촌관척寸關尺 : 손목에서 맥을 보는 세 자리.

는 〈상론相論〉에서 사람이 어렸을 때에는 대개 어여쁘던 것이 "자라면서 직업의 차이에 따라 습성이 달라지고 습성의 차이에 따라 상相이 변하게 된다"[2]는 전제 아래 사람의 상이 부귀빈천과 길흉화복을 결정하는 것이 아니라, 이와는 반대로 그가 처해 있는 부귀빈천과 길흉화복이 그의 상을 결정한다고 하는 유물론적 견해에 근거하여 낙후한 사회의 인심을 지배하고 있는 관상술의 신비성을 타파하였다.

다산은 유교 개혁론자였다. 그는 유교 철학 특히 송유 성리학의 초경험적 성격을 노·불 사상과 공리공담으로 인정하고, 고대 유교 경전을 자기 실용주의의 척도에서 해설함으로써 원시 유교의 소박한 유물론적 요소와 실용적 성격을 추출 발전시켜서 자기가 새로 구성하고 있는 도학적 체계 안에 포섭하려 하였다. 예를 들면 《맹자》의 '희희호호熙熙皞皞'의 문구에 대하여 다산은 종래의 주해와 같이 태평안일泰平安逸한 세상을 형용한 것이 아니라 법령과 제도가 찬란한 사회에 밤도 낮같이 명랑하여 암실에 앉아서도 죄를 범하지 않는다는 의미라고 해석하였으며, 《논어》의 "영무자寧武子의 그 지혜는 미칠 수 있으나 그 어리석음은 미칠 수 없다"는 구절에 대하여는 그 '어리석음'이라는 것이 종래 해석과 같이 영무자가 난세에 처하기를 어리석은 사람처럼 하여 자기 개인의 신명身命을 잘 보전한다는 뜻이 아니고, 이와 반대로 정직하며 억세게 나가는 것을 칭찬한 것이라고 해석하였으며, 《서경》의 '선기옥형璿璣玉衡'에 대하여 다산은 혼천의渾天儀라는 종래 주석을 반대하고 선기璿璣는 선옥璿玉으로 만든 자[尺]이며 옥형玉衡은 옥으로 만든 저울이니 정치를 하는 자는 마땅히 도량형을 균일하게 해야 한다는 것으로 해석하였다.

이와 같은 신해설들은 얼른 보면 사소한 문구상의 해설에 불과한 것 같으나, 실제로는 정치와 도덕의 이론에서 중요한 차이를 가져올 수 있는 견해들이었다.

다산은 또 《논어》의 '위정위덕爲政以德' 장에 대하여 주자의 주해는 무위·무사주의無爲無事主義이며 노·불의 초인간적 사상이라고 지적하고, 유위주의有爲主義와 사공주의事功主義를 강조한 동시에 덕치사상을 사공사상으로 전환하려 하였다.

그는 어떠한 학문이든지 "백성의 일상적 실용에 도움이 없으면 학學이 아니다"고 단언하였다. 다산의 전집을 보면 유교 경전에 관한 고증과 해설이 대부분을 차지하였으므로 속학자들에게는 그가 정력적인 주소가註疏家로 오해되었으나 그의 본뜻은 단순한 주소註疏에 있지 않았다. 그는 당시 일반 유학자가 한·당·송의 유학자들의 비실용적인 번쇄한 주석에 중독되어 학문을 사회 실생활로부터 유리시키고 있는 것을 통탄하였다. 그는 유배 중에 한가한 시간을 이용하여 정밀한 분석으로 원시 유교의 소박하고 평이한 방면을 발전시켜 일반 인민이 이해하고 응용할 수 있는 교리를 구성하는 데 노력하였다. 그는 "나의 썩지 않을 것이 오직 《예기》와 《주역》이라"고 하였으니, 이는 그가 유학자들이 가장 신성시하는 《예기》와 《주역》을 번쇄하고 신비한 해설부터 해방하여 자기의 간명하고도 평범한 실용적인 진리로 바꾸어 놓은 것을 두고 자랑함이다. 같은 시대 대산臺山 김매순金邁淳은 유명한 고전 문학자였으며, 또 당파 계통이 다산과는 정반대인 서인 노론이었는데도 불구하고 다산의 《서경》 해설인 《상서평尙書平》을 보고는 해박한 학설과 투철한 견해에 크게 탄복하여 "유림儒林의 큰 사업이 이에 비교할 것은 없다"고 찬양하였다.

요컨대 다산의 유교 경전 고증은 다른 여러 학자들의 해설과 같이 경전 그것을 위한 고증이 아니라 유교 개혁을 위한 목적으로 이용하였다.

다산은 그때로 보아서는 우수한 과학자였다. 대수代數·기하·물리·기계학·광학·역학·의학으로부터 천문·지리·역사·법률·경제·정치·군사학·언어·문학 등 실로 광범한 영역을 포괄한 학자였으며, 일체 신비적 전통과 사변적 유희를 반대하고 사회와 제도의 현실적 개신改新을 주장하는 진보적 이론가였다. 그는 사회 제도의 변천 발전에 대한 기본적 동력이 무엇이며 그 합법칙성이 어떠한 것인가에 관해서는 구체적으로 인식하지 못하였으나, 사회 제도의 고정 불변성을 부정하고 변혁을 주장하였다. 그는 자기의 유명한 논문 〈탕론湯論〉에 은탕殷湯과 주무왕周武王이 신하로서 임금을 타도한 것이 군주정체君主政體 시대에 와서는 '반역'이라고 하나, 민주정체 시대에 있어서는 도리어 인민에게 '충성'한 행동이라고 하여 윤리와 도덕 규정이 정치와 국가 제도의 변천에 따라 변화되고 고정불변하지 않는다는 점을 명쾌히 지적하였다.

다산이 자기 유교 개혁 이론에서 당시 유학자들이 등한시하던 민생 문제와 국방 문제 즉 '부국강병'에 관한 문제를 학문의 가장 중요한 항목으로 삼은 것은 선배 반계의 사상을 계승한 것이었고, 학문을 편협하고 고루한 세계관에 국한시키지 않고 동서와 고금을 널리 참작하여 새로운 체계를 구성하려는 것은 성호의 방법을 채용한 것이었으며, 당시 유학계의 낡은, 그러나 거대한 우상인 주자의 경전 집주集註를 비판하고 창의적 견해를 제창한 것은 백호白湖 윤휴尹鑴(숙종 때 남인계)의 선각적 태도를 배운 것이었다. 공·맹의 원시적 유교를 자기의 개혁 사상에 복종시키자면 무엇보다도 주자라는 유교의 중세기적 우상을 먼저 타파하지 않고서는 불가능하기 때문에 다산은 주자의 경전 해설을 비판하는 데서부터 자기 학설을 출발시켰던 것이다.

그는 《대학》의 '명덕明德'이 주자의 주해와 같이 허령불매虛靈不昧한 선천적인 본체가 아니라 인간의 실천적 행사—예를 들면 효孝·제悌·자慈 등의 실행—에서 얻어진 명칭이라는 백호의 견해를 자기 선배 녹암鹿菴 권철신權哲身 및 복암伏菴 이기양李基讓과 함께 찬동하였다.[3] 백호가 일찍이 주자의 《중용집주》를 개작하였으므로 관학파의 거두이며 서인 노론의 두목인 우암尤庵 송시열宋時烈이 '사문난적斯文亂賊'이라고 공격하니, 백호는 웃으면서 말하기를 "천하의 허다한 이치를 어찌 주자만 알고 나는 모르겠는가? 주자는 그만 덮어 두고 오직 진리만을 논구해야 한다. 주자가 다시 살아온다면 나의 학설이 인정받지 못하겠지만, 만일 공자·맹자가 다시 살아온다면 나의 학설이 비로소 승리하리라"고 자신만만하게 언명하였다.[4] 이는 실로 유학계의 혁명적 발언이었다. 다산은 백호의 학문적 전통을 받아 그의 대담한 창발성에 깊이 동정하고 당시 유학자들의 진부한 노예적 정신을 반대하였다. 그러나 명나라 학자 모기령毛奇齡처럼 주자를 이론적으로가 아니라 욕설로 부정하는 것을 일삼는 태도를 도리어 유해무익한 일이라고 비난하였다.

다산은 자기 철학에서 '기원론氣元論'의 유물론적 요소를 계승하여 이理를 신이나 혹은 인간의 초물질적 영혼으로 보지 않고 기氣

즉 유형 세계 자체의 운동 변화의 원리 또는 필연성으로 인식하였다. 그리고 그는 퇴계와 율곡의 사단칠정설四端七情說에 대해서는 퇴계의 '이발理發'론을 시인하지 않고 율곡의 '기발氣發'론에 오히려 동의하였으며,[5] 호·락湖洛의 인물성동이人物性同異의 논쟁에 대해서는 호론湖論의 인물성상이론人物性相異論을 지지하고 낙론洛論의 상동론相同論을 반대하였다.[6]

그는 본성론本性論에 있어 성性을 초물질적·초육체적인 것으로 보지 않고 물질과 육체의 자연적인 경향 즉 '기호嗜好'로 보았으며, 성본선性本善·성본악性本惡 등 주관적 견해를 부정하고 성은 본래 무선무악無善無惡한 것으로 사람의 행동과 습관에 따라 비로소 선과 악의 사회적 평가를 내릴 수 있다고 하였다. 그래서 그의 인성론은 송유 및 그의 계승자들의 견해와 같이 인·의·예·지仁義禮智를 인간 본성의 선천적 범주로 보지 않고 후천적인 실천 과정에서 얻어지는 개념 및 명칭으로 규정하였으며, 따라서 이른바 '사단四端' ―즉은惻隱·수오羞惡·사양辭讓·시비지심是非之心―을 인·의·예·지 본성의 '단서端緒'로 보지 않고 '단시端始' 즉 시작始作의 의미로 해석하였다. 다산의 이러한 관점들은 종래 성리학자들의 초경험적 관념론의 세계관에서 탈출하여 유물론적 견해로 일보 접근할 수 있는 경향을 표시한 것이다. 더욱이 그의 탁월한 견해는《주역》의 이른바 원·형·이·정元亨利貞을 종래 학자들과 같이 천도天道로 보지 않고 역시 인사人事로 보아 윤리학적 우주관을 배척한 것이었다.[7]

그러나 그는 이론의 출발에서는 유형과 무형의 어느 세계에도 신의 자리를 허용하지 않았으나, 그의 철학적 수준이 '관념론적·종교적·윤리적 잡질雜質을 제거해' 버린 무신론적 체계를 완성하기에는 아직 어렸으며, 이 점에 있어 다산은 서화담徐花潭의 탁월한, 그러나 소박한 무신론적 견해와 변증법적 요소를 충분히 계승 발전시키지 못하였던 것이다.

그의 주장에 의하면, "신神은 기질氣質을 가지지 않았으므로 기氣라고도 할 수 없으며, 신은 인간을 밝게 감시하고 있으므로 무형한 이理라고도 할 수 없다. 만일 밝은 신이 존재하지 않는다면 권력 있는 제왕이나 홀로 거처하는 학자들이 무엇을 두려워하며 경계하여 자기 행동을 삼가겠는가? 밝고 존엄한 상제上帝는 반드시 존재해야 할 것이다. 그러나 그의 존재는 이理도 아니고 기氣도 아니며 알 수 없다"[8] 다시 말하면 그의 의견은 신=상제는 알 수 없는 것이라기보다 차라리 알 필요가 없다는 것이었다.

다산은 이와 같이 자기의 실용주의적 철학의 사변적 판법辦法에 의하여 신앙의 대상인 신, 즉 상제를 주관적으로 설정하였다. 이는 철학사에 있어 칸트가 그의 인식론에서 인정치 않으려던 신의 존재를 '실천 이성'의 요청으로서 인정하게 되었다는 것과 동일한 견지라고 말할 수 있다. 동시에 겸애兼愛=박애론자博愛論者인 묵자墨子가 '겸애를 요구하는 하늘의 의사는 귀신을 통하여 인간에 전달된다'[9]는 전제 아래 '겸애'를 안 하는 상층 계급의 독점물인 신을 반대하고, 자기류의 '겸애'주의자적 신을 설정하여 인민의 평등 권리를 보호하려고 한 수법과 유사하다고도 할 수 있다.*

---

* 묵자는 〈법의편法儀篇〉에 "천하에 크고 작은 나라가 없이 다 하늘의 읍邑이며, 사람은 장유長幼와 귀천이 없이 다 하늘의 신하라(天下無大小國 皆天之邑也 人無幼長貴賤 皆天之臣也)" 하여 지배 계급이 자기들의 전유물로 알고 있던 하늘의 권리를 일반 민중에게까지 분배하였다. 그의 천신天神 숭배는 인간 평등을 쟁취하기 위한 사상적 무기였다. 최익한, 〈조선류교사상에 대한 력사적 고찰〉, 《력사제문제》 12집,

요컨대 다산은 종교철학에 있어 유교의 '경천敬天' 사상과 기독교의 신앙주의를 절충하는 한편 불교의 이른바 '수연설법隨緣說法'의 방편주의를 채용한 것이다.

그의 불철저한 유물론적 요소에서 필연적으로 산출된 이 반신관적半神觀的 이념은 당시 동요하는 소생산자 농민 사상과 몰락해 가는 도중에서 자각하고 있는 일부 양반 인텔리층의 이성을 대변한 것이었으며, 동시에 완고하고 반성이 없는 보수적인 지주·귀족 계급의 이념과는 구별되지 않을 수 없는 것이었다.

엥겔스는 포이에르바하*의 철학이 "유물론적 기초에 입각하였는데도 불구하고 낡은 관념론적 질곡으로부터 아직도 해방되지 못하였다"[10]는 점을 지적하였다. 더구나 이 귀중한 유물론적 기초가 하나의 미숙한 체계로서 동양적 관념론의 현란眩亂한 운애雲靄 속에 잠겨 있던 그 시대에 다산의 철학이 유리론唯理論=이원론理元論의 낡은 질곡으로부터 아직도 완전히 해방되지 못한 것은 물론이었다. 그러나 그가 중세기적 모든 미신과 숙명론적 견지를 반대하는 실학자적 대담성에 의하여 저 귀중한 기초에로 한 걸음 한 걸음 접근하여 간 것은, 조선 철학사상 중요한 발전적 현상으로 평가하지 않을 수 없다.

조선력사편찬위원회, 1949, p136.

* 포이에르바하Ludwig Feuerbach(1804~1872) : 독일의 유물론 철학자. 헤겔 좌파로서 맑스에게 많은 영향을 주었으며, 저서로 《기독교의 본질》 등이 있다.

2. 그의 경제·정치사상과 민주주의

레닌은 일찍이 러시아 19세기의 대사상가의 한 사람인 체르니셰프스키*에 관하여 다음과 같이 논평하였다.

> 체르니셰프스키는 공상적 사회주의자였다. 그는 낡은 반¥봉건적 농민 공동체를 통하여 사회주의로 넘어간다고 공상하였다. 그는 자본주의와 프롤레타리아트의 발전만이 사회주의를 실현할 수 있는 물질적 제 조건과 사회적 세력을 창건할 수 있다는 것을 몰랐다. 19세기 60년대에는 알 수도 없었다. 그러나 체르니셰프스키는 다만 공상적 사회주의자는 아니었다. 그는 또한 혁명적 민주주의자였다. 그는 농민혁명의 이념, 즉 모든 낡은 정권을 타도하기 위한 대중 투쟁의 이념을 내세우면서— 다만 검열의 방해와 관문을 경유하여—그 시대의 모든 정치적 사건에 대하여 혁명적 정신으로 영향을 줄 수가 있었다.[11]

이 체르니셰프스키에 대한 레닌의 평가는 우리 조선 근세의 대사상가인 다산에게도 어느 정도 적용될 수 있다. 그러나 19세기 60년대 러시아의 체르니셰프스키도 자본주의와 프롤레타리아트의 발전이 사회주의의 실현에 어떠한 관계가 있는지를 알지 못하였거늘, 하물며 그보다 수십 년이나 앞서 산 조선의 다산이 이것을 알 수 없었음은 자명한 일이다. 그러므로 다산의 이상理想은 체르

---

* 체르니셰프스키Nikolai Chernyshevsky(1828~1889) : 러시아의 유물론 철학자. 나로드니키주의를 창시하고 소설 《무엇을 할 것인가》를 썼다.

니셰프스키가 바야흐로 성장하는 러시아 자본주의를 너무 조속히 부정하는 공상적 사회주의로 출현한 그것과 같은 형태로 출현할 수 없는 반면에, 그는 자기가 직접 당면하고 있던 조선의 노쇠한 봉건사회를 부정하는 '농민혁명의 이념'으로 발전하였다. 또한 다산은 체르니셰프스키처럼 '옵시나'의 낡은 반半봉건적 농민 공동체에 의거하여 사회주의로 넘어가려 한 것이 아니라, 그가 천재적으로 창안한 여전제 즉 농업 집단화의 조직을 통하여 계급적 착취가 없는 이상 사회로 넘어가려 하였던 것이다.*

다산은 당시 봉건 지주 정권을 반대하고 극악한 조세 제도와 살인적 노역勞役과 고리대금의 중압 밑에서 신음하는 농민대중의 노예적 생활을 구제하기 위하여 양전법量田法의 개선, 지세와 종자의 지주 부담, 환곡제의 철폐, 군포법의 철폐 및 상평법의 실행 등에서부터 사전私田 매수買收와 공유, 공전균세제公田均稅制와 여전제에 이르기까지 각종 경제적 고안들을 논술하였다.

그의 《경세유표》에 의하면 고대 정전제·균전제 및 한전제 같은 것을 실행하기 불가능한 현재로서는 공전균세제가 합리적인 세제라고 주장하였다. 공전균세를 실시하기 위해서는 국가가 국내 사유 경지耕地를 몰수할 대신에 전국 경지 면적의 10분의 1만을 국고금으로 매수하여 공전 즉 국유전國有田으로 만들어서 국세의 유일한 원천으로 삼자는 것인데, 예를 들면 9결結을 경작하는 농가들로

---

* 최익한은 《여독》에서 여전제가 콜호스와 비슷하다고 하였는데, 여기서는 콜호스의 전 단계인 옵시나를 예로 들어 여전제와의 유사성을 부정하면서 여전제가 집단농제라는 사실만 인정하고 있다. 그러나 그가 다산이 여전제를 통해 착취 없는 사회를 지향하였다고 한 것은 자의적 해석에 불과하다. 여전제는 어디까지나 봉건적 착취를 더 공고히 하려는 양반 지주 관료인 다산의 망상에서 비롯되었기 때문이다.

하여금 부근 1결의 공전을 합력 경작하여 그 수확물을 전부 국세로 바치게 하고 그 밖의 납세를 일체 면제해 주자는 것이다. 이것이 이른바 공전균세제로서 이는 정전제와 10분의 1세를 종합 절충한 것이다.

그러나 이 공전균세제는 단순히 세제의 형식으로 보아 평균 정책이라 할 수 있으나, 토지 사유제와 지주가 제거되지 않는 한 재산의 불균등과 노역의 불균등은 농민의 비참한 상태를 여전히 지속 혹은 격화시킬 것이었다. 이러므로 다산은 최후로 토지 국유제의 기초 위에서 여전제 즉 촌락 집단농제를 창안하였다. 여전제는 토지 공유의 기초 위에, 또는 농민만이 토지를 가질 수 있고 농민 아닌 자는 토지를 가질 수 없다(農者得田 不農者不得田)*는 원칙 아래 촌락을 단위로 한 공동 경작과 성원의 실제 노력 분량에 의하여 수확물을 분배할 것을 내용으로 하였으므로, 이러한 고안은 비록 공상적이기는 하나 과학적인 현실성도 내포하고 있는 것이다.

다산은 빈곤과 불평등에서 일어나는 농민대중과 일반 피착취 인민의 반정부 반관료 운동을 필연적인 것으로 인정하였다. 그는 오랜 유배 중에서 지주와 관료의 착취가 제일 격심한 호남 지방의 농민들과 직접 접촉하여 그들의 비참한 생활을 통찰하고 그들이 나아갈 길을 연구하여 멀지 않은 장래에 폭풍우처럼 발발한 농민 전쟁을 예언하였다. 이 예언은 그에게 있어 기적이 아니고 하나의 정당한 결론이었다.[12]

---

* 득전得田 : '유전有田(소유)'이 아니라 '점유占有(분배받아 경작함)'의 뜻임에 주의할 필요가 있다. 김광진, 《정다산의 경제사상》, 과학원출판사, 1962, p129; 김용섭, 《한국근대농업사연구》, 일조각, 1975, p101; 안병직, 《경세유표에 관한 연구》, 경인문화사, 2017, p221 참조.

다산은 농업을 천시하며 농민을 학대하는 제도와 폐습을 개혁하고 유식자遊食者와 태업자怠業者를 퇴치할 것을 강조하는 동시에 제 손으로 밭갈이하는 자만이 토지를 분배받고 밭갈이 안 하는 자는 토지를 분배받을 수 없다는 원칙을 내세웠다. 다산은 종래 토지 분배를 실시한 정치가가 없지 않았으나, 농자와 불농자를 구분하지 않고 일률적으로 분배하여 준 데서 이른바 균전제와 한전제가 모두 아무런 성과를 거두지 못하고 실패로 돌아가고 말았다고 지적하였다. 그는 또 말하기를 농農은 《주례周禮》의 9직九職 중의 하나이므로 국내 인민에게 모두 토지를 주어 농민으로 만들 수 없고, 오직 밭갈이하는 자만이 토지를 갈아 먹어야 할 것이며, 밭갈이 안 하는 자는 농업 이외의 상업·공업 등 무엇이든 적당한 직업으로 생활하도록 하는 것이 국가의 정당한 정책이라고 지적하였다.

"밭은 밭갈이하는 자가 가져야 한다"는 원칙은 우리나라에서는 성호가 이미 약간 제시하였고, 중국에서는 17세기 명말청초의 유명한 학자 왕부지王夫之가 자기 저서 《악몽噩夢》에 제시하였는데, 중국 학자들은 이것을 미증유의 대발명으로 칭찬하였다.[13] 자기 손으로 직접 밭갈이하는 농민만이 토지를 가질 수 있다는 다산의 이론은 오로지 자기 창견에서 나왔는지, 아니면 성호 혹은 왕부지의 저서 같은 데서 다소 참고하였는지는 알 수 없으나, 어쨌든 그는 이 원칙을 천재적으로 발전시켜서 자기의 위대한 고안인 여전제에 연결시켰다. 그는 밭갈이하는 자만이 토지를 가질 수 있다는 원칙을 확보하며 또 발전시키기 위하여 촌락을 단위로 한 공동 경작제와 노력 보수제를 실시할 것을 주장하였다. 그는 이것에 의해서만 일을 태만히 하는 것과 놀고먹는 것을 퇴치하고 근로정신과 생산 능률을 장려할 수 있으며, 따라서 모든 사람이 일할 것과 농사를 존중히 할 것을 실현할 수 있다고 주장하였다.

다산은 중농주의를 제창한 반면에 상공업의 부흥을 또한 주장하였으며, 삼림 양성과 광산 발굴과 어렵漁獵과 자원 개발과 은화 발행을 주도周到하게 장려하여 국가를 부강하게 하고 군대를 강화하기 위한 목적을 달성할 것을 주장하였다.[14] 그는 이를 실현하기 위한 첫째 조건으로서 인재 양성과 기술 획득을 주장하였으니, 그가 연암·초정 등과 서로 호응하여 '북학'을 제창한 것이 바로 이를 의미한다.

다산은 빈부의 차별로부터 사농공상의 차별, 문벌의 차별, 적서嫡庶의 차별, 지방의 차별 내지 문무의 차별, 관직 청탁清濁의 차별까지 이 모든 차별적 제도 및 풍습을 일체 타파할 것을 주장하였다. 그는 또한 군주 세습제의 부당성과 민주 선거제의 합리성을 주장하였다. 그는 자기의 유명한 논문 〈원목原牧〉에서 목牧 즉 통치자가 본래 인민을 위하여 존재한 것이요 인민이 통치자를 위하여 존재하는 것은 아니었는데, 후세에 포학한 통치자가 자기 권리를 남용하여 인민을 사유물로 취급하므로 인민이 통치자를 위하여 존재하는 물건으로서 온갖 고혈을 짜내어 바치게 되었으니, 이와 같이 순서가 전도된 악제도를 반드시 통치자가 인민을 위하여 존재하는 인민 본위의 제도로 환원하지 않으면 안 된다고 주장하였다. 이 이론은 황종희黃宗羲의 《명이대방록明夷待訪錄》 중 〈원군原君〉편에 이른바 "옛날에는 천하가 주인이 되고 군주가 객이 되었으므로 무릇 군주가 종신토록 경영하는 바가 천하를 위하였는데, 지금은 군주를 주인으로 삼고 천하를 객으로 삼았으므로 무릇 천하가 안

녕할 땅이 없는 것은 군주를 위함이다. (……) 그러면 천하의 큰 손해가 되는 것은 군주뿐이니, 본래 군주가 없었다면 사람마다 자사자리自私自利할 수 있을 것이라"[15]는 것과 취지가 거의 서로 유사하나, 황종희의 이론이 무정부적 개인주의에 접근하고 있는 반면에 다산의 이론은 정치적 조직을 전제로 한 민주주의라고 하겠다. 그의 논문 〈원목〉의 이론을 보자.

태고 시대에는 인민뿐이었으니 어찌 목牧이 있었겠는가? 인민은 무지하며 집단적으로 살고 있었는데, 어떤 사람이 이웃 사람과 분쟁하여 결정을 짓지 못하였다. 한 장로長老가 있어서 공정한 말을 잘하므로 그들은 그에게 가서 판결을 받으매 온 마을 사람들이 모두 그에게 복종하고 그를 추존하여 이정里正(이장)이라고 명칭하였다. 그리고 몇 마을의 인민이 서로 분쟁하여 결정을 짓지 못하였다. 어떤 한 장로가 현명하고 지식이 많으므로 그들은 그에게 가서 판결을 받고 몇 마을의 인민이 모두 그에게 복종하며 그를 추존하여 당정黨正(면장)이라고 명칭하였다. 그리고 몇 당黨의 인민이 당과 당간의 분쟁으로 서로 결정을 짓지 못하였다. 어떤 한 장로가 현명하고 덕이 있으므로 그들은 그에게 가서 판결을 받고 몇 당의 인민이 모두 복종하여 그를 주장州長이라고 명칭하였다. 이상과 꼭 같은 사정과 절차에 의하여 몇 주州의 장長들이 한 사람을 추존하여 장長을 삼고 국군國君이라고 명칭하였고, 몇 국國의 군君이 한 사람을 추존하여 장을 삼고 방백方伯이라고 명칭하였으며, 사방의 방백이 한 사람을 추존하여 종宗(우두머리)을 삼고 황왕

皇王이라고 명칭하였으니, 황왕은 이정에서 기원하였다. 그러므로 목牧은 인민을 위해서 있는 것이다.[16]

다산은 이와 같이 목牧, 즉 통치자의 발생 과정을 인민 생활의 필요와 인민 자체의 선택 및 약속으로 설명하여 왕권신수설王權神授說을 반대하고 민주제도를 원칙적으로 시인하였다.

이정里正은 인민의 희망을 좇아 법을 제정하여 당정黨正에게 올리고, 당정은 인민의 희망을 좇아 법을 제정하여 주장州長에게 올리고, 주장은 국군國君에게 올리고, 국군은 황왕皇王에게 올렸다. 그러므로 그 법이 모두 인민에게 편리하였다.[17]

이는 국가의 입법이 인민의 자유의사와 그들의 이익에 기초하였고, 법의 제정 순서도 목牧의 선정 순서와 같이 아래에서 위로 올라갔으므로 태고 사회의 민권 제도는 아무런 계급적 차별을 발생시키지 않았다고 논단하였다. 그리고 그는 다음과 같이 말하였다.

후세에 와서 한 사람이 자기 스스로 황제가 되어 자기의 자제子弟와 시어侍御·종복從僕들을 봉封하여 제후로 삼고, 제후는 자기 사인私人을 가려서 주장州長으로 삼으며, 주장은 자기 사인을 천거하여 당정黨正과 이정里正으로 삼았다. 그리고 황제는 자기 욕망대로 법을 제정하여 제후에게 주고, 제후는 자기 욕망대로 법을 제정하여 주장에게 주며, 주장은 당정에게, 당정은 이정에게 주었다. 그러므로 그 법은 모두 군주의 지위를 높이고 인민의 지위를 낮추며, 아랫사람에게는 각박하고 윗사람에게는 아부하여 인민이 한결같이 목牧을 위해서 사는 것처럼 되었다.[18]

이는 민의와 민권을 떠나서 개인 권력에 기초한 후세 통치자 계급의 구성 과정이, 필연적으로 전자와는 전연 반대의 순서로 되는 동시에 권력의 이기적 규정인 법도 또한 관주민노官主民奴·상후하박上厚下薄의 제도가 되지 않을 수 없었다는 것을 폭로한 것이다.

이 〈원목〉 한 편은 다산의 정치철학에 있어서 최대 원론原論의 하나이다. 그는 태고 사회의 민주제도가 존재한 것과 그것이 후세의 광포무도狂暴無道한 군주 제도로 교체된 역사적 대변혁에 대하여 그 사회적·물질적 기초 및 동력의 필연성을 조금도 전제하지 않고 우연히 돌발적으로 나타난 일개인인 황제의 권력을 군주 정치사의 죄악의 근원으로 인정하였다. 이는 그의 정치철학이 18세기 프랑스 계몽학자들의 이성 사관理性史觀*과 얼마나 공통되어 있는지를 잘 알 수 있는 것이다.

〈원목〉의 자매편이라 할 수 있는 〈탕론湯論〉은 주로 중국의 '역성혁명易姓革命'의 사실을 빌려서 민권 사상을 입증한 것이다. 이 논문에 의하면 신하로서 군주를 타도한 것은 은탕殷湯이 창시한 것이 아니고, 그보다 먼저 황제黃帝가 염제炎帝를 타도하였다는 것을 예시하여, 다산은 임금과 신하의 명분이 고정불변한 것이 아니란 점을 우선 논파하고 다음과 같이 말하였다.

---

* 이성 사관理性史觀 : 역사를 이성의 실현 과정으로 이해하는 사관.

천자天子는 무엇 때문에 있는가? 하늘이 천자를 비처럼 내려 쏟아서 되었는가? 그렇지 않으면 땅에서 샘처럼 솟아나서 천자가 되었는가? 5가家가 1린鄰이 되므로 5가의 추대를 받는 자는 인장鄰長이 될 것이며, 5린鄰이 1리里가 되므로 5린의 추대를 받는 자는 이장里長이 될 것이며, 5비鄙가 1현縣이 되므로 5비의 추대를 받는 자는 현장縣長이 될 것이며, 여러 현장의 공동 추대를 받는 자는 제후가 될 것이며, 제후의 공동 추대를 받는 자는 천자가 될 것이므로 천자란 군중의 추대에 의하여 되는 것이다. 군중의 추대에 의하여 천자가 될진대, 또한 군중이 추대하지 않으면 천자가 될 수 없다. 그러므로 5가가 찬동하지 않으면 5가가 회의하여 인장을 개선改選하고, 5린이 찬동하지 않으면 25가가 회의하여 이장을 개선하며, 9후·8백九侯八伯이 찬동하지 않으면 9후·8백이 회의하여 천자를 개선한다. 9후·8백이 천자를 개선하는 것은 5가가 인장을 개선하고 25가가 이장을 개선하는 것과 마찬가지니, 누가 이를 신하가 군주를 정벌하는 것이라고 하겠는가?[19]

이는 <원목>에 말한바 "황왕皇王이 이정里正에서 기원하였다"는 원칙을 다른 말로 강조하여, 제왕은 하늘에서 내려오거나 땅에서 솟아나는 신성한 존재가 아니고 인민의 뜻에 따라 선임 또는 파면되는 보통 존재라는 것을 밝힘으로써, 민권주의를 옹호하고 군주제도 및 세습제도의 부당성을 주장한 것이다. 이와 같은 정치 이론은 장 자크 루소의 사회계약설과 유사한 민권론적 사상이다. 그는 군주 세습제를 반대하였을 뿐만 아니라 향리鄕吏 말직의 세습제까지도 전부 부정하였다.

그러나 이는 다산의 정치사상에서 가장 이상적이며 비합리적인 고안考案을 표시하였거니와, 그 반면에 당시 일정한 정세情勢와 가능성에 즉응卽應하여 그는 또한 합법적인 고안들을 가졌던 것이다. 그리하여 그는 일찍이 자기를 신임하던 국왕 정조에게 정치적 기대를 걸고 있었던 것도 틀림없는 사실이었다.

당시 정론政論과 문학을 좋아한 정조(재위 1776~1800)는 이조의 현명한 군주로서 문인과 학자를 우대하고 학술과 사상의 자유를 허용하였고, 청조의 문화를 수입하는 한편 건륭의 성대한 문헌 편찬 사업과 은연히 경쟁하기에 노력하였으며, 더욱이 서양의 과학과 기술을 절대 환영하였다. 그는 종래 일종의 철칙으로 되어 있는 지방地方·지정地靜* 및 오행五行 등의 설에 반대되는 지원地圓·지전地轉 및 사행四行 등의 설을 시인하였고, 점성술과 참위설을 반대하는 신학설新學說에 대해서도 아무런 이의도 없이 승인하였으며, 이마두·탕약망·필방제 등 서양인 선교사들의 천주교에 관한 저서들을 일찍이 열독하였을 뿐만 아니라 국내 인사들의 신교적新敎的인 언론 행동에 대하여 대개 불문에 부쳤다. 그리고 보수당이 신진 인사들을 사학邪學 혹은 사교邪敎의 도당徒黨으로 몰아서 고소할 때마다 정조는 항상 관용하며 사건 불확대의 방침을 취하였다.

정조는 연암의 《열하일기》를 '숙람熟覽'(정조 자신의 말)하고 마음으로 대단히 신기하게 여겨서 그 일기가 양반 통치 계급의 추태와 유학자들의 위선을 무자비하게 폭로 풍자한 것으로 충만한 내용

---

* 지방地方·지정地靜 : 천원지방天圓地方과 천동지정天動地靜.

에 대해서는 아무런 지적과 책벌責罰을 가하지 않고, 다만 그 문체가 패관소설적이라는 것을 지적하며 다시 순정醇正한 글 한 편을 지어 바쳐서 속죄하라고 하여 당시 보수자保守者들의 분분한 물의를 진정시켰다. 이 한 가지 실례만 보더라도 정조의 사상적 태도가 어떠하였는지 짐작할 수 있는 것이다.[20]

정조는 화성(수원성) 건축 공사에 다산의 기중기를 사용하여 경비 4만 냥을 절약하고 다산의 기술적 창발성을 크게 격찬하였다.[21] 또 그는 농업 정책에 대한 대책안으로 올린 연암의 《과농소초課農小抄》 및 〈한민명전의限民名田議〉와 초정의 《북학의北學議》와 다산의 〈농정소農政疏〉 등을 크게 평가하고 곧 실시에 옮기려 하였으니(얼마 안 되어 정조가 서거하여 실현치 못하였다), 이런 사실들은 정조가 '이용후생利用厚生' 정책에 얼마나 관심을 가졌는지와 당시 실학자들의 주장을 얼마나 접수하였는지의 사실을 입증하여 준다.

더욱이 정조는 자기 부자가 '시파時派'들의 보호를 받았던 관계로 '시파' 남인의 수령인 채제공을 오랫동안 수상의 지위에 두고 그 일파인 이가환·정약용 등 신사상新思想 분자들을 등용하여 정치 개신에 유의하였으며, 또 일찍이 자기 부자를 모해하던 '벽파僻派' 노론(서인)당파—보수적 당파—의 전횡을 타도하기 위한 계획에 다산 일파를 비밀히 참가시켰으므로 그들은 이와 같은 정치적 기회를 이용하여 실학의 포부를 한 번 실현하려 하였다. 만일 정조의 영단성英斷性과 집행력이 강하고 그의 수명이 길었더라면, 또 그들의 정치적 계획이 실패로 돌아가지 않고 참혹한 1801년의 대탄압 사건이 일어나지 않았더라면, 물론 위로부터의 개신 운동이 어느 정도 실시되었을지도 모른다. 즉 학술의 자유 발전, 과학 기술의 수입, 농업 경제의 개선, 상공업의 부흥, 교통의 발달, 국방력의 강화, 관제 및 학제의 개정, 유학자들의 공담주의空談主義와 부문허례浮文虛禮에 대한 억제, 실사구시 학풍의 장려 등—다산이 자기 저서 《경세유표》에서 합법적으로 실시할 수 있다고 가정한 여러 개혁안들—이 국왕의 강력한 집행권에 의하여 진행되었더라면, 당시 이미 개통의 단서가 시작되고 있던 서양 선진 문화와 기술을 보다 빨리 일정한 자주적 입장에서 수입하여 민족문화와 자본주의 발전에 중요한 박차를 줄 수 있었을 것이다.

그러나 그들은 실패하였다. 영조의 후취後娶 정순왕후貞純王后 김씨(정조 부자를 미워한 자)와 결탁한 이른바 '환관유달(심환지沈煥之·김관주金觀柱·권유權裕·김달순金達淳)' 등 벽파 간신들의 정권 농단과 홍낙안·이기경 등 남인 분파분자들의 모함으로 말미암아 정조가 죽은 그 이듬해에 실학파—'시파 남인'을 중심으로 한 신진 인물들이 일망타진의 비극에 봉착하였다. 이 비극은 실학 일파의 불행일 뿐 아니라 이는 실로 근세 조선의 역사 발전에 있어 불행이었다.

다산의 경제·정치에 관한 이론으로서는 《목민심서》, 《흠흠신서》 및 《경세유표》 등을 들 수 있는데, 일반 속학자들은 이 '2서1표'를 그의 최고 이론으로 인정하고 이것으로 그의 사상 전체를 평가하고 있다. 그러나 이는 그릇된 고찰이다.

《목민심서》는 당시 무지하고 고루하며, 방종하고 무책임한 지방 관리들을 계몽하기 위하여 다산이 저술한 글이었던 만큼 당시의 현실적 조건들과 현행하는 법제 밑에서 수령들이 최선을 다하면 실행할 수 있는 정책들을 각 부문에 나누어 정밀하고 분명하게 논술하였을 뿐이다. 비록 지방적 정책일지라도 역사적 연혁과 실천성에 대하여 그가 긍정적 및 부정적 양 방면으로 논의를 전개한 이상, 물론 그의 사상적 지향을 엿볼 수도 있는 것이다. 그러나 그의 논지는 지방적이며 합법적인 한계를 고려하지 않을 수 없었던 것은 물론이다.

그의 《흠흠신서》는 당시의 무지하고 난폭하며 경솔한 사법 관리들을 교양하기 위하여 그들의 주의 사항을 지시하고 우수한 판결례를 수집하여 법률 적용의 방법을 논술하여 무고한 인민에게 악형 난벌亂罰을 가하지 않도록 할 것을 그의 주요한 목적으로 한 것이므로 국가 법률의 근본적 원칙과 사회적 성격을 논구한 저술은 아니었다. 그러나 그의 논지 가운데에는 인민을 사랑하고 형벌을 신중히 적용하는 것이 법의 정신이라는 점을 강조하는 동시에 덕치주의로부터 법치주의로 전향하는 사상적 계기를 암시하였다.

《목민심서》와 《흠흠신서》는 다산의 우수한 과학적 판단력을 표시한 저서들인 동시에 당시의 탐관오리의 방종성과 행정 및 사법의 문란한 이면과 인민 생활의 비참한 상태를 무자비하게 구체적으로 폭로한 문학적 가치를 가지고 있는 저서들이다. 이 두 저서가 비록 다산의 혁명적 강령에 의하여 편집되어 있지는 않았다고 하더라도, 그것이 완성된 즉시부터 사색당파의 장벽을 돌파하고 국내에 널리 등사 전파 및 구독된 사실로 보아 거대한 영향을 주었으리라는 것은 의심할 바가 없다. 다산은 이 저서들에 관하여 "한 백성이라도 그 혜택을 입는다면 나의 소원이다"고 말하였다.[22]

《경세유표》는 별명을 《방례초본》이라고도 하는데, 이 저서는 중앙정부의 기구 및 기능과 정치·경제·군사의 제반 시설 및 제도에 대하여 구체적으로 논술하였으므로 이 저서를 그의 신국가 건설

계획안으로도 볼 수 있다. 그러나 이것은 다산이 어느 유리한 정치적 기회에 왕권의 발동을 빌려서 실시할 수 있다는 것을 가정한 개혁안이었으므로 역시 합법적인 개혁안이었다. '신 정용 근정(臣丁鏞謹呈)'이란 문구를 《경세유표》 첫머리에 기재한 것을 보면, 물론 이것은 하나의 '합법적인' 형식을 취하여 자기의 비합법적인 내용을 엄호하려는 방법이기도 하지만, 그의 본래 의도는 하나의 건의서로 국왕에게 제출하려는 것이었으므로 '검열의 방해와 관문關門을 통과'할 수 있는 합법적 저서였으며, 또 저서의 내용을 보더라도 '공전균세'와 '북학'을 최대 신안新案으로 취급하여 그 당시의 정체政體와 불상용적인, 그리고 크게 위험시될 만한 논술은 별로 없었다고 말할 수 있다.

그러면 그의 비합법적이며 최고 이상적인 안들은 무엇이었던가? 현행 《여유당전서》 중에서는 그의 명작 <원목>과 <탕론>에 논술된 민권 및 민주사상과 여전제에 나타난 집단 농업의 이상이 바로 그것들이었다.*

다산은 위대한 이상주의자였으며 동시에 소박하고 열렬한 민주주의자였다. 그의 방대한 저술은 민주주의적 경향과 비판적 정신

---

* 일표이서를 합법적인 것으로, <원목>, <탕론>, <전론> 등을 비합법적인 것으로 구분 이해하려는 태도를 정성철은 다음과 같이 비판하였다. "그것은 인위적으로 분리시키는 사람들 자신의 주관인 억측에 지나지 않으며 정약용 자신의 사상 자체는 아니었다. (…) 그가 이상한 정치이념에는 본질상 아무런 변화도 없는 것이다. (…) 그는 시대적 및 계급적 제한성을 면할 수 없었던바 봉건 제도 자체는 부인하지 못하였고, 봉건 사회의 질적 변화를 기대하지는 못하였다." 앞의 책, p441~2 참조.
최익한도 《여독》에서는 "다산의 사회·정치철학의 본질은 마침내 관념의 세계에서 고립의 영광을 지키고 실천의 국토는 한 걸음도 밟지 못하였다"(22장 p346) 하며 제대로 평하였는데, 《실정》에서는 다산을 '민족 영웅화'하려는 정치적 의도가 앞선 나머지 과장 왜곡(즉 발명!)하는 경향이 심해졌다고 하겠다.

으로 일관되어 있다. 강진 지방의 야사野史에 의하면 그의 저서로서 현행본 《경세유표》 이외에 별본이 있었던 것 같다. 《강진읍지康津邑誌》〈명승초의전名僧草衣傳〉(초본등사草本謄寫)에는 다음과 같이 기록되어 있다.

(……) 초의草衣는 정다산의 시우詩友일 뿐 아니라 도교道交이다. 다산이 유배로부터 고향으로 돌아가기 직전에 《경세유표》를 밀실에서 저작하여 그의 문생門生 이정李晴과 친승親僧 초의에게 주어서 비밀히 보관·전포傳布할 것을 부탁하였는데, 그 전문全文은 중간에 유실되었고 그 일부는 그 후 대원군에게 박해를 당한 남상교南尙敎·남종삼南鍾三 부자 및 홍봉주洪鳳周 일파에게 전하여졌으며, 그 일부는 그 후 강진의 윤세환尹世煥·윤세현尹世顯·김병태金炳泰·강운백姜雲伯 등과 해남의 주정호朱挺浩·김도일金道一 등을 통하여 갑오년에 기병起兵한 전녹두全綠豆·김개남金開南* 일파의 수중에 들어가서 그들이 이용하였는데, 전쟁 끝에 관군은 정다산 비결祕訣이 녹두綠豆 일파의 '비적匪賊'을 선동하였다고 하여 정다산의 유배지 부근의 민가와 고성사高聲寺·백련사白蓮社·대둔사大芚寺 등 사찰들을 수색한 일까지 있었다. (……)

이정李晴은 다산이 유형 중에 사랑한 제자였던 것은 물론이요, 시승詩僧으로 유명한 초의草衣(이름은 의순意洵)가 다산 유배 중에 친밀히 내왕한 사실은 《여유당전서》에서도 볼 수 있으며, 남상교(호

---

* 김개남金開南 : 원문의 金介男은 오기.

우촌雨村)는 농학農學에 연구가 깊었고 홍봉주와 함께 다산의 학파이자 개화론의 선창자들이었다. 그들이 비밀히 받은 《경세유표》라는 것은 이제 그 흔적조차 찾아볼 수 없고, 다만 현행 《여유당전서》 중 여전제閭田制를 논술한 〈전론田論〉과 민주 선거제를 주장한 〈원목〉, 〈탕론〉 같은 글들이 별본 《경세유표》 중의 일부분이 아닌가 한다.

이 야사와 같이 별본 《경세유표》의 존재가 사실이라면 남종삼·홍봉주 일파가 전수하였다는 내용이 무엇이었는지를 알 수 없으나, 1866년 서교도 학살 사건이 발발하기 직전에 홍봉주가 대원군에게 개화를 권유한 요지는 서양 열국列國과 통상 결교結交하고 그 기예를 배우자는 것이었다. 이를 보아서는 홍봉주의 논지가 다산의 현행 《경세유표》 중에도 이미 논술한바 이용감利用監·북학법北學法 등 정치적 고안考案을 연역한 데 불과하다 할 것이며, 전녹두 일파가 이용하였다는 '비결秘訣' 운운은 필시 다산이 일생을 두고 주장하던 농민 구제와 계급 타파에 관한 이론 또는 표어였을 것이다. 갑오년 즉 1894년 5월에 농민군이 실시한 군정軍政 및 집강소執綱所와 그들이 제시한 강령인 신교信敎 자유, 탐관오리와 양반 부호의 엄징嚴懲, 노비제도의 철폐, 문벌 타파, 토지 평균 분배 등 12개 조와 기타 척양斥洋·척왜斥倭·보국保國·안민安民 등 구호—이와 같은 정책과 강령은 물론 당시 인민의 요구를 직접 표현한 것이었지만, 그의 이론적 부분은 다산의 저서로부터 받았는지도 알 수 없는 일이다.[23]

하여간 다산의 경제·정치사상을 연구하며 평가함에 있어서 그의 사상적 범위를 그의 합법적 저작에만 국한해서는 안 될 것이다.

3. 그의 애국사상과 민족문화 운동의 선구적 형태

다산은 〈자찬묘지명〉에서 자기 일생의 이상과 노력을 '신아구방 新我舊邦' 즉 우리 낡은 나라를 새롭게 한다는 문구로 총결지었다. 그의 선진적 사상은 그의 학문적 및 정치적 생활과 연결하여 보면 순결하고 열렬한 애국주의적 사상이었다. 그는 당시 공담주의자나 사대주의자나 과문科文 연습자들이나 또는 부문허례를 숭상하는 유학자들이 모두 도외시하는 자기 조국의 역사·지리·경제·제도·풍 습·언어·문화 등 일체에 대하여 특별한 관심을 가지고 연구하여 민족적 발전에 반드시 전제되는 자아 반성의 태도를 표명하였다.

그는 말하기를 "먼 데를 중시하고 가까운 데를 소홀히 하는 것은 예나 지금이나 폐습으로 유독 우리나라 사람들에게 심하다. 비록 제도와 문물은 중국을 모방할지라도 도서圖書의 기재紀載는 마땅히 본국의 것을 밝혀야만 한다"[24]고 하여, 당시 문화인들의 사대사상 과 비애국적 태도를 비난하였다.

그는 또 당시 문화적으로나 정치적으로 지도적 책임이 있다고 자처하는 유학자들이 낡은 서책에만 몰두하고 조국과 인민을 등 한히 보며 경제 및 민생 문제와 군사 및 국방 문제에 대해서는 전 연 관심을 돌리지 않는 것을 크게 미워하고 조소하여 다음과 같이 말하였다.

진실한 유학자는 나라를 잘 다스리며 인민을 편안하게 하며 외적의 침입을 물리치며 국민의 생활을 풍족하게 하며 문무 어느 것에나 다 능통한 것이니, 어찌 글장과 글귀를 따내며 옛날 옷을 입고 절하는 절차를 익힐 따름이겠는가?[25]

그는 자기의 유명한 〈오학론五學論〉에서, 성리학性理學·훈고학訓詁學·문장학文章學·과거학科擧學·술수학術數學 이 다섯 가지는 현실에서 이탈한 학學으로 그 해독은 장차 국가를 망칠 것이라고 강조하며 그런 경향을 통렬히 배척하였다.

이를 보더라도 그의 실학이 순결한 애국주의와 긴밀한 연계가 있었던 점을 알 수 있다.

다산은 서양을 맹목적으로 숭배한 일은 없었다. 다산 일파가 천주교회를 통하여 외국의 원조로 자국의 개화를 촉진시키려 하였다고 후래 일부 사람들은 때때로 떠들고 있었으나, 이러한 말들은 천주교의 외국인 선교사들과 그의 영향 아래 있던 조선인 신도들이 다산 일파의 높은 학술적 명예를 팔아 교회의 정치적 마수를 유리하게 뻗어 보려는 의도에서 나온 선전에 불과하고, 사실은 그렇지가 않다. 그 유력한 증거로는 다산의 친형 정약종이 1795년 이후 중국인 신부 주문모가 입국한 것을 기회로 하여 교회의 지도자로 활동하면서 자기 아우 다산의 '배교'를 안타까워하는 동시에 교회의 일체 비밀을 알려 주지 않았으며, 또 1801년 다산의 질서姪壻 황사영이 반동 정부의 박해를 제지하고 신교信敎의 자유를 보장하기 위하여 서양 군함의 원정遠征과 청제淸帝의 내정 간섭을 청원한 이른바 백서帛書 사건에 대하여 다산은 아무런 관련이 없었을 뿐만 아니라, 당시 사학옥사邪學獄事[26]에 연루된 수많은 사람들을(신자와 비신자를 막론하고) 모두 내심으로 깊이 동정하였는데도 불구하고 황사영만은 역적이라고 호칭하여 자기의 적개심을 표명하였다.

또 다산은 만년에 자기 노작勞作 <이가환의 묘지명>에서 정조 19년 을묘, 즉 1795년 여름에 이가환이 권일신·주문모와 함께 서양 군함을 초청하려고 자금으로 은 2일鎰(24냥이 1鎰)을 내었다는 죄목에 대하여 그것이 전연 사리에 모순된, 반대당의 모함에 불과하다는 것을 특별히 밝혔다.[27] 이를 보더라도 다산 일파는 지배 계급의 혹독한 탄압으로부터 신앙의 자유를 보장할 목적하에서 외국의 무력간섭을 요청하는 그러한 무모하고도 비애국적인 행동을 시인하거나 혹은 이에 관련하였을 리가 만무한 것이다.

다산은 쇄국 정책에 대해서는 물론 반대하고 외국 유학과 국외 통상을 절대 필요한 국책으로 주장하였으나, 그 반면에 자기 나라의 자주 자립적 역량이 없이 외국의 상업을 끌어들이거나 외국의 병력을 이용하는 것은 용인하지 않았다.

다산은 일찍이 국왕 정조의 특별한 부탁을 받고 병서를 연구하였고, 그 후 유배 중에도 《아방비어고我邦備禦考》, 《상두지桑土志》* 같은 저서를 내어 국방 문제에 깊은 관심을 돌렸다. 위에서도 이미 서술한 바와 같이 "나라를 다스리고 인민을 편안하게 하며 외적의 침입을 물리치"는 것을 진실한 학문의 가장 중대한 목적으로 들었으니, 여기에 지적한 '외적'이란 서양 동양 할 것 없이 조국을 침입할 수 있는 외적 일체를 의미한다. 또 그의 <기예론技藝論>에 신식 기예는 외국으로부터 수입할 것이나, 도덕 의리는 자주적으로 수립할 것이요 외국으로부터 수입할 것이 아니라고 주장한 점은 주객과 내외를 구별할 줄 아는 민족 자립적 사상으로 볼 수 있다.

---

* 상두지桑土志: 이덕리李德履가 저술한 국방 관련서. 정약용 저자설은 오류.

다산은 문학에 있어 부화浮華하고 진실성이 없는 경향을 배척하고 피착취 인민의 고난 불평을 극진히 묘사하며 양반 유생들의 위선적 태도와 관료 계급의 횡포 방종한 생활을 폭로 조소하기를 좋아하였다. 음풍농월로 자기들의 유한有閑한 생활을 소일하거나 그렇지 않으면 전원 풍경으로 자기들의 도피적 정서를 표현하는 문학이 지배하고 있던 당시 환경 속에서 다산의 시사詩詞는 비록 한문으로 지어졌으나 그 내용은 인민에 대한 사랑과 정열로 충만되었다. 예를 들면 그의 시집 중 〈기민시飢民詩〉는 기아선상에서 헤매고 있는 인민의 곤궁한 정상情狀과 이에 대한 관리들의 냉담 무정한 태도를 묘사하였고, 〈용산리龍山吏〉, 〈파지리波池吏〉, 〈해남리海南吏〉 같은 시편들은 지방 집달리執達吏들의 가혹 횡포한 행동을 묘사하였으며, 〈애절양哀絶陽〉(생식기를 베어 버린 것을 슬퍼한다)은 착취 계급의 학정을 인민의 비극적인 사건으로 폭로 조매嘲罵하였다.

이 〈애절양〉의 내용은 다음과 같다.

다산이 유배된 전라남도 강진의 노전蘆田이라는 농촌에 한 빈민이 있었는데, 그의 아버지가 늙어 죽은 지 이미 3년이나 되었으되 군보軍保 명부에 제명되지 않고 군포軍布를 계속 납부하며, 또 그가 사내아이를 낳자 관리는 벌써 군보의 명부에 기입하여 성인 군정軍丁 한 명으로 간주하고 군포를 바치라고 독촉하니, 그 가난한 농민은 한 몸으로서 3대의 군포를 물지 않으면 안 되게 되었다. 그러나 이와 같은 과중한 부담을 도저히 응할 수 없으므로 이정里正(이장)은 그 농민의 단벌 재산—어느 의미에서는 자기 자식보다도 더 애중히 하는 농우農牛—을 군포의 대가로 빼앗아 갔다. 아이 아버지는 기가 막혀서 "이놈의 것이 있기 때문에 이 원수인 군포의 대상자 아이를 낳았구나!"하고 그만 칼로 자기 생식기를 베어 버렸다. 그러니까 아이 어머니는 놀라서 아우성을 치며 유혈이 임리淋漓한(흥건한) 자기 남편의 살점(벌써 생식기는 아니다)을 싸 가지고 관아에 달려가서 하소연하려 하였으나, 관아 문지기에게 완강히 거절을 당하여 다만 땅을 치고 울부짖을 뿐이었다.

당시 일반 시인들 같으면 이와 같은 사건을 점잖은 사람의 귀와 입에 담을 수 없는 비속하고 해괴한 일로 보고 작품의 테마로 선택하지 않겠지만, 다산은 이것이야말로 하나의 엽기적인 심리로 대할 것이 아니라 지배 계급의 학정과 인민 생활의 곤궁 비참한 이면을 바로 폭로하는, 중대하고 엄숙한 계기로 보아 이 시편을 지었던 것이다. 이 한 가지만 보아도 다산의 문학 사상과 미적 인식이 어느 편에 서 있었는지를 알 수 있다.

이 밖에도 그의 많은 시편들 중 <충식송蟲食松>, <시랑豺狼>, <승발송행僧拔松行>, <엽호행獵虎行>, <발묘拔苗>, <교맥蕎麥> 등 여러 편은 착취 계급을 송충이에 혹은 시랑(승냥이와 이리)에 견주며 혹은 호환虎患 이상의 관리 폐해를 지적하여 정치의 포악성과 인민 생활의 비참한 상태를 묘사 풍자하였으며, <하일대주夏日對酒>, <불역쾌재不亦快哉> 등 장시는 문벌·계급·지방 등 여러 가지 불평등한 제도가 사회와 국가를 질식시키는 질곡적인 현상을 폭로하고 자유 해방에 대한 동경을 표시하였다. 그리고 <장기농가長鬐農歌>, <탐진농가耽津農歌>, <어가漁歌> 및 <촌요村謠> 등 작품들은 향토 풍속에 관한 묘사였으며, 기타 조국의 아름다운 산천 풍경과 우수한 고적 명승들을 노래하고 자기의 유리流離 곤궁한 생활과 지사志士의 이상으로 채워져 있는 정서를 읊은 시편들이 이루 헤아릴 수 없을 만큼 풍부하다.

요컨대 실학파의 문학은 연암·다산에 이르러 절정에 달하였다고 말할 수 있을 만큼 발전하였는데, 연암을 산문의 대가라고 한다면 시가의 대가로는 다산을 첫손가락으로 꼽지 않을 수 없다. 왜냐하면 시의 형식적 기교에서는 동시대 초정楚亭 박제가朴齊家, 아정雅亭 이덕무李德懋, 영재泠齋 류득공柳得恭, 강산薑山 이서구李書九 등 이른바 4가와 또 실학파가 아닌 시인으로 유명한 자하紫霞 신위申緯 등이 모두 중국 시단에까지 이름을 날린 특장들이 있었으나, 사상적 내용에서는 모두 다산의 하류에 있었던 까닭이다. 다산의 시는 혜환惠寰 이용휴李用休, 금대錦帶 이가환李家煥 부자의 영향을 직접 받아서 실학파적 시풍을 훌륭히 발휘하였다.

다산의 산문에 있어서도 〈오학론五學論〉, 〈환곡론還穀論〉 같은 논문들은 대체로 진실하고도 심각하여 정론문학적政論文學的 가치를 가졌으며, 그중 〈감사론監司論〉 같은 것은 관료 제도의 포학성을 폭로한 훌륭한 짧은 작품이다.

〈감사론〉의 내용은 대략 이러하다.

세상 사람이 보통 도적이라고 하는 것은 먹고살기 위한 좀도둑에 불과한 것이니 실상은 이들이 도적이 아니고, 권력과 관직을 공공연히 이용하여 인민의 재산을 강탈하는 토호배와 지방 군현의 수령들은 사실 강도들이지만 그래도 그들은 작은 강도에 불과하며, 참으로 큰 강도는 한 도의 인민을 약탈하는 감사들이다.

다산은 이렇게 단정하고 그들의 호화 방종한 생활과 난폭한 행동과 시종侍從·노복奴僕·여첩女妾의 성대한 모양과 탐오 협잡의 내용을 신랄하게 폭로 풍자하는 동시에 감사 이상 왕후장상王侯將相

과 상층 귀족들은 큰 강도 중의 가장 큰 강도들이라는 것을 은연히 지적하였다. 그의 시편 <이노행貍奴行>도 이 <감사론>과 동일한 내용을 가진 유명한 작품이다.

그리고 《목민심서》와 《흠흠신서》는 본래 문학을 위한 저작이 아니었지만, 제도와 행정의 내용을 심각히 폭로 비판한 점에서는 많은 일화와 번안翻案을 수집하여 놓은 감상을 주며, 아울러 문학적 가치를 구비하고 있다. 또 《이담속찬耳談續纂》 같은 작품은 민간 격언을 수집하여 운문으로 표현하였는데, '포크로어(민속)'적 문학 가치를 가지고 있다.

다산의 문학은 대체로 답습과 표절을 싫어하고 일정한 구체적 정서와 사상을 담고 있으며 인도주의적 성격을 풍부히 표시하고 있다. 그러나 그의 문학적 가치는 그의 학술적 명성에 가리어졌다.

그의 방대한 저술은 논문·산문·시 할 것 없이 그 어느 것이든 향토와 조국을 사랑하고 인민을 사랑하는 정서로 충만되어 있다. 위에서도 이미 지적한 바와 같이 그의 저작이 모두 우리 국문으로 쓰여 있지 않아서 대중성이 없는 편이지만, 이는 다산이 다른 여러 실학자들과 같이 학술과 사상의 내용을 개혁하기에 정력을 집중하며, 일반 대중을 상대로 하기 전에 먼저 당시의 지식층을 계몽 교양하는 것을 자기의 임무로 인정한 까닭이었다. 또 그것은 긴급한 문제로 삼고 있는 사건들을 우리 국문으로는 갑자기 표현하기가 곤란한 까닭이었다. 그러므로 영·정·순 시대의 실학파 문학은 당시의 일부 문예파의 문학과는 달리 대개 한문의 형식을 그대로 지속하였다. 이러한 사정은 마치 유럽 르네상스 시기에 각국의 유명한 저작들의 많은 부분이 자국의 글이 아닌 라틴어로 표현되었던 것과 비스름하다. 따라서 이는 민족문학 운동이 자체의 역사적 제약성에 의하여 아직 본격적인 단계에 들어서지 못한 일종의 선구적 형태라는 점을 말하여 준다.

그러나 영·정 이후 우리 국문 문학의 창작과 번역 사업이 더욱 활발해짐에 따라 문학 운동으로 하여금 자기의 민족적 형식을 찾는 방향으로 나아가게 한 것은, 실학파의 애국적 정신에서 영향받은 바가 많았던 것도 부인할 수 없다. 문학의 한문적 고전 형식을 타파하는 국문학 일파의 문학 운동과 학술의 한학적 고전 내용을 비판하는 실학 일파의 사상운동은, 그 출발에 있어서는 물론 독자적인 이유와 독립적인 체계를 가지고 있었으나, 이 두 유파는 각각의 발전 과정에서 서로 영향하고 서로 교차하며 나중에는 서로 결합하여 근대적 민족문학의 기초를 닦아 주었던 것이다.

4. 결 어

봉건 말기 조선이 낳은 탁월한 사상가 다산은 자기의 생활 사상 및 학설에 있어서 대내적으로는 1) 지주 귀족과 농·공·상민의 계급적 대립, 2) 정권과 관작官爵의 쟁탈을 위한 양반 동료 자체 내의 당파적 알력, 3) 기호畿湖 주민과 서북 주민의 지방적 차별, 4) 관학파와 실학파의 사상적 투쟁을 반영하였으며, 대외적으로는 동양 봉건주의와 서양 자본주의와의 물질적 모순, 노쇠한 봉건주의의 지지자인 유교 문화와 신흥 자본주의의 문화인 서양 과학 및 기독교-천주교와의 사상적 충돌을 반영하였다.

그는 류반계柳磻溪·윤백호尹白湖·이성호李星湖 등의 실학적 전통을 계승하고 서양 근세 과학의 실증적 방법을 섭취하는 동시에 송유의 초경험적 성리학을 반대하는 청조 고증학풍을 참작하여 광채 찬란한 조선 실학의 대성자大成者로 출현하였다. 당시 조선의 사회와 문화가 선진 국가들의 그것에 비하여 비록 낙후하였더라도 그 역시 예외 없이 자체 발전의 법칙을 밟아 온 이상 이 합법칙성의 구체적인 표현을 파악하려는 우리들에게 있어, 다산의 존재와 그 학설을 맑스-레닌주의적 방법에 의하여 연구 비판하는 것은 조선 근세사의 고상한 추향趣向과 문화적 보재寶財를 평가하는 데 있어 중요한 열쇠가 될 수 있을 것이다.

이조 중기의 양대 국란인 임진·병자 두 전쟁을 겪은 뒤로 봉건 지배 계급의 무능무력한 정체가 여실히 폭로되자 이를 미봉하려는 그들의 정책은 경제상으로나 국방상으로나 더욱 그 약점을 노출하였을 뿐이다. 이것은 이른바 영·정의 '치세'로도 그 근본적인 문란을 조금도 정리할 수 없었다. 인민의 자각 운동은 점차 확대되어 가는 '민요民擾', '민란民亂'을 통하여 그들의 혁명적 대중성을 발휘하는 한편 실학파의 이론적 발전을 통하여 그들의 진보적 사상성을 표시하였다.

국민의 절대 다수를 차지한 빈궁한 인민들이 소수 지배 계급의 횡포한 착취와 압제로 인하여 노예적 생활을 계속하고 있는 그 비참한 현상을 반대하는 동시에 특권과 차별이 없는, 그리고 만민이 다 같이 근로하고 서로 친애 협조할 수 있는 평등적이며 부강 행복한 사회를 건설하기 위하여 실학파 학자들은 고심참담한 연구를 거듭한 결과, 다산의 여전제론과 민주정체론에 이르러 그들의 이상의 절정을 보게 되었다. 그러나 그들은 사회 발전의 기초를 물질적 생산관계에서 보지 못하였으므로 사회 제도의 개혁을 주로 계급적 대중 투쟁에 기대하지 않고 때로는 통치자들의 양심에 호소하였다. 그리하여 그들은 철저한 혁명론자가 되지 못하였다.

다산의 탁월한 공상적 이상은 레닌이 유토피아를 분석한 말씀과 같이 물론 '자주성'이 없는 '약자의 운명'을 가지고 있으며, 그것은 "사회적 제 세력에 의거하지 않고 정치적 계급적 역량의 성장과 발전에 의하여 지지되지 않은 소원이다"[28]고 하겠다.

그러나 그의 공상은 지주와 귀족의 번영과 그들 체제의 유지를 위한 것이 아니고, 이와는 반대로 피착취 피압박 인민 특히 농민 대중의 행복과 평등적 생활을 옹호하는 입장에 섬으로써 진보적 성격을 띠었고, 따라서 '농민혁명의 이념'과 연결되었다.

중국의 명말청초의 황종희黃宗羲·왕부지王夫之·주지유朱之瑜*·당견唐甄·대진戴震 등은 당시 계급적 모순과 민족적 모순이 교착한 사회에서 대체로 "일치하게 불교 도교와 한·당·송·명의 유학을 반대하고(다만 황종희는 왕양명 철학의 형식으로 자기 철학의 내용을 설명하였다—원주) 공·맹학의 부흥 형식으로써 자기들의 사상을 표현함과 함께 시대적 요구를 제출하며, 봉건적 초경제적 착취 방법을 배척하고 개인주의적 국민의 부를 주장하며, 봉건적 미신과 사상적 속박을 반대하고 개성의 해방을 요구하며, 군주 전제 정체를 반대하고 실용의 학을 주장하였다."[29]

---

* 주지유朱之瑜(1600~1682) : 자는 노여魯璵, 호는 순수舜水. 10여 년간 명나라 회복을 위해 힘쓰다가 영력永曆 13년(1659) 일본에 귀화하여 유학계에 많은 영향을 끼쳤다. 원문의 '朱瑜'는 탈자.

이와 같이 진보적 요소를 내포한 청조 초기의 고증학—실사구시학은 임진·병자 전쟁 이후 반계·성호·연암 등에 의하여 전개된 우리 조선의 실사구시학에 대해서도 많은 영향을 주었으며, 다산의 학설 특히 유교 개혁사상은 청유淸儒 고증학풍의 유력한 도움을 받았음을 간과할 수 없다. 그리고 다산 일파는 청초 고증학자들이 감행하지 못한바 기독교의 신앙을 한 동안 연구하여 원시 기독교의 박애주의를 은근히 동경하였으며, 따라서 이와 유사한 계기를 원시 유교의 소박성과 실용성 가운데서 발견 추출하여 자기의 사상과 시대적 요구에 유학을 적응시키며 공·맹을 종속시키려 하였다. 철학상 이와 같은 주관적 실용주의 사고 방법으로 말미암아 그의 세계관이 상당한 과학적 각도에서 출발하였는데도 불구하고 마침내 반신관적半神觀的이며 신앙 필요의 견지로 돌아가고 무신론적인 유물론의 영역에 도달하지 못하였다.

다산은 그의 사상이 그 시대로 보아 상당히 앞섰는데도 불구하고 사회의 낙후성과 역사적 제약성에 의하여 장래할 부르주아지의 사회를 사상화思想化하지 못하고 몰락해 가는 양반층의 선진 분자로서 빈궁과 압박에 항쟁하는 농민대중의 염원을 주로 대변하였다.

그러나 촌락 집단농적 체제를 전개한 전제론田制論과 군주 없는 민주 정치를 동경하는 민권론과 청조 고증학 및 서구 종교 개혁 정신에 대조할 수 있는 그의 유교 개혁 사상은 그의 경제적 정치적 및 철학적 영역에 있어서 그 당시 우리 역사상에 일찍이 보지 못한 탁월한 사상적 체계를 구성하였다. 그는 근세 조선 실학의 대표자로서 봉건주의를 수정 개량하는 이데올로기의 한계를 지나 그것을 반대하고 그와는 다른 새로운 이상적 사회로 지향하였던 것이다.

그는 물론 변증법적 유물론 및 역사적 유물론과는 아무런 관련이 없었던 만큼 스탈린의 말씀과 같이 "사회주의 제도는 밤이 지나면 낮이 뒤따르는 것처럼 그러한 필연성을 가지고 자본주의의 뒤를 잇대어 반드시 올 것"[30]을 전혀 알지 못하였으므로 그의 이상주의는 필연적으로 농민 이상 사회를 공상하였던 것이다. 그러나 레닌은 말씀하기를 "역사적 공적功績은 역사적 활동가들이 그 시대의 여러 요구에 비하여 준 것이 없다고 하는 그것에 의하여 판단되는 것이 아니라, 그들이 자기들의 선행자들에 비하여 새로운 것을 주었다는 그것에 의하여 판단되는 것이다"[31]라고 하였다. 우리의 위대한 사상가 다산은 그 시대 인민의 요구에 응하여 혁명을 주지 못하였고, 또 줄 수도 없었다. 그러나 그의 사상과 이론은 그의 선행자들보다 비교할 수 없을 만치 새로운 것을 주었다. 이는 확실히 우리 조선 역사 발전의 도상에 있어서 하나의 중요한 사상적 전통의 요소로 되어 있는 것이다.

다산 일파는 국왕 정조의 특별한 지우를 받고 군주의 강력한 집행권을 빌려 위로부터의 정치적 개혁을 현존 《경세유표》와 '북학' 안 정도로 기도企圖하였으나, 보수당의 반대와 테러로 말미암아 여지없이 실패하였으며, 일시 호전되는 기세는 다시 1801년 대탄압 사건 이후 이른바 외척 '세도' 정치의 암흑한 시기로 들어가게 되었다. 따라서 한 동안 (정조 시대) 양반 출신의 지식계를 움직이고 있던 선진적 사상은 그만 대중의 침묵 속으로 들어가서 19세기 중엽까지 장차 대폭발을 준비하는 화산맥火山脈처럼 땅속에서 들끓고 있었을 뿐이다.

다산의 뒤에는 실학파의 활동이 철학·정론政論 및 문학의 각 방면에 갑자기 혁명적인 광채를 잃어버리고 박제가의 제자 김정희(유명한 금석학자)와 이덕무의 손자 이규경(《오주연문장전산고五洲衍文長箋散稿》의 저자) 등을 대표로 실학은 일종 전문적인 고거학考據學 내지 백과사전식의 박학博學으로 흐르는 경향을 표시하면서, 이른바 '정통' 유학파의 보수적 및 반동적 기세를 저항할 수 없는 궁지에 처하였다. 이는 청조 건륭乾隆·가경嘉慶 시대의 고증학이 초기 고증학의 혁명적 성격을 잃어버리고 고증을 위한 고증학으로 변화하여 인민의 지지를 받지 못하였던 것과 유사한 운명이었다.

그 귀중하고도 고상한 다산의 사상—<원목原牧>과 <탕론湯論>에 나타난 민주 정체적 사상과 <전론田論>에 나타난 여전제적 공산사상—은, 20세기 조선의 반제反帝 반봉건적 민족 해방 투쟁이 국내 프롤레타리아 계급의 성장과 함께 러시아 사회주의 10월 혁명의 영향을 받아 전면적으로 발흥하기 전까지 이른바 '갑신정변甲申政變'을 일으킨 귀족 '개화당'과 '갑오농민전쟁'을 지도한 평민 출신들에게 영향을 주었는데도 불구하고, 그것이 그들의 이론상에서나 혹은 표어상에서나 뚜렷이 또는 발전적으로 제기되지 못하였다. 이는 어떠한 이유였던가?

그것은 첫째로 봉건주의를 반대하여 싸우는 계급의 계급적 자주성과 자각성이 박약薄弱하였던 까닭이었고,

둘째로 국내에 침입한 자본주의가 이미 자기의 출세적 기치인 민주주의를 자기 부정하는 제국주의 단계에 들어서서 국내 봉건주의적 체제를 파괴할 대신에 도리어 이를 이용 조종하고 자기의 역사적 계몽자의 역할을 잃어버리게 한 까닭이었으며,

셋째로 당시 조선을 포위하고 있던 여러 세력—가까이는 일본·

청국과 멀리는 제정 러시아·영국·미국 등—이 모두 곰팡이가 슬은 중세기의 군주적 감투를 그대로 쓰고 있거나 혹은 이것을 벗었다 하더라도 침략과 간섭을 상징한 독점 자본의 총칼로 무장하려고 하는 국가들이었으므로, 이들의 고압적인 분위기는 당시 조선의 선진 인사들에게 인민 본위의 경제적 정치적 사상의 자유로운 발육을 방임하여 주지 않았기 때문이다.

다산은 탁월한 실학자이며 봉건 사회 붕괴기의 우수한 산아産兒로서 자기의 반봉건적 세계관과 '농민 혁명의 이념'을 위하여 투쟁하였으며, 잔악한 사형의 위협과 18년간에 걸친 장기 유형의 고난도 그의 강한 신념과 의지를 굴복 좌절시키지 못하였다. 그의 조국과 인민을 위한 열렬한 인도주의와 애국 사상은 방대한 저작과 다방면한 언론과 사실적인 문학으로써 인민에게 많은 영향을 줄 수가 있었다. 연암의 저작이 '갑신정변'을 계획하던 개화 독립당에게 계몽적 역할을 하였다고 하면,[32] 다산의 이론은 그가 명확히 예견한 '갑오농민전쟁'에 사상적 영향을 주었다고 하겠다.* 그리고 후자의 국가 개혁을 위한 경제적 정치적 이상과 진리의 신념을 위한 순도자적殉道者的 기개는, 전자와는 비교할 수 없을 만치 우리 인민의 고상한 전통으로 발전될 수 있는 것이다.

---

* '갑오농민전쟁 예견설'은 정인보가 <정다산 선생의 뜻깁흔 부촉>(《신조선》, 1935)에서 맨 처음 제기하였는데, 최익한은 마치 다산교 신도인 양 이런 터무니없는 망상에 동조하면서 심지어 《경세유표》 별본설'이라는 해괴한 설화적 구성을 취하여 '갑오농민전쟁 영향설' 같은 궤변까지 늘어놓았다. 이는 자신의 비과학성을 스스로 고백한 것일 뿐만 아니라 혁명을 모독하는 중대한 반인민적 오류이다. 자세한 것은 졸고 <실정 해제> 볼 것.

1. 《全書》I-11, 技藝論1, "智慮之所推運有限 巧思之所穿鑿有漸 故雖聖人不能當千萬人之所共議 雖聖人不能一朝而盡其美 故人彌聚則其技藝彌精 世彌降則其技藝彌工"

   * p476 주7 볼 것.

2. 同上書, 相論 참조.

   * p477 주15 볼 것.

3. 同上書, 鹿菴權哲身墓誌銘.

4. 南紀濟, 《我我錄》卷1, 龍門問答, "天下許多義理 豈朱子獨知 而余不知耶 又曰 姑置朱子 只論義理而已 朱子復起 則吾說屈矣 必須孔孟復起然後 吾說乃勝"

   * 남기제南紀濟: 생몰년 미상. 본관은 의령宜寧. 자는 인수仁叟, 호는 설하거사雪下居士. 영조 때 노론계 학자.

5. 《全書》I-12, 理發氣發辨.

   * p539 주23, 24 볼 것.

6. 《孟子要義》告子·上과 《中庸講義補》天命之謂性節 등 참조.

   * 원문에 '文集中 〈人物性同異辨〉' 참조로 되어 있는데 이는 오류.

   * pp537~8 주10~13, 16 볼 것.

7. 《全書》I-19, 答李汝弘.

   * pp536~7 주7~9 볼 것.

8. 《中庸講義補》鬼神之爲德節.

   * pp539~540 주25 볼 것.

9. 《墨子》明鬼篇下.

   * 〈명귀편·하〉의 특정 문구가 아니라 대의를 표현한 말이다.

10. 《맑스·엥겔스 전집》 러시아어판 제14권 p652.

11. 《레닌 전집》 러시아어판 제15권 p1445.

12. 《全書》I-19, 與金公厚履載 참조.

13~14. 同上書 卷9 〈應旨論農政疏〉와 《經世遺表》 참조.

15. 《明夷待訪錄》, 原君, "古者以天下爲主 君爲客 凡君之所畢世而經營者 爲

天下也 今也以君爲主 天下爲客 凡天下之無地而得安寧者 爲君也 (…) 然則爲天下之大害者 君而已矣 向使無君 人各得自私也 人各得自利也"

16. ☞ p591 주11.

17. ☞ p591 주12.

18. ☞ p591 주13.

19. ☞ p592 주23.

20. 上海 간행《燕巖集》중 <答南公轍書> 및 그 解題 참조.

   * 위의《燕巖集》은 1917년 金澤榮 주도로 南通縣翰墨林書局에서 간행된 《重編朴燕巖先生文集》(전7권)을 말한다.

21. 《華城城役儀軌》10卷 10冊 참조.

   * 《화성성역의궤》는 권수卷首 1권, 본편本編 6권, 부편附編 3권의 10권 10책. 《국역 화성성역의궤(상)》(경기문화재단, 2005) pp125~8의 <거중기도해擧重器圖解>와 《여유당전서》1집 권10 <기중도설起重圖說>과 <총설總說> 등을 볼 것. 참고로, '4만 냥'설은 다산의 기록인 <자찬묘지명>에만 나온다. "기중가起重架를 사용해서 돈 4만 냥의 비용을 줄였다(上曰幸用起重架 省費錢四萬兩矣)."

22. 《全書》I-16, 自撰墓誌銘(集中本).

23. 吳知泳,《東學史》, 永昌書館, 1940, p126, "갑오甲午 5월 순간旬間 … 동학군은 전라도 53주州에 집강소를 설립하여 민간 서정庶政을 처리케 하였다. 매 읍에 집강執綱 1인을 두고 의사원議事員 약간 인을 두었으며 대소관리大小官吏들은 그를 방조幇助하여 폐정弊政 개혁에 착수하였으며 동폐정 개혁 건은 아래의 12조로 되었다.

   1) 도인道人(동학교도)과 정부 사이에는 숙원宿怨을 탕척蕩斥하고 서정庶政을 협력할 사事.

   2) 탐관오리는 그 죄목을 조사 구명하여 하나하나 엄징할 사事.

   3) 횡포橫暴한 부호배富豪輩를 엄징할 사事.

   4) 불량한 유림과 양반배를 징벌할 사事.

   5) 노비 문서는 소각할 사事.

6) 칠반천민七班賤民의 대우는 개선하고 백정白丁 두상頭上의 평양립平壤笠은 탈거脫去할 사事.

7) 청춘과부는 개가를 허할 사事.

8) 무명 잡세는 전부 물시勿施할 사事.

9) 관리 채용은 지위와 문벌을 타파하고 인재를 등용할 사事.

10) 왜인倭人과 간통하는 자는 엄징할 사事.

11) 공사채를 막론하고 이왕의 것은 전부 물시勿施할 사事.

12) 토지는 평균 분작分作할 사事."

* 倭人 : 영창서관본에는 공란으로, 초고본에는 '外賊'으로 되어 있다.

24. 《全書》I-16, 地理策, "務遠忽近 古今之通患 惟我東爲甚 雖聲明文物 摹擬於中華 而圖書紀載 宜明乎本國"

* 본 노트 p260 주2 볼 것.

25. 《全書》I-12, 俗儒論, "眞儒之學 本欲治國安民 攘夷狄裕財用 能文能武 無所不當 豈尋章摘句注蟲釋魚 衣逢掖習拜揖而已哉"

* 본 노트 p268, 280 주1 볼 것.

26. 《순조실록》원년 신유 '사옥邪獄'조 참조.

27. 《全書》I-15, 貞軒墓誌銘.

28. 《레닌 저작 선집》제1권 제4분책 〈두 낯의 유토피아ДВЕ УТОПИИ〉.

* 이 글은 레닌이 1912년에 쓴 것으로 본문은 세 번째 문장에 해당한다.

Утопия в политике есть такого рода пожелание, которое осуществить никак нельзя, ни теперь, ни впоследствии,—пожелание, которое не опирается на общественные силы и которое не подкрепляется ростом, развитием политических, классовых сил.

29. 呂振羽, 《簡明中國通史·下冊》, 大連光華書店, 1948, 第15章 第10節.

30. 《스탈린 전집》러시아어판 제1권 p34; 조선로동당출판사판 p387.

31. 《레닌 전집》러시아어 제4판 제2권 p166.

32. 연암의 친손親孫 박규수朴珪壽를 통하여 김옥균·서광범·홍영식 등 청년 개화당 인물들이 연암 문집을 얻어 읽고 계몽되었다.

부 록 1

본저 하편의 부록으로 '1. 다산연보茶山年譜'를 설정한다. 다산의 제자 이정李晴이 기초起草하고 현손玄孫 정규영丁奎英이 수식修飾한 《사암연보俟菴年譜》*는 너무 간략하고 의의가 적은 연대 배열에 불과하므로 필자는 《여유당전서》와 기타 사료를 참고하여 다산의 일생을 3기로 나누어 연보를 작성하였다. 그리고 각종 저작의 연월에 대하여 경집經集·문집文集과 잡찬雜纂 중 단행본으로 될 수 있는 것과 중요한 시편과 서한 및 소장疏狀은 대개 그 저작 시일을 이 연보에 정확히 하였고, 다만 중요한 논설로서도 창작 시일이 모호한 것은 기입하지 않았다.

그다음 '2. 다산의 일사逸事와 일화逸話'와 '3. 다산의 저서 총목록'은 1936년경 《여유당전서》를 간행한 '신조선사新朝鮮社'의 요청에 의하여 써 보냈던 것인데, 다행히 그 초고가 수중에 남아 있기에 부록의 일부분으로 수록한다.*

'4. 종두술─우두술과 정다산'은 1940년경 폐간 직전의 《동아일보》 학예란의 요청에 응한 논문이었으며, '5. 정다산의 이상 사회와 그 역사적 제약성'은 2년 전 김일성종합대학 내 특강의 한 부분이었던바, 둘 다 다산의 실학을 연구하는 데 필요하다고 생각되므로 이에 수록한다.

---

* 俟菴 : 원문의 竢庵은 동자. 《사암선생연보》는 5책본과 이를 간추린 2책본(1921)이 있는데, 최익한은 2책본을 보았다.
* 그다음~수록한다 : 두 글은 출옥 직후인 1936년 초반경에 썼을 것으로 추정된다. 당시 신조선사의 잡지 《신조선》이 1936년 1월호를 끝으로 폐간되어 실리지는 못하고, 이후 《동아일보》에 《여유당전서를 독함》을 연재할 때 그 일부로 포함되었다 (1938.12.27~1939.2.7 연재분).

1. 다산 연보

1) 유소년 및 유학 정진精進 시기

<u>탄생</u> 1762년(이조 21대 왕 영조 38, 임오壬午, 청국 건륭乾隆 27) 음력 6월
16일 사시巳時에 다산은 경기도 광주부廣州府 초부면草阜面 마현
리馬峴里(마재, 지금 양주군楊洲郡 와부면瓦阜面 능내리陵內里)*에서 남인
당계 양반 정재원丁載遠(호 하석荷石)의 제4자로 탄생하였다. 압해
押海 정씨였는데 압해는 옛날 전라도 나주의 속현屬縣이었으므로
나주羅州 정씨라고도 하였다. 동년에 장헌세자莊獻世子의 화변禍
變이 있어서 세자를 보호하던 파, 즉 속칭 시파時派에 속한 정재
원은 그 화변 후에 벼슬을 버리고 자기 시골로 돌아오니 때마침
다산이 탄생하므로 아명을 귀농歸農이라 하였다.

<u>4세</u> 어렸을 때부터 대단히 총명하여 《천자문》을 비로소 배웠다.

---

* 현 '남양주시 조안면 능내리 산 75-1(다산로 747번길 11)'이다. 원문에는 '廣州府'
가 '廣州'로 되어 있는데, 당시에는 '-府'인지 알 수 없었다.

<u>7세</u> '산山'이라는 제목으로 서당의 아동들과 한시를 짓는데, 그는
"작은 산이 큰 산을 가린 것은 멀고 가까움이 다르기 때문이네
(小山蔽大山 遠近地不同)"라고 쓰니, 아버지가 크게 기이하게 여겨
서 계량計量에 명석한 재주가 장래 수리학數理學에 능통할 것을
예기豫期하였다. 이해에 천연두를 곱게 치러 한 점 흔적도 없었
으나, 오직 오른 눈썹이 손터(마맛자국)로 가운데가 나눠졌으므로
스스로 호를 삼미자三眉子라 하였다. 그리하여 10세 전의 습작
집인 《삼미집三眉集》은 선배 장로長老의 격찬을 받았다.

<u>9세</u> 어머니 해남 윤씨海南尹氏의 상을 당하였다. 윤씨는 남인당계
명가의 딸이었고, 도학과 시조로 저명한 고산孤山 윤선도尹善道
(1587~1671)의 후손이요, 박학자博學者 또는 화가로 유명한 공재
恭齋 윤두서尹斗緖의 손녀였다.

<u>10세</u> 문식文識과 사리事理에 깊은 소양을 가진 아버지가 친히 가르
치니, 그는 더욱 근면하여 독려督勵를 기다리지 않고 유교 경전
經傳과 사기史記를 배우는 동시에 그 체재體裁를 본받아 1년 안에
방대한 양의 작문을 내었다.

<u>13세</u> 두보杜甫의 시를 애독하고 수백 편의 한시를 지었으며 이때
부터 그의 시명詩名이 높았다.

<u>15세</u> 1776년(영조 52, 병신丙申) 영조가 죽고 세손이 즉위하니 바로
그가 정조였다. 2월에 관례冠禮를 치르고 관명冠名을 약용若鏞(뒤

에 용보鏞甫이라고도 하였다), 자字는 미용美鏞 또는 송보頌甫라 하였고, 풍산 홍씨豊山洪氏 화보和輔(秀輔의 弟)의 딸과 결혼하여 경성의 처가에 자주 왕래하였으며, 또 이때 아버지 정재원이 다시 출사出仕하여 호조좌랑戶曹佐郞이 되었으므로 그를 따라 경성 남촌南村에 거주하였다.

<u>16세</u> 1777년(정조 원년, 정유丁酉) 선배 이가환과 자형姊兄 이승훈 등을 추종하여 성호星湖의 유고를 비로소 얻어 읽고 실학에 뜻을 두며 유교 경전과 주자집주朱子集註에 대하여 비판적 태도를 취하게 되었다. 동년 겨울에 아버지가 전라남도 화순 현감和順縣監에 부임하므로 그는 배행陪行하여 청주淸州·전주全州 등 명승을 역람歷覽하면서 많은 시편을 지었다.

<u>17세</u> 가을에 화순 인근지인 동복현同福縣의 물염정勿染亭과 광주光州 서석산瑞石山을 유람하였다. 겨울에 중형 약전과 화순현 동림사東林寺에서 《맹자》를 읽으면서 송유宋儒 주해를 많이 비판하였다.

<u>18세</u> 2월에 아버지 명령에 의하여 중형 약전과 함께 화순을 떠나 경성에 돌아와서 과체科體 시문을 습작하였으며 태학 승보太學陞補*에 뽑혔다. 가을에 감시監試에 낙제되었다. 9월에 다시 화

---

* 태학 승보太學陞補 : 성균관의 승보시陞補試. 성균관의 대사성大司成이 매달 유생들에게 보인 자격시험으로 생원시·진사시의 복시覆試에 응시할 자격을 주거나 성균관 기재생寄齋生으로 입학할 자격을 주었다.
다산은 1779년 9월에 감시에 낙방하고 화순으로 내려갔으며, 그해 겨울에 승보시

순에 가서 있었다.

__19세__ 봄에 아버지가 경상북도 예천 군수醴泉郡守로 이임移任하였
으며 그의 처부妻父 홍화보는 전년에 경상우도 병사慶尙右道兵使
로 진주晉州에 재임在任하므로 그는 화순을 떠나 진주를 거쳐 예
천에 와서 관아 서재에서 독서하였다. 가을에 아버지를 모시고
문경聞慶 조령鳥嶺에 가서 처부의 연병練兵을 참관하였다. 겨울에
아버지는 어사御史의 무함誣陷한 바 되어 예천 군수를 사임하므
로 모시고 돌아와 고향 집에서 독서하였다.

__20세__ 경성에서 과시科詩를 익혔다.

__21세__ 경성 남미창동南米倉洞* 형제우물(다산은 이것을 체천棣泉이라 이름
하였다) 부근에 집을 사 가지고 분가 생활을 하였다. 형제가 함께
봉은사奉恩寺에서 경의 과문經義科文을 습작하였다.

__22세__ 1783년(정조 7, 계묘癸卯) 2월에 세자(후일 순조) 책봉을 경축하
는 증광과增廣科 감시監試에서 백씨伯氏 약현若鉉, 중씨仲氏 약전若
銓과 함께 경의 초시經義初試에 입격入格(합격)하고, 4월* 회시會試
에 진사進士*로 입격하여 동방생同榜生과 함께 선정전宣政殿에서

───────────

에 선발되었다. 〈동작나루에서銅雀渡〉;《사암연보》 p6 참조.
* 남미창동南米倉洞 : 현재 남대문로 4가·남창동·회현동 1가에 걸쳐 있던 마을로, 이
곳에 선혜청宣惠廳의 창고가 있었기에 유래된 지명이다.
* 4월 : 원문의 '3월'은 오류.《일성록》에 의하면 음력 2월 21일에 증광 감시의 초시
를 시행하고, 4월 2일에 복시覆試(회시)를 시행하였다.

사은례謝恩禮를 행하는데, 정조가 특별히 다산에게 얼굴을 들라 하고 나이를 묻고 비상한 인재임을 인정하였다. 9월 12일에 만 아들 학연學淵*이 태어났다. 동년에 경성 창동倉洞에서 회현방會 賢坊(지금 會賢洞) 재산루在山樓 아래*로 이주하였다.

2) 서학 연구와 사진仕進 시기

<u>23세</u> 1784년(정조 8, 갑진甲辰 청국 건륭 49) 태학에 거재居齋 독서하
였다. 국왕은 태학생 월과月課로서 《중용강의中庸講義》 80여 조를
발문發問하였으므로 이를 축조逐條 답술答述하는 데 '이발기발理

---

* 진사進士 : 경의經義 출신은 생원, 시부詩賦 출신은 진사라 한다. 〈자찬묘지명〉에는 "경의로 진사가 되었다(以經義爲進士)"고 하였으나, 〈다산연보〉(1830)와 《사암연 보》 p8에는 "4월 회시에 생원으로 입격하였는데 3등 7위였다(四月會試生員入格三 等第七人)"고 자세히 나온다. 또 《사마방목司馬榜目》(규장각한국학연구원 一簣古 351.306-B224sm)에도 '생원시' 합격자 중 37번째로 기록되어 있다. 그러므로 다 산은 경의로 진사가 된 것이 아니라 경의로 생원이 된 것이며, 성적은 100명 중 37 위였던 셈이다. 그런데도 다산이 묘지명에 '경의진사'라고 쓴 까닭은 당시에 '생원' 이라는 말이 천시되었기 때문인 듯하다. 황현黃玹은 《매천야록梅泉野錄·상》(임형택 역, 문지사, 2005) pp115~7에 "소과小科에는 생원과 진사의 구별이 있지만, 보통 통칭하여 진사로 일컫는다. (…) 우리말에 유생儒生으로 늙은 사람을 가리켜 생원 이라 한다. 그래서 회시에서 생원에 합격한 사람까지 함께 진사라고 부르니, 이는 유생과 같이 일컬어지는 것을 싫어한 때문이다"고 하였다. 이와 비슷한 내용이 《아 언각비雅言覺非》 권2 〈생원〉조에도 보인다.

* 정학연丁學淵(1783~1859) : 자는 치수穉修, 호는 酉山유산. 시를 잘하고 의술에 정 통하였으며, 70세(1852)에 선공감 가감역을 제수받고 직장直長에 이르렀다. 저서로 《삼창관집三倉館集》, 《종축회통種畜會通》 등이 있다.

* 아래 : 편자가 추가함. 다산은 재산루가 아니라 그 아래로 이주한 것이다. 《여유당 전서》 권1 〈하일누산잡시夏日樓山雜詩〉를 볼 것. 원래 〈다산연보〉(1830)에 "移屋 會賢坊 在山樓洞"이라 하였는데, 《사암연보》에는 洞자가 누락되어 이러한 착오가 생긴 것이다. 재산루는 김육金堉(1580~1658)의 집으로 지금 회현동2가에 있었다.

發氣發'문제에 대하여 당시 박학으로 유명한 광암曠菴 이벽李檗은 퇴계의 이론을 주장하고 다산은 율곡의 논지와 일치하였더니, 국왕은 열람한 다음 다산의 답안을 제1등으로 평정評定하고 그의 학식이 우수할 뿐만 아니라 편당과 습속에 좌우되지 않았다고 크게 칭찬하였다. 도승지 김상집金尙集이 남더러 말하기를, 정약용이 상감上監에게 그처럼 찬양을 받으니 반드시 크게 등용될 것이라고 하였다.

동년 봄에 자형姊兄 이승훈은 중국 북경으로부터 돌아와서 서학 선전을 개시하였다. 전년 겨울에 승훈의 아버지 이동욱李東郁은 동지사冬至使 겸 사은사謝恩使 창성위昌城尉 황인점黃仁點의 서장관書狀官으로 북경에 가므로 승훈은 전부터 서학에 유의留意하던 이벽의 권유를 듣고 사행을 따라가서 북경 천주교회 남당南堂을 찾아 프란체스코 제3회에 속한 유명한 선교사 탕사선湯士選*을 만나서 베드로라는 세례명을 받고 다수의 교회 서적, 십자가, 성회聖繪, 기타 서양 과학 서적과 기물器物들을 휴대하고 이해 봄에 귀국하여 대부분 이벽에게 교부하였다.

때마침 4월 15일은 이벽의 자씨姊氏*며 다산의 백형수伯兄嫂의 4주기일이었으므로 이벽은 기제忌祭에 참례하기 위하여 마현 정씨가에 와서 수일을 유숙하고 다산과 그의 중형 약전을 따라 한강에 배를 타고 경성으로 향하는 도중 두미협斗尾峽에 내려가서 배 안에서 3인은 천주의 존재 및 그 유일성과 천지 창조와 영혼

---

* 탕사선湯士選(1571~1808) : 구베아(Alexander de Gouvea). 프란체스코파의 포르투갈 선교사. 청나라의 흠천감정欽天監正 겸 국자관國子館 산학관장算學館長으로 있었다.
* 이벽의 자씨姊氏(누나) : 경주 이씨(1750~1780)로 정약현의 첫 부인.

의 무형 및 불멸과 내세의 상벌 등 종교 문제에 대하여 일장 토론이 있었으나 제사 폐지설은 이때 없었다고 하였으며, 경성에 가서 이벽으로부터 《천주실의》,《칠극》 등 교리 서적을 얻어 보고 흔연히 향모向慕하였으나 태학 월과月課와 시문時文 공정工程에 정력을 집중하던 때이므로 교리와 서학에 전력하지 못하였다고 하였다. 어쨌든 그가 교회에 관련하고 신도의 지목을 받고 서양 과학에 연구를 시작한 것도 이때부터의 일이었을 것이다.

26세 이때부터 국왕 정조는 다산의 학식·재지才智 및 인격을 극히 애중하여 특별한 상사賞賜와 포장襃奬을 계속하였다. 특명을 받고 중희당重熙堂에 입시入侍하고 물러 나왔더니 정조가 승지承旨 홍인호洪仁浩를 통하여 《병학통兵學通》 한 권을 보내 주면서, "너는 장수의 재주도 겸비하고 있으니 특별히 이 책을 하사하노라"는 밀촉密囑(비밀 교지)을 전하였다.[1]

이때 우인友人 이기경李基慶의 강정江亭에서 독서 작문하면서 서교西教에 관한 토론이 있을 때마다 기경도 흥미 있게 듣고 서교 서적 한 권을 손수 초록抄錄하였다(그 이듬해부터 그는 보수파에 아부하여 '사학邪學' 배척에 출진出陣하기 시작하였다).

28세 1789년(정조 13, 기유己酉) 봄에 태학 표문表文 시험에 제1등으로 당선되었으므로 정조는 제택第宅을 주었다. 직부전시直赴殿試* 갑과 제2등으로 급제하여 비로소 문관으로 희릉 직장禧陵

---

* 직부전시直赴殿試 : 전시에 곧바로 응할 수 있는 자격을 얻는 것. 전시는 임금의 친림親臨하에 행하던 과거의 마지막 시험이다.

直長이 되었다. 《희정당대학강록熙政堂大學講錄》1권을 만들었다. 겨울에 한강 주교舟橋* 가설架設에 대하여 그는 규제를 진술하였다. 이해에 대신大臣의 초계抄啓*로 규장각 월과月課에 참가하여 〈지리책地理策〉에서 지원설地圓說의 정당성을 논증하고, 금·은·동·철의 광업鑛業 및 야업冶業에 대한 자유와 경세輕稅로써 국부를 증진할 것을 논술하며, 우리나라 지리서를 새로 제작할 것을 주장하였다.

<u>29세</u> 2월에 김이교金履喬*와 함께 한림회권翰林會圈*에 뽑혀 예문관 검열藝文館檢閱이 되었다. 당시 우상右相 채제공蔡濟恭이 권점圈點을 주관한 것에 대하여 한 대간臺諫(반대파)이 "정실情實 관계로 격식을 위반하였다"고 지적하므로 다산은 국왕에게 사직소를 제출하고 그만 퇴궐하여 여러 번 소환해도 응하지 않았더니, 3월에 정조의 엄명이 내려 해미海美(현 충남 서산)에 유배되었다가 10일 만에 소환되었다. 9월에 사헌부 지평司憲府持平이 되어 훈련원訓鍊院의 무과 시험을 감찰하여 정실과 문벌 관계를 전연 무시하고 재기才技 우수한 자들을 많이 선출하였다. 다음 사간원 정언司諫院正言이 되어 사직소와 함께 과거 개혁안을 논술하였고,

---

* 주교舟橋 : 배다리. 강 위에 배를 엮어 만든 부교浮橋.
* 초계抄啓 : 인재를 뽑아 보고함. 정조는 신진 정치·문화 세력을 양성하기 위해 초계문신을 규장각에 소속시켜 학문을 연마토록 하였다.
* 김이교金履喬(1764~1832) : 자는 공세公世, 호는 죽리竹里. 노론 시파로서 대제학·우의정에 올랐고 글씨를 잘 썼다. 동생 김이재金履載(1767~1847)와 함께 초계문신으로서 다산과 친분이 있었다.
* 한림회권翰林會圈 : 한림은 주로 예문관 검열藝文館檢閱을 이르는 말이고, 회권은 대제학大提學·직각直閣·대교待教·한림의 적임자를 뽑을 때 전임자가 모여 선출될 사람의 성명 위에 권점圈點을 찍는 일을 가리킨다.

규장각 월과에 제1등으로 당선되어 마필馬匹과 호피虎皮 등 국왕의 상사賞賜를 받았다. <십삼경책十三經策>에서 고증의 필요와 학풍의 혁신을 역설하였고, <문체책文體策>에서 속류 문체의 개혁을 논술하였으며, <인재책人才策>에서 당쟁의 연기緣起가 작록爵祿의 쟁탈에 있고 '의리'와 언론에 있지 않으며 조정이 '탕평'의 정책을 표방하면서 본래부터 당쟁의 권외에 있는 여항閭巷 천민과 서북 인민을 등용치 않는 것을 신랄하게 지적하였다. 또 <맹자책孟子策>*에서 맹자가 당시 제후에게 왕정을 권고하였을 뿐만 아니라 공자가 먼저 이를 권고하였으며 한 번도 존왕尊王한 일이 없었다고 논증하였다(그러나 이상 여러 책策 중 삭제된 부분이 많은 것은 다산 자신이 시휘時諱와 화근을 고려하여 대담하게 논술한 부분을 추후 삭제하였기 때문이다).

30세 1791년(정조 15, 신해辛亥) 호남 사인士人 윤지충尹持忠(다산의 외종형)·권상연權尙然(윤지충의 외종형)이 천주교를 믿고 조상 제사를 폐지하고 신주를 집어치운 일로 사형에 처해졌다. 이 사건을 단서로 하여 이기경·홍낙안·목만중(모두 남인당의 분파)이 서양 과학과 천주교를 구별 없이 '서학西學' 즉 '사학邪學'으로 규정하고 이가환·정약용 일파를 사학도邪學徒로 지목하여 사감私憾을 실현시키려 하였으며, 특히 홍낙안은 좌상左相 채제공에게 장서長書를 보내어 "총명 재지才智한 사대부 중 열에 일고여덟은 모두 서교에 가입하여 장차 황건黃巾·백련白蓮의 반란이 있을 것이라"고

---

* 맹자책孟子策 : 조성을은 <맹자책>을 1788년 8월 26일 작, <문체책>을 1789년 11월 17일 작, <인재책>을 1790년 2월 6일 작, <십삼경책>을 1790년 12월 3일 작으로 추정하였다. 《연보로 본 다산 정약용》 p148 참조.

하여 물론物論를 일으키고자 하니, 정조는 그들의 심사를 잘 알고 사건 처리를 채제공에게 위임하며 그들을 정원政院(승정원)에 불러들여 대증對證 사실査實케 하고 이기경을 무고죄로 경원慶源에 유배하였다. 그러나 보수파의 물의를 진정하기 위하여 그해 11월에 이승훈을 구서죄購書罪(연전에 북경에 가서 교회 서적을 가지고 온 죄)로 삭직削職하고 권일신을 교주죄敎主罪로 서산瑞山에 안치하며 그 외 중인中人 신도 정의혁鄭義嚇 등 11인에 대한 처단이 있었다. 이것이 이른바 신해교옥사건辛亥敎獄事件이다. 그리고 보수파의 강요로 홍문관 내에 장치藏置되어 있는 서양 서적을 소각하고 금후 명청 문집과 패관소설의 입국을 금지하였다. 이해 겨울에 다산은 정조가 발문發問한 《시경강의詩經講義》800여 조를 해답解答하여 크게 칭찬을 받았다.

31세 봄에 홍문관 수찬弘文館修撰이 되었다. 4월 9일 아버지가 진주 목사晉州牧使로 임소任所에서 별세하므로 다산 형제는 분상奔喪하여 충주에 반장反葬하였다. 겨울에 정조의 특명에 의하여 성제城制를 논술하고 기중기起重機·활차滑車·고륜鼓輪 등 도안을 창작하여 수원성水原城 수축修築에 응용한 결과 공사가 성공하였으며 또 경비 4만 냥을 절감하였다.

32세 여름에 화성 유수華城留守 채제공蔡濟恭이 들어와 영상領相(首相)이 되어 다시 국왕에게 글을 올려 '임오 참인壬午讒人'*을 논죄하였고, 이어서 정조는 영조의 <금등사金縢詞>를 내보이며 장헌

---

* 임오 참인壬午讒人 : 임오년(1762)에 장헌세자를 모해하던 서인 노론의 벽파.

세자의 효성을 증명하였으나, 홍인호洪仁浩(義浩의 형)는 채상蔡相을 비난하다가 도리어 사류士類의 배척을 받고 이를 다산이 주론主論한 것으로 의심하였다.

33세 6월에 부상父喪을 마치고* 7월에 성균관 직강直講이 되었다. 8월에 비변랑備邊郎*이 되었으며 10월에 다시 홍문관 교리校理·수찬이 되었는데, 〈사교리겸진소회소辭校理兼陳所懷疏〉에는 내각학사內閣學士 정동준鄭東浚*이 권세를 탐하고 뇌물을 좋아하는 사실을 직언하였다. 곧 경기도 암행어사가 되어 재상과 수령의 탐오 범법한 죄행을 용서 없이 보고하고 법에 의하여 처단하였다. 당시 관찰사 서용보徐龍輔의 탐오도 어사 탄핵 중에 들었으므로 용보는 후일 항상 다산을 저해沮害하였다.

34세 정월에 사간원 사간司諫院司諫을 지내고, 곧 통정대부通政大夫 동부승지同副承旨가 되었다. 2월에 병조 참의兵曹參議로서 국왕의 현릉원顯隆園(장헌세자 묘) 참배행參拜行을 따라 수원에 갔다 왔다. 〈기민시飢民詩〉 3장 1편을 지었다. 병조에 숙직하던 어느 날 밤에 정조는 다산의 시재詩才를 시험하고 이어 관각館閣에 승작昇爵

---

* 6월에 부상父喪을 마치고 : 원문은 '七月에 父喪을 마치고'로 되어 있다. 다산이 3년 상을 마친 시점은 7월이 아니라 6월이다. 〈다산연보〉(1830)에 아버지 사후 "27개월 만인 갑인(1794) 6월에 담제禫祭를 지냈다"고 하였다.
* 비변랑備邊郎 : 조선 후기 군무軍務의 기밀機密을 맡아보던 비변사의 낭관郎官으로 종6품직.
* 정동준鄭東浚(1753~1795) : 자는 사심士深, 호는 동재東齋. 이조 참의·대사간·경상 관찰사 등을 지냈다. 다산이 그를 탄핵하는 소를 작성하였지만 때마침 경기 암행어사로 발령되는 바람에 올리지는 못하였는데, 그 이듬해(1795) 정동준은 권유權裕에 의해 탄핵되어 음독자살하였다.

시키기 위하여 <왕길 석오사王吉射鳥詞>라는 궁벽한 고전적 시제
詩題를 내 주고 칠언배율七言排律 100운韻을 새벽이 되기 전에 지
어 바치라고 돌연히 엄명하였다. 그래서 다산은 곧 비필飛筆로
지어 드렸더니 국왕은 크게 칭찬하고 그 시를 관각 문신 민종현
閔鍾顯·심환지沈煥之·이병정李秉鼎 등에게 공개하여 평론하게 한
결과 다산의 문명文名과 재명才名이 상하를 경동驚動케 하였다.
<고시古詩> 24수를 지었다.

동년(즉 정조 19년 을묘乙卯, 1795) 수년 전부터 조선 천주교도는
북경 천주교회에 간절히 요청한 결과, 청인淸人 신부 주문모周文
謨가 작년 12월에 국내에 잠입하여 1월에 경성에 와서 북산北山
아래 은거하면서 활발히 포교하니 교세가 갑자기 왕성하였다.
이때 다산은 이미 교회와는 관계를 끊었으나 그들의 동정動靜을
들어 알았으며 영상 채제공은 정조와 밀의하여 주문모가 외국
인이므로 공개하지 않고 비밀히 체포하여 간단히 처리하려 하
였으나 문모는 탈주하였다. 악인惡人 목만중 등(남인 분파)은 유언
을 선동하여 다산 일파의 신학풍新學風을 저해沮害하려 하며 박
장설(소북小北)을 사촉하여 국왕에게 무고誣告하기를, 지난 경술년
庚戌年 증광별시增廣別試에 급제한 정약전의 책문策文은 서양 사설
邪說을 좇아 오행五行을 사행四行이라고 하였는데도 불구하고 시
관試官 이가환은 이것을 제1등으로 평정評定하였다고 하니, 정조
는 교지로 그 무고를 변명하고 박장설을 유배하였다. 그러나 반
대파의 물의를 막기 위하여 7월에 이가환을 충주 목사忠州牧使로
다산을 금정 찰방金井(洪州)察訪으로 외출外黜시키고 이승훈을 예
산현禮山縣에 유배하였다. 이에 다산은 서교와 관계가 없는 것을

보이기 위하여 홍주 지방의 신도를 많이 설유說諭하였으며, 목재木齋 이삼환李森煥(성호의 종손從孫) 등과 온양溫陽 석암사石巖寺에 모여 매일 유학을 강론하고 <서암강학기西巖講學記>를 지었으며 성호 유고를 교정하였다. 12월에 국왕의 소환이 있었다.

35세 가을에 국왕은 검서관檢書官 류득공을 보내서 다산과 이가환에게 《규장전운옥편奎章全韻玉篇》의 의례義例를 문의하였다. 겨울에 규장각에 들어가서 이만수李晩秀·이재학李在學·이익진李翼晉·박제가朴齊家 등과 함께 《사기영선史記英選》을 감교勘校하였다. 시 <불역쾌재행不亦快哉行 20수>를 지었다. 12월 병조 참지兵曹參知를 거쳐 우부승지右副承旨로 좌부승지左副承旨에 승직陞職하였다.

36세 봄에 이서구李書九·윤광안尹光顏·이상황李相璜 등과 함께 《춘추좌씨전春秋左氏傳》을 감교하였고, 반시泮試에 대독관對讀官으로 고평考評에 참가하였다. 6월에 다시 승정원에 들어가서 동부승지가 되어 <변방사동부승지소辨謗辭同副承旨疏>를 국왕에게 제출하였다. 이때 반대파는 다산 일파가 국왕의 친신親信을 받고 정치와 문화의 혁신을 창도唱導하는 것을 크게 시기하여 사학邪學으로 무함하므로 다산은 이 장소長疏를 올려서, 첫째로 자기 소년 시절에 서양 서적을 보았을 뿐만 아니라 한 동안 교리에 마음을 기울였던 사실을 고백하였고, 둘째로 그 교리의 허망괴탄虛妄怪誕한 것을 깨달은 것과 일찍이 제사를 폐지한 일은 없었다는 것을 말하였으며, 끝으로 반대파의 시기와 중상中傷이 심한

이 환경에 사진仕進을 계속하는 것이 국가로 보나 개인으로 보나
이익이 아니므로 사직을 간청하였다. 그러나 국왕은 만족할 만
한 비답批答을 주어 위안하고 취직하기를 재촉하였다.

때마침 곡산 부사谷山府使의 파체罷遞*가 있으므로 국왕은 친필로
다산을 곡산 부사로 제수하고 "한 번 등용하고자 하나 잡음이
자못 심하니 웬일인지 모르겠다. 1, 2년 늦더라도 무방하니 가
면 곧 소환하리니 염려 말라"²고 하였다. 이는 다산을 애호하는
방법이었다. 다산은 곡산부에 들어서자 곧 '민란' 두목으로 유
명한 이계심李啓心을 석방하고 그의 진술을 청취하여 여러 가지
폐정을 제거하고 민의에 순응하였다. 겨울에 《마과회통痲科會通》
12권을 지었다.

37세 김이교金履喬·김이재金履載·홍석주洪奭周·김근순金近淳·서준보
徐俊輔 등 여러 문신이 왕명에 따라 작성한 《사기선史記選》 찬주
纂註가 번잡하므로 국왕은 산정刪正의 일을 다산에게 위촉하였다.
4월에 《사기영선집주史記英選集註》를 완성하였다.*

38세 봄에 채제공의 부음을 받고 심히 비통하였다. 곡산 부사로
있은 지 2년에 민정民政·재정財政·형정刑政 등 여러 방면에서 치
적을 크게 올리며, 종래 탐관암리貪官暗吏의 폐정을 일소하여 인
민의 송성頌聲이 전도全道에 전파되었다. 다산은 종래 호적법의

---

* 파체罷遞 : 파직과 체직. 즉 파면과 교체.
* 사기영선집주史記英選集註 : 《사암연보》 p96에는 《사기찬주史記纂註》로 되어 있다.
 위에서 《사기선》은 《사기영선》을 가리킨다.

문란을 바로잡기 위하여 침기표砧基表와 종횡표를 만들고 또 경위선을 그린 지도를 첨부하여 민호民戶의 허실·강약과 지역의 활협闊狹·원근을 일목요연하게 작성하여 간리奸吏의 강제 증호增戶와 인민의 도피 이산離散을 방지하였다. 봄에 <응지론농정소應旨論農政疏>를 제출하여 농업발전에 관한 국왕의 자문에 응하였다.

3월에 호조 참판戶曹參判이라는 임시 직함으로 황주 영위사黃州迎慰使(청국 사신에 대하여)가 되어 50일 동안 황주에 머물러 있었으며, 동시에 특명을 받고 황해도 내 수령들의 비행 악정과 미결 의옥疑獄을 엄밀히 탐사하여 보고하였다.

4월에 한재旱災가 있으므로 국왕은 미결 수인囚人들에 대한 심리審理를 명민하게 진행하기 위하여 다산을 병조 참지兵曹參知로 소환하고 도중에 동부승지同副承旨로, 입경入京 즉시에 형조 참의刑曹參議로 임명하였으며, 또 형조판서 조상진趙尚鎭을 불러서 판서는 늙었으니 금후 일절 판결은 참의參議에게 위임하라고 부탁하였다. 그리하여 다산은 적체되고 난결難決로 있던 많은 형사 사건들을 명쾌하고 민속敏速하게 판결하여 사법관의 재간을 크게 발휘하였다. 또 그가 황해도에서 사찰査察한 바 초도 둔우椒島屯牛와 청사 영접淸使迎接에 관한 폐해들을 국왕에게 진술하여 폐지 정리하였다.

이때 다산에 대한 국왕의 신임이 날로 융중隆重하여 항상 밤 깊도록 기밀을 토의하며, 다산도 또한 지우에 감격하여 국사의 경장更張에 뜻을 두었다. 이를 본 반대당은 크게 시기하였다. 그리하여 대사간 신헌조申獻朝는 권철신과 정약전을 걸어 무고하므

로 다산은 6월에 〈사형조참의소辭刑曹參議疏〉를 제출하여 자기
변명하고 사직하였으며 겨울에 서얼 조화진趙華鎭이라는 자가
반대파의 책동에 의하여 '고변告變'하기를, "이가환·정약용 등이
서교西敎를 비밀히 주관하고 반역을 꾀한다"고 하였으나, 국왕
은 경연經筵 문신들에게 그 무고장을 공개하여 사실이 아님을
밝혀 주었다.

3) 수난과 저술의 시기

<u>39세</u> 1800년(정조 24, 경신庚申, 청국 가경嘉慶 5) 봄에 초정 박제가와
　함께 종두술種痘術(人痘術)을 연구 실험하였다.

　6월 28일 정조가 서거하니 다산은 자기들의 정치적 계획이 좌
절된 동시에 반대당의 반동적 폭풍이 박두할 것을 통탄불이痛歎
不已하였다. 이 반면에 크게 기뻐하여 날뛰는 목만중·이기경·홍
희운洪羲運(洪樂安의 變名) 등은 집권당(노론 벽파)의 앞잡이로 유언
비어를 만들어 선포하기를, 이가환 등이 장차 반란을 일으켜 '4
흉8적四凶八賊'을 제거하려 한다 하여 당국자들을 격동하였다.
다산은 선왕 졸곡卒哭 후에 곧 고향에 돌아가서 형제가 한데 모
여 강론하고 노자 《도덕경》의 "겨울에 냇물을 건너듯이 머뭇거
리고, 사방 이웃을 두려워하듯이 조심하라(與兮若冬涉川 猶乎若畏
四鄰)"는 문구를 취하여 당호堂號를 여유당與猶堂이라 하니, 이는
근신謹愼의 뜻을 보인 것이다. 《문헌비고간오文獻備考刊誤》가 완
성되었다.

<u>40세</u> 1801년(순조 원년, 신유辛酉) 정월에 사상 탄압과 시파 압살을 예고한 섭정攝政 김대비金大妃(영조의 계비繼妃, 벽파의 호신護神)의 <사학엄금교서邪學嚴禁教書>가 선포되었다. 동월 19일 석각夕刻에 천주교 '명회장明會長'* 정약종의 비밀 책롱冊籠이 포청捕廳에 압수되었으며, 박장설(소북)·이서구(노론)·최헌중崔獻重(남인) 등은 계속 상소하여 천주신도를 반역죄로 처단할 것을 주장하였다. 2월 9일에 다산은 이가환·이승훈·홍낙민 등과 함께 금부禁府에 체포되었으며, 권철신·정약전·정약종·이기양·오석충·김건순·김백순(양김은 노론 명가) 및 기내畿內 각지 인사와 신도들이 다수 투옥되었다. 그리하여 그들은 사교와 반역으로 몰려 처참處斬 혹은 유배되었다. 악당은 상기 책롱 중 서교의 '삼구설三仇說'*을 다산 형제의 문서로 위정僞定하고, 또 흉언을 보태서 삼형 약종을 대역부도로 죽였으며, 다산은 겨우 면사免死하여 장기長鬐에, 중형 약전은 신지도薪智島에 유배되었다. 그는 적소謫所에 가서 <기성잡시鬐城雜詩> 26수,* <자소自笑>, <고시古詩> 27수, <오즉어행烏鰂魚行>, <장기농가長鬐農歌> 10장, <백언시百諺詩> 등 많은 시편을 지었으며, <기해방례변己亥邦禮辨>,* 《삼창고훈三倉詁訓》,*

---

* 명회장明會長 : 명도회장明道會長. <황사영 백서>에 '명회장'이라 되어 있다.

* 삼구설三仇說 : 삼구는 육신·세속·마귀로 천주교리에서 인간 영혼의 세 가지 원수. 안정복은 <천학문답天學問答>에서 "육신 원수설은 부모에 대한 패륜이고, 세속 원수설은 군신의 의도 끊는 것이며, 마귀 원수설은 이치에 맞지 않다(己身爲仇之說 其悖倫大矣 … 以世俗爲仇 則君臣之義亦絶矣 … 魔鬼之說 尤不近理)"고 비판하였다.

* 26수 : 원문과 신조본의 '27수'는 오류.

* 기해방례변己亥邦禮辨 : 효종 사후에 종통宗統의 적서嫡庶와 계승을 두고 일어난 기해예송己亥禮訟(1659)의 쟁점을 정리한 소논문. 나중에 자료를 더 보충하고 논리를 재정리하여 《정체전중변正體傳重辨》(1805) 3권을 완성하였다.

* 삼창고훈三倉詁訓 : 한나라 초 편찬된 자전인 《삼창三倉》을 고증한 책인데, 창힐편

《이아술爾雅述》6권*을 저술하였다(동년 겨울 옥중에서 잃어버렸다).
동년 춘옥春獄이 일단락된 뒤에 하옥夏獄에 청인 신부 주문모의
자수 사건과 관련하여 정조의 서제庶弟 은언군恩彦君 인祠, 척신
戚臣 홍낙임洪樂任(시파 두령 홍봉한洪鳳漢의 아들), 각신閣臣 윤행임尹
行恁 등의 사사賜死가 있었으며, 동옥冬獄에 백서帛書 주범 황사영
黃嗣永이 체포되매 악인 홍희운·이기경 등이 다산을 이 사건에 휩
쓸어 넣어서 꼭 죽이려고 백방으로 책동하였다. 그리하여 다산
은 중형 약전 및 이치훈李致薰·이관기李寬基·이학규李學逵·신여권
申與權 등과 옥에 들어갔으나, 다산 형제는 황사영과의 관계가
전연 없었던 것이 판명되었고, 또 정일환鄭日煥이 황해도로부터
돌아와서 일찍이 해도該道 인민에게 끼친 다산의 선정을 극히 칭
도하며 그를 죽여서는 절대로 안 된다고 영상 심환지(노론 벽파
거두巨頭)에게 역설하였으므로 다산은 강진에, 중형 약전은 흑산
도에 유배되었다.

형제가 동행하여 나주성羅州城 북쪽 율정점栗亭店에 이르러 비로
소 작별하였다. <율정별栗亭別> 시편이 있다. 이곳 작별 후에 약
전은 평민 생활로 도민島民의 환심을 크게 얻었을뿐더러 취체取
締(단속)가 조금 풀린 뒤로는 서신이 서로 통하고 저술이 있을 적
마다 서로 문답 논평하였다. 그들이 체포된 뒤 마현馬峴 본가에
는 가산이 전부 탈취되었고 서적과 초고가 모두 산실되었다.

蒼頡篇·원력편爰歷篇·박학편博學篇의 3편으로 이루어져 있다.
* 《이아술爾雅述》6권 : 이는 <자찬묘지명>에 나오는 내용이다. 그러나 《여유당전서》
  권13 <몽학의휘서蒙學義彙序>에는 다음과 같이 '《이아술의爾雅述意》8권'으로 되
  어 있다. "《이아》·운서韻書 등 몇 종의 책에서 쓸 만한 6,500여 자를 뽑아서 간략히
  해석하여 편집하니 모두 8권인바 이름을 《이아술의》라 하였다."

<u>41세</u> 넷째아들 농장農牂*이 요사天死한 소식을 들었다. <탐진촌요
耽津村謠> 15수,* <탐진농가耽津農歌>, <탐진어가耽津漁歌> 10장을
지었다.

<u>42세</u> 봄에 <단궁잠오檀弓箴誤>를, 여름에 <조전고弔奠考>를, 겨울
에 <예전상의광禮箋喪儀匡>을 저작하였고 <애절양哀絕陽>, <충식
송蟲食松> 등 시편을 지었다.

<u>43세</u> 봄에 <아학편훈의兒學編訓義>(二千文)를 지었다. <칠회七懷>,
<증문憎蚊>, <하일대주夏日對酒>, <우래憂來> 12장, <견우遣憂>
12장 등 여러 시편을 지었다.

<u>44세</u> 여름에 <정체전중변正體傳重辨>(일명 <기해방례변己亥邦禮辨>) 3
권을 지었다. 이 뒤부터 혜장惠藏*·색성賾性 등 시승詩僧과 자주
창화하였다. 겨울에 큰아들 학연學淵이 왔으므로 보은산방寶恩
山房에서 《예기禮記》를 강론하고 <승암문답僧菴問答> 52칙을 지
었다.

<u>46세</u> 5월에 장손 대림大林이 태어났고, 7월에 형의 아들 학초學樵

---

* 농장農牂 : 원문의 '農胖'이 일리가 있지만, 신조본·사암본의 <농아광지農兒壙志>
에 따랐다. 牂은 암양 장, 胖은 숫양 장. 참고로 《사암연보》에는 '胖(암양 장)'으로
되어 있다. 牂은 胖의 와자訛字.
* 15수 : 원문과 신조본에는 '20수'라 되어 있으나, 전서에는 15수만 수록되어 있다.
* 혜장惠藏(1772~1811) : 자는 무진無盡, 호는 연파蓮坡·아암兒菴. 대흥사 12대 강사.
술을 즐기고 《수능엄경首楞嚴經》과 《기신론起信論》을 좋아하며 다산에게 은혜를
많이 베푼 유승儒僧. 저서로 《아암집》이 있다. <아암장공탑명兒菴藏公塔銘> 참조.

의 부음訃音을 받았다. 겨울에 《상례사전喪禮四箋》의 <상구정喪 具訂>*을 지었다. <승발송행僧拔松行>, <엽호행獵虎行> 등 시편을 지었다.

47세 1808년(순조 8, 무진戊辰) 다산이 처음 강진 배소配所에 이르러 사관舍館을 정하려 한즉 모두 문을 닫고 거절하므로 심히 곤란한 지경에 빠졌다. 다행히 성동城東에 떡장사 노파*가 그를 불쌍히 여겨 받아들여서 비로소 정주하게 되었으나, 그 노파의 집은 방 이 좁고 더러울 뿐만 아니라 술꾼·장꾼들이 항상 모여서 떠들므 로 잠시도 견딜 수 없었다. 그러나 그는 8년 동안*이나 안연晏然 히 지내면서 하층 인민의 생활을 직접 접촉 경험하는 좋은 기회

---

* 상구정喪具訂 : 상례와 관련된 의금衣衾과 관곽棺槨의 상구喪具 제도를 고경古經을 통하여 정정訂正한 글로 6권 2책.
* 떡장사 노파 : '술장사 노파'가 맞다. 다산은 <상례사전 서喪禮四箋序>에 "한 노파 가 나를 불쌍히 여겨서 자기 집에 머물게 해 주었다(有一嫗憐而舍之)"고 하였는데, 그곳을 '매반가賣飯家'(밥집) 또는 '주가酒家'(술집)이라 하였기 때문이다(시 <객중 서회客中書懷>와 《목민심서牧民心書》<호전戶典·곡부穀簿> 참조). 그런데 최익한 은 훗날 논문에서도 굳이 '술장사'를 '떡장사'라고 한 것을 보면 조금 의아하다(<정 다산의 시문학에 대하여>, 《조선어문》, 과학원, 1956년 4호, p27, p36 참조). 이는 물론 최익한이 '매반가'라는 말에만 국한되어 '떡장사'로 번역하였을 가능성이 높긴 하지만, 필시 그의 '술장사 콤플렉스'(그가 술장사 때문에 친일설로 곤욕을 치른 일) 과도 전연 무관하지는 않을 듯싶다. 더 자세한 것은 편자의 논문 <최익한 친일설>, <창해 최익한 연보 소고> 등을 볼 것. 한편 현재 북한에서는 '떡장사 노파'라고 똑 같이 번역하고 있다. 김진국, 《정약용 문학 연구》, 사회과학출판사, 2014, p24.
* 8년 동안 : 다산은 동문주막에서 8년 동안이 아니라 4년여간(1801년 겨울~1806년 여름) 기거하였다. <다신계절목茶信契節目>에 의하면, "나는 1801년 겨울, 유배지 강진에 이르러 동문 밖 술집에 붙여 살다가, 1805년 겨울에는 보은산방에 머물렀다. 1806년 가을에 이학래 집으로 옮겨 살았고, 1808년 봄에 다산에서 살았으니, 귀양 살이 총 18년인데 읍에서 산 것이 8년이요 다산에서 산 것이 10년이다(余於嘉慶辛 酉冬到配于康津 寓接于東門外酒家 乙丑冬棲寶恩山房 丙寅秋徙寅鶴來之家 戊辰春 乃寓茶山 通計在謫十有八季 其居邑者八季 其居茶山者十有一季)"고 하였다.

를 얻었으며, 더울 때면 조그만 창을 열어 통기하고 대발을 드리워 외부를 막고 필연筆硯과 서적을 정비하여 연구와 저술을 계속하였다. 그러다가 이해 여름에 비로소 처사處士 윤단尹慱의 산정山亭을 빌려 이주하니, 이 산에는 산다山茶가 많으므로 자기 별호를 다산茶山이라고 하였다. 그는 이곳에 이주한 뒤로 대坮를 쌓고 못을 파고 화초나 나무를 많이 심고 물을 당겨 비류폭飛流瀑을 만들고 부근 석벽에 '정석丁石' 두 자를 새겼으며 동서 이 암二菴에 서적 수천 권을 장치藏置하고 저서로써 낙을 삼았다. 그리고 남해 상선商船이 왕래하는 편에 해외 서적을 입수할 수 있었으며, 빈부의 차와 지주의 착취가 심한 호남 지방의 농민 생활에 대한 자료 수집과 연구를 일삼았다. 이때 절도사節度使 이민수李民秀의 선제船制 문의에 대하여 답륜격수踏輪激水*의 선제(약칭 윤선제輪船制)를 서시書示하였다.

다산서당에 배우러 오는 청년들이 많았으며 '추이효변推移爻變'의 학을 그들에게 가르쳐 주었다. '추이효변'의 학이란 사회 제도와 학술 변화 발전의 방향을 연구하는 학문을 의미하며, 합법적 형식을 고려하여 《주역》의 술어를 차용한 것이라고 한다. 봄에 〈다산문답茶山問答〉 1권, 〈다산제생증언茶山諸生贈言〉을 쓰고, 여름에 〈가계家誡〉를 쓰고 겨울에 《제례고정祭禮考定》, 《주역심전周易心箋》* 24권, 〈독역요지讀易要旨〉 18칙, 〈역례비석易例比釋〉,

---

* 답륜격수踏輪激水 : 바퀴를 밟아 물을 격동시킴. 〈절도사 이민수에게 답함(答李節度民秀)〉에는 '揚輪激水'로 되어 있다.

* 주역심전周易心箋 : 〈자찬묘지명〉에 나오는 《주역사전周易四箋》의 별칭. 《주역사전》은 추이推移·물상物象·호체互體·효변爻變의 네 가지 원리, 즉 사전四箋을 통하여 《주역》을 해석한 책.

<춘추관점보주春秋官占補注>, <주역전해周易箋解>,* 《주역서언周易
緖言》* 12권을 저작하였다.

<u>48세</u> 봄에 《상례사전喪禮四箋》의 <상복상喪服商>이, 가을에 《시경
강의詩經講義》 산록刪錄이 이루어졌다. <전간기사田間紀事> 4언시
6편을 지었다. 여름-가을에 김공후金公厚(이름 이재履載, 이교履敎의
아우)에게 준 서한에 당시 호남을 휩쓰는 미증유의 한재旱災와 탐
관간리의 악독과 인민의 파멸 유리하는 참상을 여러 번 자세히
폭로하였다.

<u>49세</u> 봄에 《시경강의보詩經講義補》, 《관례작의冠禮酌儀》, 《가례작의
嘉禮酌儀》를 지었다. 9월에 큰아들 학연이 자기 아버지를 위하여
정부에 호소한 결과 사명赦命을 받았으나, 홍명주洪命周*·이기경
李基慶 등의 저해로 석방되지 못하였다. 겨울에 《소학주천小學珠
串》을 지었다. <이노행貍奴行>, <산옹山翁>, <용산리龍山吏>, <파
지리波池吏>, <해남리海南吏>* 등 여러 시편을 지었다.

<u>50세</u> 봄에 《아방강역고我邦疆域考》, 겨울에 《상례사전喪禮四箋》의

---

* 주역전해周易箋解 : <대상전大象傳>, <시괘전蓍卦傳>을 각각 독립적인 한 편으로
  구성하여 별도로 주석하고, 이어서 <설괘전說卦傳>을 주석한 것으로 나중에 《주역
  사전》 말미에 편입되었다.
* 주역서언周易緖言 : 《역학서언易學緖言》.
* 홍명주洪命周(1770~ ?) : 자는 자천自天, 호는 효정孝貞. 동부승지·병조판서 등 역
  임. 다산 해배에 반대한 상소는 《승정원일기》 순조 10년(1810) 9월 28일조 볼 것.
* <이노행>과 <산옹>은 1810년 여름에, <용산리>는 6월에, <파지리>와 <해남리>
  는 6월 초에 지었다. 심경호, <시집 해제>, 《정본 여유당전서·1》, 다산학술문화재단,
  2012, pp92~4 참조.

〈상기별喪期別〉이 완료되었다.

51세 봄에 계부季父 가정稼亭*의 부음을 받았다. 봄에 《민보의民堡議》 3권(홍경래 폭동에 느낀 바 있어서), 겨울에 《춘추고징春秋考徵》 12권이 완료되었다.

52세 겨울에 《논어고금주論語古今注》 40권이 완료되었다.

53세 4월에 의금부가 석방령을 내리려 하였으나 강준흠姜浚欽이 상소로 저해하였다. 여름에 《맹자요의孟子要義》 9권이, 가을에 《대학공의大學公議》 3권, 《중용자잠中庸自箴》 3권, 《중용강의보中庸講義補》가, 겨울에 《대동수경大東水經》이 완성되었다.*

54세 봄에 《심경밀험心經密驗》, 《소학지언小學枝言》을 지었다.

55세 봄에 《악서고존樂書孤存》을 지었다. 6월 6일(1816, 순조 16, 병자丙子)에 중형 약전이 흑산도 적소謫所에서 별세하였다.

56세 가을에 《상의절요喪儀節要》를 지었다. 《방례초본邦禮艸本(경세유표)》 49권이 비로소 편집 중에 있었다.

---

* 가정稼亭 : 정재진丁載進(1740~1812)의 호. 자는 진오晉吾. 재원載遠·재운載運 형과 인근에 살면서 우애가 좋았다. 〈계부가옹묘지명季父稼翁墓誌銘〉 참조.
* 〈자찬묘지명〉에 《중용강의보》 6권, 《대동수경》 2권으로 되어 있다.

<u>57세</u> 1818년(순조 18, 무인戊寅) 봄에 《목민심서牧民心書》, 여름에 《국조전례고國朝典禮考》가 완료되었다. 8월에 응교應敎 이태순李泰淳의 상소와 상신相臣 남공철南公轍의 조언과 판의금判義禁 김희순金義淳의 발령發令으로 다산은 유배 18년 만에 비로소 해방되어 9월 초에 강진을 떠나 14일 만에 마현 본가에 돌아왔다. 유배 중 시휘時諱로 공개하지 못할 저작들은, 그가 배소配所를 떠날 때에 친신親信하는 제자와 승려들에게 맡겼다 한다.

<u>58세</u> 여름에 《흠흠신서欽欽新書》, 겨울에 《아언각비雅言覺非》가 완성되었다. 가을에 용문산龍門山(양근楊根)에서 놀았다. 겨울에 정부 내의 공론이 다시 다산을 등용하여 경전經田 즉 전국 토지 측량의 사무를 맡기기로 결정하였으나, 때마침 상부相府에 재임再任된 서용보徐龍輔가 숙감宿憾으로 극력 저지하였다.

<u>60세</u> 봄에 《사대고례事大考例》 산보刪補 26편*이 완료되었다. 9월에 백형伯兄 약현若鉉의 상을 당하였다.

<u>61세</u> 〈자찬묘지명自撰墓誌銘〉을 지었다. 다산은 혹독한 화변禍變을 겪은 이래 20년 동안에 사상과 지기志氣를 서로 통할 수 있던 선배·지우가 단두대에서 혹은 유형지에서 모두 사라지고 남은 것은 오직 백발이 드리운 자기뿐이었으므로 더욱 감개하여 붓을 들고 정헌貞軒 이가환李家煥, 복암伏菴 이기양李基讓, 녹암鹿菴

---

* 《사대고례》는 정조의 명에 따라 조선의 대청 외교 관련 문서를 정리한 책으로 26권 10책인데, 현재 일본 대판부립중지도도서관에 소장되어 있다.

권철신權哲身, 매장梅丈 오석충吳錫忠, 선중씨先仲氏 약전若銓 등 묘지명을 지어 자기 문고文稿 중에 편입하여 그들의 실적을 후인에게 전하려 하였다. 봄에 대산臺山 김매순金邁淳과 경의經義에 대한 문답이 있었다. 6월에 석천石泉 신작申綽에게 《주례周禮》의 육향제六鄕制를 답론答論하였다.

62세 9월 28일 정부에서 승지 임명을 결정하였다가 환수하였다.

66세 1827년(순조 27, 정해丁亥) 익종翼宗이 세자로서 순조를 대리한 초년에 다산을 등용할 의향을 보였더니, 윤극배尹克培는 악당의 사촉을 받고 상소하여 참혹히 무고하였으나, 승정원은 익종에게 올리지 않고 도리어 보고하여 극배克培를 엄중히 심문한 결과 그가 무고한 진상이 폭로되었다.

69세 5월 5일에 부호군副護軍 탕서蕩敍*의 왕명이 있었다. 이때 순조의 대리 익종의 병상이 오래 회복되지 못하여 다산이 의술에 정통하다는 말을 듣고 약원藥院에 들어와서 처방을 내라는 명령을 하달한지라 그는 궐내에 가서 진찰하니 벌써 거의 절명에 가까웠다. 그리하여 약품을 구하겠다고 물러나온 지 얼마 안 되어 익종은 별세하였다. 바로 그날 귀가하였다.

---

* 탕서蕩敍 : 탕척서용蕩滌敍用. 죄명을 씻어 주고 다시 벼슬에 올려 쓰는 일. 《사암연보》 p226과 《승정원일기》 해당일 기사를 보면, 다산이 의술에 정통하여 의약 처방 논의에 동참케 하려 했으나 그가 방축향리放逐鄕里 중이므로 군직軍職에 붙여 (즉 부호군에 단부單付하여) 서용한 것을 알 수 있다.

<u>72세</u> 연천淵泉 홍석주洪奭周*가 연경에서 가지고 온 운대雲坮 완원
阮元*의 《십삼경교감기十三經校勘記》를 빌려 읽었다.

<u>73세</u> 1834년(순조 34, 갑오甲午) 봄에 《상서고훈尙書古訓》과 《지원록
知遠錄》을 개수·합편改修合編하여 21권이 완성되었다. 11월에 국
왕 순조의 병세가 위중하여 다산을 약원藥院으로 부르기에 급히
상경하여 13일 새벽에 흥인문興仁門에 들어서니, 벌써 순조가 절
명하고 백관이 곡반哭班에 나가는지라 이튿날 곧 귀향하였다.

<u>75세</u> 1836년(헌종 2, 병신丙申, 청국 도광道光 16) 2월 22일 진시辰時
(오전 8시)에 마현 본가에서 병사하여 다난다채多難多彩한 일생을
마쳤다. 이 날은 다산 부부의 회혼일回婚日이었으므로 자손과
친척들이 연회를 베풀려던 것이 상회喪會로 전환되었다. 그의
부인 홍씨도 2년* 후에 병사하였다. 4월 1일 본가의 뒤편 산판
山坂 자좌오향子坐午向의 묘지에 장사하였다.

1910년(융희隆熙 4, 경술庚戌) 7월 18일 조서詔書에 "고故 승지 정
약용은 문장文章과 경제經濟가 일세에 탁월하다" 하여, 정헌대부
正憲大夫 규장각 제학奎章閣提學을 추증追贈하고 문도文度(널리 배우

---

* 홍석주洪奭周(1774~1842) : 자는 성백成伯, 호는 연천淵泉. 노론 낙론계 학자로
  당대의 대표적인 장서가. 이조판서·좌의정을 지냈으며 동생 홍현주洪顯周(1793~
  1865)의 소개로 다산과 경학 논쟁을 벌였다. 저서로 《연천집》, 《영가삼이집永嘉三
  怡集》, 《상서보전尙書補傳》 등이 있다.
* 완원阮元(1764~1849) : 자는 백원伯元, 호는 운대雲坮·芸臺. 청말 관료·학자. 1831
  년 홍석주가 사은정사謝恩正使로 왔을 때 《십삼경주소교감기十三經註疏校勘記》를
  증정하였다.
* 2년 : 원문의 '수일'은 오류. 다산 부인 홍혜완洪惠婉의 생몰연도는 1761~1838.

고 많이 들은 것을 문文이라 하고, 일을 처리함에 의에 합하는 것을 도度라 한다(博學多聞曰文 制事合義曰度))의 시호諡號를 주었다.[3]

그의 수정 문고手定文稿 546권(경집 232권, 문집 314권)은 대개 시휘 관계로 공개되지 못하고 본가 후손에게 보관되어 있다가 그의 서거 후 103년(1938)에 《여유당전서與猶堂全書》가 고故 권태휘權泰彙 주관主管 '신조선사新朝鮮社'에서 간행되었다.

다산의 큰아들 학연의 호는 유산酉山이며 자기 아버지 학풍을 계승하여 학식이 해박하고 특히 의학에 정통하였으며 시명詩名이 높았다. 항상 서울 중인中人 시가詩家 우선藕船 이상적李尙迪*과 교유 창화唱和하였으며 그보다 20살 위였으나 그의 시 제자로 자칭하였으므로 유산 사후에 우선은 만사挽詞 중 '하사자칭시제자下士自稱詩弟子'라고 썼다.

다산의 마현 고택은 구자형口字形 20칸 와가瓦家로서 대단히 청초淸楚하고 한강을 굽어보아 서재의 풍경이 극히 명미공활明媚空闊하였으며, 그의 현손玄孫 정규영丁奎榮까지 고택과 유고를 잘 지켜 내려오다가 지난 을축년乙丑年(1925) 대홍수에 한강이 밤중에 갑자기 불어서 고택은 떠내려갔고 유고는 다행히 규영이 결사적으로 구출하였다. 고택 및 유고 책장의 사진은 1939년경*《동아일보》에 게재된 일이 있었다.

---

* 이상적李尙迪(1804~1865) : 자는 혜길惠吉, 호는 우선藕船. 역관 신분으로 중국을 12번이나 다녀왔으며 지중추부사知中樞府事(정2품)에 올랐다. 견문이 넓고 언어 감각이 뛰어나 시를 잘 지었다. 저서로 《은송당집恩誦堂集》이 있다.
* 1939년경 : 1938년 12월 23일과 28일자 《동아일보(석간)》에 실려 있다. 《여독》 p 162, p182 볼 것.

2. 다산의 일사逸事와 일화逸話

　다산의 육체와 풍신風神을 묘사한 문자가 잘 발견되지 않는다. 이것이 그를 사모하는 후인으로서 적지 않은 유감이 되지 않을 수 없다.

　신빙할 만한 전언에 의하면, 그는 몸집이 중인 이상으로 장대하였다 한다. 〈자찬묘지명〉에는 "어려서 매우 영리하여 제법 문자를 알았다(幼而穎悟 頗知文字)"고 하였을 뿐이며, 강진 적소謫所에 있을 때 지은 〈칠회七懷〉 시 중 〈조카를 생각하며憶舍姪〉 편에 "체구는 날 닮아 장대하려무나(軀應似我長)"라고 하였으니, 이를 보면 그의 몸이 장대하다는 것은 전언과 서로 합치한다.

　그의 소저所著 〈선중씨先仲氏(若銓) 묘지명〉에 정조가 일찍이 약전을 보고, "형의 헌걸참이 동생의 곱상함보다 낫다(某也俊偉 勝其弟斌媚也)" 하였으니, 이를 보면 다산은 몸집이 큼직한 데다가* 자태가

---

* 몸집이 큼직한 데다가 : 이는 오류이다. '무미斌媚'라는 말에서 '몸집이 크다'는 사실은 유추할 수 없다. 다산의 키는 약전보다는 작았겠지만 정확히 알 수는 없으며, 다만 시문집에 자신을 '7척'이라는 투식어로 표현한 것이 몇 번 나온다. 반면 약전의

거칠지 않고 아름다웠던 것을 알 수 있다.

그는 어릴 적에 천연두를 곱게 치러서 얼굴에 한 점 흔적도 없고 다만 눈썹 부위의 흉터로 인하여 눈썹 중간 부분[眉身]이 조금 나누어졌으므로 삼미자三眉子라 자호하였으니, 이는 그의 용모의 후천적 특징이다. 그 밖에 자세한 것은 이제 알 수 없다.

그의 재분才分은 여러 가지 야담과 일화를 퍼뜨릴 만큼 신기하였다. 필자도 어렸을 때에 촌훈장村訓長이나 향선생鄕先生들에게 직접 들은 것이 적지 않았다. 항간에 구전하는 회해詼諧(해학)는 대개 오성鰲城 대감(이항복李恒福)을 들추는 것과 마찬가지로 재담 경구는 대개 정다산을 찾는 경향이 없지 않았다. 어쨌든 다산의 기발한 천분天分이 당시 인사들에게 깊은 인상을 준 것만은 이로써 충분히 짐작할 수 있다.

그가 15세 때 혼례 석상에서 처종형妻從兄 홍인호洪仁浩*가 "사촌 매부는 삼척동자로다(四寸妹夫 三尺童子)"고 놀리자, "중후重厚 장손은 경박한 소년일레라(重厚長孫 輕薄少年)"*고 즉각 응답한 것은 세상에 너무나 유명하거니와, 정조가 묻는 대로 척척 대답한 것이라는 해어諧語 경구를 몇 가지 들면 다음과 같다.

키는 1987년 충주 하담荷潭의 선영에서 광주 천진암天眞庵으로 이장할 때 관의 크기를 본 결과, 180cm를 넘었을 것으로 추정된 바 있다. 이태원, 《현산어보를 찾아서 5》, 2003, p374 참조.

* 홍인호洪仁浩(1753~1799) : 자는 원백元伯, 다산의 장인 홍화보洪和輔의 친형인 홍수보洪秀輔의 아들이자 홍의호洪義浩의 형으로 대사헌을 지냈다.

* 重厚長孫 輕薄少年 : 이현기李玄綺(1796~1846)의 야담집 《기리총화紀里叢話》에는 "중후의 손자께서는 경박한 자손입니다(重厚之孫 輕薄之子)"로 되어 있는데, 여기에서 '중후의 손자'를 '홍의호(1758~1826)'라고 보기도 한다(김상홍의 새벽 편지, 〈꼬마 신랑의 재치와 순발력〉, 2014. 10. 21 블로그 참조). 중후重厚는 홍인호·의호 형제의 조부이다.

○ 정조 : 말니 마치馬齒 하나둘 이리一二

　다산 : 닭의 깃이 계우鷄羽 열다섯 시오十五

○ 정조 : 보리 뿌리 맥근맥근麥根麥根

　다산 : 오동 열매 동실동실桐實桐實

○ 정조 : 아침 까치 조작조작朝鵲朝鵲

　다산 : 낮 송아지 오독오독午犢午犢

○ 정조 : 연못 위 붉은 연꽃 내가 점을 찍었네池上紅荷 吾與點也

　다산 : 전각 앞 푸른 버들 다 드리웠다 하네殿前碧柳 僉曰垂哉*

　일설엔 이상 4개의 대해對諧는 다산이 아니라 윤행임尹行恁의 것이며, 특히 전전벽류殿前碧柳의 대구는 번암樊巖 채제공蔡濟恭의 것이라 하나, 필자가 처음 들은 대로 그냥 적는다.

　어느 때에 정조와 다산이 세 자가 한 자로 합성된 한자, 즉 정晶·간姦·묘淼·삼森·뢰磊 등의 글자 모으기 내기를 하였다. 각기 글자 모은 것을 대조 비교하려 할 적에 다산은 문득 아뢰어 가로되 "전하께서 한 자만은 신에게 미치지 못할 것이올시다" 하니, 정조 가로되 "모든 자전에 있는 걸 하나도 빠짐없이 죄다 외우고 있는데, 한 자가 미치지 못할 것이라니 웬 말이냐?" 하였다. 다산이 "그래도 한 자만은 미치지 못할 것이올시다" 하고 비교해 본즉 정조는 '삼三'자를 적지 않았다. 그래서 군신이 서로 웃었다 한다.

　다산의 다문박식이 일세를 누리게 되니 다른 당 문사들의 시기

---

* 《논어》〈선진先進〉편의 "나는 증점曾點과 함께 하겠다(吾與點也)"란 구에서 공자 제자의 이름인 '점點'을 '점찍다'로 풀이하거나, 《서경》〈순전舜典〉편의 "모두 '수垂입니다'고 하였다(僉曰垂哉)"란 구에서 신하의 이름인 '수垂'를 '드리우다'로 풀이하여 정조와 다산은 언어유희를 한 것이다.

가 또한 적지 않았다. 어느 때 어느 모임 장소에서 그들은 다산을 곤욕스럽게 할 양으로 전부 난해한 고자古字를 사용하여 서한 하나를 만들어 다산에게 보내고 즉석 회답을 요구하였더니, 그는 조금도 지체 없이 회답해 주었다. 그들이 답서를 열어보니까 또한 전부 모르는 고자라 자전을 뒤져 가면서 한참 동안 해독해 본 결과, 답서는 그들의 편지를 다른 고자로 베껴서 보낸 것이었다. 그들은 하염없이 다산의 신랄한 반사적 조롱을 만끽할 뿐이었다 한다.

이러한 일화가 물론 다산의 재분才分에 대한 칭찬이 아닌 것은 아니지만, 그 반면에는 그를 도학자道學者나 정인군자正人君子로 인정하지 않고 한낱 재화인才華人으로만 평가하는 편견이 숨어 있다. 그를 일개 사학이단邪學異端이나 사문난적斯文亂賊으로 지칭하여 정통 유학자의 반열에 세워 주지 않았던 것은 근대까지 시골 유생들의 지배적인 평가였던 것이다. 다산의 광명탁월한 정체正體가 당시 부유악당腐儒惡黨의 귀설鬼舌에 얼마나 쪼들렸는지를 넉넉히 짐작할 수 있지 않은가!

<병조에서 교지에 응하여 지은 왕길의 석오사 100운(騎省應敎賦得王吉射烏詞一百韻)>은 본문은 물론 교지에 응하여 지어 올린 경위가 시집에 자세히 기록되어 있거니와, 다산은 일찍이 병조에서 숙직하는 밤에 국왕으로부터 시제詩題를 받아서 오경五更 삼점三點에 완편完篇한 것이다. 정조는 그 신속함에 탄복하여 큰 사슴 가죽 한 장을 하사하였다. 당시 문임文任* 제신諸臣인 심환지沈煥之·이병정李秉鼎·민종현閔鍾顯* 등은 모두 다산의 기재奇才와 사화詞華를 높이 평

---

* 문임文任 : 국가 문서를 담당하는 홍문관·예문관의 종2품 벼슬인 제학提學을 이른다.
* 민종현閔鍾顯 : 원문의 閔鍾祥은 오기.

가하여 올렸다. 그래서 그의 재화才華와 문명文名은 드디어 상하 백관들을 울리게 하였다.

그러나 여기에 딸린 일화 하나가 있다. 그의 시제詩題는 "폐하의 만수무강을 축원하오니 신은 이천 석의 관리랍니다(陛下壽萬年* 臣爲二千石)" 10자뿐이므로 그는 이 은벽隱僻한 제목이 왕길의 〈석오사射烏辭〉* 구인 것을 적확히 알지 못했다. 그러나 내각 장서內閣藏書 중에서 본제의 출처를 널리 열람하고 고찰하여 새벽종이 울리기 전까지 100운 시를 지어 올리라고 정조는 엄명하였다. 그러나 시간 제한 때문에 널리 열람하고 고찰할 수가 없으므로 그는 부득이 문지기를 밀사로 하여 자기 선배요 당시 박식의 신으로 유명한 이가환에게 제목을 풀이해 달라고 화급히 간청하였다. 그래서 가환은 밤중에 일어나 앉아서 붓을 날려 즉답해 주므로 다산은 그것에 의거하여 제한시간 안에 신속히 지어 올렸다 한다.

이와 같이 정헌의 박람광기博覽强記가 일세에 가장 뛰어난 것은 다산도 여러 번 탄복하였다. 그러나 글짓기의 민활함과 일처리의 소통함과 사변事變에 대한 침착강정沈着剛正한 기상과 학문에 대한 침잠조창沈潛條暢한 견해는 다산이 정헌보다 훨씬 나았던 것이다.

전서와 연보를 쭉 훑어보면 자연히 알게 되겠지만, 다산은 혹독하기 비길 데 없는 세고世故와 가화家禍에서 임기응변하는 처신술이 극히 명철하였으되, 급기야 의리를 위하고 학문을 위해서는 부귀와 빈천이 능히 그 뜻을 흔들지 못하고 사생死生과 화복禍福이 그의 마음을 조금이라도 건드리지 못하였다. 경제에 대한 재식才識과

---

* 年 : 원문에는 歲로 되어 있다.
* 射烏辭 : 원문에는 射烏詩로 되어 있다.

학문에 대한 포부는 그만두고 지절志節과 조행操行의 방면만 보더라도 다산은 실로 인민의 사표師表라 아니할 수 없다.

그가 강진 유배 중에 이미 수년을 지난 때였다. 그의 지우知友요 당시 세도가의 친속인 모씨가 호남 관찰사로 와서 다산에게 편지를 하여 속히 유배로부터 해방될 방법을 비밀히 서시書示하였다.* 요컨대 그것은 다산으로 하여금 세도재상에게 찬송하는 뜻을 표시한 시나 문 한 편을 드리면 해배될 것이라는 암시였다. 유형 생활은 끝이 없고 가향家鄕에 대한 그리움도 가없는 터이니, 웬만하면 처세술에 응하여 따를 것이지만, 그는 의리의 생명을 위하여 일신의 사생화복死生禍福을 도외시하였던 것이다.

그의 답서의 대의大意는 다음과 같다.

귀하의 뜻은 고맙게 생각한다. 그러나 내 몸은 벌써 늙었고, 한 사람의 해배는 국가에 큰 관계가 아니다. 그러나 정말 호남에 장차 큰일이 있다. 지금 인민의 곤궁은 극도에 달하였고 탐관오리의 박삭剝削*은 갈수록 더욱 심하니, 어떤 큰 방침이 미리 서지 않고는 호남의 모순은 구해救解될 도리가 없고 이 모순이 구해되지 않으면 오래지 않아 큰일이 터질 것이다. 내 한 몸은 유형 중에 생을 마쳐도 큰 문제가 아니니 모름지기 큰 문제에 유념하라고 하면서, 민생

---

* 모씨가~서시書示하였다 : 이와 비슷한 내용이 정인보의 <정다산 선생의 쓴집흔 부촉付囑>(1935년 8월, 《신조선》)과 <여유당전서 총서總敍>(1939.1.5)에도 나온다. 다산이 1809년 가을에 김이재金履載에게 보낸 편지인 <여김공후與金公厚>를 근거로 추정한 말인 듯하다. 여기에서 모씨는 '김이재'를 가리킬 터인데, 그는 호남 관찰사를 지낸 적이 없으며, 《승정원일기》에 의하면 당시 중앙 요직에 있었을 것으로 판단된다. 《담원정인보전집》(연세대출판부, 1983) 2권 p87, 5권 pp375~6 및 《담원문록·중》(태학사, 2006) p214 참조.
* 박삭剝削 : 박삭주구剝削誅求. 인민의 재산을 강제로 빼앗음.

의 질고疾苦과 관료의 포학에 대한 진술이 있었다 한다.

이 한 가지로써 다산의 전체를 판단하기에 넉넉지 않은가? 보라! 자신을 잊고 나라를 걱정하는 위대한 정열과 죽어도 변치 않는 순도적殉道的 지절志節은 그를 짝할 자가 천고에 몇몇이나 되겠는가? 다산의 애국적 지성至誠은 또한 인민과 역사의 추향趨向을 바로 보았던 것이다. 고부古阜의 민란을 발단으로 한 갑오농민전쟁(1894)은 봉건 체제를 타도하던 조국의 대사변이다. 이는 반세기 이상의 시간을 앞서서 다산이 예언한 바라 아니할 수 없는 것이다.[4]

또 해배되던 그해의 일이었다.

1818년 순조 18년 첫가을에 당시 '세도가' 김조순의 족인族人 김이교金履喬가 강진 유배로부터 해방되어 경성으로 올라가던 길에 다산초당을 방문하였다.* 이교는 원래 다산과 동년이요 또 소시少時에 한림 동료*로서 비록 당계는 다르지만 교분이 깊었었는데, 이때 서로 만나본즉 청춘이 어느덧 백발이었다. 손을 잡고 서로 눈물을 흘렸으며 하룻밤을 이야기로 지새웠다. 이교의 심중에는 다산이 자기 신상에 대하여 무슨 부탁이 반드시 있으리라 하였더니, 다산은 사정私情의 말은 종시 한 마디도 없고 다만 공통된 정의

---

* 1818년~방문하였다 : 김이교는 강진에 유배된 적이 없고, 그의 동생 김이재가 강진현 고금도古今島(현 완도군 고금면)에 유배된 적이 있다. 김이재는 이조판서 이만수李晩秀의 사직 상소를 논박하는 소를 올린 것이 문제가 되어 정조 24년(1800) 5월 29일 언양현彦陽縣에 유배되었고, 순조 즉위년(1800) 12월 29일 고금도로 안치되었으며, 순조 5년(1805) 7월 26일 풀려났다. 다산의 <이주신李周臣 묘지명>을 보면, "옛날에 김이재가 고이도皐夷島(고금도) 유형에서 사면되어 향리로 돌아가다가 (동문주막의) 나에게 들렀다(蓋昔金公厚履載自皐夷島棘中赦還鄕里過余)"고 하였다.

* 한림 동료 : 한림회권翰林會圈에 1790년 김이교·정약용이 뽑히고, 1792년 김이재도 선발되었다.《정조실록》14년 2월 26일 및 16년 3월 21일조와 본서 p714 '29세'조 볼 것.

情誼를 말할 뿐이었다. 떠날 때에 다산은 십리 밖까지 전송하니 이교가 묻기를 "여보 영감令監이 나에게 할 말 없소?" 한즉, 다산은 "별로 없소" 하고 이교의 수중에 있는 접이부채(접선摺扇)를 펴서 칠언율시 한 수를 써 주어서 이별의 정을 표하였다. 시는 다음과 같다.

역마을 가을비에 작별하기 더디고녀
머나먼 이역 상봉 다시 누가 있을꼬?

반자班子*의 신선됨*을 어이 부러워하랴만
이릉李陵*의 귀향이사 기약마저 없으이.

유사酉舍*에서 휘호한 날 잊지 마시게
경신년庚申年 서거 비극 차마 말할쏜가.

---

* 반자班子(33~102) : 반초班超.《한서漢書》를 저술한 반고班固의 동생으로 집이 가난해서 서사書寫 일을 하였다. 하지만 그는 대장부로서 큰 뜻을 품고는 붓을 내던지고 종군하여 명장이 되어 30여 년간 서역 50여 국을 복종시킴으로써 벼슬은 군사마軍司馬에서 장병장사將兵長史를 거쳐 서역도호西域都護가 되고 정원후定遠侯에 봉해졌다. 여기에서 반자는 김이재를 빗댄 말이다.
* 신선됨 : 등선登僊(登仙). 신선이 됨. 명성을 드날리거나 높은 지위에 오름.
* 이릉李陵(?~BCE74) : 전한前漢의 명장이었지만 중과부적으로 병사들을 살리기 위하여 흉노에게 항복하였다. 이에 한무제가 그의 전 가족을 몰살하였고, 그는 고향에 돌아갈 수 없는 신세가 되어 20여 년을 더 흉노 땅에 살다가 죽었다. 4구에서 다산이 이릉의 신세에 자신을 비유한 것은 너무나 처연 심절悽然深切하다.
* 유사酉舍 : 규장각의 사무를 관장하던 부속 건물로 대유사大酉舍와 소유사小酉舍가 있었다. 다산은 1789년 김이교와 초계문신 동기(김이재는 1년 후배)인데, <대유사에서 김희순·김이교·이명연 등과 어제御製 시권을 필사하다(大酉舍同金義淳金履喬李明淵諸僚 奉旨寫御製詩卷)>(1792) 등의 시도 남겼다.

대나무 두어 떨기 어느 밤 달빛 아래
고향 동산 떠오르니 눈물만 주룩주룩.

驛亭秋雨送人遲　　絶域相憐更有誰
班子登僊那可羡　　李陵歸漢逯無期
莫忘酉舍揮毫日　　忍說庚年墜劍悲
苦竹數叢他夜月　　故園回首淚垂垂*

　이교가 그 부채를 가지고 서울에 돌아온 뒤에 김조순金祖淳의 사랑에 가서 때 벌써 가을철인데도 부채를 펴서 슬슬 부치니, 조순은 그 선면扇面에 쓰인 시를 보고 놀라면서 "이것은 미용美庸(다산의 자)의 시가 아닌가?" 하고 남녘 하늘을 바라보고 초연愀然한 빛이 있더니 곧 국왕에게 아뢰어 다산을 해배케 하였다고 한다.*

---

* 이 시는 신조본에는 없고, 규장본과 사암본에는 <송별送別>이란 제목으로 1804년 9월 초에 지은 작품들 사이에 끼어 있다. 김이재가 해배된 것은 1805년이므로 시기상 일치하지는 않는다. 황현의 《매천야록》 권1에는 '驛亭秋雨送人遲', '李陵歸漢逯無期' 2구와 관련 설화가 일부 수록되어 있고, 《실학파와 정다산》(영인본)에는 "驛亭秋雨送人遲 絶域相尋更有誰 班子登仙那可望 李陵歸漢竟無期 尙思酉舍揮毫日 忍說庚年墜釼時 苦竹數叢殘月曉 故園回首淚垂垂"처럼 밑줄 부분이 다르게 전문 인용되어 있는데, 이는 장지연張志淵의 《대동시선大東詩選》(신문관, 1918) 권7에 실린 <적중송죽리김학사이교귀경謫中送竹里金學士履喬歸京>의 "驛亭秋雨送人遲 絶域相憐更有誰 班子昇仙那可望 李陵歸漢逯無期 尙思酉舍揮毫日 忍說庚年墜釼悲 苦竹數叢殘月曉 故園回首淚垂垂"와 글자 출입이 비슷하다. <송별>에 대한 에피소드는 김상홍의 다음 글을 볼 것. <다산의 여유당전서 오류와 문제점>, 《단대신문》(1985. 7.30) 10면; <다산 문학의 현대적 조명>, 《다산학보》 15집(1995), pp92~7; <나의 다산 사숙록>, 《다산학》 6호(2005), pp341~3.

* 1818년 순조~해배하였다 한다 : '김이교(또는 김이재)·김조순'의 다산 해배설은 어디까지나 설화이므로 역사적 사실과 혼동해서는 안 되겠다. 실제로 이때 다산 해배에 관여한 인물로는 '이태순·남공철·김희순'을 들 수 있다. p730 볼 것.

또 익종 진찰에 대한 일화이다. 익종은 순조의 세자로서 대리를 보면서 자기 외가인 장동壯洞 김씨의 전횡에 대하여 내심으로 불평을 품고 인재를 구득하려고 노력하였으므로 다산에 대해서도 다시 등용할 예정이었으나 곧 사거死去하였기 때문에 아무런 효과가 없었다. 그리고 익종의 병세가 위독하매 다산을 미워하는 무리가 일부러 다산을 추천하여 처방과 투약의 책임을 지워서 죽을고에 몰아넣을 계획이었다. 이 내용을 잘 안 다산은 절명에 가까운 익종에 대하여 투약하면 죄책罪責을 질 것이요 투약을 아니하면 불충하다는 문책을 받을 것이므로 다음과 같은 방법을 취하였다. 즉 그는 약원에서 선언하기를 이 병증에 대하여 꼭 써야만 할 약물이 자기 본가에 간직되어 있다 하고 급히 사람을 보내 그 약물을 가져오라고 하였다. 그러나 자기 마현 본가는 경성에서 백여 리나 되니, 약물을 가져오는 동안에 익종은 벌써 절명하여 버려서 아무런 문제도 되지 않았다 한다.

3. 다산의 저서 총목

　우리 조선 선배의 저술계에 있어서 다산의 저서는 수·양 양자에서 절대적으로 수위를 점령하였다. 그는 10세 전에 벌써 시문 저작인 《삼미집三眉集》이 있었으나 한 편도 전하는 것이 없고, 현재 전하는 전서 중에는 14세 때의 시 <회동악懷東嶽>, <유수종사游水鐘寺> 2수가 그의 최초 작품이 될 것이다. 그리고 정조조의 국가 편술 사업은 실로 미증유하게 방대하였는데, 이 사업에 대하여 다산의 직접적 참여가 또한 적지 않았으니, 예를 들면 《사기영선집주史記英選集註》, 《규장전운옥편奎章全韻玉篇》, 《두시교정杜詩校正》 등이었다.

　이러한 종류와 기타 인멸湮滅 혹은 제외된 것을 전부 합산한다면 현존 전서량의 몇 배나 되지 않겠는가? 그의 61세 때의 <자찬묘지명自撰墓誌銘(집중본集中本)>에 열거된 저서의 총목과 권수는 다음과 같다.

《모시강의毛詩講義》12권

《모시강의보毛詩講義補》3권

《매씨상서평梅氏尙書平》9권

《상서고훈尙書古訓》6권

《상서지원록尙書知遠錄》7권

《상례사전喪禮四箋》50권

《상례외편喪禮外編》12권

《사례가식四禮家式》9권

《악서고존樂書孤存》12권

《주역심전周易心箋》24권

《역학서언易學緖言》12권

《춘추고징春秋考徵》12권

《논어고금주論語古今注》40권

《맹자요의孟子要義》9권

《중용자잠中庸自箴》3권

《중용강의보中庸講義補》6권

《대학공의大學公議》3권

《희정당대학강의熙政堂大學講義》1권

《소학보전小學補箋》1권

《심경밀험心經密驗》1권

이상은 경집經集으로 모두 232권이다.

《시율詩律》18권

《잡문전편雜文前編》 36권

《잡문후편雜文後編》 24권

이하는 잡찬雜纂이다.

《경세유표經世遺表(방례초본邦禮草本)》 48권 (未卒業)

《목민심서牧民心書》 48권

《흠흠신서欽欽新書》 30권

《아방비어고我邦備禦考》 30권 (未成)

《아방강역고我邦疆域考》 10권

《전례고典禮考》 2권

《대동수경大東水經》 2권

《소학주천小學珠串》 3권

《아언각비雅言覺非》 3권

《마과회통麻科會通》 12권

《의령醫零》 1권

이상은 통틀어 문집文集이라 하며, 모두 267권이다.

이상에 인록引錄한 경집·문집을 합계하면 1권이 부족한 500권의 거질巨帙이다. 이것만 가지고 보더라도 거대한 규모와 풍부한 수량에 참으로 경탄치 않을 수 없다. 규모의 범박汎博함은 실학의 선구자인 반계潘溪·성호星湖가 미칠 바가 아니다. 양으로만 단순히 말하더라도 시가詩家인 신자하申紫霞*라든지 문가文家인 박연암朴燕

嚴이라든지 성리학가性理學家인 이한주李寒洲*·곽면우郭俛宇*라든지가 다 유집遺集이 많기로 유명하나 도저히 다산과 비교할 수 없으며, 서파西陂 류희柳僖의《문통文通》100권과 혜강惠岡 최한기崔漢綺의 《명남루전집明南樓全集》300권으로도 역시 비견할 수 없다. 다산의 탁월한 정력과 견인堅忍한 근면은 또한 후인의 모범할 바라고 아니 할 수 없다.

61세 이후로는 새로운 작품으로서 따로 단행본이 될 만한 것은 없고, 몇 편의 시문 이외에 오로지 기존 저작에 대한 분합分合·필삭 筆削·윤색을 베푸는 것이 그의 주된 사업이었다. 동시에 그 호대浩 大한 편질篇帙을 깨끗이 써서 책을 만들어 후인의 전독傳讀과 간행 에 편리하도록 하는 것이 또한 그의 관심사였다. 이제 이 초고본을 보면 문생門生·자질子姪이 경건하게 등사한 외에 단정아묘端正雅妙한 필법이 일가를 이룬 다산의 친필이 간혹 발견된다. 지엽紙葉마다 외광내란外框內欄의 흑선黑線*을 정제整齊하게 그렸고, 함장函粧*과 표제標題는 모두 명결우아明潔優雅하여 보는 사람으로 하여금 그 공 력과 기술에 또 한 번 다시 감탄케 한다.

---

* 신자하申紫霞(1769~1845) : 자하는 신위申緯의 호. 대사간·이조참판 등을 지냄. 시 4000여 수를 지었고 명필로 이름을 날렸으며 특히 묵죽에 뛰어났다.
* 이한주李寒洲(1818~1886) : 한주는 이진상李震相의 호. 주자와 이황의 주리론主理 論을 중심으로 이일원론理一元論을 주장하였다. 《한주전집》85책이 있다.
* 곽면우郭俛宇(1846~1919) : 면우는 곽종석郭鍾錫의 호. 이진상의 제자로 1913년 부터 3년간 최익한에게 성리학을 가르쳤다. 3·1운동 때 파리의 만국평화회의에 보낼 독립 청원서를 유림 대표로 작성 서명한 일 때문에 3개월간 투옥되었다가 병보석 후 곧 병사하였다. 《면우집》63책(177권)이 있다.
* 흑선黑線 : 《여독》p410의 '묵선墨線'.
* 함장函粧 : 함장식函粧飾. 원문의 '균장菌粧'은 오식.

다산의 필법에 관하여 일화가 하나 있다. 그의 글씨는 해자楷字 세로획의 끝[末端]이 조금 왼쪽으로 기울었다. 이는 세로획의 머리[起頭]가 보통체보다 왼쪽으로 과도하게 뾰족한 각을 만들어 내기 때문에 획의 몸[畫身]이 힘의 균형을 취하기 위하여 자연히 조금 궁형弓形에 가까워지고, 획의 다리[畫脚] 또한 약간 뾰족하고 가볍게 된다. 여기서도 다산의 심기가 호방 격앙한 것을 엿볼 수 있다. 그러나 정조는 이것을 좋아하지 않아서 사체斜體를 고칠 것을 일찍이 요구하였다. 그 후 35세에 왕명을 받아 화성제궁華城諸宮의 상량문上樑文과 어람御覽《오경백편五經百篇》,《팔자백선八子百選》의 제목을 정체正體로 써서 드렸더니, 정조는 잘 썼다고 탄상歎賞하여 크게 칭찬하였다. 진찬珍饌·법주法酒·백미·땔나무·숯·곶감·생꿩·생선·감귤·후추 등의 물품을 예사禮賜하고 내각(규장각) 장서의 관람을 특허하였다 한다.*

지금 이 전서 초본全書草本 중에도 사체斜體의 흔적을 그의 수필手筆에서 지적할 수 있다.

아래에 '《열수전서洌水全書》 총목록'을 인록引錄한다.

이것은 그의 최후 수정 가장본手定家藏本인 전서 초본에 달려 있는 총목록인데, 현존본은 역시 다산의 현손玄孫 정규영丁奎英의 필적이다. 이것을 가지고 위에 적은 <자찬묘지명自撰墓誌銘>에 열거된 서명·권수 및 분류와 비교 대조해 보면, 그 후 15년간 자기 저서에 대한 가감·정리의 작업이 어떠하였는지를 거의 고찰할 수 있다.

---

* 왕명을 받아~칭찬하였다 :《사암연보》pp71~2에 나온다.

○《열수전서》 총목록

서명	책수	권수
시경강의詩經講義	4	12
시경강의보詩經講義補	1	3
매씨서평梅氏書平	3	9
매씨서평속梅氏書平續	2	5

  * 제1책 : 1, 2권이 <염씨고문상서초閻氏古文尙書鈔>*

서명	책수	권수
상서고훈尙書古訓	7	21
상례사전喪禮四箋	17	50
상례외편喪禮外編	5	14

  * 제1책 : 1, 2권이 <전례고典禮考>

    제2책 : 1, 2, 3권이 <단궁잠檀弓箴>

    제4책 : 1, 2, 3권이 <정체전중변正體傳重辨>

    제5책 : 1, 2, 3권이 <조전고弔奠考>, <고례영언古禮零言>, <예고서정禮考書頂>

서명	책수	권수
상의절요喪儀節要	2	6
제례고정祭禮考定	1	3

  * 附 : 가례작의嘉禮酌儀

서명	책수	권수
악서고존樂書孤存	4	12
주역사전周易四箋	12	24
역학서언易學緖言	4	12

---

* 제1책 1, 2권이라고 한 것은 착오인 듯하다. 제1책 2권 및 제2책 1, 2, 3권이 《염씨
고문상서초》라고 판단된다. 조성을, <해배 이후의 다산>, 《다산학》 29호(2016. 12),
p27, p30 참조.

춘추고징春秋考徵	4	12
논어고금주論語古今注	13	40
맹자요의孟子要義	3	9
중용자잠中庸自箴	1	3
중용강의中庸講義	2	6
중용강의보中庸講義補	1	3*
대학공의大學公議	1	3
대학강의大學講義	1	3

  * 附 : 소학보전小學補箋, 심경밀의心經密驗

※ 이상 경집經集 합계 88책, 250권, 5483장張(매권 장수는 생략함)

시집전편詩集前編	5	15
시집후편詩集後編	3	8
문집文集	12	34

  * 제10책 : 27, 28, 29권이 〈문헌비고간오文獻備考刊誤〉

| 문집속집文集續集 | 10 | 30 |

※ 이상 문집文集 합계 30책, 87권, 1941장

방례초본邦禮草本(=經世遺表)	15	43
목민심서牧民心書	16	48
흠흠신서欽欽新書	10	30
강역고疆域考	4	12

---

* 《중용강의》 3권 1책, 《중용강의보》 6권 2책의 오류인 듯하다. 황병기, 〈중용강의보 해제〉, 《정본 여유당전서·6》, 다산학술문화재단, 2012, p48 참조.

수경水經	4	10
소학주천小學珠串	1	3
아언각비雅言覺非	1	3
마과회통麻科會通	11	11
민보의民堡議	1	3
풍수집의風水集議	1	3

※ 이상 잡찬雜纂 합계 64책, 166권, 3993장

※ 이상 《열수전서洌水全書》 경집·문집·잡찬 총계는

① 182책

② 503권*

③ 11417장(매장每張이 대개 22자 20행)

④ 장함粧凾* 23개, 서장書檣* 1개

---

* 503권 : 최익한은 다산이 최후로(1834) 손수 감정한 가장본인 《열수전서》 초본에 달려 있는 총목록(정규영 필적)을 인용하면서 그 총계를 182책 503권이라 적었지만, 본서 p733에서는 "수정 문고手定文稿 546권(경집 232권, 문집 314권)"이라 하였다. 이에 대한 연구로는 장동우의 〈여유당전서 정본 사업을 위한 필사본 연구〉, 《다산학》 7호(2005), pp251~289 볼 것.

최익한은 나중에 논문 〈정다산의 시문학에 대하여〉에서 다음과 같이 개괄하였다. "다산의 저작은 자기 손으로 정리한 것이 503권에 달하였는데, 그중 경집 즉 유교 경전들을 자기의 새로운 철학적 견해에 의하여 해설 논증한 부분이 250권으로서 전집의 절반을 차지하였으며, 잡찬 즉 경제·정치·제도·법률·군사·지리·언어·의학 등 광범위한 영역에 걸친 저서가 166권으로서 전집의 3분의 1을 차지하였으며, 문집이란 명목하에 시·문 합계 87권으로서 전집의 6분의 1을 차지하였으니, 그의 저작 전체로 본다면 문학적 저작은 근소한 부분에 불과하다. 그러나 이것을 따로 떼어 보면 역시 적지 않은 분량이다."《조선어문》 2호(1956), 과학원 언어문학연구소, p4;《정다산 선집》, 국립출판사, 1957, pp9~10.

* 장함粧凾 : 장식함. 원문의 '장권粧圈'은 잘 쓰이지 않으므로 《여독》 p413에 따라 '粧凾'으로 고침.

* 서장書檣 : 책장冊檣. 《여독》의 '서감書龕'.

상기 총목록 이외에도《균암만필莇菴漫筆》과《사암연보俟菴年譜》가 말단에 부기附記되어 있다.

① 균암만필 1책 64장
② 사암연보 2책 122장

전자는 다산의 소저所著《자균암만필紫莇菴漫筆》*이요, 후자는 다산의 고제高弟 이정李睛의 기초起草를 현손 정규영이 수식修飾한 것이라고 한다.

---

* 자균암만필紫莇菴漫筆 :《목민심서》권1 〈부임赴任·사조辭朝〉에 '자균암만필'로 나오고,《사암연보》p120에는 '균암만필'로 나온다. 저술 시기는 1800년 설과 1807년 설이 있다. 조성을, 〈사암선생연보의 문헌학적 검토〉,《다산학》27호(2015.12), p120; 정민, 〈사라진 책 '균암만필'〉,《한국일보》, 2018.4.19.

4. 종두술種痘術-우두술牛痘術과 정다산*

　종두술이라면 흔히들 우두접종법으로만 알고 또 우두접종법이
라면 이를 조선에 맨 처음 수입하여 시술한 자를 일반이 고종조高
宗朝 초년의 지석영池錫永으로만 알고 있다. 그러나 사실은 그렇지
않다. 우두접종법의 전 단계에 인두人痘접종법이 먼저 발명되었으
며, 조선의 우두접종법의 수입자로 지석영을 반세기 이상 앞서서
다산 정약용이 벌써 있었던 것이다. 이에 대한 몇 마디 유래담을
잠깐 해 보려 한다.

　두창痘瘡 환자의 딱지[痂皮]와 농즙膿汁을 미환자未患者의 체상體
上에 이식하여 두환痘患을 예방하는 방법은 그 유래가 이미 오래되
었다. 어린아이를 두환자痘患者에게 고의로 접근시켜 전염케 하여
장래의 화환禍患을 감면減免하려는 기도는 천연두天然痘뿐만 아니라
마진痲疹(紅疫)에서도 동일한 방법이 전부터 사용되어 왔다. 즉 두

---

* 〈종두술과 정다산 선생〉이란 제목으로 《동아일보》(1940. 2. 29~3. 5)에 4회 연재
　되었고, 안재홍의 〈다산 선생과 종두법〉(《신조선》, 1934. 12) 등을 참고한 것이다.

창의 약한 독을 접종하여 장래 강한 독을 방지하는 방법은 이른바 인두 접종법(Inoculation or Variolation)이다. 이는 고대 인도·아라비아 등지에서 이미 실행한 기록이 있으며, 중국에서는 두창의 딱지를 솜에 싸서 미환자의 콧구멍을 막아두면 예방의 효과가 있다는 것을 꽤 오래전부터 알았다.

콘스탄티노플(이스탄불)에 거주한 그리스의 의사 티모니*가 1713년에 보고한 바에 의하면, 이 지방 어떤 종족은 여아女兒의 미용을 보존키 위하여 두창 환자의 농진膿疹에 침을 찔러 농즙이 묻은 채로 다시 그 여아 피부의 어디든지 찌른즉 경미한 두증痘症에 걸리게 되더란다. 그러면 그다음에는 중증重症 유행 시에도 감염되지 않는다고 하였다. 18세기 초에 터키 주재 영국 대사의 부인 메리 몬테규*가 이 그리스법을 전파한 이래로 의사들의 주의를 크게 끌었다.[5]

이상 사실을 종합해 보면 두역痘疫의 원산지는 인도·아라비아·소아시아 등지인 듯하며, 인두접종법도 또한 이 지방들에서 먼저 발명되어 병독病毒과 함께 중국 방면에 전래된 듯하다. 조선은 물론 중국을 중계 지점으로 하였던 것이다.

그러나 이 인두접종법은 완전한 방법이 아니어서 때로는 병독을

---

* 티모니(Emanuel Timoni, 1665~1741) : 그리스에서 태어난 이탈리아인으로 이스탄불에서 의사 개업을 하고, 현지 영국 대사관에도 출입하였다. 그는 1713년 인두 접종에 관한 서신을 런던의 지인에게 보냈는데, 그 요약문이 이듬해 런던왕립학회 보에 발표됨으로써 영국에 최초로 인두접종을 소개하는 계기가 되었다.

* 메리 몬테규(Mary Wortley Montagu, 1689~1762) : 영국 귀족으로 서간 작가이자 시인. 1716년 터키 대사로 임명된 남편을 따라 약 2년간 이스탄불에서 지냈다. 그녀의 남동생이 두창으로 요절하였고, 그녀 또한 결혼 후 두창에 걸려 미모를 잃었으므로 1718년 5살 난 자기 아들에게 예방접종을 하게 되었다. 이후 런던으로 돌아와 인두접종을 선전하며 관련 서적을 출판하였다.

확대시키는 우려가 적지 않았다. 이 방법이 18세기 유럽의 귀족 간에 실행된 동시에 이것의 개량을 열심히 연구한 자가 없지 않았으나 성적은 여전히 훌륭치 못하였다.

그러나 나중에 오고야 말 우두접종법은 그 원리의 단서를 이 인두접종법에서 추출하였다. 이는 오직 제너(1749~1823)의 천재적 발명에 의하여 완성되었다. 이제 그의 발명 경로를 되풀이해 말하면 이러하다.

영국 글로스터 후작의 영지 버클리에서 승려(목사)의 아들 에드워드 제너는 지방 의사의 도제徒弟로 있을 즈음에 우유를 짜는 사람은 이른바 유방두창乳房痘瘡에 접촉하되 우두에 감염되지 않고, 또 그 후 인두 유행에도 감염되지 않는다는 경험담을 듣고는 크게 흥미와 힌트를 느껴 주의해 본 결과, 그것이 사실임을 깨닫고 한 걸음 나아가 인두 대신에 우두를 접종할 것을 고안하였다.

그 후에는 런던에 가서 유명한 의사 헌터라는 사람을 스승으로 섬기고 어느 때 자기의 지향을 고백하여 그 의사의 판단을 빌렸던 바 "해 보아라, 성심껏 해 보아라"라는 격려를 받고서 다시 향리에 돌아와서 개업을 하면서 숙제의 고안에 대하여 여러 번 실험한 끝에 마침내 인류 문화사에서 영원히 기념할 만한 큰 은혜의 날이 이 세상에 왔다. 즉 1796년 5월 14일에 제너는 사라 넬름스라는 우유 짜는 여자가 가시에 상한 손에 우두가 감염된 것을 보고 그 농즙을 취하여 8세 난 건강한 소아小兒인 핍스의 팔에다 이식하여 보았다. 이것이 현대 종두법 즉 우두접종법의 최초 시험이었다. 그는 상아로 만든 작은 칼의 끝에 바른 농즙 한 방울로 18세기 사이에 약 6천만의 수많은 생명을 희생해 버린 가장 공포스러운 인류의 대적大敵을 퇴치하는 데 훌륭하게 성공하였다. 인류 행복의 세계적 의의에 있어서 제너의 종두술은 근대 세계사의 에폭메이킹epoch-making(신기원)을 자랑한 당시 1789년의 프랑스혁명에 견줄 수 있는 가치를 창조하였던 것이다.

기왕 화제가 났으니 만큼 '구세주'의 한 사람인 제너의 고심苦心 성공담을 몇 마디 더 계속하려 한다.

그 이듬해 6월에 악성 두창이 유행하였으나 저 어린아이 핍스는 아무 탈 없이 안전하므로 제너는 자신이 더욱 굳었다. 그는 그래도 신중한 태도와 세밀한 관찰로 2년간 계속 시험한 다음에 논문 한 편을 지어 1798년에 이를 런던왕립학회보에 기고하여 게재를 청했으나 그만 거절을 당하였다.

그는 다시 결의하여 자비로 우두 연구에 관한 소책자를 출판하였다. 이것이 한번 세상에 발표되었을 적에 마치 170년 전 하베에 의하여 혈액 순환에 관한 파천황적 발견이 공개된 때와 같이 일반의 주의와 물의를 비상히 끌어 일으켜서 훼예毁譽와 시비가 물 끓듯 하였다.

그중에도 종교가들은 과학과 지식을 가장 무서워하는 자기들의 전통적 입장에서 우두 시술이 인류를 수류獸類와 같이 간주한 것이라 하여 신에 대한 반역으로 토죄討罪하였으며, 또 우두를 맞은 사람의 이마에는 소처럼 뿔이 돋는다고 하여 지독하게도 데마*를 뿌렸다. 이들뿐만 아니라 의학자들의 반박과 조소도 또한 적지 않았다. 그리고 제너의 어린 아들은 그의 동무들 사이에 우두쟁이

---

* 데마 : 데마고기demagogy. 허위 선전이나 인신 공격.

아들이란 모욕적 대우를 받고 울면서 집으로 돌아온 적이 가끔 있었다 한다. 대체로 무엇이든지 보수적 늙은이는 창신創新한 젊은 이를 박해하고 비틀어 죽이려는 것은 예나 이제나 공통된 일이니, 이 어찌 제너에게만 한한 사실이랴!

그러나 우두접종의 진가는 점차 학계에 인정되어 영국의 명의 70여 명이 연명聯名하여 포고하기를, 제너의 발명은 진선진미盡善盡美하니 우리는 그대로 준행遵行할 것이라고 하였다. 그 후 즉시 영국 황실의 원조를 받았고, 1803년에 종두법을 보급할 목적으로 왕립제너협회가 런던에 설립되었고 18개월간에 12,000명이 종두 시술을 받았다. 그리하여 1개년 간에 두창환자 사망 수가 2,018명에서 일거에 622명으로 내려갔다. 1802년 영국의 국회는 그에게 1만 파운드의 사례금을 주기로 결의하였다.

이때 제너는 매일 300명의 빈민에게 무료 시술하였다. 그의 명성은 국외에까지 떨쳤다. 당시 영·프 간의 평화가 깨졌고 프랑스에 억류된 영국인의 해방에 관한 청원 운동이 일어났다. 프랑스 황제 나폴레옹 1세는 이를 거절하였으나, 황후 조세핀은 청원인의 열명列名 중에 제너의 서명이 있는 것을 보고 황제에게 거듭 탄원한즉 그는 "이 사람을 위해서는 무엇이라도 거절할 수 없다" 하여 즉석에서 그 청원을 접수하였다. 그 후 제너의 여생은 나날이 영예로운 존재로서 일관하였다.

제너의 성공담은 이쯤 해 두고 화제는 다시 우리나라 종두사상種痘史上으로 돌아와야 하겠다.

조선에는 종두술이 언제부터 수입되었던가? 정조 이전까지는 종두 운운이 일체 문헌에 나타난 바가 없었다. 이러한 때에 다산

(1762~1836)은 인두·우두 할 것 없이 이 두 접종법을 조선에 최초로 소개한 과학사상科學史上의 명예를 가졌던 것이다.

다산은 원래 학문과 포부가 탁월한 학자로서 당시 동양에 와서 전도하는 천주교사를 통하여 서양 과학을 섭취하는 데 선구적으로 활동하였다. 그는 인민의 현실 생활과 관련 없는 스콜라 철학적 분위기 속에 살고 있으면서 '개물성무開物成務'의 실학을 주창하였으며 또 당시 명의라는 칭도稱道를 들었다. 그가 의술로 민중을 구제하는 일에도 중요한 관심을 가진 사실은 조금도 괴이하지 않다.

이제 순서를 좇아 다산이 인두접종법을 처음으로 조선에 소개한 경로를 말하면 이러하다.

그의 《여유당전서》 중 <종두설種痘說>과 《마과회통麻科會通》의 종두편에 의하면, 그는 《강희자전康熙字典》의 두자해痘字解에 "신두법神痘法은 대체로 두즙痘汁을 코에 넣고 호흡하면 곧 돋아 나온다"[6]는 구절을 보고 일찍부터 무슨 묘방이 있는 것을 짐작하였다. 그 후 정조 23년 기미(1799) 가을에 그의 선배 복암茯菴 이기양李基讓이 의주 부윤義州府尹에서 해임되어 돌아와 다산에게 훌륭한 선물 하나를 주었다. 이는 바로 복암이 정망이鄭望頤가 지은 《정씨종두방鄭氏種痘方》을 연경을 왕래하는 인편에 얻어 가지고 경성에 돌아와서 다산에게 보여 준 것이다. 다산은 그것이 인두접종법임을 비로소 알게 되었다.

다산은 인두접종법을 당시 시인이며 사상가인 초정楚亭 박제가朴齊家에게 말해 주고 또 초정으로부터 <종두요지種痘要旨>를 얻어 보았다. 이는 바로 초정이 일찍이 내각 장서 중에서 초록抄錄해 낸 것이다.

다산은 드디어 상기 《정씨종두방》과 《금감金鑑》*을 합편하여 일서—書를 만들고 그중 이치가 오묘하여 해명하기가 어려운 곳에는 주해를 가하고 또 술가術家의 부정한 미신을 간단히 논파하였다. 이것이 다산이 편술한 《마과회통》에 있는 〈종두요지〉이다.

그리고 다산은 초정과 더불어 두묘痘苗의 보호와 시술의 방법에 세밀한 연구를 거듭한 다음에 포천抱川 사람 이종인李鍾仁이란 의사에게 방서方書를 주어 두종痘種을 갖고 경성에 들어와서 시술케 한 바, 북촌 양반집들에서도 많이 종두를 받았고 그 결과의 성적은 매우 양호하였다. 이것이 조선에 있어 인두접종법의 최초 시행인 것이다. 때는 정조 24년(1800) 경신庚申 3월이니, 제너가 우두접종법을 발명 실시하던 1796년의 4년 후였다.

그러나 과학과 기술이 극도로 억압 받던 당시 조선 양반 사회에서 다산과 초정이 고심으로 소개한 인두접종법은 그 운명의 길이 또한 순조롭지 못하였다. 다산을 극히 애중히 여기던 정조는 동년 6월에 서거하고 그 이듬해 1801년 순조 원년에 이른바 '신유사옥辛酉邪獄' 사건이 일어나매 당시 혁신적 학풍을 부식扶植하여 오던 실학 일파는 방축과 학살로 한갓 봉건 당쟁과 보수주의자들의 무참한 희생이 되고 말았다. 다산은 '사학邪學'의 거두巨頭로서 처음엔 장기長鬐에, 나중엔 강진에 유배되었고, 초정도 역시 반동 정권 당국의 미움을 받아 경원慶源에 유배되었고, 이의李醫도 또한 당국의 미움을 받아 고문의 혹형으로 거의 죽을 뻔하였다. 이리하여 종두술은 그 주인들과 함께 매몰된 상태에 들어가고 말았다.

---

* 금감金鑑 : 《의종금감醫宗金鑑》. 1742년 청나라 오겸吳謙 등이 엮은 의학서로 총 90권이다.

이상은 인두접종법이 우리나라에 수입된 내력을 말한 것이거니 와 이하에는 다산과 우두접종법과의 관계를 고구考究하려 한다.

소운거사嘯雲居士 이규경李圭景*의 《오주연문五洲衍文》 중 <종두 변증설痘辨證說>조에 이렇게 말하였다.

헌종 을미년(1835)에 내가 듣건대 중국에 일종의 기이한 방문 方文이 다시 출현하였는데, 이것을 다산 정약용이 비밀히 간직 하고 있다 하니 바로 우유종두방牛乳種痘方이다. 시술하면 즉 시 비두飛痘(약간 살짝 돋아다가 스러지는 두痘란 의미인 듯―필자)가 나서 하루 지나면 딱지가 떨어지고 다른 증세는 절대 없으며 다시는 나지 않는다 한다. 참으로 이렇다면 기묘한 방법이다. 나는 다시 남들의 잘못된 전언인가 하고 의심하였더니 그 뒤 에 다시 다른 사람들의 말을 들어본즉 모두 한 입에서 나온 듯 이 조금도 틀림없으니(우촌雨村 남상교南尙敎의 말도 또한 동일하다 ―원주), 이는 반드시 다산이 그 방문을 받아 보았으므로 이런 의심을 받게 된 것이다. 그러나 다산이 이것을 비밀에 부치고 남에게 보이지 않으며 마침내 세상에 전하지 않은 것은 무슨 까닭인가? 그런 방문이 없다면 모르되 이미 있고 또 금물禁物 이 아닌데, 어째서 널리 실시하여 사람을 구제치 않고 그 묘방 으로 하여금 절종絕種케 하였는가? 이것이 나는 옳지 않다고 생각한다.[7]

---

* 이규경李圭景(1788~1856) : 자는 백규伯揆, 호는 오주五洲 또는 소운거사. 이덕무 李德懋의 손자로서 일생동안 벼슬하지 않고 《오주연문장전산고五洲衍文長箋散稿》 (60권 60책) 등을 저술하였다.

이와 같이 이규경은 다산이 우두방문을 가장 먼저 얻어 본 것을 증명한 다음에, 또 다산이 그러한 묘방을 한갓 비장祕藏에 부치고 세상에 공개하지 않은 것을 깊이 죄책하였다.

이에 대하여 박식가博識家 이능화李能和는 자기 저서《조선기독교급외교사朝鮮基督敎及外交史》<대서양의학對西洋醫學>조에 다산을 변호해 말하기를, 상기 소운거사嘯雲居士의 말과 같이 다산 선생이 우두방서牛痘方書를 얻었다면 그 경로는 응당 북경에 주재한 서양 교사西洋敎士의 편과 밀통密通하였을 것이며, 또 선생이 그것을 공개치 않은 것은 사람을 구제할 자비심이 없어서 그런 것이 아니고, 악착한 시배時輩가 자기를 '서학西學'으로 지척指斥하여 죄인으로 취급할 것을 기피한 것이 아니었던가고 하였다. 그리고 그는 선생의 의서醫書《마과회통》을 얻어 보지 못하여 그중에 우두방서牛痘方書의 유무를 확증치 못한 것을 한탄하였다.[8]

그러나 이제는 다산 선생의 전집인《여유당전서》가 백년을 지나 세상에 간행되었으므로《마과회통》에 우두방서가 뚜렷이 편입되어 있는 것을 일반 독자는 신기한 눈으로 보지 않을 수 없을 것이다.

다산이 편술한 의서《마과회통》의 최후 권을 보면 상기 인두접종법에 잇대어 <신증종두기법상실新證種痘奇法詳悉>이란 단편 방서方書가 부편附編되어 있는데, 자수는 약 1천 5, 6백이요 그 내용은 우두접종법의 발명 유래 및 그 효과 공적을 서술하고 종두種痘하기에 적당한 지점인 비상臂上의 혈穴과 대모각玳瑁殼의 외과소도外科小刀와 두종주사용痘種注射用의 상아소잠象牙小簪을 도시圖示하였다. 그리고 천화天花(=痘)접종법, 즉 인두접종법이 완전치 못한 것을 명백히 설명하였다.

이를 보면 다산이 과연 우두방서를 얻어 본 것은 다시 의심할 수 없는 사실이다. 실로 경이를 금치 못할 사실이다.

그러나 다산이 간직한 등사본인 이 우두방서를 보면 (현재《여유당전서》간행본에도 원본 그대로) 원문 중에 삭자削字된 공백 부분이 많은데 상하의 문리를 추찰 推察하면 그것은 제너의 성명·국적·서기 연대를 삭거 削去한 것이 분명하다. 다시 말하면 이 우두술의 출처가 서양인으로 인식될 만한 문구는 일일이 삭거한 것이다. 일례를 들면, 편중篇中 '즉 가경원년卽嘉慶元年'이란 문구 위에는 몇 자의 공백이 있으니, 가경원년은 즉 제너가 우두술을 발명 실시한 서기 1796년인즉 이 공백 부분은 응당 서력기년西曆紀年일 것이다. 또 편말篇末에 다만 '집輯', '정訂'이

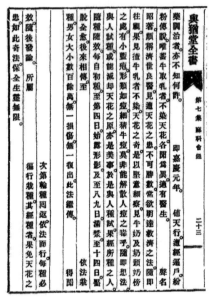

《마과회통》〈신증종두기법상실〉, 신조본, 1938
1행 '卽嘉慶元年' 위의 공란에는 한은본韓銀本에 따르면 15자가 결락되어 있다

라고 병서竝書하고 집자輯者, 정자訂者는 명시치 않았으니, 이도 또한 고의로 삭거한 것이다.

그리하여 제너의 사적事蹟에 소매疎昧한 자가 이 방서를 보면 서양과의 관계는 도무지 보이지 않아서 중국인의 일종 신두방神痘方

으로 간주할 수 있게 되었다. 이는 더 말할 것도 없이 당시 다산이 화화禍를 피할 필요에서 교묘히 취한 방법이었던 것이다. 학술과 사상의 자유가 비교적 진보되었다는 18세기 말의 유럽에서도 제너의 우두술이 신에 대한 반역이란 기독교회의 토죄討罪를 받았거늘 하물며 봉건주의의 검은 구름 속에 잠겨 있던 당시 동양, 그중에서도 편협하고 완고하기 짝이 없던 당시 조선 양반 사회에 있어서 '서양 오랑캐'의 괴술怪術을 이른바 사자士子가 공연히 접근한다면 여기에는 '사학邪學'이란 죄안罪案과 '사서 구독邪書購讀'이란 형벌이 벼락같이 내려 때리는 인문구망人文俱亡의 혹화酷禍를 반드시 받고야 말 것이다.

당시 조선 학계에서는 서양의 기하학·천문학과 같은 것을 연구하더라도 '사학邪學' 또는 '서학西學'이라는 죄안을 면치 못했거늘 하물며 해괴막심하게 보이는 우두술이랴? 이 방서에 나타난 다산 선생의 학술적 고심은 진실로 참담하였던 것이다.

이 방서의 하부에
"여등사월초予等四月初"
"선자팔船自八"*
"생협동生協同"

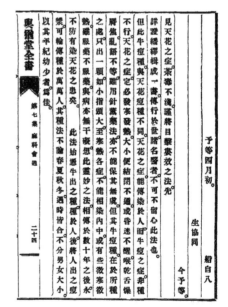

《마과회통》〈신증종두기법상실〉, 신조본, 1938
1~5행에 관련 문구와 공란이 보인다

"금여등今予等 견천화지증見天花之症, 도독불천茶毒不淺, 근장목격
루효지법謹將目擊屢效之法, 선先"

"상증번역詳證繙繹, 집성일서輯成一書, 전행어세傳行於世. 제명의자
諸名醫者, 불가불류심어차법야不可不留心於此法也"⁹

등등의 공空·자상반자相半한 문구들이 있는 것을 보면, 당시 중국에
내주來住한 이른바 서양 천주교의 선교사들이 동양에 와서 포교의
미끼로서 이 우두방서를 역시 성교의학회聖敎醫學會 같은 명의로 편
집 간행하여 마치 우두술이 자기 교회의 신이神異한 업적인 것처럼
민중에게 보이려 한 것인 듯하다. 그리고 다산은 서교의 비밀 연락
혹은 사절의 북경 왕래를 이용하여 이 우두술의 방서를 구득해 본
것인 듯하다.

이상으로써 다산이 조선에서 우두술을 최초로 전수한 것을 고증
하기에 충분하다 할 것이다. 상기 이규경의 말과 같이 자기가 다산
이 우두방문을 비장祕藏하고 있다는 소문을 들은 때가 헌종 원년
을미 즉 서기 1835년이었다. 이는 다산이 사거死去하기 전년이요
우두술이 발명된 후 40년이요 제너가 서거한 후 13년이 될 것이다.
그러나 다산이 이 방문을 입수하기는 이규경이 소문을 들은 연대
보다 훨씬 이전인 것도 사실이다.

이 방서의 끝에 "도광道光 8년 무자戊子 6월 중간重刊 판재 유리
창교 서로 북板在琉璃廠橋西路北(北京) 규광재奎光齋 각자포刻字鋪* 매본
每本 공가工價 문은紋銀 2푼分"이라 하였으니, 이 방서의 원본은 북
경각본北京刻本인 듯하며 도광道光 8년은 즉 순조 28년 서기 1828

---

* 선자팔선自八 : 원문의 '선수입船首入'은 오식.
* 鋪 : 원문에는 舖로 되어 있다.

년인즉 이해는 다산의 67세 때이며 강진 적소로부터 해방되어 집에 돌아온 훨씬 후였다. 그리고 '중간重刊'이라 하였으니 초간본은 벌써 그 전에 중국 북경에서 전포傳布되었을 것을 알 수 있다.* 또 그것이 중간重刊 동년에 다산이 구득한 바가 되었으면 이는 제너 사후 6년이 될 것이다.

어쨌든 다산은 제너의 동시대인으로서 수만 리의 거리를 돌파하고 그의 구세적救世的인 신술神術을 남 먼저 전수하였으니, 이는 동서 문화의 교류사상交流史上에 특서特書하지 아니치 못할 위대한 사실의 하나이다.

필자는 이 우두방서의 다산 가장家藏 등사원본을 직접 심사하여 본즉 그 원고본의 용지는 패인지罫印紙이며 이 패인지의 판심板心에는 '정유각貞蕤閣'이란 문구가 찍혀 있다. 정유貞蕤는 박초정朴楚亭의 별호의 하나이니, 그러면 혹시 우두술도 상기 인두술과 같이 다산·초정 두 학자 사이에 무슨 밀접한 관계가 있었던 것이 아닌가 한다.

다산이 우두방서를 조선에서 가장 먼저 구득하였다는 것은 이규경·남상교 등의 말을 기다릴 것 없이 이 현전 방서 자체가 실증하는 바이거니와 다산은 이 방문을 구득한 후 얼마만한 응용을 하였는지는 이제 알 길이 없다. 또 다산이 우두방서에 대해서는 일언의 평론도 전함이 없으니, 혹시 다산이 당국의 취체를 염려하여

---

* 초간본은 1805년에 발간 전포되었다. 즉, 1805년 스탠튼(Thomas Stanton)이 피어슨(Alexander Pearson)의 《우두종법론牛痘種法論》을 한역하여 《종두기법種痘奇法》을 출간하면서부터 제너의 우두술이 중국에 전해졌다. 《마과회통》의 부록으로 실린 것은 이 초간본이 아니라 1828년 중간된 《신증종두기법상실新證種痘奇法詳悉》이다. 김두종, 《한국의학사》, 탐구당, 1979, p364 참조.

그러하였던가? 그렇지 않으면 그것이 아직 연구 중에 있고 실험의 지경에는 미처 이르지 못한 것이었던가? 그러나 다산이 우두술을 전수하였다는 것이 당시 젊은 후배들의 구전에 이미 전파되고 있는 것을 보아서는 그가 단순히 화禍를 겁내서 방서를 비장하고만 있었던 것이 아니라는 점을 또한 짐작할 수 있다.

중국은 동양에서 서양과의 교통이 조선·일본보다 항상 빠르므로 인두술·우두술을 막론하고 모두 일찍부터 수입하였다. 상기《의종금감醫宗金鑑》*에 의하면, 인두술은 장강長江 이남에서 일어나서 북경 부근 지방에 도달한 것인데, 그 발원發源을 소구溯究하면 송나라 진종眞宗 때에 아미산峨嵋山으로부터 신인神人이 나와서 승상丞相 왕단王旦의 아들에게 종두를 실시한 결과 효과가 있어서 그 방술이 드디어 세상에 전하였다 한다. 이는 준신準信할 수 없는 전설이나 어쨌든 중국의 인두접종술이 오래전부터 전래한 것만은 분명한 사실이다.

그리고 상기 '도광道光 8년 중간重刊'을 표준하면 우두접종법이 유럽에서 채용된 즉시 서양 교회사敎會士를 통하여 중국에 수입된 동시에 방문方文 인행印行까지 되었던 것이다.

일본에서는 어떠했던가? 연향延享 2년(이조 영조 21, 1745)에 중국 항주抗州 이인산李仁山이란 자가 장기長岐(나가사키)에 와서 인두접종을 최초로 실시하였으며, 그 후 우두접종은 천보天保 12년(이조 헌종 7년, 1841) 이등규개伊藤圭介*의《영길리국종두기서英吉利國種痘奇書》

---

* 의종금감醫宗金鑑 : 원문의《의방금감醫方金鑑》.
* 이토 게이스케伊藤圭介(1803~1901) : 의사·식물학자. 1805년 광동 주재 영국 동인도회사의 의사 피어슨이 우두 접종에 성공한 사례를 1841년《영길리국종두기서英吉利國種痘奇書》에서 소개하였다.

와 그 6년 후 소산사성小山肆成*의 《인두략引痘略》*으로 최초로 소개되었다.[10] 전자는 다산이 인두접종법을 소개한 연대에 비하여 약 반세기 이전이었으나, 후자는 다산이 우두접종법을 전수한 연대보다는 십수 년이나 뒤떨어졌다. 어쨌든 조선 종두사상種痘史上에 있어 다산의 선각적 지위는 고증의 결과, 다시 한 번 경탄치 않을 수 없다. 따라서 인민의 생활에 이익을 주는 과학과 기술의 획득을 위하여 그가 얼마나 용감하게 노력하였는지를 알 수 있다.

---

* 오야마 시세이小山肆成(1807~1862) : 의사. 1847년 《인두략引痘略》을 《인두신법전서引痘新法全書》로 번역 간행하고, 1849년 일본 최초로 우두 백신을 개발하였다.
* 《인두략引痘略》 : 1817년 청나라 구희邱熺가 우두법을 소개하기 위해 지은 책으로, 일본에서는 1846년 마키 슌도牧春堂(1821~1863)가 처음 번역하고, 이듬해 오야마 시세이도 번역하였다. 그러므로 본문의 내용과는 약간 차이가 난다. 新村拓, 《日本醫療史》, 吉川弘文館, 2006, pp188~9 참조.

5. 정다산의 이상 사회와 그 역사적 제약성*

1) 그의 이상理想의 역할

어두운 밤에 한 점의 등불은 날 샐 때에 수백 촉 전광電光보다도 오히려 빛나며 필요한 것이다. 이와 같은 비교는 우리 조선 근세사에 있어서 실학파 사상가들의 이론적 업적이 어떤 선진 국가의 계몽학자들의 것보다도 가치가 있고 고귀하다는 것을 입증하는 데 흥미 있는 적용이 될 수 있다.

15~16세기 이래 유럽에서 계속 일어나는 일련의 역사적 변화, 르네상스, 종교개혁, 지리적 발견, 상업자본의 국제적 경쟁, 영국의 입헌정치운동, 북아메리카의 독립전쟁, 과학의 발달, 프랑스 유물론의 출현 등은 18세기 프랑스의 유명한 계몽학자들에게 커다란 자극과 경험을 제공하였다. 이들에 의하여 헤겔의 말과 같이 "세계가 머리 위에 서 있는"* 이성의 시대를 만들어 내게 된 것은

---

* 최익한(필명 '최성해')의 논문 〈조선 근세 '실학'의 대성자 정다산의 진보적 사상 및 학설에 대한 개론 (하)〉를 거의 그대로 실은 것이다. 《인민》 11호, 민주조선사, 1952, pp116~124 볼 것.

그 시대로 보아 결코 그다지 어려운 사업이 아니었던 것이다.

그러나 다산 일파의 이조 말기의 실학자들에게 있어서는 환경과 사정이 유럽의 저들과는 대단히 판이하였다. 왜냐하면 당시 조선은 장구한 침체의 특징 속에 들어 있는 아시아의 일개 은자隱者의 나라로 있었으며, 더욱이 유럽 중세기의 스콜라 철학에 유사한 유교 철학의 이데올로기가 양반 사회의 제도·윤리와 문화 일반을 지배하고 있는 완강한 봉건적 성벽을 향하여 비판의 총부리를 돌리면서 새로운 학리學理를 제창한다는 것은 용이한 일이 아니었기 때문이다. 그들의 학술적 조직 형식은 18세기 프랑스 계몽학자들에게 비하여 손색이 있다 하더라도, 그들의 진리를 위한 대담성과 창의성과 심각한 통찰력은 오히려 전자들을 능가할 수 있는 부분이 적지 않았다.

엥겔스는 프랑스 계몽학자들을 비판하면서 말하기를, "가까워 오는 혁명을 위하여 사람들의 머리를 깨우쳐 준 위대한 인물"들에 있어서는 "사유하는 이성이 현존하는 모든 것의 유일한 척도가 되었다"고 하였다.[11]

그러나 그들이 이성적 척도로서 만들어 낸 도안은 다른 것이 아니고 곧 뒤이어 실현된 부르주아지의 왕국을 예감한 것이었으며, 그들이 부르짖은 영원의 정의, 근본적 권리, 자연에 근거한 평등 운운은 결국 부르주아의 자유 기업과 사유 재산과 개인 권리에 대한 법률적 형태를 추상적으로 사상화한 데 지나지 않은 것이었다.

---

* 세계가 머리 위에 서 있는 : 엥겔스는《공상에서 과학에로의 사회주의의 발전》제1장에 "헤겔이 말한 대로 세계가 머리로 세워진 시대였다(Es war die Zeit, wo, wie Hegel sagt, die Welt auf den Kopf gestellt wurde)"고 하면서 헤겔의《역사철학》을 인용한 바 있다.

그들은 이와 같이 일정한 척도로서 자기들이 희망하는 새 사회를 비교적 용이하게 그려 냈다.

그런데 우리 조선 근세 실학파 사상가들은 자기들의 이상적 척도에 의하여 무엇을 그려냈던가?

이제 우리는 이조 말기 실학파의 대표자로 지목할 수 있는 다산의 이념적 방향을 검토하여 보기로 하자.

그의 유명한 '신아구방新我舊邦' 즉 우리 낡은 나라를 새롭게 한다는 사상은 두 방면으로 고찰할 수 있다. 그는 대내적으로는 당시 양반적 봉건 제도를 죄악시하는 동시에 이와는 다른 새로운 제도로 대체해야 한다고 주장하였으며, 대외적으로는 교회와 상업 원정대를 통하여 동방을 침범해 오는 유럽 자본주의 각국들의 약탈성 및 침략성에 대하여 경계와 방위를 필요로 할 뿐만 아니라, 이들의 '전국戰國'적 국가와는 성질이 다른 순결한 낙토를 자기 조국 안에 건설해야 할 것이라고 생각하였다.

그러면 다산이 이상한 새 나라는 그 내용이 어떠하였던가?

그의 의견에 의하면, 그것은 정치적으로는 인민의 평등 권리에 기초한 민주 제도이며, 경제적으로는 재산 균등과 근로 균등에 기초하여 착취 및 피착취가 없는 행복한 인민 생활이었다. 이 점들에 있어서 다산의 〈원목原牧〉, 〈탕론湯論〉 등 민권론은 루소의 사회 계약설과 서로 통하였고, 또 자기의 〈전론田論〉 7장에 표시한 만민 개로萬民皆勞의 이념은 생시몽의 《제네바 서한》*에 접근하였다. 그

---

* 제네바 서한 : 1802년에 발간된 《동시대인에게 보내는 제네바의 한 주민의 편지 (Lettres d'un habitant de Genève à ses contemporains)》. 엥겔스의 《공상에서 과학에로의 사회주의의 발전》 제1장에 "생시몽은 이미 《제네바 서한》에서 다음과 같은 명제를 제기하고 있다. '모든 사람은 노동해야 한다(alle Menschen arbeiten

리하여 다산이 이상한 새 사회는 소박한 부르주아 민주주의와 공상적 공산 사상을 포함한 것이었다. 이와 같은 이상은 그 당시 반봉건적 사상계에서 실로 거대한 역할을 담당할 수 있었다.

2) 그의 이상理想 구성의 사회적 제 조건

다산의 이상이 이와 같이 미숙한 혼합형으로 구성되지 않으면 안 될 사회적 이유는 무엇이었던가? 이에 대한 고찰은 다음과 같이 말할 수 있다.

첫째로 다산이 생존하고 있던 그 시대와 사회는 그의 물질적 조건이 봉건 사회 자체의 모순을 부르주아 계급의 성장에 의하여 해결할 수 있는 단계에 도달하지 못하였으므로 그의 시대적 의식 능력은 18세기 프랑스 계몽학자들이 자기 목전에 닥쳐오는 부르주아 국가의 성격과 면모를 명확히 그려낸 것과는 동일할 수는 없었던 것이다.

그러나 다산은 자기의 〈원목〉, 〈탕론〉 등 여러 편에서 민주 정체를 주장하고 군주 세습제와 전제적 권리를 불합리한 것으로 지적하였는바, 이는 당시 조선 사회에 있어서는 실로 독창적인 혁명적 발언이었다. 그에 의하면 '목牧' 즉 치자治者는 상고시대에 본래 인민으로부터 선거되었으므로 인민을 위하여 존재하는 것이었는데, 후세의 제왕이 치자의 권리를 악용하여 인민과의 약속을 배반하고 인민을 자기의 예속물로 취급하였으므로 인민이 도리어 치자를 위

---

sollen)'"고 하였다.

하여 존재하는 것으로 되었으니, 이와 같이 본말이 전도된 국가 제도는 반드시 바로잡지 않으면 안 된다는 것이다.

다산이 이와 같은 이론을 구명함에 있어서 당시 교통 상태로 보아 루소의 사회계약설 같은 것은 볼 수 없었을 것이며, 혹은 중국 근고近古의 민권론자라고 할 수 있는 명말청초 황종희黃宗羲*의 《명이대방록明夷待訪錄》과 왕부지王夫之*의 《악몽噩夢》 같은 데서 약간 참고하지 않았을까 하고 생각된다. 그러나 다산은 서양 교회의 내왕을 통하여 당시 전 세계를 진동하던 북아메리카의 독립과 1789년의 프랑스 부르주아 혁명에 관한 정치적 소식에 사상적으로 감촉感觸된 바 없지 않았을 것이므로 서양 근대 부르주아 민주혁명이 다산의 사회 이상理想에 하나의 중요한 영향을 주었을 것이다. 그런데 그 영향이 구체적인 것보다 오히려 더 미화된 추상적인 것으로 그의 머리를 감촉하였을 것은 물론이다.

둘째로 다산이 살고 있던 시대는 조선의 봉건 말기였으므로 비록 선진 국가들에서와 같이 부르주아지와 프롤레타리아트와의 대립 투쟁으로 그 사회 발전을 표시하지는 못하였으나, 연속적으로 일어나는 인민 폭동은 농민 대중을 주력으로 하여 빈곤과 천대에 불평불만을 품고 있는 일반 근로 인민, 즉 도시와 농촌의 고용인

---

* 황종희黃宗羲(1610~1695) : 자는 태충太沖, 호는 이주梨州. 고염무顧炎武(1613~1673)와 동시대인이었다. 명나라 말년에 의병을 일으켜 만주군에 대항하다가 불리해지자 명나라가 망한 뒤에 은거하여 저서에 노력하였다. 그의 유명한 《명이대방록》의 <원군原君>, <원신原臣> 두 편은 민권 사상을 표시하고 있다.
* 왕부지王夫之(1619~1692) : 자는 이농而農, 호는 선산船山. 황종희와 동시대인으로 행동도 유사하였다. 그의 유명한 《악몽噩夢》 1권은 민생 경제 문제를 취급하였는데, 그 첫머리에 토지는 제왕이 사유私有할 바가 아니고 밭갈이하는 인민이 소유할 것이라고 주장하였다.

부·수공업자·소상인·광부·노예·천민 내지 평민·소리小吏 및 몰락한 일부 향반鄕班의 합류 호응으로써 반봉건적인 형세가 점차 확대되어 왔었다. 1811년 홍경래洪景來·우군칙禹君則 등에 의하여 지도된 농민 폭동이 이를 말하여 준다.

당시 경제적 모순을 심각히 지적한 다산의 이론에 의하면, 사회 제도를 근본적으로 혁신하자면 반드시 토지 제도의 개혁으로부터 시작해야 할 것이며, 또 할 수 있다는 것이다. 농촌의 100호 중 지주는 평균 5호에 불과한데 자작농은 25호이며 소작농은 절대 다수인 70호이므로(그가 당시 전라도를 표준한 통계),[12] 만일 극소수인 5호 지주의 이익을 제거한다면 70호는 절대 환영할 것이며 25호의 자작농도 찬동할 것이므로 재산 평등과 계급 철폐의 경제적 이유가 바로 여기에 있다는 것이다. 당시 조선이 농업 국가였고 인민의 절대 다수가 농민이었으며 지배 계급의 착취가 농민 대중의 피와 땀 위에 집중되어 있었으므로, 다산의 탁월하고 예리한 정치적 시각은 언제든지 농민 문제와 토지 정책을 가장 중요시하지 않을 수 없었다. 따라서 그의 이상적 해결안은 반계의 과전제科田制와 성호·연암 등의 균전제均田制와 같은 고전적 형태를 발전시켜 그의 독창적 신안新案인 여전제閭田制에까지 도달하였다.

요컨대 다산의 여전제론은 봉건 반대의 사상으로 출발하여 자본주의 발전을 전제하지 않은 공상적 공산 사상을 내포하였으므로, 그것은 자본주의와 사회주의의 그 어느 쪽에도 명확히 종속할 수 없는 공상적 이상이었다.

셋째로 당시 조선의 산업과 기술을 극도로 천대하는 제도의 중압 밑에서 금점金店·유기점鍮器店 같은 야금업冶金業과 도자기점 같은 요업窯業들이 단순 협업 혹은 약간의 매뉴팩처(공장제 수공업) 형식을 갖춘 이외에 공업은 대체로 소규모의 수공업이었으나 상업은 비교적 발전되고 있었다. 임진조국전쟁과 병자호란 이후 대동법이 점차 실시되고 상평통보가 전국에 유통되었고 '엄쪽'* 수형手形*이 활발히 사용된 사실은 시장 경제의 발전을 의미한다. 그리고 서울시의 육의전六矣廛과 지방 도시 및 항구의 여각旅閣·객주제客主制의 발달과 송상松商·만상灣商 및 부산 '여호麗戶' 등의 활약과 관서 지방의 광업의 흥성과 장변場邊* 대금업貸金業의 도시 및 농어촌에의 광범화 등등은 상업자본의 국내적 발전을 설명한다.

다산 일파가 사민 평등과 통화通貨·통상通商·흥업興業·식산殖産의 필요를 주장한 점을 보아서는 자본주의적 경제 발전을 예감하지 않은 것은 아니었으나, 특히 상업자본의 필연적인 산물로서 폭리·사기·독점 및 약탈의 유행과 유식민遊食民의 증가는 실학파의 중농주의자들에게 그것이 국가의 거대한 폐해로 보였으므로 그들은 대개 상업을 자유 방임 정책 대신에 정부의 엄격한 통제 아래 두려하였다. 그리하여 다산 일파는 봉건주의 경제를 반대하는 동시에 자본주의적 자유경제의 발생에 대해서도 지지하지 않았다.

넷째로 다산이 자본주의 사회를 그다지 동경하지 않은 이유는 여기에만 그치지 않았다. 당시 서양으로부터 들어오는 국제적 정

---

* 엄쪽 : 어음쪽. 어음을 쪼갠 한 쪽. 예전에는 어음을 적은 종이를 '엄지'라고 하였는데, 금액·날짜·이름 따위를 적고 수결手決(도장 대신 쓰던 자필 글자)한 다음 한가운데를 잘라 채권자와 채무자가 나눠 가졌다.
* 수형手形 : 어음의 일본식 이름.
* 장변場邊 : 장판에서 돈을 빌려 쓸 때 붙는 변리邊利(이자). 지주·거상 등 고리대업자들이 5일장, 즉 닷새 기한으로 빈농·소상 들에게 돈을 꿔 주고 보통 1~2%씩 이자를 물렸는데, 나중에는 고율 이자를 착취하는 가혹한 형태로 변질되기도 하였다.

치 정세에서나 자본주의 국가의 상업 원정대들의 활동에서나 모두 이성의 처음 기대에 위반되는 악현실들이 발견되었다. 유럽에서는 1789년의 프랑스 혁명에 대한 외국 무력간섭으로부터 1815년 나폴레옹 군대가 최후로 실패한 워털루 전쟁에 이르기까지—다산의 이성理性 생활의 전성 기간—유럽 각국은 포연탄우砲煙彈雨로 덮여 있었으므로 그 전쟁들의 내용과 성격은 묻지 않고 또 물을 수도 없는 반면에, 동양의 인도주의적 안목으로 본다면 그것은 이른바 서양 문명이 숙명적으로 지니고 있는 약육강식의 불의무도不義無道한 현상으로 반영되었던 것이다.

그리하여 다산은 서양의 선진적 기술의 수입은 절대로 요청한 반면에 도덕 의리는 외부에 구할 것이 아니고 자주적으로 자체에서 추구할 것이라고 하여 이른바 '내수외학內修外學'의 방침을 주장하였다. 이는 그가 기술상으로는 서양의 우세를 인정하나, 도덕상으로는 서양 각국이 정의正義·인도人道에서 탈선하고 있다고 인정하였음을 의미하는 것이다.

다산은 교회를 탈퇴함으로써 천주교리에 대한 자기의 불만을 표시하였다. 성호는 서양 사람들의 기술과 과학에 대해서는 적극적인 찬의를 표시하면서도 천주교리에 대해서는 불교의 천당지옥설과 동일하게 허황탕망虛荒誕妄한 것으로 규정하였는데, 성호의 사상적 전통을 계승한 다산도 이 점에 있어서는 견해에 큰 차이가 없었다.

당시 서양 각국은 극동에 대하여 1518년(중종 13) 포르투갈 상인의 중국 광동의 통상을 선두로 에스파냐·네덜란드 상인들이 중국·일본·유구硫球·대만 등의 해안에 출몰하면서 그 나라 인민들과 재산에 위협을 준 지 이미 오래되었으며, 영국의 상인들은 인도를 강점한 다음 중국을 약탈하기 시작하고 있었다. 인조 6년(1628) 네덜란드 사람 박연朴燕의 제주도 상륙과 효종 4년(1653) 네덜란드 사람 하멜 일행 36명의 제주도 상륙과 그 이듬해부터 5년 동안 조선 포수대砲手隊가 흑룡강黑龍江에까지 두 번이나 출동하여 청국 군대와 함께 제정 러시아 원정 군대와 전쟁한 실례들은 벌써 서양 열강의 극동에 대한 침략 형세가 조선에 파급되었음을 예고한 것이었으며, 다산의 노년 시대 즉 순조 16년(1816) 우리나라 충청도 마량진馬梁鎭*에, 또 동왕 32년(1832)* 충청도 홍주洪州 고대도古代島에 계속 입항한 영국 '이양선異樣船(이상한 모양의 배)'들은 우리나라에 들어와서 기독교 성경을 선전하는 한편 통상을 요구하였다. 이러한 사정들은 당시 조선의 애국적 인사와 인민들의 척양보국斥洋保國 사상을 환기하지 않을 수 없었다.

위대한 사상가이며 애국주의자인 다산은 서양에 대한 맹신자가 아니었으므로 서양 자본주의 국가들의 침략적 기세에 대하여 경각심과 증오심을 가지고 국방 문제를 중요시하는 동시에, 자기의 새로운 이상적 국가의 모형을 이기利己·경쟁·차별·침략 등 악덕으로 충만되어 있는 서양 국가들에서 취해서는 불가하다는 판단을 가지게 되었다.

---

* 마량진馬梁鎭 : 당시 충청도 비인현庇仁縣(현 서천군 서면 마량리)에 있던 수군 진영. 전서 〈남포서계평藍浦書契評〉과 《순조실록》16년 7월 19일 기사 볼 것.
* 동왕 32년(1832) : 원문의 '동왕 31년(1831)'은 오기. 본서 원문에는 연도 표기의 오류가 너무 많아 지금까지 일일이 지적하지 않고 바로 고쳤다. 일례로 이 문단만 보더라도 '중종 13'은 '중종 12'로 되어 있고, '1653'은 '1656'으로 되어 있다. 《순조실록》32년 7월 21일 기사 볼 것.

이상에서 열거한 바와 같이 당시 국내적 및 국제적 정세와 이에 상응한 다산의 사상적 제약성은 그로 하여금 의식적인 봉건 제도 반대와 함께 무의식적인 자본주의 반대의 경향으로 진출하게 하였다. 따라서 그의 공상은 필연적으로 농민적 이상 사회의 건설에로 일로매진一路邁進하였다. 다산의 정치적 이념이 원시적 농민 민주주의 사상과 공상적 공산 사상의 소박하고 미숙한 혼합형으로 형성하게 된 사회적 및 역사적 이유는 주로 이러하였다.

다시 말하면 봉건주의를 반대하는 과정에 있어서 다산의 이념은 일면으로는 어느 정도 부르주아 민주주의적 형태를 예견하였는데도 불구하고 현실적인 계급적 기초를 가지고 있지 못한 그의 사관史觀은 봉건주의를 대체할 자본주의의 필연적 도래를 이해하지 못한 점에서 농민을 대변하고 부르주아지를 대변하지 못하였으며, 다른 면으로는 공상적 공산 사상을 다분히 내포하였는데도 불구하고 그것은 자본주의와 프롤레타리아트의 발전을 전제하지 못한 점에서 한갓 공상적인 것으로 되었다.

3) 정다산의 전론-여전제에 나타난 공산사상과 '농민혁명의 이념'

그러면 다산의 이상적 사회 제도의 기초로 되어 있는 〈전론田論〉-'여전제閭田制'의 내용은 어떠한 것인가? 이를 간명하게 분석하면 다음과 같다.

첫째로 토지 공유와 농자 득전得田─토지 사유는 농민 착취와 토지 겸병의 근본적 조건이므로 무엇보다도 토지 공유제를 먼저 실시해야 하고, 또 설사 토지 공유제가 실시된다 하더라도 농자와 불농자 즉 제 손으로 직접 밭갈이하는 자와 아니하는 자가 모두 토지 분배에 참가한다면 이는 결국 지주와 유식민遊食民이 다시 발생할 수 있는 길을 열어 주며, 종래 허다한 토지 분배 제도가 모두 이 점에서 실패하였으므로 토지 즉 전지는 오직 밭갈이하는 자만이 분배받고 밭갈이 아니하는 자는 절대로 분배받을 수 없다는 것이다.

둘째로 매개每個 촌락을 단위로 한 농민의 공동 경작 및 공동 수확—다산은 생산수단의 개인 소유와 개개인의 분산적 고립적 경작은 빈자와 부자와의 계급적 차별을 발생시킬 뿐만 아니라, 따라서 경제적 생산력을 약화시키는 근본 원인으로 간파하였고, 그리하여 생산수단의 공동 소유에 기초한 집단적 생산으로 개인 사유 제도를 대신하자고 주장하였다. 그는 이렇게 하는 것을 경제 개혁에 가장 적당한 방법으로 인식하고 이것을 먼저 농업에 적용하려 하였다. 그는 당시 국내의 토지와 인구의 분포 상태를 참작하여 약 30호의 1여閭(촌락)를 단위로 하여 중요 생산수단인 토지에 대해서는 네 것 내 것이 없이 공동으로 경작하고 공동으로 수확할 것을 주장하였다.

셋째로 각자의 노력勞力에 의한 보수제의 실시—이 여전제 사회에서는 토지 공유, 농자 득전, 공동 경작 및 공동 수확을 원칙으로 하되, 매개 촌락의 농민 단체는 전임專任 여장閭長을 선임하여 그로 하여금 자기 촌락 내 농민 성원들의 각 개인과 그 가족들이 농사에 투입한 노동의 분량을 노동일 즉 노동시간으로 정확히 계산하여 '일역부日役簿' 즉 노동 장부에 기입하게 하고, 공동 수확물은 '도당

都堂' 즉 공동 창고에 저장하여 일정한 국세, 여장閭長의 봉급 및 공용에 관한 부분을 먼저 제除한 다음 수확물 전체를 일역부에 기준하여 농민 각 성원들에게 분배할 것을 주장하였다. 이러한 각자의 노력에 의한 보수의 실시로써 근로에 대한 착취를 방지하고 생산 능률을 장려하는 동시에 인민 개로제皆勞制를 확립하고 유식遊食과 나태의 폐습을 근절할 수 있다는 것이다.

여전제의 중요한 내용은 이상과 같은데, 그 내용의 3대 요강의 하나하나가 모두 탁월한 사상적 근거를 가지고 훌륭한 이론적 체계를 구성하였다. 다산의 여전제론은 그 당시로 보아서는 동서와 고금에 거의 그 유례가 없던 독창적이며 혁명적인 전제론田制論이었다.[13]

탁월한 사상가 다산은 자기의 농민 해방적 이상 사회가 오직 자본주의와 프롤레타리아트의 발전에 의해서만 창설될 수 있다는 것, 인민 전체의 해방에 대한 역사적 공간槓杆(지렛대)은 농민 해방에 있는 것이 아니라 프롤레타리아트의 해방에 있다는 것, 또 농민 해방은 그 지도적 능력이 농민 자신에게나 혹은 이성의 소유자들에게 있는 것이 아니라, 가장 선진적이며 가장 전투적인 계급 즉 프롤레타리아트의 지도 밑에서 그의 강고한 동맹군으로 진출함으로써만 성공할 수 있다는 것을 예견하지 못하였다. 그러나 그 시대의 다산으로서 이러한 것들을 전연 예견하지 못한 것은 누구나 이해할 수 있는 일이다.

사유 재산의 권리 및 자유와 이것에 근거한 빈부의 계급적 차별이 부르주아 혁명의 이념에서는 본질적 원리로 되어 있으나, 다산의 여전제적 이념에서는 최대 적대적 원리로 되어 있다. 이를 보더라도 그의 '농민 혁명의 이념'은 일정한 역사적 발전 단계에 이르러서는 자본주의를 근본적으로 반대하는 프롤레타리아 혁명의 이념에 종속될 수 있다. 근대 대공업의 산물이며 가장 진보적인 계급인 프롤레타리아트가 자기 계급의 혁명을 수행하는 데 있어서 광범한 농민 대중을 자기의 가장 견고하고 친근한 동맹자로 만들어 그들의 혁명을 지도 협조하지 않고는 자기 계급의 혁명을 성공할 수 없는 것이다. 이와 같은 사회적 계급적 관계는 자본주의가 발달되지 못한 후진국일수록 더욱더 중요한 것으로 된다. 그러므로 오늘 우리나라 인민 민주주의적 혁명 과정에 있어서도 특히 토지와 농민의 문제에 관련된 반제 반봉건적 혁명 과업이 전국적으로 완전히 해결되지 않고 있는 한(남반부의 농촌 사정을 가리킨 것), 다산의 전제 개혁론은 여전히 그 사상적 의의를 잃어버리지 않아서 한 시각이라도 더 논의할 필요가 없는 그러한 과거에 부쳐 버릴 수는 없는 것이다.

엥겔스는 생시몽·오언·푸리에 등의 공상적 사회주의자들에 대하여 "우리는 오히려 환상의 껍질을 뚫고 일보일보 솟아 나오는, 그리고 저 눈먼 속물들이 보지 못하는 천재적인 사상과 사상의 싹을 기뻐한다"고 하였다.[14]

우리 위대한 사상가 다산에 대해서도 그가 고안한 새 사회 즉 이상적 농민 사회에 관한 이론을 우리는 단순히 하나의 환상으로만 볼 것이 아니라 그 환상이 내포하고 있는 "천재적인 사상과 사상의 싹"을 조선 역사 발전의 도상에서 정당히 평가해야 할 것이다. 다산의 여전제에 나타난 소박하며 공상적인 공산 사상은 지주의 착취 제도를 절실히 반대하는 빈농민의 사상을 대변한 것이므로 그 역사적 의의는 실로 중대한 것이다.

그러면 다산의 여전제적 이상은 엥겔스가 말씀한 공상적 사회주의와 동일한 시대적 성격을 가지고 있는 것인가? 다시 말하면 생시몽·오언·푸리에 등의 공상적 사회주의—미숙한 초기 프롤레타리아 사상은 봉건 사회의 붕괴와 함께 자본주의가 상승하는 시기의 산물로서 유럽 18세기 말경으로부터 19세기 초엽 즉 다산의 생존 시대에 특별히 발달되었던 만큼, 다산의 여전제적 이상도 세계사적 견지에서 하나의 공상적 사회주의로 볼 수 있지 않은가?

이 문제에 대하여 필자는 우선 아니라고 대답하고, 따라서 조금 자세히 구분할 필요가 있다고 생각한다.

이제 일반이 부르고 있는 "공상적 사회주의란 것은 소상품적 생산 형태를 이상화한 것으로 그것을 보존하여 공산주의적 원리 위에다가 조직함으로써 자본주의에 수반되는 빈궁과 영락零落, 무정부 상태와 착취를 극복하려 하였다. 그러므로 공상적 사회주의의 대다수는 소부르주아지의 이데올로기였다."[15]

그런데 다산은 비록 서양학을 연구한 학자로서 당시 서양의 자연과학 및 정치경제적 소식과 자본주의 사상의 전초대인 기독교-천주교를 접촉하였고 또 원시 기독교리에 관해서도 약간의 추구가 있었지만, '저 부르주아 혁명(프랑스 혁명) 후의 사회에 대한 실망'으로 파생된 생시몽·오언·푸리에 등의 사상적 조류에 대해서는 접촉할 수 있는 기연機緣을 가지지 못하였을 것이며, 그 반면에 그가 직접 당면하고 있는 사회 현실은 자본주의의 '부정不正'한 현상이 아니고 주로 봉건주의의 물질적 및 정신적 모순이었으므로 그의 공상은 필연적으로 농민혁명의 이념과 연결된 농민 이상 사회로 편향하게 되었다. 그러므로 농민 이상 사회론자인 다산을 구태여 공상적 사회주의자라고 명칭할 이유가 없는 동시에 그의 사상적 특징도 이들 부류로부터 구별되지 않을 수 없다는 것이다.

최근 중국 역사가들 중의 일부가 남송南宋 초기의 일종의 유토피아적 기록인 《작몽록昨夢錄》의 저자 강여지康與之 같은 사람을 "중국 공상 사회주의자의 제1인"이라고 규정하고 있으나,[16] 이는 엄밀한 정의를 잠깐 도외시한 통속적 의미에서 해석한 것이다. 다산의 사상을 구체적으로 분석하는 우리로서 그러한 소박한 규정에 공명할 필요는 없다.

혹자는 또 말하기를—다산의 이상적 사회는 역사 발전의 전진적 방향이 아니고 차라리 순박 평등한 상고 사회, 예하면 단군과 요순의 전설적 시대나 공자가 말하였다는 '대동大同의 세世'[17] 같은 원시적 사회를 추상적으로 회상하며, 동시에 그 사회의 아름다운 풍속·관습을 인간 이성의 영단英斷으로 자기의 눈앞에 재현시키려는 관념 운동이었으며 복고주의였다고 한다.

그러나 이러한 논평은 사물의 역사적 본질을 바로 보지 못한 현상론에 불과하다. 다산의 사상이 자기의 역사적 제약성에 의하여 '원시 공산주의'적 요소를 다소 내포하고 있는 것은 사실이나, 그가 자기의 이상을 서술함에 있어서 때로 상고 사회를 예증한 것은 그 본뜻이 결코 상고 사회 그것에 있지 않고 당시 보수적인 복고주의자들의 구실을 봉쇄하는 고전적 전술이었으며, 강유위康有爲가 이른바 '탁고개제託古改制' 즉 '예전을 가탁假託하여 제도를 개혁하려는' 기도企圖였다. 구체적인 현시대의 것을 부정하기 위하여 추상적인 고시대의 것을 인증引證하는 일은 창조적이며 과학적인 맑스주의 철학이 아닌 다른 모든 철학에서는 적으나 크나 공통적으로 사용하는 낡은 방법이다. 또 현재를 부정하는 것은 레닌의 말씀과 같이 "외관상 낡은 것에로의 복귀(부정의 부정)"[18]인 듯하나, 실제로는 다산의 사상이 단순히 복고주의나 회고주의가 아니라 진보적이며 혁신적인 성격을 충분히 내포하고 있는 것이다. 이는 마치 유럽 인문주의자들이 고대 그리스를 부르짖으면서 중세기적 문화를 반대하던 것과 동일한 태도였다. 그러므로 다산의 이상理想이 하나의 관념운동이었는데도 불구하고 그것은 혁명과 투쟁을 환기할 가능성을 가지고 있는 사상운동으로서 계몽운동적 가치를 잃어버리지 않고 있다.

1. 丁奎英 編,《俟菴先生年譜》, 文獻編纂委員會, 1961, p15, "汝兼有將才 故特賜此書"

2. 同上書, p84 "(上親諭曰) … 正欲一番進用 議論苦多 不知何故 略遲一二年無妨 行且召之矣 毋用悵然也"

3. 同上書, p240;《승정원일기》순종 4년(1910) 7월 16일.

4. 《全書》I-19,〈與金公厚履載〉참조.

5. 원문은 "19세기 초두에 토이기土耳其 주재 영국 공사 부인 몬티규는 이 희랍법을 전파한 이래로 의가醫家의 주의를 크게 끌었었다"인데 오류가 있으므로 본문과 같이 고쳤다.

6. 《全書》I-10, 種痘說 또는《麻科會通》卷6 補遺, 種痘要旨, "神痘法 凡痘汁 納鼻呼吸 卽出"

7. 《五洲衍文長箋散稿》卷12, 人事篇/技藝類, 醫藥, 種痘辨證說, "歲憲廟乙未 聞中土復出一種奇方 丁茶山鏽藏之云 (某方 茶山祕不示人 或有見者 相傳如此) 卽牛乳種痘方 卽出飛痘 經日落痂 絶無他症 更不復出 (比前痘痂種法) 洵爲奇妙神異之方也 予復疑人之誑傳 其後更聞人語 則如出一口 [南

雨村尙敎所傳亦同] 必有其方 而予未之得見 而有此然疑者也 然祕不示人 竟
作廣陵散何也 果無其方則已 旣有之而又非禁方 則何不博施普濟 而有此鑽
核之擧者 吾不知其可也"

8. 李能和, 《朝鮮基督敎及外交史 上編》, 朝鮮基督敎彰文社, 1928, p19, "嘯雲
居士] 謂茶山先生이 最先得見牛痘方書] 라 ᄒᆞ야 擧證其必然 … 意者에
先生이 或從北京西洋敎士之徑路ᄒᆞ야 得見牛痘方書者歟아 然而眞若祕藏
而不公布於世 則李圭景氏彈之當矣로다 雖然이나 先生은 非無慈悲者也라
蓋亦畏避時輩指斥爲西學之人ᄒᆞ야 而不敢者歟아 又按 先生所著에 有痳科
會通ᄒᆞ야 其序文에 有 '得中國疹書數十種ᄒᆞ야 上下抽繹ᄒᆞ야 具詳條例' 云
云 等語ᄒᆞ니 所謂牛痘方書는 或在此數十種中者歟아 余未得見痳科會通이
라 故로 未能明知也로다"

9. 《痳科會通》卷6 補遺, 新證種痘奇法詳悉, "□□□□□□□□□□□□予等
四月初 □□□□□船自八□□□□□□□□□□□□□□生協同□□□□□□□
□□□□□□□□□□□□今予等 見天花之症 茶毒不淺 謹將目擊婁
效之法 先□□□詳證繙繹輯成一書 傳行於世 諸名醫者 不可不留心此法也"
* 빈칸 수는 한은본韓銀本에 따름.
* 婁, 此 : 《실학파와 정다산》에는 婁가 屢로 되어 있고, 此 앞에 於가 추
가되어 있다.
* 번역 : 우리들은 4월 초 … 배가 8에서 … 생협동 … 지금 우리들이 천화
두天花痘(천연두)의 증세를 보니 고통이 심하고, 여러 번 효험이 있는 기법
奇法을 삼가 목격한바 먼저 … 자세히 고증 번역하여 일서一書를 찬집纂輯
완성하였으니 세상에 전하여 시행하라. 명의名醫 여러분은 이 법을 유념할
지어다.

10. 원문에는 "그 후 우두접종은 천보天保 12년(이조 헌종 7년, 신해辛亥, 1841)
이동규개伊東圭介의 《종두기법種痘奇法》과 그 이듬해 소산사성小山肆成의
《우두략牛痘略》으로서 최초로 소개되었으니"로 되어 있는데, 오류가 있어
본문과 같이 고쳤다.

11. 엥겔스, 《공상에서 과학에로의 사회주의의 발전》 제1장, 칼 맑스 저작

선집 제1권 제1분책, 북조선로동당출판사.

12. 《全書》I-9, <擬嚴禁湖南諸邑佃夫輸租之俗箚子> 참조.

13. 이 천재적 창안인 여전제에 상응하여 상업·공업에 대해서도 반드시 일정한 고안이 있었을 것인데, 이제 본문 중에는 볼 수 없다. 이뿐만 아니라 여전제 그것도 실시하자면 반드시 정치적 및 경제적으로 전제前提하지 않으면 안 될 조건들이 당연히 논급되었을 것인데, 본문에는 또한 볼 수 없으니 이는 응당 시대 기휘忌諱의 관계로 그 부분을 저자가 발표하지 않았거나, 혹은 그 자손들이 그의 본집本集 중에서 삭제한 것으로도 생각할 수 있다.

* 이는 최익한의 망상에 불과하다. 여전제는 봉건 국가와 양반계급을 철저히 옹호하는 탁상공론이었기 때문에, 최익한이 언급한 '사회주의적' 실현 방법은 따로 제시할 필요가 없었을 것이다.

14. 주11과 같음.

15. 이시첸코 편(백효원 역), 《철학사전》, 공상적 사회주의條, 개척사, 1948.

16. 《작몽록昨夢錄》은 금국인金國人이 북송을 멸망시킨 뒤에 강여지康與之가 장강長江 유역에 도피하여 울분한 정서를 공상 세계에로 돌린 수필적 작품이다. 그 대의는 낙양洛陽 산중山中 한 큰 구멍으로 들어가면 무릉도원 같은 한 큰 촌락이 세상과는 전연 관계없고 그 주민들은 서로 친애 화목하여 각기 수요에 따라 의복과 식량을 분배받으며, 따라서 착취와 사유 제도가 없다는 이상 세계를 묘사하고 있다. 최근 중국 역사연구회가 편찬한 《중국간명통사中國簡明通史》 제9장 제7절 강여지조에 "중국 공상 사회주의자의 제1인"이라고 규정하였다.

17. 《禮記》의 <禮運>篇과 康有爲의 《大同書》 참조.

18. 레닌, 《철학 노트》 변증법 요소 14항.

부 록 2

부록 2에는 <최익한 친일설> 한 편, 연보 관련 글 세 편을 수록하였다. 전부 편자가 교주본과 함께 쓴 것이다.

먼저, <최익한 친일설>은 쓰기도 어렵거니와 이 부록에 싣기도 참 망설여졌다. 허나 단편적인 추정만 무성하므로 진실을 제대로 밝힐 필요가 있다. 그간의 낭설들을 훑어보고 진위 여부를 면밀히 따져 가면서 새로운 자료도 발굴 분석하여 최익한의 시국 논설이 부일문附日文에 해당될 여지가 있음을 규명하였다.

끝으로, <창해 최익한 연보>를 75면이나 첨부하였으니, 최익한의 전기적 사실에 대한 구체성을 어느 정도 확보한 셈이다. 또 이 연보 앞뒤에는 <연보 소고>와 <저술 연보>까지 잇달아 배치하였는바, 연보를 더 정확히 이해하고 저술 목록을 일목요연하게 파악하는 데 조금이나마 도움이 되리라 믿는다.

최익한 친일설

1

1930년대 이른바 '조선학' 담론을 제기한 부류는 크게 우파 민족개량주의자와 좌파 사회개량주의자로 나눌 수 있다. 이들은 당시 신조선사에서《여유당전서》(1934~1938)가 간행되기 시작하자 다산 관련 글을 발표하였다.[1] 그런데 중일전쟁(1937)과 태평양전쟁(1941)의 전시체제로 돌입하면서 민족개량주의자 최남선崔南善·안재홍安在鴻·현상윤玄相允·백낙준白樂濬 등은 징병 및 학병 지원 권고문을 쓰며 배족적으로 변절한 반면, 사회개량주의자 백남운白南雲·김태준金台俊·이청원李淸源·최익한崔益翰 등은 그렇지 않았다는 점에서 그 도덕적 우월성이 인정된다.

---

1) 최익한은 근대에 와서 다산을 논술 소개한 민족개량주의자를 '천박한 자유주의자'와 '일제 어용학자' 또는 '우익적 평론가'로 파악한 바 있는데, 그가 '조선학'이란 용어를 쓴 적은 한 번도 없다. 〈조선 근세 '실학'의 대성자 정다산의 진보적 사상 및 학설에 대한 개론 (상)〉,《인민》9호(1952), 민주조선사, p86;《실학파와 정다산》, 국립출판사, 1955, p191 재수록.

그러나 최익한은 1936년 출옥 후 사회주의를 중단하고 마치 비타협적 민족주의인 양 한발 물러서서 자기 말마따나 과거에 가탁假託하여 중립적인 글쓰기를 한 것처럼 보이므로, 굳이 이를 규정한다면 개량적 성격의 '무저항주의'라 할 수 있겠다. 이제 그의 글쓰기는 합법적 공간으로만 축소되어 제국주의 전쟁을 부정하는 그어떤 정치적 발언도 차단될 수밖에 없었다. 그는 주로 신문 연재를 하였는데, 1940년 8월 《동아일보》가 강제 폐간되자 생활이 곤란하여 퇴직금으로 약 4년간(1941년 봄~1944년 11월) 술집을 운영하면서 《춘추》지에 잇따라 잡문을 발표하였다.[2] 이렇게 10년 가까이 사회주의운동권을 이탈한 순응적 태도와는 사뭇 달리, 해방 직후에는 조선공산당 장안파長安派로 재빨리 합류한 다음에 재건파再建派와의 통합에는 끝까지 완강히 반대하였다.

그 대립은 현실정치판에서 파벌 투쟁으로 표출되었으며, 이 와중에 그에 대한 친일설이 제기되었다. 즉 박헌영朴憲永계 재건파는 조선공산당의 헤게모니 장악 과정에서 '최익한 친일설'을 조작 유포하는 정치 공작을 개시하였던 것이다. 이에 최익한은 <변백장辯白狀>을 써서 스스로 결백을 증명하지 않을 수 없는 파동을 겪게 된다. 최익한 친일설은 한갓 낭설에 불과하지만, 이후 조동걸의

---

2) 《춘추》는 동아일보사 퇴직 기자들이 만든 친일 종합 월간지로 양재하梁在廈가 1941년 2월~1944년 10월(통권 39호)까지 발행하였다. 최익한은 1940년 8월 자기 호인 '소우카이滄海'로 창씨創氏하여 민적부·등기부·토지대장 등 각종 공문서에는 '소우카이 에키캉滄海益翰'으로 기재되었으나, 자기 글에는 이를 전혀 사용하지 않았다. 또 그는 동년 9월 이른바 순수학술단체인 '진단학회震檀學會'에 가입하기도 하였다. <휘보彙報>, 《진단학보》 12권(1940), p213; 정병준, <식민지 관제 역사학과 근대 학문으로서의 한국역사학의 태동>, 《사회와 역사》 110집(2016), 한국사회사학회, pp134~9 참조.

억측으로 과장되고 임종국의 실증으로 확정되기라도 한 듯이 어느새 기정사실로 둔갑되어 횡행하는 실정이다. 이는 근거가 전무하거나 미약하므로 올바른 판단이라고 할 수 없다. 그런데도 지금까지 최익한 친일설은 단편적인 주장이나 추정에만 그칠 뿐, 단 한 번도 체계적으로 상론詳論된 적이 없으니, 여기에 바로 그 진실을 제대로 밝혀야 하는 필연적 의의가 있는 것이다.

2

최익한 친일설은 그가 직접 작성한 <변백장>에서 맨 처음 찾아볼 수 있다. 그는 일부 독론자篤論者들이 '주류업과 의용대'에 관해 친일 의혹을 제기하자, 1946년 3월 <변백장>으로 자신의 결백을 밝혔는데 그 내용을 요약하면 다음과 같다.

첫째, 1941년 봄부터 1944년 11월까지 자신이 운영한 가정용 주류 소매업은 '자유 구직'과 '자력 생계'에 의한 것이므로 이권운동이나 사상보호관찰소의 알선과는 전혀 무관한 일이다.

둘째, 1945년 여름 경성보호관찰소 의용대에 배정되었을 때는 '소개疏開'를 이유로 거절한 후 출석지 않고 피신하였다.3)

그러므로 <변백장>에 의하면 그에 대한 친일설 운운은 단지 무함에 불과한 것이다. 위의 '독론자'란 박헌영 일파를 비꼰 말인 듯하다. 최익한 친일설은 해방 직후 장안파와 재건파의 헤게모니 쟁탈전에서 불거졌다. 재건파 박헌영은 장안파를 와해·흡수하기 위

---

3) <변백장>, 《조선공산당문건자료집》, 한림대 아시아문화연구소, 1993, pp177~9.

해서 이승엽李承燁·최원택崔元澤·권오직權五稷·정재달鄭在達 등으로 하여금 장안파 최익한·정백鄭栢 등을 비방케 하는 붕괴 공작을 벌였다고 한다. 즉 "최익한은 ML당 사건 이후 공산주의운동을 계속 포기하고, 동대문 밖에서 술집을 경영하면서 추잡스런 '스캔들'을 일으킨 탈락분자라고 비난한 것이다."[4]

이러한 낭설이 분파 갈등 속에서 친일설로 번질 것은 자명한바, 요컨대 재건파와의 통합에 반대하는 장안파 최익한을 고립시킬 목적으로 중상모략자들이 친일설을 제기한 셈이다. 결국 그가 중앙위원으로 참여한 민주주의민족전선(민전)에서 친일파 청산 문제가 대두되자, 그는 양심과 인격의 자기방어 수단으로서 <변백장>을

---

4) 박갑동, <남기고 싶은 이야기들>, 《중앙일보》(1973.4.13); 박갑동, 《박헌영》, 인간사, 1983, p88; 이정박헌영전집 편집위원회, 《이정박헌영전집·8》, 역사비평사, 2004, p542 재수록.

이는 박헌영이 열성자대회(1945.9.8)에서 보고한 내용과 일맥상통한다. "과거의 파벌 두령이나 운동을 휴식한 분자는 아무리 명성이 높다 해도 이번 중앙에는 들어올 자격이 없다." <열성자대회의 경과>, 《해방일보》(1945.9.25).

또 이는 박헌영의 <8월 테제>(1945.8.20)를 보완한 <현 정세와 우리의 임무>(1945.9.20)에 더 구체적으로 나온다. "탄압시대는 주의를 포기하고 투기업자나 금광브로커가 되고, 합법적 시대(8·15 후)에 와서는 하등의 준비 활동도 없이 조선공산당을 조직하고(8·15 밤에), 조선공산당 중앙간부를 내세우고, 조선운동의 최고 지도자가 되고 나서는 그 교묘한 수단은 과거 파벌주의자들의 전통적 과오를 또 한 번 범한 것이니, 그 결과는 조선공산주의운동이 또 다시 분열상태로 나타나게 된 것이다." 김남식 편, 《남로당연구자료집·1》, 고려대 아세아문제연구소, 1974, p12; 《이정박헌영전집·5》 p56 재인용.

상기 '열성자대회'의 결론을 보면, 당시 정황을 충분히 짐작할 수 있다. "이러한 회합에서 통일 문제를 한가지로 같이 토론하고 중대 다수로 가결하여 놓고 나와서 이영·정백·최익한은 다시 반대하고 야비 무원칙인 인신공격의 삐라를 시내에 산포하고 통일된 조선공산당에 대한 억지 '조선공산당'의 이름을 가지고 파쟁을 전개하는 그들의 행동을 우리는 대중적 비판과 압력으로써 재판하여 결정해야 한다." <열성자대회의 경과보고 (하)>, 《해방일보》(1945.10.18).

작성하여 그간 친일 의혹에 대해 해명하지 않을 수 없었다.5)

각설하고, 그럼 재건파 이후 지금까지 최익한 친일설은 어떻게 전개되었는가? 크게 4종으로 나눌 수 있는데, 간단히 살펴보겠다. 제기자에 따라서는 재건파가 유포한 위의 낭설이 (진설로 바뀔 만큼) 절대적인 영향을 끼친 것처럼 보인다.

1) 민족정경문화연구소는 《친일파 군상群像》(1948)에서 친일파 또는 전쟁 협력자를 '자진적으로 나서서 성심으로 활동한 자'와 '피동적으로 끌려서 활동하는 체한 자'로 분류하고, 후자의 예를 다음과 같이 들었다.

> 누구의 추천인지 총력연맹 기타 친일단체·전쟁협력단체의 간부 또는 강연회의 연사 등으로 피선 발표되었으나 거부키 곤란하여 그 이름만 걸어두었거나, 또는 부득이 출석은 하였으나 발언도 하지 아니한 자. 예) 최익한崔益翰·조만식曹晩植·최용달崔容達 등.6)

---

5) 김남식 편, <친일파·민족반역자의 규정 초안>(1946.2.16), 《남로당연구·III》, 돌베개, 1988, pp279~281; <부일협력자·민족반역자·전범·간상배에 대한 법률 초안>, 《동아일보》(1947.3.6) 1면 볼 것.

6) 《친일파 군상》, 민족정경문화연구소 편, 삼성문화사, p16. 이 책은 1948년 11월 (최익한은 그해 4월 이미 월북함) 반민특위가 활동하던 시기에 민간에서 독자적으로 출간된 단행본이다. 그 편집위원은 알 수 없으나 초고 작성자는 김승학金承學(임정 국무위원)으로 추정되는데, 당시 풍문에 따라 최익한을 예로 들어 임정측의 극우적 견해를 대변한 듯하다. 그러나 문제는 김승학의 이 부정확한 말을 근거로 하여 이후 무수한 오류들이 확대 재생산되었다는 것이다. 대표적으로 다음과 같은 글들을 볼 수 있다.
① 이경민은 "종전 무렵 최익한은 (…) 식민지 당국에 의해 끌려나와 친일단체

이는 <변백장>에 의하면 사실무근이다. 최익한이 전하는 당시 상황을 요약하면 다음과 같다.

1945년 여름 미군의 남조선 공습攻襲의 기세가 급박해지자 총독부는 이른바 조선총력연맹을 해소하고 의용대를 결성하니, 경성보호관찰소도 이에 따라 7월 말경에 관내 사상 전과자들로 일개 의용대를 조직하려 하였다. 부대장 수 명에 본인이 지정되겠단 말을 듣고 지방 '소개疏開' 기타 사정을 이유로 사절하였으나, 일제는 난색을 표하며 강요하였다. 결국 8월 초 의용대 결성식에는 고의로 칭병稱病하고 출석지 않고 성외城外에 갔는데, 며칠 뒤에 소·일 전쟁이 일어나 8월 14일까지 경성 모처에서 은신하고 있었다.[7]

의 간부에 앉거나 전쟁미화 강연회의 강사를 떠맡지 않으면 안 되었다"고 윤색하였다. <社会主義者と朝鮮の解放─朝鮮共産党の再建過程>,《朝鮮民族運動史研究》5号(1988), 青丘文庫, p95
② 안소영은 김승학과 이경민의 글을 인용하며 사실 확인 없이 최익한을 해방 전의 전향자로 확정하였다. <해방 후 좌익 진영의 전향과 그 논리>,《역사비평》24호(1994), 역사비평사, p291, p302.
③ 김삼웅은 "(일제는) 이승엽·김두정·이영·정백·최익한·인정식 등의 경우 이들의 전향 소식을 대대적으로 선전하고, 전향성명서는 언론에 보도되었다" 하며, "이 무렵에 전향성명서를 발표한 거물급 공산주의자 중에는 이영·정백·최익한·이승엽 등이 있었다. 이들은 전향한 뒤에 직업을 갖게 됐고 전향단체의 간부를 지냈다"고 날조하였다.《죽산 조봉암 평전》, 시대의 창, 2010, p189, p191. 그러나 최익한은 전향하지 않았고, 따라서 전향성명서가 언론에 보도된 적도 없다. 메일로 최익한의 전향 근거에 대해 문의드렸지만 아무런 답신이 없었다.
④ 손세일은 "최익한은 (제3차 조선공산당 사건으로 7년 옥살이를 하고) 석방된 후 친일단체의 간부로 동원되었다"고 왜곡하였다. <이승만과 김구 (73)>,《월간조선》(2010.4), CS뉴스프레스, p576.
7) <변백장>, 앞의 책, pp178~9 참조.

    후손에 의하면 경성 모처는 선영이 있는 양주군楊州郡 진접면榛接面(현 남양주시 수동면水洞面) 내마산內馬山의 독가촌獨家村이라고 한다. 그러나 8월 15일 최익한이 창신동昌信洞 자기 집에서 ML파들과 고려공산당 조직위원회를 곧바로 구성한 점을 보면, 그는 수일 전에 이미 경성으로 돌아와서 연락을 주고받은 것을 알 수 있다.

    2-1) 김준엽金俊燁·김창순金昌順은 《한국공산주의운동사》(1976)에서 장안파 인물들을 다음과 같이 설명하였다.

    이영李英은 일찍이 전선을 이탈하여 향리 북청北靑에서 유휴하였고, 정백鄭栢 역시 전선을 이탈하여 나중에는 서울에서 광산브로커 노릇을 하였다. 최익한 역시 탈락하여 서울 동대문 밖에서 술장사를 하고 있었고, 이승엽李承燁은 전향 성명을 쓰고 인천에서 식량배급조합 이사로 있었다.[8]

    2-2) 조동걸趙東杰은 <8·15 직전의 독립운동과 그 시련>(1979)에서 이를 요약하듯 다음과 같이 말하였다.

    이영·정백·최익한·이승엽 등이 광산브로커나 술장사, 혹은 전향 성명을 발표하고 일제에 의지하며 살았다.[9]

---

[8] 《한국공산주의운동사·5》, 고대아세아문제연구소, 1976, p359; 청계연구소(재출간), 1986, p387 참조. 장복성의 《조선공산당파쟁사》(대륙출판사, 1949)에 "최익한 : ML파. 옛날 ML당 시절에 중앙위원까지 지냈으나 그 후 운동에서 탈락되어 오랫동안 경성 동대문 밖에서 주점업酒店業(술장사)을 하고 있던 자"(p51)라고 나오는데, 이를 참고한 것으로 보인다.

이상하게도 조동걸에 의해 "일제에 의지하며 살았다"는 구절이 추가된다. 이후 최익한 친일설은 전부 이 문장에서 비롯되었다고 해도 과언이 아닐 터이다. 임종국도 이를 그대로 인용하며 확신하고 있다. 여기서 최익한과 관련된 부분만 추리면, "최익한은 술장사를 하고 일제에 의지하며 살았다"가 된다. 과연 그럴까?

<변백장>을 보면 최익한은 주류 소매점(술집)을 하였고, 그것은 사상보호관찰소의 알선에 의한 것이 아니라 '자유 구직'과 '자력 생계'에 의한 것이었다. 그러므로 조동걸의 말은 오해에 불과하다. 주류 소매점은 밥까지 파는 구멍가게 수준이었다. 이른바 '술장사'라는 말은 도덕성에 흠집을 내기 위한 호사가들의 정략적인 비칭으로도 볼 수 있는 것이다.10)

---

9) <8·15 직전의 독립운동과 그 시련>,《해방전후사의 인식》, 한길사, 1979, p259.
10) 조동걸은《한국독립운동사 총설》(전집·3, 역사공간, 2010) p287에 "최익한은 대포술집 종업원으로 일하다가 8·15를 맞았다"고 폄훼하였으며,《한국근대사학사》(전집·14, 위와 같음) p269에는 "최익한은 측근 유족들의 증언에 의하면 동대문 밖에서 막걸리 도산매집에 몸을 의탁하여 살았다고 한다"로 수정하였다. 위에서 '술집 종업원'이란 말은 과도한 억측이다. <변백장>에 따르면 최익한은 '자유 구직'과 '자력 생계'로 주류 도소매점 주인, 즉 술집 사장이 된 것뿐이므로 그렇게 날조할 만한 이유가 전혀 없다. 당시 실제로 전향문을 발표하고 술장사를 하며 친일 활동을 한 자는 박헌영의 참모 조두원이었다. 결국 재건파의 무원칙한 독선주의적 낭설 조작은 마치 뒤집어씌우기인 양 형평성에도 어긋난 짓이라 하겠다. 또 위에서 '유족들의 증언'이란 말도 사실이 아니라 허위인 듯싶다. 가까운 후손 분께 확인해 보니, 증언한 일 자체가 아예 없었다고 한다.
최익한이 공산주의운동을 중단한 것은 당연히 비판받을 수 있겠지만, 그렇다고 해서 그의 자력적인 생계 노동마저 싸그리 무시·왜곡해서는 곤란하다. 그는 약 3년 9개월간 술집을 운영하며 비록 사내종 1명은 부렸지만, 조금은 육체노동을 거들지 않았을까 한다. 벌써 그는 1920년대에 하숙집을 운영하였고, 30년대에는 봉투직공으로도 복역한 바 있다. 이러한 노동 체험이 바로 자기 글의 관념적인 추상성을 극복하는 데 중요한 계기가 되었을 것으로 보인다. 국가기록원 관리 번호 CJA0000605 <판결문>(소화昭和7년 형공刑控 제484호) 등 참조.

3) 임종국林鍾國은《일제 침략과 친일파》(1982)와 <제1공화국과 친일세력>(1985)에서 다음과 같이 언급하였다.

> 최익한 : 친일《춘추》지에 발표된 친일·시국 논설이 있다. <조선의 후생 정책 고찰>(1941.12), <한재와 그 대책의 사편史片>(1942.12), <충의忠義의 도道>(1943.10) 등이다.[11]

이는 친일 관련 연구가 거의 전무하던 시절에 나온 만큼 선구적 안목이 돋보인다. 하지만 최익한의 '과거에 가탁한 중립적인 글쓰기'가 과연 친일로 매도될 수 있을지는, 이제 학제간 연구를 통해 보다 신중히 평가될 필요가 있다. 왜냐하면 송찬섭은 <1940년대 최익한의 사회 구제 제도 연구>(2011)에서 "최익한은 총독부와 달리 우리 입장에서 우리 역사 전반을 다루면서 전통 사회의 사회 구제 제도를 정리하고자 했다"고 임종국과는 정반대로 평했기 때문이다.[12] 그러나 최익한의 논설이 일제 정책에 겉으로나마 부화한 시의성을 띠고 있다는 사실만큼은 항상 전제되어야 할 것이다. 여하간 이 대목은 나중에 관련 전공자들이 더 종합적으로 분석 검토하기를 기다리는 수밖에 없다.

---

11) <제1공화국과 친일세력>,《해방전후사의 인식 2》, 한길사, 1985, p200;《실록 친일파》, 돌베개, 1991, pp326~7 재수록. 임종국은《일제 침략과 친일파》(청사, 1982) p106에는 "ML공산당의 조직부장이던 최익한도 <충의의 도>(《춘추》, 1943.10)를 발표하였다. 서울파의 중진이던 이영 등 거물급도 광산브로커나 술장사, 또는 전향성명을 하고 일제의 밑에서 살았다고 한다" 하였다.

12) <1940년대 최익한의 사회 구제 제도 연구>,《역사교육》120권, 역사교육연구회, 2011, p231;《조선 사회 정책사》, 서해문집, 2013, p191 재수록.

4) 남창룡南昌龍은 〈만주제국 조선인 인명사전〉(2000)에 다음과 같이 적었다.

최익한 : 동아일보사 조사부장. 만주국 건국 10주년을 기념하여 신징에 있었던 친일 우리말 신문인 만선학해사에서 발행한 《반도사화와 낙토만주》에 〈반도 후생 정책 약사〉, 〈반도 과거 교육제도〉 기고(1943).[13]

이는 새로운 수록 사실을 처음 밝힌 것으로 인정된다. 하지만 그것이 '기고'인지 아닌지는 알 수 없으며, 우선 글 내용부터 면밀히 검토할 필요가 있다. 수록자 95명 중에는 만주제국과 밀접한 관계를 맺으면서 친일 행각을 한 필자들도 물론 있으나, 대부분의 경우에는 국내에서 이미 발표된 글들이 자신의 의지와는 상관없이 수록되지 않았을까 한다. 왜냐하면 당시 형무소에 수감되어 집필할 수 없었던 사람의 글까지도 실려 있기 때문이다.[14]

---

13) 《만주제국 조선인》, 신세림, 2000, p218; 《동북아 아리랑 고개를 넘나든 사람들》, 북큐브(전자책), 2016 재수록. 위의 최익한 논문은 〈조선의 후생 정책 고찰〉, 〈조선 과거 교육제도 소사〉가 제목만 바뀐 것이다. 송찬섭은 "《반도사화와 낙토만주》는 만주 건국 10주년을 기념하여 만들어졌기 때문에 명백히 일본제국주의 입장에서 작성되었다. 여기에는 상당수의 조선인 학자들의 글이 실렸고, 그 가운데는 친일인사도 다수 포함되어 있다. 다만 글의 수록 여부만 가지고는 친일 여부를 판단하기 어렵고 글의 내용으로 평가해야 할 것으로 보인다. 최익한의 글도 내용상으로는 전혀 달라진 점이 없기 때문에 이 점만 가지고 친일의 증거로 보기는 어렵다고 본다" 하였다. 〈조카가 작성한 최익한 연보〉, 《역사연구》 20호(2011), 역사학연구소, pp290~1.

14) 이현희, 〈권덕규의 생애와 그의 국어학적 업적에 대한 한 연구〉, 《규장각》 41집, 규장각한국학연구소, 2012, pp136~7.

다음으로 최익한 친일설에 반론을 제기한 사람은 총 2인이다. 둘 다 임종국을 입론의 거점으로 삼아 반대 의견을 내놓았다.

1) 송찬섭宋讚燮은 텍스트에 기초하여 임종국의 설을 세 번 부정하였다. 다소 장황하지만, 우선 내용을 정확히 이해할 필요가 있으므로 원문을 전부 그대로 인용한다.

① <충의의 도>는 1943년 일제 말기 이미《춘추》지 자체가 변질되는 상황 속에서 어느 정도 잡지사에서 의도적으로 요청한 주제인 듯하다. 그러나 글의 내용은 잡지사의 의도를 따르고 있지 않으며 유교 서적에서 충에 대한 사례를 정리하고 있는 정도였다. 이 글을 가지고 그가 전향한 증거로 보는 것은 (예를 들면 임종국,《일제 침략과 친일파》, 1982, p106) 그가 본래 유학 출신임을 몰랐기 때문인 듯하다.15)

② (위와 같음) 그러나 글의 내용은 잡지사의 의도와 관계없이 유교 서적에 근거하여 충에 대한 사례를 정리하고 있다. 이 글을 가지고 그가 전향한 증거로 삼는 것은(예를 들면 임종국,《일제 침략과 친일파》, 1982, p106) 제목에 나타난 '충의의 도'라는 표현을 지나치게 확대하여 평가했기 때문으로 보인다.16)

---

15) <최익한과 다산 연구>,《실학파와 정다산》, 청년사, 1989, p10, p18.

③ (최익한은) 1943년 10월에 <충의忠義의 도道—유교의 충에 대하여>(《춘추》10월호)를 실었다. 이 글에 대해서는 친일의 글이 아닌가 문제 제기가 있었지만(임종국, 《친일문학론》), 이 무렵 《춘추》 잡지의 성격 때문으로 그렇게 평가한 것으로 보이며 글 내용으로 봐서는 추정하기 어렵다.17)

먼저 임종국은 《친일문학론》(1966)에서 '최익한'을 거론한 적이 없다. 또 임종국의 책을 보면, 단순히 《춘추》 잡지의 성격 때문에 친일 문제를 제기한 것이 아니라 글 내용을 보고 나서 판단한 것임을 쉽게 알 수 있으므로, 송찬섭의 모호한 추정은 착오이다. 위의 송찬섭 견해는 다음과 같이 요약될 수 있다.

임종국이 <충의의 도>에 대해 친일설을 제기한 것은,

① 최익한이 본래 유학 출신임을 몰랐기 때문인 듯하다(1989).

② 제목에 나타난 '충의의 도'라는 표현을 지나치게 확대하여 평가했기 때문으로 보인다(1997).

③ 《춘추》 잡지의 성격 때문으로 그렇게 평가한 것으로 보인다(2011, 2013, 2016).

여기서 ①은 판단할 수 없는 문제이며, ②와 ③은 근거가 없는 말이다. 송찬섭은 임종국이 마치 텍스트를 제대로 읽지 않고 오판

---

16) <일제·해방 초기 최익한의 실학 연구>, 《우송조동걸선생정년기념논총·I》, 나남, 1997, p601. 이는 <최익한과 다산 연구>를 약간 수정 보완한 논문이다.

17) <조카가 작성한 최익한 연보>, 《역사연구》 20호(2011), 역사학연구소, p290; <창해 최익한 선생 연보>, 《실학과 정다산》, 서해문집, 2011, p582; 《조선 사회 정책사》(2013) p232와 《여유당전서를 독함》(2016) p307에 재수록.

한 것처럼 암시하였으나, 사실은 전혀 그렇지 않다. 애초에 최익한의 전향설(친일설)을 제기한 자는 조동걸이고, 그의 말을 인용하며 임종국은 최익한의 논문을 예로 들어 실증한 것뿐이다. 필자의 분석에 따르면, 조동걸은 자료 요약을 잘못하여 단순히 억측한 데 그치고 말았지만, 도리어 임종국은 선구적인 실증 작업을 통해 일면 타당한 주장을 하였다. 그러므로 송찬섭은 최익한을 비호하려는 나머지 최종적인 판단은 유보한 채 자세한 친일 논의는 회피한 것이 아닌가 한다. 그러나 <충의의 도>는 친일 혐의에서 그리 자유로운 글이 되지 못하며, 다만 친일이란 개념의 포괄적 적용은 문제가 될 수도 있는 것이다. 이는 뒤에 상술하겠다.

2) 김성동金聖東은 임종국을 우파적 관점에서 비판하였다.

> (앞에 이미 나온 임종국의 글이 여기에 실려 있으나 중복되므로 생략하니, p797을 볼 것—인용자 주)
> 이런 글들을 간추려 펴낸 것이 《유학사 개관》이다. 사회주의 운동을 접었던 이때를 두고 임종국은 《일제 침략과 친일파》에서 최익한이 이즈음 일제에 무릎을 꿇었던 것처럼 보았는데, 그것은 최익한이 공산주의에 앞서 뛰어난 유학자였음을 놓쳤던 탓으로 보인다. 그리고 일제의 끈덕진 후림대수작이 있었으나 한마디로 자빡놓는 선비정신으로 안받침된 공산주의자 최익한이었다.18)

---

18) 《현대사 아리랑》, 녹색평론사, 2010, p285; 《꽃다발도 무덤도 없는 혁명가들》, 박종철출판사, 2014, pp387~8.

김성동은 송찬섭의 ①의 논조를 그대로 따르며 자기 특유의 말로 문장을 수식하였다. 《유학사 개관》은 전하지 않는 책이니 알 수 없다. '뛰어난 유학자 최익한'에 대한 임종국의 인지 여부는 판단할 수 없는 문제인 듯하다. 그리고 최익한은 계급적인 의미에서만 '사士'를 논하였으며, 윤리적인 의미에서는 '선비'를 언급한 적이 없으므로, 그에게 우파적인 '선비정신'을 적용하는 것은 무리라고 생각된다.

4

끝으로 필자의 관견管見을 조금 피력하련다. 최익한은 1947년 《조선 사회 정책사》에 <조선의 후생 정책 고찰>, <한재와 그 대책의 사편>을 그대로 수록해 출간하면서, 그 머리말에 일제강점기 집필 당시를 이렇게 회고하였다.

> 회고컨대 집필 당시는 바로 중일전쟁이 심각해지면서 일제 파쇼가 이른바 '황민화' 운동을 통하여 조선의 민족문화를 그 근본부터 폭력적으로 괴멸해 버리려 하던 그때였으므로, 과거의 제도를 가탁하여 민족 고유문화의 일단을 과시하는 것은 하나의 모험적 선전이었으며, 따라서 의의를 내포한 것이었다.19)

여기서 '모험적'이란 말은 해방 후에야 비로소 나온 과장된 표현

---

19) 《조선 사회 정책사》 머리말, 박문출판사, 1947.

이긴 하지만, 일말의 위험성이 있었다는 뜻으로 읽힌다. 즉 자신의 글이 일제가 강요한 황국신민皇國臣民과 변별되는 '비국민적'(비일본적) 의식에서 비롯되었음을 은연중 표시한 것이다. 그러나 최익한의 자찬이 성립할 수 있을 정도로 일제는 그리 녹록지 않았고, 삼엄한 전시체제에서 '모험적 선전' 따위는 결코 용인될 수 없는 일이었다. 임종국의 다음 글을 보면, 당시 출판 환경을 좀 더 구체적으로 가늠할 수 있다.

> 1941년 1월 이후의 각종 검열 방침의 강화, 다시 6월 1일 이후의 용지 사용에 관한 승인제 실시, 그 후 각종 형식의 통제 강화로 인하여 국책에 순응한다는 것만이 유일한 생존 수단이 되는 그런 경지로 빠져들기 시작하고 있었다. 즉 국어(일어)면을 첨부하지 않는 한 용지 배급을 탈 수 없었고, 국책에 반하는 기사를 실을 수도 없거니와 만약 실리면 즉각 검열에 걸려서 발행권 자체가 소멸되고 마는 사정 등이 그것이었다.[20]

즉 '후생'이니 '충의'니 하는 말은 최익한이 임의 설정할 수 있는 단순한 제목이 아니라, 그가 일제 정책에 최소한의 유화적 태도를 보인 바로 그 시국 주제였던 셈이다. 그의 '후생 정책론'은 필자가 잘 모르는 분야이므로 논외로 하고, 가장 문제시되는 〈충의의 도〉만 일별하겠다.

---

20) 《친일문학론》, 평화출판사, 1966, p57; 이건제 교주본, 민족문제연구소, 2016 (증보판 3쇄), p71.

최익한은 <충의의 도>에서 먼저 "유교의 충에 대하여 좀 쓰라는 재촉을 받았다"고 서두를 꺼낸다. 말이 재촉이지 실은 강요였을 것이다. 이어 본론에서 그는 충의 자형字形을 분석하고 의미를 밝히며 그 위상의 역사적 변천 과정을 시종일관 횡설수설하면서, 마치 '중립적인 글쓰기'의 전형을 보여 주고 있는 듯하다. 그러나 결론의 마지막 문장은 본론의 맥락과는 거의 상관없는 양 돌연 다음과 같이 마침표를 찍어 버린다.

> 이상은 유교 도덕의 근간이 되는 유교의 충을 약술한 데 지나지 못하나, 금일과 같이 충의 실천이 우리에게 요구되는 때가 다시 없다 하겠다.[21]

정말 느닷없는 섬뜩함이다. 손수 썼는지 의심스럽다. 여기에서 충은 중의적이라 순전히 유교의 충으로만 오인될 수는 없을 것이다. 징병제가 실시된 직후인 '금일'에 충의 언표言表는 오로지 조선이 아닌 일본에 한해서만 가능하였다. 그러므로 결국 위의 발언이 최익한에게는 중립적인 글쓰기의 종언이 되고 만 셈이다. 이는 어쩌면 서재파 맑시스트, 즉 무저항적 사회개량주의자의 곡필이요 숙명인지도 모른다.

가령 나이 어린 학병의 입장에서 보자면, 어느 누가 감히 최익한의 '모험적 선전'을 쉽사리 용납할 수 있을까? 그의 말은 간접적

---

21) <충의의 도>, 《춘추》 4권 9호(1943.10), p75. 《춘추》 <편집 후기>에 이상백李想白의 <전쟁과 철학적 정신>, 최익한의 <충의의 도>가 전시하의 독서물로 권장되었다. 참고로 전자는 전쟁을 찬양한 글이고, 후자는 이와 관련이 없다.

종용에 해당될 수도 있기 때문이다. 물론 그가 강연을 했다는 기록이 없고 딱 이 한 문장만 거슬리므로 도저히 친일파의 '친일문'과는 동일한 차원에서 다루기는 곤란하겠지만, 그래도 문제가 되는 시국 논설인 것이다. 한 마디 간접적 발언이라고 해서 그 면책까지 절로 되지는 않을 터이니, 후학으로서 그의 잘못을 정확하게 파악 지적해 주는 것만이 독자들에게는 올바른 도리인 듯싶다.

본디 유교의 전통적 가치관인 충효 윤리는 친일과 양립하기 어려운 법이다.[22] 최익한은 일제가 유교의 충효를 국체國體의 지주支柱로 이용하는 것을 잘 알고 있었다.[23] 그런데도 그는 친일 잡지에 유교의 충을 중립적인 글쓰기로 고증하였다. 임종국은 이러한 문헌 고증적 연구가 당시 일제의 시국 정책과 부합한다는 사실을 간파하고서 〈충의의 도〉를 '친일·시국 논설'로 보았을 것이다.

그러나 〈충의의 도〉는 그 논술의 어조가 전반적으로 너무 미약하고 간접적이기 때문에 친일이란 개념을 포괄적으로 무조건 적용하기에는 미흡한 점이 있다. 임종국이 친일 논설로 본 것은 타당한 일면이 없지 않으나, 글을 분석하고 관련법을 검토하는 면에서는 미진한 판단이다. 다만 그는 최익한의 글을 읽고 나서 친일 논설로 분류한 후 간단히 몇 줄만 쓴 것뿐이므로, 이번에 필자가 찾아낸 〈유교와 연성錬成〉을 읽은 것도 아니다.[24]

---

22) 류승완, 《이념형 사회주의》, 선인, 2010, p363.

23) 최익한, 〈조선류교사상에 대한 력사적 고찰 (상)〉, 《력사제문제》12집(1949. 11), 조선력사편찬위원회, p107.

24) 민족문제연구소는 《친일인명사전》(2009)에 최남선·현상윤·백낙준을 수록하고 안재홍은 제외하였다. 정인보鄭寅普의 임전대책협의회 관계나 최익한의 《춘추》 논설 등은 조사만 한 것으로 알고 있다.

최익한의 시국 논설 〈유교와 연성〉은 1943년 5월, 〈충의의 도〉는 동년 10월 《춘추》에 모두 게재되었는데, 그가 해방 전에 마지막으로 발표한 것들이다. 두 글을 종합해 보면, 그가 연성이니 충의니 하는 일제의 시국 정책에 부화하여 잇따라 유교적 문헌 고증을 시도한 것을 알 수 있다. 실제로 일제는 태평양전쟁의 병력을 증강하기 위해 1943년 4월까지 조선에 연성소를 2,637군데나 설치하고, 동년 8월과 10월부터 징병제 및 학병제를 각각 실시하였다.25) 그러니까 〈유교와 연성〉, 〈충의의 도〉는 단순한 고증을 넘어서 시의성을 띤 '부일附日' 논설에 해당될 여지가 있는 것이다.26)

또 짚고 넘어가야 할 점은 사상의 변절 유무이다. 최익한은 전향·친일하지는 않았으나, 공산주의운동을 중단한 후에는 합법적 공간인 신문과 잡지에 개량주의적 글들을 발표하면서 생계를 도모하였다. 어찌 보면 이는 관념적 사회주의에서 비타협적 민족주의로 한발 물러선 모양새이므로 딱히 '변절'되었다기보다는 '개량화'되었단 말이 더 어울리지 않을까 싶다. 저항을 포기한 '타협적' 측면만 부각하면 그는 박헌영의 말 그대로 '탈락분자·휴식분자'가 될수도 있다. 그렇다고 해서 그를 청산주의자(=전향자=변절자)로 낙인찍어 배척할 수 있다는 뜻은 결코 아니다. 전향서를 내고 적극적으로 친일 활동을 한 '청산주의자'와 사상운동을 접고 중립적으로 문필 활동을 한 '개량주의자'는 엄연히 분별되기 때문이다.

---

25) 竹內俊平, 〈徵兵制實施と靑年鍊成〉, 《춘추》 4권 5호(1943. 5), p27; 大家虎之助, 〈時局と鍊成〉, 위의 책, pp30~1; 임경석, 〈국내 공산주의운동의 전개과정과 그 전술〉, 《일제하 사회주의운동사》, 한길사, 1991, pp220~1.
26) 자세한 것은 이 글의 보론 〈'유교와 연성'에 대하여〉 볼 것.

그러나 우리는 그의 이론과 실천의 기저에 혹 청산파적 경향이 원래부터 있지 않았는지, 그리하여 여기에 개량주의적 경향이 더해져 비맑스주의적 정신이 충일함으로써 우파적으로 선회한 것은 아닌지에 대하여 반성적으로 검토할 필요가 있다.[27]

최익한은 10년 옥고를 치른 정치범의 경력 때문에 경찰의 특별 감시를 극도로 받게 되어 지하 활동이나 국외 망명은 도저히 어려웠다고 한다. 그래서 생계형 주류 도소매점을 운영하면서, 정체성이 모호한 개량적인 글까지 쓸 수밖에 없는 막다른 처지에 내몰린 것처럼 보인다.

그리고 1937년에는 맏아들 재소在韶가 살인적인 고문의 후유증으로 옥사獄死하였다. 이것이 최익한에게는 능동적으로 공산주의 운동을 계속할 수 없는, 말 못할 트라우마가 되었을지도 모른다. 당시 그는 참척의 고통을 〈곡아 25절哭兒二十五絶〉 마지막 수에서 이렇게 읊었다.

　藥蔬經榻夜無垠　약 달이고 책 읽어도 밤은 끝이 없어라
　感逝傷離淚欲新　사별이 애달파서 눈물만 또 떨구고녀.
　一語寄君君自慰　아가, 한 마디 부치노니 스스로 위로하렴
　吾應不作喪明人　나도 자식 잃은 아비는 되지 않을 테니.[28]

---

27) 최익한, 〈조선사회운동의 빛 (10)〉,《조선일보》(1928. 2. 13) 참조. 그는 중일전쟁과 태평양전쟁의 전시체제에서 자기 호로 창씨하고 생계형 술집을 운영하면서 일제의 시국 정책에 부화하는 글까지 썼으니, 한때 'ML이론가'였던 그의 계급적·사상적 본질과 제한성에 대해 비판적 성찰이 요구되는 것이다. 이는 후속 연구로 미룬다.
28)《조선일보》(1937. 4. 25); 최구소, 〈창해학인의 곡아 25절시〉,《울진문화》5호

이제 그에 대한 친일설을 종합적으로 개괄하겠다.

1) 맨 처음 제기한 자는 박헌영계의 독론가篤論家이다. 최익한은 〈변백장〉을 작성하여 친일과는 전혀 무관함을 증명하였다.

2) 민족정경문화연구소는 최익한을 피동적 친일파의 예로 들었다. 이는 소문에 근거하여 임정측의 극우적 견해를 대변한 것으로 보인다. 이때는 이미 그가 월북한 후였다.

3) 조동걸은 "최익한이 술장사를 하고 일제에 의지하며 살았다"고 하였다. 이후 모든 최익한 친일설은 여기에서 비롯된 듯하다. 그의 주류 소매점은 '자유 구직'과 '자력 생계'에 의한 것뿐이므로 일제에 의지니 뭐니 하는 말은 주관적 억측에 불과하다.

4) 임종국은 "최익한 : 친일《춘추》지에 발표한 친일·시국 논설이 있다"고 하였다. 이는 선구적 안목으로 인정되나, 미진한 판단이다. 최익한의 글이 현실적으로 '친일'로 규정 포함되기에는 그 논조가 너무 약하고 간접적인 까닭이다.

5) 남창룡은 친일서적《반도사화와 낙토만주》에 최익한의 논문들이 수록된 사실을 처음으로 밝혔다. 하지만 '기고'인지 아닌지도 알 수 없는 만큼 그 논문의 내용부터 먼저 파악해 보아야 한다.

다음으로 친일설 반론을 간추리면 다음과 같다.

1) 송찬섭은 〈충의의 도〉가 내용상 친일인지 아닌지 추정하기

(1990), p140; 한영규, 〈식민지 시기 한시 작가로서의 최익한〉,《반교어문연구》 33집(2012), p134를 참조하여 번역은 필자가 고침.

어렵다고 하였다. 이는 존이불론存而不論, 즉 진실 판단을 보류·회피한 것처럼 보인다.

2) 김성동은 최익한에게 '선비정신'을 적용하였다. 이는 우파적 발상으로 무리이다.

끝으로 필자의 소견이다. <충의의 도>는 일종의 부일문附日文이 아닌가 한다. 과거에 가탁한 중립적인 글쓰기의 종언으로서, 특히 마지막 문장은 더는 논할 가치가 없으며 개량적 사회주의자의 숙명인 양 다가올 뿐이다. 최익한의 곡필은 여타 친일 반동분자들의 그것과는 도저히 동일 선상에서 비교할 수 없을 정도로 '간접적'이긴 하나, 그래도 가장 약자인 어린 학병의 입장에서 보면 용납될 수 있는 성질의 것이 아니다. 요컨대 그의 타협적 글쓰기는 양심과 소신에 따른 '모험적 선전'과는 거리가 먼 것이다. 그렇지만 기실 엄밀히 따졌을 때 조선인 가운데 이른바 '친일적 경향'이 전혀 없었던 자가 과연 몇이나 될지 의문이 든다.[29] 일제가 만주침략(1931)

---

29) 김태준은 "엄밀하게 따진다면 조선 문화인이 친일파 아닌 자가 적을 것이다. 그러나 문제는 조선 민중의 입장에서 볼 때에 조선 민중의 심판에 부쳐서 모두 '그놈을 죽여야 한다'고 하면 그놈의 죄상이 그만큼 큰 것을 의미하는 것이니 이런 경우에 우리가 사용하고 있는 친일파란 말은 민족의 반역자, 민족의 역적과 거의 동일한 개념을 가진 '친일파 중에 가장 악독한 자'를 지칭한 것이다"고 하였다. <정치와 도덕>, 《대조大潮》 창간호(1946), 대조사, p100.
박헌영은 이미 '민족 반역자의 범주'에 대해, "개량주의마저 버리고 민족운동을 핍박한 자, 황민화운동에 헌신한 자, 고관의 지위에 있던 자, 악질의 경찰 관리 기타 전쟁 협력자이다"고 답한 바 있다. <1945년 11월 17일 인터뷰>, 《이정박 헌영전집·9》, pp263~4.
민전의 <친일파·민족반역자의 규정 초안>(1946. 2. 16)에 "친일파는 일본제국주의에 의식적으로 협력한 자의 총칭이다"고 정의되어 있으며(방점은 인용자), "친일적 경향이 있는 자 중에서도 그 생활의 필요와 부득이한 환경으로 인하여 이래 10여 년에 걸쳐 전시체제로 돌입하면서부터 군사적 탄압을 강화하자, 운동을 포기하고 생계적으로 곡종하는 무저항적 사회개량주의자도 늘어났기 때문이다.[30]

최익한 친일설은 재건파의 정치 공작으로 개시되어 조동걸의 억단으로 과장되고 임종국의 실증으로 확정되기라도 한 양 횡행하는 실정이다. 낭설이 오히려 기정사실로 둔갑한 꼴인데, 이는 근거가 전무하거나 미약하므로 올바른 판단이라고 할 수 없다.

여태껏 최익한 친일설은 단편적인 주장이나 추정만 무성할 뿐, 체계적으로 상론된 적이 한 번도 없었다. 그럼에도 필자가 그 친일설을 개관 정리한 이유는, 왜곡 은폐된 진실을 분명히 밝히지 않으면 그를 거론하는 자체가 떳떳하기 어렵고, 따라서 이 교주본의 의미도 그만큼 반감될 수밖에 없기 때문이다. 앞으로 좀 더 면밀한 사상적 접근을 통해 일제강점기의 시국 정책을 검토하고 동시대인의 여러 논설들과도 전체적으로 비교하는 작업이 무엇보다 요구된다고 하겠다. 이러한 검증 과정 속에서 보다 객관적으로 최익한 본연의 모습과 사상이 규명되리라 믿는다.

이러한 죄과를 범한 자에 대해서는 동포애적 견지에서 관용을 베풀어야 할 것이다"는 원칙이 제시되어 있다. 김남식 편, 앞의 책, p280.

또 임헌영도 "일제의 허가와 검열을 받은 모든 매체에 글을 쓴 그 자체가 친일이란 논리도 없으란 법이 없다. 구태여 이런 억지 논리를 펴지 않더라도 임종국의 조사에 따르면 친일문학 작품을 쓴 문인 목록만 120여 명에 이른다. 해방 전후 한국 문인이 100여 명이었던 사실로 미뤄보면 거의 99%에 육박한대도 할 말이 없을지 모른다"고 하였다. 〈친일문학 연구 현황과 그 정신사적 의의〉, 《친일문학론》(임종국 저), 민족문제연구소, 2016, p571.

30) 박헌영, 〈현 정세와 우리의 임무〉(1945. 9. 20), 앞의 책, p56; 김남식 편, 〈민주주의민족전선 강령〉, 앞의 책, p245.

■ 보론 ― <유교儒教와 연성鍊成>에 대하여

최익한의 시국 논설 <유교와 연성>은 필자가 처음 찾아낸 것이다. 4년 전(2015)에 이 글의 출처는 알았지만, 자료를 구하기가 여의치 않아 그동안 잊고 지냈다. 그러다가 작년(2018) 말에 <창해 최익한 저술 연보>를 작성하다 생각나서 다시 자료 찾기에 돌입하여 드디어 글을 보게 되었다. 그러나 이미 <최익한 친일설>을 다 쓴 상태라 <유교와 연성>에 대해서는 보론으로 다루며 말미에 그 원문을 싣는다.

<유교와 연성>은 1943년 5월 《춘추》 4권 5호에 발표되었는데, 조선 청년에게 유교와 연성의 관계를 경어체로 설명한 논설로서 최익한의 글 가운데 <충의의 도>와 함께 가장 치욕적인 곡문이다. 위의 《춘추》지에는 '연성 특집'으로 병역·교육·시국·신도神道·불교·유교에 관한 논설 총 6편이 편성되어 있다.[31]

일제는 태평양전쟁의 병력 증강을 위해 1942년 5월 조선에 징병제를 실시하기로 결정하고, 1943년 4월까지 조선에 연성소를 2,637개소나 설치하였다. 그러니까 동년 8월 징병제가 실행되기 전에 미리 신병 훈련소를 완비한 격이다. 17세 이상 21세 미만의

---

31) 《춘추》에 게재된 글들을 순서대로 적으면 다음과 같다.
　① 朝鮮軍報道部長 倉茂周藏, <兵役と鍊成>, pp24~26.
　② 總督府鍊成課長 竹內俊平, <徵兵制實施と靑年鍊成>, pp26~28.
　③ 國民總力聯盟鍊成部長 大家虎之助, <時局と鍊成>, pp28~31.
　④ 朝鮮神宮神官 鈴川元章, <神道と鍊成>, pp31~33.
　⑤ 惠化專門敎授 安東相老, <佛敎と鍊成>, pp33~36.
　⑥ 崔益翰, <儒敎と鍊成>, pp36~38.

조선 남자는 의무적으로 청년특별연성소에 입소하여 황군皇軍 요원으로서 필요한 연성(훈련교육)을 받아야만 되었다.32)

조선군 보도부장 쿠라시케 슈조倉茂周藏, 총독부 연성과장 다케우치 슌페이竹內俊平, 국민총력연맹 연성부장 오야 도라노스케大家虎之助의 글은 각각 병역·교육·시국 면에서 군국주의 연성의 취지를 밝힌 선전문이고, 조선신궁 신관 스즈카와 모토아키鈴川元章(○明○), 혜화전문교수 안토 소로우安東相老(權相老)의 글은 각각 신도·불교 면에서 연성 참여를 독려한 적극적 친일문이며, 최익한의 글은 유교 면에서 연성을 고증한 소극적 부일문으로 이해된다.33)

최익한은 <유교와 연성>의 첫머리에 집필이 강요된 것을 표시하며 유교와 연성의 관계를 고찰하였다. 그는 연성을 좁게는 유교적 풍속인 '계禊'(목욕재계)로 보고, 넓게는 사전적 의미34)와 관련된

---

32) 倉茂周藏, <兵役と鍊成>, 앞의 책, p25. 竹內俊平, <徵兵制實施と靑年鍊成>, 앞의 책, pp26~7; 大家虎之助, <時局と鍊成>, 앞의 책, pp30~1; 임경석, <국내 공산주의운동의 전개과정과 그 전술>, 앞의 책, p220.

33) 최익한은 <변백장>에서 본인의 소매점 허가가 취소된 이유 중 하나로 '사상보국思想報國에 대한 불타협'을 들었다. 그러나 그가 <유교와 연성> 및 <충의의 도>로써 일제의 시국 정책을 고증한 것은, 내용상 거의 중립적일지라도 그 시도 자체가 일제에 부화한 태도이기 때문에 위의 글 2편을 '부일문'으로 일단 정의하였다. <일제강점하 반민족행위 진상규명에 관한 특별법> 제2조 11호에 의하면, "학병·지원병·징병 또는 징용을 전국적 차원에서 주도적으로 선전 또는 선동하거나 강요한 행위"는 '친일반민족행위'라고 규정되어 있다. 이를 최익한에게 적용할 수는 없으나, 그의 글이 '징병의 간접적 종용'에는 해당될 여지가 있다고 생각한다. 그렇지만 최익한의 '부일문'은, 일제 정책을 적극적으로 옹호 추종한 친일파의 '친일문'(징병 권유문)과는 차등을 두어야 마땅할 것이다. 만약 그가 글쓰기를 거부하였다면 그의 말대로 '불타협'에 가까울지도 모르겠다. 일례로 당시 김태준은 보호관찰소로부터 창씨를 하라, 글을 쓰라는 등의 온갖 협박적 명령을 받고도 계속 거절하였다고 한다(<연안행延安行>, 《문학》 창간호, 조선문학가동맹, 1946.7, p189).

'심신수련'으로 보면서, 유교의 연성은 '윤리 실천에 상응한 일상수련(=志行修錬)'이라고 하였다. 내용은 차치하더라도 징병제 실시 직전의 시국에《춘추》라는 공간에서, 유교와 연성에 대해 문헌적 고증을 시도한 그 자체가 불순하고 무책임한 것이다. 왜냐하면 그가 말한 연성 개념이 전시체제의 반동적 사회 환경과 무관하게 외따로 진공 상태에서 존립할 수는 없기 때문이다.

> 일상의 윤리를 일상적으로 실천하는 것이 그(유교)의 목적이므로 그의 연성은 어느 특별한 형식과 특정 기간이 있을 수 없고 수시수처隨時隨處가 그의 연성의 방법인 것입니다.

술에 물 탄 듯 물에 술 탄 듯 경계를 종잡을 수 없는 언설이다. 여기서 말하는 '일상'이 과연 무엇인지 의심스럽다. 최익한은 뇌거 耒耟(쟁기)를 잡고 밭을 갈거나 삼순구식三旬九食을 하되 도道를 즐기는 것을 유자의 숭고한 연성이라 하였다. 물론 이는 일제의 기획에 휘말리지 않으려는 회피성 발언일 터이나, 조선의 무전농자無田農者의 현실과는 너무 거리가 먼 환상적 곡언에 불과하다. 밭이 있어야 쟁기질을 하고 밥이 있어야 끼니라도 때울 것이 아닌가. 조선 청년 대부분은 이른바 대동아성전大東亞聖戰을 위해 한낱 총알받이 소모품으로 강제 징집되어, "새벽녘부터 교정과 야산 등지에서 폭탄을 껴안고 적의 전차에 돌진하는 훈련을 수도 없이 받았다."35) 연성

---

34) 연성의 일반적 의미는 연마육성鍊磨育成이나, 최익한은 고련성취苦鍊成就의 뜻으로 보아서 고난을 심신연성의 자조적資助的 기회로 보았다.
35) 유기천,《사람을 믿지 마라》, 21세기문화원, 2001, p162.

이라는 참혹한 실상만이 바로 유일한 일상으로 되는 전쟁의 시대였다. 거룩하옵신 천황폐하의 적자로서 야마토다마시大和魂를 발휘하여 장렬히 산화하는 지성진충至誠盡忠의 길, 그 연성이 일상이요 일상이 연성이었다!36)

최익한도 이를 의식하지 않을 수 없었는지, 일상의 현실에 대해서는 일체 함구로만 일관하며 추상적 공론으로 모호히 글을 끝내 버렸다.

일식一息의 간단間斷도 없는 일상의 윤리적 실천이야말로 진실로 최대의 연성주의鍊成主義가 아니고 무엇이겠습니까.

우리는 왜 그의 글이 친일 잡지에 '연성 특집'으로 게재되었는지 그 유용성에 대해 주목할 필요가 있다. 지금 와서 확증하기는 어려우나, 일제 당국은 유교와 연성의 관계에 대한 문헌 고증이 조선 청년의 자발적 징병 참여를 충분히 유도할 수 있다고 판정하지 않았을까 한다. 이 점을 감안하면, 최익한의 결론은 '일상의 주체와 목표'를 상실하고 일제의 시국 정책에 부화한 궁색한 궤변 이외에 아무것도 아니다. 조선 청년에게 그가 혹여 의도한(?), 유교적 연성의 고전적 의미를 전하기는 애당초 도저히 불가한바, <유교와 연성>은 어디까지나 부일문에 지나지 않은 곡필이라 하겠다.

---

36) <유교와 연성> 앞에 실려 있는 <신도와 연성> p32에서, 스즈카와 모토아키 鈴川元章는 "지금 우리의 일상생활은 오직 연성이다. 더욱 대동아성전하에 처한 우리 국민은 전선戰線과 총후銃後를 막론하고 최후의 승리는 오직 견실한 신념과 부단不斷의 연성으로써 획득할 수 있다는 것을 각오하지 않으면 안 될 것이다"고 하였다.

유교儒教와 연성鍊成37)

　잘 모르는 나로선 부과된 문제를 투철히 설명할 수 없습니다만 얼른 생각하더라도 유교와 연성이 전연 관계없는 문제는 아닐 듯합니다.

　먼저 연성이란 현행어부터 조금 고찰해 보겠습니다. 이즈음 연성이라면 흔히들 '계욕'(みそぎ)38)를 관념하는 듯합니다. 그러면 유교에도 이러한 계禊의 행사가 종래부터 있었던가.

　계禊는 통속적으로 말하면 심신을 결탁潔濯하여 기신제재祈神除災한다는 것으로 예부터 내려온 종교의식의 하나인데 기독교의 세례와 유교의 목욕재계가 모두 이에 유사한 유속遺俗일 것입니다. 《구당서舊唐書》에 "경룡景龍 4년(710) 3월 임위정臨渭亭에 행차하여 수계修禊하고 마셨다(景龍四年三月甲寅 幸臨渭亭 修禊飮)"는 것과 《후한서後漢書》〈예의지禮儀志〉에 "3월 3일 동으로 흐르는 물 상류에서 스

---

37) 편자가 오식은 바로잡고 현대어로 풀어썼다.
38) 禊 : 원문의 禊와 통자로 목욕재계(みそぎ)의 뜻.

스로 깨끗이 씻는데 이를 계사禊祠라 하였다(三月三日 於東流水上 自潔濯 謂之禊祠)”는 것이 조선의 유두流頭 고속古俗과 공통성이 있는 유물이겠지요.

그러나 禊禊의 연성鍊成을 단순히 풍속학적 범위를 떠나 종교의 관점으로 유교에서 찾아본다면 단적으로 적발하기가 좀 곤란치 않을까 합니다. 그러므로 연성을 계란 협의적 범위를 벗어나 광의인 신심수련身心修鍊의 의미로 한번 고찰해 보겠습니다.

연鍊은 말 자체가 금속을 단련鍛鍊하여 정숙精熟게 하는 것이니, 《황극경세서皇極經世書》에 이른바 “쇠는 백 번 불린 뒤에야 순수해지고 사람도 이와 같다(金百鍊然後精 人亦如此)”는 것이 우리가 말하려는 연성의 취지를 간명히 도파道破한 것입니다.

그런데 연성은 연성자 즉 연성의 주체에 따라 그 성격과 시각이 동일치 않습니다. 예를 들면 중국에선 도사道士를 연사鍊師라고도 일컫던데, 그 중점은 심성心性수련에 있지 않고 주로 신형身形수련에 있으므로 선가仙家에 태음연형太陰鍊形의 방법에 있다고 《신선전神仙傳》에 말했습니다. 물론 그들은 연년장생延年長生을 목적한 것인 만큼 연성의 성질이 또한 형체에 국한되지 않을 수 없습니다. 잘은 모릅니다만 불가佛家의 연성은 선가와 달라서 그 취지가 형체에 국한치 않고 한 걸음 들어가서 심성수련에 있다고 하겠습니다. 고행이라든가 참선이라든가가 모두 오도성불悟道成佛을 목적한 연성입니다.

그런데 유교는 윤리 실천이 그 목적인 만큼 그 연성의 중점은 초속적超俗的인 형체수련도 아니요 정적靜寂에 편중한 심성수련도 아니요 주로 윤리 실천에 상응한 일상수련이라고 하겠습니다. 다시 말하면 지행志行수련이라고 하는 것이 적당치 않을까 합니다.

유교의 사적史的 발전을 회고하면 그것이 원래 봉건체제하에서 발육 성장한 사상적 체계이므로 그 시대의 윤리적 정형定型에 충실히 부착된 합리적 교리입니다. 그러나 일상의 윤리를 일상적으로 실천하는 것이 그의 목적이므로 그의 연성은 어느 특별한 형식과 특정 기간이 있을 수 없고 수시수처隨時隨處가 그의 연성의 방법일 것입니다.

유교의 연성 관념에는 간단間斷없는 계구근신戒懼謹愼의 의미가 한 개의 강조로서 포함되어 있다고 볼 수 있습니다. 인심人心은 위태하고 도심道心은 희미하니 정精하고 일一하여 그 중中을 잡는단 것은 요순堯舜의 연성이요 배움을 싫어하지 않고 가르침을 게을리 하지 않은[39] 것은 공자孔子의 연성이요 날로 세 번씩 자신을 반성한 것은 증자曾子의 연성이요 보지 않고 못지 않는 데까지 계신공구戒愼恐懼한단 것은 자사子思의 연성이요 '구방심求放心'과 '양호기養浩氣'는 맹자孟子의 연성이요 '주경主敬'은 정주程朱의 연성입니다.[40] 일상의 윤리적 실천을 떠나 특정한 기간, 특정한 형식에 의하여 수련한다면 이는 유교에 있어선 한 개의 이단으로 간주될 것입니다.

그러나 연성을 고련성취苦鍊成就의 의미로 본다면, 즉 고난을 신심연성身心鍊成의 자조적資助的 기회로 본다면 이는 유교에 있어서

---

39) 원문에는 '배움을 실허 않고 가르침을 게을리 않은'으로 되어 있다.

40) 人心惟危 道心惟微 惟精惟一 允執厥中《書經》〈大禹謨〉; 學而不厭 誨人不倦 《論語》〈述而〉; 吾日三省吾身《論語》〈學而〉; 子思子之戒愼恐懼 孟子之求放 心 程夫子之主一無適之敬《鶴岡散筆》

도 경시치 못할 문제입니다. 부여된 순조로운 환경을 버리고 일부러 고역苦逆의 경지를 자취自取한단 것은 유교의 중용주의中庸主義에 위반되는 일이겠지만, 그것이 자연적 소우所遇일 때에는 어디까지나 그것을 극복하고 배견排遣하는 것이 유교의 중요한 태도입니다. 빈궁과 환난患難으로써 자기의 지절志節을 변치 않고 마음을 어지럽히지 않으며, 경천위지經天緯地의 대재大才를 품었을지라도 야野에 처했을 때엔 손수 뇌거耒耟(쟁기)를 잡고 밭을 갈 것이며, 벼개가 없어서 팔을 베고 삼순구식三旬九食을 하되 의연依然히 도道를 즐긴다는 것은 유자의 숭고한 연성이라 할 수 있습니다.

사람의 지기志氣가 안일한 가운데서 부패하기 쉽고 고난의 경우에서 분발할 수 있는 것은 고금古今 명인의 전기가 모두 웅변적으로 증명하고 있습니다. 그러므로 맹자의 말씀에 "하늘이 대임大任을 그 사람에게 내리시려면 먼저 그의 심지心志를 괴롭게 하고 그의 체부體膚를 주리게 하며 그의 근골筋骨을 수고롭게 한다"[41] 하였으니, 이것이 연성의 성의省意를 명쾌히 말씀하신 것입니다. 유교는 대유주의大儒主義나 고행주의苦行主義가 아니므로 고난을 수련의 필수적 조건으로 인정치 않습니다. 그러나 이 반면에 일식一息의 간단間斷도 없는 일상의 윤리적 실천이야말로[42] 진실로 최대의 연성주의鍊成主義가 아니고 무엇이겠습니까. 《춘추》, 1943.5)

---

41) 天將降大任於是人也 必先苦其心志 勞其筋骨 餓其體膚《孟子》〈告子·下〉
42) 원문에는 '실천이야'로 되어 있다.

〈창해滄海 최익한崔益翰 연보〉 소고

— 수학기간, 수감기간, 숙청·몰년을 중심으로

1. 머리말

필자는 오랜 세월에 걸쳐 〈창해 최익한 연보〉(이하 '상세 연보')를 작성하였다. 그의 '어린 시절'(1~13세) 부분은 특별한 자료가 없어 최구소의 〈창해 선생 연보〉(이하 '기존 연보')[1]를 거의 그대로 따랐다. 이 점 깊이 감사드린다.

〈상세 연보〉는 곽종석郭鍾錫·김황金榥·이병기李秉岐·정인보鄭寅普 등 주변 인물들과의 사실을 적시하여 최익한의 삶을 실제 그대로 드러내는 데에 초점을 맞추었다. 그리고 정적 박헌영朴憲永, 동지 박낙종朴洛鍾·홍기문洪起文·최창익崔昌益 등과 당숙 최진순崔瑨淳, 장남 재소在韶, 차남 학소學韶, 사위 이청원李淸源 등의 관련 사실도 추가하여 최익한의 사상적 흐름을 감지할 수 있도록 하였다. 아울러

---

1) 송찬섭, 〈조카가 작성한 최익한 연보〉, 《역사연구》 20호(2011), pp277~298. 〈창해 선생 연보〉는 최익한의 당질인 최구소가 작성하고 송찬섭이 정리했는데, 송찬섭은 이 연보를 《최익한전집》에 그대로 요약 사용한 바 있다.

필자가 새로 찾아낸 창해의 서울 거주지와 북한 행적까지 소개함으로써 그의 전체적인 인간상을 엿볼 수 있도록 다채롭게 구성하였다. 이러한 추가 사항으로 <상세 연보>는 <기존 연보>에 비해 분량이 꽤 많아졌을 뿐만 아니라, 다음 세 가지가 크게 달라졌다. 창해의 수학 기간, 수감 기간, 숙청·몰년이 바로 그것이다.

이는 연보의 고갱이에 해당하므로 그 엄밀한 추정·확인은 필수 불가결하다. 곧 창해 초년의 수학 기간, 중년의 수감 기간, 말년의 숙청·몰년을 제대로 파악해야만 보다 정확한 연보 작성의 기틀이 마련된다고 하겠다.

그러면 왜 연보에 이렇게 차이가 날 수밖에 없었는지 그 원인을 간명히 밝혀 독자들의 혼란을 미연에 방지함은 물론 앞으로의 연구에도 조금이나마 보탬이 되고자 한다.

2. 수학 기간

수학 기간은 창해가 면우俛宇 곽종석의 문하에서 배운 기간과 기독교청년회관·중동中東학교·와세다대에서 배운 기간을 들 수 있다. 여기서는 전자만 다루고 후자는 결론부에 사족 삼아 부언하겠다.

최구소는 <기존 연보>에서 "(창해는) 면우 곽종석의 문인으로 경남 거창군居昌郡 가북면加北面 다전리茶田里에서 5년간(1911~1916) 수학했다"[2]고 하였다. 송찬섭도 이를 그대로 따라서 "(창해는) 경남 거창에서 면우 곽종석에게 15세부터 20세까지 수학했다"[3]고

---

2) 송찬섭, <조카가 작성한 최익한 연보>, 앞의 책, pp279~280. 실은 '다전리'가 아니라 '중촌리中村里 다바지(현 다전)'이 맞다.

연보를 요약 작성하였다. 그들은 똑같이 '수학 기간'을 5년간으로 본 것이다.

이는 창해의 <곡아 25절哭兒二十五絕> 제3수 '五載南昌負笈回'구를 오독하여 잘못 추정한 것이다. 즉 "5년 동안 거창에서 공부하고 (책짐 지고) 돌아오니"라고 의역하여 창해가 1911년 면우 문인이 된 후 1916년 고향 울진으로 돌아왔다고 추산한 것인데, 자료적 사실과는 너무나 거리가 먼 오해이다. 먼저 이 시에서 창해가 귀향한 해는 1916년이 아니라 1918년이며, 또 면우 문하에 들어간 해는 1911년이 아니라 1913년이란 것을 밝혀 둔다. 그럼 <곡아 25절> 제3수를 한번 보도록 하자.

五載南昌負笈回　5년 만에 거창에서 책짐 지고 돌아오니
寧馨姿態過提孩　이 아이 영특한 자태, 안아 줄 나인 지났더라.
花潭石坨羅山巷　화담花潭·석타石坨의 나산항羅山巷에서
竹馬雙珠問客來　죽마 타던 두 옥동자, 손님 오셨냐고 물었지.4)

여기서 우선 '五載'는 1913~1918년을 가리킨다. 또 '負笈回'는 '책짐 지고 돌아오다'는 뜻이니, 막연히 '공부하고 돌아오다'로 의역할 수 없는 것이다. 기실 최익한은 스승의 명을 받고 책을 교정하고서 돌아왔기 때문이다. 이는 뒤에 다시 상술하겠다.

---

3) 송찬섭, <창해 최익한 선생 연보>, 《실학파와 정다산》, 서해문집, 2011, p578; 《조선 사회 정책사》(2013) p228와 《여유당전서를 독함》(2016) p301에 재수록.
4) 《조선일보》(1937. 4. 23); 최구소, <창해학인의 곡아 25절시>, 《울진문화》 5호 (1990), p135; 한영규, <식민지 시기 한시 작가로서의 최익한>, 《반교어문연구》 33집(2012), p127를 참조하여 번역은 필자가 고침.

'提孩'란 2~3세 아이를 칭하는 말로서, '過提孩'는 재소가 벌써 품에 안길 아이 때를 지나 4~5세가 되었다는 의미이다. 최익한은 1918년 늦가을 또는 초겨울 즈음 돌아왔을 터이므로 재소는 당시 5세(1914. 8. 26 생), 학소는 3세(1916. 11. 14 생)였다. 이는 '竹馬雙珠(죽마 탄 두 옥동자)'로도 충분히 추정 가능한 것이다. 만에 하나 1916년이라면 학소는 태어나기 전후이므로 죽마를 탈 수는 없었으리라. 이제 그 관련 자료를 살펴보자.

1) 1918년 가을에 이승희의 《한계유집韓溪遺集》을 교정하던 곽종석이 병중이므로 최익한은 김수金銖·박응종朴膺鍾·김종화金鍾和·김황 문인들과 함께 교정 작업을 도왔다.5)

2) 1918년 거창에서 최익한은 김황에게 남포벼루를 선물 받고 집으로 돌아와 벼루 뒷면에 〈남포연명南浦硯銘〉을 직접 지어 쓴 다음 새겼다.6)

위의 자료를 보면 최익한이 교정 작업을 끝내고 울진으로 귀향한 것을 알 수 있다. 1918년 가을에 면우가 《한계유집》을 교정하던 중 팔을 다쳐서 제자들이 그 작업을 돕게 되는데, 남포벼루는

---

5) 곽정, 《면우선생연보》 권6, 다천서당, 1956, p16b, "秋寢疾 一夜偶因落傷手臂 不任使運 又苦痢疾 凡數月而始差 病中校韓溪遺集[剛齋晚號] 令門人輩 金銖 朴膺鍾 金鍾和 金榥 崔益翰 執役而先生爲之鑑裁焉"

6) 최구소는 〈남포연명〉 작성년을 1918년이라 하였다. 〈심현深玄의 우정〉, 《울진문화》 11호(1996), p185, "南浦硯銘 金君而晦於茶上 買南浦一坐 制甚精巧 其裹而歸樓也 予爲之銘其背"

작별할 즈음에 벗 김황이 준 선물이 아니었을까 한다. 그런데 면우의 다음 답장을 보면 창해가 1916년 늦가을에 이미 수업을 마친 것으로 여겨진다.

> 세 제자(김규열金圭烈·변기섭邊祺燮·최익한)를 보낸 후, 집에 마치 사람이 없는 듯해도 나는 오히려 슬퍼하지 않는다. (……) 이른 추위에 산방은 맑고 고요하다.[7]

최익한은 아마 학소가 태어날 무렵 집으로 돌아왔을 터이지만, 이듬해 봄부터 가을까지는 지리산 산방에서 공부하였다.[8] 그러므로 창해는 면우에게 약 3년간(1913~16) 수학하고, 두 해(1917~18)는 옛 제자로서 면우의 분부에 따라 잠시 도왔다고 판단된다.《면우집》에도 면우가 창해에게 보낸 글(전 8편)은 모두 1913~1916년에 쓴 것뿐이다. 아직까지 면우 문인들이 1913년 이전에 창해에게 쓴 글은 보지 못하였다.

결정적으로, 면우의 제자 최긍민崔兢敏(1883~1970)의《면문승교록俛門承敎錄》에 창해는 1913년에 면우의 문하생이 되었다고 나온다. 이는 창해의 벗인 김황이 편집을 완성하고 최긍민이 간행한 것이므로 신빙성이 매우 높다고 할 수 있다.[9]

---

7) 곽종석, <答金士璋圭烈 邊允宅祺燮 崔雲擧益翰 丙辰>,《면우집》권123, 1925, p9, "自送三君 齋間若無人 吾猶不以爲悵者 … 及此早寒 山房淸閴"

8) 최익한, <유당집서酉堂集序>(1943), "憶予丁巳弱冠 負笭讀書 南岳之山房"; 윤종균, <伽倻杖引 贈崔斯文益翰 兼 寄一枝簫>,《유당집》권3, 1968, p22a, "蔚珍才子崔益翰 南遊年紀初弱冠 … 孤菴落日萬楓紅 老夫佳興與君同 臨別贈以伽倻杖 要我新詩頗淸爽"

결국 최구소·송찬섭의 '5년설(1911~16)'은 이 시기 한문으로 된 관련 자료를 읽지 못해서 발생한 오류이다. 두 분이 작성 정리한 최익한 연보를 보면 1911년부터 1916년까지 텅 비어 있다. 그러니까 그들은 이 공백에다가 '수학 기간'을 5년으로 임의 설정하여 끼워 넣을 수밖에 없었을 것이다. 따라서 앞으로는 최익한이 면우에게 수학한 기간은 '3년(1913~16)'으로 시정되어야 한다.

3. 수감 기간

'수감 기간'이란 창해가 일제강점기 때 얼마나 옥고를 치렀는지 그 기간을 꼼꼼히 따져 보는 것이다. 최익한의 수감 기간을 알려면 먼저 그가 직접 작성한 〈변백장辯白狀〉을 알 필요가 있다. 거기에 본인의 정치범 경력을 "전후前後 3도度 수형受刑과 10수년數年 수역囚役"[10]이라고 썼기 때문이다. 이는 앞뒤로 3번 형刑을 받았고 10여 년 복역服役하였다는 말이다. 필자가 작성한 연보에 의하면 전반에 1번, 후반에 2번, 총 9년 11개월 11일간 형역刑役을 치렀음을 알 수 있다. 그 구금·투옥된 기간을 정리하면 다음과 같다.

1) 전반(2년 5일간, 735일간)

1921년 3월 16일 '군자금 모집 사건'으로 서대문경찰서에 구류되고, 1923년 3월 21일 서대문감옥에서 가출옥하였다.

---

9) 최긍민, 《면문승교록》, 1974, p71a, "崔益翰 字雲擧 江陵人 居蔚珍蘿谷 高宗丁酉生 癸丑及門"; 위의 책, 〈소지小識〉, p10a, "金重齋榥翁 傍搜廣探始克成編 崔愼菴兢敏公 嘗欲刊行而未就 其子姪嗣述遺志 竟至刊布于世 實淵源諸家之一大幸也哉 檀紀四千三百七年甲寅仲秋節 編緝後識"

10) 〈변백장〉, 《조선공산당문건자료집》, 한림대 아시아문화연구소, 1993, p317.

2) 후반(7년 11개월 6일간, 2897일간)

1928년 2월 2일경 '제3차 조선공산당(세칭 ML당) 사건'으로 종로경찰서에 검거되고, 1936년 1월 8일 대전형무소에서 만기 출소하였다. 그러나 이는 횟수로는 2번이다. 왜냐하면 1932년 7월 8일 서대문형무소에서 대전형무소로 이감될 때 최익한은 '만세 사건'을 주도하여 징역 1년이 가형되었기 때문이다.

그러므로 수감 기간은 체포·구금된 날부터 계산하면 전·후반 총 세 번에 걸쳐 9년 11개월 11일간, 즉 3,632일간이 된다. 그런데 왜 그는 '10수년+數年'이란 말을 <변백장>에 썼을까?

첫째, 그가 <변백장>을 쓸 당시(1946. 3. 3)에는 10년 이상 옥살이를 한 사람이 꽤 있었다. 일제 때(1928년 치안유지법이 개정되기 전에) 사회주의 사상범의 최고 형량은 통상 '징역 10년'이었기 때문이다. 하여 최익한은 형편상 딱히 '10년'이라 하기보다는 대략 어림잡듯 '10수년'이라고 표현하였을 것이다.

둘째, 1945년 12월 25일 발행된 《해방 전후의 조선 진상》에는 다음과 같이 나온다.

> 최익한은 기미독립운동 시에 8년의 형을 마쳤으며, 제2차 공산당 사건에 6년형을 받아서 대전형무소로 이감 도중 다시 소동을 일으키고 만세를 부른 관계로 1년의 가형을 받았다. 전후 15년간의 귀중한 희생을 당한 백절불굴의 맹장猛將이다. 그리하여 그는 동지 간에도 많은 신임과 호평을 받고 있다.[11]

---

11) 김종범, 《해방 전후의 조선 진상》 2집(1945), 조선정경연구소, p198.

이는 수감 기간이 사실과 다르므로 명백한 오문誤文이다. 그러나 우리는 이로써 "최익한은 '10수년' 이상 투옥되었다더라"는 식의 풍문이, 해방 후에 혹 공공연히 나돌지 않았을까 하고 짐작은 해 볼 수 있다. '10년'이라 꼭 집어 말할 수 없는 처지에서는 '10수년'으로 비스름히 얼버무리는 편이 더 어울렸을지도 모른다.

셋째, 일제강점기 판결문 등의 행형 기록은 남아 있지 않더라도 최익한이 몇 번 단기간 구금될 수도 있으니까 '10수년'이 된다는 설을 어설피 제기하는 문외한들이 있다. 이는 창해가 <변백장>에 이미 "전후前後 3도度 수형受刑과 10수년 수역囚役"이라 했으므로 거론할 가치가 전혀 없는 언설이다. 여기서 '전후 3번'이란 필자가 앞에서 언급한 대로 '군자금 모집 사건' 1번, 'ML당 사건' 2번이다. 더도 덜도 아니다! 다만 연구자들이 '대전역 만세 사건'을 1번으로 가산하지 못한 것뿐이다.

가령 송찬섭은 《가람일기》를 오독하여 최익한이 1923년에 약 한 달 동안 서대문 감옥에 투옥되었다고 보았다.[12] 과연 그러한지 《가람일기》(1923.5.28)를 확인해 보자.

> 그렇게 늦은 가을비는 밤에 서대문감옥에 있는 익한군을 생각 다가 시 한 구를 얻었더니, 오늘 그 윗구가 생각히워 채웠다.[13]

---

12) 송찬섭, <조카가 작성한 최익한 연보>(2011), 앞의 책, p282; <근대학문의 섭렵 과정과 다산의 발견 : 최익한>, 《시대를 넘어서다》, 지식의 날개, 2017, p266. 그는 《가람일기》를 오독하여 최익한이 1923년 5월 28일경부터 6월 28일 이전까지 일시적으로 투옥되었다고 하였다.

13) 이병기, 《가람일기·I》, 신구문화사, 1976, p185.

이는 비문이다. "그러께(재작년) 늦은 가을 비 오는 밤에 서대문 감옥에 있는 익한을 생각하다가 시 한 구를 얻었는데, 오늘 그 윗구가 생각나서 채워졌다"는 말이다. 즉 1921년 늦가을에 최익한은 서대문감옥에 있었으므로 '그렇게'는 '그러께'의 오식임을 금방 알 수 있다. 따라서 최익한은 1923년 5~6월에는 투옥될 수도 없고 투옥되어서도 절대 안 되는 것이다.

그러나 이것으로 끝나지 않는다. 송찬섭은 또《동아일보》기사를 오독하여 "최익한이 1937년 11월 22일 밤 경제학자 인정식과 함께 거의 1년 만에 석방되었다"[14]고 하였다. 그러면 당시《동아일보》를 한번 검색해 보자.

> 동대문서 고등계는 얼마 전부터 청년 다수를 검거하고 인민 전선 결성 혐의로 엄중 취조하여 온다 함은 누보한 바이거니와 다시 피검되었던 인정식印貞植과 최익한 2명은 22일 밤 무사히 석방되었는데 임시원任時元 외 3명은 아직도 계속 취조 중이라 한다.[15]

여기서 검거일은 당일인지 전일인지, 아니면 며칠 전인지 정확히 알 수 없다. 최소한 1년 동안 구금되지 않은 것만은 분명하다.

---

14) 송찬섭, <일제강점기 최익한의 사회주의 사상의 수용과 활동>,《역사학 연구》61호(2016. 2), 호남사학회, p182. 이로써 그는 이 논문 p184에서 "최익한은 1920~30년대에 11년을 감옥에서 보냈다"고 하였으므로 이 또한 오류이다. 즉 창해의 시 <곡아 25절哭兒二十五絶>(1937. 4) 제15수를 보더라도 "10년 만에 소무蘇武인 양 백발로 돌아오니(十載蘇郞白髮歸)"라고 나오니까, 수감 기간을 임의로 11년으로 추정 변경해서는 안 되는 것이다.

15)《동아일보》(1937.11.23) 조간 2면.

왜냐하면 1937년 10월 1일자 《삼천리》에 인정식의 논설이 실려 있고,16) 최익한은 동년 4월 23~25일자 《조선일보》에 시 <곡아 25절哭兒二十五絶>을 3회 연재하였기 때문이다. 고로 당연히 최익한은 잠시 검거되었다가 풀려난 것으로 보아야 한다.

지금까지 창해의 '수감 기간'을 살펴보았다. 사실 그것을 알려면 <변백장>을 먼저 파악해야만 한다. 우리나라에서 <변백장> 관련 논문을 쓴 유일한 분이 송찬섭이다.17) 그래서 주로 그를 언급하였다. 여타 연구자나 몇몇 후학들은 사태 파악을 제대로 못한 채 오로지 최구소·송찬섭이 작성 정리한 <기존 연보>에만 의존하여 착오가 생겼을 터이므로 그냥 애교로 봐주련다.

누구나 일단 투옥되면 날짜를 거꾸로 세기 시작할 정도로 나갈 날만을 애타게 기다리기 마련이다. 그러니까 최익한이 자기의 수감 기간을 '10수년'이란 식으로 어렴풋이 기억할 리가 없다.

이제 최익한의 수감 기간은 얼추 10수년이나 11년으로 어림할 것이 아니라 딱 '9년 11개월 11일간(즉 3,632일간)'으로 시정되어야 한다. 이는 그가 <변백장>에서 말한 "전후 3도度 수형受刑과 10수년 수역囚役"을 가리키므로, 그 외 검거·구금 기간 약 20일은 포함하지 않았다.18)

---

16) <장덕수張德秀씨 박사 논문, '산업 평화의 영국적 방법'과 그 학문적 가치 (2)>, 《삼천리》 9권 5호(1937.10.1), pp12~3, p18.

17) <해방 후 최익한의 사회주의 운동과 '변백장'>, 《역사학 연구》 66호(2017.5), 호남사학회, pp131~170.

18) 검거·구금 기간 : ① 1927.3.1.(?) ② 1927.8.3. ③ 1927.8.29. ④ 1927.9.4. ⑤ 1937.11.22. ⑥ 1946.9.7~8. ⑦ 1946.10.28. ⑧ 1947.8.19~9.1. 전부 합치면 딱 10년이 된다! 1919년 12월 말경 '김규열 사건'으로 종로경찰서에 체포되어 조사받고 즉시 풀려난 일 등은 제외하였다. 물론 일제강점기·미군정기 때

4. 숙청 및 몰년

최익한의 숙청과 몰년에 대해 여태껏 알려진 것이라곤 아무것도 없다. 아니, 그가 1948년 월북한 이후 70년이 넘도록 우리는 그의 행적을 거의 한 가지도 밝히지 못하였다.[19] 그래서 2016년 가을 북경에 계신 박충록(당시 90세)[20] 선생께 여쭈어보았는데, 오로지 '모른다'는 말씀만 몇 번 들었을 뿐이다.

길이 막힌 필자는 혹시나 하고 입수 가능한 당시 모든 북한 자료들을 읽어 나갔다. 자료의 높은 벽을 실감하며 마이크로필름까지 확인해야 하는 고단한 작업이었다. 의외로 많이 최익한의 행적은 기록으로 남아 있었다. 간혹 판독하기 어려운 글자도 있으므로 후학들의 연구 편의를 위해 이 글 말미에 발굴 자료를 소개하고 또 연보에 간단히 정리하였다.

우선 필자는 여러 근거 자료를 종합하여 창해의 숙청 및 몰년에 대해 다음과 같이 연보에 적어 두었다.

> 1957년 9월~10월 중순: (최익한은) 최창익·박창옥朴昌玉 등이 주동한 '8월 종파사건'(1956)에 연루되어 숙청된 것으로 보이며, 몰년은 정확히 알 수 없다.[21]

라 이것 말고도 인멸되거나 미발견된 것이 더 있을 수 있다.

19) 다행히 필자가 이 글을 다 쓴 후에, 최익한의 북한 행적을 다룬 송찬섭의 논문 〈월북 이후 최익한의 학문과 집필활동〉(《역사학 연구》 70호, 2018.5)이 나왔다. 특히 그가 밝혀낸 《조선명장전》(1956)은 도움이 되어 연보에 추가하였다.

20) 박충록朴忠祿(1927~): 북경대학 외국어학원 조선어문학부 교수 지냄. 북한의 국립문학예술서적출판사에서 간행된 《정약용작품선집》(류수·리철화 역, 1960)을 중국의 민족출판사에서 《정약용작품집》(1986)으로 다듬어 펴냈다.

최익한이 숙청된 정황은 과학원 어문학 잡지 《조선어문》을 통해 짐작할 수 있다. 그는 김일성종합대학 조선어문학부 조선문학과 부교수로서 과학원 언어문학연구소 연구사를 겸임하였다.

우리 문학계에서 각종 유파의 반동적 문학 이론을 성과적으로 격파하기는 하였으나, 그 여독은 아직도 완전히 청산되지 못하였다. 뿐만 아니라, 문학을 비롯한 일부 과학 부문에는 8월 전원회의에서 폭로·규탄된 최창익을 두목으로 하는 종파분자들에게 추종하면서, 당의 문예 및 과학 정책을 왜곡·훼손시킨 자들도 있다.

지난 시기 《조선어문》에 발표되었던 논문 〈정다산의 시문학〉 또는 〈조선문학의 개화 발전을 위한 조선로동당의 투쟁〉이 바로 이런 영향을 입은 것들이었다. 이 논문들은 민족 문화유산을 옳게 계승 발전시키라는 당의 정책을 왜곡하였으며, 문예 부문에 대한 당의 정책을 비속화하였다. 따라서 이들 종파분자들이 뿌려 놓은 반당적 이론과의 투쟁이 특히 급선무로 제기된다.[22]

---

21) 본서 p936 볼 것.
22) 이는 그 규탄적 성격으로 보아 최익한이 숙청된 직후에 나온 비판으로 보인다. 〈위대한 사회주의 10월 혁명과 조선 어문학〉,《조선어문》6호(1957), 과학원, pp3~4 참조. 현재 남한에서는 1957년《조선어문》의 판권면을 확인할 수 없으나, '10월 20일 인쇄, 10월 25일 발행'으로 추정된다. 또《조선어문》5호(1957)는 '8월 20일 인쇄, 8월 25일 발행'으로 추정되는데, 그에 대한 소식이 실리지 않았다. 그리고 8월 27일에 실시된 제2기 최고인민회의 대의원 선거가 종파분자를 제거하는 기회로 활용된 점까지 고려하면, 그는 9~10월 중순 사이에 숙청된 것으로 볼 수 있다.《조선어문》1호(1958)가 1957년 10월 19일부터 학계 소식을 전하고 있으니, 그전에 아마 숙청되었을 것이다.

여기서 <정다산의 시문학>은 원래 1955년 10월 김대 8·15해방 10주년 기념 과학 콘페렌치야에서 보고되고, 1956년 4~8월《조선 어문》2~4호에도 3회 연재되었던 최익한의 논문 <정다산의 시문학에 대하여>를 가리킨다. 이 글은 벌써 1955년 12월에 조선어 및 조선문학 연구소(56년 언어문학연구소로 개칭)의 3년 총화회의에서 "민족 문화유산의 옳은 계승을 위한 문제를 구체적 자료를 통해서 제기한 것이었다"고 긍정적으로 평가된 바 있다.23) 그런데 그가 반당 종파분자로 숙청되자마자 이제는 당의 정책이란 미명하에 부정적으로 정반대의 비판이 가해진 것이다. 비판 자체가 단지 종파 사건 이후 정치적 숙청의 일환으로 급조된 추세적 비난이라, 당 정책에 대한 어떤 이론적 해명도 없이 일개인에게 책임만 전가하는 일종의 선동성 발언에 가깝다고 할 수 있다.24)

숙청 시기는 이미 언급한 대로 1957년 9~10월경으로 추정된다. 그해 11월 11~12일에 열린 조선작가동맹 중앙위원회 제2차 전원회의에서 보고된 내용도 주목할 만한 방증 자료이다.

23) <과학계 소식>,《조선어문》1호(1956), 과학원 조선어 및 조선문학 연구소, pp 97~8. 또 최익한은 이미 <조선문학사와 한문문학>,《력사과학》1호(1955)의 첫 머리 p9에서 "민족적 형식과 사회주의적 내용으로서 우리 영웅 조선을 묘사하고 고무 추동하는 문학의 임무는 실로 고상하고 중요한 것이다. 따라서 당적—김 일성 동지의 문학 노선에 정확히 의거하여 우리 조국의 문학사를 완성하고 문학 발전의 합법칙성과 그 유구하고 풍부한 전통을 천명하며 그 우수한 유산을 옳게 계승하는 것이 또한 중요한 임무의 하나이다"고 밝혔다. 이는 당의 문학 노선에 따라 민족 문화 유산을 바르게 계승하겠다는 자기 의지를 표시한 것이었다.
24) 당시 북한 문학계에서는 당의 문예 정책에 대한 심오한 연구의 필요성을 제기하였고, 나중에 사회과학계에서도 "당 정책과 결정들을 깊이 연구하며 제때에 이를 이론적으로 해명"할 것을 강조하였다. <위대한 사회주의 10월 혁명과 조선 어문학>, 앞의 책, p4; <학계소식: 사회과학 부문 연구 사업에서 당 정책의 관철을 위한 사회과학자 협의회>,《력사과학》3호(1959), p85.

우리 당 중앙위원회 8월 전원회의(1956)에서 제때에 정당하게 폭로된 반당분자들인 최창익·박창옥·윤공흠尹公欽·서희徐輝·리필규李弼圭·김승화金承化·리상조李相朝 등은 국가의 주권을 전복하려던 자기들의 추악한 목적을 달성하기 위하여 문학 예술 분야에도 손을 뻗칠 것을 꿈꾸었었다.

그러나 당의 사상과 의지로써 단련된 문학 예술 부대는 조금도 그들이 준동할 수 있는 틈을 내주지 않았다.

조선로동당 중앙위원회 주위에 철석같이 단결되고 통일된 우리 작가 대열은 그 어떤 반혁명·반당분자에게도 결정적 타격을 가할 수 있는 전투적 대열로 계속 강화되어 가고 있다.25)

이를 보면 최익한은 최창익 일파의 숙청이 문예 분야로까지 확대되는 과정에서 연루된 듯하다. 그들은 와세다대 선후배 사이로서 제3차 조선공산당 중앙위원이었고, 북한 학계와 정계에서도 같이 활동하였기 때문이다.

1957년 11월 김일성은 최창익과 그 추종 세력을 '극도로 부패한 반혁명분자'라고 비난하면서, "이들의 극악무도한 음모가 조기에 적발되어 분쇄되지 않았던들 당과 우리의 혁명은 막대한 타격을 입었을 것"이라고 지적하였다.26) 이는 최창익을 비롯한 반당 종파의 잔여 분자들까지 모조리 괴멸하겠다는 굳은 의지와 확신을 표명한 것이었다.

---

25) 《민주조선》(1957.11.13), 2면.
26) 김일성, 〈사회주의국가들의 친선과 단결〉, 《근로자》(1957.11.25), pp8~15; 로버트 스칼라피노·이정식 저, 한홍구 역, 《한국공산주의운동사》, 돌베개, 2015, pp783~4 재인용.

이런 와중에 최익한이 숙청되자, 그 후로는 철저히 시휘 대상이 되었다. 우선 그가 《정다산선집》27)을 작업할 때 조수로 일하였던 류수·리철화는 3년 뒤에 비스름한 《정약용작품선집》(1960)을 내면서도 최익한을 전혀 언급하지 않았다. 또 최익한·홍기문이 공역한 《연암 박지원선집》(1956)도 개정증보되어 홍기문의 이름만 달고 《박지원작품선집》(1960)으로 나왔다. 당시 북한의 고전 번역 정책을 반영하여 류수의 책이 '조선고전문학선집 제28권'으로, 홍기문의 책이 '조선고전문학선집 제25권'으로 편성된 것이다.28)

최익한의 이름이 기피되었다고 해서 그의 작품까지 사라진 것은 결코 아니었다. 그의 번역 작품들은 토씨만 고쳐진 채 되살아났다. 특히 《정다산선집》은 '번역의 화수분'이라도 되는 양 남북한에서 공히 이루 헤아릴 수 없이 활용되어 왔다. 다만 연구자들이 류수의 번역본만 참고하다 보니, 그것이 최익한의 번역본과 매우 흡사하다는 사실을 까맣게 몰랐을 따름이다.29)

---

27) 1957년 6월 25일 평양 국립출판사에서 발행된 역주본인데, 최익한의 마지막 저서가 되고 말았다. 남한에서는 이번에 처음으로 소개되는 것이다.
한편 《조선문학사》(평양 교육도서출판사, 1960; 동경 학우서방, 1964) p84에는 《정다산선집》을 인용하면서 그 책명만 표시하였는데, 이는 최익한이 숙청되기 전에 제자 김하명 학사 등과 공저한 부분으로 추정된다.

28) 최웅권·장연호, <북한의 박지원 소설 연구>, 《한국문학논총》 23집(1998), 한국문학회, pp212~3; 강영주, <홍기문의 연암 작품 번역 성과에 대하여>, 《민족문화》 48집(2016), 한국고전번역원, pp351~368. 당시 김일성대 어문학부에서 최익한(문학)·홍기문(어학)은 부교수였고, 류수·리철화(문학)는 학사였다.

29) 남한에서는 여태껏 류수의 《정약용작품선집》만 소개되다 보니 더욱 그렇다. 북한에서도 최익한이 숙청된 후에는 오로지 류수의 번역 작품만 신문·잡지 등에 소개되었다. 류수의 책은 남한에서 복사본(발행일 미표시) 및 김지용의 《다산시문선》(1972) 등으로 나오고, 중국에서 박충록의 《정약용작품집》(1986)으로, 또 북한에서 리철화의 《정약용작품집》(1990)으로 복간되기도 하였다. 그리고

한편 그동안 최익한의 숙청 및 몰년에 대한 추정은 거의 전무한 실정이다. 오직 송찬섭만 몇 번 견해를 짧게 밝혔을 뿐이다.

1) 《실학파와 정다산》이 집필된 이후 최익한에 대한 소식은 잘 알 수 없는 실정이다(1989).

2) 1957년 이후 최익한에 관한 소식(정보)은 알 수 없다(2011, 2013, 2016).

3) 1950년대 말부터 최익한의 글이 더 이상 보이지 않게 되는데, 세상을 떴거나 아니면 이 무렵 연안파·소련파 등이 숙청될 때 그도 숙청되지 않았을까 짐작만 할 따름이다(2017).[30]

송찬섭은 1)과 2)에서 근 30년간 최익한의 북한 행적에 대해서 거의 아무런 언급을 하지 않다가, 3)에서 단편적이나마 두 갈래로

민족문화추진회의 《다산시문집》(1982~1994)이 류수의 책을 참고함으로써 최익한의 번역이 비록 상당히 변형된 형태이긴 하나, 남한 독자에게 간접적으로나마 전해지는 어떤 하나의 계기가 된 것처럼 보인다. 오늘날 다산 시문의 번역에 있어 고전번역원 DB가 마치 화수분인 양 애용되는데, 그 번역의 시원은 바로 '용도 폐기'되어 버린 창해 최익한의 《정다산선집》이었던 것이다.

30) 송찬섭, 《실학파와 정다산》, 청년사, 1989, p5; 《실학파와 정다산》, 서해문집, 2011, p584; 《조선 사회 정책사》(2013) p233 및 《여유당전서를 독함》(2016) p309 재수록; <근대학문의 섭렵 과정과 다산의 발견: 최익한>, 앞의 책, p261~2. 송찬섭은 <월북 이후 최익한의 학문과 집필활동>(2018)에서는 '건강 이상설'까지 덧붙여 세 갈래로 추정하였는데, 위의 3번 인용문과 같은 맥락이다. "1957년 이후로 공식 지면에서 최익한의 글은 더이상 보이지 않았다. 그와 가까웠던 최창익·이청원 등이 1956년 '8월 종파사건' 이후 제거당했기 때문인지, 이와는 관계없이 죽음이나 건강 이상 때문인지 확실하지 않다."(pp94~5)

추정하였다. 그러나 여기서 '세상을 떴거나'라는 말은 그 당시 최익한의 자연사 가능성을 암시하므로 적절치 않다.

1950년대 말에 최익한과 그의 사위 이청원의 글이 동시에 비판된 후 더는 보이지 않는 점을 고려한다면, 희박한 자연사의 가능성을 제시하기보다는 올바른 추정을 위해 자료를 더 찾으려고 노력하는 편이 나을 성싶다. 그리고 송찬섭은 이청원의 몰년을 '1956년'이라고 적었는데,31) 이는 사실무근이다. 현재 그의 몰년은 알 수 없고, 숙청 시기만 추정할 수 있을 뿐이다.

히로세 테이조広瀬貞三는 최초로 이청원에 대한 논문을 쓰면서 《력사과학》5호(1957.11)의 간기刊記를 근거로 내세워 다음과 같이 말하였다.

> 이청원은 1957년 9월부터 10월 사이에 《력사과학》의 편집위원에서 사라졌다. 아마 이 기간에 완전히 숙청된 것으로 보인다. (……) 몰년은 미상이다.32)

위 구절을 처음 보면서 소름이 돋을 정도로 놀랐다. 그가 추정한

---

31) 송찬섭, 〈해방 후 최익한의 사회주의 운동과 '변백장'〉, p152 각주 89. 염인호의 글 〈이청원·전석담〉(조동걸 외 엮음, 《한국의 역사가와 역사학 (하)》, 창비, 1994, p224)에도 몰년이 1956년으로 잘못되어 있는데, 이를 그대로 따른 것이다. 필자의 조사에 의하면, 이청원은 1957년 5월 19일 《로동신문》에 〈조국광복회의 력사적 의의〉를 마지막으로 발표하였다.

32) 広瀬貞三, 〈李清源の政治活動と朝鮮史研究〉, 《新潟国際情報大学情報文化学部紀要》 7권(2004), 新潟国際情報大学, p48, "李清源は1957年9月から10月の間に《歴史科学》の編集委員から消えた. おそらくこの期間に完全に粛清されたものと思われる. (…) 没年は不詳である."

이청원의 숙청 시기와 필자가 조사한 최익한의 숙청 시기가 거의 똑같았기 때문이다. 그렇지만 그는 확실한 근거를 찾지 못하였다. 필자는 1957년 2월 발행된《1592~98년 조국 전쟁에서의 인민 의병 투쟁》(양형섭 저, 국립출판사) 판권지에는 '심사자 리청원'이 기재 되어 있으나, 1958년 12월 발행된 그 재판본에는 삭제되어 있는 것을 발견 확인하였다.[33] 이로써 우리는 이청원의 숙청 시기와 사 실에 대한 결정적 단서를 하나 확보한 셈이다.

필자는 아래와 같이 왜곡된 글을 접하면 최익한의 '숙청과 몰년 추정'이 반드시 필요함을 절감하게 된다.

> 1)《다산 정약용 탄생 200주년 기념 논문집》(과학원 철학연구소, 1962)에 당시 다산에 대한 가장 높은 수준의 다산 전문가라고 볼 수 있는 최익한이 빠져 있다는 점, 또 1969년 김일성 교시 를 계기로 이전의 다산에 대한 공식적 견해가 비판·수정되는 과정에서 과거 최익한과 견해를 같이했던 연구자들에 대해서 는 구체적으로 공식비판이 거론되지 않았다는 점 등에서 월북 학자들 간의 학문 속의 주도권 경쟁이 보이지 않게 작용한 것 이 아닌가 한다. (……) 결국 최익한은 다산 연구 과정 속의 희 생양이 되었음을 알 수 있다.[34]

---

33) 《1592~98년 조국 전쟁에서의 인민 의병 투쟁》 재판본(1958)의 판권 확인은 일본 아리랑문화센터文化センターアリラン의 정강헌鄭剛憲님과 미사토 모토 요시三郷元吉님의 도움을 받았다. 이 자리를 빌려 고마움을 전한다.

34) 김영수, 〈북한의 다산연구 시각〉,《동아연구》19집(1989), 서강대 동아연구소, pp49~50.

2) 실제로 조선공산당 주력들은 월북 후 대부분 숙청되지만 이영·최익한 등 비주류들은 고위직을 유지하며 천수를 누린다.35)

1)에서 김영수는 《다산 정약용 탄생 200주년 기념 논문집》에 최익한의 논문이 빠진 것을 두고 그가 다산 연구의 경쟁 구도 속에서 배제된 것으로 보았다. 즉 자본주의의 저열한 경쟁의식을 1960년대 북한 상황에 마치 '공식'인 양 그대로 대입한 것인데, 재고할 가치가 없는 말이라 하겠다.36)

2)에서 안재성은 참 귀여운 망상을 하였는데, 이는 근거가 전혀 없다는 점에서 김영수의 황당무계한 추론과 별반 다르지 않으므로 더는 논하지 않겠다. 다만 최익한은 1957년 숙청된 듯하며, 몰년은 정확히 알 수 없다는 것만 부언하여 둔다.37)

---

35) 안재성, 〈식민지 시대 사회운동사〉, 《월간 좌파》 9호(2014.1), 박종철출판사, p172.

36) 이재희도 "실학 연구의 주류에서 낙오된 최익한"이란 표현을 썼다(《북한체제의 실학 활용에 관한 연구》, 동국대 북한학과 석사학위 논문, 2006, p44). 아, 한심타! 송찬섭도 〈월북 이후 최익한의 학문과 집필활동〉(2018)에서 "최익한이 말년에 문학으로 집중한 것은 그의 관심의 폭이 넓어졌다고 볼 수도 있겠지만, 이 무렵 그가 역사 분야에서 밀려났기 때문으로도 생각할 수 있다"(p92)고 하여 이른바 '경쟁의식'을 적용하였다. 그러나 이때 최익한은 고전문학자로서 당의 문예 정책에 따라 문학에 주력한 것뿐이지, 결코 역사 분야에서 밀려난 것이 아니다. 그가 말년에 《실학파와 정다산》(1955)을 쓰고 나서, 연구의 핵심은 논문 〈정다산의 시문학에 대하여〉(1956)와 역주본 《정다산선집》(1957)에 있었던 것이다. 그는 김일성대 조선어문학부 조선문학과 부교수로서 조선고전문학을 강의하며, 과학원 조선어 및 조선문학 연구소(언어문학연구소) 연구사를 겸임하였기 때문이다. 그는 어린 시절 유학을 공부하면서 시문에 뛰어났으므로 고전문학자가 된 것은 필연적 선택이요, 그의 학문이 김일성대의 학과 편제와 함께 점차 전문화를 추구한 것은 피치 못할 시대적 흐름이었다고 하겠다.

37) 후손에 따르면 1970년대 초에 타계하였다는 설이 있다고 한다. 이 글을 다 쓴 다음 1년도 더 지나서야 들은 사실이라 여기 맨 끝에 적어 놓는다.

5. 맺음말

지금까지 최익한의 수학 기간, 수감 기간, 숙청 및 몰년에 대해 알아보았다. 필자는 기타 사소한 오류는 일일이 지적하지 않았다. 예컨대 〈기존연보〉에는 최익한이 중동학교를 1년 만(1917)에 졸업하고, 기독교청년회관에서 신흥우申興雨에게 2년간(1918~19) 영문학을 배웠다고 하였는데,[38] 이는 완전 낭설이다.

최익한은 1919년 9월 중동학교 야학부에 입학하여 1921년 3월 재학한 것이 확인되며, 1924년경 졸업한 것으로 추정된다.[39] 중간에 2년간(1921~23) 투옥되었으니 3년 과정을 다 마친 셈이다. 또 신흥우는 1916년 배재고등보통학교 교장을 맡았고, 1919년 3월 미국으로 건너가 동년 11월 귀국한 후, 1920년 9월 YMCA 총무로 선임되었다.[40] 따라서 최익한이 1918년경 기독교청년회관 영어과에 잠시 다녔다는 정도의 개연성만 성립할 수 있을 뿐이다.

다음으로 최구소·송찬섭은 〈기존 연보〉에서 "(창해는) 1923년(?) 와세다대학교 정경학부에 입학하나, 졸업 연도는 알 수 없다"[41]고 단순 추정하였다. 필자는 이를 〈상세 연보〉에서 "(창해는) 1925년 4월경 와세다대학 전문부 정치경제과에 입학하나, 1928년 2월 2일경 ML당 사건으로 검거 투옥되어 결국 졸업은 못하고 제적된 것으로 보인다"고 구체적으로 밝혀냈다.

---

38) 송찬섭, 〈조카가 작성한 최익한 연보〉, p281; 《실학파와 정다산》 p579; 《조선 사회 정책사》 p229; 《다산학사전》(사암, 2019) p1686 등에 재수록.
39) 〈최익한 신문조서〉 및 〈수사복명서〉, 국사편찬위 한국사데이터베이스.
40) 친일인명사전편찬위원회, 《친일인명사전·2》, 민족문제연구소, 2009, p409.
41) 송찬섭, 〈조카가 작성한 최익한 연보〉, p282.

이병기의《가람일기·I》(1925.2.11)에 최익한이 도쿄 유학을 위해 떠난 날이 적혀 있고,《와세다대학신문》(1926.11.4)에 '崔益翰(專政二年)'이라 나오며, 1928년 2월에 검거 투옥될 무렵 기록에는 직업이 '早稻田大學 學生'으로 되어 있다.[42] 이를 통해 최익한이 빠르면 1925년 4월경에 29세 늦깎이로 와세다대학 전문부 정치경제과에 입학한 사실을 알 수 있다. '군자금 모집 사건'과 '조선인 학살 사건(관동대지진)'으로 일본 유학은 미루어질 수밖에 없었으리라. 당시 와세다대는 대학부 4년 6개월제(고등 예과 1년 6개월제 포함)와 전문부 3년제 등이 있었다. 그의 정상적인 졸업 시기는 1928년 3월이 되어야 마땅하겠지만, 사회주의운동과 ML당 사건 때문에 졸업은 도저히 불가하였을 것으로 판단된다.[43]

---

42) 이병기,《가람일기·I》, 신구문화사, 1976, p255;《早稻田大学新聞》(1926.11.4); 독립기념관 자료번호 1-006466-008-0212〈관계자〉; 공훈전자사료관 昭和3년豫第1855호竝昭和4년豫第697090호〈예심종결결정〉; 공훈전자사료관 昭和4년刑公第1630乃至1633호〈판결〉 등 참조.

43)《동아일보》(1930.9.6)〈ML당 판결 전문〉에 "최익한은 보통학을 수료한 후 유학하여 현재 와세다대학 정치경제과에 재학 중"이라 하였고, 안병주〈ML계 인물 인상기〉(《삼천리》14호,1931.4.1)에 "(최익한은) 와세다대학을 집어치우고 맑스학설에 전공한 결과 설전필전舌戰筆戰에 당할 자가 별로 없었다"고 하였다. 또 필자가 정리한〈상세 연보〉에 의하면, 최익한은 1927년에 몇 달간(5·9·10월) 서울에서 사회주의운동으로 머물렀다. 이때 만약 그가 휴학하였다면 졸업은 불가능하고 '2년 중퇴'에 해당한다. 당시《매일신보》(1928.3.1)에 아래와 같이 보도된 '1928년 3월 와세다대학 졸업생 명단'에도 그의 이름은 없다.
대학부 : 경제과 김원석金源碩·신형식申衡植·함상봉咸尙鳳·김성숙金成淑·김용장金庸壯·강진수姜振秀, 정치과 한림韓林·유웅하劉應河, 영문과 정규창丁奎昶·양주동梁柱東, 전기과 이백규李栢圭, 건축과 김윤기金允基.
전문부 : 정치경제과 노병관盧炳瓘·박병흡朴炳翕·유영복劉永福·이상두李庠斗·이병호李丙鎬·우상필禹象泌·황진국黃晋局·연일희延日熙·최정렬崔正烈·김찬○金聚○·김기선金淇善·김이봉金二峰·고봉근高奉根·신태악辛泰嶽·오수현吳壽賢·안범종安範鍾·장복록張福祿·김형배金炯培, 법률과 이종모李鍾模·남진우南振祐.

이제 본론의 요지만 간추리며 글을 맺고자 한다.

1) 최익한이 면우 문하에서 수학한 기간은 약 3년이다(1913~16).

2) 최익한이 <변백장>에 말한 수감 기간은 '9년 11개월 11일간 (즉 3,632일간)'인데, 그 외 검거·구금 기간 약 20일을 포함하면 딱 10년이 된다.

3) 최익한은 1957년 9월~10월 중순, 최창익 등이 주동한 '8월 종파사건'(1956)에 연루되어 숙청당한 듯하며, 몰년은 정확히 알 수 없으나 '1970년대 초 타계설'이 있다.

창해 최익한에 대한 연구는 아직도 초창기라 다른 분야에 비해 상대적으로 더 쉽게 오류가 생기는지도 모른다. 최구소·송찬섭의 <기존 연보>는 최익한 관련 자료를 미독하거나 오독하여 착오가 발생한 것으로 보인다. 그러한 한계를 극복하기 위한 노력의 과정 속에서 필자의 <상세 연보>가 탄생하였다. 만약 선학들이 가시밭 길을 헤치며 고난의 연구를 감행하지 않았다면, 필자가 이만큼 연보를 작성하지는 못했을 터이다.

<상세연보>는 최익한 자신은 물론 그 주변 인물들의 사실들을 보다 많이 수록하여 창해 생애와 사상의 배경을 헤아릴 수 있도록 배려하였다. 그의 시문 몇 구절도 곁들여 시적 재능과 인간적 고뇌 까지 감지할 수 있도록 엮었으나, 향후 좀 더 면밀한 연구로 작품 분석이나 사상 고찰 등은 보완할 필요가 있다.

끝으로, 최익한의 '숙청 및 몰년'을 정확히 파악하는 일은 미완의 과제로 남겨 둔다. 창해의 최후에 대한 관심이 당시의 정치 상황을 제대로 이해하는 계기가 되었으면 한다.

최익한의 생년월일은 <일제감시대상인물카드>에 명치明治 30년 3월 7일로 되어 있으나, 이는 무조건 양력 표기를 한 것이므로 족보상 음력이 맞다.44) 일제시대 기록은 굴절된 부분이 많기 때문에 무엇보다 교차 검증이 필요하다.

창해의 서울 거주지 중 주소가 확인되는 곳은 1920년대 안국동安國洞 52번지, 1930년대 창신정昌信町(현 창신동) 633~22번지, 1940년대 창신정 651~18번지이다.45) 그는 1920년 10월 말경 안국동 52번지를 빌려 하숙집을 운영하기 시작하였다. 그런데 일제의 신문조서와 판결문 등에는 그의 주소가 안국동 51번지, 52번지, 53번지로 왜곡되어 있어 혼란을 준다.46) 정확한 주소를 알려면 등기부·토지대장·가옥대장·지적도 등의 열람과 현장 답사가 필수적인데, <기존 연보>는 그러한 노력을 일절 하지 않았다.47) 송찬섭은 '안국동 51번지'를 임의 선택하여 연보에 실었으나, 이는 잘못 고른 것이다. 51번지는 초가 13평(대지 23평), 53번지는 와가 19평(대지 42평)으로 추정되므로 하숙생 15명48)을 수용할 수가 없다.

---

44) 즉 정유년(1897) 3월 7일(양 4.8)이다. 또 장남 재소在韶와 차남 학소의 생년월일도 감시카드에는 잘못되어 있는데, 후손 분께 확인 결과 역시 족보 기록이 맞다고 한다. 《강릉최씨수헌공파보》, 회상사, 2007, p480 참조.

45) 1919년에 화동花洞 128번지에서도 임시 거주한 적이 있으나 이는 생략한다.

46) 국사편찬위원회 한국사데이터베이스에 의하면, 최익한의 신문조서·판결문·일제감시대상인물카드에는 안국동 51번지가 1회, 52번지가 8회, 53번지가 1회 나온다.

47) 참고로 필자는 최익한의 등기부 외 총 58통을 열람하고 현장 답사를 마쳤다. '거주지'에 대한 모든 설명은 이를 근거로 한 것이다.

안국동 52번지는 와가 60평(대지 564평)으로 추정되므로 충분한 가능성이 있다. 여기는 1919년에 이미 박수찬朴秀燦·박노영朴老英 (3·1운동 참여 학생)의 하숙집이었고, 1927년부터 34년까지는 민속 학자 송석하宋錫夏의 자택이기도 하였다.49)

창신정 633~22번지는 와가 16평(대지 34평)으로 1935년 12월에 집을 신축하였다. 토지 소유자 성명·주소는 1936년 8월 '崔益翰 (633~22)', 1944년 5월 '滄海益翰(651~18)'으로 변경되었다. 즉 최 익한은 이른바 ML당 사건으로 약 8년간 옥고를 치른 후 얼마 있 다가 가족들과 함께 입주하였는데(1936), 차남이 결혼을 하고 아이 둘을 낳자 최익한 부부와 남은 자식들만 따로 인근에 셋집 하나를 마련하여 이주한 듯하다(1944).50) 또 최익한은 1940년 8월 자기 호인 '소우카이滄海'로 창씨創氏하였다. 이는 공문서에만 기재되었 을 뿐, 자기 글에는 전혀 사용하지 않았다.51)

우리는 그의 거주지로써 살림 규모를 엿볼 수 있다. 창해는 1920 년 안국동에 60평의 셋집을 얻어 400원으로 계모(부친의 첩)와 자기 남동생 익채益采·익래益來와 함께 하숙집을 운영하였다. 당시 400

---

48) 최익한은 자기 하숙생이 15명 있는데, 1명에 16원씩 받는다고 하였다. <최익한 신문조서(제3회)>, 국사편찬위 한국사데이터베이스.

49) 토지 소유자를 보면, 1921~25년에는 송석하의 부친 송태관宋台觀(이토 히로 부미의 통역관)이고, 1929~34년에는 송석하의 동생 송경宋璟이다. 안국동 52 번지는 현재 주택은 52~1로, 대지는 52~2, 3, 4, 5, 6, 7번지로 분할되어 있다.

50) 최익한은 1944년 1월 6일 창신정 651~18번지로 전거轉居한 기록이 있으며, 그 번지(대지 27평, 건평 14평)의 토지 소유자는 홍해익洪海翼으로 되어 있으니, 최익한은 전세로 들어간 것으로 여겨진다.

51) 당시 최익한의 차남 학소學韶의 성명·주소도 '滄海(崔)學韶(창신정 633~22)' 로 나온다. 《동아일보》(1940. 6. 19); 국가기록원 분류번호 829 <형사사건부> (1943) 참조.

원은 쌀 8~10섬 정도의 가치였다. 매월 가족 식비를 빼고 나면 월 40원의 이익이 남았는데 전부 아우들 학비에 보냈다. 그리고 1936 년 출옥 후 그는 창신동(633~22)에 16평의 집을 사서 자기 부부와 자녀 5명(37년생 딸 포함), 큰며느리와 함께 생활하였다. 부친의 첩은 잘 모르겠다. 여하간 산비탈의 협소한 집에서 약 8명이 산 것으로 추정된다. 그러다 1944년 그는 바로 아랫동네인 창신동(651~18)의 14평 전셋집으로 식구 일부와 함께 분가하여 나갔다.

　〈기존 연보〉에는 최익한이 천석꾼의 아들로 되어 있지만, 자금 운용 규모만 따지면 그는 늘 간고한 생활을 하였다. 물론 일제강 점기에 그가 집안 도움으로 일본 유학까지 하였으니, 최상류층인 것만은 분명하다. 그러나 그의 창신동 산동네 삶은 요즘으로 치면 극빈층에 속한다.52) 온 집안이 민족해방과 사회주의운동에 전념 하여 결국 벼랑에 몰린 셈이다. 그는 광복 후에 장안파 활동으로 가세가 더 기울었는지, 1946년에는 혜화동 산동네 15평 집으로, 또 남산골 셋집으로 계속 전전하게 된다.

　송찬섭은 창신동 주소도 파악하지 못한 채 최국소(최익한의 조카) 의 기록에만 의존한 나머지, 연보에서 최익한이 주류 소매점을 한 곳은 '창신동 자택'이라 하였는데, 이 역시 오류이다.53) 최익한은

---

52) 후손의 기록에 의하면, 최익한이 광복 전에 창신동의 100여 평 되는 집에서 살 았다고 하나, 이는 아마 건평 50평 내외의 셋집으로 단기간 머물렀을 것이다. 최 익한은 1941년 봄부터 1944년 11월까지 생계형 주류 도소매점(술집)을 운영 하였으므로 수익이 조금 생겼을지도 모른다. 최국소, 〈순국열사 최재소 종제의 넋두리〉,《함께 보는 우리 역사》 85집(2000), 역사학연구소, p28 참조. 자세한 것은 본서 p918 각주 129 볼 것.

53) 송찬섭,《실학파와 정다산》 p582;《조선 사회 정책사》 p232;《여유당전서를 독함》 p307; 〈해방 후 최익한의 사회주의 운동과 '변백장'〉, p135, p153.

〈변백장〉에서 동대문 밖 현주소의 부근 소매점에 간판을 걸고 개업하여 가동家僮(사내종) 1명을 부렸다고 밝혔으므로 자기 집에서 가게를 차린 것이 아니다.54) 창신동 633~22번지의 16평 집은 산비탈의 골목 안쪽에 있어 술집 자리가 아닐뿐더러 여덟 식구 살기에도 비좁은 곳이다. 그러니까 그는 자기 집 부근 '길목'에다가 구멍가게를 얻은 것이 틀림없다.

〈변백장〉에 의하면 자기 친구인 양조업자 김종필金鍾弼한테 술을 공급받았는데, 사내종 1명으로 매일 1~2시간이면 족히 일을 처리하고도 남음이 있다고 하였다. 이는 무엇을 뜻하는가? 최익한은 전년도(1940)에 받은 동아일보사 퇴직금을 장사 밑천으로 막걸리 중간도매상이 되었는바, 사내종이 자전차(짐바리 자전거)로 창신동 일대 술집에 막걸리통을 재빨리 실어 나르기만 해도 충분히 하루 이익이 생겼다는 말이다. 그러므로 최익한의 가게 위치는 배달이 편리한 '길목'이 될 수밖에 없다. 또 그는 음식까지 파는 주류 소매를 겸한지라 아들 학소네도 적잖이 거들었을 것이다.55)

최국소는 〈순국열사 최재소 종제의 넋두리〉에서 "광복이 되고 큰댁(최익한)은 창신동의 100여 평 되는 기와집에서 혜화동의 15~6평 되는 방 3개짜리 아주 작은 언덕집으로 이사를 갔다"고 하였다. 송찬섭은 이에만 국한되어 최익한이 제법 넓은 창신동 자택에서 술집을 차렸다고 하였는데, 이는 어불성설에 불과하다. 과연 이런 거택의 한켠에 술집을 차려 놓고서, 최익한이 〈변백장〉에 자기 가게를 '소규모 혈점穴店'(구멍가게)이었다고 거짓으로 썼을까…?! 1941년 봄에 그가 술집을 시작할 때의 자택은 창신동 633~22번지의 16평으로 도저히 술집을 차릴 수 없는 산중턱의 비탈에 있었으며, 또 1944년 1월에 이사한 곳은 바로 아랫동네인 창신동 651~18번지의 14평 셋집이었다.

54) 〈변백장〉, 앞의 책, p317. 여기서 '현주소'는 '창신동'을 가리키겠지만, 최익한은 〈변백장〉 작성일(1946.3.3) 직전에 혜화동 산동네로 이사한 듯하다.
55) 앞의 〈형사사건부〉(1943)에 학소의 직업이 '음식점'으로 되어 있다.

이를 종합해 보건대 최익한의 서울 생활은 10년 옥살이에 근근이 풀칠하는 빠듯한 삶의 연속이었다 해도 과언이 아니다. 어쩌면 그는 일제시대 노동하는 소부르주아 인텔리로서 자기 생계 노력을 할 만큼은 다하지 않았을까 하는 의문 아닌 확신을 이 〈상세 연보〉의 소소한 성과로 삼고 싶다.

끝으로, 필자가 과학원 기관지 《조선어문》 등에서 새로 찾아낸 최익한의 북한 행적을 원문 그대로 싣는다. 1948년 4월 월북 이후 그의 행적은 거의 알려져 있지 않았는데, 이제 자료를 통해 그가 김일성종합대학 조선어문학부 조선문학과 부교수, 과학원 조선어 및 조선문학 연구소(1956년 언어문학연구소로 개칭) 연구사를 겸임하며 제1기 조선최고인민회의 대의원(남한의 국회의원)을 지낸 후, 1957년에 숙청된 정황을 소략하게나마 확인할 수 있다.[56]

---

56) 《조선어문》은 1956년 2월 창간된 과학원 기관지로 조선어 및 조선문학 전문 학술지이다. 최익한의 행적은 《조선어문》에 1955년 10월부터 1957년 1월까지만 실려 있고, 1957년 6호(10월)의 머리말부터는 그에 대한 비판이 보인다. 필자는 그의 행적을 보완하기 위해 《로동신문》, 《민주조선》, 《인민일보》, 《문학신문》 등과 《조선중앙년감》, 《력사과학》, 《조선문학》, 《해방 후 10년 일지》, 《김일성대학학보》, 《과학원학보》 등과 당시 발간된 여러 도서들도 더 조사하였다. 그러나 내용상 특별한 것이 없어 《로동신문》에서 2건, 《민주조선》, 《문학신문》, 《력사과학》, 기타 도서 등에서 각 1건만 추려서 보론에 원문 그대로 기록하고, 나머지는 연보에 간략히 정리해 두었다.
최익한은 1949년경부터 김일성종합대학 조선어문학부 조선문학과 부교수로 임용되고, 1952년 10월 창립된 과학원의 조선어 및 조선문학 연구소에서 연구사를 겸임하며, 최고인민회의 대의원을 9년간(1948~1957) 지낸 것으로 보인다. 1957년 9~10월경 숙청되어 정교수는 되지 못한 듯한데, 와세다대 중퇴 학력으로 정교수가 되기는 쉽지 않았을 것이다. 그는 1956년 12월에 논문 《실학파와 정다산》으로 학사학위(남한의 석사학위)를 취득하였으니, 이때 논문을 수정하였을 가능성도 없지 않다. 참고로 《실학파와 정다산》은 1955년 8월 평양 국립출판사에서 이미 책으로 간행된 바 있다.

송찬섭은 〈기존 연보〉에서 "(최익한은) 1948년 4월 평양에서 열린 남북연석회의에 참석차 월북하였으나, 곧 정치적으로 소외되면서 김일성종합대학에서 강의하며 다시 국학 연구에 몰두하였다"고 적었다.57) 이는 최익한이 9년간이나 최고인민회의 대의원을 지냈던 사실 자체를 전연 모르고서 오판한 것이다.58) 또 그는 근래에도 최익한의 대의원 행적을 알지 못한 채, "북행 이후 최익한의 정치활동 자료는 남아 있지 않다. (……) 그는 정치활동 대신 김일성종합대학에서 강의를 하고 국학의 다양한 분야에서 집필활동을 하였다. 이는 1930년대 말에서 1940년대 초 그의 국학활동을 연상케 한다"고 비스름히 곡해하였다.59)

무엇보다 최익한이 전혀 쓰지 않은 '국학'이란 말을 그에게 갖다 붙이는 것은 그의 이념성을 퇴색시키는 안이한 우편향적 태도이니만큼 이제는 지양되어야 마땅하다. 필자의 조사에 따르면, 최익한은 북한의 학계와 정계에서 동시에 활동하였다. 그가 숙청되기 전까지 특별히 소외되었다고 볼 만한 흔적을 찾기는 어려우며, 당시 고전문학(특히 실학 및 다산) 연구를 주도해 나간 것으로 보인다.

---

57) 〈조카가 작성한 최익한 연보〉(2011), 앞의 책, p293; 송찬섭, 《실학파와 정다산》, 2011, p18(1989년 판은 p10).

58) 최익한은 근로인민당 일원으로 월북한 후에 제1기 조선최고인민회의 대의원(1948. 8. 25~1957. 8. 26)을 만 9년간 지냈는데, 숙청 직전 대의원 직위의 박탈 여부는 확인되지 않는다. 근민당의 최고인민회의 대의원 수를 보면, 제1기에는 20명이나 선출되었지만 제2기에는 4명밖에 재선되지 않았다. 그들은 바로 남로계와 연안계에 거리를 두었던 백남운白南雲·이영李英·이만규李萬珪·이여성李如星이다. 《북한최고인민회의 자료집》 1집(1988), 국토통일원, p99, pp123~5; 《북한최고인민회의 자료집》 2집(1988), pp79~80; 이주철, 〈북한최고인민회의 연구〉, 《국사관논총》 96집(2001), 국사편찬위원회, p256.

59) 〈월북 이후 최익한의 학문과 집필활동〉(2018), 앞의 책, p66.

최익한의 북한 행적

조선 민주주의 인민공화국 최고인민회의 제7차 회의에서의
토론: 1954~1956년 조선 민주주의 인민공화국 인민 경제 복
구 발전 3개년 계획에 관한 보고에 대하여 (대의원 최익한)

나는 1954~1956년 인민 경제 복구 발전 3개년 계획에 관한
보고를 전폭적으로 지지 찬동하면서 공화국 과학 문화 사업에
복무하는 대의원의 한 사람으로서 토론에 참가하려 합니다.
이번 심의되는 인민 경제 복구 발전 3개년 계획에는 전쟁 전
의 수준에로 우리의 인민 경제를 복구하는 데만 그치는 것이
아니라 더 전진하며 발전할 것을 예견하고 있습니다.
경애하는 수령 김일성 원수께서는 정전이 실현된 새로운 환경
에서 "모든 것을 민주 기지 강화를 위한 전후 인민 경제 복구
발전에로!"라는 전투적 구호를 전체 인민에게 제시하였습니
다.

우리나라의 장래 발전에 거대한 의의를 가지고 있는 인민 경제 복구 발전 3개년 계획은 우리 과학·문화인들 앞에 실로 중대한 임무를 주고 있습니다.

과학과 문화는 물질적 생산과 사회적 경제를 자체의 토대로 하고 있는 만큼 사회 경제 생활과 분리될 수 없으며 경제적 제 요구와 긴밀히 련결되여야 하며 인민들의 생산 활동과 결합되여야 하겠습니다.

때문에 우리 과학 문화 일군들은 쏘련을 비롯한 선진 국가들의 선진적 과학 기술과 생산에서의 문화성과 조직성을 배우며 그의 혁명적인 고귀한 경험들을 적극 섭취하여 우리나라 산업 경제 건설에 도입함과 동시에 그를 일반화하여 대중의 소유로 만드는 데 온갖 력량을 경주하여야 할 것입니다.

우리 과학·문화 일군들은 공장·광산·기업소·농촌·어촌 들에 깊이 들어가서 과학 리론의 연구와 기술을 련결시키며 기술을 대중화함과 동시에 대중들에게서 배워야 할 것입니다.

또한 인민 경제 복구 발전을 위한 전인민적 과업 중에서 우리 과학·문화 일군들 앞에 제기되는 중요한 과업의 하나는 근로 인민들을 고상한 애국주의와 프로레타리아 국제주의 정신으로 교양하는 사업입니다.

특히 우리 과학·문화 일군들은 혁명에서의 불패의 무기로 되는 맑스-레닌주의 세계관을 심오하게 연구하며 그 토대 우에서 광범한 근로 대중에게 이를 해설 선전함으로써 그들을 힘찬 로력 투쟁에로 고무하여야 할 것입니다.

우리 과학·문화 일군들은 경애하는 수령 김일성 원수의 교시를 높이 받들고 과학·문화를 보다 높은 단계로 발전 향상시킴에 총궐기하여야 할 것입니다.

나는 우리 인민 경제 복구 발전 3개년 계획이 조선 로동당과 인민 주권의 지도하에 우수하게 계획적으로 조직된 로동 생산력에 의하여 성과적으로 달성될 것을 확신하면서 이 계획 초안을 법령으로 채택할 것을 찬동하는 바입니다. (《민주조선》, 1954. 4. 24, 3면)

김하명의 《연암 박지원》 머리말

연암의 저술이 모두 어려운 한문으로 표기되어 있는 것이 적지 않은 난관이 아닐 수 없었다. 이 난관은 많이는 최익한·홍기문·정렬모·리상호 제 선생의 친절한 지도에 의하여 돌파하였다. (……)

마지막으로 이 책을 집필하는 전 행정을 통하여 여러 가지로 지도하여 주신 최익한 선생을 비롯한 선배 여러 선생들께 심심한 사의를 표하는 바이다. (《연암 박지원》 p14, p16) * 이 책은 1955년 4월 5일 머리말이 작성되고, 동년 8월 10일 국립출판사에서 발행됨.

남반부 출신 교수·교원·과학자 회의 진행

남반부 출신 교수·교원·과학자 회의가 21일 저녁 김일성종합대학 강당에서 진행되었다.

회의에는 과학원 부원장 최삼열 원사(전 금강전기주식회사 기술고문), 송도정치경제대학 학장 정진석 부교수(전 연희대학교 교수), 김일성종합대학 도상록 교수(전 민전 교육·문화부장), 과학원 화학 연구소 소장 려경구 후보원사(전 서울대학교 교수) 김일성종합대 학 최익한 부교수(전 민전 중앙위원회 기획부장), 기타 공화국 각 대학에 있는 남반부 출신 교수 및 교원들과 과학 연구 기관에 있는 남반부 출신 과학자들이 다수 참가하였다.

회의에서는 미제와 리승만 역도의 식민지 노예 교육을 반대 하며 학원의 민주화와 교육 및 과학 연구 사업의 자유를 위하 여 투쟁하는 남반부 교원들과 학자들을 지지 성원할 데 관한 문제를 토의하였다.

석상에서 김일성종합대학 신남철 부교수(전 서울대학교 교수)가 보고하였다. (……)

보고를 지지하여 김일성종합대학 홍기문 부교수(전 서울대학교 대학원 강사), 과학원 물질문화사 연구소 김용준 연구사(전 서울 예술대학 교수), 김일성종합대학 강천문 교원(전 서울상과대학 교수), 김책공업대학 김재도 교원(전 서울대학교 교수), 김일성종합대학 한인석 교수(전 서울대학교 교수) 등 많은 교원·학자들이 토론하 였다. (……)

토론에 이어 회의에서는 전체 참가자들의 비등된 열의 속에 남반부 교수·교원·과학자들에게 보내는 편지를 채택하였다.

(《로동신문》, 1955.5.23, 1면)

과학계 소식: 8·15해방 10주년 기념 학술 보고회

과학원 조선어 및 조선문학 연구소에서는 8·15해방 10주년을 맞으면서 1955년 10월 3~4일 량일간에 걸쳐 학술보고회를 진행하였다.

회의에는 우리나라의 저명한 학자들, 대학 교원들과 학생들 그리고 문화예술 일군들이 다수 참석하였다. (……)

이튿날 문학 부문으로서 안함광 연구사의 <1920년대의 조선 문학의 특질>과 그리고 최익한 연구사의 <리규보의 문학에 대하여>라는 제목의 보고가 있었다.

김일성종합대학에서는 1955년 10월 26일부터 28일까지 3일간에 걸쳐 8·15해방 10주년 기념 과학 콘페렌치야를 진행하였다.

력사 어문 분과 회의는 27~28일 량일간에 걸쳐 진행되었다. 27일 최익한 부교수는 자기의 론문 <정다산의 시문학에 대하여>에서, 우리나라의 저명한 사상가이며 시인인 정다산의 시문학의 내용과 형식 및 그의 반봉건적 사상성에 대하여 보고하였다. (1956년 1호, p97) * 이하 출처 표시가 없는 기사는 모두 《조선 어문》에서 인용한 것이다.

과학계 소식: 조선 방문 중국문화대표단들과의 좌담회

과학원 조선어 및 조선문학 연구소에서는 조선 방문 중국문화대표단과 1955년 11월 30일과 12월 4일 량일간에 걸쳐 좌담회를 진행하였다.

좌담회에는 중국문화대표단 단장위 각 동지를 비롯한 그 단원들과 조선어 및 조선문학 연구소 소장 리극로 후보원사를 비롯하여, 홍기문·김병제·최익한·김수경 연구사들과 기타 관계자 다수가 참석하였다.

동 좌담회에서는 조선에서의 서사어의 력사, 훈민정음의 발달 과정, 조선 문자 개혁의 전망과 당면 과업 등 문제들이 진술되었고 조선에서의 한자 철폐에 관한 경험이 교환되었다.

또한 중국 문자 개혁 운동에 관한 일련의 중요한 문제들도 토의되었고 호상 의견이 교환되었다. (1956년 1호, p97)

과학계 소식: 조선어 및 조선문학 연구소 3년 총화회의 진행

1955년 12월 3일 조선어 및 조선문학 연구소에서 3년 총화회의를 가지었다. 회의에는 과학원 서기국, 과학원 사회과학 부문위원회를 비롯하여 중앙당·김일성종합대학·작가동맹 등에서 많은 과학 일군 및 어문학자들이 참석하였다.

회의에서 소장 리극로 후보원사가 보고하였다. (……) <정다산의 시문학에 대하여>(최익한) 등은 민족 문화 유산의 옳은 계승을 위한 문제를 구체적 자료를 통해서 제기한 것이였다.

문학 관계의 론문으로서는 <조선문학사와 한문학사의 관계>(최익한), <조선 계몽기 문학의 력사적 고찰>(안함광) 등이 발표되었는바, 이들은 조선문학사의 과학적 수립을 위한 귀중한 토대로 될 것이다. (……)

보고가 끝난 후 최익한·홍기문·김병제 연구사, 송서룡 학사, 윤세평 동지들이 토론에 참가하였다. (1956년 1호, pp97~9)

과학계 소식: 박연암 서거 150주년 기념 보고회

1955년 12월 10일, 과학원 조선어 및 조선문학 연구소와 작가동맹과의 공동 주최로, 18세기 조선의 탁월한 예술가이며 위대한 사상가인 연암 박지원 서거 150주년 기념 보고회를 가지였다.

보고회는 최익한 연구사의 사회로 작가동맹 중앙위원회 한설야 위원장이 보고하였다. 보고자는 인민의 립장에서 농민·서민·천민들을 동정하며 봉건 사회의 부패성을 폭로 풍자한 18세기 조선 실학파의 우수한 거장인 연암 박지원의 고상한 인도주의적 사상과 그의 예술의 사실주의적 수법 및 선진적 미학 사상, 그리고 유물론적 견해들을 분석·천명하였다. 동시에 그의 문학의 내용 및 형식이 우리 문학 사상에서 논 선구적 역할을 지적하면서 우리들의 고귀한 문학 유산의 하나인 연암 박지원의 작품들에 대한 심오한 연구와 그를 계승 발전시킬 데 대하여 강조하면서 자기의 보고를 끝마치였다. (1956년 1호, p99)

정다산에 관한 연구 사업

과학원 최익한 연구사는 《실학파와 정다산》이란 저서에서 다산의 사상가적 경력에 대한 사회적 개관, 철학적 제 견해, 정치·

경제사상 등 각 분야에 걸치는 연구 결과들을 발표하였으며, 《조선 봉건 말기의 선진학자들》을 비롯한 소책자들과 잡지들을 통하여 정다산의 생애와 활동과 그의 진보적 사상 체계 등을 개괄적으로 발표하였다. (《로동신문》, 1956. 4. 7, 3면)[60]

어문학계 소식: 학사학위 론문 공개 심의 회의 진행

지난 5월 30일 김일성종합대학에서는 동 대학 조선문학 강좌 한룡옥 교원의 학사학위 론문《조선 고대 설화 연구》에 대하여 심의하였다. (……)
론문 제출자의 론문에 대한 보고가 있은 후 질의 문답을 진행하고 강좌 학부 평정서가 랑독되었다. 뒤이어 공식적 심사위원인 중앙당학교 신구현 부교수와 김일성종합대학 리응수 부교수의 평정이 있은 후 지도교수 최익한 부교수의 발언이 있었다. 그밖에 박시형 원사를 비롯하여 김일성종합대학 고정옥 교원, 인민경제대학 정희준 교원 및 김일성종합대학 최시학 교원들의 토론이 있었다. (……)
학위 론문 공개 심사 회의는 한룡옥 동지에게 어문학 학사학위를 수여할 것을 결정하였다. (1956년 4호, p109)

---

60) 원문에는 《조선 봉건 말기의 선진학자들》이 《리조 봉건 사회 말기의 선진학자들》로 되어 있다. 1956년 4월 7일 저녁에 과학원 주최로 진행된 정다산 서거 120주년 기념대회에서 그의 시 <솔 뽑는 중僧拔松行>, <범 사냥獵虎行>과 산문 <감사론監司論> 등이 낭송되었고, 동일 《로동신문》에도 이미 게재된 바 있다. 위의 다산 시문은 최익한 연구사가 번역하고 공훈배우 황철 동무가 낭송하였다. 《로동신문》(1956. 4. 7) 3면; 《조선어문》 4호(1956), p35 참조.

어문학계 소식: 언어문학연구소 제4차 과학 연구 발표회

지난 10월 23~24일 량일에 걸쳐 언어문학연구소 제4차 과학
연구 발표회가 진행되었다.
회의에는 최고인민회의 상임위원회 위원장 김두봉 원사 및 과
학원 원장 백남운 원사를 비롯하여 많은 어문학자들과 시내
교육기관 일군들이 참석하였다. (……)
이튿날 24일에는 고정옥 연구사의 연구 론문 <조선문학의
쟌르에 관하여>와 신구현 연구사의 <제2차 작가대회 결정과
문예 과학 및 문학 교수 사업에서 제기되는 몇 가지 문제>가
발표되었다. (……)
보고에 이어 작가동맹 윤세평, 김일성종합대학 최익한·김하명·
최시학, 평양사범대학 류창선, 고전예술극장 렴정권 제 동지
들의 토론이 있었다. (1956년 6호, pp104~5)

어문학계 소식: 학사학위 론문 공개 심의 회의 진행

1956년 12월 13일과 14일 량일간에 걸쳐 김일성종합대학 제
15차 학사학위 론문 심사 공개회의가 동 대학에서 열리었다.
(……) 다음 14일에는 역시 김일성종합대학 어문학부 최익한
부교수의 학사학위 론문 《실학파와 정다산》이 심의되었다.
회의 사회자인 한규학 동지는 "이 론문은 두 공식 심사위원의
평정에 의하면 박사학위 론문에 해당한다고 하므로, 공식 심
사위원을 한 분 더 선정하여, 해당 박사학위 론문 심의기관에

제출하는 것을 결정하면 좋겠다"고 개회사에서 언급하였다.

본 론문은 우리 민족의 우수한 문화-사상적 전통을 과학적으로 리해·해명하기 위해서 실학파의 사상 및 학설에 대한 심오한 연구 축적의 발표인 것이다. 본 론문은 상하 량편으로 구성되여 있는바, 상편에는 정다산의 실학의 연원을 개괄하고 있으며, 하편에는 본론으로 실학파와 정다산의 사상-학술적 업적을 서술하고 있다.

동 론문의 토론에는, 공식 심사위원인 박시형 원사, 김광진 후보원사들을 비롯하여 홍기문·신남철·정렬모 부교수들과 김세련 교원이 참가하였으며, 토론자들은 필자의 해박한 지식과 재능을 높이 평가하고 이 론문의 심오한 과학성에 대하여 특히 강조하였다. 또한 이 론문이 비단 어문학 분야에서뿐만 아니라 력사·경제학 연구에도 귀중한 공헌을 하였음을 인정하고 이 론문이 박사학위 론문에 해당한다고 토론자들은 일치하게 강조하였다. 심의 표결 결과 최익한 부교수에게 학사학위를 수여할 것이 결정되었다. (1957년 2호, p80)

어문학계 소식: 언어문학연구소 제1차 평의회

지난 1월 19일 언어문학연구소 제1차 평의회가 동 연구소에서 열렸다. 회의에서는 소장 김병제 동지의 <1956년도 과학연구 사업 총화 및 1957년도 평의회 계획>에 대한 보고가 진술·토의되었다. (……)

문학연구실에서는 안함광·최익한·한효 연구사들을 중심으로

하는《조선문학통사》61)의 집체적 집필이 거의 완성되어 머지
않아 출판에 회부되게 되었으며, 그 외에도 수 편의 론문이 발
표되었고, 고정옥 연구사의 황해도 사리원 지방에서의 탈춤에
서의 '굿'에 대한 자료 수집과, 안함광 실장의 과거 로동운동
시기의 귀중한 자료 수집을 비롯하여 적지 않은 자료들이 수
집되고 있다. (1957년 2호, pp81~2)

연암 박지원 탄생 220주년 기념 학술 보고회 진행

연암 박지원 탄생 200주년을 기념하여 평양을 위시한 공화국
각지에서 학술 보고회가 광범히 진행되었다.
지난 2월 27일 김일성종합대학에서는 〈력사가로서의 박지
원〉, 〈연암 박지원의 평론 활동—그의 사의지법寫意之法〉62)
에 대하여 력사학 박사 박시형과 평론가 신구현이 각각 학술
보고를 하였다.
28일에는 평양사범대학과 과학원에서 〈연암의 사상과 문학〉
(김일성종합대학 부교수 최익한), 〈'열하일기'에 대하여〉(평론가 윤
세평), 〈연암 박지원의 교육 사상에 대하여〉(평양사범대학 교원 박
형성), 그리고 기타 제목으로 각각 학술 보고회가 진행되었다.
(《문학신문》, 1957.3.7, 1면)

---

61) 1959년 5월 20일 발행된《조선문학통사 (상)》(과학원 언어문학연구소 문학연
    구실 편, 과학원출판사)의 '제9장 19세기 문학'(pp341~370)을 보면, 최익한의
    논문 〈정다산의 시문학에 대하여〉(1956)와 유사한 부분이 있다.
62) 사의지법寫意之法 : 원문의 '상의지법'은 오식. 한자는 필자가 추가함.

위대한 사회주의 10월 혁명과 조선 어문학

우리 문학계에서 각종 류파의 반동적 문학 리론을 성과적으로
격파하기는 하였으나, 그 여독은 아직도 완전히 청산되지 못
하였다.

뿐만 아니라, 문학을 비롯한 일부 과학 부문에는 8월 전원회
의에서 폭로·규탄된 최창익을 두목으로 하는 종파분자들에게
추종하면서, 당의 문예 및 과학 정책을 왜곡·훼손시킨 자들도
있다.

지난 시기《조선어문》에 발표되였던 론문 <정다산의 시문학>
또는 <조선문학의 개화 발전을 위한 조선로동당의 투쟁>이 바
로 이런 영향을 입은 것들이였다. 이 론문들은 민족 문화유산
을 옳게 계승 발전시키라는 당의 정책을 외곡하였으며, 문예
부문에 대한 당의 정책을 비속화하였다.63)

따라서 이들 종파분자들이 뿌려 놓은 반당적 리론과의 투쟁이
특히 급선무로 제기된다.

그러기 위하여서는 당의 문예 정책에 대한 심오한 연구를 진
행함과 아울러, 조선에서의 사실주의 문학의 발생과 발전에
대한 제반 문제를 맑스-레닌주의적 방법론에 립각하여 옳게
검토 분석하여야 한다. (1957년 6호, pp3~4)

---

63) 이 문단은《조선어문》5호(1958)의 머리말 p6에도 다시 실렸다. 여기서 <조
선문학의 개화 발전을 위한 조선로동당의 투쟁>은 한효의 <우리 문학의 개화
발전을 위한 조선로동당의 투쟁>(《조선어문》57년 2~3호)을 가리킨다.

학계 소식: 사회과학 부문 연구 사업에서 당 정책의 관철을 위한 사회과학자 협의회

지난 5월 13일 우리 당 중앙 위원회의 직접적 지도하에 과학 원 사회과학 부문 위원회에서는 사회과학자 협의회를 진행하 였다. 시내 각 대학 및 연구기관들에서 170여 명의 사회과학 자들이 회의에 참가하였다. 회의에서는 사회과학 부문 위원회 위원장 김석형 동지가 <사회과학 부문 연구 사업에서 당 정책 의 관철을 위하여>를 보고하였다. (……)

우리 사회과학계는 비판 사업이 거의 진행되지 않았을 뿐만 아니라 론쟁도 거의 부진 상태에 있었다. 때문에 우리의 과학 발전은 우리 당이 요구하는 수준에 비하여 뒤떨어져 있었으며 질이 낮은 론문들이 계속 발표되고 있었다. 이에 대하여 보고 에서는 우리 학도들이 교조주의적 태도를 극복하지 못하고 있 으며 창조성이 미약하며 대담하게 생각하고 생동성 있게 문제 를 제기하지 못하고 있으며 남의 글을 그대로 옮겨 놓거나[64] 조립식으로 론문을 쓰는 참을 수 없는 현상이 지속되고 있다 는 것을 지적하였다. 이와 같은 결함은 다음 실례들에서 집중 적으로 표현되고 있다는 것을 지적하였다.

리형일 저 <정다산의 철학 사상>, 송택영 저 <변증법적 유물

[64] 리형일의 논문 <근세 조선의 진보적 사상가 다산 정약용>(《근로자》 2호, 19 56. 2. 25)과 김석형의 논문 <정다산과 그의 사상>(《로동신문》, 1956. 4. 7)의 내용이 거의 흡사하다. 시기상으로는 오히려 후자가 전자를 베껴야 할 듯하나 정확한 것은 알 수 없다.

론의 구조에 관하여>, 함봉석 저 <독일 고전 관념론과 헤겔 변
증법 비판>, 신호근 저 <해방 후 조선에서 맑스-레닌주의 당
창건의 몇 가지 력사적 전제>, 최익한 저 <정다산의 시문학>,
리여성 저 《조선 미술사 개요》 등을 들 수 있다고 하였다. 질
이 낮은 론문들은 이 외에 언어학·문예학·고고학·민속학 부문
들에서도 찾아볼 수 있다.65)

보고에서는 이러한 엄중한 결함들의 원인이 무엇보다도 먼저
사회과학자들이 우리 당 정책의 관철자이며 당의 사상 전선의
일익을 담당하고 있는 붉은 전사라는 자각성이 부족하며 당
정책을 관철시킬 데 대한 사상적 동원이 미약한 데 있다는 것
을 지적하였다.

또한 우리 사회과학자들이 우리 당 정책의 정당성과 현명성을
옳게 파악하며 우리 당 정책이 나오게 되는 그 합법칙적 요구
를 심각히 파악하기 위하여 현실 속에 깊이 파고 들어가지 못
하였다는 것을 지적하였다.

다음으로 현 시기 매개 과학 연구 기관 및 대학들에 있어서
과학 연구 사업에 대한 조직 사업 수준이 낮으며 매개 과학자

---

65) 남한에서는 리형일의 <정다산의 철학 사상>(《력사과학》 7호, 1955), 최익한의
    <정다산의 시문학에 대하여>(《조선어문》 2~4호, 1956), 리여성의 《조선 미술사
    개요》(국립출판사, 1955)만 확인된다. 김석형은 위와 같이 비판한 후에도 자기
    논문 <다산 정약용의 생애와 활동>(《다산 정약용 탄생 200주년 기념 론문집》,
    1962)에 최익한의 '강진읍지설'을 그대로 인용하였다. 김석형 또한 다산에 대한
    이해가 형식적이고 교조적이었기에 '강진읍지설'과 같은 허깨비의 장단에 쉽게
    놀아났던 것이다(강진읍지설에 대해서는 졸고 <'실학파와 정다산' 해제> 볼 것).
    따라서 김석형의 발언은 종파사건의 정치적 분위기에 편승한 것이니만큼 실제
    사실과 모순되는 선동성이 강하다고 할 수 있겠다.

들이 대담하게 생각하고 대담하게 문제를 제기하지 않으며 비판과 론쟁을 활발하게 조직 전개하지 못하고 있다는 것을 지적하였다. 끝으로 아직 우리 사회과학자들이 리론이 빈곤하고 자료의 축적이 미약하며 집체적 연구 사업을 미약하게 진행한 것이 또한 결함의 원인으로 되고 있다는 것을 지적하였다.

보고에서는 지금까지 지속되여 온 결함을 퇴치하기 위한 대책을 내놓았다. 그것은 전체 사회 과학자들이 당 정책과 결정들을 깊이 연구하며 제때에 이를 리론적으로 해명한 심도 있는 론문들을 당 기관지에 정상적으로 발표할 것이며 앞으로 학술 토론회를 비판과 론쟁 및 과학 사업에 대한 평가의 마당으로 전환시키며 제기된 문제를 체계적으로 해결해 나가는 방향에서 진행해야 하겠다는 것을 강조하였다.

보고에서는 앞으로 집체적 연구 사업과 현지 연구 사업을 강화하며 과학 연구 사업을 강화하며 과학 연구 사업의 토대 축성 사업을 강화하고 과학자들의 리론 수준을 제고하기 위하여 각별한 노력을 기울여야 하겠다는 것을 과업으로 내놓았다.

끝으로 사회과학 부문 위원회의 지도적 역할을 제고하며 부문 위원회와 연구소들 및 각 대학들과의 련계를 더욱 긴밀하게 맺는 것이 중요하다고 강조하면서 보고를 끝냈다. (《력사과학》, 1959년 3호, pp84~5)

○ 최익한 계보도

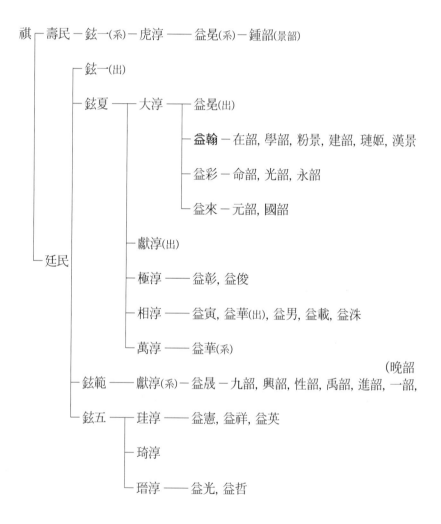

祺 ┬ 壽民 ─ 鉉一(系) ─ 虎淳 ──── 益晃(系) ─ 鍾韶(景韶)
  │
  ├ 鉉一(出)
  │
  ├ 鉉夏 ─── 大淳 ─┬ 益晃(出)
  │   │
  │   ├ **益翰** ─ 在韶, 學韶, 粉景, 建韶, 璉姬, 漢景
  │   │
  │   ├ 益彩 ─ 命韶, 光韶, 永韶
  │   │
  │   └ 益來 ─ 元韶, 國韶
  │
  │   ┌ 獻淳(出)
  │   │
  │   ├ 極淳 ──── 益彰, 益俊
  │   │
  │   ├ 相淳 ──── 益寅, 益華(出), 益男, 益載, 益洙
  │   │
  │   └ 萬淳 ──── 益華(系)
  │   (晚韶
  ├ 鉉範 ──── 獻淳(系) ─ 益晟 ─ 九韶, 興韶, 性韶, 禹韶, 進韶, 一韶,
  │
└ 廷民 ┬ 鉉五 ─┬ 珪淳 ──── 益憲, 益祥, 益英
              │
              ├ 琦淳
              │
              └ 瑠淳 ──── 益光, 益哲

862

창해滄海 최익한崔益翰 연보

<u>1897</u> (1세)

4월 8일(음 3. 7): 강원도(현 경상북도) 울진군 북면 나곡羅谷 2리(속칭 골마) 471번지에서 강릉최씨江陵崔氏 수헌공파睡軒公派 대순大淳[1]과 동래정씨東萊鄭氏[2]의 차남으로 태어났다. 아명은 창수昌秀, 자는 운거雲擧, 호는 창해滄海·성해成海·돌샘石泉, 관명은 익한益翰이다.

---

1) 최대순(1869~1925): 자는 성집成集, 호는 소초素樵. 천석꾼 유학자로 슬하에 4남(익면益冕·익한·익채益采·익래益來) 2녀를 두었다. 익한의 당질인 구소九韶 (1932~2011)는 〈기존 연보〉에서 대순을 '천석꾼'으로 적었으나, 익한은 자금 운용의 규모 면에서 늘 간고한 생활을 하였다. 예컨대 익한은 10년 옥고를 치른 후 1936년에 가족과 함께 창신동 산비탈 16평(대지 34평) 집으로 이사하였고, 1940년에 동아일보가 폐간되자 총독부의 직업 알선을 거부한 채 1941~44년 까지는 그 퇴직금으로 주류점을 운영하였으며, 특히 해방 후에는 장안파 활동을 하면서 더 비좁은 혜화동 산동네, 남산골 셋집으로 전전하였던 것이다. 즉 전답 대부분은 교육비나 옥바라지 명목으로 헐값 처분되었으리라 생각된다.
2) 동래정씨(1865~1928): 퇴계 이황의 문인으로 이조판서를 지낸 정유일鄭惟一 (1533~1576)의 후손.

<u>1901</u> (5세)

종조부 현일鉉一(1835~1904)에게 《천자문千字文》을 배우기 시작하여 열흘 만에 다 외우고, 《동몽선습童蒙先習》, 《소학小學》, 《격몽요결擊蒙要訣》도 독송讀誦하였다.

<u>1902</u> (6세)

《십구사략十九史略》, 《삼국사기三國史記》, 《삼국유사三國遺事》 등을 배울 적에는 생이지지生而知之의 총명이 있었다.

9월 22일(음 8.21): 조모 전주이씨全州李氏(1849~) 별세.

<u>1903</u> (7세)

부친에게 사서四書를 배웠다.

<u>1904</u> (8세)

오경五經을 독송하며 시부詩賦를 짓기 시작하였다.

<u>1905</u> (9세)

제자백가를 섭렵하니 고을에서는 천재라 하였다.

<u>1906</u> (10세)

영남의 만초晩樵 이걸李杰 선생을 초빙하여 1년간 수학하였다.

1907 (11세)

이걸 선생의 권유로 영남의 홍기일洪起一 선생을 새로 초빙하여 3
년간 본격적으로 사서오경의 논지·비판 등과 성현의 문집을 독파
하였다. 당시 고을의 석학 국은菊隱 윤병기尹炳夔 선생은 '대재大才'
라는 칭호를 주었다.

1909 (13세)

이걸·홍기일 선생의 후원으로 봉화군奉化郡 법전면法田面 법전리에
사는, 퇴계 선생의 후손 유학자 이교정李敎正의 장녀 이종李鍾(1895
~?)과 혼인하였다.

5월(음 3월): 청암정靑巖亭3) 시회詩會에서 장원을 하였다. "동해 바다
천년에 학 한 마리 나오니, 이름난 정자 3월에 뭇 꾀꼬리 모이더라
(繞海千年生獨鶴 名亭三月集群鶯)"는 구를 지었다. 이는 자신을 학으로,
봉화 유생들을 꾀꼬리로 빗댄 것이라 그 지역 유림들의 항의가 빗
발쳐서, 부친이 봉화까지 내려가 사돈 이교정과 함께 즐거운(?) 사
과를 하게 되었다고 한다.

1912 (16세)

봄: 조부를 모시고 양주楊州 선영(고조부 기祺의 묘)에 참배하러 갔다.4)

6월 28일(음 5.14): 조부 현하鉉夏(1851~) 별세.

12월 14일(음 11.6): 어느 영남 인사에게 '기복인朞服人 간찰'을 보
냈다.

---

3) 1526년 안동권씨 충재冲齋 권벌權橃이 봉화읍 유곡리酉谷里에 세운 정자.

4) 《여유당전서를 독함》 9회(동아일보, 1938.12.21) 참조.

<u>1913</u> (17세)

1916년까지 약 3년간 경남 거창군居昌郡 가북면加北面 중촌리中村里
다전茶田 여재如齋에서 면우俛宇 곽종석郭鍾錫에게 수학하였다.5)

12월 초: 울진 고향에 돌아와 있었다. 어느 날 곽종석이 병중에도
답장을 보내왔다. 성선性善과 효제孝弟에 대해 최익한의 인식이 높
아진 것을 크게 칭찬하면서, 자족하지 말고 그 실천 또한 힘쓸 것을
거듭 강조한 편지였다.6)

<u>1914</u> (18세)

당시 면우의 제자로 곽윤郭奫(1881~1927), 문준호文存浩(1884~1957),
권상경權相經(1890~1955), 김수金銖(1890~1943), 김황金榥(1896~1978)
등과 가까웠다.7)

8월 26일(음 7.6): 장남 재소在韶8) 출생. 어린 나이에 아들을 낳아
잘못이라도 저지른 듯하여 사흘 동안 아이 곁에 가지 못하였다.

---

5) 최긍민崔兢敏(1883~1970)의《면문승교록俛門承敎錄》(1974) p71a에 의하면,
   최익한은 1913년에 면우의 문하생이 되었다고 한다. 그러므로 최익한이 곽종석
   에게 5년간(1911~1916) 수학했다는 기존 최구소·송찬섭의 설은 오류이다.
   곽종석(1846~1919) : 한말 영남학파의 거유로서 독립운동가. 1919년 파리장서
   사건을 유림 대표로 주도하여 3개월간 투옥된 후 병보석으로 풀려났으나 곧 병
   사하였다. 1963년 건국훈장 독립장이 추서되었으며, 저서《면우집》(1925)에 최
   익한 관련 시문 8편이 실려 있다. 익한의 형 익면도 면우 문하생이었다.
6) <답최운거익한答崔雲擧益翰 癸丑>,《면우집》권126, 1925, pp1b~2b 참조.
7) <유사遺事>,《오강문집吾岡文集》권8, p16a 참조.
8) 최재소(1914~1937) : 자는 명보明甫. 서당 수학, 울진보통학교 졸업. 울진적색
   농민조합의 결성에 참여한 후 야학과 독서회 활동을 하다가, 1934년 검거되어
   징역 2년 6개월형을 선고받고 1937년 복역 중 고문 후유증으로 옥사하였다. 2000
   년 8월 15일 건국훈장 애족장이 추서되고, 동년 9월 21일 국립대전현충원 애국
   지사묘역에 안장되었다.

1915 (19세)

시 <강각조추江閣早秋>, 논설 <심학心學>을 썼으며, 면우 문인들과
시문 및 편지를 주고받았다.9)

1916 (20세)

2월 말: 울진 고향에 있었다.

4월 17일(음 3.15): 소수서원紹修書院 제향일祭享日에 <울릉향가鬱陵
香歌>를 지었다. 또 이즈음 유림장儒林葬(주로 스승 곽종석의 문우들 장례)
때마다 만사輓詞도 지었다.10)

늦가을: 김규열金圭烈·변기섭邊祺燮과 함께 면우 문하를 떠났다. 즉
최익한은 3년간(1913~16)의 수업을 모두 마친 것으로 보인다.11)

11월 14일(음 10.19): 차남 학소學詔12) 출생.

1917 (21세)

1월: 창해滄海·돌샘石泉이라 자호하였다고 한다. 이는 자료에 의한
추측일 뿐이고, 최익한은 어릴 적부터 이미 호를 썼을 것이다.

---

9) 송호완宋鎬完(1863~1919)의《의재문집毅齋文集》에 <여재여최운거익한제군
공부如齋與崔雲擧益翰諸君共賦>, <증최운거贈崔雲擧>가 있고, 박응종朴膺鍾
(1893~1919)의《이당고易堂稿》에 <여최운거익한> 등이 있다.

10) <이승희李承熙에 대한 만사>(음 1916.4.28 葬), <기우만奇宇萬에 대한 만사>
(음 1916.10.28 卒) 등이 있다.

11)《면우집》권123, p9, <答金士璋圭烈 邊允宅祺燮 崔雲擧益翰 丙辰>, "自送三
君 齋間若無人 吾猶不以爲悵者 謂三君之志在正鵠 … 及此早寒 山房淸闃"

12) 최학소(1916~?): 호 관석冠石. 울진보통학교 졸업. 중동고보 중퇴. 1934년 형
재소와 함께 울진적농 사건으로 검거되어 징역 3년을 선고받았다. 1939년 그
농민조합의 후신으로 항일비밀운동단체인 창유계暢幽契를 결성하여 1943년
검거되었으나 탈옥하였다. 저서에《농민조합조직론》(1946)이 있다.

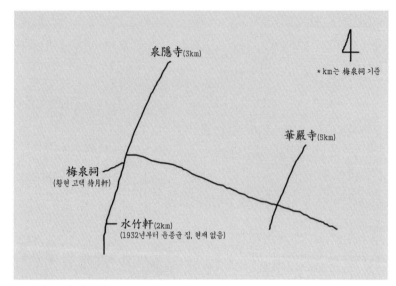

황현 고택 대월헌待月軒 주변도

봄~가을: 약관弱冠에 책보를 메고 지리산 산방山房으로 가 독서하
였다. 그곳은 매천梅泉 황현黃玹의 고택과 가까워서 그의 동생 석전
石田 황원黃瑗(1870~1944)은 물론 유당酉堂 윤종균尹鍾均(1861~1941)
선생도 알게 되었다.13)

---

13) 최익한은 〈유당집서酉堂集序〉(1943)에 다음과 같이 썼다. "당시 윤종균 공
公은 매천 고택에 머물면서 어른과 아이들 10여 명을 가르쳤다. 나는 자주 따라
놀며 정겹게 논하였고, 공도 와서 선방의 문을 두드렸다. 구름과 물이 길을 싣고
온 단풍은 선탑禪榻을 불사르니, 공과 더불어 흥겨워 운을 뽑아 시를 지으면서
서로 보고 즐겼다. 내가 가야장伽倻杖 하나 드리면 공도 지리산 대나무 통소로
보답하고 아울러 긴 고시 한 편도 보여 주었다(憶予丁巳弱冠 負笈讀書 南岳之
山房 此距梅泉古宅 僅隔莽蒼 時公舘是家敎導 冠童十數人 予得數數 從遊款論
公亦來敲禪扉 雲水載徑 萬楓烘榻 公與酣拈韻 相視而樂 予贈伽倻杖一枝 而公
亦酬 以智異竹簫 兼示長古一篇 以記其情 今於集中可攷也)"
또 윤종균이 최익한에게 준 시를 보면, 최익한이 약관 초에 호남을 유람하기 시
작하여 그해 늦가을에 암자를 떠난 것을 알 수 있다(蔚珍才子崔益翰 南遊年紀

868 부록 2

3월 27일: 부안扶安 계화도界火島로 간재艮齋 전우田愚 선생을 찾아
가 성리설에 대해 질의문답하며 논쟁을 벌였다.

6월 14일: <최익한상전간재崔益翰上田艮齋>(약 4,900자) 초고를 작성
하고, 이후 간재 선생에게 7천여 자의 장문 편지를 투서하여 그의
성론性論을 비판하였다.14) 최익한은 초고를 보완하기 위해서 거창
여재如齋로 돌아가 면우 문인들과 토론하였을 것이다.

6월 20일: 동문인 김황金榥15)에게 편지를 보냈다.

1918 (22세)

경성기독교청년회관 영어과에 입학하였다.

곽종석의 후배인 장석영張錫英(1851~1926)에게 거경·궁리居敬窮理의
설과 체용·현미體用顯微의 묘리에 대한 답장을 받았다.16)

初弱冠 … 孤菴落日萬楓紅 老夫佳興與君同 臨別贈以伽倻杖 要我新詩頗淸爽,
<伽倻杖引 贈崔文益翰 兼 寄一枝簫>,《유당집》권3, p22a. 면수는 1968년
발행본에 따름. 이하 마찬가지).

14) <최익한상전간재> 원문은 필자의《여유당전서를 독함》교주본 pp522~538
볼 것. 소현성, <양재陽齋 권순명權純命의 성리사상—'최익한상간옹서변崔益翰
上艮翁書辨'의 심본성설心本性說을 중심으로>,《간재학논총》17집(2014), 간재
학회, pp215~222; 이종우, <한국유학사 분류방법으로서의 주리·주기 개념에
관한 비판적 연구>,《동양철학연구》36집(2004), 동양철학연구회, p263 각주
11, p270 각주 31; 이종우, <간재학파와 한주학파의 논쟁에서 비판논리 연구>,
《유교사상연구》43집(2011), 한국유교학회, pp130~3.

15) 김황(1896~1978) : 자는 이회而晦, 호는 중재重齋·만암晩巖. 면우의 수제자로
동문들과《면우집》(1925)을 간행하였다. 파리장서사건으로 1주일간 구금되고
독립운동자금 모집 건으로 9개월 동안 투옥되었다. 저서《중재문집》(1989)에
최익한 관련 시문 4편이 실려 있다.

16) <답최운거>,《회당선생문집晦堂先生文集》권17, 1932, p7a 참조. 면우의 문인
정재성鄭載星(1863~1941)의《구재문집苟齋文集》권2에는 <차증최운거익한
次贈崔雲擧益翰>(1918)도 실려 있다.

가을에 이승희의《한계유집韓溪遺集》을 교정하던 곽종석이 병중이
므로 김수金銖·박응종朴膺鍾·김종화金鍾和·김황 문인들과 함께 교정
작업을 도왔다.17) 또 김황에게 남포벼루를 선물 받고, 그 뒷면에
<남포연명南浦硯銘>을 직접 지어 쓴 다음 새겼다.18)

1919 (23세)

3월 1일: 당숙 최진순崔瑨淳19)(선린상업학교 3년)이 조선독립만세를
부르고, 4월 2~3일 독립사상을 고취하는 <경고문>, <반도목탁>,
<조선독립신문> 등을 교부하였다. 이 사건으로 그는 5월 12일 경
성지방법원에서 징역 1년 선고, 6월 26일 복심법원에서 공소控訴
(항소) 기각, 8월 14일 고등법원에서 상고 기각되어, 서대문감옥에
서 복역하다가 1920년 4월 26일 은면恩免(특별사면)되었다.

2월 27일~3월 7일: 김황이 고종 인산因山과 파리장서 건으로 서울
에 머물렀으나 최익한은 만나지 못하고 대신 최진순을 만났다. 최
익한은 4월 말까지 고향 울진에 있었던 것으로 추정된다.20)

---

17) 곽정,《면우선생연보》권6, 다천서당, 1956, p16b, "秋寢疾 一夜偶因落傷手臂
　　不任使運 又苦痢疾 凡數月而始差 病中校韓溪遺集 [剛齋晚號] 令門人輩 金銖 朴
　　膺鍾 金鍾和 金棍 崔益翰 執役而先生爲之鑑裁焉"

18) 최구소, <심현深玄의 우정>,《울진문화》11호(1996), 울진문화원, p185.

19) 최진순(1901~?) : 자는 진옥晉玉. 동경고등사범학교 졸업. 중동학교교사·경성
　　여자보육학교장, 천진天津일본상업학교장·천진조선인민회 부회장, 홍익대 교수
　　등을 역임한 후 1950년 9월 초 행불되어 북한의 역사학계에서 활동하였다.

20)《중재문집부록》, <기미일기己未日記>(음 1. 27~2. 6) 참조. 1919년 3월 3일
　　(음 2. 2) 김황의 일기에 "최진순이 서울 숙소로 와서 얘기하였다(崔瑨淳來話 關
　　東之蔚珍人 崔益翰之從叔也 年未弱冠 才馨可愛 方在商業學校)"고 나온다. 그러
　　므로 장희흥이 디지털울진문화대전(http://uljin.grandculture.net) '3·1운동'조
　　에 "최익한은 서울의 만세 시위운동에 참가했다가 서대문형무소에 수감되었다"
　　고 한 것은 오류이다. 동일한 오류가 이경민의 논문에도 이미 보인다. 李景珉,

4월 말~6월 초: 곽종석이 파리장서사건으로 대구지방법원에 송치
되었다. 그 차입물과 기타 용건 때문에 4월 말 최익한은 대구 남성
정南城町(현 남성로)에서 3주 정도 머무르면서 동문 김규열金圭烈21)을
만났다. 면우는 4월 21일(음 3. 21) 대구감옥에 투옥되고 5월 15일
(음 4.16) 공판이 있었으므로 이때 그들은 김황 등 여러 면우 문인들
과 방청했을 것이다.22) 이후 최익한은 김규열과 이야기를 나누다
가 구례 화엄사에 가서 면학하기로 약속하고 대구에서 같이 출발하
여 그의 집에 이르러 약 20일 동안 함께 지냈다. 화엄사와 천은사
사이에서 옛 자취를 다시 찾아보았는데, 윤종균 공이 마침 한 초막
에 살면서 향리 수재를 모아 놓고 시법을 가르치고 있었다.23) 절
에서 공부하기보다는 서울에서 신학문을 배우려고 6월 초에 상경
하였다. 1주일간 소격동昭格洞 여인숙에서 투숙한 후 화동花洞 128
번지로 옮겨서 책을 구입 자습하며 전전하다가 1920년 10월 말에
안국동安國洞 52번지를 빌려 하숙집을 운영하였다.

<社会主義者と朝鮮の解放―朝鮮共産党の再建過程>,《朝鮮民族運動史研究》5
号(1988), 靑丘文庫, p95 참조.
21) 김규열(1893~1968): 자는 사장士璋. 전남 구례 생. 서울상해파 공산주의자.
    1916년 면우 문하에 들어갔다가 그해 가을 변기섭邊祺燮·최익한과 함께 문하를
    떠났다. 1919년 6월 최익한과 상경하여 몇 달간 같이 지냈으며, 동년 10월 상해
    임시정부로부터 격문을 받아 전라도에 배부케 한 사건으로 1920년 징역 2년을
    선고받았다. 1927년 사상단체 해체에 대해 그는 서상파로서 ML파 최익한과는
    정치적 입장을 달리하였다. 1992년 건국훈장 애족장이 추서되었다.
22) 곽종석은 5월 20일(음 4.21) 대구복심법원에서 징역 2년형을 선고받았고, 7월
    19일(음 6.22) 병보석으로 출옥한 후 10월 17일(음 8.24) 타계하였다. 한편 김
    황은 5월 11일 대구에 도착하여 15일 공판을 방청하고 거창으로 돌아갔다.《중
    재문집부록》, <기미일기>(음 4.10~4.17) 참조.
23) <유당집서酉堂集序>(1943),《유당집》, pp1b~2a, "翌年己未 予復尋舊跡 於華
    嚴泉隱之間 公適處一庵 集鄕秀才 敎之詩法"

여름: 무슨 일이 있어 원주原州에 갔다가 큰 비가 내려 문막강文幕江
에서 배를 타고 충주忠州·여주驪州·양주楊州(마현)를 지나며 시 <주
하우천시舟下牛川市>, <우천강상증어옹牛川江上贈漁翁> 등을 지어 읊
었다.24)

8월(음 7월) 초: 경북 영주榮州의 부호 3인을 각각 찾아가 변성명을
하고 상해임시정부에 보낼 독립군자금의 출자를 권고하여 그중 2
인에게서 총 1,600원을 모집하였다. 이때 동생 익채益采25)는 조선
독립단에서 활동하고 있었다.

8월 11일(음 7.16): 김황이 시 <꿈에 최익한을 보다夢見崔雲擧益翰 二
絶>를 지었는데, "이따금 최익한의 영주 기행奇行을 들었다(時聞崔
營滬行之奇)"는 주가 달려 있다.26)

9월: 중동中東학교27) 야학부 입학. 그즈음 상투를 자르고 의복을
바꾼 것으로 보인다.

10월 8일(음 8.15): 추석.

10월 17일(음 8.24): 면우 선생이 타계하자 <만 면우선사 10절挽俛
宇先師十絶>을 지었다. 이 만시를 5년 후《동아일보》(1924.9.24)에

---

24)《여유당전서를 독함》9회(동아일보, 1938.12.21).

25) 최익채(1899~1931) : 자는 백수白受, 호는 고원高原. 1919년 서간도西間島
에서 신병을 치료하며 조선독립단에 가입하고, 1920년 중동학교에 입학한 후 대
종교大倧教 활동을 하다가 1923년 요양하기 위해 울진으로 귀향하였다.

26)《중재문집》권1, 경인문화사, 1997, p7 볼 것. 이즈음 최익한은 시 <주행박광진
제박처사임강재舟行泊廣津 題朴處士臨江齋>를 지은 듯하다. 최창해, <한시만화
漢詩漫話·12-한시의 금후 행방>,《조선일보》(1937.12.23) 5면 참조.

27) 현 중동고로 당시 종로구 수송동壽松洞 85번지에 있었다. 3·1운동을 계기로
전국적으로 향학열이 높아져 학생 수가 1000명을 넘었는데, 입학과 퇴학이 자
유로웠고 3부제 수업을 실시하였다. <한국의 100년 사학-중동고>,《월간조선》
(2006.4) 사이트 참조.

발표하였는데, 제1수는 다음과 같다.

> 陶老冥翁大嶺鄕　퇴계와 남명의 대영남
> 高風正胍兩芬芳　고풍과 정맥이 둘 다 향기로워라.
> 心源更溯寒溪月　마음 샘은 다시 한계寒溪의 달빛 따르며
> 幾道狂瀾隻手障　몇 줄기 미친 물결 한 손으로 막았네.

11월 23일(음 10.1): 면우 선생을 거창군 가조면加祚面 광성리廣星里
문재산文載山에 장사 지냈는데, 이때 참석한 듯하다. 사림에서 모인
자가 1만여 명, 상복을 입은 문인이 1천여 명, 만제문挽祭文이 10여
권이나 되었다.28)

12월 29일(음 11.8): 장녀 분경粉景29) 출생.

12월 말경: 김규열이 '상해임시정부 격문 배부 건'으로 종로경찰서
에 체포되어 조사를 받을 때, 최익한은 최초 동행하여 상경한 관계
로 조사를 받았으나 즉시 풀려났다.

---

28)《면우선생연보》권6, p28a, "十月一日 戊寅 葬于本郡加祚南廣星里文載山 先
　　參贊公墓右 士林會者萬餘人 門人受服者約千餘人 挽祭之軸爲十餘卷"
29) 최분경(1919~?): 동덕여고, 이화여전 영문과 졸업. 후손에 의하면 해방 전에
　　여운형呂運亨 주례로 사회주의 역사학자 이청원李淸源(?~?)과 혼인했다고 한다.
　　이청원(?~?): 본명 李靑垣. 함남 풍산豐山의 빈농 집안 출신으로 보통학교를 졸
　　업하고 일본 대학에 유학하였다. 1940년 5월 14일 조선공산당 재건운동으로
　　일본경시청에 체포되어 1941년 1월 27일 동경형사지방재판소에서 징역 2년을
　　선고받고 1943년경에 석방된 후 귀국하였는데, 그즈음 결혼한 것으로 보인다.
　　1946년 여름 북으로 돌아가서 북조선림시인민위원회 선전부장 겸 조·소문화협
　　회 중앙위원, 조선력사편찬위원회 위원장, 김일성종합대학 문학부 사학과 교수,
　　과학원 력사학 후보원사로서 사회과학 부문 위원회 위원장 및 력사연구소 소장,
　　조선로동당 중앙위원회 후보위원 겸 평남도당단체 대표 등을 역임하였으며,
　　1957년 9~10월경 숙청되었다. 저서로《조선사회사독본》,《조선독본》,《조선
　　력사독본》,《조선근대사연구》,《임진조국전쟁》등이 있다.

<u>1920</u> (24세)

2월 20일(음 1.1): 설날.

4월 26일: 최진순이 서대문감옥에서 은면恩免 출옥.

5월 8~9일: 〈가명인假明人 두상頭上에 일봉一棒〉(동아일보) 발표.30)

7월: 최진순이 중동학교에 입학.

9월 26일(음 8.15): 추석.

10월 5일(음 8.24): 면우 선생 기일.

10월 16, 26, 27일: 이병기李秉岐와 만났다.31)

10월 말: 안국동 52번지(60평)를 빌려 추곡 매각금 약 400원으로
계모(부친의 첩)와 동생 익채益采·익래益來32)와 함께 하숙집을 시작

---

30) '가짜 명나라인 대가리에 몽둥이 한 방을!'의 뜻으로 권덕규權悳奎와 공동 집필
    하여 2회 연재한 논설이다. 유교 보수층, 특히 주자학파 노론계 유학자를 '가짜
    명나라인'으로 명명하고 그 사대모화事大慕華 사상을 통렬히 비판하였다. 최익
    한은 이 글을 권덕규의 호인 '한별'로 발표하였는데, 이는 노론계 간재와 남인계
    면우의 문인 간 싸움으로도 비화할 수 있었기 때문일 것이다. 실제로 당시 간재
    의 제자 오진영吳震泳이 〈경고세계문敬告世界文〉을 지어 격렬하게 성토한 적도
    있다. 여하간 신문에 글이 게재되자 전국의 수구 유림들이 들고 일어나서 친일
    거두로 동아일보 초대 사장이 된 박영효朴泳孝가 사임까지 하게 되었다. 그 후
    이동원李東園이 〈몽둥이 한 방 더!(假明人頭上에 更加一棒)〉를 써서 신문사로
    찾아갔지만, '사문난적의 화'가 우려된다고 하여 게재되지는 못하였다. 이동원,
    〈춘소만화春宵漫話〉, 《동아일보》(1925.4.24); 안병주, 〈ML계 인물 인상기〉,
    《삼천리》 14호(1931.4), 삼천리사, pp55~6; 금장태, 〈이병헌李炳憲의 비공론
    批孔論에 대한 반박과 민족주의적 역사인식〉, 《종교학 연구》 21권(2002), 서울
    대 종교문제연구소, p9 참조.
31) 《가람일기》 10월 27일조에 "최군의 한문학이 깊이 되었다. 과연 들을 만한 것
    이 많았다"고 적혀 있는 것으로 보아 그 무렵 처음 만난 듯하다. 《가람이병기
    전집·7》, 전북대출판문화원, 2019, p305, p308.
32) 최익래(1903~1950) : 자는 덕일德一, 호는 청계淸溪. 1929년 울진청년운동
    으로 체포된 후 혹독한 고문을 당하여 절름발이가 되고 약 1년간 수감되었으며,
    전답을 팔아 오랜 세월 형과 조카들의 옥바라지를 했다고 한다.

하였다. 식비는 계모가 주었지만, 학비는 고향에서 매월 23원을 부쳐 주었다. 하숙생은 15명(1인당 16원)이었는데, 가족 식비를 빼고 나면 월 40원의 이익이 남아서 전부 아우들 학비에 보탰다.

11월 21일: 수송동 각황사覺皇寺에서 대종교 강연을 듣고, 권덕규·이병기·오철호吳徹浩와 밤새도록 놀았다.33)

11월 23일: 이병기·오철호와 이의백李宜白의《오계집梧溪集》을 나누어 베끼기 시작하였다.

12월 24일, 31일: 이병기가 찾아와서 손님방을 부탁하였다.

1921 (25세)

1월 2일: 이병기를 찾아가 조 형趙兄(전주인), 청운淸雲 하경렬河慶烈 선생(전주인)과 낙원동樂園洞 조선불교회에 들렀다.

1월 5일: 눈이 좀 뿌렸다. 이병기가 찾아와 푸석한 애기를 하다가 오종午鐘 소리를 듣고 불교회로 가서 책도 보고 애기도 들었다.

1월 6, 12, 19, 25일: 집 또는 각황사에서 이병기와 만났다.

1월 27일: 노석老石 김태흠金泰欽 어른을 모시고 이병기·김병룡金秉龍과 같이 최근 개관한 가회동嘉會洞 경성도서관에 갔다.

2월 8일(음 1.1): 설날.

2월 9일: 이병기에게 개가改嫁 관련 설화를 들려주었다.

2월 18, 19, 22, 25일: 불교회나 각황사 등에서 권덕규·이병기·정봉춘丁鳳春(곡성인) 등과 만났다.

---

33) 이병기,《가람일기·I》, 신구문화사, 1976, p130;《가람이병기전집·7》(앞의 책), pp323~4 참조. 이하 인용 횟수가 많아 필요한 경우에만 표시함. 각황사는 중동학교 바로 옆에 있던 절인데, 안국동 집에서 도보로 5분 거리였다.

3월 1일: 밤 12시까지 정봉춘과 얘기하다가 늦게 잤다.

3월 5일: 이병기가 위고의 《쟌발쟌 애사》를 다 읽고 갖다 주었다.

3월 7일: 저녁에 이병기를 찾아가 같이 상현尚玄 이능화李能和씨 집에 가서 놀다가 10시 지나 돌아왔다.

3월 13일: 안국동 병구秉矩네 집으로 이병기가 찾아왔다.

3월 16일: 앞의 '군자금 모집 사건'으로 서대문경찰서에 구류되어 (당시 신분은 중동학교 야학부 학생), 6월 24일 경성지방법원에서 징역 8년이 구형되고, 7월 1일 6년이 선고되었으나 공소拱訴 제기를 하여, 9월 26일 복심법원에서 징역 4년으로 감형되었다.34)

9월 25일(음 8.24): 면우 선생 대상大祥. 최익한은 재판 중이라 참석할 수 없었으며, 정재성鄭載星·송호곤宋鎬坤·하겸진河謙鎭·김황 등이 제문祭文을 지어 올렸다.35)

1922 (26세)

3월 9일: 이병기가 최익한에게 보내라고 익채에게 시조를 주었다.

3월 17일: 이병기가 《능엄경楞嚴經》을 보냈다.

7월: 여름방학 때 최진순(동경고등사범학교 학생)이 동경고학생연극단 '갈돕회' 단장으로 귀국하여 조선 각지와 간도 일부에서 사회극을 순회공연(7.6~8.8)하였다.

---

34) 6월 24일 1회 공판과 7월 1일 2회 공판은 동생 익채, 이병기, 조용해趙龍海 등이 방청하러 왔다. 《가람일기·I》 p154; 《가람전집·7》 p428~9.

35) 정재성(1863~1941), 송호곤(1865~1929)의 문집 중 〈제문〉과 하겸진(1870~1946)의 연보 참조. 김황, 〈답최운거익한答崔雲擧益翰 乙丑〉, 《중재문집》 권14, p67, "曾於祥日 榼 有祭告文中 有云諸子紛紛 海倫天賜 其與存者寒閨孤媚 仍與謙公文友 相視脈脈 至今思之 未嘗不歔欷也"

1923 (27세)

2월 16일(음 1.1): 설날.

2월 24일: 이병기가 익채를 찾아왔다.

3월 2일: 익채가 책과 원고지를 가지고 이병기를 찾아가 이런저런 애기를 하다가 (요양하기 위해) 내일 아침 울진 집으로 간다면서 작별하였다. 이후 그들은 자주 편지를 주고받았다.

3월 21일: 아직 형기가 2년 7개월이 남아 있는데, 구류 투옥된 지 735일 만에 서대문감옥에서 가출옥하였다. 또 1924년에는 징역 3년으로 은사恩賜 감형이 있었다.

3월 22일: 이병기와 불교회에 가서 놀았다.

3월 23일: 새벽에 행장을 꾸려 울진 고향으로 떠났다. 아침 7시 이병기가 경성역까지 배웅하였다.

4월 12일: 이병기에게 보낸 편지가 도착하였다.

5월 27일: 이병기가 답장을 부쳤다.

6월 22일: 이병기가 석전石顚 박한영朴漢永 스님을 모시고 얼마 전 상경한 최익한을 찾아왔다.[36]

6월 24일: 이병기가 찾아와 실컷 떠들었다. 시조를 보여 주었더니 "조사措辭는 서투르나 그 정취情趣는 얻었다"고 하였다.

6월 28일: 이병기를 찾아가 한나절 딴 세상을 찾으며 놀았다. 이백과 두보의 세상은 물론 장자나 칸트의 세상도 찾아보았다.[37]

---

36) 《가람전집·7》 p569에 "(익한)군은 항상 보아도 헌연軒然한 태도다. 주거니 받거니 오래 앉아 자연을 말하였다"고 적혀 있다.

37) 《가람일기·I》 p188. 이즈음 면우의 제자인 하계락河啓洛(1868~1933)의 시 〈증최운거익한贈崔雲擧益翰〉도 있다.《옥봉문집玉峯文集》 권1 p37b.

7월 1일: 이병기를 찾아가 취운정翠雲亭에 함께 가서 나무 그늘에 앉아 이러저러 얘기를 나누었다.

7월 4일: 오후에 최익한을 위로하기 위해 이병기·권덕규·박한영·오철호·조용해·맹주천孟柱天·한충韓沖이 함께 왕십리 안정사安靖寺에 나가서 놀다가 저녁밥을 사 먹었다.

7월 8, 19일: 이병기가 찾아왔다.

7월 11일: 저녁에 천도교당에서 이병기와 하와이 유학생의 '하와이 사정 강연'을 들었다.

7월 13일: 저녁에 이병기와 취운정에 올라 서울의 야경을 내려다보며 시詩와 문文을 말하였다.

7월 15일: 《동아일보》에 시조 〈동도東都에서 느낌〉, 〈한양에서 느낌〉 2수를 '돌샘 崔益翰'으로 발표하여, 신문지상에 처음으로 자기 호와 이름을 표시하였다.

9월 7, 31일, 10월 5일: 저녁에 이병기와 놀았다. 특히 9월 31일에는 곽종렬郭鍾烈(울진인)과 함께 찾아갔다.

9월 25일(음 8.15): 추석.

10월 18일(음 9.9): 김황이 차운시(절구 3수)를 부쳤다. 제목은 〈최익한의 편지(음 7.25)를 받으니 시국과 출처의 설이 매우 새롭고 또 보내 준 '서대문감옥에서 지은 시'는 자못 뜻을 다함이 있으므로 한동안 어루만져 보다가 이리 중양절을 맞아서 혼술에 초연하고 옛일도 추억할사 차운하여 부치다〉이다. 최익한이 보내온 시에,

　　人生不作傷時淚 인생은 때를 슬퍼하며 눈물짓지 않나니
　　頭上應無白髮加 머리에 응당 백발이 더하지는 못하리라.

고 하였는데, 김황은 다음과 같이 차운 화답하였다.

只緣偏作傷時淚　다만 유달리 때를 슬퍼하며 눈물짓나니
催着男兒白髮加　재촉할사, 사나이의 백발만 더하리라.38)

10월 23일: 이병기·권덕규·정충시鄭忠時·김영준金永準 등과 밤 깊
도록 호랑이·여우·계집·선머슴·어린아이 얘기를 하였다.
11월 3, 4, 9, 15, 17일: 이병기·오철호 등과 놀았다.
11월 4일: 양사養士골(현 종로 6가) 셋집에 사는 정인보鄭寅普를 이병
기와 찾아가서 방두환方斗煥·변영로卞榮魯·오철호·홍명희洪命憙 등과
함께 근래의 조선 문사文士와 문장을 평하였다.39)
12월 18, 22일: 이병기와 만났다.

1924 (28세)
창강滄江 김택영金澤榮이 <열사 최익한 일화書崔烈士益翰事>를 썼다.
여기에 최익한의 상경上京(1919) 계기가 다음과 같이 나온다.
"(익한은) 일찍이 강학가講學家를 따라 놀다가 홀연 책을 던지며 스
스로 꾸짖기를, '너는 조국을 생각지 않고 헛되이 경이나 읽는 외곬
샌님이런가?' 하고는 곧장 한성으로 내달아 의사義士들과 결사하여
밤낮으로 국권 회복의 일만 꾀하였다."40)

---

38)《중재문집》권1, pp13~4, <曾得崔雲擧書 說時局出處甚新 且寄示西牢所作詩
　　頗有致意 摩挲久之 適此重陽 獨酌悄然 幷感前事 次韵寄之 三絶>.
39)《가람일기·I》p225;《가람전집·8》p52; 정인보 저(정양완 역),《담원문록·하》,
　　태학사, 2006, p554.
40)《韶護堂集續》권5, 1924년경, p6a, 書崔烈士益翰事, "嘗從講學家遊 忽擲書自

1월 8일, 2월 4일: 고향에서 올라온 이병기와 만났다.

2월 5일(음 1.1): 설날.

2월 13일(음 1.9): 삼남 건소建韶41) 출생.

4월 20일, 5월 2일, 6월 8일: 이병기와 만났다.

7월 20일~8월 15일: 최진순(동경고등사범학교 휴학)이 중동학교 여름
방학 강습회에서 국어 강사를 하였다.

8월 24일: 이병기를 찾아갔다.

9월 13일(음 8.15): 추석. 이병기와 밤이 깊도록 애기하였다.

9월 21일: 이병기를 찾아가 문일평文一平·권덕규와 종일 담화.

9월 24일: <만 면우선사 10절挽俛宇先師十絶> 중 5절을 《동아일보》
에 발표하였다(이때 선자는 정인보).

10월 7일(중양절): 최익한의 출옥 만기일 기념으로 이능화씨를 모
시고 이병기·권덕규·정인보와 함께 왕십리 안정사(청련사)에 갔다.
저녁을 먹고 애기하다가 밤늦게 돌아왔다.

10월 13일: 이병기와 정인보를 찾아갔다. 거기서 벽초碧初 홍명희
도 만나 애기하다가 밤이 이슥하여 돌아왔다.

11월 8, 16, 23일: 이병기와 만났다.

12월 28일: 이병기와 조선일보사에 가 조용주趙鏞周를 보고, 교육
협회와 진고개를 거쳐 불교회로 와서 이능화씨를 만나 술을 얻어
먹고 오다가 권덕규를 만났다.

罵曰 汝不念祖國 而徒碌碌作經生乎 則走至漢城 與諸義士結社 日夜籌恢復事";
김택영 저(김승룡 역), 《송도인물지》, 현대실학사, 2000, pp268~9; 김진균, <최
익한의 전통주의 비판과 전통 이해의 방식>, 《열상고전연구》 27집(2008), 열상
고전연구회, pp126~8 볼 것.
41) 최건소(1924~?) : 경성제일고보, 서울대 공대 졸업.

1월 8, 16, 23일(除夕): 이병기·권덕규와 놀았다.

1월 14일: 〈허생許生의 실적實蹟〉(동아일보) 발표.

2월 2일: 매헌梅軒 한충韓沖과 함께 이병기를 찾아갔다.

2월 8일: 이병기에게 동경 유학을 간다고 알린 후 같이 밥 먹었다.

2월 10일: 저녁에 이병기에게 《하정집荷亭集》 한 권을 작별 선물로 갖다주며 보라고 하였다.

2월 11일: 최익한이 도쿄로 떠나는 날 아침에 이병기가 와서 작별 인사를 하였다.

2월 21일: 도쿄에서 이병기에게 부친 편지(꿈에 그를 보았다고 시조를 지어 보냄)가 도착하여, 이병기도 바로 시조를 지어 답장하였다.

2월 24일(음 2. 2): 시조 〈님 주려〉를 지어 김황에게 부쳤다. 음력 3월 김황이 답장을 썼는데, 요약하면 다음과 같다.

"부쳐 온 여러 시편은 모두 웅건한 의취意趣가 있는데, 시조로 멀리 서 생각해 주어 더욱 고마우이. 내가 시에 본디 지음知音의 재능이 없어 시를 그만둔 지 오래라 화응할 수 없으니 한스러울 따름이네. 다만 짧은 시 몇 수 있어 소회를 얼추 풀어 동봉하니 웃어 주게나. (……) 면우 선생 문집은 곧 간행하려 하지만, 사세事勢와 재력財力이 여의치 못할 뿐만 아니라 그대처럼 총명한 준재들은 거개 빠져나 가고 나같이 하찮은 사람만 남았으니, 어찌 능히 큰일을 감당하며 성취하는 바가 있겠는가?"42)

---

42) 《중재문집》권1, pp16~7, 〈최운거가 해외에서 서신을 보내 안부를 묻고서는 '옥매화조(시조 님주려)'를 부쳐 왔기에 짧은 시 세 절구를 지어 사례하다(崔雲擧 自海外致書相問仍以玉梅花調見寄爲賦小詩三絶謝之 乙丑)〉; 《중재문집》권14,

4월경: 와세다대학 전문부 정치경제과에 입학하였다. 자기안존과 입신양명에만 급급한 학교 공부보다는 민족해방과 사회주의를 위해 맑스학에 전념하였다. 처음에 오야마 이쿠오大山郁夫43)의 문인이었지만, 나중에는 후쿠모토 가즈오福本和夫44)의 제자가 되어 많은 영향을 받았다.

5월 9일: 이병기에게 보낸 편지가 도착하였다.

5월 31일(음 윤4.9): 부친 대순大淳 별세.

7월 25일: 동지 박낙종朴洛鍾45)은 일시 귀국하여 산청군山淸郡에서 일월회一月會 기관지《사상운동》의 광고 모집을 한 것 때문에 진주 경찰서에서 취조를 받았다.

9월 3, 6일: 권한權瀚·이병기·한충과 만나 저녁을 먹었다.

---

pp66~7, 〈答崔雲擧益翰 乙丑〉, "寄來諸什 皆雄健有意趣 而時調 尤荷遠念 第恨不佞 於詩家 素無知音之能 廢簧無聲 鼓之而不能和 雖欲仰謝至意 而不可得也 只有小詩數章 略道所懷 謹此伴去 以博客中一粲 … 茶上遺文 方要印行 然不惟事力之多不如意 及門之聰明才俊 如足下者 擧皆視以爲別事 則如棍 特在後之礫耳 尙何能擔當巨役 而有所成就耶"; 최구소, 〈민족해방운동과 학문의 밑바탕에 깔려 있는 민족혼〉,《울진문화》14호(2000), pp106~111.

43) 오야마 이쿠오(1880~1955) : 와세다대 정치학과를 수석 졸업하고 교수가 되었으나, 1926년 노동농민당 위원장이 된 후 이듬해 교수직을 그만두었다.

44) 후쿠모토 가즈오(1894~1983) : 도쿄대 정치학과를 졸업하고 독일 프랑크푸르트대에서 루카치·코르쉬의 지도 아래 맑스주의를 연구하였다. 전위당에 의한 정치투쟁과 이론투쟁을 강조하면서 이른바 '후쿠모토이즘'의 선풍을 일으켰지만, 1927년 코민테른 테제에서 비판받고 일본공산당의 이론적 지도자로서의 영향력을 잃게 되었다.

45) 박낙종(1899~1950) : 경남 사천泗川 출신. 사회주의운동가. 최익한보다 2년 연하였으나 중동학교와 와세다대 선배로서 인쇄소 동성사同聲社를 운영했다. 안광천安光泉의 권유로 1927년 4월 초에 제3차 조선공산당에 입당하고 일본 지부를 재조직하며 책임비서가 되었다. 1928년 ML당 사건으로 약 6년간 투옥되었고, 1946년 정판사精版社 사건으로 무기징역을 선고받고 목포형무소에서 복역하다가 6·25 직후 군경에 의해 학살되었다.

10월 20일: 이병기에게 보낸 편지(시조 2수 동봉)가 도착하였다. 이병기도 시조 3수를 지어 바로 답장하였다.

12월 5일: 《면우집》이 발행(11월 30일 한성도서주식회사 인쇄)되었으나, 최익한은 문집 간행에 불참한 것으로 보인다.

1926 (30세)

5월 14일: 5월 1일~26일까지 이병기가 경성중등교원 일본시찰단 11인과 일본을 두루 여행하며, 14일 도쿄에서 최익한에게 편지를 보냈다. 이때 익한은 울진으로 귀향한 듯하다.

5월 15일: 이병기가 동경고등사범학교 유학생 최진순·김옥두金玉斗·유경상劉敬相과 함께 제국대학·우에노공원 등을 구경하였다.

5월 20일(음 4.9): 부친 기일.

5월 23일: 〈맑스 유물론적 변증법의 개설〉(《사상운동》 3권 6호) 발표.

5월 30일: 최진순이 우애학사友愛學舍46)에서 열린 동경수양동우회東京修養同友會 지방회의에 방청객으로 참여하였다.

6월 5일: 도쿄에서 일월회 기관지 《대중신문》이 창간되었다. 〈일월회의 민족운동으로의 방향 전환〉(미발굴) 발표.47)

---

46) 일월회 회원 김용장金庸壯(와세다대 경제과)의 집으로 東京府 下戶塚町 551.

47) 《사상운동》과 《대중신문》은 일월회 기관지이다. 일월회는 도쿄 유학생들이 1925년 1월 3일 조직하여 1926년 11월 28일 자진 해산한 사상단체로 그 활동 내용은 다음과 같다. ① ML원전을 다수 번역하면서 과학적 이론을 소개하였다. ② 재일본조선노동총동맹 결성을 주도한 후 국내로 진출하여 제3차 조선공산당을 장악하였다. ③ 후쿠모토이즘에 고무되어 경제투쟁에서 정치투쟁으로 방향을 전환하고, 대중운동과 공동전선을 통한 합법적 민족 단일당의 결성을 강조하였다. 주요 인물은 김세연金世淵·안광천安光泉·최익한·한위건韓偉健·하필원河弼源·박낙종·김천해金天海·이우적李友狄·김영식金泳植 등이다. 이석태 편, 《사회

8월 초: 여름방학 때 강연을 위해 울진에 돌아와 있었다. 8월 중순 일월회 일파 안광천安光泉·하필원河弼源 등도 귀국한 후 파벌 청산을 표방하면서 정우회正友會에 가입하여 주도권을 장악하였다.

8월 21일: 울진 동명유치원에서 사회과학 강연회를 열었는데, 300여 청중이 운집하여 유물론 철학 강의에 깊은 관심을 보였다.

9월 6일: 홍기문洪起文과 함께 이병기를 찾아갔다.

9월 8, 15, 17, 20일: 이병기·김병룡 등을 만났다.

9월 21일(음 8.15): 추석. 이병기가 찾아와 작별 인사를 하였다.

10월 5, 25일: 이병기에게 보낸 편지가 도착하였다.

11월 1일: 도쿄 유학생들과 와세다 산죠안三朝庵에서 조선학생신흥과학연구회 창립총회를 개최하였다. 최익한의 사회 하에 전일본학생사회과학연합회 대표 고바야시 신小林伸이 축사 등을 한 후, 회원들은 운동의 비과학성을 극복하기 위해 과학적으로 현대 사회를 연구할 것을 선언하고, 전일본학생사회과학연합회와 제휴할 것, 자유옹호동맹을 지지할 것 등을 결의하였다. 임원으로 조직부 최익한·박천朴泉·송창렴宋昌濂, 교육부 김일선金日善·강철姜徹·안병주安炳珠, 도서출판부 현철玄喆·황병석黃炳碩·양재도梁在道, 경제부 박원희朴元熙·김곽金鑵·박원태朴源兌, 비서 조학제趙鶴濟·홍양명洪陽明 등이 선출되었다.

과학대사전》, 문우인서관, 1948, p438, pp536~7; 사법성 형사국,《조선인의 공산주의운동》(사상연구자료 71집), 소화昭和 15년, 복각본 1973, p61; 미즈노 나오키水野直樹, 〈신간회동경지회의 활동에 대하여〉,《신간회 연구》(스칼라피노·이정식 외 6인), 동녘, 1983, p115; 김인덕,《식민지시대 재일조선인운동연구》, 국학자료원, 1996, pp58~75, p322; 박종린,《일제하 사회주의사상의 수용에 관한 연구》, 연대 사학과 박사학위 논문, 2006, pp97~120 등 참조.

11월 4일: 《와세다대학신문》에 학교의 자유로운 분위기를 다음과 같이 자랑하였다.

"우리들은 비교적 연구가 자유로운 와세다에 있으므로 연구에 관해서는 아주 편리하지만, 중앙대학이나 고등사범이나 기타 학교에 있는 조선 학생들은 사회과학을 연구하고자 해도 그렇게 하는 기관이 없을 뿐 아니라 학교 당국이 그 조직을 허용하지 않기 때문에 곤란에 처해 있다."48)

12월 7일: 《중외일보》에 다음과 같은 기사가 났다.

"재일본 일월회·삼월회·노동총동맹·조선청년동맹의 4개 단체는 조선 운동상 파벌주의 박멸에 대한 합동 성명서를 발표하였는바, 10여 페이지에 걸친 소책자로 작성되어 내용은 볼 만한 것이 많다는데, 누구든지 아래의 주소로 2전 우표 한 장만 송부하면 성명서 1부를 부쳐준다고(日本 東京府 下戸塚町 諏訪 173 村松方 崔益翰 交)."49)

12월~1927년 2월경: 러시아어를 공부하고 러시아의 사회 상태를 파악하기 위해 원산元山을 거쳐 모스크바 동방노력자공산대학에 입학하려고 갔으나 언어불통으로 뜻을 이루지 못하였다.50)

---

48) 조선학생사회과학연구회 최고간부 최익한(와세다대학 전문부 정치경제과 2년)이라고 나오는데, 11월 1일 즈음 인터뷰한 듯하다.《早稲田大学百年史》4卷, 早稲田大学出版部, 1992, p650, "大正十五年十一月一日創設された朝鮮学生社会科学研究会の最高幹部の玄二吉(一院三年), 崔益翰(專政二年)は, '自分達は比較的研究の自由な早稲田に居つて, 吾々の研究に付いては非常な便利を得てゐるけれども, 中央大学とか高等師範とかその他の学校にゐる朝鮮学生にして社会科学を研究せんとしてもそういふ機関がないばかりでなく, 学校当局が其の組織を許さないために困つて居る'(《早稲田大学新聞》大正十五年十一月四日号)と, 学苑の自由な雰囲気を誇っている."

49) 이는 당시 대중신문사의 주소와도 일치한다.《동아일보》(1927.1.11) 참조.

50) 최익한은 그때 모스크바에 체재 중인 김철수金錣洙를 만나 그의 권고로 입당

<u>1927</u> (31세)

1월 3일: 이병기가 시조 3수를 지어 보냈다.

2월경: <파벌주의 비판에 대한 방법론>을 작성하여 3월 15일경 발표(《이론투쟁》1권 1호, 미발굴).

2월 19일: 학우회는 동경조선청년동맹 사무실(東京府 下戶塚町 諏訪 164)에서 재동경조선인 각 단체 대표 30여 명을 소집하여 재동경 조선인단체협의회를 상설기관으로 조직하였다.[51]

2월 26일: 신간회新幹會(2월 15일 창립) 본부에서 신간회 상무간사로 증선增選되어 조사부에 배정되었다는 기록은 오류.[52]

3월 1일: 재동경조선인단체협의회는 3·1운동 기념을 대규모로 준비하면서 며칠 전부터 수천 장의 문서를 인쇄 배포하였다. 이에 경시청 이하 동경 시내 각 경찰서는 2월 28일 대중신문사·이론투

<hr>

했다고 한다. 김철수는 제3차 조선공산당의 재조직 건을 코민테른에 보고하기 위해 1926년 12월 17일경 경성을 출발하여 블라디보스토크로 가서 머물다가, 1927년 2월 말인가 3월 초에 모스크바에 도착했다고 하므로 시기상 약간 차이 는 있어도 최익한과 만났을 가능성은 충분하다고 하겠다. 김준엽·김창순, 《한국 공산주의운동사·3》, 청계연구소, 1986, pp187~198, p221 참조.

<ML당 사건 판결 전문>(동아일보, 1930.9.7)의 다음 말도 방증이 될 수 있다. "최창익崔昌益은 와세다대학 정치경제과를 졸업하고 (…) 1926년 중 동방노력 자공산대학에 입학하기 위해 원산 방면으로 가서 해로로 밀행 입국한 후 모스 크바에 도착하여 1927년 1월 초순경 그곳에서 김철수의 권고로 (…) 조선공산 당에 가입하였다."

51) 그 구성은 다음과 같다. 서무부 : 천도교청년당·기독교청년회·신흥과학연구회· 협동조합운동사·동부노동조합·학우회, 조사부 : 교육연구회·형설회·북부노동조 합·흑우회·을축구락부·서부노동조합, 사교부 : 조선청년동맹·고려공업회·남부노 동조합·조선여자청년동맹·무산학우회.《동아일보》(1927. 3. 2).

52) 이는 국사편찬위 한국사데이터베이스의 <신간회 상무간사 증선의 건>(京鍾警 高秘 제2413호, 1927.2.28)에 의한 것이나 오류인 듯하다. 왜냐하면 이 문건에 적힌 '崔益翰'은 '崔益煥'의 오기로 보이기 때문이다. 윤효정, 《신간회운동 연구》, 고대 사학과 박사학위 논문, 2017, p67 각주 129 참조.

쟁사·신흥과학연구회·청년동맹·여자청년동맹 등 회관과 정희영鄭禧永·최익한·강철 외 제씨의 주택까지 수색하였다. 3월 1일 오후 1시 반 기념식 거행 장소인 간다구神田區 미사키정三崎町 미사키칸三崎館에는 몇 시간 전부터 50명의 경관대가 장내와 장외를 엄중히 경계하여 주의인물을 장외에서 미리 검속하였으나, 학생·노동자·부인 수백 명이 모여 식을 거행하게 되었다. 사회가 단상에 올라서서 개회를 선언하자 경관대는 곧 해산을 시키며 군중과 큰 충돌이 일어나 검속자 수는 39명에 이르렀다.

3월 2일: <사상단체 해체론—전환기에서의 정당조직=정치운동 부정론자에게 여與함>을 작성하여 4월 25일 발표(《이론투쟁》 1권 2호).

3월 20일경: <학생운동의 사회의식에 대한 고찰> 발표(《신흥과학》 창간호, 미발굴).

3월 27일: 당숙 최진순이 오후 4시 인사동 중앙예배당에서 김창준金昌俊 목사의 주례로 김근실金勤實과 결혼하였다. 얼마 전 최진순은 동경고등사범학교를 졸업하고 보성고보普成高普(현 보성중) 역사 교사로 취직한 바 있다.

4월 초순경: 도쿄 고이시가와구小石川區에 있는 박낙종의 하숙집에서 그의 권유로 조선공산당에 입당한 후, 박낙종·김한경金漢卿·한림韓林·강소천姜小泉 등과 함께 제3차 조선공산당 일본부를 재조직하고 부서를 호선한 결과 조직부장이 되었다.

4월 27일(음 3.26): 차녀 연희璉姬[53] 출생.

5월 3일: 《대중신문》 제7호가 발행되었다.[54]

---

53) 최연희(1927~?): 동대문여자심상소학교 졸업. 1948년 서울대 상대 재학 중에 가족을 따라 월북하였다. 얼굴이 예쁘고 서화에 재능이 있었던 듯하다.

5월 7일: 와세다대 스코트홀에서 신간회동경지회 창립대회가 열렸는데, 임원으로 조헌영趙憲泳(지회장)·전진한錢鎭漢·윤길현尹吉鉉·오희병吳熙秉·송창렴宋昌濂·김준성金俊星·강소천姜小泉·임태호林泰虎가 선출되었다. 이때 최익한은 서울로 가서 불참한 듯하다.

5월 9일(음 4.9): 부친 기일.

5월 16일: 종로 중앙기독교청년회관에서 열린 조선사회단체중앙협의회 창립대회(단체 292개, 대표자 282명 참석)에 재일본조선노동총동맹55) 대의원으로 참가하여 다음과 같이 주장하였다.

"세계의 정세와 조선의 형편을 보면, 벌써 사상단체는 그 임무를 다했다 하여 해체를 하는 한편으로 민족적 단일 정당을 필요로 하여 운동 방향이 전환기에 있음에도 불구하고, 벌써 1년 전에 제정한 기본강령과 선언을 가지고 상설기관으로서 중앙협의회를 두는 것은 맑스주의에 배치되는 것이다."56)

---

54) 이때 최익한이 도쿄에 있었는지는 알 수 없다. 대중신문사 발행소(東京府 下戸塚町 諏訪 164 松岡方)는 박낙종의 이론투쟁사 발행소와 같은 곳인데, 1928년 2월 최익한이 검거될 당시의 주소와도 일치한다. 새로운 아지트(戸塚町 164)는 동경조선청년동맹·동경여자청년동맹·신흥과학연구회·동경조선인단체협의회·조선총독폭압정치반대동맹 등의 사무실이기도 하였다. 국내 항일운동 자료 : 경성지방법원 검사국 문서, <이수移輸 불온인쇄물 기사 개요>(《대중신문》 제7호·제8호), 국사편찬위원회 한국사데이터베이스; 자료번호 1-006466-008-0212 <관계자>, 독립기념관; 김인덕, 앞의 책, p135 각주 98 참조.

55) '재일본조선노동총동맹'은 《중외일보》(1927.5.18)에 따른 것이다. 《동아일보》(1927.5.18)에는 '재일본무산청년동맹'으로 되어 있는데, 이는 오류이다. 왜냐하면 청년동맹의 가입은 25세 이하로 연령 제한이 있었기 때문이다. 국사편찬위 한국사데이터베이스의 <朝鮮社會團體中央協議會創立大會開催狀況並集會禁止ニ關スル件>(1927.5.30)에 의하면, 당시 재일조선인 참석자는 재일본조선노동총연맹 한상준韓相駿(26)·박낙종(29)·최익한(31), 재동경조선청년동맹 이우적(23) 등 총 5명이었다.

56) 《동아일보》(1927.5.18). 여기에서 '민족적 단일 정당'이란 신간회를 말한다.

결국 중앙협의회는 비상설화하기로 가결되어 의안 작성위원은 이우적李友狄·최익한·이평권李平權·이병의李丙儀·박치호朴致浩·김영식金泳植·김재명金在明 등 7인이 피선되었으니, ML파가 4인(우적·익한·평권·영식)으로 과반을 확보하였다.

5월 17일: 오전에 의안 작성위원들은 경상慶尙여관에 모여 '조선무산계급투쟁의 전반적 전개에 관한 건, 파쟁의 청산에 관한 건, 전민족적 단일당 결성에 관한 건' 등 11개 안을 새로 작성하였으나 일제 경찰의 검열에 걸리고, 18일 집회도 강제 해산 금지되었다. 이로써 최익한이 주도한 ML파의 중앙협의회 비상설론이 승리하고 서울파의 중앙협의회 상설 계획은 좌절된 셈이다.

8월 3일: 도쿄 다카다회관高田會館에서 재일본조선노동총동맹·동경조선노동조합서부지부 주최와 신간회동경지회·노동농민당성서城西지부 후원으로 열린 '조선총독 폭압정치 폭로 연설회'에 연사로 참석하여 검속되었다. 이날 900여 청중들은 경찰을 육박전으로 제압하고 ○○○○○○○○만세와 세계무산계급해방만세를 부르며 혁명가 및 국제공산당가를 고창하면서 가두시위를 벌였다.

ML파 최익한은 공산당과 신간회의 단일한 민족통일전선을 구축하기 위해 서울파의 상설론(신간회 외에 별도로 중앙협의회를 상설기관화하는 것)을 반대하였다. 이는 코민테른의 지령을 대변한 것이며, 또 이른바 '방향 전환론'은 후쿠모토이즘의 영향을 크게 받은 것이다. 김준엽·김창순, 《한국 공산주의 운동사·3》, 청계연구소, 1986, pp20~3, pp198~202; 김인덕, 〈조선공산당의 투쟁과 해산〉, 《일제하 사회주의운동사》(한국역사연구회 1930년대 연구반 편), 한길사, 1991, p63; 전명혁, 〈조선사회단체중앙협의회 성격 연구〉, 《한국민족운동사 연구》 23권, 한국민족운동사학회, 1999, pp421~6; 전상숙, 《일제시기 한국 사회주의 지식인 연구》, 지식산업사, 2004, pp127~9; 이석태 편, 《사회과학대사전》, 문우인서관, 1948, p567.

8월 20일: 《대중신문》 제8호 발행.

8월 23일: 신간회동경지회 회관에서 재일본조선노동총동맹·신간회동경지회·재동경조선청년동맹이 공동 주최한 '중국시찰단 조선대표 김황파金荒波 송별회'에서 감상담을 발표하였다.

8월 29일: 경술국치일 기념으로 신간회동경지회 모임을 열려고 하였으나, 개회 전에 총무간사 강소천·송창렴·최익한·강철 외 10여 명이 검속되었다.

9월: <在日本朝鮮勞働運動の最近の發展>(《勞働者》 2卷 9号) 발표.

9월 4일: 제13회 국제청년데이 기념 동방무산청년연합대회(전일본무산청년동맹·재동경조선청년동맹 공동 주최)가 간다구神田區 니시키정錦町 마츠모토테松本亭에서 열렸다. 도쿄에 거주하는 조선·일본·중국·대만을 망라한 수백여 명의 청년과 단체의 내빈들이 참가한 가운데, 겨우 개회사를 마치고 각기 축사가 시작되려 할 즈음에 돌연 강제 해산당하고 최익한·박낙종 외 14명, 일본인 모리森 이하 6명, 대만인 황종요黃宗堯·진단명陳端明 등이 검속되었다.[57]

9월 13일: 경성지방법원에서 열린 '조선공산당 사건 공판'에 재일

---

57) 당일 결정한 표어는 ① 제국주의전쟁에 반대하자! ② 중국○○(혁명―필자)운동을 지지하자! ③ 일본정부의 대중對中간섭에 반대하자! ④ 조선총독의 경찰정치에 항쟁하자! ⑤ 재만동포의 군사적 학대에 항쟁하자! ⑥ 조선공산당사건의 무죄를 주장하자! ⑦ 만국무산청년은 단결하라! 등이다. 《동아일보》(1927. 9.11~12). 동경조선청년동맹은 1926년 11월 일월회가 해체되면서 그 회원 중 25세 이하 청년이 다수 가입하여 기존의 '동경조선무산청년동맹회'를 개칭 발족한 단체로 신흥과학연구회(최익한), 이론투쟁사(박낙종) 등과 같은 사무실을 이용하였다. 그러니까 이날 극동무산청년의 반제통일전선 결성을 도모하는 연합대회에, 재일본조선노동총동맹 소속의 최익한은 내빈으로서 축사를 하기 위해 들렀다고 볼 수 있다. 김인덕, 앞의 책, p92, p135, p195.

본조선노동총동맹·신간회동경지회 임시공동위원회는 변호사로 후루야 사다오古屋貞雄(일본노동농민당), 방청대표로 정남국鄭南局·이동재李東宰(재일조선노총), 강소천·권대형權大衡(신간회동경지회), 최익한(대중신문사) 등을 파견하였다.58)

9월 20일경: 제3차 조선공산당59) 조직부장이 되었다. 책임비서 김준연, 중앙위원 한위건韓偉健·안광천·양명梁明·최익한·하필원河弼源·김세연金世淵.

11월 1일: 동경 9개 단체(신간회동경지회·재일조선노동총동맹·재동경조선청년총동맹·재동경조선유학생학우회·신흥과학연구회·재동경조선여자학흥회·재동경여자청년동맹·대중신문사·이론투쟁사) 연합으로 조선총독부와 일본 내각 등에 항의문을 발송하여, 조선공산당 사건 피고 권오설權五卨 외 4인을 고문한 경찰들에 대해 엄정히 처리할 것을 촉구하였는데, 이때 최익한은 서울에 있었으므로 참석 불가하였다.

11월 6일: 조선공산당 책임비서 김세연, 고문 양명, 선전부장 최익한으로 정하고 파쟁 청산과 방향 전환의 실천을 위해 매일 회합하였다.

11월 13일: 제2회 신흥과학연구회 정기총회가 열렸는데 권대형權大衡 외 13인이 위원이었다(최익한은 서울에 있어 불참).

11월 15일경: <우리로서 본 일본의 계급전선> 발표(《이론투쟁》4호, 미발굴).

---

58) 《동아일보》(1927.9.8~14). '조선공산당 사건 공판'은 제1차, 제2차 조선공산당 사건으로 기소된 101인에 대한 첫 공판이었다.

59) 제3차 공산당의 책임비서는 초대 김철수金錣洙(1926.9.2~12.5), 2대 안광천安光泉(~1927.9.20경), 3대 김준연金俊淵(~1927.11.2경), 4대 김세연金世淵(~1928.2.2) 순이었다. * 괄호는 재임 기간.

11월 20일경: 조선공산당을 대표하여 도쿄에 가서 코민테른 간부
존 페퍼60)를 만나 당대회 준비 자금과 지령을 전달받았다.

12월 1일: 서울 본정本町 2정목丁目(현 충무로 2가) 중국인 모 요리관
에서 조선공산당 중앙간부 재조직이 있었다. 책임비서 김세연, 중
앙위원 양명·최익한·최창익崔昌益·정백鄭栢·이정윤李廷允·김강金剛.

12월 22일: 당시 박상희朴尙僖의 탐방기에 의하면 신흥과학연구회
는 위원장 한림, 위원 최익한·송창렴·권대형·강철·현철玄喆·안병주·
이병호李丙鎬·황병석·박원태·홍양명·조학제·진병로秦炳魯였고, 이론
투쟁사는 박낙종(발행인, 동성사 주)·이우적(청년동맹위원)·한림(신흥과학
위원장)·최익한(동 위원)·강철(동 위원)·이병호(동 기관지 발행인) 등이 주요
동인이었다.61)

1928 (32세)

1월: 도쿄에서 고려공산청년회 대표 이인수李仁秀, 일본공산당 대표
사노 마나부佐野學와 회견하였다.

1월 23일: 동생 익래가 신간회 울진지부 설립대회에서 정치문화부
간사로 선임되고, 이듬해 8월 24일 임시대회에서 집행위원 및 조
사부원으로 선출되었다.

1월 26일~2월 13일: <1927년 조선 사회운동의 빛>(조선일보) 10
회 연재.

2월 2일경: 제3차 조선공산당(세칭 ML당) 사건으로 종로경찰서에

---

60) John Pepper(1886~1938) : József Pogány. 유대계 헝가리인. 소련에 망명
   한 후 1927년 6월 코민테른 집행위원회 최고회의 간부로 선출되었다.
61) 박상희, <동경조선인제단체역방기歷訪記 (39)>, 조선사상통신(1927.12.22).

검거되어 여러 번 조사를 받았다. 당시 기록에는 '와세다대학 학생' 신분으로 되어 있으니, 결국 졸업은 못하고 제적된 것으로 보인다. 이때부터 약 8년 동안 수감되었다.

2월 25일: 차디찬 유치장에서 고생하며 주야로 쉴 새 없이 심문에 부대낀 결과 김세연은 폐결핵, 하필원은 기관지염, 최익한은 감기가 심하여 의사의 진찰을 받고 약을 받았다.

4월 초: 종로경찰서유치장에서 서대문형무소로 이감되었다.[62]

11월 2일(음 9.20): 모친 동래정씨 별세.[63]

1929 (33세)

6월 21일: 동생 익채가 병으로 서울에 와서 이병기를 찾아왔는데, 이후 건강을 회복하지 못한 듯하다.

9월 22일: 동생 익래가 <울진청년회 발기문>을 작성 배포하였다. 이 사건으로 10월 4일 울진경찰서에 검거되어 취조를 받고 10월 11일 강릉검사국에 이송된 후 약 1년간 옥고를 치렀는데, 혹독한 고문을 당하여 다리 불구가 되었다.[64]

10월 28일: 경성지방법원에서 예심이 종결되어 공판에 회부되었다.

11월 4일: 1년 반 넘게 서대문형무소 구치감독방에서 가족 면회나 의복 차입도 불허된 가운데 남루한 여름옷으로 참혹히 견디며 폐병에 걸렸다.

---

62) 김준연, <나의 편력>, 《매일경제》(1969.4.12) 참조.

63) 《가람전집·8》 p425에는 "1928년 11월 23일(음 10.12) 최창해 군의 대부인상 大夫人喪의 부고가 오다"로 되어 있어 차이가 난다.

64) 《조선일보》(1929.10.17) 석간 7면 및 후손 증언.

<u>1930</u> (34세)

1월 초: 치질까지 생겨 앉고 일어서기조차 불편하였다.

6월 25일: 경성지방법원에서 ML당 사건 1회 공판 시 재판장에게 환자들이 누울 수 있도록 손을 들어 건의하여 허락을 받았다. 이에 이인수(치질), 김남수金南洙(발열), 임형일林炯日(장결핵) 등이 한구석 의자에 눕게 되니 법정은 병원을 방불케 하였다.

7월 4일: 오전 8시 2회 공판도 1회와 마찬가지로 방청이 금지되었고, 비밀 심리가 있었다. 가족 친지들은 이른 아침부터 억수같이 퍼붓는 비를 무릅쓰고 경계가 삼엄한 법정 문 앞에 몰려와 피고들의 얼굴이라도 한번 보려고 하루 종일 헤매었다.

7월 9일: 3회 공판, 16일 4회 공판, 21일 5회 공판이 있었다.

8월 30일: 경성지방법원에서 김준연·하필원·강동주姜東柱 등과 피고인 최고형인 징역 6년(미결구류 600일 산입)이 선고되었다.65)

<u>1931</u> (35세)

1월 12일(음 1930.11.24): 동생 익채가 향년 32세로 요절하였다.

<u>1932</u> (36세)

7월 8일: 서대문형무소에서 대전형무소로 사상범 기결수 25명66)이 이감될 때 대전역에 내리자 "조선공산당 만세, 조선민족해방

---

65) 이때 피고인 대부분은 상소권 포기 신청을 함으로써 형이 확정된다. 최익한은 1928년 2월 2일경 종로경찰서에 검거되었으니 30개월 이상 수감된 셈이지만, 실제 판결에서는 미결구류일수 중 600일만 본형에 산입된 것이다.

66) ML당 사건, 간도공산당 사건, 간도 5·30 봉기, 조선공산당 재건운동 등으로 수감된 사람들이 섞여 있었다.

만세, 조선민족독립 만세"를 선창하였다. 또 이감 자동차가 대전 시장을 지나칠 적에는 "높이 들어라 붉은 깃발을 / 그 그늘에서 전사戰死하리라 / 비겁한 자야 갈 테면 가라 / 우리들은 붉은 기를 지키리라"는 〈적기가赤旗歌〉를 일본어로 부르며 합창 시위를 주도 함으로써 호송하는 간수와 경관을 경악케 하였다.

8월 1일: 공주지방법원 대전지청에서 '만세 사건'을 출장 조사하여 기소되었다.

9월 1일: 공판 3일 전에야 통신이 허락되니, 피고 중 최익한·강기 주姜貴柱의 이름으로 경성 아무개 변호사를 전보로 초청하자, 3일 예정된 공판이 무기한 연기되고 서신도 일절 금지되었다.

11월 8일: 동지청에서 피고인 최고형인 징역 1년이 가형되었으나, 피고인 20명 모두 판결에 불복공소하여 12월 3일 오전 11시 서울 로 다시 이송되었다.

1933 (37세)

1월 19일: 경성복심법원에서 '만세 사건'으로 재판장이 나이를 물 으니 호적보다 6살이나 적게 대답하였다. 재판장이 나이가 틀리다 고 날카롭게 추궁하자, "형무소 안에서 먹은 나이는 나이가 아니 다"고 비아냥거려서 공판정에 파란을 일으켰다. 또 "만세를 부른 죄로 보안법을 적용받을 이유가 없다"고 항의하였으나 가비야히 일축되었다. 그리고 "오랫동안 사회와 격리되어 있는 피고인들을 위하여 한때의 공판이나마 사회인으로서의 감정을 가질 수 있도록 공판을 공개해 달라"고 요청하여, "혹 (공개)할는지 알 수 없다"는 말을 들었다. 피고들은 전부 사실심리에서 형무소의 심각한 죄수학대 문제를 폭로하면서, '만세 사건'은 형무소에 대한 반항 의식 때문에 일으킨 것이라고 반연설조로 진술하여 재판장의 주의를 여러 번 받았다. 일제강점기 때 기결수로서 재차 법의 적용을 받게 된 경우는, 최익한 등 만세 사건 피고인 20명이 최초였다.

1월 25일: 경성복심법원에서 징역 1년 가형이 확정되었다. 판결문(소화 7년 형공刑控 제484호)에 최익한은 "현재 대전형무소 기결수既決囚 봉투직공封筒職工"으로 기록되어 있다.

3월 25일: 안창호安昌浩·구연흠具然欽 등 사상범 32명과 함께 서대문형무소에서 대전형무소로 다시 이감되었다.

1934 (38세)

2월 13일: 《조선중앙일보》에 최익한이 대전형무소에서 11일 은사감형 받았다고 보도되었으나, 이는 오보이다.

3월 초순경: 장남 재소와 차남 학소가 울진적색농민조합 사건으로 울진서에 검거되어 12월 6일 함흥지방법원으로 이송되었다. 재소·학소는 1933년 3월부터 조합 결성에 참여하였고, 이후 부인부와 소년부 책임자로 각각 선임되어 활동한 바 있다.

1935 (39세)

7월 8일: 재소·학소가 함흥지방법원에서 각각 징역 2년 6월형과 3년형(미결구류 180일 산입)을 선고받았다.

1936 (40세)

1월 8일: 아침 6시 대전형무소에서 만기 출소하였다.67) 새벽부터

형무소 앞에서 기다린 막내아우 익래와 만나 잠시 대전 시내 동양
여관에서 몸을 녹이고, 오후 3시 32분 대전역 출발 열차로 상경하
여 견지동堅志洞 승경昇京여관에 묵었다. 서대문형무소와 김천金泉
소년형무소에 복역 중인 두 아들 재소·학소를 면회하고 고향 울진
으로 돌아와서 다음과 같이 통곡하였다.

> 十載蘇郞白髮歸　10년 만에 소무蘇武인 양 백발로 돌아오니
> 歸如華表老丁威　학이 되어 돌아온 정령위丁令威런가.
> 金泉落日西城雪　우물가 해 지고 서쪽 성벽 눈 나리는데
> 彳亍徘徨敲鐵扉　가다 서다 헤매다 쇠문짝을 두드리네.68)

초반경: 〈다산의 일사逸事와 일화逸話〉, 〈다산의 저서 총목〉 작성.69)
봄: 서대문형무소에 있는 장남 재소를 면회하기 위하여 온 가족을
이끌고 성동城東으로 왔다.
8월 22일경: 창신정昌信町(현 창신동) 633~22번지(대지 34평, 건평 16평,
1935.12.10 신축 와가)로 울진의 가족과 함께 모두 이사하였다. 1855

---

67) 최익한은 1930년 8월 30일 징역 6년에 미결구류일수 중 600일만 산입 구형
　　되고 1933년 1월 25일 징역 1년이 가형되었으므로 정확히 형기를 다 마친 셈
　　이나, 실제로는 1928년 2월 2일경 검거된 이후 약 8년간 수감된 것이다.
68) 〈곡아 25절哭兒二十五絶〉 제15수, 《조선일보》(1937. 4. 24); 최구소, 〈창해
　　학인의 곡아 25절시〉, 《울진문화》 5호(1990), p138; 한영규, 〈식민지 시기 한시
　　작가로서의 최익한〉, 《반교어문연구》 33집(2012), p130 참조.
69) 날짜는 정확히 알 수 없지만, 1936년 초반경으로 추정된다. 《여유당전서》를
　　간행하고 있던 신조선사의 요청으로 써 보냈으나, 잡지 《신조선》이 1936년 1월
　　호를 끝으로 폐간되어 실리지는 못하였다. 이후 《동아일보》에 《여유당전서를
　　독함》을 연재할 때 그 일부로 포함되고(1938.12.27~1939.2.7 연재분), 《실학
　　파와 정다산》(1955)을 간행할 때 부록으로 재수록되었다.

년 증조부 정민延民(1805~1871)이 서울에서 울진으로 이거한 지 81
년 만에 복귀한 셈이다.70)
11월 1일: 이병기가 창신동으로 찾아왔다.

<u>1937</u> (41세)
3월 6일: 재소가 출옥을 4개월 앞두고 살인적인 고문 후유증으로
함흥형무소에서 순국하였다. 향년 24세로 수감된 지 만 3년 만이
었다. 2000년 8월 15일 건국훈장 애족장이 추서되고, 동년 9월 21
일 국립대전현충원 애국지사 제2묘역 844호에 안장되었다.
4월 23~25일: <곡아 25절哭兒二十五絶>(조선일보) 3회 연재.71)
8월 23일(음 7.18): 삼녀 한경漢景 출생.
11월 22일: 인민 전선 결성 혐의로 동대문서에 다시 피검되었던 인
정식印貞植과 최익한은 22일 밤에 석방되었다. 검거일은 당일인지
전일인지, 아니면 며칠 전인지 정확히 알 수 없다.
11월 26일: <우리말과 정음正音의 운명>(《정음》 21호) 발표.
12월 9~23일: <한시만화漢詩漫話>(조선일보) 12회 연재.72)

---

70) 부동산 등기부의 '소화 11년(1936) 8월 22일 매매' 기록과 토지대장의 '소화
   11년 8월 28일 소유권 이전' 기록으로 보아, 최익한은 그 사이에 이사하였을 것
   이다. 그러니까 이사 시기를 최국소(최익한의 조카)가 1936년 늦은 가을이라 한
   것은 착오이다. 《강릉최씨수헌공파보》 p480; 최국소, <순국열사 최재소 종제의
   넋두리>, 《함께 보는 우리 역사》 85집(2000), 역사학연구소, p27 등 볼 것.
71) 참척의 고통을 절절이 시적으로 승화한 7언절구 25수로 최익한의 대표시이다.
   그는 직접 함흥까지 가서 재소의 유해를 수습하여 고향으로 돌아와 선영에 묻
   었다(한영규, 앞의 글, pp133~5). 여기서 선영은 최익한 부모의 묘로서 울진군
   북면 곡리谷里 홍신곡洪神谷 산에 있다(《강릉최씨수헌공파보》 p480; 최구소,
   <순국선열 명보明甫 최재소를 소개한다>, 《울진문화》 15호, 2001, p149).
72) <한시만화·12- 한시의 금후 행방>(조선일보, 1937.12.23)에는 최익한이 십수

12월 말: 조선어학연구회의 《조선어사전》 편찬 작업을 하였다.[73]
또 조선일보 학예부장 홍기문洪起文의 사회로 개최된 '조선어 기술
문제 좌담회'(1938.1.4 조선일보 보도)에 김광섭金珖燮·이극로李克魯·류
치진柳致眞·송석하宋錫夏·조윤제趙潤濟·최현배崔鉉培와 함께 참석하여,
'조선어 서사書寫 방법(띄어쓰기), 부호 존폐의 문제, 외래어 표음 문
제, 횡서橫書와 종서縱書의 시비是非'에 대해 토론하였다.

1938 (42세)

《조선일보》에 다음 작품을 발표하였다. * 괄호는 연재 날짜, 횟수.

<독사여록讀史餘錄−한사편린漢史片鱗>(1.21~22, 2회)

<조선 유교사에 있어 정포은鄭圃隱의 공적과 지위>(1.23~27, 4회)

<고려가사 '역대전리가歷代轉理歌'를 소개함>[74]

<역대사담歷代史談>(2.3~13, 8회)

<여말사화麗末史話>(3.12~26, 10회)

<향토 문화를 찾아서>(5.5~12.6, 35회)[75]

   년 전에 지은 시 <주행박광진 제박처사임강재舟行泊廣津 題朴處士臨江齋>가
   예시되어 있는데, 1919년 작으로 추정된다.
73) 《동아일보》(1938.1.1) 기사를 요약하면 다음과 같다.
   "조선어학연구회는 지난 10월 계명부락부啓明俱樂部에서 오래전부터 편찬해
   오던 《조선어사전》을 인수하여 현재 편찬 작업을 진행 중이다. 정인보·최남선
   崔南善·박승빈朴勝彬·임규林圭 등의 열성과 노력으로 10수만 개의 어휘를 모
   으고 주석도 끝내서 제1기 사업은 마쳤다. 제2기 사업으로 넘어가 박승빈·임규·
   최익한 등이 불철주야 어휘 선택과 주석 정리에 착수하고 있다."
74) 이는 조선어학연구회에서 발행한 《정음》22호(1938.1.30)에 수록된 글이나,
   발표 시기의 순서에 따라 편의상 여기에 배치하였다.
75) 울진행(5.5~5.18) 10회, 삼척행(5.19~5.29) 9회, 박천행(7.14~7.23) 8회,
   구례행(11.26~12.6) 8회 등 총 35회가 연재되었는데, 최익한의 시 <次白巖金
   濟先生踰海詩韻>, <次栗谷板上韻>, <謝呈 桂南沈之潢氏·晩圃沈相敦氏>, <五十

1월 초: 학소가 만기 출옥 후, 울진농민조합(1934년 와해)을 계승할 새로운 조직체를 건설하기 위해 노력한 것으로 보인다.

3월 19일: 삼남 건소가 제일고보에 합격.

4월 9일: 《조선일보》가 주최한 제3차 조선향토문화조사를 위하여 출판부 촉탁직으로서 오후 10시 5분 강원도 울진·삼척 지방으로 떠났다.

4월 10일경: 향토문화조사차 자기 고향인 울진군 북면 나곡리 남대문(석문)에 이르러 창졸간에 장편 〈석문가石門歌〉를 지었다. 울진 답사기에 "석문은 어릴 적에 여름철이면 더위를 피하여 늘 와서 살다시피 한 곳으로, 석문에 대한 시문 기록도 상당히 많았었는데 지금은 하나도 기억나지 않는다"고 하였다.76)

4월 15일: 정오경에 사진사와 함께 푸른 안개 속의 수산천守山川 (일명 蔚珍浦)을 건너서 둔산屯山의 망양정望洋亭을 찾아갔다.77)

5월 2일: 향토문화조사차 삼척읍에서 사진사와 함께 출발하여 근덕면近德面 궁촌宮村에 있는 공양왕릉恭讓王陵을 답사하였다.78)

川觀釣兒有感〉, 〈무제〉와 시조 〈酒泉臺〉, 〈沙羅峙 너머서〉 등 총 7편이 수록되어 있다(조선일보, 1938. 5. 8~7. 21). 시제는 모두 편자가 붙였다. 그는 《조선일보》의 향토문화조사위원으로서 울진蔚珍·삼척三陟·박천博川·구례求禮 등의 유적지를 탐방하였다. 그의 문필 활동은 오랜 투옥으로 가세가 기운 상태에서 거의 유일한 호구책이었을지도 모른다. 그렇지만 《조선일보》는 2010년 2월 2일 기사에서 "1938년 향토문화조사사업은 일제의 조선 문화 말살 정책에 대항하는 민족적 사명감의 발로였다"고 자찬한 바 있는데, 이는 중일전쟁 직후 전시 동원체제하에서 기획된 것으로서 조선총독부의 문화 정책과 직간접적으로 연동된 사업이라는 점은 부정할 수 없다. 박찬모, 〈'고분객孤憤客'의 신악神岳, 무등산—이은상의 무등산 유기 고찰〉, 《호남문화연구》 53집(2013), 호남학연구원, pp41~7 참조.

76) 〈향토 문화를 찾아서〉, 《조선일보》(1938. 5. 13) 5면.

77) 앞의 글, 《조선일보》(1938. 5. 11) 5면.

5월 25일: 오후 2시경에 박천博川사진관 주인 이희수李希秀 군과 함께 박릉산성博陵山城을 구경하고 홍경래강洪景來江을 건너 다복동多福洞으로 향하였다. 박천면博川面 하남동下南洞 대령강大寧江 위에서 다복동의 강 너머 풍경을 촬영하고 다시 불어난 강물을 무릅쓰며 가랑비를 맞으면서 유허遺墟를 찾아갔다.79)

9월: 향토문화조사차 구례에 잠시 들러 유당酉堂 윤종균尹鍾均 선생이 이미 80에 실명하였어도 오히려 애쓰며 시가를 끊임없이 읊는다고 들었다. 그 독실히 좋아함에 더욱 감탄하였다.80) 9월 말에 구례행을 마치고 돌아온 지 얼마 안 되어 친우 난사蘭史 황위현黃渭顯81) 군이 자기 고향인 구례군 월곡月谷(시호詩豪 황현의 옛집) 근처에서 '건통乾統' 연호와 '난약사蘭若寺' 명칭을 새긴 고종古鐘 하나와 향로香爐·자기磁器 등이 뜻밖에 출토되었다는 소식을 편지로 알려주었다.82)

12월 16일: 오후 5시 명월관明月館에서 《여유당전서》(신조선사, 1934~38) 76책 완간 기념 출판기념회가 있었다. 당시 발기인은 다카하시 도오루高橋亨·후지츠카 치카시藤塚鄰·니시무라 신타로西村眞太郎·야마구치 마사유키山口正之·최린崔麟·김태준金台俊·노자키 신조野崎眞三·방응모方應謨·박종화朴鍾和·손진태孫晋泰·조용만趙容萬·이극로李

---

78) 앞의 글, 《조선일보》(1938. 5. 26) 5면.

79) 앞의 글, 《조선일보》(1938. 7. 22) 5면.

80) <유당집서酉堂集序>(1943), 《유당집》, p2a, "數年前 帶報社事 暫到求禮 聞公已八十 失明而猶孜孜 不輟吟哦 益歎其篤好"

81) 황위현(1891~1966) : 독립운동가. 매천 황현黃玹의 아들로 태어났으나 중부仲父의 양자로 입적되었다.

82) <광주廣州 객산동客山洞 불상佛像·각자刻字 탐방기 (1)>, 《동아일보》(1939. 6. 6) 4면.

克魯·최규동崔奎東·윤치호尹致昊·송진우宋鎭禹·이헌구李軒求·백관수白
寬洙·현상윤玄相允·김성수金性洙·이여성李如星·이병도李丙燾·최익한·
문일평文一平·이관구李寬求·김기진金基鎭 등 60여 명이다.83)

1939 (43세)
《동아일보》에 다음 작품을 발표하였다.84)

83) 친일 민족개량주의자들이 다수를 이루며, 김태준·이여성·최익한 등 사회개량
주의자들은 극소수에 불과하였다. 조선총독부 촉탁이었던 이병도의 사회 아래
경성제대 교수 다카하시 도오루의 축사와 신조선사 주간 권태휘權泰彙의 답사
등이 있었다.《동아일보》(1938.12.13) 2면;《매일신보》(1938.12.17) 3면 참조.
최익한은 당시 극우 민족주의자들과 교류하긴 했어도 서로 이익을 좇아 부화
뇌동하던 사이는 아니었다. 이는 그가 월북 후에 쓴 다음 논문으로도 어느 정도
짐작할 수 있을 것이다.
"3·1운동 때 이른바 유지인사이며 교육사업가로 자처하던 민족반역자의 원흉인
호남지주 김성수는 독립선언 계획의 진행을 알고 있었을 뿐만 아니라 당사자들
의 교섭이 있었음에도 불구하고 그는 냉정하게 거절하였으며, 또 그의 식객인
송진우宋鎭禹·현상윤 등은 자기들이 관계하는 학교(중앙학교)를 위한다는 구실
로써 역시 독립운동에 참가하기를 거부하였다." <3·1운동의 력사적 의의에 대한
재고찰>,《력사제문제》6호(1949.5), 조선력사편찬위원회, p101.
또 해방 직전 최익한의 맏사위가 된 이청원도 "1920년대에 민족부르주아지의
대표적 인물인 김성수·송진우·최린崔麟·이광수李光洙 등이 표면으로는 조국과
민족의 운명을 근심하는 애국자로 가장하면서, 내면으로는 적과 타협한 일련의
기만적 행동을 하였다"고 적시한 바 있다. <조선에 있어서 쁘롤레따리들의 계급
형성과 그 특징>,《과학원학보》1호(1953.9), 과학원, p27.
84) 1931년 만주사변 이후《동아일보》는 '조선고적보존운동'과 '조선학담론' 등을
전개하였다. 이는 부르주아 민족주의자들의 국수적인 대응 방식으로서 일제의
문화 정책에 대해 '최소한의 반발' 같은 일시적 명분이라도 있었을지 의문이다
(이지원, <1930년대 민족주의 계열의 고적보존운동>,《동방학지》77~79합집,
연대 국학연구원, 1993, pp755~9). 그러나 당시 사회주의 민족주의자 백남운
白南雲·신남철申南徹·김태준金台俊 등은 동아·조선 두 신문에 총독부 및 민족
개량주의자들의 관념적·복고적 조선학 담론을 비판하며 그 대안으로 과학적·주
체적 조선학을 제기하였다. 류승완,《이념형 사회주의》, 선인, 2010, pp322~8;
최재목, <1930년대 조선학운동과 '실학자 정다산'의 재발견>,《다산과 현대》

《여유당전서를 독함》(1938.12.9~1939.6.4, 64회)

〈전통 탐구의 현대적 의의〉(1.1~7, 5회)

〈한시곡란漢詩曲欄〉(1.17~2.19, 11회)

〈한시모집〉(1.17~1940.8.8)[85]

〈빙허각전서憑虛閣全書 소개담〉(1.31)

〈독서—목적과 취미의 관계〉(2.2)

〈큐리부인전〉(4.12)[86]

〈북한산신라진흥왕비北漢山新羅眞興王碑〉(5.13~19, 4회)[87]

〈김은호金殷鎬 화백의 '춘향상春香像'을 보고〉(5.27)

〈광주廣州 객산동客山洞 불상佛像·각자刻字 탐방기〉(6.6~30, 12회)

〈난곡이건방옹만蘭谷李建芳翁輓〉(7.12)

4·5호, 연대 강진다산실학연구원, 2012, p95~6; 김인호, 〈백남운과 김태준의 '근대화'와 '전통' 인식〉,《역사와 실학》53집, 역사실학회, 2014, pp134~8; 이준식, 〈조선학운동과 백남운의 사회사 인식〉,《1930년대 조선학운동 심층 연구》, 선인, 2015, pp171~188; 조형열, 〈1930년대 마르크스주의 지식인의 학술문화기관 구상과 '과학적 조선학' 수립론〉,《역사학 연구》61호, 호남사학 회, 2016, pp139~146; 정종현,《다산의 초상》, 신서원, 2018, pp103~127 등 참조. 이미 그러한 조선학 담론도 한물간 30년대 후반 전시체제하에서 최익한 의 고전 소개나 고적 답사는 이루어진 것이다. 따라서 사회주의 운동을 중단한 그의 글은 더욱 개량적 성격을 띨 수밖에 없었다.

85) 시제詩題를 내걸고 한시를 모집한 후 고선考選하였다. 입선작은 등수 순으로 게재되고, 시제는 매번 다음과 같이 바뀌었다. '설죽雪竹·시조한역時調漢譯·춘강 효경春江曉景·방초芳草·이앙移秧·유두연流頭宴·빈부貧婦·가배嘉俳·상국霜菊· 춘궁春窮·빙氷·춘청春晴·화우花雨·녹음綠陰·하일등산夏日登山'.

86)《동아일보》4월 12일자에 〈큐리부인전〉(에브 큐리 저, 최익한 역)을 4월 17일 석간부터 연재하기로 예고되었으나, 검열에 걸려 연재를 못한 듯하다.

87) 5월 10일경 북한산진흥왕비가 어느 등산객의 악희惡戲로 인하여 그 상부 접합 한 파편이 전락轉落되었다는 놀라운 소식이 보도되자, 최익한은 본보 편집자의 급청急請에 응하여 즉흑적 산문을 게재하게 되었다. 〈북한산진흥비 연대추정에 대하여 (1)〉,《동아일보》(1938.8.11) 3면

〈요축, 석전황장(원)희수遙祝石田黃丈[瑗]稀壽〉(7.25)

〈산악시인山岳詩人〉(7.28~8.3, 4회)

〈북한진흥왕비北漢眞興王碑 연대 추정에 대하여〉(8.11~24, 8회)

〈축 안주安州 중헌문고中軒文庫 개관〉(8.29)

〈시사詩謝, 위창옹전액葦滄翁篆額〉(9.3)

〈신사申謝, 위창옹기선葦滄翁寄扇〉(9.5)

〈동애東崖·송호松湖 가사歌詞〉(9.6~9, 3회)[88]

〈추석·가배嘉俳의 유래와 민속〉(9.27)

〈박조산애사朴照山哀辭〉(11.21)

〈고려 문헌계의 유주遺珠《제왕운기帝王韻紀》,《동안거사집動安居士集》〉(12.7~14, 4회)

늦은 봄: 면우의 제자 하경락河經洛(1876~1947)이 가회동嘉會洞 자기 아우 집에 머무르는 동안, 임종희林璁熙·곽전郭㴘(면우의 장남)과 함께 찾아뵈었다.[89]

6월 2일: 학소가 공영어업주식회사共永漁業株式會社(울진) 임시주주총회에서 이사로 선임되고 동일 취임하였다.[90]

6월 3일: 오전 11시경에 이관구李寬求·이원조李源朝·이병기李秉岐·이병도李丙燾·이여성李如星·송석하宋錫夏·윤필구尹弼求와 함께 동아

---

88) 허미수許眉叟 편編의 고가사古歌詞 10편을 소개한 글로,《정음》32호(1939. 12.25)에 다시 게재되었다.

89) 하경락,《제남집濟南集》책1 권2, 회상사, 1988, p27b, 〈嘉會洞舍弟僑所喜 林鳴國璁熙 崔雲擧益翰 郭可豪㴘 來訪 己卯〉 참조.

90) 1939년 6월 6일 대구지방법원울진출장소에 "공영어업주식회사 대표이사 최익성崔益晟, 이사 최학소·최익후崔益珝·주영석朱永錫·윤세병尹世炳, 감사 최익화崔益華·최익면崔益冕·윤병원尹炳元"으로 변경등기하였다.《조선총독부 관보》제3757호(소화 14년 7월 29일) p322.

일보사가 내준 자동차 2대를 나눠 타고 광주廣州 객산동客山洞으로 불상佛像·각자刻字 탐방을 떠났다.91) 정오를 좀 지나 일행은 현지에 도착하여 해독解讀·사진·탁본 등의 일을 마치고 각자 준비해 온 점심을 먹고 5시경에 돌아왔다. 송석하의 탁본(4매) 솜씨에 모두 경탄하면서 '탁무주임拓務主任'이란 별명을 주었다. 이튿날 탁본을 들고 오세창吳世昌 옹께 가서 서법 감정을 부탁드렸다.92)

10월경: 학소가 울진농민조합의 후신으로 항일비밀단체인 창유계暢幽契를 결성하여, 1943년 3월 검거되었으나 탈옥했다고 한다.

1940 (44세)

《동아일보》에 다음 작품을 발표하였다.

<재해災害와 구제救濟의 사적史的 단편관斷片觀>(1.1~3.1, 27회)93)

<종두술種痘術과 정다산 선생>(2.29~3.5, 4회)94)

<조선 여류 예원사상藝苑史上 신말주申末舟 부인 설씨薛氏의 지위>
(3.17~23, 4회)

<사상史上 명인의 20세>(4.2~5.15, 21회)

<만오촌설옹(태희)輓梧村薛翁[泰熙]>(4.27)

---

91) 최익한은 광나루를 지나면서 다음과 같이 회고하였다. "어느덧 광진철교廣津鐵橋에 이르렀다. 꼭 20년 만에 다시 와 본다. 강물은 예나 이제나 한빛으로 흐르고 있지만 이제 온 나는 20년 전의 내가 아니다. 20년! 강물을 보고 자기를 탄식하고 잇따라 세상을 탄식하고 다시 강물을 굽어보니 강물은 속절없이 흐르고 흐를 따름이더라." <광주 객산동 불상·각자 탐방기 (2)>, 《동아일보》(1939.6.7) 4면; 《가람일기·II》 pp497~8.

92) <광주 객산동 불상·각자 탐방기 (12)>, 《동아일보》(1939.6.30) 3면.

93) 현재 1~9, 18회는 인터넷으로 검색 가능하나, 10~17, 19~27회는 마이크로 필름으로만 볼 수 있다. 《조선 사회 정책사》(박문출판사, 1947)에 재수록.

94) 《실학파와 정다산》(평양국립출판사, 1955) 부록으로 편입되었다.

〈담헌湛軒 홍대용洪大容의 언문諺文《연행록燕行錄》〉(5.18~19, 2회)95)
〈조선 여류 저작사상 사주당師朱堂《태교신기胎敎新記》의 지위〉
(7.16~28, 5회)
〈류자후柳子厚씨 대저大著《조선화폐고朝鮮貨幣考》를 읽고〉(8.6)
〈증별贈別 심산心汕 화백〉(8.11)

1월 9일: 최진순·박흥식朴興植 등이 오후 1시 조선호텔에서 조선과
화북華北의 무역을 위해 천진동아산업주식회사天津東亞産業株式會社
발기인위원회를 개최하였다. 최진순은 평의원으로서 천진일본상
업학교장(1935~38)·천진조선인민회 부회장을 지내고 1939년 8월
귀국한 바 있다.

3월 4일: 학소가 오후 1시 조선일보사 강당에서 담양전씨潭陽田氏
(1918~?)와 혼례식을 올렸다. 담양전씨는 창신정 바로 옆동네인 숭
인정崇仁町(현 숭인동) 70~31번지(대지 46평, 건평 21평, 1939.10.5 신축
와가)에 살던 전재룡田在龍의 딸이었다.

3월 중순경: 신말주申末舟 부인 설씨薛氏(1429~1508)의 후손 신재휴
申宰休씨가《여암전서旅菴全書》에 관한 용무로 입경해 있던 기회에
자기 종중의 보전寶傳인《부도암중수권시문첩浮圖菴重修勸施文帖》을
최익한에게 보여 주었는데, 그 서화는 모두 설씨의 수적手跡으로서
표지를 중국 비단으로 배접한 진귀한 고첩古帖이었다.96)

3월 27일: 장녀 분경이 이화여전 문과 예과豫科에 합격.

5월(음 4월): 이빈승李斌承(文卿)이 회봉晦峯 하겸진河謙鎭(면우의 제자)을

---

95)《정음》34호(1940.7.30)에 다시 게재되었다.
96) 〈조선 여류 예원사상 신말주 부인 설씨의 지위 (3)〉,《동아일보》(1940.3.21).

위해 마련한 영도사永度寺 술자리에 당대의 문사文士 이범세李範世·
정인보鄭寅普·김승렬金承烈·이상기李相琦·임상종林尙鍾·이원기李源紀
등 28인과 함께 참석하여 한운시限韻詩를 지었다.97)

6월 이전: 이병도 소개로 최익한(동아일보사원), 이영구李榮求(조선일보
사원), 임충희林忠熙(育英堂書店主), 이배근李培根(開城松南書館主), 고재휴
高在烋(조선어학연구회), 이홍렬李洪烈(論山殖銀支店), 고영환高永煥(동아일
보사원), 김재원(벨기에겐트대학동양고고학연구실조수) 등 8명이 진단학회
震檀學會 신입 통상通常회원이 되었다.98)

6월 19일: 학소가 '《동아일보》 대구지국 주최 한시 현상모집'에서
2등으로 당선되었다.99)

---

97) 하겸진, 〈李君文卿爲余設酌永度寺 竝招一時文士 李範世金承烈李相琦鄭寅普
　　崔益翰林尙鍾李源紀 共二十八人限韻〉,《회봉집》권5, p30a, 참조. 영도사는 현
　　개운사開運寺로 당시에는 중들이 술장사·밥장사 등을 하여 절 주위는 이른바
　　화류장花柳場을 이루었다. 1980년대까지만 해도 유곽遊廓 시설이 일부 남아서
　　저렴한 대학생 자취방으로 선호되었는데, 지금은 재개발로 사라졌다.

98) 〈휘보彙報〉,《진단학보》12권(1940), p213; 정병준, 〈식민지 관제 역사학과
　　근대 학문으로서의 한국역사학의 태동〉,《사회와 역사》110집(2016), 한국사
　　회사학회, pp134~9 참조.《진단학보》11권(1939)과 12권(1940)의 편집후기·
　　판권지에 의하면, 최익한은 1939년 12월 9일 이후부터 1940년 6월 8일 이전
　　무렵 진단학회에 가입한 것으로 추정되며, 글은 발표하지 않았다.《진단학보》
　　는 14권(1941.6)으로 종간되었고, 진단학회는 1942년 10월 '조선어학회사건'
　　으로 회원 이윤재李允宰·이희승李熙昇·이병기가 체포되며 탄압도 강화되어 활
　　동을 중단하였다.

99) 입상자는 1등 전인산田仁山(경성부 숭인정 70~31), 2등 최학소崔學韶(경성부
　　창신정 663~22), 3등 최학소崔鶴巢(경성부 숭인정 70~31)였다. 1등과 3등이
　　주소가 같고 2등과 3등은 이름이 같다. 전인산은 학소의 처남이고 學韶와 鶴巢
　　는 동일인이므로 싹쓸이한 셈이다. 당시 선자는 최익한이었다. 1940년 1월에도
　　이미 최익한의 차녀 연희璉姬(당시 소학교 4년)가 동아신춘문예 아동부문 작문·
　　그림에서 각각 2등으로 독차지하고, 1940년 6월에도 동아일보 주최 전조선학
　　생작품전 서예부에서 입선한 바 있는데, 더 큰 문제는 이 아이가 원고료로 받은
　　6원을 전선에 나가 싸우고 있는 군인들에게 보내 달라고 신문사까지 찾아와서

8월 10일:《동아일보》폐간사를 써 달라는 청탁을 받았지만 가식과 허위의 글을 쓸 수 없다며 거절하였고, 8월 11일자를 끝으로 신문이 강제 폐간된 후 총독부의 전직 알선이 있었으나 역시 불응하며 자유 구직을 표방하였다. 10월 15일경 퇴직금(2년 치 월급)을 받았다.

8월 22일: 자기 호인 '창해滄海(소우카이)'로 창씨創氏하여 '崔益翰'을 '滄海益翰'으로 변경하였다. 이는 민적부·등기부·토지대장 등 각종 공문서에 기재되었으나, 자기 글에는 전혀 사용하지 않았다.

10월 15일(음 9월 15일): 백관수白寬洙(1889~1961)·홍명희洪命憙(1888~1968)·강희진康熙鎭(1878~1942)과 양주楊州 망월사望月寺에서 보름달을 보기로 약속하였으나, 마침 일이 있어 고향 울진에 돌아왔다. 이날 밤 해월海月을 홀로 대하며 멀리서 그들의 쓸쓸한 절 모임을 생각하자니 서운하기 그지없는지라 시를 적어 부쳐 드렸다.[100]

12월 20일(음 11.22): 학소의 딸 경옥景玉 출생.

1941 (45세)

《춘추》[101]에 다음 작품을 발표하였다.

부탁하였다는 것이다. 그래도 1940년 8월에 동아일보가 폐간되어 버려 더 이상 당선될 수 없었으니, 천만다행이라고 해야 할까……? 이런~!《동아일보》(1940. 1.3; 1940.2.6; 1940.6.14; 1940.6.19) 참조.

100) 나중에 그 시는《춘추》지에 발표되었다. 최익한, <題寄芹村·可人·止軒諸公>, 《춘추》2권 5호(1941.6), p226, "庚辰八月 芹村約可人·止軒及豫 觀望月于楊州 望月寺 不果 又約九月望間 而豫適有故 歸在蔚珍之鄕里 是夜 獨對海月 遙想諸 公蕭寺之會 悵然不已 遂書懷 寄呈"

101) 전 동아일보 기자 양재하梁在廈가 1941년 2월~1944년 10월(통권 39호)까지 매월 1일 발행한 친일 종합 월간지. 중일전쟁(1937)과 태평양전쟁(1941)의

3월: <조선 과거過去 교육제도 소사小史>(2권 2호)

4월: 한시 <마전麻田, 배알숭의전拜謁崇義殿>(2권 3호)

6월: 한시 <제기근촌·가인·지헌제공題寄芹村可人止軒諸公>(2권 5호)

7월: <최고운崔孤雲의 문화적 지위>(2권 6호)[102]

12월: <조선의 후생 정책 고찰>, <《누판고鏤板考》를 독讀함>(2권 11호)[103]

2월 20일 이전: 잡지《조광朝光》의 '민중 오락의 지도 방법에 대한 설문'에 답하기를, "민중 오락의 지도 방법을 말하기 전에 먼저 지도 주체가 누구인지를 알아야 한다"고 하였다.[104]

봄부터 1944년 11월까지: 동대문 밖 창신정 집 부근에서 '가정용 주류 소매업'(술집)을 하였다. 최익한은 <변백장辯白狀>(1946)에 당시의 상황을 다음과 같이 밝혔다.

전시체제 속에서, 1930년대 중반 다산 관련 글을 썼던 민족개량주의자 최남선·안재홍·현상윤·백낙준 등 거개가 징병 및 학병 지원 권고문을 쓰며 변절했는데, 사회개량주의자 백남운·김태준·이청원·최익한 등은 그렇지 않았다는 점에서 도덕적 우월성이 인정될 수 있는 것처럼 보인다.

102) 최익한은 <사상史上 명인의 20세 ─ 최치원崔致遠 선생의 유학사당遊學仕唐>(1940)을 이미 쓴 바 있는데, 나중에 논문 <조선 고대 문학사에 있어서의 최치원의 문학적 지위>(1956)로 완성하였다.

103) <조선의 후생 정책 고찰>은 《조선 사회 정책사》(1947)에 편입 출간되었는데, 책 머리말에 최익한은 다음과 같이 합리화하였다. "회고컨대 집필 당시는 바로 중일전쟁이 심각해지면서 일제 파쇼가 이른바 '황민화' 운동을 통하여 조선의 민족문화를 그 근본부터 폭력적으로 괴멸해 버리려 하던 그때였으므로, 과거의 제도를 가탁하여 민족 고유문화의 일단을 과시하는 것은 하나의 모험적 선전이었으며, 따라서 의의를 내포한 것이었다." 본서 <최익한 친일설> p802 볼 것.

104)《조광》7권 4호(1941.4), p171.

"본인의 전후前後 세 번 수형受刑과 십수 년 수역囚役이란 정치범적 경력과 양자제질兩子諸姪(두 아들 및 조카들)의 적색농조학생사상사건 등, 연속 관계한 가정 환경이 경찰의 특별 감시를 극도로 받게 되어 지하 활동이나 국외 망명이 본인으로서는 말할 수 없는 난문제였다. 그 반면에 자유 구직과 자력 생계가 그때 우리들의 처세상, 적의 사상적 공세에 대한 중요한 방어 전법이었다. 지난해(1940) 동아일보가 강제 폐간되자 총독부의 사원 전직 알선에 대하여 본인은 자유 구직을 표방하고 이에 응하지 않았으나, 결국 본인의 적당한 직업은 용이히 발견되지 않고 놈들의 무직자 취체(단속)가 한층 엄중하므로 본인은 실로 곤란한 경우에 있었던 것이다."105)

가을에 현상윤玄相允으로부터 답장과 화답시106)를 받았다.

1942 (46세)

9월 1일: <한재旱災와 그 대책의 사편史片>(《춘추》 3권 9호)107)

9월경(음 8월): <농월정 현판 위의 시에 차운하다弄月亭次板上韻>

---

105) 최익한은 약 3년 9개월간 주류 도소매점(술집)을 운영하며 비록 사내종 1명은 부렸지만, 조금은 육체노동을 거들지 않았을까 한다. 벌써 그는 1920년대에 하숙집을 운영하고, 30년대에 봉투직공으로 복역한 바 있는데, 또 50년대 전시 하에서는 건설 및 영농 사업에도 노력 동원된 듯하다. 그의 사상이 온실 속의 관념에서 벗어나 현실 속의 노동으로 강철처럼 단련되는 계기가 되었을 것이다. <변백장>, 《조선공산당문건자료집》, 한림대 아시아문화연구소, 1993, pp177~8; <판결문>(소화 7년 형공刑控 제484호), 관리번호 CJA0000605, 국가기록원; 《김일성종합대학 10년사》, 김일성종합대학, 1956, pp73~100 등 참조.
106) <답최창해익한答崔滄海益翰>, <재용전운답최창해익한견화再用前韻答崔滄海益翰見和>. 《기당현상윤전집·5》, 나남, 2008, pp485~6 볼 것.
107) 《조선 사회 정책사》(1947)에 편입되었다.

<u>1943</u> (47세)

1월 3일: <반도 후생 정책 약사>, <반도 과거 교육제도>108)

5월 1일: <유교와 연성鍊成>(《춘추》 4권 5호)109)

6월 5일(음 5.3): <유당집서酉堂集序>(《유당집》, 1968)

10월 1일: <충의忠義의 도道—유교의 '충忠'에 대하여>(《춘추》 4권 9호)

3월: 학소가 창유계暢幽契 사건으로 창신정 집에서 체포되어 울진 경찰서에서 조사를 받고 5월 8일 구류되었다. 왜경의 경비가 소홀 한 틈을 타서 수갑을 찬 채 야간 탈출을 했다가 잡혔는데, 다시 탈 옥하여 겨우 목숨을 구할 수 있었다고 한다. 8월 7일 구류 정지되 고 12월 18일 기소 중지되었다.110)

11월 18일(음 10.21): 학소의 아들 명준明俊(재소의 계자) 출생.

<u>1944</u> (48세)

1월 6일: 창신정 651~18번지로 전거轉居하였다.111)

---

108) 만주제국 건국 10주년을 기념하기 위해 발행된, 만선학해사滿鮮學海社의 단 행본 《반도사화半島史話와 낙토만주樂土滿洲》에 '최익한(전 동아일보 조사부장)' 이름으로 발표된 글로서, 위의 <조선의 후생 정책 고찰>, <조선 과거 교육제도 소사>가 제목만 바뀐 것이다. 만선학해사는 만주국의 수도 신경新京에 있었던 친일 신문사.

109) <유교와 연성>, <충의의 도>는 일제의 시국 정책에 부화한 소극적 부일문附 日文으로 판단된다. 졸고 <최익한 친일설> 볼 것.

110) 최국소, 앞의 글, p27; 국가기록원 분류번호 829 <형사사건부>(소화 18년). 위의 사건부에는 피고인이 '滄海(崔)学韶'라는 창씨로 기재되어 있다.

111) 당시 창신정 651~18(대지 27평, 건평 14평)의 토지 소유자는 홍해익洪海翼 이었다. 최익한 부부는 손주들이 생기자 남은 자녀(건소·연희·한경)와 함께 이 집에 전세로 이사한 듯하다. 기존의 창신정 633~22번지에는 큰머느리 윤순희 尹順禧, 학소 부부와 아이들(경옥·명준)이 계속 살았다. 최익한 부친의 첩은 안

5월 18일: 창신정 633~22번지의 토지 소유자 성명·주소를 '崔益翰(창신정 633~22)'에서 '滄海益翰(창신정 651~18)'로 변경하였다. 최익한(소우카이 에키캉)은 11월까지 주류 소매업을 계속하였다.

1945 (49세)

여름: 경성보호관찰소 의용대 부대장직을 사절하고 은신하였다.[112]

8월 15일: 동대문 밖 모처에서 ML파 박낙종·하필원·이우적·이청원
李淸源 등과 함께 고려공산당 조직위원회를 구성하고, 이튿날 종로
장안長安빌딩에서 결성된 조선공산당(조공) 장안파로 합류하여 곧
경성지구위원회를 조직하였으나, 11월 23일 장안파는 해체 선언
을 함으로써 박헌영朴憲永의 재건파에 통합되고 말았다.[113]

8월 16일: 조선건국준비위원회(건준)는 선전 수단으로 언론 기관을

국동 하숙집을 운영할 때만 해도 같이 거주하였는데, 이때는 어찌 되었는지 잘
모르겠다. 첩에 대해서 후손 분께 문의하였으나 아무것도 알 수 없었다.

112) 최익한이 전하는 당시 상황을 요약하면 다음과 같다. "1945년 여름 미군의
남조선 공습攻襲의 기세가 급박해지자 총독부는 이른바 조선총력연맹을 해소
하고 의용대를 결성하니, 경성보호관찰소도 이에 따라 7월 말경에 관내 사상
전과자들로 일개 의용대를 조직하려 하였다. 부대장 수 명에 본인이 지정되겠단
말을 듣고 지방 '소개疏開' 기타 사정을 이유로 사절하였으나, 일제는 난색을 표
하며 강요하였다. 결국 8월 초 의용대 결성식에는 고의로 칭병稱病하고 출석지
않고 성외城外에 갔는데, 며칠 뒤에 소·일 전쟁이 일어나 8월 14일까지 경성
모처에서 은신하였다(<변백장>, 앞의 책, pp178~9)." 후손에 의하면 경성 모
처는 선영(최익한 고조부 '기祺'의 묘)이 있는 양주군楊州郡 진접면榛接面(현
남양주시 수동면水洞面) 내마산內馬山의 독가촌獨家村이라고 한다.

113) <당통일 촉진에 대한 약보略報>, 《전선》 4호(1945. 10. 31); 《자유신문》(19
45. 11. 24). 여기에서 '동대문 밖 모처'는 동대문구 창신정(현 종로구 창신동) 최
익한의 집이라는 설이 있다. 이기하 외, 《한국의 정당》, 한국일보사, 1987, p59.
최익한의 조카 최국소는 해방 직전의 최익한 집을 100여 평 되는 기와집으로
술회한 바 있는데, 아마도 그 집일 가능성이 높다. 최국소, 앞의 글, p28.

이용하고자 최익한·이여성·양재하·김광수金光洙 등을 신문 접수위원으로 위촉,《매일신보》를 접수하여《해방일보》창간호를 발행하였으나, 그때까지 잔존하고 있던 일본군들의 방해로 더 이상은 발간하지 못하였다.114)

8월 18일: 장안파는 <조선 민족 대중에게 고함>이라는 선언을 발표하여 민족통일전선의 결성을 강조하였다.

8월 19일: 장안파는 전남 광주에서 은신하다가 상경한 박헌영에게 중앙 요직의 취임을 요청하였으나, 그는 불응하고 조공 재건준비위원회를 조직한 후 장안파 조공의 해체를 요구하였다. 이에 박헌영과 같이 화요계에 속한 조동우趙東祐·홍남표洪南杓·정재달鄭在達·최원택崔元澤 등은 박의 해당론에 호응하여 당의 해체를 주장하며 탈당하였다.

8월 22일: 건준 2차 조직에서 조사부장으로 선출되었다(9월 4일 건준 3차 조직 개편 때도 유임).

9월 1일: 조선인민공화국(인공) 경성시인민위원으로 선출되었다. 한편 장안파 경성시당부는 해당론의 비원칙성을 반대하고 중학정中學町(현 중학동) 대동산업 사옥에서 70여 명의 열성자 대회를 열어 해당론의 무원칙적 파벌성을 통렬히 비판하였다.

9월 3일: 장안파와 재건파가 계동桂洞의 홍증식洪增植 집에서 연석회의를 하고, 8일 열성자 대회를 열어 공산당 통합을 위해 토론하였다. 이 대회에서 박헌영은 "과거의 파벌 두령이나 운동을 휴식한 분자는 아무리 명성이 높다 해도 이번 중앙(본부)에는 들어올 자격

114)《1947년판 조선연감》, 조선통신사, 1946, p278; 유병용, <해방 직후 언론 문화 연구>,《국사관논총》70집(1996), 국사편찬위, p111, p116 재인용.

이 없다"고 보고하였다.115) 이어 토론에서 최익한은 장안당과 대
립하는 신당(재건당) 조직에 반대하며, "당재건준비위원회의 테제가
개량적이요 경제주의적이고 아나키스트적"이라고 비판하였다.116)
결국 11일 재건파가 장안파를 거의 흡수한 상태에서 조공을 다시
건설하였지만, 중앙간부 인사에서 이영李英·정백鄭栢·최익한 등 장
안파 핵심 인물들은 제외되었다.

9월 8일: 계동 열성자 대회 후 이우적이 최익한의 집에서 잤다.

9월 10일: 이영·최익한은 재건파 박헌영의 대리 이현상李鉉相과 당
문제로 명륜동 모처에서 회견하였다.

9월 14일: 건준 후신인 인공 법제국장으로 선출.

9월 15일: 장안파는 〈현계단의 정세와 우리의 임무〉(최익한·이청원
공동 집필, 미발굴)에서 프롤레타리아혁명 단계론을 주장하며, 재건파
의 부르주아민주주의혁명 단계론(박헌영의 〈8월 테제〉)이 우경 오류에
빠져 있다고 논박하였다.117)

9월 하순: 최익한·이청원 등 콤그룹 비판자들은 사직동 법정法政
학교 강당에서 임해任海 강연을 들었다.118)

---

115) 〈열성자대회의 경과보고〉,《해방일보》(1945.9.25).
116) 〈열성자대회의 경과보고 (중)〉,《해방일보》(1945.10.12).
117) 프롤레타리아혁명 단계냐, 부르주아민주주의혁명 단계냐 하는 현단계 논쟁
    은 당시 사회의 성격 규정과 직결되는 것이다. 즉 일제하 조선 사회를 장안파는
    자본주의로 본 반면, 재건파는 반半봉건적 사회로 보았기 때문에 그 혁명 단계도
    서로 다르게 설정될 수밖에 없었다. 자세한 것은 심지연,《조선혁명론 연구》, 실
    천문학사, 1987, pp40~69; 이완범, 〈해방 직후 공산주의자들의 혁명 단계론〉,
    《정신문화연구》112호(2008), 한국학중앙연구원, pp5~40 볼 것.
118) 임해(본명 任吉鳳)는 1925년부터 1945년 8월까지 일본에서 지내다가 귀국
    하였는데, 동년 9월 팸플릿 〈조선의 독립과 공산주의자의 긴급임무〉라는 테제
    를 작성하여 장안파와 재건파의 단계론을 비판하면서 부르주아민주주의혁명과

9월 30일~10월 15일: 이영과 함께 장안파 노선을 인정받기 위해 평양을 방문하였다. 그러나 10월 13일 평양에서 개최된 '서북 5도 당 책임자 및 열성자 대회'에서 그들의 활동과 이론은 다음과 같이 격렬한 규탄을 받았다.

"이영·최익한 일파의 활동은 당의 통일을 붕괴시키는 것이며, 그들이 주장하는 이론은 국제 정세와 조선 현실을 정당히 파악치 못한 좌경적 견해의 트로츠키적 이론 근거를 가진 소부르주아지 이데올로기로 움직이는 소부르주아 영웅주의적 행동인 동시에 당의 노선과 대열을 분열시키려는 부정분자의 행동이라고 지적한다."[119]

이는 결정서로 채택되었는데, 김일성金日成의 입장과 박헌영의 8월 테제와 스탈린의 9월 20일자 지령에 부합되는 것이었다.[120] 장안파는 서북 5도당 대회에서 패배한 후 소부르주아적 근성인 극좌주의적 편향을 인정하고 부르주아민주주의혁명 단계론으로 노선을 수정하는 한편, 정권수립과 통일전선 또한 우경향 전술로 급선회하게 되었다.[121]

10월 9일: 장안파는 <정권수립과 민족통일전선에 관한 결정>을

프롤레타리아혁명의 동시혁명론을 주장한 바 있다. 高峻石 編,《朝鮮革命テーゼ: 歷史的文献と解說》, 柘植書房, 1979, p302; 고준석 저(정범구 역),《해방 1945 ~1950 공산주의운동사의 증언》, 흔겨레, 1989, pp80~2; 박헌영, <현 정세와 우리의 임무>,《이정박헌영전집·5》, 역사비평사, 2004, p65.

119) <정치 노선과 조직 확대 강화에 관한 결정서>,《해방일보》(1945. 11. 5).
120) 이완범, 앞의 글, p24; 류승완,《이념형 사회주의》, 선인, 2010, pp267~8; 김국후,《평양의 소련군정》, 한울아카데미, 2008, pp101~2, p120; 안문석, <해방 직후 북한 국내 공산 세력의 국가건설전략>,《통일정책연구》22권 2호(2013), 통일연구원, p114 참조.
121) <정권수립과 민족통일전선에 관한 결정>,《혁명신문》(1945.10.16).

채택하여 현단계의 혁명은 부르주아민주주의혁명 과정이다는 식으로 논리를 바꾸었다.122)

10월 17일: 조공 장안파 이영·최익한·황욱黃郁·서병인徐丙寅·주진경朱鎭景은 한민당·국민당·국민대회준비회 각 대표와 회담하고, 24일 다시 회동하여 전선 통일을 위한 공동 성명서를 발표하였는데, 그 내용은 중경重慶 임시정부를 적극 지지한다는 것이었다.123)

10월 18일: 조공(장안파)을 대표하여 조선호텔로 가서 16일 귀국한 이승만을 방문 인사하였다.

10월 20일: 임시정부 요인 귀국 환영을 위한 한국지사志士운영위원회 위원으로 피선되고, 11월 8일경 전국 환영준비회 영접부 위원으로 선임되었다.

10월 25일: 이승만·한민당·국민당·국민대회준비회 관계자와 돈암정敦岩町(이승만 숙소)에서 회동하였다.124)

10월 30일: 3당(조선공산당장안파·한민당·국민당) 합작 문제에 관해 이승만의 비서를 통해 이영·최익한·최성환崔星煥·송진우宋鎭禹·김병로

---

122) 《전선》 2호(1945.10.13).

123) 장안파는 "당면의 중심과제인 민족통일전선에 대한 구체적 행동, 즉 임시정부·국민당·한민당의 지지 연결을 가리켜 (재건파가) 반동적이니 파산적이니 하는 온갖 중상과 모함을 하고 있다"고 반박하며 10월 23일 재건파에 <당통일에 대한 제의>를 보냈다. <당통일 촉진에 대한 약보>, 《전선》 4호(1945.10.31).
이에 박헌영은 조공에서 탈락한 최익한·이영·정백 일파가 극좌에서 극우로 달음질하여 친일파 수령 한민당과 협동전선을 취하고, 반공·반소 국수주의적 망명정부(임시정부)를 모셔 오려 한다며 그 반동적인 노선을 비판하였다. <조선공산당의 주장 ― 조선민족통일전선 결성에 대해>, 《해방일보》(1945.11.5).

124) 조선공산당 수령 박헌영은 10월 29일 돈암정에서 이승만과 단독회담하며 친일파 즉각 숙청을 주장했으나 이승만은 반대하였다. 11월 16일 2차 회담도 별 성과 없이 끝났는데 그것이 마지막이었다. 《이정박헌영전집·9》, 역사비평사, 2004, pp252~3, pp 262~3.

金炳魯·백관수白寬洙·김준연金俊淵·설의식薛義植·안재홍安在鴻·명제세明濟世·엄우룡嚴雨龍·여운형 등이 초청을 받았다. 여운형·안재홍은 불참하고 모두 다 개인 자격으로 참가하였는데, 인공의 부서 문제와 한민당의 친일파 제거 문제가 논란이 되었다.125)

11월 23일: 장안파는 재경야체이카 책임자 및 열성자 대회를 개최하고 재건파와의 통합을 논의하였다. 최익한의 당 통일 촉진에 대한 경과보고 후, 만장일치로 장안파의 발전적 해소를 선언하였다. 장안파는 8월 16일 결성되었으니, 딱 100일 만에 해체된 셈이다. 김구金九 일행이 오후 4시경 환국하였다.

12월 20일: 김일성·무정武亭 두 장군과 독립동맹 입경入京 환영준비회 접대부 위원으로 선정되었다. 당시 홍명희가 준비위원장이었는데 성사되지는 않았다.

12월 23일: 애국금헌성회愛國金獻誠會 중앙위원으로 피선.

12월 26일: 국군준비대 전국대표자 대회에 내빈으로 참석.

12월 28일: 인공 중앙인민위원회 신탁통치반대위원으로 선정되어 29일 임정 요인과 회담하였다.126)

1946 (50세)

1월 초: 찬탁 문제로 김창숙金昌淑(면우의 제자)을 찾아가 설전을 벌였다.127)

---

125) 김남식, 《남로당연구·I》, 돌베개, 1984, p141; 심지연, 앞의 책, p157.

126) 《자유신문》(1946. 1. 1)에는 '홍남표·이강국·정백·최익한' 4인이 임정 요인과 회담한 것으로 되어 있으나, '최익한'이 '홍증식洪增植'으로 된 자료도 있다.

127) 1월 2일경 조공은 평양과 모스크바로부터 지령을 받아 반탁에서 찬탁으로 이미 돌아선 상태였다. 로버트 스칼라피노·이정식 저, 한홍구 역, 《한국공산주의

1월 초~2월 중순: 온 가족과 함께 혜화동 산동네로 이사하였다.128)
최익한의 조카 최국소崔國䫂(익래의 차남)는 당시 상황을 다음과 같이
기록한 바 있다.

"광복이 되고 (……) 큰댁은 창신동의 100여 평 되는 기와집에서 혜
화동의 15~6평 되는 방 3개짜리 아주 작은 집으로 이사 갔는데,
혜화동 보성중학교(현 서울과고 자리)가 내려다보이는 언덕이었습
니다. 마당에는 책을 높이 쌓아서 가마니로 덮어 둔지라 마당이고
마루고 방이고 어디에도 발을 들여놓을 곳이 없는 집에서 10여 식
구가 살았습니다. 어릴 적 필자의 눈에도 이전 집과 너무나 비교
되어 을씨년스러운 큰댁 살림살이는 서글펐습니다."129)

1월 7일: 반파쇼공동투쟁위원회(반파쇼)가 주최한 시국 강연회에서
〈소위 '국민대회'를 폭로함〉(미발굴)을 발표하였다.

1월 10일: 모스크바 3상회의 결정으로 인한 혼란을 수습하고 민족
통일전선의 대책을 강구하고자 인공 중앙인민위원회가 긴급 소집
한 38도 이남의 각도인민위원회대표자대회에 참석하였다.

운동사》, 돌베개, 2015, p441.

128) 창신정 633~22번지의 등기부와 토지대장을 보면, '1946년 1월 5일 매매'
기록과 '1946년 2월 22일 소유권 이전' 기록이 있으므로 그 사이에 최익한은
학소 가족과 함께 이사하였을 것이다.

129) 최국소, 앞의 글, p28. 창신동 집은 아마 대지 100여 평(건평 50여 평) 정도
의 셋집이었을 텐데, 당시 어렸던 최국소(1937년생)의 눈에는 상당히 넓게 보
였을 수도 있다. 여기서 최익한은 단기간 머물렀을 것이다. 왜냐하면 1944년 5
월 그는 창신정 651~18번지(대지 27평, 건평 14평)에서 전세로 산 것이 확인
되기 때문이다. 그런데 《조선 사회 정책사》 머리말에는 "1946년 8월 10일 남산
추옥僦屋(셋집)에서 저자"라고 되어 있으므로 그는 혜화동에서 반년가량 살고
또다시 이사한 셈이다. 그가 이렇게 갑자기 궁핍해진 까닭은 먼저 일제강점기
때 오랜 옥바라지로 가세가 이미 기울었고, 특히 해방 직후 장안파를 유지하기
위한 정치 활동 등으로 많은 자금이 소요된 때문으로 보인다.

2월 1일: 29개 단체 회합으로 발기된 민주주의민족전선(민전) 준비위원회 중앙위원으로서 기획부장에 피선되었다.

2월 7일: 40여 정당·사회단체로 조직된 반파쇼에서 부위원장으로 피선되었다.

2월 10일: 조선독립동맹 환영회에서 반파쇼를 대표하여 환영사를 하였다.

2월 14일: 3·1운동 기념행사의 준비를 위한 공산당·인민당·신민당·독립동맹·조선민주당 등 5당 회합에서 대회위원으로 결정되었다.

2월 15일: 종로 2가 기독교청년회관 대강당에서 민전 결성대회가 개최되어 허헌許憲의 개회사, 박헌영의 축하사, 이태준李泰俊의 선언 낭독, 최익한의 강령 낭독, 이강국李康國의 정세 보고, 이여성李如星의 결의문 낭독 등이 있었다.

2월 16일: 민전 중앙위원(305명)으로 선정되었다.

2월 18일: 제1회 민전 상임위원회에서 김원봉金元鳳·이강국李康國·허성택許成澤·임화林和 등과 함께 전형위원으로 선출되고, 또 남조선대한국민대표민주의원 회의에서 곡물문제 연구위원으로 선정되었다.

2월 20일: 민전에서는 이강국 외 8인의 전형詮衡으로 신남철申南澈·이원조李源朝·김태준金台俊·송석하宋錫夏·박치우朴致祐·최진순(최익한 당숙) 등 교육·문화대책연구회위원 56명과 백남운白南雲·이승기李升基·윤행중尹行重·박극채朴克采·김한주金漢周·하필원河弼源 등 경제대책위원회위원 26명을 선정하였다.

2월 21일: 제2회 민전 상임위원회에 박헌영·허헌·김원봉 이하 상임위원 36인이 참석한 가운데 강령 규약의 수정 건은 수정위원 최익한·이강국이 설명하였다.

2월 24일: 민주주의용산청년총동맹 주최로 열린 3·1운동 기념 강연회에 이강국·허영許榮 등과 연사로 참여하였다.

3월 3일: 〈변백장辨白狀〉 작성 발표.[130) 민전은 각 전문위원회를 설치하였는데 최익한이 행정기구연구위원으로, 이청원은 토지문제연구위원으로 선임되었다.

3월 6일: 평양의 최창익崔昌益(연안파)에게 보내는 〈근계謹啓〉[131)를 써서 자기 고종사촌 편에 부쳤다.

3월 9일: 민전은 제1차 농업문제연구위원회를 열고 이청원을 농업계획분과위원회 책임위원으로 선정하였다.

3월 22일: 인공 중앙인민위원회에서 미·소공동위원회(미소공위) 개최를 앞두고 허헌 이하 35명과 대책 회의를 한 후, 이강국·김오성金午星과 함께 성명서 작성위원으로 선출되었다.

3월 27일: 민전 회의실에 정당 및 사회단체 24명이 모였는데 사회를 보았다. 서울에서 개최 중인 미소공위와 급부상하고 있는 정권 수립을 대비하여 각 지방의 실정 조사단을 구성하고자 모인 것이었다.

4월 8일: 민전은 11일 개최할 시민대회의 대회위원을 다음과 같이

---

130) 최익한은 당시 일부 독론자篤論者들이 '주류업과 의용대'에 관해 친일 의혹을 제기하자, 다음과 같이 자신의 결백을 밝혔다. 1) 1941년 봄부터 1944년 11월까지 운영한 가정용 주류 소매업은 이권운동이나 사상보호관찰소의 알선과는 전혀 무관한 일이다. 2) 1945년 여름 경성보호관찰소 의용대에 배정되었을 때는 '소개疏開'를 이유로 거절한 후 피신하였다. 〈변백장〉, 앞의 책, pp177~9.

131) 자기 고종사촌을 취직시켜 줄 것과 〈변백장〉을 북조선 기관에 전달해 줄 것을 최창익에게 부탁한 편지. 〈근계〉, 《조선공산당문건자료집》, p229.

결정하였다. 회장 여운형呂運亨, 부회장 김원봉金元鳳, 총무부 문갑 송文甲松 외 15인, 재정부 김성도金星道 외 5인, 동원부 권태휘權泰彙 외 42인, 선전부 최익한 외 13인.

4월 10일: 산문 〈쌀〉(현대일보) 발표.

4월 11일: 서울운동장에서 민전이 주최한 미소공위 환영 및 민주 주의 통일정부 수립 촉구 시민대회에서 〈민주주의 정권 촉성 결의 안〉을 낭독하였다.

4월 12일: 명동 국제극장에서 거행된 루즈벨트 대통령의 1주기 추 도회에서 하지중장·여운형呂運亨에 이어 추도사를 낭독하였다.

4월 13~14일: 서울시 민전 결성대회에 반파쇼 대표로 참석하여 미소공위에 감사문을 보낼 것, 군정 당국에 경찰이 민주주의 진영 을 탄압하지 말도록 결의문을 보낼 것, 이승만에게 인민의 눈에 모 래를 뿌리는 따위의 반동적 언사를 삼가라는 경고문을 보낼 것 등 3건을 만장일치로 가결한 뒤에 축사를 하였다.

4월 15일: 민족문화건설전국회의에서 축사를 하였다.

4월 17~18일: 〈조선공산당 창립 21주년〉(중앙신문) 2회 연재.132) 17일 오후 1시에 종로 YMCA 강당에서 조공 창립 기념식이 열렸 는데, 이러한 공개 개최는 처음이자 마지막이었다.

4월 20일: 제2회 민전 중앙위원회에서 7개 전문위원회에 대한 경 과보고를 하였다.

---

132) 1회에서는 조공이 일제의 학정虐政 아래서도 희생적 지하투쟁을 과감히 전 개한 것을 언급하고, 2회에서는 조공 창립일(1925. 4. 17)은 조선의 무산계급이 광포한 일제에게 결정적 선전宣戰을 포고하면서 우리 민족의 위대한 해방을 세 계적으로 맹약한 날임을 강조하였다.

4월 22일: 서울민주청년동맹 결성대회에서 축사를 하였다.

4월 23일: 전국인민위원회 제2차 대표자 대회에서 8인의 소위원으로 선출되고, 24일 스티코프133) 소련 수석대표의 메시지를 낭독하였다.

4월 26일: 차남 학소가 《농민조합조직론》(사회과학총서간행회) 출간.

5월 2일: 반파쇼 전체회의에 참석.

5월 6일: 백남운 소장이 윤행중·신남철·이청원·이북만李北滿·김사량金史良 등의 소원所員과 함께 민족문화연구소를 창립하였다.

5월 7일: 이준李儁 열사 추념대회 준비회의 발기인이 되었다.

5월 8일: 파쇼 독일 패망일인 제1회 민주주의 전승 기념일을 맞아 민전이 주최한 기념대회에서 전승에 대한 보고를 하였다. 한편 박낙종은 '정판사精版社 위조지폐 사건'으로 체포되어 11월 28일 무기징역을 선고받았는데, 이 사건을 빌미로 미군정은 조공 인쇄소 정판사를 빼앗고 조공 기관지 《해방일보》를 강제 폐간하며 공산당 탄압을 가속화하였다.

5월 20일: 조병옥趙炳玉 경무부장과의 공동 면담(위폐사건 진상조사)에 민전 조사단 대표로 각 단체 대표와 함께 초청되었다.

5월 21일: 간도間島 혈전血戰 기념행사 준비위원회 선전부장으로 선임되고, 30일 간도 혈전 16주년 기념대회에서 '5·30 혈전'에 대한 진상 보고를 하며, 7월 23일 간도 혈전 20열사 기념식134)에서

---

133) 스티코프(1907~1964) : 북조선 주둔 소련 군정청 총사령관. 서울에서 열린 미소공위에 소련 수석대표로 참석하여, 임시정부 수립을 위한 한국 내 협의대상자의 선정 기준으로서 3상회의의 결정을 지지할 것 등을 제시하였다.

134) 1930년 간도 5·30 봉기(제4차 간도공산당 사건)로 희생된 20인의 10주년 추모회. 1936년 7월 21~22일 서대문형무소에서 이동선李東鮮·주현갑周現甲·

추도문을 낭독하였다.

6월 4일: 조공은 남조선단독정부 수립을 획책하는 이승만의 '정읍발언'(6.3)에 대해 반대 성명을 발표하여 그 배족적·반동적 정체를 폭로하였다.

6월 14일: 조선해운대책위원회 결성대회에서 축사를 하였다.

6월 22일: 조·소蘇문화협회에서 개최한 '소독개전蘇獨開戰 기념 강연회'에서 개회사를 하였다.

7월 3일: <권당捲堂과 동맹휴학>(현대일보) 발표.

여름: 사위 이청원은 자기 고향인 북으로 돌아가서 북조선림시인민위원회 선전부장 겸 조·소문화협회 중앙위원(1946.10), 조선력사편찬위원회 위원장(1947.2), 김일성종합대학 문학부 사학과 교수(1947.3) 등을 역임하였다.135)

8월 11일: 조·중朝中문화협회 창립대회에서 개회사를 한 후, 장건상張建相·백남운 등 14인과 함께 이사로 선임되었다.

8월 29~31일: <피땀의 국치일을 기념하면서>(중외신보) 3회 연재.

9월 5일: 서울대병원에 입원 중인 여운형의 기자회견장에 신민당의 백남운 및 반박헌영계의 문갑송文甲松·최성환崔星煥 등과 함께 참석하였다.

9월 6일: 인민위원회 탄생 1주년 기념대회에서 경과보고를 하였다.

9월 7~8일: 미군정에 의해 검거되어 하루 만에 풀려났다.136)

박익섭朴翼燮 등 18인이 사형당하고, 그전에 공소 중 2인이 사망하였다.

135) 이청원의 논문 <력사과학의 현상과 전망>이 《민주조선》(1946.8.17~24)에 연재된 것을 보면, 그는 그해 여름에 북조선으로 돌아간 듯하다.

136) 미군정은 9월 6일 《조선인민보》,《현대일보》,《중앙신문》을 정간시키고 조공 요인 박헌영·이주하李舟河·이강국 등을 지명 수배하는 한편, 그 간부들을 체

10월 1일: 10월 인민항쟁 발발.

10월 16일: 공산당(대회파)·인민당(31인파)·신민당(반중앙파) 3당 합동으로 사회노동당(사로당)이라 칭하고 합당 결정서를 발표하였다. 이른바 '대회파'는 반박헌영파로서 강진姜進·서중석·김철수·이정윤李廷允·김근·문갑송·윤일尹一·이영·최익한 등으로 구성되었다. 3당 합당 과정에서 좌익은 남로당과 사로당으로 분열 대립하지만, 결국 남로당이 주도권을 장악하여 사로당은 해체되고 말았다.

10월 28일: 수도경찰청에 의해 검거되어 당일 풀려났다.137)

11월: <세계 민주주의화의 신방향과 조선>(《인민》 1권 2호) 발표.

11월 15일: 사로당 감찰위원으로 선임되었으나, 12월 25일 사표를 제출하고 이듬해 2월 26일 탈당서를 발표하였다.

12월 7일: 사로당은 10월 인민항쟁 이후의 경관과 테러단의 폭행 상황에 대해 장문의 항의문을 작성한바, 이를 정백·최익한이 당을 대표하여 하지 중장에게 직접 전달하였다.

1947 (51세)

1월 29~30일: 천도교당에서 열린 민전 확대중앙위원회에 상임위원으로 참여하였는데, 3상회의 결정 지지로 임시정부를 수립해야 한다는 결정서가 통과되었다.

포 탄압하기 시작한바, 박헌영·이강국은 월북하였고 이주하는 체포되었다. 이때 최익한·홍남표·김근金權·서중석徐重錫 4인도 종로경찰서에 피검되지만 곧 석방되었다. 《자유신문》(1946.9.9~11); 《동아일보》(1946.9.10).

137) 수도경찰청 사찰과는 10월 28일 오후 2시경 공산당(대회파) 간부 최익한·하필원·윤일尹一·이우적 외 《청년해방일보》 사원 등 15명을 검거한 후 좌익 전단 관련 조사를 마치고 5시경에 풀어 주었다. 《동아일보》(1946.10.30~31).

2월 6일: 사로당을 탈당한 최익한·문갑송은 브라운 소장과의 회담에서 남조선 인민 봉기(10월 대구인민항쟁) 관련인 16명의 사형 구형에 반대하고 친일파·민족반역자의 숙청을 요망하였다.

2월 9일: 제2회 민전 상임위원회에서 미군정과 경찰의 불법 탄압에 대해 엄중 항의할 것 등을 결의한 후 문화부 위원으로 선임되었다.

2월 26일: 사로당 결성의 부당성을 지적하며 중앙위원 문갑송 외 24인과 감찰위원 최익한 외 4인은 탈당 성명서를 발표하였다. 27일 사로당은 전당대회를 개최한 후 해체되었다.

3월 10일: 성명서를 발표하여 "남조선의 현 정세에 비추어 여운형 씨 중심의 신당(사로당)이 발족하는 것만은 사실이나, 자기로서는 전연 여기에 관계가 없다"고 하였다.[138]

3월 31일: 전국인민대표자대회 준비위원으로 선출.

4월 27일: 문갑송과 함께 김광수의 사무실에 갔다.[139]

5월 24일: 해체된 사로당계를 중심으로 만든 근로인민당(근민당)의 결당대회에 참석하고, 25일 중앙위원회 상임위원으로 선임되었다. 위원장은 여운형, 부위원장은 백남운·이영·장건상, 상임위원은 위의 4인과 이여성·문갑송·이만규李萬珪·정백·최익한 등이다.

6월 15일: 《조선 사회 정책사》(박문출판사) 발간.

6월 18일: 반파쇼 의장으로서 확대중앙위원회를 열었다.

6월 21일: 미소공위 협의에 참가하여 임정 수립을 촉진하고자 정운영鄭雲永 등과 함께 반파쇼 공동대표로 결정되었다.

---

138) 《민주중보》, 《영남일보》(1947.3.12).

139) 《러시아연방국방성중앙문서보관소 소련군정문서, 남조선 정세보고서(1946
~1947)》, 국사편찬위, 2003, p321.

8월 19일: 저녁 근민당 간부로서 중부서中部署에 피검되어 9월 1일 오후 정백과 함께 석방되었다.

9월 2일: 서민주택대책연합회의 초청을 받아 서민층 주택문제 등에 대해 10여 정당 대표와 토의하였다.

9월 16일: <UN에 제소提訴되면?>(조선일보) 발표.

11월 15일: <UN정위政委 결의에 대하여>(조선중앙일보) 발표.

12월 20일: <UN위원단과 우리 당―조속 철병하고 간섭 없는 통일정부를>(조선중앙일보) 발표.

12월 28일: 18개 정당과 5개 단체로 구성된 민족자주연맹은 12월 20일 결성대회를 마치고, 28일 위원장 김규식金奎植의 집에서 전형한 결과, 홍명희·원세훈元世勳·이극로·손두환孫斗煥 등 7인을 정치위원으로, 최동오崔東旿·여운홍呂運弘·김약수金若水·최익한 등 93인을 중앙집행위원으로 결정하였다.

1948 (52세)

4월 15~18일: <남북회담의 정치적 의의>(조선중앙일보) 4회 연재.

4월 19~30일: 평양에서 열린 남북연석회의에 근민당 일원으로서 참가한 후 가족들과 함께 계속 머물렀다. 이때 회의에 참가한 남측 인사 395명 중 허헌·홍명희·김원봉·이영·이극로·백남운·손두환 등 70여 명이 북에 잔류하였다. 남측 대표들은 19~23일 회의에 참석한 다음, 24일 황해제철소를 시찰하고, 25일 '남북연석회의 지지 평양시민대회(34만의 군중 시위)'를 참관하였다. 그 후 최익한은 제1기 조선최고인민회의 대의원을 지내면서, 김일성종합대학 조선어문학부 조선문학과 부교수로서 조선고전문학을 강의하고, 과학원 조선어 및 조선문학 연구소(1956년 3월 언어문학연구소로 개칭) 연구사를 겸임하였다.

5월 1일: 남북연석회의 참가자들은 5·1절 경축 평양시민대회에서 인민군 열병식과 37만 명의 시민 행진을 관람하였다.[140]

6월 6일:《조선 명장론》<을지문덕 장군 편>을 작성하여 동년 11월 5일《력사 제문제》3집에 발표하였다.[141]

8월 20일: 서울에서《사회과학대사전》(이석태 편, 문우인서관)이 발행되었다. 이 책은 1946년 9월에 원고를 쓰기 시작하여 1947년 8월부터 인쇄하다가 동년 9월 12일에 약 4천 매의 원고를 유실한 까닭으로 출판이 지연된 바 있다. 집필자는 백남운·온낙중溫樂中·이북만·이우적·인정식·전석담全錫淡·최익한 등 37인.

8월 21~26일: 해주에서 열린 남조선인민대표자대회에서 제1기 조선최고인민회의 남조선 대의원(총 360명)으로 선출되어, 1957년 8월 제2기 선거 전까지 9년간 재임하였다.

9월 2~10일: 평양에서 남조선 대표 360명과 북조선 대표 212명이 전원 참가한 가운데 조선최고인민회의 제1차 회의가 진행되어,

---

140) 도진순,《한국민족주의와 남북관계》, 서울대출판부, 1997, p272
141)《조선 명장론》은《력사 제문제》에 '성해成海'라는 필명으로 6회 연재되었다.
　① 을지문덕장군편, 3집(1948.11.5)　② 연개소문장군편, 4집(1948.12.31)
　③ 강감찬장군편, 5집(1949.4.25)　④ 리순신장군편(상), 6집(1949.5.5)
　⑤ 리순신장군편(중), 7집(1949.6.20)　⑥ 리순신장군편(하), 8집(1949.7.5)
　최익한은 일제강점기 때 자호인 '창해滄海'로 창씨한 바 있어, 월북 기념으로 아호를 '성해'로 바꾸었는지도 모르겠다.《력사 제문제》를 발행하는 조선력사편찬위원회 위원장이 그의 사위 이청원이므로 더 신중한 처신이 요구되었을 법도 하다. 참고로 '성해'가 최익한이라는 사실은 최근에 송찬섭이 처음으로 밝혀낸 것이다(<월북 이후 최익한의 학문과 집필활동>,《역사학 연구》70호, 호남사학회, 2018, p79).

조선민주주의인민공화국 정부를 구성하고 미·소 두 나라 정부에 서한을 보내 양국이 동시에 조선에서 군대를 철수할 것을 요구하는 결정을 통과시켰다.

1949 (53세)

1월 28일~2월 4일: 평양에서 조선최고인민회의 제2차 회의가 개최되어(의원 572명 중 522명 출석), 1) 1948년의 국민경제복구발전에 관한 계획의 성과와 1949년~1950년의 국민경제발전 2개년 계획 실시에 관한 의정, 2) 조선민주주의인민공화국 정부의 외교정책에 관한 의정, 3) 각급 지방정권기관—각 도·시·군·향·촌 행정단위의 인민위원회 선거 실시 등에 관한 의정을 일치하게 통과시켰다.

4월 19~23일: 조선최고인민회의 제3차 회의.

5월 5일: 〈3·1운동의 력사적 의의에 대한 재고찰〉(《력사제문제》 6집).

9월 8~10일: 조선최고인민회의 제4차 회의.

11월 10일, 12월 25일: 〈조선류교사상 발전에 대한 력사적 고찰〉 2회 연재(《력사제문제》 12집, 14집).

1950 (54세)

2월 25일~3월 3일: 조선최고인민회의 제5차 회의.

5월 20일: 〈고대조선문화와 류교와의 관계〉(《력사제문제》 18집).

6월 25일 전쟁 이후: 후손의 증언에 따르면 최익한은 서울에 잠시 들렀으며, 9월 초에 당숙 최진순 등 일가친척 10여 명이 행방불명 되었다고 한다. 이것이 월북인지 납북인지는 알 수 없다.

10월 8일: 김일성종합대학(김대) 교원단과 함께 평양을 떠나 매일

백 리 길을 걸어서 안주安州·박천博川·태천泰川·대유동大楡洞을 거쳐 10월 23일 목적지 초산楚山으로 후퇴한 듯하다.

10월 25일: 대학 교원단 일행은 초산에서 압록강을 건너 중국 지안集安까지 피난을 갔다. 11월 8일 지안을 떠나 다시 압록강을 건너 만포滿浦를 거쳐 11월 13일 자성慈城에 도착하였는데, 거리는 이미 미군의 폭격으로 잿더미가 되어 있었다.

1951 (55세)

1월 중순: 교원단 일행은 자성을 떠나 강계江界·희천熙川·개천价川·순천順川·사인장舍人場을 거쳐 1월 말 평양으로 행진 복귀하였으나, 미군은 주야를 불문하고 무차별 맹폭을 가하였다.

2월 23일: 대학 교원단은 평양을 떠나 평안남도 중화군中和郡으로 이동하고, 5월 10일경에는 평안북도 정주군定州郡으로 이동하며, 9월 12~13일에는 미군의 폭격이 심하여 정주를 떠나 가족 및 학생들과 함께 평안북도 구성군龜城郡으로 이동하였다. 이후 교직원과 학생들은 총동원되어 농민들의 추수·탈곡 작업을 돕는 한편, 10월 중순부터 연말까지는 월동 준비를 위하여 4만여 단의 난방용 신목을 채취하였다. 대학 전체가 배우면서 일하고 일하면서 배웠다.

11월 20일: 김대 교수사업이 전쟁으로 중단된 지 1년 6개월 만에 구성군에서 재개되었는데, 9개 학부 24개 강좌로 교원 170명과 재학생 846명에 달하였다. 이때 최익한은 조선어문학부 조선문학 강좌의 부교수를 맡은 것으로 보인다.

11월 25일: 〈거란의 무력 침략을 반대하여 고려 인민의 조국보위 전쟁을 승리적으로 조직 지도한 강감찬 장군〉(《인민》 10호).

<u>1952</u> (56세)

2월 말~3월 초: 구성군은 평양에서 멀어 대학 운영이 곤란하므로 순천군으로 이동하였다. 봄부터 가을까지 학생과 교직원들은 영농 및 건설사업에 적극 참여하여 식량·건물을 자체 조달하였다.

4월 13일: 김일성이 순천군 김대를 방문하여 교직원·학생들에게 '1) 조국해방전쟁의 전망에 대하여, 2) 전후복구건설을 위한 연구사업을 진행할 데 대하여, 3) 우리나라의 역사자료와 문화유산을 발굴 정리할 데 대하여, 4) 우수한 민족간부를 많이 양성할 데 대하여' 연설하였다.[142]

4월 25일: <임진조국전쟁>(《인민》 4호).

7월 25일: <근세 조선 '실학' 발전사 개론>(《인민》 7호).

9월 25일, 11월 25일: <조선 근세 '실학'의 대성자 정다산의 진보적 사상 및 학설에 대한 개론> 2회 연재(《인민》 9호, 11호).[143]

10월 9일: 과학원 창설 시 이청원은 력사학 후보원사 및 사회과학 부문 위원회 위원장으로 임명되었고,[144] 최익한은 김대 어문학부 부교수로서 과학원 사회과학 부문 '조선어 및 조선문학 연구소'의 연구사를 겸임하게 되었다.

---

142) <조국해방전쟁의 전망과 종합대학의 과업>, 《김일성전집·14》(1951.7~1952. 4), 조선로동당출판사, 1996, pp434~461.

143) 최익한은 월간 《인민》(조선민주주의인민공화국 정부 기관지)에 논문을 발표할 때는 모두 '최성해'라는 필명을 사용하였다. 당시 《김일성종합대학 10년사》 p106에는 "어문학부 최익한 부교수는 논문 <조선 근세 실학사상과 정다산의 연구>를 집필 완료하였다"고 기록되어 있다.

144) 과학원 초대원장은 홍명희, 사회과학 부문 원사는 김두봉·홍명희·백남운·박시형, 후보원사는 김광진·도유호·리청원·최창익·장주익·리극로가 각각 임명됨. 《과학원학보》 1호(1953. 9), 과학원, pp180~1.

최익한은 김대에서 〈정다산의 이상 사회와 그 력사적 제약성〉145) 을 특강하였다(강의일 미상).

9월 17~19일: 3일간 평양에서 개최된 전국 사회과학자 대회에 이 청원은 사회과학 부문 위원회 위원장으로서 참석하였다.

12월 20~22일: 조선최고인민회의 제6차 회의.

1954 (58세)

4월 20~23일: 20일 평양에서 열린 최고인민회의 제1기 7차 회의 에서 부수상 겸 국가계획위원회 위원장 박창옥朴昌玉이 첫째 의안 〈1954~1956년 인민경제복구발전 3개년 계획에 관하여〉를 보고 한 후, 21일 대의원 김황일·김원봉·리종권·채백희·최익한·리병남 등이 이에 대해 토론하였다. 22일 부수상 겸 재정상 최창익도 둘째 의안 〈1950~1953년 국가예산 집행 결산 및 1954년 국가예산에 관하여〉를 보고하고 토론이 있었다. 23일 상기 관련 법령은 전원 일치로 채택되었다.

6월 10일: 평론 〈정다산과 문학〉(《조선문학》 6호).

8월 17일: 《조선 봉건 말기의 선진학자들》(최익한·홍기문·김하명 공저, 국립출판사).146)

---

145) 《실학파와 정다산》(1955)에 실려 있는데, '최성해'의 기존 논문 〈조선 근세 '실학'의 대성자 정다산의 진보적 사상 및 학설에 대한 개론 (하)〉(《인민》 11호, 민주조선사, 1952, pp116~124)를 거의 그대로 재수록한 것이다.

146) 이듬해 중문판과 영문판도 간행되었다. 朝鮮民主主義人民共和國 文化宣傳省, 《朝鮮封建末期先進學者》, 平壤: 新朝鮮社, 1955.7.30; Ministry of Culture and Propaganda, DPRK. *Progressive scholars at the close of the feudal age in*

9월 10일: 《연암 작품 선집》(최익한·홍기문 공역, 조선작가동맹출판사).

10월 28~30일: 조선최고인민회의 제8차 회의.

1955 (59세)

1월 25일: <조선문학사와 한문문학>(《력사과학》 창간호).

2월 22일: <정다산의 학설과 민주주의적 사상>(로동신문).

3월 9~11일: 조선최고인민회의 제9차 회의.

4월 5일: 최익한의 제자 김하명金夏明은 《연암 박지원》(국립출판사, 1955.8.10 발행)의 머리말에 다음과 같이 썼다.

"연암의 저술이 모두 어려운 한문으로 표기되어 있는 것이 적지 않은 난관이 아닐 수 없었다. 이 난관은 많이는 최익한·홍기문·정렬모·리상호 제 선생의 친절한 지도에 의하여 돌파하였다. (……)

마지막으로 이 책을 집필하는 전 행정을 통하여 여러 가지로 지도하여 주신 최익한 선생을 비롯한 선배 여러 선생들께 심심한 사의를 표하는 바이다."

5월 21일: 김대 강당에서 진행된 남반부 출신 교수·교원·과학자 회의에 김대 부교수(전 민전 중앙위원회 기획부장) 자격으로 참가하였다. 최삼열·정진석·도상록·려경구·신남철·홍기문·김용준·강천문·한인석 등 학자들이 다수 참석한 가운데 주제 보고와 지지 토론이 있었다. 이어 회의에서는 남반부 교수·교원·과학자들에게 보내는 편지를 채택하였다.

7월: 《조선 명장론》(인민군출판사) 출간. * 발행일은 확인 불가.

Korea. Pyongyang: New Korea Press, 1955.

8월 25일: 《실학파와 정다산》(국립출판사) 출간.

10월 4일: 과학원 조선어 및 조선문학 연구소의 8·15해방 10주년 기념 학술 보고회에서 저명한 학자·대학교원·학생 들과 문화예술 일꾼들이 다수 참석한 가운데 최익한 연구사는 <리규보李奎報의 문학에 대하여>를 발표하였다.

10월 10일: 《강감찬 장군》(민주청년사) 출간.

10월 27일: 김대 8·15해방 10주년 기념 과학 콘페렌치야에서 최익한 부교수는 <정다산의 시문학에 대하여>를 발표하였다.[147]

11월 30일, 12월 4일: 이틀 동안 과학원 조선어 및 조선문학 연구소에서는 조선을 방문한 중국문화대표단과 좌담회를 진행했는데, 연구소 소장 리극로李克魯 후보원사, 홍기문洪起文·김병제金炳濟·최익한·김수경金壽卿 연구사들과 기타 관계자 다수가 참석하였다.

12월 3일: 조선어 및 조선문학 연구소 3년 총화회의에서 소장 리극로 후보원사의 보고가 끝난 후 최익한·홍기문·김병제 연구사, 송서룡宋瑞龍 학사, 윤세평尹世平 동지들이 토론에 참가하였다.

12월 10일: 과학원 조선어 및 조선문학 연구소와 작가동맹과의 공동 주최로 '박지원 서거 150주년 기념 보고회'가 열렸는데, 최익한 연구사의 사회로 작가동맹 중앙위원회 한설야韓雪野 위원장이 보고하였다.

12월 20일: <연암 박지원의 사상적 및 문학적 지위―그의 서거 150주년을 기념하면서>(《력사과학》 12호).

12월 20~22일: 조선최고인민회의 제10차 회의.

---

147) 이 논문은 1956년 4~8월 《조선어문》 2~4호에 3회 연재되고, 1957년 6월 《정다산 선집》(국립출판사) 역주본을 발간하는 데 바탕이 되었다.

<u>1956</u> (60세)

3월 10~13일: 조선최고인민회의 제11차 회의.

4월 7일: 저녁에 과학원 주최로 진행된 정다산 서거 120주년 기념 대회에서 그의 시 <솔 뽑는 중僧拔松行>, <범 사냥獵虎行>과 산문 <감사론監司論>이 낭송되었고, 동일 《로동신문》에도 이미 게재된 바 있다. 최익한 연구사가 번역한 다산 시문을 공훈배우 황철黃徹 동무가 낭송하였다.

4월 15일: <조선 고대 문학사에 있어서의 최치원의 문학적 지위> (《김일성종합대학학술논문집―8·15해방 10주년 기념》, 김일성종합대학).148)

4월 20일, 6월 20일, 8월 20일: <정다산의 시문학에 대하여> 3회 연재(《조선어문》 2~4호). * 발행일은 추정.

4월 23~29일: 조선로동당 제3차 대회에서 이청원이 중앙위원회 후보위원으로 선출되었다. 당시 그는 평남도당단체 대표였는데, 과학원에서 상무위원, 사회과학 부문 위원회장, 력사연구소 소장도 겸임하고 있었다.

?월: 《조선 명장전》(민족보위성 군사출판부) 출간. * 판권지 없음.

5월 10일: 《연암 박지원 선집》(최익한·홍기문 공역, 조선작가동맹출판사).

5월 28일: <'리순신 장군 전집'의 번역 간행에 대하여>(로동신문).

5월 30일: 김대 최익한 부교수는 지도교수로서 한룡옥 교원의 학사학위 논문 《조선 고대 설화 연구》의 공개 심사 회의에 참석 발언하였다. 심사위원 신구현申龜鉉·리응수李應洙 부교수의 평정과 박시형朴時亨 원사, 고정옥高晶玉·정희준鄭熙俊·최시학崔時鷽 등의 토론 후

---

148) 《김일성종합대학학보―8·15해방 10주년 기념》(1956.9.5)에 재게재.

표결한 결과 한룡옥 동지에게 어문학 학사학위를 수여하기로 결정하였다.

7월 ?일: 《재판 받는 쥐》(림제의 《서옥설鼠獄說》 번역, 국립출판사).

8월 11일: 《우리나라 명인들의 이야기》(10인 공저, 조선로동당출판사).

10월 24일: 언어문학연구소 제4차 과학연구발표회에서 고정옥·신구현 연구사가 발표하고, 작가동맹 윤세평, 김대 최익한·김하명·최시학, 평양사범대학 류창선劉昌宣, 고전예술극장 렴정권 등 여러 동지들이 토론하였다.

11월 5~9일: 조선최고인민회의 제12차 회의.

12월 14일: 김대 어문학부 최익한 부교수의 학사학위 논문 《실학파와 정다산》이 심의되었다. 회의 사회자인 한규학 동지는 "이 논문은 두 공식 심사위원의 평정에 의하면 박사학위 논문에 해당한다고 하므로, 공식 심사위원을 한 분 더 선정하여, 해당 박사학위 논문 심의기관에 제출하는 것을 결정하면 좋겠다"고 개회사에서 언급하였다. 논문 토론에는 공식 심사위원인 박시형 원사, 김광진金光鎭 후보원사들을 비롯하여 홍기문·신남철·정렬모鄭烈模 부교수들과 김세련金世鍊 교원이 참가한 가운데, 필자의 해박한 지식과 논문의 심오한 과학성에 대하여 높이 평가하였다. 또한 이 논문이 비단 어문학 분야에서뿐만 아니라 역사·경제학 연구에도 귀중한 공헌을 하였음을 인정하고 이 논문이 박사학위 논문에 해당한다고 강조하였다. 심의 표결 결과 최익한 부교수에게 학사학위를 수여할 것이 결정되었다.

12월 20일경: 리상호가 《재판 받는 쥐》(최익한 역, 국립출판사)에 대한 서평을 《조선어문》 6호에 발표하였다.

<u>1957</u> (61세)

1월 19일: 과학원 언어문학연구소 제1차 평의회가 동 연구소에서 열렸다. 소장 김병제 동지는 언어학연구실의 성과에 이어 문학연구실의 성과를 다음과 같이 보고하였다.

"안함광安含光·최익한·한효韓曉 연구사 들을 중심으로 하는 《조선문학통사》의 집체적 집필이 거의 완성되어 머지않아 출판에 회부하게 되었으며, 그 외에도 수 편의 논문이 발표되었다."

2월 28일: 박지원 탄생 200주년을 기념하여 <박연암의 문학과 시대정신>(문학신문)을 게재하고, <연암의 사상과 문학>(과학원 학술보고회)을 발표하였다.

3월 14~16일: 조선최고인민회의 제13차 회의.

5월 23일: <리규보李奎報>(문학신문).

6월 20일: 과학원 회의실에서 언어문학연구소 주최로 고산孤山 윤선도尹善道 탄생 370주년 기념 보고회가 있었다. 이때 최익한은 참석한 것으로 추정되며, 그즈음 사위 이청원과 함께 '종파사건' 관련 조사도 받지 않았을까 한다.

6월 25일: 《정다산 선집》(국립출판사) 역주 발간.

9월~10월 중순: 최창익·박창옥 등이 주동한 '8월 종파사건'(1956)에 연루되어 숙청된 것으로 보이며, 몰년은 정확히 알 수 없다. 후손에 따르면, 최익한은 1970년대 초에 타계하였다는 설이 있다고 한다.

10월: 중국에서 《재판 받는 쥐》(연변인민출판사) 복제본 출판. * 발행일은 미표시됨.

창해 최익한 저술 연보

연도	제 목(연재횟수)	게재지(월일)	게재자	갈래
1909	미상	靑巖亭 詩會 壯元詩 (음3월)	미상	시
1912	碁服人 간찰	영남 某에게(음11.6)	崔昌秀	서간
1915	江閣早秋	乙卯集(미상)	雲擧	시
	心學	"	崔雲擧	논설
1916	鬱陵香歌	紹修書院 祭享日(음3.15)	崔益翰	시
	挽李承熙	寒皐 李公宅 入納(음4월)	"	"
	挽奇宇萬	松沙 奇公宅 入納(음10월)	"	"
1917	崔益翰上田艮齋	艮齋 田公宅 入納(음6.14)	"	서간
	晚巖 文兄詞	晚巖 金樻 案下(음6.20)	滄海	"
1918	南浦硯銘	南浦硯(미상)	滄海(?)	銘
1919	舟下牛川市	여름作; 동아일보(1938.12.21)	崔益翰	시
	牛川江上贈漁翁	"	"	"
	舟行泊廣津 題朴處士臨江齋	미상作; 조선일보(1937.12.23)	崔滄海	"
	挽俛宇先師十絶	음8.24作; 동아일보(1924.9.24)	滄海	"
1920	假明人 頭上에 一棒(2)	동아일보(5.8~9)	栢民 한별	논설
21~23	미상	옥중시문(1921~23), 미발굴	滄海(?)	시문
1923	東都에서 느낌	동아일보(7.15)	돌샘 崔益翰	시조
	한양에서 느낌	"	"	

1925	晚巖 文兄詞	晚巖 金榥 案下(음7.25)	滄海	서간
	許生의 實蹟	동아일보(1.14)	崔益翰	문학
	님 주려	金榥편지 동봉(음2.2)	滄海浪	시조
1926	맑스 유물론적 변증법의 개설	사상운동 3권6호(5월)	崔益翰	논문
	일월회의 민족운동으로의 방향 전환	대중신문 창간호(6.5), 미발굴	〃	〃
	《와세다대학신문》인터뷰	와세다대학신문(11.4)	〃	인터뷰
1927	파벌주의 비판에 대한 방법론	이론투쟁 1권1호(3월), 미발굴	〃	논문
	학생운동의 사회의식에 대한 고찰	신흥과학 창간호(3월), 미발굴	〃	〃
	사상단체 해체론	이론투쟁 1권2호(4월)	〃	〃
	在日本朝鮮勞働運動의 最近의 發展	勞働者 2卷 9号(9월)	崔雲擧	〃
	우리로서 본 일본의 계급전선	이론투쟁 4호(11월), 미발굴	崔益翰	
1928	1927년 조선 사회운동의 빛(10)	조선일보(1.26~2.13)	〃	
28~36	미상	옥중시문(1928~36), 미발굴	〃	시문
1936	다산의 저서 총목(2)	年初作; 동아일보(38.12.27~28)	〃	문학
	다산의 逸事와 逸話(2)	〃 (39.2.5~7)	〃	〃
1937	哭兒二十五絶(3)	조선일보(4.23~25)	滄海 崔益翰	시
	우리말과 正音의 운명	정음 21호(11월)	崔益翰	논설
	漢詩漫話(12)	조선일보(12.9~23)	崔滄海	문학
1938	조선어 기술문제 좌담회	〃 (1.4)	崔益翰	토론
	讀史餘錄-漢史片鱗(2)	〃 (1.21~22)	崔滄海	논설
	조선 유교사에 있어 鄭圃隱의 공적과 지위(4)	〃 (1.23~27)	崔益翰	역사
	고려가사 <歷代轉理歌>를 소개함	정음 22호(1월)	〃	문학
	歷代史談(8)	조선일보(2.3~13)	崔滄海	역사
	麗末史話(10)	〃 (3.12~26)	崔益翰	〃
	石門歌	미발표(4.10경), 미발굴	滄海(?)	시
	향토 문화를 찾아서(35)	조선일보(5.5~12.6)	崔益翰	답사
	次白巖金濟先生踏海詩韻	〃 (5.8)	〃	시
	酒泉臺	〃 (5.13)	〃	시조
	次栗谷板上韻	〃 (5.19)	〃	시
	謝呈 桂南沈之潢氏·晚圃沈相敦氏	〃 (5.19)	〃	〃
	五十川 觀釣兒有感	〃 (5.25)	〃	〃
	沙羅峙 너머서	〃 (5.27)	〃	시조

	무제	〃 (7.21)	〃	시
	다산의 〈汕行日記〉에 부쳐	동아일보(12.18)	〃	시조
	南村居址懷古	〃 (12.25)	〃	〃
1939	《與猶堂全書》를 讀함(64)	〃 (38.12.9~39.6.4)	〃	문학
	전통 탐구의 현대적 의의(5)	〃 (1.1~7)	滄海學人	논설
	漢詩曲欄(11)	〃 (1.17~2.19)	滄海(學人)	문학
	한시모집	〃 (1.17~40.8.8)	〃	〃
	《憑虛閣全書》 소개담	〃 (1.31)	崔益翰	인터뷰
	독서—목적과 취미의 관계	〃 (2.2)	〃	산문
	큐리부인전	〃 (4월 연재 취소)	〃	번역
	北漢山新羅眞興王碑(4)	〃 (5.13~19)	〃	고적
	金殷鎬 화백의 〈春香像〉을 보고	〃 (5.27)	滄海	미술
	廣州 客山洞 佛像·刻字 탐방기(12)	〃 (6.6~30)	崔益翰	답사
	蘭谷李建芳翁輓	〃 (7.12)	〃	시
	遙祝 石田黃丈[瑗]稀壽	〃 (7.25)	〃	〃
	山岳詩人(4)	〃 (7.28~8.3)	滄海	문학
	北漢眞興王碑 연대 추정에 대하여(8)	〃 (8.11~24)	崔益翰	고적
	祝 安州 中軒文庫 開館	〃 (8.29)	滄海 崔翰	시
	詩謝 葦滄翁篆額	〃 (9.3)	崔益翰	〃
	申謝 葦滄翁寄扇	〃 (9.5)	〃	〃
	東崖·松湖 歌詞(3)	〃 (9.6~9)	〃	문학
	秋夕·嘉俳의 유래와 민속	〃 (9.27)	滄海	〃
	朴照山哀辭	〃 (11.21)	崔益翰	애사
	고려 문헌계의 遺珠《帝王韻紀》,《動安居士集》(4)	〃 (12.7~14)	〃	서평
1940	災害와 救濟의 史的 斷片觀(27)	〃 (1.1~3.1)	〃	역사
	種痘術과 정다산 선생(4)	〃 (2.29~3.5)	滄海生	논설
	조선 女流藝苑史上 申末舟 부인 薛氏의 지위(4)	〃 (3.17~23)	崔益翰	문학
	史上 名人의 20歲(21)	〃 (4.2~5.15)	〃	〃
	鞍梧村薛翁(泰熙)	〃 (4.27)	崔滄海	시
	湛軒 洪大容의 諺文《燕行錄》(2)	〃 (5.18~19)	崔益翰	서평

	조선 女流著作史上 師朱堂《胎教新記》의 지위(5)	〃 (7.16~28)	〃	〃
	柳子厚氏 大著《朝鮮貨幣考》를 읽고	〃 (8.6)	〃	〃
	贈別 心汕 畫伯	〃 (8.11)	滄海散人	시
	미상	永度寺 酒宴 限韻詩(음4월)	崔益翰	〃
1941	<농촌문화문제 특집> 설문	조광 7권 4호(4월)	〃	응답
	조선 過去 교육제도 小史	춘추 2권 2호(3월)	〃	역사
	麻田 拜謁崇義殿	〃 3호(4월)	滄海	시
	題寄芹村·可人·止軒諸公	〃 5호(6월)	〃	〃
	崔孤雲의 문화적 지위	〃 6호(7월)	崔益翰	문학
	조선의 후생 정책 고찰	〃 11호(12월)	〃	역사
	《鏤板考》를 讀함	〃	滄海學人	서평
1942	旱災와 그 대책의 史片	춘추 3권 9호(9월)	崔益翰	역사
	弄月亭次板上韻	농월정(음8월)	〃	시
1943	반도 후생 정책 약사	半島史話와 樂土滿洲(1월)	〃	역사
	반도 과거 교육제도		〃	〃
	儒敎와 鍊成	춘추 4권 5호(5월)	〃	논설
	西堂集序	음5.3作; 西堂集(1968)	滄海 崔益翰	序
	忠義의 道―儒敎의 '忠'에 대하여	춘추 4권 9호(10월)	崔益翰	논설
1945	현계단의 정세와 우리의 임무	팸플릿(9.15), 미발굴	崔益翰·李淸源	논문
1946	소위 '국민대회'를 폭로함	반파쇼 시국강연회(1.7), 미발굴	崔益翰	논설
	辨白狀	3.3作	〃	〃
	謹啓	鶴山先生(崔昌益) 淸鑒(3.6)	滄海	서간
	쌀	현대일보(4.10)	崔益翰	산문
	조선공산당 창립 21주년(2)	중앙신문(4.17~18)	〃	논설
	捲堂과 동맹휴학	현대일보(7.3)	〃	〃
	피땀의 국치일을 기념하면서(3)	중외신보(8.29~31)	〃	〃
	세계 민주주의화의 신방향과 조선	인민 1권 2호(11월)	〃	논문
1947	조선 사회 정책사	박문출판사(6월)	〃	저서
	UN에 提訴되면?	조선일보(9.16)	〃	논설
	UN政委 결의에 대하여	조선중앙일보(11.15)	〃	〃

연도	제목	출처	필명	구분
	UN위원단과 우리 당—조속 철병하고 간섭 없는 통일정부를	〃 (12.20)	〃	〃
1948	남북회담의 정치적 의의(4)	〃 (4.15~18)	〃	〃
	조선 명장론-을지문덕 장군 편	력사제문제 3집(11월)	成海	논문
	〃 -연개소문 장군 편	〃 4집(12월)	〃	〃
1949	〃 -강감찬 장군 편	〃 5집(4월)	〃	〃
	〃 -리순신 장군 편(3)	〃 6·7·8집(5·6·7월)	〃	〃
	3·1운동의 력사적 의의에 대한 재고찰	〃 6집(5월)	崔益翰	〃
	조선류교사상 발전에 대한 력사적 고찰(2)	〃 12·14집(11·12월)	〃	〃
1950	고대조선문화와 류교와의 관계	〃 18집(5월)	〃	〃
1951	거란의 무력 침략을 반대하여 고려 인민의 조국보위전쟁을 승리적으로 조직 지도한 강감찬 장군	인민 10호(11월)	최성해	〃
1952	임진조국전쟁	〃 4호(4월)	〃	〃
	근세 조선 '실학' 발전사 개론	〃 7호(7월)	〃	〃
	조선 근세 '실학'의 대성자 정다산의 진보적 사상 및 학설에 대한 개론(2)	〃 9·11호(9·11월)	〃	〃
1953	정다산의 이상 사회와 그 력사적 제약성	김일성종합대학 특강(날짜미상)	최익한	〃
1954	<1954~1956년 인민경제복구발전 3개년 계획에 관하여>에 대한 토론	민주조선(4.24)	〃	토론
	정다산과 문학	조선문학 6호(6월)	〃	논문
	조선봉건말기의 선진학자들(공저)	국립출판사(8월)	최익한 외	저서
	연암 작품 선집(공역)	조선작가동맹출판사(9월)	최익한·홍기문	역주
1955	조선문학사와 한문문학	력사과학 창간호(1월)	최익한	논문
	정다산의 학설과 민주주의적 사상	로동신문(2.22)	〃	논설
	조선 명장론	인민군출판사(7월)	〃	저서
	실학파와 정다산	국립출판사(8월)	〃	〃
	리규보의 문학에 대하여	과학원 학술보고회 발표(10.4)	〃	논문
	강감찬 장군	민주청년사(10월)	〃	저서
	정다산의 시문학에 대하여	김대 과학 콘페렌치야 발표(10.27)	〃	논문
	연암 박지원의 사상적 및 문학적 지위—그의 서거 150주년을 기념하면서	력사과학 12호(12월)	〃	〃

연도	제목	출처	저자	분류
1956	조선 고대 문학사에 있어서의 최치원의 문학적 지위	김일성종합대학학술논문집(4월)	〃	〃
	정다산의 시문학에 대하여(3)	조선어문 2·3·4호(4·6·8월)	〃	〃
	조선 명장전	민족보위성 군사출판부(?월)	〃	저서
	연암 박지원 선집(공역)	조선작가동맹출판사(5월)	최익한·홍기문	역주
	《리순신 장군 전집》의 번역 간행에 대하여	로동신문(5.28)	최익한	서평
	재판 받는 쥐	국립출판사(7월)	〃	역주
	우리나라 명인들의 이야기(공저)	조선로동당출판사(8월)	최익한 외	저서
1957	조선문학통사(집체작)	과학원출판사(1959.5)	문학연구실	〃
	박연암의 문학과 시대정신	문학신문(2.28)	최익한	문학
	연암의 사상과 문학	과학원 학술보고회 발표(2.28)	〃	논문
	리규보	문학신문(5.23)	〃	문학
	정다산 선집	국립출판사(6월)	〃	역주

1. 신문 기사의 갈래는 시·산문·논설·문학·역사·미술·고적·답사·서평·토론·인터뷰 등으로 세분.

2. 1917년 봄~가을 산중시와 1928~1935년 옥중시 등은 미발굴.

3. 시 <舟下牛川市>, <牛川江上贈漁翁>(1919)과 시조 <다산의 '汕行日記'에 부쳐>, <南村居址懷古>(1938)는 《여유당전서를 독함》(동아일보 1938.12.18, 12.21, 12.25)에 수록. <다산의 '汕行日記'에 부쳐>는 편자가 붙인 제목이다.

4. <다산의 저서 총목>, <다산의 逸事와 逸話>(1936)는 《실학파와 정다산》(1955) 부록으로 편입.

5. 시 <次白巖金濟先生踏海詩韻>, <次栗谷板上韻>, <謝呈 桂南沈之潢氏·晚圃沈相敦氏>, <五十川 觀釣兒有感>, <무제>와 시조 <酒泉臺>, <沙羅峙 너머서> 등 총 7편이 <향토 문화를 찾아서>(조선일보 1938.5.8~7.21)에 수록. 시제는 모두 편자가 붙였다.

6. <東崖·松湖 歌詞>(1939.9)는 《정음》 32호(1939.12)에 재게재.

7. <災害와 救濟의 史的 斷片觀>(1940)은 《조선 사회 정책사》(1947)에 재수록.

8. <種痘術과 정다산 선생>(1940)은 《실학파와 정다산》(1955) 부록으로 편입.

9. <湛軒 洪大容의 諺文《燕行錄》>(1940.5)은 《정음》 34호(1940.7)에 재게재.

10. <조선의 후생 정책 고찰>(1941)은 《조선 사회 정책사》(1947)에 재수록.

11. <旱災와 그 대책의 史片>(1942)도 《조선 사회 정책사》(1947)에 재수록.

12. <반도 후생 정책 약사>, <반도 과거 교육제도>(1943)는 <조선의 후생 정책 고찰>, <조선 過去 교육제도 小史>(1941)가 제목만 바뀐 것이다.

13. <정다산의 이상 사회와 그 력사적 제약성>(1953)은 《실학파와 정다산》(1955)에 실려 있는데, <조선 근세 '실학'의 대성자 정다산의 진보적 사상 및 학설에 대한 개론 (하)>(1952)를 거의 그대로 재수록한 것이다.

14. 《조선봉건말기의 선진학자들》(1954)은 이듬해 중문판과 영문판도 간행되었다. 朝鮮民主主義人民共和國 文化宣傳省, 《朝鮮封建末期先進學者》, 平壤: 新朝鮮社, 1955.7.30; Ministry of Culture and Propaganda, DPRK. *Progressive scholars at the close of the feudal age in Korea*. Pyongyang: New Korea Press, 1955.

15. <조선 고대 문학사에 있어서의 최치원의 문학적 지위>(1956.4)는 《김일성종합대학학보—8·15해방 10주년 기념》(1956.9)에 재게재.

실학파와 정다산

2020년 4월 20일 초판 1쇄 인쇄
2020년 4월 30일 초판 1쇄 발행

저 자 최 익 한
교주자 류 현 석

발행처 21세기문화원
등 록 2000.3.9 제307-2000-18호
주 소 서울 성북구 보문로 193-1
전 화 02-923-8611
팩 스 02-923-8622
이메일 bruceryoo@naver.com

ISBN 978-89-951322-8-9 03150
ISBN 978-89-951322-6-5 (세트)

값 65,000원